ULRICH SCHREIBER

OPERNFÜHRER FÜR FORTGESCHRITTENE

ULRICH SCHREIBER
OPERNFÜHRER FÜR FORTGESCHRITTENE
DIE GESCHICHTE DES MUSIKTHEATERS

DAS 20. JAHRHUNDERT I:
VON VERDI UND WAGNER
BIS ZUM FASCHISMUS

BÄRENREITER

1. Auflage 2000 Bärenreiter-Verlag Karl Vötterle GmbH & Co. KG, Kassel
Lizenzausgabe mit freundlicher Genehmigung der Büchergilde Gutenberg

Lektorat: Jutta Schmoll-Barthel
Gestaltung: Brigitte und Hans Peter Willberg, Eppstein
Satz: Dorothea Willerding
Druck und Bindung: Franz Spiegel Buch GmbH, Ulm
Printed in Germany
ISBN 3-7618-1436-4

Denn das weiß das Publikum nicht und mag es nicht wissen, daß, um ein Kunstwerk zu empfangen, die halbe Arbeit an demselben vom Empfänger selbst verrichtet werden muß.

BUSONI

INHALTSVERZEICHNIS

VORWORT

Das 20. Jahrhundert wird in dieser Gesamtdarstellung der Oper von den Anfängen bis zur Gegenwart in zwei umfangreichen Teilbänden behandelt. Der vorliegende erste trägt zunächst nach, was im Umkreis von Wagner und Verdi aus der deutschen und italienischen Oper im Band über das 19. Jahrhundert unberücksichtigt geblieben war, und führt diese Linie bis zum Ende von Faschismus und Nationalsozialismus weiter. Diese beherrschende Stellung der deutschen und italienischen Oper in der ersten Hälfte des 20. Jahrhunderts reflektiert die gesellschaftliche Bedeutung, die dem Musiktheater in beiden Ländern während dieses Zeitraums zugestanden wurde. Ihr Zusammenhang findet eine Spiegelung im Werk von zwei Komponisten, die beiden Kulturkreisen angehörten: Ferruccio Busoni und Ermanno Wolf-Ferrari. Die behandelte Epoche umfasst widerstreitende, aber auch komplementäre Entwicklungen. Im Schatten Verdis versuchte Arrigo Boito mit seiner Goethe-Oper MEFISTOFELE eine Reform des italienischen Melodramma aus dem Geist der Sprache zu entwickeln, wobei er einem um die Jahrhundertwende in Italien zu beobachtenden ›Nordkomplex‹ den Weg bahnte. Gleichzeitig führten konservative Komponisten wie Amilcare Ponchielli oder der Brasilianer Carlos Gomes die Tradition unter Umgehung von Verdis Neuerungen weiter. Gegensätzlich auch die Bestrebungen eines am süditalienischen Naturalismus Giovanni Vergas inspirierten Verismus, der mit Mascagnis CAVALLERIA RUSTICANA über die Landesgrenzen Italiens schwappte, und eines politisch implizierten Ästhetizismus im Banne Gabriele d'Annunzios, der in Riccardo Zandonais FRANCESCA DA RIMINI kulminierte. Zwischen den Stilextremen bewegte sich Giacomo Puccini, der mit hoch entwickeltem Sensualismus und überragender Professionalität als Nachfolger Verdis zum weltweit letzten Statthalter der italienischen Oper wurde. Unter dem Faschismus war die italienische Musik weit weniger Repressionen ausgesetzt als die deutsche unter dem Nationalsozialismus. Gleichwohl bedeutete das 1932 von konservativen Komponisten veröffentlichte MANIFEST FÜR DIE TRADITION DER

ROMANTISCHEN KUNST eine zwar interne, aber den offiziellen Bestrebungen entsprechende Kampfansage an modernistische Strömungen, so dass Komponisten wie Malipiero und Casella sich einer Art Selbstzensur unterwarfen.

Die deutsche Oper stand mehr als jede andere im Schatten Wagners. Das Ausweichen vor seinem Musikdrama führte zu eigenständigen Ergebnissen in ernsthaft komischen Opern wie dem BARBIER VON BAGDAD von Peter Cornelius, dem CORREGIDOR von Hugo Wolf oder DER WIDERSPENSTIGEN ZÄHMUNG von Hermann Goetz und fand in märchenhaften Stoffen wie Engelbert Humperdincks HÄNSEL UND GRETEL auch internationale Anerkennung. Am Ende dieser noch romantisch bestimmten Richtung steht Hans Pfitzner, der in der Wagner-Nachfolge anfing und mit seinem PALESTRINA ein ganz unverwechselbares Werk schuf. Weltgeltung gewann die deutsche Oper im 20. Jahrhundert zuerst mit den avantgardistischen Einaktern SALOME und ELEKTRA von Richard Strauss, der sich auch nach seiner konservativen Wende im ROSENKAVALIER zu einer mit Puccini vergleichbaren Fixgröße des internationalen Repertoires entwickelte (beiden wird als einzigen Komponisten der Epoche ein eigenes Kapitel gewidmet). Besondere Aufmerksamkeit gilt auch der Zeit zwischen Erstem Weltkrieg und ›Drittem Reich‹, weil während der Weimarer Republik für einen gewissen Zeitraum – wahrscheinlich zum letzten Mal – die ästhetische Entwicklung eines modernen Musiktheaters und die politische einer demokratischen Gesellschaft als Utopie eines gemeinsamen Aufbruchs erschienen. Ein gesondertes Kapitel erhielt auch die Oper des folgenden Geschichtssturzes, als während der nationalsozialistischen Herrschaft Komponisten wie Zemlinsky, Schreker, Korngold, Schönberg, Berg, Hindemith, Krenek, Kurt Weill und andere dem Verdikt der ›entarteten Musik‹ verfielen und die Bühnen unter staatsterroristische Zensur gerieten.

Auch in diesem dritten Band wird Oper nicht als Nacherzählung einer äußeren Handlung beschrieben – es sei denn, diese sei völlig unbekannt und für die ästhetische Würdigung unersetzlich. Ebenso wenig wird eine eingehende Berücksichtigung biographischer Umstände sowie der Entstehungs- und Aufführungsgeschichte angestrebt; wenn nötig, geben skizzierte Hinweise die unumgänglichen Informationen. Gelegentlich wird auf Details der Editionsgeschichte hingewiesen, wenn sie – wie im Fall von Ullmanns KZ-Oper DER KAISER VON ATLANTIS – von der Werkstruktur schwer zu trennen ist. Im Vordergrund aber steht wieder der Kunstwerkcharakter der behandelten Opern mit seiner Einbindung in die Musik- und Ideengeschichte des Genres einschließlich gelegentlicher Querverweise auf andere Künste, vorrangig die Literatur, punktuell auch auf die jüngere Forschung und Aufführungsgeschichte. Das schließt individual- und sozialpsychologische Deutungen so wenig aus wie politische Implikationen. Denn die Geschichte der Oper stellt immer wieder die Frage nach der Richtigkeit jenes Schopenhauer-Zitats, das Pfitzner seinem PALESTRINA mit auf den Weg gab: »Neben der Weltgeschichte geht schuldlos und nicht blutbefleckt die Geschichte der Philosophie, der Wissenschaft und der Künste«.

Die Quellenangaben des Anhangs für die im Text verstreuten Zitate haben über ihre Verifizierung hinaus den Sinn, auf weiterführende Literatur hinzuweisen, die für den Argumentationszusammenhang des Autors wichtig ist. Bibliographische Vollständigkeit wurde dabei nicht angestrebt, denn dieses Buch wendet sich nicht an wissenschaftlich geschulte Spezialisten, sondern an fortgeschrittene Liebhaber der Oper und an die Ansprechbaren unter ihren Verächtern. Die Darstellungsform entspricht ebenfalls der in den beiden vorangehenden Bänden praktizierten mit der Abfolge von kapitelweise übergreifender Betrachtung, kursorischer und eingehender Werkanalyse mit monographischer Behandlung der beiden Repertoiresäulen Puccini und Strauss. Auf eine Methodik der Deutungen wurde verzichtet. Die Verschiedenheit der Annäherungsversuche ist auch ein Indiz dafür, dass es die Sprache nicht gibt, in die Musik verlustlos umzusetzen ist. Die Leser mögen das als Angebot nehmen, sich auf eigene Wege des Begreifens zu begeben.

Dass dieser vorletzte Band, wenn auch mit Verzögerungen, erscheinen konnte, verdanke ich dem Durchhaltevermögen der Büchergilde Gutenberg und des Bärenreiter-Verlags, Claudia Brusdeylins, die meinen Text Korrektur las, Dorothea Willerding, die ihn für den Druck einrichtete sowie gemeinsam mit Ingeborg Robert die Register erstellte. Besonderen Dank schulde ich Jutta Schmoll-Barthel, die mein Manuskript mit einer von mir in diesen Zeiten für nicht mehr möglich gehaltenen Sorgfalt empathisch-kritisch lektorierte, und meiner Frau Ingrid, die den mit dieser Arbeit verbundenen Verlust an gemeinsamer Lebenszeit fast klaglos verwunden hat.

ULRICH SCHREIBER

HINWEISE ZUM GEBRAUCH

Obwohl Inhaltsverzeichnis und Index den gezielten Zugriff auf bestimmte Details der Operngeschichte oder auf eine einzelne Oper erleichtern, eignet sich dieses Buch wenig zur schnellen Information vor dem Opernbesuch. Selbst wenn die Leserin oder der Leser in den Einzeldarstellungen von Opern das Gesuchte findet, ist dieses doch stets eingebunden in das jeweilige Gesamtkapitel. Nach Möglichkeit wird dessen komplette Lektüre empfohlen. Der leichteren Orientierung an übergreifenden Beschreibungen dienen die ausführlichen Vorworte zu den einzelnen Kapiteln ebenso wie die zahlreichen Zwischentitel. Gegenüber dem durchlaufenden Text sind die in Einzeldarstellung erscheinenden Opern durch verringerte Satzbreite deutlich abgesetzt.

Jahreszahlen hinter Operntiteln geben immer das Datum der Uraufführung an; ist ein anderes Datum gemeint (etwa das Erscheinen im Druck), wird das kenntlich gemacht. Operntitel erscheinen in VERSALIEN, Titel anderer Werke dagegen in KAPITÄLCHEN (also auch Ballette oder Bühnenmusiken). Zitate werden in doppelten »französischen Anführungszeichen« wiedergegeben (und im Quellenanhang nachgewiesen), fremdsprachige Ausdrücke, andere Titel oder Hervorhebungen in ›einfachen‹. Textzitate aus Opern werden in *Kursivschrift* gesetzt. Der besseren Lesbarkeit halber wurde auf Abkürzungen im fortlaufenden Text verzichtet; lediglich im Kopf zur Einzeldarstellung einer Oper steht in Kursivschrift *L* für Libretto, *WA* für Wiederaufführung und *EA* für Erstaufführung. Der Text wurde in neuer Rechtschreibung gesetzt, wobei Zitate selbstverständlich in der originalen Schreibweise übernommen wurden.

DIE ZIRKUMPOLARE OPER
DEUTSCHES MUSIKDRAMA ZWISCHEN WAGNER UND STRAUSS

»Wer nicht wagnerisch komponirt, der ist heute so gut wie verloren, und wer es nicht thut, ist's erst recht«. In dieses Paradox fasste Eduard Hanslick die Situation der Oper nach dem Tode Richard Wagners. Sein Urteil bezog sich nicht nur auf den kompositionstechnischen Aspekt. Mit dem Hinweis auf den »beispiellosen Rausch« des Wagner-Kults zielte Hanslick schon auf einen wirkungsgeschichtlichen Zusammenhang, den Arnold Schönberg zwei Jahre nach Hitlers Machtübernahme beschrieb: »Die Musik Wagners war nicht nur die beste und bedeutendste ihres Zeitalters, [...] sondern sie war auch die Musik des Deutschland von 1870, welche mit allen seinen Leistungen die Welt seiner Freunde und Feinde eroberte, nicht ohne gleichzeitig deren Neid und Widerstand zu wecken«. Wagner erschütterte, wie es der amerikanische Opernhistoriker Donald J. Grout formulierte, »die Entwicklung des musikalischen Dramas, als sei ein neuer Planet in das Sonnensystem geschleudert worden«. Seine Reform der Oper zum Musikdrama revolutionierte auch das Denken über die Oper.

Das war kein auf die deutsche Oper begrenzter Vorgang. Im Jahr der Uraufführung von Puccinis TOSCA untersuchte Luigi Torchi 1900 deren Motivgefüge. Seitdem gibt es in der Wissenschaft eine zweigleisige Tradition: unterschieden danach, ob man dem Forschungsgegenstand leitmotivische Strukturen zubilligt oder nicht und ob man aus der Wagner-Nachfolge bzw. deren Leugnung positive oder negative Wertungen ableitet. Ein produktives Beispiel dafür hat René Leibowitz bei der Umgehung der Gretchenfrage geliefert, ob Puccini Wagnerianer sei oder nicht. In seiner HISTOIRE DE L'OPÉRA untermauerte er 1957 die Beobachtung G. B. Shaws, dass der I. Akt von MANON LESCAUT den Umriss einer viersätzigen Symphonie aufweise, während er 1972 in seiner Aufsatzsammlung LES FANTÔMES DE L'OPÉRA im I. Akt der TOSCA eine Zwölftonreihe fand: Da war das Stichwort Wagner von zwei Seiten vermieden.

Man könnte dieses Verfahren zirkumpolar nennen, ein Vagieren um den magnetisch anziehenden Pol. Tatsächlich ist der Begriff der »circumpolaren Oper« geprägt worden als Verständigungsformel für jene im Schlagschatten Wagners entstandenen deutschen Opern, die einen Anspruch auf ästhetische Autonomie eher in der Distanz zu ihm fanden als im Versuch seiner Beerbung. Dieses Abrücken, von einigen Komponisten empfunden als Auseinandersetzung mit einem Über-Ich, fand in drei gattungstypischen Feldern statt, die durch Wagner nicht besetzt waren: der (oft) sentimental volkstümlichen Oper, der (meist ernst genommenen) komischen Oper und dem märchenhaften Musiktheater. Durch den Einfluss des italienischen Verismo kam Ende des 19. Jahrhunderts noch eine naturalistische Farbe ins Spiel.

Gleichzeitig zu diesen Abkoppelungsversuchen blieben, gelegentlich sogar mit dem Anspruch einer Wagner-Nachfolge, der Typus der romantischen Oper und der Grand Opéra lebendig: mit Stoffen aus dem christlichen Mittelalter, der klassischen Antike oder einer exotischen Ferne, aber auch aus den nordischen Mythen. Dazu gehören mit Werken wie TANNHÄUSER (Darmstadt 1846) von Karl Mangold (1813–1889) oder DIE NIBELUNGEN (Berlin 1854) von Heinrich Dorn (1804–1892) Opern, die unabhängig von Wagner entstanden und eine Zeit lang gegen ihn ausgespielt wurden. Ein direkter Antipode Wagners, auch in der Personaleinheit von Dichter und Komponist, war Franz von Holstein (1826–1878). DER HAIDESCHACHT (Dresden 1868) nach E. T. A. Hoffmanns Novelle DIE BERGWERKE ZU FALUN (1819) verbindet Anklänge an Weber, Marschner und Meyerbeer zur blassen Erscheinungsform einer zirkumpolaren Oper, der Holstein in DIE HOCHLÄNDER (Mannheim 1876) kräftiges schottisches Lokalkolorit beimischte. Dieses Werk ist eine historische Oper im Stil Meyerbeers: trotz Anlehnung an Zeitströmungen der realistischen Literatur ein harmloser Gegenentwurf zu Wagners mythisierenden Musikdramen.

DIE LORELEY (Max Bruch)

Prototyp des musikalischen Dramas, das Wagners kopernikanische Wende ausblendete, war die romantische Oper, der neben anderen Max Bruch (1838–1920) mit DIE LORELEY (Mannheim 1863) huldigte. Das Zitat aus Friedrich Silchers Vertonung des Heine-Gedichts ICH WEISS NICHT, WAS SOLL ES BEDEUTEN, meist in Mittelstimmen verborgen und erst für das Lied der auf dem Ley-Felsen zur Nixe gewordenen Leonore als Hornmelodie hervortretend, legt den Stil der Oper auf ein sentimentales Romantisieren fest. Vielleicht verstärkte das im ›Dritten Reich‹ die Legende von Bruchs jüdischer Herkunft (Heines Autorschaft am Lied wurde dafür totgeschwiegen). Hans Pfitzner wiederum, nicht gerade ein Philosemit, hat die Oper als Inbegriff des Romantischen gepriesen und 1916 in Straßburg herausgebracht: zwar noch im Einvernehmen mit dem Komponisten gekürzt, aber doch in weit gehender Restituierung der 1887 von Oskar Walther in Leipzig wenig feinfühlig zu einem Dreiakter verschnittenen vieraktigen Urfassung von 1863. Auch eine problematische Neueinstudierung 1984 in Oberhausen/Remscheid konnte das Werk nicht im Repertoire verankern. Die Gründe dafür dürften einmal in dem schon 1847 für Felix Mendelssohn Bartholdy geschriebenen Libretto Emanuel Geibels liegen, dessen Betulichkeit der durch Clemens von Brentano erschaffenen Kunstfigur der Loreley keine undinenhafte Faszination des Andersseins mitgibt. Aber auch die oft konzertant und bewegungsarm wirkende Musik schafft der Fährmannstochter, die nach dem Liebesverrat Pfalzgraf Ottos einen Pakt mit den Rheingeistern schließt und zur Rächerin an dem Treulosen wird, keinen eigenen Lebensraum. Einzig die Beschwörungsmusik des II. Akts findet zwischen Liedertafelei und aufgeplustertem Orchesterklang einen eigenen Ton.

KARL GOLDMARK (1830–1915)

Der ungarische Komponist, Sohn eines jüdischen Kantors, war überzeugter – in den Aufständen von 1848 sogar praktizierender – Patriot, obwohl er nie die Landessprache beherrschte, er fühlte sich dem deutschen Kulturbereich zugehörig. Umso größer war die Enttäuschung, dass seine 1871 der Wiener Hofoper eingereichte Erstlingsoper DIE KÖNIGIN VON SABA keine Chance zur Aufführung erhielt. Erst ein Wiener Benefizkonzert im Januar 1874, bei dem der Einzug der Königin in Salomons Palast aufgeführt wurde, brachte mit dem unüberhörbaren Lob von Liszt und Brahms den Durchbruch. Den sensationellen Uraufführungserfolg konnte Goldmark mit seinen späteren Opern nicht wiederholen, die KÖNIGIN VON SABA blieb sein persönlichstes und bestes Werk für das Musiktheater.

DIE KÖNIGIN VON SABA (›Oper‹ in vier Akten, *L* von Salomon Hermann von Mosenthal; Hofoper Wien 1875; landessprachliche *EA* Budapest 1876; Hamburg 1877; Prag 1878 – auch deutsch –, Turin 1879, in dieser Fassung Verbreitung zwischen St. Petersburg 1880 und Buenos Aires 1901; New York 1885 deutsch, 1888 englisch;

Rotterdam 1888, Warschau 1891; Zürich 1897, Amsterdam 1899, London – wo die Oper vorher verboten war, da Gestalten der Bibel auf der Bühne nicht gezeigt werden durften – 1910; in Deutschland Repertoirestück bis 1933, in Österreich bis 1938; *WA* Graz 1985, Dortmund 1998).

Um das Thema des Liebesverrats wie in Bruchs LORELEY kreist, wenngleich in einer verborgenen Weise, auch die Erfolgsoper Goldmarks. Der Komponist konnte schon 1887 in Wien die 100. Vorstellung erleben, die dortige Aufführungsgeschichte blieb bis zum so genannten Anschluss Österreichs an das Deutsche Reich ungebrochen, in Budapest hat sich das Werk auch nach dem Zweiten Weltkrieg im Repertoire halten können. Dirigenten wie Gustav Mahler und Bruno Walter waren Wiener Erfolgsgaranten, Arturo Toscanini machte die Oper – erstmals 1901 in Buenos Aires – mit Starbesetzungen in der Neuen Welt zum Hit. Das Libretto, mit dessen Vertonung Goldmark schon 1866 begann, schildert in meist vierhebigen Trochäen von geringer Sprachqualität den aus dem Koran wie aus der Bibel (BUCH DER KÖNIGE) überlieferten Besuch der mythischen Königin von Saba bei König Salomon in Jerusalem. Kurz vor der Uraufführung musste Goldmark zahlreiche in die Druckfassungen eingegangene Striche machen (aus dem Autograph wären sie – nicht zum Wohle des Werks – restituierbar). Seine an Meyerbeer erinnernde Skrupulosität, Kehrseite eines Minderwertigkeitskomplexes, lässt das Werk mehr in einzelnen Schönheiten als im szenisch-musikalischen Gesamtzusammenhang glänzen. Es wirkt wie eine etwas befremdliche Mischung aus TANNHÄUSER und DIE AFRIKANERIN.

Formal handelt es sich, trotz einiger Ansätze zur Durchkomposition mit zahlreichen Orgelpunkten und oft chromatisch oder enharmonisch geprägter Motivik, um ein Werk im Stil der Grand Opéra mit Ballett, spektakulären Effekten und viel Lokalkolorit. Im Gegensatz zu Halévys JÜDIN oder Meyerbeers großen Opern ist der Aufwand bei Goldmark aber vorherrschend dekorativ, musikdramatische Stringenz erreicht DIE KÖNIGIN VON SABA kaum. Einzig das schon in der Ouvertüre erklingende Verfallenheitsmotiv des Assad, eine in den Celli sich triolisch hoch windende Figur, besitzt gestische Kraft. Aber es wird wie die anderen Hauptmotive nie einer Verarbeitung unterworfen, die semantischen Zusammenhang ergäbe. Das liegt auch an der Dramaturgie, da Mosenthals Grundeinfall nicht durchgeführt ist: die Konfrontation der Prinzipien von Tag und Nacht. Was in TRISTAN UND ISOLDE zum Ineins von Liebes- und Todestrieb führte, wollte Mosenthal auftrennen in eine orientalisierende Nachtwelt, in der die fremde Königin allen erotischen Zauber entfaltet, und eine jüdische Tagwelt, für die Salomons helle Rationalität steht. Aber der König blieb musikalisch eine Nebenfigur, und die innere Handlung bezieht ein Nebenpaar ein: Assad, den die Königin nachts verführt und tagsüber verleugnet, sowie seine Braut Sulamith. Sie findet am Ende, nachdem er der blasphemisch als Göttin gepriesenen Königin entsagt hat, zu dem verbannt in der Wüste Sterbenden zurück. Im Autograph der in der Budapester Nationalbibliothek aufbewahrten Partitur ist dieses stille Finale durch den Zug Salomons und Sulamiths zu Assad ins grell Apotheotische gewendet.

Den ungeheuren Erfolg der Oper beim zeitgenössischen Publikum erklärt nicht allein der exotische Überhang. Denn die arabisierenden Tanzrhythmen und einstimmig intonierten Priesterchöre werden übertrumpft vom zunächst rein orchestralen Einzugsmarsch der Königin: einer Art Konkurrenzunternehmen zum Triumphmarsch in Verdis AIDA (→ Bd. II, S. 658 ff.). In E-Dur ziehen Soldaten, Leibwache und Sklaven Salomons vorbei, in H-Dur Frauen und Mädchen. Dann künden vier auf der Bühne platzierte Trompeter das Erscheinen der Königin mit ihrem Gefolge und vielen Geschenken an, ehe ein Begrüßungschor die Szene und damit den I. Akt abschließt. Am interessantesten ist die cis-Moll-Episode für den Auftritt der Königin, der mit der Teilung in tiefe Streicher und Bläser sowie hoch flirrende Flöten harmonisch, rhythmisch und instrumentationstechnisch auf den Schleiertanz der Salome von Richard Strauss vorausweist.

Goldmark hat seine Titelfigur in jenem Mezzo-Fach angesiedelt, das in der französischen Oper des Fin de siècle als klangsinnliches Signum für die Femme fatale steht. Ihre große Szene im II. Akt *Aus des Jubels Festgepränge* liefert musikalisch indes kein prägnantes Abbild dieser gespaltenen Persönlichkeit. Sie inszeniert ihren nächtlichen Liebeszauber für Assad aus einer Einsamkeit, die textlich nicht begründet und musikalisch nicht beglaubigt ist. Die Erinnerung an *Libanons verschwieg'ne Quelle*, wo sie Assad einmal unerkannt beim Baden verführt hatte, erklärt kaum den hochpathetischen Ausdruck, mit dem sie seiner Braut Rache schwört. Die gewaltige Anlage der

Szene überstieg offenbar Goldmarks kompositorisches Vermögen. Umso eindrücklicher beweist es sich in Kleinformen wie dem anschließenden Gesang der Astaroth, mit dem die junge Schwarze Assad im Auftrag der Königin die Sinne verwirren soll: *Wie im Schilfe lockt der Reiher*. Bordunartig erklingt in Celli und Harfe ein Quint-Orgelpunkt mit überlagerten Flöten- und Pikkologirlanden sowie gedämpften Hörnern als Mittelstimme. In einem aus der ungarischen Zigeunermusik entlehnten Moll-Modus erhebt sich dann begleitungslos der faszinierende Ruf eines Lockvogels mit übermäßigen Intervallen, gehäuften Vorhalten und virtuosem Triller, dessen Überdehnung für Selma Kurz nach der Wiener Neueinstudierung von 1901 ein – auch auf Platte dokumentiertes – Markenzeichen wurde.

Die folgende Arie des Assad *Magische Töne* diente mit ihrer bellinischen Melodik von Toscaninis südamerikanischem Protagonisten Enrico Caruso 1901 in Buenos Aires und Leo Slezak bei seinem Wiener Rollendebüt 1904 bis hin zu Nicolai Gedda oder Peter Seifert als tenorales Stimmfutter in unbequemster Höhenlage. Sulamith hat zwei Glanznummern: einmal ihren ekstatisch mit einem Oktavsprung beginnenden Gesang *Mein Assad kehrt zurück* (I,3), der sich mit dem Refrain der Mädchen zwischen As-Dur, f-Moll und F-Dur bewegt und in einer Trillerkette ausschaukelt. Das Gegenstück, Bekundung ihres zerstörten Lebens, findet sich in III,4. *Doch eh' ich in des Todes Tal zur ew'gen Ruhe ziehe* ist eine bewegende, wiederum chordurchsetzte Szene in c-Moll, die sich mit der zentralen Arie nach es-Moll und fis-Moll verdüstert. Den Klageruf der Mädchen vernimmt Assad im IV. Akt als Signal für die Ankunft Sulamiths. Mit dem Rosenrefrain der Mädchen aus Sulamiths Arie im I. Akt geht das es-Moll-Duett der Liebenden zu Ende. Zuvor gewinnt auch die Königin bei ihrem letzten Verführungsversuch an Assad melodisch-harmonisches Profil, wenn sie ihm über weichem Orgelpunkt in fast entrücktem E-Dur ein einsames Palmenwäldchen als Liebesinsel anpreist (IV,2).

Die Häufung von Orientalismen, zu denen ein authentisch wirkender Ruf des Tempelwächters und der synagogale Chorgesang in der von Assad zerstörten Hochzeitszeremonie mit Sulamith gehören, siedeln Goldmarks Erstlings- und Hauptoper auf einem ungleich höheren Niveau als Bruchs LORELEY an. In den breit gefächerten Stilspezifika, die durch eine eher additive als konzise Leitthematik kaum zusammengehalten werden, spiegelt sich immerhin etwas von dem bei Bruch versiegelten Motiv sexueller Hörigkeit. Allerdings sind Goldmarks koloristische Reize nicht frei von einem Zug ins Kleinmeisterliche. So figurierte nach 1945 der einst in Wien zum Repertoire der Primaballerinen zählende Bienentanz aus der Ballettmusik in III,1 – eine Fortsetzung des Almeen-Tanzes aus Félicien Davids nicht nur in Frankreich den Durchbruch des Exotismus markierender symphonischer Ode DIE WÜSTE (1844) – in Wunschkonzerten als Pendant zum Hummelflug aus Rimski-Korsakows Oper ZAR SALTAN: ein gesunkenes Kulturgut.

UNTERWERFUNG IM ÜBERTRUMPFEN

Einer ausgeprägten ›Couleur locale‹ hatte auch der Russe Anton Rubinstein in seinem FERARMORS (Dresden 1863) gehuldigt (→ Bd. II, S. 747). So ist es kein Wunder, dass den Zeitgenossen DIE KÖNIGIN VON SABA als ein authentisches musikalisches Drama in Vermeidung des Wegs galt, den Wagner mit dem RING DES NIBELUNGEN eingeschlagen hatte. Formgeschichtlich war Goldmarks Ansatz indes retrospektiv. Bis zum Donnerschlag der SALOME von Richard Strauss im Jahre 1905, die komplementär zu Debussys PELLÉAS ET MÉLISANDE den Typus der Literaturoper durchsetzte, fand das zirkumpolare Musiktheater Abstand zu Wagner weniger in exotischen Sujets als in den Genres der komischen, volkstümlichen oder märchenhaften Oper. Wie überlebenswichtig der Exotismus seiner Oper für Goldmark aber war, wird aus dem Misserfolg deutlich, den er mit seinen späteren Werken in der Wiener Hofoper erlitt. Der in Busonis DOKTOR FAUST einmal zitiert nachhallende MERLIN (1886, *WA* Trier 1997) bedeutete einen Schritt auf das mythische Terrain, in diesem Fall aus dem Bereich der Artussagen – Hugo Wolf galt er als Symptom für die »absurde Wagnernachäfferei« der Zeit; DAS HEIMCHEN AM HERD (1896) nach einer Vorlage von Charles Dickens war eine nur für kurze Zeit erfolgreiche Konkurrenz zur Märchenoper Humperdincks, die hier volkstümelnde Nummernfolgen durch Secco-Rezitative verbindet, DIE KRIEGSGEFANGENE (1899) ein kompositorisch missglückter Ausflug in die Hochliteratur der homerischen ILIAS; gewagt auch der Zugriff auf Goethe in GÖTZ VON BERLICHINGEN, der sich 1902 in der Budapester Hofoper so wenig durchsetzen konnte wie die elegisch getönte Shakespeare-Annäherung in EIN WINTERMÄRCHEN (Wien 1908), an dem schon Max Bruch in seiner HERMIONE (Berlin 1872) gescheitert war.

Über all das ist die Zeit ebenso hinweggegangen wie über viele Werke, die thematisch auf Wagners Spuren verharrten, aber seine Errungenschaften der Konstruktion eines wortmusikalischen Zusammenhangs verfehlten. Felix Draeseke (1835–1913) schrieb unter dem Eindruck des Urerlebnisses von Wagners LOHENGRIN 1853/57 nach Emanuel Geibels Gedicht einen KÖNIG SIGURD, der sich trotz einer folgenlosen Teilaufführung (Meiningen 1867) »in der Operngeschichte den Ruhm bewahrt, die erste ›Reckenoper‹ zu sein«. Mit den von Wagner vermiedenen Symptomen eines deutsch-nationalen Heroismus durchsetzte Draesecke 1877 seine HERRAT (Dresden 1892) nach dem von Karl Simrock zusammengestellten AMELUNGENLIED: eine Wagnerei mit Balletteinlage im III. Akt als stilistischem Fremdkörper. Auch mit anderen Versuchen in der musikalischen Heldensage hatte Draesecke kein Glück, und so wich er nach der Reckinnen-Oper GUDRUN (Hannover 1884) in den Neoklassizismus seiner Oratorien-Tetralogie CHRISTUS aus (zyklisch: Berlin 1912), die er als abgrenzende Fortführung von Wagners RING DES NIBELUNGEN verstand.

AUGUST BUNGERT (1845–1915)

Dieser Hang zur Gigantomanie ist ein Symptom der zirkumpolaren Oper in Deutschland: Unterwerfung mittels Übertrumpfen von Wagners Anspruch. So schrieb der berühmte Dirigent Felix Weingartner (1863–1942) nach SAKUNTALA (Weimar 1884) und GENESIUS (Berlin 1892) eine Trilogie ORESTES (Leipzig 1902) nach Aischylos, ehe er sich im leichteren Genre versuchte. Haben Weingartners Opern trotz mangelnder Originalität dank ihres gut ausgehörten Orchestersatzes immerhin Anteil an dem, was man Kapellmeistermusik nennt, so tut sich bei August Bungert eine Kluft zwischen Kunstwille und Kunstvermögen auf. Der Komponist, der nach Bayreuther Vorbild für sich bei Bonn ein Festspielhaus plante, hat sein musikdramatisches Lebenswerk nur zur Hälfte fertig stellen können. Während Homers ILIAS unvertont blieb, setzte er das andere Ur-Epos in die Tetralogie DIE ODYSSEE mit jeweils abendfüllenden, in Dresden uraufgeführten Musikdramen um: KIRKE (1898), NAUSIKAA (1901), ODYSSEUS' HEIMKEHR (1896) und ODYSSEUS' TOD (1903).

Die von Bungert selbst verfassten Libretti sind ein Endpunkt deutsch-idealistischer Antikenrezeption im 19. Jahrhundert. Die mit wenigen Stabreimen auskommenden, oft in Endreime gefassten und teilweise griechischer Metrik nachgestellten Verse – rein literarisch anspruchsvoller als die Wagners – teutonisieren die homerische Vorstellungswelt zu einem teleologischen Zusammenhalt. Zunächst dramaturgisch, indem Bungert mit Demeters Tochter Despoina ein tödliches Rachewerkzeug der Götter an Odysseus und – komplementär zu dessen legitimem Sohn Telemachos – mit Telegonos, dem Kind aus seiner Verbindung mit Kirke, ein irdisches Versprechen auf die ewige Wiederkehr der Jugend in die Handlung einbaut. Ideologisch weitet Bungert die Vorlage durch die für chorische Bass-Stimmen gesetzte Gäa, die Urmutter der Erde, aus. So wird die ODYSSEE auf dem Musiktheater zu einer Kosmogonie, in der die Verbindung von Eros und Thanatos in Wagners TRISTAN ebenso wie der Machtverzicht Wotans im RING zum Tatkräftigen umgebogen ist. In Vorwegnahme von Oswald Spenglers UNTERGANG DES ABENDLANDES, aus dem sich insgeheim wie ein Phönix das Preußentum als Weltmacht erhebt, legitimiert Bungert auf den Trümmern der GÖTTERDÄMMERUNG das Deutsch-Nationale durch die griechische Antike – eine Tendenz, die – vergleichbar den ›Bayreuther Blättern‹ im Fall Wagners – durch das Organ des 1911 gegründeten Bungert-Verbands ›Der Bund‹ offenbar wurde.

Trotz der Reprisen in Hamburg jeweils ein Jahr nach den Dresdner Premieren (ohne den Schlussteil), trotz Einzelaufführungen von ODYSSEUS' HEIMKEHR 1896 in Berlin war Bungerts Tetralogie schnell vergessen. Ihr ideologischer Ehrgeiz der Wagner-Nachfolge wirkt musikalisch gerade auf Grund des hoch zielenden Librettos inkohärent. Gegenüber Wagners Überdetermination des Geschehens durch die Motivtechnik im RING mit ihrer Widerspruch und Phantasie anregenden Eigengesetzlichkeit bevorzugt Bungert eine diatonisch geprägte Orchesterdominanz mit geschlossenen Chornummern. Trotz interessanter Details klingt die Musik anämisch: weniger nach Wagners Musikdramen als nach gängigen Volksopern. Sie sichert dem Sujet nicht jenen ästhetischen Mehrwert, der das Musiktheater in die Dialektik der Aufklärung einspannt. Musikalisch sind Bungerts HOMERISCHE WELTEN, so sollte der komplette Zyklus heißen, ein riesiges Flachrelief.

Einen Nachhall Wagners spürt man auch in Frühwerken von Komponisten, die später zu einem mehr oder weniger entwickelten Personalstil fanden: bei Wilhelm Kienzl in URVASI (Dresden 1896; Neufassung Graz 1910), bei Richard Strauss in GUNTRAM (Weimar 1894; Neufassung Weimar 1940), bei Hans Pfitzner in DER ARME HEINRICH (Mainz 1895) oder bei Max von Schillings in INGWELDE (Karlsruhe 1894). Im Gegensatz zu einem ausgesprochenen Wagner-Epigonen wie August Klughardt (1847 bis 1902), der mit IWEIN und GUDRUN (Neustrelitz 1879 bzw. 1882) seinem Idol nacheiferte, suchte Joseph Huber (1837–1886), textlich und kunsttheoretisch unterstützt von Peter Lohmann, die Geschlossenheit von Wagners Durchkomposition mit den Stilmitteln der programmatischen Tondichtungen Franz Liszts zu erreichen. Nach seinem thematisch Goldmarks KÖNIGIN VON SABA berührenden Erstling DIE ROSE VOM LIBANON schrieb er mit der ohne tonartliche Vorzeichen auskommenden IRENE (Stuttgart 1881) nach dem RHEINGOLD den ersten abendfüllenden Einakter: ein Fall des Willens zum Übertrumpfen. In der Regel aber lässt sich bei Kleinmeistern um die Jahrhundertwende eine allmähliche Absetzbewegung von Wagner – bei Joseph Huber sogar im unverblümten Widerspruch gegen ihn – konstatieren. Cyrill Kistler (1848–1907) wandte sich nach KUNIHILD (Sondershausen 1884) dem leichteren Stil zu, der Schweizer Hans Huber (1852–1921) erprobte nach KUDRUN (Basel 1896) das Genre der Märchenoper mit DIE SCHÖNE BELINDA (Bern 1919) und begab sich mit FRUTTA DI MARE (Basel 1918) auf das Feld der volkstümlichen Oper.

VON SICKINGEN NACH SÄCKINGEN ODER DIE TÜMLICHE OPER

Damit sind die Gattungen genannt, in denen sich die Wagner-Nachfolge zentrifugal zu eigenständigen Formen entwickelte. Es waren die so genannte Volksoper, die komische sowie die Märchenoper, in denen das deutsche Musiktheater zwischen Wagner und Strauss einen spezifischen Ton fand. In den konnten sich wagnerische Züge wie in Humperdincks HÄNSEL UND GRETEL (Weimar 1893) oder veristische mischen wie in Eugen d'Alberts Erfolgsstück TIEFLAND (Deutsches Theater Prag 1903). Ebenso waren Zutaten aus italienischer Kantilene und französischem Orchesterraffinement möglich wie im RITTER BLAUBART (Darmstadt 1920) des Österreichers Emil Nikolaus von Rezniček (1860–1948), der aber nur mit der genialisch beschwingten Ouvertüre seiner Komödie DONNA DIANA (Deutsches Theater Prag 1894; Neufassung von Julius Kapp: Wuppertal 1933) überlebt hat.

Das volkstümliche Genre hatte bis ins erste Drittel des 20. Jahrhunderts großen Erfolg. Ignaz Brüll (1846–1907) schrieb DAS GOLDENE KREUZ (Königliches Theater Berlin 1875) auf das Libretto Salomon Hermann von Mosenthals nach einer französischen Vorlage als treuherziges Singspiel mit Tänzen und Gesängen im Volksliedton, von denen Gontrans *Jugendglück, Jugendtraum* eine erinnerungsmotivische Funktion hat. Das Stück, das seinen Weg bis zur New Yorker Metropolitan Opera (1886) machte, wurde 1917 durch Georg Hartmann in ein deutsches Milieu verlegt. Diese patriotische Tat ließ es zwar im Ersten Weltkrieg überleben, bewahrte es aber nicht vor dem nazistischen Aufführungsverbot im Jahre 1933. Landschaftlich geprägt volkstümelnde Singspiele bevorzugte der Österreicher Julius Bittner (1874–1939), der mit DAS HÖLLISCH GOLD (Darmstadt 1916) seinen größten Erfolg hatte. Es handelt sich um einen Einakter zwischen Legende und Märchen, der möglicherweise auf ein Fastnachtsspiel von Hans Sachs zurückgeht. Das vom Komponisten selbst verfasste Libretto legt mit seinen altertümlichen Knittelversen diesen Schluss zumindest nahe. Wenngleich die Religiosität des Komponisten – von Alma Mahler-Werfel in ihren Memoiren ebenso eindringlich wie Bittners Siechtum beschrieben – verbürgt ist, wirkt der am dramatischen Höhepunkt als Sinnbild göttlichen Gnadenerweises um eine Mariensäule erblühende Dornbusch wie eine kitschige Devotionalie.

Tümelnde Momente gab es auch zuvor in zwei von Bruno Walter uraufgeführten Ansätzen Bittners zur Heimatoper: dem Zweiakter DER MUSIKANT (Hofoper Wien 1910), der bereits vor dem ROSENKAVALIER österreichischen Dialekt auf dem Musiktheater hoffähig machte, und DER BERGSEE (Hofoper Wien 1911). Hier handelt es sich um eine fiktive Tragödie aus dem Umkreis der Bauernkriege: den scheiternden Aufstand gegen den Salzburger Erzbischof. Am Ende begräbt der aus geöffneten Schleusen sich ergießende Bergsee alles unter sich. Julius Korngold klassifizierte die von Zügen der Wagner-Imitation nicht freie Oper darob als »Bauerndämmerung«. Das Heimweh des Landsknechts Jörg ist neben seiner Liebe zu Gundula das Movens auf der privaten Ebene: für Bittner Anlass zu volkstümlichen Liedern wie Jörgs Ständchen im Prolog des Zweiakters. Eine Erinnerung an den längst von den Spielplänen verschwundenen Komponisten hat Hanns Eisler in seiner DEUTSCHEN SINFONIE bewahrt. Im letzten Teil der zentralen Bauernkantate seines im Exil geschriebenen Gegenentwurfs zu Pfitzners Kantate VON DEUTSCHER SEELE zitiert er mit Brechts SICHELLIED Bittners Revolutionsgesang der Bauern.

DER TROMPETER VON SÄCKINGEN (Viktor Neßler)

Eins der beliebtesten Stücke im populären Genre um die Wende zum 20. Jahrhundert erscheint heute fast nur noch als Freiluftattraktion für Touristen in dem seit 1985 mit einem Trompetenmuseum aufwartenden Städtchen: DER TROMPETER VON SÄCKINGEN (Leipzig 1884). Komponiert hat diese Volksoper der Elsässer Viktor Neßler (1841–1890) nach dem Versepos (1854) Victor von Scheffels. Dieser SANG VOM OBERRHEIN nimmt, die Oper rezeptionsgeschichtlich in seinen Sog einbeziehend, eine komplementäre Stellung zum Drama FRANZ VON SICKINGEN ein, das Ferdinand Lassalle, Mitbegründer der deutschen Arbeiterbewegung, 1859 mit der Bitte um Kommentierung an Karl Marx und Friedrich Engels schickte. Die daraus entstehende Diskussion markiert den Anfang einer marxistischen Erörterung des Verhältnisses zwischen Kunst und Wirklichkeit. Darüber hinaus wirft sie einen erhellenden Reflex auf Neßlers Oper, die den für Marx grundsätzlichen Fehler des Lassalle-Dramas potenziert. Statt des »Shakespearisierens« betreibt sie ein »Schillern«, das »Verwandeln von Individuen in bloße Sprachröhren des Zeitgeistes«.

Bei Lassalle wie bei Scheffel und in einer Schwundstufe der Thematik bei Neßler geht es um Klassenkonflikte. Im ersteren Fall werden sie während der Vorgeschichte der Bauernkriege einer Idee des im lutherischen Glauben vereinten Deutschland zugeordnet, im anderen erscheint der Titelheld im Rahmen einer durch Standesunterschiede problematisierten Liebesbeziehung als Werkzeug der Herrschenden gegen die aufständischen Bauern. Scheffel hatte das, in Anlehnung an Heines Versepos ATTA TROLL, eher ironisiert. Aber in den Jahren nach der deutschen Reichsgründung gewann sein Epos bierernste Bedeutsamkeit für das neo-biedermeierliche Publikum. Neßlers Oper markiert in dieser Entwicklung einen traurig schönen Höhepunkt. Obwohl der Librettist Rudolf Bunge mit der Vorlage relativ frei umging und sie – für die Handlung folgenlos – um einige Jahrzehnte in die Welt des Dreißigjährigen Kriegs zurückverlegte, herrscht doch eine Dramaturgie des falschen Tons vor. Sie kulminiert in den beiden textlich originalen Liedern Scheffels für den Trompeter Franz *Alt Heidelberg, du feine* und – besonders populär geworden – *Behüt' dich Gott! Es wär' zu schön gewesen*.

Der Kunst-Weg von Sickingen nach Säckingen ist der in eine Sackgasse. Lassalle war trotz aller literarischen Unzulänglichkeiten unter dem Eindruck der gescheiterten Revolution von 1848/49 um einen Sinn erhellenden Bezug zwischen Kunstanspruch und Wirklichkeitsgehalt im Dargestellten bemüht; Neßler, der mit seinem Librettisten dem Helden am Ende sogar eine adlige Herkunft zuschreibt und damit den Standeskonflikt neutralisiert, liefert einem sich zur expansionsentschlossenen Weltmacht rüstenden Gemeinwesen – im Uraufführungsjahr der Oper begann 1884 die Berliner Kongo-Konferenz als offizielle Bestätigung von Bismarcks imperialistischem Ehrgeiz – das realitätsentrückte Schwelgen in der Pseudoromantik von Alt Heidelberg. Das sentimental-epigonale Werk, eine Nummernoper mit Tanzaufzügen, Märschen und tümelnden Chören, stieß allerdings trotz seines ungeheuren, sogar ins Ausland ausstrahlenden Erfolgs (Prag 1885 unter Gustav Mahler; New York 1887; St. Petersburg 1889; London 1892) bei hellhörigen Zeitgenossen auf Skepsis. Eduard Hanslick resümierte: »Es schadet nicht, wenn ein Künstler mitunter mehr Glück als Verstand hat. Nur sollte er nicht gar zu wenig Talent haben«. Und aus dem ästhetisch entgegengesetzten Lager plädierte Hugo Wolf nach der Wiener Erstaufführung 1886 für eine Radikallösung: »Fürwahr! man hätte am besten getan, einen großen Strich, der sich von der ersten Note des 1. bis zur letzten Note des 3. Aktes zu erstrecken gehabt hätte, in der Partitur anzubringen«.

DER EVANGELIMANN (Wilhelm Kienzl)

Hanslick äußerte sich skeptisch auch gegenüber einem anderen Erfolgsstück der Zeit, das – komplementär tenorales Stimmfutter zum Baritonschmelz des TROMPETERS VON SÄCKINGEN – in der österreichischen Provinz noch heute überlebt. In der Wiener Volksoper fand es dank Anton Dermota in der Titelrolle sein Publikum bis in die siebziger Jahre, und 1992 wurde es in Wiesbaden wohl erstmals durch Florian Malte Leibrecht gesellschaftskritisch inszeniert: DER EVANGELIMANN (Hofoper Berlin 1895) des Österreichers Wilhelm Kienzl (1875–1941). Er schrieb den Text zu seinem musikalischen Schauspiel selbst, und der geriet so kitschig, wie nur eine aus dem Leben gegriffene Geschichte geraten kann. Gefunden hatte Kienzl das Melodrama um Schuld und Vergebung in den 1892 erschienenen Wiener Sittenbildern AUS DEN PAPIEREN EINES POLIZEICOMMISSÄRS von Leopold Florian Meißner. Der I. Akt spielt 1820 im Meierhof der niederösterreichischen Benediktinerabtei Göttweig, der II. drei Jahrzehnte später in Wien. Mathias Freudhofer ist das Opfer der Eifersucht seines Bruders geworden, der ihm das Liebesglück mit Martha, dem Mündel des Klosterjustiziars, missgönnt und eine Scheune anzündet. Mathias wird als angeblicher Brandstifter zu zwanzig Jahren Kerker verurteilt, Martha geht aus Kummer in die Donau. Nach seiner Entlassung zieht Mathias als Laienprediger durch die Lande und probt mit Kindern seine persönliche Bergpredigt *Selig sind, die Verfolgung leiden um der Gerechtigkeit willen*. Magdalena, die einstige Freundin Marthas, führt ihn zu einem bußfertig Sterbenden, der Mathias seine Lebensschuld beichtet – es ist dessen Bruder, der Vergebung findet und stirbt. Es folgen Gebet Magdalenas und Reprise der Seligpreisung durch die Kinder.

Für Generationen war der II. Akt des EVANGELIMANNS Inbegriff einer Emotionsansprache durch die Oper. Dabei ertrinken Magdalenas Arie *O schöne Jugendtage* und besonders der kinderchordurchsetzt tenorale Schmachtgesang des Titelhelden, wiewohl Kienzl ihm einige chromatisierende Orchesterfügungen mitgab, in naiver Gefühligkeit. Kienzl bot hier dem zeitgenössischen Publikum, ergänzend zur historisch-ständischen Versöhnungsschnulze im TROMPETER VON SÄCKINGEN, die religiös-individuelle Variante, die zudem als realistisch – weil der Wirklichkeit entnommen – ausgegeben wurde. Nach dem Scheitern seiner Tragikomödie DON QUIXOTE (Berlin 1898), für die er das Libretto nach Cervantes selbst geschrieben hatte, griff der Komponist das Verfahren mit dem wiederum als ›musikalisches Schauspiel‹ bezeichneten Dreiakter DER KUHREIGEN (Wien 1911) und dem männerchordurchsetzten Ohrwurm für Tenor *Zu Straßburg auf der Schanz* erneut auf. Diesmal bewährt sich der Held, ein Unteroffizier im Schweizer Regiment, moralisch in der Französischen Revolution. Obwohl er in der verheirateten Adligen Blanchefleur (Sopran) musik- und handlungsdramaturgisch ein Gegengewicht findet, erreicht die Oper nicht die dramatische Schlagkraft thematisch verwandter Werke wie Massenets THÉRÈSE oder Giordanos ANDREA CHÉNIER.

Andrerseits war Kienzl nicht nur im Gegensatz zu Neßler, sondern auch im Vergleich mit weiteren Vertretern eines bewusst volkstümlichen Opernstils der Zeit ein weit ambitionierterer Künstler. Schon die Genrebezeichnung für den EVANGELIMANN und den KUHREIGEN, dessen Text der Kritiker Richard Batka nach einer Erzählung Rudolf Hans Bartschs aus der Sammlung VOM STERBENDEN ROKOKO (1909) schrieb, weist auf eine willentliche Auseinandersetzung mit Wagners Musikdrama hin. ›Musikalisches Schauspiel‹ ist der EVANGELIMANN etwa in der Hinsicht, dass die Beichte des Johannes in der textmusikalisch engen Fügung des wagnerschen Deklamationsstils gehalten ist. Die Nutzung einer kirchlichen Andacht für die Verabredung der Liebenden mit der Vermittlerfunktion eines Mezzosoprans im I. Akt weist direkt auf den Anfang der MEISTERSINGER zurück. Dem Anspruch dieses Vorbilds stellte sich Kienzl mutig in den beiden Duetten des Paars mit ihrem dichten Vokalstil (I,1 und 8), im volkstümlichen Genrebild der Kegelszene des I. Akts – eine leichtergewichtige Reverenz vor der Prügelfuge – und dem Gesang des unsichtbar bleibenden Nachtwächters, der Johannes erst den teuflischen Plan eingibt: *Gebt acht auf's Feuer und auf's Licht.*

Aber gerade diese Parallelen zu den MEISTERSINGERN offenbaren Kienzls Grenzen. Während er das religiöse Moment im II. Akt zur pseudo-sakralen Überdominanz fetischisiert – und damit das Motiv des im Leiden an der Welt zum Sänger, Künstler und weltlichen Prediger werdenden Menschen ins Sentimentale verbiegt –, fungiert »die Kirchenszene bei Wagner lediglich als Teil des gesellschaftlichen Lebens«, das auch in anderen Facetten erscheint. Die Lebenstotalität, die Wagner seinem Publikum angesichts einer sich immer stärker fragmentierenden Wirklichkeit zu geben versuchte, ist in der volkstümlichen Oper, einem Pendant des bürgerlichen Rührstücks im Sprechtheater, zur Seligpreisung der Beschränkten verflacht. Der Kunstanspruch wird zum Surrogat seiner selbst, und der Wirklichkeitsgehalt im Kunstwerk dient nur noch der Ablenkung von der Realität. Kienzls Musikalisierung eines Wiener Sittenbilds aus dem Fin de Siècle weist der Religiosität eine Bedeutung zu, die sie gerade im klerikal bestimmten Habsburgerreich der Epoche längst verloren hatte, sie wird zum ›Ragout Fin de Siècle‹. Das ist künstlerische Bigotterie, in ihrer beseligenden Auswirkung auf das Publikum ungleich reaktionärer als Massenets bigotte Erotisierung des Sakralen zur selben Zeit in Frankreich (→ Bd. II, S. 867 ff.).

DAS KOMISCHE – ERNST GENOMMEN

Im XIV. Buch von Dichtung und Wahrheit hatte Goethe, nach genauem Studium des Lebens Mahomets, den Entwurf einer Kantate über den Propheten und sein Bedauern darüber mitgeteilt, dass die bereits geschriebene Eingangshymne verloren gegangen sei. Unter dem Einfluss eines geeigneten Komponisten, so meinte er, würde sie sich rekonstruieren lassen. An anderer Stelle erwähnte er den Plan zu einer Oper, die dem Publikum einen anschaulichen Eindruck vom Orient vermitteln sollte – etwa vom Leben eines Karawanenführers. Wenig später, um 1814, lernte er den Divan des persischen Dichters Schamsoddin Mohammad Hafes kennen, der ihm (und in den Liebesgedichten auch Marianne von Willemer) zum Anlass einer der tiefstgründenden Annäherungen von Abend- und Morgenland in der deutschen Literatur des 19. Jahrhunderts wurde: der West-östliche Divan. Im Gegensatz zu zeitgleichen Orientalismen in der deutschen Musik wie in dem Singspiel ABU HASSAN von Weber, der auch in der Bühnenmusik zu Preziosa und Turandot sowie in OBERON mit melismatischer Melodik, farbiger Instrumentation und ostinater Rhythmisierung Lokalkolorit beschwor, weckte Goethes Divan in Peter Cornelius primär Sensibilität für die textlichen Valeurs bei der Aneignung eines orientalischen Stoffs. Ein mit seinem BARBIER VON BAGDAD vergleichbar anspruchsvolles Libretto weisen zwei andere Beiträge zur zirkumpolaren Oper im komischen

Genre auf: DER WIDERSPENSTIGEN ZÄHMUNG von Hermann Goetz nach Shakespeare und DER CORREGIDOR von Hugo Wolf, der ein durch die explosive Vertonung von Mörike-Gedichten geschärftes Wort-Musik-Bewusstsein des Komponisten bezeugt.

PETER CORNELIUS (1824–1874)

Der aus Mainz stammende, dort eine Zeit lang am Theater, dann in Berlin als Komponist und Kritiker tätige Cornelius, der 1853 nach Weimar übersiedelte und in den Bannkreis um Liszt und Wagner geriet, war sich bei aller Faszination durch Wagners Werk bis zum LOHENGRIN über die Gefahr einer zu großen Nähe im Klaren: »Wagners Atmosphäre hat eine große Schwüle, er verbrennt und nimmt mir die Luft«. Lebensluft holte sich Cornelius nicht von anderem Planeten, sondern von anderem Kontinent: indem er dem Orient mit seinem BARBIER VON BAGDAD eine hochintelligente Reverenz erwies. Damit stieß er in jene Lücke, die sich zwischen der Tradition des deutschen Singspiels und der leichten Spieloper des Biedermeier einerseits sowie Wagners schwergewichtigen – erst 1868 uraufgeführten – MEISTERSINGERN auf der anderen Seite auftat. Cornelius begründete eine neue Tradition der komischen deutschen Oper, in der es keineswegs tümlich zugeht und das Komische von der ästhetischen Seite her ernst genommen wird.

DER BARBIER VON BAGDAD (›Komische Oper‹ in zwei Akten, *L* vom Komponisten nach den ERZÄHLUNGEN AUS 1001 NACHT; Weimar 1858; gekürzte und neu instrumentierte Bearbeitung von Felix Mottl: Karlsruhe 1884; weit gehende Restituierung des Originals durch Hermann Levi: München 1885; endgültige Wiederherstellung der Originalfassung durch Max Hasse: Weimar 1904).

Die Uraufführung in der Weimarer Hofoper geriet zu einem Skandal: als Ergebnis einer Intrige, die sich weniger gegen Cornelius als gegen den Dirigenten Franz Liszt richtete, der daraufhin von seinem Amt als Operndirektor zurücktrat. Obwohl der BARBIER nur indirekt Opfer dieser Vorgänge geworden war, stand er mangels ästhetischer Parteigängerschaft doch quer zum Zeitgeist. So versuchte Felix Mottl mit seiner Bearbeitung, das Werk Wagners Klangsprache anzupassen: ein kapitales Missverständnis, das auch nach der Edition der Originalpartitur durch Max Hasse nicht gleich ausgeräumt war. Es beschränkte sich keineswegs auf die Frage, ob man nicht doch statt der originalen Ouvertüre – einem atmosphärisch reizvollen Sonatenhauptsatz in h-Moll – die vom Komponisten auf Anraten Liszts nachkomponierte D-Dur-Ouvertüre spielen wolle, die mit ihrem allerdings etwas potpourrihaften motivischen Bezug auf die Oper Wagners Ideal der Durchkomposition verpflichtet war (Cornelius hat sie als vierhändige Klavierskizzehinterlassen). Regelmäßig gespielt wurde die Oper in der einzig diskutablen Originalfassung an kleineren Bühnen erst nach dem Zweiten Weltkrieg, außerhalb des deutschen Sprachraums blieb sie ein Kuriosum, woran auch gelegentliche Aufführungen wie 1969 beim Glyndebourne-Festival nichts änderten. Und der Ehrgeiz der Münchner Staatsoper, das Werk 1984 in hochkarätiger Besetzung als festspielwürdig durchzusetzen, weckte mehr Verwunderung als Begeisterung. Andrerseits ist der BARBIER von Kennern immer wieder gerühmt worden, und nicht allein in Deutschland. René Leibowitz etwa plädierte 1957 in seiner französischen Operngeschichte engagiert für das Werk, dem er nicht nur die Fortführung einer durch Mozart begründeten Tradition zusprach, sondern auch kompositionstechnische Feinheiten, die »den Willen zur Durchkomposition bezeugen und doch beinahe nichts dem Beispiel Wagner verdanken«.

Es lässt sich ohne Überspitzung des Sachverhalts die These aufstellen, dass die zirkumpolare Opernbewegung rund um und fort von Wagner im BARBIER VON BAGDAD einen Qualitätsstandard erreichte, der auf Wagner zurückwirkte. Der Einfall von Cornelius, die tumultuöse Zuspitzung der Vorgänge in II,8 mit einem Höchstmaß an formaler Ordnung auszustatten: einer Passacaglia, deren Thema neunmal wiederholt wird, hat Wagner tendenziell in der Prügelfuge der MEISTERSINGER übernommen. Doch was bei ihm durch die Funktion des rhythmisch augmentierten Beckmesser-Ständchens als ›Cantus firmus‹ im Schlussteil der Fuge denunziatorische Stoßkraft gegen eine Bühnenfigur gewinnt, ist bei Cornelius frei von solchen Implikationen. Sind die MEISTERSINGER in mancherlei Beziehung eine Komödie, der nicht zu trauen ist (→ Bd. II, S. 737 ff.), so entsteht der Humor bei Cornelius durch eine feinsinnige Zurüstung des ästhetischen Materials, die vom Vertrauen des Komponisten auf die Empfänglichkeit seiner Hörerschaft kündet. Dass dieses vom Publikum oft als Zumutung empfunden worden ist, macht hinter der Formalstruktur der Komödie rezeptionsgeschichtlich den Umriss einer Tragödie sichtbar.

Cornelius war überaus bemüht, diese zu vermeiden. Schon der Eingang mit dem vor seiner konsternierten Dienerschar Liebeskummer verströmenden Nureddin ist ein umgekehrter Liebestod vor dem TRISTAN. Trauerchor der Diener, Liebeshymne des Herrn mit der Sorge um sein Herz *O lass es nicht welkend verderben* und dem nach Halbtonrückung im Piano zum weltlichen Gebet verinnerlichten Ruf *O mache mein Herz gesund* erzeugen nach dem Vorspiel mit seinen leichten Orientalismen ein Schweben zwischen Emphase und Ironie. Cornelius greift hier ein Verfahren auf, das der reife Donizetti in der Introduktion seiner Buffa DER LIEBESTRANK (→ Bd. II, S. 281 f.) mit dem Bezug auf den zwischen Walzer und Mazurka parodierten ISOLDE-Roman verwirklicht hatte: durch die Uneigentlichkeit des Ausdrucks wahre Empfindung andeutend. Damit setzte sich Cornelius von der deutschen komischen Oper zwischen Biedermeier und Vormärz ab. Von deren herzigen Eindeutigkeiten hielt er nicht viel: Seit »Dittersdorf haben wir keinen eigentlichen Komiker unter den Komponisten gehabt«. So wollte er zwar »ein zweiter Lortzing« werden, aber »mit einer nobleren Faktur in jeder Hinsicht«. Das hieß: auf der kompositorischen wie auf der librettistischen Ebene.

EIN NOBLERER LORTZING

Tatsächlich ist die von Cornelius für seine Oper entwickelte Verssprache in der Geschichte der deutschen Oper vor Strauss/Hofmannsthal von unvergleichlichem Reiz. Sie übertrifft an Geschmeidigkeit und Geschmack Wagners ambitioniertesten Versuch, DIE MEISTERSINGER, um mindestens eine Größenordnung (was indes über die Tauglichkeit als Gesangstext nicht viel besagt). Ihr artifiziell ästhetischer Anspruch findet in der Geschichte der Librettistik des 19. Jahrhunderts ein Pendant nur in den Shakespeare-Adaptationen, die Arrigo Boito für Verdis letzte zwei Opern geschrieben hat. Erscheint in OTELLO Jago durch die Sprachfügung als ›Linguist der Lüge‹ (→ Bd. II, S. 670 f.), so gelingen Cornelius »Verse, in denen die biedermeierliche deutsche Welt ins Exotische verwandelt wird, damit im Akt dieser Anverwandlung die seelische Intensität, das Vexierbild einschmelzend, umso zärtlicher und brennender laut wird«, ohne dass karikierende Wirkungen verschmäht würden. Die Vermischung von Stoff und Kolorit durch Cornelius ist ein Geniestreich. Einerseits biegt er die Vorlage ins biedermeierlich Idyllische um: Nureddin gewinnt, im Hause der Kaditochter Margiana vor den Augen ihres Vaters in einem Korb wie Ritter Falstaff versteckt, durch ein Machtwort des Kalifen die Hand der Geliebten, während in den Erzählungen 29–31 aus 1001 NACHT Nureddin durch die Hilfsdienste des greisen Barbiers Abul Hassan um Gesundheit, Vermögen und letztlich sein Lebensglück gebracht wird. Andrerseits schmuggelt Cornelius diesen tragischen Aspekt durch den klanglichen Orientalismus wieder in das plane Glücksversprechen seiner Oper ein.

Dabei bleibt er dem abendländischen Tonsystem verhaftet und sorgt durch den Ruf der drei Muezzins in leierndem Rhythmus bei ständig wiederholter übermäßiger Sekunde – das Vorspiel II spiegelt das Verfahren instrumental – für eine gewisse Ausdruckslarmoyanz. So wird der Orient und mit ihm die Unbegreiflichkeit der Vorlage beschwörend in die Buffo-Oper einmontiert. Die ›Couleur locale‹ ist hier Dekor und zugleich Funktion. Cornelius greift diese Ambivalenz wortdramaturgisch auf, wenn er die Lösung des Knotens durch den Kalifen mit dem doppeldeutigen Wort *Schatz* erzwingt: Für Margiana ist der Schatz ihr in der Truhe verborgener und damit zugesicherter Nureddin, für ihren Vater ist er das Geschenk des von ihm bevorzugten Bräutigams. Mit dem Spruch des Kalifen, ihr gehöre der Schatz, gewinnt sie das eine, ohne das andere zu verlieren. Dass sich hinter diesem Happy End ein Abgrund auftut, suggeriert Cornelius, da er dem Schlusshymnus *Salam Aleikum* mit seinem irisierenden Fis-Dur in II,8 die Schimpfkanonade mit ihrer mehrfachen Chorschichtung vorangehen lässt. Diese chaotische Unordnung ist in die denkbar ordentlichste Form der Passacaglia gebracht, so dass die von allen Seiten ertönenden Jubelrufe am Schluss mit dem monotonen Preis des Kalifen in ihrer Eintönigkeit das dialektische Bild latenter Zwietracht evozieren. Sie äußert sich in musikalischer Komik: als unangebracht feierlicher Ton.

Er fällt umso stärker auf, als Cornelius jede Klangverdickung an anderen Stellen vermeidet. Schon das Duett des schnell von seinem Liebesleid genesenen Nureddin mit der kupplerischen Bostana, die ihm in I,3 ein Stelldichein mit Margiana verspricht, fällt stilistisch aus der deutschen komischen Operntypik heraus, wir meinen eher, ein Musizieren wie auf einem Nadelkissen zu hören: Nicht Wagner war für Cornelius die Richtschnur, sondern Berlioz, dessen BENVENUTO CELLINI er begeistert studiert und in Weimar gehört hatte. Berlioz-Nähe prägt auch das Terzett der beiden Frauen mit dem Kadi im II. Akt, das sich ebenso organisch wie atemlos aus der Mollphrase der Muezzinrufe entwickelt. Vergleichbar behände erwies sich Cornelius gegenüber dem Formproblem der dialoglosen Oper, indem er selbst da, wo eine Finalkadenz eine Szene zur Nummer rundet (I,1 und 3), durch die direkt erfolgende Aufnahme desselben Tonfalls in der neuen Szene klangliche Kontinuität herstellt. Und wo der auskomponierte Übergang das Nummernschema von vornherein unterbindet, geht Cornelius höchst variabel vor. So kann ein Enjambement von Szenen ohne Kadenz – wie in I,2 nach 3 – durch starken Kontrast von Tempo und Klangfiguren bewirkt werden, aber auch – wie in I,4 – dadurch, dass fast eine ganze Szene musikalisch als Übergang fungiert.

DIE KUNST DES IRREGULÄREN

Cornelius ist es mit seinem Willen zur Durchkomposition gelungen, den Gegensatz zwischen Rezitativ und geschlossener Nummer (Arie, Ensemble, Chor) weit gehend aufzulösen, ohne in Konkurrenz zu Wagners Opernreform zu treten. Er lässt das alte Formschema noch durchschimmern, reichert es aber harmonisch und rhythmisch mit Bestandteilen einer im Sinne Wagners progressiven Klangsprache an. Ein Vergleich des Eingangschors mit dem ebenfalls in G-Dur notierten von Flotows MARTHA zeigt einen Quantensprung. Während Flotow im Mittelteil schulmäßig nach H-Dur moduliert, das als Dominante des folgenden e-Moll (der Tonikaparallele) erscheint, wechselt Cornelius ohne Modulation nach Es-Dur, indem er dem Septakkord über G übergangslos den über B folgen lässt. So »wird aus dem Es-dur ebenso unvermittelt H-dur, das hier aber nichts zu tun hat mit e-moll; vielmehr geht der Weg über h-moll, A-dur und B-dur nach Es-dur zurück. Dann folgt ein B-dur-Abschnitt, von dem aus G-dur, die Ausgangstonart, um die Bezeichnung Grundtonart zu vermeiden, erreicht wird«. Mit solchen Qualitäten einer fast schon vagierenden Harmonik schafft Cornelius den doppelten Boden, auf dem Sein und Schein schwer unterscheidbar vermittelt sind. Hinter der Simplizität der Buffo-Oper tut sich die Vielschichtigkeit moderner Psychologie auf.

Von der profitieren die beiden Liebenden in einem Wort-Musik-Gefüge, dessen Komplexität einen neuen Standard in der Entwicklung der komischen Oper setzt. Ihr Duett *O holdes Bild in Engelsschöne* besteht aus vier zehnzeiligen Strophen mit dem Reimschema a-b-a-b-c-d-d-c-c-d, wobei Nureddin die erste Strophe, Margiana die komplementär zweite jeweils allein und die vierte wechselweise – unterbrochen von dem vor dem Haus trällernden Barbier – singen. Nur in der dritten verbinden sich die Stimmen zum emphatischen Unisono. Diese Strophe steht im Dreivierteltakt, die anderen wechseln zwischen vier und drei Vierteln, so dass – verstärkt durch die zwischen vier und fünf Hebungen pro Vers schwankende Fügung – der Eindruck eines latenten Siebenvierteltakts entsteht. Cornelius vermeidet beherrschende Symmetrie, was durch die punktuelle Diskrepanz zwischen Wort- und Musikakzent unterstrichen wird. So ist Nureddins Geständnis *Ich liebe dich* durch vorangehende Aufhebung der Einheit von Wort- und Sinnakzent jeder Trivialität entzogen. Das ist nicht mehr die Buffo-Technik Lortzings, sondern schon die Praxis eines Liedkomponisten – auch bezüglich der Gefahr, dass die Vorherrschaft des Wort-Musik-Verhältnisses das Recht der Bühne mindert. Cornelius aber entgeht ihr durch den Einbezug des Barbiers in das Duett wie durch die Intensität seines Melos. Der Vermeidung der Symmetrie von achttaktigen Phrasen entspricht der Dur-Moll-Wechsel im Ablauf des Duetts zwischen B und g, G und e in Nureddins erster Strophe sowie zwischen F, d und D in Margianas Antwortstrophe, wobei in der Folge die entfernten Tonarten D- und Fis-Dur unvermittelt nebeneinander stehen.

Auch die ungeheure Geschwätzigkeit des Barbiers gehört zu den von Cornelius eingesetzten Kunstmitteln. Sicher ist sein Parlando vom Bartolo in Rossinis BARBIER VON SEVILLA abgeleitet. Cornelius wollte diesem ein deutsches Pendant schaffen, aber seine Figur ist viel komplizierter. Das Ghasel *Lass dir zu Füßen wonnesam mich liegen, o Margiana*, das er in I,7 mit Wiederholung der Anrede an jedem Versende anstimmt, oder die in der folgenden Szene endlos vorgetragene Erzählung von seinen Brüdern mit der zehnmaligen Variante des Reimklangs für das Wort *lieben* sind samt seiner Selbstvorstellung in über vierzig akademischen Berufsbezeichnungen nicht die Gags der alten Buffa. Die Wortgewalt dieses Mannes entspringt auch nicht einem Selbstlob des Komponisten als Dichter, sie wird vielmehr dramaturgisch als Störfaktor eingesetzt (was der Bassist schnell an den Intonationsproblemen merkt). Die vergleichsweise harmlose Funktion, die Abul Hassans Aufnahme seines Margiana-

Ghasels aus dem I. Akt und dessen Integration in das Duett der Liebenden zu haben scheint, objektiviert seine geheimnisvoll zerstörerische Kraft aus der arabischen Erzählung. Der Mitklang des Irregulären im Idyllischen, des Gefährlichen im Komischen macht den BARBIER VON BAGDAD zu einem Meisterwerk des Zweideutigen. Ihm ist in jeder Hinsicht zu trauen.

Cornelius hat es nicht vermocht, die Qualitäten seines durchbrochenen Orchestersatzes auf das Genre der ernsten Oper zu übertragen. Das gilt auch für seine mehrfache Kontrapunktik, die sich nicht nur in der Passacaglia des II. Akts zeigt, sondern auch am Ende der ersten Szene in der Übereinanderschichtung von Männerchor und Tenormelodie (Nureddin) oder in Nureddins Duett mit Bostana, das ein Kanon im Quintabstand ist. Seine große heroische Oper DER CID (Weimar 1865; Revision von Hermann Levi: München 1891; Restitution der Originalfassung durch Max Hasse: Weimar 1904) blieb erfolglos und war musikalisch ebenso ein Versuch der an LOHENGRIN orientierten Wagner-Nachfolge wie die unvollendet hinterlassene GUNLÖD, deren schon auf den literarischen Jugendstil vorausweisend librettierte Fabel der altnordischen EDDA entnommen war.

DER WIDERSPENSTIGEN ZÄHMUNG (Hermann Goetz)

Auf dem Sonderweg der komischen deutschen Oper, in der es meist weniger zu lachen gibt als in anderssprachigen Ausformungen des Genres, nimmt die Shakespeare-Vertonung (Mannheim 1874; Hofoper Wien 1875; London 1878; Rotterdam 1881; Zürich 1884; New York 1886) von Hermann Goetz (1840–1876) eine besondere Stellung ein. Der in der Schweiz lebende Ostpreuße hat das Werk der tödlichen Tuberkulose so eben abringen können. Das mag erklären, warum es wenig animiert daherkommt, mit Ausdruckspathos befrachtet ist. Nicht gerade leichtfüßig wirkt auch das Libretto, das Goetz mit dem Kirchenmann Joseph Viktor Widmann schrieb, wobei er sich poetischen Rat bei Paul Heyse holte. Die Ausdehnung der Vorlage auf vier Akte bei gleichzeitiger Straffung von Handlung und Personal ist ein Indiz dafür, dass Goetz sich im Detail ungewöhnlich eng an den Text zu halten versuchte – in der Geschichte der Shakespeare-Oper war das nur in Gounods ROMÉO ET JULIETTE der Fall gewesen. Das Ringen der Librettisten um das dichterische Wort steht in der ästhetischen Ernsthaftigkeit dem skrupulösen Peter Cornelius in seinem BARBIER VON

BAGDAD kaum nach. Nur haben Widmann und Goetz im Unterschied zu diesem den spielerischen Ton des Geschehens wenig erfasst, und in dieser Tendenz einer Verfestigung des ursprünglichen Aggregatzustands geht die Vertonung einen Schritt weiter.

So fehlt der Oper Shakespeares Rahmenhandlung – der volltrunkene Kesselflicker Sly wird von einem Lord in fürstliche Kleider gesteckt und bekommt das Spiel vorgeführt –, die in Cole Porters Musical KISS ME KATE (1948) modern fortgeführt wird. Dadurch entfällt das Rollenspiel hinter der rüden Domestizierung Katharines durch Petruchio. Man kann es durch Regie in die Oper wieder einschmuggeln und ihr damit den doppelten Boden augenzwinkernden Ernstes geben (was Manfred Schnabel 1984 in Hagen versuchte, einer der wenigen Aufführungen nach 1945). Man kann auch dadurch dem Vorführeffekt der durch mancherlei Gewalt ihrer Eigenständigkeit beraubten Frau – wie in früheren Aufführungen – die Spitze nehmen, dass man auf Septett und Finale verzichtet und den beiden streitenden Liebenden das letzte Wort lässt. Aber solche Eingriffe ändern nichts daran, dass Goetz eine Musik geschrieben hat, die mit langsamen Tempi, Moll-Tonarten und der Neigung zu einer LOHENGRIN-ähnlichen Vorherrschaft des Vierviertelrhythmus wenig Lustspielcharakter verrät. Zwar hat es den, zumindest teilweise, auch: etwa Lucentios von der streikbereit lärmenden Dienerschaft unterbrochenes Lauten-Ständchen für Bianka, den E-Dur-Beginn von beider Duett sowie Hortensios von Bläsern gestütztes Ständchen und seine folgende Auseinandersetzung mit Lucentio im I. Akt. Auch Biankas Musiklektion wie die AENEIS-Übersetzung im III. Akt – ihre Liebhaber haben sich als Musik- und Sprachlehrer eingeschlichen – gehört zu den musikalisch buffonesken Partien des Werks. Die genannten Szenen des I. Akts sind nicht nur teilweise in die Nacht verlegte Zutaten zu Shakespeare, sondern musikalisch auch Produkt einer Spitzwegisierung. Andrerseits ist der Ton der Oper, zumal im Orchester und in den Chören, überraschend pathetisch oder wütend gestimmt, und der Höhepunkt der Partitur findet sich in einer absolut unkomischen Szene: Katharines zwischen Ges- und Des-Dur pendelnder Arie *Die Kraft versagt* (IV,3), in der sie den Verlust ihrer Identität beklagt.

Von dieser Szene, aus der Perspektive der im Titel gemeinten Figur, kann das Werk erschlossen werden als die ins Lustspiel gezwungene Trauer über den gesellschaftlich obligatorischen Selbstwertverlust einer Frau. Das ordnet den Chören der Diener mit ihrem grimmigen oder ängstlichen Gehabe eine potenzielle Parteinahme für die latente Zusammengehörigkeit des Paares zu. Goetz hat durch sparsamen Gebrauch von Erinnerungsmotiven eine musikalische Beziehung zwischen beiden Figuren angedeutet. Petruchios auftrumpfendes Personalmotiv, wie das gefühlvolle des Mädchens schon in der Ouvertüre erklingend, wird von Katharines zuerst in II,4 (*Er macht mir Bang*) zu hörendem Motiv im IV. Akt in des-Moll (parallel zu ihrem Klagemonolog) aufgesogen, während er ihr Motiv beim ersten Auftauchen sogleich aufgegriffen hatte.

Die Oper erzählt also auch etwas von einer geheimen Übereinstimmung im rollenhaften Widerstreit des Paares, und wenn dieser sich mit ihrem Ausruf im Finale III *Der du dein Herz geweiht* in einem Sextaufschwung entlädt, frappiert die direkte Gefühlsansprache der Musik. Sie ist, Petruchios machistischen D-Dur-Auftritt mildernd, auch im Libretto angelegt, weil der Mann gegen den Text der Vorlage eine innere Beziehung zu dem Mädchen hat und durchaus kein reisender Mitgiftjäger ist. Formal hat Goetz nicht den gleichen Willen wie Cornelius zur Durchkomposition gehabt, aber seine nur selten – etwa in Katharines Trotzarie *Ich will mich keinem geben* (II,1) – durch geschlossene Formen unterstrichene Flexibilität von Rezitativ, Arioso und Choreinblendung könnte man als »Versuch eines lyrischen Dramas für Musik, seine Tonsprache als musikalische Lyrik« charakterisieren. Sie lässt uns umso mehr bedauern, dass Goetz seine lyrische Tragödie über Francesca da Rimini unvollendet hinterließ (Aufführungsversion von Ernst Frank: Mannheim 1877).

HUGO WOLF (1860–1903)

Wenige Komponisten haben die Übermacht Wagners so stark empfunden wie der aus der Steiermark stammende Hugo Wolf. Mit fünfzehn Jahren hörte er in Wien TANNHÄUSER und LOHENGRIN in Anwesenheit des Komponisten und bekannte sich umgehend als Wagnerianer. Er lief seinem Idol auf der Straße voraus und riss vor dem Hotel die Kutschentüre auf. Da er auch als Musikkritiker für Wagner eintrat und Brahms auf das Heftigste bekämpfte, war er in vorderster Frontlinie in den nicht nur Wiener Kulturkampf zwischen Wagnerianern und Brahmsianern eingespannt: einen Grabenkrieg, der im geschichtlichen Abstand die Unversöhnlichkeit seiner Positionen ebenso eingebüßt hat wie manche ›Querelle‹ des 18. Jahrhunderts. Hugo Wolf selbst ging aus dem Zeitgeschehen nicht unbeschädigt hervor, und vielleicht war Gustav Mahlers halbherziger Einsatz für Wolfs einziges vollendetes Musikdrama an der Wiener Hofoper ebenso eine Folge der durch den Komponisten polarisierten öffentlichen Meinung wie die spätere Wirkungslosigkeit des CORREGIDOR. So hat Karl Kraus in seinem Nachruf auf Wolf, einer imaginären Folterszene, Wahnsinn und Tod des Komponisten als Ergebnis eines ungeheuren gesellschaftlichen Drucks interpretiert.

Der Wahnsinn hatte indes bei Wolf endogene Methode, und seine Produktivität ist mit ihrem Phasenwechsel zwischen himmelhoch jauchzend und zu Tode betrübt von Anfang an in monomanischen Schüben erfolgt. So auch die für seine künstlerische Selbstwerdung entscheidende Aneignung Mörikes in den Gedichtvertonungen des Jahres 1888. Mit ihnen hebt ein neues Kapitel in der Geschichte des Wort-Musik-Verhältnisses an, das sehr kontrovers beurteilt wurde. Adorno warf Wolf die schiere Reproduktion von Texten durch seine Musik vor, »ohne von der Ursprungsdialektik zwischen Wort und Lied auch nur zu ahnen«, Hanns Eisler stellte im selben Jahr 1928 sogar »Zersetzung der bürgerlichen Lyrik« durch »komplizierte Begleitung und deklamierende Gesangsstimme, die im Vergleich zum Begleitpart sehr dürftig und kunstlos ist« fest und verhöhnte Wolf später mit Brahms unter dem Totschlagebegriff »volksnahe Dekadenz«. Andrerseits erbat Rosa Luxemburg aus dem Gefängnis eine Abschrift von Goethes Gedicht Anakreons Grab mit dem Zusatz: »Ich habe es natürlich [!] erst durch Hugo Wolfsche Musik richtig verstanden; im Lied macht es geradezu einen architektonischen Eindruck; man meint, einen griechischen Tempel vor sich zu sehen«. Diese Beispiele verdeutlichen die Diskrepanz im linken Lager. Zwischen rechtem Verstehen eines literarischen Textes und seiner Vertonung in volksnaher Dekadenz öffnete Wolf ein schmales Tor, das seine Leistung in der literarischen Rezeptionsgeschichte umriss-scharf ans Licht bringt: Mit seinen Mörike-Liedern von 1888 setzte ein erstaunlicher Prozess der Entharmlosung des Dichters ein. Wolf hatte das bewusst initiiert, weil er dem angeblichen »Liebling der Grazien« eine »krampfhafte Innigkeit« und das »wollüstige Behagen am Peinlichen« zuschrieb: »Zu welchen Exzessen läßt seine Muse sich hinreißen, wenn sie der dämonischen Seite der Wahrheit ihr Antlitz zukehrt!«

Solche Qualitäten der Empfindung hat Wolf möglicherweise nach der mit Mörike vergleichbaren Situation einer gescheiterten Liebesbeziehung geschärft, etwa in seinen zwei Vertonungen aus dem Peregrina-Zyklus, der schon im Maler Nolten erschienen war. Als Motto für Wolfs Mörike-Verständnis ließe sich die erste Zeile des von ihm nicht vertonten Abschluss-Sonetts aus dem Zyklus anführen: »Die Liebe, sagt man, steht am Pfahl gebunden«. Entscheidend für Wolfs musikalische Textaneignung ist seine Kunst, diese Verschattung zu einem Weltbild zu verdichten. Die antike Vorstellung vom Gleichgewicht zwischen Tag und Nacht im Lied Um Mitternacht wird durch eine Streckung des daktylischen Rhythmus (»und kecker rauschen die Quellen hervor«) ins Elegische verlagert, im Lied KARWOCHE stellt er »durch die Vorzeichnung von Kreuzen im Klavierpart, die er ansonsten vermeidet [...], dem Benutzer und Betrachter des Notentextes das Kreuz Christi symbolisch und realistisch zugleich vor Augen«. Dem Barock hatte solche Augenmusik – etwa in Bachs KREUZSTABKANTATE – als Signal der Erbauung für eine Gemeinde eingeweiht Gläubiger gedient. Doch Wolf verkehrt sie zu einem persönlichen Verdikt, verurteilt das Christentum als Vernichter der im Kontext Mörikes beschworenen Begriffe Liebe und Frühling. Da probt in der Hermetik des kleinformatigen Kunstwerks ein an der Schöpfung Leidender den Aufstand gegen die irdischen Sachwalter des Schöpfers. Kann man mit solcher Technik der Wortvertonung, zumal in Verbindung mit unbequemen Intervallen der Stimmführung wie dem Tritonus und der Sept, der verminderten Quarte und übermäßigen Sekunde, eine Oper komponieren?

DER CORREGIDOR (›Oper‹ in vier Akten, *L* von Rosa Mayreder nach Pedro de Alarcóns Erzählung EL SOMBRERO DE TRES PICOS, 1874; Mannheim 1896 mit nur zwei Vorstellungen; Umarbeitung mit aufgelockerter Instrumentation, erweitertem Vorspiel III und Kürzung in IV: Straßburg 1898; Prag 1899; Graz 1902; München 1903; auf drei Akte verknappte Fassung von Gustav Mahler: Hofoper Wien 1904; Komische Oper Berlin 1906; Zürich 1931; London 1934; Salzburger Festspiele unter Bruno Walter 1936; konzertant New York 1959; sehr selten im Spielplan deutschsprachiger Häuser; gekürzte Schallplattenaufnahmen 1944 unter Karl Elmendorff und 1987 unter Gerd Albrecht).

Wolfs Opernpläne reichen bis ins Jahr 1875 zurück, als er das Urerlebnis Wagner hatte. Ihm wurde aber bei intensiverer Beschäftigung immer klarer, dass er sich von Wagner konstruktiv befreien musste. Den Vorschlag, einen Stoff um Buddha zu vertonen, wies er ohne Kenntnis von Wagners thematisch verwandtem Prosaentwurf von 1856 DIE SIEGER strikt zurück, weil er den Vorwurf einer PARSIFAL-Imitation fürchtete: »Wagner hat in seiner [...] Kunst bereits ein so gewaltiges Erlösungswerk vollbracht, [...] daß wir ganz unnützerweise den Himmel stürmen, weil er bereits erobert ist, und daß es das gescheiteste ist, in diesem Himmel ein recht freundliches Plätzchen uns zu suchen [...] in einer – komischen Oper, und zwar ganz gewöhnlichen komischen Oper«. Sein ästhetisches Motto hieß: Distanz zu Wagner ohne Preisgabe von dessen

Errungenschaften. Einen Weg dahin zeigte ihm das 1890 von der frauenrechtlerischen Journalistin Rosa Mayreder nach Alarcóns Novelle DER DREISPITZ verfasste Libretto, dessen gitarrenklimperndes Lokalkolorit wirklich keine Nähe zu Wagners Montsalvatsch aufwies. Zuerst lehnte er das Libretto ab, bis ihm Ende 1894 die Wiener Premiere von Humperdincks HÄNSEL UND GRETEL – ein Jahr nach der Uraufführung in Weimar – einen prä-paralytischen Produktionsschock versetzte. Plötzlich erschien ihm das Libretto genial. Es warf ihm nur noch die gattungstypische Frage auf, »ob der Text durchkomponiert, oder zum Teil melodramatisch, oder rezitativisch komponiert werden soll«.

Wolf entschied sich gegen das Melodram und für einen Kompromiss, der im Vergleich mit Cornelius' BARBIER VON BAGDAD zugleich konservativer und progressiver ist. Er konzipierte das Werk von geschlossenen Nummern her, unterzog es aber gleichzeitig einer dialoglosen Technik der Durchkomposition, indem er das Ganze mit einem leitmotivisch geknüpften Orchesternetz überzog (er selbst sprach nicht von Leitmotiven, sondern nur von Motiven). Aus der Spannung zwischen liedhafter Komödienform und MEISTERSINGER-Orchester ist ein innerer Widerspruch als Grund für den rezeptionsgeschichtlichen Misserfolg der Oper abgeleitet worden. Außerdem hat Wolf kurz vor der Fertigstellung im November 1895 die Genrebezeichnung ›komisch‹ fallen lassen. Aus der ursprünglichen Absicht, eine ganz normale komische Oper zu schreiben, war in der kompositorischen Praxis eine tragisch grundierte Mischform geworden. Dieser Zwiespalt setzt Wolfs im Laufe der Jahre divergierende Einschätzung des Librettos fort und führte ihn nach der umjubelten Mannheimer Premiere – für die er indes nur verächtliche Worte fand – zu einer ebenso divergierenden Beurteilung des archimedischen Punkts der Oper.

DAS MISSGLÜCKTE MEISTERWERK

Schon während Wolfs Arbeit an der Komposition hatte die Librettistin Zweifel an der Schürzung des dramaturgischen Knotens geäußert. Der Text erzählt die später in de Fallas Ballett DER DREISPITZ komödiantisch behandelte Intrige vom Staatsbeamten, der in einer Art Seniorenerotik der schönen Müllerin Frasquita nachstellt und vom Müller scheinbar in deren Bett gesichtet wird, worauf dieser sich entschließt, Gleiches mit Gleichem zu vergelten, und die Corregidora Mercedes heimsucht. Die Aufklärung des nicht begangenen und doch als geheimnisvolle Möglichkeit im Fall des Müllers und der Corregidora denkbaren Liebesverrats findet kurz vor dem versöhnlichen Schlusschor in IV,4 statt: als Wechselrede zwischen Donna Mercedes, ihrer Duenna und dem Chor. Dramaturgisch kränkelt der Einschub daran, dass in alternierender Rede Ereignisse berichtet werden, die wir entweder selbst auf der Bühne gesehen haben oder uns zwanglos vorstellen können. Wolf bestand zunächst darauf, dass »ein episches Element in der Behandlung dieses Stoffes sich nicht vermeiden ließ«, und folgerte, man solle sich als Komponist »das Recht, das wir uns nehmen, nicht verkürzen lassen durch überlieferte Schulregeln, die da dozieren, erzählt darf im Drama nichts werden«.

Diese gegenüber der Librettistin vehement vertretene Meinung, die schon auf ein episierendes und damit anti-illusionistisches Verfahren zielt – mit der möglichen Differenz zwischen dem Gesehenen und dem Bericht darüber – gab der Komponist aber auf Rat von Theaterpraktikern auf. Nach der Uraufführung änderte er Details der Instrumentation und dehnte das Vorspiel III zu einer richtigen Einleitung aus. Des Weiteren nahm er aus IV,4 nicht weniger als 206 Takte heraus und ersetzte sie durch 62 Takte, in denen ein allerdings wenig überzeugendes aktionistisches Moment eingeführt wird. Der Corregidor, obwohl vor den Zuschauern moralisch längst entmachtet, fesselt den Müller Tio Lukas, muss ihn aber freigeben, als seine Frau und die Duenna drohen, seine eigenen Eskapaden dem Bischof zu verraten. Diese Version, 1898 in Straßburg erprobt, liegt der 1904 gedruckten Partitur zu Grunde (die bei späteren Aufführungen noch stärker eingestrichen wurde), während der schon 1896 erschienene Klavierauszug die originale Fassung enthält. So geht ein Riss durch die Entstehungs- und Aufführungsgeschichte des Werks, der rezeptionsästhetisch nie gekittet werden konnte. Wolfs einzige Oper wurde zum Prototyp des missglückten Meisterwerks – der ebenfalls nach einer Vorlage Alarcóns in Angriff genommene MANUEL VANEGAS gedieh nur zu fünf Szenen mit 590 teilweise hochinteressanten Takten, denen Wolf noch in der Nervenheilanstalt eine weitere Szene folgen ließ.

Die Gründe für den Misserfolg des CORREGIDOR haben indes wenig mit der Diskrepanz zwischen liedhaft geschlossener Form und orchestral leitmotivischer Durchkomposition zu tun. Sie sind eher in anderen Bereichen zu finden. So hat die Librettistin der Vorlage mit dem zeitgeschichtlichen Ambiente den sozialpolitischen Sprengsatz genommen. Die bei Alarcón als Rahmenerzählung gestaltete Handlung spielt zwar an abgelegenem Ort, aber eben dort entfaltet sich die Endzeit des spanischen Absolutismus in der Herrschaft des Bourbonen Carlos IV. vor Napoleons Einmarsch im Jahre 1808 als archetypische Klarheit der hierarchischen Abstufung vom Corregidor über den Alkalden hin zum Müller. Gleichzeitig bringt der Liebesaufstand des Müllers das staatskirchliche Gefüge von unten so ins Wanken, wie das Verhalten des Corregidors es innerlich aushöhlt. Unter diesem Aspekt hat die plappernde Doppelung in den chorischen Einwürfen vor dem Finale der Erstfassung eine wichtige Funktion: Wolf spiegelt hier die Gefühlsverwirrung der Individuen durch die kollektive Erbötigkeit, das zu tun, was von oben verlangt wird. Der Chor hat mit seinen episierenden Einwürfen keine dekorative, sondern eine integrale Funktion.

DIE ENTSCHEIDENDE LEERSTELLE

Die Aufführungstradition, wenn dieses Wort für das spärliche Erscheinen der Oper auf dem Theater überhaupt angemessen ist, den Choranteil im IV. Akt nach Maßgabe der von Wolf als erzwungen erachteten Zweitfassung zu reduzieren, verstärkt noch die Schwäche des Librettos. Hier bedeutet das Weniger an Material kein Mehr an innerer Geschlossenheit. Überhaupt ist das Werk, entgegen üblichen Urteilen, eher zu kurz als zu lang geraten. So fehlt etwa ein Pendant Frasquitas zum entscheidenden Monolog des Müllers in III,3 *Nicht geschlossen?*, der den Liebenden an den Pfahl der Eifersucht gebunden zeigt – Alarcón hatte seinen Müller den Othello von Murcia genannt.

Die Schwäche des Schlussakts liegt also nicht darin, dass sich die Figuren über das Vorgefallene aufklären, sondern im »Fehlen eines zentralen Ensemblesatzes, in dem Frasquita – wie zuvor Tio Lukas – musikalisch sinnfällig an die Grenze des Tragischen geführt würde, wenn auch – um der strukturellen Abwechslung willen – in der Form eines kontemplativen Ensembles statt in der eines Monologs«. Mag sein, dass es sich bei Wolf um eine psychische Sperre gegen diese Notwendigkeit handelte: Folge der 1881 gescheiterten

Liebesbeziehung zu Vally Frank, die er künstlerisch 1888 durch die Identifikation mit Mörikes Peregrina-Sublimation zu verwinden suchte. Dennoch lässt sich in seinem späteren Schaffen eine latent misogyne Komponente ausmachen. Wird im ITALIENISCHEN LIEDERBUCH die Vorlage Paul Heyses so ausgewählt, dass den durchgehend launisch oder exaltiert gezeichneten Frauen die Männer mit komplexer Gefühlstiefe gegenüberstehen, so kommen auch im SPANISCHEN LIEDERBUCH die stärksten Empfindungen den vom Leben erbitterten und den Tod herbeisehnenden Männern zu. Ähnliches gilt für den CORREGIDOR. Während Frasquita vom psychischen Tiefgang ausgeschlossen bleibt, wird ihr Mann Tio Lukas in der ganzen Wolfschen Gefühlsverbitterung gezeichnet. Sogar der Corregidor – in der Beziehung zu Recht Titelfigur geworden gegenüber dem Symbol seiner Amtstracht bei Alarcón – erscheint jenseits komischer Altersgeilheit als Opfer der schönen Frau, die in ihm erotische Gefühle weckt, um ihm sogleich die körperliche Ungeschicklichkeit – nicht Unschicklichkeit! – seines Verhaltens vorzuwerfen.

Der Corregidor antwortet darauf mit einer der vier geschlossen liedhaften Nummern der Oper. Wolf hatte die Komposition mit dem Auftritt des Nachtwächters in IV,1 *Ave Maria purissima* begonnen. Dessen Ruf *Fünfe ist die Stunde* dient nicht nur der Zeitangabe, sondern auch – wie in Wolfs großem Vorbild der MEISTERSINGER und in Kienzls EVANGELIMANN – der Zuspitzung der Intrige. Der Corregidor kehrt mit Begleitung von seinem missglückten Liebesabenteuer bei Frasquita in den Kleidern des Müllers nach Hause zurück und findet die Türe versperrt. Er muss zudem von seiner Frau hören, der richtige Corregidor – also der verkleidete Müller – sei zu schicklicher Zeit heimgekehrt und befinde sich seit langem im Bett. Zusätzlich zu dem diese Szene eröffnenden Nachtwächterruf hat Wolf das Lied vom spanischen Wein *Ich hab' dich zum Beistand gewählt* (Lukas in II,8) sowie zwei der Gesänge aus dem weltlichen Teil des SPANISCHEN LIEDERBUCHS in die Oper eingebracht: *In dem Schatten meiner Locken schlief mir mein Geliebter ein*, womit Frasquita (Mezzosopran) den Corregidor (Tenor) in I,4 erotisch reizt, sowie dessen Antwort in II,6 *Herz, verzage nicht geschwind, weil die Weiber Weiber sind.*

MONUMENTALE MINIATUREN

Der tändelnde Bolero-Rhythmus in Frasquitas Lied mit der harmonisch jeweils anders gefärbten Refrainfrage *Weck' ich ihn nun auf?* und das von heftigen Dissonanzen in der punktierten Begleitung durchzogene Pendant des Corregidors mit der Aufgipfelung *Argwohn, lehre sie dich kennen* sind Beispiele für die bruchlose Übertragung von Wolfs Liedpraxis in die Oper. Krampfhafte Innigkeit und peinigende Wollust seiner Mörike-Miniaturen werden durch die Orchestrierung monumentalisiert, zumal Wolf die erstmals in den Goethe-Vertonungen von 1889 erprobte symphonische Architektur (etwa in GRENZEN DER MENSCHHEIT oder KENNST DU DAS LAND?) orchestral steigert.

Hauptgestaltungsmittel ist ihm dabei der Rhythmus in Verbindung mit der Harmonik. Waren in GRENZEN DER MENSCHHEIT der Außenrahmen von Halben Noten und die drei mittleren Abschnitte durch Achtel mit chromatischer Harmonisierung gekennzeichnet, erzwingt nun die Orchestrierung einen scheinbar symphonischen Verlauf. Der Gesang des Nachtwächters verbirgt hinter der Liedform A-B-A' eine subtile Variation von Mikrostrukturen. Wenn er auf der Bühne sichtbar wird, singt er *Bald läutet die Glocke zum Morgengebet*, wobei das Orchester einen übermäßigen Dreiklang durch chromatische Weiterführung eines Leittons auflöst. Mit derselben Methode entwickelt Wolf dann »jeweils durch chromatische Verschiebung einen Akkord logisch aus dem vorangehenden, wobei weniger funktionsharmonische Gesetzmäßigkeit vorherrscht, sondern jeder erreichte Akkord zum autonomen Ausgangspunkt einer neuen Harmoniefolge wird«.

Die Abspaltung motivischen Materials in einem harmonisch vagierenden Prozess überträgt Wolf von geschlossenen Kleinformen auf seine Oper insgesamt. So entwickelt er eine von Wagner unterschiedene Leitmotivtechnik, in der er – wie später Alban Berg im WOZZECK – auf Formtypen der absoluten Musik zurückgreift. Die erste Szene des I. Akts legt er als Passacaglia an, das Duett der Ehegatten in der folgenden als Habanera, die Romanze Frasquitas in II,3 als Tango und integriert in II,8 einen Kanon mit der Tonfolge Cis-Dis-H, die er einem spanischen Volkslied entnommen hatte. Diesen Momenten einer Formalisierung entspricht die zumal in den Szenenzwischenspielen aktivierte orchestrale Leitmotivtechnik als psychologisierendes Gegengewicht.

Schon das Vorspiel I exponiert das Personalmotiv des Corregidors mit seiner Bläserfanfare, als wolle Wolf mit diesem absolutistischen Gestus die aus dem Libretto ausgesparte sozialpolitische Brisanz der Vorlage zurückgewinnen. Es geistert auch bedrohlich durch das Vorspiel III: Frasquita, die sich in die Stadt begibt, wird von ihm buchstäblich verfolgt. Die Struktur dieses Motivs ist, wie die fast aller, einfach: eine Fünftonfolge mit Quintfall, Terzaufstieg und Absinken in übermäßiger Quinte. Gegenübergestellt ist ihm das Müllerthema, das sich aus drei Teilmotiven vergleichsweise komplex zusammensetzt. Daraus lässt sich aber nicht der Schluss ziehen, dass ein – zumal harmonischer – Komplexionsgrad bei Wolf automatisch positiv besetzt ist. Das Liebesmotiv Lukas–Frasquita etwa erinnert mit seiner Terzkoppelung und der simplen Harmonisierung an die drei Knaben der ZAUBERFLÖTE: *Seid uns zum zweiten Mal willkommen*, während das Liebesthema des Corregidors eine komplizierte harmonische Struktur bei chromatischer Melodiebildung aufweist.

Generell eignen sich die kompakten Personalmotive (es gibt auch situative wie das für die Ernennung von Frasquitas Neffen zum Sekretär) gut zur symphonischen Durchführung. Oft tauchen sie vor dem Erscheinen der ihnen zugeordneten Figuren auf. Das Corregidor-Motiv erklingt vor seinem ersten Auftritt in I,2 während des Duetts Lukas–Frasquita: zuerst in punktierten Sechzehnteln der Fagotte und Bratschen, dann in den Klarinetten und Hörnern, chromatisch abgewandelt in den Fagotten, erweitert in den Violoncelli. Wenn der Corregidor selbst erscheint, nimmt er den gerade von Frasquita getanzten Fandango in sein Personalmotiv auf. Mit dieser Methode, die auch rein komischen Figuren wie dem niesenden Diener des Corregidors oder dem Gerichtsboten zugute kommt, garantiert Wolf dem musikalischen Ablauf internen Zusammenhalt, ohne sich auf Wagners auktoriale Erzählweise zu versteifen. Er benutzt weniger Leitmotive als psychologisierende Ausdruckschiffren, deren variierte Abspaltung den Musikdiskurs prägt.

Dieses Verfahren kulminiert im Monolog des Müllers, wenn er in III,3 den Corregidor fälschlicherweise im Bett seiner Frau vermutet. Wolf leitet die Szene mit einer Reminiszenz an das terzenselige Partnerschaftsmotiv der Liebenden ein und verknüpft es mit dem nun durch Hörnerbesatz verunzierten Müllermotiv, ehe das Motiv des Corregidors, mit geringfügigen Modifikationen etwa fünfzigmal erklingend, Lukas obsessionell besetzt. Wenn erstmals das Motiv der Corregidora zu hören ist, entschließt sich der Müller zur Rache. Sein Gefühl des Liebesverrats *Da steh' ich betrogen, da steh' ich entehrt* komponiert Wolf in jener chromatisch absinkenden Figur des Quartbasses, die in der Barockoper das Lamento grundierte: Im Leiden wird dieser Mann, und mit ihm Hugo Wolf, ganz altmodisch. Zudem verliert der Müller in seinem Racheplan die musikalische Identität. Wenn er die Kleider des Corregidors anzieht, steigern sich sein auf- und dessen absteigendes Personalmotiv in Verbindung mit Akkordrepetitionen zu einem diabolischen Lachen. Tio Lukas saugt sich im quälenden Gefühl des Selbstwertverlusts so fest, dass wir uns eine boulevardeske Einlösung seines Racheplans nicht vorstellen können. So setzt Hugo Wolf mit der Monumentalisierung seiner musikalischen Miniaturen die Mechanik des Komischen außer Gefecht. Übrig bleibt ein tragischer Mensch, dem die Gefühlsverwirrung als schmerzliche Ich-Erkundung eingraviert ist. Im Schaffen Wolfs war das der Gegenpol zu seiner symphonischen Dichtung nach Kleists PENTHESILEA. Hinter der Vertonung eines fragwürdigen Textbuchs taucht eine Intensität der Wortumsetzung in Musik auf, die den CORREGIDOR zu einer Literaturoper ›ante festum‹ macht.

DER REIZ DES MÄRCHENS

Hugo Wolfs CORREGIDOR entsprach nur sehr bedingt Nietzsches Wunsch nach einer von Wagner abrückenden Mediterranisierung der Musik. Der Komponist hatte weder nach dem ihm verhassten Belkanto der italienischen Oper geschielt noch von der ihm kaum bekannten spanischen Musik merklich profitiert. Die Anstrengung, den Anspruch von Wagners Kompositionstechnik ohne dessen Erlösungsthematik aufrechtzuerhalten, hat Wolf mit dem Verzicht auf die Genrezuordnung seines Werks zur komischen Oper in die Musikgeschichte eingeschrieben. Selten dürfte das Komische so ernst dahergekommen sein wie in seiner Oper. Äußerlich betrachtet, fand Wolf schon ein Jahr nach ihrer Uraufführung einen Nachfolger in Anton Urspruch (1850–1907), der ein Stück von Lope de Vega librettierte und vertonte: DAS UNMÖGLICHSTE VON ALLEM (Karlsruhe 1897). Schon die vom Titel verkündete Unmöglichkeit, eine geliebte Frau zu behüten, weist gegenüber Wolf einen Hang zur Trivialität auf, der auch die Musik prägt. Mit Hilfe eines italianisierten Parlandos versucht Urspruch, Wagners Leitmotivtechnik wie Wolfs Psychologisierung des Textes im Rückzug auf Mozart auszuweichen. Aus dem Finale II von FIGAROS HOCHZEIT (→ Bd. I, S. 455 ff.) übernimmt er die Verbindung der Kettenform mit dem Sonatenhauptsatz. Die auch von Cornelius und Wolf geschätzte Anknüpfung an Formen der absoluten Musik geht allerdings in einer fünfstimmigen Fuge über Urspruchs Vermögen hinaus, die Musik klingt nur leerläuferisch. Als viel theaterwirksamer im komischen Genre erwiesen sich kompositorisch weniger hoch zielende Konversationsformen wie in Eugen d'Alberts Einakter DIE ABREISE oder in Ermanno Wolf-Ferraris Buffo-Opern und märchenhafte Stoffe.

Der dritte Hauptstrang der zirkumpolaren Oper neben der volkstümlichen und der komischen war das Märchenspiel. Die Initialzündung ging von Baldassare Galuppis Vertonung der Schlaraffenlandbeschwörung Goldonis aus. IL PAESE DELLA CUCCAGNA (Venedig 1750) folgte allerdings auch einem sozialkritischen Impuls gegen die Zeitmode der Schäferidyllik. Um die Wende zum 19. Jahrhundert verstärkte sich die Tendenz, märchenhafte Stoffe zu vertonen. Ferdinand Kauers Singspiel DAS DONAUWEIBCHEN (→ Bd. I, S. 67 f.) war 1798 in Wien der Auftakt einer Erfolgswelle, die über Friedrich Heinrich Himmels Pendant DIE SYLPHEN 1806 nach Berlin überschwappte und in der Donaumetropole bis hin zu der Musik für Ferdinand Raimunds Zauberpossen DER DIAMANT UND DER GEISTERKÖNIG von Joseph Drechsler (1824) oder DER ZAUBERFLUCH von Philipp Jakob Riotte (1827) mehr als nur eine Modeerscheinung bedeutete. Allein die Geschichte Aschenputtels wurde nach dem Vorbild von Jean-Louis Laruettes CENDRILLON (Paris 1759) von Komponisten wie Niccolò Isouard (Paris 1810), Daniel Streibelt (St. Petersburg 1810) und Rossini (Rom 1817), später von August Conradi (Berlin 1868), Massenet (Paris 1899), Wolf-Ferrari (Venedig 1900) oder Leo Blech (Prag 1910) auf das Musiktheater gebracht – ausschließlich für Kinder gedachte Kleinformen nicht mitgerechnet. Auffällig ist die Häufung deutscher Märchenopern in der Nachfolge Wagners als »Symptom für eine gegenläufige Entwicklung zu Industrialisierung und zum wissenschaftlichen Fortschritt der Zeit«. Diese ersatzmythologische Flucht aus der Wirklichkeit lässt sich besonders nach Bismarcks Reichsgründung nachweisen: etwa mit August Langerts DORNRÖSCHEN (Leipzig 1871), Ferdinand Langers ASCHENBRÖDEL (Mannheim 1878) oder Alexander Ritters DER FAULE HANS (München 1885).

Wagner selbst hatte diesen Weg der Umgehung seiner Opernreform gewiesen. So war mit SIEGFRIED das Märchen von einem, der auszog, das Fürchten zu lernen, in den umspannenden Nibelungen-Mythos einmontiert. Da Mittelalter und nordische Mythen durch seine Werke stark in Anspruch genommen waren, kamen sie als Stoffquelle für andere kaum noch in Frage. Doch Wagner hinterließ den Nachgeborenen nach dem Zeugnis des Dirigenten Siegmund von Hausegger einen konkreten Hinweis, wo sie fündig werden könnten, »ohne in Nachahmung seiner Werke zu verfallen. Es ruhe [...] noch ein reicher ungehobener Schatz im kleineren Ideenkreise der Sage, der Märchen und der Legende, der Gelegenheit böte, auf engerem Gebiete auch nach ihm Neues zu schaffen«.

ENGELBERT HUMPERDINCK (1854–1921)

Fündig wurden, besonders in den 1812/15 von Jacob und Wilhelm Grimm veröffentlichten KINDER- UND HAUSMÄRCHEN, neben den erwähnten Komponisten viele andere wie Hans Sommer, Ferdinand Hummel, Carl Reinecke, Wilhelm Kienzl, Hans Pfitzner, Siegfried Wagner, Friedrich Klose oder Ludwig Thuille mit dem einstmals viel gespielten LOBETANZ (Karlsruhe 1898), dessen schaurig groteske Kerkerszene den Genrerahmen fast sprengt, und der weniger erfolgreichen GUGELINE (Bremen 1901). Bei Thuille ist die Grenze zwischen Hausmärchen und Kinderoper einerseits, Kunstmärchen und Erwachsenenoper andrerseits bereits überschritten. Ähnliches gilt für Werke nach anderen Quellen. Walter Braunfels schrieb 1908 PRINZESSIN BRAMBILLA nach E.T.A. Hoffmann, Emil Nikolaus von Rezniček 1920 einen RITTER BLAUBART nach Perraults Märchensammlung, Alexander Zemlinsky 1922 DER ZWERG nach Oscar Wilde. Die Reihe lässt sich leicht bis über Carl Orffs Märchenopern DER MOND (1939) und DIE KLUGE (1943) hinaus fortsetzen. Aber niemand war so dauerhaft erfolgreich wie Humperdinck. Er drang weltweit als Repräsentant der Märchenoper schlechthin in ein allgemeines Bewusstsein ein.

HÄNSEL UND GRETEL (›Märchenoper‹ in drei Bildern, *L* von Adelheid und Hermann Wette; Weimar 1893 unter Richard Strauss; schnelle, auch landessprachliche, Verbreitung: Berlin, Straßburg, Basel, Graz, London 1894; Prag, Budapest, Amsterdam, Stockholm, Ljubljana 1895; St. Petersburg 1896; Kopenhagen, Antwerpen, Mailand 1897; Paris 1900; Warschau 1902; Helsinki 1903; Metropolitan New York 1905; Sofia 1932; erste vollständige Radioübertragung aus dem Londoner Covent Garden 1923).

Den Anstoß zur Komposition erhielt Humperdinck 1890 durch Cosima Wagner während eines Ausflugs mit deren Kindern Siegfried und Daniela in den Taunus. Ein Jahr später kam er auf ihren Vorschlag, eins der Grimmschen Märchen zu vertonen, zurück: »Zum ersten Male in meinem Leben fand ich ein Thema, das meinen geringen Fähigkeiten wirklich entsprach und mich veranlassen durfte, den mir von meinen Conservatoriumsjahren noch immer anhaftenden Ballast von ho[h]lem Pathos fröhlich abzuwerfen und mein Heil auf dem Gebiet der Kleinmalerei nach Art der Niederländer zu suchen«.

Das ist nicht nur individualpsychologisch zu verstehen, sondern auch aus der Angst vieler Komponisten, dem Umschlag von Wagners Gesamtkunstwerk in die Hypertrophierung des wilhelminischen Zeitgeistes zu verfallen. Als Vertrauter Wagners, der für die Uraufführung des PARSIFAL ein paar Takte für eine der Verwandlungsmusiken nachkomponieren durfte und 1895 auf Vermittlung von Richard Strauss musikalischer Gesellschafter Friedrich Alfred Krupps in der Essener Villa Hügel wurde, hat Humperdinck sicher nicht geahnt, dass die zur ›Dicken Bertha‹ verdinglichte Wagner-Musik im Ersten Weltkrieg gegen Frankreich mobilisiert wurde. Aber wie mancher sensiblere Zeitgenosse hat er unbewusst ein Unbehagen vor dem Höhenwurf der wagnerschen Kunst gespürt. Da er für das komische Genre keine dramatische Begabung besaß – DIE HEIRAT WIDER WILLEN (Königliche Oper Berlin 1905) zeigt das trotz musikalischer Feinheiten der Partitur –, war das Märchen das für ihn angemessene Genre im Musiktheater.

Der Sohn des Komponisten, Wolfram Humperdinck, hat in seiner Biographie des Vaters (Frankfurt/Main 1965) frühere Legendenbildungen über HÄNSEL UND GRETEL noch einmal zusammengefasst. Dagegen muss festgehalten werden, dass der Komponist – wie schon in Kritiken zur Uraufführung behauptet – nicht nur in zwei, drei Fällen aus dem Volks- und Kinderliedgut geschnorrt hat. Die Entlehnungen sind so zahlreich, dass sich die Volkstümlichkeit des Werks schon von daher erklärt. Einer zweiten Legende zufolge sei Humperdinck die Idee zu seiner Märchenoper durch die häusliche Aufführung eines Liederspiels seiner Schwester Adelheid Wette gekommen, für das er 1890 vier Stücke komponiert hatte. Aber er hat es nie gesehen, sondern wurde erst durch Cosima Wagners Hinweis auf Grimms Märchen, bestärkt durch seinen Schwager

Hermann Wette, auf die musiktheatralischen Möglichkeiten des Stoffs aufmerksam. Er weitete sein Liederspiel bis Weihnachten 1890 zu einem Singspiel aus, das mit wesentlicher Hilfe seines Schwagers (und nicht, wie lange behauptet, seiner Schwester) im September 1893 als durchkomponierte Oper mit einem übernommenen Melodram für die Hexe fertig gestellt war.

Nach der triumphalen Uraufführung wurde das Stück innerhalb eines Jahres von fast fünfzig deutschen Bühnen nachgespielt (immer mit Erwachsenen in den Titelrollen), das Libretto erschien in zahlreichen Sprachen. Noch heute ist die Oper nicht nur zur Weihnachtszeit in aller Welt beliebt, Generationen von Kindern verdanken ihr die erste Bekanntschaft mit dem Musiktheater. Was der Kinderpsychologe Bruno Bettelheim in seinem Plädoyer KINDER BRAUCHEN MÄRCHEN behauptet hat, scheint auch für die Märchenoper zu gelten: Das Märchen hilft dem Kind, »weil es nur winkt und niemals fordert oder befiehlt. Im Märchen wird alles implizit und symbolisch gesagt: welche altersgemäßen Aufgaben das Kind erwarten, wie es seine ambivalenten Gefühle gegenüber den Eltern ordnen kann, wie sich dieser Aufruhr der Emotionen schlichten läßt«.

DAS PURGIERTE MÄRCHEN

Allerdings fehlt der Oper der kognitive und gesellschaftliche Konfliktstoff, den Bettelheim dem Grimmschen Märchen attestiert. Seine Überlegungen haben aber durch den Regieeinfall Eingang in die Rezeptionsgeschichte gefunden, die Hexe mit der Darstellerin der Mutter zu besetzen: wohl erstmals durch Arno Wüstenhöfer 1981 in Wuppertal. Solche Ansätze auf Grund psychoanalytischer Einsichten liegen indes quer zu den Absichten der Autoren, die ein von Wirklichkeitsbezügen purgiertes Märchen anstrebten – Humperdinck wandte sich sogar gegen den Versuch, die Hexe einem Tenor anzuvertrauen. So fehlen dem Text in allen Entwicklungsstufen Härte und Boshaftigkeit der Grimmschen Erzählung: in vorauseilender Ablehnung der von der neueren Märchenforschung seit Georg Ossegg mit weit gehender Zustimmung diskutierten Möglichkeit, dass die Brüder Grimm wider besseres Wissen kein Volksmärchen festgehalten haben, sondern die Verballhornung eines fatalen Geschäftswettbewerbs. Eine der Hexerei verdächtigte Frau war

1647 im Spessart von einem konkurrierenden Geschwisterpaar namens Hänsel und Grete ermordet worden, weil sie ihr Lebkuchenrezept nicht preisgeben wollte. Humperdincks Oper liegt nicht einmal die von den Brüdern Grimm geschönte Version dieser Vorgänge zu Grunde, sondern die in Ludwig Bechsteins DEUTSCHEM MÄRCHENBUCH 1845 wiedergegebene Fassung. So ist in der Oper das von Bettelheim analysierte Märchentypische ins Biedere und Rührselige verkehrt. Das Implizite wird zur Feier der bestehenden Welt- und Gesellschaftsordnung, das Symbolische des Naturbezugs zur Pseudo-Devotionalie der Engelparade; aus dem ambivalenten Verhältnis der Kinder zu ihren Eltern ist – da deren Aussetzung der Kleinen ausgespart bleibt – die strikte Einhaltung autoritätsgläubigen Verhaltens geworden. Die Kinderwelt dieser Oper erscheint, biologisch maßstabgerecht verkleinert, als Wunschvorstellung einer wilhelminischen Obrigkeit von ihrer untertänigen Gesellschaft.

Schon der Fortfall der märchentypischen Stiefmutter – in der Oper handelt es sich um die leibliche Mutter der Kinder – deutet ein Harmonisierungsstreben an. Das geht bis in die Personendramaturgie, die durchgehend paarweise fungiert und nur in der Hexe einen Fremdkörper aufweist: Vater und Mutter, Bruder und Schwester, Sandmann und Taumännchen (seit den dreißiger Jahren wie die Titelfiguren gelegentlich mit Kindern besetzt). Selbst die vierzehn Engel sind dieser Zweiersymmetrie unterworfen. Sie gilt auch für die am Schluss zum Leben erweckten Opfer des Hexenzaubers: jene zu Lebkuchen Erstarrten, die Eduard Hanslick ungalanterweise als Marzipankinder bezeichnete. So wird aus dem Opernpersonal eine streng formierte Gesellschaft.

DAS KINDERSTUBENWEIHFESTSPIEL

Dem trug der Komponist, der vor HÄNSEL UND GRETEL Opernerfahrung nur als Arrangeur einer deutschen Fassung von Aubers LE CHEVAL DE BRONZE hatte und daher das Märchenmotiv von der aufgehobenen Erstarrung kannte, Rechnung. In der Kommunikation zwischen ihm und seiner Schwester firmierte schon die frühe Liederspielfassung als ›Kinderstubenweihfestspiel‹. Das war eine nicht nur ironische Anspielung auf Wagners Genrebezeichnung für den PARSIFAL. Erlösung findet auch in HÄNSEL UND GRETEL statt: nicht von einer Liebeswunde, sondern von allem Leid schlechthin. Dafür sorgt jene Kunstschicht, die am wenigsten einer Ideologiebildung verdächtig scheint: das tradierte Volksmusikgut. Dank Humperdincks nicht nur kontrapunktischem Geschick der Verknüpfung ist schon im Singspiel die simple »Polarität von Kinderwelt und Hexengraus« überwunden, der Komponist sichert ihr, »vermittelt durch das Volkslied, die entscheidende neue Dimension von Traum und Transzendenz«.

Das aus Des Knaben Wunderhorn entnommene Volkslied des ersten Bilds, *Suse, liebe Suse, was raschelt im Stroh?*, stellt mit seinem Wiegenliedcharakter einen symbolisch weihnachtlichen Bezug her. Der Geborgenheit der Kinder zu Hause – dieser Teil ist ›Daheim‹ überschrieben – wird die Situation des zweiten Bilds gegenübergestellt: ›Im Walde‹. Dessen musikalisches Signet ist das aus einer Kinderliedersammlung Hoffmanns von Fallersleben entnommene *Ein Männlein steht im Walde* mit der Frage *Sag, wer mag das Männlein sein?* Humperdinck übernimmt textlich die Rätsellösung der Vorlage, in der die Hagebutte genannt wird, nicht aber – wie in anderen Überlieferungen – der Fliegenpilz. Dass der Komponist diese giftige Alternative ausscheidet, liegt auf der Hand. Unterstrichen wird die Entscheidung zum Lebenstrank und gegen den tödlichen Genuss des Pilzes durch den am Schluss des zweiten Bilds stehenden Abendsegen mit den paarweise evozierten Engeln.

Auch dieser Text stammt aus Des Knaben Wunderhorn, im Anhang durch Clemens von Brentano mitgeteilt. Paradoxerweise ergibt eine Untersuchung der Textquellen einen anderen Befund, als der Wortlaut vermuten lässt: Es »weisen alle wichtigen Belege eher auf ein Sterbegebet hin«. Das gilt sogar für die von Humperdinck verwendete Melodie, die mit ihrem nur den Sextrahmen über dem Grundton ausfüllenden Melodieverlauf, wie wir ihn etwa aus dem von Mozart variierten Kinderlied Ah, vous dirai-je, Maman kennen, auf ein Sterbelied aus dem 15. Jahrhundert zurückgeht: Bruder Conrad, der lag siech. In der Oper bleibt wie im Männlein-Lied die Todeskomponente ausgeblendet. Sie wird im Traum der Kinder, die vierzehn Engel paarweise zu ihrem Schutz vom Himmel herabsteigen sehen, in das bedingungslose Vertrauen auf die Transzendenz umgebogen. Statt Tod und Verklärung, wie Richard Strauss seine unter dem Eindruck von Humperdincks Vertonung der Heine-Ballade Die Wallfahrt nach Kevelaer entstandene Tondichtung nannte, wird die Erlösungsformel ›Traum &

Transzendenz‹ angeboten. Humperdinck unterstreicht das dadurch, dass er Anfang und Ende der Abendsegenmelodie in augmentierter Form der Oper als Klammer mitgibt. So durchzieht das Musikgefüge bis zur Schlussmoral *Wenn die Not am höchsten steigt, Gott der Herr die Hand uns reicht* ein Choral als ideologischer Eisenträger.

Erlösung bedarf nicht mehr wie in PARSIFAL des Mitleidens, sie klingt als Generalabsolution von Anfang an mit in dem orchestralen Zaubergewebe, das der Kontrapunktiker Humperdinck mit imitatorischen und sequenzierenden Künsten entwirft. Die drei im Vorspiel, die vier im Knusperwalzer übereinander getürmten Motive zielen direkt auf das Vorspiel der MEISTERSINGER. Auch unterhalb dieser Bezugsebene erweist sich Humperdinck als genialer Handwerker, da er die erstaunliche Kombinatorik seiner Verarbeitungstechnik in den Dienst der Handlung stellt: Das »Entzauberungsmotiv ist Umkehrung und Krebs des Verzauberungsmotivs« der Hexe, und was in deren Umkreis wie der »kunterbunte Hokuspokus« wirkt, offenbart in der Analyse »musikdramatische Stringenz«. Doch die Gediegenheit der Komposition, unübertroffenes Vorbild aller späteren Märchenopern, hat ihre prekäre Kehrseite. Cosima Wagner wünschte sich 1894 für ihre Dessauer Inszenierung einen finalen Triumphzug, in dem die Titelfiguren, begleitet von Kinderinstrumenten, über die Bühne geführt werden. Humperdinck lieferte dazu eine Version des DESSAUER MARSCHS (abgedruckt 1992 in der quellenkritischen Ausgabe der Partitur von Hans-Josef Irmen) und wies verschämt auf eine gewisse motivische Ähnlichkeit mit dem Tanzlied im ersten Bild hin: *Brüderchen, komm tanz mit mir*. So lässt sich, kontrapunktisch vermittelt, alles mit jedem verbinden, auch Erlösungsfrömmigkeit mit preußischer Gesinnung.

KÖNIGSKINDER

Mit dem Sensationserfolg von HÄNSEL UND GRETEL war Humperdinck weltweit der erfolgreichste deutsche Opernkomponist nach Wagner. Das hat in ihm neben freudiger Überraschung auch Unbehagen ausgelöst, von Wagners unangreifbarem Selbstwertgefühl war er unendlich entfernt. So mag sein letzter Versuch im Genre der Märchenoper begriffen werden als kunstmoralische Rechtfertigung seines Erstlings. Tatsächlich ist der ästhetische Unterschied von HÄNSEL UND GRETEL zu den KÖNIGSKINDERN beträchtlich, wenngleich nicht so extrem wie etwa zur gleichen Zeit der zwischen den WEBERN Gerhart Hauptmanns und HANNELES HIMMELFAHRT, beide 1893 uraufgeführt. Erstaunlicherweise war Humperdinck, der zu Hauptmanns Realismus der Arbeitertragödie keinen Zugang fand, auch dessen Traumdichtung zu äußerlich. Dennoch hoffte er nach dem Erfolg von HANNELES HIMMELFAHRT in Paris, dass auch HÄNSEL UND GRETEL »dort einziehen würden, jedenfalls ist die jetzige Strömung für derartige Sachen dort so günstig wie noch nie«. Die günstige Strömung des internationalen Symbolismus gegen den von der italienischen Opernbühne sich ausbreitenden Verismus bestärkte Humperdinck 1894 in dem Plan, ein ihm vorgelegtes Libretto zu einer neuen Märchenoper zu vertonen. Es stammte von Elsa Bernstein unter dem Pseudonym Ernst Rosner. Die Komposition war im Januar 1897 beendet, noch im selben Jahr ging das Stück über die Bühne des Münchner Hoftheaters: als Melodram.

Humperdinck hatte die unausgeschöpften Möglichkeiten eines Sprechgesangs über fortlaufender Musik schon Anfang der neunziger Jahre in einer Besprechung von Pfitzners Bühnenmusik für Ibsens Drama DAS FEST AUF SOLHAUG hervorgehoben. Als das Prager Nationaltheater 1892 in Wien mit Zdeněk Fibichs als Melodram vertonter Trilogie HIPPODAMIA gastierte, wurde die musikalische Fachwelt erneut auf diese Form des Wort-Musik-Bezugs aufmerksam gemacht. In das Musiktheater eingeführt hatte sie der Böhme Jiří Benda 1775 (→ Bd. I, S. 355 ff.), aufgegriffen wurde sie neben anderen von Mozart im Fragment ZAIDE, von Beethoven in FIDELIO, von Weber in FREISCHÜTZ und von Marschner in HANS HEILING. Auch in der französischen ›Opéra comique‹ war sie nach der Revolution von 1789 etwa ein Jahrzehnt lang beliebt. Richard Strauss nutzte die Form 1897 in der Nachfolge einzelner Versuche von Schubert, Schumann und Liszt mit ENOCH ARDEN nach Alfred Tennyson zu einem sensationell erfolgreichen Melodram für Sprecher und Klavier. Humperdinck sah im Melodram, das Wagner in OPER UND DRAMA »als ein Genre von unerquicklichster Gemischtheit verworfen« hatte, eine Möglichkeit, einen von Wagner unabhängigen Deklamationsstil zu finden. Auch Ludwig Thuille versuchte das mit einer kleinen Szene in LOBETANZ, ebenso Max Schillings 1906 in seinem MOLOCH, ehe Schönberg nach dem Melodram im letzten Teil seiner GURRELIEDER rhythmisierten Sprechgesang im 1913 vollendeten Einakter DIE GLÜCKLICHE HAND ebenso über die Tonalitätsgrenze trieb wie der den Sprachklang noch weiter ausdifferenzierende Alban Berg in der ersten Wirtshausszene seines WOZZECK. In den 1932 fertig gestellten ersten zwei Akten von MOSES UND ARON wandte Schönberg sogar Humperdincks Notationsweise für die Vokalstimme mit Kreuzen statt Notenköpfen an (in PIERROT LUNAIRE und DIE GLÜCKLICHE HAND hatte er mit anderen Schreibweisen experimentiert).

VOM MELODRAM ZUR OPER

Obwohl die Urform der KÖNIGSKINDER mit ihrem in Tonhöhe und Rhythmus notierten Sprechgesang trotz der für die Darsteller ungewohnten Anforderungen zunächst in Frankfurt/Main, Wien, Prag, Berlin, Riga, dann sogar englisch in London (1897), Dublin und New York (1902) an insgesamt über 130 (!) Bühnen nachgespielt wurde, verschwand sie bald von den Spielplänen. So entschloss sich Humperdinck zur Umarbeitung in eine durchkomponierte Oper. Diese kam 1910 an der New Yorker Metropolitan unter Alfred Hertz mit Geraldine Farrar als Gänsemagd und Hermann Jadlowker als Königssohn triumphal heraus. Auch die Berliner Hofopernpremiere im folgenden Jahr unter Leo Blech war erfolgreich, und die von der Kritik weniger günstig beurteilte Oper blieb bis zum Zweiten Weltkrieg im Repertoire zumindest deutschsprachiger Bühnen. Gelegentliche spätere Aufführungen wie 1973 in Wuppertal, 1979 in Aachen – die 1980 zur ersten Schallaufzeichnung unter Heinz Wallberg führten –, 1988 in Münster oder 1989 beim irischen Wexford-Festival litten meist unter starken Kürzungen und – teils damit verbunden – der inszenatorischen Annäherung an das märchenhafte Flachrelief von HÄNSEL UND GRETEL. Alois Michael Heigl versuchte 1991 in Wiesbaden mit dem Einfall, die Handlung unter die Führerschaft eines Todesengels zu stellen, das Werk solcher Harmlosigkeit zu entledigen.

Der Originalitätsverzicht Humperdincks, als er die Melodramform aufgab, ist zu relativieren. Die Erstfassung war kein durchlaufendes Melodram, sondern eine nach der Uraufführung teilweise korrigierte Mischform mit dem Schauspiel. Von den über 2 000 Versen waren nur etwa 500 vertont worden, der Rest wurde gesprochen. So hatte Humperdinck pragmatische Gründe, das zwitterhafte Werk zurückzuziehen. Zudem ist eine anti-experimentelle Tendenz im Stoff selbst angelegt. Was in HÄNSEL UND GRETEL an Konfliktstoff ausgespart blieb zum Preis einer Gesellschaft, die nur den außenseiterischen Störenfried abtöten muss, um ihren Frieden zu finden, ist nun in das ebenso kohärente Gegenteil gekehrt. Trotz volksliedhaft lustiger Einsprengsel der Kinderschar wie *Ri, ra, rutsch, wir fahren mit der Kutsch'* ist die Musik elegisch abgetönt, über ihr schwebt von Anfang an das am Schluss vom Spielmann als Symbolfigur des seiner Gesellschaft entfremdeten Künstlers verkündete Motto von den beiden Königskindern, die zu ihrem Volk nicht kamen und nun den Tod im Schnee finden. Es ist dem Mittelteil von Heinrich Heines Gedicht TRAGÖDIE entnommen: *verdorben, gestorben.*

Gegenüber dem naiven Text von HÄNSEL UND GRETEL entwickelt das jugendstilistisch geschraubte Kunstmärchen der KÖNIGSKINDER in der Verbindung von Volksliedton und Wagner-Orchester eine mild gestimmte Altmeisterlichkeit, die den Traum nicht mehr zur Realität verdinglicht. Vielmehr erscheint er nun als Abbild eines Lebens, das in Wirklichkeit nicht zu führen ist. Legitime Herrschaft, hier von der Hexe prophezeit, die prompt den gewaltsamen Tod durch die Bürger findet (halb ein Pendant, halb ein Gegenentwurf zu HÄNSEL UND GRETEL), verkörpert sich im Königssohn ebenso wie die Utopie einer nicht hierarchisch geordneten Gesellschaft im Aufstieg der Gänsemagd zur potenziellen Königin. Humperdinck, der nicht nur im Dessauer Schluss seiner ersten Märchenoper Apologet von Kirche und Krone war, trauert nun der verlorenen Alternative nach. In seiner Klage aber bringt er nicht den Mut auf, ins Gericht mit der Bürgerschaft von Hellstadt zu gehen, die ihre Königskinder unerkannt aus der Stadt getrieben hat. Ihren Vertretern in Gestalt des Holzhackers und (auch da schimmert die ältere Oper durch) des Besenbinders fehlt es musikalisch an karikierender Schärfe, und sogar die Vertreibung des jungen Paars wirkt im Vergleich mit dem walkürenhaften Hexenritt und selbst mit dem Knusperwalzer in HÄNSEL UND GRETEL fast beschaulich. Auch die Kinder setzen in dieser Elegie keinen wirkungsvollen Gegenakzent: Sie tanzen wie weiland die Lehrbuben in den MEISTERSINGERN. Vor dem Spielmann, dessen Violinsolo hinter der Szene im III. Akt das musikalische Drama ähnlich zentriert wie die Lieder Walthers von Stolzing bei Wagner, singen sie, das Vorbild nicht erreichend, als seien sie geradewegs aus dem Eingangschor in der Nürnberger Katharinenkirche auf die Märchenbühne gekommen.

Wenn der Königssohn in der an musikalischer Delikatesse mit Debussys PELLÉAS ET MÉLISANDE vergleichbaren Liebesszene den vom Wind zerzausten Blumenkranz des Mädchens zerreißt und es nach dieser metaphorischen Defloration als seine liebliche Frau bezeichnet, scheint im Nachhinein sogar Gretels Blumenkopfschmuck, der sie in Hänsels Augen zur Waldkönigin macht, verwelkt. Die in der Musik der Liebenden chromatisch durchsetzten KÖNIGSKINDER sind ein musikalisch reich koloriertes Märchen von der Unmöglichkeit, in unwirtlicher Welt ein Märchen zu schreiben. So ist der finale Es-Dur-Ruf der Kinder, die das Bild vom Königspaar im Herzen bewahrt haben, in seinem neunmaligen Erklingen eine schon mythische Beschwörungsformel: *Königskinder!* Der tonartliche Bezug auf den Es-Dur-Anfang der Ouvertüre mit dem anspringenden Motiv des Königssohns stellt nicht, wie die Abendsegenklammer in HÄNSEL UND GRETEL, ein Klangbild der Unverbrüchlichkeit her. Der Ruf der Kinder ertönt in einer Zeit, die nicht mehr die legitimer Könige ist. Dass auch operngeschichtlich Märchenerzählungen nicht immer halfen, musste Humperdinck selbst erfahren. Seine Vertonung des Grimm-Märchens DIE SIEBEN GEISSLEIN für Kinderchor, Sopran- und Bass-Solo mit Klavierbegleitung blieb 1895, auch wegen der Kammerbesetzung, ebenso erfolglos wie das zwischen Melodram und Schauspielmusik schwankende DORNRÖSCHEN (Leipzig 1902).

SIEGFRIED WAGNER (1869–1930)

Die beiden Königskinder werden in Humperdincks Oper mit Schimpf und Schande aus der Stadt getrieben, weil den Bürgern ihre Herrscheraura verborgen blieb. Nur das Töchterlein des Besenbinders hat am Ende des II. Akts die Erkenntnis: *Das ist der König und seine Frau gewesen*. Im folgenden Orchesterepilog erklingt das Hauptthema aus Wagners SIEGFRIED-IDYLL: ein versteckter Hinweis darauf, dass Humperdinck in Richards einzigem Sohn und seinem eigenen Schüler ein wahres Königskind sah. Aus Instinkt und Überlegung gleichermaßen davor gefeit, in die kompositorischen Fußstapfen seines Vaters zu treten, hielt sich Siegfried Wagner zwar an dessen Rat, Opernstoffe in Märchen oder Sagen zu suchen, und vermied es, dem Orchester den Part eines erzählerischen Über-Ich zuzuschreiben. Gleichwohl verfiel er als exemplarischer Vertreter der zirkumpolaren Oper Hanslicks Verdikt, dass nicht nur verloren sei, wer wie Wagner komponiere, sondern erst recht jeder, der es nicht wagte. Der erste Versuch DER BÄRENHÄUTER, wie seine späteren Opern auf ein eigenes Libretto komponiert, war allerdings eine Zeit lang ein Erfolgsstück. Der Münchner Uraufführung von 1898 folgten im selben Jahr acht weitere Bühnen, eine Saison später war das Stück mit achtzehn Neuinszenierungen die meist gespielte Oper in Deutschland.

Doch alle, die den Erfolg des BÄRENHÄUTERS für das Ergebnis einer Überbewertung hielten, triumphierten 1901 nach dem Uraufführungsskandal um HERZOG WILDFANG in München. Er brachte eine merkwürdige Allianz zu Stande: »Die bewußten dramatischen Parallelen zu Richard Wagners MEISTERSINGERN VON NÜRNBERG führten zur Ablehnung der Oper bei den alten Wagnerianern, so daß nun Wagner-Gegner und extreme Wagner-Anhänger diese Oper bekämpften«. Dass der Komponist sich mit Handlungsanklängen – ein Wettlauf an Stelle des Wettsingens, Einbezug einer Festwiese – eher ironisch vom Vorbild absetzte, wurde von der einen Seite übel vermerkt und von der anderen gar nicht wahrgenommen. In seinen folgenden Werken vermied der Komponist eine direkte Polarisierung des Publikums, indem er in der Verbindung von Sage und Historie einen relativ hohen Komplikationsgrad anstrebte: DER KOBOLD (Hamburg 1904), BRUDER LUSTIG (Hamburg 1905), STERNENGEBOT (Hamburg 1908), BANADIETRICH (Karlsruhe 1910), sowie die leichter verständlichen Opern SCHWARZSCHWANENREICH (Karlsruhe 1918) und SONNENFLAMMEN (Darmstadt 1918). Mit diesen Werken und besonders dem Märchenspiel AN ALLEM IST HÜTCHEN SCHULD (Stuttgart 1917) schuf Wagner sich eine kleine Gemeinde, die ihn teilweise in den apologetischen Deutungsschwung der Groß-Wagnerei einbezog. Weniger Aufsehen erregten DER SCHMIED VON MARIENBURG (Rostock 1923), ein Plädoyer gegen den Dogmatismus, und DER HEIDEKÖNIG, 1933 postum in Köln uraufgeführt. Bei seinem Tod im Jahre 1930 war Siegfried Wagner, der fünf unvollendete Opern hinterließ, so gut wie vergessen auf dem deutschen Theater. Wieland Wagners Inszenierung von AN ALLEM IST HÜTCHEN SCHULD blieb 1944 im Markgräflichen Theater Bayreuth eine weit gehend private Gesellenarbeit.

Die Lage begann sich erst zu ändern, als 1972 die Internationale Siegfried-Wagner-Gesellschaft gegründet wurde. Sie musste große Schwierigkeiten überwinden, da Siegfrieds Witwe Winifred die Beschweigung des Werks ihres Mannes praktisch zu einem Aufführungsverbot verschärft hatte. Nur DER BÄRENHÄUTER machte 1952 in Regensburg eine Ausnahme. Weitere Versuche, teils – wie DER FRIEDENSENGEL 1975 in London – nur konzertant, führten keineswegs zum Durchbruch auf dem Theater. STERNENGEBOT (Wiesbaden 1977), HERZOG WILDFANG (München 1980), DER KOBOLD (London 1980), SCHWARZSCHWANENREICH (Solingen 1983) und AN ALLEM IST HÜTCHEN SCHULD (Hof 1982, Hagen 1997) änderten am Eindruck kompositorischer Kleinmeisterei so wenig wie die unvollendet gebliebene letzte Oper Wagners: DAS FLÜCHLEIN, DAS JEDER MITBEKAM. Sie wurde erstmals 1984 in Kiel in einer Aufführungsversion von Hans Peter Mohr unter anderem Titel durch den Musikologen und Regisseur Peter Paul Pachl inszeniert, der die Rezeption des Komponisten später in Rudolstadt und Hagen zu institutionalisieren versuchte (DER BÄRENHÄUTER 1992, SCHWARZSCHWANENREICH 1993, das unvollendete WAHNOPFER 1994 als postume *UA*, BANADIETRICH 1995; BRUDER LUSTIG, Hagen 2000).

Im FLÜCHLEIN, DAS JEDER MITBEKAM taucht ein gaunerischer Hauptmann namens Wolf auf: Signal eines jener Probleme, die der Komponist mit Bayreuth und vielen Wagnerianern hatte. Denn unter dem Decknamen Wolf pflegte Adolf Hitler auf dem Grünen Hügel intensive Kontakte zu Siegfrieds Frau Winifred. In einer weiteren Beziehung stand Siegfried quer zum Hauptstrom des politisierten Wagnerianismus. Das Flüchlein, das er selbst mitbekommen hatte, lag weniger auf seinem verpflichtenden Namen als in seinen homophilen Neigungen. Sie haben ihn in manche Verstrickung geführt – in Pachls Biographie (München 1988) ist von Erpressung die Rede –, aber auch zu einer vom Alt-Bayreuth unerwünschten Liberalität in vielen Kunst- und Lebensfragen. Doch sein Verzicht auf Ambitionen und seine im Vorwurf des ›Kulturbolschewismus‹ an die Praxis der Berliner Kroll-Oper gipfelnde Absage an die Moderne machten ihn zum verkleinerten Pendant seines Lehrers Humperdinck – obwohl nur wenige seiner Opern dem Märchengenre im engeren Sinne zuzuordnen sind.

Schon seine zugänglichste Oper DER BÄRENHÄUTER lässt hinter der aus zwei Märchen der Brüder Grimm im Umfeld des Dreißigjährigen Kriegs collagierten Handlung das Erlösungsmotiv durchschimmern, das in DER HEIDEKÖNIG zum Opfertod einer Frau, im Hexenwahn und der Kerkerstimmung von SCHWARZSCHWANENREICH zu einem christlichen Wunder führt. Die dramatische Vorstellungswelt aus Märchen und legendenhafter Geschichte wird musikalisch mit einem gleichartigen Geflecht aus volkstümlicher Melodik und Tanzszenen überzogen, dessen kontrapunktischer Unterfütterung es an Humperdincks klanglicher Magie gebricht: Wagner kann die textlich evozierten alten Welten akustisch kaum je vermitteln. Dem suchte er mit musikalischen und dramaturgischen Querbezügen zwischen einzelnen seiner Werke zu begegnen, aber sie wirken wie ein privatmythologisches Kunsthandwerk. So wird in der dramatischen Zuspitzung von AN ALLEM IST HÜTCHEN SCHULD der Pfingsttanz aus dem BÄRENHÄUTER zitiert, und der Komponist tritt sogar persönlich in einer Diskussion mit Jacob Grimm auf, der sich über das szenische Tohuwabohu und die Klitterung aus zahlreichen der von ihm und seinem Bruder Wilhelm gesammelten Märchen beklagt. Doch statt ironischer Brechung gibt es eine dramaturgische Lösung im Auftritt von beider Überinstanz. Diese Märchenfrau verrät auch das Geheimnis des Titels: Aller Wirrwarr entstand durch den unsichtbaren Kobold. Wenn in einer erneuten Zuspitzung um das im Zentrum stehende Paar Frieder – Katherlieschen der Teufel erscheint, macht er sich mit seinem aus dem BÄRENHÄUTER bekannten Motiv kenntlich. So rundet sich der Kunstanspruch in Siegfried Wagners beiden besten Opern zu durchschlagender Harmlosigkeit.

FLUCHT INS WOLKENKUCKUCKSHEIM

Die Märchenoper wurde gattungsgeschichtlich durch die Literaturoper zwischen SALOME und WOZZECK wie durch die Zeitopern der zwanziger Jahre obsolet. Aber über Humperdinck, Thuille und Siegfried Wagner hinaus hielt sich lange ein spätromantischer Ton im deutschen Musiktheater. Heinrich Zöllner (1854–1941) feierte den größten Erfolg seiner zehn Opern mit der Vertonung von Gerhart Hauptmanns Märchendichtung DIE VERSUNKENE GLOCKE (Theater des Westens Berlin 1899), deren Künstlerproblematik ebenso sentimentalisiert ist wie die erotische Anziehungskraft der Elfe Rautendelein. Die Oper geriet durch Ottorino Respighis Behandlung desselben Sujets 1927 in Vergessenheit. Auch bei Zöllner hat das teils dumpfe, teils aufbrausende Läuten der im See versenkten Glocke leitmotivische Funktion. Während Respighi die sensualistische Verführungskraft des Naturkinds Rautendelein durch extrem hohe Lage ins Virtuose abdrängt (→ S. 635), verniedlicht Zöllner das von ihm ebenfalls als leichter Sopran gesetzte Wesen in einem von Elfenchören und Nymphentänzen gekennzeichneten Ambiente durch Volksliedhaftigkeit mit Koloraturbesatz. Nur in einzelnen Momenten dringt die Musik zu umriss-scharfer Eigensprachlichkeit durch – Zöllner strebte allerdings nicht mehr an, er wollte Hauptmanns Dichtung nur mit seinen Klängen umranken.

Auch Walter Braunfels (1882–1954) verknüpfte romantische Volkstümlichkeit mit literarischem Anspruch: in der von Busoni wegen ihrer an Berlioz erinnernden instrumentalen Spritzigkeit geschätzten PRINZESSIN BRAMBILLA (Stuttgart 1909; Neufassung Hannover 1931) nach E. T. A. Hoffmann überzeugender als in DON GIL VON DEN GRÜNEN HOSEN (Staatsoper München 1924) nach Tirso de Molina. Eine eigenartige Verbindung von Märchenton und komischer Oper bietet die von ihm selbst librettierte und bis 1933 sehr erfolgreiche Aristophanes-Vertonung DIE VÖGEL (Staatsoper München 1920 unter Bruno Walter; *WA* Karlsruhe 1971). Dem aufsässigen Parabel- und Satirecharakter der Vorlage folgt Braunfels nur im I. Akt, während der II. einen mild resignativen Zug ins holde Bescheiden annimmt. Die Handlung wird durch die Nachtigall eingeleitet, die das Vogelleben preist und doch die Menschen insgeheim beneidet. Danach beschließen die von ihrem Lebensumfeld enttäuschten Menschen Ratefreund und Hoffegut, ein Wolkenkuckucksheim zu schaffen: mit den Vögeln als Herrschern zwischen Göttern und Menschen. Prometheus warnt vergebens vor der Auflehnung gegen die Götter, Zeus bestraft den Aufstand mit der Zerstörung der Stadt: Vögel und Menschen müssen das Gesetz ihrer Bedingtheit anerkennen. Die lautmalerisch differenzierte Vogelkulisse, die von kunstvollen Chorpassagen bis zum tristanesken Liebesduett zwischen der Nachtigall und Hoffegut reicht, wird von einer – nur im Strafgewitter der Götter verfinstert sich der Ton – farbenreich hell instrumentierten Orchestersprache getragen. Sie weist als deutsches Pendant auf Janáčeks humanistische Naturpoesie DAS SCHLAUE FÜCHSLEIN und Olivier Messiaens musikalische Ornithologie voraus. Das kurz nach der nazistischen Amtsenthebung des Mitbegründers der Kölner Musikhochschule entstandene Mysterium DIE VERKÜNDIGUNG nach Paul Claudel (Köln 1948; *WA* konzertant 1992) ist ein noch stärker rückwärts gewandtes Stück mit kitschverdächtigen Wehrufen, Glockengeläute und göttlichen Trompeten.

ILSEBILL (Friedrich Klose)

Einen der wichtigsten Beiträge zum Genre der Märchenoper im Schatten Wagners schrieb der Schweizer Bruckner-Schüler Friedrich Klose (1862 bis 1942) mit ILSEBILL (Karlsruhe 1903; Basel 1923), im Untertitel ›Märlein‹ genannt. Es handelt sich wie bei der dramatischen Kantate seines Landsmanns Othmar Schoeck VOM FISCHER UN SYNER FRU (1930) um die Vertonung des zuerst von dem Maler Philipp Otto Runge aufgezeichneten Märchens aus der Grimm-Sammlung. Klose, dem Hugo Hoffmann den Text einrichtete, zielte über ein bewusst volkstümliches Theater hinaus. Das suggeriert schon die Spieldauer des Einakters, die mit rund zweieinhalb Stunden Wagners RHEINGOLD entspricht. Dem quantitativen Anspruch entspricht der Formwille. Lange vor Bergs WOZZECK und Hindemiths Kokoschka-Einakter MÖRDER, HOFFNUNG DER FRAUEN hat Klose über Ansätze bei Cornelius, Wolf und Franz Schmidt hinaus das durch Wagners Orchesterherrschaft über das Musiktheater hinterlassene Opernproblem zu lösen versucht: im bewussten Einsatz symphonischer Gliederungsmethoden. Damit stellte er sich in Gegensatz zu Wagners Aufsatz ÜBER DIE ANWENDUNG DER MUSIK AUF DAS DRAMA (1879). Darin wird behauptet, die Einheit in dem »das Kunstwerk durchziehenden Gewebe von Grundthemen, welche sich, ähnlich wie im Symphoniesatze, gegenüberstehen«, sei eben nicht nach dessen Maßgabe zu erreichen. Vielmehr gebe die »dramatische Handlung die Gesetze der Scheidungen und Verbindungen« vor. Um sich von diesem Formgesetz abzusetzen, ließ Klose das Libretto gegenüber der Vorlage um zwei Stationen kürzen und schuf so in fünf Bildern eine viersätzige Symphonie mit angehängter Reprise.

Im Märchen vollzieht sich der Aufstieg des armen Fischers und besonders seiner Frau, nachdem ihm ein gefangener Butt für die Freilassung fünffache Wunscherfüllung zugesagt hat. Ilsebill wird zur Besitzerin eines Bauernhofs, eines Schlosses, gewinnt die Königs-, Kaiser- und Papstwürde, ehe der Wunsch nach Göttlichkeit endlich die ärmlichen Anfangsverhältnisse wiederherstellt. Bei Klose wird daraus der Dreischritt durch die Stände Bauerntum, Adel und Klerus, wobei weniger als im Märchen Habgier (›Girighait‹) Motiv der Frau ist als ihr Wille zur Macht. Das erste Bild exponiert die Naturstimmung in der Tonart E-Dur, in die das modal gefärbte, unbegleitete Lied des Fischers *Ich sitz' am See jahrein, jahraus* eingebettet ist. Das Bild endet mit der Beschwörung des Fischs (entgegen der niederdeutschen Vorlage spielt die Handlung an einem Bergsee). Diese Formel, die bei jeder Wunschäußerung wiederkehrt, ist dem als Seitenthema zum Monolog des Fischers fungierenden Fischmotiv entnommen, das im Dialog des Fischers und seiner Frau zusammen mit dem Hauptthema verarbeitet wird.

Nach dem Vorbild der brucknerschen Symphonie gibt es ein ebenfalls durchgeführtes drittes Thema. Es steht für die Bauern, die der Frau den Gedanken nach Veränderung ihres Sozialstands eingeben. Die Antwort des Butts (Bariton), *Was sie gewünscht, sie hat es schon*, leitet zum zweiten Bild im Bauernhaus über. Im ersten Bild behielt Klose die Tonart E-Dur bei, unterwarf sie nicht den Modulationen des Sonatenhauptsatzes. Als Scherzo fungiert der erste Mittelsatz mit der ländlichen Idylle von Bauernliedern und Jagdrufen, während der zweite Binnensatz das gravitätisch leerläuferische Leben auf der Ritterburg Welsenstein schildert. Es steigert sich mit zeremoniellen Umzügen zum Auftritt eines heruntergekommenen Mönchs, der die Ritter als Kreuzfahrer ins Heilige Land schicken will.

EINE OPER GUSTAV MAHLERS?

Im Finale verbinden sich Orkan und Hochamt in der Kathedrale zur Grand Opéra im Einakter. Als Ilsebill Gott werden will, ist die Messe bei der Prophezeiung des Jüngsten Gerichts angelangt: *Et iterum venturus est.* Ilsebills Wunsch, der Gesang der Chorknaben, die Orgel und die hinter der Szene postierten Posaunen lassen die Katastrophe losbrechen. Ein instrumentales Zwischenspiel mit Blitz und Donner führt im Krebsgang zur ersten Szene zurück: zuerst mit Ilsebills Personalmotiv, dann dem des

Butts, dem Lied des Fischers und Vogelstimmen. Durchsetzt ist diese Reprise mit weiterem Motivmaterial aus den vorangehenden Szenen. Schließlich folgt als Koda die wörtliche Wiederholung der nur sechzehn Takte umfassenden Einleitung: Eine dramatische Symphonie von großer Sogkraft ist am Ende bei ihrem Anfang angekommen. Dem militant antisemitischen und antidemokratischen Klose war das ein sozialpolitisches Exempel für seine Zeit, in der nach seinen Worten »der Durchschnittsmensch, der Schmarotzer, und der Tagedieb, ja sogar der moralisch Minderwertige« dem »Übermenschen« gleichberechtigt sei. Das restaurative Weltbild und Selbstverständnis der deutschen Märchenoper verliert in solchen Worten seine Harmlosigkeit und entbindet eine aggressive Appellstruktur.

Kloses einzige Oper ist in ihrer bis zur Verzerrung gehenden Verarbeitung des thematischen Materials nicht nur dem Hexensabbat aus Berlioz' SYMPHONIE FANTASTIQUE verwandt, sondern auch der Symphonie eines Komponisten, den er rassistisch verachtete: Gustav Mahlers Erster in der viersätzigen Fassung von 1899. Deren Formanlage weist verblüffende Parallelen mit Kloses Einakter auf: »Langsame Einleitung, ›schleppend, wie ein Naturlaut‹; Vogelstimmen, ausgedehntes Liedthema, Dreiklangbrechungen als Kontrastmotivik; – zweiter Satz als Ländler, betont rustikal; bei Mahler ›kräftig bewegt, doch nicht zu schnell‹, im Trio ›recht gemächlich‹ – bei Klose ›gemächlich‹ bzw. ›recht gemächlich‹ als Grundtempo; – im dritten Satz dann jeweils grotesk gravitätische Ernsthaftigkeit, sehr zeremoniell ›mit Parodie‹, durchgehend von marschartigen Elementen durchzogen«. Auch die Finali weisen Ähnlichkeiten auf, die nicht zufällig sein können: mit einem Unwetter bei Klose und stürmisch bewegtem Duktus bei Mahler, ebenso mit dem Rückgriff auf den Naturlaut des Anfangs und des Liedthemas: »Ging heut morgen über's Feld« bei Mahler, *Ich sitz' am See* bei Klose. Der fundamentale Unterschied liegt darin, dass Mahler die Reprise nicht zur Koda macht, sondern dem Typus der Finalsymphonie verpflichtet bleibt.

Bezieht man in den Vergleich auch Vokalkompositionen Mahlers ein, ergibt sich ein zweiter Unterschied. Zwischen dem KLAGENDEN LIED und dem LIED VON DER ERDE bleiben die Stimmen auf einem »Mittelwert zwischen erzählendem und singendem Ton, zwischen Espressivo und Nonespressivo, der variiert werden soll, aber stets verhalten sein müßte«. Kloses Deklamations- und Arioso-Stil wirkt ungleich vordergründiger, weniger dem Wort und dessen Differenzierung verpflichtet. So ergibt sich das Paradox, dass Mahler laut Adorno mit der »Transfiguration des Gegenständlichen ins inwendige Bilderreich« seine Symphonien zur ›Opera assoluta‹ sublimiert, während Klose trotz symphonischer Formanlage seine Bilderfolge nicht über den Zirkelgang der kleinen Terzen E-G-B-Des-E hinaustreibt. Die Musikform bleibt illusionistisches Schema, löst nicht durch Eigengesetzlichkeit die in Ilsebills Wunschträumen aufscheinende Irrealität grenzüberschreitend ein.

PSYCHOREISSER UND SCHÖPFUNGSMYTHEN

Gegenüber der vorherrschenden Neigung zu volkstümlichen, komischen und märchenhaften Stoffen wirkte nach 1890 der italienische Verismus stark auf das deutsche Musikleben ein. Der Erfolg von Mascagnis CAVALLERIA RUSTICANA und Leoncavallos BAJAZZO schwappte so heftig über die Alpen, dass Herzog Ernst II. von Sachsen-Anhalt und Gotha 1893 nach dem Vorbild des italienischen Verlegers Sonzogno einen Wettbewerb für tragische deutsche Einakter ausschrieb. Die daraus hervorgegangenen Sieger – Paul Umlaufts EVANTHIA und Josef Forsters CAVALLERIA-Kopie DIE ROSE VON PONTEVEDRA – erwiesen sich indes nach der Uraufführung in Gotha als ebenso wenig lebensfähig wie die über hundert anderen zum Wettbewerb eingereichten und teilweise aufgeführten Werke. Die schon hysterische Publikumsbegeisterung, die der neue Stil – neben viel patriotisch gesinnter Kritik – hervorrief, muss als Indiz der Abkehr von Wagner in eine mythoslose Alltäglichkeit gesehen werden. Das war ein Pendant zu dem in Deutschland verspäteten literarischen Naturalismus, während Symbolismus und Neo-Romantik ihr musikalisches Feld in der Oper schon besetzt hatten. Tief greifende Nachwirkung hatte der Verismo allerdings nicht, wenn auch die Strauss-Einakter SALOME und ELEKTRA mit ihrer »finalen Dramaturgie und der ›blutigen‹ erotischen bzw. ersatzerotischen Entladung ohne CAVALLERIA und BAJAZZO nicht denkbar« wären.

Veristischer Alltags- und Gegenwartsbezogenheit am nächsten kommt Eugen d'Alberts Oper TIEFLAND. Aber die Realitätsnähe war es, die einen Kritiker die ganze Richtung verdammen ließ: »Katastrophe nicht Drama; Explosion nicht Handlung; Sensation und Aktualität, nicht Wirkung noch Lebenswahrheit«. Solche Verdikte bezogen sich keineswegs nur auf die veristischen Opern der Jahrhundertwende, sie schlossen auch die sich unter deren Einfluss entwickelnde Tendenz des deutschen Musiktheaters ein, ungeniert ausgestellte Sexualität mit sentimentaler oder frömmelnder Emotionalität zu vermengen. Nach dem Vorbild von SALOME und ELEKTRA wurde, erst recht in der Ausdehnung über die verismusgeeignete Einaktigkeit hinaus, das Gewand von Antike und Renaissance dem Blaumann vorgezogen. Dieser Verzicht auf den sozialkritischen Impuls des italienischen Verismus bog die krassen Vorgänge wieder in Richtung auf die alten Opernmythen zurück. Ein interessanter Brückenschlag zur Literaturoper gelang Hermann von Waltershausen (1882–1954). Der 1933 aus seinem Amt als Direktor der Münchener Tonkunst-Akademie vertriebene Komponist, der sich als Leiter des Seminars für Privatmusiklehrer durchschlug, schrieb fünf Opern. Die interessanteste ist die hochdramatisch vertonte Balzac-Novelle OBERST CHABERT (Frankfurt/Main 1912). Hier überwindet Waltershausen, der in der musikalischen Komödie DIE RAUENSTEINER HOCHZEIT (Karlsruhe 1919) wieder auf die volkstümliche Oper des späten 19. Jahrhunderts zurückkam, den romantischen Grundton durch geschärfte Klangmittel, indem er einen veristisch sprachnahen Deklamationsstil durch schnelle, oft dissonante Dreiklangfolgen mit einem leitmotivischen Tritonus unterlegt.

Der Wirklichkeits- und Gegenwartsnähe des Verismo (→ S. 168 ff.) entspricht unter den künstlerisch erwähnenswerten deutschen Werken neben TIEFLAND am ehesten Schillings' MONA LISA, deren Klammer von Pro- und Epilog die Gegenwart mit der Handlungszeit der Renaissance verbindet. In Zemlinskys FLORENTINISCHER TRAGÖDIE und Korngolds Einakter VIOLANTA sind veristische Züge auch ins Kostüm der Renaissance gehüllt. Sie lassen sich ebenfalls in Schrekers frühen Werken bis hin zu den in der Renaissance spielenden GEZEICHNETEN nachweisen, wobei wie in Korngolds Mysterium DAS WUNDER DER HELIANE oder in d'Alberts DIE TOTEN AUGEN Erotik psychologisierend problematisiert wird. Kein größerer Gegensatz ist denkbar als der zu den alle irdische Liebe sublimierenden Ideendramen Hans Pfitzners. Während Wagners Erlösungssucht in DER ARME HEINRICH und DIE ROSE VOM LIEBESGARTEN dank opferbereiter Frauen ungemindert nachwirkt, befreite Pfitzner sich und damit die zirkumpolare Oper vom erdrückenden Vorbild im künstlerischen Schöpfungsmythos des PALESTRINA.

EUGEN D'ALBERT (1864–1932)

Der weltläufige Klaviervirtuose multinationaler Abkunft hat nicht weniger als zwanzig Beiträge für das Musiktheater hinterlassen, den letzten unvollendet: MISTER WU (Dresden 1932) wurde von Leo Blech aufführungsreif gemacht. Die Bühnenwerke d'Alberts weisen direkte Einflüsse Wagners (die parsifaleske Prozession Christi am Palmsonntag in DIE TOTEN AUGEN) ebenso auf wie einen klassizistisch-heiteren Plauderton, impressionistische

Klangvaleurs und veristische Züge. Besonders geschätzt wurde in der ersten Hälfte des 20. Jahrhunderts neben TIEFLAND der Einakter DIE ABREISE (Frankfurt/Main 1898), den Ferdinand von Sporck nach dem Lustspiel August Ernst von Steigenteschs (1828) librettiert hatte.

DIE ABREISE

Dieses ›musikalische Lustspiel‹ in einem Akt, das die anspruchsvollere Tradition der deutschen Spieloper à la Cornelius mit einem gallischem Esprit à la Chabrier verbindet, ist eine häusliche Dreiecksgeschichte: über die Vermittlerstufe von Korngolds DER RING DES POLYKRATES (1916) Initialzündung zu der mit dem INTERMEZZO von Richard Strauss einsetzenden ›Opera domestica‹ der zwanziger Jahre. Der ehemüde gewordene Gilfen ist zu einer lange geplanten Reise aufbruchbereit, findet aber durch die seine Eifersucht weckende Gegenwart des tenoralen Hausfreundes Trott neues Interesse an seiner Luise und bleibt zu Hause, während statt seiner Trott abreist. Die Alltäglichkeit der Sittenkomödie hat keinerlei Beziehung zum Verismus, die Szene ist im ausgehenden 18. Jahrhundert angesiedelt, wobei der Hausherr zwischen feudalem Zeitvertreib und bürgerlicher Erwerbsarbeit schwankt. Wir haben es mit einem Rollenspiel zu tun, das hinter der historischen Maske die biedermeierliche Alltagsnähe der Entstehungszeit des Sprechtheaterstücks durchschimmern lässt. Dem entspricht der Dialogverlauf, der neben seiner realen Ebene eine Meta-Handlung entfaltet. Das deutet das mit fast 400 Takten unproportional lange Vorspiel an, das mit seiner vielzelligen Geschwätzigkeit das gesamte thematische Material der Oper vorstellt – bis auf eine gewichtige Ausnahme. Die prägt die entscheidende Szene: das dritte Duett des Ehepaars Gilfen–Luise. Im Gegensatz zu dem die Oper durchziehenden Dialogton der Uneigentlichkeit mit Anspielungen, Sentenzen und Allerweltsweisheiten, in denen das Thema der Partnerbeziehung ausgeklammert bleibt, fällt hier durch Luise in zweimaligem Quartaufstieg, beim zweiten Mal emphatisch um einen Ganzton angehoben, das entscheidende Wort *Dies Lächeln zieht mich an und sagt mir: reise nicht!* Dieser aus dem Konversationsstil herausfallende Satz bringt in das Duett, laut Partitur mit Wärme und ausdrucksvoll zu singen, Material, das in der Ouvertüre fehlte. Luises Wort löst nämlich ein schwärmerisches Liebesthema aus. Dieses aber kennen wir bereits aus Luises früheren Duetten mit Gilfen und dem Liebhaber Trott.

Da offenbart sich hinter dem sympathischen Plauderstil eine bittere Tendenz, die Gilfen schon bei seinem ersten Auftritt ausgesprochen hatte, als er eine Knopfleiste als Orakel für eine Entscheidung zur Abreise oder zum Bleiben befragte: *Das Weib allein ist schwach.* Das nach der Ouvertüre einzig Neue in der Oper ist nicht eingespannt in einen prozessualen Verlauf, es dient vielmehr als zufälliger Vorwand für jenes Liebesthema Luises, das beiden Männern gilt. Die Treue der Frau ist also eine Caprice, nicht von bewusster Partnerbindung abhängig, sondern von einer Laune. Das Frauenbild d'Alberts, der in seinem Leben von einer Ehe in die andere flüchtete, findet in der Form des Einakters musikdramatischen Niederschlag. Ein zweiter Akt ist nicht denkbar, da er nach denselben Prinzipien ablaufen müsste. Die neue Liebesbeziehung zwischen den Eheleuten erweist sich als Wiederherstellung des Anfangsmottos von der Schwäche der Frau. Die latente Frauenverachtung, Pendant zu der um die Jahrhundertwende im Kult der Femme fatale sich äußernden Frauenfurcht der herrschenden Männerwelt, steckt in d'Alberts Einakter verborgen hinter einem musikalischen Konversationston. Ihn pflegte in italienischer Spielart Ermanno Wolf-Ferrari, und sogar Richard Strauss nahm ihn zwischen ARIADNE AUF NAXOS und CAPRICCIO auf. Er zeigt Fortspinnungstechnik in lockerem Orchestersatz, vermengt Walzer und Menuett, Parlando und Arioso, knappe Liedformen und kleine Ensembles. Im Wagner-Rausch des Fin de Siècle wurde dieser Ton zu Recht als etwas Neues empfunden, auch als Alternative zur volkstümlichen und märchenhaften Oper. Ihn beherrschte etwa der exzellente Kapellmeister Leo Blech (1871–1958), der nach Opernanfängen in der Nachfolge seines Lehrers Humperdinck mit ALPENKÖNIG UND MENSCHENFREUND (Dresden 1903; revidiert als RAPPELKOPF, Berlin 1917) auf Ferdinand Raimunds romantisch-komisches Märchen und ASCHENBRÖDEL (Prag 1905) mit dem komischen Einakter VERSIEGELT (Hamburg 1908) reüssierte. Es ist eins jener zahlreichen Werke, die durch die Machtübernahme der Nationalsozialisten 1933 aus dem deutschen Theaterleben verschwanden.

KAIN

Die für das komische Konversationstheater offenbar besonders geeignete Form des Einakters erprobte d'Albert im ernsten Genre mit KAIN: einer von Heinrich Bulthaupt librettierten musikalischen Tragödie (Hofoper Berlin 1900). Eine Thematisierung des Brudermords aus der biblischen Schöpfungsgeschichte bot allgemein die faszinierende Möglichkeit, den wagnerschen Mythos zu umgehen und doch hinter der Vorlage die existenzielle Problematik sichtbar zu machen. So plagte sich der Münchner Harmonielehre-Professor Melchior Ernst Sachs (1843–1917) mit einem siebenteiligen Zyklus KAINS SCHULD UND IHRE SÜHNE ab, für dessen nie zu Stande gekommene Gesamtaufführung ihm als Spiel- und Veranstaltungsort ein Schiff vorschwebte. Es sollte, bei gleitenden Eintrittspreisen je nach Vermögenslage der Besucher, von Erdteil zu Erdteil fahren. Bescheidener gaben sich Felix Weingartner mit dem Einakter KAIN (Darmstadt 1914) und der 1915 gefallene Rudi Stephan mit DIE ERSTEN MENSCHEN (Frankfurt/Main 1920). D'Alberts Einakter unterscheidet sich formal von der kleinzelligen Anlage der ABREISE, deren Vielzahl knapper Auftritte fünf divergierende Szenen mit dem Brudermord im Zentrum symmetrisch gegenübergestellt sind. In den tableauartigen Ensembles der beiden Außenszenen klingt mit der biblischen Vorlage die Spielgegenwart an, die drei Innenszenen treiben die Handlung antinomisch voran. Kain hat zunächst die Begegnung mit Luzifer, der sich als Weltbeherrscher und den Tod als Erlösung von der gebrechlichen Irdischkeit anpreist. Spiegelbildlich dazu ertönt nach dem Brudermord die chorisch verfremdete Stimme Gottes in der IV. Szene. Sie lässt Kain die bittere Frucht der Erkenntnis kosten: die Unterscheidung von Gut und Böse. Kain verlässt mit Frau und Sohn Adam und Eva, wird seine Schuld in der Besteigung des Bergs der Mühsal abarbeiten.

Trotz einer leitmotivischen Vernetzung wie in DIE ABREISE ähnelt das konzise Musikdrama kompositionstechnisch weniger Wagners permanenter Durchführung als Debussys variabler Reihung. Vergleichbar PELLÉAS ET MÉLISANDE wird der Diskurs über die wechselnden Bilder hinweg durch orchestrale Zwischenspiele fortgeführt. Sie trennen die zentrale dritte Szene von den umliegenden und heben den Schluss heraus, wenn nach dem Urteilsspruch Gottes mit lautmalerischem Gewitter – einer Variante des dritten Zwischenspiels – auf das Anfangstableau zurückgeblendet wird. Im Gegensatz zur ABREISE erzwingt diese Symmetrie der Formanlage aber keine Wiederherstellung des Status quo: Jetzt haben die Menschen eine Veränderung erfahren, die Einmündung der Schluss-Szene in das e-Moll des I. Bilds zielt nicht auf Identität, sondern auch motivisch auf Analogie. Wie in der ABREISE arbeitet d'Albert mit einem vergleichsweise umfänglichen Orchestervorspiel, in dem erneut eine motivische Leerstelle auffällt. Diesmal bleibt das Material der Anfangsszene ausgespart. Deren nach Des-Dur ausweichende Vision vom Paradies wird so zum unvermittelten Versatzstück, der Komponist traut ihr so wenig wie der Treue Luises. So stehen beide Einakter in einem nicht nur musikstilistisch komplementären Verhältnis. Richard Strauss wird mit der SALOME die Konzentration des in einem Einakter musikalisch Sagbaren zur Explosion bringen.

TIEFLAND

Musikalisch erweist sich d'Alberts Verfahrensweise als handfest, die Dimension des Erkenntnisdramas Kains wird wie die Komplikationen des Brudermords theatralisch nicht überdeckt. Da zeigen sich im Detail Anklänge an jenen Verismus, der das einzig im Repertoire verbliebene Werk des Komponisten auszeichnet: TIEFLAND. Das Libretto schrieb Rudolf Lothar (d.i. Rudolf Spitzer) nach dem katalanischen Drama TERRA BAIXA (1896) von Angel Guimerá. Die dreiaktige Fassung kam 1903 im Neuen Deutschen Theater Prag heraus, die zweiaktige Komprimierung 1905 in Magdeburg. Diese hat den Namen des fest in die Annalen des Virtuosentums eingeschriebenen Pianisten auch als Komponist lebendig erhalten. Obwohl Instrumentation und Leitmotivtechnik auf wagnerschem Terrain bleiben, ist die Geschichte einer sexuellen Hörigkeit mit Kuppelei und Totschlag auf der einen Seite, unentfremdetem Leben in der dem Tiefland entgegengesetzten Bergwelt andrerseits veristisch angelegt. Aber es macht sich trotz der musikalischen Siegfried-Ähnlichkeit des jungen Hirten Pedro auch eine Nähe zur romantischen Oper bemerkbar. So wecken die beiden in der Morgenstimmung duettierenden Klarinetten zu Beginn die Erinnerung an die Introduktion von Meyerbeers LE PROPHÈTE, die ihrerseits ohne die ländliche Szene in der SYMPHONIE FANTASTIQUE von Berlioz undenkbar wäre. Ebenso erwähnenswert ist die Neigung zu spanischem Kolorit und beinahe geschlossenen Nummern im durchkomponierten Ganzen. Dazu gehören Pedros berühmte Wolfserzählung, Nuris Morgenlied und das herausfordernd synkopierte B-Dur-Tanzlied *Hüll in die Mantille dich*, das der bösartige Grundbesitzer Sebastiano zur Gitarre singt (das Thema kehrt in Martas Erzählung wieder).

Bedenklich wirkt allerdings d'Alberts kompositorischer Ehrgeiz, wenn er in fast geschlossenen Nummern Deklamationsstil und Verarbeitungstechnik Wagners imitiert. So verfällt Martas Lebensbeichte im II. Akt *Ich weiß nicht, wer mein Vater war*, eine cis-Moll-Ballade mit unentwegt sequenziertem chromatischen Streichermotiv, schierer Larmoyanz. Banal ist auch die formale Klammer der Oper. Sie beginnt, ehe Pedros Bergmotiv mit emphatischem Oktavsprung erklingt, mit einem der traurigen Weise im III. TRISTAN-Akt zu verdankenden Klarinettenmotiv: zwei Quartschritte aufwärts und fallende Terz in a-Moll. Am Ende, wenn Pedro nach dem Mord an Sebastiano mit Marta in die Freiheit der Berge zieht, kehren diese Quarten wieder: nun im breiten Orchesterfortissimo herausgestoßen.

Die auch moralisch plakative Gegenüberstellung von Hoch- und Tiefland ist zwar zielsicher musikalisiert, aber seit dem Beginn des Zeitalters eines Massentourismus in die Berge wirkt sie so verlogen wie in Leni Riefenstahls 1954 erschienenem Film nach der Oper.

D'Alberts Anpassungsfähigkeit an musikalische Zeitströmungen zeigen auch DIE TOTEN AUGEN (Stuttgart 1916). Auffällig zunächst der Einfluss der SALOME auf den judäischen Spielort zu Beginn unserer Zeitrechnung und den bizarren, dem Judenquintett bei Strauss abgelauschten Auftritt des ägyptischen Wunderarztes Ktesiphar. Der allerdings heilt nicht die blinde Frau des römischen Gesandten. Die Heilung ist das Wunderwerk Christi, das Myrtocle aber durch Starren in die Sonne bewusst zurücknimmt, als sie die Missgestalt ihres Manns erkennt. Auf der anderen Seite gibt es neben veristischen Klängen Anlehnungen an den Impressionismus von Debussys PRÉLUDE À L'APRÈS-MIDI D'UN FAUNE, besonders in dem das Werk verklammernden Auftritt eines guten Hirten. Vergleichbar der allmählichen Entwertung von d'Alberts einstigem Erfolgsstück TIEFLAND durch ein sich veränderndes Lebensgefühl, das auch der Alm Sündeneignung zutraut, hat der Eklektizismus von d'Alberts größeren Werken durch die musikalische Stilentwicklung an Reiz verloren. Das gilt sicher für die von Hanns Heinz Ewers und Marc Henry aus dessen französischem Drama (1897) librettierten TOTEN AUGEN. Eine Ausnahme könnte aber DER GOLEM sein.

DER GOLEM

Dieses Musikdrama (Frankfurt/Main 1926; *WA* Saarbrücken 1983) mit dem Libretto von Ferdinand Lion nach dem gleichnamigen Bühnenstück Arthur Holitschers (1908) fand bei der Uraufführung unter Clemens Krauss und kurze Zeit danach Beachtung. Der Stoff um den Rabbi Loew, der aus Lehm ein menschenähnliches Wesen schafft, war angesichts des aufkommenden Nationalsozialismus nicht mehr opportun. Dabei hat die Handlung, die d'Albert wie so oft am Ende variiert in den ursprünglichen Zustand münden lässt, dramatische Reize. Der Hauptstrang verbindet die kabbalistische Stofftradition mit dem Homunculusmotiv von FAUST II und Mary Shelleys FRANKENSTEIN, er wirkte noch in John Caskens szenischer Legende GOLEM (London 1989) nach. Daneben interessiert auch die Liebesbeziehung zwischen dem Golem und Lea, der Pflegetochter des Rabbi. In ihr spiegelt sich das Problem jüdischer Assimilation, und die Zerstörung des Kunstmenschen durch seinen Schöpfer kombiniert jüdischen Selbsthass mit dem romantischen Motiv des Doppelgängers – zumindest im Bewusstsein von Paul Wegeners Stummfilmtrilogie (1914/20) und Gustav Meyrinks Roman DER GOLEM (1915).

Musikstilistisch ist d'Alberts ambitionierteste Oper weiter gespannt als die früheren. Da gibt es etwa satt nachromantische Klangpracht, wenn der Prager Rabbi dem melancholischen Kaiser Rudolf II. und dessen Astronom Tycho Brahe die biblische Begegnung Salomos mit der Königin von Saba vorgaukelt. Der Anklang an Goldmarks KÖNIGIN VON SABA verdichtet sich in der Vokalise, mit der Lea – vergleichbar Goldmarks Astaroth (→ S. 24) – dem Golem Sprache und Gefühl einzugeben versucht. Dieser Versuch gewinnt durch seine Wiederholung eine dramaturgische Schlüsselfunktion in Sprachgewinn und Selbstfindung. Jüdische Litaneien klingen in chorischen Gesängen an, magische Szenen finden Ausdruck in flirrenden Bewegungen und statischen Klangflächen. Auch die orchestralen Zwischenspiele partizipieren daran und lassen das Werk, das fast ganz auf Ensembles verzichtet und selbst die Liebesszenen außer in wenigen parallelen Passagen dialogisch getrennt behandelt, zu einem der wichtigsten für den konservativen Strang der zwanziger Jahre werden. Aber d'Albert schöpft mit instrumentalen Techniken der Motivabspaltung sogar aus Expressionismus und Neuer Sachlichkeit. Trotzdem hat DER GOLEM stärker als DIE TOTEN AUGEN, wo manche Passagen nach angewandter Musik aus der Zeit vor dem Tonfilm klingen, einen eigenen Ton. Auch der Text Ferdinand Lions besitzt Qualitäten, die sich für die Groteske DIE SCHWARZE ORCHIDEE (Neues Theater Leipzig 1928; *WA* Meiningen 1992) nicht festmachen lassen. Hier hechelt d'Albert dem Sensationserfolg von Kreneks JONNY SPIELT AUF, in derselben Stadt ein Jahr zuvor herausgekommen, nach. Aber der Triumph des Jazz, oder besser: der amerikanischen Unterhaltungsmusik, findet kaum Widerpart in europäischer Weltanschauung. Die vier provokativ im Orchester platzierten Särge sprechen ihre eigene Wahrheit über das Werk.

Trotz spektakulärer Uraufführungserfolge war auch der Bruckner-Schüler Max von Oberleithner (1868–1935), ein promovierter Jurist und reicher Tuchfabrikant, bis zum Verlust eines Individualstils eingebunden in die Zeitströmungen. Mit dem Einakter APHRODITE (Hofoper Wien 1912) nach dem schon von Camille Erlanger vertonten Roman von Pierre Louÿs versuchte er, die psycho-pathologische Erotik der Strauss'schen SALOME in ein Künstler- und Dirnenmilieu zu übertragen, DER EISERNE HEILAND (Volksoper Wien 1917) nutzte den Hochland-Verismus von d'Alberts TIEFLAND für den mit religiösen Devotionalien der volkstümlichen Oper durchsetzten Südtiroler Nationalitätenkonflikt. Als die Wiener Staatsoper das Werk 1930 nachspielte und die Handlung in die Schweiz verlegte, war die Zeit über das Stück hinweggegangen.

NOTRE DAME (Franz Schmidt)

Als querständig zu den künstlerischen Zeitläuften empfand sich der von seinem ungarischen Erbgut stark geprägte Österreicher Franz Schmidt (1874–1939). Sein Wunschtraum, Schüler Bruckners zu werden, ging nicht in Erfüllung, aber in seinen Symphonien hat er wie kein anderer die Bruckner-Nachfolge gesucht. Auch als Organist und Kammermusiker ein erfindungsreich konservativer Komponist, musste Schmidt achtzehn Jahre als Cellist der Wiener Hofoper auch bei den Konzerten der Philharmoniker spielen: durch Missgunst im zweiten Glied gehalten. Auf Intrigen ist zurückzuführen, dass Gustav Mahler die 1904/06 komponierte Oper NOTRE DAME nicht an der Hofoper annahm. Dort kam sie erst 1914 heraus, als der Komponist seine Fronarbeit im Orchester aufgab. In Wien hat sich das Werk an der Volksoper (Dresden und Budapest brachten es 1916, Berlin 1918) bis in die Gegenwart als repertoiretauglich behauptet.

Bekannt geworden ist die Oper durch das Zwischenspiel vor der dritten Szene des I. Akts. Das in den Streichern gewaltig aufwogende Quintmotiv mit seiner der Zigeunermusik nachempfundenen Fortspinnung – es steht für die Kindfrau Esmeralda – galt Generationen von Radiohörern als Inbegriff einer Wunschkonzert-Symphonik. Tatsächlich kann man die Konzeption von NOTRE DAME als symphonisch bezeichnen: wegen des Überhangs an orchestralen Nummern. Es gibt zwei weitere Zwischenspiele und vor jedem der beiden Akte ein Vorspiel. Zudem komponierte Schmidt weite Teile ohne Kenntnis des Librettos (!), wobei er eine unvollendete Phantasie für Klavier und Orchester benutzte. Die Einteilung des Orchesterparts für Chor- und Solistennummern wurde dann mehr oder weniger grob nach Maßgabe des Librettos vorgenommen, das Schmidt mit dem als Literat dilettierenden Chemiker Leopold Wilk nach Victor Hugos Roman NOTRE DAME DE PARIS (1831) schrieb (der Dichter selbst hatte aus seinem Roman für die 1836 an der Pariser Opéra uraufgeführte LA ESMERALDA von Louise Bertin ein Textbuch verfasst). Bei der Einfügung der Vokalparts hielt sich Schmidt nicht einmal immer an diese Einteilungen. So haben wir es zu tun mit einer Abfolge primär symphonisch konzipierter Sätze, Momente lyrisch-belkantischer Ekstase finden sich selten. So etwa in der Liebesszene Esmeralda–Phoebus in I,3, die deklamatorisch über einem mahlerisch schlendernden Ländler abläuft. Auch Schmidts Chorstil ist wenig opernhaft. Wenn der Pariser Mob Fugen und Turbae der Bach-Passionen adaptiert, befinden wir uns in jener Welt des Oratoriums, die der Komponist 1937 in der Johannes-Apokalypse DAS BUCH MIT SIEBEN SIEGELN zu seinem letzten Musikwort erhob (skandalbegleitete szenische *UA* durch George Tabori bei den Salzburger Festspielen 1987).

DAS VERBINDENDE GLIED

Franz Schmidt und sein Librettist klischierten die Figuren der Vorlage melodramatisch, im Fall des Gringoire bis zur Verfälschung. Auch hatten sie nicht den Ehrgeiz, mit der Pariser Kathedrale ein Abbild der Hauptstadt Europas im 15. Jahrhundert aus der Perspektive ihrer Zeit zu evozieren. Lange bevor der Glöckner von Notre-Dame von Charles Laughton über Anthony Quinn bis hin zu einem Zeichentrickfilm aus der Disney-Welt auf der Leinwand ein Alltagsmythos der Kulturindustrie wurde, verzichteten sie auf den nahe liegenden Versuch, Verdis RIGOLETTO fortzuschreiben und den missgestalteten Glöckner zur Zentralfigur zu machen. Das ist vielmehr Esmeralda, eine Schwester der männerverderbenden Carmen, Dalila, Thaïs, Salome, Mona Lisa und Lulu. Obwohl mit dem heruntergekommenen Dichter Gringoire verheiratet, ist die Zigeunerin unberührt und empfindet erstmals durch den Kuss des Hauptmanns Phoebus erotische Gefühle für einen Mann. Sie werden ihm wie Gringoire den Tod bringen, aber auch das Gegenspiel ist durch seine Begehrlichkeit für Esmeralda zum Tode bestimmt: der Glöckner Quasimodo und der Erzdiakon der Kathedrale. Doch das Finale enttäuscht. Wenn die wegen eines angeblichen Mords verurteilte Esmeralda aus dem ihr von Quasimodo im Kirchturm gewährten Asyl geholt und als Hexe gehängt wird, offenbart der Priester – belauscht von Quasimodo – in einem gebetsartigen Monolog mit lateinischen Beschwörungsfloskeln, dass er aus Angst vor Verführung falsches Zeugnis wider sie abgelegt hat. Der Einsturz der Kathedrale aber, den der Glöckner als Wunschprojektion mit dem von ihm in die Tiefe geschleuderten Priester verbindet, verpufft wirkungslos.

Dennoch hat der orchestrale Organisationsgrad Qualitäten. In ihnen lässt sich sogar der dem Komponisten sicher unbewusste Wunsch ausmachen, als Fortführung von Friedrich Kloses ILSEBILL (→ S. 66 ff.) eine dramatische Symphonie zu entwickeln. So könnte man das Vorspiel und die erste Szene als Sonatensatz auffassen, in dem die Durchführung mit einer Halbtonrückung von F- nach Ges-Dur erreicht wird. Deutlicher ist

Schmidts Anlehnung an Formen der absoluten Musik in der Passacaglia des Vorspiels zum II. Akt oder in der zweimaligen Exposition einer vierstimmigen Fuge für Esmeraldas Gerichtsszene. Außerdem arbeitet der Komponist mit einer anspruchsvollen Fortspinnung von Personalmotiven. Das Esmeraldas durchzieht das Werk wie ein Leitklang, dem Phoebus ist ein fanfarenartiges Springmotiv zugeordnet, dem Archidiakon ein choralartig breites. Schmidt verdichtet sie monothematisch zu einem komplexen Orchesterklang, dem die wagnersche Übereinanderschichtung verweigert wird. Fast unberührt von Durchführungspraktiken bleibt das Motiv des Quasimodo: Er ist derjenige, dessen intensive Gefühlsbeziehung zu der schönen Zigeunerin keinerlei Wandlung durchmacht.

Zwischen ILSEBILL und WOZZECK ist Schmidts etwas hausbacken wirkender, aber mit sensualistischen Orchesterreizen aufwartender Versuch, einen von Wagner unabhängigen Opernstil zu entwickeln, ein verbindendes Glied. Das mangelnde Gespür für die dramatische Entwicklung einer Szene kennzeichnet seine zweite Oper ebenso wie der im Vorspiel I, dem Krönungsmarsch II und dem Trauermarsch III kulminierende Primat des Orchesters: FREDIGUNDIS (Staatsoper Berlin 1922, Staatsoper Wien 1924). Diese blutige Geschichte vom Aufstieg und abrupten Ende einer Magd im Merowingerreich des 6. Jahrhunderts (nach einem der ROMANE AUS DER VÖLKERWANDERUNGSZEIT von Felix Dahn) leidet unter kontrapunktisch unterfütterten Akkordfortschreitungen, deren Movens eine chromatische Durchgangsdissonanz ist. Da die jeweilige Auflösung in eine neue Dissonanzspannung umgesetzt wird, entsteht ein lavaartiger Fluss von meist unerbittlich langsamer Gangart. Zum Misserfolg der Uraufführung dürften auch das monströse Libretto (Bruno Warden, Ignaz Welleminsky) und die halbherzige Einstudierung beigetragen haben: Berlins Staatsopernchef Max von Schillings konnte seine ursprüngliche Absicht nicht verwirklichen, die Titelpartie mit Barbara Kemp, der gefeierten Mona Lisa, zu besetzen.

MAX VON SCHILLINGS (1868–1933)

Im Gegensatz zu Franz Schmidt, der trotz seines Aufstiegs zum Direktor der Wiener Musikhochschule als Nebenfigur der österreichischen Kultur galt, war Max von Schillings zu Lebzeiten eine unbestrittene Größe der deutschen Musik neben Strauss, Reger und Pfitzner. Seine gerade unter Musikern übliche Wertschätzung – Pfitzner widmete ihm sein cis-Moll-Streichquartett – hat dem Zeitfraß nicht widerstanden. Wie Humperdinck und Strauss war Schillings (1892) musikalischer Assistent bei den Bayreuther

Festspielen, der Vorsitzende des Richard-Wagner-Verbandes, Graf Ferdinand von Sporck, schrieb ihm die Textbücher zu seinen ersten Opern. INGWELDE (Karlsruhe 1894) ist eine dramatisierte germanische Heldensage, vom Librettisten in schwer erträglicher Wagnerei ausgebreitet. In Melodieführung und musikdramatischem Einsatz der Gesangsstimmen weist die Oper wie einige spätere des Komponisten eine gewisse Hölzernheit auf: Folge einer primär symphonischen Konzeption, wie sie sich etwa im Vorspiel zum II. Akt zeigt. In träumerischer Stimmung – ähnlich dem Vorspiel I des im selben Jahr herausgekommenen GUNTRAM von Strauss – erklingt ein von gedämpften Bassklarinetten und Kontrabässen begleiteter Harfenlauf, der in einen verschwimmenden Nonenakkord mündet. Das eigentliche Thema wird dann vom Horn intoniert, das sich über schwebenden Harmoniewechseln mit einer etwas steif wirkenden Gemessenheit erhebt. Eine Art Durchführung reduziert das achttaktige Thema auf eine eintaktige Phrase. Auch die Klimax vor der Reprise wird durch Verknappung erreicht: Schillings versagt sich im Gegensatz zu Strauss jede Expansion des ursprünglichen – meist harmonisch begründeten – Einfalls. Dieser Verzicht auf alles Aufgedonnerte wird erkauft durch eine gewisse Sprödigkeit. Dem Komponisten mangelt es an Schmidts Sensualismus ebenso wie an der Emphase von Richard Strauss, sein Stil wirkt akademisch. Das gilt selbst für die Schluss-Szene mit dem brennenden Totenschiff, wenngleich der archaisch harmonisierte Priestergesang die sinnliche Ausstrahlung des Bilds unterstützt.

DER PFEIFERTAG, wiederum auf ein Libretto von Sporck (Schwerin 1899), wurde vom Publikum, aber auch von Kollegen wie Strauss und Pfitzner, begeistert aufgenommen. Das im Mittelalter angesiedelte Werk zeugt von einer angestrengten Lustigkeit in der Nachfolge der MEISTERSINGER – auch dramaturgisch, da es um die dem Vater abgetrotzte Liebesverbindung der Tochter eines Meisters der Pfeiferzunft geht. Als Schillings das lediglich in einigen lyrischen Momenten und dem Orchesterzwischenspiel VON SPIELMANNS LEID UND LUST beeindruckende Werk 1931 für die Berliner Staatsoper revidiert, begehrt er gegen jene Kritiker auf, »denen jede aus Herzens- und Gemütsbewegung stammende Musik ein Greuel ist [...]. Ein Stück, das sich zur deutschen Seele, zur deutschen Heimat und gar zu einem ›Kunsternst‹ bekennt, wie ihn Wagner uns als möglich aufgezeigt hat, muß ja zertrampelt werden«. Da war mit viel Wortaufwand das Kunstscheitern eines dem leichten Genre zugeordneten Werks zur Dolchstoßlegende umgemünzt: Munition für die Rechte im Kulturkampf der Weimarer Republik und Rache dafür, dass der Komponist 1925 die Intendanz der Berliner Staatsoper hatte aufgeben müssen.

MOLOCH

Damit nahm Schillings 1931 keineswegs eine Wende gemäß dem sich radikalisierenden Zeitgeist. Schon seiner auf den PFEIFERTAG folgenden Oper war die Sorge vor einer kulturellen Überfremdung – hier durch die Götter einer anderen Welt – im Subtext einkomponiert. Schillings, der 1907 Generalintendant der Stuttgarter Hofoper und Vorsitzender des Allgemeinen Deutschen Musikvereins wurde, hatte den Text für seinen MOLOCH (Dresden 1906), einen ambitionierten Versuch in Richtung Literaturoper, von dem Heldentenor und Opernregisseur Emil Gerhäuser nach dem gleichnamigen Dramenfragment Friedrich Hebbels schreiben lassen. Als der Dichter 1844 zum ersten Mal Rom sah, kam ihm die Idee zu einer szenischen Dankabstattung dafür, dass Hannibal einst die Stadt verschont hatte. So erfand er Hiram als jüngeren Halbbruder Hannibals, der sich rechtzeitig vor der Zerstörung Karthagos durch die Römer mit einer Statue des Gottes Moloch ins nordgermanische Thule retten kann. Er inthronisiert sie dort zum göttlichen Machtsymbol, dem es auf tausend Ritualopfer nicht ankommt (Gerhäuser unterschlug in seinem Libretto die Variante des Kindesopfers). Mit dem neuen Kult bringt Hiram zwar Ackerbau und Viehzucht nach Thule, instrumentalisiert dessen Eingeborene aber zum Werkzeug seiner Vergeltung an Rom. So auch den ihm hörigen Königssohn Teut, den er gegen den eigenen Vater aufstachelt. Nur Theoda durchschaut Hiram, durchschreitet den heiligen Kreis um den Götzen und öffnet dadurch Teut die Augen. Obwohl dieser im Kampf mit den Priestern fällt, stürzt sich Hiram ins Meer: Theoda hat über den Moloch triumphiert.

Das Werk hatte in der Bühnenpraxis wenig Erfolg, wurde 1907 in Schwerin, 1908 im Münchner Prinzregententheater und 1909 in Prag nachgespielt, eine Zeit lang auch – über das für den Konzertgebrauch eingerichtete Erntefest zu Beginn des III. Aktes hinaus – gelegentlich konzertant gegeben. Bezeichnend für die Wirkungsgeschichte des Komponisten waren die letzte Aufführung der Oper im ›Dritten Reich‹, am Deutschen Opernhaus Berlin 1934, und die erste nach der Götzendämmerung dieses Reichs: 1989 in Oberhausen. Im ersten Fall blieb Teut am Leben und damit dem Volk als Führerfigur erhalten, im Sinne von Wilhelm Raupps Schillings-Biographie (Hamburg 1935) als arische Speerspitze gegen eine semitische Weltverschwörung. Im zweiten Fall wurde die Handlung ins Jahr 1945 verlegt, wobei Hiram als SS-Größe erschien, die von südamerikanischen Gestaden aus mit einem Hitlerbild Rache an Moskau nehmen will.

Verjudung und Faschisierung: Das schießt über Hebbels Absicht, den ambivalenten Einbruch der Zivilisation in eine barbarische Welt zu gestalten, weit hinaus. Diese Polarisierung, in der die Oper selbst verloren zu gehen droht, ist weniger dieser als den Zeitläuften und dem Einfluss der in ihnen veröffentlichten Meinung über das Kunstwerk selbst zuzuschreiben. Die Tatsache, dass die Witwe des Komponisten 1935 das seitdem verschollene Autograph der Partitur Adolf Hitler schenkte, hat der Oper eine Aura aufgezwungen, von der sie sich nur schwer lösen kann. Zu bedauern bleibt, dass Schillings bis auf ein kleines Einsprengsel Hebbels in Hinsicht auf Robert Schumanns Mitarbeit gefasste Hoffnung nicht auf dem Theater verwirklichte, in Form eines durchkomponierten Melodrams einen Gegenentwurf zur Wagner-Oper à la TANNHÄUSER oder LOHENGRIN zu wagen. Hebbel war durch Schumanns Vertonung seiner BALLADE VOM HEIDEKNABEN für Klavier und Rezitator zur Einschätzung gelangt, in dieser Form könnten auch groß angelegte Werke musikalisiert werden. Schillings selbst setzte 1902 Ernst von Wildenbruchs HEXENLIED für Orchester (bzw. Klavier) und Rezitator: ein leitmotivisch durchkomponiertes Stück, mit dem Ludwig Wüllner sogar den Erfolg des ENOCH ARDEN (1897) von Richard Strauss übertraf (eine vom Komponisten selbst dirigierte Aufnahme mit ihm von 1933 ist erhalten geblieben). Der Münchner Versuch des Jahres 1982, das Schillings-Melodram szenisch einzurichten, verstärkte das Bedauern darüber, dass der Komponist nicht – wie Humperdinck in der Urfassung seiner KÖNIGSKINDER – das Melodram abendfüllend auf dem Musiktheater erprobte. So blieb es in seinem MOLOCH bei dem knappen Melodram in der spätromantisch harmonisierten Ernteszene.

VERSTRICKUNGEN

Die ideologische Mehrdeutigkeit des Hiram in MOLOCH hat Schillings, der zu Lebzeiten mit höchstkarätigen Ehrungen geradezu überhäuft wurde, im Nachhinein als Vorkämpfer der nationalsozialistischen Bewegung erscheinen lassen – so schon 1933 in Gottfried Benns Totenrede, einem Dokument der kurzzeitigen Verblendung des Dichters. Obwohl Schillings stramm deutsch-national gesinnt war, kann davon nicht im eigentlichen Wortsinn gesprochen werden. Immerhin war er von Wilhelm Furtwängler zusammen mit dem Pianisten Wilhelm Backhaus und dem Geiger Georg Kulenkampff für eine Kommission ausgewählt worden, die jüdischen Künstlern Auftrittsfreiheit in Deutschland gewähren sollte. Tatsächlich kam im

Juni 1933 ein entsprechender Erlass für das Konzertwesen in Preußen heraus, und zwar »ohne die von linientreuen Ministerialbürokraten verlangten Änderungen«, die Furtwänglers Absichten unterliefen.

An dieses kurze Aufscheinen einer Utopie der Vermeidung des Schlimmsten im NS-Staat ist also der Name des Komponisten geknüpft, der aber keinen ernsthaften Versuch unternahm, Franz Schreker und Arnold Schönberg vor der Entlassung aus ihrer Professur an der Berliner Akademie der Künste zu bewahren. Auch steht die Unterschrift des Akademiedirektors von Schillings, der im März 1933 zum Intendanten der Charlottenburger Oper ernannt worden war, unter dem Protokoll der Sitzung vom 15. Februar, in der Käthe Kollwitz und Heinrich Mann aus der Preußischen Akademie ausgeschlossen wurden: »aus dem Grandseigneur wird ein Vollstreckungsgehilfe der Gleichschaltung«. Der Tod am 24. Juli 1933 hat den Komponisten vor schlimmeren Verstrickungen bewahrt.

MONA LISA

Seinen größten Erfolg feierte Max von Schillings mit MONA LISA auf ein Libretto der Wiener Autorin Beatrice von Dovsky. Sie hatte ihm 1911 als Stoff ihre dramatische Legende um Lady Godiva angeboten, die nackt durch die Stadt reitet. Doch was Mascagni in jenem Jahr zu seiner ISABEAU (→ S. 190 f.) animierte, war dem Bekenner zu deutscher Seele, deutscher Heimat und deutschem Kunsternst zu frivol. Der zweite Vorschlag Dovskys aber entflammte ihn. Vom Produktionsdruck der Strauss'schen Ur-ARIADNE AUF NAXOS befreit, zog er sich ins väterliche Landgut bei Düren zurück und schrieb die Klavierskizze wie im Rausch. Der Stoff um Mona Lisa lag insofern in der Luft, als Leonardos Gemälde 1911 aus dem Louvre gestohlen und zwei Jahre später in Florenz wiedergefunden worden war. Als die New Yorker Met von dem Opernplan erfuhr, wollte sie sich die Uraufführung sichern, doch der Ausbruch des Ersten Weltkriegs machte den Plan hinfällig. Wegen einer Lungenentzündung vom Frontdienst befreit, stellte Schillings die Partitur fertig. Die Uraufführung fand am 26. September 1915 in Stuttgart statt: ein Triumph für den dirigierenden Komponisten. Siebzehn Bühnen spielten die Oper innerhalb kurzer Zeit nach, darunter 1915 Wiens Hofoper mit Maria Jeritza als Mona Lisa und Berlins Hofoper (Richard Strauss am Pult) mit Barbara Kemp, die der Komponist nach der amerikanischen Premiere 1923 an der Met in zweiter Ehe heiratete. Bis 1933 wurden 2 000 (!) Aufführungen im In- und Ausland gezählt. Danach verschwand die Oper allmählich vom Spielplan.

Einzelne Wiederbelebungsversuche wie der Einsatz des Dirigenten Robert Heger 1953 in der Städtischen Oper Berlin, die Inszenierung Gian Carlo del Monacos 1983 in Karlsruhe oder die auf Tonträger festgehaltene Kieler Produktion 1994 gerieten eher ernüchternd. Am ehesten die Zeitläufte überstanden hat der reißerische Gang der Handlung, die durch Pro- und Epilog aus moderner Sicht gerahmt wird: Ein Laienbruder erzählt einem Paar bei der Besichtigung eines Florentiner Palastes die Geschichte der durch Leonardo da Vincis Bild berühmt gewordenen Mona Lisa. Doppelten Boden gewinnt die Oper dadurch, dass aus dem auf Hochzeitsreise befindlichen Paar das eheliche der Haupthandlung und aus dem Laienbruder der Liebhaber der Frau wird. Das lässt sich auch heute noch inszenieren, aber der Musik geht die vom ersten Schillings-Biographen Raupp (S. 162) gepriesene »meisterliche Ausdrucksvollkommenheit« weit gehend ab. Sie weist weder die Stringenz des frühen Richard Strauss noch – trotz Benutzung eines Heckelphons im Orchester – die vegetative Üppigkeit Schrekers auf, klingt in den dramatischen Effekten eher angestrengt und vermag mit ihren intervallisch durch Tritonus und Sextschritt dominierten leitmotivischen Bezügen, obwohl diese flexibler als in Schillings' früheren Opern eingesetzt werden, kaum einen immanent musikalischen Spannungszusammenhang zu erzeugen.

Trotz der Gegenüberstellung von Karnevals- und Nonnen-Mönchs-Chor wirkt die dramaturgisch komplementäre Anlage musikalisch wenig vermittelt: der Gegensatz von Karneval im I. und Aschermittwoch im II. Akt sowie die Parallelität des Mordens (der Perlenhändler Francesco schließt den päpstlichen Legaten Giovanni aus Eifersucht im luftdichten Perlenschrank ein und lässt sich am nächsten Tag von seiner Frau in eben diesen locken). Auch für das von Leonardo im Bild festgehaltene geheimnisvolle Lächeln der Mona Lisa, die am Ende in einem delirierenden Gelächter zusammenbricht, hat Schillings keine musikalische Rätselebene entwickelt. Obwohl der Epilog, über ein Orchesterzwischenspiel mit grollenden Pauken erreicht, mit dem Erschrecken des erzählenden Laienbruders ob des enigmatischen Lächelns der Besucherin, die wie Mona Lisa einen Strauß weißer Iris trägt, eine interessante Folie bietet, wächst der Musik keine doppelte Bedeutungsschicht zu. So drängt sich aus heutiger Sicht der Eindruck auf, der Komponist habe gegen die Wagner-Ferne des Stoffs seine ohnmächtigen musikalischen Mittel als »reichsdeutsche Gesinnungsästhetik« mobilisiert. Ein hellhöriger Nachrufer diagnostizierte schon 1933, Schillings habe »für einen Epigonen zuviel Originalität und für eine originale Begabung zuviel Epigonentum« besessen: ein tragischer Fall.

HANS PFITZNER (1869–1949)

Die Spannweite der zirkumpolaren Oper zwischen der Anziehung durch Wagner und der Abstoßung von ihm hat kein deutscher Komponist so durchmessen wie der in der Musikgeschichtsschreibung nicht zu Unrecht als letzter Romantiker bezeichnete Hans Pfitzner. In seinem Hauptwerk PALESTRINA greift er nicht nur jenes Thema des künstlerischen Schaffensvorgangs auf, das die beiden großen Musikkomödien des 19. Jahrhunderts zum Vehikel einer Menschwerdung des Bürgers in der Oper werden ließ: BENVENUTO CELLINI von Berlioz und Wagners MEISTERSINGER. PALESTRINA ist, analog zu diesen Opern, auch eingebunden in ein Geflecht theoretischer und polemischer Äußerungen seines Urhebers, das sich mit dem Kunstwerk zu einer von Widersprüchen keineswegs freien Intertextualität verbindet. Pfitzners Ringen um eine Ästhetik der Oper erfolgt im Dreiklang von explizit-verbaler Poetik in theoretischen Äußerungen, von faktischer Poetik im Schaffensprozess und von fiktiver Poetik im Kunstwerk selbst. Im Unterschied zum Guss der Perseus-Statue bei Berlioz und der Ausformung von Walthers Preislied bei Wagner ist für Pfitzner das »Ziel der fiktiven Poetik [...] der Mythos des Schaffens, nicht seine Faktizität«.

So steht im Zentrum seiner Oper nicht die real vom historischen Palestrina komponierte Marcellus-Messe, sondern die fiktive Inspiration für den zu ihr führenden Schaffensprozess. Berlioz hatte mit dem im Kollektiv gelingenden Guss der Statue die Utopie eines Kulturstaates als Verbindung des einsamen Künstlers mit der Masse der Werktätigen entworfen (→ Bd. II, S. 421). Wagner brach die Sinngebung des künstlerischen Schaffensprozesses dialektisch auf und ließ Beckmesser als Vertreter der verknöcherten Tradition zum unfreiwilligen Verfechter einer Zukunftsmusik werden. An der hatte auch Walthers Preislied insofern teil, als es nicht mehr vom Volk begriffen werden musste, um erfolgreich zu sein (→ Bd. II, S. 541 f.). Pfitzner schritt den Weg einer Selbstvergottung der Kunst ab und setzte den musikalischen Schöpfungsakt in direkte Analogie zur Erschaffung der Welt durch Gott. Das war der Höhe- und Schlusspunkt der romantischen Inspirationsästhetik, die, aus der Geniebewegung des Sturm und Drang entstanden, zum Kennzeichen eines deutschen Sonderwegs (nicht nur) in der Musik wurde. Erstaunlicherweise spielt diese Inspirationsästhetik auch für Pfitzners – neben Ferruccio Busoni – großen Widersacher Arnold Schönberg eine entscheidende Rolle. Zwischen dessen Rede auf Gustav Mahler von 1912 mit dem Lob der unbewussten Einfälle des Genies und dem Vortrag von 1935 über die Komposition mit zwölf Tönen, wo er den Einklang des Kunstschöpfers mit dem göttlichen Vorbild fordert, spannt sich ein theoretischer Bogen, der praktisch in der Kurzoper DIE GLÜCKLICHE HAND eingelöst wurde.

MODERNE SCHÖPFUNGSMYTHEN

Pfitzners Parallele von künstlerischem Schöpferakt und göttlicher Welterschaffung schließt die romantische Opernepoche ab und weist ihr zugleich den Weg in die Zukunft. Damit ist nicht eine Traditionslinie gemeint, die von der Palestrina-Oper des Rheinberger-Schülers Melchior Ernst Sachs (Regensburg 1886) bis zu Paul Graeners FRIEDEMANN BACH (Schwerin 1931) die Biographie von Komponisten zum Bestandteil sentimentaler Unterhaltung werden ließ. Pfitzner steht mit seiner Künstlerproblematik in einer Reihe mit Richard Strauss im Vorspiel der ARIADNE AUF NAXOS und in CAPRICCIO, mit Schrekers DER FERNE KLANG, DER SINGENDE TEUFEL und CHRISTOPHORUS, mit Janáčeks OSUD (Schicksal), Schönbergs DIE GLÜCKLICHE HAND, Kreneks JONNY SPIELT AUF und Hindemiths Schöpferopern CARDILLAC (zumal in der Erstfassung von 1926) und MATHIS DER MALER, sogar mit dem Spätwerk DIE HARMONIE DER WELT. Noch Karlheinz Stockhausens monumentaler LICHT-Zyklus ist mit seinem Hang zur Selbstmythisierung ohne das Vorbild von Pfitzners PALESTRINA kaum denkbar. Nicht die Tatsache, dass ein Künstler oder Wissenschaftler auf der Bühne gezeigt wird, verbindet diese Werke, sondern dass der schöpferische Mensch mit seinem Werk paradigmatisch für Selbst- und Welterfahrung steht.

Für Pfitzner bleibt der Inspirationsmythos die einzig authentische Form künstlerischer Selbstwerdung – in der Beziehung war er wirklich der letzte Romantiker unter den großen Komponisten. Bei Schönberg hingegen wird dieser Mythos mit der modernen Problematik von Produkt- und Warenästhetik konfrontiert: im Aufeinanderprall von arbeitsteiligem Kunsthandwerk und unentfremdeter Kunstschöpfung. In Hindemiths CARDILLAC steht das Verhältnis des Künstlers zu seinem Produkt im Vordergrund, Krenek wiederum setzt den romantischen, durch das Einsamkeitspathos von Gebirgs- und Gletscherwelt gezeichneten Künstler in strikten Gegensatz zum nachschöpferischen Violinvirtuosen und zum schwarzen Jazzgeiger, der für das neue Ideal des Improvisationsgenies in der Unterhaltungsmusik steht – für Pfitzner gleichbedeutend mit dem Untergang des kulturellen Abendlandes. Diesem allerdings hat Pfitzner in erheblicher Weise

Vorschub geleistet. Seine Verstrickung mit Gedanken, Worten und Taten in die faschistische Barbarei deutschen Ungeistes hat sich wie eine bleierne Schuld auf sein Werk gelegt, das nach 1945 – trotz der analog zur Wagnerei zelotischen Verehrung durch eine Gemeinde – nur mühsam ins Musikleben integriert werden konnte.

Gelungen ist das allein mit PALESTRINA. Die anderen Beiträge Pfitzners zum Musiktheater spielten keine Rolle mehr: eine bitter ausgleichende Ungerechtigkeit dafür, dass sie auch im ›Dritten Reich‹ keineswegs die Wertschätzung genossen, die der musikideologischen Funktion des Komponisten entsprochen hätte. Pfitzner, der auch in klugen Äußerungen über Kompositionen anderer ein Zeugnis für seine künstlerische Sensibilität abgelegt hat, war sich nicht zu schade, für diese den Schutz des terroristischen Staatsapparates anzufordern. In der Auseinandersetzung um seine Ästhetik mit dem Psychologen Julius Bahle, dem Hermann Hesse bescheinigte, in der 1948 erschienenen Schrift DER GENIALE MENSCH UND HANS PFITZNER »diesen dumm-bösen, alten Gnom zur Strecke gebracht zu haben«, ging Pfitzner 1936 sogar Hitlers Stellvertreter Rudolf Hess um Hilfe an: »Ich möchte in diesem Zusammenhang gerade darauf verweisen, daß meine schon vor Jahrzehnten vertretene Ansicht der Bedeutung des musikalischen Einfalls als dem Primären im kompositorischen Schaffensvorgang der nationalsozialistischen Auffassung von Größe und Wert der schöpferischen Persönlichkeit entspricht«.

MACHTGESCHÜTZTE INNERLICHKEIT

Auf eigene Rechnung hat Pfitzner andere Gegner heftig bekämpft. Das Gespenst der FUTURISTENGEFAHR mobilisierte er 1917 gegen Busonis ENTWURF EINER NEUEN ÄSTHETIK DER TONKUNST (→ S. 398 ff.). DIE NEUE ÄSTHETIK DER MUSIKALISCHEN IMPOTENZ von 1919 nahm das acht Jahre zuvor erschienene Beethovenbuch des jüdischen Kritikers Paul Bekker zum Vorwand, die nicht mehr tonikal gebundene Musik zu verteufeln. Das tat Pfitzner, wie Wagner in seiner Meyerbeer-Attacke DAS JUDENTUM IN DER MUSIK, ohne Nennung von Namen, aber die Auseinandersetzung mit Alban Bergs Deutung von Schumanns TRÄUMEREI ließ keinen Zweifel an der Stoßrichtung zu. Neben den Atonalen waren die vom Jazz Beeinflussten gemeint, deren »Aharmonik den Wahnsinn gegenüber hoher Kunstmusik« bedeute. Damit hatte Pfitzner jenes Entartungsvokabular entworfen, aus dem die Nazis später Politpraxis werden ließen. Noch 1940 betonte er überheblich in der gegen Julius Bahles empirische Untersuchungen des musikalischen Schaffensprozesses gerichteten Polemik ÜBER MUSIKALISCHE INSPIRATION die angebliche Unangreifbarkeit seiner Argumentation. Die antisemitische und antiintellektuelle Ineinssetzung von Atonalität und Bolschewismus, von Amerikanismus und Deutschfeindlichkeit gingen in Pfitzners Schriften eine explosive Mischung ein. Deren Brisanz, »weit davon entfernt, nur privates Schicksal zu sein, exemplifiziert die geistige Konstitution eines Teils des idealistischen Bürgertums seiner Zeit und die in ihr als Möglichkeit schlummernde Genesis des Nationalsozialismus«.

Dagegen sind nicht nur jene Momente in seinem kompositorischen Werk aufzurechnen, mit denen er der verfemten Aufhebung der Tonikalität selbst verfällt oder – wie in PALESTRINA – hinter der Mildheit des Titelhelden erstaunliche Liberalität gegenüber einem Abweichler wie dessen Schüler Silla erkennen lässt. Bemerkenswertes findet sich auch in Pfitzners Arbeiten als Musikschriftsteller. Die 1909/15 entstandene und in erweiterter Form in seine gesammelten Schriften aufgenommene Untersuchung ZUR GRUNDFRAGE DER OPERNDICHTUNG kann sogar »als Gegenstück zu Wagners OPER UND DRAMA verstanden werden. Allerdings hat Pfitzners musikdramatisches Credo weder Umfang noch Kühnheit und Komplexität der Wagnerschen Denkleistung«. Dafür aber den Scharfsinn, hinter Wagners Leitmotivtechnik die konstruktive Überdetermination zu erkennen. Aus Sorge vor dieser im Sinne Nietzsches möglichen Tyrannei der Musik setzte er beharrlich gegen Wagners weiter entwickelte Theorie vom Musikdrama einen vergleichsweise naiven Opernbegriff. Aber das hinderte ihn nicht, ergänzend zu seiner praktischen Arbeit am Straßburger Theater 1910/18, über Wagner und andere deutsche Opernkomponisten Erhellendes zu äußern. Der Nachdruck der drei Bände seiner Schriften von 1927/29, durch den 1987 edierten vierten zur Gesamtausgabe gerundet, muss trotz aller polemischen Anwürfe und ideologischen Entgleisungen auch heute noch als lesenswert gelten. Der Wagner-Aufsatz MELOT DER VERRUCHTE beispielsweise »ist die Betrachtung des Nachtgeschehens des TRISTAN aus der Perspektive von dessen taghell behafteten Nebenfiguren. Hier eröffnen sich nicht nur Einsichten in die Transzendenz der beiden Titelfiguren, sondern auch Verstehensweisen für die Randfiguren. Der Einfluß dieser Sichtweise auf die Wagner-Betrachtung in Ernst Blochs GEIST DER UTOPIE ist beträchtlich«.

Der Hinweis auf Ernst Bloch evoziert für Pfitzner und sein Musikdenken, das der späte Thomas Mann – sein Leben lang ein Verehrer des PALESTRINA – als »treudeutsch und bitterböse« einstufte, zumindest potenziell jene Rettung von links, die Richard Wagner nach 1945 zuteil geworden ist (→ Bd. II, S. 451 ff.). Zumal ein Teil seiner polemischen Auseinandersetzung mit Zeitgenossen im Fortgang der Geschichte sogar an Härte der Frontstellung einbüßt – vergleichbar anderen historischen Querelen wie dem Piccinnistenstreit um Gluck oder dem Grabenkampf um Wagner und Brahms. Hinter Pfitzners oft bösartig bewusst missverstehender Polemik gegen Busoni scheint allmählich sogar eine Analogie zwischen seiner allmählichen Abnabelung von Wagner und Busonis ideologischer Entlastung von der Musikgeschichte durch den Entwurf einer selbstbewusst mit eben der umgehenden Zukunftsmusik auf. Unter diesem Horizont ist ein neuer Zugang zu Pfitzners musikdramatischem Werk jenseits des PALESTRINA denkbar.

DER ARME HEINRICH

Pfitzner komponierte seine erste Oper, als ›Musikdrama‹ programmatisch in der Wagner-Nachfolge angesiedelt, auf ein Libretto, das James Grun frei nach der um 1195 entstandenen Verslegende Hartmanns von Aue geschrieben hatte (Mainz 1895; *WA* Kassel 1955). Gruns Text variiert, oft in schwülstige Wagnerei verfallend, Wagners Lieblingsthema der Erlösung des Mannes durch die Frau getreu der mittelhochdeutschen Vorlage in Richtung auf die Einsicht des Mannes in die eigene Schuld. Heinrich erkennt in dem Augenblick, als er die junge Agnes in nackter Opferbereitschaft vor dem Arzt liegen sieht, den Grund seiner Krankheit in der eigenen Weltverfallenheit und wird wie durch ein Wunder geheilt. Auch musikalisch ist das Werk in der Nachfolge Wagners angesiedelt. Da Grun im Gegensatz zu Hartmann darauf verzichtete, Heinrich als lebensbejahend Gesunden zu zeigen, beginnt die Oper mit einem dem Anfang des TRISTAN-Vorspiels vergleichbaren Nachtklang. Pfitzner wird dieses von vier gedämpften Bratschen intonierte Leidensthema mit einem Quintsextakkord und tiefalterierter Terz sowie den aufsteigenden vier Achteln im Abstand kleiner und großer Sekunden in PALESTRINA (I,3) zitieren. Es bestimmt hier den Grundton der Oper, die von zahlreichen anderen, gleichermaßen auf Personen, Gegenstände und Empfindungen bezogenen Leitmotiven durchwirkt ist. Im Sinne Wagners herrscht die Allgegenwart der Leitmotive »unangefochten, Themenkombinationen als Mittel gesteigerten Ausdrucks und intensiver Textinterpretation finden sich besonders an dramatischen Höhepunkten«. Sogar die physiognomische Erscheinungsform einzelner Motive mit dem Wechsel von Duolen und Triolen, den schon Bruckner von Wagner übernommen hatte, erinnert an das Vorbild: etwa im Hornruf Dietrichs, dem die Funktion Kurwenals aus dem TRISTAN übertragen ist. Heinrich selbst erinnert an Amfortas in PARSIFAL, seinem in wuchernder Chromatik wütenden Leiden stehen kirchentonartliche Wendungen für die Klosterwelt gegenüber. Im Finale, wo die von Strauss für die Agamemnon-Chiffre seiner ELEKTRA übernommene Dreitonfolge die obsessionelle Bindung der zur Heiligen verklärten Agnes offenbart, werden sie eindringlich ineinander montiert. Heinrich verkündet mit dem d-Moll-Erlösungsthema seinen Verzicht auf eitle Pracht, und der Chor der Mönche antwortet ihm mit A-Dur-Akkorden: *Heil Dir, der gottgesegnet ist.*

Im Gegensatz zu Wagner aber haben die Leitmotive fast nie jene Prägnanz, die ihnen eine fast szenische Gegenwärtigkeit und die Energie zur entwickelnden Fortspinnung verleihen könnte. Pfitzners weitgehender Verzicht auf eine melodische Motivbildung im Sinne der vor-wagnerschen Romantik wird nur in Dietrichs Italienerzählung – vom vergeblichen Versuch, Heinrich ärztliche Hilfe zu schaffen – unterbrochen. Hier zitiert der Komponist breit das vierte seiner Jugendlieder nach Oskar von Redwitz NUN, DA SO WARM DER SONNENSCHEIN (1887). Insgesamt bleiben die Leitmotive meist unscheinbaren intervallischen Verhältnissen verhaftet. Weder binden sie die jeweilige Gegenwart an das musikalisch Vergangene zurück, »noch geht von ihnen die Gewalt eines plötzlichen Umschlags aus, der die Bedeutung des dramatischen Augenblicks als Station der inneren Handlung musikalisch kenntlich macht«. So mangelt es dem Höhepunkt im II. Akt, wenn Agnes sich unter Berufung auf Christus den Eltern als Opfer für Heinrichs Gesundung anbietet, an musikalischer Schlagkraft. Wenn die Mutter – Dietrichs Segnung des Kindes vorbereitend – dem Wunsch der Tochter nachgibt, entsteht aufgrund der Unscheinbarkeit der Motive selbst kaum dramatische Steigerung. Die Musik klingt wie am Text entlang komponiert, nicht als dessen planmäßige oder schockartige Überhöhung. *Der Ruf ertönt*, singt die Mutter emphatisch, aber in der Musik wird der Appellcharakter nicht als Affektzuspitzung entwickelt. Genau dieser Verzicht auf die Steigerungsfluten von Wagners Motivverarbeitung sichert dem Werk wiederum die eigene Farbe, weil die Musik aller extravertierten Gestik enträt. Die auch in Pfitzners späteren Opern auffällige Ausblendung erotischer Spannungen zugunsten einer beinahe religiösen Selbstüberwindung steht in latenter PARSIFAL-Nachfolge. Ein kritischer Zeitzeuge wie Ernst Krenek konstatierte denn auch: DER ARME HEINRICH »hat vor allem durch die tiefe Innerlichkeit und gehaltene Askese erschütternd auf mich gewirkt, die sich in der unerhörten Einheitlichkeit des Werks manifestiert«.

DIE ROSE VOM LIEBESGARTEN

Auch seinen zweiten Beitrag zum Musiktheater komponierte Pfitzner auf einen wegen seiner Wagnerei schwer erträglichen Text von James Grun. Er knüpft einen jugendstilistischen Naturmythos um Frühling und Winter, Liebe und Tod, der auch durch die von der Kritik meist abfällig als Paradiesbilder bezeichneten Gemälde Hans Thomas aus dessen Frankfurter Periode – möglicherweise auch durch seine Ausschmückung des Musiksalons in der Münchner Villa von Thomas Manns späterem Schwiegervater Alfred Pringsheim 1890 – angeregt war. Pfitzner kürzte die Oper, 1901 in Elberfeld uraufgeführt, 1905 von Gustav Mahler an der Wiener Hofoper zum Triumph gebracht und danach häufiger im Repertoire erscheinend, 1939 für eine Aufführung in Frankfurt/Main einschneidend, aber nicht zum Wohle ihrer Werkstruktur. Nach 1945 geriet sie auf dem Theater in Vergessenheit (*WA* Zürich 1998). Die Genrezuordnung ›Romantische Oper‹ ist ein deutlicher Hinweis, dass Pfitzner die TRISTAN- und PARSIFAL-Nähe seines ARMEN HEINRICH dramaturgisch nicht weiterzuführen versuchte. Tatsächlich hat er im Rückgang auf den vor-reformatorischen Wagner des TANNHÄUSER und LOHENGRIN musikalische Neuerungen des TRISTAN aufgegriffen und vorangetrieben. So ist das Paradox zu konstatieren, dass Pfitzner in diesem Werk produktiven Anteil an jenen neutönerischen Tendenzen hatte, die er als Musikdenker polemisch zu attackieren pflegte.

Dieses schon 1911 von Schönberg in seiner HARMONIELEHRE erwähnte und lange verdrängte Faktum wurde 1981 durch die Memoiren von Egon Wellesz wieder publik. Wellesz konstatiert in den ersten Takten des Vorspiels zur ROSE VOM LIEBESGARTEN oszillierenden Pointillismus: eine Klangfarbenmelodik, die von der Musikgeschichtsschreibung allzu lange erst Schönbergs FÜNF ORCHESTERSTÜCKEN op. 16 aus dem Jahre 1909, dem ersten der FÜNF ORCHESTERSTÜCKE op. 10 (1913) Anton von Weberns oder dem 1912 komponierten symphonischen Stimmungsbild VORFRÜHLING von Wellesz zugeschrieben wurde. Das Vorspiel beginnt mit einem mehrfach wiederholten Hornruf auf Fis, der (in der Partitur von 1905 gegenüber dem Klavierauszug von 1901 gestrichen!) erst nach A aufsteigt, dann nach D absinkt und in einer Fermate verklingt. Er wird zunächst von der Flöte, dann von der Posaune aufgegriffen und nach mehrmaliger Wiederholung von Trompeten und Posaunen zum Forte gesteigert, ehe das Orchester mit dem weit gespannten Motiv des Liebesgartens in D-Dur einsetzt. Wellesz war wie Webern fasziniert, »wie Pfitzner Klangschattierungen des gleichen Tones durch die Verwendung verschiedener Instrumente« bei wechselnder Lautstärke erzielte. Was der Pfitzner-Orthodoxie als »Güterbahnhof in der Morgendämmerung« galt, gehört – parallel zu dem von Webern laut Egon Wellesz wegen der kammermusikalischen Feinzeichnung ebenfalls geschätzten Aktschluss I und zu Mimìs Sterbeszene in Puccinis LA BOHÈME – in die Frühgeschichte der Neuen Musik.

Die Erhebung der Klangfarbe zu einem der Melodik gleichwertigen Bestandteil, der als Frühlingsruf das Vorspiel rahmt, führt bei Pfitzner zu musikdramatischen Konsequenzen. Auch der I. Akt hat im f-Moll-Waldesrauschen wie der II. mit seinen seltsamen e-Moll-Tropfenklängen eine tonfarbliche Klammer. Nur das Nachspiel variiert diese statischen Symmetriebildungen, obwohl es in den D-Dur-Jubel des Vorspiels mündet. Es beginnt mit einem h-Moll-Trauermarsch, ehe Minneleide den Leichnam Siegnots, der die Pflichtverletzung, das Tor des Liebesgartens zu bewachen, mit dem Tod bezahlt hat, im hier es-Moll-grundierten D-Dur-Frühlingsruf gedämpfter Hörner und Posaunen zum Garten zurückführt und mit der Rose das Liebestor öffnet – aber nur die Stimme des Gerichts vernimmt. Wenn der Chor ihr in einem Septsprung den Bannspruch *Verfluchte* entgegenschleudert, geht die bitonale Struktur vor der finalen Gnadenerteilung vom Sternenthron »in Ganztonmelodik und -akkordik über, zwei damals moderne tonsprachliche Mittel, die Pfitzner wenig später – 1905/06 – in je einem besonderen Werk poetisch ausprägen sollte: in dem weit gehend auf der Ganztonskala beruhenden Goethe-Lied AN DEN MOND op. 18 und in dem langsamen Teil der Ouvertüre zu KÄTHCHEN VON HEILBRONN op. 17a«. Diese Teilhabe am Neutönertum hinderte Pfitzner später aber nicht, in WERK UND WIEDERGABE mit Schönbergs drittem Orchesterstück aus op. 16 – FARBEN – ausgerechnet das Werk mit Häme zu bedenken, in dem aus seinen Klangdifferenzierungen die entschiedenste Konsequenz gezogen wurde. Und Schönbergs Hinweis in einer Fußnote für den Dirigenten, auf einen einheitlichen Mischklang zu Gunsten der Autonomie jeder einzelnen Stimme zu verzichten, tat er mit der Bemerkung ab, hier »verlange der Komponist, daß der Dirigent nur den Dienst einer Art Klangpolizei versieht«.

GALLERT UND URSCHLEIM

Wäre Pfitzner so konsequent gewesen, wie er streng war, hätte er Teile seines eigenen Schaffens der Verurteilung durch eine traditionshörige Klangpolizei unterwerfen müssen. Natürlich gibt es bei ihm zwischen der

Eichendorff-Kantate VON DEUTSCHER SEELE und den erschreckend weniger inspirierten Symphonien op. 44 und op. 46 aus den Jahren 1939/40 viele Passagen, deren Beschwörung einer musikalischen Vergangenheit auf die Denunziation wirklicher Zeitmusik abhebt. Aber in Werken wie dem zweiten Streichquartett mitsamt der aus ihm hervorgegangenen cis-Moll-Symphonie oder im Violinkonzert hören wir manche Stimmführung, deren Rücksichtslosigkeit gegenüber der Tonikalität eigentlich den Fortschrittsfeind Pfitzner hätte mobilisieren müssen – ganz zu schweigen von einer der scheinbar harmlos alten Weisen nach Gottfried Keller, wo im Lied WIE GLÄNZT DER HELLE MOND die Tonalität nicht mehr eindeutig festzulegen ist.

Den immanenten Modernitätsgehalt im Werk Pfitzners haben an der ROSE VOM LIEBESGARTEN nicht nur die Vertreter der Zweiten Wiener Schule, sondern schon Gustav Mahler festgestellt. Als er die Oper 1904 zum ersten Mal (in Mannheim) hörte, sah er zwar den Eindruck seiner Lektüre bestätigt und konstatierte grundlegende dramaturgische Mängel: »Gallert und Urschleim, immer zum Leben drängend, aber in der Entwicklung gehemmt. Die Schöpfung gedeiht höchstens bis zu den Weichthieren. Wirbelthiere können nicht entstehen«. Aber gleichzeitig hielt er fest: »Große Stimmungskraft und sehr interessant im Kolorit«. Unter diesem Aspekt ist sogar ein direkter Einfluss anzunehmen, wenn der Anfang des zweiten Satzes seiner V. Symphonie auffällig an die gleichfalls stürmisch bewegten Motive von Siegnots Gegenspieler, dem ›Nachtwunderer‹, bei Pfitzner gemahnt. Auch erinnert das Basstubamotiv kurz nach Beginn des Finales von Mahlers Sechster mit der stereotyp wiederholten Dreitonfolge an das Zwergenthema im II. Akt von Pfitzners Oper, und möglicherweise fühlte sich Mahler durch die ROSE VOM LIEBESGARTEN zum charakteristischen Einsatz des Tenorhorns am Anfang seiner VII. Symphonie angeregt. Über die klangästhetische Affektation Mahlers hinaus können wir sogar seine musikdramaturgischen Einwände gegen das Werk als Chance eines neuen Zugangs zu diesem begreifen. Die gerügte Entwicklungslosigkeit ist eben nicht – negativ – in Bezug auf Wagner zu hören, viel eher wäre DIE ROSE VOM LIEBESGARTEN mit ihrer quasi statischen Dramatik in eine nicht nur klangliche Beziehung zu Debussys PELLÉAS ET MÉLISANDE zu bringen.

Tatsächlich ist es Pfitzner gelungen, die gelegentlich noch redundant an den Wortlaut gebundene Leitmotivtechnik des ARMEN HEINRICH in formgebende Organismen zu überführen. Auch in seiner ersten Oper war die Überfülle an Leitmotiven nicht gleichbedeutend mit einer Verstreuung über das ganze Werk. So ist etwa der Leidensakkord an Heinrichs Bühnenpräsenz gekoppelt und fehlt im II. Akt, wo nur der ihm im Leidensmotiv folgende Achtelaufstieg vorkommt. Aber wie in der ROSE VOM LIEBESGARTEN geht Pfitzner einen Schritt weiter und konfrontiert leitmotivisch-durchführungstechnisch dominierte Abschnitte mit eher geschlossenen Gebilden, die meist in Lied- oder Rondoform erscheinen. Auf diese Weise werden, musikdramaturgisch vergleichbar mit der Bilderfolge in LA BOHÈME, die zwei von Vor- und Nachspielen gerahmten Akte zu vier weit gehend autonomen Bildern zusammengefasst, mit nur wenigen musikalisch übergreifenden Momenten wie dem Frühlingsruf. Pfitzner bedient sich hier in Abkehr von Wagners Technik der strengen Durchkomposition ähnlicher Mittel wie Friedrich Klose und Franz Schmidt, verzichtet aber auf den symphonischen Anspruch, den er durch einen Lyrismus von oft großem klangfarblichen Reiz ersetzt. Was von außen wie Gallert und Urschleim wirkt, erweist sich – allen Problemen des manchmal wie besinnungslos in wagnerische Stabreimerei verfallenden Textes zum Trotz – als deutsche Spielart des ›Drame lyrique‹ impressionistischer Prägung. Diese Eigenart ist vom Theater noch zu entdecken.

DAS CHRISTELFLEIN und DAS HERZ

Weniger Chancen auf der Bühne dürften die beiden Opern haben, die Pfitzner nach dem PALESTRINA schrieb. Die Spieloper in zwei Akten DAS CHRISTELFLEIN (Hofoper Dresden 1917) geht auf das schon 1906 im Münchner Nationaltheater uraufgeführte Weihnachtsmärchen von Ilse Stach zurück, für das Pfitzner eine Begleitmusik geschrieben hatte: in der Verwendung von Melodramen unter dem Einfluss der Erstfassung von Humperdincks KÖNIGSKINDERN. Obwohl ein Großteil der über Musik gesprochenen Passagen in Gesang bzw. begleitungslosen Sprechtext umgewandelt wurde, bietet die Spieloper zwei Melodramen: Nr. 6 als Finale des I. Akts enthält, gerahmt von Tänzen, eine aus dem Weihnachtsmärchen übernommene Nummer, während Nr. 8 mit leitmotivischer Beziehung auf die Einleitung zum II. Akt (Trautchens Leidensthema) eigens für die Oper komponiert wurde.

Diese weist gegenüber dem Märchenspiel eine Änderung auf, für die Pfitzner auch im textlichen Detail verantwortlich war. Ursprünglich stirbt das kleine Trautchen und wird vom Christkind mit dem Elflein in den Himmel geführt. In der Oper opfert das Elflein seine Seele für das solcherweise gerettete Mädchen, während es selbst durch die gute Tat unter Zuwachs einer Ersatzseele zum Christ-Elflein wird. Dadurch passt sich die zweiaktige Oper zwar – wie auch DAS HERZ – der Erlösungsthematik der anderen Bühnenwerke Pfitzners an, macht sie darob aber nicht leichter rezipierbar. Obwohl Pfitzner sich davor hütete, im Stil von Humperdincks Märchenopern die musikalische Substanz leitmotivisch mit symphonischer Panzerung zu bewehren und außerdem einige der textlichen Scheußlichkeiten der Urform durch Umwandlung der Verse in Prosa entschärfte, verfällt das Werk heute doch streckenweise – auch durch Einbezug des Weihnachtslieds O TANNENBAUM und Knecht Ruprechts deutschnationaler Begründung für das ganzjährige Blühen des Tannenbaums – dem Kitschverdacht. Gelegentliche Versuche kleinerer Bühnen, es als Alternative zu HÄNSEL UND GRETEL im Weihnachtsspielplan anzubieten, konnten es nicht einbürgern.

Gattungsgeschichtlich markiert die Opernfassung des CHRISTELFLEINS nach der Wagner-Nachfolge im ARMEN HEINRICH und der Verbindung der romantischen Oper mit dem lyrischen Drama in der ROSE VOM LIEBESGARTEN eine Erkundung und Nutzbarmachung des historischen Vorfelds von Wagners Opernreform. Dieser – wenngleich sinn- und symbolbeladenen – Annäherung an Singspiel und Spieloper folgte DAS HERZ (Staatsoper Berlin und Nationaltheater München 1931, *WA* Rudolstadt 1993): eine verkappte Nummernoper als ›Drama für Musik‹ (Strauss/Hofmannsthal hatten ihren ROSENKAVALIER eine ›Komödie für Musik‹ genannt). DAS HERZ greift die Schauerromantik des frühen 19. Jahrhunderts mit dem Einbruch des Dämonischen in eine fest gefügte (hier: höfische) Welt auf. Wieder arbeitet Pfitzner, unter dem Tod seiner 1926 gestorbenen Frau leidend, am Libretto mit, das von seinem ehemaligen Schüler Hans Mahner-Mons entworfen worden war. Um 1700 beschwört der Arzt Athanasius den Dämon Asmodi, um einen verstorbenen Prinzen zum Leben zu erwecken. Der Preis dafür ist das Herz von Athanasius' Frau Helge, die als Opfer des teuflischen Pakts ein Jahr später tot zusammenbricht. Athanasius wird vom Geheimrat Asmus Modiger, einer irdischen Erscheinungsform Asmodis, der schwarzen Magie beschuldigt und kommt in den Kerker. Erst der Verzicht auf eine erneute Totenerweckung und die ihm angebotene Flucht bringen ihm Erlösung. Im Totenreich findet er mit Helge zusammen.

Der Nummerncharakter in Pfitzners letzter Oper signalisiert die endgültige Abkehr vom musikalischen Vorbild Wagner: »Die Leitmotivtechnik ist fast ganz zugunsten freier, thematisch geschlossener Teile zurückgedrängt. Bezeichnenderweise ist der Hauptfigur des Werks, Athanasius, kein Leitmotiv zugeordnet«. Diesen Verzicht sollte man nicht nur programmatisch verstehen, obwohl die beinahe klassisch diatonische Melodiebildung, die meist einfachen harmonischen Verhältnisse – aus denen das geräuschhaft verzerrte Erscheinen Asmodis umso wirkungsvoller hervorsticht – und die geradezu schulmäßigen Kadenzbildungen das nahe legen. Hinter der neuen Einfachheit verbirgt sich auch die Not, das oft zusammengestückelt wirkende musikalische Material zu binden. Der vorspiellose Anfang mit der sonatenhaften Exposition von zwei Themen erinnert an die Versuche von Cornelius, Hugo Wolf, Anton Urspruch, Friedrich Klose und Franz Schmidt, Formen der absoluten Musik für das Theater zu gewinnen. Aber Pfitzner geht keineswegs so weit wie Franz Schreker zu Beginn seines 1924/27 entstandenen, von den Nazis aber vor der geplanten Uraufführung unterdrückten CHRISTOPHORUS, wo die musikalische Konstruktion zum Gegenstand des Dramas selbst wird (→ S. 462 f.).

Und im Gegensatz zu Bergs WOZZECK sowie Hindemiths CARDILLAC wird der Rückgang auf formgebende Muster durch kaum je variierte Wiederholungen längerer Satzgebilde relativiert. Eine musikalische Logik als Widerpart zu Wagners symphonischer Leitmotivtechnik will sich jedenfalls nicht einstellen. Zwischen der Wagner-Ferne des späten Pfitzner und der Wagner-Verfallenheit des frühen im ARMEN HEINRICH öffnet sich das ganze Spannungsfeld der zirkumpolaren Oper. Im Zentrum von Pfitzners eigenem Schaffen steht, zentripetale und -fugale Kräfte austarierend, jene Oper, die er selbst für sein Hauptwerk hielt und die als Erfüllung seiner Ästhetik – mehr der faktisch gewordenen fiktiven als der explizit verbalen – im deutschen Sprachraum nicht grundlos zum Kultobjekt wurde: PALESTRINA.

PALESTRINA (›Musikalische Legende‹ in drei Akten, *L* vom Komponisten; Prinzregententheater München 1917 mit Karl Erb in der Titelrolle unter Bruno Walter in der Inszenierung des Komponisten, die als Gastspiel 1917 in Basel, Bern und Zürich gegeben wurde; Staatsopern Wien und Berlin 1919; danach schnelle Verbreitung an deutschen Bühnen, Aufführungstradition in München, Wien und Berlin mit Sängern in der Titelrolle wie Erik Schmedes, Marcel Wittrisch, Julius Patzak, Anton Dermota, Lorenz Fehenberger, Richard Holm, Fritz Wunderlich, René Kollo oder Peter Schreier, der die in der DDR inopportune Oper 1983 an der Berliner Staatsoper durchsetzte; im Ausland außer deutschen Gastspielen selten szenisch gegeben: Antwerpen 1938; Opéra Paris 1942 französisch, Abbay Opera London 1981 englisch, Covent Garden London 1997 und Teatro dell'Opera Rom 1999 deutsch; reduzierte Orchesterfassung von Hans Zanotelli 1969; erste kritische Befragung mit den Mitteln des modernen Regietheaters durch Hansjörg Utzerath 1988 in Nürnberg; seit 1917 Förderung durch Dirigenten wie Otto Klemperer, Fritz Busch, Josef Krips, Erich Leinsdorf, Joseph Keilberth, Wolfgang Sawallisch, Christian Thielemann oder Rafael Kubelík, der 1973 die erste Aufnahme, mit Nicolai Gedda als Palestrina, leitete).

Pfitzner, der den Text nach wenig ermutigenden Entwürfen verschiedener Autoren selbst schrieb, war Mitte der neunziger Jahre durch die Musikgeschichte von August Wilhelm Ambros auf den Stoff gestoßen. Ende 1909 begann er mit der Ausarbeitung des Librettos, im August 1911 war es fertig. Die Musik zum Vorspiel entstand Anfang 1912, am 17. Juni 1914 lag die Oper vollständig vor. Sie schildert eine Episode aus der langen Dauer des Tridentiner Konzils, die Ambros im dritten Band seiner GESCHICHTE DER MUSIK allerdings dem Bereich der Legende zuordnet. Ihr zufolge soll der Komponist Giovanni Pierluigi Palestrina die mehrstimmige Kirchenmusik Ende 1563 durch die Komposition der MISSA PAPAE MARCELLI gerettet haben: vor dem Verbot und erzwungenen Ersatz durch die Einstimmigkeit des Gregorianischen Chorals. Dieses Verdikt drohte, weil die musikalische Sakralpraxis sich im Laufe der Zeit angeblich der Reinheit und Klarheit des Figuralstils durch den Einbezug weltlicher, sogar lasziver Melodien und durch die bis zur Unverständlichkeit zeitversetzten Textebenen im imitatorisch mehrstimmigen Gesang entfremdet habe.

Das war über den italienischen Komponisten Agostino Agazzari schon Anfang des 17. Jahrhunderts durch das SYNTAGMA MUSICUM von Michael Praetorius Bestandteil des deutschen Musikschrifttums geworden. Noch E. T. A. Hoffmann behandelte die Episode in seinem Aufsatz ALTE UND NEUE KIRCHENMUSIK als historisch verbürgt, gab ihrer Deutung aber die für die romantische Musikauffassung entscheidende Wende. Für Hoffmann war Palestrina nicht allein der Retter der figuralen Kirchenmusik, sondern auch – da wahre Musik ihrem Wesen nach religiös sei – der Retter der abendländischen Musik überhaupt. Dieser frühromantische Palestrina-Kult wirkte ungebrochen bei Wagner nach, der Palestrinas Musik 1870 in der Festschrift BEETHOVEN würdigte: als »eine durchaus geistige Offenbarung, von welcher wir mit so unsäglicher Rührung ergriffen werden, weil sie uns zugleich deutlicher als alles andere das innerste Wesen der Religion, frei von jeder dogmatischen Begriffsfiktion, zum Bewußtsein bringt«. Diese Argumentation setzt sich in Wagners Spätschrift Religion und Kunst von 1880 fort.

MUSIK ALS METAPHYSIK

Den aus der Musik Palestrinas abgeleiteten romantischen Kult um die Kunstreligion, der in Pfitzners Oper seinen Höhe- und Endpunkt findet, hatte Nietzsche mit seiner Fortschreibung von Schopenhauers Musikphilosophie und Wagners Beethoven-Aufsatz 1871 in seiner Geburt der Tragödie aus dem Geiste der Musik radikalisiert. Im 19. Kapitel konnte Pfitzner die philosophisch-dramatische Grundkonstellation für seine Oper finden. Nietzsche stellt da »dem Gewölbebau Palestrinascher Harmonien, an dem das gesamte christliche Mittelalter gebaut hatte«, polemisch die »zerstreuungssüchtige Üppigkeit jener Florentiner Kreise« in der ›Camerata‹ um den Grafen Bardi gegenüber, die er mit der »Eitelkeit ihrer dramatischen Sänger für die so ungestüm sich verbreitende Lust an der Oper verantwortlich« macht. Auch Pfitzner konfrontiert die zeitlose Musik Palestrinas mit der als Widerschein eines schlechten Zeitgeistes negativ beurteilten Herausbildung der Oper in Florenz. So wird in seiner Oper der historische Palestrina zur Stifterfigur einer Metaphysik der Musik verklärt. Die Entrückung von Kunst und Künstler in einen überirdischen Bereich signalisiert schon ein der Partitur aus Schopenhauers Parerga und Paralipomena von 1851 vorangestelltes Zitat. In diesem verbindet sich die Verneinung jedes Willens zum Eingreifen in die Realität mit dem Anspruch auf die Autonomie der Geisteswelt: »neben der Weltgeschichte geht schuldlos und nicht blutbefleckt die Geschichte der Philosophie, der Wissenschaft und der Künste«. Folgerichtig betreibt Pfitzner eine zweifache Absonderung der wahren Kunst: von der falschen wie vom falschen Leben. Für den ersten Konflikt steht Palestrinas Schüler Silla, den es fort vom Meister und hin zu den Neuerern der Florentiner ›Camerata‹ treibt. Den zweiten Konflikt verkörpert der Palestrina freundschaftlich verbundene Kardinal Borromeo, der den Komponisten um eine stilbildende neue Messe bittet, weil Papst Pius IV. die polyphone Sakralmusik abzuschaffen gedroht habe. Doch Palestrina, nach dem Tod seiner Frau Lukrezia in eine tiefe

Lebens- und Schaffenskrise verfallen, fühlt sich zu dieser rettenden Tat nicht in der Lage: Er verweigert sich sogar den Drohungen des Beauftragten einer als politisches Machtzentrum gesehenen Kirche. Einsam und todessüchtig bleibt Palestrina zurück.

Auf diese Exposition folgt das eigentliche Zentrum der Oper: der Inspirationsmythos. Palestrina schreibt unbewusst und willenlos die Marcellus-Messe, geleitet von neun alten Meistern der Tonkunst, Engeln und der Erscheinung seiner verstorbenen Frau. Der II. Akt spitzt sich zu in der Konzentration auf den außerkünstlerischen Bereich von Palestrinas Gegenwelt: das bis zu mörderischen Schüssen gehende Treiben auf dem Konzil zu Trient. Dort erklärt Borromeo, Palestrina wegen seiner Weigerung ins Gefängnis geworfen zu haben. Der III. Akt zeigt den aus der Gefangenschaft entlassenen Komponisten im Augenblick des Triumphs: Seine Messe wird vor dem Papst gesungen und findet höchsten Beifall. Palestrina versöhnt sich mit Borromeo, verliert aber seinen Schüler Silla, der nach Florenz abgereist ist. Als auch sein Sohn Ighino auf die Straße läuft, wo ›Evviva‹-Rufe auf den Retter der abendländischen Musik erschallen, bleibt Palestrina allein zurück. Beim Spiel auf seiner Hausorgel nimmt er Abschied von der Welt.

LEGENDE UND WIRKLICHKEIT

Für ein Werk, das die Versenkung in die Kunst gegenüber dem Treiben der Welt als das eigentliche Leben preist, ist PALESTRINA erstaunlich reich an Faktizität: biographischer, zeit- und ideengeschichtlicher. Der Bezug auf ein reales Konzil, der in Halévys Oper DIE JÜDIN eher beiläufiger Art war und das historische Dekor als Aufweis für die ungelöst nachwirkenden Ereignisse von einst ausgab (→ Bd. II, S. 370 ff.), ist bei Pfitzner zu einer detailreichen Kunst der Geschichtsumdeutung ausgeweitet: Jedes »historische Faktum, so unfrisiert es aus den Quellen ins Musikdrama übernommen zu sein scheint, ist semantisch überdeterminiert; seine Präsenz im Drama ist einer geheimen Absicht zu verdanken«, die sich im Inspirationsmythos der Messkomposition offenbart.

Tatsächlich lassen die auf die Kirchenmusik bezogenen Beschlüsse des Konzils von Trient keineswegs eine grundlegende Reformabsicht erkennen, ebenso wenig war von einem Verbot der Polyphonie die Rede. Palestrina sind nicht einmal Beziehungen zum Konzil (1545/63) nachzuweisen. Dagegen hat der Niederländer Jacobus de Kerle für das Konzil ›Preces speciales‹ komponiert, so dass ihm der Ehrentitel eines Retters der Musik eher gebührt als Palestrina, der indes mit seiner Harmonie von Wort und Ton, von kontrapunktischer Struktur und symmetrischer Formgebung den Ansprüchen des Konzils absolut gerecht wurde. Seine Messe zum Gedenken an Papst Marcellus II. hatte er indes schon geschrieben, bevor das Tridentiner Konzil sich 1563 kirchenmusikalischen Problemen zuwandte, die Entscheidung darüber aber der Weisheit des Papstes überantwortete. Allerdings wurde die MISSA PAPAE MARCELLI 1565 in Anwesenheit von Kardinal Borromeo und Papst Pius IV. in Rom noch einmal aufgeführt, und die Begeisterung des realen Papstes hallt in Pfitzners Oper nach: *Wie einst im himmlischen Zion Johannes der Heilige hörte / Singen die Engel der Höhe, also lieblich und hehr, / Tönte im Ohr mir die Messe eines anderen Giovanni* (III,2).

Pfitzners eigenwillige Ausrichtung an den historischen Fakten betrifft auch den privaten Bereich Palestrinas, der in der Oper einen Zeitraum von mehr als dreißig Jahren rafft. Die Armut des Komponisten und seine Berufung in die Päpstliche Kapelle, die Vorwegnahme des Tods seiner ersten Ehefrau und der Hinweis auf die Stilwende der italienischen Musik durch die Herausbildung der zur Oper führenden Monodie im Umkreis der Florentiner ›Camerata‹: Diese Wirklichkeitspartikel sind wie in einer Legende frei assoziiert. Umso deutlicher sticht davon der II. Akt ab, dem Pfitzner aus den Quellen einen so reichen Realitätsgehalt mitgab, dass er sich in Aufführungen nur dem historisch Vorgebildeten erschließt. Der Mittelakt ist auf die beiden äußeren nur minimal bezogen (trotzdem wandte sich Pfitzner gegen Kürzungen), er dient hauptsächlich als Kontrastfolie. Die Vita activa der Konzilsvertreter wird unbarmherzig gegen die Vita passiva des wahren Künstlers ausgestochen.

KUNST ALS PRIVATMYTHOLOGIE

Schon die Gattungsbezeichnung des PALESTRINA als musikalische Legende lässt keinen Zweifel daran zu, dass Pfitzner eines nicht anstrebte: realistische, gar veristische Genauigkeit. Dass er dazu mehr historisches Material mobilisierte als jeder Opernkomponist vor ihm, erklärt sich aus dessen semantischer Nutzbarmachung für eine privatmythologische Gegengeschichtsschreibung. Nicht die Realität des Tridentiner Konzils ist sein wahrer Bezugspunkt, sondern die Kunst von Wagners MEISTERSINGERN. Thomas Mann hat in seinem bewundernden Aufsatz PALESTRINA von 1917, den er leicht erweitert in die BETRACHTUNGEN EINES UNPOLITISCHEN aufnahm, das Wechselverhältnis zwischen beiden Werken als Selbstdeutung Pfitzners überliefert: »Der Unterschied drückt sich am sinnfälligsten in den szenischen Schlußbildern aus. Am Ende der MEISTERSINGER eine lichtstrahlende Bühne, Volksjubel, Verlöbnis, Glanz und Gloria; bei mir der freilich auch gefeierte Palestrina allein im Halbdunkel seines Zimmers unter dem Bild der Verstorbenen an seiner Orgel träumend. Die MEISTERSINGER sind die Apotheose des Neuen, ein Preis der Zukunft und des Lebens; im PALESTRINA neigt alles zum Vergangenen, es herrscht darin ›Sympathie mit dem Tode‹«.

Nach derselben Quelle hat Pfitzner den PALESTRINA als krönenden Abschluss der romantischen Kunst, speziell der deutschnationalen, eingestuft. Und es ist kein unzulässiger Analogieschluss, Pfitzner eine Selbstidolisierung in Palestrina nachzusagen. Sein Hinweis auf die MEISTERSINGER und die Diagnose, dass PALESTRINA am Ende der deutsch-nationalen Romantik stehe, lässt beide Werke als kulturelle Eckpfeiler des Deutschen Kaiserreichs erscheinen, das am Ende des Ersten Weltkriegs unterging. Pfitzner hat den Zusammenhang unterhalb der Parallele zur Außenhandlung der MEISTERSINGER als Tiefenschicht seiner Oper auskomponiert: mit der Hervorbringung eines exemplarischen Kunstwerks, mit der zentralen Figur eines alternden Künstlers, mit dem Gegensatz von alter und neuer Kunst. Während bei Wagner die Aussöhnung zwischen den Gegensätzen gelingt oder zumindest behauptet wird (das Opfer Beckmesser geht in der dramatischen Entwicklung verloren), endet der äußerlich siegreiche Palestrina in der Einsamkeit. Sein Schüler Silla ist von der Sakralmusik auf die andere Seite übergelaufen, zur zerstreuenden Üppigkeit der jungen Oper in Florenz.

Wagner hatte seiner Utopie eines Kulturstaates biblisch-ersatzreligiöse Rechtfertigung zuteil werden lassen, indem er Hans Sachs zu einem weltlichen Johannes dem Täufer an der Pegnitz machte. Der segnet in einem buchstäblichen Taufakt keinen Menschen, sondern ein Kunstwerk: Walthers im MEISTERSINGER-Quintett rituell auf den Lebensweg gesetztes Preislied (→ Bd. II, S. 543). Pfitzner knüpft hier bewusst an mit dem zitierten Papstwort in III,2, das eine direkte Linie von der Marcellus-Messe zu dem vom heiligen Johannes gehörten Engelsgesang zieht. Ernst Bloch nannte das in DAS PRINZIP HOFFNUNG eine »hypostasierte Mythologie«, die in die »menschliche Hoffnungsgeschichte« eingegliedert sei als Wunschbild des sinnerfüllten Augenblicks. In Pfitzners Privatmythologie entspricht der Vornamensgleichheit zwischen Hans Sachs und Johannes dem Täufer bei Wagner die zwischen Giovanni Pierluigi, der nach seiner Geburtsstadt Palestrina genannt wurde, und dem prophetisch entrückten Apostel Johannes, der im himmlischen Jerusalem die Engelsmusik vernommen hatte – Pfitzner kannte den von ihm für Papst Pius IV. in Verse gesetzten historischen Ausspruch aus der Musikgeschichte von Ambros. Das verbindende Glied zwischen Johannes dem Täufer und Hans Sachs auf der einen Seite, dem Apostel Johannes als Verfasser der Apokalypse und Giovanni Pierluigi auf der anderen ist ein weiterer Johannes: Hans Pfitzner. So, wie Wagners Hans Sachs sich als Taufender auf den Weg einer säkularisierten ›Imitatio Christi‹ begeben hatte: als mythischer Gründer einer Kunstreligion, feiert Pfitzner (sich in) Palestrina als Vollender eines Kunstmythos aus dem Geiste Schopenhauers.

ZURÜCKGENOMMENE POLITIK?

Unbestreitbar ist sein Palestrina ein noch besserer Schopenhauerianer als Wagners Hans Sachs. Er misstraut Sachsens Optimismus, durch Kunst die Einsamkeit des Menschen in einem Wir-Gefühl zu überwinden. Eher ist dieser Palestrina, der vor dem großen Werk verzweifelt, »ein Verwandter des Wagnerschen Amfortas, der vor jeder neuen Inszenierung des Gralsmysteriums zurückschreckt. Die szenische Metaphorik beider Figuren schmarotzt darin an einer [...] biblischen Urszene: Christus auf Gethsemane«. Vehikel für Pfitzners kunstreligiöse Symbolik ist die Resignation des Helden: Indem Palestrina sein Leiden an der Welt im Kunstwerk sublimiert und im Sinne Schopenhauers den Willen überwindet, wird er zu einem Heiligen. Das umso mehr, als die Verweser des Sakralen im Konzilsakt als heillos Irdische gezeigt werden – Thomas Mann vermutete darin nicht grundlos eine Satire auf die parlamentarische Demokratie.

War der II. Akt der MEISTERSINGER in eine große Prügelei gemündet, so endet der Mittelakt des PALESTRINA mit Schüssen, die der deutsche Fürstbischof Madruscht auf die in Streit geratenen italienischen und spanischen Konzilsdiener feuern lässt. Der Verschärfung des Konflikts gegenüber Wagner entspricht dialektisch Pfitzners resignativer Schluss als Umkehrung des Vorbilds: Palestrina glaubt nicht an die unschuldige Einmischung des Künstlers in den politischen Parteienstreit. Die deutsche Kulturidee, die von den MEISTERSINGERN aus ihren Triumphzug auf der Opernbühne angetreten hatte, wird mitsamt ihrer politischen Radikalisierung zu einer Nationalideologie von Pfitzner mitten im Ersten Weltkrieg zurückgenommen. »Damit ist der PALESTRINA Kritik an dem gefährlichen Unternehmen Wagners, Politik durch Kunst, oder besser: in Kunst aufheben zu wollen«. Pfitzner, in der Realität das genaue Gegenteil seines Palestrina, bezieht in der Oper Stellung »gegen den säbelrasselnden Ungeist, der ihn umgibt«. Er, dessen Werke in der von ihm herzlich verachteten Weimarer Republik häufiger aufgeführt wurden als in dem von ihm herbeigesehnten ›Dritten Reich‹, hat diesem mit PALESTRINA keinen Vorwand geliefert, die Barbarei zu ästhetisieren. Als Begleitmusik zu Reichsparteitagen der NSDAP wurden die MEISTERSINGER gespielt, PALESTRINA wäre bei solcher Gelegenheit dem Verdikt der Schlappheit verfallen.

RETTUNG INS UNGENAUE

Umso mehr überrascht es, dass Thomas Mann 1917 in seinem Essay Pfitzner eine durch den Kriegsausbruch bewirkte »Politisierung seines nationalen Empfindens« attestierte: Der »nationale Künstler hatte sich zum antidemokratischen Nationalisten politisiert«. Für Mann war der PALESTRINA nicht nur ein wertfreier »Grabgesang der romantischen Oper«, vielmehr bezog dessen Autor für ihn nach »innen wie nach außen Stellung [...] gegen den ›Geist‹, erwies sich als ›Machtmensch‹, ersehnte den kriegerischen Triumph Deutschlands«. Gilt, was auf den Menschen Pfitzner zutraf, tendenziell nicht doch für das Werk? Das Vorspiel beginnt als vierstimmiger Satz für je vier Flöten und Violinen mit einem dorisch entrückt wirkenden Quint-Quart-Thema, das sich im achten Takt durch den Eintritt von Oboen und Englischhorn zu einem reinen D-Dur-Akkord verdichtet. Gegenüber Wagners Mischklangästhetik, der

Nervenkontrapunktik beim frühen Strauss oder dem Überhang an Füllstimmen bei Schreker bis in die Mitte seines Schaffens fällt dieser Klang auf durch seine relative Geringstimmigkeit. Gegen den Hintergrund der üppigen Orchestermusik im Fin de siècle und der pathetischen Klanggestik in seinen ersten beiden Opern setzt Pfitzner als bewussten Kontrast ein asketisches Klanggewand in fast linearer Stimmführung. Dieses modale Motiv durchflutet als Aura einer archaischen Musik die Außenakte der Oper. Es erklingt bei der Erscheinung der verstorbenen Meister der Tonkunst ebenso wie am Schluss, wenn Palestrina sich mit den Worten *Und ich will guter Dinge und friedvoll sein* an seine Hausorgel zurückzieht. Aus dem Palestrina-Motiv entwickelt sich, in zwei Anrufen nach g-Moll und E-Dur übergehend, das so genannte Werkmotiv, das im weiteren Ausschreiten von parallelen Terzen bzw. Sexten wärmer als die anfänglichen Quint-Quart-Intervalle wirkt. Auch dieses Motiv durchzieht die Oper, es wird nach Palestrinas Rückzug an die Orgel, die mit einem einsam aus einem d-Moll-Akkord übrig bleibenden D den Werkkreis schließt, das letzte Wort behalten. Mit dem Konzilsmotiv wird die Gegenwelt eingeführt, wieder über die Grundtonalität D, und zum Abschluss des Vorspiels ertönen alle drei Motive teilweise übereinander geschichtet: eine Reminiszenz an die kontrapunktische Überlagerung der drei Themen am Ende des MEISTERSINGER-Vorspiels.

Aber Pfitzner verweigert sich dessen auffahrendem Gestus, übernimmt auch nicht die Reprise des Schlussakkords wie am Ende des Vorspiels von Wagners MEISTERSINGERN. Bei ihm frisst sich in das Verklingen des Vorspiels die Gegenwelt ein: mit den Viola-Akkorden, die zum Lied von Palestrinas Schüler Silla gehören. Dieses markiert die – rein fiktive – Gegnerschaft Palestrinas zum monodischen Stil der Florentiner ›Camerata‹. Pfitzner zitiert deren Stil keineswegs, die präludierenden Takte gemahnen eher an die tonalitätsauflösende Musik seiner eigenen Zeit. Es wäre nahe liegend, in Text und dramaturgischem Bezug des Lieds auf die Rationalität der Humanisten um den Grafen Bardi eine Anspielung auf den als Futuristengefahr verteufelten Busoni zu vermuten, doch Pfitzner nimmt in der Praxis sein musikalisches Feindbild nicht auf. Der melodische Aufstieg im Lied über die Dreiklangstufen zur Sext kann zwar in Verbindung zu der Vorliebe von Richard Strauss für den Tonika-Quintsextakkord zu Beginn von EIN HELDENLEBEN und DER ROSENKAVALIER gebracht werden – Pfitzner hatte beide Werke 1912 dirigiert. Tatsächlich aber greift er das Fragment eines eigenen Goetheliedes auf und erreicht »in der kontrapunktischen Ziselierung« eine experimentelle »Differenziertheit des Satzes und Klanges«. Sie gehört zur »Eigenschaft des Nicht-Definitiven dieser neuen Musik, die Silla verkörpert«. Der Verzicht auf eine musikalische Konkretisierung der historischen Gegenposition zu Palestrina unterbindet im Werk jene polemische Zuspitzung, die Pfitzner in seinen schriftlichen und mündlichen Äußerungen so liebte. Von daher lässt sich Thomas Manns Behauptung einer auch inneren Parteinahme Pfitzners für die nationale Politisierung am Werk selbst nicht belegen.

Dennoch bleibt ein Unbehagen. Indem Pfitzner den Gegensatz der Musik Palestrinas zur monodischen der ›Camerata‹ nur behauptet und musikalisch nicht anschaulich macht, rettet er sich als Musikdramatiker ins Ungenaue. Der Grund dafür liegt auf der Hand. Hätte er sich für ein Stilzitat entschieden – dazu wäre ja nicht unbedingt eine aufwendige »Kopie der Sänger-Arie im ROSENKAVALIER« nötig gewesen –, so hätte das schlagartig die historische Modernität der Florentiner Monodisten gegenüber dem polyphonen Stil des musikhistorischen Palestrina offenbar gemacht – und damit Pfitzners Gedankenkonstrukt als Flucht aus der Musikgeschichte in die Ideologie. Die Denunziation der ›Camerata‹ erfolgt nur auf der Ebene der Kunstgesinnung, nicht in der Kunstschöpfung selbst. Pfitzners Leugnung der Fortschrittlichkeit der für die Oper entwickelten Monodie lässt auch seine Attacken auf die ihm verhasste Musik der eigenen Zeit verstummen. So erklärt sich, warum er für Sillas Lied weder ein monodisches Stilzitat noch eine auskomponierte Anspielung auf das wählte, was er unter dem negativen Begriff einer Zukunftsmusik verstand. Das intendierte Zeitebenengefüge mit seinen vier Schichten – Pfitzners eigener Epoche, der Palestrinas mit ihrem Gegensatz zu den Versuchen in der Vorgeschichte der Oper und der Erscheinung der neun alten Tonmeister – wird nicht historisch musikalisiert. Die semantische Überdetermination des geschichtlichen Materials im Handlungsgefüge des PALESTRINA dient nicht zur Präzisierung, sondern zur Verdrängung von Realität. Und in dieser verdrängten Musikwirklichkeit zeigt sich der Komponist Pfitzner als Schöpfer seiner eigenen Welt durch das Sprachrohr Palestrina.

EINFALL UND DURCHKONSTRUKTION

Die lange Entstehungsgeschichte des Silla-Lieds und die Tatsache, dass Pfitzner sich in großer »Intensität mit der MISSA PAPAE MARCELLI befaßt hat – er hat sie nämlich von Anfang bis Ende sorgfältig kopiert« –, widerlegen seine These von der voraussetzungslosen Inspiration des genialen Künstlers: Kernpunkt seiner Ästhetik vom musikalischen Einfall. Bezeichnend dafür das in Alma Mahlers Memoiren überlieferte Urteil des Komponisten Julius Bittner, PALESTRINA sei zwar die »gescheiteste Oper« ihrer Zeit, habe »aber wenig Einfall«. Tatsächlich macht sie beim Hören wie beim Lesen den Eindruck eines penibel durchkonstruierten Werkes, in dem nichts dem spontanen Einfall überlassen bleibt. Die Kombination der – in der Forschung namhaft gemachten sechzig – Leitmotive mit der variablen Harmonik lässt die Oper weniger inspiriert als hochgradig geschlossen erscheinen.

Das Konzilsthema etwa ist an die Tonart d-Moll gebunden, in ihr steht das Instrumentalstück, zu dem beim Konzilsritual die Plätze eingenommen werden. Der Mittelakt ist insgesamt durch die Abfolge beinahe geschlossener Abschnitte gekennzeichnet, mit denen der große Bogen der nachwagnerschen Durchkomposition aufgelockert wird. Zuerst hören wir einen C-Dur-Teil mit folgender Es-Dur-Rückung und Übergang ins tonikaparallele c-Moll des Spanierchors. Auf eine komische Episode mit dem Bischof von Budoja folgen die Zeremonie der Platzeinnahme und Morones mit leitmotivisch bedingten Tonartwechseln charakterisierte Ansprache. Die abschließende Dienerszene rundet mit ihrem Drängen nach Es-Dur den Akt in einer mediantischen Rückung des anfänglichen C-Dur. Der Schlussakt wird von den Tonarten b-Moll und B-Dur beherrscht, in die sich banales C-Dur mit den ›Evviva‹-Rufen des Volks mischt: eine musikalisch verblüffende Reminiszenz an das Bacchanale aus dem III. Akt von Verdis LA TRAVIATA. Die große Reprise von Motiven und Themen am Ende des Werks wird in d-Moll zusammengehalten.

C-Dur prägt das so genannte Kaiserthema in Borromeos Bericht vom musikalischen Problemgehalt des Konzils, wenn er (I,3) ›mit steigender Wärme‹ von der Eingabe des Kaisers Ferdinand für den Erhalt der Figuralmusik erzählt. Dieses wohl auffälligste Thema der Oper – und das einzige, das Pfitzners Ästhetik vom melodischen Einfall sinnlich veranschaulicht – hat in seiner lärmigen Diatonik einen fad wilhelminischen Beigeschmack. Fast wirkt es wie ein zum Fanal veräußerlichter Ruf nach machtgeschützter Innerlichkeit. Das gilt in abgeschwächtem Maß auch für das breit angelegte und mit Glockenklang auratisierte Rom-Thema, das die Apotheose der Palestrina von den Engeln eingegebenen Messe mit dem Glanz der ewigen Stadt zum Höhepunkt des I. Akts verbindet.

DER SCHÖPFUNGSAKT

Solch appellartiger Diatonik sind die wenigen Momente einer leidensschweren Chromatik umso deutlicher entgegengesetzt. Sie konzentrieren sich auf die Einsamkeit Palestrinas vor dem Schöpfungsakt im I. Aufzug: dem Inspirationswunder mit der Erscheinung der alten Tonmeister, dem Engelsgesang und der Vision Lukrezias. Pfitzners Libretto, dessen subtile Versform in der Druckausgabe wie in Schallplattenbeilagen durch linksbündigen Satz zerstört wird, zitiert für den vom zornigen Borromeo Zurückgelassenen den Anfang von Dantes INFERNO in freier Übersetzung: *Wie schrecklich, / sich plötzlich einsam tief im Wald zu finden, / wo in der Finsternis kein Ausweg ist. / So in der Mitte find' ich mich des Lebens, / verstehe nicht, wie je ich schaffen konnte* (I,4). In dieser Verzweiflung Palestrinas, der sich außer Stande fühlt, das von Borromeo geforderte Rettungswerk zu schaffen, hebt in cis-Moll der Initiationsritus an: die Aufnahme des Komponisten in die Welt der Transzendenz. Neun verstorbene Meister der Tonkunst – es ist die Zahl der antiken Musen – erscheinen Palestrina (I,5) und rufen ihn zur Arbeit auf: *Du wirst und musst!* Angesichts seines Zauderns verständigen sie sich über eine höhere Instanz als Auftraggeber: *Er weiß noch nicht – er weiß nicht, dass er muss.* Und mehr noch, sie rücken Palestrinas Schöpferkraft in die orgelgestützte Beziehung zu Gottes Erschaffung der Welt: *Der alte Weltenmeister* […] *schafft sein Werk, wie du das deine.*

Hauptelement der Meister-Szene ist das vom Anfang des Vorspiels bekannte Quint-Quart-Motiv, dessen fast rhythmuslose Archaik für Pfitzners Einbindung in die romantische Idee steht, die wahre Quelle der Kunst sei in der Entrückung aus dem realen Raum-Zeit-Gefüge der Gegenwart in die Vergangenheit zu suchen. Das Quint-Quart-Motiv ertönt phantomartig im Kontrabass schon kurz vor der Erscheinung der Meister, und ihm gesellt sich in den Holzbläsern ein Sekund-Terz-Motiv als zweites Hauptelement zu. Palestrinas Frage nach der Identität der Meister, die er – wie etwa Josquin Desprez – durchaus erkennt, beantwortet die Musik mit der Beschränkung auf die intervallischen Grundkonstellationen von Sekund, Terz, Quart und Quint. Wir hören »Klangbewegungen, die jeglicher Zentrierungstendenz entbehren«. Pfitzner erzeugt durch Linien, auch der umgekehrten Intervalle, eine polyphone Verschlingung, deren »thematische Substanz ins Vorthematische zurückgenommen erscheint«.

Der thematischen Sprödheit entspricht der musikalische Satz. Fundament ist ein Kanon der Kontrabässe mit Bassklarinette und Kontrafagott als Verstärkung, während die für den Klangfarbenvorrat des Werks kennzeichnende große Anzahl von fünf Flöten die Akkordfüllung besorgt. Gelegentlich kommen andere Holzbläser hinzu, scheiden die Kontrabässe aus dem Kanon aus: »Als Ensemble singen die neun Meister zum Klang der Posaunen, doch bleibt die entlegene Klangkombination von Flöten und Kontrabässen während der ganzen Szene erhalten«. Die auratische Eigenart dieser Klangaskese, die im Widerspruch zum üppig nachromantischen Zeitstil – selbst in der kammerorchestral besetzten ARIADNE AUF NAXOS von Strauss – steht, unterstreicht Pfitzner durch kirchentonartliche und pentatonische Wendungen, leere Quint- und Quartgänge sowie das Fehlen eines harmonischen Leittons. Dieser Archaismus gemahnt mit seinen entwicklungslosen Akkordflächen ebenso an die ›Ars Antiqua‹ des Mittelalters wie an Debussys PELLÉAS ET MÉLISANDE. In dem beinahe entmaterialisierten Klangbild »berühren sich die am weitesten voneinander entfernten Zeitdispositionen des Werks: die musikalische Sprache der Gegenwart [Pfitzners] und die musikalisch evozierte Aura des Jenseitig-Vorzeitigen«.

Während die Meister allmählich entschwinden, erscheinen Engel (I,6), die Palestrina die lateinische Messe als Himmelsmusik vorsingen. Er schreibt sie auf und preist sie zugleich mit Begriffen wie *Allmacht – Geheimniskraft*. Seine *Schöpferlust* wird durch ein *Liebes-Mysterium* bestärkt: Die verstorbene Lukrezia, bislang nur als Bildnis präsent, schmiegt sich realiter an Palestrina. So hat auch menschlicher Eros als *Frieden des Lichts* Anteil am künstlerischen Schöpfungsmythos, der sich primär aus dem Geist der alten Meister und aus göttlicher Gnade speist: eine komplementäre Parallele zum Schöpfungsmythos in Schönbergs zur selben Zeit komponiertem Einakter DIE GLÜCKLICHE HAND (→ S. 481 ff.), wo der Künstler allerdings am Liebesverlust scheitert.

Der Schöpfungsakt selbst, die Komposition der MISSA PAPAE MARCELLI, dauert in Anbetracht der von Pfitzner daran geknüpften Philosophie des musikalischen Einfalls erstaunlich kurz: In weniger als zehn Bühnenminuten ist das Werk vollbracht. Die Eingebung durch die Engel beginnt mit dem ›Kyrie I‹, das von Palestrina nach einem Takt übernommen wird, während der Engelssopran in freier Modulation weiter singt. Das ›Christe eleison‹ wird von zwei Engelssopranen intoniert und von Palestrina imitatorisch übernommen, während Sopran II und III kontrapunktisch schon das ›Gloria‹ andeuten. Das ›Credo‹ ist ein ›Cantus firmus‹ des Chors in langen Notenwerten, Palestrina und drei Solosoprane umranken es. Im Gegensatz zu den ersten beiden Messteilen benutzt Pfitzner hier nicht Palestrinas Originalkomposition, sondern das ›Patrem omnipotentem‹ aus dessen fünfstimmiger Parodiemesse ASPICE DOMINUM. Erst darauf, nach der Erscheinung Lukrezias mit ihrer von einem Engel aufgegriffenen Friedensbotschaft für alle, die guten Willens sind, folgt das ›Gloria‹. Es erklingt chorisch in Sextparallelen, wird dann imitatorisch weitergeführt und homophon mit der leisen Bitte um Frieden abgeschlossen. Motivisch ist die Passage aus dem fauxbourdonartigen Bekenntnis zu Gottes eingeborenem Sohn im ›Credo‹ von Palestrinas Marcellus-Messe entnommen.

Klanglich scheint die sphärenhafte Engelsmusik von der Überreichung der Silbernen Rose aus dem ROSENKAVALIER (→ S. 271) inspiriert zu sein. Die von Strauss »hingetupften Akkorde der Flöten, Harfen, Celesta und Streicherflageolets dürften auf die Engelsmusik des PALESTRINA ihren Einfluß ausgeübt haben, auch die leise Trompetenstimme, die gleichsam als Achse des musikalischen Geschehens und als Referenzton für die harmonischen Beziehungen der ›Sphärenakkorde‹ fungiert«. Ein weiteres Spezifikum der Engelsmusik ist die solistisch eingesetzte Viola d'amore, die Pfitzner aus Raouls Romanze in Meyerbeers HUGENOTTEN kannte. Sie umspielt auch im III. Akt als Symbol für die Musik aus dem himmlischen Jerusalem den dramaturgisch an sein Pendant in Berlioz' BENVENUTO CELLINI erinnernden Papst, der im Vokalsatz den tiefsten Part hat.

Die ins Vorthematische zurückgenommene Kargheit der Meistererscheinung mit ihrer sowohl ans Mittelalter wie an Debussy erinnernden Klangaura, der Schöpfungsakt selbst mit seiner Verschmelzung von Palestrina-Zitaten und Strauss'scher Sphärenmusik umspannen ein ungeheures Zeitgefüge. Gefüllt wird es durch weitere Zitate. Bei Palestrinas Auseinandersetzung mit Borromeo in I,3 erklingt zum Vorwurf des Kardinals *Ihr scheint mir krank in eurer Seele* der Leidensakkord aus DER ARME HEINRICH: ein Indiz für Pfitzners Identifizierung mit Palestrina. Viel ausgedehnter ist eine Selbstentlehnung im II. Akt, wenn zu Beginn der zweiten Szene Novagero gegenüber dem finsteren Madruscht den schönen Herbsttag preist. Hier zitiert Pfitzner sein HERBSTLIED op. 21,1 nach Friedrich Hebbel. Im II. Akt finden wir des Weiteren den Lutherchoral EIN' FESTE BURG zitiert, wenn der intrigante Novagero die *Lutherpest* erwähnt (II,3) und Budoja die *lutherischen Schweine* (II,4) vom Konzil fern zu halten wünscht. In der anschließenden Szene, einer theologischen Diskussion, wird – von F-Dur nach es-Moll transponiert – aus Bachs MATTHÄUSPASSION die Einsetzung des Sakraments evoziert: »Nehmet, esset, das ist mein Leib«. Obwohl das Zitat durch hinzugefügte Sing- und Englischhornstimme verfremdet wird, kann es bei den Worten *Abendmahl in beiderlei Gestalt* wahrgenommen werden.

BEGNADUNG UND VERDAMMNIS

Pfitzner bringt solche Zitate, auch aus eigenen Werken, nie als wörtliche Übernahme, vielmehr sind sie im jeweiligen Kontext weitergeführt. Da wird im Rückbezug auf eine vergangene Kunst deren Überleben für die Zukunft anvisiert: vergleichbar weniger Strawinskys neoklassizistischen Werken als seinem MONUMENTUM PRO GESUALDO. Die spirituellste deutsche Oper seit Wagner verkündet nicht die innovatorische Vorantreibung des kulturellen Erbes wie DIE MEISTERSINGER VON NÜRNBERG, schon gar nicht deren Einklang von Künstler und Volk. Aber auch nicht das Scheitern des Künstlers in Kunst und Leben wie die Großwerke Franz Schrekers. Pfitzners Botschaft ist der von oben gegebene göttliche Einfall. Kunst wäre demnach ein autoritärer Akt, dessen ästhetische Rechtfertigung nur dem Meister selbst bewusst ist. Alle anderen müssen sie hinnehmen als unhinterfragbar. Wenn Palestrina sich am Ende von der Welt zurückzieht, triumphiert der Geist Schopenhauers: Das »Kunstwerk, insbesondere das musikalische, als wahn- und willenlos gesetzt gegen den Weltwahn des bloß Seienden«, gewinnt zeitüberdauernden Eigenwert über das Leben hinaus. Diese Botschaft hallt in Hindemiths MATHIS DER MALER nach, allerdings mit einem entscheidenden Unterschied: Pfitzners Palestrina schafft sein Hauptwerk, indem er sich von der Welt absondert; Matthias Grünewald bei Hindemith dagegen lässt sich zuerst sehr wohl auf den Versuch ein, verändernd in den politischen Zeitenlauf einzugreifen. Während Pfitzners Palestrina, einkehrend in die göttliche Heimat des eigenen Werks, Versöhnung mit der Obrigkeit findet, schlägt Hindemiths Mathis nach Vollendung seines ebenfalls aus transzendenter Inspiration gespeisten Kunstwerks den offenen Pakt aus. Wenn er seine Habe ordnet, um allein zu sterben, ist das fast ein Gang in die innere Emigration, wenngleich auch sein Werk machtgeschützt ist wie das von Pfitzners mit der Weltherrschaft versöhntem Palestrina.

Diese Versöhnung ist indes mehrfach aufgekündigt worden – am subtilsten von Thomas Mann, der in den BETRACHTUNGEN EINES UNPOLITISCHEN dem PALESTRINA so verständnisvoll gehuldigt hatte. Pfitzner, der als Unterzeichner eines so genannten Protests der Wagnerstadt München gegen Thomas Manns bedeutenden Vortrag LEIDEN UND GRÖSSE RICHARD WAGNERS 1933 den Abschied des Dichters von Deutschland mitbewirkte, taucht in der Subsphäre des Romans DOKTOR FAUSTUS (1947) wieder auf. Dessen Thema ist der Lebensweg des fiktiven deutschen Tonsetzers Adrian Leverkühn, der mit seinem Schaffen Beethovens Neunte Symphonie zurücknehmen will, weil sie als hervorragendes Exempel des deutschen Musikidealismus in die totale Verdinglichung abgesunken sei.

Ein Hauptwerk Leverkühns ist das Oratorium APOCALIPSIS CUM FIGURIS, dessen Uraufführung 1924 mit einem Tenor geschildert wird, der unmissverständlich an Karl Erb erinnert: den Palestrina der Münchner Uraufführung von 1917. Diese assoziativ an Dürer orientierte musikalische Apokalypse verweist auf den Apostel Johannes, der ja gemäß dem Ausspruch des Papstes bei Pfitzner mit Palestrina in eine Beziehung gebracht wird. Als Erzähler fungiert in Manns Roman zudem jener Serenus Zeitblom, der die Viola d'amore spielt: das Instrument, das Pfitzner der Engelsmusik und dem Papst zuordnete. Auch Leverkühn zieht sich, wie Pfitzners Palestrina, in die Einsamkeit zurück, und zwar nach einem Initiationsritus. Zu Beginn des 24. Kapitels wird der Ort genannt, an dem dieser Ritus stattfindet: es ist das in den Sabinerbergen gelegene Palestrina! Und der Schöpfungsmythos, der dort Leverkühn versprochen wird, ist ein Teufelspakt. Im 25. Kapitel erscheint dem Komponisten der Leibhaftige selbst in wechselnden Gestalten: als Zuhälter, als Musikgelehrter und als Theologe. Das ist die Verkörperung jener drei Elemente, die im I. Akt von Pfitzners PALESTRINA den Inspirationsmythos begründen: Eros, Musiktradition und Transzendenz.

Leverkühn, der später seine APOCALIPSIS mit »sirrendem, sehrendem Sphären- und Engelsgetön« schreiben wird – eine unverkennbare Anspielung auf das Singen der himmlischen Mächte bei Pfitzner –, erfährt die große Erleuchtung des Palestrina als Umkehrung: »Sie verdankt sich nicht mehr einer (wie auch immer säkularisierten) göttlichen, sondern einer luziferischen Eingebung; statt einer Begnadung ist sie nun eine Form der Verdammnis«. Hans Pfitzner hatte seinen PALESTRINA als romantisch-idealistischen Gegenentwurf zu der im Ersten Weltkrieg explodierenden abendländischen Bewusstseinskrise geschrieben. Die ungleich folgenreichere, von ihm mitgetragene Korrumpierung des Deutschen Idealismus, die mit dem Ausbruch des ›Dritten Reichs‹ die halbe Welt in die Katastrophe stürzte, hat die Kehrseite seines autoritären Inspirationsmythos in die Historie eingraviert: den Umschlag der Berufung auf das Himmlische in das Wirken des Diabolischen. So wurde das Schopenhauer-Motto des PALESTRINA, dass die Entwicklung der Künste schuldlos und unbefleckt von Blut neben der Weltgeschichte verläuft, gründlichst dementiert. PALESTRINA ging ideologiegeschichtlich jener Unschuld verlustig, die sein Komponist in der Wirklichkeit des Lebens verlor.

Thomas Mann hat solche Kunstverstrickung in Kunst aufgearbeitet. Das letzte Werk seines fiktiven Tonsetzers Leverkühn, das wie Pfitzners PALESTRINA mit einem einzelnen Ton endende Oratorium DOKTOR FAUSTI WEHEKLAG, ist eine »implizite Abrechnung mit Wagner mittels dessen Schrift über Beethoven« von 1870 (→ Bd. II, S. 559 f.), die für Pfitzners Kunstanschauung konstituierend war. So ist DOKTOR FAUSTUS auch eine Rücknahme des PALESTRINA: analog zu Adrian Leverkühns Rücknahme der Neunten Symphonie Beethovens. Gleichzeitig weisen der Titel des fiktiven ›Opus ultimum‹ Leverkühns und des Romans von Thomas Mann auf das wahre Gegenwerk zum PALESTRINA in der Realgeschichte der Musik: Ferruccio Busonis DOKTOR FAUST.

ZWISCHEN FORM UND FORMEL
ITALIENS OPER IM SCHATTEN VERDIS

»Es war meine Absicht, mich vollständig von allen tradierten Formen zu lösen – sofern die italienische Kunst das überhaupt zuläßt, da man meines Erachtens ohne Melodien nur Akkorde komponieren kann. Auf diese Weise wollte ich genau der Handlung folgen und mit der Musik die verschiedenen Gefühle und Charaktere der Figuren ausdrücken. Für MEROPE erfand ich einen leidenschaftlichen Gesangsstil, für EGISTO einen kräftig erregten, für POLIFONTE einen zurückhaltenden, die Gefühle verbergenden. Dabei schmeichelte ich mir mit der Vorstellung, lobenden Zuspruch zu finden. Aber das Ergebnis enttäuschte all meine Hoffnungen, und MEROPE wurde nie wieder aufgeführt«.

Mit diesen Worten kommentierte Giovanni Pacini (1796–1867) in seinen Memoiren den 1846 in Neapel erfolglos unternommenen Versuch, zusammen mit dem Librettisten Salvatore Cammarano seine als Reformoper verstandene MEROPE nach der Tragödie Vittorio Alfieris durchzusetzen. Seine Selbstdeutung steht in offenkundiger Parallele zu den 1838 in einem berühmten Brief von Saverio Mercadante (1795–1870) formulierten Reformabsichten (→ Bd. II, S. 315 f.). Beide Äußerungen sind als Antwort von italienischen Musikern auf die 1836 erschienene FILOSOFIA DELLA MUSICA Giuseppe Mazzinis zu sehen, mit der eine Abkehr von Rossinis für Italien geschriebenen Opern in Richtung auf die romantische Bewegung einsetzte. So wenig Pacini und Mercadante der Wille zur Teilhabe an der neuen Gefühlssprache im Musiktheater zu bestreiten ist, die sich gegen den gelegentlich sogar ironischen Klassizismus Rossinis auflehnte, so stark blieben sie dessen Formelhaftigkeit verbunden. Was sie unter der reformerischen Loslösung von den tradierten Formen verstanden, führte in der Theaterpraxis allenfalls zu deren interner Aufblähung. Der Primat der Nummernoper blieb ebenso unangetastet wie die seit Rossini kanonische Unterteilung der Nummern in mehr deklamatorische und mehr lyrisierende Teile. Dass Mercadante dem romantischen Tragödienzwang folgte und in LA VESTALE (Neapel 1840; *WA* Altamura 1969) der schuldig gewordenen Priesterin jenes Schicksal des Eingemauertwerdens beschied, das ihr in Spontinis klassizistischer Vertonung 1807 noch erspart geblieben war, hatte auf die musikalische Form keinerlei romantisierende Auswirkung.

Pacini wiederum versuchte in seinem Spätwerk, dem Zeitgeist durch einen besonderen Farbenreichtum seines Instrumentariums zu entsprechen: mit zwei widerstreitenden Bühnenkapellen in MARGHERITA PUSTERLA (Neapel 1856) und DON DIEGO DI MENDOZA (Venedig 1867), mit einem Bassetthorn im Vorspiel zum postum uraufgeführten NICCOLÒ DE' LAPI (Florenz 1873). Das waren hoffnungslose Versuche, im Schatten Verdis einen eigenen Ton zu finden. Wenn ihr jüngerer Kollege Antonio Cagnoni (1828–1896) in seinem 1847 als Student am Mailänder Konservatorium geschriebenen Erstling, der lange Zeit erfolgreichen Buffa DON BUCEFALO, den Titelhelden einen Text Metastasios komponieren (*Mettiamo un andantino*) und in eine aufsteigende Triolenfolge münden lässt, gibt er ihm einen Kommentar mit, der unausgesprochen auch über vielen Stellen bei Pacini und Mercadante stehen könnte: *Vergebt mir, ihr Klassiker, diese Triolen sind nicht meine!* Tatsächlich waren es jene, die beim italienischen Rossini für eine lebhaft bewegte Seelenmechanik gestanden hatten und beim frühen Verdi dem Publikum die Gemeinsamkeit eines aufsässigen Lebensgefühls im fremdbeherrschten Italien der Risorgimento-Epoche vermittelten. Gleich bleibende Form- und Stilmittel konnten im Laufe der Jahre einen unterschiedlichen Ausdruckscharakter annehmen, die scheinbar intakte Tradition verdeckte eine musikalische Sinnkrise.

Einen reformerischen Einschnitt, vergleichbar dem Wagners für die deutsche oder dem der Grand Opéra für die französische Opernentwicklung, kennt die Geschichte der ernsten Oper im Italien des 19. Jahrhunderts nicht – von der komischen ganz zu schweigen. Allerdings hatte Verdis Schweigen auf diesem Feld zwischen der Katastrophe von UN GIORNO DI REGNO (1840) und seinem letzten Wort im FALSTAFF (1893) andere zu einer quantitativ erstaunlichen Wiederbelebung der Opera buffa und der Semiseria animiert. Aber während sich Cagnonis Don Bucefalo über die Austauschbarkeit der von ihm benutzten Stilmittel lustig machte und sie doch praktizierte, tat das vorrangig im Buffofach bewährte Brüderpaar Luigi (1805–1859) und Federico Ricci (1809–1877) nicht nur in seinem Erfolgsstück CRISPINO E LA COMARE OSSIA IL MEDICO E LA MORTE (Crispino und die Gevatterin oder Der Arzt und der Tod; Venedig 1850) so, als habe Donizetti keineswegs 1843 in DON PASQUALE mit dem Ersatz des klavierbegleiteten Seccorezitativs durch eine streichergetragene Akkordfolge die Typenkomödie durch eine psychologisierende Charakterkomödie überwunden. Sie komponierten, wie zahllose Zeitgenossen, im alten Stil weiter: unberührt von einer formgeschichtlichen Errungenschaft, die erst der späte Verdi in seinem FALSTAFF aufgreifen und weiterführen sollte. Das gilt für Errico Petrella (1813–1877), der mit LE PRECAUZIONI OSSIA IL CARNEVALE DI VENEZIA (Vorsichtsmaßnahmen oder Der Karneval von Venedig; Neapel 1851) trotz des für Italien experimentellen Einsatzes deklamierter Sprache über fortlaufendem Orchesterkommentar zum Hauptvertreter des neapolitanischen Konservativismus wurde, ebenso wie für Carlo Pedrotti (1817–1893), dessen Sensationserfolg TUTTI IN MASCHERE (Alle maskiert; Verona 1856) im 20. Jahrhundert mit den in Nostalgie schwelgenden Typenkomödien Ermanno Wolf-Ferraris Nachfolge fand.

DIE UNMÖGLICHE EIGENTLICHKEIT

Die italienische Oper, die zwischen Rossinis Übernahme des Théâtre-Italien im Paris des Jahres 1824 und Puccinis Tod im Jahre 1924 das letzte Jahrhundert ihrer Weltherrschaft erlebte, kennt auch im ernsten Fach einen ungebrochenen Traditionsstrang. Das Passionato, das sich in Übereinstimmung mit Mazzinis Musikphilosophie bei Bellini und Donizetti stilprägend für die romantische Belkanto-Oper entwickelte, zeichnet ebenso den bewusst antiromantischen Verismo aus. Noch 1917 lässt Puccini wie in einem Rückblick auf die mit Verdis LA TRAVIATA sinnfällig gewordene Suche nach gesellschaftlichem Bezug den im Textbuch Giuseppe Adamis ironisch gezeichneten Dichter Prunier in seiner Oper LA RONDINE (Die Schwalbe) die nicht nur dieses Stück zusammenfassende Wahrheit unverstellt äußern: *In der Tiefe einer jeden Seele / wohnt ein romantischer Teufel, / der stärker ist als ich, / als Ihr, als alle!*

Prunier ist wie Cagnonis Don Bucefalo ein schöpferischer Künstler, und auch er bedient sich des Klaviers als Ausdrucksträger. Doch dieses ist nicht, wie bei Cagnoni, schematischer Bestandteil einer obsolet gewordenen Stilform, sondern bewusst eingesetztes Instrument eines realitätsnahen Konversationsstils. Die Ironie bei Puccini ist nicht mehr subjektiv grundiert: in der schreckhaft-witzigen Erkenntnis einer Uneigentlichkeit, sondern objektiv: im Umgang mit der unmöglich gewordenen Eigentlichkeit. Der Traum der am Ende entsagenden Luxusdirne Magda von der – romantisch überstrahlten – Unbedingtheit einer Liebesbeziehung erscheint im Gegensatz zu Verdis LA TRAVIATA als doppelbödige Parallelaktion, da der Dichter Prunier ihn in seiner Beziehung zu Magdas Zofe verwirklicht: als gesellschaftliches Rollenspiel. Das wahre Leben ist nur noch als ›Theater‹ möglich. Selbst Magdas Versuch, ein altes Erlebnis mit einem anderen Partner zu vergegenwärtigen, führt in Fortspinnung von Pruniers am Klavier vorgetragenem Lied zu einer Maskerade. Magdas Kostümierung zur Midinette, die sie einst gewesen war, scheitert so wie der Ausflug ihrer Zofe in die Welt des richtigen Theaters: Kunst und Realität fallen als unvereinbare Bestandteile einer fragmentierten Lebenswirklichkeit auseinander.

Damit ist die Geschichte des italienischen Melodramma zu Ende – dass Puccinis letztes Werk, TURANDOT, unvollendet blieb, hat in der Beziehung eine schon geschichtsphilosophische Dimension. In der letzten vom Komponisten fertig gestellten Szene entleibt sich die Sklavin Liù als letzte Verkörperung des italienischen Belkanto, der – nicht nur als Technik, sondern auch als Stil und, mehr noch, als Ausdruck eines Kunst gewordenen Lebensgefühls – die italienische Oper ein Jahrhundert lang hatte triumphieren lassen.

Natürlich wäre es verfehlt, nur das Einheitliche in diesen hundert Jahren italienischer Operngeschichte zu sehen – so leicht es auch zu hören ist trotz der Souveränität, mit der Verdi in seiner Reifezeit die einheimischen Traditionen durch fremde – meist französische – Einflüsse bereicherte und sie dadurch organisch weiterentwickelte, trotz der Kunstfertigkeit, mit der Puccini den oft ins Provinzielle abrutschenden Zeitstil der Veristen durch debussysche Stilmittel verfeinerte. Der vom Verlagshaus Lucca systematisch zum Konkurrenten des bei Ricordi publizierenden Verdi aufgebaute Petrella versuchte mit den Finali einer Überflutung der Niederlande in L'ASSEDIO DI LEIDA OVVERO ELNAVA (Elnava oder Die Belagerung von Leiden; Mailand 1856) sowie des Vesuv-Ausbruchs in JONE (Mailand 1858) nach Bulwer-Lyttons Erfolgsroman DIE LETZTEN TAGE VON POMPEJI das Katastrophentableau der Grand Opéra in das romantische Melodramma zu integrieren. Und in seinem Spätwerk war er teilweise darum bemüht, aus dem alten Formalismus von Kavatine-Kabaletta auszubrechen. Diese schematische Zweiteiligkeit wird beispielsweise in Leonoras Kavatine aus LA CONTESSA D'AMALFI (Turin 1864) durch Dehnung des ersten Teils überspielt, wie Petrella überhaupt die Auflösung der starren Kabalettaform mit ihrem Ritornell und der Reprise gelang.

Aber das Schlussduett des I. Akts von CATERINA HOWARD (Rom 1866) zeigt auch, dass im freien harmonischen Fortschreiten von G- nach C-, F- und B-Dur zwar Rossinis Schematik überwunden, dafür aber keineswegs eine musikalische Prägnanz des szenischen Vorgangs erreicht wird – ganz abgesehen von der Gestelztheit der Libretti, die sich ungehemmt in jenem Bühnen-Italienisch ergehen, das sogar ein Textdichter wie Ferdinando Fontana selbstkritisch als Häufung von Absurditäten bezeichnete (in der Aufsatzsammlung IN TEATRO, Rom 1884, S. 112) und das erst von den vier Freunden in Puccinis LA BOHÈME 1896 als Gegensatz zu der von ihnen bevorzugten Alltagssprache parodistisch eingesetzt wird. Selbst der von Arrigo Boito nicht grundlos als Bruch mit der tabuisierten Tradition bezeichnete Moll-Schluss in I PROFUGHI FIAMMINGHI (Die flämischen Flüchtlinge; Mailand 1863) von Franco Faccio (1840–1891) ist in einem konventionell angelegten Gesamtrahmen nicht als traditionssprengendes Merkmal auszumachen.

Erst der mit Pietro Mascagnis CAVALLERIA RUSTICANA 1890 schlagartig einsetzende Verismo hat in den Sujets und in der Diktion stärker noch als in der Musik selbst zu einer Veränderung größeren Ausmaßes geführt. Dass Turiddus Mutter von ihrem Sohn und Santuzza umgangssprachlich als *mamma* und nicht mehr als *madre* angesprochen wird, darf aber nicht den Blick darauf verstellen, dass diese Sprache immer noch den tradierten Verszwängen unterworfen ist. Die erste programmatisch in Prosa librettierte Oper war ein Nebenwerk des Verismo: RISURREZIONE (Turin 1904), dessen Textbuch Cesare Hanau für Franco Alfano nach Lew Tolstois Roman AUFERSTEHUNG verfasste. Außerdem war der Verismus, schnell zu einer Mode verkommen, nicht nur Ausdruck eines reformerischen Kunstwillens, sondern auch erfolgreiche »Antwort auf den fortschreitenden Marktverlust der italienischen Oper auf europäischer und sogar auf nationaler Ebene«: Produkt eines 1884 gestarteten Einakterwettbewerbs des in seinen Methoden ebenso unbedenklich wie die Konkurrenten vorgehenden Verlegers Edoardo Sonzogno, auf den die alteingesessene Casa Ricordi 1888 mit der Übernahme des Verlags von Giuseppina Lucca reagierte, der seinerseits Wagner und die französische Oper bis hin zu CARMEN in Italien verbreitet hatte. In dieser Bündelung der Kräfte, die sich bis in die Fristverlängerung des Urheberrechts auswirkte, blieb die merkantile Stoßkraft der italienischen Oper, unbeschadet ihrer europäischen Konkurrenz, erhalten.

Dabei hatte es im künstlerischen Bereich schon in der Zeit des Risorgimento unübersehbare Krisensymptome gegeben. Die 1861 erfolgte Ausrufung des Vereinigten Königreichs Italien – das allerdings mit der Einverleibung der letzten österreichischen Besitzungen im Norden und des vatikanischen Kirchenstaats noch bis 1870 warten musste – führte nach der Abschaffung der habsburgischen Zensur keineswegs zu einer neuen Opernblüte: »Die Tyrannei der Sänger konnte nicht so leicht abgeschüttelt werden wie die der österreichischen Fremdherrschaft«. Hinzu kamen ökonomische Probleme im jungen Staat, die in den sechziger Jahren immer wieder zur Schließung von Bühnen, 1876 sogar, in einer Art Fernwirkung, des Pariser Théâtre-Italien führten: nicht nur aus Gründen einer finanziellen Misswirtschaft, sondern auch wegen des ausbleibenden Werknachschubs aus Italien.

Verdi arbeitete in Paris für die Opéra und deren Ideal des großen Historienstils, sein dort 1867 herausgekommener französischer DON CARLOS hatte mit einem italienischen Melodramma so gut wie nichts mehr gemein. Ein Einakter aus demselben Jahr 1867, die Satire IL MAESTRO ED UNA CANTANTE (Der Maestro und eine Sängerin) von Lauro Rossi (1812 bis 1885), exemplifiziert die Nöte des Opernlandes Italien. Der Maestro, ein Nachfahr von Cagnonis Don Bucefalo, sucht eine Melodie und findet sie bei Verdis Azucena aus dem TROUBADOUR. Er bemerkt das, erklärt aber das Plagiieren zu einem Zug der Zeit und wandert fortan ungeniert durch die Stretta des Manrico aus dem TROUBADOUR, den Abschiedsgesang des Edgardo aus Donizettis LUCIA DI LAMMERMOOR und den Richterchor aus Meyerbeers AFRIKANERIN, vermischt beinahe schon genial zwei Themen aus Bellinis NORMA und Donizettis POLIUTO, ehe er seinen Streifzug mit dem knalligen Finale der Ouvertüre zu Rossinis WILHELM TELL krönt: stilistische Fremdbestimmung als persönliches Erfolgsrezept.

ARRIGO BOITO (1842–1918)

Ein Jahr später, 1868, kamen in der Mailänder Scala die italienische Fassung des DON CARLOS und als Uraufführung Arrigo Boitos MEFISTOFELE heraus. Da wurde sogar dem Kultusminister Emilio Broglio die Krise des Melodramma offenbar. Seinem Namen alle Ehre erweisend (Broglio heißt so viel wie Machenschaft), verbreitete er einen offenen Brief, in dem er sich über den auf Meyerbeer zurückgehenden Brauch fünfstündiger Opern mit mephistophelischen Anmaßungen beklagte. Natürlich auch darüber, dass es niemanden mehr gebe, der Rossini richtig singen könne. Also rief er nach einem Kuratorium reicher Musikfreunde, das unter Führung Rossinis den staatlich gelenkten Konservatorien die Musikerausbildung aus der Hand nehmen solle. »Dieser Brief war zu grotesk, provinziell und ignorant, um ernstgenommen zu werden, am wenigsten von Rossini selbst; aber er hatte weitreichende Konsequenzen. Zum ersten Mal fanden sich Verdi und Boito hinter derselben Barrikade«: Voraussetzung ihrer späteren

Zusammenarbeit bei der Revision des SIMON BOCCANEGRA sowie in den Shakespeare-Opern OTELLO und FALSTAFF, die 1862 mit Verdis Vertonung der HYMNE AN DIE NATIONEN aus der Feder des Zwanzigjährigen eher zufällig begonnen hatte. Boito antwortete dem Minister in einem ebenfalls veröffentlichten satirischen Brief, in dem er unter anderem das Theater Verdis vehement verteidigte. Das war das Ende einer Verstimmung zwischen Verdi und Boito, die durch kritische Äußerungen des Jüngeren über die Opernentwicklung in Italien hervorgerufen worden war.

Boito, der als Sohn einer Polin ohne jeden Kontakt mit der Verwandtschaft seines italienischen Vaters – eines Miniaturporträtisten – aufwuchs, hatte vielleicht auf Grund dieser Ferne zu dem gelegentlich schon mafios auf Bindungen gegründeten Familienleben in Italien ein weniger tabuisiertes Verhältnis zu Traditionen als andere Komponisten: eine mögliche individualpsychologische Erklärung der Tatsache, dass er der einzige bewusste Opernreformer Italiens im 19. Jahrhundert war. In zwei Rezensionen veröffentlichte Boito seine reformerischen Ideen als polemische Kritik an den jeweils behandelten Werken: 1863 an Cagnonis IL VECCHIO DELLA MONTAGNA (Der Alte vom Gebirge) in der Mailänder Zeitung ›La Perseveranza‹ und ein Jahr später im ›Figaro‹ an Giuseppe Rotas (1836 bis 1911) GINEVRA DI SCOZIA. Im Vergleich mit deren Blässe wirkt die Ouvertüre zu Simon Mayrs Vertonung des schon von Händel in seinem ARIODANTE veroperten Stoffs aus Ariosts RASENDEM ROLAND mit ihrem schottischen Lokalkolorit geradezu superromantisch: 1801! Boito bildete zusammen mit Franco Faccio, der sich später auf das Dirigieren spezialisierte und 1871 Chef der Mailänder Scala wurde, die musikalische Speerspitze der lombardischen Kunst-Protestbewegung der ›scapigliatura‹. In seiner Kritik an Rotas Oper erweist er sich als ›scapigliato‹ (so viel wie ungekämmt: ein Signum der Unbehaustheit) im Sinne der literarisch dominierten Bewegung. Kurz vor Ende der Rezension erfindet er eine Szene, die er als von Rabelais inspiriert ausgibt: »Wenn es in Rotas Musik wenigstens etwas Persönliches gäbe, wie häßlich auch immer; etwas Neues, wie deformiert auch immer; etwas Bizarres, wie ermüdend auch immer. Aber nein, er folgt der Litanei der Diakone, Subdiakone, Pfaffen und Mesner in aller Gemütsruhe. In der einen Hand hält er eine Kerze, mit der anderen schwenkt er das Weihrauchfaß, dazu murmelt er bei jedem Schritt sein Amen und beugt das Knie vor jedem Altar mit der nach außen gekehrten Frömmigkeit eines Mönchs, mit der kleinmütigen Demut einer Nonne«.

In einer laizistischen Interpretation wäre der zu imaginierende Oberpriester dieser Prozession Rossini, aber Boito bezog sich in Vorwegnahme späterer Kritiker wie etwa Alberto Moravia auch auf den um Alessandro Manzonis 1825/26 veröffentlichtem Roman I PROMESSI SPOSI (Die Verlobten) getriebenen Kult des Pseudo-Sakralen. Konservative Komponisten wie Errico Petrella (Lecco 1869) und Amilcare Ponchielli (Cremona 1856, Revision Mailand 1872) versuchten denn auch, ihm mit ihren Opern I PROMESSI SPOSI auf dem Musiktheater zu huldigen. Der bewusste Anti-Manzonismus gehörte dagegen mit einem heftigen Anti-Klerikalismus zum ideologischen Rüstzeug der ›scapigliati‹ in ihrem Widerstand gegen die kulturell wie gesellschaftspolitisch konservative Richtung, die das junge Königreich eingeschlagen hatte. Bezeichnenderweise mokierte sich Boito in der volkstümlichen Wendung des »in aller Gemütsruhe« (*lemme lemme*) an der Prozession teilnehmenden Rota über Manzonis Versuch, das ihm selbst zunächst fremdartige Florentinisch zur sprachlichen Grundlage eines geeinten Italien zu machen.

1862 war der greise Dichter zum Präsidenten einer Kommission ernannt worden, die Vorschläge für die sprachliche Einigung des politisch befreiten Landes erarbeiten sollte, im selben Jahr erschien auch der Roman LA SCAPIGLIATURA E IL 6 FEBBRAIO von Carlo Righetti (unter dem Pseudonym Cletto Arrighi), in dem die Vertreter der anti-manzonistischen Künstler-Bohème als ›scapigliati‹ bezeichnet werden. Unter diesem Begriff versammelte sich eine Gruppe literarisch dominierter Künstler und huldigte in einem liebestrunkenen Selbstzerstörungskult dem Ineins von Eros und Thanatos, das die europäische Romantik schon zur Dekadenz der Jahrhundertwende vorantrieb und latent faschistoide Züge offenbarte. Arrigo Boito versuchte sich zunächst als Verfasser von Gedichten, von denen das 1864 veröffentlichte mit dem programmatischen Titel DUALISMO in der Spannung zwischen engelsgleichem Schmetterling und schmutzigem Wurm eine stilisierte Selbstcharakteristik des Künstlers als gefallener Cherub enthält. Ungeniert feierte er in seinem 1865 veröffentlichten Versepos RE ORSO (König Bär) die aus schierem Machttrieb entspringenden Verbrechen eines kretischen Königs. Später wandte er sich von der Gruppe ab, im Gegensatz zu seinem älteren – durch Selbstmord endenden – Bruder Camillo, dessen Erzählung SENSO dem gleichnamigen Film Luchino Viscontis als Grundlage diente. Boito kanalisierte seinen literarischen Ehrgeiz hauptsächlich in die Übersetzung von FREISCHÜTZ, RIENZI, FLIEGENDEM HOLLÄNDER sowie TRISTAN UND ISOLDE, vor allem aber in insgesamt dreizehn Libretti. Nicht nur für seine eigenen Opern MEFISTOFELE und NERONE, sondern nach dem Einstand mit der Shakespeare-Vertonung AMLETO (Genua 1865) seines Freundes Franco Faccio und der desaströsen

Uraufführung seiner Goethe-Oper MEFISTOFELE im Jahre 1868 unter anderem mit einem Pseudonym auch für Amilcare Ponchiellis LA GIOCONDA. Erst danach fand er zur Zusammenarbeit mit Verdi (→ Bd. II, S. 663 ff.).

REFORM AUS DEM GEIST DER SPRACHE

In seinen beiden erwähnten Theaterkritiken war Boito bemüht, über den – teilweise polemisch behandelten – Anlass hinaus eine neue Ästhetik der Oper zu entwickeln. Dazu diente ihm die Auseinandertreibung der Begriffe Form und Formel. Als formelhaft tat er, nicht ohne heftige Geschichtsklitterung, die ganze Entwicklung der italienischen Oper zwischen Monteverdi und (zu dessen vorübergehender Verärgerung) Verdi ab, wenngleich dieser Formalismus immer mehr Kraft gesammelt habe. Alles, was sich an Konventionen von Arien mit ihren Rondi, Kabaletten, Ritornellen und ›pezzi concertati‹ angesammelt habe, müsse in einer großen Stiländerung zu wahrer Form entwickelt werden. Und wie Wagner in seiner großen Denkschrift OPER UND DRAMA forderte er eine Reform der Oper aus dem Geist des Wortes: damit man »anstatt ›Libretto‹ zu sagen – ein verniedlichender Begriff der konventionellen Kunst – von ›Tragödie‹ sprechen und schreiben kann, wie es die Griechen taten«. Das brachte Boito sogleich den Ruf der Wagner-Hörigkeit ein, den er 1864 im ersten Heft der von ihm mit herausgegebenen Zeitschrift der Quartettgesellschaft – mit der er Italiens Musikdenken von der ausschließlichen Fixierung auf die Oper zu lösen versuchte – mit polemischen Angriffen gegen den Deutschen zurückwies. Später entspannte sich sein Verhältnis zu Wagner, der ihm nach der italienischen Erstaufführung des LOHENGRIN 1871 in Bologna mit dem offenen BRIEF AN EINEN ITALIENISCHEN FREUND für seinen Einsatz dankte.

Die erste, schon merklich reformerische, Opernarbeit Boitos ist das Textbuch für Faccios AMLETO, das er dem Freund 1862 aus Polen zusandte. Das geschah nach einer Reise, die sie auf Grund eines einjährigen Stipendiums nach Paris unternommen hatten. Anlass dazu war das 1861 von beiden – nach der patriotischen Kantate IL QUATTRO GIUGNO (dem Gedenktag der Schlacht von Magenta) – zum Abschluss ihrer Studien am Mailänder Konservatorium im Teamwork komponierte Mysterium LE SORELLE D'ITALIA (Die Schwestern Italiens: die immer noch durch Fremdherrschaft geknechteten Nationen Ungarns, Polens und Griechenlands). In der Zusammenarbeit der beiden Künstler »erscheint die literarische Kühnheit des Librettos als unbezweifelbares Versprechen auf eine radikale Erneuerung der Musiksprache und auf neue Perspektiven für das musikalische Drama«. Einmal versuchte Boito, worin ihm Faccio theaterpraktisch aber nicht folgte, die kanonischen Musikformen in Richtung auf ein durchkomponiertes Ganzes zu verändern. Zum Anderen griff er in die Tradition der italienischen Librettistik ein, indem er eine variable Verssprache entwickelte. Während er König Claudius und den Höflingen die pathetischen Zehnsilbler des Risorgimento zuordnete, ließ er den Geist von Hamlets Vater in den gereimten Terzinen aus Dantes DIVINA COMEDIA, Hamlet selbst in seinen Monologen meist mit Shakespeares Blankversen singen: revolutionäre Neuerungen in der durchformalisierten Bühnensprache des Melodramma.

Hinzu kam eine Vielzahl von Abstufungen: etwa in den irregulär betonten Fünfsilblern, mit denen Hamlet Wahnsinn vortäuscht, während Ophelia in regelmäßigen Sechssilblern antwortet, und ein Geflecht von Assonanzen, das dem oft preziösen Vokabular über die klangliche Sphäre einen Sinntransport aufzwingen soll. Hier ist schon die ganze Spannweite von Boitos Librettokunst angelegt, die in manieristische Extreme münden kann: nicht nur in eine Absurdität wie die Selbstdefinition der Matrosen im II. Akt von Ponchiellis LA GIOCONDA als *Eichhörnchen des Meeres*, sondern auch in die weit über Shakespeare hinausgehende Stilisierung Jagos zu einem Linguisten der Lüge in Verdis OTELLO (→ Bd. II, S. 670 ff.). Es war Boitos großer und in Italien noch heute von vielen skeptisch beurteilter Traum, »was die Musik mit wenigen Akkorden und wenigen Noten auszudrücken vermag, in gewundenen Worten zu ziselieren: die gewaltige Illusion, man könne die Vollendung des Ganzen erreichen, wenn man die einzelnen Teile perfektioniert und ein Opernlibretto als die Summe unabhängiger Werte anstelle einer Handlungsvorlage begreift, die inspirieren soll«.

VOM BROCKEN INS HOCHGEBIRGE

Tatsächlich lassen sich Arrigo Boitos Vorstellungen von der sprachlichen Differenzierung eines Opernlibrettos als Versuch verstehen, das Melodramma zu literarisieren. Man hat ihm allzu lange die Kategorie der durchschlagenden Wirkungslosigkeit zugeordnet, denn Boito hat in Italien keine Schule gemacht. Aber ohne seine Vorarbeit hätte es kaum um die Jahrhundertwende den musikalischen ›dannunzianismo‹ gegeben: das Einmünden der italienischen Oper in die von Gabriele d'Annunzio repräsentierte literarische Dekadenz. Und als der Dichter sich bereit zeigte, nicht nur seine Bühnenstücke zur Vertonung freizugeben, sondern in der Funktion eines

Librettisten sogar mit einem Komponisten zusammenzuarbeiten: ausgerechnet mit dem von ihm zuvor wegen seiner veristischen CAVALLERIA RUSTICANA als Räuberhauptmann und Tempelschänder der italienischen Oper abgekanzelten Pietro Mascagni in PARISINA (Mailand 1913), wurde davon in der italienischen Öffentlichkeit eine nationalkulturelle Vereinigung der Künste erhofft – umso größer die Enttäuschung nach dem Misserfolg der Premiere. Letztlich aber ist die Problematisierung des Librettos bei Puccini, der sich weder dem ›dannunzianismo‹ unterwarf noch der tradierten Willkür im Umgang mit literarischen Vorlagen folgte, einer Spätwirkung Boitos zuzuschreiben: dem Ehrgeiz, einen differenzierten Wortsinn über Musik zu vermitteln.

Das bedeutete die praktische Einlösung von Boitos Reformvorstellungen. Ihr ideeller Aspekt: die Einführung des Ideendramas in die italienische Oper mit seiner Vertonung von Partien beider Teile der FAUST-Tragödie Goethes, war mehr als ein vereister Höhenweg, der vom Harz-Brocken ohne Chance einer Rückkehr für die Protagonisten in die Alpenwelt von Alfredo Catalanis LA WALLY führte. Und gegen eine latente Wirkungsgeschichte Boitos spricht auch nicht, dass Catalanis Meisterwerk von 1892 trotz des Einklinkens in das romantische Tragikgebot – im Gegensatz zur Vorlage: dem Roman DIE GEIER-WALLY Wilhelmine von Hillerns – ebenso wie Alberto Franchettis im selben Jahr uraufgeführter CRISTOFERO COLOMBO oder seine schon in eine unfreiwillig komische Germanophilie umschlagende GERMANIA (Mailand 1902) ein Ideendrama ist, dessen Idee nicht recht erkennbar wird und vom Erfolg der Veristen sogar in Italien an den Rand der Repertoirefähigkeit gedrängt wurde. Es war gewiss nicht Boitos Schuld, dass sich erst Ende des 20. Jahrhunderts Auswirkungen seiner reformerischen Goethe-Inspiration in den ersten FAUST-Opern dingfest machen, die nach ihm in Italien geschrieben wurden: in Giacomo Manzonis auf Thomas Mann sich beziehendem DOKTOR FAUSTUS (Mailänder Scala 1989) und Luca Lombardis FAUST – UN TRAVESTIMENTO (Basel 1991).

Schon die Tatsache, dass Verdi mit Boitos von der Überintellektualisierung bedrohten Sprachgebilden pralles Musiktheater machen konnte, spricht für deren Wirkungspotenzial. Außerdem leitete Boito eine allmähliche Auflösung des metrischen Systems ein, das die italienische Librettistik von den Anfängen der Oper um 1600 an drei Jahrhunderte lang mit seinem Zählsystem beherrschte. Sogar für Rezitative waren, abgeleitet aus Tassos AMINTA und Guarinis PASTOR FIDO, die ›versi sciolti‹, eine freie Mischung aus ungereimten Versen mit elf (›endecasillabi‹) oder sieben Silben (›settenari‹), obligatorisch geworden bis hin zu dem seit Metastasio üblichen

Schlussreim, der kadenzartig zu einer geschlossenen Form mit gebundenen Reimstrophen überleitete. Boitos Versuch, in seiner einzig vollendeten Oper MEFISTOFELE erstmals für die italienische Operngeschichte im Rezitativ Fünfsilbler (›quinari‹) einzusetzen, kam fast schon einer Revolte gleich, erst recht seine Tat, in geschlossenen Formteilen die in der italienischen Verslehre verpönten Neunsilbler (›nonasillabi‹) zu erproben, deren Akzente auf der zweiten, fünften und achten Silbe eine ausgesprochen melodische Prosodie ermöglichen. Diese Versform wurde nicht nur von Ruggero Leoncavallo in der zentralen Szene des dichtenden Protagonisten Rodolfo aus seiner Oper LA BOHÈME als stilgerechte Umwandlung von Henri Murgers BALLADE DU DÉSESPÉRÉ (→ S. 213) sprachmusikalisch genutzt, sondern auch und vor allem vom Librettisten Luigi Illica zu jenen flexibel unregelmäßigen Versen mit und ohne Reim weiterentwickelt, die Puccini als Grundlage für seine Opern dienten und von Illicas Kollegen Giuseppe Giacosa ironisch als ›illicasillabi‹ bezeichnet wurden. Diese Zukunftsträchtigkeit Boitos blieb Zeitgenossen wie Hanslick verborgen, der ihn als jemanden etikettierte, der Italiener nicht sein wollte und Deutscher nicht sein konnte. Und für viele in der Kunst den Patriotismus mit Provinzialismus verwechselnde Italiener war sein Ansatz, das Melodramma aus tradierter Selbstgefälligkeit zu lösen, schon politisch verdächtig. Aber damit hat Boito dem italienischen Musiktheater über Verdi hinaus die Weltherrschaft um ein Vierteljahrhundert verlängert.

MEFISTOFELE (Mephistopheles. ›Opera‹ in einem Prolog, vier Akten und einem Epilog, *L* vom Komponisten nach Goethes FAUST I unter Einschluss von Teilen des Helena-Akts und der Schluss-Szene von FAUST II; Mailänder Scala 1868; nach dem katastrophalen Misserfolg der vom Komponisten selbst dirigierten Premiere, die nur eine auf zwei Abende verteilte und mit einem fremden Ballett angereicherte Wiederholung erfuhr, arbeitete Boito das Werk für Bologna 1875 grundlegend um, mit weiteren kleinen Änderungen in der endgültigen Fassung: Teatro Rossini Venedig 1876; sie verbreitete sich, neben Ponchiellis LA GIOCONDA als wichtigste italienische Oper im Schatten Verdis anerkannt, schnell und hatte bis kurz nach der Jahrhundertwende auch im Ausland Erfolg: London 1880; Boston und New York 1880 in englischer Übersetzung; Warschau 1880 und St. Petersburg 1881, jeweils auch landessprachlich; Prag in der Übersetzung von Carl Friedrich Niese, Köln, Hamburg 1881, Wien 1882; 1901 dirigierte Toscanini in der Mailänder Scala eine

Aufführung mit Schaljapin in der Titelrolle und Caruso als Faust; im 20. Jahrhundert blieb die Wirkung der Oper weit gehend auf Italien beschränkt – Toscanini wählte den Prolog, Akt III und einen Akt aus NERONE 1948 für seinen einzigen Nachkriegsauftritt an der Scala; eine neue Wertschätzung der Oper geht seit den siebziger Jahren von Amerika aus, verstärkt durch Ken Russells Skandalinszenierung 1987 in Genua – mit Verfremdungen wie dem Osterspaziergang durch ein seine Nazivergangenheit in Denkmalen bewahrendes Oberammergau –, und fand nach konzertanten Versuchen 1976 in Wiesbaden, 1982 in Frankfurt/Main und 1986 in Hamburg 1988 in Zürich sowie in der ersten deutschen szenischen Aufführung nach 1945 mit einer neuen Übersetzung von Wolfgang Binal durch Friedrich Meyer-Oertels Wuppertaler Inszenierung 1990 ihre Fortsetzung).

Boitos Oper, 1868 von der italienischen Öffentlichkeit als ›musica tedesca‹ verteufelt, veranlasste nach der Wiener Erstaufführung der revidierten Fassung 1882 Eduard Hanslick – ähnlich Hugo Wolf – zu dem Urteil, »daß mir Boitos Musik teils mittelmäßig, teils widerwärtig, als eine Nachschöpfung von Goethes FAUST aber geradezu lächerlich vorkommt«. Dieses Verdikt ist insofern ernst zu nehmen, als es sich nicht aus einem teutonischen Bewusstsein angeblicher kultureller Überlegenheit gegenüber welschem Tand speiste: Hanslick wusste Gounods FAUST-Oper im Gegensatz zu der Boitos durchaus zu schätzen. So argumentierte er trotz seiner Kritik an Boitos dramaturgischer Umsetzung der Vorlage denn auch primär auf der musikalischen Ebene und weniger auf einer ideologischen: »Als Melodiker gehört Boito zu den schwächsten Erfindern, als Harmoniker zu den keckesten und geschmacklosesten. Er sucht durch die grellsten Akkordfolgen, durch atemversetzende Takt- und Tempowechsel, durch rastloses Modulieren zu wirken. Dem Musiker wird auffallen, daß Boitos Harmonie zwischen Überladung und Dürftigkeit wechselt und die leere Zweistimmigkeit sich ebensooft in dieser Partitur breitmacht wie das ohrenbetäubende Klanggewimmel. In der Instrumentierung zeigt sich Boito einmal originell und scharfsinnig, ein andermal roh und geradezu dilettantisch«.

ZWISCHEN FORM UND FORMEL

So sah ein Konservativer das Dilemma von Boitos Oper: zwischen einem Nicht-mehr des traditionellen Melodramma und dem Noch-nicht einer italienischen Zukunftsmusik. Es verstärkt sich noch, wenn man die Urfassung in eine Betrachtung einbezieht. Zwar hat Boito laut seiner eigenen Aussage von 1917 die bei der Überarbeitung der Partitur ausgeschiedenen Teile vernichtet, aber ein mit Klavierbegleitung gedrucktes Duett Faust–Elena, die für Klavier zu vier Händen gesetzte Schlachtmusik des ›Intermezzo sinfonico‹, das ebenfalls im Druck erschienene Libretto der Erstfassung sowie Papier- und Schriftuntersuchungen am Autograph von 1875, die kleinere Änderungen sehr wohl erkennen lassen, machen den Umfang der Revision deutlich. In seiner Kritik nach der Mailänder Premiere von Giuseppe Rotas 1862 in Parma uraufgeführter Oper GINEVRA DI SCOZIA (→ S. 119) hatte Boito das bereits ein Jahr zuvor in der Rezension von Cagnonis IL VECCHIO DELLA MONTAGNA eingeführte Begriffspaar von Form und Formel (›forma e formula‹) aufgegriffen und die höchste Inkarnation der Tragödie im Musiktheater auf der vollen Höhe des harmonisch und rhythmisch Möglichen gefordert. Seine Devise lautete: Schaffung einer neuen Form des Musiktheaters durch Überwindung des formelhaft erstarrten Melodramma. Diesem Anspruch suchte er in der Erstfassung seines MEFISTOFELE im Sinne eines Ideendramas gerecht zu werden, aber eben dieses führte er in der Revision teilweise wieder auf den tradierten italienischen Operntypus zurück.

Wie reformerisch sein Entwurf war – auch im Vergleich mit Verdis deutlichem Abrücken von der italienischen Tradition in seinem DON CARLOS von 1867 –, beweist nicht nur die für die italienische Oper gänzlich untypische – erst von Mascagni mit sogar motivischen Ähnlichkeiten in der Sonnenhymne seiner IRIS 1898 (→ S. 185 f.) aufgegriffene – thematische Klammer zwischen dem Prolog im Himmel und dem Epilog mit der Himmelfahrt von Fausts Seele, sondern auch der weit gehende Verzicht auf Arien und Duette in ihrem seit Rossini kanonischen Formablauf. Von den vielen Anlässen zum Singen in Goethes Tragödie – sie bilden den Kern der später zu LA DAMNATION DE FAUST ausgeweiteten FAUST-Szenen von Hector Berlioz (→ Bd. II, S. 424) – hat Boito nur einen ephemer genutzt: das Lied des Meerkaters in der Hexenküche »Das ist die Welt« (Vers 2 402 ff.). Es wird nun von Mefistofele in der Brockenszene vorgetragen als *Ecco il mondo*.

Zwar behielt Boito auch in der Endfassung diesen Verzicht auf die Gesangsanlässe des Dramas bei, fügte aber in der Kerkerszene mit der zweiten Strophe von Margheritas *L'altra notte in fondo al mare* (Letzte Nacht haben sie mein Kind ins Meer geworfen), ihrer Arie *Spunta l'aurora pallida* (Ja, es wird Tag) und ihrem aus der unvollendeten Oper ERO E LEANDRO übernommenen Duett mit Faust *Lontano, lontano, lontano* (Weit, weit in der Ferne) wirkungsvolle Zugeständnisse an den Publikumsgeschmack ein. In dieselbe Kategorie gehört die endliche Streichung der Goethe-Szene »Trüber Tag«, mit der Boito an ein Tabu gestoßen war: den Verzicht auf die Verssprache. Er übersetzte Goethes Dialog zwischen Faust und Mephistopheles zwar gekürzt, beließ es aber bei der originalen Prosa. Diese Verletzung eines ehernen Gesetzes für die Opera seria begründete Boito im Vorwort seines Erstlibrettos, dem er den später gestrichenen Prolog im Theater voranstellte, ausdrücklich mit seiner Treue gegenüber Goethes Vorlage: ein Fall von Literaturoper ›ante festum‹.

Andere Striche in der Endfassung dürften dem Werk ohne Kappung seines Reformanspruchs gedient haben. So fielen die Szenen am Kaiserhof aus FAUST II gänzlich fort, aus der Tragödie zweitem Teil das für Goethes Akt IV »Auf dem Vorgebirg« stehende orchestrale Zwischenspiel ›La battaglia‹ (Die Schlacht) und größere Dialogpartien aus der (unklassischen) Walpurgisnacht auf dem Brocken. Zu den bedenklichen Strichen wiederum gehören im I. Akt nicht nur Fausts Ringen um die Bibelübersetzung, sondern im Osterspaziergang auch weite Teile seines Dialogs mit dem Famulus Wagner über die zwei Seelen in seiner Brust, die dem irdischen Genus verfallene wie die über ihn hinwegstrebende, und damit der Gegensatz zwischen Wirklichkeit und Ideal. Durch diesen Strich ist der eigentliche Kern des musikalischen Dramas beschädigt, in der Gegenüberstellung von Margherita und Elena (die von Hanslick vehement abgelehnte italienische Praxis, beide Partien mit demselben Sopran zu besetzen, hat durchaus Sinn) bleibt er dramaturgisch unvermittelt.

Dabei hatte Boito schon in seinem ersten, 1864 veröffentlichten Gedicht DUALISMO den Gegensatz der zwei Seelen in seiner Brust als autobiographische Grunderfahrung und als Wahlverwandtschaft zu Faust dichterisch gestaltet. Aber die schmerzhafte Lebensbilanz seines Faust im Epilog, der wieder in der gotischen Studierstube spielt, reiht die Erfahrung des unversöhnlichen Gegensatzes von Ideal und Wirklichkeit im Bild von der Liebe zu einem Mädchen und einer Göttin nur noch plakativ zu einer Vanitas-Geste zusammen: *Aber die Wirklichkeit war schmerzhaft, / Und das Ideal war ein Traum.* Die wesentlichen Veränderungen von der Erst- zur Endfassung – die Transponierung der Faust-Partie vom Bariton zum Tenor, die Zurücknahme handlungshemmender Reflexionen und der Einschub lyrischer Momente in der Kerkerszene – nähern MEFISTOFELE wieder dem traditionellen Melodramma an: »Die Zweitfassung der Oper löst Boitos einstige Werkidee nicht mehr ein«, das Formelhafte gewinnt Terrain von der anvisierten neuen Form zurück.

DIALEKTIK DES FORTSCHRITTS

Dabei ist es unzweifelhaft, dass Boitos Revision der Fassung von 1868, der etwa ein Drittel des Textes zum Opfer fiel, gerade in ihrem Rückgang auf die Tradition geschlossener Formen musiktheatralisch ein Fortschritt war. Diese Dialektik ist mit Hanslick dahin gehend zu verstehen, dass Boito als Musiker seinem text- und ideenreformerischen Ehrgeiz nicht gewachsen war und sich erst durch dessen Reduktion zum Komponisten für das Musiktheater befreien konnte. Das von Hanslick konstatierte Verhältnis zwischen Überladung und Dürftigkeit umreißt die dem Ideendrama selbst genommene Spannung von Ideal und Wirklichkeit. So viele Unbotmäßigkeiten die Partitur der Endfassung für eine klassizistische Betrachtungsweise auch noch bieten mag, so wenig kann übersehen werden, dass Boito mit seinem Epilog auch ideologisch von den Reformbestrebungen der ›scapigliatura‹ abwich. Der Selbstherrschaft eines freien Volks auf freiem Boden gilt in der Endfassung nicht mehr Fausts letztes Sehnen. Vielmehr wird das dem grenzversetzenden Augenblick gewidmete Wort »Verweile doch, du bist so schön« (*Arrestati, sei bello*) mit dem Griff zur Bibel gesprochen, deren Übersetzung Faust wieder aufnehmen will. Mit dieser Geste beginnt nicht nur in der Oper Fausts Himmelfahrt, sie bekundet auch Boitos Einmündung in den Geist des Manzonismus, gegen den er Anfang der sechziger Jahre im Kreis der ›scapigliati‹ angetreten war. Die Werkgeschichte des MEFISTOFELE ist auch die eines doppelten Revisionismus: opern- und ideologiegeschichtlich.

Solche Widersprüche ändern nichts am singulären Rang des MEFISTOFELE in der italienischen Operngeschichte, zumal unter dem Aspekt der Librettistik, die Boito – schon vor seiner Zusammenarbeit mit dem späten Verdi – aus den Niederungen der Ära nach Felice Romani gerettet hat. Dazu gehört nicht nur eine wegweisende Tat wie die Nutzung des Neunsilblers (→ S. 123 f.). Noch gewagter, auch in der Endfassung beibehalten, war Boitos Versuch, den Einfall Goethes in der Szene »Innerer Burghof« aus dem in der Oper mit der klassischen Walpurgisnacht (›Sabba classico‹) verschmolzenen Helena-Akt aufzugreifen: das Nebeneinander von Helenas reimlosen Hexametern, mit denen sie wie bei Goethe den Untergang Trojas visionär evoziert, und Fausts gereimten Blankversen. Schon vor den 1877 veröffentlichten ODI BARBARE von Giosuè Carducci ging Boito damit in die Geschichte der italienischen Literatur als derjenige ein, dem die Umsetzung der quantisierenden klassischen Metrik in die (wie im Deutschen) akzentuierende des Italienischen gelang. Wie bei Goethe ist Helena von dem ihr unbekannten Zauber der Reimpaare Fausts – er singt in ›settenari‹ – entzückt, und wie bei Goethe mit den Schlüsselwörtern »genießt« und »Glück« nimmt sie auch bei Boito »einen Vers von ihm auf, schließt ihn mit dem Reimwort *T'amo*, und dann vereinen sich beide in ihrem Liebesgesang, der mit Paarreimen in ein italienisches Versmaß, den ›senario doppio‹, gefaßt ist«.

Mit der Veränderung von Goethes Reimpaar »Pfand-Hand« zum opernhaften *Ich liebe dich* mündet Boito keineswegs in die handfeste Affektenpraxis des italienischen Melodramma. Eher ist dieses Duettino in einem musikalisch weniger inspirierten Umfeld als Ohrenkitzel für Kenner zu bezeichnen, und ebenso authentisch ist Boitos Übersetzung in der Kerkerszene, wenn Gretchen Faust die Gräber beschreibt, die er nach ihrem Tod zu pflegen habe: »Ich will dir die Gräber beschreiben, / Für die mußt du sorgen«. Auch hier verstärkt Boito den Affektgehalt, indem er Margherita von den Gräbern sprechen lässt, die Faust selbst am kommenden Tag graben werde (*Che doman scaverai*), wobei sie sogar – im Gegensatz zur Vorlage – ihr eigenes Grab erwähnt. Dass Boito hier, wiederum im Gegensatz zu Goethe, auf Reime verzichtet, verstärkt zwar den verwirrten Zustand der Frau. Gleichwohl wird man von einer ungewöhnlich feinsinnigen Umsetzung sprechen können, zumal Boito die wechselnde Verslänge bei Goethe trotz der gleich bleibenden Verwendung von Elfsilblern durch variierende Phrasen, auch musikalisch, übernimmt.

Insgesamt setzt sein Ehrgeiz, Goethe (zumindest) im Detail treu zu sein, einen neuen kunstmoralischen Standard in der Geschichte der italienischen Librettistik, der sich mit Wagners Reformansprüchen vergleichen lässt. Zu den eingelösten Momenten von Boitos Ehrgeiz gehört beispielsweise die geschickte Zusammenfassung der beiden Szenen in der Studierstube des I. Akts mit Fausts melodisch vom langsamen Satz der KREUTZER-SONATE Beethovens inspirierter Arie *Dai campi, dai prati* (Verlassen hab' ich Feld und Auen): einem der schönsten Beispiele für Boitos sinnvolle Nutzung des ›nonasillabo‹, zu der ihn bei der Texteinrichtung wohl eine als Hilfsmittel dienende französische FAUST-Übersetzung inspiriert hatte. Boito folgt hier Goethes Struktur von acht Versen, verzichtet aber auf den Wechsel von ›weiblichem‹ und ›männlichem‹ Ausklang der vierhebigen Jamben. So entsteht schon in der Sprache – wenngleich um den Preis einer Ausdrucksminderung der Worte »mit ahnungsvollem Grauen, ungestümen Tun« – ein legitim italienischer Wohlklang, der mit den Akzenten auf der zweiten, fünften und achten Verssilbe auch musikalisch überzeugt.

MUSIKALISCHE ENDLOSSCHLEIFEN

In seinen theoretischen Äußerungen hat sich Boito zweifellos am Gedankengut Wagners und der Neudeutschen Schule orientiert, dabei aber den in seiner möglichen Hybris gefährlichen Begriff der ›absoluten Musik‹ vermieden, der er als Praktiker in größerem Ausmaße nur mit einer Jugendsymphonie in a-Moll gehuldigt hatte. Er unterteilte die Musik in die wortgebunden-angewandte des tradierten Melodramma (›musica dipendente‹) und eine unabhängige (›musica indipendente‹), deren orchestrale »Ruhmestaten in dem glänzenden Kreislauf von Händel, Haydn, Mozart, Beethoven, Mendelssohn, Schumann« endlich zu Ruhmestaten des großen Melodramma werden müssten. Obwohl er also im Sinne von Mazzinis FILOSOFIA DELLA MUSICA eine Befruchtung der italienischen Oper durch die ›absolute Musik‹ Deutschlands anstrebte, behielt er doch den Terminus ›Melodramma‹ bei und vermied – trotz allen orchestralen Ehrgeizes – in der Praxis eine Technik, die man als Analogie zu Wagners Durchkomposition bezeichnen könnte. Im Grunde ist seine Reformoper MEFISTOFELE eine durchaus eigenständige Mischung aus den oft schockartig sich zuspitzenden Tableaus der Grand Opéra und der tradierten Nummernoper: »Die Handlung wird nach den Prinzipien des epischen Theaters aufgebaut, indem nicht eine Reihe auseinander hervorgehender Einzelszenen, sondern Stationen einer Entwicklung, blockartig zusammengesetzt, vorgeführt werden«.

Dieses Verfahren geht über die von Boito sehr geschätzte AFRIKANERIN Meyerbeers hinaus und ist in der zeitgenössischen Produktion am ehesten mit Verdis MACHT DES SCHICKSALS und Mussorgskis BORIS GODUNOW zu vergleichen. Der Verzicht auf eine Nummerierung der Szenen lässt dennoch den Nummerncharakter durchschimmern, zumal Boitos Versuch, die ariosen Teile nahtlos mit ihrem Umfeld zu verweben, in den Glanznummern des Kerkerbilds gänzlich aufgegeben wird. Auch eine konsequente Leitmotivtechnik ist nicht die Sache des Komponisten, Leitklänge – etwa der Tritonus für Mephisto – werden im Stil Meyerbeers einem großbogigen Szenenaufbau vorgezogen. Umso mehr ist Boito bemüht, die deklamatorischen Passagen, wiederum im Stil Meyerbeers, durch knappe Orchestermotive zusammenzuhalten.

Formal am originellsten geriet der einer viersätzigen Symphonie nachgebildete Prolog im Himmel, obwohl im orchestralen Vorspiel der grundsätzliche Mangel Boitos offen hörbar ist: sein Ersatz wirklicher Motiventwicklung durch eine Art Endlosschleife wiederholter Sequenzen im Wechsel von Blechgepränge und Holz-Harfen-Geflimmer. Auf das Vorspiel mit seiner Himmelsmusik folgt der Chor der himmlischen Heerscharen *Ave Signor*, dessen enharmonische Modulationen und verzögerte Auflösungen völlig aus dem Rahmen der damaligen italienischen Musik fallen. Dass es sich hierbei um einen älteren Entwurf aus der Konservatoriumszeit Boitos handelt, lässt Rückschlüsse darauf zu, dass er sich schon am Beginn seiner Laufbahn nicht nur als Theoretiker einer Opernreform, sondern auch als praktischer Musiker den Progressiven zugehörig fühlte.

Dieser Chorsatz weist in einer anderen Beziehung auch auf Boitos textlichen Reformanspruch hin. Der offenbart sich nicht nur in dem – für Verdis spätere Opern OTELLO und FALSTAFF genutzten – Einsatz aparter Wortschöpfungen oder dem Rückgriff auf fast vergessene Bedeutungsschichten eines Wortes, sondern auch in der Mobilisierung von sekundären Wortbedeutungen für einen eigenständigen Sinnzusammenhang. So künden die himmlischen Heerscharen vom Lobpreis Gottes, der durch den leeren Ätherraum mit süßem Klang aufsteige (*E s'erge a Te / Per l'aure azzurre e cave / In un suon soave*). Schon die zeitgenössische Kritik rügte die Verwendung des Wortes *cave* in diesem Zusammenhang, weil es primär so viel wie ›hohl‹ bedeutet und wenig Sinn ergibt. Aber Boito lässt ihm als reimende Entsprechung ein vierfaches *Ave* folgen: jenes Wort, mit dem der Chor begann und das Mefistofele bei seinem Auftritt aufgreifen wird: *Ave Signor*. So ergibt sich ein durchaus ironischer Zusammenhang über die klangliche Trägerschicht der Worte: ein Verfahren, das den ironielos eingesetzten vorliterarischen Wortfügungen Wagners wie dem *Wagalaweia* Woglindes im RHEINGOLD als komplementärer Gegensatz vergleichbar ist. Sprache wird nicht als semantischer, sondern als klanglicher Sinnträger zu einer Musik in der Musik. Boito verstärkt diesen Eindruck dadurch, dass er im Eingangshymnus *Ave Signor* die drei Strophen mit einem Binnenreim im jeweils dritten, sechsten und achten Vers schon vom Wortklang her musikalisiert.

SCHERZE UND WAHNSINN

Diesem Chorsatz schließt sich ein als instrumentales Scherzo bezeichneter Satz an, dessen Einleitung ein rhythmisches Grundschema mit auffälligen Vorhaltnoten exponiert. Ihm folgt eine Variante des eigentlichen Scherzothemas, dessen Ab- und Aufspringen von einer durchgehenden Abwärtsbewegung im Bass konterkariert wird: für Boito eine der seltenen Gelegenheiten, sich in der Technik der Motivabspaltung zu bewähren. Erst dann setzt mit dem Bass Mefistofeles die Singstimme ein – der Part Gottes mit der schließlichen Bekräftigung der Wette ist einem ›Chorus mysticus‹ zugeordnet –, die sich immer nur im Rahmen des Instrumentalthemas bewegt und nie kantable Eigenständigkeit gewinnt. Für den internen Zusammenhalt des Scherzos sorgt im Trio das nun ausschließlich im Orchesterbass erklingende Hauptthema. Insgesamt ist dieser Abschnitt eine stilistisch eigenständige, künstlerisch überzeugende und akustisch anschauliche Einlösung von Boitos Reformvorstellungen, die insgesamt weniger auf Meyerbeer oder Wagner als – abgesehen natürlich von den sich immerfort in neue Dissonanzen auflösenden Dissonanzakkorden des Vorspiels – auf Verdis Spätwerk von der Zweitfassung des SIMON BOCCANEGRA an hinweist. Dass der Verdi-Experte Toscanini den Prolog aus MEFISTOFELE gern konzertant aufführte, erklärt sich von daher.

Diesem Scherzo folgt ein zweites, als ›scherzo vocale‹ bezeichnet. Es wird von einem zweistimmigen Knabenchor, den auf Wolken schwebenden Cherubim, teils unbegleitet, teils mit wenigen Stütztönen vorgetragen. Boito experimentiert hier erstmals in der italienischen Librettogeschichte mit dem – im Finale von Verdis FALSTAFF erneut verwendeten – ›ternario‹: einem gereimten Dreisilbler, dessen extrem kurzen Reimabstand er durch die Verwendung eines einzigen Reimvokals unterstreicht: *Siam nimbi / Volanti / Dai limbi* (Wir sind Strahlen, die von der Vorhölle daherfliegen). Notiert ist der Chor im Zweivierteltakt, aber nach den Anweisungen des Komponisten soll er mit nur einem Schlag pro Takt in Dreitakteinheiten einstudiert werden, so dass die schnellen, daktylisch rhythmisierten Tonrepetitionen im Terzabstand über dem stützenden Harmonium wie eine gekräuselte Klangfläche wirken. »Dann folgen mit steigender Lautstärke des Chores eine Harfe und die gedämpften Violinen in dreifachem Piano, bis schließlich die melodietragenden Celli einsetzen, die im instrumentalen Nachspiel von einem Solokontrabaß abgelöst werden. Eine derartige Präzision in der Fixierung eines Klangablaufs stellte etwas absolut Neues in der italienischen Oper dar«. Der Chorsatz der himmlischen Heerscharen *Ave Signor*, der instrumental auch den Tod Margheritas vor dem Himmelsruf *Gerettet!* verklären wird, erklingt am Schluss des Prologs erneut und rundet ihn ab. Am Ende des Epilogs ertönt er wiederum: als Steigerungseffekt, diesmal überhöht durch den Chor der Cherubim, und spannt so eine gewaltige Klammer um das Werk.

Dass Boitos Oper in der Theaterpraxis überlebte, ist sicher weniger solchen Formzusammenhängen und internen Subtilitäten der Sprachfügung zu verdanken als der Fähigkeit des Komponisten, seinem Publikum auch eingängiges Hörfutter zu bieten. Dazu gehören die beiden Arien des Faust und das entrückte, für die Zweitfassung 1875 eingeschobene Duett mit Gretchen im Kerker, mit gewissen Abstrichen auch sein Duett mit Elena *Amore! Mistero celeste* und das ihm im tradierten Stil des ›pezzo concertato‹ vorangehende Chor-Quintett *Forma ideal purissima* in der klassischen Walpurgisnacht. Kompositorisch interessant sind der nervöse Taktwechsel zwischen sechs Achteln und drei Vierteln in der Massenszene des Osterspaziergangs und als komplementäres Gegenstück das Duett zwischen Elena und Pantalis *La luna immobile* (Ruhig fließt das Mondlicht), in dem als Beginn der klassischen Walpurgisnacht die dreitaktigen Phrasen sanft zwischen beiden Frauen wechseln. Eher dürftig wirkt dagegen die orchestrale ›fuga infernale‹ im Hexensabbat, deren Fugato das anvisierte Vorbild im Schluss-Satz der SYMPHONIE FANTASTIQUE von Berlioz bei weitem nicht erreicht. Zu den herausragenden Nummern zählen noch die Schluss-Szene der Margherita und natürlich ihre Arie *L'altra notte*. Ihrem strophischen d-Moll-Bau sichert Boito durch aufsteigende Fiorituren, die sich bis zur Zerstörung der Melodielinie in Koloraturen und Trillern verdichten, eine ungeheure Sogwirkung, in der sich der finale Ruf um Gnade mit der Normalität seiner fallenden Dreiklangsbrechungen trostlos ausnimmt: eine der knappsten und eindrücklichsten Wahnsinnsszenen in der Oper des 19. Jahrhunderts.

Natürlich hat die Figur Mephistopheles – im Gegensatz zu den FAUST-Opern von Berlioz und Gounod bei Boito Titelheld – eine herausragende Bedeutung. Zu der für ihn schon genannten Klangaura des Tritonus gehören auch leere Quinten und das Fagott als Charakterinstrument. Seine Kanzone *Son lo spirito che nega* (Ich bin der Geist, der stets verneint), mit der er sich nicht als des Pudels Kern, sondern als Inhalt einer grauen Mönchskutte entpuppt, machte zwar 1868 wegen der vom Protagonisten erzeugten Pfiffe am Ende des Refrains Furore, ist musikalisch aber weniger avantgardistisch. Streng genommen bedient sich Boito hier der Verfahrensweise des späten Meyerbeer (besonders in L'ÉTOILE DU NORD), zwei Strophen mit unterschiedlichem Sinngehalt durch einen Refrain zusammenzuhalten. Neuartig ist allerdings das durch eine vorangehende Generalpause hervorgehobene *No*, die Chiffre von Mefistofeles Negationsdrang, die Boito im Wechsel zwischen den Achtsilblern der beiden Strophen und dem geradzahlig zwischen Vier- bis Achtsilblern gemischten Refrain als Einsilbler einer eigenen Zeile anvertraut – ein Verfahren, das er in Jagos Credo bei Verdis OTELLO noch verfeinern wird (→ Bd. II, S. 674).

Durch Verkürzung der Verse gewinnt Boito auch im Gartenbild mit dem Quartett Faust–Margherita–Mefistofele–Marta eine eigenständige Wirkung. In der Stretta setzt er, wie in einem Rückgriff auf die mittelalterliche Hoquetus-Technik, die Abfolge zweisilbiger Wörter in jeweils zwei Sechzehntel mit einer trennenden Luftpause um, wobei die »Männerstimmen (mit Oboen, Klarinetten, zwei Hörnern, Pauke und tiefen Streichern) auf die Taktschläge fallen und die beiden Frauenstimmen (mit Flöten und Piccolo, Fagotten, zwei Hörnern und hohen Streichern) synkopierend die unbetonten Taktstellen einnehmen«. Auf diese Weise entsteht durch die abgerissenen Melodiefetzen mit dem ihnen zugeordneten Klangraum eine zwanghaft komische Erregtheit, in der sogar Gretchen Frau Marthe Schwerdtleins anfängliches Konversations-Lachen aufgreift und in ein schallendes Gelächter ausbricht. Hier ist der Einbruch des Infernalischen in die kleine Welt der Frauen durch einen karussellartigen Bewegungs- und Klangschwung zu einem eindrücklichen Moment der Fremdsteuerung verdichtet. Hinter der Komik des (auch szenischen) Vorgangs steckt das nackte Entsetzen. Vielleicht ist die mangelhafte Nachwirkung von Boitos Reformoper MEFISTOFELE in Italien auch einem abschreckenden Unterbewusstsein von der Kongenialität dieser Umsetzung einer einschüchternden Vorlage zuzuschreiben – Ferruccio Busoni jedenfalls machte nicht Goethes Drama, sondern das alte Puppenspiel zur Grundlage seines DOKTOR FAUST.

NERONE

In seinem Nachruf auf Boito schrieb Busoni 1918: »Jedesmal, wenn ich ihn im Verlauf der letzten fünfzehn Jahre aufsuchte, legte er eben letzte Hand an die Partitur« seines NERONE. Das war der sanft ironische Hinweis auf eine beinahe lebenslange Leidensgeschichte. Die ersten Spuren einer Auseinandersetzung Boitos mit dem Nero-Stoff lassen sich schon auf das Jahr 1862 datieren, als der angehende Komponist in der polnischen Heimat seiner Mutter eine Nero-Skizze Józef Szujskis kennen lernte: die Grundlage für den historischen Roman QUO VADIS? (1895/96) des dafür 1905 mit dem Nobelpreis ausgezeichneten Henryk Sienkiewicz. Aber erst nach der erfolgreichen Premiere der Zweitfassung seines MEFISTOFELE gewann der Plan einer Oper über den römischen Kaiser für ihn konkrete Umrisse. 1870 war das Libretto fertig. Nachdem er die ersten zwei Akte komponiert hatte, begann Boito die Musik umzuschreiben: im Lichte des 1875 auf Französisch erschienenen ersten Bands von François Auguste Gevaerts GESCHICHTE

UND THEORIE DER ANTIKEN MUSIK. Eifrig betrieb er weitere historische Grundlagenforschungen, aus deren Ergebnissen er Wörter, Gesten, Haartracht, Kostüme und Verhaltensweisen für sein Bühnenpersonal ableitete. So rundete sich in seiner Vorstellung das Werk zu einem Gegenstück der zeitgenössischen italienischen Historienmaler Mosè Bianchi, Antonio Ciseri oder Saverio Altamura: Vorstufen jenes antikisierenden Monumentalismus, der im 20. Jahrhundert in den Filmstudios von Cinecittà und Hollywood produziert wurde (QUO VADIS? wurde schon 1913 in Italien verfilmt, die berühmt-berüchtigte amerikanische Version folgte 1951).

Analog zum Rechenschaftsbericht über seine Goethe-Übersetzung, den Boito im Vorwort des Librettos zur Erstfassung von MEFISTOFELE gab, sind die Szenenangaben für NERONE von einer erschöpfenden Vielschichtigkeit, wie sie – auf der Bühne erst recht nicht darstellbar – erst in den Geschichtstragödien von Rolf Hochhuth übertroffen werden sollte. Der übermäßige Differenzierungstrieb, in MEFISTOFELE teilweise abgeschwächt zu Gunsten direkter melodramatischer Wirkungskraft, macht aber nur eine Problemschicht in der Entstehungsgeschichte des Werks aus: die sachlich-objektive. Die persönlich-subjektive dürfte den Komponisten nicht minder belastet haben: sein in dem nach 1879 intensivierten Umgang mit Verdi zunehmend die eigene kompositorische Produktivität hemmendes Minderwertigkeitsgefühl. Obwohl der Ältere ihm dringend zur Fertigstellung des NERONE riet, sah sich Boito dem Erwartungsdruck nicht gewachsen. Bezeichnenderweise veröffentlichte er das Libretto erst kurz nach Verdis Tod im Jahre 1901. Uraufgeführt wurde die Oper sechs Jahre nach Boitos Tod in einer von Toscanini, Antonio Smareglia und Vincenzo Tommasini ohne den V. Akt erstellten Fassung 1924 an der Mailänder Scala (Stuttgart 1927 in der Übersetzung von Ernst Lert; *WA* San Carlo Neapel 1957, New York City Opera 1982, Bielefeld 1987).

Mit der Veröffentlichung des Librettos war der Druck keineswegs von Boito gewichen. Dass er die Oper musikalisch nur bis zum IV. Akt vollendete (und auch das nicht in Partitur-Reinschrift, sondern nur als Klavierauszug mit relativ genauen Angaben zur Instrumentation), ist teilweise auf andere psycho-biographische Gegebenheiten zurück zu führen. Die erste Idee zu NERONE war von Boitos Begeisterung für die Scapigliatura-Bewegung geprägt. Getreu seinem Gedicht DUALISMO entwarf er um Nero eine Handlung, die das Prinzip Dualismus im minutiös erarbeiteten historischen Kostüm mehrfach spiegelt. Es geht einmal um den Konflikt zwischen dem untergehenden heidnischen Rom und dem aufsteigenden Christentum, des Weiteren um den Widerstreit der moralischen Prinzipien Gut und Böse. Auf der einen Seite stehen der nach dem Mord an seiner Mutter sich von Rachegöttinnen verfolgt fühlende Kaiser und der machtgierige, von Nero indes durchschaute Magier Simon; auf der anderen der Christ Fanuèl und die ihm keusch verbundene Vestalin Rubria, die sich zum christlichen Glauben bekehrt hat. Zwischen beiden Sphären schwankt – tendenziell Wagners Kundry vergleichbar – die Schlangenfrau Asteria, die sexuell Nero verfallen ist, sich geistig aber vom Christentum angezogen fühlt. Die erste Begegnung beider Frauen, wenn dem pathetischen Bekenntnis Asterias von der tödlichen Kraft wahrer Liebe (*Amor che non uccide / Amor non è*) das seraphische *Pater noster* Rubrias folgt, gibt einen überzeugenden Eindruck von dem Boito vorschwebenden Konfliktpotenzial – aber auch davon, dass es ästhetisch unvermittelt bleibt: wie kurz darauf die Begegnung zwischen Fanuèl und Simon Mago, der dem Christen in einer auf mächtigen Tetrachord-Sequenzen aufgebauten Vision die zukünftige Weltherrschaft prophezeit, aber nur eine hingeworfene Antwort erhält.

Den extremen Dualismus in Weltanschauung und Lebensführung der Personen, verbunden mit einer potenziell präfaschistischen Verklärung des Bösen – Pietro Mascagni widmete 1935 seine Nero-Oper dem ›Duce‹ Mussolini –, konnte Boito künstlerisch nicht einlösen, weil er in seiner eigenen Entwicklung zwischen der Erst- und Endfassung des MEFISTOFELE die ursprünglich mit dem Nero-Stoff verknüpften Intentionen innerlich überwunden hatte (S. 127 f.). Das Frommwerden des alten Faust im Gegensatz zu seiner demokratischen Polit-Utopie in der Erstfassung hatte 1875 lebensgeschichtlich eine Kehrtwendung Boitos markiert, von der er auch während der engen Zusammenarbeit mit Verdi nicht mehr abrücken konnte. Das erklärt im Letzten sein Scheitern am Nero-Stoff.

Eine Bemerkung im gedruckten Libretto lässt zudem die Vermutung zu, dass sich Boito gar nicht ernsthaft um eine Komposition des V. Akts bemüht hat. Jedenfalls ist die Beschränkung auf vier Akte, einmal abgesehen von spielpraktischen Gründen – schon in dieser Fassung enthält die Oper rund zweieinhalb Stunden Musik –, insofern sinnvoll, als die Begegnung Fanuèls und Asterias mit der sterbenden Rubria im Spoliarium des römischen Circus maximus ein eindringlicheres Bild sein dürfte als der im V. Akt vorgesehene Selbstmord Asterias – die Rom im Auftrag Simons angezündet hat – und die Geistesverwirrung Neros, der die Gesichter der von ihm dem Tod überantworteten Christen aufsteigen sieht. Zudem hat Boito hier, eine Textstelle aus dem I. Akt aufgreifend, der Selbstprojektion Neros zum Muttermörder Orest dadurch Rechnung getragen, dass er als Theater auf dem Theater eine Aufführung der CHOEPHOREN aus der

Orestie des Aischylos vorsah. Doch schon ohne diese zusätzliche Spiel- und Bedeutungsebene leidet die Oper an ihrer musikdramaturgisch unbewältigten Vielsträngigkeit. In der Beziehung wurde der Musiker Boito ein Opfer seines Ehrgeizes, die vier Akte streng durchzukomponieren.

Im Vergleich mit der eindrücklich sinistren Chor-und-Soli-Passacaglia zu Beginn des II. Akts weist das Werk nur wenige Momente einer durch Musik bühnenpräsent gemachten Individuation der Figuren auf. Die Sterbeszene Rubrias ist eine solche, Fanuèl wird mit seiner Christengemeinde im Gartenbild des III. Akts zu stiller Einfalt und edler Würde stilisiert. Nerone ähnelt dagegen mehr einem beflissenen Tenoristen als einem Tyrann, seine Selbsterhöhung zum Gott (Finale I) bleibt musikalisch unverbindlich. Andrerseits weist das Werk starke sensualistische Reize auf. So schon zu Beginn, wo ein ferner Liebeschor in A-Dur vom Wind nach a-Moll und in alterierte Akkorde einer kaum mehr tonal-harmonischen Struktur verweht wird. Wenn Asteria im II. Akt Nero ein überirdisches Wesen vorspielt, gebraucht sie dieselben Worte, mit denen Rubria sie im I. Akt zu trösten versucht hatte: *Sorgi e spera* (Erhebe dich und hoffe). Erstanden ist Boitos NERONE nach der Mailänder Uraufführung in vergleichbarem Glanz nicht mehr, sein Bühnennachleben bleibt einer eher vagen Hoffnung überantwortet.

PROBLEME DES ÜBERGANGS

Das schöpferische Dilemma Boitos war ein doppeltes. Auf der einen Seite zielte er als Dichter auf eine Textsprache, deren Komplikationsgrad eine direkte Kommunikation mit dem Hörer erschwerte und das Preziöse gelegentlich bis an den Rand der unfreiwilligen Komik trieb. Auf der anderen Seite konnte er seine musikalischen Reformvorstellungen nur sehr bedingt in die Tat umsetzen. So entstanden Kunstwerke hohen Reizes, in denen die Hauptbestandteile – Sprache und Musik – auseinander driften und dadurch ein zuvor in Italien unbekanntes Bewusstsein von beider Zusammengehörigkeit stiften. Kulturgeschichtlich wird hier eine Paradoxie offenbar. Boito versuchte in einem Land, das die fehlende Tradition eines authentischen Sprechtheaters durch die euphorische und alle Gesellschaftsschichten umfassende Begeisterung für das Melodramma verdrängte, das Gewohnte weiterzuentwickeln und ihm gleichzeitig das von ihm selbst und einer Minderheit als entbehrt Empfundene einzupflanzen. Da er im Anti-Manzonismus der ›scapigliatura‹ groß geworden war, blieb es für ihn trotz seiner latenten Annäherung an die Weltfrömmigkeit des Dichters während der Entstehungsgeschichte des MEFISTOFELE undenkbar, Manzonis schon den literarischen Realismus vorbereitende Errungenschaft in der Chronik DIE VERLOBTEN für das Musiktheater zu erproben: jenes toskanisch-umgangssprachliche Gegenwartsidiom, dessen Sachlichkeit in der Schilderung der ausbrechenden Pest vor Beschreibungspotenz künstlerisch geradezu implodiert.

Konservative Komponisten wie Errico Petrella oder Amilcare Ponchielli hatten keine Bedenken, den Roman – der von dem aus Böhmen stammenden Deutschen Franz Gläser nach einem Textbuch Hans Christian Andersens schon 1848 in Kopenhagen mit BRYLLUPET VET COMO-SØEN (Hochzeit am Comer See) erstmals auf das Musiktheater verpflanzt worden war – zu veropern: konventionell. In Petrellas I PROMESSI SPOSI (Lecco 1869) ist die Vorlage durch den der ›scapigliatura‹ nahe stehenden Antonio Ghislanzoni in das übliche Libretto-Italienisch überführt, die Musik selbst bleibt in den gewohnten Bahnen der Typisierung, macht aus Renzo-Lucia ein romantisches Liebespaar, aus dem hasenherzigen Priester Don Abbondio einen plappernden Buffobass. Naiv war auch der schon 1856 im provinziellen Cremona verwirklichte Versuch Ponchiellis, seine zusammen mit einigen Freunden selbst librettierte Version I PROMESSI SPOSI herauszubringen. Sogar die 1872 für Mailand mit Hilfe von Emilio Praga, dem wohl bedeutendsten Dichter der ›scapigliatura‹, revidierte Fassung mit dem beeindruckenden finalen Hospitalbild wirkt in ihrer Häufung von zweiteiligen Kavatinen – auch für einen Bösewicht wie die Äbtissin des Klosters von Monza – ausgesprochen altmodisch, obwohl Ponchielli nun in den Ensembles harmonisch Neuland zu betreten versuchte.

Verdi, der dem Jüngeren durchaus freundlich gegenüberstand, urteilte 1872 knapp und präzis: »Ponchielli versteht etwas von Musik, aber seiner Oper mangelt es an Individualität, und – ohne von dem fehlenden Zusammenhang zwischen seiner Musik von vor 16 [Jahren] und seiner neuen zu sprechen – es ist schlimm, daß seine alte wie seine neue Musik älter ist als ihre Zeit!« Dass Ponchielli seine Frühwerke nachträglich – wenngleich nach Verdis Urteil vergebens – der musikalischen Zeitentwicklung anzupassen versuchte, belegt die Krise des von Boitos Reformbestrebungen unberührten Melodramma ebenso wie die Weigerung des späten Carlo Pedrotti, seine ernsten Opern aufführen zu lassen: er fühlte sie von der Zeit überrollt.

Geradezu vernichtend fiel Verdis Urteil (in einem Brief an Giulio Ricordi vom Januar 1871) über eine Oper aus, die nach der kühl aufgenommenen Premiere an der Mailänder Scala 1869 zu einem sogar ins Ausland ausstrahlenden Erfolgsstück wurde (u. a. Dresden 1879 in der Übersetzung von Carl

Friedrich Niese): RUY BLAS von Filippo Marchetti (1831–1902). Es mag sein, dass Verdi überkritisch war, weil er selbst nach Victor Hugos Drama für St. Petersburg eine Oper hatte schreiben wollen, ehe er sich nach Bedenken der zaristischen Zensur für LA FORZA DEL DESTINO entschied. Aber Marchettis im Vergleich mit Petrella und dem jungen Ponchielli großer harmonischer und instrumentationstechnischer Aufwand führt allenfalls in einigen Solonummern wie der Szene des baritonalen Titelhelden mit obligatem Englischhorn im IV. Akt zu einer musikdramatischen Sättigung, während er in den großen Ensembles überladen wirkt – ein Eindruck, der auf Marchettis orchesterdominierten späteren Opern noch stärker lastet: GUSTAVO VASA (Mailand 1875) und DON GIOVANNI D'AUSTRIA (Turin 1880).

Wenngleich es begreiflich ist, dass mit der Einigung Italiens, der Annexion Venedigs 1866 und der Eroberung des Kirchenstaats 1870 in Literatur und Oper das nationale Pathos des Risorgimento verblasste, weil eine Öffnung des künstlerischen Lebens gegenüber den aktuellen europäischen Kunsttendenzen erfolgte, überrascht es kulturhistorisch doch, dass bis zum Beginn der neunziger Jahre kein Komponist außer Boito – den einsam seines Wegs ziehenden reifen Verdi als Ausnahmeerscheinung einmal außer Betracht gelassen – analog zur Befreiung Italiens vom Joch der Fremdherrschaft und damit der Zensur in seinem Werk einen künstlerischen Aufbruch zu neuen Ufern wagte: »Wie Gefangene, die nach langer Einkerkerung freigelassen wurden, schienen sie sich nach der Sicherheit der Zellen zu sehnen, die sie verlassen hatten«. Die harmonischen Reizungen, mit denen Petrella, Marchetti und Ponchielli neben minder bedeutenden Kollegen ihre Werke würzten, täuschen nicht darüber hinweg, dass sie kaum je neuen Wein in alte Schläuche füllten. Die 1870 nicht ohne Mitwirkung Verdis einsetzende Reform der italienischen Konservatorien und die in den siebziger Jahren in den Spielplänen der norditalienischen Bühnen zu beobachtende Bevorzugung von Komponisten wie Meyerbeer, Gounod und Thomas – aus heutiger Sicht überraschenderweise zu Lasten Verdis – spiegeln die Identitätskrise im italienischen Musikleben.

Sie zeigt sich auch darin, dass beispielsweise in der Spielzeit 1876/77 zwar noch ungefähr vierzig neue Opern kreiert worden waren, aber das Interesse des Publikums sich erstmals in der Geschichte der italienischen Oper von den neuen Werken ab- und den alterprobten zuwandte: der Beginn des modernen Repertoiretheaters. Zu diesen Merkmalen eines grundlegenden Wandels zählt auch der nach der ersten Aufführung einer Wagner-Oper in Italien – am 1. Januar 1871 brachte das Theater von Bologna in Anwesenheit Verdis den LOHENGRIN heraus – einsetzende ›wagnerismo‹. Er kulminierte 1883, als Angelo Neumann mit seinem Tourneetheater den RING DES NIBELUNGEN in den sechs größten italienischen Städten aufführte – bezeichnenderweise ohne in Neapel, der Hochburg des Konservativismus, Station zu machen. Verdis AIDA (→ Bd. II, S. 652 ff.) blieb es mit ihrer italienischen Premiere 1872 vorbehalten, diese Identitätskrise in der neuen Farbigkeit einer italienischen Grand Opéra aufzuheben, aber für das zeitgenössische Publikum war schon der naive Exotismus von Carlos Gomes in IL GUARANY 1870 eine Offenbarung.

CARLOS GOMES (1836–1896)

Der in Brasilien geborene Antonio Carlos Gomes (Antônio Carlos Gomez), zu dessen Vorfahren eine Indianerin aus dem Guaraní-Stamm gehörte, war nach Italien gekommen, um seine Studien zu vervollkommnen: mit einem kaiserlichen Stipendium auf Grund des Erfolgs seiner auf portugiesische Libretti geschriebenen Erstlingswerke A NOITE DO CASTELO (Nacht im Schloss) und JOANA DE FLANDRES (Rio de Janeiro 1861 und 1863). Beide Stücke, noch heute neben seinen späteren Opern in Brasilien gelegentlich aufgeführt, lassen keinerlei Einfluss heimischer Folklore erkennen, aber bei aller musikalischen Unausgeglichenheit einen Hang zu wirkungsvollen melodramatischen Effekten wie dem Auftauchen des totgeglaubten Kreuzfahrers auf dem Hochzeitsfest seiner Braut im I. Akt von A NOITE DO CASTELO. Über Paris 1864 nach Mailand gekommen, wurde Gomes mit zwei Revuen bekannt, ehe er durch Vermittlung Boitos und anderer Mitglieder der ›scapigliatura‹ IL GUARANY (Der Guaraní) 1870 als Sensationserfolg in der Mailänder Scala (Bonn 1994 auf Italienisch) herausbringen konnte. Gomes bezeichnete den Vierakter als ›Opera ballo‹: ein Hinweis auf die brillant instrumentierte exotische Tanzeinlage im III. Akt und zugleich ein Beleg dafür, dass die französische Grand Opéra mit ihrem obligatorischen Ballett das italienische Melodramma unterwandert hatte. In Italien figurierte sie meist als ›Opera ballo‹, und die Übernahme des Begriffs durch Gomes in IL GUARANY – es ist die erste große italienische Oper mit dieser nach Catalanis LORELEY 1890 abflauenden Genrebezeichnung – signalisiert den grundlegenden Wandel. Die Ballettmusiken Verdis für AIDA und OTELLO sind, qualitativ weit über die seines französischen DON CARLOS von 1867 hinausgehend, mehr als nur ein Reflex auf diese Entwicklung.

Erstaunlicherweise hat Gomes für seine Tanzeinlagen folkloristisches Material nur in einem sehr oberflächlichen Sinn verwendet, der Auftritt der Aimoré-Indios bleibt trotz beharrlicher Harmoniewechsel im Bacchanale letztlich einem ubiquitären Exotismus verpflichtet. Vom Raffinement der ›couleur locale‹ beim späten Verdi ist diese Musik weit entfernt, trotz der effektvollen Instrumentation. Auch formal wirkt IL GUARANY im Vergleich mit AIDA altmodisch, die Nummernstruktur bleibt unangetastet. Auf die Ouvertüre, deren erstes Thema gleichermaßen das Ave Maria der Weißen wie das rituelle Fest der kannibalischen Indios einleitet und heute eine nationalpopuläre Hymne in Brasilien ist, folgt ein konventioneller Jägerchor, der wie der Eingangschor von Ponchiellis LA GIOCONDA im naiv munteren Sechsachtelrhythmus Donizettis daherkommt. Die Protagonistin Cecilia meldet sich mit einem Triller, dem sie eine Polacca folgen lässt, und ihr Liebesduett mit dem Titelhelden am Ende des I. Akts bleibt – welch ein Unterschied zu OTELLO! – ganz der rossinischen Konvention einer Vierteiligkeit mit Kantabile und Kabaletta als Hauptgliedern verhaftet. Obwohl Gomes Verdis Fähigkeit abging, eine melodische Linie durch rhythmische Schärfung zu profilieren, gewann die Oper möglicherweise sogar durch ihre Naivität das Publikum – der von einem fernen Kontinent stammende Komponist, der sich in den 27 Nummern seiner Oper so sicher auf dem Terrain des Melodramma zu bewegen verstand, suggerierte die Illusion seiner Überlebensfähigkeit allen Krisenerscheinungen der Zeit zum Trotz.

Ideengeschichtlich steht das Werk in der Stofftradition des Edlen Wilden. Im Libretto von Antonio Scalvini und Carlo d'Ormeville nach dem 1857 erschienenen brasilianischen Roman O GUARANY von José Martiniano de Alencar ist es der Guaraní-Häuptling Pery, der ohne Stammesbindung lebt. Er liebt die Portugiesin Cecilia, die für ihn – was aus Alencars Roman nur als Subtext den Weg in die Oper gefunden hat – ein Madonnenbild verkörpert und damit die ganzheitliche Faszination einer anderen Kultur. Obwohl er wiedergeliebt wird, ergibt sich eine fast aussichtslose Situation, denn Cecilias Vater Antonio will sie zur Ehe mit einem Landsmann zwingen. Wichtiger als diese Individualspannungen sind die kollektiven. Auf der einen Seite wird Cecilia wie die Silbermine ihres Vaters von skrupellosen spanischen Abenteurern begehrt, zum anderen bricht ein Konflikt mit den in der Oper zu Menschenfressern stilisierten Aimoré-Indianern auf: Gut und Böse werden auf beide Rassen gleichmäßig verteilt. Am Ende opfert sich Antonio für das Glück seiner Tochter und des inzwischen christianisierten Pery, indem er sich, seine Widersacher und die Mine in die Luft sprengt. Das ist ein an Meyerbeers LE PROPHÈTE erinnernder Coup de théâtre, der das Ende des Romans in den Effekt verwandelt: die Flucht der Liebenden, zunächst in einem Kanu, dann – als Einmündung in eine zur biblischen Geschichte von der Arche Noah analoge indianische Sage – auf einem Palmeneinbaum nach einer Sintflut.

Gomes zielte mit seinem nächsten Werk deutlich höher: dem von Antonio Ghislanzoni librettierten Melodramma FOSCA (Mailänder Scala 1873). Die Geschichte der Aufopferung einer Frau für den geliebten Mann – in Petrellas JONE und LA CONTESSA D'AMALFI (1864; nicht nach John Websters Schauerdrama!), Ponchiellis LA GIOCONDA oder IL FIGLIUOL PRODIGO zu einem noch in Puccinis MADAMA BUTTERFLY und TURANDOT nachschwingenden Thema der italienischen Oper erhoben – wird mit Anleihen bei Wagners Motivtechnik in teilweise durchkomponierter Form entwickelt. FOSCA rechtfertigt eher das auf IL GUARANY gemünzte Wort Verdis, Gomes sei ein wahres Musikgenie. Aber die Oper, die im II. Akt das vor dem Finale III von Verdis OTELLO wohl gewaltigste und anspruchsvollste Ensemble-Concertato der italienischen Oper enthält, teilte das Schicksal von Ponchiellis im künstlerischen Anspruch ähnlichen I LITUANI: Es fiel trotz einer glänzenden Besetzung unter Franco Faccio durch. Obwohl eine revidierte Fassung in eher noch glänzenderer Besetzung 1878 an der Mailänder Scala Erfolg hatte und Gomes für Modena 1889 weitere Änderungen vornahm, wurde die Oper 1890 in Italien durch den Erfolg der Veristen vom Spielplan verdrängt und lebt unverdientermaßen nur noch in gelegentlichen Aufführungen auf dem südamerikanischen Kontinent nach (*EA* Buenos Aires 1877).

Vielleicht war der Mailänder Misserfolg der Premiere dafür verantwortlich, dass Gomes sich in seinem nächsten Werk wieder auf die Konventionen des Melodramma zurückzog: SALVATOR ROSA (Genua 1874). Die Oper thematisiert die historisch widerlegte Beteiligung des düsteren (mit seinen helleren Seiten in E. T. A. Hoffmanns Novelle SIGNOR FORMICA verewigten) Schlachten- und Landschaftsmalers an dem vom Fischer Masaniello geführten neapolitanischen Aufstand gegen die Spanier im Jahre 1647 – einem zwischen Reinhard Keisers MASAGNIELLO FURIOSO (→ Bd. I, S. 158 f.) und Aubers LA MUETTE DE PORTICI (→ Bd. II, S. 364 ff.) beliebten Opernsujet. Es wird in Ghislanzonis Text ohne Einbezug des Verhältnisses zwischen Kunst und Revolte abgewickelt, vom Begriff eines italienischen Ideendramas, wie ihn Verdi für seine FORZA DEL DESTINO (→ Bd. II, S. 638) in Anspruch genommen hatte, keine Spur. Musikalisch ist das Melodrama geschickter angelegt, das Freundschaftsduett Tenor–Bariton (Rosa–Masaniello) verdankt dem aus Aubers LA MUETTE DE PORTICI den Marschrhythmus, dem aus Verdis DON CARLOS die erinnerungsmotivische Funktion. Einstmals beliebte Nummern neben Tarantellas und Barkarolen sind

Rosas Kontemplation *Forma sublime eterea*, eine Romanze, der Verzicht des spanischen Vizekönigs Arcos auf die Freuden des Gatten und Vaters (*Di sposo, di padre le gioie serene*), eine Bass-Arie, und die Kanzonetta *Mia piccirella* von Rosas Schüler Gennariello, ein Bravourstück für diese dem Urbain in Meyerbeers HUGENOTTEN und dem Oscar in Verdis MASKENBALL nachempfundene Hosenrolle.

Mit seinen späteren Werken hatte Gomes in Italien keinen Erfolg mehr, so dass er sich in seine Heimat zurückzog, wo er Konservatoriumsdirektor in Belém wurde. 1889 kam in Rio de Janeiro sein noch heute in Brasilien zu hörendes ›dramma lirico‹ LO SCHIAVO (Der Sklave; Bern 1977 in der deutschen Übersetzung von Hans Hartleb) heraus: eine von Rodolfo Paravicini auf Italienisch verfasste Episode aus der brasilianischen Kolonialgeschichte, wegen der erst 1888 abgeschafften Sklaverei von hoher Aktualität. Trotz einer atmosphärisch reizvollen Morgendämmerung im IV. Akt und einem habaneraähnlichen Tanz der Eingeborenen (wiederum ohne folkloristisches Material) leidet die Oper mehr noch als IL GUARANY an ihrer schwerfälligen dramatischen Entwicklung, die – analog zu Bizets PERLENFISCHERN – in das Selbstopfer des zu Gunsten des hier das Tabu der Rassentrennung brechenden Liebespaars verzichtenden farbigen Helden mündet. Wie alle Opern des Komponisten, aus Anlass seines 150. Geburtstags 1986 und seines 100. Todestages 1996 nicht nur in Brasilien teilweise erneut zur Diskussion gestellt, wirkt auch der manchmal nach der samarkandischen Prinzessin Odaléa genannte CONDOR (Mailänder Scala 1891; Libretto: Mario Canti) trotz seines schon in die veristische Emphase mündenden Vokalstils wie der Nachhall auf eine untergegangene Kunstform: nicht unsympathisch, aber altmodisch.

AMILCARE PONCHIELLI (1834–1886)

Der geradezu sensationelle Erfolg seiner Manzoni-Oper I PROMESSI SPOSI (→ S. 139), wiewohl auf Ponchiellis opernprovinzielle Heimat um Cremona beschränkt, weckt im Komponisten falsche Hoffnungen. Seine nächste Oper, der nach dem 28. Gesang aus Dantes INFERNO komponierte BERTRANDO DAL BORMIO, bleibt unaufgeführt, LA SAVOIARDA findet 1861 in Cremona kaum Beachtung (eine Zeit lang sehr wohl in der 1877 für Mailands Teatro dal Verme unter dem Titel LINA revidierten Fassung). Trotz größter Bemühungen um führende Häuser muss Ponchielli zufrieden sein, RODERICO RE DEI GOTI nach einem Roman von Robert Southey 1863 in Piacenza herauszubringen, wo er inzwischen als bescheiden dotierter

Leiter der städtischen Musikkapelle arbeitet. Von der gleichen Position in Cremona aus versucht er wieder vergebens den Sturm auf Mailand, wo er zwar an die Spitze der Bewerberliste für eine Kontrapunkt-Professur am Konservatorium kommt, ihm aber wahrscheinlich auf Grund einer Intrige aus dem Umkreis der ›scapigliati‹ Franco Faccio vorgezogen wird. Sein Durchbruch erfolgt erst, als nach der Uraufführung von Petrellas Manzoni-Oper I PROMESSI SPOSI sein Versuch von 1856 neues Interesse findet und nach der grundlegenden Umarbeitung – textlich durch Emilio Praga – 1872 im Mailänder Teatro dal Verme herauskommt. Der Publikumserfolg führt zu Aufführungen in weiteren Städten, selbst der nach der Bologneser LOHENGRIN-Erstaufführung und dem in Italien entbrennenden Streit zwischen Progressiven und Traditionalisten den ›avveniristi‹ zugerechnete Kritiker Filippo Filippi – in seiner Kenntnis und Bedeutung mit dem Österreicher Eduard Hanslick vergleichbar als einer der Begründer der Musikkritik im modernen Wortsinn – äußert sich, abgesehen von grundsätzlichen Einwänden gegen das Libretto, freundlich über die Musik, die er als konservativ im positiven Sinn bezeichnet. Aus ihr ragt ein Concertato im II. Teil heraus, das Lucia und die Äbtissin sowie einen Frauen- und Männerchor in eigenständiger Stimmführung gegenüberstellt.

I LITUANI (Die Litauer)

Damit und dank des Erfolgs seines Balletts LE DUE GEMELLI, das Anfang 1873 an der Mailänder Scala herauskommt, ist Ponchielli – der nach 1880 als Kompositionslehrer am Mailänder Konservatorium Puccini und Mascagni zu seinen Schülern zählte – im italienischen Musikleben ein Begriff. Von nun an wird er bei Ricordi gedruckt, der Verlag verschafft ihm sogar ein Auftragswerk der Mailänder Scala: I LITUANI. Ponchielli will damit den Progressiven beweisen, dass er zu ihnen gehört. Doch die Uraufführung im März 1874 unter Franco Faccio wird allenfalls ein Achtungserfolg, in der Presse erfährt Ponchielli teilweise eine ihm zuvor unbekannte Schärfe der Ablehnung (selbst Filippi zeigt sich sehr reserviert), auch einige für die nächsten Aufführungen vorgenommene Änderungen bringen – außer in Cremona – keinen Meinungsumschwung zu Stande. Das Werk, ein Jahr später glücklos von der Scala wieder aufgenommen und in Triest nachgespielt, kommt zu Lebzeiten des Komponisten nur noch einmal heraus: 1884 in St. Petersburg. Danach versinkt es fast in Vergessenheit.

Antonio Ghislanzoni hatte das Libretto nach dem Versepos KONRAD WALLENROD (1828) von Adam Mickiewicz geschrieben. Mickiewicz, der das patriotische Werk im Exil verfasste, behandelte die Unterdrückung der (heidnischen) Litauer durch den (deutschen) Ritterorden und ihren erfolgreichen Aufstand als Allegorie auf das Schicksal seiner von Preußen, Österreich und Russland geschundenen polnischen Heimat. Die rätselhafte Niederlage des Hochmeisters Konrad 1392 in einer Schlacht gegen die Litauer wurde von Mickiewicz politisiert, was Ghislanzoni geschickt im Stil der italienischen Risorgimento-Bewegung aufgriff: Corrado (Konrad) ist der Litauer Gualtiero (Walter), der sich unerkannt dem deutschen Orden anschließt und bis zum Hochmeister aufrückt, um ihn im Kampf gegen seine eigenen Landsleute zu vernichten. Das gelingt ihm, doch als Verräter wird er von einem Femegericht zum Tode verurteilt. Er kommt dem Urteil durch Selbstmord zuvor. Für Ponchielli, der nach eigener Aussage zuvor nur ›libretucci‹ vertont hatte, war das Libretto eine Herausforderung, der er sich im Sinne eines modernen Musikdramatikers stellte – wenn auch nicht mit fliegenden Fahnen. Seinem Verleger schrieb er 1873: »Ich habe nie einen Text bekommen, der soviel neuartige musikalische Formen erfordert wie I LITUANI. Wie Sie wissen, hat man in der Vergangenheit wenig Aufmerksamkeit auf die thematische Einheit verwendet. Jetzt wird sie umgekehrt als etwas absolut Unverzichtbares betrachtet, und obwohl ich sagen möchte, daß man beinahe zuviel Aufhebens davon macht, können Sie sich vorstellen, wie schwer es ist, einen musikalischen Gedanken auf verschiedene Kontexte anzuwenden, weil sich ihm die Worte oft entgegenstellen«.

Konkret meinte Ponchielli damit den Auftritt der Gefangenen mit dem in seinem beeindruckenden pseudo-slawischen Kolorit an den damals in Italien unbekannten BORIS GODUNOW Mussorgskis gemahnenden Thema der leidenden Litauer im I. Akt, das er auf ein Rezitativ Gualtieros und dessen Abschiedsduett mit seiner Frau Aldona am Ende des Prologs – eine der stärksten Nummern der Partitur – übertrug. Man mag diese nachträgliche Motivverklammerung als oberflächlich abtun, sie belegt aber Ponchiellis Absicht, die vertrauten Grenzen des Melodramas hinter sich zu lassen. So auch in der Ouvertüre, die er als regelrechten Sonatenhauptsatz anlegte. Trotz unbestreitbarer musikalischer Qualität traditionell sind der im Stil der Risorgimento-Bewegung gehaltene Chor der Litauer im Prolog mit dem Ruf *Va fuori, stranier* und zwei Momente, die im Sinne von Verdis objektiver Ironie auf unterschiedlichen Gefühlsebenen ablaufen: die Festmusik bei Gualtieros Ernennung zum Hochmeister im I. Akt mit dem heftigen Kontrast des Chors der litauischen Gefangenen – sie werden durch Gualtiero/Corrado freigegeben – sowie die dem Richtspruch in AIDA nachempfundene, diesen aber nicht ganz erreichende Szene mit dem

Femegericht und der versteckt lauschenden Aldona. Am stärksten ist Ponchielli diese Konfliktdramaturgie im II. Akt gelungen, wenn während eines Fests auf der Marienburg trotz unfreiwillig komischen Lokalkolorits nach dem Lied eines Barden die große Wiedererkennungsszene zwischen Corrado, seiner Frau und seinem Schwiegervater Arnoldo (dem Barden) folgt: ein breit angelegtes Concertato, in dem kollektive Polkatrunkenheit und eine lange Duettkantilene des Ehepaars wirkungsvoll miteinander verwoben sind.

Zu den traditionellen Szenen von deutlich minderer Qualität zählen die Klagearie des alten Albano *O Lituania mia* im Prolog, nach der entscheidenden Schlacht das Duett Corrados mit Aldona und die harfenumrauschte Chorhimmelfahrt des Helden am Ende, deren szenische Verwirklichung Ponchielli zwischen Kronen, Rosen und bengalischen Feuern penibel vorgeschrieben hat. Trotz dieser konventionellen Momente sticht die Oper vom Melodramma in mancherlei Beziehung ab: durch ihre motivischen, auf ein Ideal von Durchkomposition zielenden Klammern und die von der französischen historischen Oper entlehnten großen Tableauszenen. Was fehlt, wäre am ehesten im Sinne Verdis und Boitos mit der Kategorie des Ideendramas zu beschreiben. Der Konflikt des Helden zwischen Gatten- und Vaterlandsliebe wird trotz Aldonas Entsagung im Finalduett des Prologs so wenig ausgetragen wie der tragische Zusammenhang zwischen Ziel und Zweck von Corrados Handeln: Befreiung durch Treuebruch. Das indes sind Mängel, für die den Komponisten kaum Schuld trifft, sie gehen auf Ghislanzonis Libretto zurück, das letztlich nicht Ponchiellis Willen, zu neuen Ufern aufzubrechen, produktiv kanalisieren konnte. Zumindest unbewusst dürften der Komponist und vor allem sein Verleger das gespürt haben, denn Giulio Ricordi sicherte Ponchielli nicht nur einen weiteren Kompositionsauftrag von der Mailänder Scala, sondern mit Arrigo Boito auch den besten denkbaren Librettisten.

LA GIOCONDA (›Dramma lirico‹ in vier Akten, *L* von Arrigo Boito unter dem Anagramm Tobia Gorrio nach Victor Hugos Drama ANGELO, TYRAN DE PADOUE; Mailänder Scala 1876 unter Franco Faccio mit Maddalena Mariani-Masi in der Titelrolle; trotz begeisterter Aufnahme beim Publikum drei Überarbeitungen: Venedig 1876, Rom 1877 und Mailand 1880; danach schnelle Verbreitung in Italien und im Ausland: 1882 Santiago de Chile; 1883 St. Petersburg, Barcelona, Covent Garden London, Budapest, New York in der Eröffnungsspielzeit der Metropolitan Opera; 1884 Hofoper Wien,

Wiesbaden in der Übersetzung von Carl Friedrich Niese, Buenos Aires, Prag und Warschau; in Italien fester Bestandteil des Repertoires, ebenso an Häusern wie der Metropolitan und dem Covent Garden bis 1945 mit Sängerinnen wie Christine Nilsson, Emmy Destinn, Rosa Ponselle, Zinka Milanov in der Titelrolle; 1947 in der Arena von Verona italienisches Debüt von Maria Callas, die fünf Jahre später die Gioconda auch an der Mailänder Scala sang; Bestandteil im Zentenarprogramm der New Yorker Met 1983; *WA* im deutschen Sprachraum: Deutsche Oper Berlin 1974 in den Mailänder Kulissen von 1876 mit Leonie Rysanek, Staatsoper Wien 1986 mit Eva Marton).

Bei der Kritik hat Ponchiellis erfolgreichstes Werk ein gemischtes Echo gefunden. Der Anti-Wagnerianer Eduard Hanslick zeigte sich von der gnädigen Seite, aber der bedingungslose Wagnerianer Hugo Wolf und der marxologisch argumentierende Wagnerianer George Bernard Shaw waren sich in der Ablehnung von LA GIOCONDA einig, wobei – wie auch in der italienischen Presse – vorrangig das Libretto Boitos negativ beurteilt wurde. Hugo Wolf relativierte es zu Tode mit der Bemerkung: »so trivial, so schmutzig, so kannibalisch es in Erfindung und Ausführung« auch sei, reiche es doch »nicht an den ungeheuren blödsinnigen Bombast seines MEPHISTOPHELES« heran. Shaw fand einen auch musikalischen Vergleichspunkt: »Shakespeare verurteilte jegliches dramatische Talent in England dazu, sich jahrhundertelang mit der Produktion von Schwulst und Blankversen zu vergeuden – und Verdi ist für manch einen geborenen Quadrilla-Komponisten des Südens eine Versuchung, sich in nutzloser und lächerlicher Weise an Shakespeare und Victor Hugo zu messen«.

Boito allerdings hatte sich nicht an Hugo zu messen versucht, sondern ihn radikal für die Zwecke des Musiktheaters umfunktioniert. ANGELO (1835) ist im Gegensatz zu den von Verdi vertonten früheren Dramen HERNANI und LE ROI S'AMUSE, ebenso im Gegensatz zu der später von Ponchielli zur Oper gemachten MARION DE LORME, kein Versdrama, sondern in Prosa geschrieben. Boitos erste Entscheidung war eine Revision: Er setzte Hugos wortreiche Prosa, die schon als Vorlage für Mercadantes Oper IL GIURAMENTO (1837) mancherlei Veränderung erfahren hatte, in ein kompliziertes Versgefüge um. Seine zweite Grundsatzentscheidung betraf das Lokal- und Geschichtskolorit: Aus Hugos Padua um die Mitte des

16. Jahrhunderts wurde Venedig ein Jahrhundert später. Schließlich griff Boito entscheidend in das Handlungs- und Motivgefüge der Vorlage ein, indem er auch das Beziehungsgeflecht der Personen variierte: Die Straßensängerin, die sich unter Anspielung auf die Mona Lisa Leonardo da Vincis La Gioconda (Die Heitere) nennt (bei Hugo: die Schauspielerin La Tisbe), liebt vergebens den verbannten Edelmann Enzo (Rodolfo), der seinerseits Laura (Catarina) liebt, die Gattin des venezianischen Staatsinquisitors Alvise (Tyrann Angelo, bei Hugo zudem Geliebter La Tisbes).

Geschlossen wird der Kreis durch den in der Oper stark aufgewerteten Bösewicht Barnaba (den bei Hugo im III. Akt von Rodolfo ermordeten Spielmann Homodei). Dieses Werkzeug Alvises ist Spitzel des Zehnerrats Venedigs und liebt unerwidert La Gioconda (bei Hugo: Catarina), die ihm – dem eigenen Glück entsagend – die Hingabe für die Rettung des Liebespaars Enzo-Laura verspricht, sich nach beider Flucht aus Venedig aber vor Einhaltung ihres Versprechens selbst tötet. Das bringt Barnaba gegenüber der Sterbenden zum wütenden Eingeständnis, ihre bei Hugo nur erwähnte Mutter La Cieca (Die Blinde) umgebracht zu haben. Boito machte diese als Hexe verdächtigte Blinde, die schon im I. Akt den Angriffen Barnabas ausgesetzt ist, in ihrer Passivität zu einem entscheidenden Katalysator der Handlung, da sie von Laura vor der aufgebrachten Menge gerettet wird, was später Gioconda zur Entsagung ihres Anspruchs auf Enzo bewegt.

Handlungstechnisch ist dieser Motivstrang mit einem Dingsymbol verbunden: einem Rosenkranz. La Cieca schenkt ihn als Dank für ihre Rettung Laura, an der ihn später die Gioconda entdeckt, so dass sie in der Nebenbuhlerin die Retterin ihrer Mutter erkennt. Ponchielli hat schon in der Ouvertüre das Motiv, unter dem die Blinde Laura den Rosenkranz übergibt (*A te questo rosario*), breit ausgestellt und mit dem bewegten Personalmotiv Barnabas konfrontiert. So gewinnt der dramaturgische Umschlagpunkt, der einer rationalen Betrachtung unglaubwürdig erscheinen muss, musikalische Legitimation: La Giocondas Verzicht auf Enzo, der aus einer zum Mord an der Rivalin bereiten Rachefurie eine – da verbindet sich ihr Lebensstrang mit Barnaba – opferbereite Figur der Entsagung macht. Was bei Hugo, wo das Motiv – an ein Kruzifix geknüpft und in die Vorgeschichte verlegt – im Sinne der analytischen Dramentechnik psychologisch überzeugt, wirkt im Textbuch

Boitos wie Hohn auf jede Psychologie. Gerade deshalb hat es auf der Opernbühne seine melodramatische Konsequenz.

Die Dramaturgie ist insgesamt nach dem Vorbild der Grand Opéra unter Einbeziehung wirkungsvoller Chöre und Tänze in einer Tableautechnik mit katastrophenartigen Umschlägen angelegt: aus der fröhlichen Regatta im I. Akt wird die pogromartige Jagd auf La Cieca, der Himmel-und-Meer-Lyrismus des II. Akts mündet in den Brand von Enzos Schiff, das mit einer Gavotte und dem Tanz der Stunden choreographisch angereicherte Fest im III. Akt gipfelt in Alvises Bekenntnis, seine Frau getötet zu haben (in Wirklichkeit hat sie statt des verordneten Gifts von La Gioconda einen Tiefschlaftrunk genommen). Den psychologischen Konflikt zwischen den beiden in ihrer Liebe zu Enzo (Rodolfo) verbundenen Frauen, der bei Hugo nach den Kategorien des Bürgerlichen Trauerspiels abgehandelt wird, unterdrücken Boito–Ponchielli, die dem Umschlag durch das Rosenkranzmotiv zwei Primadonnen in einer Überbietungsstrategie ihre Liebe zu Enzo rühmen lassen: Laura vergleicht ihre Gefühle mit einem himmlischen Traum, während für die Gioconda Liebe eine Nahrung ist wie Blut für den Löwen.

Gänzlich fehlt in der Oper das politische Moment der Unterdrückung eines Staatsgebildes durch einen Tyrannen. Aus Hugos in vielen Reflexionen sich ergehendem Gewaltherrscher Angelo wird mit Alvise lediglich ein von wahnwitzigen Rachephantasien – während des Fests zeigt er seiner Frau den Sarg, in dem sie aufgebahrt werden soll – heimgesuchter betrogener Ehemann. Selbst das bei Hugo wichtige Motiv der doppelten Herrenmoral – Angelo beklagt die Untreue seiner Frau vor seiner Geliebten – ist neben anderen für die Psychologie der Handlung wichtigen Momenten eliminiert.

Statt des Tyrannen übernimmt in der Oper Barnaba die Rolle des politischen Stichwortgebers. Seine monologische Beschreibung des Dogenpalastes im I. Akt *O Monument! Sitz und Abgrund der Dogen!* wird in einer Abkehr von den konkreten politischen Schuldzuweisungen in der großen historischen Oper bei Halévy und Meyerbeer zum globalen Angriff auf die Herrschenden. Politik ist hier nichts »als das schon immer Unwahre, eine bloß strategische Angelegenheit, kein Mittel scheuend, und sei es noch so verwerflich, schon immer korrupt und das alles zum Nutzen einiger weniger«. So wird der in den Personenbeziehungen angestrebte Komplikationsgrad der Grand Opéra, die Vermittlung des Individuellen mit dem Gesellschaftlichen – man denke nur an Eugène Scribes Libretto für Halévys Oper DIE JÜDIN (→ Bd. II, S. 370 ff.) –, auf eine erotische Mechanik von Anziehung und Abstoßung reduziert. LA GIOCONDA, die vielleicht einzige wirkliche Grand Opéra italienischer Provenienz, war nach Meyerbeers AFRIKANERIN von 1865 und Verdis AIDA von 1871 schon bei ihrer Uraufführung unmodern.

BROT UND SPIELE

Das wird musikalisch sofort deutlich, wenn man den Eingangschor der Seeleute und Städter mit dem der Landleute in Alfredo Catalanis LORELEY (Turin 1890) vergleicht. Während bei Ponchielli eine im Stil Donizettis naiv bewegte Sechsachtel-Munterkeit mit dem alles Volk einigenden Ruf *Feste e pane* (Feste und Brot) erklingt, nutzt Catalani mit einer simplen Arpeggiofigur als Grundlage den synkopisch zerlegten Viervierteltakt zur individualisierten Hin- und Herrede zwischen Fischern, Jägern und Waldbewohnern. Und im Gegensatz zu der differenzierten Anlage des Duetts Aida–Amneris im I. Akt von Verdis AIDA scheut sich Ponchielli nicht, das Duett, in dem Barnaba im I. Akt dem Edelmann Enzo die Maske des dalmatischen Seemanns vom Gesicht reißt (*Enzo Grimaldi, principe di Santafior*), mit einer konventionellen Kabaletta enden zu lassen. So wurde er zwar mit seiner Musik der aus der Grand Opéra entlehnten tableauartigen Anlage der vier Akte gerecht, vor allem in Momenten wie der Furlana des I. Akts, dem duftig instrumentierten Tanz der Stunden im III. Akt oder der insgesamt meist weichen, von Pizzikati der Kontrabässe grundierten Orchestersprache. Aber Ponchielli verstand es nicht, dem Handlungsablauf einen musikalisch verbindenden Subtext zu geben: Die gewaltigen szenischen Wirkungen haben meist keine musikalische Ursache.

Umso effektvoller die Ausnahmen von der Regel: das schon erwähnte Rosenkranzmotiv mit den Klarinetten-Terzen aus dem Arioso der offenbar Meyerbeers Fidès in LE PROPHÈTE nachempfundenen La Cieca im I. Akt *Voce di donna o d'angelo* (Stimme einer Frau oder eines Engels) oder das Hauptthema des großen Chorquintetts im III. Akt *Già ti veggo immorta e smorta* (Schon sehe ich dich leblos und bleich), das am Ende vom Orchester im Fortissimo aufgegriffen wird: ein Verfahren, das Puccini ebenso übernehmen wird wie die heftig bewegten Triolen in Giocondas mit dem dolchstoßartig niederfahrenden Geigenmotiv die Klangsprache der Veristen vorwegnehmender großer Selbstmordarie des IV. Akts (*Suicidio*). Diese Triolen klingen im Ausbruch seines aus Liebeswahnsinn zur Abreise mit den Deportierten bereiten Des Grieux am Ende des III. Akts von MANON LESCAUT nach: *Guardate, pazzo son*. Ein weiteres Erfolgsrezept Puccinis – die Unterstützung der Kantilene durch die in mehrfacher Oktavkoppelung parallelen Streicher – zeichnet Enzos seit den Tagen Carusos zum tenoralen Glanzrepertoire gehörende, den Stimmungsreichtum von Himmel und Meer preisende Romanze *Cielo e mar* im II. Akt aus: zweifellos von Vasco da Gamas *Land so wunderbar* aus der AFRIKANERIN inspiriert, aber in ihrer schlichten Zweistrophigkeit durch den einleitenden Ruf und die emphatische Koda geschickt kaschiert. Einen schönen, möglicherweise vom nachkomponierten Kerkerduett aus Boitos MEFISTOFELE inspirierten Ton der Entrückung hat das Duett Laura–Enzo im II. Akt *Laggiù nelle nebbie* (Dort unten, in den Nebeln).

Zu den progressiven, schon auf Verdis Jago hinweisenden Zügen der Partitur werden auch Barnabas erwähnter Monolog über den Dogenpalast und die für die Zweitaufführung 1876 in Venedig nachkomponierte Arie des Alvise im III. Akt gezählt: *Sì, morir ella de* (Ja, sie muss sterben). Tatsächlich aber bewegt sich Ponchielli mit diesen Figuren, abgesehen von einer oberflächlichen Ähnlichkeit zwischen Barnabas Fischerballade im II. Akt *Ah! Pescator, affonda l'esca* und Jagos Trinklied in OTELLO, allenfalls im Idiom des RIGOLETTO-Monologs. Von der Zuspitzung des Bösen über das Klischee hinaus zu einer musiktheatralischen Vergegenwärtigung, wie sie Verdi mit dem Text Boitos für seinen Jago gelang, ist hier keine Spur vorhanden. Ponchielli, ein von Selbstzweifeln geplagter Künstler, dürfte in Boitos Text wohl auch kaum das entsprechende Potenzial erkannt haben. So schrieb er an seinen Verleger Ricordi in Bezug auf die nachkomponierte Bass-Arie: »Ich hätte es vorgezogen, wenn Alvise von Reue, von Erinnerungen an die Vergangenheit gepackt wäre, wenn er sich selbst die Frage stellte, ob er seine Frau auch genügend liebe, um ihre Liebe verdient zu haben«. Er wünschte sich den Text »weniger zynisch, mit einer anderen Farbe, sogar mit einer Spur von Leiden« – und komponierte ihn doch, wie er seinem Verleger wenige Tage später als Vollzugsmeldung schrieb, in der vorgegebenen Bahn.

Dabei muss für die Nachgeborenen die Frage offen bleiben, ob Ponchielli einem psychisch differenzierteren Text musikalisch hätte besser entsprechen können. In seinen Briefen an den Verleger nahm er nämlich die noch für I LITUANI gestellten Ansprüche zurück: »Im Hinblick auf das italienische Publikum ist es wichtig, das Dramatische nicht zu sehr in den Vordergrund zu stellen, da man sonst zu Rhythmen kommt, die die Aufmerksamkeit nicht fesseln und das Orchester überfordern«. Daraus zog er die Konsequenz: »Deshalb ist es meines Erachtens am besten, sich an das Lyrische zu halten, selbst wenn man dabei gegen abgedroschene Rhythmen und Begleitungen ankämpfen muß«. So oft Ponchielli das eine über belkantische Aufschwünge hinaus musikdramatisch beherzigt hat – beispielsweise im d-Moll-Terzett Gioconda–Mutter–Barnaba im I. Akt und dem großen Countdown Gioconda–Laura *L'amo come il fulgore del creato* (Ich liebe ihn als den Glanz der Schöpfung) im II. Akt –, so selten ist ihm das andere gelungen. George Bernard Shaws auf den Komponisten gemünzte Unschärferelation zwischen Shakespeare und Verdi ließe sich analog fortführen: »LA GIOCONDA steht weitgehend in der gleichen Beziehung zum späten Verdi wie Webster zu Shakespeare«.

DAS ENDE EINER KARRIERE

Die Tatsache, dass Ponchiellis Erfolgsoper an musikdramatischer Informationsdichte deutlich hinter Verdis AIDA und OTELLO zurückbleibt, sollte unsere Ohren nicht dafür verstopfen, dass LA GIOCONDA das tradierte italienische Melodramma ihrer Zeit an Vitalität, Ideenreichtum und atmosphärischer Beschreibungspotenz überragt. Und angesichts ihrer erwähnten Vorstöße auf eine Art Zukunftsmusik ist es bezeichnend, dass Mascagni und Puccini zu den Sargträgern gehörten, als Ponchielli 1886 nach einer tödlich verlaufenden Lungenentzündung beerdigt wurde: sie hatten viel bei ihm gelernt. Ponchielli selbst hat den Erfolg seiner GIOCONDA nicht wiederholen können. LINA wurde 1877 zwar freundlich aufgenommen, aber diese Bearbeitung seines Frühwerks LA SAVOIARDA war lediglich ein historisch überholter Versuch, die alte Opera semiseria neu zu beleben als eine Art Pastorale, aus der indes die komischen Momente getilgt wurden. Zeitgemäßer war sein Ehrgeiz, der auf das Genre der biblischen Oper zielte. IL FIGLIUOL PRODIGO (Der verlorene Sohn; Mailänder Scala 1880), nach einer Vorlage Scribes librettiert von Angelo Zanardini, frappiert durch die reiche Verwendung orientalischen Lokalkolorits und die strikte Trennung der beiden geschilderten Welten: das durch choralartig-pentatonische Motive charakterisierte sittenstrenge Judäa des bäuerlichen Patriarchen und das in seiner Chromatik üppig wuchernde sündhafte Ninive. In keiner seiner Opern hat Ponchielli den Orchestersatz so reich harmonisiert wie hier, vor allem im Vorspiel zum IV. Akt.

Musikalisch und in gewisser Hinsicht auch thematisch ist DER VERLORENE SOHN ein italienisches Pendant zu Goldmarks DIE KÖNIGIN VON SABA (→ S. 21 ff.) und zu Massenets THAÏS (→ Bd. II, S. 873 ff.). Obwohl die orientalisierende Ausstattung Carlo Ferrarios, der schon für die Uraufführung von LA GIOCONDA die Szene entworfen hatte, besonders in den drei monumentalen Ninive-Bildern den Beifall des Publikums hervorrief, konnte das Werk sich – auch 1883 in Turin – nicht behaupten. Es teilt dieses Schicksal mit Ponchiellis letzter vollendeter Oper, der 1885 in der Mailänder Scala herauskommenden MARION DELORME nach Victor Hugo (Libretto: Enrico Golisciani). Hier versuchte der Komponist sich in einem leichteren, der Opéra comique angenäherten Stil. Die Uraufführung im Frühjahr 1885 an der Mailänder Scala geriet trotz großer Besetzung zum Misserfolg, auf Anraten Verdis kürzte Ponchielli das Werk und brachte es – nach textlicher Überarbeitung durch Ghislanzoni – im selben Sommer in Brescia heraus, von wo aus es auf eine erfolgreiche Tournee durch Italien ging. Der Komponist erlebte diesen kurzen Triumph nicht mehr.

ZWEI SEITENEINSTEIGER: ALFREDO CATALANI UND ALBERTO FRANCHETTI

Abseits der Hauptstraße der italienischen Opernentwicklung zwischen dem Melodramma im Schatten Verdis und der Generation der dem Verismo zuzuordnenden Komponisten stehen Alfredo Catalani (1854–1893) und Alberto Franchetti (1860–1942) gleichermaßen. Der eine starb, ehe er zur vollen künstlerischen Reife gelangte, der zweite hatte sich bei seinem Tod schon längst künstlerisch überlebt. Catalani, wie unter anderen Boccherini, Geminiani, Gasparini und der um vier Jahre jüngere Puccini aus dem toskanischen Lucca gebürtig, profitierte von einem auf die lange Musiktradition seiner Geburtsstadt zurückgehenden Brauch: den heimischen Kompositionsstudenten ein auswärtiges Studium zu ermöglichen. Catalani entschied sich für Paris, wo er vom Herbst 1872 bis zum Sommer 1873 im Conservatoire unter anderem Klavier und Kompositionslehre belegte. Über die Musik hinaus hat die französische Kultur ihn stark beeinflusst, einige seiner Lieder und Klavierstücke tragen französische Titel. Zurück in Italien, entschied er sich für eine Fortsetzung seiner Studien am Konservatorium von Mailand, wo er im Salon der Gräfin Clara Maffei mit führenden Vertretern des Kulturlebens, zumal im Umkreis der ›scapigliatura‹, bekannt wurde. Boito schrieb ihm den Text zu seiner Abschlussarbeit am Konservatorium: der einaktigen orientalischen Ekloge LA FALCE (Die Sichel; 1875).

Das Stück, das mit einer programmatisch-symphonischen Kriegsmusik beginnt – sozusagen dem Ersatz für die von Boito aus der Erstfassung seines MEFISTOFELE gestrichenen Sinfonia LA BATTAGLIA –, geht in der Harmonik weit über alles hinaus, was Ponchielli und Gomes wagten. Die erniedrigten Leittöne und übermäßigen Quinten – später auch von Puccini hoch geschätzt – werden fortan wie die im Stil von Liszts symphonischen Dichtungen gehandhabte Methode, thematische Blöcke notengetreu in einer anderen Tonart zu wiederholen, und der Wille zur Durchkomposition (nur eine der sechs Nummern ist geschlossen) zu Catalanis Repertoire gehören. Im ›Journal des Débats‹ vermeldete Ernest Reyer seiner Leserschaft, in Frankreich gebe es keine vergleichbare junge Begabung, und die Verlegerin Giovannina Lucca band den Komponisten mit einem Opernauftrag samt monatlichem Fixum an ihr Haus. Doch die erhoffte Zusammenarbeit mit Boito zerschlug sich, so dass Catalani ein ausuferndes Libretto von Carlo d'Ormeville vertonte. Obwohl sein ›Dramma fantastico‹ ELDA 1876 im Druck erschien, ein Jahr später sogar in einer revidierten Fassung, wurde die Oper erst 1880 in Turin aufgeführt und schon nach neun Aufführungen abgesetzt. Dennoch eröffnete sie dem italienischen Musiktheater den Weg in ein tragisches Genre mit nordischem Kolorit von märchenhaft-balladeskem Zuschnitt, wie es in Puccinis Erstling LE VILLI von 1884 und Mascagnis wortgetreuer Umsetzung von Heinrich Heines Tragödie in GUGLIELMO RATCLIFF 1895 auftaucht. Catalani selbst, dessen Opern alle außerhalb Italiens spielen, hatte – abgesehen von seinen späteren Werken – mit ELDA an dieser Entwicklung insofern besonderen Anteil, als deren überarbeitete Fassung unter dem neuen Titel LORELEY 1890 in Turin zu einem Hauptwerk der neuen Strömung wurde.

LORELEY

Diese ›Azione romantica‹ in drei Akten, von Angelo Zanardini im Libretto mit einschneidenden Kürzungen der originalen ELDA revidiert (*DEA* Koblenz 1980), markiert in der italienischen Operngeschichte einen Reflex der deutschen Naturromantik – Webers FREISCHÜTZ, den Catalani außerordentlich schätzte, hatte 1872 in Boitos Übersetzung an der Mailänder Scala seine italienische Erstaufführung erfahren. Der allfällige Vorwurf des Wagnerianismus bezog sich indes nicht auf die Stoffwahl allein, sondern auch auf Catalanis musikalische Verfahrensweisen mit der Neigung zu harmonisch ausdifferenzierten Orchesterpassagen – Tanz der Wassergeister, Trauermarsch für die tote Anna im III. Akt – und der Bevorzugung der Atmosphäre gegenüber der Dramatik des szenischen Ablaufs. Hinzu kamen, wie aus dem Pariser TANNHÄUSER geschnitten, ausgedehnte Balletteinlagen als integraler Bestandteil der Dramaturgie. Sie kulminiert in der Hochzeitsszene des II. Akts, wenn das vom Rheingott in eine Geisterschönheit verwandelte Waisenkind Loreley ihrem zur standesgemäßen Heirat mit Anna bereiten Geliebten Walter in den Weg tritt.

Das dramaturgisch holprige Werk, mit seinen Wagner-Nachklängen musikalisch keineswegs Max Bruchs LORELEY (→ S. 20 f.) unterlegen, gewinnt einen gewissen Reiz nicht zuletzt aus der Mischung dieser Momente mit genuin belkantischen Aufschwüngen wie etwa Annas Anruf der Liebe als eines himmlischen Rauschs im II. Akt (*Amor, celeste ebbrezza*). Obwohl die Oper nicht die ästhetische Geschlossenheit der Ekloge LA FALCE erreicht – der Simplizität der meist im Zentrum überdehnten dreiteiligen Nummern stehen die gewaltigen, drei der vier Akte beschließenden Ensemblesätze im Wege –, wird Catalanis Personalstil zumindest umrisshaft erkennbar. Das kann man von seinen zwischen ELDA und LORELEY liegenden Versuchen kaum behaupten. DEJANICE (Mailänder Scala 1883; revidierte Fassung Turin 1884), im altgriechischen Dekor angesiedelt, erregte aber immerhin Puccinis künstlerisches Interesse, und EDMEA (Mailänder Scala 1886), deren Wahnsinnsszene für die am Ende geheilte und mit ihrem Oberto vereinte Titelheldin konstruktiv über die belkantische Tradition und die feste Strophenform in Gretchens Kerkerarie von Boitos MEFISTOFELE hinausgeht, fand vor allem deshalb Eingang in die Musikgeschichte, weil sich in der noch im selben Jahr folgenden Premiere am Turiner Teatro Carignano dem italienischen Publikum erstmals ein neunzehnjähriger Cellist als Dirigent präsentierte, der Furore machen sollte: Arturo Toscanini. Ihn verband fortan eine tiefe Freundschaft mit dem Komponisten, und er nannte eine seiner Töchter nach der Titelheldin von Catalanis letzter und bester Oper: Wally.

LA WALLY (›Dramma lirico‹ in vier Akten, *L* von Luigi Illica nach dem Roman DIE GEIER-WALLY von Wilhelmine von Hillern; Mailänder Scala 1892; Hamburg 1893 in der Übersetzung der Romanautorin ohne größeres Echo; Toscanini dirigierte die Oper 1907 an der Mailänder Scala und 1909 bei der amerikanischen *EA* an der New Yorker Metropolitan; weitere ausländische Aufführungen Rio de Janeiro 1908, Buenos Aires und Malta 1909, Lissabon 1910, Barcelona 1911, Warschau 1914 in polnischer Sprache, Manchester 1919 englisch, Bukarest 1924 rumänisch, Ljubljana 1926 slowenisch; in Italien gelegentlich gespielt, doch kein fester Bestandteil des Repertoires; glanzvolle Besetzung bei der Mailänder *WA* 1952 unter Carlo Maria Giulini mit Renata Tebaldi in der Titelrolle und Mario del Monaco als Hagenbach – eine Schallplattenaufnahme unter Fausto Cleva von 1968 mit denselben Protagonisten hat immerhin einen Reflex davon bewahrt; 1985 in Bremen durch Werner Schroeter Erprobung des Stücks mit den Mitteln des modernen Regietheaters: Wally, die am Ende den Verstand verloren hat, träumt im nationalpolitisch explosiv gespannten Südtirol der 1950er Jahre – passenderweise wurden die Aufführungen abwechselnd auf Deutsch und Italienisch gesungen – ihre Verbindung samt Liebestod mit Hagenbach lediglich; tatsächlich bleibt sie in der geschlossenen Anstalt am Leben, ihr Selbstmordversuch wird von Wärtern verhindert).

Werner Schroeters Bremer Inszenierung war 1985 eine deutsche Replik auf den zur selben Zeit im bescheidenen Teatro del Giglio zu Lucca gestarteten Versuch, das musiktheatralische Gesamtwerk des nie zu einer tieferen Wertschätzung beim Publikum gelangten Catalani durch Wiederaufführungen einer Neubewertung zu öffnen. Ergänzend dazu wurde Wallys Abschied von ihrem Vater im I. Akt, die E-Dur-Arie mit dem weltflüchtigen Oktavsprung *Ebben, ne andrò lontano*, durch den Kultfilm DIVA des Franzosen Jean-Jacques Beineix zu einer populären Ohren-Droge: dramaturgisch in den Ablauf eingebunden mit dem medientechnischen Motiv eines Raubmitschnitts eben dieser Arie. Catalani hatte für sie eine schon 1876 komponierte ›Chanson groënlandaise‹ benutzt: ein Indiz dafür, dass in LA WALLY, abgesehen von den Dorfszenen mit Walters Edelweißlied im I. Akt, das Tiroler Lokalkolorit des Romans keineswegs musikalisch übernommen wurde – obwohl der Komponist bei der Arbeit an seinem Hauptwerk den Ötztaler Alpen einen Besuch abgestattet hatte.

WALLY, DIE ZWEIFLERIN

Diese Distanz zu einem geschichtlich und örtlich eingegrenzten Kolorit, wie es das Melodramma im letzten Drittel des 19. Jahrhunderts unter dem Einfluss der großen historischen Oper Frankreichs aufgenommen hatte, haftet dem Werk nur äußerlich als Mangel an. Für bare Musikmünze genommen, würde das alpenländische Treiben in den ersten beiden Akten mit der Schürzung des Knotens unfreiwillig komisch wirken: Wenn der stolzen Wally in einem Tanz von Hagenbach, ihrem unbewusst Geliebten, ein Kuss abgetrotzt wird, der sie der Lächerlichkeit preisgibt und über den ihr hörigen Verwalter Gellner zum Motor ihrer mörderischen Rache an Hagenbach wird. Dass Catalani diese Kuss-Szene im II. Akt über dem Rhythmus einer ›Tyrolienne‹ nach vielen Mühen als letztes Stück der Oper zu Ende brachte, verwundert nicht: Hier ist in einem nur scheinbar volkstümelnden Rahmen ein psychologisch ausdifferenziertes Ensemble gelungen.

Catalani hat der italienischen Oper das Hochgebirge auf eine indirekte Weise gewonnen: nicht als Kolorit, sondern als Symbol. Die Hochgebirgslandschaft steht hier für jenen gerade auf Grund seiner Verdrängung hochexplosiven Gefühlsüberschuss, der einer Frau zur zweifach tödlichen Selbstbestimmtheit verhilft: Im Gegensatz zum Roman wirft sich Wally dem vor dem Mordanschlag geretteten Geliebten, als ihn eine Lawine verschlingt, in den Tod nach. Es ist höchst bemerkenswert, dass Wilhelmine von Hillern dieser Wendung ihres 1875 erschienenen Romans durch den von Catalani um das Textbuch gebetenen Luigi Illica zustimmte. LA WALLY war das erste Libretto des für die italienische Opernentwicklung so bedeutenden Schriftstellers, der in der Figur des Kapitäns Spaventa in Mascagnis Oper LE MASCHERE (1901) dem Opernpublikum ein latentes Selbstporträt hinterlassen hat.

Die Umfunktionierung des originalen Happy Ends in den tödlichen Opernschluss folgt nicht nur dem für das romantische italienische Musikdrama obligatorischen Tragikzwang, sie bindet den Trivialroman auch in eine aufklärerische Tradition zurück. Das Vorbild der lieber mit ihrem Geier im Gebirge als mit Menschen kommunizierenden Wally war Karl Gutzkows einst skandalumwitterter Roman WALLY, DIE ZWEIFLERIN (1835), der dem Autor eine Gefängnisstrafe und zusammen mit den Autoren des Jungen Deutschland Ende 1835 durch die Zensurbehörden Preußens und des Deutschen Bundes das berüchtigte Publikationsverbot eintrug. Die schon von Teilen der literarischen Kritik vorformulierte Begründung für Verbot und Gefängnisstrafe gleichermaßen zielte auf angeblich blasphemische (in Wirklichkeit lediglich religionskritische) und pornographische Züge ab: Die Heldin zeigt sich in der Hochzeitsnacht mit einem sardischen Gesandten am Fenster nackt ihrem Geliebten Cäsar. Das war im Roman literarhistorisch an ein Motiv aus dem JÜNGEREN TITUREL in der Nachfolge des Wolfram von Eschenbach geknüpft: also das Gegenteil von Pornographie.

Der Weg der gleichsam modernen Frau zur sexuellen und religiösen Selbstbestimmung führt bei Gutzkow folgerichtig in den von der Heldin mit Qualen empfundenen Selbstmord: der im Christentum als Todsünde verdammten höchsten Form der Individuation. So wurde der mit theatralischen Momenten kitschig drapierte Roman zum Fanal für die deutsch-romantische Frauenbewegung innerhalb eines gewaltigen Säkularisationsprozesses. Er »markiert die entscheidende Wende im Vormärz, deren Opfer Wally ist, und interpretiert sie als längst fälliges Bekenntnis zu einem radikal anthropozentrischen Selbstbewußtsein«. In diesem Zusammenhang ist das weibliche Hand-an-sich-Legen, wie es noch in Christa Wolfs Erzählung DER GETEILTE HIMMEL 1963 nachschwingt, wenngleich nun in einem völlig säkularisierten Kontext, ein unverkennbar emanzipatorisches Moment. Über die keineswegs unbewusste Namensgleichheit der Titelheldinnen hinaus nahm Wilhelmine von Hillern durch den zugelassenen tragischen Opernschluss Rekurs auf Gutzkows Roman. Wallys Weigerung, den ihr vom Vater bestimmten Mann zu nehmen, verbreitet so auf dem Musiktheater mehr gesellschaftspolitischen Zündstoff als in ihrem Kitschroman.

LA WALLY ist einer jener raren Fälle, in denen eine Oper nach einer literarischen Vorlage deren Rezeptionsgeschichte korrigiert – kein Wunder, dass auf Grund der erstmalig ernsthaften Erforschung des Trivialen in Literatur, Musik und bildender Kunst nach der 1968er Studentenbewegung auch Catalanis Oper mitsamt ihrer Vorlage neues Interesse fand: sehr im Gegensatz zu den tümelnden Heimatfilmen nach Hillerns Roman, die 1943 mit Heidemarie Hatheyer und 1956 mit Barbara Rütting in Deutschland gedreht wurden. Umso böser der Blick Werner Schroeters auf die reale

Rolle der Frau in der Gesellschaft, als er seiner Wally 1985 im Umfeld eines Irrenhauses den Selbstmord als letzte Waffe einer Frau in der fürsorglich unterdrückerischen Männergesellschaft verweigerte.

Das neue Interesse ist indes nicht selbstzweckhaft auf die scheinbar triviale, aber gerade dadurch emanzipatorisches Gedankengut verbreitende Tendenz von Roman und Oper beschränkt. LA WALLY, die letzte Oper des schon ein Jahr nach der Uraufführung gestorbenen Komponisten, ist trotz einer gewissen Schwäche in der Charakterisierung der Figuren – der Bariton Gellner wirkt musikalisch ungleich sympathischer als in seinen Handlungen – ein Hauptwerk der italienischen Oper zwischen Verdi und den Veristen. Dafür steht die manchmal an Bellini gemahnende Melancholie der melodischen Linie in Verbindung mit einer Formgebung, die trotz eines Ohrwurms wie Wallys erwähnter Arie und der für das volkstümliche Moment stehenden Bühnenmusiken mit ihrer genrehaften Naturromantik das alte Nummernschema hinter sich lässt und den kompletten Akt statt einzelner Szenen, Arien und Ensembles als übergreifende Einheit präsentiert. Der orchestrale Satz, vor allem in den Vorspielen – etwa dem eisigen zum IV. Akt – weist in der differenzierten Harmonik und der farbigen Instrumentation ein hohes kompositionstechnisches Niveau auf, zu dem auch der sparsame und subtile Gebrauch von Leitmotiven beiträgt. In diesem Werk scheint phantomartig eine andere Möglichkeit des italienischen Musikdramas zwischen den Hauptströmungen auf.

DER ZWEITE SEITENEINSTEIGER

Im Gegensatz zu Catalani war der begüterte Baron Alberto Franchetti in der Lage, nach Abschluss-Studien bei Joseph Rheinberger in München und Felix Draeseke in Dresden seine Werke ohne ökonomischen Druck zu schreiben und unter günstigen Bedingungen aufführen zu lassen. Dennoch erzielte er um die Wende zum 20. Jahrhundert einen nur kurzlebigen Erfolg und geriet, nachdem er von 1926 bis 1928 das Konservatorium in Florenz geleitet hatte, als Jude nach der Verkündigung der Rassismusgesetze durch das Mussolini-Regime 1938 in existenzielle Gefährdung. Der mit dem Faschismus auf höchster Ebene paktierende Mascagni – alle zwischen 1922 und 1943 in Italien publizierenden Komponisten waren zumindest bis zur Ausrufung des ›Impero Romano‹ am 9. Mai 1936 Sympathisanten des Systems – setzte sich, wie der Maler Ardegno Soffici nach einem Gespräch mit dem Komponisten berichtete, 1939 während seiner letzten Audienz beim ›Duce‹ Mussolini vergebens »dafür ein, daß die 1892 erstmals in Genua aufgeführte Oper CRISTOFERO COLOMBO wieder gegeben werden dürfe« – zuletzt war sie 1937 in Treviso gespielt worden. Franchetti, der in seiner letzten Oper GLAUCO 1922 als antikisierende Farbe jene Businen (trompetenähnliche Heroldinstrumente mit daran befestigtem Banner) eingesetzt hatte, die spätestens seit dem Schluss-Satz von Ottorino Respighis 1928 komponierter Tondichtung PINIEN VON ROM zur musikalischen Mythisierung des Marschs der Faschisten auf Rom Ende Oktober 1922 dienten, überlebte die Anfechtungen des Regimes.

Wie Catalani war auch Franchetti auf Grund seiner Studien im Ausland ein Seiteneinsteiger in der Geschichte der italienischen Oper: sozusagen eine Synthese aus Meyerbeer und Wagner, aber ohne Catalanis Sinn für die Italianità der Melodiebildung. Sein ASRAEL, 1888 in Reggio Emilia uraufgeführt, verbindet die beiden stilistischen Vorbilder mit dem Willen einer direkten Nachfolge von Boitos MEFISTOFELE. Die Spielortverteilung zwischen Himmel und Erde ist auf die Hölle ausgedehnt, wobei gewaltige Klangmassen für die monumental angelegten Szenen mobilisiert werden. Dieser Lesart Boitos durch Meyerbeer wird für die Hauptpersonen – den Dämon Asrael und die Erlöserfigur Clotilde – eine hoch entwickelte Leitmotivtechnik bereit gestellt, deren orchestrale Variantenfülle im Stil Wagners für eine laufende Kommentierung des Geschehens sorgt. Wagnerianisch mit seinen synkopischen Begleitfiguren, der durchgehenden Chromatik und den ineinander verflochtenen Singstimmen ist auch das an die Liebesnacht in TRISTAN UND ISOLDE erinnernde Duett Asraels mit dem Zigeunermädchen Loreta. Der alte Verdi war von dieser Talentprobe derart beeindruckt, dass er die Jury eines Wettbewerbs der Stadt Genua, die ihren berühmtesten Sohn Columbus anlässlich der 400-Jahrfeiern der Entdeckung Amerikas mit einer Oper ehren wollte, bewegte, Franchetti mit dem ersten Preis auszuzeichnen.

CRISTOFERO COLOMBO

Das Textbuch schrieb wie für Catalanis LA WALLY Luigi Illica. Er versuchte, aus teilweise freiem Umgang mit den historischen Fakten ein Ideendrama zu gewinnen: in der Nachfolge von Boitos MEFISTOFELE. Mag das auch misslungen sein, so überrascht doch Illicas Radikalität, sich dem Charakter einer Fest- und Feieroper zu entziehen. Zu dem Zweck zog er – wiederum inspiriert von Boitos Goethe-Oper – eine dramaturgische Klammer vom Anfang zum Ende. Gegen die weltliche Diskussion über die Möglichkeit eines westlichen Seewegs nach Indien wird zunächst durch die Erzählung dreier Pilger von der Entdeckung eines fernen Landes durch einen Heiligen eine heilsgeschichtliche Komponente gesetzt; am Ende des I. Aktes erfolgt durch die Vision der Königin Isabella von einem Land jenseits des Ozeans ihre Verdichtung – dieser visionäre Aspekt macht den wahren Auftrag des Columbus aus. Am Ende stirbt die Königin, während der todesnahe Titelheld nach jahrelanger Haft resigniert auf sein Lebenswerk zurückblickt und seine Seele Gott anempfiehlt – auf Erden, so kann gefolgert werden, war das ferne Gottesreich nicht zu verwirklichen. Columbus wird zu einem weltlichen Christus, der alle Borniertheit und Brutalität der Menschen als Schuld auf sich nimmt. So zumindest kann die Oper aus ihrem Subtext gedeutet werden – zur Klarheit eines Dramas widerstreitender Ideen dringt sie indes nicht vor.

Dramaturgisch überzeugt das in der Tableaufolge der Grand Opéra großräumig angelegte Werk. Das thematische Vorbild von Meyerbeers AFRIKANERIN ist deutlich, besonders in der Figur von Colombos Gegenspieler Roldano, der im II. Akt während der Überfahrt eine Meuterei nach dem Vorbild von Meyerbeers Nelusco anstiftet und am Ende des IV. Akts den Titelhelden gefangen nehmen lässt. Und wie bei Meyerbeer sind bewusst Liebeshandlungen zwischen Angehörigen verschiedener Rassen in den Ablauf montiert, die mit ihrem potenziellen »Ritual des versuchten Ausbruchs« aus der gesellschaftlichen Konvention das Musiktheater einbinden in die Geschichte der abendländischen Aufklärung und zum Ort der Utopie werden lassen: »In der Oper transzendiert der Bürger zum Menschen«. Bei Franchetti, der seinen traurigen Titelhelden selbst aus dieser Spannung ausblendet, ist das Motiv verdoppelt: instrumentalisiert in der Beziehung der indianischen Fürstin Anacoana zum Columbus-Gegner Roldano, die beide durch den jeweils anderen politische Ziele verfolgen, idealisiert in der Begegnung zwischen Anacoanas Tochter Iguamota und dem Colombo-Vertrauten Guevara.

Dieses Spannungsfeld wird musikalisch partiell fruchtbar gemacht. Franchetti, der auf die Benutzung folkloristischer Musik in dem vom Gesang der Königin immer wieder unterbrochenen Tanz der Eingeborenen im III. Akt ebenso wie in der Klage der Indios über ihre von Roldano ermordete Königin im Finale IV verzichtete, geht in der Behandlung des Lokalkolorits keineswegs über Meyerbeer hinaus. Das verunklart die Position der Menschen, zumal ihnen auch ein Liebesduett über die Rassen hin verweigert wird. Eindrucksvoll allerdings ist Guevaras Bericht von der Erscheinung eines Indianermädchens im III. Akt: ein Arioso mit obligater Flötenbegleitung, aus der sich Iguamota leibhaftig herausentwickelt: Erzählung, Musik und szenischer Vorgang vermischen sich ähnlich miteinander wie im Epilog, wo ein langes Flötensolo eine schöne musikalische Figur für die zum Himmel auffahrende Seele Colombos bildet.

Zu den Stärken des orchestral und vor allem in den teilweise polyphon gesetzten chorischen Partien anspruchsvollen Werks gehören unter zahlreichen reinen Orchesterpassagen das Vorspiel zum Epilog und Franchettis Kunst, große Ensembles aufzubauen. Das dramaturgisch schlagendste Beispiel ist die nach dem Vorbild des FLIEGENDEN HOLLÄNDERS als Wechselrufspiel zwischen zwei Schiffen angelegte und in den alle Konflikte vorerst lösenden Schrei *Land!* übergehende Meuterei des II. Akts, wo die Rufe *terra, terra!* zwischen Frage und Jubel rhythmisch im Wechsel von Drei- und Viervierteltakt sowie dynamisch als gewaltige Steigerung eingefangen sind. Diese Steigerung ist umso wirkungsvoller, als der Akt zuvor mit dem unheimlich auf die extremen Klangregister verteilten Unisono des Orchesters und dem Traummonolog Colombos die Zweifel am Sinn der Unternehmung ebenso wie das Verlassenheitsgefühl während der Überfahrt mit dem subjektiv empfundenen Stillstand der Zeit düster ausbreitet.

Das ›Dramma lirico‹ verdankt viel seinem frühen Förderer Toscanini. Der Dirigent übernahm 1892 im Genueser Teatro Carlo Felice schon von der dritten Vorstellung an die musikalische Leitung, und die Mailänder Premiere desselben Jahres erfuhr nach Anregung durch Toscanini, der die Wiederaufnahme der revidierten Fassung 1895 in Genua übernahm, eine wesentliche Änderung: den Verzicht auf die ursprünglich vorhandene Liebesbeziehung zwischen Colombo und Anacoana. Toscanini war auch die treibende Kraft für weitere Änderungen, die Franchetti für die Mailänder Aufführungen 1923 vornahm. Obwohl das Werk im jungen Gustav Mahler bei der deutschen Erstaufführung 1893 in Hamburg (Übersetzung: Ludwig Hartmann) einen weiteren Fürsprecher und vor allem in der Neuen Welt Aufmerksamkeit fand, konnte es sich trotz gelegentlicher Wiederaufführungen – so 1996 in Kiel – und des Einsatzes von führenden Baritons wie Riccardo Stracciari, Pasquale Amato, Titta Ruffo, Carlo Galeffi oder 1991 Renato Bruson bei konzertanten Aufführungen in Frankfurt/Main für die gewaltige, 1892 von Giuseppe Kaschmann kreierte Titelpartie nicht im Repertoire behaupten. Der Hauptgrund dürfte darin zu sehen sein, dass es dem weit gehend durchkomponierten Werk an einer vokalstilistischen Austarierung des orchestralen und chorischen Primats fehlt: Franchetti ist als Melodiker Catalani merklich unterlegen, und erst recht kann sein »Melos nicht mit dem Pathos Verdis, der Glut Mascagnis oder dem Sentiment Puccinis aufwarten«.

GERMANIA

Dieser Mangel Franchettis zeigte sich umso deutlicher, je weniger spektakulär seine historischen Musikdramen in Massenszenen angelegt waren: GERMANIA (Mailänder Scala 1902 unter Arturo Toscanini) nutzt die antinapoleonischen Freiheitskriege in Deutschland lediglich als austauschbaren Rahmen für die tragische Liebesgeschichte der jungen Ricke zwischen den Freunden Federico Loewe und Carlo Worms. Dass diese Privathandlung im Libretto Illicas durch die hinter der Szene als allegorische Germania figurierende Preußenkönigin Louise ins Patriotische sublimiert wird, macht aus dem Melodramma noch lange kein Ideendrama – die Einbindung des privaten Schicksals einer Dreieckstragödie in die Weltgeschichte wirkt beispielsweise in Umberto Giordanos ANDREA CHÉNIER weit organischer. Wenn nach dem Tod der im Freiheitskampf vereinten Nebenbuhler Ricke im Epilog auf dem Schlachtfeld von Leipzig erscheint – die Völkerschlacht selbst wird in einem symphonischen Intermezzo unter Benutzung von Wagnertuben geschildert –, bleibt ihr nach dem doppelten Verlust umso tiefer ins Bewusstsein graviertes Freiheitsideal unvermittelt: Es findet sich nur in Illicas Regieanweisungen.

Wenig überzeugt auch der teilweise durch die Statisterie bewerkstelligte Einbezug berühmter Gestalten der deutschen Geistes- und Militärgeschichte in den Ablauf. Der Mythisierung der 1810 früh verstorbenen preußischen Königin Louise entspricht die Umfunktionierung der hauptsächlich durch reguläres Militär erzielten Erfolge in den Freiheitskriegen zum Triumph eines Volkskriegs. Was in der deutschen Realität ein psychokollektiver Vorgang der Selbstbehauptung nach der preußischen Katastrophe von Jena und Auerstedt war, wirkt auf dem Musiktheater als Fremdkörper, wenn Volks- und Studentenlieder wie *Weißt du, wie viel Sternlein stehen* oder *Gaudeamus igitur* erklingen. Auch das persönliche Auftreten von Theodor Körner und Carl Maria von Weber macht dessen Vertonung des Dichterlieds mit dem zündenden Refrain *Das war Lützows wilde verwegene Jagd* dramaturgisch nicht sinnfälliger. Vielleicht erklärt diese in die unfreiwillige Komik umschlagende Plakativität, warum das tendenziell wie CRISTOFERO COLOMBO durchkomponierte Werk nach der deutschen Erstaufführung 1908 in Karlsruhe (Übersetzung: Alfred Brüggemann) keine

Nachwirkung hatte. In Erinnerung geblieben ist es weniger durch gelegentliche Wiederaufführungen, so 1926 durch Toscanini an der Mailänder Scala oder 1953 in Reggio Emilia, als dadurch, dass Enrico Caruso kurz nach der Uraufführung Fred Gaisberg in einem Mailänder Hotel die beiden Ariosi des Federico aus dem Prolog und I. Akt in den Trichter sang und damit Schallplattengeschichte machte: *Studenti, udite* und *Non chiuder gli occhi*.

NORDKOMPLEX ODER DANNUNZIANISMUS?

Man muss die Deutschtümeleien der GERMANIA jenem Nordkomplex italienischer Komponisten zuschreiben, der Catalanis LORELEY und LA WALLY ebenso hervorgebracht hat wie Puccinis LE VILLI und Mascagnis Heine-Vertonung GUGLIELMO RATCLIFF. Er war ein Pendant zu jenem von Nietzsches Dionysos-Dithyramben ausgelösten Preis der Südlichkeit durch deutsche Dichter und Denker, wie er in den frühen Romanen Heinrich Manns und in Gottfried Benns Lyrik aus der Zeit des Ersten Weltkriegs kulminierte. Benn hat ihn später in seinem DOPPELLEBEN ironisiert als ligurische Komplexe, aber es waren verzweifelte Versuche der Grenzüberschreitung nach Süden, der Flucht aus dem verdinglichten »Nebel- und Niflheim der germanischen Mythologie«. Dass sich ein Stück wie Franchettis GERMANIA in Italien nicht im Repertoire halten konnte, erklärt sich nicht zuletzt aus einer hauptsächlich durch den Klassizismus Giosuè Carduccis ausgelösten nationalkulturellen Strömung um die Jahrhundertwende. Ihre Auswirkungen zeigten sich etwa in der eisigen Aufnahme, die Leoncavallo mit seinem Hohenzollernlob in dem für den deutschen Kaiser Wilhelm II. geschriebenen Auftragswerk DER ROLAND VON BERLIN ein Jahr nach der Berliner Uraufführung bei der italienischen Premiere 1905 in Neapel erlebte.

So wurde die Deutschtümelei ein Privileg für die Kitschetage des Musiktheaters: etwa in Stefano Donaudys TEODORO KOERNER (Hamburg 1902) oder EIDELBERGA MIA (Genua 1909) von Ubaldo Pacchierotti, das auf das später in Sigmund Rombergs Musical THE STUDENT PRINCE (1924) und dessen Verfilmungen (u. a. 1954 mit der Stimme von Mario Lanza für den studierenden Erbprinzen) zu transatlantischer Popularität gekommene Rührstück ALT-HEIDELBERG (Berlin 1901, *WA* Stuttgart 1995) von Wilhelm Meyer-Förster zurückgeht. Die nationalkulturelle Renaissance erfasste in Italien auch die Musik und führte zur Ausgrabung lange vergessener Werke wie Galuppis IL FILOSOFO DI CAMPAGNA 1907 durch Ermanno Wolf-

Ferrari in Venedig, zwei Jahre später in Mailand zur konzertanten Wiederaufführung von Monteverdis ORFEO durch Giacomo Orefice. Wenn dieser Historismus auch erst bei Gian Francesco Malipiero und Ildebrando Pizzetti als geradezu methodischer Verzicht auf Techniken der Durchführungsmusik und in der Herausbildung eines neomadrigalistischen Stils produktiv werden sollte, so gab der Musikhistoriker Luigi Torchi schon 1897 im Vorwort des ersten Bandes seiner italienischen Musikgeschichte die Losung aus, die klassische Musik Italiens sei »in dem Land, wo ihre Wiege stand und wo sie schön und kräftig heranwuchs, völlig vergessen worden und konnte infolgedessen keinen entscheidenden Einfluß auf die Bildung der Künstler und auf die musikalische Erziehung des italienischen Volks ausüben. Möge sie nun, wie ihre Schwestern, in den verschiedenen Phasen ihrer Entwicklung und in ihren herrlichen Denkmalen wiederaufleben«.

Ein wichtiges Hilfsmittel in dieser musikkulturellen Neubesinnung war der von Gabriele d'Annunzio propagierte literarische Archaismus, der in seinem Roman IL FUOCO (Feuer; 1900) wiederum durch die 1886 edierte Neuauflage von Benedetto Marcellos ARIANNA angeregt war. In diesem einstigen Sensationswerk figuriert er als Subtext zu der an Richard Wagners letzten Aufenthalt in Venedig geknüpften und kaum verhüllten autobiographischen Auseinandersetzung des Dichters mit seiner Lebensgefährtin Eleonora Duse. Es mag der Ironie der Musikgeschichte zugeschrieben werden, dass ausgerechnet Franchetti nach der Deutschtümelei seiner GERMANIA mit LA FIGLIA DI IORIO zum ersten Komponisten eines Textes d'Annunzios auf dem Musiktheater wurde: vor Mascagni mit PARISINA (1913), Riccardo Zandonai mit FRANCESCA DA RIMINI (1914), Pizzetti mit FEDRA (1915) und Italo Montemezzi mit LA NAVE (1918). Diese Kehrtwendung des Komponisten dürfte weniger auf eine bewusste ästhetische Entscheidung zurückzuführen sein als auf den Zufall, dass d'Annunzio vor der für die Duse geschriebenen Pastoraltragödie LA FIGLIA DI IORIO (Die Tochter des Iorio; 1904) seine Bühnenstücke in Prosa verfasst hatte: für einen dem Verismus strikt ablehnend gegenüberstehenden Komponisten wie Franchetti keine Verlockung zum Vertonen.

Aber selbst die Bereitschaft des Dichters, sein eigenes Theaterstück für die Zwecke der Musikbühne einzurichten, führte zu keinem Erfolg. Der musikalischen Sprache des Komponisten, die zwischen milder Bukolik und chromatischem Wildwuchs wechselt, geht »die Fähigkeit ab, d'Annunzios psychologische Charakterisierung einer prärationalen Gesellschaft auszudrücken, in der Aberglaube und absolute Autorität der älteren Generation jedes kohärente ethische System ersetzen. Dieses fundamentale Mißverständnis der Dramaturgie d'Annunzios überschattete die« 1906 in der Mailänder Scala uraufgeführte Oper. Der stellvertretende Feuertod, den Mila, die Tochter des Schlangenfängers Iorio, für ihren geliebten Hirten Aligi erleidet, der aus Eifersucht seinen Vater ermordet hat, konnte musikalisch nicht die Ekstase von Milas in Italien zum geflügelten Wort gewordenem Schrei auf dem Scheiterhaufen des Sprechtheaterstücks erreichen: »La fiamma è bella!« (auch der 1954 von Ildebrando Pizzetti vorgelegten Neuvertonung der FIGLIA DI IORIO war kein Erfolg beschieden).

ANTONIO SMAREGLIA (1854–1929)

Franchettis Musikschrei war einfach nicht laut genug, um sich gegen die dem Verismus zugeschriebenen Komponisten zu behaupten – ein Schicksal, das er mit vielen Zeitgenossen teilte: etwa Antonio Smareglia, der nach einem Libretto Luigi Illicas mit LE NOZZE ISTRIANE (Die Istrische Hochzeit; Triest 1895; Wiener Volksoper 1908) zwar einen beispielsweise Anfang des 20. Jahrhunderts von James Joyce geförderten Erfolg hatte, aber letztlich deshalb in Vergessenheit geriet, weil er einen veristischen Stoff unter Verzicht auf jede Krassheit in Musik umsetzte. Auf Grund seiner istrischen Herkunft offen für deutsche Einflüsse, vor allem Wagners, und auch für slawische Intonationen – besonders in den Volksszenen seines CORNIL SCHUT (Triest 1900; in der Übersetzung von Ludwig Hartmann als CORNELIUS SCHUT 1893 in der Dresdner Hofoper uraufgeführt) – blieb ihm letztlich die veristische Bewegung wesensfremd.

So wandte er sich nach LE NOZZE ISTRIANE Stoffen im Geist des Dannunzianismo zu und erregte mit der phantastischen Komödie OCEÀNA 1903 in der Mailänder Scala die Begeisterung des Dichters. Toscanini, der die Uraufführung leitete, spielte später in seinen Konzertprogrammen oft die für eine italienische Oper erstaunlich symphonisch wirkende Ouvertüre. Von Smareglias Orchestrierungskunst zeugt die aus dem mit seiner Meeresaura und den Sirenenklängen beeindruckenden II. Akt dieser Oper abgeleitete Orchestersuite ebenso wie sein ›Dramma lirico‹ ABISSO (Abgrund; Mailänder Scala 1914), in dem sich mehr als nur ein Reflex der SALOME von Strauss zeigt. Doch Joyce sollte mit seiner Prophezeiung nicht Recht behalten, Smareglia werde mit der ISTRISCHEN HOCHZEIT überleben. Obwohl sie mit den Protagonisten der CAVALLERIA RUSTICANA uraufgeführt wurde – Gemma Bellincioni und Roberto Stagno –, ist sie heute sogar in Italien nur noch ein Stück Regionalkultur: »Ein Opernkomponist wie Smareglia, der nur anständige Mittel verwendet, allen groben Effekt verschmäht, muß Achtung, ungeheuchelte Sympathie einflößen. Freilich, das Theater bleibt Theater« – nicht zuletzt für das Publikum, und das jubelte den Veristen zu.

DER VERISMO

Als Bizets CARMEN 1880 erstmals in Berlin gegeben wurde, bewirkte sie beim Publikum eine gemischte Reaktion: »Auch in Berlin widersprach es der guten Sitte, eine Dirne zur Heldin eines Stückes zu machen. Die Großstadtnerven fühlten sich von ihr nicht unangenehm berührt, aber die Biederkeit, die noch nicht durch die Schule des Naturalismus gegangen war, rief Ach und Wehe ob dieser zynischen Verhöhnung der Moral, ob dieses Hymnus auf schrankenlose Leidenschaft«. Was der nachgeborene Kritiker festhielt – Adolf Weißmann war beim Ereignis erst sieben Jahre alt –, ist vor allem wegen seiner Zeitphasenverschiebung bemerkenswert. Denn um 1880 konnte in Berlin von einer allgemeinen und gar freundlichen Rezeption des Naturalismus nicht die Rede sein, seine deutsche Spielart entwickelte sich ausgehend von Émile Zola – dessen grundlegende theoretische Schrift LE ROMAN EXPÉRIMENTAL von 1880 nicht vor 1904 in deutscher Übersetzung erschien – erst von der Mitte der 1880er Jahre an. Zudem wurden die ersten naturalistischen Ansätze in Deutschland von der national gestimmten Fachkritik ebenso wie ihre ausländischen Voraussetzungen verteufelt als »Verneinung jedes positiven schöpferischen Gedankens«.

Gerade in Hinsicht auf die schöpferische Darstellbarkeit angeblich niederer Motive und Stoffe besaß die 1875 uraufgeführte CARMEN revolutionäre Sprengkraft. Diese verwirklichte sich weniger in Alfred Bruneaus Versuchen, Vorlagen Zolas teilweise sogar in der Einrichtung des Dichters für das französische Musiktheater zu gewinnen, als in dem ungeheuren Erfolg der veristischen Oper, der 1890 mit Mascagnis CAVALLERIA RUSTICANA einsetzte – auch in Deutschland (→ S. 69 f.). Dort hatte die Dominanz der realitätsfernen wagnerschen Mythik die Komponisten in eine Art Zwangsneurose geführt, die – produktiv aufgelöst erst durch die Kunstmythen Hugo von Hofmannsthals für Richard Strauss – Anlass zu hysterischem Epigonentum oder Absetzbewegungen in volkstümelnde Genres, die Märchenoper und den veristischen Reißer gab. In Italien war die Erfolgswelle des Verismus stärker als in Deutschland aus einer soziokulturellen Motivation hervorgegangen: als Protest der um 1860 geborenen Generation der ›Jungitalienischen Schule‹ (giovane scuola italiana) gegen die Realitätsferne in der Kunst.

Der Erfolg der veristischen Oper war auch einer der Enttabuisierung des im ernsten musikalischen Genre auf der Bühne Darstellbaren. Der mit Mascagnis CAVALLERIA und Leoncavallos Pendant PAGLIACCI inthronisierte Aufstieg von Alltagsmenschen, Armen und Außenseitern zu Protagonisten bedeutete auch die Verabschiedung eines psychologisierenden und idealisierenden Überbaus. Im Unterschied zum literarischen Naturalismus werden in der sich nun betont realitätsnah gebenden Oper die affektiven Zuspitzungen bis hin zum Mord auf offener Bühne keineswegs aus einem Kausalgeflecht sozialer Beziehungen erklärt, und im Gegensatz zur Tradition der Musiktragödie bleibt dem finalen Tod jede Sinnzuweisung durch musikalische Verklärung vorenthalten. Das gesprochene Schlusswort Canios nach seinem Doppelmord in Leoncavallos BAJAZZO *Die Komödie ist zu Ende!* und der anonym-kollektive Ruf *Sie haben Vetter Turiddu umgebracht!* am Schluss der CAVALLERIA sind neben dem Schrei, wie er zweifach von den beiden Frauen nach dem Selbstmord Federicos in Cileas L'ARLESIANA oder auch ohne Notierung in der Partitur von mancher Protagonistin in Puccinis TOSCA bei ihrem Selbstmordsprung gern ausgestoßen wird, die klassische Finalformel für die veristische Oper. Sie bekundet die nackte Faktizität und zielt damit auf den Kern des musikalischen Verismus: »Ermordete brechen zusammen, Sterbende verlöschen, sie singen nicht noch einmal, der Schwanengesang ist ihnen verwehrt«.

Der unkommentiert bleibende Einbruch der außermusikalischen Wirklichkeit in das Musikdrama kündigt dessen im Gesang immer noch durchtönende orphische Transzendierung des Wirklichen zu Gunsten einer antiidealistischen Immanenz auf. Das war ein fanalartiger Einbruch auf der Ebene der Hochkultur: Protest gegen einen Kunst-Moralismus, wie er nach der Etablierung des italienischen Nationalstaats in Fortführung Manzonis nicht erst mit Emilio de Marchis Feuilletonroman IL CAPPELLO DEL PRETE (Der Hut des Pfarrers; 1888) als Gegengewalt zum französischen Naturalismus in auktorialem Erzählstil mobilisiert wurde und massenkulturelle Triumphe feierte. Als Begleiterscheinung zum 1877 per Gesetz verkündeten Schulzwang geschah das volksbildnerisch auch durch das in Umberto Ecos Tagebuch DIARIO MINIMO 1963 protofaschistischer Tendenzen bezichtigte Kinderbuch CUORE (1886) von Edmondo de Amicis, das reaktionäre Gegenstück zu den erstmals 1881 unter dem Verfasser-Pseudonym Collodi erschienenen ABENTEUERN DES PINOCCHIO von Carlo Lorenzini. Die von de Marchi und de Amicis zum nationalen Kulturgut umfunktionierte Bigotterie der trivial-idealistischen Positionen lebte noch in den Geschichten und Filmen um Don Camillo und Peppone im 20. Jahrhundert fort. Gegen solche Schwundstufen des Idealismus – schon von der Grundschule an zwanghaft verbreitete Apologien des angeblich Wahren, weil Guten und Schönen – revoltierte die veristische Oper auf der hochkulturellen Ebene, indem sie diese verließ.

ZWISCHEN KINO UND KRIMI

Dieser Protest ist nicht aus einem durchgehenden sozialkritischen Engagement der von Puccini überragten Generation der Jungitalienischen Schule zu erklären; gerade die Protagonisten des musikalischen Verismo, Mascagni und besonders Leoncavallo, versuchten sich des Erfolgs wegen in allen Sätteln des musikdramatischen Gewerbes. Eher bietet sich als Erklärung für den durchschlagenden Erfolg der veristischen Oper komplementär zu dem erwähnten soziokulturellen Aspekt ein mediengeschichtlicher an: die Oper verbürgerlichte am Ende ihres dritten Jahrhunderts zu einer Volkskunst, deren massenkulturelle Wirkungskraft durch die Absage an thematische und strukturelle Vorgaben der hochkulturellen Tradition die Faszination von Kino und Kriminalroman vorwegnahm.

Unter diesem Horizont erweist sich der Begriff des Verismo vergleichbar anderen Entlehnungen aus der Kunst- und Literaturwissenschaft als problematisch für die musikalische Terminologie. Literarhistorisch wird er für eine sizilianische Spielart des Naturalismus gebraucht. Giovanni Verga, der eine Zeit lang der ›scapigliatura‹ und dem Impressionismus nahe gestanden hatte, fand nach der ihm durch Luigi Capuana vermittelten Kenntnis der Thesen des französischen Naturalismus durch den thematischen Bezug auf das Leben der einfachen Leute in seiner sizilianischen Heimat den Weg zu einem autochthonen Erzählstil. Das geschah erstmals in der Novellensammlung VITA DEI CAMPI (Leben auf dem Lande; 1880) und dem Roman I MALAVOGLIA (Die Malavoglia; 1881). Obwohl Verga mit der Dramatisierung der am Beginn der Novellensammlung stehenden CAVALLERIA RUSTICANA für Eleonora Duse 1884 einen Sensationserfolg hatte, der durch Mascagnis Vertonung noch verbreitert und verlängert wurde, kam er – in der Beziehung gibt es eine Parallele zu Mascagni und der im Sog seiner Erfolgsoper entstandenen Werke auf dem Musiktheater – bei der generell dem Dannunzianismus verfallenen Literaturkritik in Italien meistens schlecht weg. Erst durch den Neorealismus des postfaschistischen italienischen Films – Luchino Visconti verfilmte I MALAVOGLIA 1948 zu LA TERRA TREMA (Die Erde bebt) – wurde er in seiner Bedeutung erkannt.

Diese ist nicht nur in der thematischen Einengung auf das reale Leben der meist unteren Schichten seiner Heimat zu sehen, sondern auch in Vergas spezifischer Erzählweise. Das verdeutlichen schon die Anfangssätze des Romans, in abgeschwächter Weise auch die der Novelle CAVALLERIA RUSTICANA. Vergas Kunst besteht darin, dass er den auktorialen Erzählvorgang, die Selbstkundgabe eines außerhalb der dargestellten Welt stehenden Erzählers, aufgibt zu Gunsten eines choralen Erzählstils, der die Vorgänge mit punktuellem Perspektivenwechsel aus der Wahrnehmung der nur mittelbar am Vorgang Beteiligten beschreibt. Daraus ergibt sich ein ständiges Changieren zwischen verschiedenen Erzählebenen, wodurch auf der einen Seite dem Originalton-Realismus der Dokumentationsliteratur, auf der anderen Seite der Schnitt-Technik des Nouveau Roman und des Films vorgegriffen wird. Verbunden ist dieser Stil mit einer räumlich eng umgrenzten Zeitaktualität und der Verwendung sprachlichen Lokalkolorits. Deshalb ist der literarische Verismus ein auf die unterentwickelten Randprovinzen Italiens begrenzter Regionalismus geblieben.

Von alledem kann in den veristischen Opern kaum oder gar nicht die Rede sein. Zwar lässt Mascagni im Vorspiel zur CAVALLERIA RUSTICANA Turiddu sein Ständchen in sizilianischer Mundart singen, aber der Partitur ist die italienische Übersetzung – zum alternativen Gebrauch – mitgegeben, und das musikalische Lokalkolorit, die dreitaktig angelegte Phrasenlänge, wird schon zu Beginn von Turiddus Ständchen durch einen ganztaktigen Halteton zur klassischen Viertaktigkeit nivelliert. Auch sonst lassen sich in seiner Oper, die der traditionellen Versifizierung folgt und nicht dem Erzählduktus der Novelle oder der Prosa von Vergas Dramatisierung, kaum Bezüge auf die zeitgenössische Realität von Spielort und -zeit ausmachen. Eins der Spezifika der veristischen Oper, die bis zur Blutrünstigkeit reichende Grausamkeit, kann wie in der von Toscanini uraufgeführten CASSANDRA von Vittorio Gnecchi (Bologna 1905; Wien 1911, *WA* Lübeck 1975) auch am antiken Stoff des Atridenmythos exemplifiziert werden – das Werk ging weniger deshalb in die Musikgeschichte ein als wegen des von ihm gegen die ELEKTRA von Richard Strauss abgeleiteten Plagiatvorwurfs.

In Puccinis TOSCA und Giordanos ANDREA CHÉNIER haben wir es mit mehr oder weniger genau lokalisierbaren Geschichtstragödien zu tun, und Mascagni scheute sich in IRIS so wenig wie Puccini in TURANDOT, die Unwirklichkeit einer exotisch fernen Welt zu schildern (die von MADAMA BUTTERFLY ist dagegen in ihrem Kolorit als veristisch im wertenden Sinn zu bezeichnen). Giordano wechselte in FEDORA – mit dem schon auf den späteren Mountainbike-Tourismus vorschießenden Einfall, einen Sopran ausgerechnet in den Schweizer Alpen das Lob des Radfahrens singen zu lassen – zwischen St. Petersburg, dem Berner Oberland und Paris. Dort spielen auch Cileas ADRIANA LECOUVREUR und Puccinis veristischste Oper IL TABARRO (Der Mantel), ebenso dessen und Leoncavallos BOHÈME. Leoncavallo wiederum nahm einen dokumentarischen Wirklichkeitsbezug für seinen BAJAZZO durch den Hinweis auf ein eigenes Erlebnis in Anspruch, nach dem die Oper gestaltet sei; aber die Behauptung war falsch, sie diente mehr der Abwehr eines Plagiatvorwurfs als der Legitimation einer Wahrscheinlichkeitsästhetik (→ S. 203 f.). Die Authentizität seiner Oper erklärt sich nicht durch einen Realitätsbezug, nicht einmal durch ihren dem literarischen Verismus entsprechenden Rahmen von Spielort und Sozialmilieu, sondern durch die Kohärenz der künstlerischen Ebenen, auf denen die Handlung aus dem Zusammenprall von Spiel (im Spiel) und (dargestellter) Wirklichkeit entwickelt wird.

Insgesamt hat das Kleine-Leute-Milieu der veristischen Literatur nur gelegentlich – wie in Puccinis MANTEL – den Weg in die veristische Oper gefunden, die sozialen Spannungen von Vergas CAVALLERIA RUSTICANA spielen in Mascagnis Einakter keine Rolle, das Personal in den Opern der ›giovane scuola italiana‹ rekrutiert sich häufig aus Künstlern, was – in Fortsetzung des Antonia-Akts aus HOFFMANNS ERZÄHLUNGEN oder der zweiten Szene aus PIQUE DAME – ein Klavier auf der Bühne als natürliches Requisit erscheinen lässt: sogar verstimmt im Künstlerfest von Leoncavallos LA BOHÈME, in seiner ZAZÀ mit der Verwendung eines Ave Maria von Cherubini, in Giordanos FEDORA, wo während eines chopinesken Solos ein Mord gestanden wird, und in Puccinis LA RONDINE. In Leoncavallos BOHÈME wird aus der Dominanz von Künstlern unter dem männlichen Opernpersonal die schon auf den späteren Neoklassizismus vorausweisende Praxis kulturhistorischer Binnenbezüge abgeleitet: ein Verfahren, das seinen PAGLIACCI (→ S. 207) die ästhetische Festigkeit eines doppelten Bodens sichert. Zu den bevorzugten Protagonisten der veristischen Opernepoche gehören auch Adlige, Großbürger und bedeutende – teilweise sogar historische – Persönlichkeiten. Ein spezifisches Zeit- und Lokalkolorit ist damit aber nur in Ausnahmefällen verbunden, etwa der Kantate im II. Akt oder dem Schäferlied zu Beginn des III. von TOSCA. Die moderne Arbeitswelt, sofern sie überhaupt auftaucht, hat nichts Naturalistisches an sich. Giordanos MALA VITA, nach einer Erzählung von Salvatore di Giacomo, bildet im Hinterhofmilieu keine proletarische Subkultur ab, vielmehr prunkt das Stück, kulminierend in einer Tarantella, mit dem neapolitanischen Lokalkolorit des Piedigrotta-Gesangsfests, dem schon Luigi Ricci 1852 in seiner Komödie LA FESTA DI PIEDIGROTTA gehuldigt hatte.

LANDLEBEN UND STRIPTEASE

Das ländliche Leben, in Cileas L'ARLESIANA und Mascagnis L'AMICO FRITZ idyllisiert und in Mascagnis LODOLETTA immerhin als Quelle von Fremdenhass sichtbar gemacht, hat mit der veristischen Einlassung auf das Elend der Landbevölkerung nicht das Mindeste gemein. Das gilt auch für nicht-italienische Formen der veristischen Oper. Die Armut der mitgiftlosen Titelheldin in Massenets Beitrag zum Genre LA NAVARRAISE wird in ihrem Kampf um eine Mitgift weniger sozial als sozio-erotisch zugespitzt: um das Mädchen dem Geliebten als käuflich erscheinen zu lassen (→ Bd. II, S. 895). In Eugen d'Alberts Erfolgsstück TIEFLAND wird sogar »das Leben in den Bergen in totaler Verkennung der Realität als das wahre Leben, als allein Glück und Humanität gewährend gepriesen«: nach der Erdrosselung des diesem Glück entgegenstehenden Menschen. Die Tendenz der veristischen Oper, die Kategorien des literarischen Verismo im Zweifelsfalle nur marginal zu erfüllen, strahlte eben über Italien aus und findet sich auch in exterritorial uraufgeführten italienischen Werken wie Ermanno Wolf-Ferraris I GIOIELLI DELLA MADONNA (Der Schmuck der Madonna; Berlin 1911), Franco Leonis im Chinesenviertel von San Francisco spielendem L'ORACOLO (Das Orakel; London 1905, Kiel 1990), Puccinis MÄDCHEN AUS DEM GOLDENEN WESTEN, in Annäherung an den realen Spielort 1910 in New York uraufgeführt, oder dem Paradoxon, ein Unikat zu verdoppeln: Domenico Monleones Verga-Vertonung CAVALLERIA RUSTICANA (Amsterdam 1907).

Mit dem literarischen Verismus teilt der musikalische tendenziell die Sympathie für die untersten Sozialmilieus: Der Einbruch des hungernden Mob in die Adelsgesellschaft im I. Akt von Giordanos ANDREA CHÉNIER vermittelt durch den gewaltigen Effekt auch eine historische Momentaufnahme. Ähnliches gilt für die Entfesselung lange Zeit tabuisierter Erotika: was in Aubers FRA DIAVOLO durch die unfreiwilligen Zuschauer die Frivolität einer Doppelmoral gewann (→ Bd. II, S. 343 f.), wird durch den Striptease der Titelheldin in Leoncavallos ZAZÀ zum unverstellten Aphrodisiakum. Ins Wirkungsrepertoire der veristischen Oper, deren punktuelle Emanzipation des gesprochenen gegenüber dem gesungenen Wort – am deutlichsten in Cileas ADRIANA LECOUVREUR (→ S. 218) – mit dem

Verzicht auf vielstimmige Ensemblesätze parallel läuft, gehören ebenso die zumindest akustische Ausstellung schierer Brutalität – die Schreie des gefolterten Cavaradossi in TOSCA – und die Darstellung explodierender Affektzuspitzungen bis hin zu Mord und Totschlag ohne idealisierenden Überbau.

Bezieht man die ästhetische Kategorie der choralen Erzählperspektive als entscheidend für den literarischen Verismus in die Betrachtung ein, kann von den Komponisten der ›giovane scuola italiana‹ allein Puccini mit der skrupulös szenographischen Verfahrensweise und der mikro-organischen Durchdringung von Vokal- und Orchesterklang ein Personalstil der kongenial veristischen Musikalisierung zugestanden werden. Dennoch wäre es falsch, dem spätestens nach seinem Tod beendeten Verismo auf dem Musiktheater mit der zeitgenössischen Großkritik in Italien als Charakteristikum nur die Anhäufung von »Brüll- und Schluchzerarien« (›arie dell'urlo e dei singhiozzi‹) nachzusagen. Die mit CAVALLERIA RUSTICANA schlagartig einsetzende Schleifung der Stilhöhengesetze für die darstellenden Künste hat die Oper durch die veristische Gleichberechtigung der Sozialschichten und Themenvielfalt nicht nur dem Kino und Kriminalroman angenähert. Sie hat rein musikalisch auch jene Gleichberechtigung von Konsonanz und Dissonanz vorbereitet, die in Alban Bergs WOZZECK als Triumph eines intentionalen Verismus kulminierte: mit einer Formgebung aus dem Geist der absoluten Musik, die gegen die Operntradition stand und Giovanni Vergas choralen Erzählstil auf diese Weise für das Musiktheater gewann.

PIETRO MASCAGNI (1863–1945)

Mit seinem sechs Jahre älteren Generationsgefährten Leoncavallo teilt Mascagni, nach Puccini der facettenreichste Komponist der ›giovane scuola italiana‹, das Schicksal, den Welterfolg vom Anfang seiner Laufbahn nie wieder erreicht zu haben. Und wie sein Kollege, der auf Wunsch des Verlegers Sonzogno des BAJAZZO wegen die Arbeit an seiner nach I MEDICI unvollendet gebliebenen Renaissance-Trilogie unterbrach, achtete auch Mascagni CAVALLERIA RUSTICANA geringer als das Projekt, das er diesem Werk zuliebe unterbrechen musste: die Vertonung von Heinrich Heines Tragödie WILLIAM RATCLIFF. Es mutet wie eine Ironie der Geschichte an, dass beide Komponisten nicht mit den Opern Weltruhm genießen, in denen sie ihre musikkulturellen Vorstellungen verwirklicht glaubten.

GUGLIELMO RATCLIFF

Nach dem sensationellen Erfolg seines Einakters CAVALLERIA RUSTICANA revidierte Mascagni die fast fertig gestellte Partitur des letzten für den italienischen Nordkomplex (→ S. 165) bedeutenden Werks 1893/94. Er selbst dirigierte die Uraufführung 1895 – zwölf Jahre nach dem Beginn seiner Arbeit – in der Mailänder Scala (Stuttgart 1895, *WA* Bonn 1997). Zeit seines Lebens betrachtete er den Vierakter als sein bestes musiktheatralisches Werk, bei dem es sich im engen Wortsinn um eine der frühesten ›Literaturopern‹ handelt (die erste Vertonung von Heines Tragödie durch César Cui wies 1869 eingreifendere Kürzungen auf). Sie entstand also früher als die beiden Werke, mit denen dieses für das 20. Jahrhundert dominante Genre in ein allgemeines Bewusstsein trat: Debussys PELLÉAS ET MÉLISANDE 1902 und SALOME von Richard Strauss 1905 – die unvollendet gebliebenen Ansätze in Dargomyschkis DER STEINERNE GAST nach Alexander Puschkin und Mussorgskis DIE HEIRAT nach Nikolai Gogol waren ja sogar in Russland kaum rezipiert worden. Mascagni betonte den neuartigen Aspekt seiner Oper, indem er – ein Novum in der Geschichte der italienischen Editionspraxis – darauf bestand, dass der komplette Dramentext Heines in Andrea Maffeis 1875 entstandener Übersetzung als Libretto gedruckt wurde, und zwar mit Hervorhebung der erstaunlich wenigen unvertonten Passagen.

Mascagnis Texttreue erhellt auch daraus, dass er Maffeis Prinzip übernahm, die bis auf wenige Passagen von Heine durchgehend in Blankversen geschriebene Tragödie mit reimlosen Elfsilblern zu metrisieren: So wurde »GUGLIELMO RATCLIFF zum wahrscheinlich einzigen Beispiel eines italienischen Opernlibrettos, das durchgehend nur ein Versmaß enthält«. Über das statistische Kuriosum hinaus war das insofern von Bedeutung, als Mascagni sich bei der musikalischen Umsetzung der Vorlage paradoxerweise durchaus nicht immer an die vorgegebene poetische Struktur hielt, sondern durch Unterteilung der Verse in metrisch-semantische Einheiten seiner eigenen Wahl eine rhythmische Variabilität der Abläufe erzielte, die schon auf Schönbergs Begriff von der musikalischen Prosa abhebt: für die italienische Oper eine stille Revolution. Mit diesem Kunstgriff war er in der Lage, unter Verzicht auf formal geschlossene Ensemble-Nummern der dramatischen Grundanlage von Heines Schauertragödie zu entsprechen: der Einlagerung erzählender Momente, mit denen die Vorgeschichte in die eigentliche Handlung so eng verwoben wird, dass daraus eine unentrinnbare Fatalität entsteht.

Allerdings konnte Mascagni die Kühnheit seines Entwurfs nicht durchgehend einlösen. Seine Musiksprache mit ihren festen Kadenzierungen zwingt den Text trotz des Hangs zur Durchkomposition manchmal in jene schematischen Bindungen zurück, die er zu überwinden trachtete. Das gilt auch für das Paternoster des Wirtssohns Willie zu Beginn des II. Aktes. »Diese einzige Prosapassage im gesamten Libretto des GUGLIELMO RATCLIFF wird durch ihre Musikalisierung zu einer choralartigen Struktur von überraschend regulärer Formgebung vereinfacht«. Auch hat die lange Entstehungszeit im Werk negative Spuren hinterlassen. So stehen der Konventionalität des Liebesduetts im IV. Akt mit seiner triolischen Emphase und der finalen Parallelführung der Stimmen die finstere Chromatik des Schwarzensteinmotivs im Vorspiel zum III. Akt oder Guglielmos Traumerzählung – eine Vorwegnahme von Freuds Kategorie der multiplen Person – am Ende des II. Akts gegenüber. Diese entwirft mit ihrem Deszendenzmelos über variierend fortgesponnenen Orchesterphrasen ein beeindruckend nachtschwarz-romantisches Porträt des Helden. Guglielmo Ratcliff ist selbst in Anbetracht der obsessionellen Vorliebe der veristischen Komponisten für das heroische Tenorfach eine der strapaziösesten Partien der Literatur – ein Grund dafür, dass sich das Werk nicht im Repertoire halten konnte.

CAVALLERIA RUSTICANA (Ländlicher Ehrenhandel. ›Melodramma‹ in einem Akt, *L* von Giovanni Targioni-Tozzetti und Guido Menasci nach dem gleichnamigen Theaterstück, mit dem Giovanni Verga 1884 seine Novelle von 1880 dramatisiert hatte; Teatro Costanzi Rom 1890; sensationeller Erfolg, der sich teilweise unter Mitwirkung der Uraufführungs-Protagonisten Gemma Bellincioni und Roberto Stagno in anderen Städten und außerhalb der Landesgrenzen wiederholte: Stockholm, Madrid und – in ungarischer Sprache unter Gustav Mahler – Budapest 1890; neben der Originalfassung setzten sich auch landessprachliche Versionen schnell durch: Hamburg, Dresden, Hofoper Wien und Basel nach der gegenüber der Druckfassung stark veränderten Übersetzung von Oskar Berggruen, Prag 1891; Moskau, Warschau, Opéra-Comique Paris 1892; innerhalb von nur zwei Jahren weltweite Verbreitung: ein in der Geschichte der Oper einzigartiger Vorgang; wegen der nicht abendfüllenden Länge meist in Kopplung mit Leoncavallos PAGLIACCI: eine Kombination, die sich als äußerst wirkungsvoll erwies; die Hauptrollen wurden von fast allen Größen im italienischen Fach bevorzugt, wobei die Partie der Santuzza wegen ihrer nicht exponierten Höhenlage auch berühmte Darstellerinnen im Mezzo-Fach fand; erste Schallplattenaufnahme unter Carlo Sabanjo mit dem Ensemble der Mailänder Scala 1916; Mascagni selbst dirigierte die Oper dort zu ihrer Fünfzigjahrfeier 1940 mit auffällig überdehnten Tempi als seine einzige Schallplattenaufnahme).

Die sensationelle Uraufführung vor halb leerem Haus brachte Mascagnis CAVALLERIA RUSTICANA den ersten Preis in dem 1888 zum zweiten Mal von Sonzogno ausgeschriebenen und mit 73 Einsendungen bedachten Einakterwettbewerb für italienische Komponisten unter dreißig Jahren ein: vor zwei heute vergessenen Werken. Vergessen ist auch der Sieger des 1884 erstmals ausgeschriebenen Wettbewerbs, als Puccinis Beitrag LE VILLI wegen Unleserlichkeit des Manuskripts keine Berücksichtigung fand. Sonzogno machte aus der CAVALLERIA mit den Mitteln eines damals noch ungeläufigen Marketings einen Welterfolg: durch die Steuerung publizistischer Maßnahmen ebenso wie durch internationale Gastspiele – so etwa 1892 in Wien. Der bis heute anhaltende Ruhm des Werks hat, stärker als im Fall der stilistisch differenzierter angelegten PAGLIACCI Leoncavallos, das musikalische Bild des Verismus entscheidend geprägt. Umso erstaunlicher sind die Unterschiede der Oper zu ihrer veristischen Literaturvorlage.

VERÄNDERUNGEN DER VORLAGE

Gegenüber der Novelle CAVALLERIA RUSTICANA weist vor der Oper schon das mit Gabriele d'Annunzios Lebensgefährtin Eleonora Duse 1884 uraufgeführte Drama die Eliminierung des ökonomischen Handlungsmotivs auf. In der Novelle hatte während des Militärdienstes des mittellosen Turiddu die ihm versprochene Lola den reichen Fuhrmann Alfio geheiratet. Nach seiner Rückkehr machte Turiddu Santuzza, der Tochter eines wohlhabenden Weinbauern, heftig den Hof, um die Eifersucht Lolas zu erregen. Das gelang ihm bis hin zu Lolas Ehebruch mit ihm. Im Drama fehlen diese Gegensätze zwischen Arm und Reich, die durch eine psychologisierende Aufwertung Santuzzas ersetzt wurden. So weitet sich die lakonisch erzählte Geschichte eines Ehebruchs aus zur Tragödie der entehrten Frau, die einem skrupellosen Mann verfallen ist.

Dieses Moment ist für die Oper insofern strukturierend, als Santuzza sich Turiddus Mutter gegenüber als exkommuniziert bezeichnet und im Gegensatz zur Ehebrecherin Lola nicht den Besuch der Ostermesse wagt. Sie fühlt sich als Außenseiterin, die durch das Maß ihrer sexuellen Obsession gesellschaftliche Normen und Tabus bricht. Analog dazu verwandelt sie sich wenigstens für einen verhängnisvollen Augenblick in eine rächende Furie, indem sie Turiddu verflucht und Alfio über Lolas Ehebruch mit ihm informiert. Dadurch wird sie zum dramaturgischen Gegenpol Alfios mit seinem Beharren auf einem unerbittlichen bäuerischen Ehrenkodex. Dass dieser sich äußerst unehrenhafter Mittel bedient, ist auf dem Weg von der Novelle in die Oper untergegangen: In Vergas Erzählung wirft Alfio im Zweikampf Turiddu eine Hand voll Sand in die Augen und sticht den geblendeten Gegner geradezu ab. Mascagni hat den schon in Vergas Theaterstück eliminierten kritischen Blick auf den von Alfio praktizierten Ehrbegriff dadurch zumindest teilweise zurückgewonnen, dass er den Fuhrmann in seinem Auftrittslied *Il cavallo scalpita* (Rossestampfen, Peitschenknall) gegen den freudigen Wortsinn durch Molltönung, heftige Modulationen, schnelle Posaunenfigurationen und harten Schlagzeugeinsatz auf eine triviale Weise zu einem Super-Escamillo dämonisiert.

Dramaturgisch fehlt aber der Oper das entscheidende Moment der Eigengesetzlichkeit von Alfios Ehrbegriff. Seinem Drama hatte Verga im Gegensatz zur Novelle dadurch eine Klammer gegeben, dass er in der ersten und letzten Szene zwei stumme Carabinieri als Vertreter des jungen italienischen Königreichs auftreten ließ, so dass der durch den rituellen Ohrbiss als Herausforderung eingeleitete Zweikampf zwischen Turiddu und Alfio als Relikt einer mafiosarchaischen Welt im modernen Rechtsstaat erschien: analog zum furienhaften Rachedurst Santuzzas. Unter diesem Aspekt muss das für Santuzza versöhnliche Ende der Oper – im Gegensatz zum Drama wird sie, Turiddus Wunsch entsprechend, von seiner Mutter sozusagen an Kindes statt angenommen – als Abfall in die Kategorie des Rührstücks bezeichnet werden. Die letzten Worte, die in Vergas Erzählung aus Turiddus Kopf nicht mehr über seine durchgeschnittene Kehle nach außen finden: »O Mutter!«, sind nun Santuzza in den Mund gelegt.

Dieser Harmonisierung entspricht die idyllische Zeichnung der Bauern, von deren elender Arbeitswelt im Musiktheater nichts zu spüren ist, sehr viel dagegen von dem vor *goldenen Ähren*, *Vögelchen*, *Myrtenblüten* nicht zurückschreckenden Hang der Librettisten zu einem falschen Arkadien – aber auch hier hat Mascagni, vergleichbar Alfios Auftrittslied, den säuselnden Worten einen abweichenden Kommentar mit scheinbar unpassend chromatischen Klangverschärfungen gegeben. Aus Vergas erzählerischer Kühle – in ihrer veristischen Sachlichkeit durchaus vergleichbar mit Prosper Mérimées CARMEN – ist ein Melodrama geworden, das mit der fast ständigen Präsenz des Chores, der Einhaltung der aristotelischen Einheiten von Ort, Zeit und Handlung und sogar dem knappen Botenbericht von Turiddus Ende das Erscheinungsbild einer attischen Tragödie annimmt. So wird der literarisch vorgebildete Stoff keineswegs in eine neue Form des Musiktheaters gebracht, das veristische Moment bleibt im Wesentlichen auf das Sujet selbst beschränkt, dessen Rohheit in früheren Epochen als nicht kunstfähig beurteilt worden wäre. Der Historiker »steht also der verwirrenden Tatsache gegenüber, daß die exzessive Steigerung einer Melodramatik, die im Zeitalter von Scribe, Dumas und Hugo als Merkmal der ›Romantik‹ galt, ein halbes Jahrhundert später als ›Verismo‹ deklariert wurde«.

DIE WAHRHEIT DER WIDERSPRÜCHE

Obwohl Vergas sich jeder moralischen Wertung enthaltende Erzählung in ein operndramaturgisches Ritual von Schuld und Sühne gezwungen wurde, geht das Konzept nicht im idealisierenden Sinn einer klassischen Tragödie auf: Lola und Alfio jedenfalls kommen so ungestraft davon wie Santuzza. Dieser Erdenrest von Ungerechtigkeit wird bis in die Bigotterie getrieben. Wenngleich Santuzza sich als exkommuniziert bezeichnet und den Kirchenbesuch meidet, nimmt sie doch – sogar als Stimmführerin – am Osterchor der Gemeinde teil. Die Lobpreisung des auferstandenen Christus markiert den denkbar schärfsten Gegensatz zu jenem bösen Osterfluch, mit dem sie kurz danach Turiddu in die Verdammnis stürzen wird. Die Konventionalität dieses Solisten-Chor-Ensembles mit seinen aus der traditionellen Kirchenmusik übernommenen Kadenzierungen lässt im versöhnlichen Osterhymnus das ›Dies irae‹ durchscheinen. Das ist – komplementär zu dem eine Linie der Fatalität erzeugenden tonartlichen Nachhall von Turiddus f-Moll-Siziliana (Nr. 1) in der wutentbrannten Stretta des Duetts Santuzza–Alfio (Nr. 6d) sowie in dem Turiddus Trinklied vorangehenden Chor (Nr. 8) –

eine jener von Mascagni seinem Text musikalisch eingravierten Unschärferelationen, die der CAVALLERIA RUSTICANA über den sensationellen Anfangserfolg hinaus als geheime Substanz einer Nicht-Identität von Aura und Erscheinung das Überleben des eigenen Ruhms sicherten.

Wer nach veristischen Stilmerkmalen sucht, wird in der Oper kaum fündig. Der erwähnte Osterchor mit seinem Orgelklang gehört zwar zum musikalischen Aspekt dieser Kategorie, weil jede Art von Bühnenmusik über klangmalerische Naturnachbildungen hinaus der in der Musik so seltenen Annäherung an die Realität entspricht. Mascagni machte davon aber nicht so entschieden Gebrauch wie Leoncavallo im BAJAZZO, zumal fast die Hälfte der zwölf Nummern in CAVALLERIA RUSTICANA als Bühnenmusiken zu bezeichnen ist. Die darin liegenden Möglichkeiten eines aktivierten Lokalkolorits hat Mascagni indes nicht genutzt: die bei geschlossenem Vorhang wie der Chor in Meyerbeers DINORAH zum Vorspiel gesungene Siziliana Turiddus geht trotz des optionalen Dialekts und des Siciliano-Rhythmus über ein normales Ständchen nicht ins Spezifische hinaus – sehr wohl aber in der Moll-Emphase ihrer Tonwiederholungen und der komplementär zur Funktion Santuzzas im Osterchor (Nr. 4) auf jedes Glück der Transzendenz blasphemisch verzichtenden Vorausdeutung des blutigen Endes.

Lokalkolorit vermisst man auch in Alfios Auftrittslied, in Lolas ›Stornello‹ (Nr. 6b), dessen Volksliedartigkeit eher an die Toskana als an Sizilien erinnert, und sogar in Turiddus Trinklied (Nr. 8). Veristisch darf man indes neben musikalischen Momenten wie den flirrenden Geigen in Turiddus Abschied von der Mutter (Finale: Nr. 9) dessen dramaturgische Funktion nennen. Die Arie geht »der Katastrophe voraus, statt – wie es die Tradition verlangte – als deren lyrischer Widerschein eine falsche Versöhnung zu beschwören«. In die gleiche Kategorie gehört der für eine Oper unübliche dramaturgische Einfall, die Dialoge zwischen Santuzza und Lucia (Nr. 3 und 4) durch den Auftritt Alfios bzw. des Chores sowie die Auseinandersetzung zwischen Santuzza und Turiddu (Nr. 6a und c) durch Lolas Auftrittslied zu unterbrechen. Dadurch gewinnen feste Nummern in einer insgesamt durchkomponierten Szene eine aufstauende Wirkung. Diese retardierenden Momente – zu denen auch das symphonische Intermezzo (Nr. 7) mit dem anschwellenden Geigen-Unisono und dem schönen Quintbass der Harfentöne gehört

– tarieren den geradezu soghaften Ablauf des Geschehens genau aus. Auch die Tatsache, dass der Operngänger nicht von den Liebenden selbst – Lola und Turiddu – erfährt, dass sie ein Paar sind, gehört zum historisch Neuartigen.

SOZIALDEMOKRATISCHE MUSIK

Gattungsgeschichtlich wäre zudem anzumerken, dass mit CAVALLERIA RUSTICANA der Einakter erstmals als Gefäß für die Schilderung eines tragischen Vorgangs bühnenfähig wurde. Auch die Benutzung der – wie immer in der Oper gegenüber der Erzählung klischiert wirkenden – ländlichen Szenerie für einen tragischen Vorgang war etwas Ungewohntes, so dass sich von daher die Symptomatik des Werks für den Stilbegriff des Verismo in der Oper rechtfertigen lässt. Für die immer noch in einem allgemeinen Bewusstsein den Opernverismus repräsentierende CAVALLERIA RUSTICANA mögen zudem Äußerlichkeiten wie Santuzzas geschrienener Osterfluch auf Turiddu und die gerufenen Schlussworte einstehen. Sie sind wie auch Mascagnis Hang, Posaunen für die Stimmverdoppelung zu benutzen und Leittöne zu erniedrigen, Bestandteil jener »Aufdringlichkeit häßlicher Klänge«, die Eduard Hanslick an Mascagnis FREUND FRITZ als »sozial-demokratischen Zug« mit der verabscheuenswerten Tendenz beschrieb, »alles soll gleichberechtigt sein, Disharmonie wie Harmonie«. Abgesehen von der Faszination der Zeitgenossen, die plötzlich einen von Verdi unterschiedenen und in sich kohärenten Musikstil auf dem italienischen Musiktheater vernahmen, war es dieser Aspekt von Zukunftsmusik, der CAVALLERIA RUSTICANA im Gegensatz zur unüberschaubaren Vielzahl ihrer Imitationen am Leben erhalten hat.

L'AMICO FRITZ (Freund Fritz)

Für den künstlerischen Ehrgeiz des Komponisten spricht eindeutig die Tatsache, dass er nicht bereit war, bedingungslos der Erfolgsbahn seiner CAVALLERIA RUSTICANA zu folgen. Neben der Wiederaufnahme der Arbeit an der Vertonung von Heines Tragödie WILLIAM RATCLIFF wählte er – in der ausdrücklichen Absicht, mit seiner Musik und nicht mit einer für das Publikum selbstläuferischen Stoffwahl ernst genommen zu werden – zwei gänzlich unveristische elsässische Pastoralidyllen aus literarischen Vorlagen des französischen Erfolgsgespanns Émile Erckmann und Alexandre Chatrian. Das musikalische Drama I RANTZAU, eine Romeo-und-

Julia-Geschichte auf dem Lande mit gütlichem Ausgang nach der 1882 in Paris uraufgeführten Dramatisierung des Romans LES DEUX FRÈRES (1873), erregte 1892 im Pergola-Theater Florenz wenig Begeisterung und ging ein Jahr später im Londoner Covent Garden sang- und klanglos unter, wo das Werk trotz Teilnahme eines Stars wie Nellie Melba nach nur einer Aufführung abgesetzt wurde (zum Achtungserfolg geriet indes die deutschsprachige Erstaufführung 1893 in Wien mit der Übersetzung von Max Kalbeck). Dagegen konnte sich die ›commedia lirica‹ L'AMICO FRITZ (Freund Fritz; Costanzi-Theater Rom 1891; Frankfurt/Main 1892 in der Übersetzung von Max Kalbeck) nach der 1876 uraufgeführten Dramatisierung ihres Romans L'AMI FRITZ (1864) mit einer punktuellen Aufführungstradition bis heute im italienischen Repertoire halten.

Für die Überlebensfähigkeit des Werks dürfte gerade jener Zug zur Sozialdemokratisierung verantwortlich sein, den Hanslick an Mascagni so heftig getadelt hat. Das Libretto, an dem mehrere Autoren arbeiteten, so dass Nicola Daspuro sich nur unter dem Pseudonym P. Suardon zu ihm bekannte, fängt den nostalgischen Reiz der Idylle recht mühsam ein. Es ist die Geschichte des hagestolzen Großgrundbesitzers Fritz Kobus, mit dem der Rabbiner David eine Wette abschließt, dass er doch noch im Hafen der Ehe landen werde, und der sich schließlich in Suzel, die Tochter seines Pächters, verliebt, ihr seine Liebe aber erst gesteht, als sie einen anderen heiraten soll. Schon Verdi hat das Textbuch als dumm bezeichnet, was ein Vergleich mit dem ähnlichen Anfang von Massenets WERTHER – den Mascagni nicht kennen konnte, da er zwar früher entstanden war, aber erst 1892 in Wien uraufgeführt wurde – verdeutlicht. Aber Mascagnis Musik schafft fast durchgehend den Ausgleich dieses Mankos, weil sie die idyllische Selbstgerechtigkeit des Textes unterläuft.

Schon das walzernde Vorspiel beginnt – gänzlich unmotiviert, wie Hanslick meinte – »mit einer Reihe peinlich dissonierender Accorde, die sich eigensinnig fortspinnen und wiederholen, damit der Hörer ihre feinen Stacheln ja recht empfinde«: verstärkt durch den koloristischen Gegensatz zwischen Pikkolo/Querflöte und zwei Klarinetten. Diese auf leichten Dissonanzen basierende Fortspinnungstechnik mit häufigem Wechsel von Takt und Tongeschlecht prägt den I. Akt. Das Auftrittslied Suzels, die Fritz mit einem Veilchenstrauß zum Geburtstag gratuliert (*Son pochi fiori*), wächst als ausgesponnenes Arioso aus diesem Konversationsstil heraus und enthält durch Mascagnis Hang zu erniedrigten Leittönen einen latent schmerzlichen Charakter: Der Idylle ist nicht recht zu trauen. Das verstärkt sich im Auftritt des Zigeuners Beppe (einer Hosenrolle), der sich mit einem ausgedehnten Violinsolo ankündigt. Er besingt in seinem immer wieder unterbrochenen strophischen Lied das frühere Los armer Waisenkinder, die nun aber von Fritz unterstützt werden (*Laceri, miseri, tanti bambini*). Die Orchesterritornelle versprechen mit ihrer Keckheit jenen Schwung, der sich im Aktfinale mit dem Fernchor der Kinder erfüllt, im Gesang des Zigeuners aber durch die Intensität seines Mit-Leidens verweigert wird.

Im symphonischen d-Moll-Intermezzo vor dem III. Akt – acht der vierzehn Opern Mascagnis weisen ein Zwischenspiel auf – wird der elegische Gesang des Zigeuners emphatisch übersteigert: als Hinweis auf die möglichen kleinen Tragödien, die sich in der Form der Pastoralidylle verbergen. Diese Doppelbödigkeit, von der das Libretto nichts weiß, verstärkt Mascagni formbildnerisch durch den Schnitterchor hinter der Szene zu Beginn des II. Akts, dessen musikalische Tristesse Hanslick einst auch beklagte: ohne Gespür für das empfindliche Gleichgewicht des Ganzen. Dieses verbindet im II. Akt auch Suzels im Wechselgesang mit dem Fernchor der Bauern angelegtes Solo, das sich strophisch um jeweils einen Halbton mühsam hochschraubt, mit dem aus einem Parlando sich entwickelnden Kirschenduett mit Fritz. Dessen leitmotivischer Quintfall *Tutto tace* (Alles ist still, und doch spricht alles zu meinem Herzen) bringt mit seiner Fortsetzung in den Oktavsprung eines emphatischen a-Moll im Naturlob des Frühlings (*Tu sei bella, o stagion primaverile*) die komplementäre Zusammengehörigkeit beider musikalisch zum Ausdruck, ehe sie sich selbst dessen bewusst sind.

Die Doppelbödigkeit wird im Duett Suzels mit dem Rabbiner am Brunnen zu einem choralartig intonierten Andante religioso vertieft: dem biblischen Gleichnis von der Ehe zwischen Isaak und Rebekka. Was nach Hanslicks Urteil in Erckmann-Chatrians Dramatisierung einen gemütvollen, leicht ironisch durchwirkten Ton hatte, wird hier im Orchester mit einem Tamtam pathetisch gesteigert: Aus einem Konversationsstück hat sich ein Melodrama entwickelt. Dessen Ansprüchen genügt auch der Beginn des III. Akts, wo in Analogie zum Anfang des II. ein Solo für Fritz vom Fernchor der Bauern durchwirkt ist und Fritz anschließend seine Liebesqual aus sich hinaussingt (*O amore, o bella luce del core*). Das anschließende Duett mit Suzel allerdings kann die Spannung nicht halten, und die Reprise der Arie Fritzens im Finale beschließt das Werk mit einer allzu glatten Rundung. Dennoch wird es von Kennern geschätzt, und selbst der kritische Hanslick konstatierte 1892: »es steckt viel Race in dieser Musik, eine Seltenheit bei den Operncomponisten unserer Tage«.

VOM ELSASS NACH JAPAN

Für seine beiden folgenden Opern arbeitete Mascagni wieder mit den Librettisten der CAVALLERIA RUSTICANA zusammen. Deshalb hat man den Misserfolg der zweiaktigen Fischertragödie SILVANO (Mailänder Scala 1895) aus dem Versuch des Komponisten erklärt, die Methode des veristischen Erfolgsstücks auszubeuten. Trotz inhaltlicher Parallelen imponiert die Dreiecksgeschichte aber durch den Rahmen: die mit impressionistischer Stimmungskunst gezeichnete mediterrane Küstenlandschaft. Der Einakter ZANETTO wurde 1896 im Musiklyzeum von Pesaro uraufgeführt, zu dessen Direktor Mascagni 1895 ernannt worden war (aber er entsprach auf Grund seiner häufigen Abwesenheit nicht den in ihn gesetzten Erwartungen und musste den Posten 1903 aufgeben). Dieser Wiederbelebungsversuch am Genre des Intermezzos aus dem 18. Jahrhundert, natürlich aus dem Geist der Spätromantik, entwickelt mit seinem bescheidenen Orchester aus Harfe und Streichern von der chorischen Eingangsvokalise an einen ungewöhnlich dezenten Klangreiz – leider ist er im internationalen Musikleben so gut wie unbeachtet geblieben.

IRIS (›Melodramma‹ in drei Akten, *L* von Luigi Illica; Costanzi-Theater Rom 1898; revidierte Fassung: Mailänder Scala 1899; Frankfurt/Main 1899 in der Übersetzung von Max Kalbeck; bis Anfang der dreißiger Jahre des 20. Jahrhunderts häufig im internationalen Repertoire, dann allmähliche Verdrängung durch Puccinis MADAMA BUTTERFLY; nach dem Zweiten Weltkrieg sogar in Italien nur noch selten gespielt).

Seine mit den beiden vorangehenden Werken angedeuteten koloristischen Fähigkeiten hat Mascagni in der ersten Kooperation mit dem Librettisten Luigi Illica voll entfaltet. IRIS ist die erste Oper, deren Personal sich ausschließlich aus Angehörigen des japanischen Kulturkreises rekrutiert, zudem markiert sie einen doppelten Durchbruch für das italienische Musiktheater: im Libretto zu dem von Puccini gemiedenen Dannunzianismo, musikalisch zu der von Puccini weiter entwickelten Japonoiserie. Illica hatte, angeregt durch die von Wagners später Liebe Judith Gautier herausgebrachte und 1882 in italienischer Übersetzung erschienene Sammlung alter chinesischer und japanischer Gedichte DAS BUCH VON JADE 1894 zuerst für Alberto Franchetti ein Libretto schreiben wollen. Unter dem

Eindruck der Uraufführung des GUGLIELMO RATCLIFF entschied er sich aber zur Zusammenarbeit mit Mascagni. Obwohl Illicas Textbuch auf den ersten Blick nichts Ungewöhnliches für den mit dem Jugendstil aufkommenden Orient-Kult aufweist, überrascht doch der in ›Illicasillabi‹ (→ S. 123 f.) schwelgende poetische Ehrgeiz der langen Szenenanweisungen. Sie gewinnen erstmals in der Geschichte der Oper einen Eigenwert: »In diesem Fall noch von einer Bühnenanweisung zu sprechen, erscheint fast wie ein Hohn, vielmehr handelt es sich um eine atmosphärisch-symbolische Darstellung, die der Kitsch-Züge nicht entbehrt. Alle Aktionen in IRIS werden vom Librettisten ausführlichst kommentiert, interpretiert und auf ihren Symbolwert gedeutet«.

Im Gegensatz zu dem – teilweise auch von Illica librettierten – Schicksal der Madame Butterfly genannten Geisha Puccinis, deren individuelle Tragik eingebunden ist in eine sozialkritische Dimension, erfahren wir die Geschichte des naiven japanischen Mädchens Iris als symbolisches Gleichnis. Sie wird ihrem blinden Vater während eines Puppenspiels entführt, lässt aber die Begierde des Entführers Osaka an der Unschuld ihrer Kindfraulichkeit abprallen, wird in einem Bordell öffentlich durch den Zuhälter Kyoto zur Schau gestellt und von ihrem Vater darob verflucht. Sie stürzt sich selbst in den Abgrund und wird aus dem Gossenmilieu unter Lumpensammlern in den Himmel erhoben. Das alles ist musikalisch in den Rahmen einer den Sonnengott Jor repräsentierenden Chorhymne (*Inno del sole*) gefügt. Sie führt nach dem Vorspiel mit wuchtigen Akkordfanfaren in eine A-Dur-Apotheose, die das Werk in wörtlicher Wiederholung beschließt.

PER ASPERA AD ASTRA

Das aus dunkler Orchestertiefe nach der Tradition musikalischer Sonnenaufgänge sich aus dem Pianissimo ins Fortissimo hebende Crescendo, ein ›per aspera ad astra‹ ungleich verdinglichterer Art als der Anfang der gleichzeitig entstandenen Tondichtung ALSO SPRACH ZARATHUSTRA von Richard Strauss, setzt dem angestrebten Symbolismus eine schon etwas gewalttätig wirkende Klammer auf – kein Wunder, dass sie den Faschisten sympathisch war. Vor einer im Mai 1924 im Teatro Bellini zu Catania angesetzten Festaufführung mit Mascagni am Dirigentenpult ließ Mussolini den Komponisten in seine Loge bitten – zu beider vorübergehendem Nutzen: »Mascagnis Stellung war gegenüber seinen künstlerischen und politischen Gegnern gefestigt, und Mussolini hatte einen großen Propagandaerfolg erzielt: der weltbekannte Komponist stand auf seiner Seite!«

Das für die italienische Oper ungewöhnliche Verfahren der motivisch-zyklischen Rundung leitet sich in teilweise notengetreuer Übereinstimmung von der motivischen Klammer her, mit der Boito in seinem MEFISTOFELE die alte Formelhaftigkeit des italienischen Melodramma durch einen neuen Formsinn überwinden wollte. Es macht auch, wiederum in Nachfolge Boitos, den Umriss eines Ideendramas deutlich. Dieses Ziel verkündet der Anspruch, ein ausschließlich fernöstliches Personal mit den Mitteln des europäischen Musiktheaters darstellbar zu machen. Zuvor war der Exotismus immer an den Zusammenstoß zweier Sphären gebunden gewesen, meist im Konflikt eines männlichen Eroberers mit einer eingeborenen Frau, ein einziges Mal – in IL GUARANY von Carlos Gomes – auch mit umgekehrter Rollentypik. Doch zu einem Ideendrama dringt Illicas Libretto kaum durch, da keine der Figuren eine Entwicklung durchmacht und die Sphären von Gut und Böse in keinen dramatisch sich entfaltenden Gegensatz treten. Für den Opernhörer wird dieser Fehler nicht durch die langen Szenenanweisungen ausgeglichen, die dem Libretto den Charakter einer symbolistischen Novelle mit eingestreuten realistischen Dialogen geben.

So fehlt dem von Illica über die Figur seiner Iris vermittelten Symbol einer Unverletzbarkeit der Kunst jenes Kontrastfeld, aus dem heraus beispielsweise Curzio Malaparte in seinem Roman DIE HAUT (La pelle; 1949) im total korrumpierten Italien des Zweiten Weltkriegs mit einer Neapolitanerin des horizontalen Gewerbes aus tiefster Erniedrigung heraus das ewigjungfräuliche Abbild von Menschenwürde beschwören konnte. Mascagni hat diesem grundlegenden Mangel des Librettos nicht gänzlich abgeholfen. Zwar zitiert er – auffällig genug angesichts seines äußerst sparsamen Umgangs mit Personal- und Sachmotiven – in der Mitte des Werks das bis auf diese kurze Reminiszenz keinerlei durchführungsartiger Arbeit unterzogene Thema der Sonnenhymne. Aber nicht in der Auseinandersetzung zwischen dem Verführer Osaka, den Iris auf Grund des Puppenspiels im I. Akt eine Zeit lang für den Sonnengott Jor hält, und dem Mädchen, sondern als nebensächliches Bindeglied zwischen dem Erwachen der entführten Kindfrau in dem ihr ungewohnten Luxusambiente des Tokioter Vergnügungsviertels Yoshiwara und ihrem Versuch, mit Pinsel und Farbe zu malen, nachdem es ihr nicht geglückt ist, aus einem Samisen geordnete Klänge hervorzuzupfen.

EINE TEETASSE AUF DER GEIGE

In diesem scheiternden Versuch kulminiert der über den Einsatz von Ganztonleiter und Pentatonik hinausgehende Exotismus der Partitur zum szenischen Effekt. Mascagni, der zahlreiche außereuropäische Instrumente fordert und über den Ricordi-Verlag für das Samisen – eine meist in Quarten gestimmte langhalsige Laute mit drei Seidensaiten – eine Art Koto-Imitation als Leihmaterial zur Verfügung stellen ließ, hatte zwar ihm zugängliche japanische Musik studiert, ließ diese aber im Gegensatz zu Puccini nicht in die Satzstruktur selbst prägend einfließen. In IRIS bleiben die exotisierenden Klänge in ihrem europäischen Klangumfeld jugendstilartige Arabesken wie der mit geschlossenem Mund vorgetragene Geisha-Chor zu Beginn des II. Akts, der in Puccinis MADAMA BUTTERFLY (und wohl von dort in Rachmaninows FRANCESCA DA RIMINI) ebenso einging wie die abgestimmten Gongs in neun Tonhöhen und japanischen Glöckchen in TURANDOT und die Hochzeitszeremonie von MADAMA BUTTERFLY. Mascagni setzte seinem Streben nach fremdartigen Klängen dadurch die Krone auf, dass er auf dem Corpus einer Solovioline eine Teetasse als Resonator verlangt, was in Verbindung mit Harfen und japanischen Glöckchen (›campanelli giapponesi‹) merkwürdige Akkordgebilde ergibt. Damit ging er weit über die ersten Versuche hinaus, japanisches Klangkolorit auf dem europäischen Musiktheater als wesentliches Stilmittel einzusetzen.

Camille Saint-Saëns hatte das wohl als Erster 1872 in seiner Kurzoper LA PRINCESSE JAUNE erprobt, war aber insofern ganz der Tradition der ›Couleur locale‹ des 19. Jahrhunderts verhaftet geblieben, als er dieses Lokalkolorit isoliert einsetzte: als musikalische Chiffre für einen vorübergehenden Traum im Rahmen einer in Europa angesiedelten Handlung. Bemerkenswert an der Partitur war der erstmalige Einsatz eines Gongs, der fortan als Spezifikum asiatischer Klanglichkeit gelten wird. Nach dem Welterfolg der mit rein asiatischem Personal aufwartenden, musikalisch allerdings weniger ambitionierten Operette THE MIKADO von Arthur Sullivan (1885) schrieb André Messager 1893 eine ›Comédie lyrique‹ mit japanischem Sujet, angeregt von Pierre Lotis gleichnamigem Roman MADAME CHRYSANTHÈME. Es handelt sich um ein Werk, das den für Puccinis MADAMA BUTTERFLY strukturierenden Zusammenstoß von West und Ost als unproblematische Begegnung zwischen einem französischen Matrosen und einer japanischen Prostituierten zeigt. Trotz der Praxis, das japanische Samisen durch die Harfe mit ihren Dur-Moll-tonalen Arpeggien zu ersetzen, weist Messagers Partitur mit japanischem Glockenspiel, Tamtam und Gong schon die bei Mascagni und später bei Puccini eingesetzten Instrumente auf.

Unübersehbar sind für heutige Japankenner die Sachmängel in Illicas Libretto, dessen verniedlichender Exotismus durch den Hang zum symbolischen Überbau nur schamhaft verdeckt wird. Mascagnis Musik steuert hier aber, vergleichbar seiner CAVALLERIA RUSTICANA, einen produktiven Gegenkurs. Die berühmteste Nummer der Oper ist das Ständchen *Apri la tua finestra* (Öffne dein Fenster) geworden, mit dem Osaka im Puppenspiel des I. Akts die zuhörende Iris bezirzt. Die feste Form des durch seine für Mascagnis Tenorpartien typisch hohe Tessitura heiklen Ariosos wird aber durch die klangprogrammatisch von einem Gongschlag eingeleiteten ständigen Modulationen gleichsam von innen her aufgelöst. Mascagni gelingt es hier mit den europäischen Kunstmitteln einer harmonischen Ausschweifung, etwas von fernöstlicher Unbegreiflichkeit klanglich zu übermitteln.

Seine unbestreitbare kompositorische Genialität zeigt sich auch in der Schichttechnik des I. Akts, wenn er dem schwebenden Chor der jungen, zur Wäsche an den Bach eilenden Mädchen (*Al rio, al rio*) die ornamenthaften Melodiebögen der ihre Blumen gießenden Iris (*In pure stille* – In reinen, glitzernden Tropfen ergießt sich das Leben) und den starren Sprechgesang ihres betenden Vaters gegenüber- und alles teilweise sogar übereinander stellt – für 1898 ein avantgardistisches Wagnis. Ergänzt wird Mascagnis weit gespreizte Artikulation durch den Sprechgesang zwischen Osaka und Kyoto im II. Akt, wenn die Männer sich geradezu geschäftsmäßig über Iris unterhalten. Zu den vielen, vor allem klanglich berückenden Momenten des trotz seiner dramaturgischen Entwicklungslosigkeit hochinteressanten Werks gehört auch der im äolischen Kirchenton sich girlandenartig hoch rankende Gesang des Mädchens, als Osaka sich ihm mit dem Begriff der Lust (*piacere*) im II. Akt kenntlich gemacht hat. *Un dì, era piccina* (Eines Tages, als ich noch klein war) ist, in Vorwegnahme von Turandots urgeschichtlicher Erklärung ihrer Frigidität bei Puccini, die Schilderung eines lusttötenden Kindheitserlebnisses, dem die schwebende Harmonisierung des Vortrags eine unvergessliche Kindfraulichkeit aufprägt.

EROTIK UND SADISMUS

Mit IRIS hatte Mascagni nach eigener Aussage zum ersten Mal ein Libretto vertont, das seinen Ansprüchen und Erwartungen genügte. Erfüllt wurde dieser Ehrgeiz in der Zusammenarbeit mit Gabriele d'Annunzio für PARISINA. Wie groß inzwischen sein Renommee in Italien war, geht aus der Tatsache hervor, dass seine ›Lyrische und heitere Komödie in einer Parabase (Vorspiel) und drei Akten‹ LE MASCHERE (Die Masken) am 17. Januar 1901 an nicht weniger als sechs italienischen Theatern gleichzeitig uraufgeführt wurde, mit dem San Carlo in Neapel zwei Tage später als südlichster Station. In Rom dirigierte der Komponist, und das Costanzi-Theater war der einzige Ort, an dem die neue Oper freundlich aufgenommen wurde. Überraschend war Mascagnis Rückgang auf die Typologie der ›commedia dell'arte‹ keineswegs, wie sein Einakter ZANETTO zeigt. Hinzu kam, dass die nationalkulturelle Neubesinnung im Italien der Jahrhundertwende ein Interesse für die historische Italianità weckte. Dem trugen Illica mit seinem in der Nachfolge Boitos brillant manierierten Textbuch und Mascagni mit seiner zitathaft bemüht doppelbödigen Musik auf unterschiedliche Weise Rechnung – und überforderten damit ihr Publikum, das sich lieber dem weniger reflektierten Rückblick auf das 18. Jahrhundert in Ermanno Wolf-Ferraris LE DONNE CURIOSE verschrieb, von platt volkstümelnden Neoklassizismus-Etüden während der faschistischen Zeit ganz zu schweigen. Für spätere Aufführungen nahm Mascagni bis 1908 einige Kürzungen vor, denen auch die Parabase – zwischen der zweimal gespielten Ouvertüre werden dem Publikum die Maskenspieler vorgestellt – zum Opfer fiel. Wiederaufführungen 1988 in Ravenna und Bologna, deutsch 1996 in Bautzen machten aber deutlich, dass mit dem programmatischen Vor-Spiel ein Teil vom Reiz der Oper verloren geht.

Mascagnis folgende zwei Opern kamen im Ausland heraus: der Zweiakter AMICA 1905 in Monte Carlo auf ein französisches Libretto des unter Pseudonym arbeitenden Verlegers Paul de Choudens, die dramatische Legende ISABEAU 1911 in Buenos Aires (Volksoper Wien 1913). AMICA spielt in der piemontesischen Gebirgswelt unter Bauern und bietet das Kuriosum, dass die Liebe zwischen den Brüdern Giorgio (Tenor) und Rinaldo (Bariton) beider Leidenschaft für die Titelheldin (Sopran) überlebt. Als Amica in einen Abgrund stürzt, kommentieren die Brüder das mit dem wohl kürzesten Duett der Operngeschichte in zwei Wörtern: *Fatale amor!* Stärker noch als in GUGLIELMO RATCLIFF ist hier das groß besetzte Orchester die entscheidende Kraft. So schon im Prolog, der wie die motivische Klammer um IRIS einen Sonnenaufgang schildert. Er entwickelt sich aus leisen Glockenklängen und dem Fernchor der Hirten zu gewaltiger Wirkung. Auch das obligatorische Intermezzo zwischen den beiden Akten ist dieser Steigerungsdramaturgie verpflichtet. Es zeichnet zuerst, nicht unähnlich dem zum letzten Akt von Catalanis LA WALLY, die unberührte Gebirgswelt, dann die Flucht des Liebespaars und schließlich dessen erotische Exaltationen.

ISABEAU

Die ›dramatische Legende‹ mit dem Libretto Illicas nach Alfred Tennysons Ballade (1842) über den mittelalterlichen Stoff der Lady Godiva variiert den ursprünglich heidnischen Losbetungskult – dass eine Frau nackt durch die menschenleere Stadt reiten muss, um diese von erdrückender Steuerlast zu befreien – zu einer Strafaktion. Auch in der Oper gibt es den gebotswidrigen Voyeur, aus ›peeping Tom‹ ist Folco geworden, eine nicht nur im Falkenlied *Tu, ch'odi lo mio grido* (Du, der meinen Ruf hasst) strapaziöse Tenorpartie, die durch Bernardo de Muro nach der Mailänder Scala-Premiere 1912 bis ins Jahr 1938 im italienischen Repertoire gehalten werden konnte. Auf Isabeaus Vorhaltung, dass er ihr Schamgefühl verletzt habe, bekennt Folco seine Liebe zur Königstochter. Gemeinsam erleiden beide den Tod. Wie in IRIS hat Illica auch hier üppige Szenenanweisungen beigesteuert, die sich im schönsten Dannunzianismus ergehen, als wolle er Maurice Maeterlincks in dieselbe Stoffgeschichte gehörendes Drama MONNA VANNA (1902) übertreffen. Das Motiv der nur von ihrer Tugend bekleideten Frau findet in der Oper nicht, wie durch Rhodope in Hebbels Tragödie GYGES UND SEIN RING, eine Legitimation durch die Zugehörigkeit der Frau zu einem fernen, in Sittenfragen fundamentalistischen Kulturkreis. Illica zielte mehr auf das dekadente Ineins von voyeurhafter Erotik und sadistischem Fetischismus, das als Todessucht eine Modeerscheinung auf dem italienischen Musiktheater wurde: Montemezzis L'AMORE DEI TRE RE (1913), Zandonais FRANCESCA DA RIMINI (1914) und Puccinis im Bau der Fabel manchmal verblüffend ähnliche TURANDOT, 1926 postum uraufgeführt, sind die bekanntesten Zeugnisse.

Das Skandalon findet natürlich auf der Bühne nicht statt, wie in Massenets THAÏS (→ Bd. II, S. 874 f.) muss der Zuschauer den entscheidenden Vorgang während eines schwülen Zwischenspiels sich selbst in seiner Phantasie ausmalen – nur mit dem Unterschied, dass der Ritt der nackten Frau weit weniger Anlass zu erotischen Phantasien gibt als die von der Musik dementierte Konversion der Dirne Thaïs durch den Mönch Athanaël. Diesem Hang zur Eindeutigkeit leistet die Musik in ISABEAU ungewollt insofern Vorschub, als Mascagni – abgesehen von dem aus alterierten Akkorden gebauten Leitmotiv für die Reinheit Isabeaus und einer as-Moll-Melodie für die Liebenden im Finalakt – seine geringe melodische Erfindungskraft durch eine auftrumpfende Dreiklangharmonik ersetzte, deren unerwartete Wendungen durch ihre Häufigkeit schnell ermüden. Übrig bleibt eine hohle Emphase, die kaum die melodische Blöße des Werks bedeckt: »ISABEAU verwandelt sich in eine Versammlung auf der Opernbühne, bei der die Figuren, unfähig zur vernünftigen Rede, mit dem Orchester um die Wette brüllen. Die armen Bauern des ›Verismo‹, zu Pagen und Mini-Königinnen maskiert, bringen die plumpe Verlegenheit einer Kultur zum Ausdruck, die keine mehr ist«.

PARISINA

Während Puccini zur gleichen Zeit seinem nicht zuletzt mit Hilfe Illicas um die Jahrhundertwende gefundenen eigenen Librettoton treu blieb (in einer Annäherung des traditionell überzirkelten Opernidioms an den Sprachstil der zeitgenössischen Gesellschaftsdramatik speziell französischen Zuschnitts), zielte Mascagni eine Zeit lang in übertriebener Abwehr des ihm seit der CAVALLERIA RUSTICANA anhaftenden Etiketts eines Veristen auf den hohen Ton der dannunzianistischen Tragödie: nach den imitatorischen Libretti Illicas gelang ihm das für PARISINA (Mailänder Scala 1913) sogar in Zusammenarbeit mit dem Dichter selbst. Durch dessen dekadent-protofaschistischen Kult des Übermenschen fühlte sich auch Mascagni beflügelt zu einem Luft-Schiffer des Geistes im Sinne Nietzsches. In Wirklichkeit erging es ihm aber eher wie dem mythischen Luft-Schiffer Ikarus: Der Misserfolg der überlangen Mailänder Premiere, der Boito, Puccini, Giordano, Montemezzi und Zandonai neben anderen berühmten Vertretern des italienischen Kulturlebens beiwohnten, war der gigantischste in Mascagnis Karriere.

D'Annunzio hatte den Stoff aus einer Renaissance-Novelle Matteo Bandellos über die Mittlerstufe eines knappen Versepos von Lord Byron aus dem Jahre 1816 kennen gelernt, das auch Felice Romanis Libretto für Donizettis PARISINA D'ESTE (1833) zu Grunde liegt. Im Gegensatz zu dem romantischen Librettisten, der sich recht genau an Byrons Vorlage gehalten hatte, rüstete d'Annunzio den 1906 bereits Puccini und dann Franchetti zur Vertonung angebotenen Text hoch zu einer Hymne auf die Gewalt der Leidenschaft im Schatten des Todes. Keinen Gewinn bringt dabei das dramaturgische Mehr gegenüber Lord Byron und Felice Romani: die Einführung der Stella dell'Assassino (eine mörderische Namenssymbolik!) als zweiter weiblicher Hauptperson in das brisante Beziehungsdreieck. Stella, die verstoßene Geliebte des Herzogs Nicolò d'Este, ist die Mutter seines unehelichen Sohns Ugo, der wiederum in seine Stiefmutter Parisina verliebt ist und wiedergeliebt wird. Statt der Geradlinigkeit, mit der bei Donizetti (→ Bd. II, S. 285) der tragische Konflikt entwickelt wird, herrscht bei d'Annunzio ein Hang zur Bild-Ornamentik vor, »der sich in einer Orgie des Narzißmus an der Reflexion der eigenen Üppigkeit, des eigenen juwelenbehängten Kleides nicht satt zu sehen vermag und der in seiner Selbstverliebtheit vergessen läßt, daß dieses prächtige Kleid aus Samt und Brokat ein Nichts verbirgt«.

Obwohl Mascagni von den 1400 Versen des Dramas 330 strich, änderte er dadurch nichts an der dramaturgischen Anlage. Gleichzeitig bemühte er sich, die durch seine Striche notwendig werdenden Übergänge der Sprache des Dichters anzupassen: »So mußte ich die Verse mit d'Annunzios eigenen Worten rekonstruieren und hatte die große Genugtuung, in der Beziehung die volle Billigung des Autors und seine aufrichtige Gratulation für meine ›literarische und poetische Arbeit‹ zu erhalten. Wenn ich noch einmal auf PARISINA zurückblicke, glaube ich, daß die Oper – wenn sonst nichts – ein seltenes Exempel der Treue in der Wortausdeutung statuiert«. Bei der Vertonung weichte Mascagni das Taktgefüge mit teilweise exorbitanten metrischen Wechseln innerhalb kürzester Abschnitte so auf, dass es sich in Richtung musikalischer Prosa entwickelte. Damit partizipierte er an Tendenzen jüngerer Komponisten, wie sie sich bei Alfano zwischen der RISURREZIONE von 1904 und seiner LEGGENDA DI SAKÙNTALA von 1921, in Zandonais FRANCESCA DA RIMINI und Pizzettis FEDRA finden, ehe die faschistische Ästhetik mit ihrem Neoklassizismus solche Experimente unterband.

So spannt sich vom Klagegesang La Verdes zu Beginn der Oper mit der geschickt durch Achtel und Achteltriolen das Taktmetrum überspielenden Rhythmisierung ein großer Bogen bis hin zum Duett der eingekerkerten und auf ihre Hinrichtung wartenden Liebenden im IV. Akt. Dieses ist mit seinen zeitaufhebenden Kantilenen *Passato è un tempo* eins der musikalisch überzeugendsten Beispiele für den italienischen Dekadenz-Stil der präfaschistischen Ära. Dem entspricht allerdings nicht die Mikrostruktur des Werks. Obwohl Mascagni selbst des Öfteren auf die thematische Konsistenz seiner lyrischen Tragödie hingewiesen hat und 1918 eine dem gleichen Ziel dienende, im Stil der apologetischen Wagnerei abgefasste thematische Untersuchung (PARISINA! PARISINA!) seines Freundes Giovanni Orsini erschien, lässt sich eine motivische Kohärenz im empirischen Sinn nicht nachweisen. Das Werk, das mit dem Einbezug archaisierender Klänge – pseudo-gregorianischer Gesang zu Beginn des II. Akts – nicht an die faszinierend synthetische Mittelalterlichkeit von Zandonais d'Annunzio-Vertonung FRANCESCA DA RIMINI heranreicht, kann trotz seiner flexiblen Sprachdeklamation den eigenen Kunstanspruch nicht einlösen. Von daher erklärt sich auch, dass Mascagni nach der desaströsen Uraufführung versuchte, das mit dreieinhalb Stunden reiner Musikdauer gewiss sehr umfangreiche Stück durch Kappung des IV. Akts zu retten: wodurch es seiner musikalisch wertvollsten Partien verlustig ging. Aber dieser Grad der musikalisch nicht bewältigten Komplexion hat die Oper in der Zeit der Diktatur vor faschistischer Ausbeutung bewahrt. Daraus erklärt sich vielleicht die Meinung einiger Spezialisten, PARISINA sei Mascagnis bedeutendste Oper. Die wenigen Aufführungen nach 1945, unter Wiedereinfügung des IV. Akts, haben diese Ansicht aber nicht durchsetzen können.

LODOLETTA, IL PICCOLO MARAT, NERONE

Möglicherweise hat Mascagni die Differenz zwischen seinem Kunstwollen und Kunstvermögen in PARISINA selbst gespürt. Jedenfalls publizierte er im zweiten Jahr des Ersten Weltkriegs in der Zeitschrift ›Il mondo‹ des Verlegers Sonzogno den Aufsatz ALLE FONTI DELLA MELODIA, in dem er den Rückgang auf die Quelle der Melodik forderte – was Leoncavallo in Rücknahme seines Nordkomplexes (→ S. 165) 1916 durch eine dem Eintritt Italiens in die antideutsche Allianz entsprechende patriotische Wende mit der Oper GOFFREDO MAMELI konterte. Es ist in der Tat auffällig, dass Mascagni – ganz im Gegensatz auch zum kriegerischen Chauvinismus d'Annunzios – sich im Ersten Weltkrieg jeder Blut-und-Boden-Ästhetik verweigerte. Sein Rückzug in die Inwendigkeit des Melodiösen, verbunden mit der unausgesprochenen Absage an jede Weiterführung der musikprosaischen Experimente von PARISINA, führte nach einem verlegerischen

Streit um die Rechte mit Puccini zu der von Giovacchino Forzano vergleichsweise konventionell, aber sehr differenziert librettierten LODOLETTA (Costanzi-Theater Rom 1917).

Dieses Schwesterwerk zu FREUND FRITZ hat es auf dem Musiktheater indes schwerer gehabt, als es die musikalische Qualität verdient. Die zeigt sich nicht nur in der bekanntesten Nummer, dem Solo der vor dem Pariser Haus ihres geliebten Malers Flammen den Kältetod sterbenden Lodoletta *Flammen, perdonami!* Wirkungsvoll ist auch die in die niederländische Idylle des II. Akts einbrechende Fremdenfeindlichkeit gegen den französischen Maler, wobei Mascagni in raffinierter Untertreibung des realen Schreckens einen Kinderchor einsetzt. Musikdramaturgisch überzeugt auch die Schürzung des Knotens im I. Akt, die – wohl ein einzigartiger Fall in der Operngeschichte – dadurch zu Stande kommt, dass jemand – Lodolettas Ziehvater – von einem Pfirsichbaum zu Tode stürzt. Der darauf einsetzende Trauerzug, mit delikater Bläser- und Streicherfarbe über dem gezupften Marschrhythmus der Bässe, durchzieht die folgenden Szenen, bis sich das junge Mädchen durch eine naturallegorische Hymne des Malers von seinem Leid ablenken lässt. Das ist vollständig aus der Wahrnehmungsperspektive der nun zur Kindfrau erwachsenen Lodoletta musikalisiert und gewinnt durch den über feste Formnummern sich hinwegsetzenden inneren Monolog der Orchesterbegleitung psychologische Glaubwürdigkeit.

Einen weiteren Anlauf zur neuen Melodiosität unternahm Mascagni mit der 1919 in Rom uraufgeführten Operette SÌ. Umso überraschender dann die erneute Wende in seinem Schaffen, die er selbst dem Freund Orsini gegenüber als Blutrausch bezeichnete. Von Forzano erhielt er den Entwurf für ein Drama über eine Episode der Schreckensherrschaft während der Französischen Revolution, nach seinem Zerwürfnis mit dem Sänger und Schriftsteller stellte Giovanni Targioni-Tozzetti das Libretto für IL PICCOLO MARAT fertig. Die Uraufführung 1921 im Teatro Costanzi von Rom war ein gewaltiger Erfolg (Dresden 1922 in der Übersetzung von Karl Scheidemantel). Er hielt auch im faschistischen Italien an, wich nach 1942 aber einer gewissen Ernüchterung. In der Tat gibt das Werk trotz unbestreitbarer Qualitäten Anlass zu skeptischer Zurückhaltung. Die Figur des Adligen, der unter der Maske des Revolutionärs als kleiner Marat figuriert und selbst an der Schreckensherrschaft teilhat, um seine gefangene Mutter zu befreien, gewinnt über Mascagnis tenorale Strahlkraft eine diktatorische Führerqualität. Sehr viel beeindruckender sind aber die finsteren Momente der Oper, beginnend mit dem düster-dissonanten Vorspiel und dem chorischen Gebet der Gefangenen an die Madonna, ein weniger historisch als emotional vermitteltes Kolorit besorgen die einstimmigen Kampflieder, die Trommelwirbel und Freiheitsglocken.

Zu den bemerkenswerten Momenten der Partitur gehören auch das zweite Liebesduett des kleinen Marat mit der Nichte des Böslings L'Orco, dessen motivische Wiederkehr in dem für die Guten glücklichen Ende allerdings ins Sentimentale ausweicht. Dass die Revolutionäre als Bestien beschrieben werden, passt in das schwarz-weiße Geschichtsbild ebenso wie die rassistischen Untertöne, mit denen amerikanische Husaren (!) gezeichnet sind. Hier wird, auch musikalisch, eine blutige Epoche der Historie aus der Sicht derer geschildert, die als Allheilmittel den Ruf nach dem starken Mann ausstoßen. Was in der Oper als latente Apologie Napoleons ertönt, wurde in Italien konkret auf die Gegenwart bezogen. Aber durchaus nicht eindeutig im politischen Sinn: »Sowohl die Faschisten, welche nach der Uraufführung dem Komponisten einen mit der italienischen Trikolore geschmückten Kranz überreichten, wie die Sozialisten verstanden das Werk als ihnen zugehörig«. So spiegelt IL PICCOLO MARAT mehr die allgemeine Politisierung der Zeit, als dass er im Sinne einer Ergebenheitsadresse Mascagnis an den Faschismus gedeutet werden kann.

Das gilt auch, nun allerdings ohne die Parteien-Alternative zu den Faschisten, für die letzte Oper Mascagnis, der 1929 in die von Mussolini als faschistisches Gegenstück zur altehrwürdigen ›Accademia dei Lincei‹ gegründeten ›Reale Accademia d'Italia‹ berufen worden und 1932 in die Partei eingetreten war: NERONE (Mailänder Scala 1935; *WA* konzertant: Utrecht 1986). Mascagni ging dabei auf alte Pläne zu einer Rom-Oper zurück, die er schon kurz nach dem Erfolg der CAVALLERIA RUSTICANA erwogen und wahrscheinlich aus Pietät gegenüber Boitos jahrzehntelangem Ringen um den Nero-Stoff zurückgestellt hatte. Immerhin konnte er 1909 eine Teilvollendung vermelden, nahm das Projekt aber erst 1932 ernsthaft wieder auf: nun unter endgültigem Bezug auf eine historische Komödie von Pietro Cossa aus dem Jahre 1871. Den von Arturo Rossato vorgelegten Text ließ er von Giovanni Targioni-Tozzetti, dem Co-Librettisten der CAVALLERIA, einschneidend überarbeiten. Er ging also auch in dieser Beziehung auf seine Anfänge zurück.

Zweifellos strebte Mascagni mit NERONE die schöpferische Summe seines Lebens an, aber sein Plan, das 1933 fertig gestellte Werk in Rom – also am Handlungsort – herauszubringen, zerschlug sich; nicht zuletzt deshalb, weil er sich in berechtigter Kritik an Praktiken des italienischen Kulturlebens mit vielen faschistischen Funktionsträgern verfeindet hatte. Dass die Oper auf ausdrücklichen Wunsch Mussolinis dann in Mailand herauskam, hat Mascagni – der das Werk immer als Eloge auf das ewige, in Mussolinis Reich angeblich wiederauferstandene Rom und gegen alle Neuerer als Inkarnation des alten Melodramma anpries – als zyklische Rundung verstanden: In Mailand war sowohl Cossas Nero-Stück wie auch Boitos NERONE herausgekommen, und die Titelpartie in seiner Oper sang wie in Boitos Nero-Oper Aureliano Pertile. Dass Toscanini, dessen Funktion an der Scala Mascagni teilweise übernommen hatte, nicht mehr am Pult stand, weil er das Land verlassen hatte, wurde von Mascagni allerdings verschwiegen.

Der Uraufführung selbst war Mussolini fern geblieben, weil er eine unliebsame Identifizierung mit dem weinbesessenen, feigen und in seinen Kunstträumen aufgeblasenen Kaiser befürchtete – von dessen nur mit Nachhilfe zu Stande kommendem Bühnen-Selbstmord ganz abgesehen –, obschon sich aus dem Werk selbst antifaschistische Tendenzen keineswegs ablesen lassen. Aber er rief während der Vorstellung zweimal aus Rom an, um sich nach dem Erfolg zu erkundigen, und akzeptierte auch den Empfang je einer Kopie der Partitur und des Klavierauszugs. Die Aufnahme beim Publikum und bei der Presse war sehr positiv, ausgerechnet der Kritiker des ›Regime Fascista‹ aus Cremona mäkelte jedoch an Mascagnis ›Romanità‹ herum und hielt ihm sein Über-Ich vor mit der Bemerkung, es hätte nicht passieren dürfen, dass Puccinis 1919 komponierter Hymnus auf das Kaiserliche Rom im Rülpsen des betrunkenen Nero (III,1) zu hören sei. Das war ein Nachruf zu Lebzeiten des Komponisten, denn der hohl tönende NERONE, aus dem einzig das im Grandioso-Stil gehaltene Intermezzo vor der Schluss-Szene herausragt, macht den Unterschied zum späten Puccini, der Strawinsky studiert und Schönbergs PIERROT LUNAIRE schätzen gelernt hatte, schmerzlich offenbar: Es »ist der Unterschied zwischen einem musikalischen Weltbürger, der in einer nationalen Tradition steht, und einem egomanen Provinziellen, der dieselbe Tradition allein zu verkörpern vorgibt«.

RUGGERO LEONCAVALLO (1857–1919)

Von dem Augenblick an, als der Komponist 1892 durch Sonzognos Zeitschrift ›Il teatro illustrato‹ die Gelegenheit zu einer Selbstdarstellung erhielt, versuchte er, sich durch ein falsches Geburtsdatum verjüngt in die Annalen einzuschleichen. Damals gab er den 8. März 1858 an, und für ein 1908 erschienenes Lexikon berühmter italienischer Zeitgenossen wiederholte er diese Angabe. Dabei lässt die originale Geburtsurkunde (Reproduktion in Daniele Rubbolis Biographie Ridi Pagliaccio, Lucca 1985) keinen Zweifel an dem richtigen Geburtsdatum zu: Es war der 23. April 1857. Für die in zahllosen Nachschlagewerken verewigte Schicksalskorrektur – neuere Bücher geben auch den 8. März 1858 an – gibt es sicher individualpsychologische Gründe. Diese sind aber Bestandteil eines berufsspezifischen Syndroms.

Nachdem der Verlag Ricordi 1888 die Konkurrenz der Giovannina Lucca geschluckt hatte und zum einzigen Konkurrenten Sonzognos geworden war, entbrannte in Italien zwischen beiden Häusern ein erbitterter Kampf um Komponisten, aber auch quer durch deren Reihen um einzelne Werke. Wer weder bei Ricordi noch bei Sonzogno unter Vertrag kam, hatte keine reelle Marktchance, blieb – wie Antonio Smareglia – eine (istrische) Regionalgröße oder musste – wie Ermanno Wolf-Ferrari – den Erfolg im Ausland (Deutschland) suchen. Zweifellos hatten die Komponisten – man denke nur an Verdis ›Galeerenjahre‹ – immer unter dem Druck der Theater und Verleger gestanden, aber das Neue der Situation nach 1890 lag darin, dass die kapital- und gewinnorientierte Verlagspolitik zum doppelköpfigen Monopol wurde: unabhängig von Entwicklungen im Kulturleben selbst. Leoncavallo, der in beiden Verlagen publizierte und sich von beiden ausgebeutet fühlte, hat sich auf sublime Weise an dieser doppelköpfigen Hydra gerächt. Im I. Akt seiner BOHÈME serviert nach Musettas Kanzone der Kellner ein Kaninchen, an dem der Philosoph Colline verwundert zwei Köpfe bemerkt. Die wissenschaftliche Diagnose des Phänomens liefert Schaunard mit dem Fremdwort *bicefalo*: Als Musiker kennt er sich mit Abnormitäten aus.

Auf Grund des verlegerischen Doppelmonopols sahen sich die Komponisten gezwungen, den Markt mit Sensationen zu bedienen. Die stilistischen Wechselbäder, die damit verbunden waren, lassen sich im Werk Mascagnis mit dem fast extremen Nach- und Nebeneinander von Literaturoper, Verismus, Pastorale und Operette ebenso finden wie im Schaffen Leoncavallos. Vielleicht erklärt es sich aus diesem den Komponisten auferlegten Konkurrenzdruck, dass Leoncavallo alle Welt täuschte: nur, um nicht ein Jahr früher als der 1858 geborene Puccini zur Welt gekommen zu sein. Und die Welt ließ sich lange täuschen, wie im Fall des von Leoncavallo aufgetischten Jugenderlebnisses, das zur Komposition der PAGLIACCI geführt haben soll (→ S. 203 f.).

Im Gegensatz zu seinen Generationskollegen aus der ›giovane scuola‹ der authentischen Verdi-Nachfolge war Leoncavallo akademisch-literarisch ausgebildet. Nach dem Studienabschluss am Konservatorium seiner Geburtsstadt Neapel ging er 1876 an die Universität von Bologna, wo er zwei Jahre später ein Literatur-Diplom erhielt. Dort studierte er vor allem bei Giosuè Carducci, der in ihm ein lebhaftes Interesse für die Literatur der italienischen Renaissance und für Probleme der Prosodie weckte. In Bologna, der italienischen Bastion des ›wagnerismo‹, lernte Leoncavallo den von ihm hochverehrten Wagner selbst kennen, der im Dezember 1876 zum Besuch einer RIENZI-Produktion gekommen war. Unter diesem doppelten Einfluss entschloss er sich zur Komposition einer Renaissance-Trilogie mit dem an Wagners GÖTTERDÄMMERUNG angelehnten Titel CREPUSCULUM. Zuvor allerdings wollte er sein Handwerk an CHATTERTON erproben: einer Dichter-Tragödie, deren Text er selbst aus Alfred Vignys Drama zusammenstellte. Nachdem ein betrügerischer Impresario alle Hoffnungen auf eine Aufführung durch seine Flucht (mit Leoncavallos Geld) vernichtet hatte, ging der junge Komponist 1882 nach Paris, wo er als Verfasser von Chansons und als Klavierbegleiter für Café-Sänger seinen Lebensunterhalt verdiente. Er machte sich bald einen Namen und wurde Gesangslehrer, Korrepetitor und Begleiter berühmter Sängerinnen wie Emma Calvé oder Sybil Sanderson, und die hoch begabte Berthe Rambaud gab der Ehe mit ihm zuliebe ihre Karriere auf.

Leoncavallo gehörte nun zur Pariser Künstlerszene – die ihn später zu seiner Oper LA BOHÈME nach Henri Murger inspirierte – und wurde mit vielen Größen des französischen Kulturlebens bekannt. Darunter befand sich der Bariton Victor Maurel – Verdis erster Jago 1887 –, der ihm Zugang zum Verleger Giulio Ricordi verschaffte. Der nahm ihn 1889 mit einer Option auf I MEDICI unter Vertrag, den ersten Teil der geplanten Renaissance-Trilogie. Doch Ricordi schätzte Leoncavallo als Komponisten nicht besonders, sehr allerdings als Librettisten, und gewann ihn in dieser Eigenschaft vorübergehend für Puccinis MANON LESCAUT. 1891 war die Musik für I MEDICI fertig, aber Ricordi sagte die schon angelaufenen Vorarbeiten für die Uraufführung ab und kaprizierte sich auf die Anfang 1892 in Ferrara stattfindende Premiere von Puccinis revidiertem EDGAR: für Leoncavallo eine traumatische Erfahrung, die seine Manipulation des eigenen Geburtsdatums mit bewirkt haben dürfte. Der spätere Streit um die urheberrechtliche Priorität am Bohème-Stoff machte aus seinem zunächst freundschaftlichen Verhältnis zu Puccini eine wechselseitige Feindschaft.

DURCHBRUCH UND FIASKO

Als Ricordi auch dem Libretto der PAGLIACCI gegenüber wenig verlegerische Neigung spüren ließ, offerierte Leoncavallo das Stück Edoardo Sonzogno, der es sogleich annahm und nach dem Sensationserfolg mit Mascagnis CAVALLERIA RUSTICANA am 21. Mai 1892 im Mailänder Teatro dal Verme einen weiteren Coup landete. Sonzogno erwarb zudem von seinem Konkurrenten Ricordi die Rechte an CHATTERTON und I MEDICI: eine Fehlspekulation, da die mit viel Publizität und dem Engagement des berühmten Francesco Tamagno – Verdis erstem Otello – für die Partie des Giuliano de' Medici vorbereitete Premiere des ersten Teils der CREPUSCULUM-Trilogie 1893 im Teatro dal Verme ebenso ein Fiasko wurde wie der inzwischen völlig umgearbeitete und von vier Akten auf drei reduzierte CHATTERTON 1896 im Argentina-Theater in Rom (eine weitere Revision hatte 1905 in Nizza auch keinen Erfolg).

Die Berliner Hofopern-Premiere von I MEDICI fand aber im Februar 1894 einen gewichtigen Liebhaber, dem bekanntermaßen die moderne Kunstrichtung nicht passte: Kaiser Wilhelm II. Er war einer der wenigen, die in dieser Oper »den ganzen Fortschritt der Form Wagners mit dem absoluten italienischen Charakter der Musik« vereinigt sahen. Die veröffentlichte und unveröffentlichte Meinung nahm indes mehrheitlich nur eine klangliche Wagner-Kopie mit dem Rückfall in die Nummernoper wahr. Jedenfalls war das kritische Echo so hart, dass Leoncavallo das Trilogie-Projekt mit Opern über Gerolamo Savonarola und Cesare Borgia nicht weiter verfolgte. Dafür nahm er aus Berlin den kaiserlichen Auftrag mit, ein Werk nach Willibald von Alexis' Roman DER ROLAND VON BERLIN (1840) zu komponieren. Wie für alle vorangegangenen Opern schrieb der Komponist das Libretto selbst, das dann von Georg Droescher ins Deutsche übersetzt wurde, doch sein Wechsel von der italienischen Renaissance in den Nordkomplex des Hohenzollern-Mythos wurde ihm nicht gelohnt: das 1904 uraufgeführte ›historische Drama‹ fiel in Berlin trotz höchster Protektion wie ein Jahr später ohne diese bei der italienischen Premiere in Neapel durch. Leoncavallo rächte sich später in einer vaterländischen Wende, indem er nach Eintritt Italiens in die antideutsche Kriegsallianz dem Kaiser alle verliehenen Ehrenzeichen zurückschickte und die patriotische Aktion GOFFREDO MAMELI (Genua 1916) schrieb: ebenfalls ohne bleibenden Erfolg.

Mehr Glück hatte der opportunistische Komponist, der sich nicht scheute, seine PAGLIACCI als verballhornte Kurzfassung in Music-Halls zu präsentieren und eine ganze Reihe von Operetten schrieb, mit seinen

Opern auf französische Sujets. 1897, ein Jahr nach Puccinis Vertonung des Stoffs, kam seine ›commedia lirica‹ LA BOHÈME im Phönix-Theater von Venedig heraus: ein später von Puccini überstrahlter Erfolg, den Leoncavallo durch die zweite Oper nach einer französischen Vorlage zu erneuern versuchte. Aber ZAZÀ, bei der von Toscanini dirigierten Premiere im Mailänder Teatro Lirico 1900 geradezu enthusiastisch aufgenommen, war ein matter, von der Kurtisane auf eine Provinzdiseuse verschobener Aufguss der Sozialproblematik von Verdis LA TRAVIATA. Bezeichnenderweise ist in dieser ›commedia lirica‹ der verheiratete Geliebte der Titelheldin – seine als Sprechrolle konzipierte Tochter bewirkt mit ihrem Klaviervortrag von Cherubinis AVE MARIA den Verzicht Zazàs – eindringlicher profiliert als die ihr Liebesglück preisgebende Kabarett-Kameliendame. Musikalisch interessanter als die mit diversen Nationaltänzen aufspielende Bühnenmusik des I. Akts und die das Geschehen verbindende Funktion des Kussmotivs ist der im Stil Massenets gehaltene III. Akt, aus dem die für die italienische Oper ungewöhnliche Melodramfunktion des über fortlaufender Musik sprechenden Kindes Totò herausfällt.

Unsterblichkeit gewann Leoncavallo, der um 1900 schon den Zenit seiner Schaffenskraft überschritten hatte, eher dadurch, dass er im April 1904 Caruso bei der Trichter-Aufnahme seiner MATTINATA am Klavier begleitete und drei Jahre später seine PAGLIACCI (zumindest teilweise) für die Schallplatte dirigierte: die erste italienische Opernproduktion in dem neuen Medium. Danach versuchte er, nachdem er bisher alle Operntexte selbst verfasst hatte, die Zusammenarbeit mit verschiedenen Librettisten. Nach dem totalen Misserfolg von MAIA (Costanzi-Theater Rom 1910) vertonte er in ZINGARI (London 1912) eine Vorlage Alexander Puschkins im veristischen Fahrwasser seiner PAGLIACCI: mit durchschlagender Wirkungslosigkeit. Projekte in klassischer oder religiöser Mythologie blieben – teilweise bedingt durch den Ausbruch des Ersten Weltkriegs und den frühen Tod des Komponisten – unvollendet, so auch der von Giovanni Penacchio fertig gestellte, 1920 postum in Chicago uraufgeführte EDIPO RE auf Giovacchino Forzanos einaktige Einrichtung des KÖNIG ÖDIPUS von Sophokles (*DEA* Düsseldorf 1960).

I MEDICI

Leoncavallo stand mit seiner kulturhistorisch geschulten Intellektualität zwischen der skrupulösen Selbstkontrolle Puccinis und der zupackenden Musikalität Mascagnis. Außer für seine besten Werke: BAJAZZO und LA

BOHÈME, muss für sein Bühnenschaffen einschränkend gesagt werden: »Sein dokumentarischer Wert übersteigt seine künstlerischen Verdienste«. Das betrifft auch die ›azione storica‹ I MEDICI, die – vergleichbar Mascagnis Verhältnis zu GUGLIELMO RATCLIFF – Leoncavallos Kunstwollen mehr entsprach als das Erfolgsstück PAGLIACCI. Zumindest tendenziell ist sie wie Mascagnis Heine-Vertonung dem Genre der Literaturoper zuzuschlagen, da Leoncavallo in seinem durch Carducci geweckten historisierenden Überschwang komplette Gedichte von Angelo Poliziano und Lorenzo de' Medici in das Libretto verwob. So tragen etwa junge Frauen und Männer im II. Akt Polizianos Tanzlied von der Sehnsucht nach dem Mai *Ben venga maggio* vor.

Die Handlung läuft in einem genauen geschichtlichen Rahmen zwischen 1471 und 1478 ab, kulminierend in der so genannten Pazzi-Verschwörung, die am Karsamstag des Jahres 1478 in der Florentiner Kirche Santa Maria del Fiore zu einem von Papst Sixtus IV. angestifteten Attentat auf die Medici-Brüder Lorenzo und Giuliano führte. Leoncavallo hat ähnlich ausufernd wie Illica in seinem Libretto für Mascagnis IRIS – aber im Sinn der nationalkulturellen Renaissance um die Jahrhundertwende und nicht im Stil eines symbolistischen Dannunzianismus – dem Text ausführliche Anmerkungen mitgegeben: Hinweise auf historische Forschungen und zeitgenössische Quellen für seine Oper. Zusammen mit dem in seiner archaischen Versifizierung oft wie eine Anthologie von Renaissancegedichten wirkenden Libretto ergeben diese Anmerkungen ein dichtes geschichtliches Geflecht.

Was der zuletzt 1898 in Buenos Aires gespielten und nach dem Wiederauftauchen der verloren geglaubten Partitur 1993 in Frankfurt/Main konzertant erneut zur Diskussion gestellten Oper trotz des grandios in ein Messen-Credo integrierten Mordanschlags und teilweise höchst eindrucksvoller Melodien fehlt, ist der innere Zusammenhalt: Die ganze Italianità von Leoncavallos belkantischem Schmelz steht in einem merkwürdigen Kontrast zur banalen Wagnerei der Leitmotivik, wobei der poetische Zauber der Vorlage gelegentlich – auch das ist eine missglückte Wagner-Imitation – ins Mythische verschoben wird. So gerät die Begegnung zwischen dem galanten Giuliano und der verträumten Simonetta im I. Akt – textlich Polizianos STANZE PER LA GIOSTRA DI GIULIANO entnommen – zu der zwischen einem Gott und einer Diana-Nymphe, wobei Leoncavallo im Andante-Teil ungeniert Brünnhildes *Ewig war ich, ewig bin ich* aus dem III. Akt des SIEGFRIED zitiert.

PAGLIACCI (Der Bajazzo. ›Dramma‹ in einem Prolog und zwei Akten, *L* vom Komponisten; Teatro dal Verme Mailand 1892 unter Leitung von Arturo Toscanini; sensationeller Erfolg, vergleichbar dem von Mascagnis CAVALLERIA RUSTICANA, auch in der – teilweise durch italienische Gastspieltruppen beschleunigten – weltweiten Verbreitung: Covent Garden, New York, Buenos Aires, Mexiko-City brachten das Werk 1893 im Original heraus; auch landessprachlich begann es schnell seinen Siegeszug: Königliche Oper Berlin in der Übersetzung von Ludwig Hartmann 1892; Hofoper Wien, Basel, Prag, Budapest, Stockholm, Moskau 1893; Warschau, Bordeaux 1894; Brüssel – französisch –, Kopenhagen 1895; Grand Opéra Paris 1902; Madrid 1908, Sofia 1909 als erste Aufführung einer Oper in bulgarischer Sprache, Yokohama 1919, Bukarest 1923 und Tel-Aviv 1924 seien als weitere Stationen genannt; zum Weltruhm des Werks trug auch die 1907 zumindest unter Aufsicht des Komponisten, wahrscheinlich sogar unter seiner Leitung entstandene Schallplatten-Gesamtaufnahme bei, noch mehr die Tatsache, dass Caruso das *Lache, Bajazzo!* 1902 in einem Mailänder Hotel für die Firma Gramophone & Typewriter in den Trichter sang: Es war die erste Schallplatte, von der mehr als eine Million Exemplare verkauft wurden; für alle Tenöre im italienisch-heroischen Fach ist der Canio eine Paraderolle, aber auch der in der Uraufführung von Victor Maurel gesungene Tonio gehört wie die Sopranpartie der Nedda zu den beliebtesten ihres Fachs; in der Kombination mit Mascagnis CAVALLERIA wurde der BAJAZZO zum Inbegriff des musikalischen Verismus).

Tatsächlich hat Leoncavallo seine Oper als direkte Konkurrenz zu der Mascagnis entworfen. Ursprünglich war sie auch, der Praxis des Einakterwettbewerbs von Sonzogno entsprechend, in einem Akt angelegt: mit einem Zwischenspiel nach Canios berühmter Arie *Ridi, pagliaccio!* Da der danach üblicherweise einsetzende Beifall für eine natürliche Zäsur sorgte, machte Leoncavallo aus dem Zwischenspiel das Vorspiel zum II. Akt. Aufführungspraktische Erfahrungen haben zu einer zweiten Änderung des im Autograph der Partitur festgehaltenen ursprünglichen Konzepts geführt. Der berühmte Satz, mit dem Canio nach seinem Doppelmord das Publikum direkt anspricht und nach Hause schickt: *La commedia è finita*, war zunächst Tonio zugedacht, womit sich von seinem programmatischen Prolog mit dem Wahrheitsanspruch der Kunst eine natürliche

Klammer zum veristischen Finale ergab. Aber tenorale Eitelkeit – Fernando de Lucia und Enrico Caruso werden als Urheber genannt – hat zu dem in der gedruckten Partitur verewigten Brauch geführt.

DIE NACKTE MASKE

Dadurch verändert sich der im Prolog verkündete Anspruch, in *vertrauten Masken ein Stück Leben zu zeigen*, auf den Einbruch des Lebens selbst in die maskierte Kunstwelt: Die formgebende Rundung zwischen Prolog und gesprochenem Epilog mit kurzem Orchesternachspiel wird aufgebrochen. Das ist nichts weniger als eine Vorwegnahme von Pirandellos ästhetischem Prinzip der ›maschera nuda‹, das Leoncavallo kurz vor seinem Tod in der unvollendet gebliebenen Operette DIE NACKTE MASKE als Satyrspiel nach der Tragödie der PAGLIACCI noch einmal (vergeblich) zu gestalten versuchte. Dass der Tenor dem Bariton die Schlussworte in der frühesten Aufführungsgeschichte fortnahm, ist auch als Akt ausgleichender Gerechtigkeit zu sehen. Ursprünglich wollte Leoncavallo – was sich in der französischen und deutschen Übersetzung des Titels erhalten hat – die Oper nach dem tragischen Helden in der Einzahl benennen. Erst nach dem Einspruch seines Freundes und Mentors Maurel, der nicht völlig im Schatten eines Tenors stehen wollte, entschloss sich Leoncavallo zur Komposition des Prologs für Tonio und vervielfältigte den ›pagliaccio‹ zu den PAGLIACCI.

ORIGINAL ODER PLAGIAT?

Schießt die Oper in ihrer schraubenartigen Windung der Realitätsebenen durch Canios gesprochenen Epilog über den veristischen Anspruch des Prologs hinaus, so ist ein dort ebenfalls genannter zurückzunehmen: der Autor habe seinen Stoff dem wahren Leben entnommen. Leoncavallo hat immer wieder Wert auf die Feststellung gelegt, dass er selbst als Kind im kalabrischen Montalto, wo sein Vater eine Zeit lang als Richter arbeitete, einen ähnlichen Vorgang erlebt habe, der ihn zu seiner Oper inspirierte. Das aber waren – mit abweichenden Varianten publiziert – reine Schutzbehauptungen gegen den 1894 von Catulle Mendès erhobenen Vorwurf, PAGLIACCI sei ein Plagiat seines eigenen Bühnenstücks LA FEMME DE TABARIN (als ›tragi-parade‹ 1887 im Théâtre Montparnasse mit der Bühnenmusik von Émmanuel Chabrier uraufgeführt). Gut beraten, begnügte sich der Komponist nicht mit dem Hinweis auf seine Unkenntnis des Mendès-Stücks. Vielmehr konterte er, Mendès seinerseits habe die Handlung aus einem spanischen Stück übernommen: UN DRAMA NUEVO (1867) von Manuel Tamayo y Baus. Damit war die in ganz Europa publik gewordene Plagiatsaffäre im beiderseitigen Einvernehmen der Betroffenen neutralisiert. Mendès hatte nämlich kein weiteres Interesse an der Angelegenheit, da er bei eigenen Stoffstudien darauf gestoßen war, dass der Grundeinfall seines Stücks – der in der Vermengung von Spiel und Realität stattfindende Mord auf einer kleinen Bühne – in einer Tradition von Stücken über den berühmten Farcenspieler Tabarin aus dem 17. Jahrhundert stand.

Mendès hatte diese stoffgeschichtlichen Studien nicht freiwillig betrieben, da ihm wiederum ein Plagiatsvorwurf von seinem Kollegen Paul Ferrier gemacht wurde, dessen schon 1874 gespielter TABARIN der 1885 in der Pariser Opéra uraufgeführten Oper TABARIN von Émile Pessard zu Grunde lag. Es ist schwer vorstellbar, dass Leoncavallo als aktiver Teil der Pariser Boheme während seines Frankreich-Aufenthalts zwischen 1882 und 1888 von diesen Ereignissen – und die genannten waren nicht einmal die einzigen zeitgenössischen Stücke über Tabarin – keinerlei Notiz genommen habe. Zumal die Oper von Pessard, obwohl nicht mit einem Mord, sondern mit der Versöhnung des Schauspielerpaares endend und auf Leoncavallos musikstilistische Differenzierung für das Spiel im Spiel verzichtend, geradezu »verblüffende Ähnlichkeiten mit der Handlung der PAGLIACCI aufweist«. An eine zufällige Übereinstimmung ist angesichts der Quellenlage jedenfalls nicht zu glauben. Für Leoncavallo aber bot der ganze Streit eine willkommene Gelegenheit, seine Version von der in Theater umgegossenen Kindheitserinnerung zu einem von der Forschung inzwischen gründlich widerlegten Privatmythos zu sublimieren. Tatsächlich hat der von seinem Vater 1865 in Kalabrien verhandelte Mordfall mit der Oper nichts zu tun – da war Wilhelm Kienzl 1895 mit seinem EVANGELIMANN dem Typus einer Reality-Oper ungleich näher. Über die ästhetische Qualität des Ergebnisses solcher Annäherung an die Wirklichkeit sagt das allerdings nichts aus.

GÖTTLICHE KOMÖDIE UND INFERNO

Zu Leoncavallos Manipulationen gehört auch die Umdatierung des tatsächlichen Mordfalls vom 5. März auf den 15. August, das Fest der Madonna della Serra. Das gab ihm für den Auftritt der Wanderschauspieler in einem Dorf die Gelegenheit des festlichen Aufputzes mit Dudelsack und Glockengeläute: Das Vorbild der am Ostermorgen spielenden CAVALLERIA RUSTICANA ist überdeutlich. Ähnliches gilt für den Eröffnungschor. Hatte Mascagni der verstiegenen Naturmetaphorik seines Librettos (→ S. 178 f.) durch chromatische Wendungen einen gegenläufigen Kommentar gegeben, so schärfte Leoncavallo die Freude der Dorfbesucher über die Ankunft der Komödianten und vor Beginn ihres Spiels im II. Akt noch mehr. Einem Klassizisten wie Eduard Hanslick schauderte geradezu vor dem Pauken- und Posaunengetöse, er polemisierte, »diese Hetzjagd durch alle verminderten Septim-Akkorde« könne »für den Aufschrei eines fanatischen Revolutionspöbels« gehalten werden.

Der Kunstgriff beider Komponisten ist derselbe: eine idyllisch ruhige Oberfläche wird als Vormotivierung tragischer Ereignisse von innen aufgeraut. Leoncavallo geht indes einen Schritt weiter als Mascagni und konfrontiert die aufgeregte Reaktion der Landleute mit den unfreundlichen Kommentaren der Schauspieler, aus denen sich Canios Einladung *Un grande spettacolo* (Ein großes Spektakel heute Abend um elf) ebenso organisch entwickelt wie die Dialektik von Sein und Schein in seinem Arioso *Un tal gioco* (Glaubt mir, meine Lieben, ein solches Spiel sollte man nicht mit mir spielen).

Insgesamt sind die von Leoncavallo eingesetzten Stilmittel differenzierter als die Mascagnis, was ihn allerdings vor Banalitäten wie dem Glockenchor nicht bewahrt. Dessen stereotypen Quartfällen F-C im Bimbam der Bässe entspricht musikalisch die textliche Peinlichkeit des beschworenen Weltbildes, in dem *alles von Licht und Liebe erfüllt* ist. Das ist aber der einzige Tiefpunkt in einem Textbuch und einer Partitur von ungewöhnlicher musikdramatischer Dichte. Neddas Vogellied, mit dem sie die Introduktionsszene in einem kurzen Rückblick streift und auf geradezu schwerelose Weise das Drama in Richtung Tragödie vorantreibt, zeigt in der orchestralen Imitation des Vogelgezwitschers Leoncavallos Fertigkeit als Instrumentator. Gleichzeitig verzichtet er bis auf das lautmalerische *Hui! Hui!* zu Beginn dieser ›ballatella‹ auf die vordergründig onomatopoetischen Vogelrufe aus Giovanni Pascolis Gedichtzyklus MYRICAE, dessen Erstausgabe 1891 erschienen war, und bringt mit der Schlussmetapher, dass die Vögel die Zigeuner des Himmels seien, ein Bild ein, das fast die Symbolkraft des Albatros bei Baudelaire besitzt.

Dass Leoncavallo das Textbuch mit literarischem Anspruch schrieb, zeigt ein Zitat während des Spiels im Spiel. Wenn der missgestaltete Tonio, der in der Wirklichkeit wie im Maskenspiel Canio aus Eifersucht die Verbindung Neddas mit einem Liebhaber verrät und dadurch den Doppelmord heraufbeschwört, in der Figur des Taddeo auf der Wanderbühne der zur Colombina kostümierten Nedda den Hof macht, schildert er begütigend die verfängliche Situation mit den Worten *soli noi siamo e senza alcun sospetto* (allein sind wir und niemand hegt Verdacht). Es sind, nur von der Vergangenheits- in die Gegenwartsform gewendet, genau die Worte, mit denen Francesca da Rimini in Dantes INFERNO den Augenblick beschreibt, in dem sie und ihr Schwager Paolo Malatesta in Liebe zueinander verfielen. Spätestens da wird klar, dass die ›commedia‹ der Oper (II,2) keine göttliche Komödie ist, sondern die Vorstufe zu einem wirklichen Inferno.

Der Verismus Leoncavallos zeigt sich in diesem Beispiel unter einem individualspezifischen Aspekt, der dem krassen Realismus der Vorgänge komplementär zur Seite tritt und schon die neoklassizistischen Modelle des 20. Jahrhunderts vorbereitet: Der Authentizitätsanspruch wird nicht nur durch eine äußerliche Nachahmung der Realität erfüllt, sondern auch durch historisierende Kunstbezüge. Ein prägnantes Beispiel dafür ist das bekannteste Thema der Oper überhaupt. Canios *Lache, Bajazzo!*, dieses Motiv des Weinens im Lachen, wurde von Leoncavallo sicher nicht unbewusst notengetreu, sogar in der Höhe der Tonfolge G-Fis-E-G-Fis dem Finale III aus Verdis OTELLO entnommen, wo Otello Desdemona vor aller Öffentlichkeit demütigend auf die Knie zwingt und ihr Tränen als Schuldbekenntnis abverlangt: *A terra, e piangi!* Hinter der vordergründigen musikdramatischen Funktion dieser nicht zu Unrecht seit Carusos Trichter-Aufnahme zum Signum für Leoncavallos Personalstil gewordenen Melodie – dem Zwang zur Kunstausübung auf Kosten des wirklichen Lebens – tut sich eine zweite Sinnschicht auf: wie in den literarischen Allusionen auf Dante und Baudelaire.

Auf dieser Ebene wird der tragische Untergang, ein Ende in Blut, Schimpf und Schande, durch genau kalkulierte Vormotivationen determiniert. Während Mascagni der veristischen Vordergründigkeit in CAVALLERIA RUSTICANA dadurch zu entgehen versuchte, dass er dem Stückablauf die entlehnte Form der attischen Tragödie aufzwang und damit der rituellen Tradition des Melodramma treu blieb (→ S. 179), machte Leoncavallo die in einem historistischen Sinn differenzierten Kunstmittel selbst zu Bedeutungsträgern. Der realistische Grundzug des Spiels im Spiel, das sich mit der Wirklichkeit bis zur tragischen Ununterscheidbarkeit vermischt, kulminiert im zweiten Finale, wenn der Chor der entsetzten Zuschauer sich gleichberechtigt ins Ensemble der auf der Bühne agierenden Komödianten einfügt: eine operngeschichtliche Neuerung. Dieser veristische Zug wird aber insofern entscheidend vertieft, als die zitierten oder evozierten älteren Kunstmaterialien eine Sinnschicht der Kunst durch Rückversicherung bei der Tradition als Trägerfolie ausbreiten: Die Nachahmung außerkünstlerischer Wirklichkeit ist nur die ästhetische Außenseite der PAGLIACCI.

DIE EINHEIT DES DOPPELTEN BODENS

Die Kunstleistung Leoncavallos besteht darin, dass er diese Doppelsträngigkeit im Werk selbst zur Einheit gezwungen hat. Während Tonio im Prolog die Lebensnähe des folgenden Geschehens betont und Canio vor den Dorfbewohnern auf dem Unterschied zwischen Darstellung und Wirklichkeit beharrt, hebt Nedda eben diesen auf. Im Finale I verabschiedet sie ihren vor dem eifersüchtigen Canio fliehenden Liebhaber Silvio mit denselben Worten, die sie – von Bajazzo/Canio belauscht – im Finale II ihrem Liebhaber im Spiel, Arlecchino, zuruft. Das ist nicht nur der dramaturgische Angelpunkt des Geschehens, in dem sich für Canio die Grenzen zwischen Spiel und Wirklichkeit endgültig vermischen. Hier manifestiert sich auch Leoncavallos ästhetischer Anspruch, dass die Kunst der Vergangenheit – der von Colombina gesungene Text der alten Komödie – in das gegenwärtige Leben hineinwirkt, für dieses Bedeutung hat. Dabei verzichtet er aber allen historisierenden Bezügen zum Trotz nicht auf die wagnersche Qualität der Durchkomposition, obwohl er – oder gerade weil er – Abstand nimmt von der Leitmotivtechnik seiner Mediceer-Oper.

Der Prolog Tonios stellt dem Hörer nicht nur den Werkanspruch vor, sondern auch dessen musikalische Hauptthemen: neben Canios Schmerz im Lachen sein Eifersuchtsmotiv und das Liebesmotiv Neddas, das am Schluss ihres Duetts mit Silvio durch eine von Wagner übernommene Sequenzierungstechnik variativ verkleinert wird. Leoncavallos motivische Arbeit zeichnet sich durch eine hohe Ökonomie aus. So kommt das berühmte Canio-Motiv insgesamt nur drei Mal im Stückablauf vor: nach dem Prolog, wo es die Hörner im Mezzoforte intonieren, zunächst in Canios Lamento am Ende des I. Akts, wo es, gegenüber dem Prolog um eine Oktave angehoben, zum Forte hin verstärkt wird und im Unisono von Singstimme und Orchester erklingt. In seiner Operngeschichte hat René Leibowitz sich die Frage gestellt, warum Leoncavallo darauf verzichtete, das Motiv im orchestralen Nachspiel von Canios Arie aufzugreifen, und skizzierte in Noten dessen mögliche Integration: »Es schien mir, daß dieses Motiv – ohne weiteres in den Ablauf einfügbar (man verzeihe mir diesen Barbarismus!) – dem Finale des Akts eine zusätzliche Dramatik verliehen hätte«. Die Antwort war für Leibowitz ganz einfach: Leoncavallo sparte sich das dritte Erscheinen des Motivs für das Werkfinale auf, wo es nach Canios gesprochenen Schlussworten im Orchester ertönt – nun im Fortissimo des Tutti und wieder um eine Oktave höher geschraubt. »Eine derartige dramatische Progression, gestützt auf eine absolute Ökonomie der musikalischen Mittel, kann nur das Werk eines authentischen Opernkomponisten sein«.

Leibowitz, der Apologet der Schönberg-Schule, war nicht der einzige ernst zu nehmende Bewunderer der PAGLIACCI. George Bernard Shaw pries 1894 die allgemeine handwerkliche Solidität ebenso wie die Ausarbeitung im Detail, und Eduard Hanslick hatte nach der deutschsprachigen Premiere in der Wiener Hofoper ein Jahr zuvor zumindest die ›commedia‹ des II. Akts in hohen Tönen gelobt. Tatsächlich ist Leoncavallo in diesem Spiel im Spiel, dem zunächst mit Posaunen, Pauken und Trompeten der lärmige Besatz genommen wird, eine außerordentliche Studie in angewandtem Historismus gelungen.

Dieser entlehnte Stil, die Welt der ›commedia dell'arte‹ und des Pariser Farcenspielers Tabarin gleichermaßen beschwörend, hebt mit einem Menuett an. Ihm folgt das Ständchen des verliebten Arlecchino (Beppe), ein tenorales Glanzstück elegischen Singens über Pizzikato-Akkorden mit duftigen Flöten-Stakkati. Während Arlecchino den ungeschickt lüstern um Colombina werbenden Taddeo (Tonio) aus dem Raum komplimentiert, läuft das Menuett weiter. Bei der Mahlzeit von Colombina und Arlecchino, der Wein und einen Schlaftrunk für Pagliaccio mitgebracht hat, erklingt eine geistreiche A-Dur-Gavotte. Mit bewundernswerter Ökonomie ist dann gestaltet, wie Canio als Bajazzo erscheint, der doppelt – im Leben wie im Spiel – betrogene Ehemann, und sich auch musikalisch die beiden Ebenen vermischen, mit immer verzweifelteren Versuchen der Mitspieler, Canio in die Eindeutigkeit seiner Spiel-Rolle zurückzuholen. Die blitzartige Entladung seines Gefühlsstaus im Doppelmord an Nedda und Silvio hat tatsächlich, wie Hanslick schrieb, die »Gewalt eines Elementar-Ereignisses«. Es ist auch ein elementares Kunst-Ereignis.

LA BOHÈME (›Commedia lirica‹ in vier Akten, *L* vom Komponisten nach Henri Murgers erstmals 1845/49 erschienenem Roman SCÈNES DE LA VIE DE BOHÈME und Alfred de Vignys Erzählung MADEMOISELLE MIMI PINSON, PROFIL DE GRISETTE von 1845; Teatro la Fenice Venedig 1897; trotz der ein Jahr zuvor uraufgeführten Oper Puccinis auf denselben Stoff zunächst schnelle Verbreitung in Italien; erfolgreich auch im Ausland bei Aufführungen in der Landessprache: Hamburg – in der Übersetzung von Ludwig Hartmann –, Budapest 1897; Hofoper Wien, Prag – deutsch – 1898; Théâtre de la Renaissance Paris 1899; Antwerpen und Genf – französisch – 1901; dann allmähliche Verdrängung durch Puccinis Oper, an der auch eine dreiaktige Bearbeitung unter dem Titel MIMÌ PINSON mit der Unterzeile ›Szenen aus dem Leben der Bohème‹ –Teatro Massimo Palermo 1913 – nichts ändern konnte; nach der Wiederaufführung zur Hundertjahrfeier Leoncavallos 1957 im Teatro San Carlo Neapel häufigeres Erscheinen auf italienischen Spielplänen, gelegentlich auch im Ausland: Gent 1975, Buenos Aires 1982, Bielefeld 1985).

Die traumatische, durch die dreiaktige Fassung von 1913 vergeblich bekämpfte Angst, dass seine Oper durch die Puccinis verdrängt werden könne, hatte Leoncavallo als böse Vorahnung schon 1893 heimgesucht: vor Beginn der kompositorischen Arbeit. Damals veröffentlichte er in der bei Sonzogno erscheinenden Zeitschrift ›Il secolo‹ seinen Anspruch auf das geistige Eigentum an dem Stoff zu dieser Oper. Aus einem Brief Puccinis an seinen wie er an die Casa

Ricordi gebundenen Hauptlibrettisten Illica können wir die der Gewissheit nahe kommende Vermutung ableiten, »daß Puccinis Verlag sich hinter dem Rücken Leoncavallos in aller Eile um die Exklusivrechte an Murgers Roman bemühte«. Und da der fast 600 Dokumente umfassende Briefwechsel zwischen Giulio Ricordi und Illica aus den Jahren 1891–1912 ausgerechnet zwischen Dezember 1892 und April 1893 eine untypische Lücke aufweist, liegt sogar der Verdacht nahe, »daß Illica und Ricordi, möglicherweise unter dem Eindruck eines drohenden Plagiatsprozesses mit Leoncavallo und dem Verlag Sonzogno, vorsichtig Selbstzensur betrieben haben«.

Die Spurenverwischung auf Seiten Puccinis und Ricordis ist – obwohl Leoncavallo den Plagiatsvorwurf nie justiziabel gemacht hat – umso wahrscheinlicher, als neben der grundsätzlichen Handlungsparallelität vor allem die Übereinstimmung der finalen Sterbeszene Mimìs in beiden Opern kein Zufall sein kann. Diese Szene ist nämlich nicht dem Roman entnommen, der als thematisch lockere Folge von 23 Fortsetzungen in der von Gérard de Nerval edierten Zeitschrift ›Le Corsaire de Satan‹ erschienen war. Vielmehr entstammt sie – als einzige Szene überhaupt – dem auf dem Roman basierenden Bühnenstück LA VIE DE BOHÈME, das Murger zusammen mit Théodore Barrière 1849 geschrieben hatte. Nicht minder auffällig ist es, dass Puccini und Leoncavallo aus den vielen Frauen des Romans ausgerechnet Musetta und Mimì als weibliche Hauptfiguren ausgewählt haben. Hinzu kommt, dass die Operngestalt der Mimì aus mehreren Figuren des Romans kontrahiert ist, wo sie im VI. Kapitel unter ausdrücklichem Hinweis auf Alfred de Mussets Grisetten-Erzählung MIMI PINSON eingeführt wird. Wie augenfällig auch immer die Parallelen zwischen beiden Opern seien: Leoncavallo, der aus der Auseinandersetzung um ein Plagiat mit Catulle Mendès über seine PAGLIACCI als historischer Sieger hervorgegangen war, hat im nicht ausgetragenen Rechtsstreit mit Puccini um die Priorität an LA BOHÈME den Kürzeren gezogen: nicht nur bezüglich des Datums der Uraufführung, sondern auch in der Repertoiretauglichkeit beider Opern. Das wirft die Frage nach den Gründen auf.

UNTERSCHIEDE ZU PUCCINI

Mögen auch die Parallelen zwischen beiden Opern verblüffen, so sind die Unterschiede doch gravierender. Das fängt mit der Rollenbesetzung an, die nur im lyrischen Sopranfach Mimìs identisch ist. Doch gerade in deren Sterbeszene zeigt sich ein kompositorisches Qualitätsgefälle. Während bei Leoncavallo eine oberflächliche E-Dur-Reminiszenz an den Tod von Verdis Kameliendame anklingt, lässt Puccini den Augenblick des Hinübergleitens unbemerkt von den anderen Bühnenfiguren stattfinden: durch einen Tongeschlechtswechsel im Orchester (→ S. 347). Erst dann zeigt er uns die Reaktion der Menschen auf das Ereignis: eine wirkungsvolle Affektendifferenzierung, die Rodolfos finalem Schmerzensausbruch die Selbstgerechtigkeit des Effekts nimmt. Den Dichter Rodolfo hat Puccini gegenüber Leoncavallos Bariton zum Tenor erhöht, was nicht nur dessen Emphase verstärkt, sondern auch seinen poetischen Aufschwungversuchen ungleich mehr Luftigkeit mitgibt, als es die eindimensional baritonale Solidität bei seinem Pendant vermöchte.

Gegenüber Puccini ist bei Leoncavallo auch Musetta um ein Stimmfach nach unten gerutscht: nicht zum Vorteil der Rolle, der nun im leichtsinnigen Trällern die Koketterie der Höhenlage abgeht. Zumal Leoncavallo sie nicht mit der sinnlichen Tiefe einer Femme fatale kompensiert. Vor allem geht Leoncavallo Puccinis Fähigkeit ab, die Figuren musikdramaturgisch in größere Zusammenhänge zu stellen – man vergleiche nur die schlichten Nummernwalzer seiner Musetta in den Akten I und II mit Puccinis Musetta-Walzer im II. Bild, der sich von der virtuosen Solonummer in ein vielädriges Septett – mit Nebenstimmen aus parallelen Handlungssträngen – entwickelt: ein Paradebeispiel szenischen Komponierens. In diese Kategorie gehört auch Puccinis Sinn für bildhafte Zusammenhänge, aus denen er etwa mit Mimìs Häubchen eine dem Publikum sinnlich vermittelte Poesie der kleinen Dinge auf der Bühne entwickelt: eine Qualität, die Leoncavallo abgeht.

Puccinis raffinierte Bewegungspsychologie kulminiert in den Ensemblesätzen, deren emotionale Mehrsträngigkeit der dramaturgischen Gesamtanlage einer Mischung der Ebenen entspricht. Leoncavallo dagegen bleibt auch musikalisch bei der fast durchgehenden Schwarzweißzeichnung seiner Dramaturgie, die in zwei eher komische und zwei eher tragische Akte – sogar Musetta gerät in Todesgefahr, als Marcello sie zu erdrosseln versucht – unterteilt ist. Puccini schafft durch den Mansardenspielort im I. und IV. Bild mit dem bildhaften Zusammenhang einen sinnvollen Eindruck für die abgelaufene Zeit, während Leoncavallo sie dokumentarisch in der Partitur auf die Spanne zwischen Heiligabend 1837 und der Weihnachtsnacht 1838 festlegt. Aber das bleibt Papier, wird musikalisch nicht eingelöst.

So entspricht sein I. Akt, im Innern des Café Momus spielend, ziemlich genau dem XI. Kapitel von Murgers Roman, das durch Einsprengsel aus den Kapiteln I und XIII angereichert wird. Wir lernen hier die Bohemiens als Gruppe kennen, die auf eine zitatgeschwängert literatenhafte Weise untereinander kommuniziert – was sich im II. Akt fortsetzt. Puccini verlagert den Momus-Akt als II. Bild seiner Oper nach außen, was nicht ohne logischen Bruch abgeht: Die Freunde, die zuvor in der winterlichen Kälte ihrer Dachstube gefroren hatten, nehmen nun ungeschützt ihr Weihnachtsmahl im Freien zu sich. Aber das Verfahren hat jenseits der Logik seinen Sinn. Die Gruppe der Bohemiens mit ihren Freundinnen – Puccini hat seinem Schaunard keine Eufemia gegönnt, gibt aber dem wie bei Leoncavallo unbeweibten Colline die berühmte Mantelarie – wird einmal von der vorüberziehenden und sogar -marschierenden Menge plastisch abgehoben und zum anderen, gegen die Vorlage, dadurch individuell psychologisiert, dass sich die Liebesbeziehung Rodolfo–Mimì als roter Faden durch die Handlung zieht. So entsteht zwischen atmosphärischen Genreszenen und dramatisch prägenden Momenten ein operngeschichtlich neuartig realistischer Binnenzusammenhang.

LITERARISIERUNG ALS METHODE

Leoncavallo hielt sich dagegen mehr an die Tradition des italienischen Opernlibrettos, die er aber durch einen gegenüber Puccini stärkeren Zug zur konversationsstilistischen Durchkomposition und zu einer ausgeprägten Literarisierung aufbrach. In dieser Hinsicht kann man seine BOHÈME analog zu den MEDICI als Literaturoper bezeichnen, da er von Musset und Murger Partien wörtlich übernahm und sie – abgesehen von Kürzungen – auch im Metrum dem französischen Original so stark wie möglich anzunähern versuchte. Programmatisch dafür steht im II. Akt die HYMNE AUF DIE BOHÈME, die Leoncavallo aus Murgers Gedicht DIE JUGEND HAT NUR EINE ZEIT unter einigen Auslassungen übersetzte. Auch Musettas Kanzone *Mimì Pinson, la biondinetta* im I. Akt ist eine um zwei Drittel – mit literarischen und politischen Anspielungen – gekürzte Übertragung von Mussets Gedicht MIMI PINSON EST UNE BLONDE, wobei sogar das originale Reimschema erhalten blieb.

Bei Rodolfos großer Szene zu Beginn des IV. Akts *Scuoti, o vento, fra i sibili* (Heule, o Wind, durch die Fensterläden) handelt es sich um die kondensierte Übernahme von Murgers BALLADE EINES VERZWEIFELTEN, in der Leoncavallo die von Boito in die italienische Librettistik eingeführten Neunsilbler (→ S. 123 f.) analog zum Metrum der Vorlage geschickt nutzt. Aber hinter der Regelmäßigkeit der Versstruktur baut er – vielleicht in Weiterführung von Schuberts Lied DER TOD UND DAS MÄDCHEN – einen dramatischen Dialog zwischen dem Dichter und fiktiven Erscheinungen auf: Ruhm, Reichtum, Kunst und Tod. Wenn er am Ende den Tod zum Kommen einlädt und es an der Tür klopft – es ist sein Freund Marcello –, schlägt die literarische Anspielung in einen ›colpo di scena‹ um: authentisches Theater.

DIE EBENE DER PARODIE

Dem Prinzip der literarischen Übernahmen und Anspielungen – im Gegensatz zu Puccinis Libretto ist das Leoncavallos voll von diesen – entspricht das der musikalischen Zitate. Wenn im I. Akt der Wirt und die Kellner bei den zahlungsunfähigen Bohemiens das Geld für das Essen eintreiben wollen, entreißt Schaunard einem Küchenjungen einen Bratspieß und benutzt ihn als Waffe: in einem Zitat aus dem Septett mit Duell der HUGENOTTEN (III,19): *Il brando mio e il mio coraggio* (Auf mein Schwert baue ich meine Ehre). Dieses Zitat hat immerhin den Effekt, dass der bei Puccini nicht in Erscheinung tretende Literat und Philosoph Barbemuche – bei Murger ein wenig schmeichelhaftes Porträt Baudelaires – den Freunden anbietet, die Zeche zu zahlen. Schaunard, der nicht nur in der Zoologie der Doppelköpfigkeit heimisch ist (→ S. 197), hat schon zuvor seine Meyerbeer-Kenntnis bewiesen, wenn er den beiden Frauen seine Freunde vorstellt und Marcello Musetta mit dem Rezitativ von Raouls Romanze aus den HUGENOTTEN anschmachtet – allerdings ohne die von Meyerbeer verlangte Viola d'amore als Begleitinstrument (die es erst in Zandonais FRANCESCA DA RIMINI und Pfitzners PALESTRINA als Geschichtskolorit gibt), sondern mit einer normalen Viola. Mit einem barschen *Lass die Hugenotten in Frieden, jetzt spreche ich* nimmt er dem Freund das Wort aus dem Mund.

Schaunard ist im II. Akt, dem von Puccini zum Entsetzen seiner Librettisten ausgesparten Fest Musettas in einem Pariser Hinterhof, eine weitere Parodie anvertraut. Er trägt dort auf Musettas verstimmtem Klavier – das D ist mit dem Cis verklemmt – seine Kantate vor DER EINFLUSS DES BLAU AUF DIE KÜNSTE: ein freie Fortspinnung Murgers, bei dem sich unter diesem Titel eine symphonische Dichtung verborgen hatte. Leoncavallo nimmt hier, zweifellos den deutsch-romantischen Kult um die blaue Blume parodierend, musikalisch Rossini mit seinen schematischen Ausschmückungen der Gesangslinie ins Visier. In das Gebiet der ernsthaften Parodie gehört das Vorspiel zum III. Akt, mit dem unvermittelt das düstere Geschehen einsetzt. Wie in Canios *Ridi, pagliaccio!* aus dem BAJAZZO bringt Leoncavallo hier ein berühmtes Zitat in der originalen Tonhöhe, wenngleich in enharmonischer Verwechslung notiert: den so genannten Tristan-Akkord. Und »nicht nur die Harmonik der ersten zehn Takte, sondern auch Melodieführung und Instrumentation verraten das zugrunde liegende Modell«: das Vorspiel zum I. Aufzug von TRISTAN UND ISOLDE.

Leoncavallos ästhetischer Entwurf, in seinen Libretti Literatur über Literatur, in seinen Partituren Musik über Musik zu schreiben, scheint hier als ein Modell auf, das – vom Komponisten selbst nicht weiter verfolgt und nach seinem frühen Tod im faschistischen Italien offiziös unerwünscht – in der deutschen Literaturoper zwischen Wedekinds LIEDERN ZUR LAUTE in Alban Bergs LULU über Gedichte von Jakob Lenz in Bernd Alois Zimmermanns SOLDATEN bis hin zum Nachhall von Brechts HAUSPOSTILLE in Friedrich Cerhas BAAL zu einem bevorzugten Verfahren werden wird.

Während Puccini in seiner BOHÈME mit ihrem nach literarischen Gesichtspunkten unterlegenen Libretto auf Grund der bildhaft-logischen Binnenspannung und der thematisch-motivischen Durcharbeitung des musikalischen Materials die heiter-tragischen Geschehnisse wie in der symphonischen Stilhöhen-Collagierung der Zeit bei Gustav Mahler und Charles Ives zu einer kontradiktorischen Einheit zwingt, entscheidet sich Leoncavallo für eine strikte Trennung der Ebenen, die er aber fortlaufend durch künstlerische Fremdmaterialien kommentiert. Dadurch zielt er auf einen orts- und zeitkoloristischen Zusammenhalt, wie er etwa von Umberto Eco als ästhetische Voraussetzung zur Schaffung einer konsistenten Kunstwelt für seinen Roman Der Name der Rose beschrieben wurde.

Es ist jene Technik der interlinearen Zusammenhänge in einem nicht-linearen Geschehen, wie sie durch die spezifische Großstadtkultur der trivialen Pariser Fortsetzungsromane um 1840 in die moderne Literatur eingeführt worden war. Diesem Grundzug, der etwa an Eugène Sues Erfolgsroman Les Mystères de Paris (1842/43) zwischen Karl Marx (Die heilige Familie; 1845) und Volker Klotz (Die erzählte Stadt; 1969) auf sein Gesellschaftsbild und seine Zeitstruktur hin als prototypisch für die bürgerliche Großstadtkultur analysiert worden ist, folgte Leoncavallo. Wenn seine Oper intelligent inszeniert wird – wie etwa 1985 durch John Dew in Bielefeld –, vermag sie über Puccini hinaus die Brüche ihres Gesellschaftsbildes zu vermitteln: ein Beweis für ihre unterschätzte Repertoirefähigkeit.

FRANCESCO CILEA (1866–1950)

Die Repertoirefähigkeit vieler Opern von Komponisten aus der um 1860 geborenen Generation der ›giovane scuola italiana‹ ist überhaupt ein Wirkungsmerkmal der als Verismus geltenden Epoche. Es ist in Italien selbst von den Kritikern, die an der Substanz der Werke Zweifel äußerten, kaum je bestritten worden, sehr wohl aber – mitsamt der Qualität der in Frage kommenden Opern – in den beiden anderen Ländern mit einer langen autochthonen Operntradition: Frankreich und Deutschland. In Deutschland hatte die oft mit ihrem Wagner-Dünkel operierende Kritik bis in die Zeit des ›Dritten Reichs‹ einen herablassenden Ton, der sich nach 1945 durch den Siegeszug des Musikdenkens und -beschreibens in Kategorien des aus der nicht-tonalen Musik abgeleiteten Materialfortschritts ideologisch verlagerte. Eine Wende, vorbereitet durch die zunehmende Musikverbreitung in den audiovisuellen Massenmedien und die Internationalisierung des Opernlebens, trat auf breiter Front in den späten sechziger Jahren ein, zumal nach dem Tod der Sopranistin Maria Callas im Jahre 1977 viele ihrer Schallplatten – nicht nur Operngesamtaufnahmen, sondern auch einzelne Arien wie die von Cileas Adriana Lecouvreur – zu mythisierten Inkunabeln eines Neo-Belkanto wurden.

Konkret bezogen auf eine Aufführung von Giordanos ANDREA CHÉNIER hatte der Wiener Kritiker Julius Korngold, Vater des Komponisten Erich Wolfgang, schon in seiner 1922 erschienenen Sammlung von Kritiken die italienische Oper der veristischen Epoche bei allen Einwänden im Einzelnen gegen die überwältigende Mehrheit seiner Kollegen in Schutz genommen: »wenn deutsche und französische Kritiker sich versucht fühlen, allzu geringschätzig auf die italienische Oper der letzten Jahre herabzusehen, mögen sie sich nur schleunigst der Produktion der Heimat erinnern« – ein deutlicher Hinweis darauf, dass im Schatten des übermächtigen Puccini erheblich mehr Blüten wuchsen als im Schatten von Debussy und Richard Strauss. Dieses Urteil beschreibt auch den Sachverhalt, dass mit der Uraufführung von Mascagnis CAVALLERIA RUSTICANA 1890 ein gewaltiger Produktionsschub einsetzte, der in mancherlei Hinsicht zu einem Quantensprung führte: dem Umschlag in eine neue Qualität. Der Verismo, wie zweifelhaft oder zumindest einengend der in der zeitgenössischen Literatur so gern benutzte Begriff auch immer sei, hat die italienischen Opernkomponisten von der Übermacht Verdis befreit, ihnen ein neues schöpferisches Selbstvertrauen gegeben.

L'ARLESIANA

Das zeigt sich etwa bei einem Kleinmeister wie Francesco Cilea, der sich unberührt von allen Diskussionen um den Fortschritt in der Musikgeschichte über vier Jahrzehnte hin bis zu dem 1937 geschriebenen Orchestervorspiel bemühte, seine nach zwei missglückten Versuchen dritte Oper L'ARLESIANA (Das Mädchen aus Arles; Teatro Lirico Mailand 1897 in vier Akten, dort ein Jahr später auf drei Akte reduziert) durch Detailverbesserungen repertoirefest zu machen: ein Vorhaben, das nur punktuell innerhalb Italiens gelang. Die Oper hat neben Mascagnis FREUND FRITZ als einziges Beispiel eines geradezu antiveristischen Pastoralgenres überlebt. Dieses ragte in die Zeit des Verismus aus einer Tradition hinein, in der teilweise sogar Franchettis d'Annunzio-Vertonung LA FIGLIA DI IORIO steht. Es handelte sich dabei »oft um dreiaktige Stücke mit Chören von Dorfbewohnern, Spinnerinnen, Jägern usw. Sie verzichteten auf den schmückenden Besatz der großen Oper wie Ballett, ausladende szenische Effekte, massive Ensembles«. Cilea griff bei seiner Vertonung auf Alphonse Daudets Drama L'ARLÉSIENNE zurück, das 1872 mit der Bühnenmusik Bizets uraufgeführt worden war. Wie schon bei Daudet tritt die Titelfigur nicht auf, sie steht für die – in dramaturgisch zum Bühnengeschehen teils pathetisch, teils ironisch gesetzten Fernchören sich objektivierende – sexuelle Faszination des Mädchens, die den provenzalischen Landmann Federico und gleichermaßen seinen Gegenspieler, den Pferdeknecht Metifio, ergriffen hat.

Eine der Schwächen des ›dramma lirico‹ liegt darin, dass die beiden Nebenbuhler zu Lasten des Baritons nicht gleichwertig sind und dass die Partie der Vivetta, die von Federicos Mutter zur erotischen Domestizierung ihres Sohns eingesetzt wird, weder dramaturgisch noch musikalisch überzeugt. Stärker profiliert ist die Mutter, vor allem durch ihre für die dritte Fassung (Neapel 1912) nachkomponierte Arie *Esser madre, è un inferno* (Mutter zu sein, ist eine Hölle). Was das Stück seit seiner Uraufführung mit Caruso in der Rolle des Federico am Leben erhalten hat, ist weniger das im alten Hirten Baldassare subtil personifizierte provenzalische Lokalkolorit als Federicos ›lamento‹ *È la solita storia del pastore* (Es ist die alte Geschichte des Hirten): kein eigentliches Lamento, sondern der verzweifelte Wunsch, in einem Heilschlaf Befreiung von seiner Besessenheit zu finden. Aus dem monotonen Rezitativ hebt sich die h-Moll-Arie in vier melodischen Bogensequenzen, die dreimal wieder absinken, bis zum ekstatischen Höhepunkt, an dem sich in die Interpretationsgeschichte ein nicht komponiertes hohes H eingeschlichen hat – seit Carusos Tagen ist die Arie ein Prüfstein tenoralen Belkantos.

ADRIANA LECOUVREUR

Ähnliches gilt für Cileas im Einsatz musikdramatischer Mittel ungleich höher zielende nächste Oper, die ebenfalls einer französischen Vorlage folgte: dem Schauspiel ADRIENNE LECOUVREUR (1849) von Eugène Scribe und Ernest Legouvé. Die 1902 im Mailänder Teatro Lirico mit Angelica Pandolfini und Enrico Caruso in den Hauptrollen uraufgeführte ADRIANA LECOUVREUR (Hamburg 1903) behandelt im Libretto von Arturo Colautti einen teilweise historischen Vorgang: den plötzlichen Tod einer berühmten Schauspielerin der Comédie Française, die 1730 nach einer Vorstellung von Voltaires ŒDIPE in den Armen des Dichters starb. In der Oper ist daraus, wie im Bühnendrama von Scribe und seinem Assistenten, ein Kriminalfall mit eindeutiger Schuldzuweisung geworden: Ein vergifteter Veilchenstrauß wird der Künstlerin von der Fürstin von Bouillon geschickt, weil sie sich durch Adriana um die Liebe des Grafen Moritz von Sachsen gebracht glaubt – tatsächlich hatte die nymphomane Fürstin in der Realität einen solchen Mordplan ausgeheckt, er war aber von ihrem dazu auserwählten Werkzeug der Polizei verraten worden.

Über die klassische Dreieckstragödie hinaus frappiert die anfangs im Theatermilieu angesiedelte vieraktige Oper, die Cilea bis zu der Aufführung in Neapel 1930 immer wieder mit zumeist kürzenden Eingriffen bearbeitete, durch ihre Übergänge zwischen Musik und Sprache. Adriana spielt im I. Akt die Roxane in Racines Tragödie BAJAZET, und ihr – auf der Bühne des Musiktheaters nicht gezeigter – Auftritt wird aus der Kulisse von dem in die Darstellerin verliebten Regisseur Michonnet kommentiert: ein anfänglich zum Thema von Adrianas vorangegangener Arie *Io son l'umile ancella* (Ich bin eine niedere Magd der Kunst) als Sprechgesang angelegtes Arioso, das von der Beobachtung der Kunstwelt in die Offenbarung der inneren Gefühlswelt des Baritons übergeht. Als ein furios in den Gesang springendes Melodram – ein erst von Verdi mit den Briefszenen von Lady Macbeth und Violetta in LA TRAVIATA behutsam in die ernste italienische Oper eingeführtes Stilmittel – rezitiert Adriana im III. Akt bei fortlaufendem Orchesterkommentar einen Monolog aus Racines PHÈDRE: dramaturgisch eine letztlich zu ihrer Ermordung führende moralische Pfeilspitze gegen ihre Nebenbuhlerin, stilistisch eine überzeugende Synthese von Sprech- und Musiktheater. Sie überführt die vereinzelten Spracheinwürfe aus der veristischen Oper der Zeit in einen größeren Form- und Sinnzusammenhang.

Es ist, in Fortspinnung von Leoncavallos PAGLIACCI, die Dialektik von Sein und Schein. Sie trägt mit anderen Einschüben aus einer Komödie DIE TORHEITEN DER LIEBE und einer Tanzpantomime DAS URTEIL DES PARIS zur Schaffung eines historisierenden Kunstambiente bei. Vor diesem Hintergrund gewinnt Cileas musikalische Gefühlssprache umso mehr Gegenwärtigkeit. Der Komponist, der nach der 1907 erfolglos unter Toscanini kreierten GLORIA keine neue Oper auf die Bühne brachte, hat mit diesem melodramatischen Stil dem italienischen Melodramma ohne jeden Neuerungsanspruch neue Facetten eingebracht. Obwohl die Oper weit gehend durchkomponiert ist, heben sich doch – leitmotivisch abschattiert im Orchesterpart auftauchend – organisch Einzelnummern aus der Partitur heraus: neben zwei Tenorarien für Moritz besonders die in der Tradition von Ebolis *O don fatale* aus DON CARLOS stehende dämonische Selbstaussprache der Fürstin Bouillon *Acerba volutta*. Zu Ohrwürmern sind Adrianas Soli geworden: nicht nur ihr das (allzu sehr in die Länge gezogene) Ende vorwegnehmender g-Moll-Gruß an die (vergifteten) Blumen *Poveri fiori*, in denen sie fälschlich einen Liebesverrat des Grafen vermutet. Diese schon das Vorspiel IV motivisch bestimmende Arie verbreitet nach den lastenden Sekundschritten der Orchestereinleitung mit dem Oktavsprung im ersten Takt eine morbide Weltflüchtigkeit.

Wie sehr Cileas Vokalstil aus den Niederungen des Weltschmerz-Lyrismus der Jahrhundertwende herausragt, zeigt der Anfang von Adrianas *Io son l'umile ancella*. Es ist, von Des- nach As-Dur angehoben, dieselbe von einer Sekundreibung unterbrochene Folge von zwei aufsteigenden Dur-Terzen wie in Gustav Mahlers Rückert-Lied ICH BIN DER WELT ABHANDEN GEKOMMEN (dessen orchestrales Raffinement der Italiener aber nicht erreicht). Seit Angelica Pandolfini in der Uraufführung haben sich Primadonnen des italienischen Fachs immer wieder um die Partie gerissen: Claudia Muzio, Rosa Ponselle, Maria Caniglia und Gina Cigna seien genannt. Legendär ist der Fall der Magda Olivero, die 1939/40 in der Rolle brilliert hatte, sich aber ein Jahr später von der Bühne zurückzog, ehe sie – von Cilea kurz vor seinem Tod immer wieder dazu gedrängt – als Adriana 1951 ein sensationelles Comeback feierte. Seitdem gehört die Oper in Italien fest zum Repertoire und fand nach Aufführungen 1983 in Karlsruhe – von Gian Carlo del Monaco in das frühfaschistische Italien verlegt – und ein Jahr später in der Münchner Staatsoper (mit Margaret Price in der Titelrolle) auch in Deutschland Beachtung.

UMBERTO GIORDANO (1867–1948)

Wie Cilea mit L'ARLESIANA hat auch Giordano eine Oper geschrieben, die hauptsächlich durch eine Tenorarie im musikalischen Weltgedächtnis haften blieb: FEDORA. Und wie im 1. Akt von Cileas ADRIANA LECOUVREUR gibt es in FEDORA ein Überwuchern von Konversation und Dialog. Zudem handelt es sich in beiden Opern um einen Mordfall: bei Giordano geschieht er hinter der Szene am Anfang, bei Cilea als Selbstmord am Ende. Eine weitere Parallele: Auch FEDORA geht auf eine französische Vorlage zurück, und wie im Fall von Cileas ADRIANA LECOUVREUR folgte sie in Giordanos Schaffenschronologie einem vorangehenden Werk aus der französischen Stoffgeschichte: ANDREA CHÉNIER, einem der internationalen Erfolgsstücke des Verismo, das ein Sujet aus der Französischen Revolution behandelt.

Angefangen hatte Giordano mit MALA VITA (Argentina-Theater Rom 1892; Kroll-Oper Berlin 1892) im Fahrwasser von Mascagnis veristischer CAVALLERIA RUSTICANA. Allerdings erschreckte der blaue Overall des tuberkulösen Färbers Vito das Publikum im konservativen Neapel bei der zweiten Aufführung derart, dass die Oper abgesetzt und vom Komponisten in Zerstückelung ihrer Qualitäten als IL VOTO (Teatro Lirico Mailand 1897) umgearbeitet wurde: nach der zu einem neapolitanischen Dialektdrama umgewandelten Erzählung von Salvatore di Giacomo. Der von Nicola Daspuro in hochsprachlichen Versen librettierte Dreiakter handelt im deprimierenden Milieu der Unterstadt Neapels vom Gelübde des Färbers, eine Dirne mittels Heirat auf den Weg der Bürgertugend zurückzuführen, wenn ihn dafür der Erlöser von seiner Krankheit heile. Mit dem aus Luigi Riccis Musikkomödie LA FESTA DI PIEDIGROTTA von 1852 nachhallenden und in Wolf-Ferraris SCHMUCK DER MADONNA fortklingenden neapolitanischen Lokalkolorit läuft der Ablasshandel ab, der an der moralischen Unzuverlässigkeit des im Ehebruch lebenden Färbers scheitert. Schonungslos werden Bigotterie, Egoismus und Unterhaltungssucht der kleinen Leute geschildert, nur die Dirne Cristina ist positiv gezeichnet. Als Sünden ableistende Fleißarbeit nach dem Skandal setzte der Komponist dem Publikum in Neapel, wo er als Konservatoriumsschüler schon 1889 eine Arbeit zum Einakterwettbewerb des Verlags Sonzogno eingereicht hatte (und die Aufmerksamkeit des Verlegers gewann), 1894 seine REGINA DIAZ vor: eine außerhalb Neapels nie aufgeführte Reverenz vor Mercadante im alten Stil des Melodramma. Als diese Unterwerfungsgeste nach dem Skandal mit MALA VITA nichts fruchtete, entschloss sich Giordano 1894 zum guten Leben: In Mailand heiratete er in das führende Hotel am Orte ein. Auch kompositorisch war der Wechsel in den Norden die richtige Entscheidung: Die Mailänder Scala brachte schon 1896 seinen ANDREA CHÉNIER heraus.

ANDREA CHÉNIER (›Dramma di ambiente storico‹ in vier Bildern, *L* von Luigi Illica; Mailänder Scala unter Leitung des Komponisten 1896; im selben Jahr an vielen italienischen Theatern und in New York; auch landessprachlich schnell erfolgreich: Breslau in der Übersetzung von Max Kalbeck, Budapest, Prag, Lyon 1897; Antwerpen – Französisch –, Theater des Westens Berlin 1898; Manchester 1903; Volksoper Wien – die Hof- bzw. Staatsoper konnte das Stück erst nach dem Untergang des Habsburgerreichs spielen – 1909; an großen Häusern immer wieder ein Erfolg mit führenden Sängern im italienischen Fach: 1907 am Londoner Covent Garden mit Enrico Caruso, Emmy Destinn und Mario Sammarco, der in der Uraufführung den Gérard gesungen hatte; an der Mailänder Scala und der New Yorker Metropolitan regelmäßig im Repertoire; zu den berühmtesten Darstellern der Titelrolle zählen neben Caruso Beniamino Gigli, Aureliano Pertile, Giacomo Lauri-Volpi, Mario del Monaco – erstmals 1949 in der Gedächtnisaufführung der Scala nach dem Tod des Komponisten –, Franco Corelli und Plácido Domingo; zu Ereignissen in der deutschsprachigen Rezeptionsgeschichte wurden in Anwesenheit des Komponisten die Dresdner Aufführung 1925 unter Fritz Busch mit Tino Pattiera und Meta Seinemeyer als Liebespaar sowie die Erstaufführung an der Wiener Staatsoper 1926 mit Alfred Piccaver und Lotte Lehmann als Protagonisten; die jüngere deutschsprachige Aufführungstradition des zunehmend im Original gesungenen Werks wurde durch die Neuübersetzung von Peter Brenner 1975 befördert).

Illica benutzte in dem ursprünglich für Alberto Franchetti geschriebenen ›Drama mit geschichtlichem Hintergrund‹, das in den Jahren 1789 und 1794 spielt, die 1819 erschienene Erstausgabe der Werke André Chéniers und biographische Aufsätze über den zunächst von der Revolution begeisterten Dichter, der sich dann aber über den Terror der Jakobiner öffentlich empörte und kurz vor dem Fall Robespierres als eines seiner letzten Opfer auf das Schafott kam. Ferner griff er auf die von den Brüdern Edmond und Jules Goncourt verfasste GESCHICHTE DER FRANZÖSISCHEN GESELLSCHAFT während der Revolution (1892) zurück.

Wichtiger noch war für ihn der frei mit den geschichtlichen Vorgängen umspringende Roman ANDRÉ CHÉNIER (1850) von François-Joseph Méry. Ihm entnahm er die Figur des zunächst wie im Roman Mouriez heißenden Gérard, in dem sich vielleicht Chéniers jüngerer Bruder Marie-Joseph – mit seinem 1789 uraufgeführten Drama CHARLES IX einer der berühmtesten Dichter der Zeit – spiegelt. Er war bis zum Erscheinen Napoleons ein glühender Verfechter der Revolution und wurde eine Zeit lang sogar verdächtigt, André beim Wohlfahrtsausschuss denunziert zu haben. Mérys Buch verdankte Illica auch den Einfall, Maddalena da Coigny freiwillig mit Chénier das Schafott besteigen zu lassen. Dass er ihren Namen änderte – im Roman heißt sie Marguerite de Pressy –, gibt dem Operntext insofern ein historisierendes Flair, als sich tatsächlich Anfang 1794 unter den Gefangenen von Saint-Lazare eine Gräfin von Coigny befand, auf die Marie-Joseph Chénier die im Gefängnis geschriebene Ode seines Bruders DIE JUNGE GEFANGENE bezog. In Wirklichkeit gelang es der Gräfin durch Bestechung eines Wärters, von der Liste der Verurteilten gestrichen zu werden – sie überlebte. Wie plausibel der dramaturgische Einfall Illicas war, zeigt eine Episode in Anatol Frances Roman DIE DÜRSTENDEN GÖTTER (1912), die Chéniers Verbindung mit seiner Geliebten als Motiv seiner Selbstauslieferung an die Justiz schildert.

DIE ZWEIFACHE TRAGÖDIE

Im Gegensatz zu den Revolutionsopern von Wilhelm Kienzl DER KUHREIGEN (1911) und Pietro Mascagni IL PICCOLO MARAT (1921) handelt es sich in Giordanos Beitrag zum Genre nicht um eine Rettungsoper, erst recht nicht um ein Erlösungsmysterium wie in Poulencs Bernanos-Vertonung GESPRÄCHE DER KARMELITINNEN (1957), sondern um eine zweifache Tragödie: Die der Individuen ist eingebunden in den grässlichen Fatalismus der Revolution, die wie einst Saturn ihre eigenen Kinder fraß. Obwohl die Partitur wie die meisten ihrer Zeit auch nichts sagendes Gemeingut enthält (meist in Unisonogänge gefasste Konversationsmotive, die – unterbrochen von Halteakkorden und Tremoli – dem Gesangstext ein dürftiges homophones Klanggewand geben), weist die Oper hohe Qualitäten auf. Sie ist der Kienzls rein musikalisch um eine Größenordnung überlegen und verfällt weder deren noch Mascagnis reaktionärem Geschichtsbild. Tatsächlich spielte ANDREA CHÉNIER im vorfaschistischen Italien besonders eine die Realität teilweise kompensierende Rolle. Nach der Einigung des Landes hatte sich eine reaktionäre und am Haus Savoyen orientierte Oberschicht aus Jung-Industriellen und Alt-Großgrundbesitzern durchgesetzt, die sich der urbanen Mittelschicht als bürokratisches Durchsetzungsorgan bediente. Da hatten die originalen Revolutionsklänge des Werks für die in Italien stark an der Gattung Oper interessierten Unterschichten ein besonders Interesse, während sich die bürgerliche Großkritik nach anfänglicher Begeisterung immer mehr von dem Werk distanzierte.

Giordano nutzte die ihm von Illicas erstklassigem Libretto gebotenen Chancen insofern, als er dem zwischen den Parteien und seinen eigenen Interessen zerrissenen Gérard im Monolog des III. Bildes *Nemico della patria* (Ein Feind des Vaterlandes) das Profil eines gemischten Charakters gab: weit entfernt vom Theaterschurken, wie ihn Scarpia in Puccinis TOSCA verkörpern sollte.

Mit einer Triolenfigur, die schon in seiner Arie im I. Bild vor der Wendung *T'odio, casa dorata* (Ich hasse dich, goldenes Haus) erklungen war, definiert er sich selbst als Sklave. Er, der frühere Domestik bei den Coignys, ist zwar ein Held der neuen Zeit geworden, aber die Politik vermischt sich ihm mit seinen erotischen Begierden, wird von diesen determiniert. Doch diese Selbsterkenntnis kann er nicht mehr zu Gunsten des von ihm angeklagten Chénier in Politik einbringen, die ideologisch fanatisierte Menge setzt sich über seine Fürsprache zu Gunsten des Angeklagten hinweg. Auch Gérard ist ein Opfer der Zeit.

Weniger eindringlich sind jene an Einzelwesen gebundenen Episoden in Musik umgesetzt, mit denen Illica um den im dramaturgischen Zentrum stehenden Gérard fächerartig die Dialektik von individuellem Schicksal und Geschichtsgang auf das Liebespaar ausweitet: in der Figur des spitzelnden ›Incroyable‹, in der ›Merveilleuse‹, die im II. Bild aller – mit dem Anbieten ihres Körpers bezahlten – Fürsorge um ihre frühere Herrin Maddalena zum Trotz die unter dem Horizont der Guillotine aufschäumende Lebenslust verkörpert, und in der Gestalt der alten Madelon im III. Bild, die in bedenkenlosem Patriotismus ihr Enkelkind den Frankreich verteidigenden Soldaten zuführt.

BRUITISMUS UND LIEBESTOD

Eindrücklicher gelangen Giordano die komplementären Massenszenen. Das beginnt mit einem ›colpo di scena‹, der wie ein bitterer Kommentar auf das im Oktober 1894 nach dem Beispiel von Bismarcks Sozialistengesetz in Italien durch Ministerpräsident Francesco Crispi ausgesprochene Verbot der Sozialistischen Partei wirkt: dem von Gérard als *Seine Majestät, das Elend* titulierten Zug der Armen und Entrechteten des Ancien régime, die in die vom Schäferspiel mit Cembaloklängen vorbereitete Gavotte des Landadels einbrechen: ein rhythmisch mehrschichtiger Verlauf, wie ihn zur selben Zeit Puccini (bei ungleich höherem Komplikationsgrad) am Schluss des II. Bilds seiner BOHÈME (→ S. 349 f.) einsetzte. Die ›alla breve‹ notierte Gavotte mündet beklemmend in den Marsch der Bettler, der sie rhythmisch mit seiner stereotypen Abfolge von einer halben und zwei Viertelnoten sozusagen aufsaugt. Nach dem Eklat – der von der alten Gräfin entlassene Gérard wirft seine Livrée auf den

Boden – klingt der langsame Duktus des Bettleraufmarschs in einer langen Liegeharmonie nach, während in der Oberstimme – den Holzbläsern – keck ein Achtel das andere jagt: Unter der fröhlichen Stimmung bleibt ein Unbehagen zurück.

Zum bruitistischen Effekt verstärkt wird der im Sinne der veristischen Ästhetik auf vielstimmige Ensemblesätze verzichtende Handlungsgang durch die Massenszenen im II. und III. Bild, nicht zuletzt dank des auf der Bühne postierten Schlagzeugs. Das Revolutionstribunal des Wohlfahrtsausschusses ist mit seinem Einbezug gesprochener und geschriener Worte – eine radikale Parallele zum Übergang zwischen Sprech- und Gesangsdrama in Cileas ADRIANA LECOUVREUR – das herausragende Beispiel veristischer Grenzgängerei. Ihr dient die Wirklichkeitsbeschwörung durch die zitierten Revolutionslieder ÇA IRA und – als Bühnenmusiken – LA CARMAGNOLE sowie LA MARSEILLAISE. Ihr Gegensatz zu der im Stilzitat erklingenden Welt des Ancien régime im I. Bild verdeutlicht zwei inkompatible Geschichtslinien, in deren Schnittpunkt die Menschen keine Chance auf Selbstverwirklichung in der Wirklichkeit haben. So ist im Liebesduett des II. Akts für Chénier und Maddalena die gefundene Gefühlssicherheit identisch mit der Todeserwartung: Da dringt in Giordanos historisierende Verfahrensweise der Dekadentismus d'Annunzios ein – aber nicht als masochistisches Aufjauchzen, sondern im Stil eines Ideendramas, das die alltägliche zur überschwänglichen Misere sublimiert. Der Tod, so singen die Liebenden vereint in dem schon vom Trommelwirbel der Hinrichtung unterlegten Schlussduett, ist der Triumph ihrer Liebe. Dessen Ekstase auf dem hohen H (Ces) entzieht der Komponist aber den Boden, indem er statt des erwarteten H-Dur-Flirrens das Orchester nach G-Dur führt. Der Finalton der Protagonisten war nicht Zielpunkt des harmonischen Verlaufs, sondern nur Zwischenstufe: Mediante.

Beherrscht wird das Schlussduett von dem zweimaligen, um einen Sekundschritt versetzten Quartfall F-C, D-A. Es ist jenes Intervall, das Chénier in seinem die Adelsgesellschaft angreifenden Improvisationslied des I. Bilds *Un dì, all'azzuro spazio* (Den Blick hatte ich einst erhoben zum tiefblauen Himmel) programmatisch als Diagnose eines gesellschaftlichen Defizits einsetzt. In diesem Nachhall von Chéniers HYMNE À LA JUSTICE wirft der singende Dichter den Vertretern der alten Zeit vor, was ihnen fehlt: Liebe, und er beschreibt die *Liebe, diese göttliche Gabe* mit eben jenem fallenden Intervall, das – zusammen mit dem in derselben Arie klarinettengestützt erscheinenden Motiv seiner Vaterlandsliebe – im II. Bild wiederkehrt, wenn sich Maddalena unerkannt dem Geliebten nähert. Sie hat seine im Handlungsverlauf fünf Jahre zurückliegenden Worte nicht vergessen, und beider Liebe ist kein biblisches Erkennen, sondern ein Bewusstwerden, mit dem das Vergessen überwunden wird. Es ist jener Widerstand gegen den Zeitfraß, den der historische André Chénier in seinem letzten, Fragment gebliebenen Gedicht beschwor. Illica hat ihn ins Italienische übersetzt und in Chéniers Arie zu Beginn des IV. Bildes einfließen lassen: das berühmte *Come un bel dì di maggio* (Wie ein schöner Maientag), in dem Chénier der Dichtkunst den Atem des Todgeweihten als Reimwort darbietet.

FEDORA

In keinem späteren Werk hat Giordano den dialektischen Bezug zwischen Allgemeinem und Individuellem sowie den bis zur Verknüpfung verschiedener Zeitebenen reichenden Einsatz der ›couleur historique‹ so überzeugend gestaltet wie in ANDREA CHÉNIER. Dabei hat er gerade das immer wieder versucht: in der auf einen historischen Vorfall zurückgehenden Komödie um Napoleon und die zur Herzogin von Danzig aufsteigende Büglerin Catherine Hubscher MADAME SANS-GÊNE (Metropolitan New York 1915; Turin 1915; Breslau 1931 in der Übersetzung von Alfred Brüggemann) durch den Einbezug der Revolutionsgesänge ÇA IRA und der MARSEILLAISE, in dem ›poema drammatico‹ LA CENA DELLE BEFFE (Das Mahl der Gaukler; Mailänder Scala 1924; Hamburg 1929 in der Übersetzung von Ernst Lert) durch die Annäherung an das Renaissance-Ambiente mit einer spröden Archaisierung der Harmonik und einem kammermusikalischen Satz unter Wiederbenutzung mehrstimmiger Ensembles. Das nur partielle Gelingen war weniger eine Frage des kompositorischen Vermögens als eine der Inspiration durch das Libretto.

Das gilt auch für das Melodramma FEDORA (Teatro Lirico Mailand 1898; Mainz 1899 in der Übersetzung von Ludwig Hartmann; *WA* Zürich 1982), das von Arturo Colautti nicht gerade eindrücklich nach Victorien Sardous Drama FÉDORA (1882) für das Musiktheater eingerichtet wurde. Dabei ist die Oper in der Verwendung von leitmotivischen Momenten – nicht nur an die Tenorarie des Grafen Loris *Amor ti vieta* (Liebe verbietet dir, Liebe zu verbieten) geknüpft – äußerlich wirkungsvoller als die Revolutionstragödie. So stirbt die fürstliche Titelheldin, die sich vergiftet hat, in den Armen ihres Geliebten, während draußen der schon zuvor in der Szenerie des Berner Oberlandes erklungene Gesang eines savoyardischen Hirtenknaben ertönt: Mit seinen einförmig gezogenen Intervallen und dem Kolorit von Ziehharmonika und Triangel ist das ein beklemmender Epilog zu Fedoras in den vierfach geteilten Violoncelli verhauchendem Leben und der im Orchester mit kurzem Stimmeinsatz des Sängers zitierten Tenorarie des Loris.

Das Liebesduett am Ende des II. Akts kann es sogar, zumal in Fedoras G-Dur-Teil *Lascia che pianga* (Lass mich allein weinen), mit dem Schlussduett aus ANDREA CHÉNIER aufnehmen. Aber der Versuch, über dem grundierenden Rhythmus eines Walzers zu Beginn des II. Akts mit Galopp und Polonaise ein auch gesungenes Lokalkolorit mehrerer Nationen herzustellen, missrät dramaturgisch. Ebenso der neuartige Einfall, Fedora das Mordgeständnis dem Grafen Loris – er hat ihren Verlobten in Notwehr getötet – über einem solistischen Klavierspiel zu entlocken. Der Pianist, der sich mit einigen Takten aus Chopins A-Dur-Polonaise einführt, spielt der in Paris versammelten Gesellschaft ein chopineskes H-Dur-Nocturne vor. Giordano geht nun nicht so weit, zu der Klaviermusik den Dialog der beiden als Melodram sprechen zu lassen: Fedora und Loris singen im harmonischen und rhythmischen Raum der pianistischen Vorgabe, so dass die existenzielle Auseinandersetzung – Fedora liebt den Mann, in dem sie den Mörder ihres Verlobten entdeckt – wie ein Salonstück klingt. Und in dem Augenblick, da Loris die Tat gesteht, wird das Klavier ausgeblendet, übernimmt das Orchester wieder ganz konventionell die Begleitung. Missglückt ist insgesamt der in St. Petersburg spielende I. Akt, für dessen Parlandi Giordano kein musikalisches Treibmittel findet. Der Überhang an dialogischer Konversation, im I. Akt von Cileas ADRIANA LECOUVREUR durch die flüssige Musikalisierung und die Ansiedlung im Theatermilieu ästhetisch legitimiert, hat hier eine leerläuferische Wirkung. Und der Einfall, ermittelnde Beamten der zaristischen Polizei auftreten zu lassen, ist operngeschichtlich zwar ein Novum, musikdramatisch eingelöst aber wurde er erst in Schostakowitschs LADY MACBETH DES MZENSKER BEZIRKS.

SIBERIA

Vollends im russischen Ambiente spielt das von Luigi Illica für seine Verhältnisse routiniert-konventionell librettierte dreiaktige ›dramma‹ SIBERIA (Sibirien; Mailänder Scala 1903; Stuttgart 1906 in der Übersetzung von

Otto Neitzel; revidierte Fassung: Mailänder Scala 1927; *WA* Wexford 1999). Es ist in mancherlei Beziehung eine zu ANDREA CHÉNIER komplementäre Oper. Sie schildert den Abstieg der schönen Stephana: einer Petersburger Luxusdirne, die dem geliebten Vassili – er hat einen ihrer Liebhaber umgebracht – in die Verbannung nach Sibirien folgt und dort bei einem gemeinsam mit ihm unternommenen Fluchtversuch umkommt. Verbunden ist dieser letale Sozialabstieg mit einem moralischen Läuterungsprozess: Stephana bekennt sich zu ihrem Leben und entlarvt dadurch alle moralischen Angriffe als heuchlerisch. Die melodramatische Geradlinigkeit dieser Entwicklung driftet bedenklich in die Operettenpraxis ab, obwohl Illica ihr mit vielen episodischen Einzelvorgängen im II. und III. Akt nach dem Vorbild des ANDREA CHÉNIER zu begegnen versuchte – aber gerade diese Technik wurde durch Janáčeks Sibirien-Oper AUS EINEM TOTENHAUS als Surrogat dekouvriert: Es dekoriert nur die Haupt- und Staatsaktion im Vordergrund.

Im Gegensatz zu Ponchielli in I LITUANI bemühte sich Giordano wieder um authentisches Lokal- und Zeitkolorit durch die Übernahme von Fremdmaterialien wie dem ›Slawa‹ oder der Zarenhymne. Der lastende A-cappella-Chor zu Beginn ist in seiner kirchentonartlichen Grundierung noch ein Stilzitat wie die düstere c-Moll-Einleitung des II. Akts. Dieses Sibirienmotiv, das beim Fluchtversuch der Liebenden im III. Akt plötzlich in Bewegung gerät, geht mit einem zweitaktigen Seufzer in das vom Männerchor gesungene – und im III. Akt leitmotivisch wiederkehrende – LIED DER WOLGASCHLEPPER über. Zwischen den Auf- und Abzug der Verbannten montiert ist das Duett der Liebenden, das seine stärksten Impulse aus dem c-Moll-Sibirienmotiv bezieht und sich trotz der Ausweichungen nach D-, B-, F- und Es-Dur von seiner drückenden Last nicht lösen kann: Die vokale Emphase des Verismus versickert im realistischen Überdruck. Der Schlussakt mit den Osterglocken, die das Wolgaschlepper-Motiv ins Tröstliche wenden und Stephana im Tod Erlösung von irdischer Schuld verkünden, kann die Apotheose des Finales von ANDREA CHÉNIER, jeder harmonischen Fragestellung beraubt, nur noch als Klischee wiederholen. Julius Korngold bilanzierte 1911 sarkastisch: »Wir haben den Komponisten einmal nach FEDORA den Sardou der Oper genannt; er hat auch etwas von Sudermann«.

ITALO MONTEMEZZI (1875–1952)

Mit mindestens demselben Recht hätte Korngold sein Verdikt gegen eine Oper richten können, die – in Amerika übrigens populärer als in Italien – als das Meisterwerk ihres Schöpfers Montemezzi gilt: L'AMORE DEI TRE

RE (Die Liebe der drei Könige; Mailänder Scala 1913 unter Tullio Serafin; New Yorker Met 1914 unter Toscanini; Berlin 1919; *WA* Kassel 1992). Obwohl die Sopranpartie der von drei Königen begehrten Fiora unbequem tief liegt und die Darstellerin den III. Akt als aufgebahrte Leiche tonlos verbringen muss, haben sich Sängerinnen wie Lucrezia Bori, Mary Garden, Claudia Muzio, Rosa Ponselle und Grace Moore sehr für die Rolle eingesetzt. Letztere ist in einer amerikanischen Rundfunkübertragung von 1941 verewigt, die der Komponist selbst dirigierte und für die er ein neues Zwischenspiel vor dem Schlussakt komponiert hatte.

Den Text hat Sem Benelli nach seiner gleichnamigen Verstragödie (1909) im Stil des Dannunzianismus geschrieben: als enge Verknüpfung von Liebesdrang, Todestrieb und Gewalttätigkeit, außerdem in unverfrorener Huldigung eines unbedingten Führertums. Die findet ihr Objekt im alten König Archibaldo, der als wilder Barbar vor vier Jahrzehnten das Land erobert hatte und seitdem regierte, nach seiner Erblindung aber die Herrschaft an seinen Sohn Manfredo abgab, der mit der schönen Fiora verheiratet ist, einer Prinzessin des Landes. Diese indes liebt – von Archibaldo unbestimmt verdächtigt – den ihr seit dem Kindesalter versprochenen rechtmäßigen Thronfolger Avito. Als Manfredo vorzeitig und voller Sehnsucht nach Fiora von einem Kriegszug zurückkehrt, erleben wir die plastisch gezeichneten Hauptfiguren bis auf Avito in der Schürzung des Konflikts. Manfredo ist ein energischer, aber etwas tumber Bariton, der seine Kriegserlebnisse in derselben Sprache vorträgt wie sein Begehren Fioras. Diese wiederum, an die südländisch tenorale ›carezza‹ ihres Avito gewöhnt, begegnet dem Ehemann mit großer Kühle. Das wiederum bemerkt der in archaische Klänge gefasste Greis. Doch Fiora erklärt ihre auffällige Erregtheit mit Manfredos unvermuteter Heimkehr. Während dieser seine Frau unter martialischer Begleitmusik ins Ehebett trägt, bittet Archibaldo den Himmel, ihm sein Augenlicht zurückzugeben. Parallel zu diesem Finale I verläuft das des II. Akts. Von ihrem Schwiegervater erneut zur Rede gestellt, gesteht Fiora triumphierend Archibaldo ihre Untreue, ohne den Namen ihres Liebhabers zu nennen. Da erwürgt sie der Alte, der gemäß dem Titel der Oper Fiora auch lieben muss, um die Lippen der dann im III. Akt in der Krypta der Burg Aufgebahrten mit Gift zu beträufeln. Damit hofft er, ihren Liebhaber zu töten. Doch neben Avito küsst auch Manfredo die Tote. Beide sterben, der Alte bleibt allein zurück, während hinter der Szene ein Trauerchor eine Apotheose auf die Liebe intoniert.

Obwohl sich Montemezzi in der Stimmführung der Hauptfiguren veristischer Methoden bediente, ist das durchkomponierte Werk ein Dokument der italienischen Wagner-Nachfolge. Das gilt indes mehr für die dramaturgische Anlage, der man den ins Reißerische gewendeten Einfluss von TRISTAN UND ISOLDE deutlich anmerkt, und die Vorherrschaft des Orchesterparts als für die Harmonik, die allerdings in der ehebrecherischen Liebesszene des II. Akts eine tristanesk nachtschwarze Emphase gewinnt. Darüber hinaus lassen sich auch Nachwirkungen von Debussys PELLÉAS ET MÉLISANDE, besonders in der Bevorzugung dunkler Register, feststellen. Hinter der einst als sensationell empfundenen Oberfläche des Handlungsablaufs entpuppt sich die Musik gerade in ihrem Hang zum orchestralen Überschwang als eklektisch und epigonal.

Von Montemezzis insgesamt fünf Opern verdient noch LA NAVE (Das Schiff; Mailänder Scala 1918) als Versuch der Musikalisierung einer – vom Verleger Tito Ricordi eingerichteten – Vorlage d'Annunzios Erwähnung, obwohl sie weder in der musikalischen Faktur die Dichte von Riccardo Zandonais ebenfalls einer Tragödie des Dichters folgender FRANCESCA DA RIMINI noch im Sprach-Musik-Verhältnis die rhythmische Individualität von Ildebrando Pizzettis D'Annunzio-Oper FEDRA erreicht. Aber der Komponist griff die von Boito im Vorwort seines kurz nach Verdis Tod 1901 gedruckten und als literarische Sensation gefeierten Librettos zu NERONE rein historisierend geforderte Einführung pseudo-antiker Blechblasinstrumente (der so genannten ›buccine‹) auf. Und wie schon Pizzetti in seiner Schauspielmusik für d'Annunzios Drama LA NAVE (1908) setzte Montemezzi sie zur Unterstützung des Schreis nach Einverleibung jenes ›unerlösten‹ adriatischen Landstrichs (›irredenta‹) in Istrien ein, in dem nach Auffassung nationalistischer Kreise italienischsprachige Bewohner ins Habsburgerjoch gepresst waren. Montemezzis Oper wurde an jenem 3. November 1918 uraufgeführt, als Österreichs Armee kapitulieren musste und italienische Truppen in Triest einmarschierten – ein zeitliches Zusammentreffen, das der Komponist in einem Brief an Mussolini am 18. Juli 1930 als gottgewolltes Ereignis ausgab: »Es war mein größter Traum, Italien eine im reinsten und höchsten Sinne italienische Oper zu geben, die kein Vorbild hatte«. So war der musikalische Historismus zum klanglichen Wegbegleiter von Imperialismus und Faschismus geworden.

BESTIMMUNG ZUM KLASSIKER
RICHARD STRAUSS
(1864–1949)

Fünfzehn Opern, deren Komposition sich über mehr als ein halbes Jahrhundert erstreckt, glänzende Erfolge zu Lebzeiten und ungebrochene Präsenz mindestens von SALOME, ELEKTRA und ROSENKAVALIER auf den Musikbühnen der Welt: So lassen sich Karriere und Nachwirkung des Musikdramatikers Richard Strauss zusammenfassen. In seiner Operngeschichte nahm René Leibowitz 1957 diese Bilanz zum Anlass, Strauss eine schicksalhafte »Bestimmung zum Klassiker« zuzuschreiben, und zwar noch über Giacomo Puccini hinaus, der zusammen mit Strauss im vierten Jahrhundert der Operngeschichte deren letzte populäre Repertoiresäule bilde. Das Opernschaffen des Komponisten lässt sich in drei große Perioden unterteilen. Die erste umspannt anderthalb Jahrzehnte mit GUNTRAM op. 25 (Libretto vom Komponisten, Weimar 1894), FEUERSNOT op. 50 (Singgedicht von Ernst von Wolzogen, Dresden 1901), SALOME op. 54 (Musikdrama nach Oscar Wildes Tragödie in der Übersetzung von Hedwig Lachmann, Dresden 1905) und ELEKTRA op. 58 (Tragödie nach Hugo von Hofmannsthals Sophokles-Bearbeitung, Dresden 1909). Dann folgte die über ELEKTRA eingeleitete Zusammenarbeit mit Hugo von Hofmannsthal bis zu dessen Tod im Jahre 1929.

Die Werke dieser Epoche umfassen den ROSENKAVALIER op. 59 (Komödie für Musik, Dresden 1911), ARIADNE AUF NAXOS op. 60 (Erstfassung als Nachspiel zu Molières Komödie DER BÜRGER ALS EDELMANN: Stuttgart 1912, Zweitfassung als Oper mit Prolog und einem Akt: Hofoper Wien 1916), DIE FRAU OHNE SCHATTEN op. 65 (Oper, Staatsoper Wien 1919), INTERMEZZO (Bürgerliche Komödie mit sinfonischen Zwischenspielen auf einen Text des Komponisten, Dresden 1924), DIE ÄGYPTISCHE HELENA op. 75 (Oper, Dresden 1928) und ARABELLA op. 79 (Lyrische Komödie, Dresden 1933). Der letzten Periode nach der operngeschichtlich einzigartigen Zusammenarbeit mit Hofmannsthal entstammen DIE SCHWEIGSAME FRAU op. 80 (Komische Oper von Stefan Zweig nach Ben Jonsons EPICOENE, Dresden 1935), FRIEDENSTAG op. 81 (Oper von Joseph Gregor, München 1938), DAPHNE op. 82 (Bukolische Tragödie von Joseph Gregor, Dresden 1938), DIE LIEBE DER DANAE op. 83 (Heitere Mythologie von Joseph Gregor, Generalprobe Salzburger Festspiele 1944, *UA* dort 1952) und CAPRICCIO op. 85 (Konversationsstück für Musik vom Komponisten und Clemens Krauss, München 1942).

Der ungebrochene Publikumserfolg Puccinis und seines ihn um ein Vierteljahrhundert überlebenden Zeitgenossen Strauss spiegelt sich in der Rezeption von Kritik und Wissenschaft allerdings sehr unterschiedlich. War das umfängliche Puccini-Schrifttum bis in das erste Jahrzehnt nach Ende des Zweiten Weltkriegs wissenschaftsgeschichtlich kaum von Bedeutung gewesen, so änderte sich das nach 1958 grundlegend, als Mosco Carners Monographie über den Komponisten erschien. Auch Strauss, dessen Briefwechsel mit seinen Librettisten Hugo von Hofmannsthal, Stefan Zweig, Joseph Gregor und Clemens Krauss der Öffentlichkeit einen faszinierenden Interlinearkommentar zum Opernwerk bieten, wurde bis über das Ende der Nazizeit hinaus vor allem im deutschen Schrifttum reichlich bedacht, aber nach 1945 »fast nur noch in Leitfadenliteratur und Populärbiographik«. Seine vom Pianisten Glenn Gould in der Hoch-Zeit des Serialismus 1962 und 1964 öffentlich verbreitete Erhebung zu dem neben Schönberg bedeutendsten Komponisten des 20. Jahrhunderts (bezogen auf das frühe und ganz späte Werk) galt nur als satyrhafte Fußnote zu der auf Gegenkurs befindlichen Musikgeschichtsschreibung. In der seriösen Musikologie schien Strauss lange Zeit – erst die Universitätskongresse in Leipzig 1989 und Durham (North Carolina) 1990 deuteten eine Tendenzwende an – als wissenschaftsunfähig stigmatisiert: ein Opfer der Renaissance seines Generationsgefährten Gustav Mahler. Vier Jahre nach seiner ›musikalischen Physiognomik‹, die 1960 zum 100. Geburtstag Mahlers der Rezeption des Komponisten neuen Boden bereitete, veröffentlichte Theodor W. Adorno aus Anlass des 100. Geburtstags von Richard Strauss eine grundsätzliche Auseinandersetzung mit diesem. Darin verschärfte er seine schon 1924 in einem Aufsatz umrissene kritische Position polemisch zum vernichtenden Verdikt: »Scheinhaft ist seine Musik als Schein des Lebens selber, das nicht ist«.

Adorno statuierte mit dem Bezug auf die nicht nur in Straussens symphonische Dichtungen verwobenen autobiographischen Momente ein Exempel seiner Maxime, im falschen Leben könne es kein richtiges geben – und damit wohl auch keine richtige Kunst. Nach 1945 wurde dem im

Januar 1947 in die österreichische Staatsbürgerschaft geflüchteten und anderthalb Jahre später in Garmisch von der Entnazifizierungskammer freigesprochenen Strauss, den – anders als Giacomo Puccini – kein ungnädig früher Tod vor Verstrickungen in ein Unrechtssystem bewahrt hatte, nicht nur bedenkenloser Opportunismus vorgeworfen, wie er sich schon 1934 in der Widmung der Klavierfassung des Lieds DAS BÄCHLEIN mit der Schlusskehre »Der mich gerufen aus dem Stein, / Der, denk' ich, wird mein Führer sein!« an Joseph Goebbels äußerte. Es ist darüber hinaus keineswegs grundlos versucht worden, von Martin Heideggers in der Freiburger Rektoratsrede von 1933 durchbrechender Philosophie des – nun nicht mehr wie noch 1927 in SEIN UND ZEIT in Anführungszeichen gesetzten – Geists »eine Linie zwischen seinem Denken und seiner beruflichen wie politischen Karriere zu ziehen, die eine bezeichnende Parallele zum Fall Richard Strauss aufweist«. Solche Vorwürfe der Einbindung nicht nur in die Machtstruktur, sondern auch in den Geist des Nationalsozialismus werden kaum entkräftet durch den vom Komponisten selbst und seinen Verteidigern bemühten Hinweis, er habe immer unpolitisch geschrieben. Zumal späte Sünden wie (mindestens) eine nationalistische Weinheber-Vertonung, die 1943 geschriebene FESTMUSIK DER STADT WIEN aus Anlass des fünften Jahrestags von Hitlers Einmarsch in Österreich oder das Preislied auf den später in Nürnberg zum Tode verurteilten NS-Reichsminister Hans Frank, der die Strauss-Villa in Garmisch vor der Einquartierung von Flüchtlingen verschonte, nach 1945 vom Strauss-Clan »als Geheimsache gehütet« wurden. Solchen Versuchen einer Verunklärung hat das 1982 in München gegründete Richard-Strauss-Institut bis zu seiner Neueröffnung 1999 in Garmisch-Partenkirchen nur partiell entgegen gewirkt.

So blieb der unpolitischen Erscheinungsform der Werke der von den Zeitläuften zugewachsene Verdacht des Zweideutigen eingeschrieben. Thomas Mann, der zu einer Zeit, da Richard Strauss im Ersten Weltkrieg mit Romain Rolland Friedensinitiativen erörtern wollte (Brief vom 12. Februar 1917), seine antidemokratisch gesinnten BETRACHTUNGEN EINES UNPOLITISCHEN schrieb, nahm im Gegensatz zum Komponisten den Klärungsprozess der Geschichte an den Werken wahr. So ließ er in seinem Roman DOKTOR FAUSTUS (1947) den fiktiven Tonsetzer Adrian Leverkühn die Uraufführung der SALOME 1905 in Dresden und ihre von vielen realen Komponisten besuchte österreichische Premiere ein Jahr später in Graz miterleben. Nicht ohne Bewunderung für das »schlagkräftige Opernwerk« notierte Leverkühn grundsätzliche Zweifel an der Integrität des Komponisten: »Was für ein begabter Kegelbruder! Der Revolutionär als Sonntagskind, keck und konziliant. Nie waren Avantgardismus und Erfolgssicherheit vertrauter beisammen. Affronts und Dissonanzen genug, – und dann das gutmütige Einlenken, den Spießer versöhnend und ihm bedeutend, daß es so schlimm nicht gemeint war«. Wie schlimm dieses Verdikt von Thomas Mann gemeint war, belegt die Tatsache, dass er es in einem Brief 1941 vorweggenommen hatte: Für »unverantwortlich kegelspielende Sonntagskinder der Kunst, wie Richard Strauss, habe ich immer eine gelinde Verachtung gehabt«.

Der Vorwurf der Unverantwortlichkeit bezieht sich primär darauf, dass der »bis zum Amoralischen selbstsüchtige und werkbesessene« Strauss seinen Karrierismus sehr genau dem gesellschaftspolitischen Rahmen der Zeitläufte anzupassen wusste. Sein wegweisender Einsatz für urheberrechtliche Interessen der Komponisten – schon um die Jahrhundertwende legte er den Grund für die Genossenschaft deutscher Tonsetzer, und nicht zuletzt auf sein Betreiben hin wurde 1934 die Schutzfrist für musikalische Werke um zwanzig auf fünfzig Jahre verlängert – sicherte ihm ein Herrschaftswissen, das er bezüglich der Tantiemen für den ROSENKAVALIER zu Lasten des Textdichters Hugo von Hofmannsthal zu nutzen verstand. Erst durch neuere, oft gegen Widerstände des Strauss-Clans durchgeführte Forschungen erhärten sich die Mutmaßungen von Thomas Mann und anderen, mit »welcher Energie, welchen Winkelzügen und welcher Unbeirrbarkeit« Strauss sein Ziel verfolgte, »Praeceptor der deutschen Tonkunst zu werden, der wirkliche Musikminister des Reiches«. Das gelang ihm auch als Präsident der Reichsmusikkammer, der in seiner zweijährigen Tätigkeit geschickt die kompromittierendsten Schriftstücke vom Geschäftsführer unterschreiben ließ. Doch schloss sein unaufhaltsamer Aufstieg gelegentliche Reibereien mit den Machthabern des ›Dritten Reichs‹ nicht aus.

FRIEDENSTAG – EINE KRIEGSERKLÄRUNG?

Am 24. Juni 1935 kam in der Dresdner Staatsoper DIE SCHWEIGSAME FRAU heraus: im Ausland zu Unrecht gedeutet als Zeichen für die Toleranz der nazistischen Machthaber, da der Text von dem Juden Stefan Zweig stammte. Tatsächlich hatte Strauss zivilcouragiert die zunächst in der Öffentlichkeit unterlassene Nennung von Zweigs Namen als Co-Autor durchgesetzt. Aber ein von der Gestapo abgefangener Brief des Komponisten an den Textdichter vom 17. Juni, in dem er das ihm vorgeworfene Einspringen für den von einem Konzert ausgeschlossenen Juden Bruno Walter und den von seinen Bayreuther Verpflichtungen zurückgetretenen Antifaschisten Arturo Toscanini mit musikalischen und nicht mit politischen Erwägungen rechtfertigte, führte zur Absetzung der Oper nach wenigen Aufführungen. Zudem wurde Strauss gezwungen, von seinem Amt als Präsident der Reichsmusikkammer zurückzutreten (am 13. Juli). Als Schöpfer der OLYMPISCHEN HYMNE für die Berliner Sommerolympiade von 1936 stand er aber wieder zur Verfügung, und im Sommer desselben Jahres lag das Textbuch zu seiner bereits im Januar fertig gestellten neuen Oper FRIEDENSTAG (Partitur im Juni vollendet) der Zensurstelle im Propagandaministerium vor. Der Komponist blieb eine kulturelle Galionsfigur des Reichs.

Ursprünglich hatte Strauss die Idee, den Konstanzer Frieden des Salierkaisers Heinrich III. von 1043 zur Grundlage eines einaktigen Festspiels zu machen, ließ sich von Zweig aber für den Westfälischen Frieden von 1648 begeistern. Zweig hatte diesen Vorschlag allerdings in der Hoffnung gemacht, Strauss von der für diesen nicht ungefährlichen Zusammenarbeit mit ihm zu entbinden. Schließlich kam es auf Vermittlung Zweigs zur Zusammenarbeit mit dem österreichischen Theaterhistoriker Joseph Gregor.

Eine belagerte Festung scheint im Dreißigjährigen Krieg dem Untergang geweiht, da der Kommandant seine wie alle anderen zur Kapitulation bereite, ihm aber bis in den Tod Treue schwörende Frau von der Richtigkeit des kaiserlichen Befehls zur Selbstsprengung überzeugt, ehe von fern Glocken die Friedensschließung und damit ein glückliches Ende verkünden. Das fand die Zustimmung der Zensur: »Diese Oper entbehrt keineswegs einer echt heroischen Haltung: ihr ›Pazifismus‹ ist auch der Pazifismus des Führers«. Als der FRIEDENSTAG nach Hitlers Annexion Österreichs am 24. Juli 1938 in München unter Clemens Krauss uraufgeführt wurde, fiel der Oper prompt in der Presse das Lob zu, als erste »aus dem Geist des nationalsozialistischen Ethos geboren« zu sein. So wurde sie in doppelter Hinsicht zu einer unfreiwilligen Begleitmusik der Realpolitik: als Nachklang des Anschlusses der so genannten Ostmark ans Deutsche Reich und als Vorhall der trügerischen Münchner Appeasement-Konferenz im September. Hitler selbst besuchte ein Jahr später die Wiener Premiere (mit der Münchner Besetzung) und bewunderte auf der Bühne in der Figur des Kommandanten seinen waffenstarrenden ›Pazifismus‹. Dessen wahren Charakter hatten inzwischen die Reichspogromnacht und die Einverleibung von Böhmen und Mähren in das Reich offenkundig gemacht. Doch es ist nicht überliefert, dass einer der zusammen mit Strauss von Hitler geladenen Künstler die Wiener Premierenfeier aus Scham verlassen hätte.

Zwischen der Münchner und der Wiener Premiere war FRIEDENSTAG in Dresden unter Karl Böhm herausgekommen: zusammen mit der Uraufführung der DAPHNE. Strauss hatte dem einaktigen FRIEDENSTAG von vornherein ein Pendant zugedacht und akzeptierte die von dem gleichermaßen hellenophilen Gregor vorgeschlagene mythische Tragödie über die in einen Lorbeerbaum verwandelte Nymphe. Das hielt ihn nicht davon ab, beißende Kritik am Textbuch zu üben. Die Tatsache, dass Strauss sein durch Kadavergehorsam desavouiertes Friedensbekenntnis von vornherein mit einer bukolischen Kammermusik für großes Orchester neutralisierend zu koppeln wünschte, garantierte »größtmögliche Bühnenwirkung, ohne daß er sein spielerisch-überlegenes Schalten und Walten mit einer ihm überflüssig, ja roh erscheinenden einseitigen Besetzung der Interessen belasten mußte«. Diese Ausbalancierung des Militaristischen durch das Pastorale, die im FRIEDENSTAG selbst durch den anfänglichen Einschub eines zauberhaften Piemonteser Tenorlieds als Gegensatz- und Steigerungsdramaturgie legitimiert ist, nimmt dem Zusammenklang beider Opern im opportunistischen Sowohl-als-auch einen Teil ihrer Glaubwürdigkeit.

Der Briefwechsel mit dem Textdichter Gregor belegt, dass Strauss ein Welttheater anstrebte, in dem Krieg und Frieden gleichermaßen bedacht werden, aber ihm fehlte der Mut, sich für eine Seite festzulegen. Genau das öffnet seine Musik nicht nur politischer, sondern auch ästhetischer Verdächtigung. Schon früh ist auf eine Parallele des FRIEDENSTAGS zu Beethovens FIDELIO hingewiesen worden, aber die Gemeinsamkeit geht über die Proklamation einer befriedeten Menschheit hinaus bis in die Tonartenfolge. Beethovens Finale II beginnt mit der Orchestereinleitung zum Chor *Heil sei dem Tag!* in C-Dur und endet nach Modulationen in die Untermediante A und die Unterdominante F in derselben Tonart (von *Wer ein holdes Weib errungen* an). Strauss übernimmt dieses Modell mit der Zieltonalität C-Dur, geht aber, die Vorlage systematisch erweiternd, von D-Dur aus, »so daß F-dur auch die Obermediante der Ausgangstonart D-dur und A-dur die Dominante auf D-dur darstellen«. Während Beethoven allerdings dem C-Dur der orchestralen Schlussakkorde die Quinte nimmt und durch diesen hohlen Klang Zweifel am allgemeinen Jubel mitkomponiert, lässt Strauss seinen Schlusschor nach dem wirkungsvollen Crescendo der Glocken in vollmundigem C-Dur erblühen: Die Kopie wird zum Falsifikat, weil sie sich echter gibt als das Original, das Eindeutige zum unfreiwilligen Vehikel der Zweideutigkeit.

Die Analyse offenbart, dass Strauss für seinen Einakter insgesamt den Tonartenplan des FIDELIO übernommen hat, der sich »ausschließlich im Quintenzirkel der ersten vier Kreuztonarten und im Quartenzirkel der ersten vier B-Tonarten (die parallelen Moll-Tonarten eingeschlossen)« bewegt. Lediglich einmal (bei Ziffer 50) setzt er mit Des-Dur eine dem

FIDELIO fremde Tonart ein. Sogar bis in die Melodiesubstanz hinein lässt sich – »selbstverständlich stets auf einem Niveau, das der Meisterschaft Straussens angemessen ist« – diese Fremddetermination belegen. Im ersten Thema seines Finales (*Wagt es zu denken* bei Ziffer 206) greift Strauss jene Dominantspannung Beethovens auf (*Wer ein solches Weib errungen*), die für ihn selbst nach seinem Abschied von den tonalen Experimenten der SALOME und ELEKTRA im ROSENKAVALIER trotz des Beharrens auf der Dur-Moll-Tonalität keine Rolle spielte. Zwar zeichnet sich die Harmonik bei Strauss – kulminierend in seiner Vorliebe für den Quartsextakkord, der als Kadenzvorbereitung tonikale Basis und dominantische Erwartung in sich vereinigt – durch dominantische Spannungsverhältnisse aus. Aber sie sind nicht mehr funktional auf eine finale Lösung ausgerichtet, sondern – nicht nur im Frühwerk bis zu ELEKTRA – Bestandteil eines Prozesses der Abfolge von Tonarten, die im Quintenzirkel möglichst weit auseinander liegen und dadurch auf ein chromatisches Total zielen.

So beherrschen das Vorspiel zum ROSENKAVALIER E- und Es-Dur-Klänge, und dem um cis-Moll und Cis-Dur gespannten Finale der SALOME wird c-Moll beigemischt. Hier und in anderen Fällen sind die Teiltonalitäten »ineinander verwoben, so daß sich die tonalen Ansprüche der Harmonien gleichzeitig aufheben«. Doch je nach dramatischer Situation erscheinen die Teiltonalitäten auch »einzeln oder in sich durch Kadenzen gefestigt«. Denn als Rücknahme seines harmonischen ›shifting‹ entwickelte der Komponist im Kampf gegen die Emanzipation der Dissonanz eine Affektenpraxis der Tonarten, in der etwa C-Dur für ehrlich und erhaben, c- und d-Moll für bedrohlich und tragisch, Des-Dur für sensualistisch erhebend, das enharmonisch gleiche Cis-Dur dagegen für unheilvoll schillernd stehen. Aber den aus dem Sonatenprinzip hervorgehenden Spannungsgehalt einer zielgerichteten Progression der Tonarten kennt sein Bühnenwerk als musikdramatisches Mittel nicht. Dass sich nach acht vagierenden Eingangstakten beim Hochgehen des Vorhangs in der ÄGYPTISCHEN HELENA d-Moll festigt, während beim Sinken des Vorhangs am Ende D-Dur erklingt, ist eher einem Zufall zuzuschreiben. So stehen Anfang und Ende der SCHWEIGSAMEN FRAU im Tritonusabstand zueinander, was ebenso wenig auf eine tonartentektonische Funktion schließen lässt wie die chromatische Klammer G-Fis über DAPHNE oder die Mediantenverwandtschaft von anfänglichem E-Dur und finalem G-Dur im ROSENKAVALIER.

Umso auffälliger, dass Strauss ausgerechnet im FRIEDENSTAG die von Beethoven am Schluss des FIDELIO durch das Aussparen der Quinte ausgehöhlte Dominantspannung aufgreift. In der Koda seines Finales wechseln zudem (bei *Aufwärts, Herrscher Geist, zu Dir!*) aufsteigende Quinten und Quarten einander ab, so dass eine nach Dur modulierte Umkehrung des Eingangsthemas von Beethovens Neunter Symphonie entsteht. Außerdem entspricht dieser Tonverlauf dem Krebs des wie die Beethoven-Symphonie in d-Moll anhebenden Eingangs von Bruckners Dritter Symphonie, der mit seinem mottohaften Quart-Quint-Fall vom Reichssender München 1937 als Bläserfanfare zum Tag der Deutschen Kunst ausgestrahlt wurde: wie bei Strauss nach Dur gewendet. Solch mehrfache Rückbindung, die bis auf den Luther-Choral EIN' FESTE BURG im Finale das wörtliche Zitieren meidet, ist symptomatisch: Ein Großteil des schillernden Reizes der Strauss'schen Bühnenwerke erklärt sich durch die suggestive Wirkung auf den Hörer, »er habe manche der in ihnen offerierten Verknüpfungen schon durchlebt; doch er entsinnt sich nicht, wann und wo«. Gleichzeitig bedeutet die Absicherung bei exemplarischen Modellen tonalen Komponierens eine Rücknahme der harmonisch vagierenden Ganztonskalen zu Beginn seiner SCHWEIGSAMEN FRAU und über diese freiwillige Selbstkritik hinaus eine Rüge für alle von der alleinigen Seligkeit der Dur-Moll-Tonalität Abgewichenen. In der Beziehung war Strauss mit der staatsoffiziellen Wertsetzung einig. Seine populären Verdikte wie ›Bockmist‹ waren nur ein Euphemismus für das, was offiziell als ›entartete Kunst‹ gebrandmarkt wurde. Hinter der einschüchternden Klassizität steckt im FRIEDENSTAG eine geheime Kriegserklärung.

Die Rezeptionsgeschichte der Oper, die 1939/40 noch in Zürich, Graz, an der Berliner Staatsoper und in Venedig herauskam, hat wenig geleistet, um den nur durch ein Wunder von dem Stalingrad-Erlebnis verschont bleibenden Kommandanten in sein Unrecht zu setzen. 1951 forderten Teilnehmer eines Kolloquiums an der (Ost-)Berliner Humboldt-Universität über den ›Friedensgedanken in der Tonkunst des Abendlandes‹ als Unterstützung der propagandistischen Friedensoffensive Stalins von der Staatsoper eine Aufführung des Endsieg-Einakters. Dem kam nach Joseph Keilberths folgenloser Münchner Ausgrabung von 1961 im September 1989 die (West-)Berliner Deutsche Oper in einer konzertanten Festaufführung vor Spitzen der Gesellschaft nach, als hätte sich seit 1939 nichts verändert. Und New Yorks Publikum feierte 1989 das Werk anlässlich einer konzertanten Aufführung als musikalische Parallelaktion zum gerade erfolgten Fall der Berliner Mauer (szenisch: Santa Fe 1988, Catania 1991). Peter Konwitschny dagegen, der das Lehrstück über die belohnte Einlösung von Durchhalteparolen 1995 in der Dresdner Semper-Oper inszenierte, stellte ihm Worte eines Mystikers voran – als sollten sie den hymnischen Einklang des Kommandanten und seiner Frau Maria aufwiegen: *Tod oder Sieg!*

GENIE OHNE ORIGINALITÄTSZWANG

Der Rückbezug auf Traditionen ist, wenngleich im FRIEDENSTAG des Kotaus vor dem Zeitgeist verdächtig, tendenziell wertfreies Merkmal eines Spätstils. Das von Strauss seit dem ROSENKAVALIER betriebene und zusammen mit Hofmannsthal und Max Reinhardt nach 1920 bei den Salzburger Festspielen programmatisch verfochtene Spiel mit überlieferten Kunstmaterialien gehört in den Bereich dessen, was Leibowitz – nicht ohne Ironie – mit Strauss' Bestimmung zum Klassiker meinte. So empfand es im Rückblick auf sein Werk ganz ohne Selbstironie auch der Komponist, der bis zur Mitte seines Lebens ein Neutöner gewesen war, ehe er musikalisch als ein Konservativer galt, der aber dramaturgisch zukunftsweisend auf vorwagnersche Operntypen zurückgriff und sich in INTERMEZZO auf das Gebiet der Zeitoper vorwagte. Als gegen Ende des Zweiten Weltkriegs seine geliebten Opernhäuser von Dresden, Wien und München in Schutt und Asche versanken, fühlte er sich bei allem Schmerz nicht grundlos als letzter Herrscher eines untergehenden Weltmusikreichs. Das unterschied ihn nicht nur in seinem Selbstwertgefühl, sondern auch werkimmanent von seinem Zeitgenossen Hans Pfitzner. Der Klassiker Strauss, schon mit seinen Anfangsopern GUNTRAM und FEUERSNOT einem für sein späteres Œuvre bezeichnenden Wechsel von Tragödie und Satyrspiel folgend, entwickelte von SALOME und ELEKTRA an sein gewaltiges Werk für das Musiktheater ohne existenzielle Schaffenskrise im konzentrischen Ausschreiten um einen musikdramatischen Kern, für den meist – wie bei Puccini – in jeweils neuer Facettierung eine Frau (Sopran) steht. Pfitzner dagegen mobilisierte als der letzte Romantiker, dem der Königsweg des großen internationalen Publikumserfolgs versperrt blieb, einen in seinem frauenlosen PALESTRINA kulminierenden Inspirationsmythos vom künstlerischen Schöpfungsvorgang, um seine Originalität zu behaupten. Strauss genügten zu solcher Legitimierung Fremd- und Selbstzitate oder ein stilhistorischer Rückverweis als Geste des souveränen Verfügens über die Tradition. Er war, als deren natürlicher Erbe, ein Genie ohne Zwang zum Originalitätsnachweis.

Mit seinem Schwanengesang für das Musiktheater stellte Strauss 1942 in der nicht auf die Kostüme beschränkten Gewandung des Ancien régime die von Monteverdi über Metastasio, Gluck, Salieri und Mozart bis hin zu Wagner gattungsprägende Frage nach dem Vorrang von Musik oder Dichtung in der Oper aufs Neue – und reihte so sein musiktheatralisches Lebenswerk in diese Tradition ein: »Der Kampf zwischen Wort und Ton ist schon seit Beginn das Problem meines Lebens und mit CAPRICCIO als Fragezeichen beendet«. Tatsächlich ist dies seine einzige Oper, die nicht mit einem bekräftigenden, sondern mit einem offenen Schluss endet. Da wird hinter dem historisierenden Altersstil im Spiel eines Streichsextetts und dem Zirpen eines Spinetts eine für den Erfolgskomponisten Strauss untypische Verletzlichkeit hörbar. Aus dem Glauben an den Endsieg der Dur-Moll-tonalen Musik schält sich die bange Frage nach der Überlebensfähigkeit des abendländischen Musiktheaters heraus.

In der vor dem CAPRICCIO fertig gestellten LIEBE DER DANAE wiederum, die wegen der vom Propagandaminister Goebbels im Sommer 1944 dem totalen Krieg zuliebe verfügten Schließung der deutschen Theater nur zur Generalprobe im Salzburger Festspielhaus gedieh und ihre Uraufführung drei Jahre nach dem Tod des Komponisten erfuhr, schwelgt Strauss beim wotanähnlichen Abschied Jupiters von Danae in der elegischen Erinnerung an das Wagner-Fieber zur Zeit seiner Anfänge auf dem Musiktheater. Und weil sein Librettist Stefan Zweig für DIE SCHWEIGSAME FRAU auf ein theatralisches Barockmodell zurückgegriffen hatte (eine Komödie Ben Jonsons), verband Strauss Formanklänge an die italienische Buffo-Oper mit wörtlichen Anleihen aus Werken von Monteverdi, Giovanni Legrenzi, Verdis RIGOLETTO oder dem FITZWILLIAM VIRGINAL BOOK. In der ARABELLA wiederum verschmolz er einen mozartisch geadelten Ton der Wiener Operette mit slawischem Volksliedgut. Die als Operette geplante ÄGYPTISCHE HELENA, in der ein mythischer Ehebruch nach seiner Verdrängung durch einen Vergessenstrunk dank einer Art Psychoanalyse ins Bewusstsein zurückfindet und Vergebung erfährt; das INTERMEZZO als alltagstriviale Antwort auf die ins kosmisch Symbolhafte ausgreifende FRAU OHNE SCHATTEN, hinter deren die ZAUBERFLÖTE bewusst übertrumpfender Märchenmythologie sich auch das Sozialproblem des menschlichen Zusammenlebens verbirgt; die beiden Fassungen der ARIADNE AUF NAXOS mit ihrer Vermischung von Barockoper und Commedia dell'arte, von Molière und Lully; schließlich die von anachronistischen Walzerfolgen unterminierten künstlichen Paradiese eines Maria-Theresianischen Wien im ROSENKAVALIER: Das sind im Rückblick die vielfältigen Stationen des Welttheaters beim reifen und späten Richard Strauss.

SELBSTFINDUNG IN DER LITERATUROPER

Der Weg dahin wurde Strauss durch Hofmannsthal gebahnt, der seinen nach eigener Aussage »oft nicht ganz einwandfreien Geschmack« verfeinerte. So wurden dem gebildeten, wenngleich gelegentlich erschreckend unsensiblen Komponisten, der sich bis zu SALOME und ELEKTRA seine Stoffe eher zufällig angeeignet hatte, sinnliche Entdeckungsfreuden im Glashaus der Bildungsgeschichte beschieden. Die Wunder einer seelischen Verwandlung, die Strauss nach der FEUERSNOT seinen großen Frauenfiguren zuteil werden ließ, erfuhren eine Sublimation durch die Entwicklung Hofmannsthals, der nicht nur mit seinem Salzburger JEDERMANN eine kulturelle Rekonstruktion Österreichs als katholisches Universalienreich im Geiste des Barocktheaters zu verwirklichen versuchte. Auf die dionysische Selbstvernichtung Salomes und Elektras, die Strauss bewusst gegen das Antikenbild des Deutschen Idealismus gesetzt hatte, folgten im ROSENKAVALIER die Reifung der Marschallin zu einer Entsagenden, in ARIADNE AUF NAXOS die Metamorphose der lebensmüden Titelheldin zu einer Liebenden, in der FRAU OHNE SCHATTEN der Durchbruch der Kaiserin zu sozialer Mitmenschlichkeit. Diese geistig-moralische Wende, die nach dem Tod Hofmannsthals in der DAPHNE eine programmatische Abwendung von Nietzsches dionysischem Griechenlandbild in Richtung auf ein an Winckelmann orientiertes apollinisches Arkadien manifestiert, kostete musikalisch ihren Preis. Denn Strauss war bereits mit SALOME und ELEKTRA zu einem – für manchen Kritiker in den späteren Opern nicht mehr erreichten – Personalstil vorgedrungen. Dass er nach der ELEKTRA bis auf EINE ALPENSYMPHONIE das von ihm weltmeisterlich beherrschte Gebiet der symphonischen Dichtung aufgab, macht auch schaffensbiographisch die einschneidende Bedeutung klar.

Stand der Dreiakter GUNTRAM mit einem Text des Komponisten noch in der angestrengten Nachfolge Wagners, so versuchte Strauss mit FEUERSNOT eine kabarettistisch angelegte Abnabelung, die indes – weniger musikalisch als psychologisch – jeden Schmerz der Trennung vermied. Seinem späteren Librettisten Stefan Zweig gestand er als Meister der zirkumpolaren Oper, eine ernsthafte Auseinandersetzung mit dem Idol Wagner gar nicht erst gesucht zu haben: »Ich habe mir geholfen, indem ich einen Umweg um ihn gemacht habe«. Das war für ihn, nicht ohne Beeinflussung durch Debussys PELLÉAS ET MÉLISANDE und für mehr als ein halbes Jahrhundert die weitere Entwicklung des Musiktheaters prägend, die so genannte

Literaturoper. Sowohl Oscar Wildes SALOME als auch Hugo von Hofmannsthals Sophokles-Bearbeitung ELEKTRA hatte er, ehe er die Texte vertonte, auf dem Sprechtheater gesehen. Beide Stücke waren Einakter, beide befreiten ihn von der Not seiner papierenen Libretti, und mit beiden Werken überwand er seine wagnerianisch mit Leitmotiven verzahnten Nummernopern. An deren Stelle entwickelte Strauss einen Typus symphonischer Szenographik, in dem die musikalischen Themen eine szenische Leitmotivfunktion haben. Das bedeutet im Vergleich mit Wagner eine Reduzierung ihrer durchführungstechnischen Behandlung, sie wirken wie weiter entwickelte Erinnerungsmotive der Vor-Wagnerzeit. Leitmotive wie die Agamemnon-Akkorde zu Beginn der ELEKTRA oder der Falkenruf in der FRAU OHNE SCHATTEN sind von ihrer knappen Ausdehnung her zu prägnant für einen entwickelnden Durchführungsprozess, andere wie das *Heut' oder morgen* der Marschallin im ROSENKAVALIER bleiben zu sehr dem Strauss'schen Belkanto-Lyrismus verhaftet, um für eine symphonische Abspaltungstechnik Anlass zu geben. Das erklärt, warum beschreibende Orchesterpassagen wie die Liebesaktmusiken zwischen der FEUERSNOT und der LIEBE DER DANAE einen starken emotionalen Sog entfalten, während die episierend-orchestralen Momente in der FRAU OHNE SCHATTEN traditionell programm-symphonisch, die Walzerfolgen im ROSENKAVALIER eher trivial klingen.

GUNTRAM

Dem Wagner-Fieber war der junge Strauss wie alle Zeitgenossen ausgeliefert, obwohl sein Vater – ein halbes Jahrhundert lang renommierter Hornist im Münchner Hoforchester, an der Uraufführung des TRISTAN sowie der MEISTERSINGER beteiligt und mehrfach ins Bayreuther Festspielorchester eingeladen – seinen Sohn vor dem Einfluss des von ihm nicht gerade geschätzten Meisters vom Grünen Hügel so lange wie möglich zu bewahren versuchte. Nach kindlicher Bekanntschaft mit TANNHÄUSER, SIEGFRIED und LOHENGRIN wurde der TRISTAN für den 17-Jährigen zu einem Urerlebnis, dem bald der RING DES NIBELUNGEN folgte. Ein Jahr nach dem Abitur reiste Strauss 1883 erstmals nach Bayreuth, wo er 1894 sein Debüt als Dirigent in TANNHÄUSER gab: mit seiner Braut Pauline de Ahna als Elisabeth (sie heirateten im September desselben Jahres). Im Mai war sie in Weimar unter Leitung des Komponisten, der dort ein Jahr zuvor Humperdincks HÄNSEL UND GRETEL aus der Taufe gehoben hatte, die Freihild in GUNTRAM.

Strauss war zu seiner ersten Oper von dem Wagnerianer Alexander Ritter animiert worden und schrieb das Textbuch nach sanktioniertem Vorbild (an das sich auch Ritter in seinen Opern hielt) selbst. Als die Skizze Weihnachten 1892 in Ägypten, wo er eine lebensbedrohende Lungenentzündung auskuriert, fertig wird, stattet er darunter Gott »und dem heiligen Wagner« seinen Dank ab. Schon der aus Gunther und Wolfram montierte Name des mittelalterlichen Ritters – er sollte sein einziger tenoraler Titelheld bleiben – kennzeichnet die Quelle der Inspiration, das aus TANNHÄUSER, LOHENGRIN und PARSIFAL entlehnte mittelalterliche Ambiente nicht minder. Der fahrende Minnesänger Guntram, Mitglied eines geheimen Bundes, tötet in Notwehr den tyrannischen Herzog Robert. Da bekennt dessen Witwe Freihild Guntram ihre Liebe. Er aber unterdrückt seine in der Musik sehr wohl aufblühenden Gefühle und entsagt: Weil er sich von dem Verdacht nicht freisprechen kann, den Herzog statt aus lauteren Motiven aus Eifersucht attackiert zu haben. Der alte Sänger Friedhold fordert Guntram auf, sich der Gerichtsbarkeit des Bruderbundes zu unterwerfen. Doch Guntram widersetzt sich unter Berufung auf seine Eigenverantwortlichkeit: *Mein Leben bestimmt meines Geistes Gesetz; mein Gott spricht durch mich selbst zu mir*, und nimmt Abschied von Freihild (puccinesk-straussisches Des-Dur mit folgendem Ges-Dur).

Die programm-symphonischen Dichtungen, mit denen Strauss vor dem GUNTRAM seinen Weltruhm begründet hatte (MACBETH, DON JUAN sowie TOD UND VERKLÄRUNG), waren eigenständige Meisterwerke. Die sich über fünf Jahre erstreckende Arbeit am Libretto und der Musik seiner ersten Oper zeigt dagegen, wie schwer er um den Einstieg in das Musiktheater zu ringen hatte. Das belegt der Text mit seiner oft peinlichen Wagnerei ebenso wie die Musik, die besonders in den schwachen Ensembles der Höflinge und Minnesänger epigonal geriet. Selbst die mörderische Titelpartie, der Strauss im Monolog des I. Akts *Ein glückliches Los* das (dort als Violinsolo erscheinende) Kindheitsthema aus TOD UND VERKLÄRUNG mitgab, gewinnt kaum je einmal personalstilistisches Profil. Am ehesten ist Strauss das, in Vorwegnahme seiner späteren Sopran-Vorliebe, für Freihild gelungen. Ihr – von Guntram unterbundener – Selbstmordversuch aus Verzweiflung über das Unrechtssystem ihres Gatten ist im Übergang von F-Dur nach h-Moll, »mit der übermäßigen Quart als zusätzlichem Ton und einer Anzahl enger chromatischer Intervalle, harmonisiert in reinen Quinten«, auch musikdramatisch eine überzeugende Szene. Im anschließenden Dialog der beiden hallt einerseits TRISTAN nach, während sich auf der anderen Seite – etwa im zwanglosen Siebenvierteltakt – eine ansatzweise über Wagner hinausgehende sprachnahe Deklamation offenbart: produktiver Reflex des frühen Liedkomponisten Strauss. Er rechtfertigt das Wort des späten Komponisten, das Ringen um die Balance zwischen Wort und Ton habe seine Laufbahn als Musikdramatiker von vornherein geprägt. Doch solche Momente werden fortgespült von der klangsinnlich beflügelten Orchesteropulenz des Komponisten, der seinen überbordenden Einfallsreichtum kaum je in rechte musikdramatische Bahnen zu lenken versteht. In der Beziehung unterscheidet sich GUNTRAM fundamental von Pfitzners 1895 uraufgeführtem Erstling DER ARME HEINRICH (→ S. 89 ff.), dem alle orchestersprachliche Erotik und Ekstatik fehlt. Nicht grundlos stellte Strauss im Garten seiner 1909 bezogenen Garmischer Villa ein Marterl auf: zum Gedenken an den ehr- und tugendsamen Jüngling und Minnesänger Guntram, »der vom symphonischen Orchester seines Vaters grausam erschlagen wurde«.

Bei aller offenkundigen Wagner-Abhängigkeit wurde GUNTRAM aber auch als Versuch einer Abnabelung vom Idol verstanden. Die Auseinandersetzung Guntrams mit dem männerbündlerischen Friedhold war im Freundeskreis des Komponisten heftiger Diskussionsgegenstand, und Guntrams vom ersten Entwurf abweichender Schritt in die persönliche Selbstbestimmung wurde als nietzscheanischer Individualabfall vom rechten Weg der kollektiven Orthodoxie interpretiert – während Pfitzner seinem Armen Heinrich vor der Erkenntnis eigener Schuld die wagnersche Erlösung durch die Opferbereitschaft einer reinen Frau versprach. An dem Streitfall kühlte sich die Freundschaft Alexander Ritters zu Strauss merklich ab. Dabei war es diesem weniger um die Aufkündigung einer wagnerianischen Nibelungentreue gegangen als um die ihm durch die Lektüre Nietzsches vermittelte Ablehnung der Mechanik von Schuldbekenntnis und Freispruch in der katholischen Beichte. Vielleicht ist es dieser autobiographischen Verankerung des Konflikts zuzuschreiben, dass Strauss dem Marterl in seinem Garten zum Trotz den GUNTRAM wieder zu beleben versuchte. Dabei erlitt er im November 1895 in seiner Geburtsstadt München die größte Niederlage seines Künstlerlebens, als die Oper trotz Kürzungen im Part des Titelhelden, trotz seines Dirigats und Pauline de Ahna als Freihild durchfiel und sofort abgesetzt wurde. Aber in der Tondichtung EIN HELDENLEBEN kehrt 1899 (neben anderen Selbstzitaten) ein GUNTRAM-Motiv unter den Friedenswerken des Helden wieder, und im Zentrum des vorletzten seiner 1948 geschriebenen VIER LETZTEN LIEDER taucht als verzücktes Violinsolo ein Zitat aus dem 1. Akt auf. Als 1934 der Berliner Rundfunk eine stark gekürzte konzertante Aufführung der Oper übertrug, nahm Strauss das zum Anlass, sie in Umfang und Orchestergewicht auszudünnen.

Diese Version kam 1940 in Weimar heraus und erschien auch im Druck. Eine Renaissance war dem GUNTRAM aber nicht beschieden (*WA* Garmisch-Partenkirchen 1998).

FEUERSNOT

Dafür stieg sein Komponist als Verfasser von symphonischen Dichtungen und als Dirigent immer höher in der internationalen Wertschätzung: 1894 Hofkapellmeister, zwei Jahre später Generalmusikdirektor in München, 1896 Uraufführung von ALSO SPRACH ZARATHUSTRA, 1897 von TILL EULENSPIEGELS LUSTIGE STREICHE, 1898 von DON QUIXOTE, im selben Jahr als Nachfolger Felix Weingartners für zehn Jahre zum Königlichen Kapellmeister an der Hofoper Berlin ernannt, ebenfalls 1898 Gründungsmitglied der Genossenschaft deutscher Tonsetzer, 1899 EIN HELDENLEBEN uraufgeführt, 1901 Vorsitzender des Allgemeinen deutschen Musikervereins: Das sind neben zahlreichen in- und ausländischen Gastdirigaten die wichtigsten Stationen einer Weltkarriere, die EIN HELDENLEBEN als musikalische Autobiographie spiegelt.

Nur ein Stachel schmerzte: das durch die oft frustrierende Arbeit an der Münchner Hofoper keineswegs getilgte Gefühl, in der Heimatstadt – erst recht durch den Misserfolg des GUNTRAM 1895 – verkannt zu sein. Die Schmach legte in Strauss eine komödiantische Ader frei (zeitweise erwog er eine Oper über Till Eulenspiegel), zudem fand er in dem Literaten Ernst von Wolzogen – Halbbruder des Verfassers des thematischen Leitfadens durch Wagners Hauptwerke und Herausgebers der verhängnisvollen BAYREUTHER BLÄTTER, Hans von Wolzogen – einen gleichfalls von München enttäuschten Weggefährten. Wolzogen, der 1901 in Berlin zusammen mit Frank Wedekind und Otto Julius Bierbaum nach Pariser Vorbild das Kabarett ›Überbrettl‹ gründete, für das neben anderen Oscar Straus und Arnold Schönberg Musik schrieben, arbeitete ihm mit dem Libretto zu FEUERSNOT zu. Strauss selbst war zufällig in einer Anthologie altniederländischer Sagen auf den Stoff gestoßen: DAS VERLOSCHENE FEUER VON AUDENAERDE. Es ist die Geschichte einer Strafe für unerwiderte Liebe: ein Mädchen zieht einen Verehrer in einem Lastenkorb zu seiner Kammer hoch, lässt ihn aber zum Gespött der Nachbarn auf halber Höhe hängen. Darauf erlöschen durch Zauber in der Stadt alle Feuer, und nur am Rücken des durch Nacktheit gedemütigten Mädchens lassen sie sich wieder entzünden. Wolzogen übertrug die Geschichte in seinem ›Singgedicht in einem Akt‹ auf zeitgenössische, wenngleich in grauer Vorzeit angesiedelte Verhältnisse. Der liebesbetrogene Kunrad – Richard Strauss – ist ein Schüler des alten, von den Münchnern vertriebenen Meisters Reichhart, hinter dem sich Richard Wagner offenbart. Und die spröde, von ihm gegen ihren Willen geküsste Diemut, die sich zum Zwecke der Erhellung der Stadt auf allgemeinen Befehl dem jungen Genie hingeben muss – für Strauss der erste Anlass zu einer orchestralen Liebesaktmusik –, steht für das wankelmütige München.

Der oft angestrengt kabarettistische Text verdeutlicht die Tendenz durch die Namensnennung von Wagner, Strauss und Wolzogen selbst, verunklart sie aber gleichzeitig, da neben anderen literarischen Anspielungen zahlreiche Wagnereien im Stil von Nestroys Wagner-Parodien die Bezüge neutralisieren. So fehlt dem Werk mit der ironisch zugespitzten Zielrichtung die musikdramaturgische Mitte. Zwar ist gegenüber GUNTRAM der Orchestersatz flexibler geworden, aber die chromatischen Alterationen des anfänglichen Kinderchors *Maja, maja, mia mö* verweigern dem Sommerwendstück trotz der späteren Zitate zwischen Wagner und Münchner Volksmusikgut von vornherein den leichten Ton eines spöttischen Singgedichts. Einerseits versucht Strauss durch die parodistischen Momente (Kopfmotiv des FLIEGENDEN HOLLÄNDERS, Walhall- und Riesenmotiv aus dem RHEINGOLD, aber auch das bei Ziffer 186 im originalen c-Moll zitierte Kriegsmotiv aus GUNTRAM), seine ästhetische Abnabelung von Wagner zu beglaubigen, gleichzeitig rückversichert er sich ideologisch für die in Kunrads Ansprache kulminierende Abrechnung mit München bei der Kunstreligion seines Vorbilds. Solche Zweideutigkeit, die in Kunrads orchestral überdeterminierter und plötzlich stillos in den Walzerton verfallender Strafpredigt – Strauss zitierte die Stelle 1939 in seinem Orchesterwalzer MÜNCHEN – offenkundig wird, umspannt die ganze Oper. So kehrt das Auftrittslied der in Terzen und Sexten gezeichneten Diemut *Süße Amarelen* mit der nach ihrer Hingabe an Kunrad sexuell anzüglich gewordenen Sentenz *Alle Mädeln mögen Meth* am Schluss als orchestrale Apotheose wieder.

Da offenbart die in bajuwarischen Sprachgrobheiten nicht nur latente Frauenfeindlichkeit der Oper die unterentwickelte Dezenz des Komponisten. Und die satirische Stoßrichtung gegen München hat sich im orchestralen Epilog so verloren wie die Abnabelung von Wagner in der Anbiederung an dessen MEISTERSINGER – der fünfzehnstimmige Chorsatz in der plötzlich über die Stadt hereinbrechenden Dunkelheit konkurriert direkt mit Wagners Prügelfuge. FEUERSNOT, 1901 in Gottfried Sempers Königlicher Oper als Auftakt zu einer fruchtbaren Dresdner Strauss-Tradition uraufgeführt und in Berlins Hofoper 1902 nach acht Aufführungen auf Einspruch der in ihrer Moral sich angegriffen fühlenden Kaiserin abgesetzt, kam 1905 in München heraus. Dort wird die Partitur, die Strauss 1928 anlässlich seiner Ernennung zum Ehrenbürger der Stadt vermachte, gelegentlich als lokalhistorisches Kuriosum aufgeführt. Strauss selbst schätzte das Werk noch im Alter hoch, weil es »naturnotwendige Bausteine« seines dramatischen Stils geliefert habe, aus denen das »ARIADNE-Vorspiel«, das »INTERMEZZO-Experiment« und das »CAPRICCIO-Testament« (Brief an Joseph Gregor vom 4. Februar 1945) hervorgegangen seien.

SALOME (›Musikdrama‹ in einem Aufzug, *L* vom Komponisten nach Oscar Wildes 1896 in Paris uraufgeführter Prosatragödie SALOMÉ in der Übersetzung von Hedwig Lachmann; Königliche Oper Dresden 1905 mit Marie Wittich in der Titelrolle unter Ernst von Schuch; Graz und, mit Emmy Destinn, Hofoper Berlin 1906 unter Strauss; schnelle Verbreitung auch im Ausland: Turin mit Gemma Bellincioni und Mailänder Scala – unter Toscanini – 1906 mit Salomea Krusceniski, New Yorker Met 1907 mit Olive Fremstad; Brüssel 1907 mit Mariette Mazarin und Manhattan Opera New York 1909 mit Mary Garden auf Französisch – Strauss hatte 1905 mit Hilfe Romain Rollands eine Fassung mit dem um die idiomatischen Fehler bereinigten Original Wildes erarbeitet, die in der Deklamation merkliche Unterschiede zur Erstfassung und der nach dieser offiziell rückübersetzten französischen ›nouvelle version‹ von 1909 aufweist; Châtelet-Theater Paris 1907 auf Deutsch mit Emmy Destinn, auf Französisch 1910 in der Opéra mit Mary Garden; Covent Garden London 1910 unter Thomas Beecham mit Aïno Ackté als erster Salome, die sich für den Schleiertanz nicht doublen ließ; trotz zeitweiliger Verbote – New York nach der Premiere 1907, Wien trotz Gustav Mahlers Einsatz für das Werk bis 1918 – und Eingriffen der Zensur in den Text schnell weltweite Anerkennung als Hauptwerk des 20. Jahrhunderts; für Sopranistinnen im lyrisch-dramatischen Fach eine strapaziös dankbare Aufgabe, zumal Strauss durch eine reduzierte Bläserbesetzung den Part schlankeren Stimmen zugänglich zu machen versuchte; zu den berühmtesten Interpretinnen der Titelrolle gehören neben den genannten Maria Jeritza, Maria Cebotari, Ljuba Welitsch, Christel Goltz, Inge Borkh, Lisa della Casa, Birgit Nilsson, Leonie Rysanek, Montserrat Caballé, Anja Silja, Hildegard Behrens, Jessye Norman, Catherine Malfitano, Maria Ewing – 1986 in Los Angeles als Erste bis zum Nackttanz gehend –, Cheryl Studer, Inga Nielsen; alle bedeutenden Strauss-Dirigenten haben die Oper aufgeführt, die sich szenisch leicht den Ansprüchen eines modernen Regietheaters öffnet; das Spektrum seit 1945 reicht von der Dominanz der Ausstattung – etwa der surrealistischen Salvador Dalís 1949 im Londoner Covent Garden für die Inszenierung von Peter Brook – bis zur umfunktionierten Handlung, wie sie Ken Russell 1993 in Bonn als gesungene Privataufführung von Oscar Wildes Tragödie in einem Bordell unter den Augen des schließlich von der Sittenpolizei verhafteten Dichters zeigte).

Der von vielen Zeitgenossen als skandalös empfundene, von Komponisten wie Mahler, Schönberg, Busoni oder Dukas gerühmte und nur selten – wie von Thomas Manns fiktivem Tonsetzer Leverkühn – bestrittene Modernitätsanspruch des Werks teilt sich in drei Aspekte: Stoff, Musik und Opernform. Oscar Wilde hatte das Sujet als Kind aus der Bibel kennen gelernt. Die Evangelien nach Matthäus und Markus sowie die im ersten Jahrhundert unserer Zeitrechnung griechisch geschriebenen JÜDISCHEN ALTERTÜMER des jüdischen Historikers Josephus Flavius berichten, wie der Vierfürst Herodes (Antipas bei Josephus), Sohn des gleichnamigen Fürsten, in dessen Regierungszeit Christus geboren wurde, Johannes den Täufer (Jochanaan) ergreifen ließ, weil ihn der Prophet öffentlich des Ehebruchs mit Herodias bezichtigte, der Frau seines (bei Wilde von ihm ermordeten) Bruders. Als die ungenannte Tochter der Herodias aus ihrer ersten Ehe auf einem Fest tanzte, versprach er ihr (Salome) jede Belohnung. Auf Anstiftung ihrer Mutter forderte sie den Kopf des Jochanaan. Seinem Schwur gemäß ließ Herodes den Prediger enthaupten.

MÄNNERPHANTASIEN

Das war für das zu Ende gehende 19. Jahrhundert der Stoff, an dem sich Männerphantasien von der vernichtenden Frau entzünden. Von dem reich eingesetzten Lokal- und Geschichtskolorit bei Josephus Flavius machte Gustave Flaubert 1877 in seiner Erzählung HÉRODIAS mit geradezu wissenschaftlicher Sachlichkeit Gebrauch, wobei die Schweißtropfen auf der Stirn der tanzenden Salome und ihre lispelnde Stimme alles andere als erogen wirken. Nach dieser Quelle schrieb Jules Massenet 1881 seine HÉRODIADE und formte Salome – Opfer einer problematischen Mutter-Tochter-Beziehung

– zur reinen Heldin einer Grand Opéra um. Wenn sie im Schlussakt mit dem Tenor-Propheten ein Liebesduett singt und sich am Ende selbst an Stelle der Herodias umbringt, sind alle Perversionen zum schönsten Opernschein umgebogen. Eine Wende in der Stoffgeschichte markieren Gustave Moreaus Ölgemälde SALOME TANZT VOR HERODES von 1874 und seine ideengeschichtliche Fortschreibung im Aquarell der ERSCHEINUNG des abgeschlagenen Kopfs des Jochanaan vor der halb nackten Salome. Beide Bilder tauchen 1884 in Joris-Karl Huysmans Roman GEGEN DEN STRICH als Inkarnation der ›décadence‹ auf. Der Held Jean (!) Des Esseintes hat sie neben einem Manuskript von Mallarmés fragmentarischem Versdrama HÉRODIADE (wo Mutter und Tochter in Personalunion erscheinen) erworben. In den künstlichen Paradiesen seiner Abgeschiedenheit ist ihm Salome eine Göttin der Schönheit, Wollust und Hysterie, die – wie die antike Helena eine königliche Hure der Apokalypse – alles vergiftet, was sie erblickt.

Heinrich Heine dagegen hatte 1843 in seinem Versepos ATTA TROLL die – wie oft in der älteren Stoffgeschichte – mit Herodias identische Figur der Tänzerin positiv gedeutet. In einem gespenstischen Aufzug erscheint sie, zusammen mit der heidnischen Göttin Diana und der keltischen Fee Abunde, im Namen von Schönheit und Sinnlichkeit als Gegenfigur zum bürgerlich-prosaischen Alltag. Heine unterschlägt, in Übereinstimmung mit dem schwarz-romantischen Topos der ›Belle dame sans merci‹, den fatalen Reiz der Femme fatale so wenig wie in seiner LORELEY: »Genau bei Weibern / Weiß man niemals, wo der Engel / Aufhört und der Teufel anfängt« (Caput XIX). Trotz seiner Ironisierung – er deutet als Erster das Motiv der unerwiderten Liebe der Tänzerin zu Jochanaan an – steht Heines Salome-Herodias für den Protest gegen die seit Kirchenvätern wie Augustinus, Johannes Chrysostomos und Hieronymus üblich gewordene Verteufelung der tanzenden Frau als personifiziertes Laster.

MOND UND KINDFRAU

Oscar Wilde variierte mit seiner SALOMÉ Heine, indem er – vielleicht in Abwehr der bei Jules Laforgue im Salomé-Teil der 1886/87 veröffentlichten Prosastücke LEGENDENHAFTE MORALITÄTEN noch deutlicher werdenden Ironisierung des spätromantischen Perversionskultes – eine dramaturgische Leitmotivik des Dämonischen entwickelte. Durch häufige (von Strauss meist gestrichene) Wortwiederholungen prägt sie sich sofort ein, wobei – wie schon für die Titelfiguren in Flauberts SALAMMBÔ und in Mallarmés HÉRODIADE – dem Mond entscheidende Bedeutung zukommt. Er erscheint zu Beginn dem Pagen wie eine Frau, die aus dem Grabe aufsteigt und – Strauss hat trotz seiner Striche den Zusammenhang gewahrt und gibt ihm mit einem hohen Violintremolo musikalischen Ausdruck – dahingleitet. Das Wandern des Monds begleitet den Stückverlauf wie dessen latente Kommentierung (in Bergs WOZZECK steht er blutrot für den Mord). Dem Tetrachen erscheint er wie eine wahnsinnige Frau auf der Suche nach einem Buhlen, Salome bezieht wie Salammbô und Mallarmés Hérodiade das Mondbild als Metapher für (eine narzisstisch-neurotische) Keuschheit auf sich selbst und projiziert diese sogar auf den Propheten Jochanaan. Sie versucht den Ausbruch aus der Dekadenz ihrer Umwelt und hofft im Propheten das rettend Andersartige zu finden. Erst ihre Zurückweisung durch Jochanaan führt unter dem Horizont eines allgemeinen Unheils – Strauss hat das musikalisch durch die Behandlung von Salomes acht Mal erscheinendem Motiv des Kussverlangens minutiös nachvollzogen – zum perversen Umschlag ihrer Gefühle. Als der in sie verliebte junge Syrer Narraboth, der den Mond – bei Strauss gestrichen – mit der kleinen Prinzessin identifiziert und gegen den Befehl des Tetrachen den Propheten aus dem Kerker vor Salome geführt hat, sich umbringt, spricht der wiederum in diesen Narraboth verliebte Page eine weitere, von Strauss gestrichene Bedeutung des Monds aus: Er sucht nach Toten. Das Gestirn suggeriert mit seiner unaufhaltsamen Umlaufbahn, die assoziativ auf den weiblichen Monatszyklus anspielt, geradezu hypnotisch die Unausweichlichkeit des Todes.

Das in Wildes Drama zentrale Mondmotiv wurde in der Forschung auf die Mythologie zurückbezogen und mit der heidnischen Göttin Kybele in Verbindung gebracht: dem »Symbol für die aggressive, sexuell perverse Frau, deren steriler Sexualtrieb auf die Unterwerfung und Kastration des Manns gerichtet ist«. Salome erscheint unter diesem Horizont nicht als verwerfliches Produkt einer dekadenten jüdischen Gesellschaft, sondern – Frank Wedekind und Alban Berg knüpften mit ihrer Lulu-Figur hier direkt an – als Kindfrau, die aus dem Mythos in die von Männern dominierte aufgeklärte Bürgerlichkeit des späten 19. Jahrhunderts einbricht. Ihr Sexualtrieb ist, vermittelt durch die antikisierende Mondmetapher, vom Kainsmal der Perversität gereinigt und trägt den Tod als Ziel in sich. Darin spiegelt sich Wildes Mythisierung seiner später von der britischen Gerichtsbarkeit als kriminell gebrandmarkten Homosexualität. Nachdem Salome den abgeschlagenen Kopf des Jochanaan geküsst hat, ist ihr Leben zu Ende. Niemand begreift das so gut wie der dekadent perverse Tetrach Herodes im Schlusswort der Tragödie: *Man töte dieses Weib!* So rächt sich eine bigotte Gesellschaft an der von ihr selbst initiierten Zügellosigkeit.

LITERATUROPER

Hysterie, Obsessionen und Grausamkeit werden in Oscar Wildes Drama mit poetischer Kindlichkeit – in Aubrey Beardsleys jugendstilistischen Illustrationen der Druckausgabe von 1893 kongenial getroffen – und einer Neigung zur Sprachmelodik vorgetragen, die auch Hedwig Lachmanns deutsche Übersetzung durchscheinen lässt. In der Hinsicht ähnelt Wildes Tragödie Maurice Maeterlincks PELLÉAS ET MÉLISANDE. Aber während Debussy die geheimnisvolle Aura der Vorlage mit seiner Musik verinnerlichte, ließ Strauss, der den Text um fast die Hälfte kürzte, die Psyche der handelnden Figuren in paroxystischen Klängen geradezu explodieren. Dieser Theatralisierung opferte er neben rankendem Figurenwerk bei Wilde alle Momente der Vorgeschichte. Sein Musikdrama zielt schon als Operntext auf totale Vergegenwärtigung. Er markiert gattungsgeschichtlich – komplementär zu den beiden in Prosa von der tradierten Opern-Verssprache sich absondernden Libretti nach Dramen Maeterlincks: Debussys PELLÉAS von 1902 und Paul Dukas' ARIANE ET BARBE-BLEUE von 1907 – eine genialische Lösung des Librettoproblems, das die gesamte deutsche Oper im Bannkreis Wagners befrachtet hatte. Ein literarisches Genre, das besonders in Deutschland als provinziell und zweitrangig galt, ließ – nachdem Wagner mit der vorliterarischen Sprache seiner Musikdramen einen deutschen Sonderweg beschritten hatte – plötzlich die Oper an der Weltliteratur teilhaben. Zu diesem historischen Durchbruch trug die bereits in der Vorlage vorhandene Kondensierung auf die Form der Einaktigkeit entscheidend bei. Während die ebenfalls einaktige FEUERSNOT noch wie eine dramaturgisch schlecht ausbalancierte

Abnabelung von Wagners Formmodell wirkt, weist SALOME interne Zwangsläufigkeit auf. Diese ist als Synthese aus Wagnerismus und Verismus in der Beziehung zu bezeichnen, »daß sie die Knappheit der CAVALLERIA RUSTICANA mit dem Mittel der Durchkomposition des Autors des TRISTAN verwirklicht«.

Zu dieser in der Geschichte der deutschen Oper einem Quantensprung gleichenden Synthese gehört mehr noch als die eingehaltene aristotelische Einheit von Ort, Zeit und Handlung der Einklang – wie von Puccini erstmals 1900 in LA BOHÈME verwirklicht – zwischen Atmosphäre und Inspiration. Er zeigt sich kompositionstechnisch an der thematischen Verdichtung innerhalb der formalen Großblöcke. Von der nach einem Zweiunddreißigstel-Lauf als Salomes Personalmotiv schillernden cis-Moll-Klarinettenfigur bis zu den brutalen c-Moll-Akkorden der Trompeten, denen Strauss bei Salomes Ermordung Posaunen und Tuba dissonant beimischt, baut sich zwischen Anfang und Ende des Musikdramas eine ungeheure Spannung auf. Sie übertrifft Friedrich Kloses ebenfalls einaktig angelegte ›dramatische Symphonie‹ ILSEBILL (→ S. 66 ff.) von 1902 merklich, ganz zu schweigen von Antoine Mariottes SALOMÉ, die – vor der Strauss'schen komponiert, aber erst 1910 in Lyon uraufgeführt – zu einem durch Romain Rollands Vermittlung gütlich beendeten Streit der Komponisten über die Rechte an der Vertonung von Wildes 1892 in England verbotener Tragödie führte.

KUNSTLOSIGKEIT DES ÜBERGANGS

Strauss, der in seinen symphonischen Dichtungen den Typus der viersätzigen Symphonie in ein einsätziges Gebilde eigener Art verwandelt hatte, überträgt die im Sinne von Wagners Formulierung in OPER UND DRAMA weiterentwickelte ›Sprachfähigkeit‹ des Orchesters erstmals überzeugend auf das Musiktheater. Das Orchester ist mit vier Flöten, vier Klarinetten, zu denen Englischhorn und Es-Klarinette kommen, mit Heckelphon, sechs Hörnern und je vier Trompeten und Posaunen nebst zwei Harfen, Celesta und zahlreichem Schlagwerk besetzt. Dieses gewaltige Instrumentarium kann in gespannter Stille implodieren. Wenn Salome mit unregelmäßigem Puls die (unsichtbare) Enthauptung des Propheten (*Es ist kein Laut zu vernehmen*) erwartet, machen über leichtem Tremolo hohe Winseltöne eines solistischen Kontrabasses ihren Erregungszustand greifbar. Strauss teilte den Text in vier Szenen, deren musikalische Anreicherung eine Steigerungsdramatik bewirkt: Jede dauert gut doppelt so lang wie die vorangehende, die letzte umspannt mehr als die Hälfte der Oper. Das so geordnete Geschehen läuft ohne Wagners episierende Kunst des Übergangs in schroffer Gegensätzlichkeit der klanglichen Bereiche schlagartig wie in den veristischen Einaktern ab. Die knappen ariosen Dialoge führen zu einer ungewöhnlich hohen Informationsdichte. Aus deren eng gefügter Durchkomposition heben sich nur drei expansivere Abschnitte ab: das Judenquintett als einziger Ensemblesatz, Salomes TANZ DER SIEBEN SCHLEIER, der wie in vielen veristischen Opern der Zeit als orchestrales Intermezzo dient – hier allerdings mit der Variante, dass die Protagonistin pantomimisch beteiligt bleibt –, und Salomes Schlussgesang mit der Zuspitzung, dass sie das abgeschlagene Haupt des Jochanaan küsst.

Das Judenquintett fungiert dabei als Scherzando-Zwischenspiel. Strauss setzte es für vier kreischende – und in der Beziehung bewusst dem Herodes angenäherte – Tenöre über einem verlorenen Bass. Dass diese Pharisäer allzu sehr in ein verbales ›Gemauschel‹ verfielen, hatte schon Karl Kraus 1903 in der Weihnachtsausgabe seiner ›Fackel‹ (Nr. 150) in der Rezension einer Wiener Aufführung von Wildes Tragödie beklagt: Ausdruck eines Unbehagens über eine »spezifische Gruppe von Ost-Yiddisch-Sprechenden, Emporkömmlingen aus den Provinzen des Austro-Ungarischen Kaiserreichs, auf die das Wiener Judentum seine Ängste projizierte«. Strauss ging keineswegs über den deutsch-österreichischen Alltags-Antisemitismus seiner Zeit hinaus, als er sich zusätzlich zu seiner karikierenden Stimmverteilung den Scherz erlaubte, den vierten Juden den höchsten Ton des Ensembles auf das Wort *beschnitten* singen zu lassen: »Das späte 19. Jahrhundert assoziierte religiös motivierte Beschneidung mit Kastration, erst die Entmannung mache einen Juden zum Juden«. Strauss griff dieses sogar von assimilierten Juden – etwa in Otto Weiningers GESCHLECHT UND CHARAKTER (1903) – gegen das Ost-Judentum mobilisierte Vorurteil genüsslich auf.

MUSIKDRAMATURGIE

Die vier Szenen des Musikdramas sind durch bestimmte Tonarten charakterisiert. In der ersten wird cis-Moll als Haupttonart der Oper exponiert, symmetrisch kehrt es am Ende von Salomes Schlussgesang wieder – mit Ausweichungen nach Cis-Dur. Als harmonische Nebenzentren werden drei für den Ablauf wichtige Komplexe eingeführt: bitonal angereichertes d-Moll für die theologisch-politisch streitenden Juden, es-Moll für den eingekerkerten Jochanaan sowie C- und As-Dur für sein blässliches Personalmotiv und die Vision Christi (*Nach mir wird einer kommen*). In der zweiten Szene wird Salome in A-Dur dem in es-Moll aus der Zisterne hörbaren Propheten gegenübergestellt: der Tritonusabstand suggeriert den schlimmen Ausgang von beider Begegnung. In der dritten Szene findet ihre Auseinandersetzung im Halbtonabstand statt: Salome erscheint nun zu Beginn in der Tonart H-Dur, in der sie gegenüber dem Propheten auch ihr Liebesgeständnis beginnt (mit Ausweitungen nach Des- bzw. enharmonisch Cis-Dur und E-Dur als Dur-Parallele von cis-Moll, sowie gis-Moll): *Ich bin verliebt in deinen Leib, Jochanaan!* Der Prediger ist in C-Dur gehüllt, bietet dann in As-Dur ihrer Seele Rettung durch Jesus (inzwischen hat sich Narraboth angesichts der Avancen Salomes, von dieser unbemerkt, zu ihrem Motiv des Kussbegehrens erstochen) und verflucht sie mehrfach, wobei er in cis-Moll endet: Salomes Tonart.

Erst diese gibt der Zurückgewiesenen die Idee ein, Jochanaan als Toten zu besitzen – wir hören diesen Durchbruch zu ihrer ›Großen Idee‹ auch in der nächsten Szene während des Dialogs mit dem um sie werbenden Herodes, wenn er sie bittet, sich neben sie zu setzen. Strauss motiviert am Ende der dritten Szene den Ausgang der Oper vor – in Wildes Tragödie geschieht an der Stelle nichts: »Nur im Orchester, während der Prophet in die Zisterne zurückkehrt, blüht das Verlangen Salomes auf und läßt uns ahnen, daß [sie] nun alles daransetzen wird, um ihr Verlagen zu stillen, und daß dieses Verlangen zur Katastrophe führen muß«. Dieser orchestrale Kommentar erfolgt in der Tonartenfolge cis-Moll, es-Moll (für den Eingekerkerten) sowie – als akustische Todeschiffre – c-Moll.

Gegenüber dem Durchbruch der ›Großen Idee‹ wirkt in der vierten Szene der nachkomponierte Schleiertanz Salomes gerade in seiner Verbindung von Walzerton und Orientalismen so konventionell wie (wahrscheinlich gewollt) die Einwürfe des Propheten aus der Zisterne mit ihrer Statik in C- oder As-Dur – nur in seiner Zurückweisung *Niemals, Tochter Babylons* war in der vorangehenden Szene die formelhafte Bergpredigerpose aufgebrochen, hörten wir so etwas wie Individualität: Angst vor der ihn begehrenden Frau.

Von der Aura des Predigers, den Strauss im Gegensatz zu Oscar Wilde keineswegs als zwielichtig zeigt, hebt sich das Flimmern der Salome-Klänge noch kontrastreicher ab als von der zweideutig um C-Dur und c-Moll kreisenden Ganztonharmonik für Herodes. Selten ist in der Operngeschichte ein dramatischer Zusammenstoß zweier Figuren derart strikt mit musikalischen Mitteln verwirklicht worden. In der Hinsicht hat das von Schönberg wegen seiner zwei im Quartabstand fallenden Quarten gerühmte C-Dur-Motiv Jochanaans seine dramaturgische Bedeutung, da es schon vor der leibhaftigen Erscheinung des Propheten durch die Partitur geistert und Salomes potenzielle Faszination durch den Prediger andeutet.

Strauss geht über Wagners Leitmotivtechnik im RING DES NIBELUNGEN hinaus und betreibt – als sei TRISTAN UND ISOLDE sein Vorbild gewesen – weniger eine Variation motivischer Formeln als eine Abspaltung von Varianten, die eine Veränderung des musikpsychologischen Kontexts bewirkt. Selbst wenn – im Fall des Narraboth-Motivs – thematisches Material immer in derselben Tonart erscheint, weiß Strauss ihm durch einmaliges Abweichen Ausdruck zu verleihen. Gegen Ende der dritten Szene wächst die Angst des eifersüchtigen Offiziers, Salome könne Jochanaan verführen. Und nur hier hören wir sein Personalmotiv mehrfach transponiert. Wenn es seine ursprüngliche Form zurückgewinnt, bringt Narraboth sich um, während Salome im selben dramatischen Kontext ihr Motiv des Kussverlangens von Des-Dur über D nach Es-Dur schraubt. Dass die motivischen Formeln oft, besonders auffällig in Salomes mehrfachem Kuss- und Kopfverlangen, durch kleine und große Terzen bestimmt sind, versüßt den kompositionstechnischen Anspruch für den Hörer, zumal Harfe, Celesta und Klarinettentriller diesen beiden Motiven eine lachende Leichtigkeit verleihen. Der Typus der Kindfrau wird dadurch höchst eindringlich evoziert.

DIONYSOS UND BÜRGERLICHKEIT

Das berühmteste Teilstück der Oper, Salomes Schlussgesang *Ah! Du wolltest mich deinen Mund nicht küssen lassen* ist so etwas wie eine klangliche Reprise des gesamten vorangehenden Formablaufs. Salomes Kuss auf die Lippen des Jochanaan markiert eine Zweiteilung der durch Einwürfe von Herodias-Herodes unterbrochenen und durch den Tötungsbefehl des Herodes beendeten Großform. Der erste Abschnitt ist dreiteilig um die harmonischen Zentren cis, A, gis, es und c angelegt, der zweite Teil, beginnend mit den Trillern bei Ziffer 355, kann formal als Spiegelung der fünfteiligen (Rondo-) Form der ersten Szene aufgefasst werden. Obwohl Strauss die Solostimme in konventioneller Periodik führt, gelingt ihm ein Autonomienachweis für den Typus Literaturoper in Form einer Tendenzverschiebung seiner Vorlage.

Obwohl Salomes Kuss bei weitem nicht so lange dauert wie der auf fünfzig Takte gestreckte zwischen den Liebenden in Rachmaninows schon 1900 komponierter Dante-Oper FRANCESCA DA RIMINI (Moskau 1906), lässt Strauss ihn im Orchester länger als auf der Bühne bis zu Salomes Worten *Ich habe deinen Mund geküsst, Jochanaan* währen. Der Kussakkord steigert sich im Moment der Lippenberührung durch die Einführung ihres nun entscheidend variierten Motivs des Kussverlangens, in dem der ursprüngliche Terzaufstieg zur Quarte gestreckt wird: »Das ist die Epiphanie des Dionysos. Die Quartenintervallik hält Einzug in das Motiv des trunkenen Taumels«. Da Strauss dem Propheten Jochanaan neben seinem im Quartaufstieg anhebenden blässlichen Personalmotiv auch das Christus-Motiv der absteigenden Quarten zugeordnet hatte, findet hier eine ideologische Umbesetzung statt: Der Gott des Rausches, Dionysos, tritt mit seiner Botschaft von unermesslicher Lebenssteigerung und triumphaler Selbstvernichtung an die Stelle des Menschensohns mit seinem Versprechen auf ewigen Frieden. Strauss, der den Quarten noch im Apollo-Motiv der späten DAPHNE die Charakteristik des Göttlichen zuweist, führt Salome im Sinne von Nietzsches Übermenschenästhetik weit über Wilde hinaus in den dionysischen Rausch der Selbstentfesselung – vergleichbar Thomas Manns Schriftsteller Aschenbach in der Novelle DER TOD IN VENEDIG (1912), dessen letales Hinübergleiten in die sexuelle Grenzüberschreitung durch die Traumbegegnung mit dem Gott Dionysos bekräftigt wird.

Strauss musikalisiert das durch den Übergang von cis-Moll nach Cis-Dur, wobei er (einen Takt vor Ziffer 361) einen für die Funktionsharmonik kaum erklärbar bitonalen Akkord als Chiffre für das Dionysische einsetzt (der Klavierauszug gibt hier ein falsches Bild): die Kombination eines Gis-Nonakkords mit einem Dominantseptakkord auf A. Thematisch handelt es sich bei dieser harmonischen Normabweichung um die Kombination von Todes- und Kussakkord.

Doch dieser Triumph der schwarzen Klangmagie im Namen des heidnischen Gottes tönt nur einen Augenblick, sofort nimmt Strauss den utopischen Ausblick in ein Reich jenseits christlicher Triebökonomie zurück in die Dur-Moll-harmonische Bürgerlichkeit von c-Moll, das sich in perfekter Kadenzierung über die Stufen II – V und I zum Todesurteil für Salome verfestigt. Eine letzte Irritation bleibt: Herodes gibt seinen Befehl *Man töte dieses Weib!* im alternativen Aufstieg zum hohen B oder As. Beide Töne gehören nicht zur Harmonie der orchestralen Kadenzierung, dennoch markieren sie kaum einen produktiven Reflex von Salomes Durchbruch zum anderen Zustand. Eher vermitteln sie »den Eindruck, daß sie ihre Existenz nur einem rein dekorativen Bedürfnis verdanken«. Von der dionysischen Grenzversetzung bleibt allein die einkomponierte Intonationstrübung von Charaktertenören übrig.

ELEKTRA (›Tragödie‹ in einem Aufzug, *L* vom Komponisten – teilweise in Zusammenarbeit mit dem Dichter – nach Hugo von Hofmannsthals Bearbeitung der Tragödie des Sophokles; Königliche Oper Dresden 1909 mit Annie Krull in der Titelrolle unter Ernst von Schuch; München unter Felix Mottl, Hofoper Berlin unter Leo Blech, Hofoper Wien mit Marie Gutheil-Schoder 1909; Covent Garden unter Thomas Beecham; Den Haag unter Strauss 1910; landessprachliche *EA*: Scala Mailand 1909, New York – Manhattan Opera auf französisch, da das Werk für die Met verboten war –, Budapest, Prag, Brüssel – französisch – 1910, Hull 1912, St. Petersburg 1913, Antwerpen – flämisch – 1923, Opéra Paris 1932; trotz ausländischer Erfolge wie der Einstudierung Bruno Walters 1925 im Covent Garden weltweite Anerkennung erheblich zögerlicher als im Fall der SALOME und durchschlagend erst nach 1945, auch dank des Einsatzes von Dirigenten wie Fritz Reiner, Dimitri Mitropoulos, Georg Solti, Herbert von Karajan; zu den bedeutenden Darstellerinnen der Titelrolle gehören Salomea Kruszelnicka (Krusceniski), Barbara Kemp, Rose Pauly, Anny Konetzni, Erna Schlüter, Inge Borkh, Astrid Varnay, Amy Shuard, Christel Goltz, Gerda Lammers, Birgit Nilsson, Ingrid Bjoner, Leonie Rysanek – auch als Chrysothemis und Klytämnestra! –, Pauline Tinsley, Deborah Polaski, Gabriele Schnaut; mykenisch archaisierende Monumentalquader auf der Bühne haben – gegen Hofmannsthals Anweisungen – die szenische Prägung des Werks bis zu Wieland Wagners Wiener

Inszenierung von 1965 bestimmt; vielschichtigere Perspektiven wurden 1973 durch August Everding in Hamburg und seit Anfang der achtziger Jahre durch Harry Kupfer an der Komischen Oper Berlin, Ruth Berghaus im Nationaltheater Mannheim oder Götz Friedrichs 1981 verfilmte Interpretation verbreitet).

Wie im Fall der SALOME wurde Strauss auch zu seiner ELEKTRA durch den Besuch einer Sprechtheateraufführung inspiriert. Anfang 1903 hatte er Wildes SALOME mit Gertrud Eysoldt im Kleinen Theater Berlin gesehen, im November beeindruckte ihn dieselbe Darstellerin in Max Reinhardts Inszenierung von Hofmannsthals in Blankversen geschriebener ELEKTRA. Dennoch schwankte er lange, ob er sich an dieses mit der SALOME vergleichbar düstere Sujet wagen sollte und bat den Dichter erst 1906 um Erlaubnis für eine Vertonung. Hofmannsthal, der dem Komponisten schon Ende 1900 vergebens ein Ballett angeboten hatte (den dann von Alexander Zemlinsky unvollständig komponierten TRIUMPH DER ZEIT), zerstreute diese Bedenken (Brief vom 27. April 1906). Er willigte in die Umwandlung des Dramas in eine Oper mit ebensolcher Begeisterung ein wie in die von Strauss selbst vorgenommenen Kürzungen des Einakters und lieferte bereitwillig ein paar zusätzliche Verse für die entscheidende Anagnorisis: die Erkennungsszene zwischen der auf Rache für den Mord an ihrem Vater Agamemnon wartenden Elektra und dem unter falschem Namen als Rächer heimgekehrten Bruder Orest.

DAS TRAUMA DER TREUE

Hofmannsthal bezeichnete seine – möglicherweise unter dem Eindruck der Berliner Inszenierung von Wildes SALOME geschriebene – Tragödie als frei nach Sophokles. Er strich dabei neben dem Prolog und dem die Handlung begleitenden Chor (die von Strauss auf Wunsch Hofmannsthals komponierten Heilrufe für Orest nach dem Mord an seiner Mutter und deren Liebhaber sind eine dramaturgische Verlegenheit) alle Hinweise auf eine Transzendenz – bis auf Orests vages Wort, er wisse nicht, wie die Götter seien. Aus dem Konflikt des im Auftrag Apolls zur Blutrache an der eigenen Mutter aufgerufenen und damit neue Schuld auf sein Geschlecht ladenden Orest, bei Sophokles ein Drama über den von den Göttern auf das Atridenhaus verhängten Fluch, wird das Psychogramm der auf diese Tat wartenden Elektra. Ihre im Gegensatz zu der sanfter gefügten Schwester Chrysothemis selbstzerstörerische Liebe zu dem von der Mutter und deren Liebhaber Aegisth ermordeten Vater ist der wahre Motor des Geschehens. Nicht die theatralische Objektivierung des Konflikts, der bei Sophokles in der Wiederbegegnung Elektra–Orest mit der von diesem mitgebrachten Urne seiner angeblich eigenen Asche die Dialektik von Schein und Wirklichkeit zu tragischer Ironie verdichtet, interessierte Hofmannsthal, sondern die psychologische Innenseite der Handlung. Er kannte die religionsgeschichtliche Untersuchung Psyche, Seelenkult und Unsterblichkeitsglaube der Griechen (1894) von Nietzsches Freund Erwin Rohde ebenso wie die von Sigmund Freud und Josef Breuer ein Jahr später veröffentlichten Studien über Hysterie mit ihrer berühmten Fallstudie. Freud prägte in Bezug auf diese von seinem Kollegen behandelte Krankheitsgeschichte der Anna O., einer zu gestörtem Sexualverhalten führende Bewusstseinsspaltung der Patientin nach dem traumatisch empfundenen Tod ihres innig geliebten Vaters, analog zum ›Ödipus-Komplex‹ den Begriff vom ›Elektra-Komplex‹ (der als Zuspitzung der Stoffgeschichte auch in Eugene O'Neills Drama Trauer muss Elektra tragen erscheint).

In der therapeutischen Wirklichkeit verlief der Fall des Frl. Anna O. allerdings anders als von Breuer geschildert. Er war vor der in einer Scheinschwangerschaft implodierenden Sexualität seiner Patientin geflohen und bezeichnete sie einfach als symptomfrei: ein ärztlicher Akt der Verdrängung. Eine Analogie dazu bietet Strauss' Musikdrama. Bei Hofmannsthal gesteht Elektra dem Bruder in der Begegnungsszene mit Orest in zwei Erzählungen ihr Sexualtrauma: dass sie ihre – wie in Wildes Salome an das Bild des Monds gebundene – weibliche Schönheit dem Gedenken des toten Vaters geopfert habe und sich immer wieder daran zu erinnern meint, vergewaltigt (*Meine Scham hab' ich geopfert*) und scheinschwanger geworden zu sein (nichts als Flüche und Verzweiflung habe sie zur Welt gebracht). Den Verlust des Vaters hat sie in angeblich erlittenes Sexualleid verdrängt, um ihn eben dadurch noch heftiger zu empfinden. Es handelt sich also – im Gegensatz zu den von Elektras Mutter Klytämnestra in wüste Träume verdrängten Schuldgefühlen wegen des Mords an Agamemnon – um eine aufgehobene Verdrängung, ein selbstquälerisch potenziertes Nicht-vergessen-Wollen (die Heilung von einem todessüchtigen Treuetrauma thematisierte Hofmannsthal dann in ARIADNE AUF NAXOS). Strauss fasste beide Erzählungen zu einer zusammen und blendete den Kern der (imaginierten) Sexualerfahrung aus. Elektras Klage, sie habe ihre Scham dem Vater geopfert und den Hass als Bräutigam im Bett gefunden, ist in der Oper nur noch das Eingeständnis ihrer durch die Trauerarbeit erzwungenen sexuellen Enthaltsamkeit: auch eine Verdrängung.

Hofmannsthal hat sie stillschweigend akzeptiert und die von Strauss erbetenen zusätzlichen Verse an der Nahtstelle zwischen beiden Erzählungen in der Sprechtragödie nachgeliefert. Sie eröffnen nun die Erkennungsszene in der Oper nach Elektras Aufschrei *Orest!* und den Worten: *Es rührt sich niemand. O lass deine Augen / Mich sehen* mit dem neuen Text *Traumbild mir geschenktes!* Die mit einem fast bis zur Zwölftönigkeit gespreizten Akkord und Elektras Ausruf beginnende Szene (Ziffer 144a), eine der großen Eingebungen in der Oper des 20. Jahrhunderts, wird alsbald in ein versöhnlich lyrisches As-Dur-Licht getaucht, aus dem sich Elektras Stimme in zwei strophenartigen Gebilden über parallelen Sexten erhebt. Im »dissonanten Wiedererkennungsakkord der Elektra konzentriert sich ein Reichtum des einander Widerstreitenden, an den Worte wahrhaftig nicht heranreichen«, und im alsbaldigen Übergang zum liedhaften Traumbild durch eine knappe Orchesterüberleitung scheint das »stilistisch fast Unmögliche, gerade diesen komplexen Akkord in das süße As-Dur-Feld verzittern zu lassen«, geglückt. Aber, so wäre Adorno fortzusetzen, was kompositionstechnisch »noch nicht entstellt [ist] wie in den ungezählten Kopien dieses Auflösungsfeldes« beim späteren Strauss, wirkt dramaturgisch wie eine Fortsetzung der Methode des Dr. Breuer, der seine Patientin per Flucht für geheilt erklärte. Die Musik kommt hier therapeutisch der Diagnose einer seelischen Erkrankung zuvor, zumal diese durch die folgende Selbstoffenbarung der Opern-Elektra geschönt ist. Spräche die geniale Musik hier die Wahrheit, bedürfte es für Elektras Leiden an der Ermordung des Vaters nicht mehr der rächenden Tat Orests. Hofmannsthal mag das geahnt haben, denn ihm war ob der Einführung des Bruders in seine Tragödie nie wohl. Er hatte ihm ein nie verwirklichtes Drama OREST IN DELPHI zugedacht, in dem er dem Schauspiel ELEKTRA mit seiner »fast krampfhaften Eingeschlossenheit, seiner gräßlichen Lichtlosigkeit« das lichtere Pendant an die Seite stellen wollte. Strauss hat dieses reinigende Drama in seiner ELEKTRA schon mitkomponiert.

MUSIKALISCHE BEWUSSTSEINSSPALTUNG

Die hier offenbar werdende dramaturgische Unschärferelation damit zu erklären, der Komponist habe an seinem Sujet vorbeikomponiert, würde den Sachverhalt auf den Kopf stellen. Dass Strauss in seinen späten Erinnerungen 1947 von der »nur mit Musik ganz zu erschöpfenden Erkennungsszene« sprach, muss ernst genommen werden. Der Riss zwischen musikalischer und dramaturgischer Funktion der Traumbildarie Elektras ist als konstituierend in der Partitur mitkomponiert. Strauss hatte noch über das Instrumentarium der SALOME hinaus, nach eigener Aussage »bis an die äußersten Grenzen der Harmonik, psychischer Polyphonie (Klytämnestras Traum) und Aufnahmefähigkeit« damaliger Ohren gehend, das formale Modell der vierteilig einaktigen Opernsymphonie mit obligaten Stimmen weiterentwickelt. Wie in der symphonischen Dichtung ALSO SPRACH ZARATHUSTRA, wo nach der für den Zusammenbruch des Helden stehenden Generalpause in Takt 337 der zweite Großteil als Variation des im ersten exponierten Materials folgt, konzentriert er es in ELEKTRA auf eine bipolare Form.

Es dürfte operngeschichtlich einmalig sein, dass diese Aufteilung sich numerisch zeigt, denn Strauss zieht in der Mitte eine kompositorische Zäsur (bei Ziffer 275). Danach beginnt eine Neubezifferung von Ziffer 1 an mit hochgestelltem Buchstaben a. »Dramaturgisch markiert diese Stelle den Umschwung von Vision in Realisation. Denn in dem Moment, in dem Elektra durch Chrysothemis erfährt, daß Orest tot ist (bei Beginn der Neubezifferung), beschließt sie, die Tat selbst auszuführen«. Tatsächlich kehrt nun – bis auf das besänftigende Königskind-Motiv der jüngsten Magd aus der einleitenden Mägdeszene – das im ersten Teil exponierte Material wieder, besonders deutlich nach Ziffer 109a, wenn Elektra endgültig auf die Unterstützung ihrer Schwester für die Rachetat verzichten muss. Die entscheidenden (in der Forschung teilweise divergent bezeichneten) Motive für Agamemnon, das Beil, Klytämnestra und Aegisth erscheinen jetzt aber verdichtet. Zudem wird das Material bis zum Beginn von Elektras ekstatischem Schlusstanz – wie im SALOME-Finale Nietzsches Verständnis des Dionysos als Gott höchster Glücksempfindung in der Selbstvernichtung verpflichtet – bei Ziffer 247a einem »Diminutionsprinzip unterworfen, das die

Unaufhaltsamkeit der Entwicklung in der Verkleinerung der Handlungssegmente«, auch der orchestralen Verbindungen zwischen diesen, spiegelt. Diese Umkehrung des Formverlaufs im expansiven zweiten Teil des ZARATHUSTRA bereitet den Boden für Schönbergs Monodram ERWARTUNG von 1909.

Hatten die Zwischenspiele im ersten Teil der ELEKTRA die Funktion, den psychischen Zustand der Figuren quasi programmsymphonisch auszuleuchten (etwa Klytämnestras Schlachtopfer der Tiere als Klangchiffre für ihren zerrütteten Seelenzustand), beziehen sie sich nach dem durch die Partitur und Elektras Bewusstsein gehenden Riss nur noch auf die ihr vorschwebende Rachetat. So ist die orchestrale Überleitung von der Dissonanz ihres Erkenntnisschreis gegenüber Orest zur Traumbildarie eine Vorausprojektion ihrer Versöhnung von Vision und Tat. Der vom Bruder ausgelöste Frieden, den sie hier mit sich selbst im Sinne einer Gesundung schließt, umfasst utopisch schon die Entsühnung des späteren Muttermörders Orest. Der Klangmagier Strauss löst, das über Wagner hinaus entwickelte Sprachvermögen des Orchesters mit einer originären Formkonstruktion verbindend, jene Therapie des psychoanalytischen Wunderheilers ein, die Dr. Breuer in den STUDIEN ÜBER HYSTERIE nur behauptet hatte. Die bei Hofmannsthal-Strauss im Gegensatz zu den antiken Vorgaben von Aischylos, Euripides und Sophokles tödlich ausgehende Krankengeschichte des Frl. O. Elektra ist auch die einer Heilung der deutschen Oper vom Wagner-Trauma.

ENTHÜLLUNG STATT DIALEKTIK

Wie in SALOME werden die erneut terzbestimmten, aber bis auf Aegisth nicht mehr tonartgebunden eingesetzten Leitmotive keineswegs im Stil Wagners einer entwickelnden Variationstechnik unterzogen. Vielmehr erscheinen sie, besonders auffällig im Umfeld Klytämnestras, fertig ausgeprägt und werden oft gedrängt ineinander verwoben. Schon der etwas aufdonnernd instrumentierte Anfang mit dem aus einem zerlegten d-Moll-Dreiklang bestehenden, der Sprachform des Königsnamens nachempfundenen Agamemnon-Motiv verdeutlicht das Prinzip. Er dient keineswegs als Anlass zu einer symphonischen Entwicklung, da sich sofort ein Fluss neuer Motive im Orchestersatz ergießt. Strauss, der nach Elektras tödlichem Zusammenbruch im Tanz vor den C-Dur-Schlusstakten das leitmotivische Agamemnon-Motiv in c-Moll bei Chrysothemis' zweifachem Ausruf *Orest!* um seine letzte Silbe beschneidet, um über das Opernende hinaus zu signalisieren, dass mit dem Tod Elektras nur ein Teil des Fluchs über den Atriden aufgehoben ist, lässt schon in der Exposition der Tragödie jenes Prinzip der rhythmischen Diminuation wirken, das den zweiten Teil der Oper nach der Neubezifferung prägt.

Nach dem einleitenden ›Mäßig langsam‹ gibt es in der ersten Szene einen stetigen Beschleunigungsschub, der – »Strauss war ein Meister der ersten 250 Takte« – die hysterisierte Atmosphäre am Hof zu Mykene eindringlich beschwört. So hat das Gespräch der fünf Mägde und der Aufseherin über Elektra die Funktion, ihre für die Umwelt widersprüchliche Erscheinungsform akustisch anschaulich zu machen. Wenn sie – angekündigt durch den sie leitmotivisch durch die Oper begleitenden ›Elektra-Akkord‹, eine Montage von zwei im Tritonusabstand stehenden Sextakkorden – kurz über die Bühne huscht, werden drei Motive phantomartig ineinander geschoben: das grelle Beilmotiv in den Streichern, ihr Ekelmotiv in den Trompeten und ihr Hassmotiv in den Violinen und Oboen. Mit dem bezeichnenden Intervall der kleinen Terz wirkt diese wie eine Abspaltung aus dem ihr von der jüngsten Magd zuerkannten Motiv der königlichen Würde. Strauss setzt mit dem Verzicht auf einen dialektischen Durchführungs-Diskurs das Spezifikum von Hofmannsthals Dramaturgie, wie der Dichter es selbst beschrieb, um: »Es wird nicht etwas auf einer dritten Stufe, nach Satz und Gegensatz erreicht – sondern es tritt etwas heraus, es enthüllt sich etwas«.

Elektras großer Monolog *Allein! Weh, ganz allein* variiert den Bewegungsgestus der Mägdeszene in der Steigerung vom langsamen Anfang mit dem Anruf des toten Vaters zur Beschleunigung und dynamischen Steigerung des wild in Oktaven gefassten Mordmotivs und seinen tonmalerischen Ausweitungen. Dann folgt ein momentanes Zurücksinken in die Sextparallelen des Königskindermotivs und die erneute Steigerung in der Vorwegnahme des finalen C-Dur-Tanztaumels, zu dem Elektra die gespenstische Erscheinung des Vaters als Rächer beschwört. Dramaturgisch dient das anschließende Gespräch mit Chrysothemis – die mit dem ihr zugedachten motivischen Material und der sie umgebenden Tonart Es-Dur gegenüber

Elektra so wenig Eigenständigkeit gewinnt wie später Orest – als Überleitung zu Elektras großer Auseinandersetzung mit Klytämnestra. Diese kulminiert in ihrer Morddrohung gegen die Mutter und einem im päonischen Todesrhythmus (drei Kürzen mit folgender Länge) aufgipfelnden Orchesterausbruch mit der Krönung durch das Agamemnon-Motiv. Angesichts dieser expressionistisch geschärften, wenngleich im Gegensatz zu Schönbergs ERWARTUNG immer ihren tonalen Kern behauptenden Finsternis, war das zurückhaltende Echo der Kritik nach der Uraufführung kein Wunder. Es scheint, als habe Strauss sich selbst in mancher kritischen Stimme wiedererkannt: »Möchte doch Strauß einmal ein Werk schaffen, das sich aus mehreren Akten aufbaut und schon dadurch eine breitere und klarere Musik erfordert, und in dem auch die Sonne scheint. Recht hell und klar, damit die dunklen Nachtgespenster in ihr Grab schlüpfen«. Die Einlösung dieser Bitte war DER ROSENKAVALIER.

DER ROSENKAVALIER (›Komödie für Musik‹ in drei Aufzügen, *L* Hugo von Hofmannsthal; Königliche Oper Dresden 1911 unter Ernst von Schuch mit Margarethe Siems als Marschallin, Eva von der Osten als Octavian, Minnie Nast als Sophie und Carl Perron als Ochs auf Lerchenau; innerhalb eines Monats folgten Nürnberg, München, Basel und Hamburg, in einer Saison insgesamt 27 Bühnen, darunter die Königliche Oper Berlin – nicht ohne den Ersatz angeblich schlüpfriger und verfänglicher Wörter wie Bett und Kirche durch Schirm und Visite – und die Hofoper Wien; Covent Garden London unter Thomas Beecham, Metropolitan New York unter Alfred Hertz 1913; Amsterdam 1917; Barcelona 1921; Sofia, Athen 1938; landessprachliche *EA*: Scala Mailand unter Tullio Serafin, Prag, Budapest 1911; Birmingham 1913; Kopenhagen 1916; Stockholm 1920; Warschau 1922; Helsinki – schwedisch – 1923; Monte Carlo 1926; Bukarest 1929; Riga 1930; Salzburger Festspiele erstmals 1929 unter Clemens Krauss. Die Komödie markiert neben Bergs WOZZECK den letzten Welterfolg der deutschen Oper und wurde nach einem modifizierten Drehbuch Hofmannsthals 1925 von Robert Wiene mit der für Salonorchester arrangierten Musik als Stummfilm inszeniert; neben der saftigen Basspartie des Ochs, die in Paul Knüpfer, Richard Mayr, Ludwig Weber, Kurt Böhme, Manfred Jungwirth, Theo Adam und Karl Ridderbusch berühmte

Interpreten fand, ist die Rolle der Marschallin von besonderer Attraktivität für einen lyrischen Charaktersopran; zu den großen – teilweise in akustischen Zeugnissen überlieferten – Darstellerinnen dieser Partie gehörten nach Margarethe Siems neben anderen Frieda Hempel, Lotte Lehmann – die das Werk im amerikanischen Exil nach 1938 auch mehrmals inszenierte –, Frida Leider, Elisabeth Rethberg, Viorica Ursuleac, Tiana Lemnitz, Maria Reining, Hilde Konetzni, Lisa della Casa – die von der Sophie über den Octavian zur Marschallin reifte –, Elisabeth Schwarzkopf – deren Salzburger Festspielinterpretation 1960 von Paul Czinner gefilmt wurde –, Sena Jurinac und Christa Ludwig – zuvor neben Irmgard Seefried zwei der besten Octavian-Darstellerinnen des 20. Jahrhunderts –, Leonie Rysanek, Régine Crespin, Kiri Te Kanawa, Anna Tomowa-Sintow, Cheryl Studer.)

Das von den großen Strauss-Interpreten des Jahrhunderts, aber auch von Außenseitern wie Carlos Kleiber (u. a. Covent Garden 1974), Leonard Bernstein (Wiener Staatsoper 1971) oder Michael Gielen (Frankfurt/Main 1985) gern dirigierte Werk war szenisch über Jahrzehnte von der Dresdner Erstausstattung Alfred Rollers dominiert. Auf Wunsch der Autoren legte der Fürstner-Verlag seine Bühnenbilder und Kostüme vertraglich als Bedingung für Aufführungen fest, so dass die Wiedergaben des Werks mehr als fünfzig Jahre lang weltweit große Ähnlichkeiten aufwiesen. Gleichwohl war die Oper von vornherein durch eine Unschärferelation zwischen ihren Bausteinen charakterisiert. Die textlichen Unterschiede zwischen der Druckfassung von Hofmannsthals Komödie, der Opernpartitur und deren separat veröffentlichtem Libretto – teilweise durch Eingriffe der Zensur erklärlich – weisen trotz ihrer operngeschichtlich einzigartigen Symbiose auf eine latente Unvereinbarkeit der Autoren hin.

QUELLEN UND ZEITEBENEN

Zudem bedurfte ihr erstes gemeinsam geschaffenes Werk einiger offiziell ungenannt gebliebener Geburtshelfer. So gehörten zu Hofmannsthals Quellen Molières Tanzkomödie *Monsieur de Pourceaugnac* (1669, mit der Musik Lullys) und der galante Roman des Beaumarchais-Zeitgenossen Louvet de Couvray *Les Amours du Chevalier de Faublas*. Das Lever der Feldmarschallin und

Fürstin Werdenberg im I. Akt wirkt wie eine Theatralisierung des vierten Bilds aus William Hogarths Bildserie MARRIAGE À LA MODE (1744; Hofmannsthal kannte deren ›ausführliche Erklärung‹ durch Georg Christoph Lichtenberg aus den 1790er Jahren). Dass die Marschallin selbst der Gräfin aus Beaumarchais' (mehr als Mozarts) Figaro-Komödie nachempfunden war, wurde dem Dichter im Laufe der Arbeit am Libretto immer klarer. Auf der Hand lag von vornherein, dass die potenzierte Hosenrolle des Octavian als direkter Nachfolger des ebenfalls als Frau zum Mädchen verkleideten Infantilerotikers Cherubino derselben Quelle, der neureiche Herr Faninal aus Molières BOURGEOIS GENTILHOMME entsprungen war. Darüber hinaus weist die Komödie Hofmannsthals eine erstaunliche Ähnlichkeit mit Franz von Suppés Komischer Oper FATINITZA (1876) auf. Deren »Kräfteparallelogramm der Hauptfiguren, samt Stimmfach, ist beinahe das gleiche« wie im ROSENKAVALIER, wenn Fatinitza auch diesem stilistisch konträr gegenübersteht als »burleske Offenbachiade, die ihren hemmungslosen Massenjux in russischen Heerlagern wie in türkischen Haremsgemächern« austoben lässt. Ein heimlicher Mitautor der Komödie war Hofmannsthals Freund Harry Graf Kessler, der mehr als nur einige Ideen zu ihrem Entstehen beitrug: so das von ihm recherchierte Lokalkolorit des Maria-Theresianischen Wien. Schließlich sei Max Reinhardt erwähnt, der im Januar 1911 die durch den überforderten Dresdner Hausregisseur gefährdete Inszenierung der Oper kurz vor der Absage rettete, aber auf dem Theaterzettel nicht erscheinen durfte.

Unbeschadet ging aus solchen Grauzonen indes die Geschichte des Quinquin genannten jungen Grafen Octavian aus dem Hause Rofrano hervor. Er hat ein Verhältnis mit der verheirateten Feldmarschallin, muss von deren in das Tête-à-tête einbrechendem rustikalen Vetter Ochs auf Lerchenau in seinen zur Camouflage angelegten Frauenkleidern als Zofe Mariandl Nachstellungen erdulden, wird auf Grund eines launischen Einfalls der Marschallin als Ochsens Brautwerber (Rosenkavalier) zu Sophie, der Tochter des gerade geadelten bürgerlichen Faninal, geschickt und verliebt sich gleich in das Mädchen. Nach mancherlei Verwicklung führt die entsagende Marschallin das junge Paar zusammen.

Das kommt seit der Uraufführung beim Publikum unmissverständlich an. Doch daraus ist kaum auf ein allgemeines Verständnis für alle Komplikationen der figurenreichen Handlung und alle Feinheiten von Hofmannsthals Sprachkunstwerk zu schließen, das als Sonderfall der Literaturoper das Genre des deutschen Opernlibrettos ästhetisch nobilitiert. Eher wird das Ganze sogleich begriffen, weil alles – wie es Octavian einmal sagt – *zum Weinen schön* ist. Solcher Kraftstrom der Gefühle bietet sicheren Erosionsschutz gegen den Abschliff durch Geschichte. So wies der zusammen mit dem Ausstatter Rudolf Heinrich nicht zuletzt für die kritisch durchleuchteten Leipziger Inszenierungen von Wagners RING DES NIBELUNGEN (1973 ff.) renommierte Joachim Herz, als er den ROSENKAVALIER 1985 zur Wiedereröffnung der vierzig Jahre zuvor zerstörten Dresdner Semper-Oper am Uraufführungsort neu inszenierte, im Programmheft jeden Gedanken an eine Bilderstürmerei in diesem Werk zurück. Die Zeit ist tatsächlich, wie es die Marschallin im I. Akt sagt, *ein sonderbar Ding*.

Die ersten Versuche, daraus eine andere Konsequenz zu ziehen und den Spätbarock der Spielzeit mit dem morbiden Jugend- und Sezessionsstil der Entstehungszeit des Werks zu konfrontieren, unternahmen die Regisseure Luchino Visconti im Londoner Covent Garden (1966) und Claus-Helmut Drese in Wiesbaden (1967). Geradezu methodisiert wurde das Spiel mit verschiedenen Zeitebenen durch Götz Friedrich (erstmals 1981 in Stuttgart mit der Ausstattung von Jürgen Rose), während Ruth Berghaus 1992 in Frankfurt/Main mit dem Bühnenbildner Erich Wonder eine Variante für den Spielort einführte und den dritten Akt nach Vorgabe von Carol Reeds Film DER DRITTE MANN in der Wiener Kanalisation spielen ließ. Schließlich konnte 1995 im 75. Jahr der Salzburger Festspiele sogar dort gegen die ideologische Vorgabe ihres Gründungsvaters Hofmannsthal inszeniert werden, an »sinnfällig auserlesener Stätte aufs neue [zu] tun, was dort allezeit getan wurde«: Herbert Wernicke zeigte den ROSENKAVALIER als ein das Publikum optisch einbeziehendes Zeit-Spiegelkabinett und scheute bei der Überreichung der silbernen Rose nicht den Rekurs auf den Kitsch einer Hollywood-Revue.

Die Auflösung einer festen Zeitebene ist in der Tat eines der Charakteristika des Librettos, das ohne Musik erst 1984 im Wiener Theater in der Josefstadt gespielt werden konnte, da Hofmannsthal Strauss das Copyright verkauft hatte. Zwar wies er den Komponisten noch 1927 (22. Dezember) darauf hin, dass der ROSENKAVALIER »einen Teil seiner Wirkung daraus zieht, daß alles richtiges

Wien von 1740 ist«. Aber als er 1925 das Drehbuch für den Stummfilm schrieb (in dem der Ehemann der Feldmarschallin auftritt), bezog er sich auf die Schlacht bei Kunersdorf, die 1759 stattgefunden hatte. Und in dem UNGESCHRIEBENEN NACHWORT ZUM ROSENKAVALIER merkte er 1911 in Bezug auf seine synthetische Sprache an, sie enthalte ein Amalgam aus verschiedenen Zeitschichten, »denn es ist mehr von der Vergangenheit in der Gegenwart, als man ahnt« – was im Umkehrschluss ein modernes Substrat hinter dem altertümlichen Idiom vermuten lässt.

KOMÖDIE FÜR MUSIK

Im Briefwechsel mit Strauss, der durchaus nicht immer sanft und einvernehmlich getönt ist, war Hofmannsthal darauf bedacht, das Werk vom Typus der Lehár-Operette abzugrenzen – die sensationell erfolgreiche Uraufführung der LUSTIGEN WITWE hatte fünf Jahre vor der des ROSENKAVALIERS stattgefunden. Im Rückblick drückte er noch einmal seinen – als nicht durchgehend eingelöst empfundenen – Wunsch aus, dass für Strauss nach SALOME und ELEKTRA der ROSENKAVALIER »als ein neuer Stilversuch, nicht absteigender Kräfte, sondern gesteigerter Kunsteinsicht, zu einem ›Weniger‹ von Musik« hätte führen sollen (26. Juli 1928; zu Hofmannsthals Kritik an der Komposition vgl. auch den Brief vom 11. Juni 1916). 1913 hatte er neben Erläuterungen zu seiner preziös ›kakanischen‹ Sprache, in der Romanisches und Böhmisches zur verklärten Universalität eines Habsburgischen Ständestaats zusammenfließen, auch formgeschichtlich eine Bilanz gezogen. Sie belegt seine schon Graf Kessler gegenüber geäußerte Absicht, Strauss von der opernhistorisch progressiven Form des symphonisch-orchestral dominierten Einakters abzubringen in Richtung auf einen herkömmlichen Typus der Oper: aus innerer »Notwendigkeit, mich mit diesen geschlossenen Nummern und den formalen und geistigen Möglichkeiten, die sie enthalten, bis zur Neige bekannt zu machen«. Das bedeutete für ihn nicht zuletzt jene »Schematisierung der Gefühlswelt« (20. Januar 1913), die den Figuren-, Gedanken- und Motivationsreichtum des ROSENKAVALIERS für das Publikum eben zum Weinen schön macht.

Hofmannsthal befand sich bei seinem ästhetischen Rückzug von der durch Strauss in SALOME und ELEKTRA erreichten Höhe des operngeschichtlichen Stands in idealtypischer Übereinstimmung mit dem Komponisten. Der hatte nach seinen beiden düsteren Erfolgsstücken auf dem Musiktheater ausdrücklich erklärt, nun eine Mozart-Oper schreiben zu wollen. Auch er besaß genaue Vorstellungen, und Hofmannsthal – das belegt ihr Briefwechsel, der dem nachgeborenen Leser nicht nur in Bezug auf den ROSENKAVALIER ein Kompendium zum tieferen Verständnis bietet – lenkte trotz seiner ehrgeizigen poetischen Zielvorgabe öfter ein. Obwohl ihm ein Werk vorschwebte, das ebenso wahr, aber zugleich unbeeinflusst von »den Hervorbringungen Dapontes, Goethes oder Wagners« (20. Januar 1913) sei, fügte er sich mehrmals dem theaterpraktischen Gespür des Komponisten: zum Nutzen des Werks. Das zeigt seine produktive Reaktion auf die kritischen Briefe des Komponisten vom 9. und 10. Juli 1909. Daraufhin revidierte er den in der Erstfassung wie der I. und III. leise ausklingend konzipierten II. Akt grundlegend.

So entstand ein ästhetisches Gebilde, das zwar auf den vorwagnerischen Typus der Oper zurückgeht, aber die fest gefügten Einschübe in einen großräumigen Konversationsstil einbindet. Die Grenzen fließen beständig zwischen Rezitativen, Ariosi und Ensemblenummern, wodurch auch sprachlich die Genrezuordnung ›Komödie für Musik‹ mit Sinn erfüllt wird. Das intensive Zusammenwirken von Strauss und Hofmannsthal löste auf der Grundlage eines hochmusikalischen Kunstidioms, dessen rhythmisch strukturierte Prosa gelegentlich in Verse – bei Ensembles sogar gereimte – übergeht, jene Wunschvorstellung ein, die Mozart während der Arbeit an der ENTFÜHRUNG AUS DEM SERAIL mit dem Idealfall beschrieben hatte, dass »ein guter komponist der das Theater versteht, und selbst etwas anzugeben im stande ist, und ein gescheider Poet, als ein wahrer Phönix, zusammen kommen« (Brief vom 13. Oktober 1781). Dass indes Hofmannsthal, mehr als Strauss, dem ungeheuren Erfolg der Oper zum Trotz ein zumindest partielles Gefühl der Unzufriedenheit empfand, hat zunächst mit einem leerläuferischen Aktionismus zu tun. Er dünnt im III. Akt das farcenhafte Moment aus: Ochs wird bei seinem Rendezvous mit dem als Mariandl verkleideten Octavian durch eine professionelle Intrigantin der Bigamie beschuldigt und so aus der Handlung getrieben. Erst das Erscheinen der mit ihrem Vornamen Marie-Theres' der Kaiserin fiktional gleichgestellten Marschallin lässt das Stück wieder in eine ›comédie humaine‹ münden.

Hofmannsthal stufte die Musik zwar weit ab von jenem Verdikt ein, das Thomas Mann mit dem mehrstündigen »Getöse um einen reizenden Scherz« und »raffinierten Lärm« dem Dichter gegenüber nach der Uraufführung peinlich berührt fällte (Brief vom 5. Februar 1911; Strauss selbst bemängelte am Uraufführungsdirigenten Ernst von Schuch die Neigung zu ungehemmter Dynamik). Aber ihm wurde mit wachsendem zeitlichen Abstand die Unschärferelation zwischen Text und Musik im ROSENKAVALIER immer bewusster, wenn er auch Manns Auffassung nicht teilte, die Musik habe die Feinheiten des Texts »erdrückt und verschlungen«. Tatsächlich neigte Strauss, wie etwa im Terzett des III. Akts, dazu, die Stimmen so kunstvoll zu verflechten, dass feinere Windungen unverständlich werden. Hinzu kommen Momente einer Unbedenklichkeit, die vom Reichtum der musikalischen Erfindungskraft nicht immer aufgewogen werden. Ein Beispiel liefert dieses in stratosphärische Höhen abhebende, in seiner entrückten Stimmung an das MEISTERSINGER-Quintett erinnernde Des-Dur-Terzett der drei Frauenstimmen, in dem die Marschallin dem Liebesglück der jungen Menschen zuliebe auf Octavian verzichtet: *Hab' mir's gelobt, ihn lieb zu haben.*

Das lianenhafte Überkreuzen und Sich-Höherschrauben der Stimmen bekundet einerseits eines der Strauss'schen Wunder weiblicher Verwandlung. Während die Marschallin sich *in Gottes Namen* und in dem nur ihr vorbehaltenen Viervierteltakt zur Entsagung, einer anderen Art der Liebe zu Octavian, durchringt, spürt dieser im Gewinn Sophies mit der eigenen Unreife auch seinen Verlust, und selbst die leicht puppenhafte Sophie ahnt etwas vom Geheimnis der Umstände, die zu ihrem Glück führen, wagt aber nicht, sie zu erfragen. Dieser musikalisch eingelöste Moment einer Metamorphose, die sich für die Liebenden mit einem von drei zu zwei Vierteln veränderten Puls bei gleich bleibenden vier Vierteln für die Marschallin verwirklicht, ist andrerseits motivisch auf jenem kleinen Walzer aufgebaut, mit dem der als Mariandl verkleidete Octavian im ersten Teil desselben Akts die Nachstellungen Ochsens abwehrt: *Nein, nein, i trink' kein Wein.* Angesichts solch leichtfertigen Umgangs mit der semantischen Schicht des Musikmaterials – alles klingt halt gleichermaßen zum Weinen schön – bürgerten sich nicht nur im üblichen Theaterrepertoire, sondern auch im Festspiel- und Medienbereich – etwa bei einem ROSENKAVALIER-Spezialisten wie Herbert von Karajan – substanzielle Striche in der Partitur ein.

TERZINEN ÜBER VERGÄNGLICHKEIT

Das Beharren der Autoren Strauss–Hofmannsthal auf der originalen Bühnenausstattung Alfred Rollers war ebenso paradox wie Hofmannsthals bedeutungsträchtige Erfindung der silbernen Rose als Brautgeschenk. Beides zielt auf jenes Festhalten der Gegenwart für alle Zukunft, das im Stück selbst dementiert wird. Hofmannsthal verstand die Überreichung der Rose nicht nur als Emblem einer ständisch geordneten Gesellschaft, in der ein solches Ritual noch verbindliche Kraft besitzt. Sie war ihm, wie das Libretto insgesamt, eine Beschwörung des Habsburgermythos vor dessen geahntem Zusammenbruch im Ersten Weltkrieg, eine der »letzten Ausdrucksweisen der österreichischen Menschheit und Kultur«. Doch gleichzeitig unterlief er diese sinn- und ordnungsstiftende Funktion. Die Überreichung der Rose *nach der hochadeligen Gepflogenheit*, wie es Ochs der Marschallin sagt, büßt von ihrer ersten Erwähnung an ihre immanente Bedeutung ein (zumal ein illegitimer Sohn Ochsens der Marschallin das Futteral mit der Rose bringt). Denn hochadelig ist von den an der Zeremonie Betroffenen (die Marschallin spielt lediglich die Vermittlerin) nur der Überbringer Octavian. Ochs, den die Autoren nach mancher Überlegung auf und nicht von Lerchenau nannten, gehört dem niederen Landadel an: Er sitzt nur auf Lerchenau, be-sitzt es keineswegs als Erbgut. Und Sophies Vater Faninal ist auf Grund kriegsgewinnlerischer Geschäfte gerade erst durch kaiserliche Nobilitierung dem Bürgerstand enthoben worden. Das Ritual, mit dem Ochs – auch im Sinne des neureichen Faninal – ein fiktiv unauslöschliches Uradeltum beansprucht, ist von der gesellschaftlichen Wirklichkeit längst ausgehöhlt.

Hofmannsthal, von Strauss kongenial verstanden, verdeutlicht das, wenn sich im Lever des I. Akts die drei adeligen Waisenkinder bei der Marschallin ›etwas plärrend‹ mit einem verfremdeten Volkslied für die ihnen zugedachte milde Gabe bedanken. Dem wahren alten Adel merkt man an, wie heruntergekommen er ist, dass er sich volkstümelnd geben muss. Die zum Ornament erstarrte Rose, die Marie-Theres' am Ende des I. Akts dem Rosenkavalier Octavian im Futteral durch den jungen Mohrensklaven nachschicken lässt, ist nicht nur ein fragwürdiges gesellschaftliches Symbol. Sie steht in der abendländischen Emblematik auch für unverrückbare Liebestreue und wird doch im Augenblick der Überbringung zum Anlass eines Liebes- und Treueverrats. Die Zeremonie bewegt den der Marschallin ergebenen Liebesboten Octavian ebenso zum Partnertausch wie die dem Ochs versprochene Braut Sophie. Sie ist schier überwältigt, wenn Octavian zu Fis-Dur-Klängen mit der Rose durch die Tür des Faninalschen Stadtpalais tritt. Während das Motiv des Rosenkavaliers in der Oboe mit sehnsüchtigem Sextsprung anhebt und sich im punktierten Triolenfluss fortbewegt, erfährt Sophie, auratisch umhüllt vom Kolorit der Celesta, Harfen, Flöten und flirrenden Geigen, eine Selbstentgrenzung im aufkeimenden Gefühl der Zuneigung. Sie empfindet den Rosenkavalier, sich dabei zum hohen B schwingend, als einen ihre Irdischkeit transzendierenden *Gruß vom Himmel.*

Bezeichnenderweise schreibt Sophie der künstlichen Rose den Geruch einer echten zu, und der kaum minder als sie von dieser Begegnung beeindruckte Octavian liefert die Erklärung, dass ein Tropfen Rosenöl diese Wirkung erzeuge. Das ist einer von Hofmannsthals – durch die Musik erfüllten – Geniestreiche: Das artifizielle Ornament verwandelt, wenn es sich der Natur versichert, seine abgenutzte Symbolkraft in Sinnlichkeit. Der Grad der Entrücktheit der voneinander Entflammten wird noch dadurch gesteigert, dass Hofmannsthal Strauss die Partie des Octavian als Hosenrolle aufzwang: Nur im Zusammenklang von zwei Frauenstimmen ist dieses fast immateriell erotische Entzücken junger Menschen aneinander musikalisch gestaltbar. Zugleich aber löst es dramaturgisch die Prophezeiung der Marschallin ein, Octavian werde sich in das erste hübsche Mädchen verlieben, das ihm begegne. Das grenzversetzende Wunder der Liebe birgt die ernüchternde Alltagstrivialität des Verrats in sich. So breitet die Komödie szenisch die von der Marschallin in ihrer einfachen Sprache variierten TERZINEN ÜBER VERGÄNGLICHKEIT des jungen Hofmannsthal aus: »Dies ist ein Ding, das keiner voll aussinnt, / Und viel zu grauenvoll, als daß man klage: / Daß alles gleitet und vorüberrinnt«.

Die mit bewusst einfacher Sprache – und von Strauss mit einem in der deutschen Operngeschichte neuartig frei schwingenden Deklamationsstil – bedachte Marschallin dient Hofmannsthal als Gefäß seines Zeitbegriffs. Ihr Sinnieren im I. Akt, kulminierend in dem berühmten Wort *Die Zeit, die ist ein sonderbar' Ding*, umfasst den philosophischen Gegensatz von biologischer und physikalischer (für die Marschallin durch den lieben Gott personifizierter) Zeit. Dieser Gegensatz fügt ihr die Gegenwart mit ihrer erinnerten Vergangenheit als Klosterschülerin und mit der imaginierten Zukunft als alter Frau so bedrängend ineinander, dass sie die *Schwäche von allem Zeitlichen recht spüren muss* und manchmal nachts die Uhren anhält – ein Vergänglichkeitsmotiv, zu dem Strauss mit der Celesta und zwei Harfen der geschlagenen Zwölf einen weiteren (!) Schlag folgen lässt.

Die aus der Einsicht in die Dialektik der Zeit gewonnene Würde der eigenen Vergänglichkeit rüstet die Feldmarschallin gegen alltägliche Verletzungen. Wenn sie im I. Akt an Octavian das Wort richtet: *über kurz oder lang*, verschärft und wiederholt zum *heut' oder morgen geht er hin und gibt mich auf um einer andern willen*, erklingt nach kurzem Innehalten ein G-Dur-Akkord. Das Orchester erinnert sie daran im Schlussterzett zu ihren Worten *Hab ich mir's denn nicht vorgesagt?*, und sie zieht ohne Groll die Konsequenz aus ihrer Lebenshaltung. Dass Strauss das Satyrspiel zu dieser knapp vermiedenen Tragödie nicht mitkomponiert hat, ist begreiflich. Wenn das Intrigantenpaar Valzacchi–Annina im I. Akt dem Baron Ochs mit denselben Worten *heut' oder morgen* seine Dienste zur Überwachung der in Aussicht genommenen und nach ihrer Einschätzung der Dinge zur Untreue bestimmten Braut andient, verweigert Strauss dem italienischen Parlando der beiden ebenso wie dem Drängen Faninals im II. Akt *Lieber heut' als morgen* die Teilhabe am G-Dur-Akkord der Marschallin. Gleichwohl hat er mit seiner Musik Hofmannsthals Gedanken der Vergänglichkeit aufgenommen, indem er dem Werk verschiedene musikalische Zeitschichten einkomponierte.

DIE MUSIKALISCHEN ZEITSCHICHTEN

Da ist zunächst seine eigene Sprache von 1910, nicht mehr extrem chromatisiert wie in SALOME und ELEKTRA, sondern – vergleichbar dem Stilwechsel Wagners zwischen TRISTAN und den MEISTERSINGERN – diatonisch angelegt, ohne dass dabei das kompositionstechnisch Erreichte preisgegeben wäre. So sind schon in den ersten vier Takten des Vorspiels I – geradezu sexsymbolisch auffahrender Hornstoß mit Streicherreplik – harmonische Erhöhungszeichen (Kreuze) gegen Erniedrigungszeichen (Been) gesetzt (mit enharmonischer Verwechslung von Gis und As). Diese Reibung wird in der ersten Szene mit dem Dialog Marschallin-Octavian durch das Gegenüber von Es- und E-Dur verstärkt, wobei eine weitere Halbtonrückung nach F-Dur für den auf Jagd befindlichen und scheinbar unerwartet heimkehrenden Feldmarschall steht. Man hört die chromatischen Verschiebungen nicht so deutlich wie in den beiden Einaktern, aber sie sind noch da: integriert in Wohlklang und den musikdramatischen Verlauf. Im Vorspiel II wechselt Strauss geradezu Schwindel erregend mit den von ihm so geliebten verminderten Septakkorden als einzigem Bindeglied von d-Moll (als Molldominante von G-Dur) nach Des-Dur. Hier erinnern die fallenden Septimen den Hörer an manche andere aus dem I. Akt, die Modulationen dienen einem motivischen Kausalzusammenhang. Ähnliches gilt für das Thema der Silberrose. Schon wenn wir es im I. Akt hören (bei Ziffer 113, 129 und 264 f.), verströmt es, in Ges-Dur erscheinend, jene vom späteren Strauss nie übertroffene auratische Kraft, die es in Fis-Dur bei der Überreichung der Rose im II. Akt unvergesslich macht (danach erscheint es in jeder der beiden enharmonischen Spielarten, manchmal auch transponiert, wie bei Ziffer 56).

Die zweite musikalische Zeitebene des ROSENKAVALIERS ist an die kaum minder auratische Wirkung des – von Hofmannsthal für den III. Akt ausdrücklich erbetenen – Wiener Walzers gebunden. Trotz seiner Begeisterung für Johann Strauß, »von allen Gottbegnadeten für mich der liebenswürdigste Freudenspender« (1925), verfiel Strauss nicht der musikalischen Imitation eines Wiener Lokalkolorits der 1860er oder 70er Jahre. Zwar beginnt er in allen drei Akten die Walzerfolgen mit den Tonika-Dominant-Beziehungen der Strauß-Walzer, schmuggelt dann aber ironisierend immer mehr ungewohnte (meist chromatisch erreichte) Harmoniestufen in den Ablauf. Auf diese Weise entsteht, im bewussten Anachronismus zur Spielzeit um 1740 und analog zu den Volksliedbeschwörungen in Mahlers Symphonien, ein nostalgischer Klang, der dem Hörer nie vorgaukelt, es könne wieder so werden wie einst. Vielmehr wird das Vergehen der Zeit thematisiert. Auch kann der Ton spöttisch werden, wenn die kieksenden Triller im Orchester am Ende des II. Akts die sexuelle Selbstanpreisung Ochsens im walzernden Prahlen *mit mir keine Nacht zu lang* karikieren.

In den Akten I und II haben die Walzer die Funktion von Nummern, die gliedernd in die Konversationspassagen eingebaut sind, während sie sich im III. zu einer die Intrige grundierenden Klangschicht verdichten. Aber auch hier ist kein nostalgischer Illusionismus angestrebt: »Die Walzerketten kurz nach Beginn des III. Akts (bei Ziffer 27 ff.), oft unterbrochen und von kontrastierendem Material begleitet – Holzbläsertriller für das Anzünden der Kerzen, schwerfälliger Viervierteltakt für Ochs – scheinen in dieser falschen Verbindung (Adorno hätte von ›Verfremdung‹ gesprochen) den SACRE DU PRINTEMPS« Strawinskys vorwegzunehmen – was vielleicht dessen bittere Kritik am ROSENKAVALIER erklärt. Tatsächlich hat Strauss mit dem in SALOME und ELEKTRA stilfremd wirkenden, hier aber als Zeitkolorit zielgerichtet eingesetzten Walzerton dem Neoklassizismus Strawinskys und seiner französischen wie italienischen Zeitgenossen in den 20er Jahren den Weg gewiesen. Anders als in der um die Jahrhundertwende einsetzenden Wiederentdeckung und kompositorischen Aneignung Monteverdis, Lullys und Rameaus in Italien und Frankreich (Strauss leistete ihr mit seiner Lully-Hommage DER BÜRGER ALS EDELMANN Tribut), anders auch als in Strawinskys späterem PULCINELLA nach Pergolesi (und ungenannten Vorbildern) hat die für Strauss mit dem ROSENKAVALIER einsetzende Tendenz zum Neoklassizismus nicht nur eine einzige historische Bezugsebene. Sein angewandter Historismus fügt dem Personalstil neben dem Kolorit der Strauß-Dynastie sowie der Orientierung an Mozart eine nationalstilistische Schicht ein.

Diese zieht sich in Form von Zitaten aus der nicht nur italienischen Operngeschichte durch seine musikalischen Komödien von ARIADNE AUF NAXOS über das INTERMEZZO und DIE SCHWEIGSAME FRAU bis hin zu seinem kaum je komödiantischen CAPRICCIO. Im ROSENKAVALIER findet sie eine ungewohnt expansive Form mit der Des-Dur-Tenorarie des italienischen Sängers – Strauss schreckte nur angesichts der Honoraransprüche Carusos davor zurück, diesen für die Premiere zu gewinnen – im Lever des I. Akts *Di rigori armato il seno*. Diese Arie, deren zweite, im Unisono mit der Flöte vorgetragene Strophe mit einem dissonierenden Septakkord vom groben Handeln Ochsens mit dem Notar um den Heiratsvertrag abgewürgt wird, ist ein Exempel stilistischer Zweideutigkeit. Strauss lässt zwar in der vom Textgehalt weitgehend unberührten Stimmführung – dem Tenor Kurt Baum gestattete er sogar mit einem finalen Oktavsprung auf das hohe Ces einen bravourösen Abgang – die Belkantolinie des 18. Jahrhunderts anklingen. Aber diese Anlehnung an das etwas schmalzige *Caro mio ben* Tommaso Giordanis unterfüttert er im Orchester – oft durch parallele Terzen oder Sexten verstärkt – mit einem sogar für die italienische Oper des 19. Jahrhunderts untypischen Espressivo in den einzelnen Instrumentalstimmen. So stellt sich, auch in den emphatischen Spitzentönen der Tenorstimme, eine durchgehende Unangemessenheit der Stilmittel ein. Ihren Reiz bezieht sie daraus, dass Strauss sie nicht diffamierend einsetzte: ein wahres Kunststück.

Inadäquat ohne Absicht des Komponisten ist dagegen manchem seiner Kollegen (und Kritiker) das Ringen um den Mozart-Ton im ROSENKAVALIER vorgekommen. Deutlich wird das Vorbild weniger in der gewaltigen Orchesterbesetzung als in der Transparenz der Ensemblesätze, vor allem im Terzett des III. Akts. Es zeigt aber, wie beschrieben, das Auseinanderdriften von Individualitäten und dringt nicht zur mozartnahen Ensemblekunst Alexander Zemlinskys in der Gottfried-Keller-Oper KLEIDER MACHEN LEUTE (→ S. 430) vor: zum Musikbild »einer Gemeinschaft von Menschen, die nicht durch ihren Charakter, sondern durch ihr dramaturgisch-musikalisches Verhalten [...] Mozarts Ensembles verwandt sind«. Im G-Dur-Schlussduett Sophie–Octavian *Ist ein Traum, kann nicht wirklich sein* ist der Mozart-Bezug nur allzu klar: Paminas und Papagenos Duett aus dem Finale I der ZAUBERFLÖTE, wenn sie jene Harmonie und Sympathie besingen, ohne die kein Glück auf Erden ist. Die fast identische Melodieführung beider Stücke wird von Strauss nicht dadurch aufgehoben, dass er – nachdem die Marschallin am Arm Faninals das junge Glück kurz betrachtet hat – in die zweite Strophe die irreale Klangfarbe der Celesta-Akkorde aus der Überreichung der silbernen Rose und die Dreiklangbrechungen des im II. Akt zum Liebesduett *Wo war ich schon einmal und war so selig?* geformten Rosenmotivs in den Ablauf mischt. Die Musik verkündet hier gegen Schönbergs Emanzipation der Dissonanz von der Konsonanz, das Einfache sei noch ungebrochen komponierbar.

Leoš Janáček, der die an die Zwölftönigkeit stoßende Akkordballung zu Beginn der Erkennungsszene in ELEKTRA mit einem Ausrufezeichen in seinem Klavierauszug versehen hatte, war »diese stilisierte Naivität in Mozartschem Geist wohl ein Verrat am Volkslied, weshalb seine Bemerkung nicht drastisch genug ausfallen konnte: ›Pfui!‹ notierte er mit Bleistift an den Rand des Duett-Beginns«. Vielleicht hat Strauss ein so drastisches Urteil befürchtet, denn durch die Wiederkehr des kleinen Mohren der Marschallin – er sucht und findet das von Sophie fallen gelassene Taschentuch – schlug er einen Bogen vom Finale zum I. Akt zurück und setzte der Sentimentalität des Duetts einen auch musikalisch komödiantischen Gegenakzent.

ARIADNE AUF NAXOS (Erstfassung als ›Oper‹ in einem Akt, *L* von Hugo von Hofmannsthal, ›zu spielen nach dem Bürger als Edelmann des Molière‹ in der Übersetzung Hofmannsthals; Kleines Haus des Hoftheaters Stuttgart 1912 unter der Leitung des Komponisten in der Regie von Max Reinhardt; Dresden, Prag, Zürich 1912; Hofoper Berlin unter Leo Blech, His Majesty's Theatre London 1913 unter Thomas Beecham mit Somerset Maughams Übersetzung der Hofmannsthal-Fassung des Schauspiels; *WA* 1949 Gärtnerplatz-Theater München in Anwesenheit des Komponisten und Staatsoper Berlin, 1950 Edinburgh unter Sir Thomas Beecham; danach selten, aber durchaus erfolgreich wie 1962 zur Wiedereröffnung des Kleinen Hauses im Stuttgarter Staatstheater, 1991 in Salzburg oder mit einer auf zwei Sprechrollen verkürzten und ins Pantomimische verlagerten Fassung des Molière-Stücks 1994 in Lyon unter Kent Nagano; Zweitfassung als ›Oper in einem Aufzuge nebst einem Vorspiel‹ Hofoper Wien 1916 unter Franz Schalk in der Inszenierung von Wilhelm von Wymetal; das Werk setzte sich in dieser Version durch: Hofoper Berlin 1916 unter Leo Blech; Budapest 1919 ungarisch; Amsterdam, Covent Garden London 1924, Turin 1925 italienisch, Stockholm 1926 schwedisch, Philadelphia 1928, Brüssel 1930 französisch, Helsinki 1939 finnisch, Bratislava 1931, Juilliard School New York 1934 englisch; 1926 als erste Strauss-Oper bei den Salzburger Festspielen aufgeführt, wurde die Zweitfassung nach 1945 weltweit als repertoiretauglich auch für große Bühnen und Festspiele anerkannt: Wiener Staatsoper 1947 und öfter, Mailänder Scala 1950, Salzburg 1954 und öfter, Maggio Musicale Florenz 1959, Glyndebourne 1953 und – alternativ zur Erstfassung – öfter, Metropolitan New York 1962, Aix-en-Provence 1963, Staatsoper München 1952 und öfter; Dieter Dorns Salzburger Festspiel-Inszenierung von 1979 bot durch die Verlegung des Spiels in die Entstehungszeit der Oper ein neues Regiekonzept; Peter Mussbach in Frankfurt/Main 1989 oder Axel Manthey in Stuttgart 1992 unterzogen das Stück weiteren Erkundungen durch die Mittel des modernen Regietheaters).

Dass Strauss sein Versprechen auf eine Mozart-Oper mit dem im Orchester oft übergewichtigen ROSENKAVALIER nicht einlöste, hat Hofmannsthal stärker empfunden als der Komponist selbst. So schickte er ihm schon im Mai 1911, vier Monate nach der Premiere der ›Komödie für Musik‹, das Szenarium zu einer Kammeroper mit der Bitte, in diesem Entwurf die entsprechenden Musiknummern festzulegen. Obwohl Strauss zunächst nur gebremstes Interesse bekundete, hatte er die Ouvertüre schon am 1. Juni fertig, zehn Tage, bevor er die erste von insgesamt vier Textsendungen erhielt. Hofmannsthal hatte Molières Komödie LE BOURGEOIS GENTILHOMME bearbeitend übersetzt, als ihm die Idee kam, das Schauspiel – wie das Molières 1670 mit der Musik Lullys uraufgeführte – zu einem Gesamtkunstwerk aus Sprache, Tanz und Musiknummern zu formen. Als er dem Komponisten erklärte, das Projekt – eine Mischform aus Schauspiel und Oper – sei als Dank für (den späteren Widmungsträger der Partitur) Max Reinhardt gedacht, der die Premiere des ROSENKAVALIERS gerettet hatte, begeisterte sich Strauss für den ihm vom Dichter in einem ausführlichen Brief (23. Juli 1911; später erweitert zu einem Zeitungsartikel) nahe gebrachten Plan.

FORTSCHRITT IM RÜCKGRIFF

Unerwähnt blieb in diesem Brief (und anderen), dass Hofmannsthal genaue opernhistorische Reformvorstellungen verfolgte. Da er Wagners Schrift OPER UND DRAMA erwähnte und mit ein paar Zitaten sogar in seinen Text einfließen ließ, liegt der Schluss nahe, dass er im Rückgriff auf barocke Formmodelle gegen das Ideal der Durchkomposition bewusst die Möglichkeiten einer Dekomposition erproben wollte. Zu dem Zweck forcierte er die in der barocken Opernpraxis übliche Kollision der Stilhöhen bei der Abfolge von ernster Oper und komischem Intermezzo zu deren absurder Gleichzeitigkeit, was dem Rückgriff eine bereits episierend moderne Würzung gab. Zum dissoziativen Gesamtkunstwerk steigerte er seine ARIADNE, indem er das gesungene mit dem gesprochenen Wort und getanzten Einlagen verband – weit über das hinaus, was Busoni wenige Jahre später unter dem Horizont einer ›Jungen Klassizität‹ mit seinem ARLECCHINO (→ S. 401 ff.) verwirklichte.

Zu dem Zweck kürzte er die Vorlage stark, animierte Strauss zu einlageähnlichen Begleitmusiken der Aktion und setzte an die Stelle der Türkenzeremonie als dritten und letzten Akt seiner Komödie eine ernste Oper über die von Theseus verlassene Ariadne. Sie wird auf Wunsch des banausisch neureichen Bürgers Jourdain, der sich durch Aneignung der Künste und Wissenschaften zu nobilitieren trachtet, zusammen mit einem lustigen Divertissement über die Liebschaften der Kokotte Zerbinetta zur Unterhaltung seiner adeligen Gäste aufgeführt. Aus der Stilmischung der ›Comédie-ballet‹ Molières und Lullys, die durchaus gesellschaftskritische Bezüge aufwies (→ Bd. I, S. 96 ff.), hatte sich die Tragédie lyrique als bestimmende Form der französischen Hofoper im Ancien régime entwickelt. Hofmannsthal schwebte etwas Ähnliches vor. So schmolz er das von Strauss im ROSENKAVALIER realisierte Prinzip der Übereinanderschichtung verschiedener Zeitebenen und scheinbar inkompatibel nationalstilistischer Momente in sein neues Konzept ein und verband Eigenarten der französischen Tanzkomödie mit Ingredienzien der frühen italienischen Opera seria sowie des Maskenspiels der Commedia dell'arte: »Die ganze Sache ist ja aus den beiden theatralischen Elementen der Molièrschen Zeit förmlich herausdestilliert, aus der mythologischen Oper und aus den ›maschere‹, den tanzenden und singenden italienischen Komödiantenfiguren. Lully könnte das vertont, Callot es entworfen haben« (Brief an Strauss vom 26. Juli 1911).

Strauss bearbeitete in der Folgezeit originale Nummern Lullys aus dem BOURGEOIS GENTILHOMME und erfand neue Einlagestücke im Stil des französischen Frühbarock, wobei er den fließenden Übergang von rezitativischen und ariosen Partien ebenso kunstvoll variierte wie den vom Klavier dominierten Continuoklang. Für die Komposition der Bühnenmusik griff er, wie schon im Fall der FEUERSNOT, auf die 1900 entworfenen Skizzen zu dem Watteau-Ballett DIE INSEL KYTHERE zurück. Das Spiel im Spiel verbindet den Ariadne-Stoff mit einer Harlekinade. Die von Theseus auf der Insel Naxos verlassene Ariadne sehnt sich, beklagt von Nymphen, in Treue dem Eintritt ins Totenreich entgegen: *Es gibt ein Reich, wo alles rein ist.* Als der einem Liebesabenteuer mit Circe entronnene junge Bacchus in einem Schiff erscheint, hält sie ihn für den göttlichen Todesboten Hermes und sinkt ihm in die Arme: Der plötzlich Liebenden verwandelt sich der Todestrieb zu neuem Lebenswillen, ohne dass darob ihr vergangener Schmerz aufgehoben wäre. Vermischt wird dieser Handlungsstrang, in dem Hofmannsthal an Stelle des nie geschriebenen Orest-Dramas den traumatisierten Treuebegriff seiner ELEKTRA umkehrt, mit einem Stegreifspiel um die Gegenfigur Zerbinetta. Sie versucht, die tragische Heldin in einer brillanten Koloraturarie zu ihrer promiskuitiven Partnerwahl zu überreden: *Großmächtige Prinzessin!* Umworben wird Zerbinetta von vier lustigen Figuren, von denen Harlekin den (vorläufigen) Sieg über die Rivalen davonträgt. Als Zerbinetta sieht, dass auch Ariadne in den Armen eines neuen Liebhabers liegt, fühlt sie darin nichts als die Bestätigung ihrer Lebenspraxis. Sie bringt die Des-Dur-Ekstase der Liebenden in D-Dur auf die Erde zurück, umtanzt von den Komödianten zur Reprise ihres Lieds *Dass ein Herz so gar sich selber nicht versteht.* Nach ihrem gemeinsamen Abtritt mit den Figuren der Commedia dell'arte erscheint wieder Herr Jourdain und stellt zu schalem C-Dur des Orchesters betreten fest, dass seine Gäste verschwunden sind. Ironisch blendet die Musik zur archaisierenden Ouvertüre zurück.

ZWANG ZUR REVISION

Obwohl Strauss die Musik für kleines Orchester schrieb, erwies sich der Orchestergraben in Reinhardts Berliner Deutschem Theater als zu eng, die als Strauss-Uraufführungsstätte schon traditionsreiche Dresdner Hofoper wiederum war für das Kammerspiel zu groß. Das führte zu einem Kompromiss: Strauss selbst dirigierte 1912 im neu eröffneten Kleinen Haus des Stuttgarter Hoftheaters seine ARIADNE AUF NAXOS, ›zu spielen nach dem BÜRGER ALS EDELMANN des Molière‹. Da die Hauptpartien mit Schauspielern aus Berlin und gastierenden Sängern besetzt waren, herrschte eine ungute Probenatmosphäre, und trotz der glänzenden Sängerbesetzung mit Maria (damals noch Mizzi) Jeritza als Ariadne, Margarethe Siems (der ersten Chrysothemis und Marschallin) als Zerbinetta sowie Hermann Jadlowker als Bacchus reichte es nur zu einem Achtungserfolg. Auch weitere Aufführungen, darunter 1913 in London unter Thomas Beecham, hinterließen beim Publikum einen zwiespältigen Eindruck, so dass Hofmannsthal am 3. Juni 1913 den entscheidenden Vorschlag zu einer Revision machte. In dieser bleibt als nun um rund ein Jahrhundert der Gegenwart näher gerücktes Konzentrat der Molière-Komödie nur eine Sprechrolle übrig: der Haushofmeister des reichsten Manns von Wien. In einem musikalischen Prolog wird eine Theateraufführung des Ariadne-Stücks vorbereitet, doch dessen junger Komponist, eine Hosenrolle, muss nicht nur erfahren, dass seiner Tragödie ein Satyrspiel folgen soll. Beide Stücken müssen, da als Höhepunkt des Abends ein Feuerwerk mit festem Termin angesetzt ist, aus Gründen der Zeitersparnis zeitgleich aufgeführt werden. Während der Musiklehrer des Komponisten seinen Schüler mühsam zur Annahme des Kompromisses überredet und die späteren Darsteller der Ariadne (Sopran) und des Bacchus (Tenor) die nötig werdenden Striche für die Partie des jeweils anderen fordern, lässt sich die von den Vorgängen ungerührte Zerbinetta (Koloratursopran) vom Komponisten das neue Umfeld erklären, in das sie mit ihren vier Komödianten versetzt wird.

Die für ein ebenfalls nur 36 Kopf starkes Orchester (mit Klavier, Harmonium und Celesta) geschriebene Neufassung wurde erstmals im Oktober 1916 an der Wiener Hofoper unter Franz Schalk als ›Oper in einem Aufzug nebst einem Vorspiel‹ gegeben: mit Maria Jeritza und Selma Kurz in den weiblichen Hauptrollen und der jungen Lotte Lehmann als Komponist. Damit war der fortgefallene Molière-Teil musikalisch allerdings nicht verloren. Für die nun mit der Türkenzeremonie endende Komödie in Hofmannsthals revidierter Fassung komponierte Strauss zu acht aus der Erstfassung übernommenen Nummern noch einige nach und übernahm zwei aus Lullys LE BOURGEOIS GENTILHOMME. Das Ganze kam, weniger eine dritte Opernfassung als eine Bühnenmusik zum Schauspiel, 1918 am Deutschen Theater Berlin heraus, und 1920 fasste der Komponist neun der siebzehn Nummern zur Orchestersuite DER BÜRGER ALS EDELMANN zusammen (alles unter derselben Opuszahl 60 wie beide Opernfassungen).

ARIADNE II hat sich auf den Bühnen wie in der Strauss-Literatur durchgesetzt, auch Hofmannsthal hielt sie trotz bissiger Kritik im Einzelnen für das kohärenteste Produkt seiner Zusammenarbeit mit dem Komponisten: »Hier waren Sie frei von dem Gedanken an Wirkung« (16. Mai 1918). Doch können gelegentliche Aufführungen der ARIADNE I – Strauss selbst wohnte kurz vor seinem Tod einer im Juni 1949 ihm zu Ehren veranstalteten Festaufführung im Münchner Theater am Gärtnerplatz bei – Zweifel aufkommen lassen, wie sie gelegentlich auch geäußert wurden. So hielt der wohl vehementeste Strauss-Kenner und -Verehrer in England, Sir Thomas Beecham, in seiner Autobiographie A MINGLED CHIME (Gemischter Gleichklang; 1944) fest, die frühere Fassung sei ein Gipfel an Spontaneität und Erfindungskraft, an Subtilität und Reife im Schaffen des Komponisten. Zweifellos frappiert auch in der Zweitfassung die Fähigkeit des Komponisten, die ›Secco‹-Ebene des Prologs mit dem Ariengewicht der eigentlichen Oper, die Sphären von Opera buffa und Seria virtuos zu mischen und den komplementären Gegensatz zwischen Marschallin und Ochs nun an dem Frauenpaar Ariadne–Zerbinetta auf ein mythisches und zugleich theaterhistorisches Podest zu stellen. Seit Florian Gaßmanns L'OPERA SERIA (1769), wo ausschließlich die Karikierung des kommerziellen Theaterbetriebs thematisiert wird, hat keine Oper die Bedingungen ihrer Entstehung, Aufführung und Rezeption so geistreich zur Anschauung gebracht wie ARIADNE II.

DAS UNVOLLENDETE MEISTERWERK

In der Endfassung ist die dramaturgische Perspektive, aus der dem Zuschauer das Stilgemisch der eigentlichen Oper nahe gebracht wird, gegenüber ARIADNE I mehr auf die an Tragik grenzende Situation des Komponisten ausgerichtet als auf die Geschmacklosigkeit des Hausherrn, der überhaupt nicht mehr auftritt. Damit aber ging Hofmannsthals ursprüngliche und operngeschichtlich neue Konzeption verloren: die vermischten Ebenen des Heroischen (Ariadne) und Komischen (Zerbinetta), die gleichzeitig die Lebensdialektik von Treue und Wandel im Sinne von Goethes ›Stirb und werde!‹ symbolisieren, ironisch in dem auch für das Publikum stehenden Bourgeois Gentilhomme aufzuheben. In seinem Brief vom 8. Mai 1916 hat Hofmannsthal das dem Komponisten bezüglich der ursprünglichen Schlussworte eindringlich vor Augen geführt: »Das Organische war eben, daß Jourdain sie sprach, der Prosa-Mensch, der Monsieur Tout-le-monde, der nichts von dem weiß, was er veranstaltet und angestiftet hat«. Aber Strauss sperrte sich gegen diese Sicht, wie sein erst 1970 aufgetauchtes und seit 1978 in der Gesamtausgabe des Briefwechsels abgedrucktes Schreiben vom 12. Mai 1916 zeigt. Darin beharrt er auf einem ungebrochen verklärten Schluss mit dem gemeinsamen Abgang von Ariadne und Bacchus auf dessen Schiff. Er konnte von Hofmannsthal nur mit Mühe dazu gebracht werden, dass wenigstens Zerbinetta das Einmünden in dieses Finale mit dem kleinen Einschub eines Zitats des Rondothemas aus ihrer Arie *Großmächtige Prinzessin* weniger spöttisch als einverständlich kommentiert: *Kommt der neue Gott gegangen, Hingegeben sind wir stumm.*

Verloren ging aber bei der Bearbeitung eine dramaturgische Nahtstelle: Zerbinettas Ankündigung der Ankunft des Bacchus und die Schmückung Ariadnes durch sie und die drei Nymphen, womit Zerbinetta zur zweiten Circe wird. Von diesen hauptsächlich Zerbinetta und ihren Liebhabern vorbehaltenen über 400 Takten ist nichts übrig geblieben, so dass nach den ersten, noch entfernten Worten des von den Nymphen unter Fanfarenklängen angekündigten Bacchus *Circe, kannst du mich hören?* und dem wiegenden Nymphentrio *Töne, töne, süße Stimme* Bacchus in acht Takten aufsteigender Akkorde recht prosaisch auf der Szene erscheint. Allzu unvermittelt beginnt die Emphase seines Schlussduetts mit Ariadne und wird nur noch zum Atemholen von den unsichtbaren Nymphen unterbrochen. So geht letztlich auch die Wirkung des Wiege-Trios verloren, das zu den inspiriertesten Ensemblesätzen im musikdramatischen Werk des Komponisten gehört: »Wie kein anderer atmet er Geist von Hofmannsthals Geist«. Von dem verkündet die Endfassung insgesamt nur noch wenig.

Bei aller Bewunderung für Straussens kompositorische Leistung blieb in Hofmannsthal der Stachel des Nicht-verstanden-worden-Seins zurück. Er formulierte ihn am 6. Dezember 1919 Rudolf Pannwitz gegenüber brieflich mit dem Vorwurf an die Adresse des Komponisten, »das Zarte vergröbert, das Geistige überhört, das Geistreiche herabgezogen« zu haben. Tatsächlich weist der Text zwischen der Druckfassung von Hofmannsthals Werken in der kritischen Gesamtausgabe und der Partitur samt Klavierauszug gravierendere Unterschiede auf als im Fall des ROSENKAVALIERS: »Dieses Nebeneinander von gleichsam zwei Fassungen der Dichtung, einmal als Vorlage für die Komposition und dann in ihrer musikalischen Gestaltung belegt, daß Hofmannsthal die Eingriffe zwar als kompositorische Maßnahmen hingenommen hat, aber dennoch auf der Endgültigkeit seines eigenen Textes, wenn auch schweigend, beharrte«. Dieser Sachverhalt hat in der jüngeren Aufführungsgeschichte des Werks dazu geführt, dass hellhörige Regisseure in die Zweitfassung Hofmannsthals Dialektik aus der ersten Version einbrachten. So montierte Joachim Herz 1982 in Dresden den Abgang des hohen Paars in den Rahmen der Commedia dell'arte und ließ am Ende den Mäzen samt seinem die Gagen auszahlenden Haushofmeister auftreten, so dass die Klammer des Theaterspiels auf dem Theater die ganze Oper umspannte. Peter Mussbach wiederum korrigierte mittels Verschärfung das von Hofmannsthal gerügte Ausblenden der niederen Komödiantenwelt aus dem Finale 1989 in Frankfurt am Main. Er ließ das (nicht vertonte) Feuerwerk als Schwarzweißfilm vor dem Ende der Oper anfangen und in diesem die drei abgewiesenen Buffo-Liebhaber Zerbinettas buchstäblich verglühen: ein bitterer Kommentar zu dem trotz der kleinen Orchesterbesetzung aufgedonnert klingenden Orchesternachspiel, in dem Strauss diese Ebene ausklammert.

Sowohl Textdichter als auch Komponist waren von der Notwendigkeit einer Neufassung der ARIADNE ästhetisch nicht überzeugt. Sie war rezeptions- und bühnenpraktisch begründet: einmal durch das Unverständnis des Publikums angesichts der neuartigen Verbindung von Sprechdrama und Oper sowie der Mischung der Stilebenen, zum anderen durch die Besetzungsprobleme der Urfassung. Welches Theater kann schon ein erstklassiges Sprecher- und Sängerensemble auf die Bühne bringen? So kam ein schlechter Kompromiss heraus, der in die Länge gezogen und doch unvollständig wirkt, vor allem aber die eigentliche Idee des Werks an die Bedürfnisse des Theaters verrät. Die neue Ouvertüre, mit der alten nur die Tonart C-Dur teilend, bietet nach einem wie ein Plagiat des sich aufschwingenden ROSENKAVALIER-Anfangs wirkenden Kopfmotiv und ein paar dekorativ in die D-Dur-Harmonik geschmuggelten leiterfremden Reiztönen nichts als ein eher oberflächliches Potpourri der wichtigsten Motive, darunter auch das neue des Komponisten. Der an Stelle der Molière-Komödie komponierte Prolog bietet allerdings in der Hosenrolle des Komponisten – in ARIADNE I war es eine Sprechrolle – eine der sympathischsten Bühnengestalten des Komponisten, nach Lotte Lehmann haben Elisabeth Schumann, Sena Jurinac und Irmgard Seefried darin geglänzt. Gleichzeitig befrachtet diese Figur aber – nicht nur dramaturgisch, da sie als imaginärer Dirigent der Oper nach dem Prolog auf der Szene nicht mehr auftaucht – das stilistische Gewebe. Was Hofmannsthal sich als nur wenig über Secco-Rezitative hinausgehend gewünscht hatte, verdichtet sich nun (zumal in der fast zum Liebesduett gesteigerten E-Dur-Idylle zwischen Komponist und Zerbinetta, der er in verstiegenen Worten den Inhalt der Seria-Oper erklärt) zu schierem

Pathos. Es verfestigt sich am Ende des Prologs, wenn der Komponist seine Kompromissbereitschaft bereut, in einer finsteren c-Moll-Kadenz. Diese Tendenz zur Durchkomposition steht dem Konversationston befremdlich gegenüber, den Strauss – noch über die deklamatorische Flexibilität des ROSENKAVALIERS hinaus – für weite Strecken des Intrigenspiels im Prolog entwickelt und den er noch in seinem Schwanengesang CAPRICCIO zu irisierender Geltung bringen wird.

Leider wurden in der Endfassung aber auch nicht die grundlegenden Versäumnisse des Komponisten gegenüber dem Urtext korrigiert: zum Teil Folge seiner Methode eines nicht nur gelegentlich dem Erhalt der entsprechenden Librettopassagen vorauseilenden Komponierens. Die von Hofmannsthal vorgenommene Differenzierung der vier lustigen Figuren um Zerbinetta wird durch ihre Auftrittsfolge zerstört, die für Harlekin, Zerbinetta und sogar Bacchus eingesetzten kleinen Liedformen hat Strauss in ihrer lyrischen Eigenart nicht erkannt und aufgebauscht. So wurde aus einer eher ephebischen Figur, dem sich seiner Göttlichkeit noch nicht bewussten und durch das Liebeserlebnis mit Circe gerade vom Knaben zum Mann gereiften Bacchus, ein auf Grund der unbequem hohen Lage zum Forcieren gezwungener Wagner-Siegfried. Nicht einmal den Wunsch des philologisch peniblen Dichters nach einem langen Schluss-E in den Bacchus-Rufen *Circe* erfüllte der Komponist seinem Librettisten.

Auch die Dehnung der Lieder Zerbinettas zu einer groß angelegten Arie weckte nicht nur bei Hofmannsthal Zweifel, weil ihr – stärker als im Fall der zweideutigen Arie des Sängers im ROSENKAVALIER – das opernparodistische Moment abgeht. Für Strauss war, wie auch in drei der Brentano-Lieder op. 68 (besonders AMOR), die Koloratur ein so legitimes Mittel wie der ungenierte Rückgriff auf den naiven Mozart-Ton im Schlussduett des ROSENKAVALIERS. Für sich betrachtet, ist die Zerbinetta-Szene ein Prunkstück der Oper, mit dem nach Selma Kurz Koloratursopranistinnen wie Maria Ivogün, Adele Kern, Rita Streich, Erika Köth, Sylvia Geszty und Edita Gruberová Triumphe feierten. Als segensreich erwiesen sich die Eingriffe des Komponisten für die Zweitfassung: Er legte die in den zentralen E-Dur-Passagen bis zum dreigestrichenen Fis reichende Tessitura nicht nur um einen Ganzton tiefer, sondern kürzte auch die erste der beiden Arietten, tilgte die zentrale Kadenz und schrieb eine neue Koda. In dieser Zweitfassung ist die Arie als Abfolge von differenzierten Rezitativen, zwei Arietten und einem virtuosen Finalrondo mit obligater Flöte ein wahres Glitzerkunstwerk, das musikalisch wie dramaturgisch Ariadnes großer Soloszene *Es gibt ein Reich* diametral gegenübersteht: einer statisch in sich ruhenden Ges-Dur-Todessucht, die sich im Sehnen nach dem Todesboten Hermes zu lyrischer Emphase in B-Dur steigert (herausragende Interpretinnen der Ariadne waren nach Lotte Lehmann Maria Reining, Elisabeth Schwarzkopf – nur auf Schallplatte –, Leonie Rysanek, Gundula Janowitz, Margaret Price, Jessye Norman). Diese beiden Soloszenen sind dem Opernpublikum zum Inbegriff für den ungewöhnlichen Rang der ARIADNE AUF NAXOS geworden, aber sie täuschen kaum darüber hinweg, dass dieses stilistisch gewagteste und opernhistorisch gerade auf Grund des Rückgriffs in die Vergangenheit des Genres progressivste Produkt ihrer Zusammenarbeit ein unvollendetes Meisterwerk ist.

DIE FRAU OHNE SCHATTEN (›Oper‹ in drei Akten, *L* von Hugo von Hofmannsthal; Staatsoper Wien 1919 unter Franz Schalk mit Maria Jeritza in der Titelrolle, Karl Østvig als Kaiser, Lotte Lehmann als Färberin und Richard Mayr als Barak; Landestheater Dresden 1919 unter Fritz Reiner mit Elisabeth Rethberg in der Titelrolle; Staatsoper Berlin 1920 mit Barbara Kemp als Kaiserin; zögerliche Verbreitung im deutschsprachigen Raum: 1932 Salzburger Festspiele unter Clemens Krauss, Zürich; erste Aufführung im fremdsprachigen Ausland: Venedig 1934 als Gastspiel der Wiener Staatsoper; Rom 1938; Mailänder Scala – italienisch – 1940; nach 1945 langsam auch internationaler Siegeszug: Buenos Aires 1949 unter Erich Kleiber und 1970; 1954 im Münchner Prinzregententheater, dem Ausweichquartier der Staatsoper, unter Rudolf Kempe; von Karl Böhm dirigiert, der das Werk schon 1939 an der Dresdner Staatsoper einstudiert hatte, gehörte es zum Startprogramm der 1955 wieder eröffneten Wiener Staatsoper; als Premiere wurde es 1963 bei der Wiedereröffnung der Münchner Staatsoper unter Joseph Keilberth gegeben, ein Jahr später bei Herbert von Karajans Abschied vom Direktoriat in der Wiener Staatsoper, 1966 in Straßburg und als viertes Werk im Eröffnungsprogramm der neuen New Yorker Metropolitan im Lincoln Center; diese Aufführung, San Francisco war 1959 mit der nordamerikanischen Premiere unter Leopold Ludwig vorausgegangen, wurde zu einem Sensationserfolg, und ihre Besetzung mit Karl Böhm am Pult, Leonie Rysanek als Kaiserin, Christa Ludwig als Färberin, James King als Kaiser und Walter Berry als Barak galt über die Einstudierung an der Pariser Opéra 1972 hinaus bis zu den Salzburger Festspielen von 1974 als verbindlich. 1967 kam die Oper am Londoner Covent Garden unter Georg Solti heraus, der sie 1992 bei den Salzburger Osterfestspielen erstmals ungekürzt aufführte. 1986 wurde sie in Zürich und Amsterdam gegeben, 1992 in Genf unter Horst Stein produziert und zwei Jahre später unter Christoph von Dohnányi am Pariser Châtelet-Theater übernommen).

DIE FRAU OHNE SCHATTEN, »das Schmerzenskind, wurde in Kummer und Sorgen während des Krieges vollendet«, erinnerte sich Richard Strauss auf dem Höhepunkt des nächsten Krieges 1942. Franz Schalk, zusammen mit Strauss erster Direktor der Wiener Staatsoper in der Republik Österreich, dirigierte die Premiere 1919 zwar mit glänzendem Erfolg, aber schon die folgende Einstudierung durch Fritz Reiner in Dresden scheiterte nach Aussage des Komponisten im selben Jahr szenisch vollständig: Auftakt zu einem »längeren Leidensweg über die deutschen Bühnen«. Umso erstaunlicher geriet der Erfolgsweg der mit ihren vielen Szenenwechseln, fünf kapitalen Solopartien und einem höchst anspruchsvollen Orchesterpart schwer zu realisierenden Oper nach 1945. Noch erstaunlicher ist ihre produktive Befragung durch das moderne Regietheater. Joachim Herz gab 1965 in Leipzig den Auftakt zu einer realistischen Darstellung des vom Strauss-Spezialisten Rudolf Hartmann szenisch mystifizierend durchgesetzten Werks. 1971 verstärkte Harry Kupfer in der Berliner Staatsoper durch Anleihen bei den Zauberstücken des Wiener Volkstheaters die spielerischen Tendenzen, so dass der Oper allmählich der frühere Vorwurf der Unverständlichkeit weit gehend abhanden ging. Es kam in der Folgezeit an kleineren Bühnen, vor denen Strauss bezüglich seines Schmerzenskinds immer einen Horror hatte, sogar zu frechen szenischen Lösungen. John Dew etwa ließ die Fruchtbarkeitsmetaphorik des Stücks 1986 am Bielefelder Stadttheater in einen heutigen Kreißsaal münden, Kirsten Harms siedelte 1996 in Kiel die Prüfungsrituale in veritablen Schützengräben an, nachdem Götz Friedrich das Stück schon früher – erstmals 1987 in Stuttgart – in seiner Entstehungszeit spielen ließ. Dass Wolfgang Sawallisch 1988 die Oper erstmals ungekürzt für die Schallplatte einspielte, gehört ebenso in die Rezeptionsgeschichte des seit den siebziger Jahren auch bei jüngeren Regisseuren beliebten Werks wie die Reise dieses Dirigenten mit dem Ensemble der Bayerischen Staatsoper 1992 nach Nagoya, wo das erste Opernhaus Japans mit der von Ennosuke Ichikawa im Rückgriff auf Stilelemente des Nô-Theaters inszenierten FRAU OHNE SCHATTEN eröffnet wurde. Trotz ihres ungewöhnlichen Schwierigkeitsgrades hat die Oper sich im Repertoire verankert.

DAS PREKÄRE HAUPTWERK

Der Kaiser hat seine aus dem Geisterreich stammende Frau als Gazelle erjagt und sieht in ihr auch nur das Objekt seiner nächtlichen Lust, während er tagsüber seinem Jagdvergnügen nachgeht. Die Folge seines selbstsüchtigen Lustlebens muss die Kaiserin erdulden: als symbolische Kinderlosigkeit. Nach einjähriger Ehe ohne Kind droht der Kaiserin die Rückkehr ins Geisterreich und dem Kaiser, dieses Geschick hat der Geisterkönig Keikobad über beide verhängt, die Versteinerung: sozusagen die Außenprojektion seiner ethischen Befindlichkeit. Um ihn davor zu bewahren, will die Kaiserin – die den Grund für ihre Unfruchtbarkeit in sich selbst sucht – auf den Rat der zauberbegabten Amme der jungen, schönen und hysterischen Färberin, die gewollt kinderlos mit Barak in einem Zustand seelischer, körperlicher und gesellschaftlicher Frustration lebt, mit dem Schatten die Fähigkeit zur Mutterschaft abkaufen. Durch die etwas tumbe, aber in Treue leidensbereite Liebe des Färbers zu seiner Frau erkennt die feenhafte Kaiserin das Wesen wahrer Menschenliebe und reift – nun selbst ein voll entwickeltes menschliches Wesen – zum Verzicht auf den fremden Schatten. Dadurch führt sie nach vielen Prüfungen das märchenhaft gute Ende herbei, weil sich alle, außer der darob ausgestoßenen Amme, als zum Guten fähig oder wandelbar erwiesen haben.

Hofmannsthal und Strauss waren sich, nach mannigfachem Selbstzweifel während der zwischen 1913 und 1917 erfolgenden Erarbeitung – die erste dichterische Konzeption fällt bereits ins Jahr 1911 –, darin einig, dass dieses Werk den Gipfel ihrer langen Zusammenarbeit bedeutete. Aber die gegenseitigen Versicherungen wirken selbstbeschwörend, als hätten beide Autoren kein rechtes Zutrauen zu ihnen gehabt. Bezeichnenderweise schrieb sich Strauss für seine nächste Oper, das programmatisch betitelte INTERMEZZO, den Text selbst, und Hofmannsthal zog aus der ästhetischen Grauzone zwischen Partiturtext und gedruckter Operndichtung anders als im Fall von ROSENKAVALIER und ARIADNE AUF NAXOS eine radikale Konsequenz: Er verfasste nach Fertigstellung der Oper das umfängliche Prosamärchen DIE FRAU OHNE SCHATTEN. Das lässt aus seiner Perspektive die einzigartige Zusammenarbeit von Dichter und Komponist als Stufenfolge eines Gelingens und Scheiterns erscheinen: »Herauslösung des Wortes aus der Literatur durch den Komponisten – Gleichgewicht von Wort und Musik im Raum der Oper – schließlich Rückführung des Wortes in die Literatur durch den Dichter, der, obwohl der größte deutsche Librettist des 20. Jahrhunderts, doch ein letztes Ungenügen an dieser Form nicht zu überwinden vermochte«.

Diesen Zweifel an der Musik als Vehikel eines Sinntransports hat Strauss nicht nur geweckt, sondern, zumindest unbewusst, auch geteilt. Wie in der gleichzeitig entstandenen ALPENSYMPHONIE gerät ihm nach Adornos bissigem Wort in der FRAU OHNE SCHATTEN der »Produktionsapparat zu einer Komponiermaschine, in welche die Hauptmotive und -situationen hineingepumpt werden und die sie als fertige Opern ausspeit«. Umso bemerkenswerter ist der Sand, den der Komponist in diese mit viel Imponiergehabe auf Touren gebrachte Maschine streut. In der entscheidenden, mit dem Anfangszitat des »Rex tremendæ majestatis« aus Mozarts REQUIEM bedeutungsschwanger eingeleiteten Szene im Tempel ihres Vaters Keikobad (III,3) fühlt die Kaiserin angesichts ihres von Erstarrung befallenen Gatten Schuld: *Versteinert sein Herz von meiner Härte*. Aber sie ringt sich zum Verzicht durch, kauft der Färberin nicht den Schatten und damit die Befähigung zur Mutterschaft ab, mit der sie den Kaiser aus seinem Bann erlösen könnte – sie will nicht das Lebensglück der kleinen Leute zerstören. Erst durch ihre Entsagung führt die Kaiserin, von der nun sichtbar ein Schatten auf den Boden fällt, die erlösende Aussöhnung zwischen den Paaren herbei. Strauss vertont diesen Monolog als Melodram: Die Kaiserin spricht die Worte zu akkordischer Begleitung des Orchesters, in das von fern Stimmen tönen. Ebenso gestaltet er am Ende des II. Akts Baraks Verwirrung nach der Mitteilung seiner Frau, ihren Schatten verkauft zu haben. Aber dieses seit Georg Bendas Monodramen aus dem späten 18. Jahrhundert (→ Bd. I, S. 355 ff.) im deutschen Musikdrama bewährte Stilmittel, das Strauss selbst mit der Klavierbegleitung für Alfred Tennysons von einem Rezitator vorgetragene Verserzählung ENOCH ARDEN 1897 zu wahrhaft melodramatischer Wirkung gebracht hatte und zu dem er sich hier nach viel Überlegung durchrang, wirkt inspirationslos: wie ein Rückzug des Musikers vor der Bedeutung des gesprochenen Wortes. Und die Aufgipfelung der Szene, der endgültige Verzicht der Kaiserin, besteht konsequenterweise aus begleitungslos gesprochenen, geradezu geschrieenen Worten: *Ich will nicht!*

Dieser musiklose Höhepunkt überrascht angesichts des orchestralen Aufwands, den der Komponist getrieben hat. Er verwendet sozusagen zwei Orchester in einem: das kammermusikalische der ARIADNE für die Geisterwelt und das gewaltige der ELEKTRA, indem er neben den Geigen sogar den Bratschen und Celli eine Teilung aufzwingt, für die irdischen Verstrickungen. Das differenzierte Schlagzeug schließt TamTams, Kastagnetten, chinesische Gongs und Xylophon ein, neben der Orgel ist eine Glasharmonika beschäftigt, die oft vierfache Bläserbesetzung wird durch ein Holzbläserseptett hinter der Szene und zwölf Blechfanfaren ergänzt, Wind- und Donnermaschine tun ein Übriges. Aber der Aufwand hat neben aller klangfarblichen Differenzierung eine im III. Akt kulminierende Tendenz zum Überschüssigen: Die Musik leistet wenig, um die oft irrläuferische Motivik Hofmannsthals in eine sinnliche Ordnung zu bringen. Zwar gibt Strauss dem I. Akt einen tonartlichen Rahmen, da er in as-Moll mit dem Motiv des in der Oper nicht in Erscheinung tretenden Geisterfürsten Keikobad beginnt – die dreimalige Dreitonfolge einer fallenden Tonika-Dominant-Kadenz ist wie das viersilbige Agamemnon-Motiv in ELEKTRA ein klingendes Namenssymbol – und mit dem einschmeichelnden, dem Nachtwächter in den MEISTERSINGERN nachempfundenen Gesang der drei Wächter in As-Dur endet. Auch hat es seine Klanglogik, dass der Kaiser in II,2 sich in es-Moll entschließt, dem Ruf des Falken in die Einsamkeit zu folgen, während die Kaiserin in der Parallelszene II,4 nach ihrer Traumvision von der Versteinerung des Gatten ihre Schuld im Wechsel von h- nach es-Moll beklagt. Dass aber die Hütte des Färbers Barak in der finalen Szene des II. Akts ebenfalls in es-Moll-Klängen versinkt, überzeugt so wenig wie die Verwendung der lediglich drei oder vier einprägsamen Leitmotive des Werks.

Neben der durch die ganze Oper geisternden Dreitonfolge Keikobads sind vorrangig der in kurzen Vorhaltnoten der Holzbläser schwirrende Falkenruf (uncharakteristisch dagegen der leid-motivische Soprangesang des Falken *Die Frau wirft keinen Schatten, der Kaiser muss versteinen!*) und das Motiv des von der Kaiserin verlorenen Talismans zu nennen. Trotz häufigen Einsatzes mangelt es diesen Motiven an tektonischer Kraft, was besonders für das Schattenmotiv gilt, obgleich es durch seine geheimnisvolle Instrumentation der Quarten und Sekunden klanglich beeindruckt. Dadurch entsteht eine numinose Qualligkeit, in der die individuelle klangliche Erscheinung zu auratischer Sinnfülle hochgemünzt wird.

Einen vokalen Individualstil mit melodischer Unverwechselbarkeit entwickelt Strauss nur für die pathetischen Intervallsprünge der Amme im ELEKTRA-Stil und für den Färber Barak: ein sympathetisches Selbstporträt des Komponisten, während Hofmannsthal als Vorlage für die namenlose Färberin von Anfang an Strauss' herrische Ehefrau, Pauline de Ahna, vorgeschwebt war. Die Aussöhnung zwischen beiden Figuren im III. Akt hat in dem nach einem polytonalen Bläservorspiel in seiner Sensualistik umso eindrücklicher wirkenden Des-Dur-Duett *Mir anvertraut / Dir angetraut* keine formbildende Kraft, die Musik entwickelt sich nicht weiter, hört einfach auf. Und das Finale mit dem den Höhenchören des PARSIFAL nachempfundenen Stimmen der Ungeborenen ist in seiner durch modulatorische Anreicherungen nicht gebrochenen C-Dur-Biederkeit nur für den Hörer eine Erfüllung, dem der Glaube die Botschaft ersetzt. Dass hier die fallende Tonika-Dominant-Kadenz des Keikobadmotivs durch Intervallumkehrung aus der Dur-Dominante zur Tonika aufsteigt, könnte die Vermutung nahe legen, dass auch der Geisterfürst des Wunders menschlicher Verwandlung teilhaftig geworden ist. Aber weder Text noch Musik sagen darüber Näheres aus, die motivische Verknüpfung zwischen Anfang und Ende der Oper ist ästhetisch nicht vermittelt. Sie erklärt nicht einmal, warum die Teilhabe am menschlichen Leben für die Amme einen Fluch und für die Kaiserin eine höhere Daseinsstufe bedeutet.

APHORISTISCHE SOZIALETHIK

So hat auch die textliche Botschaft, wie die Musik dramaturgisch gelegentlich redundant und sogar widersprüchlich, ihre prekäre Seite. Die Arbeit an diesem Stoff zentrierte Hofmannsthals Entwicklung vom frühen Ästhetizismus zur Forderung einer sozialen Verantwortlichkeit des Künstlers und einer Befragung der tradierten Kulturwerte in Bezug auf die auch gesellschaftliche Ordnung der Gegenwart – für Richard Strauss war das alles Luft von anderem Planeten. Aus Hofmannsthals postum veröffentlichten Selbstdeutungen AD ME IPSUM, wo er die Oper eine »aphoristische Ethik« nennt, wird ersichtlich, dass in ihr eine mit dem frühen Dramolett DER KAISER UND DIE HEXE von 1897 bewusst werdende Problematik kulminiert. Der byzantinische Kaiser dieses Dramas ist ein direkter Vorgänger des Kaisers der südöstlichen Inseln in der Oper. Auch ihm droht die Versteinerung des Leibes bei vollem Bewusstsein: Weil er seine Geliebte aus Unfähigkeit, eine tiefe menschliche Bindung zu entwickeln, zur Hexe machte.

Hofmannsthal, dessen ständestaatlich konservatives Weltbild einen grundlegenden Wandel der sozialen Ordnung nicht zuließ – die beiden Opernpaare bleiben am Ende schichtenspezifisch voneinander getrennt –, panzerte seine Parabel in der Bühnenfassung noch stärker als in der Prosaerzählung mit einer Fülle von Motiven aus der Weltliteratur. Da sprudelt es aus den Erzählungen von TAUSENDUNDEINER NACHT und anderen orientalischen Quellen, Goethes FAUST, das MÄRCHEN sowie eine als Motto der Oper dienende Zeile aus seinem Gedicht DIE GEHEIMNISSE werden ebenso bemüht wie Mozarts ZAUBERFLÖTE und Carlo Gozzis Märchen LA DONNA SERPENTE. Hinzu kommen viele romantische Motive wie das aus Adalbert von Chamissos Erzählung PETER SCHLEMIHL übernommene vom verlorenen Schatten und aus Hofmannsthals eigenem Schaffen neben der Figur des Kaisers aus DER KAISER UND DIE HEXE die Thematik des im Leben versteinernden Ästheten aus seiner frühen Erzählung DAS MÄRCHEN DER 672. NACHT.

Diese hier nur angedeutete Fülle an teilweise wörtlichen Bezügen sichert dem Stoff aber keinen künstlerischen Mehrwert, sie überlagert als ornamentale Patina das eigentliche Geschehen, wird sogar missverständlich. So übte Strauss nicht grundlos Kritik an der ersten magischen Tat der Amme. In Baraks Hütte (I,2) zaubert sie fünf Fische in die Pfanne, während die Färberin, die ihrem Mann kein Essen bereitet hat, sich vor den ertönenden Stimmen ihrer ungeborenen (weil ungewollten) Kinder fürchtet, so dass man die Fische in der Pfanne mit diesen Kindern identifizieren kann (Briefe vom 5. und 10. Juli 1914). Diese unfreiwillig makabre Komik vermied Hofmannsthal – wie beispielsweise auch die schwache Charakteristik von Baraks Brüdern – in seiner Prosaerzählung, wo die Szene eine Vision der mit ihrer Amme sich als Baraks Dienerin verdingenden Kaiserin ist: Sie hört als Einzige die Stimmen der um Einlass ins Leben bittenden Ungeborenen.

Das vom Theaterpraktiker Strauss verspürte Missverständliche der Szene ist ein Symptom für die im Opernlibretto von Überfrachtung bedrohte Symbolik Hofmannsthals. Zeitgenossen wie Strauss' Ehefrau Pauline oder Arthur Schnitzler kam sie kalt vor, und Hermann Broch, dessen Essay Hofmannsthal und seine Zeit wir eine tief lotende Epochendarstellung verdanken, hat diesen wie eine nachträgliche Kompensation der in Hofmannsthals Brief des Lord Chandos 1902 beschriebenen Sprachkrise des Dichters wirkenden Leerlauf analysiert: Der »Symbolstrom hat zwar wieder zu fließen begonnen, aber die natürliche unmittelbare Verbindung zwischen Assoziation, sprachlichem Ausdruck, Symbol und Ding hat sich nicht wieder eingestellt; eine gewisse Symbolerstarrung ist eingetreten, und um die Mitteilung verständlich und flexibel zu machen, müssen immer mehr Symbole ins Spiel gebracht werden, freilich in ihrer Überfülle nun erst recht den Erstarrungsprozeß fördernd«. Erst in der Erzählung Die Frau ohne Schatten »durchbricht er mit nochmaligem Raffinement das lediglich Allegorische, das lediglich Raffinierte, das lediglich Mittelbare und gewinnt ihm die zweite Unmittelbarkeit, die schöne Einfalt, ohne die das Märchen kein Märchen wäre«, ab.

Die Oper dagegen versteinert, auch durch den kompositorischen Aufwand in den programm-symphonischen Zwischenspielen, zu der mehr als drei Musikstunden dauernden Erklärung, dass der Schutz ungeborenen Lebens für eine entwickelte Gesellschaft unverzichtbar sei. Das war, im vorletzten Kriegsjahr 1917 vollendet, in lauterster Absicht auch pazifistisch gemeint: »ein Märchenspiel, das vom Überleben handelt«. Aber angesichts des damals millionenfach hingeschlachteten geborenen Lebens schwebt diese aphoristische Sozialethik in lebensferner Wolkigkeit. Man braucht dieses humanistische Hohelied auf das Wunder menschlicher Wandelbarkeit nur mit dem 1915 in Franz Kafkas Erzählung DIE VERWANDLUNG tierisch thematisierten Scheitern einer Revolte gegen die anonyme Gewalt der Herrschaftsverhältnisse zu vergleichen, um die gepuderte Zopfigkeit des von Hofmannsthal wie von Strauss als letzte romantische Oper begriffenen Werks zu spüren. Auch Guillaume Apollinaire zog 1917 aus vergleichbaren Erfahrungen die Strauss–Hofmannsthal entgegengesetzte Konsequenz, als er das surrealistische Drama LES MAMELLES DE TIRÉSIAS schrieb. Während seine Therese sich in einem Akt weiblicher Revolte gegen den Lauf der Dinge dem Kinderkriegen verweigert, ihre Brüste davonfliegen lässt und sich fortan nach dem griechischen Seher nennt, übernimmt ihr Mann das Geschäft der Mutterschaft. Und wie die Männer in der Wirklichkeit millionenfach mordeten, bringt dieser Mann Kinder tausendfach zur Welt: eine männliche Gebärmaschine als Pendant zur männlichen Mordmaschine. Es sollte allerdings bis zum vorletzten Jahr des nächsten Krieges dauern, bis ein Komponist dieses Thema opernfähig machte: 1944 begann Francis Poulenc mit der Arbeit an seiner Oper DIE BRÜSTE DES TIRESIAS.

AUS DEM EHELICHEN HELDENLEBEN

DIE BÜRGERLICHE VARIANTE: INTERMEZZO

Im Fall seiner ersten beiden Opern folgte auf das Erlösungsdrama GUNTRAM das Satyrspiel FEUERSNOT. Analog dazu wollte Strauss auch das universalmythisch einer doppelten Ehetragödie abgepresste glückliche Ende in der FRAU OHNE SCHATTEN mit der privat-alltäglichen Variante von INTERMEZZO konterkarieren. Hofmannsthal verweigerte für diesen Plan die Gefolgschaft und empfahl Hermann Bahr. Der hatte 1909 auf die ELEKTRA eine Hymne geschrieben – er heiratete in jenem Jahr Anna Mildenburg, die erste Wiener Klytämnestra – und sein Lustspiel DAS KONZERT Strauss gewidmet. Darin geht es um ein erotisches Verwirrspiel, wie es der Komponist ähnlich als Anekdote aus seinem Leben auf die Bühne bringen wollte. 1903 war ihm auf Grund einer Namensverwechslung mit dem Kapellmeister Joseph Stransky (in der Oper: Stroh) ein zärtliches Billett zugestellt worden, das seiner Frau Pauline (in der Oper: Christine) in die Hände fiel. Erst nach Aufklärung des Irrtums kann in der Oper das

Strauss-Ich Robert Storch seine Frau, die ihrerseits mit dem jungen Baron Lummer nach der Zufallsbekanntschaft bei einem Ski-und-Rodel-Unfall geflirtet hat, versöhnt in die Arme schließen. Als Bahr sich außer Stande sah, schrieb Strauss – zuerst unter seiner Anleitung – das Libretto selbst, das mit einer durch musikalische Fremdzitate gewürzten Skatpartie der Spielleidenschaft des Komponisten frönt.

Strauss, der neben der FRAU OHNE SCHATTEN auch in den bis heute wenig erfolgreichen Balletten JOSEPHSLEGENDE und SCHLAGOBERS manchem Zeitgenossen als antiquierter Vertreter eines musikalischen Wilhelminismus erschienen war, schaffte mit dem 1924 im Kleinen Haus der Dresdener Staatsoper unter Fritz Busch uraufgeführten INTERMEZZO als Sechzigjähriger eine Vorwegnahme dessen, was in die theatergeschichtlich ›Neue Sachlichkeit‹ der Weimarer Republik zwischen Kreneks JONNY SPIELT AUF (1927), Hindemiths NEUES VOM TAGE (1929) und Schönbergs VON HEUTE AUF MORGEN (1930) bis hin zu Weills BÜRGSCHAFT (1932) als ›Zeitoper‹ eingehen sollte. Dabei begnügte er sich keineswegs mit dem bewusst alltäglichen, geradezu trivialen Stoff, sondern probierte auch eine zeitgemäße Dramaturgie aus. Sie reiht manchmal nur drei Minuten dauernde Szenen aneinander, die durch symphonische Zwischenspiele verbunden werden. Deren Bedeutung entsprechend, heißt der Zweiakter ›Eine bürgerliche Komödie mit sinfonischen Zwischenspielen‹, von denen Strauss später vier für eine Konzertsuite zusammenstellte. In der Oper haben sie tatsächlich eine neue, zeitgemäße Funktion. Strauss setzt sie nicht mehr zeitstreckend wie in der dem PARSIFAL-Motto des Gurnemanz *Zum Raum wird hier die Zeit* folgenden FRAU OHNE SCHATTEN ein: als symphonisch vertiefenden Kommentar zum gerade Geschehenen. Jetzt haben sie die zeitraffende Funktion, schnittartige Wechsel zwischen den dreizehn Szenen (schwer auf der Bühne zu realisieren) zu ermöglichen. So beginnt am Ende von I,6 der junge Baron Lummer, einen Brief an Christine zu schreiben. Das symphonische Zwischenspiel unterbricht diesen Vorgang, und wenn der Vorhang wieder aufgeht, liest Christine bereits den Brief vor, in dem sie um tausend Mark angebettelt wird. »Strauss' Zugriff auf dramaturgische Techniken, die an die Filmästhetik grenzen und so eine Oper wie LULU vorwegnehmen, ist eins der innovativsten Momente in INTERMEZZO«.

Diese bereits von Zeitgenossen als kinematographisch empfundene Zeitraffung bedarf natürlich auch eines besonderen Vokalstils. In einem für die deutsche Operngeschichte nur Glucks ALCESTE vergleichbaren Vorwort zur Partitur hat Strauss seine Absichten als Empfehlungen für Dirigenten und Regisseure dargelegt: »Wie in diesem INTERMEZZO keine

Opernhelden agieren, sondern wirkliche Menschen darzustellen sind, kann die Auswahl der Sänger für das INTERMEZZO nur mit Rücksicht auf vorhandene Begabung für leichten Gesprächston sowie auf besondere musikalische und figürliche Eignung für die im INTERMEZZO zu verkörpernden Individualitäten erfolgen [...] Dieses neue Werk eröffnet in seiner Abkehr von den altbewährten Liebes- und Mordaffären des landläufigen Opernlibrettos, mit seinem vielleicht allzu kühnen Griff ›ins volle Menschenleben‹ dem musikalisch-dramatischen Schaffen einen neuen Weg«. Vokalstilistisch durchmisst Christines Sopran als Medium der von Strauss beschriebenen Neuerungen ansatzweise jene Schattierungen, wie Alban Berg sie in der ersten Wirtshausszene des WOZZECK auskomponierte: Sie spricht, wenn sie telefoniert, dem Personal Anweisungen gibt, aus der Zeitung vorliest oder einen Brief schreibt; im ›Recitativo secco‹ artikuliert sie sich bei geschäftsmäßigem Verhalten, etwa wenn sie ein Zimmer für Lummer mietet oder über den Hausnotar die Scheidung einzureichen versucht; im ›Accompagnato‹ bewegt sie sich im Dialog mit dem Baron und ihrem Mann; nur gelegentlich schwingt sie sich zu einem lyrischen Arioso auf. So, wenn sie am Kamin träumt (I,5), im Kinderzimmer ihres Sohns (Finale I) betend kniet und sich im Finale II mit ihrem Mann versöhnt.

MUSIKALISCHER ALLTAGSMYTHOS

Strauss variierte in der Oper das Verfahren, mit dem er seine eheliche Häuslichkeit in der SYMPHONIA DOMESTICA musikalisiert hatte. In der Symphonie ist seine Ehefrau Pauline in F-Dur, er selbst in B-Dur dargestellt: also in jenem Abstand des Tritonus, der ein Spannungsverhältnis signalisiert. In INTERMEZZO umklammert er die Tonalität von zänkischem C-Dur-Anfang und versöhnlichem Fis-Dur-Finale, der Gegensatz ist aber nur scheinbar, wird nicht ausgetragen, zumal Strauss das finale Versöhnungsmotiv durch Augmentation aus dem Einleitungsmotiv gewinnt. Dieses aber weist eine unüberhörbare Ähnlichkeit mit dem Motiv der ungeborenen Kinder in der FRAU OHNE SCHATTEN auf, wo ihm durch Augmentation das Versuchungsmotiv entspringt. Der Bezug wird jedoch nicht konstruktiv geschärft, er bleibt eine blinde Spur. Denn die zarte As-Dur-Träumerei, der Christine sich am Ende von I,5 hingibt (*Ein hübscher Mensch*), ähnelt nicht dem Pauline-Thema in der Symphonie, sondern dem Personalmotiv der Kaiserin in der FRAU OHNE SCHATTEN. Aber nicht deren Beziehung zum Kaiser hatte Strauss als Bezug zu seinem ehelichen Leben gegolten, sondern die nur mühsam in die Versöhnung mündende zwischen dem

Färber Barak und dessen Frau. So driftet das auch mit seinen Klavierklängen als Konversationsstück charakterisierte INTERMEZZO durch die Zuordnung motivischen Materials aus der Privatmythologie in einen musikalisierten Alltagsmythos. Verbunden sind beide Werke auch durch ihr demanzipatorisches Frauenbild. Wie in der FRAU OHNE SCHATTEN der treu liebende Mann seiner Frau erst imponiert, als er sie mit einem ihm angezauberten Flammenschwert bedroht, empfindet Christine im INTERMEZZO rechte Hochachtung für den Kapellmeister Robert erst, als er (II,5) vor Zorn explodiert.

In seinem Brief (wahrscheinlich) vom 16. August 1916 hatte Strauss Hugo von Hofmannsthal für sein Projekt mit dem Hinweis zu erwärmen versucht, dass er »den Wagnerschen Musizierpanzer nun definitiv abgestreift habe«. Genau das gelang ihm in den symphonischen Zwischenspielen aber nicht – deren Resteverwertung von walzerndem Ochs-Material aus dem ROSENKAVALIER vor und nach I,3 (ländlicher Tanz Christines mit dem Baron) steht mit der tonalen Gesamtanlage für den traditionellsten Aspekt der Oper. Das verklärende Finale in der von Strauss neben Des-Dur am meisten geliebten Tonart Fis-Dur wirkt in diesem dramaturgischen Umfeld – im Gegensatz etwa zum Auftritt der Kaiserin, der Verwandlung der Danae oder dem Schluss von CAPRICCIO – deplaciert: Der solcherweise transzendierend angelegte »Opern-Schluß entlarvt die realistische Konversation als Trug, als Spiegelfechterei«. Und die in ihrer Tonalität oft schwankenden Szenen sind durch die Zwischenspiele in Grenzmarkierungen gesetzt, die wie affirmative Kadenzen zu der modernen Dramaturgie wirken. Wie in der Zweitfassung der ARIADNE wird die Progressivität des Entwurfs im Werk selbst zurückgenommen. Dennoch bleibt INTERMEZZO, nach 1945 im Theaterbetrieb unterschätzt, eine der ästhetisch interessantesten Schöpfungen im Strauss'schen Musiktheater.

DIE MYTHISCHE VARIANTE: DIE ÄGYPTISCHE HELENA

Die Wiederaufnahme der Zusammenarbeit zwischen Strauss und Hofmannsthal realisierte sich – beiden Autoren unbewusst – an einem Stoff, der eine tief greifende partnerschaftliche Krise thematisiert. Sie haben deren künstlerische Überwindung gleichermaßen gepriesen – wie bei keinem anderen ihrer gemeinsamen Werke blieb die Wertschätzung des Endprodukts ungetrübt. Doch dessen wirkungsästhetisches Scheitern wirft einen Schatten auf ihre Selbsttherapierung. Als Hofmannsthal Strauss im Frühjahr 1923 die Geschichte der Aussöhnung Helenas und ihres Gatten Menelaos nach dem Trojanischen Krieg vorschlug, erwartete dieser eine dialogdurchsetzte wienerische Offenbachiade in der Nachfolge von Offenbachs Buffa LA BELLE HÉLÈNE. In deren Titelrolle hatte ihn Maria Jeritza, seine spätere Ariadne und Kaiserin, erstmals begeistert. So animierte er den Dichter (Brief vom 8. September 1923) zu »hübschen Balletteinlagen; auch einige feine Elfen- und Geisterchöre wären mir willkommen«. Bekräftigt wurde Strauss in seiner Erwartung durch Hofmannsthals Anspruch an die Musik, wie er ihn im Entwurf des Szenarios (14. September) äußerte: »Der Stil muß leicht sein, manchmal der Konversation so nahe wie im ARIADNE-Vorspiel, manchmal nähert er sich den Konversationsszenen des ROSENKAVALIER [...]. Je leichter, ja leichtsinniger Sie die Arbeit nehmen, desto besser wird sie werden; ein deutscher Künstler wird ohnedies über jeder Arbeit schwerer als er sollte«.

In dieser Beziehung erwies sich allerdings Hofmannsthal selbst als typisch deutscher Künstler, denn das Ergebnis seiner Arbeit kommt einer Umkehrung der ursprünglichen Absichten nahe. Schon am 29. November 1924 spricht er wie selbstverständlich von einer »romantischen Oper« und findet weder theoretisch noch praktisch Widerspruch beim Komponisten. Hofmannsthal behandelte den Stoff eben nicht leicht, sondern befrachtete ihn mit einer psychologisierenden Überdetermination spiegelbildlicher Entsprechungen. Sie entziehen sich weit gehend szenischer Vermittlung an das Publikum, weisen – von Strauss früh, aber erfolglos bemängelt – eine Neigung zum Umschlag in die schiere Mechanik auf und schreiben insgeheim an FAUST II weiter – nicht zufällig übernahm Hofmannsthal von Goethe die dorische Schreibweise Menelas für Menelaos. Ausgehend von der kursorischen Erwähnung des glücklichen Zusammenlebens Helenas mit Menelaos nach dem Trojanischen Krieg in der ODYSSEE beantwortet Hofmannsthal die selbst gestellte Frage, wie es zu diesem Ausgang kam. Sein Libretto reflektiert, lange vor Kurt Weills LADY IN THE DARK oder Michael Nymans DER MANN, DER SEINE FRAU MIT EINEM HUT VERWECHSELTE, eine psychoanalytische Behandlung auf der Bühne.

Die Entführung seiner Frau durch Paris, die vieltausendfachen Opfer des dadurch entstandenen Kriegs um Troja und die mehrfache Untreue Helenas mit den Brüdern des Paris (*Du warst eine Schwägerin ohnegleichen*, wirft er ihr vor) verdichten sich für Menelas zu »neurotischen Symptomen, die dann jenen unerträglichen Leidensdruck erzeugen, der den Patienten schließlich dazu bringt, sich den Belastungen einer aufdeckenden Psychotherapie zu unterziehen«. Den entscheidenden Schritt in diese Richtung tut aber nicht Menelas, der seine Frau auf der Rückfahrt von Troja umzubringen gewillt ist und nur durch zauberischen Schiffbruch davon abgehalten wird, sondern Helena selbst. Sie hat wie Menelas (aber merkwürdigerweise mit anderer Wirkung) von der Zauberin Aithra, deren erotische Beziehung zum Meergott Poseidon die Haupthandlung geschlechtsverkehrt spiegelt, einen Trank des Vergessens zu sich genommen. Dieser lässt Menelas, der in einem durch Zauberei entstandenen Wahn Helena getötet zu haben meint, der Erzählung Aithras glauben, dass die trojanische Helena ein von ihm nun vernichtetes Truggebilde war, während die wahre Helena in Ägypten von ihr in zehnjährigem Treueschlaf behütet worden sei.

Dabei griff Hofmannsthal auf einen besonderen Aspekt der Stoffgeschichte bei Stesichoros (um 600 v. Chr.) und deren über Herodot vermittelte Variante in der rund zweihundert Jahre jüngeren HELENE des Euripides zurück. So verfällt der getäuschte Menelas, die Wirklichkeit verdrängend, erneut der Schönheit seiner vom Vergessenstrunk verjüngt erwachenden Gattin. Aber diese will nicht für eine andere geliebt werden und bietet Menelas den Lotosblütentrank der Erinnerung: mit denselben Worten wie im I. Akt vergebens den des Vergessens (da hatte er ihn schließlich aus der Hand Aithras genommen). Menelas hält ihn für einen Todestrank (wie in TRISTAN UND ISOLDE sind die Zaubersäfte verwechselt worden), während sie, als Menelas die Wahrheit erkennt, seinem tödlichen Streich entgegensieht. Aber die Erkenntnis der Realität in der beiderseitigen Todeserwartung erzwingt auf einer höheren Bewusstseinsebene der Schuldmündigkeit die Versöhnung zwischen beiden (durch das plötzliche Erscheinen ihrer Tochter Hermione und der Krieger des Gottes Poseidon handlungsdramaturgisch überinstrumentiert). Menelas, der gerade – wie schon im I. Akt der traumatischen Erinnerung an den Krieg um Troja verfallen – den von ihm für eine Reinkarnation des Paris gehaltenen jungen arabischen Galan Helenas Da-ud umgebracht hat (der Librettist kann sich nicht recht zwischen einem Dolch und einem Krummschwert als Mordwaffe entscheiden), erkennt mit der Vergangenheit seine eigene Blutschuld. In der aufgehobenen Verdrängung der trojanischen durch die ägyptische Helena kann nun seine Trauerarbeit beginnen. Sie steigert sich allzu schnell in den das Finale des RHEINGOLD evozierenden Jubel der in parallelen Oktaven versöhnt singenden Gatten.

PSYCHOLOGIE ALS SEELENMECHANIK

Der verfeinerte Ehepsychologe Hofmannsthal rückt bedenklich nahe an einen Seelenmechanikus, wenn er die als Bewusstseinstrübungen erfolgenden Rückprojektionen des Menelas in die eigene Lebensgeschichte als

Parallelaktion zeigt. Zudem ist das – hier ebenfalls nur angedeutete – dramaturgische Umfeld Aithras und des Araberfürsten Altair mit seinem Sohn Da-ud alles andere als zwingend. So sah sich der Dichter genötigt, ein fiktives Gespräch mit dem Komponisten zur Erläuterung im Programmheft der Uraufführung am 6. Juni 1928 in der Dresdner Staatsoper (unter Fritz Busch, mit Elisabeth Rethberg in der Titelrolle) abzudrucken. Und Strauss selbst, der fünf Tage später die erste Aufführung in der Wiener Staatsoper dirigierte (mit Maria Jeritza), führte zuvor mit einem Kritiker ein Radiogespräch, das rechtzeitig vor der Premiere in einer Zeitung veröffentlicht wurde. Aber alle Interpretationshilfen konnten dem Werk nicht zu szenischer Plausibilität verhelfen. Daran hat selbst die von Strauss nach dem Tode Hofmannsthals zusammen mit Clemens Krauss und dem Regisseur Alfred Wallerstein für die Salzburger Festspiele 1933 (mit Viorica Ursuleac in der Titelrolle) vorgenommene Revision zur so genannten Wiener Fassung so wenig geändert wie deren Straffung samt Aufteilung des I. Akts in zwei Bilder durch Krauss und Rudolf Hartmann (Staatsoper Berlin 1935). Die Oper ist nie repertoirefähig geworden, obwohl sie bei den Münchner Festspielen seit 1981 mehrfach wieder aufgenommen wurde.

Daran trägt die Musik geringeren Anteil als der Text, weil Strauss die manchmal überanstrengt wirkende Motivverarbeitung in einen vergleichsweise transparenten Satz zwingt und, den Nummerncharakter der Oper betonend, einen natürlicheren Wechsel von Fluten und Ebben gewinnt als in der FRAU OHNE SCHATTEN und in INTERMEZZO. Dennoch: Was aus dem leichten oder gar leichtsinnigen Kompositionsansatz »mit spürbarer Mühe floß, war das typische post-Wagnerianische Durchkomponieren, in das er immer schnell verfiel, wenn ein Sujet seinen Horizont überstieg und er das von ihm Geforderte nicht in den Griff bekam«. Dazu gehören Kleinigkeiten wie eine – ähnlich dem ROSENKAVALIER – mitkomponierte Regieanweisung (in Helenas Schlummerlied für den hinter der Szene im I. Akt in sein Troja-Trauma verfallenen Menelas), musikdramaturgische Mängel wie ein fehlendes Leitmotiv für Aithras Meermuschel, die ihr (durch eine verborgene Altstimme) ferne Ereignisse kundtut, oder die von Hofmannsthal vergebens geforderte Diabolik für Aithras Elfen, die Menelas teils verspotten, teils in sein erstes Troja-Trauma treiben.

Hinzu kommen die schwachen Orientalismen der arabischen Festmusik des Fürsten Altair hinter der Bühne im II. Akt (d-Moll mit übermäßiger Quarte, tonartfremde Septakkorde auf Dreiklänge in d-Moll und D-Dur) oder das krampfhaft witzige BACH-Zitat beim Auftritt der Krieger des Meergottes Poseidon, die Menelas und Helena vor dem Zugriff Altairs schützen. Zum Entsetzen Hofmannsthals trug sich Strauss mit dem Gedanken, den jungen Araber Da-ud als Hosenrolle zu komponieren, ehe der Dichter ihm klar machen konnte, dass im Angesicht der exemplarisch femininen Sexualität Helenas androgyne Abweichungsgrade im männlichen Lager fehl am Platze seien. Dennoch gewinnt der Tenor Da-ud mit seinem schmachtenden Personalmotiv musikalisch kein Profil – sein Begehren Helenas erhält, charakteristisch verändert, im zentralen Duett der ARABELLA ganz anderes Gewicht (*Und du wirst mein Gebieter sein*). Dass Strauss nicht für Tenöre schreiben konnte, wurde ihm selbst im Alter bewusst – das gilt für Menelas noch mehr als für Bacchus in ARIADNE und den Kaiser in der FRAU OHNE SCHATTEN. Aber auch die eher tänzerisch angelegte Aithra und sogar die melodisch weit ausschwingende Helena treten angesichts der gewaltigen thematischen Arbeit, der Strauss trotz des deutlichen Nummerncharakters der Oper seine Leitmotive unterzieht, vokal selten plastisch hervor. Helenas Duett mit Menelas nach ihrer von einer groß angelegten Orchestereinleitung ausgemalten Erwachensszene im I. Akt wirkt ausgesprochen konventionell und wird erst durch den Einbezug Aithras und ihrer Elfen zum beeindruckenden E-Dur-Finale I gesteigert.

Die berühmteste Nummer der Oper ist Helenas Erwachensszene zu Beginn des II. Akts *Zweite Brautnacht!* Hier schwelgt Strauss (recht laut) in klangüppigem H-Dur und verdichtet den Verzicht des Menelas auf den ihm erneut gebotenen Vergessenstrank im folgenden Duett wirkungsvoll. Tektonisch handelt es sich um eine gesteigerte Reprise des Duetts der beiden im I. Akt, als sie jeweils ihre Götter anflehten: Helena die der Unterwelt, Menelas die olympischen. Auf dieser Höhe bewegt sich auch der – durch die Revision von 1933 beschleunigte – Entscheidungsmoment. Durch den Einbezug Aithras wird die wiedergewonnene Erinnerung des Menelas zu einem Des-Dur-Terzett gesteigert. Umso enttäuschender das Finale: »Strauss arbeitete schwer, vielleicht zu schwer, und türmte in seinem Kampf Klimax um Klimax übereinander, um das Ende elaboriert und überzeugend zu machen«, aber Hofmannsthals Absicht, über die exemplarische Konfrontation der Geschlechter hinaus in Helena ein orientalisches und in Menelas ein abendländisches Lebensprinzip zu gestalten, blieb uneingelöst. Die mit motivischen Bezügen gesättigte Klangflut bestätigt jenen Eindruck, den Strauss 1928 seinem Interviewer beschrieben hatte: »Über die Musik ist wenig zu sagen, sie ist, fürchte ich, melodiös, wohlklingend, und bietet für Ohren, die über das neunzehnte Jahrhundert hinausgewachsen sind, leider keine Probleme«. Das ist tatsächlich ihr Dilemma.

TRANSSYLVANISCHES VORSPIEL: ARABELLA

Aus diesem Dilemma befreit sich Strauss in der ›Lyrischen Komödie‹ ARABELLA, dem letzten Produkt seiner Zusammenarbeit mit Hofmannsthal. Er steigert Melodiosität und Wohlklang derart, dass sie für moderne Ohren durchaus zum Problem werden – und eben dadurch der Musik zu breiter Akzeptanz verhelfen. So wurde ARABELLA trotz unüberhörbarer Schwächen zur letzten repertoirefähigen Oper des Komponisten. Ihre Mängel haben auch damit zu tun, dass Hofmannsthal nach Vollendung des Librettos zum I. Akt starb: beim Aufbruch zur Beerdigung seines ältesten Sohns, der sich das Leben genommen hatte, erlitt er am 15. Juli 1929 einen tödlichen Schlaganfall. Das Telegramm, in dem Strauss den Erhalt der endgültigen Fassung bewundernd bestätigte, hat der Dichter nicht mehr geöffnet. So fehlt dem Libretto im II. und III. Akt jener Feinschliff, der dem Eingangsakt in der Zusammenarbeit der Autoren zugewachsen war. Hofmannsthal hatte den Stoff aus seiner kleinen Erzählung LUCIDOR, FIGUREN ZU EINER UNGESCHRIEBENEN KOMÖDIE von 1910 mit der Nebenhandlung der als Knabe verkleideten Schwester Arabellas (aus Lucidor/Lucile wird in der Oper Zdenko/Zdenka) entwickelt und mit Momenten seines Lustspielentwurfs von 1924 DER FIAKER ALS GRAF verwoben. Aus dieser Skizze gewann er die lokale Fixierung auf das Wien um 1860 mit der historischen Figur der Fiakermilli und dem Kutscherball am Faschingsdienstag, so dass »keinerlei äußere Verwandtschaft oder Ähnlichkeit mit dem ROSENKAVALIER, aber eine innere Verwandtschaft« mit diesem entstand (Brief vom 1. Oktober 1927).

Der ein zuvor unerreichtes Stadium der Ungereiztheit erklimmende Briefwechsel zwischen den Autoren belegt, wie Strauss analog zur Arbeit am II. Akt des ROSENKAVALIERS Hofmannsthal von einer Überkonstruktion der psychischen Verzweigungen abbrachte und – wenngleich mit dem Ergebnis einer gewissen Sentimentalisierung der Titelfigur – zur Konzentration auf die zentrale Beziehung Arabella-Mandryka zwang. Die ältere Tochter des sozial derangierten Grafen Waldner findet nach dem Flattern zwischen ihren Verehrern schicksalhaft zu dem vom südöstlichen Rand des Habsburgerreichs hergeeilten reichen Landedelmann Mandryka, dessen Onkel nicht ohne geschäftlichen Hintersinn Waldner ein Porträt seiner schönen Tochter geschickt hatte (ein Nachhall der Bildnis-Dramaturgie in der ZAUBERFLÖTE). Auf dem Fiakerball erklären beide ihre Verlobung. Aber eben dort bahnt sich unter dem etwas überschüssigen Koloraturengezwitscher der Fiakermilli, einer Zerbinetta rediviva, auch die Katastrophe an. Arabellas aus Gründen der Kostenersparnis als Bub geführte jüngere Schwester Zdenka wird von Mandryka belauscht, als sie dem insgeheim vergötterten Matteo, einem verflossenen Liebhaber ihrer Schwester, den Schlüssel zu Arabellas – in Wahrheit: ihrem eigenen – Zimmer reicht. Mandryka betrinkt sich, tobt und verlangt Genugtuung im Duell auf Säbel. Erst nach turbulenter Entwirrung finden die Paare zueinander.

Für die Vereinfachung gegenüber seinem Entwurf verlangte Hofmannsthal vom Komponisten entschiedener als je zuvor ein anti-wagnerianisches »Weniger von Musik«: die Subordination des Orchesters unter die Stimmführung, um das Werk zu einer echten Konkurrenz für den letzten Operettenboom zu machen (26. Juli 1928). Strauss hat um dieses Ziel gerungen, die dramaturgischen Schwächen des Librettos aber konnte er – der die Komposition erst nach Hofmannsthals Tod begann – nicht aus der Welt schaffen. Das versuchten Krauss und Rudolf Hartmann für die Münchner Festaufführung 1939 aus Anlass des 75. Geburtstags des Komponisten in der Zusammenfügung des II. und III. Akts (mit Strichen), die seitdem oft den Vorzug gegenüber der Erstfassung erhält. So dient das Vorspiel zum III. Akt, das als schwächerer Aufguss der orchestralen ROSENKAVALIER-Einleitung die Liebesbegegnung Zdenkas mit Matteo schildert, als Intermezzo, in dem die Turbulenz des Finales II nachschwingt (was einen Umbau des Bühnenbilds in knapp vier Minuten erfordert).

Unabhängig davon bleibt die Figur der Zdenka unterentwickelt, sie gewinnt erst durch die Kenntnis der LUCIDOR-Erzählung ein Tiefenprofil. In der Oper gerät ihr schließliches Bekenntnis der Wahrheit, das den Konflikt löst, zur Offenbarung einer etwas exaltierten Opferbereitschaft. Diese innere Librettoschwäche und erst recht jene äußere, dass der von Strauss als italienischer ›tenorino‹ entworfene Matteo aus der Umarmung der für Arabella gehaltenen Zdenka auf den Hotelflur tritt und dort der wirklichen Arabella im Ballkleid begegnet, ohne den Betrug zu durchschauen, können nur durch geschickte Regie gemildert werden. Gleichwohl empfindet man im letzten Akt »auch die unüberhörbare Gezwungenheit in Straussens Musik. Zwar reihen sich die konfliktträchtigen Vorgänge in raschem Tempo aneinander, aber es fehlt ihnen die selbstverständliche Überzeugungskraft des vorbildlich gelungenen I. Aktes«. Strauss scheint das selbst so gespürt zu haben, denn er griff hier wieder zu dem wirkungsträchtigen Mittel – Benjamin Britten lernte davon für den III. Akt seines PETER GRIMES –, den äußeren Höhepunkt, Mandrykas Entschluss zum Duell mit Matteo, als gesprochenen Dialog in den Musikfluss einzubauen.

Trotz ihrer Unebenheiten hat die Oper, wenn auch mit einer gewissen Verzögerung, weltweit ihr Publikum gefunden. Sie ist das wohl letzte Exempel der Gattung, in dem ein unterwürfiges Frauenbild ungeniert durch primadonnenhaft auratische Erscheinung kompensiert wird – Arabellas ersten Auftritt garniert Strauss mit den Akkorden der Rosenüberreichung aus dem ROSENKAVALIER. Und ihre nach dem BUCH RUTH biblisch getönten Verlobungsverse *Und du wirst mein Gebieter sein, und ich dir untertan, / Dein Haus wird mein Haus sein* haben eine Klangsinnlichkeit, die Hofmannsthals Ehe- und Gesellschaftsbild schon einem operettigen Glamour annähert (im Sinn der späten österreichisch-ungarischen, nicht der französischen Operette).

Zudem war bei der Dresdner Uraufführung am 1. Juli 1933 in Anwesenheit von viel Naziprominenz Arabellas Ergebenheitsadresse gegenüber Mandryka gerade auf Grund der Prophezeiung durch die Wahrsagerin zu Beginn der Oper auf prekäre Weise in die faschistische Ideologie der Schicksalsgemeinschaft unter einem wahren Führer eingebunden. Die Begleitmusik der Realität lieferte zu der Dresdner Premiere einen unschönen Kommentar. Die beiden Widmungsträger der Oper, Generalmusikdirektor Fritz Busch und Intendant Alfred Reucker, waren aus ihren Ämtern gejagt worden. So wollte Strauss das Werk zurückziehen, gab aber nach, als die Staatsoper auf Vertragserfüllung pochte. Er bestand nur darauf, Künstler seiner eigenen Wahl zu akzeptieren. Inszeniert wurde die Oper von (dem 1939 nach Argentinien emigrierenden) Josef Gielen und dirigiert von Clemens Krauss. Dieser hatte seine spätere (zweite) Frau Viorica Ursuleac für die Titelrolle vorgeschlagen, und mit ihr beginnt eine imponierende Reihe von meist auch im Erscheinungsbild die Rollenansprüche erfüllenden Primadonnen. Lotte Lehmann, noch im Uraufführungsjahr unter Krauss die erfolgreichere Wiener Premiere singend, Margarete Teschemacher, Maria Reining, Maria Cebotari, Lisa della Casa, Elisabeth Schwarzkopf (nur auf Platte), Eleanor Steber, Gundula Janowitz, Julia Varady, Anna Tomowa-Sintow, Josephine Barstow oder Kiri Te Kanawa haben das Publikum – nach 1945 mit einer auffälligen Ausstrahlung über den deutschen Sprachraum hinaus – als Arabella fasziniert.

AURATISCHER GLANZ

Zu Arabellas auratischem Glanz trägt die Musik entscheidend bei. Strauss griff zwar auf das üblich große romantische Orchester zurück (sogar mit einer vierten Klarinette), verzichtete aber auf alles Schlagwerk außer den

Pauken und den an den Anfang der Vierten Symphonie Mahlers erinnernden Schlittenglocken für den Arabella von Graf Elemer angebotenen Schneeausflug im I. Akt. Das ist, vielleicht als Folge der von Strauss 1930/31 in die Kompositionsarbeit eingeschobenen Bearbeitung von Mozarts IDOMENEO, Indiz für einen lichten Orchestersatz, der nur im Vorspiel zum originalen III. Akt von symphonischer Eigenständigkeit kündet. In der von Strauss dem Librettisten abgerungenen Soloszene Arabellas am Schluss des I. Akts *Mein Elemer!*, einer Betrachtung über ihre Verehrer und den seltsamen fremden Mann – die Musik intoniert hier das Thema ihres vorangegangenen Duetts mit Zdenka *Aber der Richtige, wenn's einen gibt für mich in dieser Welt* –, verschmilzt Strauss seine Differenzierungsversuche des Vokalstils: »Hier laufen der deklamatorisch-rezitativische Entwicklungszug, der vom ARIADNE-Vorspiel zum INTERMEZZO, und der kantable, der von der ARIADNE-Oper zur ÄGYPTISCHEN HELENA führt, im Zeichen der dem ROSENKAVALIER verwandten ›lyrischen Komödie‹ zusammen«. Wenn auch nicht in Hofmannsthals Sinn einer Dominanz der Singstimme über das Orchester, so doch in ihrer Funktion als ›primus inter pares‹.

Bewirkt wird das durch die lyrische Grundierung, die Strauss der motivischen Struktur der Komödie gab. Sie war nicht seine eigene Erfindung, da er wesentliche Themen – nicht nur der Duette *Aber der Richtige* sowie *Und du sollst mein Gebieter sein* – der 1878 in Zagreb erschienenen Sammlung südslawischer Volkslieder von Franjo Šaver Kuhač entnahm. Der melodische Schmelz dieses Liedguts, wie im Fall des in der ÄGYPTISCHEN HELENA noch banal klingenden Da-ud-Motivs für das Thema des Gebieter-Duetts von Moll nach Dur gewendet, sichert der Oper einen wenn nicht unbedingt ästhetischen, so doch zumindest sensualistischen Mehrwert, der über ihr nicht unbedenkliches Sinnsubstrat hinwegzutrösten vermag. Hofmannsthal hat dem durch eine symbolische Parallelaktion Vorschub geleistet. Im großen Dialog des II. Akts erzählt Mandryka Arabella von der Sitte in seiner Heimat, dass die Braut als Zeichen ihrer Keuschheit und Treue dem Bräutigam vor der Hochzeit ein Glas Wasser aus der Donau schöpft. Obwohl Strauss berechtigte Zweifel hatte, ob nach der Trunkverwirrung in der ÄGYPTISCHEN HELENA ein weiterer Trank ungefährlich sei, bestand Hofmannsthal auf seiner Eingebung dieses transsylvanischen Ehevorspiels. Am Ende, wenn Mandryka wegen seiner unberechtigten Eifersucht alles verloren glaubt, schreitet ihm Arabella von der Hoteltreppe herab verzeihend entgegen und bietet ihm ein Glas Wasser: *Das war sehr gut, Mandryka, / Dass Sie noch nicht fortgegangen sind.* Hier dringt Strauss mit seiner glühenden Musik schon zum Spätstil der Verwandlung der Danae und der METAMORPHOSEN vor. Wenn Mandryka das Wasser trinkt und das leere Glas – niemand soll es nach ihm benutzen – zerschmettert, erklingt aus dem Orchester einfachstes C-Dur. Die beschworene zweite Kunstnaivität, im Schlussduett des ROSENKAVALIERS in die Nähe des Plagiats gerutscht, findet hier durch die synthetische Symbolkraft des Wortes zu musikalischem Eigen-Sinn. Und die orchestrale Finalwendung nach F-Dur, die beiden Themen vom Richtigen und Gebieter aus den entlehnten slawischen Volksliedern verschmelzend, wirkt wie entrückt.

DAS SPÄTWERK NACH HOFMANNSTHAL

DIE SCHWEIGSAME FRAU

In einer nachgelassenen Betrachtung aus dem Jahre 1935 bekannte Strauss (veröffentlicht im Anhang seines Briefwechsels mit Stefan Zweig: 3. Juli), mit den führenden Dichtern seiner Zeit wie Gabriele d'Annunzio oder Gerhart Hauptmann als potenziellen Librettisten teils verhandelt, teils zumindest geliebäugelt zu haben. Aber: »Hofmannsthal war der einzige Dichter, der neben seiner poetischen Kraft und seiner Bühnenbegabung das Einfühlungsvermögen besaß, einem Komponisten Bühnenstoffe in einer der Vertonung zugänglichen Form darzubieten – kurz, ein ›Libretto‹ zu schreiben, das gleichzeitig bühnenwirksam, höheren Ansprüchen genügend und komponierbar war«. Die am 24. Juni jenes Jahres an der Dresdner Staatsoper unter denkwürdigen Umständen mit Maria Cebotari in der Titelrolle von Josef Gielen inszenierte, von Karl Böhm dirigierte und nach zwei (möglicherweise drei) Aufführungen von den Nazis verbotene (→ S. 233 f.) Buffo-Oper DIE SCHWEIGSAME FRAU bestätigt die Einschätzung des Komponisten ebenso wie seine späteren Arbeiten für das Musiktheater. Gleichwohl stürzte er sich wie von ungeheurem Druck erleichtert in die Vertonung des ersten ihn nach Hofmannsthals Tod reizenden Librettos. Stefan Zweig, dem der Komponist gegen den rassistischen Wahn im NS-Staat die Treue zu halten versuchte (der Dichter nahm sich 1942 im südamerikanischen Exil das Leben), hatte Strauss das einzige Sujet seines Theaterschaffens beschert, das die Genrebezeichnung ›Komische Oper‹ trägt: eine Adaption von Ben Jonsons Komödie EPICOENE OR THE SILENT WOMAN (1609), die im Wesentlichen auch Mark Lothars 1930 in Dresden uraufgeführtem LORD SPLEEN zu Grunde lag.

Zweig berücksichtigte nur den zweiten Teil des Titels: die 1799 von Ludwig Tieck erstmals ins Deutsche übersetzte und auf dem Musiktheater am überzeugendsten in Donizettis DON PASQUALE abgehandelte Geschichte vom heiratswilligen Hagestolz, der seinen Neffen enterbt, weil er eine still-genügsame Ehefrau heiraten will, und der in einer bösen Maskerade von seinen Gelüsten kuriert wird. Die falsche Gemahlin – bei Donizetti Geliebte, bei Zweig Ehefrau des Neffen – trägt bei Jonson einen sprechenden Namen – ›epicoenus‹ bedeutet, beider Geschlechter teilhaftig zu sein –, doch Zweigs Text unterschlägt die Tatsache, dass sich am Schluss die sittsame Epicoene als Jüngling entpuppt. Dadurch wird die Drastik der gesellschaftssatirischen Geschichte deutlich ins Humanitäre umgebogen. Zweigs als Timidia (die Schüchterne) ausgegebene Aminta spielt gegenüber dem zum Admiral a. D. erhobenen Sir Morosus (der Grämliche) das böse Spiel mit deutlichen Anzeichen von Mitgefühl. Die Lärmphobie des Alten enträt zudem jedweder Schrulligkeit und wird als Überempfindlichkeit nach einer Pulverexplosion aus seiner Militärzeit erklärt. Den Fortfall derb komischer Figuren aus der Vorlage kompensierte Zweig – was die Handlung nicht plausibler macht – durch Anleihen bei der Operntypologie. Motor der Handlung ist der bei Jonson nur eine Nebenrolle spielende Barbier Schneidebart. Er zieht die Fäden, als sei er eine Verbindung von Donizettis Malatesta und Rossinis Barbier. Die Figur des von Morosus enterbten Neffen Henry erscheint als Tenor der italienischen Operntruppe Vanuzzi, die England bereist. So spielt die Handlung nicht mehr in der Shakespeare-Zeit, sondern im letzten Drittel des 18. Jahrhunderts.

Zweigs Libretto markiert trotz seiner sprachlichen Brillanz operngeschichtlich keine Sternstunde. Wenn auch der bewusst prosaische Zugang auf die Tradition der komischen Oper kaum einen Vergleich mit Hofmannsthals gedanklich wie lyrisch ausschwingenden Versen erlaubt, leidet der Text doch an unüberhörbaren Längen und einer schleppenden Entfaltung des Geschehens, obwohl der Wortreichtum durch meist dem Barbier vorbehaltene Sprechszenen nicht zu einem zusätzlichen Musiküberhang führt. Aber die auf die Buffo-Tradition zurückgehende Abfolge von Dialog, Rezitativ und Instrumentalmarsch, von Kanzone, Arie, Duett und großem Ensemble wirkt in der Musik weniger parodistisch als mechanisch. Das nach dem Verbot durch die Nazis während des ›Dritten Reichs‹ (→ S. 233 f.) nur noch in Graz, Zürich, Mailand (Scala) und Prag gespielte Werk wurde 1946 in Dresden, ein Jahr später in Köln und München sowie 1954 in Berlin (Komische Oper in Walter Felsensteins Inszenierung) und New York (City Opera mit Joan Carroll, 1958) wieder zur Diskussion gestellt. Es kam 1959 in Salzburg mit einer Spitzenbesetzung (Hilde Güden in der Titelrolle) sogar zu Festspielehren: in einer von Karl Böhm um eine drei viertel Stunde beschnittenen Einrichtung, die seitdem bei gelegentlichen Aufführungen dem Original vorgezogen wird.

EIN TÖNENDES FLACHRELIEF

Strauss, der das ihm im Januar 1933 vorgelegte Libretto als die beste komische Oper seit FIGAROS HOCHZEIT bezeichnete, hat die im November 1934 nach ungewöhnlich kurzer Arbeitszeit fertig gestellte Partitur, der im folgenden Januar ein Potpourri als Ouvertüre folgte, ganz im Geist der Buffa mit elaborierten Ensembles durchsetzt. Sie reihen sich am Ende des I. Akts vom Komödiantenneid auf den Reichtum des alten Morosus *Sechzig-, siebzigtausend Pfund* über das A-Dur-Septett *Nicht an mich, Geliebter, denke* bis hin zum Finale mit seiner an Rossini erinnernden Motorik zu einer engen Kette. Ergänzt wird sie im II. Akt durch das schwärmerische As-Dur-Hochzeitssextett *Wunderbar, sie anzuschauen* und das launische Nonett *Alles Frohe, alles Schöne, Sir Morosus immerdar* im III. Akt. Aber merkwürdig: Der gewaltige Kunst- und Notenaufwand wirkt selten inspiriert, oft selbstbefangen und dramaturgisch überflüssig – nur eine exzellente Aufführung kann ihm aufhelfen. Auch die von Strauss illusionistisch einkomponierte Geräuschebene beflügelt mit Amintas *Ruhe*-Gekreisch auf dem hohen C und ihren (später reduzierten) Koloraturen, mit Türenschlagen, Pulverexplosion und Papageienkakophonie kaum die Phantasie des Hörers, mutet eher kunstgewerblich an.

Die Kritiklosigkeit des Komponisten gegenüber dem Libretto, das er – wie sein nie zur Höhe der Werkstattgespräche mit Hofmannsthal vordringender Briefwechsel mit Zweig zeigt – ohne Wenn und Aber vertonte, macht im Gegensatz zu den Koproduktionen mit Zweigs Vorgänger aus der Partitur ein tönendes Flachrelief. Dem verhilft auch die eingeschobene Zitatebene kaum zur Tiefe. Strauss schreibt Zweigs Verschiebung des Stücks von 1600 nach 1780 ins 19. Jahrhundert fort und nimmt sie zugleich zurück. So erscheinen die Komödianten des Cesare Vanuzzi im I. Akt unter den Klängen zweier Allemanden aus dem FITZWILLIAM VIRGINAL BOOK. Dieser Sammlung englischer Cembalostücke des frühen 17. Jahrhunderts entnimmt Strauss auch ein feierliches IN NOMINE John Bulls in der musikalisch für Fagotte, Hörner und Posaunen gesetzten Maskerade der Ehezeremonie des II. Akts und greift es im III. bei der nicht minder fiktiven Scheidungsszene wieder auf. Aber diese Zitate klingen wie durch den Strauss'schen Musikwolf gedreht, sie kommen erst gar nicht zu sich selbst und entfalten keinen Witz. Das verbindet sie mit der nach dem Vorbild von Rossinis

BARBIER eingelegten Gesangsstunde zwischen Aminta und Henry im III. Akt. Strauss bemüht hier den als Arie vorgetragenen Anfang des Duetts Valetto–Damigella aus dem II. Akt von Monteverdis INCORONAZIONE DI POPPEA und lässt, nach kurzem Protest des alten Morosus, das Duett Argia–Polinice aus der 1675 komponierten Oper ETEOCLE E POLINICE von Giovanni Legrenzi folgen. Aber beide Mal wird das Original schnell zur Unkenntlichkeit einer Koloraturenflut entstellt, so dass nur noch die Worte daran erinnern. Eine Spannung musikdramaturgischer Bezüglichkeit entsteht nicht. Strauss scheint Alte Musik nicht als Eigenwert, sondern nur als Rohstoff für seine Komponiermaschine empfunden zu haben.

Witziger dagegen klingen die Zitate aus Werken des 19. Jahrhunderts. Wenn Morosos sich im I. Akt über den Lärm des unterhaltungswütigen London beklagt, lässt Strauss in einer kunstfertigen Schnell-Collage FAUST, FREISCHÜTZ, TANNHÄUSER, MEISTERSINGER und sogar ZAUBERFLÖTE von dem der Trompete anvertrauten *Behüt dich Gott* aus Neßlers TROMPETER VON SÄCKINGEN krönen. Eindringlich benutzt er auch die Operngeschichte als Spielzeug eines alten Mannes, wenn Henry im I. Akt den Ruhm von Vanuzzis italienischer Operncompagnie preist. Da hören wir nicht nur die Duettmelodie *Mir anvertraut* aus der FRAU OHNE SCHATTEN, sondern auch zwei Ehrenbezeugungen des Komponisten an einen älteren Kollegen in seiner Lieblingstonart Des-Dur: das Quartett *Bella figlia dell'amore* (in der originalen Tonart) und des Herzogs *La donna è mobile* (vom originalen H-Dur transponiert) aus Verdis RIGOLETTO. Am Ende der Oper aber geht es dem Hörer wie Sir Morosus: *Wie schön ist doch die Musik, aber wie schön erst, wenn sie vorbei ist!*

DAPHNE

Schon als Strauss die Partitur zum I. Akt der SCHWEIGSAMEN FRAU beendet hatte, fragte er Zweig nach »neuen gemütvollen Stöffchen« (21. Januar 1934), doch die für den Dichter tragischen Zeitläufte ließen diesen erstmals im August 1934 einen (genau: vier) Ersatzlibrettisten vorschlagen. Dennoch wurden aus zweien seiner Vorschläge Strauss-Opern: der von dem Wiener Theaterhistoriker Joseph Gregor librettierte FRIEDENSTAG und das vom Komponisten selbst mit Clemens Krauss getextete CAPRICCIO. Strauss bedauerte zutiefst Zweigs noblen Verzicht auf eine weitere Zusammenarbeit – der jüdische Dichter wollte den Komponisten vor dem NS-Regime nicht kompromittieren. Obwohl – oder eher: weil – Strauss schon die ersten Versuche mit Gregor hinter sich hatte, schlug er

Zweig in seinem letzten Brief vom 31. Oktober 1935 weltfremd eine heimliche Kooperation vor, deren Ergebnis in einem Safe auf bessere Zeiten harren sollte. Seine Skepsis vor Zweigs Nachfolger sollte sich bewahrheiten: im FRIEDENSTAG wie in der ›bukolischen Tragödie‹ DAPHNE, die Gregor nach eigenem Entwurf auf Wunsch des Komponisten als naturmystische Parallelaktion zur politischen Versöhnung der Kriegsparteien im FRIEDENSTAG entwickelte. Nach der vorgezogenen Münchner Uraufführung des FRIEDENSTAGS erwies sich dessen Kombination mit der DAPHNE am 15. Oktober 1938 in Dresden unter Karl Böhm (Margarete Teschemacher in der Titelrolle) als praxisfern. Aber auch ohne Koppelung wurde der Einakter kein Repertoirestück, trotz teilweise berühmter Protagonistinnen: Staatsopern Berlin und München 1939 mit Maria Cebotari, Staatsoper Wien 1940 mit Maria Reining, Mailänder Scala 1942 mit Gina Cigna, Buenos Aires 1948 mit Rose Bampton, Staatsopern München und Wien 1950 mit Annelies Kupper, Staatsoper München 1964 mit Ingrid Bjoner und 1986 mit Ana Pusar, Staatsoper Wien 1965 mit Hilde Güden und 1972 mit Mimi Coertse, Nizza 1986 mit Cheryl Studer, Santa Fe 1996 mit Janice Watson.

DER SINGENDE BAUM

Im Gegensatz zu der etwa gleich langen ELEKTRA fehlt der DAPHNE die dramatische Stringenz. Die Beziehungen der Titelfigur zu ihren – von Gregor gegenüber den mythischen Vorlagen sozial zu Fischersleuten erniedrigten – Eltern und ihren tenoralen Verehrern – dem Hirten Leukippos und dem Gott Apoll, der den Nebenbuhler tötet – ist dramaturgisch nicht ausbalanciert, bleibt im Skizzenhaften stecken. Trotz Gregors oberlehrerhaft bemühtem Text entsprach das Sujet der geistigen Entwicklung des Komponisten, der im Spätwerk nicht mehr einem an Nietzsche orientierten dionysischen Antikenbild frönte, sondern – diese Tendenz hatte bereits in der ÄGYPTISCHEN HELENA begonnen – sich einem apollinischen in der Tradition Winckelmanns zuwandte. Das zeigt sich in der Rücknahme des Tragischen, da der entsagende Apoll – ähnlich Morosus in der SCHWEIGSAMEN FRAU und Jupiter in der LIEBE DER DANAE eine Selbststilisierung des alten Komponisten – um Aufnahme des toten Nebenbuhlers als Flötenspieler seines Bruders Dionysos in den Olymp bittet und Zeus anfleht, Daphne als Schutz vor seinen Nachstellungen in einen Lorbeerbaum zu verwandeln. Standhaft widersetzte sich Strauss – in der komplizierten Entstehungsgeschichte der Oper unterstützt vom Dirigenten Clemens Krauss –

dem Versuch des eher servilen als animierenden Librettisten, dem Finale mit der in einen wortlos singenden Baum verwandelten Daphne eine nach dem Epilog zum FRIEDENSTAG gearbeitete Kantate folgen zu lassen (Strauss komponierte sie 1943 unabhängig von der Oper, aber unter Verwertung von motivischem Material aus dieser, als A-cappella-Chor *An den Baum Daphne*).

Das Wunder dieser Oper liegt in der Titelfigur selbst, genauer: in ihren drei Soloszenen. Von Daphnes G-Dur-Auftrittsmonolog *O bleib, geliebter Tag!*, nach dem Aufbruch der vom Alphorn (!) zur Dionysosfeier gerufenen Hirten ist sie allein auf der Bühne zurückgeblieben, spannt sich im pentatonisch angehauchten Dur ihrer Personalmotivik mit gebrochenen Dreiklängen und Triolenbildung ein Bogen über das auch textlich gelungene Lamento auf den Tod des Leukippos bis zu ihrer transzendierend finalen Verwandlung mit den letzten verständlichen Worten *Menschen, Freunde, nehmt mich als Zeichen unsterblicher Liebe*. Sie grüßt mit abgerissenen Phrasen die Bäume als ihre grünen Brüder und ebenso schwesterlich den endlich beim Namen genannten Gott Apoll: Natur, Götter und Menschheit sind, während sie sich in den Baum verwandelt, mystisch vereint. In flirrendem Fis-Dur wird die Instrumentation der Motivverarbeitung immer reicher, blühender und zugleich dank vielfacher Teilung der Streicher und trillernder Holzbläser immer differenzierter. Auf dem Höhepunkt, einem sechs Oktaven umfassenden Akkord, holt das Orchester tief Luft und verströmt die langsame Kantilene der Naturliebe Daphnes, die wir in ihrem Auftrittsmonolog gehört hatten. Sie verschmilzt mit Apolls Fürbitte für Leukippos und Daphne, bis sich die Klänge im hohen Zwitschern von Flöten und Violinen und dem Dialog der entkörperlichten Stimme Daphnes mit der Oboe entgrenzen. Mit dieser der inhumanen Versteinerung des Kaisers aus der FRAU OHNE SCHATTEN analogen Verwandlung Daphnes reiht sich das Stück des späten Strauss in jenen Kreis naturhymnischer Werke ein, die der von Mythos und Realhistorie dominierten Operngeschichte des 20. Jahrhunderts zwischen Janáčeks SCHLAUEM FÜCHSLEIN (1924), Henzes KÖNIG HIRSCH (1956) und Erik Bergmans finnischem Beitrag DER SINGENDE BAUM (1996) ein kräftiges ›Grün‹ zumischen. Gleichzeitig löst er in der endlichen Aufhebung des ›Wagnerschen Musizierpanzers‹ Brünnhildes und Isoldes Erlösungsutopien ein: als Verlöschen des Bewusstseins im Übergang zur Natur. Dennoch haftet dem Vorgang etwas Kompensatorisches an. Die Metamorphose eines Menschen in ein Stück vegetativer Natur schützt nicht nur Daphne vor irdischen Nachstellungen. Sie vermittelt in ihrer grenzversetzenden Musikalisierung auch das Wunschbild des Komponisten, sich in einer mythisierten Idylle vor jener Realität abzuschotten, der er im FRIEDENSTAG zwischen den Zeilen seinen Kotau gebracht hatte: Klassizität als Selbstschutz.

DIE LIEBE DER DANAE

Schon 1920 hatte Hofmannsthal dem Komponisten als Sujet einer Vertonung die Klitterung zweier Stoffbereiche vorgeschlagen, die nicht in der Hauptströmung der antiken Tradition lagen. Er kombinierte im Entwurf DANAE ODER DIE VERNUNFTHEIRAT das Schicksal der keuschen Schönheit, die von Zeus in Form eines Goldregens heimgesucht wird und den Perseus als Frucht dieser Begegnung gebärt, mit der Geschichte vom phrygischen König Midas, dem die von den Göttern erbetene Gabe zufällt, alles, was er berührt, in Gold zu verwandeln. Joseph Gregor kam 1935 angeblich unabhängig von Hofmannsthal auf dieselbe Idee, die Stoffe zu verbinden und fertigte mit Hilfe des stark eingreifenden Strauss ein Textbuch an. Dramaturgisch verknüpft sind beide Stoffkreise durch die Figur des bei Gregor leibhaftig auftretenden Zeus (trotz des gräzisierenden Umfelds mit dem lateinischen Namen Jupiter versehen), der Midas nur als Vehikel seiner eigenen Begierde nach der Königstochter Danae benutzt. Ebenso auffällig wie dieser doppelte Einfall der Mythenklitterung ist es, dass Hofmannsthals Idee 1942 Wolf von Niebelschütz zu seinem ›den Humorlosen beider Hemisphären‹ gewidmeten Monumentalroman DER BLAUE KAMMERHERR (erschienen 1949) anregte. Er wurde wie die Strauss-Oper nach dem Zweiten Weltkrieg von manchem des Eskapismus unter dem Aspekt einer Kahlschlag- und Trümmer-Ästhetik gescholten und überragte doch als authentisches Kunstwerk die meisten ihrer literarischen Hervorbringungen.

Für die im Juni 1940 fertig gestellte Partitur der LIEBE DER DANAE, bei den Salzburger Festspielen am 16. August 1944 unter der Leitung von Clemens Krauss mit Viorica Ursuleac als Danae kurz vor der dem totalen Krieg zuliebe verfügten Schließung der deutschen Theater wenigstens als Generalprobe zu Ehren des 80-jährigen Komponisten zugelassen, ist diese Authentizität des Ästhetischen kaum zu behaupten (Strauss wollte das Werk erst nach Kriegsende aufgeführt haben). An dem unbefriedigenden Eindruck der Oper tragen nicht nur Ungereimtheiten wie die fragliche Kostümierung des Midas und des in seiner Gestalt erscheinenden Jupiter Schuld, die nach der am 14. August 1952 bei den Salzburger Festspielen postum nachgeholten Uraufführung unter Krauss (mit Annelies Kupper als Danae) schon 1953 bei der Münchner Premiere zu klärenden Eingriffen führten. Rudolf Hartmann, Regisseur dieser ersten Aufführungen, bezeichnete das Werk »in seinem dramaturgischen Aufbau als mißglückt«. Er versuchte bis in die achtziger Jahre hinein, den auch im III. Akt als Redundanz zu Tage tretenden Mängeln abzuhelfen. Die Bitte des Komponisten um eine »gewisse pretiöse Ironie« (Brief an den Librettisten vom 23. Juni 1936) realisierte Gian Carlo del Monaco in der selten gespielten Oper (Städtische Oper Berlin, Staatsoper Wien, Dresden, Mailänder Scala 1952, Covent Garden 1953) bei den Münchner Festspielen 1988 als Kitscheinbrüche. Hartmann sah aber auch einen stilistischen Grundfehler in der Oper: Sie werde der noch von Hofmannsthal stammenden Genrezuordnung ›Heitere Mythologie‹, die Strauss gelegentlich zur ›heiteren mythologischen Operette‹ verdinglichte, nur im Buffo-Umfeld der von Zeus in der Vorgeschichte inkognito heimgesuchten Semele, Europa, Alkmene und Leda sowie des Gottes Merkur gerecht. Man darf einen weiteren Grund für die spärliche Verbreitung des Werks in den hohen gesangstechnischen Anforderungen an diese Nebenfiguren und Danaes Amme Marthe vermuten (ähnlich den beiden Kolleginnen der schweigsamen Frau Aminta). So liegt über der Partitur, die Strauss als Summe seines musiktheatralischen Schaffens betrachtete, eine Unschärferelation zwischen ihren Bausteinen: Ästhetische Zielvorstellung und bühnenpraktische Wirkung klaffen im Ansatz auseinander.

Dabei belegt der Briefwechsel zwischen Strauss und seinem Librettisten Gregor auf Seiten des Komponisten nicht nur immer wieder die allgemeine Forderung nach einfachen Prosatexten bzw. Versen ohne Füllwörter, unbetont (›weiblich‹) ausschwingenden Endsilben und poetischen Ausschmückungen. Strauss zeigte sich auch gegenüber Gregors Einfall, Jupiter selbst in die Handlung einzubeziehen, nur geneigt, wenn dieser alle Ähnlichkeit mit dem göttlichen Wanderer im RING DES NIBELUNGEN verliere und »entwotanisiert« (S. 164) werde. Er reagierte geradezu allergisch auf jeden textlichen Bezug Gregors zu Wagner. Das scheint logisch, da der Konflikt zwischen Gold und Liebe die Grundkonstellation von Wagners Tetralogie auffällig spiegelt und den Verdacht der Anlehnung befördert: Die nach der Umarmung des Midas zur Goldstatue erstarrende Danae findet Erlösung im mehrfachen Wortsinn. Sie entscheidet sich nämlich gegen das sie zunächst faszinierende goldene Göttergeschenk und für die Liebe des durch den Ungehorsam gegen den Gott seiner zwiespältigen Veranlagung verlustig gehenden und zum Leben eines Eseltreibers gezwungenen Midas. Aber im Gegensatz zu Niebelschütz und seinem BLAUEN KAMMERHERRN, wo sich das bewusst barockisierende Spiel um Schein und

Verwandlung zu einer erst vom Rezipienten erstellbaren Wirklichkeit zusammenfügt, bedient sich Strauss einer auktorialen Erzählweise.

Die in der Geschichte der Malerei zwischen Correggio, Tizian und Tintoretto über Rembrandt bis hin zu Klimt und Slevogt immer wieder gestaltete Szene der (in der Oper scheiternden) Verführung Danaes durch den als Goldregen erscheinenden Jupiter zeugt im Ges-Dur-Schimmern ebenso von der ungebrochenen klangmalerischen Meisterschaft des Komponisten, wie das C-Dur-Vorspiel zur letzten Szene des III. Akts dem abgenutzten C-Dur die Würde der Entsagung Jupiters sichert, der danach die letzte Begegnung mit Danae sucht: ein Anlass zu schwelgendem Erinnern in seiner Erzählung von der Frühlingsgöttin Maia. Die Tritonusspannung C-Ges ist zwar für die Oper fast schon thematisch konstitutiv, schafft aber zugleich eine dramaturgische Grauzone. Denn der Ges-Dur-Traum Danaes vom Goldregen, in den das Jupiter-Motiv in C-Dur integriert wird, wiederholt sich vor ihrer ersten Begegnung mit Midas, der dann leibhaftig in C-Dur auftritt und sich mit ihr in emphatischem E-Dur-Unisono verbindet. Das Stilzitat der Wiederholung musikdramatischer Mittel täuscht eine auf Kleists AMPHITRYON schielende Dialektik von Sein und Schein vor, die der Text mit seinen von Danae früh erkannten männlichen Identitäten gar nicht leisten will. Der Hang zur Redundanz stört auch in der zweiten, gröber gewirkten Goldregenmusik, zu der Jupiter im Mittelbild des III. Akts die Gläubiger von Danaes Vater Pollux mit barer Münze befriedet. Und selbst in der entscheidenden Auseinandersetzung zwischen den drei Hauptpersonen im II. Akt wirkt die Musik bei aller Könnerschaft der Fortspinnung altmeisterlich gebremst: Strauss bedient sich in einer akustischen Variante des ›Déjà vu‹ stilistischer Selbstzitate, die als das Eigentliche ausgegeben werden.

ÄSTHETISCHE MANIPULATION

Bedenklicher ist jene Wagner-Abhängigkeit, die er aus Gregors Libretto so energisch zu tilgen versucht hatte. Das gilt vorrangig für das zuerst nicht grundlos als Abschluss des Werks gedachte Finale II mit seinem orchestralen Nachspiel nach Danaes Entscheidung gegen Jupiter und das Gold. Motivische Anklänge wie Midas' Ausruf *Verfluchte Hände! Verfluchte Lippen!* an Isoldes Liebestod sind dabei weniger bedeutsam als die schon in der Beethoven-Abhängigkeit des FRIEDENSTAGS (→ S. 233 ff.) feststellbare Neigung zu »geistreicher Veränderung: Vorhandenes Material wird so montiert, daß das zum zweitenmal Gesagte nicht eines primitiven Epigonentums verdächtigt werden könnte«. Wenn Jupiter den Tempel schildert, den er Danae zu weihen gedachte, bedient sich Strauss jener Schichtung von Akkordblöcken in Des-Dur, aus denen Wagner im RHEINGOLD das Walhallmotiv gebaut hatte. Strauss folgt dem Modell auch in der Abfolge der Harmoniestufen, in die er zur Abgrenzung lediglich die Obermediante f-Moll einfügt. Als Ganzes ist dieses Finale, das den verdächtig wotanisierten Jupiter von Des-Dur nach f-Moll zur Entsagung finden lässt, auffällig Hagens Wacht in der GÖTTERDÄMMERUNG nachempfunden, wobei die Formanalysen von Alfred Lorenz das verbindende Glied darstellen dürften: Strauss übernimmt dessen Deutung der Großabschnitte als Bar und Stollen. So entsprechen die ersten 62 Takte des Finales bis ins Detail der Wagnerschen Barform: »Man hat hier gleichsam Gelegenheit, Richard Strauss in einer schöpferischen Stunde zu beobachten, wie er, im Buch von Alfred Lorenz blätternd, nach einem passenden Modell für seine DANAE sucht«. Dabei trachtet er geflissentlich danach, das Modell durch Kleinteile aufzufüllen. Gerade diese Abweichung »enthüllt aber das Unorganische, Mechanische des Strauss'schen Verfahrens: wächst beispielsweise bei Wagner die Großform aus den Einzelheiten, den kleinsten Formen heraus, die sich durch Verketten, Überschachteln und Potenzieren zu immer größeren Formen organisch entwickeln, so findet bei Strauss eine organische Formentwicklung nicht statt«.

Der Hörer empfindet durch die unbewusste Übereinstimmung mit dem Modell eine wohlige Vertrautheit, auf die der Komponist in Vortäuschung eines ästhetischen Mehrwerts abzielt. Gerade wegen der kunstfertigen Oberfläche entstehen Bedenken angesichts der im Gegensatz zu den erkennbaren Zitaten in der SCHWEIGSAMEN FRAU oder CAPRICCIO verdeckten Fremdbestimmtheit. Man mag sie nehmen als geheimen Ausdruck von schlechtem künstlerischen Gewissen: dass Strauss nicht nur gegenüber seinem Librettisten das Bekenntnis zur ›heiteren Mythologie‹ verfocht, um sein manipulierendes Spiel mit dem Ernst der RING-Tetralogie zu vertuschen. Angesichts der Götzendämmerung des ›Dritten Reichs‹ lässt sich die ästhetische Manipulation bei Strauss aber auch begreifen als die Flucht eines alten Mannes in eine vor ihrem scheinbaren Untergang zum letzten Mal in sozusagen kollektiver Verfügbarkeit aufscheinenden Schönheit des Vergangenen. Gräfin Madeleine spricht das in seinem Schwanengesang CAPRICCIO aus: *Fühlt es mit mir, dass allen Künsten nur e i n e Heimat eigen ist: Unser nach Schönheit dürstendes Herz!*

CAPRICCIO (›Ein Konversationsstück für Musik‹ in einem Aufzug, *L* vom Komponisten und Clemens Krauss; Staatsoper München 1942 unter Clemens Krauss mit Viorica Ursuleac als Gräfin Madeleine, Hans Hotter als Olivier, Horst Taubmann als Flamand, Georg Hann als La Roche, in der Regie von Rudolf Hartmann, der auch 1944 die Aufführungen in den Staatsopern Dresden – unter Karl Elmendorff mit Margarete Teschemacher – und Wien – unter Karl Böhm mit Maria Cebotari – inszenierte; Zürich 1944 unter Karl Böhm mit Maria Cebotari; Salzburger Festspiele 1950 und Staatsoper Wien 1951 unter Karl Böhm mit Christel Goltz bzw. Lisa della Casa in Hartmanns Inszenierung, die seit 1953 in München Repertoirestück wurde: 1953 im Theater am Gärtnertor – als Gastspiel auch im Londoner Covent Garden –, nach 1958 im Cuvilliés-Theater; zweiaktige Einrichtung durch Hartmann und Joseph Keilberth Hamburg 1957; langsame Anerkennung außerhalb des deutschen Sprachraums: Genua 1953, Juilliard School New York 1954, Santa Fe 1956, Opéra-Comique Paris 1957 unter Georges Prêtre, Glyndebourne Festival 1963; einen produktiven Bruch mit Hartmanns Regiemodell bedeutete die von John Cox erstmals 1973 in Glyndebourne erprobte Verlagerung aus dem Ancien régime in die Zeit des Art déco, die später durch das Bühnenbild von Mauro Pagano über Brüssel, Londons Covent Garden, Chicago und San Francisco Verbreitung bis zur New Yorker Met-Premiere 1998 fand; die Oper ist der unumstritten letzte Triumph des Strauss-Soprans in der Rolle der Madeleine, neben den erwähnten Sängerinnen seien genannt: Clara Ebers, Elisabeth Schwarzkopf, Elisabeth Söderström, Ingrid Bjoner, Gundula Janowitz, Lucia Popp, Anna Tomowa-Sintow, Kiri Te Kanawa).

1775 werden in einem Schloss bei Paris – in der Metropole selbst tobt der Opernstreit zwischen Gluckisten und Piccinnisten (→ Bd. I, S. 302 ff.) – Vorbereitungen für den bevorstehenden Geburtstag der Gräfin getroffen. Dazu hat ihr Bruder, ein Liebhaber der Sprechbühne (und ihrer Protagonistinnen), den Theaterdirektor La Roche (hinter dem historischen Urbild taucht Max Reinhardt auf), den Dichter Olivier und den Komponisten Flamand auf das Schloss gebeten. Zu Beginn der Oper beobachten die in die Gräfin verliebten produktiven Künstler – der Theaterdirektor ist bei dieser stillen Musik eingeschlafen –, wie sie im Nebenraum einem von Flamand komponierten Streichsextett in serenem F-Dur mit leichter Verdunkelung im Mittelteil lauscht.

Olivier hat für die Gräfin ein Drama geschrieben, aus dem der Graf und die Aktrice Clairon (wie La Roche eine historische Figur) musiklos eine Szene deklamieren. Sie gipfelt in dem Sonett *Kein andres, das mir so im Herzen loht*. Es handelt sich um einen Text des Pléiade-Dichters Pierre de Ronsard (»Je ne saurais aimer autre que vous«), den der dem Naziregime missliebige und von Krauss in München mit dramaturgischen Arbeiten beschäftigte spätere Dirigent Hans Swarowsky – der auch die Worte der fiktiven Dramenszene erfunden hatte – übersetzte. Dieses Sonett wiederholt, ebenfalls gesprochen, der Autor Olivier als Liebeshuldigung für die Gräfin, während Flamand es am Spinett in Musik setzt und damit gleichfalls um Madeleine wirbt. In seinem fünftaktigen Phrasenbau und der ekstatischen Tonart Fis-Dur, die zum Stichwort *Leben oder Tod* nach d-Moll wegbricht, dem engen Ambitus von einer None und den gedämpften Streichern ist das vertonte Sonett, dessen verinnerlichte Spannung sich in Flamands Terzett mit der Gräfin und Olivier variativ fortsetzt, der schönste Strauß des Komponisten für einen intelligenten Tenor. Damit ist der Grundkonflikt der inneren Handlung geprägt: die Frage nach dem Wertverhältnis zwischen Wort und Musik.

Unter Anleitung La Roches erscheinen im Handlungsablauf weitere Momente eines Theaters im Theater mit drei Tänzen und einem italienischen Duett. Das ist die äußere Seite desselben Konflikts und dessen genremäßige Erfassung: Zum bevorstehenden Fest soll eine Oper entstehen, in der die Ereignisse des Tages thematisiert sind. Librettist Olivier und Komponist Flamand verknüpfen mit ihrer Kunstarbeit eine Liebeswahl. Sie verabreden sich mit Madeleine zur selben Zeit am selben Ort, um ihre Entscheidung für einen der beiden zu erfahren. Es ist auch die über die Frage, ob Musik die Magd des Wortes ist oder seine Herrin. Da Madeleine die Frage offen lässt – die Kontrahenten werden am kommenden Morgen in der Bibliothek nicht die Angebetete treffen, sondern aufeinander stoßen –, ist der offene Schluss der Oper ihre Antwort.

DAS ENDE DER OPER

Der nach Schönheit dürstenden Gräfin Madeleine aus dem Ancien régime, deren Schlussmonolog die Wirkung von CAPRICCIO wesentlich bestimmt, hat Strauss sein Theatertestament in Mund und

Kehle gelegt. An Clemens Krauss schrieb er im Juli 1941: »Ist nicht dieses Des-Dur der beste Abschluß meines theatralischen Lebenswerkes? Man kann doch nur ein Testament hinterlassen!« (28. Juli 1941). Das Einmünden seines Bühnenschaffens in die von ihm so geliebte Tonart, in der auch Wagners RHEINGOLD und GÖTTERDÄMMERUNG enden, darf nicht ohne das textliche Substrat verstanden werden. Die verwitwete, ebenso kunstsinnige wie anziehende Gräfin ist aufgefordert, den Ausgang der Oper zu finden, die zu ihren Ehren entstehen soll. Sie entzieht sich aber dem ästhetischen Urteil, das zugleich eine Lebens- oder zumindest Liebesentscheidung für den Komponisten oder den Dichter wäre, trotz sorgfältiger Selbstprüfung ratlos: *Gibt es einen, der nicht trivial ist?*

Diese Frage nach dem rechten Schluss der Oper wird von dem wirklich letzten Strauss-Wort auf dem Musiktheater beantwortet: Der Haushofmeister tritt auf mit der denkbar trivialsten Meldung für ein Opernfinale: *Frau Gräfin, das Souper ist serviert*. Die Mühe für die Fertigstellung des Mahls, das die in großer Abendtoilette erschienene Gräfin allein zu sich nehmen wird (ihr Bruder ist mit einer neuen Geliebten abgereist), entspricht der auf das Kunstwerk CAPRICCIO verwendeten Mühe selbst: Beides bleibt der Imagination des Publikums überantwortet. Die reale Oper, in der die Voraussetzungen für die Entstehung einer Oper verhandelt werden, endet zumindest ohne wirkungskräftigen Schluss. Die verströmenden Des-Dur-Klänge, unendlich weit von der bei Richard Strauss gelegentlich falsch intoniert wirkenden Ekstase entfernt, werden zu einer »Musik, deren Schönheiten und Besonderheiten auf einem Loslassen beruhen, auf dem Verzicht auf eine zentrale, autorisierende Identität«. Madeleines offene Frage transzendiert musikalisch »zu einer Kunst, die nicht mehr vornehmlich oder ausschließlich auf Schöpfergewalt und gesellschaftliche Autorität bedacht ist; sie wird zu einer großzügigen Denkungsart, die die gesamte Vielfalt menschlicher Kunstausübung umfasst, einer Denkungsart mit utopischem Einschlag, sofern wir unter utopisch etwas Weltliches, Menschenmögliches, Erlern- und Erfahrbares verstehen«.

Den Hinweis auf den Stoff verdankte der Komponist Stefan Zweig, der Anfang 1934 bei Recherchen für eine Biographie der schottischen Königin Maria Stuart im Britischen Museum London auf jenes einaktige Libretto *Prima la musica, poi le parole* (Zuerst die Musik, dann die Worte) von Giambattista Casti gestoßen war, das in der Vertonung Salieris 1786 zusammen mit Mozarts SCHAUSPIELDIREKTOR im Schloss Schönbrunn aufgeführt worden war (→ Bd. I, S. 328 und 450). Strauss, der im Vorwort zur SCHWEIGSAMEN FRAU genretypische Probleme diskutiert hatte, ahnte, dass hinter Castis Titel mehr als eine flache Parodie auf den Theateralltag steckte: die für die Herausbildung der Oper in der Florentiner ›Camerata‹ entscheidende und im Nachwort von Monteverdis SCHERZI MUSICALI von 1607 (→ Bd. I, S. 40 ff.) ausformulierte Frage nach der Vorherrschaft von Sprache oder Musik in der Wortvertonung. Strauss bat Zweig, in seinem Librettoentwurf E. T. A. Hoffmanns für die romantische Opernästhetik wichtige Schriften SELTSAME LEIDEN EINES THEATER-DIREKTORS und DER DICHTER UND DER KOMPONIST (→ Bd. II, S. 64 ff.) zu berücksichtigen. Im Oktober 1934 hatte Zweig seine Skizze fertig, delegierte ihre Ausarbeitung aber an Joseph Gregor: zur Enttäuschung des Komponisten, der daraufhin dem Dichter jenen Brief schrieb, der von der Gestapo abgefangen wurde und zum Verbot der SCHWEIGSAMEN FRAU führte (→ S. 233 f.). Erst 1939, während der Arbeit an der LIEBE DER DANAE, fand Strauss wieder Interesse für den Stoff, konnte sich aber mit Gregors Textentwürfen nicht anfreunden. Während der Librettist aus der Vorlage eine emotional aufwallende Handlung zu destillieren bemüht war, steuerte Strauss einen anderen Kurs. Ihm schwebte, wie er Gregor schon 1936 geschrieben hatte (23. Juni), eine »geistreiche dramatische Paraphrase« über das Wort-Ton-Verhältnis in der Oper vor. Im Herbst 1939 beauftragte er nach eigenen Vorarbeiten Clemens Krauss, das Libretto zu schreiben: als »dramaturgische Abhandlung«. Seine Vorgabe (Brief vom 14. September 1939) war eindeutig: »Keine Lyrik, keine Poesie, keine Gefühlsduselei –: Verstandestheater, Kopfgrütze, trockener Witz!«

KOPFGRÜTZE

Unter diesem Aspekt ist die wie der Titel Krauss zu verdankende Genrezuordnung zu verstehen: ›Ein Konversationsstück für Musik in einem Aufzug‹. Tatsächlich hat Strauss hier sein jahrelanges Ringen um den Konversationston siegreich beendet, den Wagner-Panzer völlig abgesprengt. Obwohl er großes Orchester fordert, erklingt es nur zwei-, dreimal in voller Stärke und bleibt auch dann noch transparent. Die Zeit sparende Einaktigkeit der 1940/41 komponierten Oper, 1942 durch die Furcht vor den üblicherweise nachts einsetzenden Bombenangriffen auf München mitbegründet, wurde nach 1957 gelegentlich aufgebrochen: nicht zum Vorteil des gut zweistündigen Werks, dessen Einaktigkeit für den Abschluss von Straussens Opernschaffen ebenso konstitutiv ist wie in ELEKTRA und SALOME für den Durchbruch zu seinem konventionssprengenden Personalstil.

CAPRICCIO wurde für den Komponisten nicht nur im schaffensbiologischen, sondern auch im gattungsästhetischen Sinn sein Testament: wenn nicht als Oper über die Unmöglichkeit, eine Oper zu schreiben, so doch als die zum ästhetischen Selbstzweck gewordene Aufhebung der Oper mit ihren eigenen Mitteln: »Die delikate Mischung von Ironie, rückblickender und vorausblickender Resignation, von Wehmut und Einsicht, von emotionaler Anteilnahme und Distanzierung ergibt eine neue Dimension des Schwebezustands, die nicht zuletzt deshalb gefangennimmt, weil sie mit konventioneller, trivialer Dramaturgie, mit dem Pathos der Oper oder des Musikdramas nichts mehr zu schaffen hat«.

MUSIKALISCHER QUANTENSPRUNG

In Bezug auf die Kategorien Konversationston, Nummerncharakter und Zitatverwendung bedeutet CAPRICCIO gegenüber der geradezu unbedenklich wirkenden SCHWEIGSAMEN FRAU einen Quantensprung. Das in dem Tanz-Divertissement von Passepied, Gigue und Gavotte verwendete motivische Material von Rameau und Couperin gewinnt ungleich mehr Kenntlichkeit als analoge Momente in der früheren Oper, zumal Strauss sie als dreistimmige Fuge *Tanz und Musik stehn im Bann des Rhythmus* in das Geschehen ein- und streng im Sprachrhythmus durchführt: Die Anregung geht auf die (ungleich energetischere) Schlussfuge von Verdis FALSTAFF zurück. Geradezu komplex ist die Behandlung des berühmten Unisono-Anfangs aus Glucks Ouvertüre zur IPHIGENIE IN AULIS, der in der Eingangsszene zum gegebenen Stichwort erklingt. Strauss reichert das D durch einen dissonierenden es-Moll-Dreiklang an und verschafft so dem Zitat jenen harmonischen Reichtum, der es zum postumen Paradigma im Piccinnistenstreit erhebt. Als Kontrast entwirft er ein fast schon an Rossini gemahnendes D-Dur-Motiv, dessen unbedarfte Heiterkeit für Piccinni steht – da ist in der Einheit von echtem, gefälschtem und fiktivem Zitat mit leichter Hand ein musikdramatischer Spannungszustand erzeugt.

Das Duett der italienischen Sänger auf Metastasios Text *Addio, mia vita, addio* weist eine Raffinesse der Stilzitierung auf wie die Arie des Sängers im ROSENKAVALIER. Strauss bekannte seinem Librettisten die Absicht, »dazu eine Melodie zu finden, die absolut nicht zu den Worten paßt« (Briefwechsel, S. 112). Daraus wurde nichts anderes als eine Parodie der in der Oper abgehandelten Frage nach dem Wort-Musik-Verhältnis, was die Gräfin als zutreffenden Kommentar auch ausspricht. Strauss lässt die Sänger sich bewusst einfallslos in der Tonhöhe überbieten, wobei die beiden Fagotte im Orchester den jungen und mittleren Verdi mit einem stupiden Um-ta-ta im letzten Drittel des Sechsachteltakts karikieren, während im zweiten Teil der Nebenakzent auf der vierten Taktzeit in den Celli und Bässen stumm bleibt. Das auf La Roche gemünzte Lach- und Streitoktett, mit dem die Vorstellungen des Theaterdirektors verspottet werden, setzt dieses Stilmoment insofern fort, als nun im zweiten Teil die italienische Sopranistin für die mechanischen Spitzentöne im Ensemble eingesetzt wird. In La Roches Verteidigungsrede für die Theaterpraktiker *Hola! ihr Streiter in Apoll* klingt das Komödiantenmotiv aus ARIADNE AUF NAXOS an. Und wenn nach dem ihm zu Ehren angestimmten Huldigungsquartett die Diskussion über eine Oper Flamands und Oliviers für die Gräfin einsetzt, werden zu den Themenvorschlägen Ariadne und Daphne deren Personalmotive aus den entsprechenden Strauss-Opern angedeutet: alles Schnee vom vergangenen Jahr?

Oper, so meint der Graf in der ästhetischen Auseinandersetzung, sei *ein absurdes Ding*. Strauss zitiert hier das Thema aus dem Klaviervorspiel zum achten Lied seines 1921 in einer Ausgabe von lediglich 120 Exemplaren veröffentlichten Liederzyklus KRÄMERSPIEGEL auf Texte von Alfred Kerr. Tatsächlich ist der Spiegel nicht nur wichtiges szenisches Requisit der Oper, besonders für Madeleines Schlussmonolog, sie besteht insgesamt aus einer Dramaturgie der vielfältigen Spiegelungen. So kehrt dieses Thema nach dem (leicht bresthaften) Oktett der Domestiken und dem geisterhaften, die ästhetische Diskussion der Oper in einer weiteren Brechung spiegelnden Auftritt des bei der Probe vergessenen Souffleurs – er fühlt sich nicht einmal grundlos als derjenige, der die Welt des Theaters im

Innersten zusammenhält – zu Beginn des As-Dur-Mondschein-intermezzos als schumanneskes Hornsolo wieder. Und dieses wirft, nachdem das orchestrale Zwischenspiel die wichtigsten Motive der Oper hat Revue passieren lassen, seine melodischen Schatten auch in Madeleines Finalszene, als solle allen Wandlungen zum Trotz nichts verloren gehen. Der Hornruf, mit dem Strauss die Oper beendet, ist sein Glaubensbekenntnis zu dreieinhalb Jahrhunderten Operngeschichte: ein weltliches ›credo quia absurdum‹.

FÜLLE DES WOHLLAUTS
GIACOMO PUCCINI
(1858–1924)

»Zärtlicheres gab es auf Erden nicht, als den Zwiegesang aus einer modernen italienischen Oper [...] – als diese bescheidene und innige Gefühlsannäherung zwischen der weltberühmten Tenorstimme, die so vielfach in den Alben vertreten war, und einem glashell-süßen kleinen Sopran – als sein *Da mi il braccio, mia piccinia* und die simple, süße, gedrängt melodische kleine Phrase, die sie ihm zur Antwort gab«. Mit diesen Worten erzählt Thomas Mann im letzten Kapitel seines zwischen 1907 und dem Ausbruch des Ersten Weltkriegs spielenden Romans Der Zauberberg, wie die Hauptfigur Hans Castorp sich eine neue Errungenschaft der Davoser Lungenheilstätte ›Haus Bergfried‹ zu Eigen macht: ein Grammophon samt diversen Schellackplatten. Die Beschreibung unter der Zwischenüberschrift Fülle des Wohllauts ist eine der frühesten literarischen Reaktionen auf Giacomo Puccini, den im Erscheinungsjahr des Romans 1924 verstorbenen, für Mann zeitgenössischen, eben »modernen« Komponisten, und die Rezeption von dessen Werk. Hans Castorp lauscht schon vor dem Frühstück »mit gefalteten Händen« dem Liebesduett am Ende des 1. Bilds von Puccinis Oper LA BOHÈME, und zwar offenbar in jener Aufnahme, die Enrico Caruso – »die weltberühmte Tenorstimme« – 1906 mit Nellie Melba in den legendären Trichter gesungen hatte (Carusos 1912 mit Geraldine Farrar entstandene zweite Aufnahme kommt in Ermangelung eines glashell-süßen kleinen Soprans weniger in Frage).

Auffällig an Manns Beschreibung ist die Tatsache, dass er die Namen aller Künstler verschweigt: des Komponisten, der Sopranistin und des nur angedeuteten Tenors Caruso, dessen Schallplattenkarriere dem jungen Medium zum Durchbruch als kulturelles Massenkommunikationsmittel verholfen hatte. Diese namentliche Beschweigung des Wohlbekannten gibt der Szene die Aura eines Alltagsmythos. Manns Schilderung der Musik, wie sein fiktiver Held sie empfindet, beschwört dagegen unmythisch Alltägliches in der Häufung verniedlichender Beiwörter. Die erotische Annäherung der Opernfiguren wird zwar als innig, aber auch als bescheiden bezeichnet, und die musikalische Phrasierung als simpel, süß und klein. Sie verläuft ohne weites Ausschwingen, ist aber gleichwohl gedrängt, also nicht gänzlich unentwickelt, und hat auf den Gefühlshaushalt ihres Rezipienten eine ersatzreligiöse Wirkung: Hans Castorp genießt sie auf nüchternen Magen und fügt die Hände gefühlstrunken zu einem weltlichen Gebet zusammen.

Man könnte in diesem Zusammenhang Wagners auf Meyerbeer zielendes Schmähwort von der »Wirkung ohne Ursache« oder Kurt Tucholskys Paradox zitieren: »Puccini ist der Verdi des kleinen Mannes, und Lehár ist dem kleinen Mann sein Puccini«. Tatsächlich befindet sich Puccini spätestens seit 1912 auf der Anklagebank der Musikkritik, als Fausto Torrefranca seine als Propaganda für die jüngere ›generazione dell'ottanta‹ dienende Polemik GIACOMO PUCCINI E L'OPERA INTERNAZIONALE (→ S. 625 f.) veröffentlichte. Puccini galt der Kritik mit seinem Erfolg beim Publikum allzu lange als suspekt, und als er gegen Torrefrancas Programm einer neohistoristischen Wiederbelebung instrumentaler Traditionen der italienischen Musik sich während des Ersten Weltkriegs mit der 1917 uraufgeführten ›commedia lirica‹ LA RONDINE in Konkurrenz zu Franz Lehár auf das Gefilde der Wiener Operette begab, wurde er politisch der Deutschfreundlichkeit und ästhetisch der Niveaulosigkeit verdächtigt. Tatsächlich ist Puccini geschichtlich einer der jüngsten Komponisten, deren Opern dem Massengeschmack entsprechen, und die von Thomas Mann angedeutete frühe Verbreitung seiner Musik auf Tonträgern (mancher Kritiker hat hämisch die Kürze von Puccinis Arien der Absicht des Komponisten zugeschrieben, sie auf einer Seite einer Schellackplatte unterzubringen) lässt im Sinne Tucholskys den Schluss zu, dass der »kleine Mann« als Vertreter des Massengeschmacks bei Puccini jene Befriedigung finde, die der Kenner der italienischen Oper bei Verdi sucht, während auf einer noch niedrigeren Anspruchsebene Franz Lehár mit seinen Operetten zum Repräsentanten musikalischer Massenkultur werde.

Den Begriff Massenkultur mit Puccini positiv zu besetzen, wagte Thomas Manns Bruder Heinrich, als er zwei Jahrzehnte nach dessen ZAUBERBERG eine Mischform aus Weltgeschichte und Autobiographie schuf: EIN ZEITALTER WIRD BESICHTIGT (erschienen 1946). Sein Verhältnis zum Komponisten beschreibt er in einem Kapitel mit dem bezeichnenden Titel EINE GEISTIGE LIEBE. Diese war in ihm über die sinnliche Vermittlung erwacht, erstmals 1900, als er von der Pferdebahn zwischen Florenz und Fiesolo absprang, um einem Leierkasten zu lauschen, der etwas aus der brandneuen BOHÈME orgelte. Fortan faszinierte Heinrich Mann an der Musik Puccinis deren Einbindung in eine volkstümlich nationalkulturelle Tradition Italiens, der er selbst mit dem Kapellmeister Enrico Dorlenghi im Roman UNSERE KLEINE STADT literarisch huldigte. Tatsächlich verdankte der Dichter dem Komponisten die Begegnung mit der Musik »des leidenschaftlichsten Lebensgefühls jener Tage: seinem Schmelz, Aufschwung, Todesverlangen«. Darin nahm er keine Sentimentalität auf der unteren (Massen-) Geschmacksebene wahr, vielmehr hat er den »Urheber [...] des leidenschaftlichsten Gesanges« auch als den »des gehobenen Gefühles seiner Mitwelt empfunden«. Und das galt ihm noch als das »beste Lebensgefühl eines Kontinents«, nachdem dieser zwischen 1933 und 1945 in der Barbarei fast versunken war. Aus dieser Endzeit-Perspektive schreibt Heinrich Mann der Musik Puccinis eine emotionale Sogkraft zu, die dem Menschen im Zeitalter zunehmender Katastrophen für Augenblicke den Zustand von Nicht-Entfremdung bietet. Ihren verführerischen sinnlichen Reiz gewinnt sie dadurch, dass die Vergeblichkeit des Aufschwungs schon einkomponiert ist, dass Liebessehnsucht und Todesverlangen auch jenseits des Erotischen wie in Schwester Angelicas Klage *Senza mamma* über ihr gestorbenes Kind schwer voneinander zu trennen sind.

Keineswegs verkannte Heinrich Mann die Sorge, dass durch die von Puccini wie von keinem anderen Komponisten seiner Zeit gestaltete Leidenschaftlichkeit des Lebens- und Todesgefühls im Publikum jener Irrationalismus geweckt wird, der zum Ausverkauf von dessen Instinkten führen kann. Schon bei Thomas Mann war der Zusammenhang zwischen der süßen, simplen Musik Puccinis und ihrer erhebenden Gefühlswirkung nicht ungetrübt. In die kleine Szene FÜLLE DES WOHLLAUTS schob Mann eine dramaturgische Spezialität Puccinis: die Störung einer engen Gefühlsbeziehung. Castorp hat sie gerade zu dem »unsichtbar-wohllautenden Liebespärchen« entwickelt, als plötzlich der Medizinalrat des Sanatoriums ins Musikzimmer schaut – das Geräusch der sich öffnenden Tür lässt den Plattenhörer in seiner Andacht zusammenzucken. Ähnlich ergeht es oft den Liebenden in Puccinis Opern, nicht nur den beiden der BOHÈME, in deren Duett von draußen die drängenden Rufe der Freunde Rodolfos hineintönen. Nie sind sie, mit ihren Gefühlen ins Reine gekommen, wirklich mit diesen für sich allein, es drängt sich etwas weitaus Störenderes als die Bohemiens zwischen sie. Das von Gaffern in der Deportationsszene der MANON LESCAUT gerahmte Liebesduett der Protagonisten, die durch die Anwesenheit des versteckten politischen Flüchtlings und durch das Ambiente der Kirche belastete Intimität zwischen dem Maler Cavaradossi und der

Sängerin in TOSCA, die über der Geisha wegen der Preisgabe ihrer nationalkulturellen Identität an den Amerikaner Pinkerton liegende Verfluchung und die unsichtbare Anwesenheit ihrer Zugehfrau im Finale I von MADAMA BUTTERFLY sind Exempel einer Dramaturgie des schädigenden Dritten – in Umkehrung der vom Psychoanalytiker Peter Dettmering als Konstante im Werk Wagners ausgemachten »Bedingung des geschädigten Dritten«. Pervers auf die Spitze getrieben wird sie in LA FANCIULLA DEL WEST, wenn Minnie mit dem Sheriff um das Leben ihres zusammengebrochenen Geliebten in dessen Gegenwart spielt. Dieser auf den Liebenden lastende Leidensdruck teilt sich dem Publikum weltweit ungeschmälert mit, zumal Puccini – besonders in der mittleren Trias seiner Erfolgsopern LA BOHÈME, TOSCA und MADAMA BUTTERFLY – seinen sterbenden Heldinnen jede musikalische Verklärung verweigert. Gleichwohl reinigt die emotionale Kraft der Musik seine liebenden Frauen, für das mitleidende Publikum werden sie, in götterferner Zeit Mythen des Alltags, zu Märtyrerinnen der Liebe. Aus ihrer Verurteilung zur Zwangsverbindung von Eros und Thanatos hat man Puccini indes nicht nur den Vorwurf der Sentimentalität gemacht, sondern ihm sogar Sadismus unterstellt.

Seit der ersten Auflage von Mosco Carners kritischer Puccini-Monographie im Jahre 1958 (Deutsch: 1996), die der bis dahin weit gehend brachliegenden wissenschaftlichen Diskussion über den Komponisten Wege wies und den Forschungszweig der Librettistik mit begründete, ist Puccini angelastet worden, dass er weniger mit seinen weiblichen Figuren leide als deren Leid genieße. Als Grund dafür wird eine überstarke und neurotische Mutterbindung des Komponisten ins Feld geführt – im Vergleich mit ihm, dessen Neigung zum Kauen von Fingernägeln, zu übermäßigem Nikotingenuss und dem Fahren schneller Autos psychoanalytischer Beschäftigung ein weites Feld öffnet, wirkt Richard Strauss, sein deutsches Pendant als letzte Säule des populären internationalen Opernrepertoires, ernüchternd unneurotisch. Puccini stammte aus einer Familie, die väterlicherseits in Lucca über vier Generationen hin Kirchenmusiker hervorgebracht hatte. Als er mit fünf Jahren den Vater verlor, wuchs er neben fünf Schwestern in einem von der Mutter dominierten Frauenhaushalt auf. Nach dem Tod seiner Mutter 1884, so Carner, habe er seine starke Mutterbindung auf das erst 1904 nach dem Tod ihres Mannes legitimierte Zusammenleben mit Elvira Gemigniani projiziert. Darüber hinaus seien seine zahlreichen Seitensprünge aus dem motorischen Impuls entstanden, die übermächtige Mutter-Imago abzubauen. Das habe gleichzeitig zu Schuldgefühlen des melancholischen, von einer ›mestizia toscana‹ geprägten Komponisten geführt.

GIFTMARMELADE ODER AVANTGARDE?

Andere Analytiker schreiben die neurotischen Züge des Komponisten unbewussten Schuldgefühlen am frühen Tod des Vaters und einer ambivalenten Einstellung gegenüber der Mutter zu, die »ins Unterbewußte verschoben und [...] dort zeit seines Lebens unbearbeitet liegen« geblieben sei. Ob dieser ungelöste Lebenskonflikt sich in seinen Opern spiegelt, sei dahingestellt: Unbestreitbar ist jedenfalls, dass Puccini bis hin zu Schwester Angelika und Liù in TURANDOT die meisten seiner jeweils mit einem Makel – und sei es der einer niedrigeren Klassenzugehörigkeit – behafteten Heldinnen für ihre Liebe mit dem Tode bestrafte. Ein so kluger Musikanalytiker wie der Komponist Jan Meyerowitz hat daraus abgeleitet, Puccini habe »die vom Faschismus, besonders in seiner nordischen Variante, genährte mentale Abartigkeit der Faszination angesichts des Leidens anderer« vorweggenommen – eine Aussage, die Puccini zu einem KZ-Wächter ante festum oder zumindest zu einem sadistischen Richter über sein weibliches Personal macht: »Jeder Richter, der Freude dabei empfindet, Menschen – zumal unschuldige – zu verurteilen, ist ein Monster«. Meyerowitz, der 1938 von der Gestapo verhaftet und ins KZ Sachsenhausen deportiert wurde, traf dort auf SS-Aufseher, deren »durchdringender Ausdruck einer lüsternen Liebenswürdigkeit das vollkommene Äquivalent der Musik« Puccinis hätte sein können. Was Heinrich Mann noch als das beste Lebensgefühl einer Epoche erschienen war, schlug Meyerowitz in einer rezeptionsunästhetischen Kehre im Gesichtsausdruck von SS-Schergen mörderisch entgegen.

Vor einer konkreten Verstrickung in den von ihm begrüßten Faschismus bewahrte Puccini ein ungnädig früher Tod, nach einer Begegnung mit Mussolini im Jahre 1923 wurde er zwar zum Senator ernannt, unterschrieb seine Briefe aber ironisch statt mit ›senatore‹ mit ›sonatore‹ (Spieler) und hielt sich von politischem Aktionismus fern. Für eine faschistoide Komponente in seiner Musik aber hat Meyerowitz Beispiele gegeben, etwa den Hang zu übermäßigen Akkorden wie der Schichtung von zwei Dur-Terzen, der mildesten möglichen Dissonanz. Eine paradigmatische Stelle fand er in den Klängen, die den Tod des von Tosca ermordeten Scarpia begleiten: »Er verröchelt zu einer schludrigen Sequenz von Dur-Terzen, die durch übermäßige und Nonenakkorde sowie verwandte Klänge schlittert. Es ist, als würde der Baron in kochender Giftmarmelade ertrinken«.

Das Aufladen einer Musik mit derart bestimmten Assoziationen steht natürlich jedem frei, ihr musikgeschichtlicher Standort sollte es nicht sein.

In seiner Operngeschichte hat der Komponist, Dirigent und Musikschriftsteller René Leibowitz 1957 an TOSCA Praktiken entdeckt, die Alban Berg in WOZZECK übernahm; ihm, dem Lehrmeister der Zwölftonmusik, galten Puccinis harmonische Progressionen als neu und gewagt für die Epoche um 1900. Als Beispiel führt auch er eine Akkordfolge um Scarpia an, allerdings aus dem I. Akt, nachdem der Polizeichef einen Spürhund auf die Fährte Toscas gesetzt hat und sich schon an der Eifersucht weidet, die er in der Sängerin wie einen Falken hat hoch gehen lassen (*Va', Tosca! È Scarpia che scioglie a volo il falco*). Auch hier handelt es sich um terzgefüllte übermäßige Dreiklänge. Deren Ambitus besteht aus übermäßigen Quinten, die halbtonweise nach unten gleiten und damit das ganze chromatische Feld der Oktave füllen: eine Musik jenseits der Grenze der Tonikalität. Wichtiger noch als die Zuordnung Puccinis zur musikalischen Avantgarde seiner Zeit durch Leibowitz ist etwas anderes: die Ableitung dieser Akkorde und der beim Tod Scarpias erklingenden aus den am Beginn der Oper stehenden. Diese hebt – ›tutta forza‹ – mit dem Personalmotiv des Barons an, einer Folge brutaler, den Abstand einer übermäßigen Quarte – des alten ›diabolus in musica‹ – vermessender Akkorde. Eine genau dem dramatischen Ablauf des Geschehens entsprechende Harmonisierung dieses Leitmotivs verdichtet sich also zu einem strukturellen Denken, das die Vereinzelung des jeweiligen Affektgehalts unterbindet, er wird – das ist nicht sentimental und schon gar nicht sadistisch – eingefügt in die motivisch-thematische Arbeit.

Diese Konzentration ist ein Grundzug in Puccinis Arbeit für das Musiktheater. Abgesehen von einzelnen Liedern sowie Werken aus der Studienzeit wie der GLORIA-MESSE, dem CAPRICCIO SINFONICO oder dem Streichquartettsatz CHRYSANTHEMEN, die verändert in den Opern wiederkehren, hat er ausschließlich für das Musiktheater komponiert: insgesamt zwölf Opern. Ihr thematischer Radius ist im Vergleich mit Mozart, Wagner, Verdi, Strauss und Janáček eng. Ähnlich Strauss hat er in nicht weniger als sieben seiner Opern Frauen zu Titelfiguren gemacht, aber im Gegensatz zum Wunder der seelischen Wandlung, das bei Strauss zwischen Salome und Daphne oder der Gräfin Madeleine in CAPRICCIO (→ S. 240) in zahlreichen Facetten erblüht, bleiben seine Heroinen in den großen Opern dem Bild der an ihrer Liebe zu Grunde gehenden Frau verhaftet. Lediglich Minnie in LA FANCIULLA DEL WEST und Turandot sind aus härterem Holz geschnitzt; in der letztgenannten Oper entspricht aber wieder die Sklavin Liù Puccinis gewohntem Muster.

Dem Hang zur Konzentration fallen gelegentlich Stationen in der psychischen Entwicklung seiner Helden zum Opfer. So erfolgt der Sprung

Manons von der schüchternen Elevin zur Lebedame in MANON LESCAUT abrupt (weil der Komponist sich von Massenets Vertonung desselben Sujets bewusst absetzen wollte), und Mimìs Trennung von Rodolfo im III. Bild der BOHÈME erscheint ebenso wie Cavaradossis unter der Folter ausbrechende Napoleon-Begeisterung im II. Akt von TOSCA unvermittelt. Insgesamt aber zeichnen sich Puccinis Opern, deren reine Spielzeit selten zwei Stunden übersteigt, durch eine schlüssige Dramaturgie aus. Zu der gehört, dass sie – vom musikalischen Mehrwert ganz zu schweigen – an ästhetischer Dichte ihre zeitgenössischen literarischen Vorlagen übertreffen. Das ist, in Verbindung mit dem Verzicht auf höher zielende Ideendramen, einer der Gründe dafür, dass sich Puccinis Opern auch gegenüber den nach 1945 oft die Balance zu Ungunsten der Musik verschiebenden Interpretationen im ambitionierten Regietheater als äußerst resistent erwiesen haben. Im Gegensatz zu Strauss hat sich Puccini nicht der Literaturoper verschrieben. Seine Libretti, an deren oft schmerzlicher Entstehung er selbst engagiert beteiligt war und die ihn oft mehr Arbeitszeit kosteten als die Fertigstellung der Partituren, sind nur in MANON LESCAUT und TURANDOT an Stoffen der Weltliteratur orientiert. In allen anderen Fällen bediente er sich aus dem Genre der Gebrauchsliteratur, für SUOR ANGELICA und GIANNI SCHICCHI schrieb ihm (der für Mussolini als Co-Autor tätige) Giovacchino Forzano die Operntexte ohne direkte literarische Vorstufe. Wesentlich für die Herausbildung von Puccinis eigener Opernästhetik wurde seine Zusammenarbeit mit den Librettisten Giuseppe Giacosa und Luigi Illica. Während Illica die Handlungsstrukturen entwarf, brachte Giacosa sie in eine poetische Form. Doch schon Illicas Dialoge waren erstmals in LA BOHÈME so flexibel versifiziert, dass sie in der Geschichte der italienischen Librettistik die Neuerungen Arrigo Boitos (→ S. 122 ff.) weiterführten und von Giacosa unter dem witzigen Begriff der ›illicasillabi‹ nicht grundlos als eigenes Kapitel der italienischen Verslehre zugeschlagen wurden.

DIE KONSTRUKTION VON KLANGNOVELLEN

Fast alle abendfüllenden Opern Puccinis verlaufen nach einem ähnlichen Schema: Der Tenorheld gibt sozusagen seine akustische Visitenkarte ab, dann treten Nebenfiguren auf, schließlich die Sopranheroine, die sich zum ersten Mal oft unsichtbar hören lässt (Mimì, Musetta, Tosca, Butterfly); in TURANDOT erscheint die Titelfigur zuerst sichtbar, aber stumm. Auch die Arien Puccinis wirken schematisch, sie sind bis auf je ein Tenorexempel in den Frühwerken LE VILLI und EDGAR sowie Turandots großen Monolog

In questa reggia kurz und oft in der A-A'-Form geschrieben. Trotz ihrer Kürze entfalten sie eine ungewöhnliche emotionale Schubkraft. Die Stimmführung ist fast immer diatonisch und bewegt sich in kleinen Schritten, häufig tonstufenweise voran. Aber die oft größere intervallische Eingangsspannung sorgt ebenso für einen außerordentlichen Erwartungsdruck wie die zur Affektsteigerung eingesetzte fallende Quinte, der auch ein folgender Terzaufstieg nichts von ihrem melancholischen Ausdrucksgehalt nimmt – für diese sinkende Linie hat sich der Terminus ›Deszendenzmelos‹ eingebürgert. Den Chor setzt Puccini in zehn seiner zwölf Opern ein, in MANON LESCAUT, LA FANCIULLA DEL WEST und TURANDOT mit aktiver Funktion für den Handlungsgang. Besonders gelungen erscheint die Einbeziehung von Solisten in das Kollektiv, so im I. und III. Akt von MANON LESCAUT, im II. der BOHÈME und im I. von MADAMA BUTTERFLY, deren Summchor hinter der Szene bei der Nachtwache der Titelfigur vor dem Finalakt ein schier herzzerreißender Einfall ist.

Die Form A-B-A' behält Puccini im Gegensatz zu den italienischen Komponisten seines geschichtlichen Umfelds in den großen Liebesduetten nur noch rudimentär bei, sie weitet sich – wie im I. Akt von TOSCA und im Finale I von MADAMA BUTTERFLY – in größere Komplexe aus. Deren interne Bindung wird wie der Zusammenhang mit dem Ganzen durch motivisch-thematische Bezüge hergestellt, womit die Musik weit über eine rein illustrative Funktion hinausgeht. Schon in der Deportationsszene von MANON LESCAUT, seinem ersten Welterfolg, hat Puccini das statische ›pezzo concertato‹ der italienischen Tradition zu einem Bewegungsensemble umgewandelt, das trotz aller dem Zeitfluss sich widersetzenden lyrischen Emphase dem dramatischen Fortgang dient. In der Betonung des Dramas gegenüber einem Ausstellen musikalischer Eigenwerte ist Puccini der Wagner nächste italienische Komponist seiner Zeit, gleichwohl sind seine Opern keine musikalischen Epen, sondern genau auf den Punkt von Peripetie und – meist tragischer – Auflösung gebrachte Klangnovellen. Der I. Akt in den abendfüllenden Opern, von denen fünf die klassische Einheit von Handlung, Ort und Zeit wahren, ist meist zu Beginn lebhaft und entwickelt sich zu einem lyrisch-statischen Finale hin, in TOSCA und TURANDOT mit finster grundierter Chorszene. Der II. Akt bringt gewöhnlich die Peripetie, meist mit einem Theatercoup: der Festnahme Manons, der Ermordung Scarpias, dem Kartenspiel um Johnson/Ramerrez im MÄDCHEN AUS DEM GOLDENEN WESTEN. Die Schlussakte pflegt Puccini knapp zu halten und nach dem Vorbild von RIGOLETTO und TRAVIATA mit Erinnerungsmotiven psychologisch zu runden.

Dem Ausgang wird in den Opern der mittleren Periode ein kurzer, emphatischer Orchesterkommentar zugewiesen. Er wirkt in LA BOHÈME, wo er sich motivisch nicht auf das Sterben Mimìs, sondern auf Collines Lebewohl an seinen Mantel bezieht, und in TOSCA, wo der Selbstmord der Titelfigur mit dem Motiv von Cavaradossis Abschied vom Leben verbunden wird, wie falsch komponiert. Aber logische Folgerichtigkeit ist keine zutreffende Kategorie, um Puccinis Leidenschaftlichkeit des Lebens- und Todesgefühls gerecht zu werden: Sie teilt sich nicht nur direkt dem Publikum mit, sondern bleibt auch im Kunstwerk selbst keineswegs auf das Einzelschicksal beschränkt. Das Individuelle weitet sich so zum Allgemeinen, und das Glück oder meist die Misere des Alltäglichen – Puccini betont immer seine Opernliebe für die kleinen Dinge (›le cose piccole‹) – gewinnt auch ohne hochfliegendes Gedankenkonstrukt die Wucht einer Tragödie. Dass er seine TURANDOT nicht mehr vollenden konnte, ist ein musikgeschichtliches Symptom: Mit Puccinis Todesjahr 1924 endete die Weltherrschaft des italienischen Melodramma, die 1824 mit Rossinis Übernahme des Théâtre-Italien begonnen hatte.

Schon als Student des Mailänder Konservatoriums kaufte sich Puccini (zusammen mit Mascagni) einen Klavierauszug des PARSIFAL, und die verdichtete Erinnerungsmotivik seiner Opern ist eine belkantische Hommage an den deutschen Opernreformer. Bereits seine Frühwerke LE VILLI und EDGAR weisen im orchestralen Part diese Technik auf. Auch die Personenkonstellation in beiden Werken ist kaum denkbar ohne das Vorbild TANNHÄUSER, wenn auch das sinnliche Gegenbild zur sanftmütigen Anna in LE VILLI nicht in Erscheinung tritt. Seine Bayreuth-Besuche 1889/90 hat Puccini schriftlich bilanziert, und beim zweiten zusammen mit Franco Faccio die MEISTERSINGER im Auftrag der Mailänder Scala für die dort bevorstehende Premiere auf Kürzungsmöglichkeiten abgetastet. Auch seinen dritten Besuch 1912 hat Puccini – als inzwischen weltberühmter Komponist – genossen. Dem Einfluss Wagners ist es zuzuschreiben, dass er nach seinen ersten zwei Opern mit MANON LESCAUT das Nummernprinzip zu Gunsten einer weit gehend durchkomponierten Form mit leitmotivisch verknüpfter Orchestertextur ersetzte. Gleichwohl wird das alte Schema nie gänzlich aufgegeben, es schimmert noch in TURANDOT durch.

In den meisten Opern ist die Behandlung der Leitmotive mit leichter Veränderung von Tempo und Tonart von scheinbar lockerer Art, erst im Laufe des Dramas lassen sie ihre dramaturgische Bedeutung erkennen. Das gilt, obwohl Puccini fast alle seiner Opern mit einem einprägsamen Motiv eröffnet, selbst für das Thema der Bohemiens in LA BOHÈME oder TOSCA, die mit der Leitmotiv-Fanfare für Scarpia beginnt. Symphonische Verfahrensweisen der Durchführungstechnik vermeidet Puccini, wie Strauss hielt er nichts vom Kontrapunkt in der Oper. Stattdessen spinnt er seine motivische Arbeit in den orchestralen Diskurs als Zugewinn von Farbe und Atmosphärik für die meist blockartigen Sequenzen ein. Der Eindruck eines organischen Ganzen wird dadurch verstärkt, dass manche Akte wie eine Symphonie oder ein symphonischer Satz gegliedert sind: Die Eingangsszene von MANON LESCAUT ist ein rondoartiges Scherzo, der ganze Akt folgt ebenso wie der I. von TURANDOT dem Verlauf einer viersätzigen Symphonie. Nach Puccinis drittem Bayreuth-Besuch wird die motivisch-thematische Arbeit strenger, am Thema der Fürstin-Tante in SCHWESTER ANGELIKA und der Prinzessin in TURANDOT lassen sich Durchführungstechniken im Sinne einer entwickelnden Variation konstatieren. Schon in LA FANCIULLA DEL WEST 1911, wo erstmals in seinem Œuvre Liebe nicht als zerstörende Kraft erscheint, hatte er der vertieften Orchesterfaktur und einer über Verdis Flexibilisierung in FALSTAFF hinausgehenden Rezitativtechnik zwischen Parlando und Arioso den Vorzug zu Lasten des lyrischen Espressivo gegeben – nur das Heimwehlied der Goldgräber und die knappe Tenorarie im III. Akt sind ein Tribut an die Tradition. GIANNI SCHICCHI aus dem Zyklus der drei Einakter von 1918 weist mit seiner Entwicklung aus einer rhythmischen bzw. motivisch-thematischen Urzelle bei nur gelegentlich lyrisch unterbrochener Sprachdeklamation einen hohen Grad an konstruktiver Dichte auf, und TURANDOT – Puccinis einzige Annäherung an einen mythischen Stoff – wird von einer Leitmotivik Wagnerscher Prägung zusammengehalten. Auf eine der Skizzen zu seiner unvollendet hinterlassenen letzten Oper schrieb Puccini: »Poi Tristano« (weiter wie im TRISTAN).

An orchestraler Finesse steht Puccini auf einer Höhe mit Richard Strauss. Wie dieser bevorzugt er im großen, gelegentlich durch Glocken und Schlagzeug verstärkten Orchester satte Farben, wobei er in der Tradition der Belkanto-Opern des frühen 19. Jahrhunderts und seines Lehrers Ponchielli (→ S. 152) die Melodiestimme durch eine oft mehrfache Oktavierung in der Begleitung (kritisiert als ›violinata‹) verstärkt. Aber analog zu den kammermusikalisch inwendigen Momenten bei Strauss zwischen ARIADNE AUF NAXOS und CAPRICCIO gibt es bei Puccini, vor allem in den filigranen Partien von MADAMA BUTTERFLY, viele fein ausgehörte Farbreize. So erzeugt die aus der Kulisse ertönende zweite Flöte zu Beginn von Manons Sterbeszene einen irrealen Raumklang-Eindruck von Einsamkeit. Dass er gelegentlich das Fagott durch die Bassklarinette ersetzt, gibt der ›morbidezza‹ seines Idioms eine besondere Tönung. Auch eine quasi farbliche Bindung eines Instruments an bestimmte Personen kennen seine Partituren: die Klarinette für Cavaradossi, tiefe Streicher für Scarpia und die Tante in SUOR ANGELICA, Englischhorn für Angelica, hohe Holzbläser für Butterfly und Liù.

Puccini begann in seinen beiden frühen Opern mit der chromatischen Alteration von Dreiklängen, die er in MANON LESCAUT zu einer tristanesken Chromatik verstärkt. Unter dem Einfluss des französischen Impressionismus setzt er von LA BOHÈME an harmonische Progressionen über einem Orgelpunkt oder Ostinato ein, die Winteratmosphäre zu Beginn des III. Bilds von LA BOHÈME, der Marsch vor Cavaradossis Exekution in TOSCA oder Butterflys Nicht-verstehen-Wollen des Konsuls im II. Akt von MADAMA BUTTERFLY sind beklemmende Beispiele. Hinzu kommen übermäßige Dreiklänge und – schon vor Debussy – parallele Quarten und Quinten. In TOSCA, MADAMA BUTTERFLY und LA FANCIULLA DEL WEST erscheint die von Debussy im PELLÉAS genutzte Ganztonskala, deren Einsatz von der BUTTERFLY an merklich flexibler bis hin zum Verschwimmen der Tonalität gerät. Wichtig in dieser ersten exotischen Oper Puccinis, der schon in LA BOHÈME nicht tonhöhenbestimmte Instrumente verwendet hatte, ist der Gebrauch fernöstlicher Klänge, wie insgesamt jede Oper des reifen Puccini ihren eigenen Ton hat. Ebenfalls exotisch, nur erheblich greller getönt, ist die Klangfarbe in seinen beiden anderen außerhalb Europas spielenden Opern: LA FANCIULLA DEL WEST und TURANDOT, mit deren Dissonanzgehalt Puccini weit über seine Opern aus der mittleren Schaffensperiode hinausgeht. Und in den Geisterstimmen aus dem I. Akt dieser Oper scheint sogar die Atonalität von Schönbergs PIERROT LUNAIRE nachzuhallen, den Puccini im April 1924 fasziniert in Florenz gehört hatte (die Wertschätzung der beiden Komponisten war wechselseitig). Die professionelle Qualität von Puccinis Partituren ist lange unterschätzt worden, für sie spricht auch die skrupulöse Nachbearbeitung auf Grund der Erfahrungen, die der Komponist bei den jeweils ersten Aufführungen machte. Das hat editorisch zu Missständen geführt, da die in Umlauf gebrachten Partituren selten dem letzten Willen des Komponisten entsprachen. Eine Gesamtausgabe wie die quellenkritisch edierte BOHÈME von Francesco Degrada ist dringend erwünscht.

LE VILLI

Schon in seinem Erstling, der ›opera ballo‹ LE VILLI (Die Willis), habe Puccini 1884 – wie er sich elf Jahre später ausdrückte – jenen ›stile mascagnano‹ entwickelt, der seit dem Welterfolg von Mascagnis CAVALLERIA RUSTICANA 1890 als Verismo Schule machte (→ S. 168 ff.). Damit ist trotz einzelner Momente in seinem Werk, die mit der veristischen Ästhetik seiner Zeitgenossen übereinstimmen (vor allem die – allerdings unsichtbar bleibende – Folterung Cavaradossis und dessen Hinrichtung in TOSCA, der um den Hals Johnsons gelegte Strick in LA FANCIULLA DEL WEST oder die Ermordung Luigis durch Michele in IL TABARRO), aber nicht die Eingliederung Puccinis in diese Zeitströmung des italienischen Musiktheaters gemeint. Dessen oft aus der musikformalen und textlichen Tradition des alten Melodramma hervorgehende Konventionalität, der lediglich naturalistische oder brutale Aspekte aufgezwungen werden, setzt Puccini einen anderen Wirklichkeitsbegriff entgegen. Dieser entstammt dem realistischen Sprechtheater seiner Zeit und zielt auf einen kohärenten Handlungsgang, dessen gesprochener Dialog durch eine hoch expressive Musikrhetorik ersetzt wird. In LE VILLI ist dieser Anspruch noch keineswegs eingelöst.

Als Librettist für einen romantischen Stoff, den Adolphe Adam schon für sein Ballett GISELLE benutzt hatte, empfahl Amilcare Ponchielli, Puccinis Kompositionslehrer am Mailänder Konservatorium, den aus der Bewegung der ›scapigliatura‹ (→ Bd. I, S. 664 f.) hervorgegangenen Ferdinando Fontana. Puccini reichte das Werk zu jenem Wettbewerb ein, den Ricordis Konkurrent Edoardo Sonzogno 1883 erstmals für Einakter ausschrieb und aus dem später Mascagnis CAVALLERIA RUSTICANA als Epoche machender Sieger hervorgehen sollte. Puccinis Erstling blieb, möglicherweise wegen der schlecht leserlichen Partitur, chancenlos, Arrigo Boito sorgte jedoch durch Patronage 1884 für eine Aufführung im Mailänder Teatro dal Verme. Der Verleger Giulio Ricordi erkannte in Puccini den potenziellen Nachfolger Verdis und erwarb die Partitur für sein Haus, aber trotz einer sehr positiven Kritik (Filippo Filippi bemängelte allerdings auch Puccinis Neigung zum symphonischen Stil) konnte sich das Werk nicht durchsetzen. Auf Anraten Ricordis, der bis zu seinem Tod im Jahre 1912 ein unschätzbarer Förderer des Komponisten blieb, weitete Puccini es auf zwei Akte aus (Turin 1884) – mit wenig Erfolg. Die Oper ist, wie Franchettis GERMANIA, Catalanis LORELEY und LA WALLY oder Mascagnis Heine-Vertonung

GUGLIELMO RATCLIFF unter dem Einfluss des italienischen Nordkomplexes am Ende des 19. Jahrhunderts (→ S. 165) entstanden, im Schwarzwald angesiedelt. Sie erzählt den Liebesverrat Robertos an seiner Anna, die aus Kummer stirbt und den reuevoll Heimkehrenden inmitten der Geistererscheinung anderer verlassener Mädchen (der Willis) unter einem der Blasphemie verdächtigen Hosianna in den Todestanz (Ballett) lockt.

Die dramaturgische Schwäche der Nummernoper liegt darin, dass Robertos Untreue im fernen Mainz dem Bericht eines Sprechers vor einem zweisätzigen orchestralen Zwischenspiel vorbehalten bleibt. Dessen erster Teil beschreibt mit unsichtbarem Frauenchor den Tod Annas, der ebenfalls von dem Sprecher eingeleitete zweite das geheimnisvolle Wesen der Willis als Hexentanz (Mascagni übernahm diese von Puccini auch in MANON LESCAUT geübte Praxis eines Intermezzo sinfonico in seiner CAVALLERIA RUSTICANA und machte sie zum Standardverfahren). Obwohl Anna schon auf die in der nachkomponierten Kavatine *Non ti scordar di me* (Vergiss mich nicht) mit ihren Verzierungen und der frei strömenden Melodik verwirklichte Verbindung von Zartheit und Gefühlsemphase in Puccinis späteren Heroinen vorausweist, hat sich der Komponist mehr für den Tenorhelden interessiert. Sein großer Monolog in dem von starker Leitmotivik geprägten II. Akt mit der anschließenden melancholischen b-Moll-Romanze *Torna ai felici dì* (Mein trauriger Sinn kehrt zurück zu den glücklichen Tagen) und die kurz darauf folgende c-Moll-›preghiera‹ *O sommo Iddio* (Allmächtiger Gott) sind mehr als nur Vorahnungen eines Personalstils. In der Romanze wie im Gebet erklingt erstmals bei Puccini »eine dieser ›Trauerweide‹-Melodien, in denen der Komponist mit seiner ureigensten Stimme spricht; sie gehört zu jener Art von Themen, die wir, in feinerer und knapperer Ausdrucksform, in all seinen Opern der Reifezeit kurz vor dem Eintreten der Schlußkatastrophe finden«.

EDGAR

Auch an seiner als ›dramma lirico‹ bezeichneten zweiten Oper nahm Puccini starke Veränderungen vor, nachdem sie im April 1889 an der Mailänder Scala nur einen Achtungserfolg erzielt hatte. Aber die Reduzierung von vier Akten auf drei (Madrid 1892 mit weiterer Umarbeitung 1905 für Buenos Aires) hat dem Werk keinen Platz im Repertoire gesichert. Das Libretto für EDGAR schrieb wieder Ferdinando Fontana, diesmal nach dem Drama LA COUPE ET LES LÈVRES (Der Becher und die Lippen) von Alfred de Musset. Erneut geht es um einen Helden zwischen zwei Frauen, die dieses

Mal aber beide auftreten: die Femme fragile Fidelia und die Femme fatale Tigrana. Edgar verlässt die eine, deren Bruder Frank Tigrana verfallen ist und abgewiesen wurde, zu Gunsten der anderen. Aber er wird ihrer, die in einem Trinklied mit Chor Becher (Rausch) und Lippen (Liebe) preist, überdrüssig und schließt sich einer mit Frank daherkommenden Soldatenschar an. Tigrana schwört ihm den Tod, wenn er nicht ihr gehören soll. Nach einer Schlacht (gemeint ist Cotrai, wo 1302 ein französisches Invasionsheer von den Flamen geschlagen wurde) kehrt ein Trauerzug zurück mit der in einer Rüstung aufgebahrten Leiche Edgars. In das zu seinem Gedenken ausgesprochene Loblied greift ein Mönch mit der bestochenen Tigrana durch Schmähungen des angeblichen Landesverräters Edgar ein. Darauf bricht ein Tumult aus, die desillusionierten Soldaten plündern die Bahre, aber die Rüstung ist leer. Nun entpuppt sich der Mönch als Edgar, Fidelia sinkt in seine Arme, wird aber von Tigrana erstochen.

In der vieraktigen Erstfassung wurde die Mörderin dafür vom Volk gelyncht – aber auch ohne dieses Finale ist das Werk dramaturgisch missglückt. Es fehlt ihm oft an der sinnfälligen Verknüpfung von Musik, Text und Handlung. Das erhellt schon daraus, dass die Partie der Tigrana – Puccinis einzige große Rolle für Mezzosopran – in der dreiaktigen Fassung geradezu verstümmelt erscheint. Zu allem Überfluss hat er die Figur auch noch entstellt. Ihr Liebesduett mit Edgar im II. Akt weist auf ihrer Seite eine Zartheit auf, die diesem weiblichen Teufel sonst völlig abgeht – Folge der Tatsache, dass Puccini in der Erstfassung diesen Part für Fidelia geschrieben hatte. Durch den Fortfall des IV. Akts bis auf eine chorische Schlusswendung ist manches Wertvolle verloren gegangen, doch Teile des großen Duetts Fidelia–Edgar wurden ins Duett Tosca–Cavaradossi aus dem III. Akt der TOSCA gerettet. Dass die Oper, deren originaler IV. Akt nur im Klavierauszug überlebte, auf dem Theater keine Chance hat (gelegentlich erscheint sie an kleineren Bühnen oder konzertant), sollte das Ohr nicht für ihre Qualitäten verschließen. Fidelia erscheint gegenüber Anna in LE VILLI vielschichtiger angelegt, ihre zarte Pastoral-Arie *Oh, fior del giorno* (O Blume des Tages) und ihre beiden emphatischeren Arien im III. Akt sind ebenso eindrucksvoll wie Edgars große Szene im II. Akt mit der Arie *O soave vision di quell'alba di april* (Süße Vision dieser Morgenröte im April). Sein melodischer Personalstil ist hier schon ausgeprägt. Der sequenzartige Verlauf der Musik weist neben dem Hang zu subdominantischen Regionen parallele Dreiklänge in oft unverwandten Tonarten mit harmoniefremd dissonanten Nebentönen auf. Damit hat Puccini sein noch vergleichsweise enges Idiom gefunden, in das er später Einflüsse von Debussy, Strauss, Strawinsky sowie fernöstliche Exotismen organisch integrieren wird. Erstmals versucht er sich in EDGAR auch an ausgedehnteren Chorszenen, deren gelegentlich große Intervallsprünge noch in der Tradition Verdis und Ponchiellis stehen. Besonders gelungen ist das stilistisch eigenständige, aus der langsamen Einleitung seines CAPRICCIO SINFONICO der Studienzeit abgeleitete Requiem im III. Akt. Toscanini dirigierte es 1924 im Mailänder Dom bei der Totenfeier des Komponisten.

MANON LESCAUT (›Dramma lirico‹ in vier Akten, *L* von Ruggero Leoncavallo, Marco Praga, Domenico Oliva, Luigi Illica und Giuseppe Giacosa nach der HISTOIRE DU CHEVALIER DES GRIEUX ET DE MANON LESCAUT von Antoine François Prévost d'Exiles, 1731; Teatro Regio Turin 1893; großer Erfolg und schnelle internationale Verbreitung: Buenos Aires, Rio de Janeiro, St. Petersburg, Madrid 1893; Prag, London, Montevideo, Philadelphia, Mexiko Stadt 1894; erste landessprachliche Aufführungen: Hamburg 1893 in der Übersetzung von Ludwig Hartmann; Budapest, Prag 1894, Warschau 1895, Nizza 1906, Antwerpen 1907, Wiener Volksoper 1908; *EA* an der Mailänder Scala 1894, wo Arturo Toscanini 1922 und später gerühmte Aufführungen dirigierte; zu den bekanntesten Protagonisten gehören in der Titelrolle Lina Cavalieri, Claudia Muzio, Lucrezia Bori, Frances Alda, Iva Pacetti, Mafalda Favero, Lotte Lehmann, Renata Scotto, Mirella Freni, Kiri Te Kanawa und – nur auf Schallplatte – Maria Callas; als Des Grieux Enrico Caruso, Giovanni Martinelli, Beniamino Gigli, Jussi Björling, Alfred Piccaver, Plácido Domingo; Versuche, das Werk aus seiner Spielzeit herauszubrechen und in Puccinis oder unsere Gegenwart zu versetzen, unternahmen Regisseure wie Luchino Visconti in Spoleto 1973, Gian Carlo del Monaco 1981 in München und 1995 in Bonn, Horst Bonnet 1988 an der Berliner Staatsoper, Christoph Loy 1997 in Düsseldorf).

Mit keinem Libretto hat Puccini sich so gequält wie mit dem zu MANON LESCAUT, das ihm schließlich die Zusammenarbeit mit seinem späteren Erfolgsgespann Illica–Giacosa und die Erfahrung einbrachte, dass er selbst sein bester Dramaturg werden müsse. Es war ein schon hybrides Unterfangen, ein Konkurrenzwerk zu Massenets neun Jahre älterer MANON zu schaffen, die Puccini auf der Bühne erst nach Fertigstellung seiner Partitur kennen lernte (Aubers Vertonung von 1856 kannte er sicher nicht). Im Laufe der

Arbeit am Textbuch der ohne Namen seiner Autoren herausgekommenen Oper Puccinis, die zuerst sein Kollege Leoncavallo auf sich genommen hatte und in die sich neben seinem Verleger Ricordi der Komponist selbst (wie in späteren Fällen) einmischte, wurde eine Abgrenzung von Massenet erreicht: Das idyllische Zusammenleben der Liebenden im II. Akt entfällt nun, und nach einer Idee Puccinis entstand auf Grund einer kurzen Bemerkung in Prévosts Roman von der Ausladung der Deportierten in New Orleans der grandiose III. Akt: die Einschiffung Manons mit elf Prostituierten nach Amerika. Das interlineare Duett, das hier die beiden Liebenden, räumlich voneinander getrennt und unter den Augen der gaffenden, sogar heftig kommentierenden Voyeurs, in düsterem es-Moll singen, ist nicht nur vom sozialkritischen Standpunkt aus Puccinis überragendes Exempel eines Duos mit störendem (hier: kollektivem) Dritten. In das schier unendliche Leiden der beiden werden alle anderen an der Aktion Beteiligten musikalisch eingebunden, so dass die hektische Agitation der Soldaten durch Manons Bruder, die mitleidlose Ausrufung der Namen durch den Sergeanten und die teils hämischen, teils wütenden Einwürfe der Menge wie Messerstiche wirken. Gleichwohl gibt es einen Menschen, der sich erweichen lässt: Der Schiffskommandant gibt der in einem veristischen Aufschwung fordernd vorgetragenen Bitte Des Grieux' *No! pazzo son!* (Nein, ich bin wahnsinnig!) nach und gestattet ihm die Mitreise.

Damit und mit dem Ausfall der kleinen Idylle im Zusammenleben der Liebenden rückt Puccini ästhetisch weit ab von Massenet, dessen Melodieführung und Orchestrierungskunst ihn allerdings schon früh inspiriert hatten. Folgt bei Massenet auf die totale Erniedrigung Manons, die eingekerkert worden war, ihr Tod auf dem Weg nach Le Havre (gegen die literarische Vorlage), so spinnt Puccini den Handlungsfaden frei nach dem Abbé Prévost weiter, und zwar in einer Weise, die dramaturgisch allen Traditionen der Oper Hohn spricht. Der letzte Akt, in einer Wüste bei New Orleans (!) spielend, ist – ohne Prévosts Motivation auskommend – nichts als ein groß angelegtes Duett mit der eingebetteten Arie der sterbenden Manon *Sola, perduta, abbandonnata* (Allein, verloren, aufgegeben). Hier sind Zeit und Raum der Handlung von der Realität abgehoben, was Regisseure am ehesten zu Lesarten gegen den Strich animiert. Die Liebenden befinden sich, noch stärker von der Umwelt abgekapselt als Tristan und Isolde im III. Aufzug von Wagners Musikdrama, in der existenziellen Verbindung von Eros und Thanatos.

Als geradezu modern erweist sich unter diesem finalen Aspekt Puccinis in LA BOHÈME aufgegriffene Entscheidung, den Handlungsgang des realistischen Bühnenstücks durch eine blockartige Folge von chronologisch und psychologisch nicht kontinuierlichen Bildern zu ersetzen: Die Reise Manons zum Deportationshafen La Havre schildert das Zwischenspiel vor dem III. Akt musikalisch als großes Lamento. Hans Werner Henze hat 1952 dieses Prinzip der isolierten Abfolge einzelner Bilder in BOULEVARD SOLITUDE, seiner modernen Variante des Manon-Stoffs, auf die Spitze getrieben und versachlichend enterotisiert. Puccinis Verzicht auf handlungslogische Stringenz unterstreicht die Fragmentierung eines scheiternden Lebensentwurfs abseits gesellschaftlicher Normen: Den Liebenden, die uns im Gegensatz zu Massenets Figuren nach dem I. Akt nie als glückliche Menschen begegnen, bleibt gegen alle Widerstände der Gesellschaft nichts als die eigene Kraft des Gefühls.

Der I. Akt kommt in Stil und Stimmung Massenet noch am nächsten. Die schon von George Bernard Shaw bei der Londoner Erstaufführung im Jahre 1894 bemerkte Ähnlichkeit mit der Anlage einer viersätzigen Symphonie weist auf eine ebenso komplexe wie dramaturgisch überzeugende Disposition. Das Vorspiel, aus einem der 1892 publizierten Menuette für Streichquartett gewonnen, geht in die erste Szene über: einen Chor mit Solo für den Studenten Edmondo. Des Grieux passt sich dieser heiter-frivolen Stimmung mit einem Arioso an: *Tra voi, belle, brune e bionde* (Verbirgt sich unter euch schönen brünetten und blonden Mädchen). Es ist, in einem stilisiert rokokohaften Ton, Puccinis leichteste und eleganteste Tenorarie, der gleichwohl im Mittelteil durch die Begleitung der in parallelen Quinten geführten Holzbläser eine ›puccineske‹ Note eignet. Am Ende, als Manon mit Des Grieux in der von Geronte zu diesem Zweck, aber zu seinem eigenem Lustgewinn georderten Kutsche entflohen sind, stimmt Edmondo die ironische Reprise dieses Ariosos an. Wie in einer ›self-fulfilling prophecy‹ beantwortet sich Des Grieux' Frage nach einem schönen Mädchen, das auf ihn warte, als Manon aus der Postkutsche steigt. Die Ankunft der Kutsche auf der Szene ist ein schon vom frühen Puccini entwickeltes Verfahren der formalen Gliederung in einer vor-filmischen Schnitt-Technik: Sie setzt dem munteren Treiben auf dem Platz von Amiens mit einer Forte-Fermate ein Ende, deren Einschnitt schon durch die Ausblendung der Blechbläser in den vier vorangehenden Takten vorbereitet und durch einen folgenden Orgelpunkt des vierten Horns markiert wird.

Die unsichere Gefühlsannäherung zwischen Manon, deren Auftritt über einer statischen Klangfläche erfolgt, und dem Chevalier Des Grieux wird in zwei Duetten mit wechselndem Ambiente der Personen durch fließende Übergänge formal gemeistert, hat aber nicht den spezifischen Reiz von Massenets synkopischer Umbiegung des Sprachrhythmus (→ Bd. II, S. 832). Doch Puccini findet in Des Grieux' Arie *Donna non vidi mai* (Nie sah ich eine solche Frau), die von seiner Überwältigung nach der ersten Begegnung kündet, eine musikalische Prosodie von großer Freiheit. Die Arie geht zurück auf eine Gesangsszene, die er 1883 als Examensarbeit im Konservatorium vorgelegt hatte. Aber während dort ein regelmäßiger Achtsilbler ebenso regelmäßig vertont wurde, wird nun ein flexiblerer Text so in Musik gegossen, dass Gesangslinie und Textverlauf nicht immer miteinander korrespondieren. Als Ganzes erklingt die Melodie nur in der Orchesterbegleitung, »während die Singstimme diesem Tonvorrat kürzere melodische Linien entnimmt, deren Schwerpunkte durch den Zusammenfall beider Melodielinien besonderen Glanz und besonderes Gewicht erhalten«. Mit dieser flexiblen Technik konnte Puccini dann auf den durch die Oktavkoppelung der ›violinata‹ getragenen Höhepunkten jene Emphase erreichen, die er dem Co-Librettisten Marco Praga gegenüber in Abgrenzung von Massenet als seinen spezifischen Ausdruck bezeichnete: verzweifelte Leidenschaft.

VERZWEIFELTE LEIDENSCHAFT

Massenets Oper hatte ein Spiel um Tabus und deren Überschreitung getrieben, das mit der Sakralsphäre als besonders wirksamem Aphrodisiakum in Manons Verführung Des Grieux' im Kloster gipfelte (→ Bd. II, S. 884). Das war eine kongeniale Fortsetzung von Prévosts Roman gewesen. Das Vergnügen, das dessen Autor »durch die Darstellung der kindlich spielenden, haltlosen Verderbtheit seiner Liebenden hervorzurufen versucht, ist im Grunde ein sexueller Reiz, der ständig gefühlvoll-moralisch interpretiert wird«. Diese Bigotterie hat Massenet seinem Publikum als Wunschbild eigener, durch

Konventionen unterdrückter Lüste und zugleich als die längst vergangene Kunst des Liebens vorgeführt. Seine Manon ist, im Gegensatz zu dem bewusstseins- und gedächtnislosen Geschöpf bei Prévost, ein Wesen, das bei jedem Liebesverrat an Des Grieux den damit verbundenen Verlust empfindet: heimgesucht von Ahnungen und Erinnerungen, die Massenet mit einem in der Gavotte der Titelheldin kulminierenden Reiz des Geschichtskolorits aus dem 18. Jahrhundert ausstattet. Bei Puccini wird Massenets latente Erotisierung der dargestellten Wirklichkeit – das Schwärmen der Kirchgängerinnen für die Predigt Des Grieux' – in die ausschließliche Evidenz der musikalischen Gefühlssprache getrieben. Bezeichnenderweise ist seine Manon gegenüber dem fünfzehnjährigen Mädchen zu Beginn von Massenets Oper um drei Jahre älter (analog dazu ist auch die Spielzeit verlegt: von der Régence nach dem Tod Ludwigs XIV. in die Mitte des 18. Jahrhunderts). Vom II. Akt an verkehren die Liebenden miteinander im ungeschmälerten Ausdruck verzweifelter Leidenschaft.

Puccinis Anklänge an das mit Flöte, Harfe, Triangel und Streichern instrumentierte Rokoko haben, wenn seine Manon sich nach dem Verrat an Des Grieux im Salon des Steuerpächters Geronte langweilt, etwas merkwürdig Gestelztes, fast Marionettenhaftes. Das gilt nicht nur für den Anfang, ehe Manon ihre mit schleppenden Triolen der Holzbläserbegleitung anhebende und erst im zweiten Teil zu puccinesker Emphase gedeihende Arie *In quelle trine morbide* (In diesen weichen Spitzen) intoniert. Nachdem sie von ihrem Bruder Lescaut, der sie an Geronte verkuppelt hat, Des Grieux' Verzweiflung erfahren hat, erklingt ein Madrigal für vier Frauenstimmen mit Mezzosopransolo, das als ein Werk Gerontes ausgegeben wird, anschließend ein melancholisches Menuett, zu dem Manon Tanzunterricht erhält. In beiden Fällen handelt es sich um ein Selbstzitat Puccinis: aus dem Agnus Dei seiner Gloria-Messe und aus einem seiner drei Jahre zuvor entstandenen Menuette für Streichquartett (ein anderes liegt dem atmosphärisch schwebenden Anfangsmotiv des Vorspiels zur Oper mit seinen Stakkato-Akzenten der Blechbläser und Pizzikati der tiefen Streicher zu Grunde). Eine objektive Ironie scheint darin verborgen zu sein, dass Puccini mit seinem dem negativ gezeichneten Geronte zugeschriebenen Madrigal ein Selbstzitat in den Ablauf bringt: als »Abschied von seiner Vergangenheit und von seiner musikalischen Herkunft aus der Provinz«. Manon komplimentiert diese affektierte Gesellschaft mit ihrer Pastoral-Gavotte *L'ora, o Tirsi, è vaga e bella* (Die Stunde, o Tirsis, ist heiter und schön) alsbald heraus, »auf den musikalisch historisierenden Rückblick folgt der aktuellste Italo-Wagner«.

Dieser Umschlag in die Zukünftigkeit seines Personalstils gelingt Puccini im folgenden Duett zwischen Manon und Des Grieux: *Tu, tu amore tu?* (Du, du, Geliebter, du?). Dass er hier den Tristan-Akkord zitiert, ist sicher kein Zufall: Die ganze Szene – George Bernard Shaw sprach 1894 von deutlichem Terraingewinn des Italieners auf deutschem Opernterritorium – knüpft, auch mit chromatischen Modulationen, an die Liebesekstase im II. Aufzug von Wagners Musikdrama an, wenngleich sie hier in der Form heftigster Vorwürfe Des Grieux' und deren Beschwichtigung durch Manon erscheint. Erst Des Grieux' unbegleitete Solostelle wirft den Schatten ab und führt in seinem Des-Dur-Aufschwung *Nel occhio tuo profondo* (Aus deinem tiefen Auge lese ich mein Schicksal) zu einem wahren Durchbruch. Kein Wunder, dass Puccini dieses Motiv im folgenden Akt als Orchesterkommentar ans Ende der Einschiffungsszene setzt. Zum Ausdruck verzweifelter Leidenschaft gelangt Des Grieux auch bei seiner a-Moll-Klage *Ah! Manon, mi tradisce* (Ah, Manon, mir verrät dein törichter Gedanke), als sie vor den eintreffenden Häschern schnell noch Schmuckstücke zusammenrafft, sich dadurch des Diebstahls schuldig macht und die Flucht vereitelt. Das Gegenstück zum Duett des II. Akts ist der fast ganz in Moll gehaltene Schlussakt der Liebenden mit Manons großer f-Moll-Arie. Puccini empfand sie eine Zeit lang als dramaturgisch bedenklich und tolerierte Striche, doch seit Toscaninis Mailänder Dirigat zur 30. Wiederkehr der Uraufführung am 1. Februar 1923 (in Gegenwart des Komponisten) gehört sie, teilweise aus Material des Streichquartetts CHRYSANTHEMEN entwickelt, zum unverzichtbaren Standard jeder Aufführung. Die obligate Begleitung durch Oboe und räumlich entfernte Flöte ist ein beklemmender Spiegel der Einsamkeit dieser Sterbenden. Am Ende, als Des Grieux nach vergeblicher Wassersuche zurückkehrt, bekennt Manon im Sinne Puccinis, der seinen sterbenden Sünderinnen alle Schuld nimmt und sie quasi revirginisiert zu Märtyrerinnen nicht der Religion, sondern der Liebe: *Meine Sünden werden in Vergessenheit geraten, doch meine Liebe wird nicht sterben.*

LA BOHÈME (›Scene da La Vie de Bohème di H. Murger‹; Szenen nach Das Leben der Boheme von Henri Murger in vier Bildern, *L* von Giuseppe Giacosa und Luigi Illica; Teatro Regio Turin 1896 unter Arturo Toscanini; nach dem Achtungserfolg auch bei Aufführungen in Rom und Mailand kam der Durchbruch 1897 im neu erbauten Massimo-Theater Palermo und – mit Enrico Caruso als Rodolfo, dem Puccini die Transposition der Arie im I. Akt um einen Halbton nach unten erlaubte – in Livorno, von wo aus der Erfolg ins Ausland überschwappte: Buenos Aires 1896, Alexandria, Lissabon, Rio de Janeiro, Den Haag 1897; Helsinki, St. Petersburg und Covent Garden London 1899, wo Nellie Melba und Alessandro Bonci sowie Fernando de Lucia das Hauptpaar darstellten; Metropolitan New York 1900 mit Nellie Melba und Albert Saléza, der 1903 durch Caruso ersetzt wurde; Caruso, der berühmteste Vertreter der Rolle bis heute, hatte mit ihr 1900 sein Debüt an der Mailänder Scala gegeben; die Anerkennung der BOHÈME als Repertoirewerk setzte sich in den ersten landessprachlichen Aufführungen im Ausland fort: Manchester, Kroll-Oper Berlin in der Übersetzung von Ludwig Hartmann, Theater an der Wien 1897; Opéra-Comique Paris, Prag, Zagreb 1898; Bukarest 1899; St. Petersburg 1900; Stockholm 1901; Budapest 1905; kompetenter Sachwalter der Oper blieb Toscanini, der sie 1904 in Buenos Aires, 1910 an der New Yorker Met, 1924 an der Mailänder Scala als Puccini-Gedenkvorstellung und 1946 in New York als konzertante Rundfunkaufführung mit Schallaufzeichnung dirigierte; das überzeugendste Gegenstück zu seinem harten Duktus verdanken wir Sir Thomas Beecham 1956 mit Victoria de los Angeles, Lucine Amara, Jussi Björling und Robert Merrill; die berühmteste Aufführung gelang 1963 an der Mailänder Scala in romantischer Opulenz Herbert von Karajan mit dem Regisseur und Ausstatter Franco Zeffirelli: Sie blieb fünfzehn Jahre im Repertoire, wurde im Film festgehalten und präsentierte auch als Gastspiel in Wien 1963, München 1964, Montreal 1967 und Washington 1967 einige der führenden Rollendarsteller: Mirella Freni und Ileana Cotrubas als Mimì, Eugenia Ratti, Hilde Güden und Graziella Sciutti als Musetta, Giacomo Aragall, Luciano Pavarotti und José Carreras als Rodolfo sowie Gian Giacomo Guelfi und Mario Sereni als Marcello; 1973 kam die Oper in der Regie von Gian Carlo Menotti erstmals an der Pariser Opéra heraus; aus jüngeren Inszenierungen ragt die von Peter Konwitschny in der nüchternen Ausstattung von Johannes Leiacker 1992 in Leipzig und 1996 in Graz erarbeitete heraus, die das Künstlervolk als erbarmungslos Ausgegrenzte am unteren Rand der Gesellschaft placierte; *EA* von Francesco Degradas kritischer Edition: Deutsche Oper Berlin 1988).

Als Walter Benjamin 1934 in seinem unvollendet gebliebenen PASSAGENWERK die Triebkräfte der Pariser Großstadtkultur im 19. Jahrhundert skizzierte und als Oberbegriff die Formel »Paris, Hauptstadt des 19. Jahrhunderts« prägte, wies er der Künstlerkolonie der Boheme eine zentrale Funktion zu. Während ihm die von Baron Haussmann in das mittelalterliche Dickicht des Stadtbilds geschlagenen Boulevards als Mittel zum Niederkartätschen revolutionärer Barrikadenkämpfer erschienen – die prächtig breiten Boulevards eigneten sich bestens für einen schnellen Militäraufmarsch – und ihm die Weltausstellungen als Explosion des Fetischcharakters der Ware vorkamen, galt ihm die Boheme als authentisches soziales Charakteristikum der Epoche des Bürgerkönigs Louis-Philippe 1830–1848. Das bekannteste literarische Zeugnis von Glanz und Elend dieser Künstler-Boheme ist der in 23 locker aneinander gereihten Fortsetzungen gesponnene Roman SCÈNES DE BOHÈME von Henri Murger, der 1845–1849 in der Pariser Zeitschrift ›Le Corsaire de Satan‹ erschien und heute unter dem Titel der Buchausgabe von 1851 als SCÈNES DE LA VIE DE BOHÈME bekannt ist. In diesen Erzählungen spiegelt sich, wie verfremdet auch immer, ein erheblicher Realienanteil. So ist der Dichter Rodolphe ein – allerdings um die tödliche Tuberkulose beschnittenes – Selbstporträt Murgers, der Maler Marcel wurde aus einem Schriftsteller und zwei Malern im Freundeskreis Murgers zusammengesetzt, das bei Murger wie in Puccinis Oper vorkommende Gemälde DIE DURCHQUERUNG DES ROTEN MEERES hat es ebenso gegeben wie das Café Momus. Der Stoff kam nicht nur Puccinis Neigung zur französischen Kultur und speziell zu Paris, wo auch (teilweise) MANON LESCAUT, IL TABARRO und LA RONDINE spielen, entgegen. Ein Jahr nach seiner Oper stellte Ruggero Leoncavallo seine Vertonung fertig (zu den Gemeinsamkeiten und Unterschieden beider Fassungen (→ S. 211 f.) und richtete nicht grundlos einen Plagiatsvorwurf an die Adresse seines ehemaligen Freundes (der ihn daraufhin in Weiterführung der animalischen Bestandteile seines Namens nur noch als Leon-Bestia oder Leon-Asino bezeichnete).

Unerwähnt ließen beide aber die Tatsache, dass ihre Libretti – Leoncavallo schrieb das für seine Oper selbst – nicht nur aus Murgers Erzählungen geschöpft hatten, sondern auch aus deren (damals urheberrechtlich noch geschützter) Dramatisierung durch Théodore Barrière (1849). In dieser Komödie wird die Figur der Mimi, die Murger teilweise aus Alfred de Mussets Erzählung Mimi Pinson übernommen hatte, mit anderen seiner Figuren vermischt. Bei Puccini ist diese Kontraktion erheblich verstärkt, seine Mimì ist hauptsächlich der Nebenfigur Francine bei Murger nachgebildet – im Gegensatz zu Leoncavallo, wo sie typologisch nicht deutlich von Musetta unterschieden ist. Puccinis Verdichtung erfolgte mit einer auffälligen Veränderung des moralischen Aggregatzustands: Aus einer unverheirateten Frau der Unterschicht, die ihren Lebensunterhalt durch Arbeit bestreiten muss und geradezu zwangsläufig in die Nähe eines (auch gewerblich) promiskuitiven Sexualverhaltens gerät – was bei Leoncavallo deutlicher spürbar ist –, wurde eine seiner Märtyrerinnen der Liebe, deren bewegendes Sterben sie ganz rein wäscht. In Mimì kristallisiert sich (Ähnliches gilt sogar für seine Musetta, die im Herzen ihrem Marcello treu bleibt) eine spezifische Männerphantasie aus dem Fin de (19.) siècle, wie sie der eine Zeit lang mit Puccini wegen möglicher Libretti verhandelnde Gabriele d'Annunzio 1888 in seinem ersten Roman gestaltet hatte: Il piacere (Die Lust – das ist auch das traumatische Schlüsselwort für die von allem Schmutz der Erde nicht zu befleckende Titelfigur von Mascagnis IRIS). Bei d'Annunzio schwankt der Held Andrea Sperelli zwischen zwei Frauen, der heidnisch-sinnlichen Femme fatale Elena und der präraffaelitisch reinen Femme fragile Maria, die er am liebsten zu einer »terza amante ideale« verschmelzen möchte. Puccini musikalisiert diese Vorstellung. Bei ihm erscheint Mimì, Prototyp seines Frauenbilds, als ein erotisch zwar sogleich entflammbares, aber doch auf die Selbstaussprache im Gefühl beschränktes und der sozialen Wirklichkeit entrücktes Kunstprodukt. Der ungebrochene Welterfolg von Puccinis Konzept – noch das Musical Rent versucht ihn schamlos abzukupfern – erklärt sich nicht nur als Wunschbild des erfühlten Augenblicks, das uns mit dem schlechten Bestehenden versöhnt. Diese Männerphantasie gibt seit 1896 auch jeder Gegenwart Anlass, über ihre gesellschaftlichen Defizite zu sinnieren.

ECHTE UND FALSCHE BOHEME

Näher als Puccini an der literarischen Vorlage und deren Realitätsgehalt war Leoncavallo auch in der Beziehung, dass er nicht zuletzt durch eine Meta-Kunst mit vielen Zitaten und Anspielungen einen Mechanismus bloßlegte: In dem Maße, wie die Künstler sich durch ihre Arbeit ästhetische Autonomie schaffen, werden sie von der Bürgerwelt ausgestoßen. Bei Puccini, der zum Schrecken seiner Librettisten das Fest strich, das Musetta den Künstlern in einem Pariser Hinterhof gibt, weil sie gerade aus ihrer Wohnung geworfen wurde, ist dieses Moment getilgt. Das prekäre Verhältnis Künstler – Gesellschaft zeigt sich bei ihm nur darin, dass seine Bohemiens mit trottelhaft alten Vertretern des Besitzbürgertums (Hausbesitzer Benoît und Musettas Galan Alcindoro) Späße auf deren Kosten treiben. Murger hatte seinem Roman des Juste milieu im Vorwort eine doppelte Begriffsbestimmung mitgegeben. Demnach gebe es zwei Arten von Boheme, eine echte und eine falsche. Die falsche, das seien jene Künstler, die das unbürgerliche Leben als Prinzip auffassen (eine Vorwegnahme von Freuds Definition der Kunstpraxis als gescheiterter sozialer Anpassung), während es für die wahren Bohemiens nur Übergangsstadium auf dem Weg zu Ruhm und Reichtum sei.

In dieser Hinsicht erscheint die ›echte‹ Boheme als maskiertes Komplementärphänomen der angepassten Mittelschichten – was zumindest für Murger selbst zutraf, der sich in seinem Boheme-Dasein von Eugène Pottier, dem späteren Dichter der kommunistischen Internationale, unterstützen ließ und gleichzeitig für die zaristische Geheimpolizei Agentenberichte über die Pariser Revolution von 1848 schrieb. Ein Reflex von Murgers doppeltem Begriff der Boheme ist in Puccinis Oper zu spüren, wenn Rodolfo im II. Bild die mit leuchtenden Augen vor einer Schmuckauslage stehende Mimì auf das erhoffte Ableben seines Erbonkels vertröstet: Er scheint entschlossen, nichts Wertvolles in das Mädchen zu investieren (es reicht immerhin zum Kauf eines rosa Häubchens), ist wirklich der Bohemien im Zwischenstadium auf dem Weg zu bürgerlicher Wohlsituiertheit, in der er sich dann sicher nicht weiter mit Mimì liieren würde. Bei Murger wird aus ihm und seinem Malerfreund tatsächlich ein vom Bürgertum anerkannter Erfolgskünstler.

Die unaufhaltsame Erfolgsgeschichte von Puccinis BOHÈME, die zu den meistgespielten Opern des internationalen Repertoires gehört, ist verständlich. Sie verdankt sich nicht nur, auch im Vergleich mit Leoncavallos Vertonung des Stoffs, dem melodischen Reichtum der Partitur, sondern ebenso ihrer glücklichen Balance zwischen Konversationston und Lyrismus. Dazu gehört, dass die vier Bohemiens in den burlesken Momenten jenes gestelzte Italienisch parodieren, das allzu lange die Librettosprache beherrscht hatte, während sie in ihren lyrischen Augenblicken eine neuartige poetische Flexibilität erreichen. Und noch das düsterste Deklamieren über einer ostinaten Folge dissonanter Dreiklänge hat in der beschworenen Todesnähe puccinesken Schmelz und Aufschwung. So im III. Bild, wenn Rodolfo dem Freund Marcello Mimìs unrettbaren Zustand als wahren Grund seiner Trennung von ihr bekennt. Diese Stelle *Mimì è tanto malata* gehört mit der versteckt lauschenden und nun die Wahrheit erfahrenden Mimì zu den auch dramaturgisch eindringlichsten Duetten Puccinis mit einem »geschädigten Dritten«.

Die Partitur weist nach den Worten von René Leibowitz eine Dialektik von Strenge und Freiheit auf, die den musikalisch anverwandelten Szenen aus Murgers LEBEN DER BOHEME ästhetische Authentizität verleiht. Die ins Musiktheater transferierte ›echte‹ Boheme Murgers mag zwar im Sinne Walter Benjamins die falsche sein, aber sie erfüllt den Wahrheitskanon des italienischen Melodramma in perfekter Weise. Zur Strenge gehört die formale Dichte. Bild I (Puccini benutzte bewusst nicht den Begriff Akt) folgt seinem in MANON LESCAUT erstmals erprobten Typus mit lebhaftem Beginn und lyrischer Verlangsamung gegen Ende hin. Der von dem in allen Bildern erklingenden Boheme-Kopfmotiv eingeleitete Fluss wirkt im Sechsachtel- und Zweiviertel-Rhythmus wie ein Scherzosatz, in dem das vom Musiker Schaunard mit archaisierenden Quintparallelen vorgetragene Weihnachtslied vom Duft der frischen Kuchen (*Quando un olezzo*) und die Episode mit dem Hausbesitzer Benoît wie ein verlangsamendes Trio klingen. Mit dem Auftritt Mimìs ändert sich durch den Wechsel der stimmführenden Instrumente von den Holzbläsern zu den Streichern die Klangperspektive in das, was Leibowitz – der gestand, jedes Mal beim Hören oder Dirigieren dieser Stelle einen merkwürdigen Schauer zu empfinden – »negative Intensität« nannte. In diesem zarten Klangbild erscheint

Rodolfo das Mädchen vor dem Abendhimmel über Paris alsbald wie eine lichtumgossene Silhouette der Präraffaeliten.

NEGATIVE INTENSITÄT

Diese fast immaterielle Zartheit einer Femme fragile deutet in Mimìs Vorstellungsarie *Mi chiamano Mimì* durch das harmonische Ausweichen in das Moll der Dur-Mediante schon jene Auszehrung an, der sie erliegen wird. Ihren Höhepunkt erfährt die negative Intensität von Puccinis Untertreibungsgestik in Mimìs Todesszene am Ende des IV. Bilds. Der Unterschied zum melodramatisch ausgeweiteten Sterben der Manon Lescaut ist immens. Jetzt markiert ein knapper Wechsel von Des-Dur, in dem Mimì sich an ihre erste Begegnung mit Rodolfo erinnerte, zu h-Moll auf engstem Raum diesen Übergang, der zunächst unbemerkt bleibt. Puccini weicht hier von tradierten Praktiken des Spannungsaufbaus ab. Der h-Moll-Akkord wird von den Holzbläsern über einem Liegeakkord der Hörner intoniert, und bis zu dem Augenblick, da Rodolfo sich des Vorgangs bewusst wird, bleibt es bei einer degressiven Instrumentierung von vier sordinierten Violinen über einem Orgelpunkt von Kontrabässen und Bassklarinette. In diesen Klang hinein spricht (!) Rodolfo sich trügerische Selbstberuhigung zu, aber die Ruhe des Schlafes, die er beschwört, ist schon die des Todes: Wir hören nur noch den Orgelpunkt von Klarinette und Bass. Erst jetzt erkennt der Dichter am Schweigen der anderen die Wahrheit. Sein Ausbruch wird im Orchester durch das Zitat von Collines Mantelarie kommentiert. Am Ende steht ein cis-Moll-Akkord im dreifachen Piano mit zusätzlichem Decrescendo. Extreme Register des Orchesters werden vermieden, fast alle Töne des Akkords sind durch Instrumente verschiedener Klangfarben in mittlerer Lage besetzt, so dass der für Puccini von nun an typische und ganz im Gegensatz zur Instrumentationspraxis bei Strauss und Mahler weich konturierte Mischklang entsteht. Das Pathos wendet sich quasi nach innen.

Diese durch Negativität der Klangdichte erzielte Intensität konnte Puccini nur auf Grund seiner kompositionstechnischen Ökonomie gelingen: ein Beweis jener Freiheit und Meisterschaft, die sich einer Selbstbeschränkung verdanken. So wird die zweite Hälfte des letzten Bilds, abgesehen von Collines Mantelarie und Mimìs pro Takt um eine Tonstufe absinkendem und durch die

Violoncelli verdoppeltem c-Moll-Arioso *Sono andati*? (Sind sie gegangen?), aus Materialien zusammengesetzt, die schon früher erklungen waren. Diese Reminiszenzen an die Bilder I und II werden allerdings nicht identisch mit dem Erinnerten verwendet, sondern vom Orchester bei ausgedünnter Instrumentation bis zum Ende hin erzählt: ein musikalischer Krankenbericht, der in den Tod führt. Der Wendepunkt im Geschehen ähnelt dem des I. Bilds bei Mimìs Auftritt, erscheint nun aber als harter Schnitt. Die im Gegensatz zum I. Bild nach dem erinnerungsvollen Duett Rodolfo–Marcello *O Mimì, non più mi torni* (Ach Mimi, du kehrst nicht wieder) gezwungen und hektisch wirkende Munterkeit der vier Bohemiens zu Beginn hört im schmerzlichen Umschlag von As-Dur nach e-Moll plötzlich auf, wenn Musetta auftritt und die nahende Ankunft der todkranken Mimì meldet. Dieser Parallelität in der Großform bei gleichzeitigem Paradigmenwechsel im Ausdrucksgehalt entsprechen – was die Qualitäten der von Illica entworfenen und von Giacosa in Verse gebrachten Dialoge bezeugt – Korrespondenzen im Mikrokosmos.

So wirft im I. Bild Rodolfo seine Feder fort, ehe Mimì auftritt; im IV. wirft er sie in Gedanken an die Treulosigkeit der Geliebten weg. Wenn er im I. Bild Mimì als Silhouette wahrnimmt und in dem Mädchen ein lang ersehntes Traumgesicht erblickt, konstatiert Marcello von draußen (ohne Kenntnis des Vorgangs), er habe seine Poesie gefunden; wenn der Dichter im II. Bild Mimì den Freunden vorstellt, bezeichnet er sich als Poeten, sie als seine Poesie. Das Häubchen, das Rodolfo Mimì im II. Bild kauft, stellt einen Bezug her zu Musettas wärmendem Muff im letzten Bild; Rodolfos Arie *Che gelida manina* (Wie eiskalt ist dies Händchen) ist in der beschworenen Kälte ein optimistisches Pendant zu der hoffnungslosen Wärme des Muffs, den Musetta im IV. Bild Mimì kauft. Und wenn Rodolfo im Schlussbild versucht, mit Musettas Umhang die Lichtstrahlen vom Gesicht der schon gestorbenen Mimì fern zu halten, ist das die metaphorische Umkehrung ihrer lichtumflossenen Erscheinung im I. Bild.

Für Puccinis szenographische Begabung war das Libretto ein Glücksfall. Die Korrespondenzen und die Parallelität der Spielräume im Wechsel von geschlossenen Bildern (I, IV) und offenen (II und III) mit der immer wieder zum Ausdruck kommenden Spannung zwischen Wärme und Kälte setzten sein musikalisches Beschreibungspotenzial frei. Dazu nur einige Beispiele (Schaunards organumartiges Weihnachtslied wurde bereits erwähnt). Ein Exempel impressionistischer Detailkunst ist die Szene, in der Rodolfo im I. Bild sein Drama verbrennt: Das Papier zerreißt in schweren Akkordfolgen, und die Flammen züngeln in leisen Pizzikati hoch, wobei Glockenspiel, Pikkolo, Flöte und Harfe für das helle Kolorit sorgen. Verbunden sind Zerreißen und Verbrennen durch alternierende Quintsextakkorde von Ges-Dur und es-Moll, Ces-Dur und as-Moll, die den Eindruck von Bitonalität wecken: Rodolfo wird es offenbar unheimlich bei dem Vorgang (bei Murger erforderte er keine Überwindung, da Rodolphe Kopien seines Theaterstücks besaß).

Der Einsatz der Harfe in diesem Moment ist symptomatisch für Puccini, der das Instrument aus seinem Dornröschenschlaf als Orchestergitarre erlöste. Sie illustriert den Mondschein am Ende des I. wie Mimìs stockenden Herzschlag am Ende des IV. Bilds. Besonders gelungen sind die fallenden Schneeflocken zu Beginn des auf kein Vorbild bei Murger zurückgehenden III. Bilds, wo über einem langen Orgelpunkt von tremolierenden Quinten der Violoncelli Flöten und Harfe in leeren Quinten einen eiskalten Wintermorgen evozieren. Kaum weniger bemerkenswert ist Puccinis Verzicht auf die Harfe im I. Bild, wenn Rodolfo der erschöpften Mimì ein paar Tropfen Wasser ins Gesicht sprengt: Hier überlässt er den Vorgang zwei Geigen, die im Pianissimo über einer Sekundreibung der Flöten gezupft werden. Eine aparte Flötenstelle über dem Streicher-Harfensatz des Orchesters bietet Francesco Degradas 1988 veröffentlichte kritische Partitur nach der ersten Phrase in Rodolfos Arie *Che gelida manina*. Zusammen mit den Klarinetten erklingen die durch Harfe, Xylophon und Glockenspiel unterstützten Flöten in dem Miniaturmarsch des II. Bilds, wenn die Kinder dem Spielzeugverkäufer Parpignol nachlaufen. Während Triangel, kleine Trommel und Streicher den Rhythmus spielen, kombiniert Puccini Trompeten und Xylophon einerseits und Trommel mit Hörnern und Geigen andrerseits, die mit dem Rücken des Bogens gespielt werden. Das ist nicht nur ein Klangeffekt von besonderem Reiz, sondern auch ein für die Entstehungszeit geradezu avantgardistischer Fall gegenläufiger Instrumentation: Das Xylophon wird als Melodieinstrument eingesetzt, die Geigen mit ihrem Col-legno-Effekt als Schlaginstrument. Wenn am Ende des Bilds die Aufgipfelung des zum Sextett-Ensemble gewordenen Walzers der Musetta, Kindermarsch und Aufzug der Wache ineinander geblendet werden, hören wir ein heterophones Klangbild, das sich im Tritonusverhältnis von Walzer (E-Dur) und Marsch (B-Dur) sowie durch die Gleichzeitigkeit von Drei- und Viervierteltakt auf der Höhe der Komplikationen in der Durchführung des Kopfsatzes von Mahlers Dritter Symphonie bewegt und vergleichbare Momente bei Charles Ives vorwegnimmt. Und die Akkordfolgen, die das II. Bild mit dem Menschengetümmel vor dem Café Momus nicht nur einleitend charakterisieren, hallen noch anderthalb Jahrzehnte später in Strawinskys PETRUSCHKA nach: Musik auf der Höhe der Zeit.

TOSCA (›Melodramma‹ in drei Akten, *L* von Giuseppe Giacosa und Luigi Illica nach dem gleichnamigen Drama von Victorien Sardou, 1887; Teatro Costanzi Rom 1900 mit Hariclea Darclée in der Titelrolle; trotz zurückhaltender Kritik Publikumserfolg, auch in Turin, Mailand – unter Arturo Toscanini – und Genua sowie im Ausland: Buenos Aires, Covent Garden London – mit Milka Ternina – , Konstantinopel, Rio de Janeiro, Madrid 1900; während die aus Kroatien stammende dramatische Sopranistin Ternina dem Werk bei der nordamerikanischen Premiere 1901 an der New Yorker Met zum Durchbruch verhalf, erzielte die rumänische ›Spinto‹-Sopranistin Darclée, die auch Catalanis Wally und Mascagnis Iris aus der Taufe gehoben hatte, weltweit Erfolge mit der Partie: 1901 in Madrid, Lissabon und – unter Toscanini mit Enrico Caruso als Partner – Buenos Aires 1901, 1902 Bukarest, 1905 Venedig, 1908 Santiago di Chile; Anerkennung als neues Repertoirestück fand die Oper auch in landessprachlichen *EA*: Lemberg, Dresden in der Übersetzung von Max Kalbeck 1902, Monte Carlo, Opéra-Comique Paris – wo die Inszenierung von Albert Carré sich bis 1960 hielt –, Prag, Budapest 1903, Moskau 1905, Volksoper Wien 1907; schnell errang TOSCA, obwohl sie attraktive Partien für Tenor und Bariton aufweist, als Primadonnenoper Ruhm und Anfeindung zugleich; zu den berühmtesten frühen Darstellerinnen zählen auch Emma Eames, Ria Giachetti, Geraldine Farrar, Mary Garden, Claudia Muzio und Maria Jeritza, die 1921 an der New Yorker Met den Brauch einführte, die Arie im II. Akt *Vissi d'arte* liegend zu singen; als Cavaradossi glänzten neben Caruso Fernando de Lucia, Giuseppe Anselmi, Alessandro Bonci; als Scarpia war Antonio Scotti legendär; in die

Annalen der Theatergeschichte ging Toscaninis Neueinstudierung 1927 an der Mailänder Scala mit Claudia Muzio, Aureliano Pertile und Mariano Stabile ein; weitere bedeutende Interpretinnen der Titelpartie waren Iva Pacetti, Gina Cigna, Maria Caniglia, Dusolina Giannini, Ljuba Welitsch, Renata Tebaldi, Zinka Milanov, Leontyne Price, Régine Crespin, Leonie Rysanek, Mara Zampieri; überstrahlt wurden sie von Maria Callas, die nach der Schallaufzeichnung unter Victor de Sabbata 1953 ihr eindringliches Rollenporträt auch in Aufführungen einbrachte, am überzeugendsten unter Georges Prêtre mit Renato Cioni und Tito Gobbi als Partnern in der Regie von Franco Zeffirelli 1964/65 in London und an der Pariser Opéra; zum Ausstattungsstück geriet die Oper 1988 bei den Salzburger Osterfestspielen unter Herbert von Karajan in den Bühnenbildern von Günther Schneider-Siemssen; ein aufwendiges Experiment inszenierte Brian Large 1992, als die auch im Film festgehaltene Oper mit Catherine Malfitano, Plácido Domingo und Ruggero Raimondi unter der Leitung von Zubin Mehta weltweit vor etwa einer Milliarde Zuschauern im Fernsehen aus den authentischen Schauplätzen Roms zur originalen Tagesspielzeit übertragen wurde).

Diese Übertragung hat TOSCA zur vielleicht bekanntesten Oper überhaupt gemacht. Darüber darf nicht der Widerstand vergessen werden, auf den sie lange stieß. So fand das Melodrama 1913 in Oskar Bies immer noch lesenwertem Standardwerk DIE OPER eine vernichtende Beurteilung: »Die Sensation schlägt durch. Ein ekelhafter Text, blutig nicht bloß im Stoff, auch in der Behandlung«. Die Musik erfuhr keine bessere Beurteilung: »Schlächterarbeit im Kleid des Liebenswürdigen, lächelnder Mord«, selbst die wenigen Arien seien versungen und vertan: »geopfert dem Moloch der Kinodramatik«. Diese Betrachtungsweise hat sich gerade bei Musikern und Musikkennern lange gehalten. Überliefert sind Verdikte von Künstlern wie Gustav Mahler (»Kunstmachwerk«), Felix Mottl (»Affenschande«) und von Kritikern wie Ferdinand Pohl (»namenlose Gemeinheiten«), Julius Korngold (»Folterkammermusik«). Noch nach dem Zweiten Weltkrieg hatte der amerikanische Musik- und Opernforscher Joseph Kerman für TOSCA nur das Schimpfwort vom »schäbigen Schocker« bereit. Dass Jan Meyerowitz seine gewagte Analogie zwischen Puccinis Musik und dem Gesichtsausdruck von KZ-Wächtern ausgerechnet an TOSCA dingfest machte (→ S. 326 f.), war kein Zufall.

Natürlich gab es auch immer wieder sachlich fundierte Kritik an Puccinis neben der FANCIULLA dem Verismo am nächsten stehender Oper. So hat Peter Gülke 1964 den Bewegungsverlauf der Arie des auf seine Hinrichtung wartenden Cavaradossi aus dem III. Akt *E lucevan le stelle* (Und es blitzten die Sterne) analysiert. Dabei stellte er fest, dass ihr nach dem Rezitativ zuerst von der Klarinette intoniertes Thema »für einen Augenblick den Wunschtraum des Sängers, die Illusion der Freiheit, der Emanzipation von jeglichem Taktschlag zu verwirklichen scheint«. Dieses Thema wird im Gesang selbst drei Mal rhythmisch variiert. In der Klarinettengestalt beginnt es in einer für Puccini typischen intervallischen Eingangsspannung mit einem Quintsprung auf den Leitton zur Oberterz, also der Tonika der parallelen Dur-Tonart (D). Dann entwickelt es sich, ebenso typisch für den Komponisten, in engen Sekundschritten bis zur Dominante und von dort zurück zur Oberterz, ehe – nun hervorgehoben durch eine Punktierung – die Schlussfloskel einsetzt: in Umkehrung des anfänglichen Quintsprungs zum Quintfall, verbunden mit aufsteigender Quart zur Tonika von h-Moll. Der gleichmäßige, erst am Ende aufgehobene Achtelfluss dieser seit ihrem ersten Erklingen dem musikalischen Weltgedächtnis eingravierten Melodie erscheint in Cavaradossis drei Vortragsvarianten jeweils so verändert, dass sich die Frage stellt, ob »die Unterschiede in der Ausführung für unwesentlich erachtet und im Rubato verschliffen« werden sollen.

EINBRUCH DES UNBEWUSSTEN

Sieghart Döhring ist dieser Frage 1984 nachgegangen und kam zu dem Ergebnis, dass Gülkes Verdikt von der fehlenden tektonischen Spannung der Musik unangemessen sei. Denn Cavaradossis Arienthema folge keiner Idee von Thematik im klassischen Sinn, keinem Formmuster, sondern ziele auf etwas ganz Anderes und wandle sich psychologisch genau von »einer Chiffre erotischer Erfüllung zu einer des resignativen Zusammensinkens« – eine Bestätigung von Mosco Carners These, dass bei Puccini sinnliche Liebe und Todesnähe oft unentrinnbar miteinander verknüpft sind. Unter diesem Horizont erweist sich die orchestrale Wiederaufnahme des Themas nach dem finalen Todessprung Toscas auch nicht als dramaturgisch falsch placiert. Der kinematographische Knalleffekt markiert den bei Puccini raren Fall, dass die Musik den schon verstorbenen Liebenden eine Art Liebestod nachsingt. Und spannungstektonisch, nicht im Sinne einer formalen Abstraktion, sondern als klangliches Signal einer musikalischen Rede, hat diese Schlussfloskel die Funktion, das am Eingang der Oper erklingende Personalmotiv des Scarpia aufzuheben.

Es handelt sich bei diesem um drei Fortissimo-Akkorde, mit jeweils vorweggenommenem Bass des zweiten und dritten, in B-Dur, As-Dur und E-Dur. E und B stehen als Tritonus im weitesten Abstand des Quintenzirkels zueinander, so dass der As-Dur-Akkord wie ein Sturz ins harmonisch Bodenlose wirken müsste, hätte Puccini nicht die Oberstimme über dem wie in der Ganztonharmonik fortschreitenden Bass chromatisch aufwärts geführt, so dass der vom Tutti (lediglich Harfe und einige Schlaginstrumente bleiben ausgespart) mit aller Kraft intonierte letzte Akkord wie eine dominantische Fortführung wirkt: Das Falsche wird zum selbstgefällig protzigen Eigenwert aufgedonnert. Eindringlicher lässt sich die Bedrohung eines Gemeinwesens durch einen tyrannischen Polizeichef kaum vergegenwärtigen, zumal dieses Motiv keinerlei Entwicklung erfährt.

Auf diese Fanfare folgen knapp 100 Takte, die René Leibowitz 1957 in seiner Operngeschichte und noch tiefer gehend 1972 in seiner Aufsatzsammlung Les fantômes de l'opéra analysiert hat. Es handelt sich um einen synkopischen, chromatisierten Bewegungsverlauf, der erstmals im Werk Puccinis eine schwebende Tonalität aufweist. Erst wenn der zu diesen Klängen fliehende Angelotti den gesuchten Schlüssel der Attavanti-Kapelle findet, scheint sich die notierte Tonart B-Dur in einem Akkord auf der guten Taktzeit durchzusetzen. Doch mit zwei weiteren Akkorden (verstärkt durch ein plötzliches Piano) ist alles verunsichert: Die Akkordfolge war nichts anderes als das abgedämpft in die Holzbläser verlagerte Scarpia-Motiv. Es hat von dem Fliehenden Besitz ergriffen, er und sein Jäger sind bis zur Ununterscheidbarkeit miteinander verflochten. Musikdramaturgisch überzeugend auch das Finale II nach Scarpias Ermordung durch Tosca. In einer langen Pantomime mit Tamtam, Großer Trommel und Harfe (!) zu den düsteren Bläserakkorden sammelt sich Tosca und spricht (!) auf gleich bleibender Tonhöhe die Worte: *Und vor ihm zitterte ganz Rom.* Dann erklingt geisterhaft das Scarpia-Motiv, jetzt nach Moll gewendet. Aber der Tote übt noch Macht aus: Der Trommelwirbel, der den Akt beschließt, weist auf Cavaradossis Erschießung nach einem beklemmenden Marschaufzug des Kommandos mit ostinatem Bass und chromatischen Mittelstimmen voraus. Ein ähnlicher Vorgang ereignet sich im Vorspiel zum III. Akt kurz vor Beginn des Hirtengesangs, wenn leise der Schatten Scarpias mit seinem Personalmotiv auf das klangliche Geschehen fällt. Diese, an abstrakt formalen Kategorien gemessen, diffuse Gestaltungstechnik markiert weit ab vom Illusionismus einer angewandten Musik den Einbruch des Unbewussten in die musikalische Handlung: Wir hören mit der gequälten Empfindungsperspektive der Akteure: im I. Akt der Angelottis, im II. der Toscas, im III. der des eingekerkerten Cavaradossi.

In solchen Momenten erweist sich nicht nur Puccini als latenter Parteigänger Sigmund Freuds, sondern auch TOSCA als musikgeschichtliches Pendant zu Debussys in derselben Zeit entstandenem Meisterwerk PELLÉAS ET MÉLISANDE. Während bei Debussy die Motivabwandlungen »den epischen Fluß des Orchesters speisen, in den tendentiell auch die Gesangsstimmen eingebettet sind«, bleiben sie bei Puccini »stets einem nach dramatischen Gesichtspunkten ausgerichteten Formrahmen mit den Gesangsstimmen als Affektträgern unterworfen«. Daraus gewinnt Puccini eine spezifische Musikdramatik, die mit dem funktionalen Charakter der Motivik eine Art Beziehungszauber bewirkt. Vom unvoreingenommenen Publikum wird er als realistisch empfunden, als komplexer Ausdruck einer psychischen Situation der Opernfiguren. Und wenn Puccini einmal auf diese Motivik verzichtet, kann daraus eine besondere Wirkung entstehen. Das gilt für den Augenblick im Schlussduett der Liebenden, da – vergleichbar dem Solo Des Grieux' im Duett des II. Akts von MANON LESCAUT (→ S. 341) – das Orchester aufhört und beide unbegleitet singen *Trionfal di nova speme* (In Triumph und neuer Hoffnung). Obwohl wir dieses Motiv im Vorspiel III durch vier Hörner als Hoffnungschiffre schon gehört haben, wird es nicht weiter eingesetzt. Umso überraschender die Wirkung im Liebesduett. Da scheinen Tosca und Cavaradossi einen Augenblick im falschen Vertrauen auf Rettung buchstäblich abzuheben – ohne Orchester und ohne dessen thematisch-motivische Entwicklungsarbeit findet dieser Aufschwung buchstäblich über dem Bodenlosen statt.

EIN SCHÄBIGER SCHOCKER?

Es ist nicht nur die Pointe eines auf das Aufspüren von Frühformen der Atonalität und Zwölftonmusik versessenen Fachmanns, wenn Leibowitz – der die Tritonusspanne der Eingangsakkorde der Oper in der auf eben dieser basierenden Koda von Schönbergs ERSTER KAMMERSYMPHONIE nachhallen hört – Momente der harmonischen Zweideutigkeit bei Puccini als Vorstufe von Schönbergs Monodrama ERWARTUNG versteht. Der schäbige Schocker war seiner Zeit in mancherlei Beziehung voraus. Diese dramatisch stringenteste Oper Puccinis – was die geringe Zahl ihrer Ensembleszenen erklärt – weist jedenfalls keine Stilbrüche wie die Walzereinschübe in hoch gespannten Momenten der SALOME und ELEKTRA von Strauss auf. Aus dem Rahmen der Oper ihrer Zeit fällt TOSCA auch insofern, als Puccini, der schon im III. Bild von LA BOHÈME Gläserklirren und andere nichtmusikalische Klangkörper genau eingesetzt hatte, zu Beginn des III. Akts ein geradezu ethnologisch fundiertes Lokalkolorit einführt. Das Vorspiel suggeriert die Morgendämmerung über der Engelsburg, die um 1800 noch am Stadtrand Roms lag, so dass die folgende Weise des Hirtenknaben schlüssig ist. In dieser Dämmerung beginnt das Matutinläuten der umliegenden Kirchen. Puccini hatte sich nach der Stimmung der Glocken von St. Peter erkundigt, fuhr sogar selbst nach Rom und bestieg am frühen Morgen das Kastell, um sich einen Eindruck vom realen Klangbild zu verschaffen. Das kompositorische Ergebnis ist als operngeschichtlich neuartige Authentizität des Auralen zu bezeichnen. Nacheinander beginnen die Glocken, insgesamt elf, mit ihrem Geläute, das dem Fortgang der orchestralen Musik einen fast unwirklichen harmonischen Rahmen gibt, bis das tiefe Kontra-E des ›campanone‹ von St. Peter den Grund für das im Orchester in e-Moll einsetzende Thema von Cavaradossis späterer Arie liefert. Da geht die lokalkoloristische Objektivität direkt in Puccinis Subjektivität des Lebens- und Todesgefühls über und sichert ihr übergreifende Geltung.

Zu dieser gehört der historische Subtext. Die Handlung der TOSCA lässt sich wie die ihrer literarischen Vorlage – Sardous für Sarah Bernhardt geschriebenes Drama – auf einen Tag genau festlegen: den Nachmittag und Abend des 17. Juni 1800 mit folgendem Morgen. Im I. Akt trifft die ins Gegenteil verkehrte und dann im II.

korrigierte Nachricht von Napoleons Sieg bei Marengo am 14. Juni über die habsburgische Armee ein – die Berichtigung ist der Grund für den triumphalen Ausbruch des gefolterten Cavaradossi *Vittoria! Vittoria!* Scarpia wartet vorher auf das Eintreffen Toscas, während Königin Maria Carolina aus Anlass des vermeintlichen Siegs ein Fest im Palazzo Farnese gibt. Wir hören eine von fern erklingende Gavotte (im Sprechdrama wird der Komponist Giovanni Paisiello genannt) in Flöte, Bratsche und Harfe sowie eine Kantate für fünfstimmigen Chor mit dem von Tosca vorgetragenen Sopransolo: ein Raumklangeffekt von besonderer Wirkung, wenn Scarpia beim Verhör Cavaradossis das Fenster zuschlägt und die Fernmusik verstummt.

Hinter diesem Effekt verbirgt sich die von Puccini und seinen Librettisten ausgesparte politische Realität der Vorlage. Das Te Deum im Finale I verdeutlicht den Zusammenhang: Angestimmt wird es zur Feier des angeblichen Habsburgersiegs über Napoleon. Der hatte 1798 in Rom und im Königreich Neapel-Sizilien Republiken gegründet, die während seines ägyptischen Abenteuers aber unter dem Ansturm der royalistischen und papistischen Reaktion zusammenbrachen. Danach ließ Königin Maria Carolina, eben die, vor der Tosca unsichtbar in der Oper singt, die italienischen Republikaner dafür büßen, dass ihre Schwester Marie Antoinette als erstes Mitglied der königlichen Familie der Französischen Revolution zum Opfer gefallen war. Diese im Drama deutlichen Bezüge finden in der Oper nur im Subtext statt – aber der antiklerikal gesinnte Puccini tat sein Bestes, um sie im Unterbewusstsein seines Publikums zu evozieren. Wie brisant 1900 seine Einlassung auf die Realgeschichte von 1800 war, beweist das für die Uraufführung angedrohte Bombenattentat: »In der politischen Auseinandersetzung des gerade erst geeinten Italien wurde dieses römisch-katholische Lokalkolorit der Oper sehr wohl registriert und als Stellungnahme des Autors empfunden; die Entscheidung Giulio Ricordis, die Premiere der Oper in Rom anzusetzen, muß daher als sehr mutig angesehen werden«.

Es war bekannt, dass Puccini das historische Gewand seiner Oper als Kommentar zu der von ihm als restaurativ empfundenen politischen Realität seiner Zeit unter Umberto I. und dem Einfluss des Vatikans verstand. Dieser lehnte aus Machtkalkül eine gesamtitalienische Politik ab und bedrohte bis 1929 die Teilnahme an

Wahlen sogar mit der Exkommunikation. Am deutlichsten wird Puccinis geheime Parallelisierung von 1800 und 1900 im finalen Te Deum des I. Akts, in dessen zweite Strophe Scarpia heuchlerisch einstimmt: Ihm geht es nicht nur um den Sieg der politischen Reaktion, sondern auch darum, Tosca ins Bett und Cavaradossi vor ein Füsilierkommando zu bekommen. Puccini entnahm das Thema des Te Deums der römischen Liturgie (auch das eine authentische ›couleur locale‹). Das Orchester wird durch eine Große Trommel und Glocken verstärkt, deren tief gestimmte über 73 Takte ein Ostinato auf den Tönen F-H spielen. Hinzu kommen als Bühnenmusik Posaunen und Hörner, die zusammen mit Scarpia in das Te Deum einfallen, hinter der Szene hören wir eine Kanone im rhythmischen Ablauf der Musik donnern. Dieses nach den Worten Mosco Carners ›meyerbeerischste‹ Finale Puccinis mündet in den triumphalen Gestus des Scarpia-Motivs: restaurative Kirche und repressiver Staat im Rom des Jahres 1800 gehen eine ›entente fatale‹ ein. Da wird im Musikdrama mit rein künstlerischen Mitteln ein Kommentar zur politischen Vergangenheit gestaltet und, nicht zuletzt über das authentische Lokalkolorit, in die Gegenwart fortgeführt: ein Akt der Gegengeschichtsschreibung. In ihrem historischen Roman DER LIEBHABER DES VULKANS thematisiert Susan Sontag 1993 auch die blutige Niederschlagung der so genannten Parthenopäischen Republik Neapel im Jahre 1799. Als Schreibtischtäter für Königin Maria Carolina fungierte damals ein Juntachef namens Giacomo Speziale. Bei Susan Sontag ist die historische Figur zu übergreifender Kenntlichkeit entstellt. Sie trägt den Namen Scarpia.

MADAMA BUTTERFLY (Frau Schmetterling; ›Tragedia giapponese‹ in zwei oder drei Akten, *L* von Giuseppe Giacosa und Luigi Illica nach John Arthur Longs auf einer wahren Begebenheit beruhender Erzählung MADAME BUTTERFLY von 1898 und deren Dramatisierung durch David Belasco, 1900; Mailänder Scala 1904 mit Rosina Storchio in der Titelrolle, Giovanni Zenatello als Pinkerton und Giuseppe de Luca als Sharpless in einer zweiaktigen Fassung; nach dem Fiasko der Premiere Umarbeitung in eine dreiaktige Aufteilung für Brescia 1904 mit Salomea Krusceniski in der Titelrolle; weitere Veränderungen für Covent Garden London 1905 mit Emmy Destinn, Enrico Caruso, Antonio Scotti als Protagonisten-Trias, die an der New Yorker Met, von 1907 an auch mit Geraldine Farrar als Butterfly, ein Jahrzehnt lang das Werk beherrschte, und für die französische *EA* an der Opéra-Comique 1906; die verwickelte Entstehungsgeschichte hat dem schnellen Siegeszug der Oper keinen Abbruch getan, er setzte sich auch landessprachlich fort: Budapest, Washington D. C. 1906, Barcelona, Hofoper Berlin in der Übersetzung von Alfred Brüggemann, Hofoper Wien mit Selma Kurz unter Gustav Mahler, Madrid 1907; Warschau, Ljubljana 1908; Stockholm, Brüssel 1909; seitdem neben LA BOHÈME und TOSCA fester Bestandteil des internationalen Repertoires; 1925 sang an der Mailänder Scala unter Arturo Toscanini Rosetta Pampanini die Titelpartie und galt als deren führende Darstellerin in der Zwischenkriegszeit neben Toti dal Monte, deren Artikulation von authentischen Geisha-Gesängen inspiriert war; die Einstudierung durch Alexander Zemlinsky 1931 an der Berliner Kroll-Oper mit Jarmila Novotná, Charles Kullmann und Mathieu Ahlersmeyer stand mit den konstruktivistischen Bühnenbildern von László Moholy-Nagy quer zur oft ins Kitschige abgleitenden Japonoiserie; eine konventionelle Inszenierung blieb in der Met von 1922 bis 1956 auf dem Programm und bot mit Elisabeth Rethberg, Dorothy Kirsten, Victoria de los Angeles, Lisa della Casa einige der bekanntesten Protagonistinnen; andere waren Tamaki Miura, die 1915 in Boston eine Aufführungstradition mit authentisch japanischer Körpersprache begründete, Margaret Sheridan, Licia Albanese, Maria Ceborati, Sena Jurinac, Renata Tebaldi, Maria Callas, die neben ihrer einzigen Bühnendarstellung 1955 in Chicago aus demselben Jahr eine Schallaufzeichnung unter Herbert von Karajan mit immenser Bandbreite zwischen Kindfrau und tragischer Heroine hinterlassen hat, Renata Scotto, Teresa Zylis-Gara, Ying Huang in einer Filmversion; eine dem Kabuki-Theater angenäherte Interpretation wagte Jorge Lavelli mit dem Bühnenbildner Max Bignens 1978 an der Mailänder Scala; im selben Jahr brachte Joachim Herz an der Komischen Oper Berlin mit der rekonstruierten Erstfassung die später unterdrückte Kritik am Kolonialismus ins Spiel; die erste und letzte Fassung stellte 1982 Giorgio Marini im Teatro La Fenice in Venedig unter Eliahu Inbal gegenüber; später haben Regisseure immer wieder versucht, den ideologiekritischen Ansatz zu realisieren, sei es durch Verlegung in das Nachkriegs-Japan nach 1945 wie Ken Russell 1983 in Charleston/NC und Spoleto oder gar nach Vietnam wie Gian Carlo del Monaco in Dortmund 1974; ein abstraktes, fast statisches Licht-Spiel machte Robert Wilson 1993 an der Pariser Bastille-Oper aus dem Stück, während Robert Carsen 1994 in seinem Puccini-Zyklus an der Flämischen Oper Gent/Antwerpen den Rückgang auf die Urfassung als Tragödie eines kulturellen Selbstwertverlustes inszenierte).

Puccinis für viele Musikfreunde feststehender Ruf als Kitschier des Musiktheaters gründet sich vor allem auf MADAMA BUTTERFLY. Doch der Vorwurf der Sentimentalität – wie grotesk wirkt er angesichts des seiner Oper nachhechelnden Musicals MISS SAIGON! – ist weniger durch die Substanz seiner stilistisch geschlossensten Oper als durch deren Umfärbung in der Aufführungsgeschichte bedingt. Die vernichtende Niederlage bei der vom Verlegersohn Tito Ricordi inszenierten und von Cleofonte Campanini dirigierten Premiere in der Mailänder Scala am 17. Februar 1904 wurde vom Komponisten als Entwürdigung empfunden – er zog das Werk sofort zurück und bezahlte dem Theater die entstandenen Kosten. Eine Erklärung für das Fiasko liegt darin, dass Mascagni die revidierte Fassung seiner ebenfalls im fernöstlichen Milieu spielenden IRIS fünf Jahre zuvor an derselben Stelle herausgebracht hatte. Erschienen war sie bei Sonzogno, der als Konkurrent von Puccinis Verleger Ricordi eine Zeit lang Manager der Scala war und deren Programm bestimmte. Zwar ist eine gesteuerte Kampagne gegen Puccini nie bewiesen worden, aber das nimmt dem Verdacht nichts von der Wahrscheinlichkeit. Schon die Aufführung in Brescia am 28. Mai bedeutete für Puccini eine Rehabilitation, und kurz danach kam unter Toscanini im Teatro de la Opera (später: Teatro de la Plata) von Buenos Aires – wie in Mailand mit Rosina Storchio – der endgültige Durchbruch, die Oper wurde in dieser Fassung auch in Montevideo, Alexandria und Kairo gespielt. Die von Ricordi veröffentlichte ›nuova edizione‹ dirigierte Tullio Serafin 1905 im Mailänder Teatro dal Verme, doch Puccini nahm vor der von Toscanini ebenfalls im Oktober 1905 in Bologna herausgebrachten Premiere wieder einige Änderungen vor. Für die ersten nordamerikanischen Aufführungen durch eine professionelle Tourneetruppe, denen die Met-Premiere folgte, druckte Ricordi dann die dritte Partitur.

EINE JAPANISCHE MEDEA

Zu gravierenden Änderungen führte die Pariser Erstaufführung 1906, als Hausherr und Regisseur Albert Carré (dessen Frau die Puccini wenig begeisternde Protagonistin war) Bedenken anmeldete und den Komponisten auf seine Seite zog. Nun wurden im I. Akt alle beleidigenden Äußerungen Pinkertons zu Japanern und über diese getilgt, ebenso die Arie von Butterflys betrunkenem Onkel Yakusidé und andere zu ihrem familiären Anhang gehörende Details in der Hochzeitszeremonie. Zu den textlichen Eingriffen gehört auch die Eliminierung des imaginären Tenno-Auftritts in Cio-Cio-Sans zwischen Tanzlied und Trauermarsch ausbalancierter, bei den Oktavsprüngen in Todesangst mündender Arie *Che tua madre*, mit der sie Konsul Sharpless in der auf dem Motiv des späteren Summchors grundierten Briefszene des II. Akts auf die Frage antwortet, was sie tun werde, wenn Pinkerton nicht zurückkomme. So verlor der as-Moll-Miniaturmarsch, der nach Cio-Cio-Sans Selbstmord mit dem unaufgelösten Sextakkord auf der Tonika von h-Moll das letzte Orchesterwort in der Oper hat, seinen internen Bezug, da vom Aufmarsch der kaiserlichen Garde keine Rede mehr ist. Dieser Textverlust ist umso bedauerlicher, als Puccini keine seiner Opern mit einer größeren musikalischen Logik der Reminiszenz-Motive verdichtet hat als MADAMA BUTTERFLY. Dass die Amerikaner Butterfly am Ende das Kind mit Geld abkaufen wollen, fiel fort und wurde durch deren Ergebenheitsgeste gegenüber Pinkertons Wunsch ersetzt: *Er ist der Herr, und ich muss gehorchen.*

Einschneidend auch die Veränderungen im Vokalpart Kate Pinkertons, die nun ihre Gefühllosigkeit verliert und zu einer sympathischen Figur wird. An diesem Prozess der Umfärbung war Pinkerton selbst schon in der Brescia-Fassung beteiligt worden, als Puccini ihm für den Schlussakt in der Arie *Addio, fiorito asil* (Leb wohl, mein Blütenreich) Reuefähigkeit zubilligte. Diese Änderungen gingen 1907 in die vierte Druckfassung ein, die mit der Übersetzung ins Italienische, Deutsche und Englische das Erscheinungsbild der Oper bis 1978 bestimmte, als Joachim Herz den Rückgang auf die Erstfassung wagte. Dass die vierte Druckausgabe mitnichten Puccinis letztem Willen entsprach, beweisen die Revisionen, die er für eine Aufführung 1920 im Teatro Carcano von Rom vornahm. So wurden an der tradierten Version einige Striche vorgenommen und die Musik zum Vogelgezwitscher des folgenden Sonnenaufgangs, dessen mechanische Erzeugung 1904 bei der Uraufführung einen Tumult ausgelöst hatte, aus dem Zwischenspiel zum Schlussakt gestrichen – immer hatte Puccini ihn trotz des nun bei geschlossenem Vorhang erklingenden Zwischenspiels als Teil des zweiten aufgefasst. Schließlich machte er drei Striche aus der Brescia-Fassung wieder auf.

So gibt es MADAMA BUTTERFLY nicht in einer vom Komponisten gebilligten Fassung letzter Hand, aber es besteht kein Zweifel daran, dass die 1907 in Druck gegangene den ursprünglichen Entwurf entschärft. Das schließt einzelne Verbesserungen keineswegs aus, etwa die Melodie von Butterflys zuerst mit Vorhaltsbildungen am Ende der Phrase recht konventionell wirkendem Personalthema. Doch Momente aus der Urfassung wie Cio-Cio-Sans Erschrecken vor der Unkultur ihres amerikanischen Liebhabers in dem bezeichnenderweise mit einem unaufgelösten Sextakkord endenden Liebesduett des I. Akts – Puccinis anspruchsvollstem Beitrag zum Genre –, der erste Auftritt Yakusidés, die ausgedehnte Hochzeitszeremonie, das Erscheinen des Bonzen mit seiner Verfluchung Butterflys und die Schluss-Szene der Oper mit Butterflys zu einem synkopierten Marsch mit tiefer Trompetenstimme und quälender Stützung durch Englischhorn und Bratsche erfolgendem Selbstmord sind allen späteren Fassungen überlegen und fügen sich in das Gesamtbild einer der menschlichsten Tragödien auf dem Musiktheater des 20. Jahrhunderts. Aber Generationen von Zuschauern bekamen in verführerischer Musik nur die von Sentimentalität bedrohte Alltagstragödie einer jungen Frau geboten, die mit ihrem Kind vom Liebhaber sitzen gelassen wird. Tatsächlich ist diese in der Mailänder Urfassung Teil eines sextouristischen Einbruchs des abendländischen (und männlichen) Imperialismus in eine vom Untergang bedrohte alte Kultur, Butterfly wird sozusagen zu einer umgekehrten Medea der Neuzeit. Puccini ging dabei keineswegs ideologisch einseitig vor, er zeigte ursprünglich sehr wohl, wie korrumpiert dieses Japan schon wenige Jahrzehnte nach dem Ende der 1854 durch den halb erzwungenen Freundschaftsvertrag mit den USA zurückgenommenen und 1867 durch die Öffnung der Häfen besiegelten Abschottung durch das Schogun-System war. Was in TOSCA aus dem Subtext erschlossen werden kann, lag in der Urfassung von MADAMA BUTTERFLY zu Tage, ehe es systematisch aus Puccinis neben IL

TABARRO einziger Oper, die in seiner Gegenwart spielte, getilgt wurde: gesellschaftskritischer Realismus.

Der unterscheidet Puccinis Oper über eine Ehe auf Zeit – sie war in Japan eingeführt worden, um Prostitution zu kanalisieren – grundsätzlich von André Messagers ›comédie lyrique‹ MADAME CHRYSANTHÈME, mit der 1893 nach Pierre Lotis autobiographischem Bericht desselben Titels der Zusammenstoß zweier Kulturen in Japan auf dem Musiktheater erschienen war: als glimpflich ausgehende Verbindung zwischen einem französischen Matrosen und einer japanischen Prostituierten. Die hatte sich eben an die Spielregeln gehalten, während Butterfly den über 999 Jahre abgeschlossenen und damit von vornherein irrealen Ehevertrag ernst nahm. Gegenüber dem in seinen poetischen Szenenanweisungen schwelgenden Textbuch von Luigi Illica für Mascagnis ausschließlich mit japanischem Personal auskommender IRIS (→ S. 187 f.) bedeutet dessen zum letzten Mal in der Partnerschaft mit Giacosa für Puccini erarbeitetes Libretto einen deutlichen Zugewinn an dramatischer Stringenz, und Puccini ging auch in der Anverwandlung exotischen Klangmaterials über seinen Konkurrenten hinaus.

WELTMUSIK

Wie später in LA FANCIULLA DEL WEST und TURANDOT verwendet er neben der japanischen Nationalhymne, die für den Auftritt des kaiserlichen Beamten im I. Akt als programmatischer Kontrast zum *America forever* Pinkertons und des Konsuls dient, Melodien japanischer (bzw. später indianischer und chinesischer) Herkunft, dazu vor allem Beispiele aus einer 1899 veröffentlichten Sammlung populärer japanischer Lieder. Durch die Bekanntschaft mit der Frau des japanischen Botschafters, die Italiens Königin im Koto-Spiel unterrichtete, wurde er mit deren Sammlung japanischer Musik auf etwa hundert Schallplatten vertraut. Außerdem sah er das erste europäische Gastspiel einer japanischen Kabuki-Truppe und interessierte sich überhaupt für japanische Artikulation. Seine schon im III. Bild von LA BOHÈME eingesetzten Pedalharmonien und der Summchor (mit einer aus Gründen der Intonation begleitenden Viola d'amore bzw. Bratsche) am Ende des II. Akts sind bereits Ansätze zu einem klanglichen Exotismus. Der spiegelt sich natürlich im Instrumentarium, das mit japanischem Tamtam und Glockenspiel sowie diversen Gongs angereichert ist (Nagasaki war die Stadt der Glockenklänge). Die für die Hochzeitszeremonie auf der Bühne geschlagenen japanischen Glocken ließ Puccini aus Metall für Aufführungen herstellen. Diese oft nur kurz eingesetzten außereuropäischen Materialien sind in die Satzstruktur, die oft pentatonische Harmonik und die variable Rhythmik seines eigenen Idioms so integriert, dass sie sich nie verselbstständigen und als kulturimperialistisch vorgezeigte Trophäen erscheinen.

Der harmonische und farbliche Reichtum der Partitur, der gegenüber TOSCA eine erheblich weiter entwickelte Klangsprache bekundet, ist kein Selbstzweck. Dramaturgisch hat er die Funktion, auf den Eigenwert und die Eigengesetzlichkeit einer alten, von der westlichen Wirtschafts- und Militärkraft bedrohten Kultur hinzuweisen. Bezeichnend dafür ist, dass Puccini die Oper mit der Exposition einer vierstimmigen Fuge beginnt, einer herausragenden Erscheinungsform westlicher Musikrationalität. Aber ihre Energetik versickert bald, genau wie der auf der Bühne erscheinende und ob des ihm vom korrupten Goro angebotenen Häuschens faszinierte Pinkerton, in einer bitonal gallertartigen Masse: ein musikdramatisch genauer Ausdruck der individuellen und allgemeinen Situation. Andrerseits erhebt das trotz aller Amalgamierung in Puccinis Personalstil unüberhörbar exotische Lokalkolorit die Figur der Butterfly immer mehr zu tragischer Höhe. Wenn sie, die ihrem Glauben dem christlichen zuliebe entsagt hat, sich durch den Ehevertrag Teilhabe an der abendländischen Kultur und an der Gleichberechtigung der Frau erträumt hat, am Ende zum Urgrund ihrer Kultur zurückkehrt und – wie ihr Vater, dessen Todesmotiv für die Oper eine wichtige Rolle spielt – Harakiri begeht, ist sie eine moderne japanische Medea: »Der musikalische Exotismus schafft das ›fremde‹ Gegengewicht zu den Ausdrucksformen einer vertrauten, sich imperial gebärdenden Zivilisation, er offenbart jene reinere Menschlichkeit, die in dieser Zivilisation verschüttet ist«.

Auch musikalisch war der Exotismus kein Accessoire für Puccini. Georg Capellen hatte 1904 eine Sammlung japanischer Lieder in einer Bearbeitung mit Klavierbegleitung veröffentlicht und unternahm auch als Musikschriftsteller den Versuch, die europäische Musik durch orientalische Einschübe zu bereichern und aus ihrer spätromantischen Überfrachtung zu befreien (Wilhelm Kienzl schrieb nach seinen Vorschlägen seine Jugendoper URVASI um).

Capellen propagierte eine Weltmusik, in der die Tyrannei des Leittons abgeschafft werde zu Gunsten einer harmonischen Zwitternatur mit verminderten und übermäßigen Dreiklängen sowie unaufgelösten Dissonanzen und unregelmäßiger Periodisierung – ein erstaunlicher Vorgriff auf zukünftige Entwicklungen. Puccini war in MADAMA BUTTERFLY diesen Forderungen näher als jeder andere Opernkomponist seiner Zeit. Auf die Szene nach Pinkertons selbstgerechtem Amerika-Lob im 1. Akt *Dovunque al mondo* (Überall in der Welt amüsiert sich der reisende Yankee) und seine Zweifel, ob er wahre Liebe empfinde, folgt der erste Auftritt der zunächst unsichtbaren Butterfly »eingehüllt in ein schwer durchhörbares Gespinst von chromatisch schillernden Quinten, von Sext- und Ganztonakkorden im Chor und im Orchester – die hohen Lagen erschweren zusätzlich die Erkennbarkeit. Unter dem Vorwand des exotischen Klangs mutet Puccini seinem Publikum hier insgeheim den Bruch mit der Tonalität zu«.

LA FANCIULLA DEL WEST (Das Mädchen aus dem Goldenen Westen)

Seinen am 10. Dezember 1910 an der New Yorker Metropolitan Opera unter Leitung Arturo Toscaninis mit einer glanzvollen Besetzung in Gegenwart des Komponisten unter triumphalem Erfolg uraufgeführten Dreiakter bezeichnete Puccini als seine bislang beste Oper. Die Kritik teilte diese Meinung nicht, von Seiten der jüngeren Komponisten der ›generazione dell'ottanta‹ und deren publizistischen Parteigängern erfuhr Puccini sogar polemische Attacken. Die Londoner Premiere am Covent Garden, die italienische im Teatro Costanzi Rom noch im selben Jahr sowie die Pariser Erstaufführung 1912, die sogar in der Opéra und nicht in der Opéra-Comique stattfand, erzielten nur Achtungserfolge. Das gilt auch für die erste deutsche Einstudierung des MÄDCHENS AUS DEM GOLDENEN WESTEN (Übersetzung: Alfred Brüggemann) im neuen Deutschen Opernhaus Berlin 1913, während die Wiener Hofopernproduktion im selben Jahr durch die Bühnenpräsenz von Maria Jeritza zum Publikumshit geriet. Doch zum festen Repertoirestück wurde das Werk nie, obwohl seine musikalischen Qualitäten bei Kennern unumstritten sind. So brachte der Komponist Sylvano Bussotti die Oper 1974 beim Musikalischen Mai Florenz heraus und inszenierte sie erneut 1981 in Venedig, dieses Mal ohne die Retuschen, die Toscanini für die Uraufführung durchgesetzt hatte. Den Hauptgrund für den hinter der Trias der Jahre 1896–1904 zurückbleibenden Erfolg machen jüngere inszenatorische Versuche deutlich, das Werk als filmischen Western der Frühzeit auszustellen – so etwa David Pountney 1984 in Amsterdam oder Robert Carsen 1996 an der Flämischen Oper Gent/Antwerpen. Je heftiger sich die Filmkunst nach 1910 entwickelte – der erste Western, THE GREAT TRAIN ROBBERY, wurde 1903 gedreht –, desto mehr verstärkte sich der Eindruck, dass Puccini für seinen Stoff mit dem Musiktheater das falsche Genre gewählt hatte.

Da Giuseppe Giacosa 1906 gestorben und Luigi Illica wegen eines von Puccini nicht weiter verfolgten Librettos dauerhaft verärgert war, wurden Guelfo Civinni und, zwecks verfeinernder Nachbearbeitung, Carlo Zangarini mit der Aufgabe betraut, aus dem Bühnenreißer THE GIRL OF THE GOLDEN WEST (1905) von David Belasco, der übrigens die Uraufführung der Oper als Co-Regisseur des Verlegersohns Tito Ricordi inszenierte, ein Libretto zu zimmern. Dessen Mängel blieben Puccini nicht verborgen und belasteten die Oper, der im Vergleich mit LA BOHÈME die Vielfarbigkeit, mit TOSCA die dramatische Schlagkraft und mit MADAMA BUTTERFLY die psychologische Folgerichtigkeit abgehen. Die Figuren wirken sozusagen herkunftslos, und wo ihnen – wie dem unter dem Namen Johnson auftretenden und die Liebe der Kneipenwirtin Minnie findenden Banditen Ramerrez – eine definierte Vergangenheit zugeschrieben wird, bleibt sie ohne Auswirkung auf seine psychische Entwicklung: Als tenoraler Liebhaber verleugnet er den Verbrecher mit jeder Note. Auch fragt man sich, wie die ungeküsste Minnie ausgerechnet in ein kalifornisches Goldgräberlager um 1850 gerät und woher sie ihre Bildung hat (im Bühnenstück hält sie den rauen Gesellen übrigens keinen Bibelkurs, sondern liest aus einem Witzbuch vor). Selbst das legale Gewaltmonopol des Sheriffs Rance, der Minnies Liebe vergeblich fordert und ihre Empfindungen für Johnson bekämpft, wirkt in diesem Ambiente der Gesetzlosigkeit und Lynchjustiz wenig glaubhaft. Als Grund für die geringe Popularität der Oper, die gleichwohl bei sorgsamer Einstudierung Eindruck macht, ist auch anzuführen, dass Puccini vom Schema seiner Erfolgstrias abweicht, erstmals in seinem Bühnenschaffen ohne Leiche auskommt und die beiden Liebenden in ein Happy End davonreiten lässt. So wird weniger, wie in der Japan-Oper, ein durch das exotische Milieu vertieftes Drama erzählt, sondern eine psychologisch eher grobschlächtig zum Märchen aus dem Wilden Westen stilisierte Dreiecksgeschichte.

DAS MÄRCHEN AUS DEM WILDEN WESTEN

Dabei sind dem Komponisten selbst deutliche Verbesserungen des Librettos gelungen. Dass Minnie keine Witze erzählt, sondern aus dem 51. Psalm Davids vorträgt, rechtfertigt durch den Rückbezug auf die darin verkündete höchste Wahrheit der Liebe erst die finale Bereitschaft der Holzfäller, Ramerrez vom Galgen freizugeben. Auch die beiden vorangehenden Theatercoups verdanken wir Puccini: die Menschenjagd auf Ramerrez im Urwald und Minnies walkürenartigen Rettungsauftritt auf einem Pferd. Gleichwohl sind seine Verdienste als Komponist ungleich höher einzustufen. In seinem Schaffen markiert die FANCIULLA den schon in der Japan-Oper angelegten Wandel zu einer Art Spätstil. Der kristallisiert sich nicht nur im Frauenbild heraus, da Minnie mit ihrer Entschlossenheit – dass sie am Schluss ihren Geliebten mit aufs Pferd nimmt, ist eine szenische Chiffre dafür – auch im Vergleich mit Tosca erheblich härtere Konturen aufweist. An Lyrismen gibt es in dieser Oper erheblich weniger als von Puccini gewohnt, wenn sie dann eintreten, ist ihre Wirkung überrumpelnd. Dazu gehört das mit dem Text eines im 19. Jahrhundert populären amerikanischen Liedes auf eine Zuni-Melodie zurückgehende Heimwehlied des fahrenden Sängers Jake Wallace, das von der ersten Szene bis zu seiner Wiederaufnahme am Schluss der Oper einen durch mehrfache Variierung – auch im Chor mit geschlossenem Mund à la BUTTERFLY – gefüllten Rahmen erstellt. Nicht minder eindrucksvoll ist im Schlussakt die knappe Arie des Ramerrez *Ch'ella mi creda* (Lasset sie glauben, dass ich in die Welt zog), mit der dieser vor dem erwarteten Lynchen bittet, Minnie die Wahrheit über sein schmähliches Ende zu verschweigen.

Selbst im Vergleich mit TOSCA ist Puccinis zweite Oper, die zumindest partiell dem Verismo zuneigt, von härterer Klangfarbe, was sich auch in der großen, mit vierfachem Holz, zwei Harfen und viel Schlagzeug einschließlich Vibraphon aufwartenden Orchesterbesetzung spiegelt – selbst eine Signalpfeife fehlt nicht. Die Atmosphäre ist männlich dominiert und kann schnell in Gewalt umschlagen – so schon in der ersten Szene gegen den Falschspieler Sid (wozu Minnies Trick im Poker mit dem Sheriff um das Leben ihres Geliebten einen ironischen Kontrast bildet). Die Musik wird von mehr Ganztonakkorden und unaufgelösten Dissonanzen geprägt als in dem früheren Werk, die SALOME von Strauss und die Beschäftigung mit Debussy haben hier ihren Niederschlag gefunden. Das Orchester entfaltet eine für Puccini neue Freiheit, es geht nicht mehr meist colla parte mit den Singstimmen, sondern entfaltet ein reiches Eigenleben, über dem die Stimmen fast durchgehend deklamatorisch geführt sind. Schon im Vorspiel wird der neue Stil hörbar: Über leiterfremden Basstönen rauschen Fortissimo-Arpeggien im Orchester zwischen Dur und Moll hoch, bis sich nach fallenden Ganztonakkorden Minnies breit strömendes Liebesthema und das boleroartige Personalmotiv für Ramerrez entfalten. Die kollektive Atmosphäre der Exposition ist meisterlich gezeichnet, dann wird Jack Rance mit seiner ariosen Werbung um die Wirtin der Polka-Bar *Minnie! Dalla mia casa* (Minnie, ich hab' mein Haus verlassen) als wenig galanter Liebhaber geschildert, Minnie zeigt mit ihrer folgenden Arie *Laggiù nel Soledad* (Daheim in Soledad) in den für Puccini untypischen großen Intervallen ihren Wandel vom naiven Mädchen zur entschlossenen jungen Frau. Ihr späteres Duett mit Johnson im I. Akt entwickelt sich etwas mühsam auf der Basis eines Walzers, die unaufgelöste Dissonanz im C-Dur-Schlussakkord im I. Akt weist auf den Problemgehalt dieser Beziehung hin.

Im II. Akt finden die Liebenden dann für einen Kuss zueinander, doch das Aufspringen der Blockhüttentür im Schneesturm erzeugt keine Wälsungen-Ekstase (auch nicht in den sechzehn von Puccini nachkomponierten Takten). Ungleich stärker wird die Musik, wenn Ramerrez sein Vorleben enthüllt und auf Erlösung zu einer neuen Existenz durch Minnie hofft, von ihr verstoßen wird und sogleich, draußen angeschossen, wieder Aufnahme findet. Die eindringlichste Szene ist Minnies Pokerspiel mit Jack Rance (in Gegenwart des ohnmächtigen Ramerrez), die mit einem finsteren fis-Moll-Andante über der ostinaten Wiederholung eines einzigen Motivs zu einem großen Crescendo anschwillt. Unter die veristische Stilkategorie fallen lautmalerische Momente wie die beim Lied des Minstrels als Banjo-Imitation zwischen die Saiten einer Harfe placierten Papierstreifen, der Eselsruf bei Minnies Bibelstunde, das Pferdegetrappel der ankommenden Post oder der (von der Windmaschine unterstützte) Schneesturm im II. Akt. Für die Exotismen des Werks stehen volkslied- und volkstanzhafte Momente, teils authentisch, teils erfunden; so gibt es rhythmische Anklänge an Cakewalk und den (zur Spielzeit der Oper noch nicht bestehenden) Ragtime, und der unter dem Namen Johnson auftretende Ramerrez wird durch ein Boleromotiv charakterisiert. Hinzu kommt ein indianisches Motiv für Jackrabbit und seine Squaw. Insgesamt ist das Klangbild des Werks – jede Oper Puccinis hat ihre eigene Farbe – zwischen barbarisch und delikat auf anspruchsvolle Weise austariert.

LA RONDINE (Die Schwalbe)

Während der Einstudierung der FANCIULLA 1913 an der Wiener Hofoper, die Puccini unter anderem die Bekanntschaft mit Franz Lehár einbrachte, erhielt er von der Direktion des (im Zweiten Weltkrieg zerstörten) Carl-Theaters den Auftrag für eine Operette. Da die Bedingungen märchenhaft waren, akzeptierte er das Angebot und wollte als Hommage an den Genius loci eine Art ROSENKAVALIER schreiben, nur amüsanter und geschlossener. Das erste Libretto wies er allerdings wegen einer auch formalen Operettigkeit zurück, das zweite übersetzte ihm Giuseppe Adami für seine dialoglos durchkomponierte ›commedia lirica‹ ins Italienische. Das verlorene deutsche Originallibretto stammte von den Wiener Autoren Alfred Maria Willner und Heinz Reichert, die 1916 für Heinrich Berté die Schubert-Schmonzette vom DREIMÄDERLHAUS verfassten. Auch die ins Paris des Zweiten Kaiserreichs verlagerte Geschichte von der Edelkurtisane Magda, die ihrem Luxusdasein entflieht, um mit einem jungen Mann in der Provinz ihr Glück zu finden, weist schnulzige Züge auf. Hinzu kommen auffällige Entlehnungen. Wenn Magda als Grisette verkleidet ins Nachtlokal Bullier eilt, um den jungen Ruggero zu treffen, begegnet sie dort ihrer Kammerzofe Lisette, die sich in die Kleider ihrer Herrin geworfen hat (diese aber nicht erkennt): Da lässt der II. Akt der FLEDERMAUS grüßen. Und die finale Entsagung Magdas ist wie deren Vorgeschichte aus Dumas' KAMELIENDAME bzw. Verdis TRAVIATA übernommen. Schließlich erinnert die dramaturgisch komplementäre Funktion des komischen Nebenpaars, für das Lisette und der Dichter Prunier stehen, an die österreichisch-ungarische Operettentradition. Der Kriegseintritt Italiens im Jahre 1915 machte allerdings eine Uraufführung des bis auf die Verlagsrechte in den deutschsprachigen Ländern von Ricordis Konkurrent Sonzogno vertriebenen Werks in Wien unmöglich, sie fand 1917 in Monte Carlo statt (Volksoper Wien 1920, Kiel 1927).

Zu den Problemen der Oper, die auf der Bühne nie dauerhaft Fortune hatte, gehört neben den überdeutlichen Anleihen die Werkanlage selbst. So erscheint Ruggero im I. Akt nur schemenhaft, was Magdas durch ihn erweckte Erinnerung an ihr erstes, unerfüllt gebliebenes Liebeserlebnis schwer vermittelt. Puccini half dem in der zweiten Fassung ab, indem er Ruggero eine Solonummer gab. Aber die war aus jenem tristen Klavierlied MORIRE abgeleitet, das er bereits für eine Benefizausgabe dem Italienischen Roten Kreuz zur Verfügung gestellt hatte. In einem dritten Anlauf schrieb er dann die Auftrittsarie *Parigi è la città dei desideri* (Paris ist die Stadt der Sehnsucht). Parallel zu diesen Änderungen verlief die Arbeit am musikalisch deutlich schwächeren Schlussakt, der in drei Varianten vorliegt: In der ersten verlässt Magda den Geliebten, weil ihre zweifelhafte Vergangenheit eine bürgerliche Ehe unmöglich macht; in der zweiten wird sie von Prunier und Lisette zur Rückkehr in ihre Pariser Demimonde bewogen und gibt Ruggero abschiedslos auf (so Wien 1920); in der letzten erfährt Ruggero durch einen anonymen Brief von der Vergangenheit Magdas, hält sie auf Grund eines Missverständnisses immer noch für käuflich und verlässt sie. Diese Fassung letzter Hand wurde 1921 nur als Klavierauszug gedruckt (Puccinis Partiturautograph ist seit der Vernichtung des Sonzogno-Archivs im Krieg verschollen), 1994 von Lorenzo Ferrero orchestriert und in Turin aufgeführt (Ludwigshafen 1995 als Gastspiel der Opera North Leeds).

Allen dramaturgischen Grauzonen zum Trotz gehört die Partitur der lyrischen Komödie, so nah am operettenseligen Kitsch wie fern allen opernhaften Effekten angesiedelt, zu Puccinis delikatesten Schöpfungen. Der Titel, natürlich auch eine Reminiszenz an die FLEDERMAUS, bezieht sich auf die von einem Bankier ausgehaltene Magda. Im I. Akt wird in ihrem Salon galant über die Liebe diskutiert. Diese platonische Liebesdiskussion wird mit der Ankündigung von Ruggeros Auftritt, dem ein polytonales Martellato in Holzbläsern und Streichern vorangeht, unterbrochen, als solle sie von der harten Wirklichkeit zerstört werden. Als Magda dann von einer unerfüllt gebliebenen Jugendliebe berichtet, liest ihr der Dichter Prunier aus der Hand die Lebenslinie und sagt ihr voraus, sie werde wie eine Schwalbe im Traum über das Meer hinaus fliegen. Dieses schwebende Schwalbenmotiv ist das eine Traumthema der Oper. Das andere, *Che il bel sogno di Doretta* (Wer könnte wohl Dorettas schönen Traum erraten?), hatte Magda schon vorher für Prunier improvisierend mit Klavierbegleitung als von ihr vollendeten Gedichtsentwurf des Schriftstellers vorgetragen: eins der schönsten Beispiele für Puccinis Deszendenzmelos. Im Finale I lässt Puccini zunächst in variierten Sequenzen das Schwalbenmotiv einflattern, das Magda zum Besuch des Café Bullier anregt, dann verabreden sich in einem Liebesduett Prunier und Lisette eben dort, bis zu einem Walzer-Vorecho des II. Akts Magda wieder erscheint, nun zum Doretta-Thema als Grisette angezogen. Das ist ein nostalgischer Traum von solcher Raffinesse, wie sie wohl keine Operette des 20. Jahrhunderts bieten kann.

Das gilt mit Abstrichen auch für den walzerbestückten Mittelakt, in dem Magda ihren Jugendtraum von der Liebe mit Ruggero verwirklicht glaubt. Der Prozess, dass durch ein Trinklied auf den Champagner die

Stimmung steigt und sich zwischen beiden Figuren sowie dem Nebenpaar eine Art kollektiven Glücksgefühls entwickelt, steht trotz eines leicht banalen Liebesduetts des Hauptpaars auf der Höhe Puccinis. Zwar fehlt der Schwung des II. BOHÈME-Bilds, aber die langsamere Spielart des französischen Walzers verdeutlicht den Als-ob-Gehalt des ganzen Werks ebenso wie die Übereinanderstülpung zweier Walzerthemen. Die von seiner Musik in den früheren Opern vermittelte Unbedingtheit des Liebesanspruchs hat Puccini hier als Surrogat ironisiert: LA RONDINE entlarvt hinter der Oberfläche von Sentimentalität das Passionato, Puccinis Ideal einer verzweifelten Leidenschaftlichkeit, als Unversöhnlichkeit von Kunst und Realität. Denn so, wie Magda, die dem jungen Ruggero zunächst in einer falschen Identität begegnet, mit ihrem Traum von der unbedingten Liebe scheitert, misslingt ihrer Kammerzofe Lisette der Ausflug in die Kunstwelt: Sie kehrt im III. Akt nach einem verunglückten Versuch als Varietésängerin reumütig in ihre alte gesellschaftliche Rolle zurück. Die Kunst als das wahre Leben ist so absturzgefährdet wie die Kunst der wahren Liebe: ein bitterer Aspekt, den Puccini dem nostalgischen Reiz seiner Musik mit anachronistischen Zugriffen auf Tanzmusik seiner Zeit (Tango, Onestep, Slowfox) einpflanzt. In dieser Zeitenmischung setzt LA RONDINE tatsächlich, wie es der ersten Intention des Komponisten entsprach, den ROSENKAVALIER fort.

IL TRITTICO (Das Triptychon)

Schon nach Vollendung der TOSCA erwog Puccini, drei Einakter für ein abendfüllendes Triptychon zu schreiben. Wie immer in seinem Schaffen war der Entwicklungsprozess problematisch, zumindest für IL TABARRO, während SUOR ANGELICA und GIANNI SCHICCHI vergleichsweise zügig fertig wurden. Die von Roberto Moranzoni dirigierte Premiere am 14. Dezember 1918 in der Metropolitan Opera New York wies eine glänzende Besetzung auf – Claudia Muzio, Geraldine Farrar und Florence Easton in den weiblichen Hauptrollen –, warf aber wegen der divergierenden Beurteilung die Frage auf, ob es sinnvoll sei, die stilistisch so unterschiedlichen und thematisch keineswegs verwandten Stücke zu verbinden. Sie wurde bei der europäischen Premiere 1919 in Rom, anlässlich der ersten deutschsprachigen Aufführung 1920 in der Wiener Staatsoper (Übersetzung von Alfred Brüggemann) und ein Jahr später in Hamburg erneut gestellt und diente – nicht zuletzt aus bühnenpraktischen Gründen negativ beantwortet – den Theaterschaffenden allzu lange als Rechtfertigung anderer Kombinationen.

Erst nach dem Zweiten Weltkrieg entwickelte sich dank der Initiative von Dirigenten langsam eine Aufführungstradition des kompletten Zyklus: Triest 1953 (Antonino Votto), Florenz 1956 (Gabriele Santini), Staatsoper München 1959 (Joseph Keilberth). Gelegentlich (Gerd Albrecht stellte 1975 an der Deutschen Oper Berlin SCHWESTER ANGELIKA an den Anfang) wurde eine andere Reihenfolge als die vom Komponisten festgelegte erprobt. Auch Ansätze, die Einakter aus dem Illusionismus der Szenenangaben zu befreien, hatten ihre Triftigkeit: Harry Kupfer deutete sie 1995 an der Hamburgischen Staatsoper als Analogie zu Hölle, Fegefeuer und Paradies in Dantes GÖTTLICHER KOMÖDIE, Robert Carsen 1996 an der Flämischen Oper als Theater auf dem Theater mit der Tante Fürstin als desillusionierender Himmelskönigin im Finale von SUOR ANGELICA. Die Begegnung mit dem Gesamtwerk bestätigt Mosco Carners Urteil, dass die Gegensätze zwischen den drei Stücken als »ein dramatisches Mittel wirken, das dem Hörer im nachhinein den Eindruck jeder einzelnen Oper verstärkt. Die Wirkung des gesamten Werks übertrifft bei weitem die Wirkung einzelner Teile«. Erst in der Kombination verbinden sich veristischer Reißer, erbauliches Mysterienspiel und sarkastische Gesellschaftskomödie zu einem zwischen Mittelalter und Puccinis Gegenwart gespanntem musikdramatischen Weltbild. Der Entschluss, drei Einakter zu komponieren, folgte mitnichten der veristischen Einaktermode, die mit Mascagnis CAVALLERIA RUSTICANA 1890 ausgebrochen war. Eher ging Puccinis Ehrgeiz in Richtung auf SALOME und ELEKTRA, um in teilweise symphonisch grundierter Durchkomposition Werke jenseits des italienischen Melodramma oder der Opera buffa zu schaffen. In der geschichtlichen Retrospektive erscheint sein Triptychon nicht nur als Abnabelung von der landeskulturellen Tradition, sondern auch als Bestandteil einer europäischen Moderne unter dem Horizont des mit dem Ersten Weltkrieg verbundenen Wertezerfalls. Es steht Busonis ARLECCHINO und TURANDOT sowie Schönbergs ERWARTUNG und DIE GLÜCKLICHE HAND näher als CAVALLERIA und dem trotz seiner Zweiaktigkeit bühnenpraktisch meist als Einakter behandelten BAJAZZO.

IL TABARRO (Der Mantel)

Als einziger Teil des Triptychons folgt IL TABARRO einer literarischen Vorlage. Giuseppe Adami fertigte das Libretto nach der vorwiegend im Argot geschriebenen Pièce noire LA HOUPPELANDE (1910) von Didier Gold und konzentrierte die Geschichte auf einen Mord (im Bühnenstück gibt es zwei): den des Seineschiffers Michele an Luigi, dem Liebhaber seiner Frau Giorgetta. Neben MADAMA BUTTERFLY ist DER MANTEL Puccinis einzige Oper, die in seiner Gegenwart spielt und unverdeckt Stellung zur gesellschaftlichen Realität bezieht. Alle motivischen Änderungen gegenüber der Vorlage gehen auf den Komponisten zurück. So will Luigi Micheles Lastkahn in Rouen nicht aus moralischen Skrupeln wegen seines Verhältnisses zu Giorgetta verlassen, sondern aus Eifersucht: Weil er es nicht länger ertragen kann, die Liebe der Frau mit deren Ehemann zu teilen. Und in seiner knappen Arie *Hai ben raggione* (Du hast Recht, lieber nicht nachzudenken) wird Luigi als Sprachrohr von Zolas Milieutheorie zum Ankläger der sozialen Bedingungen der Unterschicht.

Hinzu erfunden oder operngerecht erweitert wurden musikalische Einsprengsel wie das düster von a- über h- nach c-Moll aufsteigende Arbeitslied der Löscher und die beiden Luigis Arie rahmenden Lieder der Löscherfrau Frettchen (Frugola) über ihren Kater und ihre Sehnsucht nach einem Häuschen auf dem Land (eine Obsession Puccinis, da schon Tosca und Cavaradossi sowie der Sheriff Rance davon träumten und die drei Masken in TURANDOT ähnliche Gefühle hegen werden). Glanzstücke der Milieuzeichnung sind der Tanz der Löscher und besonders Luigis mit Giorgetta zum Walzer einer – wie in Strawinskys PETRUSCHKA – verstimmten Drehorgel (statt Oktaven erklingen Septimen) oder der Auftritt des Liederverkäufers, der inmitten eines Dialogs Michele–Giorgetta mit seiner tristen Botschaft *Wer für die Liebe lebte, stirbt auch für die Liebe* als Zitat aus LA BOHÈME die todgeweihte Mimì beschwört und die opernbezogene Lebensweisheit Puccinis ausspricht. Zu den über die Milieugenauigkeit der Opern des Verismo hinaus gehenden Mitteln der Randzeichnung gehört mit Stimmen aus der Ferne auch der freudig antiphonale Gesang eines Liebespaares, dessen modale Melodik über einem zwischen C-Dur von Harfe/Celesta und a-Moll gespaltenen bitonalen Orchestergrund abläuft.

Der bedrückende Stil des Einakters beruht nicht nur auf der teils kontrastierend, teils vorausmotivierenden Funktion der Rahmenteile. Das Zentrum selbst hält diesem solcherweise im Publikum geweckten Erwartungsdruck stand: Atmosphäre und Handlung sind bruchlos ineinander verwoben, Puccini erreicht »einen Grad an Dichte und Bündigkeit, eine direkte Entsprechung von Mittel und Zweck wie in keiner seiner früheren Opern«. Die Motive wirken weniger mosaikartig als zuvor, sind zu größeren Einheiten gerundet. Schon der Anfang mit den – auf der Bühne pantomimisch begleiteten – Klängen der träge dahinfließenden Seine bestimmt das lastende Klima. Barkarolenartig bewegen sich die Oberstimmen in parallelen Quart-Quint-Klängen nach oben und werden vom Bass in tonaler Zweideutigkeit zwischen G-Dur und seiner leittonlosen modalen Entsprechung festgehalten, ehe Dur sich durchsetzt. Aber auch dann bleibt die Atmosphäre düster, Violoncelli und Kontrabässe bestimmen das Ambiente und Micheles Erscheinung, gedämpfte Streicher und Bläser herrschen vor.

Nach der Exposition des Dramas hebt das Liebesduett Giorgetta-Luigi mit ihrer Frage an, warum er in Rouen das Schiff verlassen will, aber es bleibt fast durchgehend in dunklem cis-Moll. Im Gegensatz zu seiner tradierten Dreiteiligkeit ist der folgende Dialog Giorgettas mit Michele über einem wiegenden Rhythmus locker gefügt, die am Ende ertönenden neun Glockenschläge wirken – zumal Michele seiner Frau ein gesprochenes *sgualdrina*! (Hure!) nachwirft – wie Vorboten des Unheils, in die der antiphonale Liebesgesang des Pärchens und das tonartfremde B-Dur eines Zapfenstreichs aus der Ferne als mehrdeutiger Kontrast hineintönen. Ein plötzlicher Ruck nach c-Moll führt zu Micheles Monolog *Chi? chi?* mit seiner Frage, wer Giorgettas Liebhaber sein könne. Es handelt sich um ein trauermarschähnliches Gebilde, das ihm in der nicht üppigen Reihe von Puccinis Bariton-Protagonisten die Statur eines Scarpia gibt. Bestimmt wird die Szene von seinem schon im vorangehenden Dialog mit Giorgetta erklingenden Mantelmotiv, das sich in doppelter Punktierung aufbauschend nach oben öffnet, choralartig verdichtet und am Ende zur Drohung schärft *La pace è nella morte* (Im Tod ist Frieden). Als Luigi auf Grund eines Missverständnisses erscheint – er hält Micheles Anzünden seiner Pfeife für das verabredete Zeichen zum Rendezvous mit Giorgetta –, erwürgt ihn Michele blitzartig zum rasend wiederholten Mantelmotiv und bedeckt die Leiche mit seiner Houppelande. Als Giorgetta auf Deck kommt, bekundet sie vor Michele Reue ob ihres abweisenden Verhaltens, doch das orchestrale Zitat des Ostinatos aus ihrem Liebesduett mit Luigi verrät den wahren Gegenstand ihrer Sorge. Dann öffnet Michele seinen Mantel und drückt seine Frau auf das Gesicht des toten Luigi, während das Mantelmotiv mit folgendem Choral die Oper im Fortissimo beendet.

SUOR ANGELICA (Schwester Angelika)

Das Textbuch für diese am Ende des 17. Jahrhunderts angesiedelte Geschichte des Selbstmords einer Nonne samt anschließendem Wunder der Vergebung ihrer Todsünde schrieb Giovacchino Forzano. Der studierte Mediziner und gelernte Sänger (der Mussolini die Feder für dessen 1940 am Vortag des deutschen Überfalls auf die Benelux-Länder von Gustaf Gründgens am Berliner Gendarmenmarkt inszeniertes Risorgimento-Drama CAVOUR lieh) kam wie in GIANNI SCHICCHI ohne literarische Vorlage aus. Als reines Frauenstück ist der Einakter das richtige Pendant zum männerbestimmten Brutalismus von IL TABARRO. Die Exposition bietet Puccini Gelegenheit, das klösterliche Ambiente zu beschwören, was ihm am besten in einem hinter der Szene gesungenen *Ave Maria* mit Fernbegleitung von Orgel, Glocken und Pikkoloflöte gelingt. Der den ganzen Einakter prägende Sakralton ist mit modalen Wendungen von vornherein präsent, wenngleich nie ein Ansatz zu richtiger Polyphonie gewagt wird – Puccini lehnte das von der ihm nachfolgenden ›generazione dell'ottanta‹ propagierte Heil im Neohistorismus entschieden ab. Auch die anschließende Genreszene der allzu bescheidenen und bußfertigen Nonnen demonstriert seine satztechnische Meisterschaft, nur Angelicas Ausbruch mit dem Ausspruch vom Tod als schönem Leben fällt aus dem Rahmen. In dem Nonnenchor erfahren wir dann von Angelicas adliger Herkunft und dass sie wohl zur Strafe im Kloster sei. Eine weitere Genreszene folgt mit Angelicas Behandlung einer von Wespen gestochenen Mitschwester durch pflanzliche Heilmittel – eine Vormotivierung der Art ihres Selbstmords.

Die dramatische Zuspitzung kündet ein schrilles Bläsersignal an, das die Ankunft einer vornehmen Kutsche vor der Klosterpforte meldet. Angelicas Hoffnung, dass nach siebenjährigem Büßen im Kloster endlich ein Familienangehöriger sie über das Schicksal ihres unehelichen Kindes – der Grund für ihre Strafe – aufklären möge, wird von düsteren Akkorden und dem vom Friedhof hereintönenden Requiem für eine jüngst verstorbene Mitschwester überschattet. Die Ahnungen bestätigen sich im Auftritt der harten Tante Fürstin, der – abgesehen von Tigrana in der Erstfassung des EDGAR – einzigen größeren Partie Puccinis für tiefe Frauenstimme. Sie wird in ihrem Personalthema »als ein Reptil porträtiert, das langsam den Kopf aufstellt und zum tödlichen Stoß in Position bringt«. Es handelt sich um ein chromatisch aufsteigendes Moll-Motiv mit einem gedämpften Hörnerakkord, der den Fortgang der Streicher jedes Mal beendet. Puccini gelingt mit einer durchführungsartigen Fortentwicklung dieses Leitmotivs der stumm auftretenden Tante ein Eindruck psychischer Kälte und folternder Grausamkeit. Er kulminiert nach Angelicas inständiger, mit der Drohung eines Fluchs verstärkten Bitte um Auskunft in der Nachricht vom Tod des Kindes vor zwei Jahren. Die Fürstin artikuliert sich bis auf einen ariosen Einschub, in dem sie zu aufsteigenden Quarten über Moll-Akkorden der gedämpften Blechbläser die mystische Gemeinsamkeit mit Angelicas Mutter beschwört, eintönig und Furcht einflößend. Am Ende verlangt sie Angelica den Verzicht auf ihr Erbe ab. Dieser erfolgt pantomimisch stumm.

Nach einem Orchesterzwischenspiel beklagt Angelica das Schicksal ihres ohne Mutter aufgewachsenen Sohns (*Senza mamma*) und wünscht sich, mit ihm vereint zu sein. Puccini legt diese einzige geschlossene Nummer der Oper, eine seiner schönsten Sopranarien, als dreiteiliges Lamento mit einem F-Dur-Mittelteil an, das im a-Moll-Schluss schon Angelicas irdische Entgrenzung im Aufstieg zum hohen, pianissimo zu singenden A vorwegnimmt (leider ist der Überraschungseffekt der suggestiven Melodie dramaturgisch dadurch entwertet, dass sie zur Unzeit schon vorher erklungen war). Dann folgen ein zarter Gnadenchor der Angelica umringenden Schwestern, die Vorbereitungen für ihren Selbstmord durch Giftkräuter (in der Urfassung stand noch eine hörenswerte Kräuterarie Angelicas) und ihr Abschied vom Leben. Kaum hat Angelica den Schierlingsbecher getrunken, befällt sie Reue, bis im marianischen Engelschor mit rauschenden Orchesterklängen, Orgel und zwei Klavieren der verstorbene Sohn mit der Himmelskönigin erscheint und Angelica zu sich in den Himmel aufnimmt. Das ist zwar, auch musikalisch, Kitsch, hat aber Methode. Puccini geht hier in der Reinigung seiner Heldinnen von allen weltlichen Sünden so weit, dass er seiner Musik die Aufhebung kirchlicher Sanktionen zuschreibt – eine weltliche Hagiographie für eine seiner Märtyrerinnen der Liebe.

GIANNI SCHICCHI

Als komische Oper nimmt GIANNI SCHICCHI im Schaffen Puccinis dieselbe Sonderstellung ein wie DIE MEISTERSINGER bei Wagner und FALSTAFF bei Verdi. Der Text stammt erneut von Forzano, auch dieses Mal ohne literarische Vorlage – sieht man von einem Hinweis in Dantes GÖTTLICHER KOMÖDIE ab. Dass im Autograph der Partitur so gut wie keine Korrekturen vorhanden sind (auch die beiden anderen Einakter weisen relativ wenige auf), signalisiert Puccinis Zufriedenheit mit dem ersten Wurf. Auch hier geht es um die allerdings innerweltliche, am Schluss vom Titelhelden dem Publikum als Wunsch übermittelte Reinwaschung eines Vergehens: Gianni Schicchis Fälschung eines Testaments im Florenz des 13. Jahrhunderts. Der Witz besteht darin, dass es ein doppelter Betrug ist: Der Aufsteiger aus dem bäuerlichen Milieu führt ihn im Auftrag der herrschenden Schicht vor einem Notar durch und folgt dabei keineswegs den Interessen der Auftraggeber, sondern seinen eigenen. Die seit der Uraufführung im Gegensatz zu den beiden seriösen Geschwistern ungebrochen populäre Buffa ist in mancherlei Beziehung Puccinis raffinierteste Partitur. Eigentlich handelt es sich um eine auskomponierte Ensembleszene mit fast allen der fünfzehn handelnden Figuren ständig auf der Bühne. Es gibt keinerlei Statik, nur eine meist geradtaktige Bewegung, die aus der Entwicklung kleingliedriger Motive ihren unwiderstehlichen, kaum je durch Molltonarten und chromatische Verdüsterung gehemmten Fluss gewinnt.

Das Material für die Exposition bis zum Auftritt Schicchis wird im synkopierten Vorspiel bereitgestellt. Zuerst hören wir ein ostinates Motiv in fallenden Achteln zwischen B-Dur und b-Moll, das – unterstützt von leisen Trauermarsch-Schlägen auf der Kleinen Trommel – als Klageseufzer der versammelten Familie des gerade verstorbenen Buoso Donati zu verstehen ist und im Schwanken des Tongeschlechts Heuchelei offenbart. Diesem Motiv überlagert sich vom 16. Takt an ein sprunghaft leichtes und schnelleres zweites im Parlando-Stil der Buffa-Tradition. Das erste bleibt in seiner Gestalt fast unverändert und wechselt lediglich durch Tempobeschleunigung vom trauernden Ausdruck in einen aggressiven. Diese Methode steht, worauf René Leibowitz als Erster hinwies, nicht nur im Gegensatz zu Wagners Leitmotivtechnik. Der Kunstgriff Puccinis, unterschiedlichen Ausdruckscharakteren eine strukturelle Identität zu geben, weist schon auf die serielle Praxis hin, eine Folge intervallischer Verhältnisse thematisch einzusetzen. Dass er in diesem mikrobiotischen Kompositionsverfahren kleine geschlossene Formen bewahrt, nimmt der Progressivität nichts, da er auch hier auf strukturelle Verknüpfung achtet. So gibt es mitten in Rinuccios Loblied auf Florenz *Firenze è come un albero fiorito* eine überraschende viertaktige Orchesterphrase im Fortissimo, die sich – um die Hälfte verkürzt – am Ende in den Orchesterbässen wieder findet und beim Auftritt Gianni Schicchis, wiederum in den Bässen, zwei Mal leicht beunruhigend auftaucht, ehe sie sich, nun im oberen Register, ins Sanfte wendet und Laurettas Arioso-Bitte *O mio babbino caro* vorprägt. Die auch instrumentationstechnische Brillanz dieser strukturellen Einheit steht einzigartig in Puccinis Werk: »Die mitten im Krieg entstandene Komödie ist seine größte Annäherung an den Gestus neuer Musikdramatik und zugleich die Summe seiner kompositorischen Technik«.

Wie schon in LA RONDINE greift Puccini, wenn Schicchi seinen Plan erklärt, sich als sterbender Buoso ins Totenbett zu legen und das Testament dem Notar neu zu diktieren, zu einem modernen Unterhaltungstanz: Der latente Foxtrott ist ein Indiz dafür, dass in Puccinis Gegenwart nicht minder ungeniert betrogen wurde wie in Dantes Florenz. Dieser angedeutete Bogen über die Jahrhunderte nimmt den Figuren so wenig wie die strukturelle Kompositionstechnik ihre persönliche Kontur. Schicchis anfängliche Weigerung, den Betrug zu inszenieren, hat soziale Gründe: Die alte Zita aus dem

Clan des verstorbenen Buoso sperrt sich, der Hochzeit ihres Neffen Rinuccio mit Lauretta, der Tochter des Emporkömmlings Schicchi, zuzustimmen. In diesem furiosen c-Moll-Allegro, das die Liebenden mit ihrer Klage über die verlorene Hoffnung unterbrechen, sind die Stimmen ganz individuell geführt. Zum dekuvrierend unpersönlichen Kollektiv wiederum verschwimmen sie, wenn drei Damen aus dem Clan ihre Bewunderung für Schicchis raffinierten Plan bekunden und ihm dabei das Totenhemd Buosos überziehen. Eine ebenfalls auf Anonymität zielende Besonderheit in Puccinis Schaffen ist die Szene des Testamentdiktats, wenn das mechanische Murmeln der lateinischen Floskeln des Notars von einem vierstimmigen Kontrapunkt untermalt wird. Aber solche Kunststückchen verselbstständigen sich ebenso wenig wie die lyrischen Einsprengsel. Zu denen gehört neben Rinuccios optimistisch aufsteigender Schilderung des blühenden Florenz mit seiner neuen Gesellschaft (ein Bekenntnis des sozialfaschistischen Librettisten) und Laurettas bewegender As-Dur-Bitte an den Vater, ihres Lebensglücks mit Rinuccio wegen den zunächst abgelehnten Betrug durchzuführen, auch Gianni Schicchis *Addio, Firenze*: eine mit verzierten Schnörkeln ironisch servierte Verabschiedung der Stadt und ihrer Gesellschaft angesichts der drohenden Strafe für das von ihm erbetene Betrugsmanöver. Alles ist so organisch und flüssig ins Ganze integriert, dass Giannis finale, zu siebzehn Streichertakten mit Klarinettenbesatz gesprochene Bitte um mildernde Umstände für den laut Dante in der Hölle schmorenden Betrüger vom Musiktheater und seinem Publikum längst erfüllt wurde.

TURANDOT (unvollendetes ›Dramma lirico‹ in drei Akten; *L* von Giuseppe Adami und Renato Simoni nach der von Andrea Maffei ins Italienische rückübersetzten, 1802 entstandenen Bearbeitung Friedrich Schillers von Carlo Gozzis 1762 uraufgeführter ›tragikomischer chinesischer Theaterfabel‹; *UA* der von Puccini fertig gestellten Teile am 25. April 1926 in der Regie von Giovacchino Forzano unter Arturo Toscanini in der Mailänder Scala mit Rosa Raisa und Miguel Fleta als Liebespaar; zwei Tage später folgten unter Ettore Panizza die von Franco Alfano fertig gestellten zwei Schluss-Szenen, allerdings in der auf Wunsch Toscaninis um rund hundert Takte gekürzten Fassung, die lange Zeit verbindlich war; schon 1926 begann der Siegeszug auf europäischen und amerikanischen Bühnen: Buenos Aires, Rio de Janeiro, Dresden in der Übersetzung von Alfred Brüggemann mit Anne Roselle und Richard Tauber unter Fritz Busch, Staatsoper Wien auf Deutsch mit Mária Németh und Jan Kiepura unter Franz Schalk, Metropolitan New York mit Maria Jeritza und Giacomo Lauri-Volpi unter Tullio Serafin, Brüssel auf Französisch; Kairo, Monte Carlo, Covent Garden London 1927; weitere landessprachliche *EA*: Stockholm, Bern, Prag, Budapest 1927, Helsinki 1929, Sofia 1930, Warschau 1932; zu den führenden Darstellerinnen der Titelrolle, einer der anspruchsvollsten dramatischen Partien im italienischen Fach, gehörten auch Eva Turner, Gina Cigna, Gertrude Grob-Prandl, Maria Callas, Birgit Nilsson, Leonie Rysanek, Eva Marton; inszenatorisch ist die Aufführungsgeschichte beherrscht vom Versuch einer exotischen Authentizität, wie sie Franco Zefirelli 1983 für die Mailänder Scala und 1987 für die Metropolitan New York mit symbolischer Vertiefung bot; im September 1998 inszenierte der chinesische Filmregisseur Zhang Yimou die von Zubin Mehta dirigierte Oper als zuvor schon in Florenz gezeigte Produktion des Maggio Musicale mit weit mehr als 1 000 Mitwirkenden im Hof des Kaiserpalastes zu Peking, wo das Freiluftspektakel aufgezeichnet und weltweit im Fernsehen übertragen wurde; das wachsende Unbehagen an Alfanos Schluss führte zu verschiedenen Experimenten: die ungekürzte Fassung kam szenisch erstmals 1983 an der New Yorker City Opera unter Daniel Oren heraus, eine von Jürgen Maehder in Übereinstimmung mit dem Ricordi-Verlag arrangierte Mischfassung aus Alfanos Original und der von Toscanini angeordneten Kürzung 1993 in Saarbrücken; eine andere Fassung legte 1990 Janet Maguire vor; auch szenisch führte der unbefriedigende Schluss zu Experimenten: Gregor Horres verzichtete 1999 in Bielefeld auf Alfanos Finale, Nuria Espert ließ im selben Jahr in Barcelona die Titelheldin durch Selbstmord enden).

Im November 1818 hatte E. T. A. Hoffmann nach dem Vorbild von Diderots in Goethes Übersetzung wohlbekanntem Dialog RAMEAUS NEFFE seinen zuvor schon auszugsweise in Vorabdrucken verbreiteten Dialog-Aufsatz SELTSAME LEIDEN EINES THEATERDIREKTORS veröffentlicht. Ein umstrittener Diskussionspunkt zwischen zwei Disputanten, dem ›Grauen‹ und dem ›Braunen‹, betrifft Carlo Gozzis Märchenkomödie TURANDOT, die in Schillers Bearbeitung zu hohem Ansehen gekommen war. Wie auch andere Romantiker schätzte Hoffmann das Original außerordentlich. In einem seiner Dialoge schwärmt der ›Graue‹ von einer Aufführung in Brescia, während der ›Graue‹ angesichts der Darstellungsschwierigkeiten für die Protagonistin einwendet, dass nur die vollendete

Künstlerin die zerstörerische Kraft der Turandot mit ihrer herrlichsten Weiblichkeit in Einklang bringen könne. Dass es Puccini letztlich nicht gelang, diesen Wandel von der Männer mordenden Amazone zur liebenden Frau zu gestalten, lässt sich objektiv erklären: Eine Herzattacke machte am 29. April 1924 dem Leben des Krebskranken ein Ende. Doch schon 1920 in den Anfängen zur Arbeit an TURANDOT zeigt sein Briefwechsel mit dem Textdichter Adami einen über das bei ihm gewohnte Maß hinausgehenden Grad an Selbstzweifeln und sogar Schuldgefühlen.

Kennen gelernt hatte Puccini den durch die Sammlung TAUSENDUNDEIN TAG des Pétis de la Croix Anfang des 18. Jahrhunderts aus dem Persischen in Europa bekannt gemachten Stoff von der chinesischen Prinzessin, die ihren Bewerbern unlösbare Rätsel stellt und sie dann dem Tod überantwortet, nicht direkt durch Carlo Gozzis vieraktiges Märchenspiel. Sein Bezugspunkt war jene Bearbeitung Gozzis, die Schiller 1802 für das Weimarer Hoftheater unter Ausmerzung fast aller Elemente der Commedia dell'arte erstellt hatte. Carl Maria von Weber schrieb 1809 für diese Fassung seine Bühnenmusik, die sogar auf eine – von Puccini für seine drei Minister genutzte – chinesische Originalmusik zurückgreift. Eine neue Übersetzung von Karl Vollmoeller inszenierte Max Reinhardt 1911 im Deutschen Theater Berlin, wo Puccini sie – nun mit der Bühnenmusik Busonis, der sie später zur Oper ausdehnte – sah. Dass Puccini dann nicht auf das Original, sondern auf die von E. T. A. Hoffmann 1807 in einer Rezension heftig kritisierte Version Schillers Rekurs nahm, ist verwunderlich. Denn diese ebnet Spezifika der venezianischen Komödie, in der das Gegenüber von Hoch- und Regionalsprache, von Vers und Prosa eine wichtige Rolle spielt, rationalistisch ein und beschneidet die phantastischen Zutaten. Zu dem Zweck erfand Schiller für jede Aufführung drei neue Rätsel der Turandot, um das Publikum solcherweise an dem damit verbundenen Denkprozess zu beteiligen.

Das Unbehagen, das Puccini zunächst am Fortgang der Arbeit empfand, kann auch erklärt werden aus seinem wachsenden nationalkulturellen Bewusstsein. Im TRITTICO hatte er mit GIANNI SCHICCHI und SUOR ANGELICA erstmals in seinem Schaffen geographisch umrissene Szenerien aus Italiens Historie auf die Bühne gebracht, und ein wesentlicher Bestandteil seiner Arbeit an der neuen Oper bestand für ihn darin, Schillers Fassung tendenziell auf

Gozzis Original zurückzuführen. So forderte er im September 1921 Adami brieflich auf, Schiller eine Zeit lang liegen zu lassen und die eigene Phantasie zu bemühen. Er gab auch die Richtung vor, in der das zu geschehen habe: Das Theater müsse interessieren, überraschen und ergreifen oder die Zuschauer richtig zum Lachen bringen. Die Logik, die Schiller in den Handlungsablauf gelegt hatte, muss also sozusagen der Phantasie vorangehen: als transzendentale Kategorie des Werks und nicht als Teil von dessen Dramaturgie, das phantastisch Märchenhafte, das Hoffmann bei Schiller nur in den Dekorationen gesehen hatte, soll in den Figuren selbst aufscheinen. Die Prinzessin muss so unbegreiflich sein wie ihre drei aus der Tradition der italienischen Stegreifkomödie entsprungenen Masken-Minister, die einerseits sentimental vom Häuschen auf dem Land träumen und andrerseits nicht zögern, die Handschrauben bei der Folterung um eine Drehung weiter zu bewegen. Diese Veränderung von Schillers Vorlage zurück zu Gozzi folgt letztlich Nietzsches These aus JENSEITS VON GUT UND BÖSE: »Fast alles, was wir ›höhere Kultur‹ nennen, beruht auf der Vergeistigung und Vertiefung der Grausamkeit«.

SUBLIMIERTE GRAUSAMKEITEN

Nicht erst seit Mosco Carners psychoanalytischer Verbindung von Leben und Werk Puccinis liegt es auf der Hand, dass die kompositorischen Probleme mit dem Finale von TURANDOT auch mit dessen Frauenbild zu tun hatten. Seine Märtyrerinnen der Liebe zwischen Manon Lescaut und Madame Butterfly und Schwester Angelica waren nicht trivialmythische Geschöpfe gewesen, die er der Sentimentalität des Publikums hinwarf, sie verdankten sich dem fast schon verzweifelten Versuch, der Gegenaufklärung Paroli zu bieten. Am Beginn des bürgerlichen Opernzeitalters stehen für das Ideal des gleichberechtigten Zusammenlebens der Geschlechter die hohen Paare ein: Pamina und Tamino, Leonore – in ihrer Verkleidung als Mann eine gesellschaftlich sanktionierte Rollentypologie aufkündigend – und Florestan, schließlich Brünnhilde und Siegfried. Während in der realistischen Literatur des 19. Jahrhunderts Flauberts Emma Bovary, Ibsens Nora oder Hedda Gabler eine keineswegs nur positiv gezeichnete Normalität der Selbstbestimmung gewinnen, unter der ihre Ehemänner zu reinen Spießerfiguren schrumpfen, rettet die große Oper die Gleichberechtigung in die Zweisamkeit des Liebestodes: Tristan und Isolde, Aida und Rhadames werden in dem Maße musikalisch verklärt, wie ihnen auf Erden das Recht zur liebenden Selbstverwirklichung vorenthalten blieb.

Doch im Fin de siècle folgt der Gegenschlag des Pendels. Die Frau wird beschworen als Urbild einer Nicht-Partnerschaftlichkeit, so dass Carmen, Lulu, Salome, Melisande oder Rautendelein in der Dichtung wie (später) in der Musik von der Unerlöstheit in der Beziehung der Geschlechter künden. Philosophisch hat Otto Weininger 1903 mit GESCHLECHT UND CHARAKTER der Frau das Außenseitertum als gesellschaftlichen Regelfall verordnet. Gegen diesen Weibsteufelkult eines machistischen Antifeminismus, der in jedem Weib nicht mehr Helena, sondern einen männerfeindlichen Vampir sah, hat Puccini versucht, die Triebverfallenheit der Femme fatale mit der Virginität einer präraffaelitischen Femme fragile zur Utopie eines Zusammenlebens in der Gefühlseinheit zu verbinden. Mit der Definierung seiner liebenden Frauen durch nichts als die Unversehrbarkeit des Gefühls (was selbst für die härter konturierten Tosca und Minnie gilt) hat Puccini sie der Möglichkeiten einer psychischen Entwicklung beraubt – was sie anfällig für eine sentimentale Rezeption werden ließ. Wie sollte er da die Wandlung der buchstäblich Männer mordenden Turandot zur Liebenden gestalten? Es wäre die Lösung eines Lebensproblems auf der Bühne gewesen. Er scheiterte daran nicht nur als Musiker, dem der Tod die Feder aus der Hand nahm, die Schwierigkeiten taten sich schon im Ringen um die Textfassung zwischen ihm und den Librettisten auf.

Wenn man Mosco Carners Thesen folgt, dann steht in Puccinis vaterloser Gesellschaft immer die Mutter drohend im Hintergrund. In seinem Opernleben ist das, was sich immer wieder störend zwischen seine Liebenden schiebt, eher der allgemeinen Kategorie des schädigenden Dritten (→ S. 324 f.) zuzuschreiben. Aber in SUOR ANGELICA gibt es eine Art entlehnter Mutterfigur, wenn die Tante Fürstin strafend ins Geschehen tritt. Und in TURANDOT wird eine Urmutter in das Bild der frigiden Prinzessin projiziert. Die Schlüsselerzählung der Turandot *In questa regga*, die ihr Verhältnis zu den Männern erklärt, spielt ja nicht nur in grauer Vorzeit, wo eine ihrer Vorfahrinnen Gewalt erlitt – offenbar auch sexuelle, ein Motiv, das bei Gozzi nicht vorkommt. Vielmehr hat sich diese traumatische Erfahrung in Turandot so perpetuiert, dass sie als geschlechtliches Wesen zu ihrer eigenen Urahnin versteinert. Im Gegensatz zu allen Sopranheroinen Puccinis weist Turandot sexualpathologische und sadistische Züge auf, wie wir sie von den Femmes fatales bei Strauss oder Berg oder aus dem 1912 veröffentlichten Manifest der futuristischen Frau von Valentine de Saint-Pont kennen. So kann sie nur durch das gerettet werden, was Puccini selbst seinen Nerokomplex nannte: die Abtötung dessen, was man liebt (und dass Puccini seine Manon, Mimì und Liù liebte, steht außer Frage). Turandot, die Femme fatale, kann nur zur Liebe erweckt werden, wenn ihr gleichgeschlechtliches Gegenstück, die Femme fragile Liù, stirbt.

Dramaturgisch ist das einleuchtend, doch für Puccini kam die künstlerische Einlösung einer schmerzlichen Selbstanalyse gleich. Gewiss nimmt schon in Turandots Erzählung *In diesem Schlosse vor vielen tausend Jahren* an der Stelle, wo sie singt *Keiner soll mich haben,* das Orchester in einer dramaturgisch gegenphasigen Gefühlserregung das Liebesthema von Calafs Arie *Keiner schlafe* vorweg, und auffälligerweise sinkt nach dem mehr oder weniger erzwungenen Selbstopfer Liùs – Puccinis eigene Erfindung – ihre hohe Tessitura, wie von einem Selbsterhöhungsdruck befreit, in angenehmere Lagen ab. Auch fehlen nach Calafs Lösung ihres zweiten Rätsels (Akt II, nach Ziffer 56) in ihrem Part die motivischen Verbindungen zu Grausamkeit und Todesdrohung. Aber das endgültige Schmelzen des von Liù namhaft gemachten Eisgürtels um die Prinzessin ist weder in der Musik planmäßig angelegt noch den von Franco Alfano eher grobschlächtig zum Finale geschmiedeten Skizzen zu entnehmen. Das einzige Moment, das objektiv für die endliche Erhebung Turandots und Calafs zum gleichberechtigt hohen Paar spricht, lässt sich in der Abdankung der erstmals in Puccinis Werk in Erscheinung tretenden Väterwelt sehen: Turandots Vater Altoum ist von vornherein als machtloser Greis geschildert, der nur noch mechanisch rechtes Empfinden und die Einhaltung der Gesetze fordert. Und Calafs Vater Timur, ein wohl auch im übertragenen Sinn blinder Mann, geht nach Liùs Tod dem dramatischen Fortgang verloren – was sicher nicht nur am fragmentarisch gebliebenen Schluss liegt: Seine Spur ist so unerheblich wie die Altoums geworden.

EXOTISCHES LOKALKOLORIT

Wie die beiden anderen exotischen Opern Puccinis, MADAMA BUTTERFLY und LA FANCIULLA DEL WEST, hat auch TURANDOT ihre eigene, unverwechselbare Farbe. Bewirkt wird sie durch den Einsatz von Tamtam und einem Glockenspiel mit neun Tonhöhen (wie in Mascagnis IRIS). Hinzu kommen ein tiefer Gong auf der Bühne, Xylophon und das eigens für diese Oper konstruierte Bassxylophon, Röhrenglocken, Celesta und eine Holztrommel. Dass einige dieser Instrumente nicht der traditionellen Musik Chinas, sondern dem malayisch-indonesischen Kulturraum zuzuordnen sind, dürfte wohl nur Musikethnologen stören. Das Fehlen dieser Instrumente in dem von Alfano komplettierten Finale der Oper mit Liebesduett und Schluss-Szene ist einer der Gründe für seine unbefriedigende Wirkung. Dramaturgisch herausragend ist die Funktion von Harfe, Celesta, Glockenspiel und Xylophon für die drei Minister, die innerhalb des Orchesters sozusagen eine eigene Klangwelt haben. Zu den Exotismen zählen auch chinesische Melodien wie die alte Nationalhymne, die beim Versuch der drei Masken, Calaf von seiner Bewerbung um Turandot abzuhalten, rhythmisch in Zweier- und Dreiermetren zerlegt und zur Eröffnung der Rätselszene zu voller Prachtentfaltung gebracht wird.

Nach Mosco Carners pionierhaftem Bemühen um die Herkunft der von ihm dingfest gemachten sechs Quellen für chinesisches Melodiegut konnten in den achtziger Jahren die von Puccini benutzten Originalmelodien entschlüsselt werden. Drei Melodien verdankte er einer chinesischen Spieldose, die er bei einem früheren Angestellten des italienischen Konsulats in China kennen gelernt hatte; als weitere Quelle wurde eine 1884 im Auftrag der Kaiserlich Chinesischen Zollbehörden edierte Anthologie gesichert. Eine herausragende Rolle spielt in Puccinis Partitur das schon Ende des 18. Jahrhunderts in Europa bekannte Lied MOO-LEE-WHA, das zuerst in dem von zwei Altsaxophonen begleiteten Knabenchor des I. Akts auftaucht (bei Ziffer 19), der dem Gang des persischen Prinzen aufs Schafott vorausgeht, dann bei Turandots visionär stummem Erscheinen (Ziffer 23) wiederkehrt und wenig später – kurz vor der Hinrichtung des persischen Prinzen – Calafs erotische Faszination durch die Prinzessin spiegelt, ehe es bei seinem dreimaligen Schlagen auf den Gong, mit dem er seine Bewerbung um die Prinzessin verkündet, und bei seiner Lösung der Rätsel Turandots wiederkehrt. Ähnlich wie in MADAMA BUTTERFLY wird dieses Thema, wie die anderen chinesischen meist in Ges-Dur oder es-Moll erscheinend (was Puccinis Arbeit am Klavier verdeutlicht, wo diese Tonarten mit den schwarzen Tasten eine pentatonische Harmonisierung erleichtern), voll in die Satztechnik integriert und leitmotivisch durch die ganze Oper geführt. Es bleibt aber in seiner Gestalt weit gehend unverändert, während Turandots zweites Personalthema, mit dem die Oper in zunächst fallenden, der Ganztonreihe entlehnten Fortissimo-Akkordblöcken beginnt, starken Veränderungen unterworfen wird. Trotz aller Veränderungen schildert es aber plastisch, so in der mit einer plötzlichen Rückung nach D-Dur erreichten Klage (I, Ziffer 17) über den Mond, der nicht aufgehen will, die unerbittliche Grausamkeit der Figur – der Mondaufgang bedeutet ja den Zeitpunkt für die Hinrichtung des an Turandots Rätseln gescheiterten persischen Prinzen.

Dadurch wird eine Verselbstständigung des exotischen Moments vermieden, zumal Puccini Pentatonik auch in eigenen Erfindungen wie Liùs Arie im I. Akt *Signore, ascolta* einsetzt und das Exotische in der eingehaltenen klassischen Dreieinheit von Handlung, Spielzeit und Spielort mit dem lyrisch Sentimentalen (Liù), dem Heroischen (Turandot, Calaf) und grotesk Komischen (Masken) glücklich verbindet. Dabei sind die Gegensätze nicht nivelliert, sie werden oft durch eine harte Schnitt-Technik verbunden. So reißt die drei Masken im II. Akt (Ziffer 25) plötzliche Marschmusik aus ihren Betrachtungen über die Lage Chinas: Hofstaat und Volk versammeln sich zum Rätselkampf zwischen Turandot und Calaf. Diesem szenischen Übergang »entspricht nicht nur eine Veränderung in der musikalischen Thematik, sondern auch der Übergang von der einen Tonart in die andere, […] die Partie der drei Masken in G-Dur ist im Ausklingen, da beginnt bereits die Marschmusik im Bühnenorchester, und zwar in as-Moll, so daß für eine kurze Dauer beide Tonarten gleichzeitig« erklingen – ein Schnitt, der wie im II. Bild von LA BOHÈME (→ S. 349 f.) durch die Trommel in seiner Härte noch unterstrichen wird.

Bitonale Momente gibt es in dieser reichsten und mit den härtesten Dissonanzen harmonisierten Oper Puccinis auch an anderen Stellen. So in den heftigen Akkordrückungen des fanatischen Chors von einer Tonart in die andere bei der Verkündigung des kaiserlichen Dekrets durch den Mandarin zu Beginn des I. Akts oder im grotesken Masken-Terzett des II. Akts. Diese der Commedia dell'arte entsprungenen Figuren, organischer in das Geschehen verwoben als ihre Pendants in der ARIADNE AUF NAXOS bei Richard Strauss, tragen wesentlich zum Gesamteindruck der Oper bei: »Die hüpfenden Intervallsprünge ihres Gesangsparts, die holprigen Rhythmen und die trockene Instrumentierung ergeben zusammen das Bild marionettenhafter Figuren, die zugleich grotesk komisch und bösartig wirken« – und dabei ihrer Sehnsucht nach dem sinnerfüllten Leben außerhalb des Kaiserhofs sentimental Ausdruck geben können. Schon ihr erstes Erscheinen, als sie Calaf die Bewerbung um Turandot ausreden wollen, ist ein kompositorisches Meisterstück, wie der I. Akt insgesamt, in ein Ensemble mündend, dessen finstere es-Moll-Grundierung eine Brücke zurück zur Deportationsszene in MANON LESCAUT (→ S. 337) bildet, Puccinis gelungenster Anfangsaufzug sein dürfte. Der Schluss, nach Calafs dreimaligem Schlagen gegen den Gong, hat mit einer Halbtonrückung nach D-Dur im Erscheinen des Herrschaftsthemas Turandots eine grandiose Wirkung: »Sogar der Verdi des Otello hätte kein großartigeres Finale schreiben können«.

CHINOISERIE UND UNSCHÄRFERELATION

Gegen die bewegte und doch wie eine viersätzige Symphonie gebundene Vielfalt des I. Akts ist der II. eher statisch gehalten. Er beginnt mit der großen Szene der Masken vor einem Zwischenvorhang: ein Reflex des Epischen Theaters und zugleich »ein ganz bezauberndes Stück musikalischer Chinoiserie«, das im Wechsel der Artikulation zwischen Stakkato und Legato, im Singen mit natürlicher Stimme, im Falsett oder bei geschlossenem Mund seine marionettenhaft groteske Wirkung erzielt, ehe die Minister im elegischen Andante-Mittelteil sozusagen die Masken vom Gesicht nehmen und von ihrem Glück auf dem Lande, fern vom Zeremoniell des Kaiserhofs, träumen. Doch die Idylle ist trügerisch, das Schweben des Satzes zwischen Gerad- und Ungeradtaktigkeit erzeugt eine Unschärferelation, die von fernen Chorstimmen im harten Zweiachtelrhythmus brutal kontrastiert wird. Nach der Reprise des Anfangs künden dissonante Fanfaren die Rätselszene an. Gerahmt von feierlichen

Chören der Kaiserhymne, beginnt sie mit der Ansprache des bresthaften Altoum, der Calaf nicht von seiner Bewerbung abbringen kann, und findet in Turandots Auftritt ihren ersten Höhepunkt. *In questa reggia* setzt als Rezitativ in einschüchternd hoher Lage bei schwankender Tonalität ein. Die traumatische Nachwirkung des Schicksals ihrer Ahnin wird »in der Form eines halluzinatorischen Wiegenlieds« vorgetragen, die eigentliche Rätselszene dann in bewusst primitiven Tonartrückungen erreicht. Synkopische Rhythmen in den Begleitakkorden und eine »dissonante Lamentofigur der beiden hohen Violoncelli (eine kleine über einer großen Sekund) schaffen eine durchgehende Einheitlichkeit der äußeren Gestalt«. Nach Calafs Erraten der Rätsel bricht kein Jubel aus, das Volk intoniert zwar wieder die Kaiserhymne, aber sie wird bis zum Pianissimo zurückgenommen. Dann stellt Calaf Turandot das Rätsel seines Namens: nicht mit derselben Formel wie diese, sondern mit der Melodie seines Liebesthemas aus der Arie im III. Akt. Erst dann erklingt die kaiserliche Hymne als Triumphchor.

Zu Beginn des Schlussakts entwickelt sich aus einer raumklanglich konzipierten Musik – die Herolde verkünden Turandots Gebot, niemand dürfe schlafen – Calafs in sein Liebesthema mündende Arie *Nessun dorma,* das letzte Beispiel für Puccinis auch tenoral überwältigende Fülle des Wohllauts. Als Scherzo-Einschub dient der Auftritt der drei Masken, deren pentatonisch gefärbtes D-Dur im Zweivierteltakt den Prinzen zum Ablassen von der Prinzessin animiert – vergebens, so dass sie in Drohungen ausbrechen. Als aus Liù und Calafs Vater Timur der Name des Prinzen erpresst werden soll und Liù zu Turandots Überraschung der Folter im Namen der Liebe widersteht, singt sie ihr konduktartiges *Tu, che di gel sei cinta* (Du, die von Eis umgürtet) und ersticht sich. Ein Trauermarsch mit dicht harmonisiertem Chor verklingt in verhauchendem es-Moll: Puccinis letztes Musikwort.

Auf dem vom Komponisten nicht gestalteten Königsweg des hohen Paars bleiben neben der sich für Calaf aufopfernden Liù die sozusagen biologisch verschwindenden Väter Timur und Altoum zurück. Zwar mag der Komponist der liebenden Verbindung seiner beiden Protagonisten jene kathartische Wirkung zugedacht haben, an der Minnie–Ramerrez in der FANCIULLA DEL WEST und Lauretta–Rinuccio in GIANNI SCHICCHI insofern teilhaben, als sie drohender Massenhysterie und der Allmacht des Kapitals in ihre Gefühlseinheit zu entfliehen vermögen; künstlerisch zu gestalten war das für ihn nicht mehr. Hatte er seinen früheren Heroinen im Sterben eine Reinwaschung in unserem durch seine Musik erregten Mitgefühl erzwungen, so hätte er schon die tote Liù in Turandot auferstehen lassen müssen, um deren Wandlung ästhetisch glaubhaft zu machen – in Fortsetzung des Wunders, das er der einer gesellschaftlichen und kirchlichen Todsünde schuldig gewordenen Schwester Angelica hatte zuteil werden lassen. Dass der Tod und die eigene künstlerische Disposition die Verwirklichung einer Utopie nicht zuließen, hat uns zwar ein fragmentarisches Opus ultimum Puccinis hinterlassen – es aber gleichzeitig vor dem Abfall in den Wunderkitsch bewahrt. So wurde TURANDOT trotz des unvollendeten Zustands nicht nur zu einem Meisterwerk, dem letzten in der Gattung des italienischen Melodramma, sondern auch zu Puccinis triftigster Antwort auf Nietzsches rhetorische Frage: »Sind die Liebe und der Tod nicht Geschwister?«

VON HEUTE AUF MORGEN ODER HIN UND ZURÜCK
DEUTSCHE OPER ZWISCHEN ERSTEM WELTKRIEG UND ›DRITTEM REICH‹

Der Erste Weltkrieg nahm auf das Theaterleben in der deutschsprachigen Welt erstaunlich wenig Einfluss, einzig die Bayreuther Festspiele schlossen 1914 für ein Jahrzehnt ihre Pforten. Obwohl die Kriegsbelastungen immer spürbarer wurden und Ferruccio Busoni 1917 die Doppelpremiere von ARLECCHINO und TURANDOT nicht nach Berlin, sondern ins kriegsferne Zürich vergab, blühte die Oper in den vereint kriegsführenden Ländern Deutschland und Österreich. Der von Stuttgart 1915 ausgehende Serienerfolg der MONA LISA des Max von Schillings, die Zweitfassung der ARIADNE AUF NAXOS von Richard Strauss 1916 in Wien, Hans Pfitzners PALESTRINA 1917 in München sowie die Frankfurter Uraufführung von Franz Schrekers Hauptwerk DIE GEZEICHNETEN im April 1918 waren den Zeiten erstaunlich mühelos abgerungene Epochenereignisse. Und 1919 wechselte Strauss wie selbstverständlich als Musikalischer Leiter von der hauptstädtischen Hofoper des einen untergegangenen Feudalreichs an die des anderen: von Berlin nach Wien. Dass diese höfischen Institute sich fortan Staatsopern nannten, weist indes auf einen grundlegenden Wandel hin. Die bis zum Ausbruch des ›Dritten Reichs‹ 1933 in Deutschland und bis zur Annexion Österreichs fünf Jahre später nicht mehr von Herrscherlaunen abhängigen, sondern von demokratisch kontrollierten Gremien bezuschussten Staats- und Stadtbühnen erlebten einen ungeheuren Innovationsschub. So wurden in der Spielzeit 1927/28 an deutschen Theatern sechzig Opern uraufgeführt. Trotz großer sozialer und wirtschaftlicher Probleme schien die Epoche der Weimarer Republik die gesellschaftliche

Utopie der Oper zu verwirklichen: die vorangetriebene Emanzipation des Bürgers zum Menschen.

Diese schloss eine Neubefragung des alten Repertoires ein, auch in der Provinz. Die 1920 in Göttingen einsetzende Händel-Renaissance steht mit ihrer Breitenwirkung ebenso dafür wie das moderne Regietheater, das etwa der Regisseur Arthur Maria Rabenalt und der Bühnenbildner Wilhelm Reinking vor ihrer Anerkennung in Berlin an Bühnen wie Würzburg und Darmstadt entwickelten. Neben Theatern in den Kapitalen vormaliger Herrschertümer wie Dresden oder Stuttgart gab es Hochburgen kunstdemokratischer Fortschrittlichkeit in Hamburg, Köln, Frankfurt/Main, Leipzig oder Kassel. Schrekers SCHATZGRÄBER 1920 in Frankfurt und IRRELOHE 1924 in Köln, Erich Wolfgang Korngolds DIE TOTE STADT 1920 in Köln/Hamburg und sein WUNDER DER HELIANE 1927 in Hamburg, Paul Hindemiths MÖRDER, HOFFNUNG DER FRAUEN und DAS NUSCH-NUSCHI 1921 in Stuttgart sowie SANCTA SUSANNA 1922 in Frankfurt, Alexander Zemlinskys DER ZWERG 1922 in Köln, Busonis DOKTOR FAUST 1925, Hindemiths CARDILLAC oder Othmar Schoecks PENTHESILEA 1926 in Dresden, Ernst Kreneks ORPHEUS UND EURYDIKE 1926 in Kassel und JONNY SPIELT AUF 1927, Kurt Weills schon vom Faschistenpfiff eingeholte Brecht-Oper AUFSTIEG UND FALL DER STADT MAHAGONNY 1930 in Leipzig, Max Brands Zeitoper MASCHINIST HOPKINS 1929 in Duisburg, Arnold Schönbergs VON HEUTE AUF MORGEN und George Antheils TRANSATLANTIC 1930 in Frankfurt/Main: Das sind, neben multimedialen Mischformen wie Oskar Schlemmers TRIADISCHEM BALLETT in Stuttgart 1922 oder experimentellen Kammeropern um Hindemiths HIN UND ZURÜCK bei den Musikfestspielen Baden-Baden in den Jahren 1927/29, nur einige Beispiele für die weit gefächerte Progressivität in der Weimarer Republik.

Berlin blieb allerdings das Zentrum, und die Wiener Staatsoper war sich neben ihrer Strauss-Pflege nicht zu schade, die neuen – oft von Österreichern komponierten – Werke nachzuspielen. An der Staatsoper Unter den Linden erlebte neben anderen Opern wie Darius Milhauds CHRISTOPHE COLOMBE (1930) ein Schlüsselstück der Zeit seine Premiere: Alban Bergs WOZZECK (1925). Als experimentelle Dépendance der Lindenoper wurde 1927 die Kroll-Oper wieder eröffnet, die allerdings – verschärft durch die auf den New Yorker Börsenkrach von 1929 folgende Weltwirtschaftskrise – erbitterte Feindschaft in nationalkonservativen Kreisen (›Kulturbolschewismus‹) fand und ihren Betrieb nach nur vier Spielzeiten einstellen musste. Neben einem gleich nach der szenischen Premiere in der Wiener Staatsoper

1928 gespielten Hauptwerk des Neoklassizismus wie Strawinskys OEDIPUS REX erfuhr dort Hindemiths NEUES VOM TAGE (1929) die Uraufführung, Schönbergs bereits 1909/13 komponierte und wenige Jahre zuvor uraufgeführte Einakter ERWARTUNG und DIE GLÜCKLICHE HAND wurden 1930 an einem Abend zusammen gegeben. Sogar eine Bühne wie das Schauspielhaus am Schiffbauerdamm ging 1928 mit Brecht/Weills DREIGROSCHENOPER in die Annalen des Musiktheaters ein. Auch Berlins von Bruno Walter musikalisch konservativer geführte Städtische (Deutsche) Oper in Charlottenburg spielte bis zum Ende der Weimarer Republik neue Werke und brachte gegen faschistische Widerstände 1932 Weills BÜRGSCHAFT und Schrekers DER SCHMIED VON GENT heraus.

UNGLEICHZEITIGKEIT DES GLEICHZEITIGEN

Geprägt wurde diese Entwicklung – an der Kroll-Oper von Regisseuren wie Jürgen Fehling oder Gustaf Gründgens mit Bühnenbildnern wie Caspar Neher, Ewald Dülberg, Teo Otto und László Moholy-Nagy szenisch verwirklicht – auch von Dirigenten. Fritz Busch in Stuttgart und Dresden, Wilhelm (William) Steinberg in Frankfurt, Erich Kleiber an der Berliner Staats- sowie Otto Klemperer und Alexander Zemlinsky an der Kroll-Oper waren Sachwalter dieser Blütezeit. Dass sie nach 1933 ihre Ämter verloren bzw. (Kleiber) aufgaben, bedeutete neben dem vor allem durch die NS-Rassenpolitik motivierten Exodus führender Instrumental- und Vokalkünstler (von der letzteren Kategorie seien nur Lotte Lehmann, Richard Tauber und Alexander Kipnis genannt) einen kulturgeschichtlich vergleichslosen Substanzverlust. Mit Kurt Weills in Leipzig, Erfurt und Magdeburg am 18. Februar 1933 uraufgeführter Oper DER SILBERSEE hörte nach Hitlers Machtübernahme die Zufuhr des kulturell Neuen vom Tage auf. So wurden einige herausragende deutsche Opern der Epoche mit unterschiedlicher Verzögerung sozusagen exiliert in Zürich uraufgeführt: Bergs zweiaktige LULU 1937, Hindemiths Grünewald-Oper MATHIS DER MALER 1938, Schönbergs 1954 in Hamburg konzertant gegebener Torso MOSES UND ARON erst 1957. Die 1933 durch die Nazis im breisgauischen Freiburg hintertriebene Uraufführung von Schrekers letzter Oper CHRISTOPHORUS musste bis 1978 warten, ehe sie dort herauskam.

Diese Ungleichzeitigkeit des Gleichzeitigen spiegelt den Geschichtssturz, den Deutschland 1933 erlitt. Die politischen Ereignisse ließen eine abendländische Bewusstseinskrise, die der Donnerschlag des Ersten Weltkriegs offenbar gemacht hatte, durch deren gesteuerte Leugnung umso schmerzlicher werden: mit der von Staats wegen in Verkennung des Vitalismus bei Nietzsche und Bergson (um nur die besten Quellen zu nennen) verfügten Illusion absoluter und positiver Werte. In der Sozialgeschichte der Künste war aber seit 1910 nicht nur eine explosiv zunehmende Diskrepanz zwischen dem Anspruch der Künstler auf Progression und dem konservativem Beharren vieler Rezipienten eingetreten. Die zwischen etwa 1915 und 1930 geradezu entfesselte Zeitmaschine der Opernentwicklung, in der harmonisch und dramaturgisch völlig neue Wege fort von Richard Wagners Vorbild gesucht wurden, zeigt auch auf Seiten der Produzenten selbst eine tief greifende Verunsicherung. So schrieb Schönberg 1928 seinem um vier Jahre jüngeren Kollegen Schreker aus Anlass von dessen fünfzigstem Geburtstag: »Lieber Freund, wir beide stammen noch aus jener guten, alten Zeit, wo die unsympathischen Menschen sich als solche kenntlich machten, indem sie uns ›Neutöner‹ nannten. Wie sollen wir uns in einer Gegenwart zurechtfinden, wo sie uns ›Romantiker‹ heißen?«. Die Realgeschichte lieferte auf diese Frage die schlimmstmögliche Antwort, indem sie beide Komponisten unter die Vertreter der ›Entarteten Kunst‹ einreihte.

Die Emigration und Verfolgung bedeutender Künstler im NS-Deutschland und von 1938 an auch in Österreich war zwar eine künstlerische Expatriierung mittels faschistischer Gewaltpolitik. Aber sie hatte 1933 nicht von heute auf morgen eingesetzt, sondern war eingebunden in eine Entwicklungslinie. Der galt Musik in übel-platonischer Tradition als sozusagen politisch verdächtig, weil sie mit ihrer unkontrollierbar formlosen Emotionalität »die selbstzerstörerischen Tendenzen in der bürgerlichen Gesellschaft noch verstärke«. Diese weit verbreitete Perspektive verschärften etwa der dem Kreis um Stefan George zugehörende Arzt Erich Wolff und der Historiker Carl Petersen 1922 in ihrem Buch DAS SCHICKSAL DER MUSIK VON DER ANTIKE BIS ZUR GEGENWART zum generalisierenden Vorwurf wilder Anarchie gegen die damals neue Musik: Symptom eines im Bildungsbürgertum tief sitzenden Ressentiments gegen alles Neutönerische. Der offenbar begründeten Sorge um eine zunehmende Entfremdung von der Gesellschaft hatten schon Komponisten des 19. Jahrhunderts wie Berlioz mit BENVENUTO CELLINI (→ Bd. II, S. 415 ff.) oder Wagner mit den MEISTERSINGERN VON NÜRNBERG (→ Bd. II, S. 533 ff.) konstruktiv entgegenzuwirken versucht. So ist es kein Zufall, dass die bedeutendsten der in Deutschland/Österreich während des Ersten Weltkriegs uraufgeführten Opern um künstlerische Schaffensmythen und um die unbeschädigte Bewahrung der daraus hervorgehenden Schöpfungen kreisen: Pfitzners PALESTRINA (→ S. 85 ff.) und die ARIADNE AUF NAXOS von Strauss, deren endgültige Version diese Tendenz bezeichnenderweise mit einer regressiven Vereinheitlichung ihrer Kunstmittel gegenüber der 1912 als Nachspiel zu Molières BÜRGER ALS EDELMANN uraufgeführten Erstfassung erkaufte (→ S. 276 ff.). Schöpfungsmythen klingen auch in Schönbergs DIE GLÜCKLICHE HAND von 1913 sowie mehr oder weniger direkt in den Opern Schrekers zwischen dem FERNEN KLANG und CHRISTOPHORUS an (Ausnahme: DER SCHMIED VON GENT), sie hallen, in Bezug auf den produktiven Künstler ebenso skeptisch bis negativ ausgerichtet, ein Jahrzehnt später in Hindemiths CARDILLAC von 1926 und Kreneks JONNY SPIELT AUF von 1927 nach.

Diese Opern hüllen die Beziehung zwischen dem Künstler und einer sich schnell verändernden Gesellschaft in mythisierte Schöpfungsakte. Sie bleiben aber, trotz der Tendenz zur Collage heterogener Materialien beim frühen und zur Vermischung realistischer sowie phantastischer Momente beim reifen Schreker, letztlich dem wagnerschen Typus des Illusionstheaters verhaftet. Die Idee vom Gesamtkunstwerk erwies sich als erstaunlich lebensfähig: In Schönbergs Einakter DIE GLÜCKLICHE HAND sind alle Details der Musik, des Textes, der Farben, Bildhaftigkeit und Bewegungen vom Komponisten minutiös festgelegt. Die Personaleinheit von Komponist und Textdichter feiert bei Schreker oder in Werken wie Pfitzners PALESTRINA, Busonis DOKTOR FAUST, Hindemiths MATHIS DER MALER, Kreneks KARL V. und Schönbergs MOSES UND ARON fröhliche Urständ'. Solche Beschwörungen von Mythos und Geschichte greifen den Wagners Gesamtkunstwerk implantierten Anspruch auf metaphysische Bedeutsamkeit auf, wie ihn Schopenhauer begründet und Nietzsche vertieft hatte. Gegen seine Einlösung, der bis auf die Erstfassung der ARIADNE AUF NAXOS auch Richard Strauss verpflichtet ist, setzt Busoni Experimente eines nichtdiskursiv anti-illusionistischen Musiktheaters. In ihm – die männliche Titelfigur als Sprechrolle in ARLECCHINO ist dafür ebenso Indiz wie die Disparatheit der Kunstmittel in TURANDOT – wird auf Wagners musikdramatisch plausiblen Ereignisverlauf verzichtet (→ S. 412 ff.). Strawinsky verlässt im Sprech-, Spiel- und Tanzdrama HISTOIRE DU SOLDAT (Lausanne 1918) sogar die Opernbühne und spaltet in RENARD (Paris 1922) die pantomimischen Bühnenfiguren von ihren ins Orchester placierten Sängern ab: eine totale Verabschiedung Wagners.

An Beispielen für thematischen Anti-Wagnerianismus in der so genannten Zeitoper mögen genügen: Kreneks JONNY SPIELT AUF als aktuelle Gegenüberstellung von Vergnügungssucht und Kunstethos, Hindemiths NEUES VOM TAGE und Schönbergs VON HEUTE AUF MORGEN als satirische Einlassungen auf die moderne (Un-)Moral im Zusammenleben der Menschen, Max Brands MASCHINIST HOPKINS als Einzug der industriellen Arbeitswelt ins Musiktheater, Weills DREIGROSCHENOPER als Parodie auf die Gattung selbst. In seinem vorletzten Beitrag zur deutschen Oper, DIE BÜRGSCHAFT, geht Weill 1932 auf ein sozusagen vorindustrielles Ideal von Humanität zurück, um mit den Mitteln eines emotionslos objektiven Theaters der eigenen Zeit einen entlarvenden Spiegel vorzuhalten. Und Berthold Goldschmidts schaurige Groteskerie DER GEWALTIGE HAHNREI lässt ebenfalls 1932 als Vorwegnahme kommender Massenhysterie eingebildete Eifersucht in aktiven Verfolgungswahn umschlagen: thematisch ein beklemmender Traditionsbruch.

DIE EMANZIPATION DER DISSONANZ

Nicht minder radikal war um 1909 Arnold Schönbergs Emanzipation der Dissonanz in der Gleichberechtigung aller Halbtöne der chromatischen Skala gewesen. Diese freie Atonalität bedeutete für die Geschichte des Musiktheaters den Verlust von Wagners Kategorie des Leitmotivs, zumindest deren Überführung in eine nicht mehr melodisch, sondern durch Zusammenklänge strukturierte Kenntlichkeit. In der Reihentechnik der Zwölftonmusik wurde daraus die Folgerung gezogen, dass alle Tonhöhenverhältnisse durch ihren Bezug auf die Grundreihe sozusagen in sich selbst schon motivisch sind: ein Verzicht auf klangmalerischen Illusionismus. Obwohl das letztlich nur die Konsequenz aus Wagners Verwendung des Tristan-Akkords war, bedeutete Schönbergs Schritt, von den Rezipienten meist als schmerzlich empfunden, den Bruch mit der Tradition der musikalischen Periodenstruktur – obwohl der Komponist selbst die Dodekaphonie als ein Mittel zur Wiederbelebung klassischer Gebilde verstand: VON HEUTE AUF MORGEN ist formal eine reine Nummernoper mit verbindenden Secco-Rezitativen. Umso mehr wirken Schönbergs 1909/13 komponierte atonale Beiträge zum Musiktheater wie ein Sprengsatz in der Operngeschichte. ERWARTUNG und der vom Komponisten textlich selbst entworfene Schöpfungsmythos in DIE GLÜCKLICHE HAND, beide erst 1924 auf der Szene erschienen, verursachten einen ausgesprochenen Modernitätsschock.

Zwar hat Schönberg die Entwicklung der Oper nicht so einschneidend verändert wie Wagner, sehr wohl aber das Denken und Schreiben über Musik. So herrschte in der ersten Zeit nach 1945 unter dem Horizont von Adornos PHILOSOPHIE DER NEUEN MUSIK die Neigung vor, Werturteile an den jeweils praktizierten oder nur behaupteten Materialstand zu binden:

von der Atonalität über die Zwölftonmusik hin zu seriellen Verfahren. Dem widerspricht mit der zu Schönbergs Emanzipation der Dissonanz analogen Kategorie der Gleichzeitigkeit des Ungleichzeitigen die jüngere Musikgeschichtsschreibung und folgt nicht mehr einer Teleologie der musikalischen Materialentwicklung. So werden seit den 1970-er Jahren im zeitlichen und geistigen Umfeld Schönbergs auch jene noch direkt von Wagner beeinflussten Stilmomente ernst genommen, die als Nebenstrom die Herausbildung einer musikalischen Moderne rahmen: »Der ›Wagner-Ton‹, der in den GEZEICHNETEN von Schreker wie in der FLORENTINISCHEN TRAGÖDIE von Zemlinsky partiell immer noch durchschlägt, verwandelt sich durch die Umakzentuierung des historischen Periodenschemas aus einem Relikt des 19. Jahrhunderts – einem Rest von ›Spätromantik‹ – in ein konstitutives Teilmoment einer musikalischen Moderne, die sich vom Fin de siècle bis in die frühen zwanziger Jahre erstreckt«.

Die nach 1970 im Musikleben zu beobachtende Neubewertung dieser zwei Komponisten ist nicht zuletzt der Versuch einer geschichtlichen Repatriierung einst doppelt Verfemter. Nach 1933 waren sie durch die Nazis und nach 1945 durch die Prediger der Seriellen Musik gebrandmarkt worden. Ähnliches gilt für Komponisten, die ihre teilweise das Genre der ›Zeitoper‹ berührende Thematik bewusst an eine Zurücknahme des Materialstands banden. Deren Spektrum umfasst neobarocke Formpraktiken wie in Hindemiths CARDILLAC und besonders die Einbeziehung von Erscheinungen einer musikalischen Massenkultur, sei sie als Jazz ausgegeben wie in Kreneks JONNY SPIELT AUF oder zum Songstil verdichtet wie in Weills DREIGROSCHENOPER. Der oft schräge Popularstil machte für die zeitgenössischen Rezipienten vorrangig die Modernität der ›Zeitoper‹ aus. 1928 bauten Schreker in seinem allerdings erst 1978 uraufgeführten CHRISTOPHORUS eine Jazz-Bühnenmusik mit einer Nachtklubszene und Eugen d'Albert in DIE SCHWARZE ORCHIDEE Spiritual-Anklänge mit einem ›Eros-Foxtrott‹ ein. Ernst Toch komponierte für eine Nachtklubszene in DER FÄCHER 1930 eine Tangoepisode, und Max Brand stellte 1929 in MASCHINIST HOPKINS die durch Filmprojektionen verdeutlichte moderne Arbeitswelt dem Freizeitvergnügen mit Foxtrott, Shimmy und Tango gegenüber. Bei keinem anderen der deutschen Musikdramatiker, deren Entwicklung durch die Emigration beschädigt oder sogar abgeschnitten wurde, verdichten sich diese Einflüsse eines Zeitstils so sehr wie bei Kurt Weill. Indem er sie nach dem Gipfelerfolg der DREIGROSCHENOPER sublimierte, erfüllte er den futuristischen Aspekt von Busonis Begriff einer ›Jungen Klassizität‹.

FUTURISTENGEFAHR

FERRUCCIO BUSONI (1866–1924)

Die erste Nachkriegssaison 1918/19 hatte Hans Pfitzner auf die Höhe seines Ruhms gebracht. Die Neufassung des CHRISTELFLEIN wurde nach der Dresdner Uraufführung von 1917 in München (unter Bruno Walter), in Mannheim (unter Wilhelm Furtwängler) und Düsseldorf nachgespielt, die Wiener Staatsoper gab den PALESTRINA, und in Berlin – wo Max von Schillings im Herbst 1919 an der Staatsoper das Werk ebenfalls dirigierte – wurde der Komponist im Frühjahr zum Mitglied der Preußischen Akademie der Künste ernannt. Im Sommer des folgenden Jahres übertrug sie ihm, dem Nachfolger von Richard Strauss, eine Meisterklasse für Komposition an der Berliner Musikhochschule. Unter dem 1920 beginnenden Direktorat Franz Schrekers stand der im selben Jahr berufene Ferruccio Busoni einer anderen Meisterklasse vor. Der deutschnationale Pfitzner, der später von den Nazis aus dem Amt gejagte ›Halbjude‹ Schreker und der nur zu einem Viertel deutschstämmige Italiener Busoni, der sich anders als Ermanno Wolf-Ferrari konsequent für die deutsche Sprache entschieden hatte: Diese personale Konstellation ist ein Indiz für die scheuklappenlos weit gespannte Kunstliberalität, die Berlin während der Weimarer Republik zur Kulturhauptstadt Europas erhob.

Als verbindendes Glied zwischen den oft kontroversen Aktivitäten der hauptstädtischen Kulturinstitute fungierte seit 1918 der Referent im Preußischen Ministerium für Wissenschaft, Kunst und Volksbildung, Leo Kestenberg: ein überzeugter Sozialist. Selbst ein Pianist von professionellem Zuschnitt, war er seit 1904 Busonis Schüler und seinem Lehrer, dessen in jenem Jahr uraufgeführtem Klavierkonzert mit Männerchor im Finalsatz er nach eigener Aussage die geistige Wende in seinem Leben verdankte, in Freundschaft verbunden. Kestenberg, der später den Nazis als prototypischer Vertreter der ihnen verhassten republikanischen Kulturpolitik galt, war nicht der einzige Schüler des zu den überragenden Pianisten seiner Zeit zählenden Busoni, der Ruhm erringen sollte. Für die Bandbreite des auch als Dirigent einer novitätenreichen eigenen Konzertreihe mit den Berliner Philharmonikern in Erscheinung tretenden Busoni – 1905 ließ er Pfitzner dessen frühes c-Moll-Scherzo selbst dirigieren – spricht seine enge, schon 1903 geknüpfte Beziehung zu Arnold Schönberg, der 1924 sein Nachfolger an der Hochschule wurde, ebenso wie der schillernde

Kreis der von ihm Faszinierten, zu denen so unterschiedliche Erscheinungen wie Kurt Weill, Alois Hába, Wladimir Vogel, Philipp Jarnach, Edgard Varèse und Kaikhosru Sorabji gehörten.

Nach der Berufung Pfitzners und Busonis durch Kestenberg waren 1920 am selben Berliner Institut zwei Künstler tätig, die auf Grund ihrer notorischen Gegensätzlichkeit in der Einheit von Komponist und Interpret – Pfitzner als Dirigent –, von Pädagoge und schriftstellerischem Ästhetiker, von Bearbeiter und Herausgeber repräsentativ für die Spannung der Musik zwischen Traditionalismus und Modernität standen. Nach seinen frühen Opernaufsätzen, im Band VOM MUSIKALISCHEN DRAMA (1915) gesammelt, veröffentlichte Pfitzner 1917 in einer Zeitschrift die Polemik FUTURISTENGEFAHR. Mit ihr attackierte er Busonis 1916 in leicht erweiterter Zweitauflage erschienenen ENTWURF EINER NEUEN ÄSTHETIK DER TONKUNST. Das erstmals 1907 weitgehend echolos von einem deutschen Verlag in Triest gedruckte Büchlein wurde dadurch so schnell berühmt wie Pfitzners Entgegnung selbst und, mit Busonis ebenfalls 1917 in der ›Vossischen Zeitung‹ als offenem Brief gedruckter Replik, die Kontroverse zwischen beiden insgesamt. Leider hat Arnold Schönberg seinen ursprünglichen Plan nicht verwirklicht, die Auseinandersetzung unter dem Titel FALSCHER ALARM zu kommentieren, weil er Pfitzners Broschüre bei mehrmaliger Lektüre immer schlechter fand. Umso aufschlussreicher wirken die sehr kritischen Anmerkungen in seinem Leseexemplar von Busonis Schrift, die als Anhang zu dieser 1974 im Druck erschienen sind.

Im historischen Rückblick verliert die Auseinandersetzung zwischen Pfitzner und Busoni ähnlich den berühmten Querelen im französischen Geistesleben des 18. Jahrhunderts vom Buffonisten- bis zum Piccinnistenstreit (→ Bd. I, S. 115 f. bzw. S. 302 f.) leicht ihre ideologische Kontur. Verständigungshypothetisch gesagt, sind Busonis prophetische Vorausblicke wie Pfitzners bitterböse Warnungen vor der darin enthaltenen Futuristengefahr eine Fortsetzung jener literarischen ›Querelle des anciens et des modernes‹, die sich in Jean-Baptiste Lullys Todesjahr 1687 an der Frage entzündet hatte, ob die Kunst an den allgemeinen Fortschritten der Zeit einen solchen Anteil habe, dass ihre zeitgenössischen Hervorbringungen den als ideal erachteten des klassischen Altertums gleichkämen.

Für Busoni ist die abendländische Musik vergleichsweise jung, ihrer Zukunft sieht er alle Wege offen: mit einer neuen harmonischen Ordnung, die den chromatischen Möglichkeiten der zwölf Halbtöne in siebenstufigen Tonleitern ungeahnte Differenzierungen eröffne – womit er partiell die von ihm konkret allerdings abgelehnte Zwölftönigkeit Arnold Schönbergs vorausahnte; mit einer in Drittel- und Sechsteltönen organisierten Mikrointervallik, die der Tscheche Alois Hába theoretisch wie praktisch, etwa in der Oper DIE MUTTER, entwickelte; mit elektrisch erzeugten synthetischen Tönen: einer Utopie des wissenschaftlich vollkommenen Klangs, die weit in die Praxis der späteren Elektronik hinausschießt. Komplementär ergänzt wurden diese prospektiven Momente durch Busonis Kritik am Zustand der herkömmlichen Instrumente, der eine natürliche Weiterentwicklung der Musik ebenso erschwere wie das überkommene Notationssystem mit seinem Schema von Taktmetrik, Perioden und Tonarten, das schon die musikalischen Träume E. T. A. Hoffmanns – in mancherlei Beziehung eine Identifikationsfigur Busonis – ins Philisterhafte habe abstürzen lassen.

Der konservative Pfitzner witterte in Busonis utopischen Gedankengängen drohenden Traditionsverlust und warf dem Kontrahenten – ohne Hinweis darauf, dass dieser in seinem eigenen Werk von der beschworenen Zukunftsmusik keinen Gebrauch machte – vor, er opfere die historisch gewachsenen Errungenschaften der Musik unbedenklich einer dubiosen Technik- und Zukunftsgläubigkeit. Dass Busoni den Kunstmanifesten der italienischen Futuristen (→ S. 627 f.) zwar positiv gegenüberstand, ihre ästhetischen Produkte und besonders – darin einig mit Schönberg – ihre Kriegsbegeisterung aber entsetzt ablehnte, zeigt ebenso wie Pfitzners Verzicht auf den Nachweis einer Diskrepanz zwischen Theorie und Praxis bei Busoni den grundlegenden Unterschied zwischen den streitenden Komponisten: »Der Musikästhetiker Busoni bleibt im ENTWURF immer Schriftsteller, uneingedenk des ›Materialstands‹ der eigenen Kompositionen – darin gleicht er dem komponierenden Schriftsteller E. T. A. Hoffmann –, der Musikschriftsteller Pfitzner ist immer Propagandist seiner selbst und damit auch Verteidiger seines eigenen materialen Standorts.« Dem Einzigen mit seinem unverbrüchlichen Eigentum des Einfalls steht der zwischen verschiedenen Optionen changierende Spieler gegenüber, der mehrere Möglichkeiten ausprobiert und eine – nicht nur musikalische – Poetik des ›work in progress‹ entwirft.

DAS DEUTSCHE IN DER MUSIK

Wichtiger noch als die Warnung vor der Futuristengefahr sind Pfitzner, der in vielen Details seiner Polemik den Eindruck vermittelt, seinen Gegner bewusst missverstehen zu wollen, zwei andere Dinge. Obwohl oder gerade weil Busoni in seinem ENTWURF EINER NEUEN ÄSTHETIK dem musikalischen Einfall keine besondere Würdigung zukommen lässt, spürt Pfitzner an dieser

Missachtung seiner musikästhetischen Zentralkategorie den unversöhnlichen Gegensatz. Busoni geht tatsächlich über Pfitzners Toleranzgrenze mit dem Hinweis hinaus, dass jeder musikalische Einfall durch den Zwang zur Notation schon fremdbestimmt sei: »Mit dem Augenblick, da die Feder sich seiner bemächtigt, verliert der Gedanke seine Originalgestalt. Die Absicht, den Einfall aufzuschreiben, bedingt schon die Wahl von Taktart und Tonart. Form- und Klangmittel, für welche der Komponist sich entscheiden muß, bestimmen mehr und mehr den Weg und die Grenzen«. Im Aufsatz Von den Proportionen hat Busoni dann 1922 ohne erkennbare Nachwirkung bei Pfitzner den Einfall der Zufälligkeit individueller Begabung zugeordnet, aus der ihn nur die Beherrschung musikalischer Proportionsgesetze in den Rang eines Kunstwerks erheben könne. Der entlehnt göttlichen oder zumindest autoritären Kategorie des aller rationalen Kritik entrückten Einfalls und seiner Verwirklichung in der zumindest aktweise herrschenden Stimmungseinheit des Werks bei Pfitzner steht Busonis Prozess-Ästhetik mit ihrer schon auf Verfremdungsmethoden zielenden Bearbeitungspraxis diametral gegenüber. Diese Unvereinbarkeit hat Pfitzner hellhörig in Busonis Schrift vernommen und abzuwehren versucht.

Dass Busoni Bach wie Beethoven nur als großen Anfang der Musikgeschichte bezeichnete, galt Pfitzner als Indiz für die quasi musikpolitische Unzuverlässigkeit des gebürtigen Italieners. In der Tat liegt der allzu lange unerkannt gebliebene Kern von Pfitzners während Busonis Exil im Ersten Weltkrieg vorgetragener Polemik »in der Frage der Hegemonie der deutschen Musik, die Pfitzner durch Busoni wenn nicht bedroht, so doch attakkiert sah. Der Streit wurde zwar an ästhetischen (musikalischen) Fragen als Epizentrum ausgetragen, veranlaßt jedoch war er durch tieferliegende ethnische und politische Fragen«. Pfitzner spürt, dass Busoni die auch von Schönberg geteilte Ideologie einer Vorherrschaft der deutschen Musik ablehnt und verwahrt sich dagegen mit der Behauptung, bei Busoni eine »aus allen Poren der Schrift dringende Verständnislosigkeit gegenüber dem Deutschen in der Musik« zu entdecken. Spezifiziert wird das mit dem Vorwurf an Busonis Adresse, »Kunst ist ihm mehr Sache des Intellekts als des Herzens«, was durch die zwanzig Seiten vorher gegebene Definition des Deutschen in der Musik seine völkerpsychologisierende Untermauerung findet: »Deutsche Musik ist nicht bloß Gehirnsport, sondern auch Herzensangelegenheit« – ein Vorgriff auf Pfitzners protofaschistisches Entartungs-Vokabular in seiner 1919 erschienenen Polemik Die neue Ästhetik der musikalischen Impotenz (→ S. 87 ff.). Der Ausschluss nichtdeutscher Musik, und wir dürfen ergänzen: der welschen eines Busoni, von der Wahrhaftigkeit deutscher Herzensergießungen kündigt verbal die resignative Versöhnlichkeit des PALESTRINA auf. Die Einheit von Theorie und Praxis erweist sich bei Pfitzner als moralisches Scheinkonstrukt, während Busoni mit dem dialektischen Verhältnis zwischen Denken und Schaffen sowie mit der Auflösung des Emotionszusammenhangs im Werk die Wahrhaftigkeit einer modernen Ästhetik einleitet.

SEGNUNGEN DES GEHIRNSPORTS

Im ENTWURF EINER NEUEN ÄSTHETIK hatte er schon 1907 eine Bertolt Brecht vorwegnehmende Praxis des epischen Musiktheaters gefordert: »Der Darsteller ›spiele‹ – er erlebe nicht. Der Zuschauer bleibe ungläubig und dadurch ungehindert im geistigen Empfangen und Feinschmecken«. Die größte Schwierigkeit in der Einlösung eines anti-illusionistischen Theaters sah Busoni realistischerweise nicht bei den Komponisten, sondern bei den Rezipienten: »Denn das weiß das Publikum nicht und mag es nicht wissen, daß, um ein Kunstwerk zu empfangen, die halbe Arbeit an demselben vom Empfänger selbst verrichtet werden muß«. Im August 1921 schreibt Busoni den Entwurf eines Vorwortes zur Partitur des DOKTOR FAUST, in dem er seine an der praktischen Opernarbeit erhärteten Einsichten zur Ästhetik eines neuen Musiktheaters zusammenfasst. Dabei geht es ihm um die Einheit der Musik in einem heterogenen Gesamtzusammenhang. Wie traditionssprengend er diese Einheit der Musik auffasst, beweist die Tatsache, dass er sie mit einem nach Wagner tabuisierten Begriff verknüpft: dem des Gesamtkunstwerks. Dabei geht es ihm ausdrücklich um die Überwindung des Bayreuther Gesamtkunstwerks in Richtung auf ein musikalisch determiniertes Gesamtkunstwerk. In ihm soll die Oper »zu einer un-alltäglichen, halb-religiösen, erhebenden, dabei anregenden und unterhaltsamen Zeremonie sich gestalten«. Natürlich schwebt Busoni als Vorbild nicht ein mythisch gefügtes Erlösungswerk wie der PARSIFAL vor, sondern das bunte Fleckerlwerk der ZAUBERFLÖTE.

Die Oper soll sich nicht als formalästhetisch geschlossene Wirklichkeit darbieten, um das Gefühl des einzelnen Theatergängers zu unterwerfen. Vielmehr muss sie die Eigengesetzlichkeit ihrer Scheinwelt offenbaren, deren disparate Bestandteile sich erst im geistigen Nachvollzug des Rezipienten wirkungsästhetisch zusammenfügen. Diese von Busoni zumindest tendenziell auch in seiner Opernpraxis angestrebte Entmachtung der Logizität des Ereignisverlaufs auf der Bühne entspricht weniger konträr als komplementär Schönbergs extrem subjektbezogenen Experimenten: dem zeitlupenartigen Monodrama ERWARTUNG und dem wie im Zeitraffer kondensierten ›Drama mit Musik‹ DIE GLÜCKLICHE HAND, Strawinskys gesangloser und mit einem Erzähler aufwartender GESCHICHTE VOM SOLDATEN oder der bewusst alltagsniedrigen ›opera domestica‹ der zwanziger Jahre wie Hindemiths Einakter HIN UND ZURÜCK. Insgesamt formieren sich diese Versuche zur entschiedenen Absage an den Illusionszusammenhang des wagnerschen – noch in Pfitzners PALESTRINA nachhallenden – Gesamtkunstwerks wie des veristischen Musikdramas italienischer Herkunft.

So plädiert Busoni im Entwurf eines Vorwortes zu DOKTOR FAUST ungeniert für das gleichberechtigte Nebeneinander verschiedener Musikbestandteile, weil »die Oper alle Mittel und alle Formen, die sonst in der Musik einzeln zur Anwendung kommen, vereint in sich birgt, sie gestattet und sie fordert. Sie gibt Gelegenheit, sie insgesamt oder gruppenweise anzubringen. Von den einfachen Lied-, Marsch- und Tanzweisen bis zum kunstvollen Kontrapunkt, vom Gesang zum Orchester, vom ›Weltlichen‹ zum ›Geistlichen‹ reicht – und noch weiter – das Gebiet der Oper; der ungemessene Raum, über den sie verfügt, befähigt sie, jede Gattung und Art aufzunehmen, jede Stimmung zu reflektieren«. Busoni entwickelt hier, anders als im ENTWURF EINER NEUEN ÄSTHETIK, in tendenzieller Übereinstimmung mit seinem kompositorischen Werk zukunftsweisende Ideen, die zwar nicht so weit gehen wie die jeden kunstlogischen Zusammenhang aufkündigenden Theorien des Dadaismus, dessen Entstehung Busoni in Zürich miterleben konnte. Aber das von ihm geforderte und eingelöste Nebeneinander verschiedener Stil- und Ausdrucksebenen entspricht jenem literarhistorisch erstmals nicht mehr epigonal, sondern innovativ wirksamen Eklektizismus, dem Hermann Broch in seinem Aufsatz über den ULYSSES von James Joyce – Busoni lebte während der Entstehungszeit des Romans wie der Ire in Zürich – eine schöpferische Qualität zugeschrieben hat: »denn erst in solch neuer Form vermag sich die Zeitgerechtheit zu erweisen, denn erst in solch neuer Einheit und Gebundenheit erweisen die legierten Stile ihre Tragkraft und ihre Existenzberechtigung«. Erreicht wird bei Busoni die neue Einheit und Gebundenheit der disparaten Kunstmittel im Verzicht auf die äußere Verlaufslogik des Illusionstheaters.

Erstmals wird hier zu Wagners hermetisch geschlossenem Gesamtkunstwerk und seinem plausiblen Ereigniszusammenhang mit individualpsychologisch komplexen Figuren eine zukunftsträchtige Alternative entwickelt. Sozialästhetisch führt die Aufgabe des Illusionismus bei Busoni auch zu jener einer Rückkoppelung der privaten Erfahrung des Theatergängers an den auf der Bühne entwickelten Mythos. Damit geht die Suggestion einer im Kollektiv erfahrenen Teilhabe an einer Art Herrschaftswissen (→ Bd. II, S. 457) verloren. Aus der gläubigen Gemeinde bei Wagner wird unter Verzicht auf die interne Verlaufslogik und den daraus entstehenden Ereignissog tendenziell eine Vielzahl von Individuen, die das Gebotene selbst in ihrer Phantasie zusammenfügen. Das einschüchternd illusionistische Gesamtkunstwerk verwandelt sich in die offene Form eines ›work in progress‹.

JUNGE KLASSIZITÄT

Wenn sich auch aus Busonis Œuvre kaum ein geschlossenes ästhetisches System des Zusammenhangs von Theorie und Praxis ableiten lässt, so wird doch spätestens mit seinem ENTWURF EINER NEUEN ÄSTHETIK DER TONKUNST der Prozesscharakter eine für ihn entscheidende Kategorie. Gleichzeitig sucht er den ihr immanenten Hang zur Auflösung fester Werk- und Wertbegriffe durch das Beharren auf der Idee VON DER EINHEIT DER MUSIK – unter diesem programmatischen Titel gab er 1922 seine gesammelten Gedanken zur Musik heraus – vor der Beliebigkeit zu schützen. Diese Einheit hält er mit einer »spannungsvollen Dialektik von Wesen und Erscheinung« der Musik aufrecht, indem er »die Konstanz des übergeschichtlichen Wesens von Musik [...] mit der geschichtlichen Variabilität ihrer Erscheinungen zusammenspannt«. Als Konstanten nimmt Busoni im ENTWURF (S. 8) noch nebulös den »Geist eines Kunstwerks, das Maß der Empfindung, das Menschliche, das in ihm ist«, während er im späteren Entwurf eines Vorworts zur Partitur des DOKTOR FAUST (S. 313) nur noch Gehalt und Qualität gelten lässt: »Erfindung und Stimmung bilden den Gehalt, Form und Gestaltung die Qualität«. Damit ist zu Hans Pfitzners monistischer Idee von der Vorherrschaft des musikalischen Einfalls die Gegenposition entworfen, in der implizit das Moment der Veränderbarkeit des Kunstwerks eine wichtige Rolle spielt.

In seinem letzten öffentlichen Wort zum Streit mit Pfitzner, dem zuerst am 7. Februar 1920 in der ›Frankfurter Zeitung‹ unter dem Titel JUNGE KLASSIZITÄT veröffentlichten Brief an deren Musikkritiker Paul Bekker, hat Busoni seine Idee von der Einheit der Musik damit definiert, »daß Musik an und für sich Musik ist, und nichts anderes, und daß sie selbst nicht in verschiedene Gattungen zerfällt« – eine scheinbar pleonastische Formulierung, die er durch den Begriff der ›Jungen Klassizität‹ eingrenzte, worunter er »die Meisterung, die Sichtung und Ausbeutung aller Errungenschaften vorausgegangener Experimente: ihre Hineintragung in feste und schöne Formen« verstand. Zwischen dem Streben der ihm nachfolgenden italienischen Generation der um 1880 geborenen Komponisten nach einer reinen Musik aus dem Geist der nationalkulturellen Tradition und dem internationalen Neoklassizismus der zwanziger Jahre entwickelte Busoni die Idee einer vitalen Metamorphose der Musik, die er selbst exemplarisch etwa in der Umarbeitung seiner 1898 komponierten Violinsonate op. 36a zur Improvisation über den Bach-Choral WIE WOHL IST MIR, O FREUND DER SEELE für zwei Klaviere im Jahre 1916 verwirklichte.

Auch für seine Opern spielen die thematische und vor allem die gattungsbezogene Abgeschlossenheit des Kunstwerks keine Rolle mehr. Der Widerspruch, dass ein solcher Aufbruch ins Ungesicherte mit der Rückversicherung an festen Formen unternommen werden soll, löst sich in Busonis Forderung auf, dass dem Zuhörer die Hälfte der Arbeit am Kunstwerk selbst zukommt. Die Offenheit der Gesamtform verbietet keineswegs geschlossene Binnenformen, sie gewinnt durch diese erst ihre Besonderheit. »Das Kaleidoskopartige und das Zitathafte seiner Musik – Anhaltspunkte der Assoziationstätigkeit – sind Vorgriffe darauf, daß insbesondere das Destruieren und Dekomponieren einerseits zwar als lebendig behaupteter, andererseits aber dennoch geschlossener Form-Organismen zum Signum der Kunst des 20. Jahrhunderts geworden ist«. Von daher erklärt sich Busonis oft angegriffene Formulierung, die Fuge – als prototypische Erscheinungsform der Überlagerung verschiedener Materialschichten – sei keine Form, sondern ein Kompositionsprinzip. Dieser prozessuale Grundzug unterscheidet ihn von den neoklassizistischen Strömungen der zwanziger Jahre. Was er anstrebte, war nach seinen eigenen Worten »ein freier kontrapunktischer Vorgang ohne Bindung an irgendeine traditionelle Form und doch geformt durch die Gesetze des Gleichgewichts, der Proportionen, der Entfaltung, der Steigerung, des Ausklangs«. In Busonis Musik und Musikdenken scheint ein Ensemble progressiver Möglichkeiten auf: Preisgabe der Tonikalität, Verzicht auf realistische Gegenständlichkeit, freie Collage vorgegebener Kunstmaterialien. Seine Einheit der Musik ist das – in Ernst Blochs 1918 erstmals publiziertem GEIST DER UTOPIE mit mancher Formulierung aus dem ENTWURF EINER NEUEN ÄSTHETIK nachschwingende – Moment zukunftsorientierter Zeitgerechtheit.

DIE BRAUTWAHL

Erstaunlich ausgebildet sind Busonis innovatorische Bemühungen um das Musiktheater schon in seiner ersten vollendeten Oper DIE BRAUTWAHL (Hamburg 1912; gekürzte Version Mannheim 1913; *WA* Darmstadt 1962,

Staatsoper Berlin 1992; als LA SPOSA SORTEGGIATA beim Maifestival Florenz 1966). Der Komponist schrieb, wie für seine späteren Opern, das 1907 zusammen mit dem ENTWURF EINER NEUEN ÄSTHETIK DER TONKUNST und dem nicht vertonten Textbuch DER MÄCHTIGE ZAUBERER veröffentlichte Libretto selbst, und zwar in oft wörtlicher Übereinstimmung mit E. T. A. Hoffmanns gleichnamiger Novelle aus dem Erzählzyklus DIE SERAPIONSBRÜDER. Die Stoffwahl für diese ›musikalisch-phantastische Komödie in drei Akten und einem Nachspiel‹ ist bezeichnend für Busonis Ästhetik, deren theoretische Grundierung in manchen Einzelheiten Hoffmanns Dialog DER DICHTER UND DER KOMPONIST fortschreibt. Wie dort der fiktive Komponist die Musik zu einem Gefäß unaussprechlicher Sehnsucht erhöht (→ Bd. II, S. 64 ff.), wird in Hoffmanns ›Geschichte, in der mehrere ganz unwahrscheinliche Abenteuer vorkommen‹, das serapiontische Prinzip zu einer Meta-Kunst erhoben: die vier erzählenden Freunde tragen mit der von der Realität abhebenden Wahrnehmungsfähigkeit des wahnsinnigen Serapion ihre Geschichten voreinander als Variationen über bekannte Themen vor. Im Fall der Brautwahl über das von Sigmund Freud 1913 analysierte Motiv der Kästchenwahl in Shakespeares KAUFMANN VON VENEDIG.

Dieses Motiv hat in der Oper (wie bei Hoffmann) indes keine zentripetale Wirkkraft. Zwar kommt Albertine, die Tochter des Kommissionsrats Voswinkel, durch die ihrem Vater angeratene Kästchenwahl zum richtigen Ehemann, dem Maler Edmund Lehsen, und kann so andere Bewerber abwehren: den Favoriten ihres Vaters, Kanzleisekretär Thusmann, und den Baron Bensch, der von seinem Onkel, dem Juden Manasse, protegiert wird. Aber das Liebesglück des Paars rückt sogleich aus der dramaturgischen Perspektive, da Lehsen im Nachspiel zu weiteren Malstudien Berlin verlässt und nach Rom aufbricht: auf Wunsch seines Protektors, des Goldschmieds Leonhard, der die Kästchenwahl zu Lehsens Gunsten manipuliert hatte.

DIE ANMUTIGE LÜGE

Busoni war fasziniert von diesem disparaten Zug der Dramaturgie, zu dem auch das Motiv des Wiederkehrers gehört: Sowohl der einst als Münzjude Lippold hingerichtete und seitdem als Gespenst umgehende Manasse wie auch der seit dreihundert Jahren nicht sterben könnende Goldschmied Leonhard sind ewige Wanderer zwischen den Welten und bekämpfen sich in der Oper zum Schrecken des biederen Kanzleisekretärs Thusman mit mancherlei Zauberspuk. Diesem serapiontischen Prinzip der Übersteigerung jeglicher Alltagsrealität entspricht Busoni in seiner wohl zu umfangreichen, aber mehr als nur punktuell brillanten und zu Unrecht vom Musikbetrieb vernachlässigten Partitur mit zwei in der ellipsoiden Formanlage zentralen Szenen.

In I,2 lässt Leonhard Albertine vor dem geistigen Auge Thusmans um elf Uhr abends als glücklichste Braut Berlins im Fenster eines Turms erscheinen, in III,2 fällt Albertine aus Entsetzen über die Entscheidung ihres Vaters, ihr Lebensglück von der Zufälligkeit einer Kästchenwahl abhängig zu machen, in Ohnmacht. In der hat sie eine wiederum von Leonhard suggerierte Vision – die es so bei E. T. A. Hoffmann nicht gibt – und sieht, wie Leonhard in einer nach dem Vorbild der Passacaglia angelegten Szene inmitten von Orgel- und Chorklängen vor dem Altarbild einer Kirche steht. Der formale Binnenbezug beider Szenen lässt das Motiv der Kästchenwahl (drei Männer begehren eine Frau) analog zu Freuds Shakespeare-Deutung in die Wunschverkehrung umkippen: Sowohl Thusman wie auch Albertine nehmen im visionär erschauten Objekt ihrer Begierde zugleich dessen Unerreichbarkeit wahr. So erklärt sich die Abreise Lehsens aus dem Happy End als dessen Aufkündigung. Die harmonisch funktionslose Reihung von Quartenakkorden, die zwischen der Umarmung der Liebenden im ersten Bild und Edmunds Wahl des richtigen Kästchens eine sibyllinische Klammer bildet, findet vom Schluss her ihre Erklärung: Der Subtext des Vorgangs dementiert dessen Oberfläche, das Unheimliche gräbt sich ins Biedermeier der Spielzeit.

Das ist eine Aufkündigung der illusionistischen Operndramaturgie durch Busoni: als Vorwegnahme seiner in den Aphorismen Von der Zukunft der Oper 1913 verkündeten Ansicht, das Musiktheater müsse sich des Über- und Unnatürlichen »bemächtigen und dergestalt eine Scheinwelt schaffen, die das Leben entweder in einen Zauberspiegel oder einen Lachspiegel reflektiert«. Dabei müssten »Tanz und Maskenspiel und Spuk mit eingeflochten« sein, damit »der Zuschauer der anmutigen Lüge auf jeden Schritt gewahr bleibe«. Die anmutige Lüge umschreibt komplementär zu den realitätsübersteigenden Momenten den Artefakt-Charakter des Kunstwerks, dessen Selbstbezüglichkeit zur Meta-Kunst wird. So dient Busoni etwa der schon 1820 bei E. T. A. Hoffmann vorkommende Name des Malers Lehsen als Anagramm für den nachmaligen preußischen Hofmaler Wilhelm Hensel, der 1823 der jungen Fanny Mendelssohn einen Heiratsantrag machte, aber auf Druck ihrer Familie für fünf Jahre nach Rom ging, ehe er sie heiraten durfte – eine Beständigkeitsprobe, der Lehsen kaum gewachsen sein dürfte.

HOFFMANNS ERZÄHLUNGEN

Die Liebeshandlung zwischen Albertine und Lehsen, die im ersten Bild während eines Platzkonzerts im Berliner Tiergarten der ›coup de foudre‹ trifft, ist einer anderen Ebene entlehnt, und zwar witzigerweise einer Oper, die E. T. A. Hoffmann zum Titelhelden hat: Offenbachs LES CONTES D'HOFFMANN. Wie Antonia sitzt Albertine in II,2 an einem Spinett und begleitet sich selbst, ehe der Geliebte eintritt und in den Gesang einstimmt. Und wie in HOFFMANNS ERZÄHLUNGEN handelt es sich bei dem barkarolenartigen Lied mit seiner durch den Wechsel zwischen kleiner und großer Sext von Moll nach Dur changierenden Tonalität um ein ›objet trouvé‹. War es bei Offenbach ein Lied des fiktiven Bühnen-Hoffmann, so ist es diesmal ein Text des realen Dichters Friedrich de la Motte-Fouqué, der wiederum in der Realität der Künste nach seiner eigenen Erzählung dem realen Hoffmann das Libretto zu dessen UNDINE geschrieben hatte. Auch in der Verlaufsform der BRAUTWAHL selbst ist das Lied de la Motte-Fouqués Zitat. Es war bei der Begegnung der beiden in der ersten Szene des I. Akts als rares Beispiel der später von Busoni für die Oper abgelehnten Spezies Liebesduett erklungen, eingebunden in echt volkstümliche Musik des Platzkonzertes. Marsch und Tanz sind indes in der BRAUTWAHL der Kunstsphäre entnommen, so stammt der Marsch aus Rossinis MOSES IN ÄGYPTEN, der Tanz aus Mozarts DEUTSCHEN TÄNZEN KV 600 und 602.

Aber Busoni zitiert neben Kunstmusik auch wirkliche Volksmusik und setzt außerdem synagogale Klänge als koloristisches Moment ein. So bezeichnet er das Orchesterzwischenspiel I mit seinen übermäßigen Sekundschritten und liturgischen Anklängen ausdrücklich als ›in modo giudaico‹ gesetzt. Und in Vorwegnahme seiner späteren Theorie einer ›Jungen Klassizität‹ bereichert er die dramaturgisch so offen angelegte Oper nicht nur mit fest gefügten Sätzen wie Duett, Quartett, Quintett und Finale, sondern auch mit teilweise solistischen Instrumentalstücken: »Das Neuartige an dem Werk ist paradoxerweise eine Rückwendung zur Vergangenheit der Oper«. Als Versatzstücke aus der Nummernoper vor Erfindung des durchkomponierten Musikdramas Wagners und in striktem Gegensatz zu der streng symphonischen Verlaufsform von Friedrich Kloses ILSEBILL verwendet Busoni einen Schnellwalzer vor dem ersten, ein Bratschensolo vor dem zweiten Bild, ein Posthornsolo vor dem II. Akt, dazu diverse andere Tänze wie den Galopp bei der Spukszene oder die Polonaise am Froschteich, in dem sich der liebesenttäuschte Thusman ertränken will. Aber hier setzt

Busoni mit der Übereinanderschichtung von Sekunden auch ein Klangmittel der Zukunftsmusik ein, das unter der Bezeichnung ›cluster‹ (Tontraube) in die Realiengeschichte der Neuen Musik eingegangen ist – wenn auch unter der Urheberschaft von Henry Cowell. Die kontrapunktische Überlagerung verschiedener Klangschichten und die oft verblüffende Leichtigkeit von deren satztechnischem Aggregatzustand runden Busonis erste Oper zur disparaten Synthese zwischen der Kunstdebatte in den MEISTERSINGERN, deren wagnerisches Nürnberg durch ein hoffmanneskes Berlin ersetzt wird, und dem oft kunstvoll distanzierten Orchestersatz in der nicht minder komplizierten Brautwahl von Verdis FALSTAFF.

TURANDOT (›Eine chinesische Fabel‹ in zwei Akten mit vier Bildern, *L* vom Komponisten nach Carlo Gozzis Tragikomödie von 1762; Stadttheater Zürich zusammen mit Busonis ARLECCHINO unter Leitung des Komponisten 1917; Frankfurt/Main 1918; Staatsoper Berlin 1921; durch den Welterfolg von Puccinis gleichnamiger Oper vom Spielplan der großen Theater verdrängt; gelegentliche *WA* – nicht immer mit dem ARLECCHINO gekoppelt und außerhalb des deutschen Sprachraums auf Italienisch – fanden aber durchaus Aufmerksamkeit: Festspiele Venedig 1940; Hamburg 1947; Mailänder Scala 1962; Buenos Aires 1964; Deutsche Oper Berlin 1966; Trier 1980 in der Regie des Wagner-Urenkels Gottfried Wagner).

Busoni schrieb TURANDOT als abendfüllende Kopplung für den nur etwa eine Stunde dauernden Einakter ARLECCHINO. Dabei griff er auf seine schon 1905 komponierte, zunächst ohne Bindung an eine Aufführung konzipierte Bühnenmusik zu Gozzis Märchendrama zurück, das ihn ebenso entzückte wie sein Idol E. T. A. Hoffmann in den SELTSAMEN LEIDEN EINES THEATERDIREKTORS. 1911 wurde seine Schauspielmusik in Max Reinhardts Kammerspiel-Inszenierung von Gozzis Tragikomödie am Deutschen Theater Berlin komplett gespielt. Puccini hat diese Aufführung gesehen, was ihn nach langer Inkubationszeit zu seiner eigenen Oper auf dasselbe Sujet animierte. Nach einer weiteren Aufführung des Gozzi-Stücks mit seiner Musik in London entschloss sich Busoni, diese zu einer Oper auszuweiten. Zu dem Zweck reduzierte er die Originalpartitur auf die Gegebenheiten einer Kammeroper und fügte wesentliche Teile neu ein, darunter die Arien für Turandot, Kalaf und Kaiser Altoum.

Wie im Fall des ARLECCHINO handelt es sich um eine Nummernoper mit einfach strukturierten Einzel- und Ensemblesätzen von Arietta, Arie, Duett, Quartett. Hinzu kommen gesprochene Dialoge und für die mehr prozessual-rituellen Szenen wie das Lamento der Klageweiber von Samarkand in Bild I,2, den Aufzug der Wachen in I,4 oder die Rätselzeremonie und die beiden Finali Chor-, Tanz- und Instrumentalnummern. Dabei wirkt jedes der vier Bilder handlungsmäßig wie musikalisch geschlossen. Gozzis Vorlage ist, im Gegensatz zu Puccinis Vertonung, auf zwei knappe Akte kondensiert, wobei die jeweiligen Rätselszenen im Vordergrund stehen: für Kalaf zuerst die ihm von der Prinzessin aufgegebenen Fragen, am Ende sein von ihr zu erratender Name. Unterbrochen wird dieser konzise Ablauf durch drei Figuren aus der venezianischen Typenkomödie, die Minister Pantalone und Tartaglia sowie den Eunuchen Truffaldino. Auf diese Weise entsteht – wieder im Gegensatz zu Puccinis Ministern und erst recht zu Schillers 1802 für das Weimarer Theater entstandener Gozzi-Bearbeitung mit ihrer idealisierenden Tilgung aller Spuren der italienischen Stegreifkomödie – ein bewusster Stilbruch zwischen dem Spielort und dem Personal der Commedia dell'arte: weit krasser als etwa in Strauss–Hofmannsthals ARIADNE AUF NAXOS.

SOZIALISTISCHE MUSIK?

Schon die Entstehungsgeschichte der TURANDOT von der Schauspielmusik zur veritablen Oper deutet darauf hin, dass Busoni seine Ästhetik gegenüber der BRAUTWAHL in Richtung auf eine ›Junge Klassizität‹ zu einem Amalgam disparater Bestandteile weiterentwickelt hat. In seinem ENTWURF EINER NEUEN ÄSTHETIK (S. 41) schrieb er, »die Millionen Weisen, die einst ertönen werden, sie sind seit Anfang vorhanden, bereit, schweben im Äther und mit ihnen andere Millionen, die niemals gehört werden«. Aus diesem Potenzial der in den Sphären schwebenden und offenbar der Kategorie des Privateigentums entrückten Klänge traf er in einer sozusagen sozialistischen Abwendung vom romantischen Originalitätsstreben eine Auswahl. Dabei bediente er sich freizügig des Notenmaterials in jener GESCHICHTE DER MUSIK (1862 ff.) von August Wilhelm Ambros, aus der Pfitzner die Legende von der Rettung der mehrstimmigen Figuralmusik durch Palestrina (→ S. 97 ff.) entnommen hatte. Er benutzte das von Ambros (durchaus nicht immer zuverlässig) vermittelte Notenmaterial aus früher chinesischer, arabischer, byzantinischer oder indischer Musik, um – darin mit den Intentionen des Musikhistorikers übereinstimmend – die Einbettung der verhältnismäßig jungen abendländischen Musik in einen klanglichen Kosmos von unendlichen zeitlichen Dimensionen praktisch zu beweisen oder zumindest zu belegen. Damit unterscheidet sich seine TURANDOT grundlegend von Puccinis Oper, deren stringenter Einsatz lokalkoloristischer Momente (→ S. 383 ff.) zu einheitlichen Stimmungsbildern führt. Bei Busoni ist die exotische ›couleur locale‹ immer nur punktuell, quasi als Zitat, vorhanden und damit im Gesamtverlauf der Oper prismatisch gebrochen. So nutzte er den Ruf eines Muezzin für Kalafs Thema und eine chinesische Melodie für die Auftrittsszene der Prinzessin (II. Bild, Nr. 2), deren pentatonische Melodielinie mit Quartparallelen im Orchester fernöstliches Kolorit verbreitet. Die chorisch hinter der Szene erklingende Huldigung Turandots durch die Mädchen im Schlafgemach (III. Bild, Nr. 1) erfolgt mit einer Übernahme des englischen Volkslieds GREENSLEEVES, das Busoni instrumental apart für je zwei Flöten und Harfen setzt. Die anschließende Tanzszene wiederum ist mit ihren litaneiartigen Skalen der Oboe bei durchgehenden Achteln der Pauke eine Reverenz vor arabischer Musik, und der am Ende des Bildes erklingende Eunuchenchor steht ganz in der Tradition der seit der Mitte des 18. Jahrhunderts beliebten Türkenmusik, die hier mit dem für Busonis Ästhetik bezeichnenden zitierenden Gestus »melodisch und klanglich einen Bogen zum Vivat Bacchus aus Mozarts ENTFÜHRUNG schlägt«.

Die Reihung dieser geschlossenen Nummern verhindert keineswegs eine offene Form des Gesamtwerks, da sie nicht auf einen organischen Zusammenhalt zielt, sondern den Konstruktcharakter des Ganzen betont. Selbst da, wo Busoni auf Tiefenschichten zielt, scheint die Gefühlsaufwallung ohne Ursache zu entstehen – ganz im Gegensatz zu Puccini, der nicht nur für seine der Vorlage hinzuerfundene Figur der aus Liebe zu Calaf todesbereiten Liù, sondern sogar für die aus der Typenkomödie entlehnten drei Minister die ganze Kraft des Gesetzes von Ursache und Wirkung im emotionalen Bereich mobilisiert. Bei Busoni dagegen herrscht ein latent spöttelnder Ton der Distanziertheit vor. So etwa in den sarkastischen Randglossen, die von den zwei Ministern mit venezianischen Wortbildern dem Trauermarsch (IV. Bild, Nr. 9) des Frauenchors zugedacht werden, der Turandots bevorstehende Niederlage beweint.

Scheinbar ist die dritte komische Figur aus der venezianischen Stegreifkomödie, der tenorale Ober-Eunuch Truffaldino, keinem Verfremdungseffekt unterworfen – die Diskrepanz zwischen seiner exaltierten Sprachtirade und der kleingliedrigen Motivik seiner botschaftslosen Arie im III. Bild, mit der er Turandot über die vergeblichen Versuche einer Klärung von Kalafs Identität berichtet, gehört seit dem 18. Jahrhundert zur Typologie der komischen Figur. Proportional hat indes innerhalb von Busonis Dramaturgie auch dieser Komiker Anteil an der methodischen Disparation, da ihm mit zwei groß angelegten Nummernkomplexen mehr Raum zugebilligt wird als dem Prinzen Kalaf, der neben zwei kurzen Auftritten im I. Bild nur in Ensemblesätzen wie dem Quartett mit Altoum und den Ministern oder der Rätselszene zu Worte kommt. Dabei ist seine musikalische Erscheinungsform parodistisch auf die Einheit von belkantischer Tenoralemphase und verkümmerter Lebensperspektive angelegt: *Tod oder Turandot.*

Auch die Titelfigur selbst ist weit entfernt von der tragischen Höhe, die Puccinis eisumgürtete Prinzessin auratisch prägt. Jede psychologisierende Erklärung ihres Männerhasses wird verweigert, ihre Frigidität ist weder mit einer urgeschichtlichen Gewaltanwendung wie bei Puccini (→ S. 381 f.) noch mit einer lusttötenden Kindheitserinnerung wie bei Mascagnis Iris (→ S. 189) verknüpft. Die tödlichen Auswirkungen ihres Hasses haben keine erkennbare Ursache. An die Stelle eines Sinnzusammenhangs nach Kriterien des Lebens tritt bei Busoni die Disparatheit der Kunstmittel, um den vom Leben gänzlich unterschiedlichen Artefaktcharakter zu betonen. Das bedeutet allerdings nicht den Ausschluss szenisch-musikalischer Momente einer psychischen Irritation. Turandot ist von der Begegnung mit Kalaf im I. Akt durchaus beeindruckt, wie ihre große Arie im II. Akt (III. Bild, Nr. 3) zeigt. Diese als Rezitativ mit Arie im heroischen Pathos des Seria-Stils angelegte Szene kulminiert in ihrem Selbstzweifel: *Dass ich ihn liebe, / Sollt' es so sein? / Dass ich ihn hasse, / Doppelte Pein.* Es handelt sich hier um einen affektgeladenen Gestus mit heftigen Modulationen, der am Schluss des Bildes im orchestralen Intermezzo des ›Nächtlichen Walzers‹ wiederkehrt, nun aber in ein verhaltenes ›misterioso‹ gehüllt.

Daraus eine psychische Entwicklung Turandots abzuleiten, wäre falsch: Der Anklang an Erinnerungs- oder gar Leitmotivik ist nur im Sinne einer Kontrastdramaturgie zu verstehen. Zu der gehören die beiden Turandots Arie vorangehenden Nummern, der GREENSLEEVES-Chor der Mädchen mit Tanzreigen ebenso wie der auf das Turandot-Solo folgende Auftritt Truffaldinos, der sich vor seiner Arie mit dem unbremsbaren Wortschwall eines Dialog-Intermezzos einführt. Zwischen Turandots Arie und Truffaldinos Auftritt steht ein gesprochener Dialog der Prinzessin mit ihrer Sklavin Adelma, die den überhitzten Gefühlszustand ihrer Herrin ironisch bespöttelt und den Auftritt des Eunuchen ankündigt. Die einzelnen Nummern heben sich überscharf voneinander ab, wobei der gesprochene Dialog oft die Funktion hat, das Gesungene zurückzunehmen. Im Gegensatz zum Musikdrama wagnerscher Prägung, aber auch zu Puccinis TURANDOT, »steht der musiktheatralische Formverlauf nicht in Funktion zum dramatischen Hergang, er macht sich vielmehr als eigengesetzliches, artifizielles Konstrukt nachhaltig geltend«.

ARLECCHINO ODER DIE FENSTER (›Ein theatralisches Capriccio‹ in einem Akt, *L* vom Komponisten; Stadttheater Zürich 1917 zusammen mit TURANDOT unter Leitung des Komponisten mit Alexander Moissi in der Titelrolle; Frankfurt/Main 1918; Staatsoper Berlin 1921; Wiener Volksoper 1926; Festspiele Venedig – italienisch – 1940; Staatsoper Berlin 1946; Glyndebourne 1954 englisch; Deutsche Oper Berlin 1966; Bologna – italienisch – 1967; danach häufiger im Repertoire, nicht immer mit TURANDOT gekoppelt).

Wie im Fall seiner chinesischen Fabel TURANDOT hat Busoni für das theatralische Capriccio ARLECCHINO die Genrezuordnung mit dem unbestimmten Artikel versehen: erste Hinweise auf die polyästhetisch in der Schwebe gehaltene Identitätslage beider Werke. Und wie TURANDOT entstand ARLECCHINO als Parallelaktion zu einem Orchesterwerk: der 1915 komponierten und ein Jahr später in Rom uraufgeführten vierteiligen Suite RONDÒ ARLECCHINESCO, die auf dem bis dahin für die Oper komponierten Material basiert. Der über motivische Anklänge hinausgehende Zusammenhang der Oper mit dem Orchesterwerk zeigt sich daran, dass Busoni seinen Einakter wie die Suite in vier Sätze unterteilt: Arlecchino als Schalk, als Krieger, als Ehemann und als Sieger. Die Beschäftigung Busonis mit dem Sujet geht auf das Jahr 1910 zurück, als er in den ersten Skizzen für seine Faust-Oper eingeschobene Kasperle-Aktionen nach Art der Puppenspieltradition des 16. Jahrhunderts entwarf und als Studien zu seinem DOKTOR FAUST komponieren wollte. Die entscheidenden Anregungen, ein selbstständiges Stück zu schreiben, erhielt Busoni textlich 1912, als er in Bologna der Aufführung einer alten Commedia dell'arte mit maskierten Schauspielern beiwohnte, musikalisch 1915, als er eine frühe Burleske Rossinis in einem römischen Marionettentheater sah. Im August 1916 war die Partitur fertig.

Ein besonders wichtiges Datum in der Entstehungsgeschichte der Oper war der 17. Juni 1913, als Arnold Schönberg in Busonis Berliner Wohnung eine Aufführung seines mit neuartigem Sprechgesang aufwartenden PIERROT LUNAIRE leitete. Von diesem Erlebnis leitete Busoni die operngeschichtlich revolutionäre Idee ab, die Titelrolle seines Werks für eine Sprechrolle zu konzipieren: den in Max Reinhardts Berliner Ensemble glänzenden Alexander Moissi. Wobei er sich allerdings auf ein Deklamieren mit penibler Rhythmisierung beschränkte und Schönbergs kompliziertes Vagieren eines Sprechens auf wechselnden Tonhöhen nicht übernahm: die ›Junge Klassizität‹ war eben weniger Zukunftsmusik als ein freier Umgang mit der Musik der Vergangenheit.

So konzipierte Busoni den ersten Satz der Oper als Parodie auf die Introduktion des DON GIOVANNI. Vor der Tür seines Hauses sitzt arglos der Bergamasker Schneidermeister Ser Matteo del Sarto und liest Dante. Dabei gerät er derart in Verzückung, dass er die italienischen Verse zu singen beginnt, während drinnen seine Frau Annunziata (eine stumme Rolle) von Arlecchino verführt wird. Der ironische Bezug wird über die personale Konstellation hinaus auch rein musikalisch vermittelt, da Ser Matteo bei seiner Lektüre über Unkeuschheit und Hölle zu assoziieren beginnt, während das Orchester Don Giovannis so genannte Champagner-Arie zitiert. Da seufzt der Schneider *O Du, mein Mozart!* Er hätte genauso gut Gabriele d'Annunzio oder Riccardo Zandonai nennen können, da er im fünften Gesang von Dantes INFERNO genau jene zum Ehebruch führende Passage liest, die der Drehpunkt in d'Annunzios Tragödie FRANCESCA DA RIMINI und Zandonais Oper nach dieser Textvorlage ist – Busoni hatte 1911/12 mit dem Dichter über das Libretto für eine (italienische) Dante-Oper verhandelt.

HIMMLISCHER OPERNIRRSINN

Das Mozart-Zitat gliedert sich würdig in eine Reihe ein, die von Gluck über Wagner bis zur Popularmusik zur Zeit des Ersten Weltkriegs reicht. Auch sich selbst bezieht Busoni in diese ironischen Zitate ein, da die Polonaise aus seiner 1915 bewusst simpel komponierten SONATINA AD USUM INFANTIS vor allem in ihrem Menuett ein Großteil des Musikmaterials für Arlecchinos Ehefrau Columbina ausmacht, die sich mit dem adeligen Dichter Leandro vergnügt. Der ist ein tenorales Sammelsurium italienischer Opernklischees zwischen der schmachtenden Romanze, der – teilweise italienisch gesungenen – Rachearie und einer schulgerecht in die Kabaletta mündenden Kavatine. Den himmlischen Irrsinn der alten Oper übertreibt er sogar insofern, als er vom einen Zustand in den anderen übergeht: Vom eifersüchtigen Arlecchino im dritten Satz zu Tode duelliert, nimmt er – in einem vom Esel gezogenen Karren deponiert – im folgenden Satz an einem Quartett mit Columbina, Dr. Bombasto und dem Abbate Cospicuo teil, das dieser zum Lobpreis des Esels der Vorsehung intoniert. Der mögliche Partnerwechsel Columbinas hin zum Dichter bleibt offen, Arlecchino macht seinen zu Annunziata perfekt und untermauert ihn als Lebensrecht der unteren Stände in seinem Epilog vor geschlossenem Vorhang.

Weniger bunt, dafür aber stringenter als in seiner TURANDOT hat Busoni in ARLECCHINO die Auflösung des einheitlich fortlaufenden musikdramatischen Diskurses in Einzelnummern aus dem Geist der absoluten Musik betrieben. In sich geschlossen ist nur der zweite Satz, in dem Arlecchino Ser Matteo – da spiegelt sich die Wirklichkeit des Weltkriegs in der Burleske – vorgaukelt, die Stadt sei von Barbaren bedroht. Hier handelt es sich formal um einen Marsch mit Trio und Koda, wobei der Marsch jenen des FIDELIO in freier Fortspinnung kondensiert. Die insgesamt vier Sätze sind in neun partiell nochmals unterteilte Nummern gegliedert, die in ihrer kess parodistischen Tendenz nicht nur die alte Nummernoper, sondern auch das Musikdrama Wagners und spätere Versuche einer Symphonisierung der Oper verspotten. Der Verzicht auf die klassische, von Schiller in seiner Schrift ÜBER DIE ÄSTHETISCHE ERZIEHUNG DES MENSCHEN begründete Ästhetik des autonomen Kunstwerks wie auf die extreme Subjektivität der romantischen Ausdrucksästhetik vermittelt hier über die ›Junge Klassizität‹ ein Potenzial der Zukunftsmusik. In Busonis Intertextualität, die immer auch Verfremdung, Parodie und systemimmanente Kritik enthält, liegen die Wurzeln für die Gebrauchsmusikästhetik der zwanziger Jahre. Der begabteste Schüler aus Busonis Meisterklasse, Kurt Weill, hat aus diesen Lektionen größten Nutzen gezogen.

Arlecchino, der das vom brillanten Klang des kleinen Orchesters getragene Spiel vorantreibt und zugleich episierend kommentiert, büßt darob nichts an Verbindlichkeit ein. Seine Angriffe auf Muckertum und Kriegstreiberei, gegen Tabus und Heuchelei machen ihn nicht nur zum direkten Sprachrohr seines sich hier als Meister des deutschen Sprachlustspiels zeigenden Autors. Dank Busoni wird dieser Maskenträger aus der altvenezianischen Stegreifkomödie darüber hinaus zur Übermarionette, »einer komischen Maske, deren Gegenpol Faust ist: Träger der tragischen Maske und Übermensch«.

DOKTOR FAUST (unvollendete ›Dichtung für Musik‹ in zwei Vorspielen, einem Zwischenspiel und drei Hauptbildern, *L* vom Komponisten; fertig gestellt von Philipp Jarnach: Dresden 1925 unter Fritz Busch; bis 1928 in fünf weiteren deutschen Städten und damit scheinbare Anerkennung als Hauptwerk der deutschen Oper im 20. Jahrhundert: Stuttgart 1926; Hamburg, Frankfurt/Main und Staatsoper Berlin 1927; Hannover 1928; in einer zweiten Rezeptionsstufe eher sporadische Verbreitung: Florenz 1942; Zürich 1955; Graz 1965; Stockholm und Buenos Aires 1969; Höhepunkt dieser zweiten Phase der Auseinandersetzung mit dem Werk, das 1969 in einer nicht strichlosen Schallplattenaufnahme unter Ferdinand Leitner mit Dietrich Fischer-Dieskau in der Titelrolle erschien, war 1980 in Frankfurt/Main die das Werk dem modernen Regietheater unterwerfende Inszenierung von Hans Neuenfels; als 1985 in Bologna der Dirigent Zoltán Peskó und der Filmregisseur Werner Herzog die von Antony Beaumont erstellte Spielfassung zur Diskussion stellten, begann eine neue, dem Rang der auch weiter in Jarnachs Fassung gespielten Oper entsprechende Auseinandersetzung: English National Opera London 1986; Amsterdam und Deutsche Oper Berlin 1987; Opéra Paris 1989; New York City Opera 1992 in der Fassung Jarnachs; Metropolitan New York/Salzburger Festspiele 1999 in der Beaumont-Fassung).

Busoni hat nie einen Zweifel daran gelassen, dass er den DOKTOR FAUST für die Krönung seines musikalischen Œuvres hielt, in einem Brief an seine (schwedische) Frau bezeichnete er ihn als sein »Haupt- und Monumentalwerk« (25. Januar 1913). Das suggeriert schon die imaginäre Themenkonkurrenz, gegen die sich im Bewusstsein des Komponisten der Faust-Stoff durchsetzte: Erwogen wurden, sogar mit dem Ehrgeiz auf eine italienische Nationaloper, Werke über das Motiv des Ewigen Juden und den mythischen Zauberer Merlin (als Brotarbeit hatte Busoni 1887 den Klavierauszug von Karl Goldmarks MERLIN angefertigt), über Dante, Leonardo da Vinci und Don Juan. Die erste Arbeit am Libretto mit musiklos konzipierten Kasperle-Intermezzi fiel ins Jahr 1910, fertig wurde es nach einem durch die Bekanntschaft mit Christopher Marlowes Tragödie DOCTOR FAUSTUS um Weihnachten 1914 erfolgenden Produktionsschub 1915. Veröffentlicht wurde der erste Entwurf in René Schickeles Zeitschrift ›Weisse Blätter‹ 1917, eine revidierte Buchfassung folgte 1920. Nach ersten musikalischen Skizzen 1912 begann die eigentliche Kompositionsarbeit 1916. Als Busoni 1924 starb, waren zwei Szenen unkomponiert: die Wiedererscheinung Helenas im Hauptbild III – wo Busonis Partitur bei Takt 490 abbricht – und der Schluss.

Die Vervollständigung des Werks zu einer praktikablen Spielfassung durch Busonis Schüler Philipp Jarnach blieb so lange unangefochten, bis die Staatsbibliothek Preußischer Kulturbesitz 1974 zwei Skizzenblätter für die unvollendet gebliebenen Szenen erwarb, die Jarnach nicht verwertet hatte. 1977 sah der britische Musikologe und Dirigent Antony Beaumont, späterer Verfasser der grundlegenden Monographie BUSONI THE COMPOSER (London–Boston 1985), diese Skizzen und geriet ins Staunen: »Rätselhaft bleibt die Tatsache, daß Jarnach selbst im Besitz der zwei Blätter war, unverständlich daher seine spätere Aussage, es hätte keine Skizzen zur Schlußszene gegeben«. Beaumont jedenfalls untermauerte mit ihnen seinen zuvor schon intuitiv begonnenen Versuch, die Oper in einer von Jarnach abweichenden Fassung zu komplettieren. Diese unterscheidet sich von der tradierten in einer nicht nur für Philologen interessanten Weise: die Differenzen berühren den Kern der Oper.

VERUNGLÜCKT ODER GERETTET?

Bei Jarnach hatte das Werk in düsteren es-Moll-Dreiklängen nach den angesichts von Fausts Leiche gesprochenen Mephisto-Worten geendet: *Sollte dieser Mann etwa verunglückt sein?* Das konnte, wie es Luigi Dallapiccola immer wieder betont und zum erkenntnistheoretischen Ausgangspunkt seines Spätwerks ULISSE gemacht hat, begriffen werden als die Erhebung des Zweifels zur ästhetischen Kategorie in der Operngeschichte. In Beaumonts Fassung gibt ein singender Chor hinter der Bühne in C-Dur, der geheimen Haupttonart der vorzeichenlosen Oper, die befreiende Antwort auf die fragenden Teufelsworte und verkündet die frohe Botschaft des Über-Lebens: *Ich, Faust, ein ewiger Wille.*

Der Unterschied im Textgehalt entspricht dem musikalischen zwischen beiden Fassungen, so dass die Sinnfrage für das ganze Werk berührt ist. Wie in keiner früheren Oper hat Busoni hier seine antiromantische Ästhetik des Dramas als musikalisch autonomes Formenmodell verwirklicht. Diese Modernität spiegelt sich bereits in der vom Komponisten getroffenen Auswahl aus den vielfältigen Etappen der Stoffgeschichte. Natürlich schimmert auch Goethe – nicht nur im fernen Nachhall der Gretchentragödie – gelegentlich durch, obwohl Busoni mit Bedacht den Rekurs auf diese Vorlage vermieden hat. Im Wesentlichen griff er auf das alte Puppenspiel vom Doktor Faustus aus dem 16. Jahrhundert zurück, das er in Karl Simrocks Fassung von 1846 kannte. Verwoben in diese Grundlage sind Anklänge an Christopher Marlowes Tragödie, an Heines Tanzpoem DER DOKTOR FAUST und Friedrich Theodor Vischers Goethe-Parodie FAUST III. So wird das Textbuch, das auf eine klare Ein- oder Zweisträngigkeit wie in Goethes Verbindung des Erkenntnisdramas mit der Gretchentragödie verzichtet, zu einem Potenzial des Stoffs selbst. Busonis Faust-Oper hat in der Gesamtanlage keinerlei Ähnlichkeit mit einer konventionellen Musikdramatisierung des Stoffs wie Gounods FAUST. Eher erinnert sie an eine querständige Erscheinung wie LA DAMNATION DE FAUST von Berlioz, wenngleich sie im Fortfall Gretchens und der Umkehrung der operntypologischen Stimmfachverteilung – ein Bariton für Faust, ein Tenor für Mephisto – noch stärker aus den Konventionen des 19. Jahrhunderts ausbricht. Tatsächlich weist DOKTOR FAUST auf spätere Avantgarde-Unternehmungen voraus.

Kurz vor der ersten musikalischen Vorarbeit zu seiner Oper, der 1912 geschriebenen SONATINA SECONDA für Klavier, hatte Busoni den Roman L'ÈVE FUTURE (Die Eva der Zukunft; 1886) des von ihm hoch geschätzten Villiers de l'Isle-Adam gelesen: die Geschichte der Erschaffung eines vollkommenen weiblichen Kunstmenschen durch den Erfinder Thomas Alva Edison in seinem Laboratorium im Menlo-Park. Statt einer Seele besitzt diese einer elektromagnetisch operierenden Magie entspringende ›Andreide‹, nach dem persischen Wort für Ideal Hadaly genannt, nur Geist: für Busoni der entscheidende Anstoß zur Schaffung der Helena-Figur in seiner Oper. Wie ein Nachwirken seines Einfalls wirkt es, dass Gertrude Steins 1938 zunächst unkomponiert gebliebenes Libretto DR. FAUSTUS LIGHTENS THE LIGHT ausdrücklich den Faust-Mythos mit Edisons Erfindung der Glühbirne verknüpft. Eine andere Fernwirkung von Busonis Oper ist bei Michel Butor und Henri Pousseur zu konstatieren, die in ihrer ›Phantasie nach Art einer Oper‹ VOTRE FAUST 1969 das Potenzial des Stoffs dem Zuschauer selbst zur dramaturgischen Entscheidung überließen. So könnte imaginär über Busonis Hauptwerk nicht nur als Motto eines jener Plakate mit der Aufschrift »Glotzt nicht so romantisch« stehen, mit denen der junge Brecht seinem Publikum den Anti-Illusionismus beibringen wollte, sondern auch der Titel der von Alfred Schnittke 1983 als Vorstufe zu seiner eigenen Faust-Oper komponierten Kantate SEID NÜCHTERN UND WACHET, die auf dem 1587 in Frankfurt/Main von Johann Spies gedruckten Volksbuch HISTORIA VON D. JOHANN FAUSTEN, DEM WELTBESCHREYTEN ZAUBERER UND SCHWARZKÜNSTLER basiert. Busoni jedenfalls lässt nach der ›Symphonia‹ in einem Prolog seinen Dichter, der sich – in der italienischen Renaissanceform der Stanze wie Goethe in seiner ZUEIGNUNG vor der Tragödie erstem Teil – als anderes Ich des Komponisten an die schwankenden Gestalten eines im kindlichen Alter erlebten Puppentheaters erinnert, in der direkten Anrede des Publikums mit gesprochenen Worten ein Programm der Dialektik von Gehalt und Gestalt als Plädoyer für die offene Form halten: *Der Rätselbau zeigt jegliche Gestalt; / von allen Seiten zieht er an die Geister, / er ist die Form für jeglichen Gehalt.*

FORM-INHALT-DIALEKTIK

Diese Dialektik von Form und Gehalt ist der entscheidende Grund dafür, dass Busonis Oper kein Repertoirestück geworden ist. Ihr mangelt es an der soghaften Überredung des Publikum zu jener parteiischen Emotionalität, die dem Hörer selbst so spröder Opern wie Pfitzners PALESTRINA oder Bergs WOZZECK die Möglichkeit einer Identifizierung mit dem objektivierten Affektgehalt gibt. In DOKTOR FAUST ist der schon durch die dramaturgische Anlage neutralisiert – unabhängig davon, ob man Jarnachs oder Beaumonts Finalversion den Vorzug gibt: Der Oper fehlt der eindeutige Schluss. Sie beginnt als Erkenntnisdrama des mittelalterlichen Gelehrten. Im Vorspiel I überreichen ihm drei geheimnisvolle Studenten aus Krakau ein Hauptwerk der Magie, den CLAVIS ASTARTIS MAGICA, im Vorspiel II benutzt Faust es zur Beschwörung von sechs Höllengeistern und schließt mit dem gewandtesten von ihnen – Mephistopheles rühmt sich, so schnell wie ein menschlicher Gedanke zu sein – den Blutpakt, zu dem ironisch von draußen *Gloria* und österliches *Alleluja* erklingen.

Von dieser Welt der grenzüberschreitenden Magie blendet Busoni im Zwischenspiel auf die reale gesellschaftliche Ebene über: Fausts schuldhafte Einbindung in die Gretchentragödie. Margarethes Bruder erbittet in der romanischen Kapelle eines Münsters von Gott Rache für den Verderber seiner Familie, aber Mephistopheles weiß es so zu richten, dass er von einem Soldatentrupp erschlagen wird. Das Hauptbild I spielt im herzoglichen Garten zu Parma, wo Faust als berühmter Gast der Hochzeit des hohen Paars beiwohnt und auf Wunsch der Herzogin durch Magie berühmte Liebende erscheinen lässt: Salomo und die Königin von Saba, Samson und Dalila, Johannes den Täufer und Salome. Dann entführt er die Herzogin, der Herzog soll auf Anraten Mephistos um die Schwester des Herzogs von Ferrara werben, der ihn bekriegen will. Das Hauptbild II ist in einer Wittenberger Schänke angesiedelt, wo Faust in einen erregten Disput zwischen Katholiken und Luther-Anhängern gerät. Da bringt Mephistopheles ihm das tot geborene Kind der gestorbenen Herzogin als ihr letztes Liebespfand und lässt es, eine Strohpuppe, in Flammen aufgehen, in deren Rauch er Helena beschwört. Sie zerfällt in nichts, als Faust sie zu ergreifen versucht. Da treten die drei Studenten aus Krakau wieder auf, fordern das magische Buch zurück, das er zerstört, und verkünden Faust den nahen Tod.

Im finalen Hauptbild III singt der als Nachtwächter verkleidete Mephistopheles das Nachtlied. Fausts einstiger Famulus Wagner, nun Rektor der Universität, wird von den Studenten mit einem Ständchen zu seiner Residenz geführt. Zu den Klängen eines chorischen *Dies irae* erblickt Faust eine Bettlerin mit einem Kind im Arm und will ihr sein letztes Hab und Gut geben, als er in den Gestalten die Herzogin mit seinem eigenen Kind erkennt: die Toten leben fort! So auch Gretchens Bruder, der ihm im Harnisch entgegentritt, als er mit dem ihm von der Herzogin übergebenen toten Kind die Kirche betreten will. In seiner letzten Magie-Anwendung vermag Faust ihn zu bannen und schleppt sich mit dem Kind zum Kruzifix, um zu beten. Da beleuchtet Mephistopheles den Gekreuzigten, der sich in die antike Helena verwandelt: keine christliche Gnade für Faust. Nun folgt seine letzte Erdenwallung, in einem Akt angewandter indischer Meditation, dem ›Itschka-Yoga‹, gelingt ihm die Seelenübertragung auf seinen Sohn, der als lebendiger Jüngling davonschreitet, während er selbst tot zu Boden sinkt und von Mephistopheles fortgezogen wird.

ALSO SPRACH ZARATHUSTRA

In dieser Schluss-Szene hat Philipp Jarnach zwei entscheidende Textteile unberücksichtigt gelassen: nicht nur den Schlusschor, der Fausts Worte bekräftigend aufgreift *Blut meines Blutes, Glied meines Gliedes, dir vermach ich mein Leben. Ich Faust, ein ewiger Wille*; ebenso wichtig für den Sinnzusammenhang ist nach der Erscheinung Helenas am Kruzifix die Quintessenz der von Faust bekundeten Bereitschaft zur Vollendung seines Lebenswerks *Und in der mir errung'nen Freiheit erlischt Gott und Teufel zugleich*. Beide Fragmente stehen in engem Zusammenhang, denn die Überwindung des christlich-abendländischen Denkens in Richtung auf die Seelenübertragung der fernöstlichen Philosophie entsteht nur durch die Freiheit des Menschen, sich von der Transzendenz, figuriert in Gott und Teufel, zu lösen. Dieser Vorstoß zur Selbstdetermination des Menschen macht Fausts ewigen Willen aus. Es ist nicht der dem späten Nietzsche gegen die Textlage zugedichtete protofaschistische Wille zur

Macht, vielmehr erscheint Busonis Faust als ein Übermensch im Sinne von Nietzsches Zarathustra: »Gott ist tot: nun wollen wir – daß der Übermensch lebe«. Das ist nicht nur die Umkehr der Höllenfahrt Fausts im alten Puppenspiel, sondern auch von Goethes finaler Himmelfahrt. Wie in seiner Tragödie zweitem Teil bleibt Mephistopheles sozusagen auf der körperlichen Hülle als Paktpfand sitzen, während ihm die Seele des Toten entgleitet.

Aber Busoni verweigert den Aufflug in die Transzendenz. Für Faust gibt es diese nicht, so dass sein Pakt mit der Schwarzen Magie nicht als sündhaft im christlichen Sinn verstanden werden kann, sündhaft ist nur sein Versuch, mit diesen magischen Mitteln das menschliche Leben zu verändern. Der Umgang mit der Magie ist zu verstehen als eine Einlassung auf die seine eigene Vergangenheit bestimmenden Mächte des Okkulten. Teufel und Gekreuzigter stehen in diesem Zusammenhang als Chiffren für komplementäre Stufen der Außensteuerung des Menschen, am Ende werden sie von der Einsicht in seine Willensfreiheit aufgehoben. Der Mensch muss ohne die Vorstellung von Gnade und Verdammnis in einem Jenseits sein Leben führen, dann ist der Teufel buchstäblich nicht mehr als ein Nachtwächter. In Jarnachs Fassung ist diese Möglichkeit durch die fragenden Schlussworte Mephistos zwar nicht gänzlich ausgeschlossen, auf Grund des düsteren es-Moll-Klangs aber in Richtung auf die Tragödie von Fausts Scheitern verschoben. Beaumont dagegen restituiert den Text und unterstreicht das Bekenntnis zur Positivität der Selbstbestimmung durch ein völlig unplakatives C-Dur des Chors: Wer immer strebend sich bemüht, der kann sich selbst erlösen.

ARBEIT AM KUNSTWERK

Erst in dieser Fassung mit dem aufgehobenen resignativen Schluss Jarnachs wird die Kontrastfunktion zum Schlussakt von Pfitzners PALESTRINA offenbar. Der durch das chorische C-Dur betonte Über-Lebenswille Fausts setzt sich bei Beaumont kunstideologisch ab von Palestrinas hinter der versöhnlichen Genugtuung über das geschaffene Werk sich abzeichnendem Abschied von der Welt. Busoni ist unendlich entfernt von Pfitzners geheimer Allegorisierung des künstlerischen Produktionsprozesses mit dem Weltschöpfungsvorgang (→ S. 107 ff.). Der im schaffensgenetischen wie operntypologischen Sinn fehlende krönende Abschluss des DOKTOR FAUST erfüllt die Dramaturgie des offenen Formenmodells eines Dramas in musikalisch autonomer Gestalt und damit die von Pfitzner als Gefahr empfundene Kategorie der Zukunftsmusik.

Diese ist nicht als die einer zukünftigen Zeit zu verstehen, sondern als Arbeit am Kunstwerk: in Einlösung der von Busoni im Entwurf einer neuen Ästhetik begründeten Wirkungsästhetik, nach der dem Rezipienten die halbe Arbeit am Kunstwerk selbst überantwortet wird. In dieser Beziehung steht DOKTOR FAUST, analog zur Auseinandersetzung Busonis mit Pfitzner um die Futuristengefahr, konträr zum PALESTRINA. Pfitzner beendet im doppelten Blick auf die Palestrina-Epoche der Musikgeschichte und seine eigene Zeit die romantische Oper, Busoni fordert mit seiner offenen Dramaturgie im Rückgang auf einen alten Stoff dessen zukünftiges Weiterleben. Das ist der Sinn von Fausts Selbstdiagnose als ewiger Wille.

MUSIKALISCHES TRABANTENWERK

In DOKTOR FAUST hat Busoni die Idee einer ›Jungen Klassizität‹ weit gehend ohne den Zitatcharakter jener Fremdanleihen verwirklicht, der in der BRAUTWAHL latent, in seinen beiden komischen Opern evident vorhanden ist – eine Ausnahme bilden die Anklänge an Karl Goldmarks MERLIN. So taucht das so genannte Merlin-Thema aus Busonis Sonatina seconda mehrfach in der Oper auf, und die Beschwörung Morganas durch den Zauberer im I. Akt von Goldmarks Oper war zumindest dramaturgisch das Vorbild für Fausts Anrufung der Höllengeister im Vorspiel II Busonis. Insgesamt aber zielt seine Ästhetik auf einen internalisierten Zitatcharakter, der dem Anspruch des »Haupt- und Staatswerks« auf neue Art gerecht wird. Um seine Idee eines nach musikalischen Formgesetzen gebauten Musikdramas zu verwirklichen, hat sich Busoni diverser – wie er es nannte – »Trabantenwerke« aus seinem eigenen Œuvre bedient. Das gilt nicht nur für die beiden berühmten Orchesterwerke Cortège und Sarabande, die er 1918/19 als Studien zu DOKTOR FAUST komponiert hatte und mit geringfügigen Änderungen für das Hauptspiel I einsetzte: den zwischen Drei- und Zweivierteltakt in punktiertem Rhythmus erklingenden Aufzug als polonaisenartige Einleitung, die Sarabande mit dem leitmotivisch in langen Noten auf gleich bleibender Höhe im Bass lastenden Schicksalsthema Fausts als symphonische Überleitung zum zweiten Hauptbild. Antony Beaumont hat insgesamt dreiundzwanzig von Busoni benutzte bzw. geplante Übernahmen aus seinem eigenen Schaffen nachgewiesen. Mit Hilfe der als Trabantenwerke für die von Busoni nicht komponierten Teile vorgesehenen Trilleretüde aus der zweiten Ausgabe der KLAVIERÜBUNG bei der Wiedererscheinung Helenas sowie der ETÜDE MIT ANWENDUNG DES DRITTEN PEDALS im Schlusschor hat er seine eigene Spielfassung erstellt.

Natürlich gehören zu den Trabantenwerken Goethe-Vertonungen wie Mephistos Flohlied ES WAR EINMAL EIN KÖNIG und, Busonis letzte vollendete Komposition, SCHLECHTER TROST, wobei es sich aber fast nie um blockhafte Übernahmen handelt. So werden etwa aus dem NOCTURNE SYMPHONIQUE von 1913 zwei Takte zu einer fast dreißig Takte umfassenden Partie im Vorspiel II ausgeweitet. Dieses Notturno prägt auch nach den in der Ferne erklingenden Glocken den dunklen Teil des symphonischen Vorspiels mit seinem mittelalterlichen Organum von Quartenakkorden und leeren Quintklängen, zu dem ein österlich aufgehellter Frühlingsteil Kontrast schafft. Aus ihm lösen sich wie Glockenklänge die sechsstimmigen *Pax*-Rufe eines unsichtbaren Chors. Auf ein abruptes Arpeggio folgen die zehn Stanzen des gesprochenen Dichter-Prologs an die Zuschauer und in Fausts Wittenberger Studierstube die Osterszene. Musikalisch ist sie beherrscht von Material aus der weit gehend auf Taktstriche verzichtenden SONATINA SECONDA von 1912, in der fast schon Atonalität herrscht: eine von Dreiklängen befreite Harmonik, die durch Halbtonschritte geprägt ist. Formal handelt es sich bei dem Auftritt der Studenten aus Krakau um einen aus der Sonatine übernommenen Marsch mit Nonenakkord-Ketten im Bass. Der Titel des Magiebuchs CLAVIS ASTARTIS MAGICA wird in einer tonartlosen Folge neun verschiedener Töne vorgetragen, deren befremdliche Wirkung Schönbergs Reihenprinzip erstaunlich nahe kommt. Der Abschiedsgruß der Studenten *Leb wohl, Faust* besteht aus chromatisch benachbarten Dreiklangumkehrungen. Sie wirken in dem von einem linearen – oft kontrapunktisch untermauerten – Fortschreitungsstil geprägten Werk als unheimliche Klangformel.

OBJEKTIVE IRONIE

Fausts Beschwörung der sechs Höllengeister im Vorspiel II wird von einem Orchester-Adagio eingeleitet, dessen cis-Moll-Thema im Zentrum der Szene und, nach C-Dur gewendet, am Schluss erneut wiederkehrt. Zwischen den beiden cis-Moll-Teilen erfolgt die Anrufung in Form von Variationen mit den Halbtonfolgen c-des und h-c, die in vielerlei Permutation erscheinen. So auch im Oktavkomplement, wenn aus den aufsteigenden Sekunden bei *Du erster, du tiefster* eine fallende große Septime, eine steigende übermäßige Sext und wieder eine fallende Septime wird: *Gib deinen Namen.* Die Geister selbst, szenisch als leuchtende Zungen erscheinend, steigen von Bassestiefe immer höher, bis endlich Mephistopheles seine Vorstellung *Ich bin geschwind als wie des Menschen Gedanken* auf dem hohen Tenor-C beendet. Der geschwinde Geist präsentiert sich nun als menschliche Gestalt in einem brillanten Scherzo, das Faust die Gefährdung durch Feinde verdeutlicht: seine Gläubiger und den Bruder Gretchens. Zur Zeremonie des Pakts tönen von fern als Kontrast die kunstvoll polyphonen Osterklänge herein, das Orchester zitiert den pastoralen Teil der einleitenden SYMPHONIA, das von Orgel und Glockengeläute begleitete Gloria gipfelt sich zur strahlenden Doppelchörigkeit auf: Szenischer Vorgang (samt innerer Bedeutung) und akustisches Korrelat stehen in einem irritierenden Spannungsverhältnis zueinander. Gattungsgeschichtlich wird hier Verdis erstmals in SIMON BOCCANEGRA voll entwickelte Kunst der objektiven Ironie einer Verbindung des Unvereinbaren (→ Bd. II, S. 628) bewusst zur Zerstörung des Illusionszusammenhangs weitergetrieben. Kurt Weill sprach 1926 von der dialektischen Verlagerung »naturalistischer Wirkungen in die Ausdruckssphäre der absoluten Musik. Wenn Mephisto die Gläubiger vor der Tür tötet, so überläßt die Musik die Schilderung des krassen Vorgangs der Phantasie des Hörers und begnügt sich mit einer zart lösenden, befreienden Gebärde«.

Ähnliches gilt für das folgende Intermezzo mit der Ermordung von Gretchens Bruder. Komponiert ist die Szene als archaisches Orgel- und Orchester-Ricercar in d-Moll, dessen erweiterte Rondoform von einem Militärmarsch unterbrochen wird. Laut Kurt Weill ist die Orgel hier »nicht als reines Stimmungsmoment behandelt, sie will keineswegs den Eindruck eines Gottesdienstes erwecken, sondern sie gibt den Gefühlsgehalt der Szene in einer dem Schauplatz der Handlung entsprechenden ›Instrumentation‹; so ergibt sich auch hier eine neue musikalische Form aus dem Wechsel von ruhig betenden und leidenschaftlich bewegten Orgelklängen, von Militärmusik, Kampf, Mord und völligem Zurücksinken in kirchliche Stille. Diese wechselseitige Befruchtung der musikalischen und der theatralischen Phantasie ist auf jeder Seite der Partitur nachzuweisen«.

ABSOLUTE BÜHNENMUSIK

Am deutlichsten bei erstem Hören wird diese Gleichberechtigung der musikalischen Formsprache gegenüber dem szenischen Ablauf im Hauptspiel I am Hof zu Parma. Zwischen Cortège und Sarabande entwickelt sich eine Suite von Tanzsätzen: eine Pastorale mit Dudelsackklängen und synkopischen Streicherpizzikati, ein Jägerchor mit begleitenden Hörnern als Bühnenmusik, ein Schnellwalzer fechtender Pagen und ein gravitätisches Menuett des herzoglichen Paars. Nach Mephistos Auftritt erscheint Faust mit einem merkwürdig tief registrierten Marsch und verklingendem Chorensemble. Die von ihm in der herbeigezauberten Nacht evozierten Bilder mythischer Liebespaare erscheinen als Genreminiaturen, die sein Werben um die Herzogin spiegeln: ironische Verweisstücke auf die über Salomo und die Königin von Saba, Samson und Dalila sowie Johannes und Salome komponierten Opern von Goldmark, Saint-Saëns und Richard Strauss (vielleicht auch Massenet). Im Entwurf seines Vorworts zu DOKTOR FAUST hatte Busoni 1921, die Position seiner BRAUTWAHL faktisch zurücknehmend, das Liebesduett der italienischen Melodramma-Tradition als schamlose Anleihe beim wirklichen Leben für die Opernbühne zurückgewiesen. Mit dem Ausruf der Herzogin, Johannes dürfe nicht sterben, ist sich Faust ihrer Liebe sicher geworden. »Der kurze Dialog, genauer gesagt, die stürmische Werbung Faustens, die sich daran anschließt, ist das, was von einem herkömmlichen Liebesduett übrig geblieben ist, und umfaßt in ihrer treibenden Eile gerade 51 Takte«, die vom Herzog barsch beendet werden. Die folgende Arie der Herzogin *Er ruft mich*, ein harfenumrauschter lyrischer Aufschwung, ist in ihrem thematischen Material dem Flötendivertimento op. 51 entnommen, ein diabolisches Scherzo beschließt das Bild im bitonalen Zusammenklang von c- und g-Moll.

Auf das Intermezzo der Sarabande folgt das Kneipenbild in Wittenberg mit dem studentischen Wettstreit zwischen katholischem TE DEUM und dem Lutherchoral EIN' FESTE BURG als Abfolge von Scherzo, Choral und Fuge, in der beide Chöre zusammenfließen. Mephistos Ballade vom toten Kind stammt thematisch aus Busonis Vertonung von Goethes Flohlied, Fausts visionärer Monolog *Traum der Jugend* ist die letzte Musik, die Busoni für seine Oper fertig stellen konnte. In reinem C-Dur nimmt Faust die Todesverkündigung der Studenten aus Krakau entgegen. Auch das Schlussbild ist, soweit sich das aus den Spielfassungen entnehmen lässt, weder Nummernoper noch durchkomponiertes Musikdrama, sondern absolute Bühnenmusik in ausgedehnter Scherzoform mit unterschiedlich variierten Reprisen. Zu diesen werkinternen Reprisen gehören auch die Erscheinungen der Herzogin und von Gretchens Bruder, in denen Busoni nun verdichtend den Orgelklang ans Orchester und das Gebet Valentins an den Männerchor delegiert. Seit das Werk in C-Dur und nicht mehr in es-Moll endet, sollten die zweifelnden Schlussworte des Mephistopheles nicht länger seine Wirkungsgeschichte befrachten. DOKTOR FAUST ist komplementär zu Schönbergs Minidramen ERWARTUNG und DIE GLÜCKLICHE HAND mit dem bahnbrechenden Anti-Illusionismus seiner offenen Form und parallel zu Bergs WOZZECK mit dem Einsatz von Formen aus der absoluten Musik sowie mit seiner innerhalb der Tonalität subtil harmonisierten und fast immer pedallos registrierten Klanglichkeit nach Kurt Weills Wort »etwas Einmaliges – wie die ZAUBERFLÖTE und die MISSA SOLEMNIS«.

EIN MEISTER DES FEINEN

ALEXANDER ZEMLINSKY (1871–1942)

Wie im Fall des von den Nationalsozialisten weitgehend aus dem deutschen Musikbewusstsein getilgten Gustav Mahler war es Theodor W. Adorno, der 1959 mit einem vier Jahre später in QUASI UNA FANTASIA gedruckten Rundfunkvortrag die Initialzündung zur Renaissance von Mahlers Freund und Schönbergs Lehrer Zemlinsky gab. Der gebürtige Wiener war als Kapellmeister in seiner Heimatstadt – vor allem 1904–1911 an der Volksoper –, dann am Neuen Deutschen Theater Prag und nach 1927 an der Berliner Kroll-Oper sehr geschätzt (mit Belobigungen von Schönberg, Strawinsky, Franz Werfel und anderen Berühmtheiten). Er ging 1933 nach Wien zurück, wo er den Klavierauszug und Teile der Instrumentation seines letzten großen Bühnenwerks fertig stellte: KÖNIG KANDAULES (nach André Gides Drama; Aufführungsversion von Antony Beaumont: Hamburg 1996, Volksoper Wien 1997). 1938 in die Vereinigten Staaten emigriert, starb Zemlinsky 1942 arm und vergessen in Larmont/NY. Erst als das Grazer Musikprotokoll 1974 Adornos Hinweis ernst nahm, dass Zemlinsky sich, statt Schönbergs Materialrevolution nachzuvollziehen, zu einem eklektischen Meister des Feinen entwickelt habe, und als 1977 Horst Webers Monographie über den Komponisten herauskam, gewannen frühe Elogen auf ihn das Licht der Glaubwürdigkeit zurück. So hatte etwa Schönberg 1949 bekannt, Zemlinsky sei derjenige gewesen, dem er fast sein gesamtes »Wissen um die Technik und die Probleme des Komponierens verdanke. Ich habe immer fest geglaubt, daß er ein großer Komponist war, und ich glaube noch immer fest daran. Möglicherweise wird seine Zeit früher kommen, als man denkt«. Diese Zeit begann Ende der siebziger Jahre mit der Ausgrabung einiger Opern Zemlinskys, der indes in der allgemeinen Wertschätzung des Publikums noch nicht den ihm gemäßen Rang gefunden hat.

Zemlinsky schrieb die erste Oper auf ein Libretto seines Vaters nach Rudolf Gottschalls 1870 veröffentlichtem Schauspiel DIE ROSE VOM KAUKASUS und reichte sie 1894 bei einem vom bayerischen Prinzregenten ausgeschriebenen Wettbewerb ein. Mit dem zweiten Preis ausgezeichnet, wurde SAREMA 1897 im Münchner Hoftheater uraufgeführt (danach nur eine Aufführung: Leipzig 1899; *WA* Trier 1996). Dieses melodramatische Historiengemälde, textlich von gartenlaubischer Unbedarftheit, weckte nach der Auflösung der Sowjetunion neues Interesse, da es das plötzlich wieder aktuell gewordene Aufbegehren der von Moskau unterworfenen Kaukasusvölker behandelt. Die Tscherkessin Sarema liebt einen russischen Offizier und hat ihm zuliebe den Verlobten wie ihren Stamm verlassen. Es gelingt ihr zwar, die Konfliktparteien zu versöhnen, aber um den Preis eines zweifachen Liebesverrats. So nimmt sich Sarema das Leben, weil sie ihn nicht ertragen kann. Eine an Wagner geschulte Chromatik beherrscht die psychischen Konflikte, deren Träger indes wenig charakterisiert wirken. Eindrücklich der II. Akt mit seiner Naturschilderung und dem ein wenig zwischen Ges-Dur und fes-Moll changierenden fernöstlichen Lokalkolorit. Der Erstling Zemlinskys bestätigte seine 1897 von der Kritik konstatierte musikalische Bühnentauglichkeit bei der Wiederentdeckung im Jahre 1996.

Für seine zweite Oper lässt sich das weniger sagen. ES WAR EINMAL, von Maximilian Singer nach dem gleichnamigen dänischen Märchenspiel von Holger Drachmann aus dem Jahre 1885 librettiert (Zemlinsky dürfte es in deutscher Übersetzung 1894 am Wiener Raimund-Theater gesehen haben), folgt dem modischen Märchenstrang in der nach-wagnerschen Oper. Der Dreiakter mit Prolog wurde 1900 an der Wiener Hofoper von Gustav Mahler nach wesentlich den Orchestersatz entschlackenden Eingriffen uraufgeführt. Vielleicht erklärt das, warum das zuletzt in Prag und Mannheim 1912 gespielte und erst wieder 1991 in Kiel zur Diskussion gestellte Märchenspiel von der hochmütig alle Freier verschmähenden Prinzessin, die ein abgewiesener und dann als Zigeuner verkleideter Prinz zum Glück des einfachen Lebens bekehrt, so unpersönlich klingt. Ein simplifizierter mahlerscher Liedton – besonders des Prinzen Zigeunerlied im I. und sein Volksliedchen im II. Akt – wird dem Sujet noch am besten gerecht, die in den Finali II und III kulminierenden wagnerschen Aufwuchtungen weit weniger. Heute wirkt die Oper, für die sich Zemlinsky wahrscheinlich durch Goldmarks HEIMCHEN AM HERD anregen ließ, wie so viele Märchenopern der Zeit obsolet. Mitnichten gilt das für seinen 1904 bis 1906 komponierten nächsten Beitrag zum Musiktheater, der aber erst drei viertel Jahrhundert nach seiner Entstehung uraufgeführt wurde: DER TRAUMGÖRGE.

DER TRAUMGÖRGE (›Oper‹ in zwei Akten und einem Nachspiel, *L* von Leo Feld – Pseudonym für Leo Hirschfeld – nach Heines Gedicht DER ARME PETER, Hermann Sudermanns Roman DER KATZENSTEG und dem Kunstmärchen VOM UNSICHTBAREN KÖNIGREICHE, das Richard Leander – der unter diesem Pseudonym publizierende Mitbegründer der modernen Orthopädie Richard von Volkmann – 1871 in seiner Sammlung TRÄUMEREIEN AN FRANZÖSISCHEN KAMINEN veröffentlicht hatte; Nürnberg 1980).

Das Textbuch, in seiner überschüssigen Symbolik sprachlich oft unzulänglich, schildert die Geschichte eines verwaisten, aber durch sein Erbe abgesicherten Pfarrersohns. Görge gibt sich in einem abgelegenen Dorf seiner Traum- und Märchenwelt hin. Am Tage seiner geplanten Verlobung verlässt der Außenseiter seine Braut Grete (sie wird ihren Hans bekommen) und folgt der Verlockung einer visionären Prinzessin. Doch in der Ferne erwartet ihn, der wegen seiner (ziemlich unplausiblen) rhetorischen Begabung kurz an die Spitze einer sozialrevolutionären Bewegung gelangt, nur Enttäuschung. Zuneigung findet Görge allein bei der als Brandstifterin und Hexe verdächtigten Gertraud. Er nimmt sie zur Frau und zieht mit ihr als seiner wahren Prinzessin ins Heimatdorf zurück. Im Nachspiel finden beide, nach erfolgreicher Arbeit von der Gemeinde anerkannt, an der Wiege ihres Kindes Zeit zum gemeinsamen Träumen.

Gustav Mahler plante die Uraufführung der im Oktober 1906 fertig instrumentierten Oper für die Spielzeit 1907/08 in der Wiener Hofoper. Aber im Mai 1906 ersuchte er, zermürbt vom alltäglichen Opernkrieg, um Entlassung vom Amt des Direktors, und sein im August ernannter Nachfolger Felix Weingartner setzte das Werk vom Spielplan ab, obwohl die Proben schon begonnen hatten. Zemlinsky, im Leben ein ebenso passiver Held wie die männlichen Hauptfiguren in fünf seiner sieben Opern, kämpfte nicht für eine Aufführung, publizierte allerdings in einem kleinen Wiener Verlag einen Klavierauszug und ließ handschriftlich Aufführungsmaterial erstellen. Es kam erst ans Tageslicht, als die Wiener Staatsoper Mitte der siebziger Jahre Teile ihres Archivbestands in die Nationalbibliothek ausgliederte. Auf dieser Basis erfolgte 1980 in Nürnberg unter Hans Gierster in der Inszenierung von Gilbert Deflo die Uraufführung. Das Werk bewies auch 1989 in Bremen, wie SAREMA 1996 bei ihrer Ausgrabung, thematisch eine erstaunliche Aktualität. Der Außenseiter, halb Künstler und halb Intellektueller, der sich seinem bürgerlichen (hier: bäurischen) Milieu entfremdet, in eine Revolutionsbewegung gerät, sich aus ihr zurückzieht, mit der dort gefundenen Lebensgefährtin reformerische Alltagsarbeit auf sich nimmt und dabei noch Zeit zum heimlichen Träumen findet: In dieser jugendstilistisch konzipierten Befreiung aus dem Kerker des Ästhetizismus wie des niederen Lebens konnte in der alten Bundesrepublik manch einer seine Lebensgeschichte von der Restauration der fünfziger Jahre über das Achtundsechziger-Aufbegehren hin zu einer ›grünen‹ Lebensform wieder erkennen.

WALDWEBEN II

Das allein macht noch nicht den Rang der Oper aus. Musikalisch ist DER TRAUMGÖRGE, im Schönberg-Kreis – obwohl unaufgeführt – hoch geschätzt, vielleicht Zemlinskys reichstes Werk. Es umspannt einen an den Anfang der Ersten Symphonie Mahlers erinnernden statischen Naturlaut im Eingangsbild wie die von einer festen Tonalität abhebenden Spaltklänge des Epilogs, die Schönbergs fis-Moll-Quartett (»Luft von anderem Planeten«) vorwegnehmen, die diatonische Chor-Primitivität der aufständischen Bauern (ein Vorecho der kopflosen Revolutionäre in Hindemiths MATHIS DER MALER und Kreneks KARL V.) wie die filigranhafte Polyphonie des Vorspiels zu dem gegenüber Felds Textentwurf von Zemlinsky knapp behandelten Epilog. Dieser endet nach einem langsam verhauchenden Duett der Liebenden auf einem mittenlos registrierten unaufgelösten Akkord mit hinzugefügter Sexte im Emporsteigen der von Celesta und Harfe unirdisch begleiteten Sologeige, der in Cello und Kontrabass wie ein Einspruch die tiefe Oktave folgt.

Stilistisch sticht im I. Akt die Traumerscheinung der Prinzessin hervor: *Auf dem Haupte die Krone licht und klar*. Es handelt sich um »die wohl meisterhafteste Naturschilderung nach Wagners Waldweben im II. Akt des SIEGFRIED. Wie dort ist sie als Klangfläche strukturiert: Innerhalb einer statischen Harmoniedisposition irisiert und changiert der Klang durch eine raffinierte Instrumentation, in der sich Holzbläser-, Blechbläser- und Streicherfarben unentwirrbar zu einem schillernden Klangteppich verbinden. Singstimme und einzelne Soloinstrumente spannen darüber melodische Bögen, deren Linearität die Tonalität trübt, aber nicht verdeckt«. Bezeichnenderweise ist diese Szene wie das Finale ein passiv lyrischer Höhepunkt, kein dramatisch bewegter. Der erfolgt in den Zuspitzungen des II. Akts, wo Zemlinsky für das Sichfinden der Liebenden auch die nötige Emphase aufbringt. Entscheidend für die musikalische Qualität der durchkomponierten Oper ist neben der Farbenkraft eine Durchführungstechnik, die zwischen der wagnerschen Leitmotivik und der von Schönberg an Brahms gerühmten entwickelnden Variation eine natürliche Verbindung herstellt.

KLEIDER MACHEN LEUTE (›Musikalische Komödie‹ in einem Vorspiel und drei Akten, *L* von Leo Feld – Pseudonym für Leo Hirschfeld – nach Gottfried Kellers gleichnamiger Erzählung aus dem 1874 erschienenen Novellenzyklus DIE LEUTE VON SELDWYLA; Volksoper Wien 1910 unter Leitung des Komponisten; verknappte Neufassung mit Vorspiel und zwei Akten: Neues Deutsches Theater Prag 1922, Zürich 1935; *WA* Oberhausen/Remscheid 1982, Volksoper Wien 1985).

Der Librettist formte Kellers tief lotende Novelle zu einem vordergründigen Reimspiel, dem es an interner Bezugsvielfalt gebricht. Dass der aus dem schweizerischen Seldwyla nach Goldach wandernde schlesische Schneidergeselle Wenzel Strapinski wegen des (betrügerischen?) Bankrotts seines Arbeitgebers ohne Geld und Stellung ist, verschweigt die Oper – und damit Kellers bitterböse Pointe, dass ausgerechnet dieser zahlungsunfähige Schneidermeister seinen von den Goldachern wegen eines wunderschönen Mantels als polnischer Graf hofierten Gesellen bei einem mythisierenden Entlarvungsspiel im Namen der Moral als betrügerischen ›Wasserpollacken‹ identifiziert. Und der glücklichen Schlusswende, dass die Amtsratstocher Nettchen nach der Dekuvrierung Wenzels zu ihren Gefühlen für ihn steht, von allen hochfahrenden Träumereien (»Keine Romane mehr!«) ablässt und mit dem geliebten Betrüger wider Willen eine ehrliche bürgerliche Existenz aufzubauen bereit ist, fehlt in der Oper nicht nur die dramatische Zuspitzung: dass Nettchen den zum Selbstmord bereiten Wenzel aus dem Schnee rettet. Ebenso mangelt es seinem endlichen Glück an Kellers Motivierung durch Wenzels treue Mutterbeziehung, die ihn – unter Preisgabe einer kindlichen Gefährtin und der Aussicht auf sozialen Aufstieg – einst mit jenen familialen Widerstandskräften gewappnet hatte, die ihn nun unangefochten zum bürgerlichen Leben im Kapitalismus finden lassen.

VERHUTZELTE ANTIKE

Der Mangel an dieser Vielfalt von Binnenmotivationen, die Walter Benjamin bewog, Kellers poetische Landschaft als Beispiel einer »homerischen Schweiz« zu bezeichnen, in der es neben Momenten einer »verhutzelten Antike« auch solche einer echten gebe, macht das Libretto zum Antitypus der Literaturoper: Hier wird eine literarische Vorlage nicht in ein anderes Medium übertragen, sondern lediglich in ihrem Plot ausgebeutet. Gleichwohl ermöglichte es Feld, in der Reduktion von Ambiente, Lebensgefühl und Psychologie der handelnden Figuren jene Archaik anzudeuten, die Benjamin mit seinem Hinweis auf Homer meinte: Musik kann den bescheidenen Argumentationsrahmen erweitern. Und Zemlinskys Musik gelingt das, von den aus Schönbergs Kammersymphonie op. 9 herüberwehenden Quarten zu Beginn des Vorspiels an, so gut, dass sie der deutschen Spieloper den Weg zur gesellschaftskritischen Satire im Stil von Hans Werner Henzes DER JUNGE LORD weist. Wiewohl er mit nummernähnlichen Gebilden von Tanz und Lied arbeitet – etwa das anfängliche Wanderburschenlied, Strapinskis mollverschattetes, für die Motivverarbeitung der Oper wichtiges Lied am Ende des Prologs *Schneiderlein, was machst denn du* oder Nettchens am Spinett ›sehr sentimental‹ vorzutragende As-Dur-Heine-Vertonung *Lehn' deine Wang' an meine Wang'* –, handelt es sich um eine weit gehend deklamatorisch voranschreitend durchkomponierte Form. Sie mündet immer wieder in kleine Ensemblesätze: mozartische Nachklänge eines gesellschaftlichen Spannungsfelds, das nicht psychologisch, sondern – von dem Mozart-Bewunderer Strauss nie erreicht! – rein musikdramaturgisch zusammengehalten ist.

Ergänzt wird der besonders in der um eine Nebenliebeshandlung beschnittenen Zweitfassung konzise Wechsel von Tanz, Lied und Ensemble durch orchestrale Zwischenspiele, am stärksten vor dem Schlussbild, wenn Nettchens abgewiesener Freier Melchior Böhni in Seldwyla seine zu einer Pantomime führende Entlarvungsintrige startet (›Der arglistige Böhni‹). In solchen Momenten findet jene diskursive Textverdichtung statt, die dem dialogischen Fortgang der Handlung zu fehlen scheint. So wird in der instrumentalen Verarbeitung des an Strauss gemahnenden Unternehmerschwungs von Strapinskis Grafenthema und der an Humperdinck erinnernden Simplizität seines Schneiderthemas entwickelnde Vertiefung erreicht. Und die Entlarvungspantomime ›Kleider machen Leute‹ zu einer bizarren d-Moll-Polka suggeriert mit ihrem Zuviel an fanfarentönender Lustigkeit, dass der Umschlag nahe ist. Wie Strauss zur selben Zeit im ROSENKAVALIER greift auch Zemlinsky mehrfach auf die dramaturgisch taugliche Walzerseligkeit zurück. Während Strauss durch die Einführung tonikaferner Harmonien den Eindruck eines bewusst anachronistischen Als-ob herstellte, mit dem das Maria-Theresianische Wien seiner Spielzeit synthetisch garniert wurde, betrieb Zemlinsky eine rein musikalische Übereinanderschichtung des Disparaten. Wenn im Rauchquintett des I. Akts vier Goldacher Honoratioren dem vermeintlichen Grafen Wenzel eine Zigarre nach der anderen andienen, evozieren die bis zur Selbstauslöschung sich überlagernden Klangwolken eines langsamen Walzers die nebulöse Irrealität dieses Gesellschaftsraums. Und da Zemlinsky, wie Janáček in seiner JENŮFA, dem glücklichen

Ausgang des Stücks jede Operettenhaftigkeit verweigert, wird die im Anspruch so bescheidene Oper KLEIDER MACHEN LEUTE, der Adorno »Zartheit und verschämte« Anmut nachsagte, zum kleinbürgerlichen Pendant des hochadeligen ROSENKAVALIERS: eine alternative Möglichkeit der deutschen komischen Oper vor dem Ausbruch des Ersten Weltkriegs.

EINE FLORENTINISCHE TRAGÖDIE

Neben der Erfahrung des Ersten Weltkriegs als ›Mutterkatastrophe‹ (Golo Mann) des 20. Jahrhunderts dürfte die Einstudierung von Straussens SALOME 1910 in der Wiener Volksoper Zemlinsky zu seiner nächsten Oper inspiriert haben: EINE FLORENTINISCHE TRAGÖDIE. Nach Oscar Wildes gleichnamigem Renaissancedrama in der Übersetzung von Max Meyerfeld schrieb sich der Komponist das Libretto textgetreu im Sinne der jungen Gattung Literaturoper mit wenigen Kürzungen selbst: Der Kaufmann Simone findet bei der Rückkehr von einer erfolglosen Geschäftsreise seine schöne Frau Bianca in einer verfänglichen Situation mit Guido Bardi, dem Sohn des Herzogs von Florenz. Von diesem Herrenmenschen des Ästhetizismus in seiner Krämerseele verletzt, fordert Simone nach anspielungsreichen Dialogen den Nebenbuhler zum Duell und erwürgt ihn. Über Guidos Leiche findet sich das Ehepaar in neu entflammter Liebe. Arnold Schönbergs skeptische Bemerkung, der Opernkomponist Zemlinsky werde erst geschätzt werden, wenn seine Texte dem Publikum gefielen, wurde in Bezug auf die FLORENTINISCHE TRAGÖDIE durch Adorno 1959 noch verschärft. Er hielt den Stoff – auf derselben textlichen Grundlage hatte die Ungarin Erszébet Szőnyi ein Jahr vor seinem Zemlinsky-Vortrag eine Oper geschrieben, die 1960 in Meiningen herauskam – für nicht mehr darstellbar. Doch Zemlinskys Vertonung fand nach der Wiederaufführung 1977 in Kiel neue Aufmerksamkeit: ähnlich wie andere krass pseudoveristische Renaissanceopern wie Schrekers DIE GEZEICHNETEN, Korngolds VIOLANTA oder die MONA LISA Max von Schillings', der Zemlinskys Oper 1917 in Stuttgart heraus gebracht hatte. Solche Stoffe waren im zweiten Jahrzehnt des 20. Jahrhunderts offenbar sehr attraktiv, denn Sergej Prokofjew vertonte 1911/13 in seinem unvollständig orchestrierten und erst 1981 uraufgeführten Erstling MADDALENA eine vergleichbare Konstellation wie Zemlinsky.

EINE FLORENTINISCHE TRAGÖDIE wirkt auf Grund ihrer von der Stufenharmonik bei Brahms und den erfüllten Kadenzerwartungen bei

Strauss in eine vagierende Alterationsharmonik driftenden Klangwelt im Vergleich mit der Schlussexplosion der SALOME allenfalls implosiv. Dramaturgisch gemildert wird die Skandalträchtigkeit des Stoffs dadurch, dass der schon von Wilde nicht geschriebene (oder nach einer legendenhaften Überlieferung 1895, als der Autor wegen seiner Homosexualität im Gefängnis zu Reading einsaß, gestohlene und verloren gegangene) Anfang des Dramas mit dem Ehebruch fehlt. Zemlinsky verlagerte ihn nach dem Vorbild des ROSENKAVALIERS in ein allerdings über mehr als hundert Takte ausgedehntes orchestrales Vorspiel, in dessen ›feurig stürmischer‹ Eingangsfanfare das Kopfthema der Strauss'schen Tondichtung DON JUAN nachhallt. So steht, bedingt auch durch den im Baritonpart des Simone ungewohnt umfänglichen Wortanteil, nicht der Realismus des Fortgangs im Vordergrund – der Mord erfolgt auf Befehl Simones bei gelöschter Fackel, ehe das Mondlicht die Szene unwirklich erleuchtet. Eher haben wir es zu tun mit einer typischen Männerphantasie Simones, einer tödlichen Wunschprojektion.

Dass am Ende das Ehepaar in der wechselseitigen Anbetung seiner Stärke und Schönheit unvermittelt zueinander findet, war von Wilde möglicherweise ironisch gemeint oder, wie Gustav Landauer 1906 nach der Uraufführung des Dramas im Deutschen Theater Berlin und Julius Korngold 1917 nach der Wiener Premiere der Oper mutmaßten, nicht zu Ende gedichtet. Wenn da die Solovioline mit Celesta und Harfe die große Steigerung einleitet, bleiben Biancas D-Dur und Simones die Oper strahlend beschließendes As-Dur harmonisch weit voneinander entfernt. Gleichwohl verbindet sich hier Biancas Liebesmotiv für Guido mit dem Todesmotiv, das bei Simones Duellforderung zusammen mit dem Schwertmotiv in einem gewaltigen Orgelpunkt auf B und Es erklungen war. Dieses Todesmotiv wurde bei Simones Wunsch nach dem Löschen der Fackel von einem befremdlichen d-Moll-/Gis-Dur-Akkord überlagert: dem Schicksalsmotiv aus Schönbergs PELLEAS UND MELISANDE. Und das Liebesmotiv, mit dem Guido zu Beginn Biancas Schönheit gepriesen hatte, weist eine auffällige Ähnlichkeit mit dem Eheringmotiv aus dieser symphonischen Dichtung Schönbergs auf. Psychischer Druck und traumatische Wirklichkeitserfahrung bestimmen die Figuren – wie später in Bergs WOZZECK – stärker als die realistische Dramaturgie der Abläufe. So mag man Zemlinskys Deutung der Grundidee seiner FLORENTINISCHEN TRAGÖDIE, die er gegenüber Alma Mahler als die Rettung einer Ehe über einer Leiche bezeichnete, von einer Wiener Tragödie seiner Zeit angeregt sehen: Zwischen seiner Schwester Mathilde, Schönbergs erster Frau, und dem mit dem Komponisten befreundeten Maler Richard Gerstl hatte sich eine Liebesbeziehung entwickelt. Gerstl beging 1908 Selbstmord, als Mathilde bewogen wurde, zu ihrem Mann zurückzukehren.

DER ZWERG

Eine autobiographisch gefärbte Lesart liegt auch für Zemlinskys zweiten Einakter nach Oscar Wilde nahe. Das 1922 im Neuen Theater Köln durch Otto Klemperer uraufgeführte ›Tragische Märchen für Musik in einem Akt‹ geht auf Oscar Wildes Erzählung DER GEBURTSTAG DER INFANTIN (1889) zurück. Recht frei nach dieser formte Georg C. Klaren sein Libretto: Die spanische Infantin Donna Clara bekommt als makabren Höhepunkt ihrer Geburtstagsfeier einen missgestalteten Kleinwüchsigen geschenkt. Er, der nie in einen Spiegel gesehen hat und sich über sein Erscheinungsbild täuscht, verliebt sich in die Prinzessin, die ihm in kokettem Spiel eine weiße Rose schenkt und einen Kuss erlaubt. Als er in einem Spiegel seine Andersartigkeit erkennt und von Clara als Tier zurückgewiesen wird, zerbricht er.

Klaren hat Wildes Kunstmärchen unvorteilhaft verändert, indem er aus dem tumben Köhlerzwerg einen gesangskundigen Prinzen aus dem Orient machte. Damit entfiel der Zusammenstoß Natur-Zivilisation, der wenig überzeugend durch den Konflikt zwischen zwei verschiedenen Kulturen ersetzt wurde. Als der Regisseur Adolf Dresen 1981 in der Hamburgischen Staatsoper das Werk – in der sinnvollen Kopplung mit der FLORENTINISCHEN TRAGÖDIE – der Vergessenheit entriss, versuchte er, unterstützt vom Dirigenten Gerd Albrecht und mit dem Plazet von Zemlinskys Witwe, das Libretto in Richtung auf Wildes Original zu korrigieren. So kam, wie 1990 in der Wiener Volksoper, seine Fassung unter Wildes Titel heraus. Andere Theater haben aber bewiesen, dass Klarens Libretto trotz seiner auch sprachlichen Mängel sehr wohl spielbar ist: eine Folge von Zemlinskys eindringlicher Musik.

Gegenüber der reichen, oft wie bei Richard Strauss üppig illustrierenden Orchestersprache des früheren Wilde-Werks weist DER ZWERG eine fast schon auf Strawinskys Neoklassizismus verweisende Reduktion auf. Leitmotivische Zuordnungen lassen sich – abgesehen von den Walzerklängen für Ghita, die humane Lieblingszofe Donna Claras – nur für die Titelfigur selbst nachweisen. Sie machen den Zwerg im Klangkolorit von Harfe und Englischhorn (mit einer unterlegten Variante der Terzen des Tarnhelmmotivs aus Wagners RING) als Leidensfigur und Träumer kenntlich, aber auch als missgestaltete Figur im Ineins von gedämpften Posaunen und

Bassklarinette oder in einer vom Fagott rhythmisch angetriebenen Folge aufsteigender Quarten mit einem Glissando der eng am Steg spielenden geteilten Bratschen. Die Harfe als Instrument des Träumens, mit dem der Zwerg zwischen erinnerter Kindheit und zukünftigen Abenteuern seine Gegenwart verliert, gemahnt nicht nur an den Traumgörge Zemlinskys, sondern auch an Schrekers Hauptwerk DIE GEZEICHNETEN, wenn der ebenfalls physisch beschädigte Renaissancemensch Alviano die Genueser in einem künstlichen Paradies zur sinnlichen Ekstase bringen will.

DAS BUCKLICHTE MÄNNLEIN

Diese Ähnlichkeit ist kein Zufall, sie offenbart bei Zemlinsky und Schreker ein ins Kunstwerk projiziertes Leiden des (jüdischen) Außenseiters an sich selbst. Bei Zemlinsky ist der biographische Bezug offenkundig. Er hatte unter der Liebe zu seiner jungen und schönen Kompositionsschülerin Alma Schindler gelitten, die seine Gefühle teilte, obwohl er für sie »ein scheußlicher Gnom« war: »Klein, kinnlos, zahnlos, immer nach Kaffeehaus riechend, ungewaschen«. Dann verlor er Alma an Gustav Mahler, der sie 1902 heiratete. Für Zemlinsky war das Bestandteil einer sein Leben prägenden Tragödie des hässlichen Mannes. Nach seiner Flucht vor den Nazis in Berlin kanalisierte er sie in sein Klavierlied auf jenen Text DAS BUCKLICHTE MÄNNLEIN aus der Volksliedsammlung DES KNABEN WUNDERHORN, dem Walter Benjamin die Schlussbetrachtung seiner BERLINER KINDHEIT UM 1900 widmete. Das Libretto zu seiner durch die Lektüre Oscar Wildes angeregten Operntragödie über den durch Hässlichkeit zum Außenseiter, zum Zielobjekt kollektiver Hassgefühle gewordenen Menschen sollte ursprünglich Franz Schreker schreiben. Der hatte den Stoff bereits 1908 in seiner Tanzpantomime DER GEBURTSTAG DER INFANTIN behandelt, schrieb zwar ein die Probleme vertiefendes Libretto, setzte es aber selbst in seinen GEZEICHNETEN in Musik. So musste Zemlinsky sich mit Georg C. Klarens Versuch begnügen, aus Wildes irisierender Beschreibungsprosa ein dialoggeprägtes Drama zu gewinnen.

Aus diesem Mangel entsteht aber musikalischer Gewinn. Da Zemlinsky im Gegensatz zur FLORENTINISCHEN TRAGÖDIE nicht dem oft überbordenden Text illustrativ nacheilt, schafft er unabhängig von der Außenhandlung musikdramatische Verdichtungen, die über den Textbezug hinaus gehen. So tritt an die Stelle der orchestralen Expansion im ersten Wilde-Einakter eine fast schon holzschnittartige Konzentration der motivischen Verarbeitung. Alban Berg sah nach dem Besuch der Generalprobe bei aller

Bewunderung für die Partitur darin einen spezifischen Mangel: »Es ist viel Undramatisches drin, und das Dramatische hinwiederum von einer derart quälenden Tragik, daß es (wie z. B. das erste Auftreten des Zwergs) fast gar nicht zum Aushalten ist«. Genau das aber ist die zur FLORENTINISCHEN TRAGÖDIE komplementäre Stärke im ZWERG. Sie verbindet beide Werke im Paradox: Während sich in der früheren Oper das Geschehen geradezu zwanghaft aus dem Text-Musik-Gefüge entwickelt und zu einem verblüffenden Schluss kommt, setzt sich im späteren die Handlung sozusagen inwendig fort: Der Zwerg küsst nach seiner Selbsterkenntnis sterbend die Rose und träumt zu zarten Klängen seinen Liebestraum weiter. Erst ein Fortissimoakkord des Orchesters beendet in überraschendem c-Moll die Tragödie.

DER KREIDEKREIS

Seine letzte vollendete Oper in drei Akten schrieb Zemlinsky nach dem textlich wenig veränderten gleichnamigen Schauspiel Klabunds (d. i. Alfred Henschke; 1925), das wiederum – im Gegensatz zu Bertolt Brechts späterer Parabel DER KAUKASISCHE KREIDEKREIS – eng dem chinesischen Spiel DER KALKKREIS von Li Hsing-tao aus der Yüang-Periode (1278–1368) folgt. Die Premiere sollte im April 1933 an vier großen deutschen Bühnen, darunter der Berliner Staatsoper, gleichzeitig stattfinden, konnte aber wegen der kulturpolitischen Turbulenzen nach der Machtübernahme der Nazis erst im Oktober am Stadttheater Zürich erfolgen. Gleichwohl wurde das Stück 1934 an weiteren acht Bühnen, darunter fünf deutschen – zuerst in Stettin, aber auch an der Berliner Staatsoper – gegeben. Dann verfiel es wie sein Komponist der Verfemung (Klabund war schon 1928 gestorben). Ein erster Neuversuch 1955 in Dortmund blieb lange folgenlos, erst die Hamburger Wiederaufführung 1983 brachte der Oper die angemessene Aufmerksamkeit.

Haitang, Tochter eines von der Steuerobrigkeit in den Tod getriebenen Gärtners (bei Klabund ist er Seidenraupenzüchter), wird von der Mutter aus Not als Amüsiermädchen an ein Teehaus verkauft. Dort winkt ihr das Glück in der Zuneigung des Prinzen Pao, der mit ihr, auch musikalisch durch ein viertaktiges Thema samt dessen Umkehrung, über die für den Ehering stehende Symbolik des Kreidekreises plaudert. Aber Haitang wird von dem brutalen, im II. Akt durch ihre Liebe zum Guten gewandelten Steuereinzieher Ma, der den Selbstmord ihres Vaters verschuldet hatte, als Nebenfrau gekauft. Mas kinderlos gebliebene Hauptfrau Yü Pei beschuldigt sie fälschlicherweise des von ihr selbst begangenen Mordes an dem Steuerpächter, Haitang wird zum Tode verurteilt, und Yü Pei beansprucht das Kind, das diese Ma geboren hatte, als das ihre. Inzwischen ist Prinz Pao Kaiser geworden, will die Korruption im Lande bekämpfen und lässt alle Todesurteile überprüfen – auch das Haitangs. Um die wahre Mutterschaft zu beweisen, müssen beide Frauen das Kind aus der Mitte eines Kreidekreises so lange herauszuziehen versuchen, bis es einer zufällt. Haitang lässt den Arm des Kindes los, um es nicht zu gefährden. Daran erkennt der Kaiser ihre Mutterschaft. Zudem stellt sich heraus, dass er der Vater ihres Kindes ist: Haitang wird zur Kaiserin erhoben.

Im Gegensatz zu Brecht, der die Fabel so zuspitzte, dass nicht die leibliche Mutter, sondern die erziehende Magd das Kind vor der Verletzung bewahrt, bleibt Klabund gesellschaftspolitisch in einem allgemein humanitären Rahmen: »Gerechtigkeit, sie sei dein höchstes Ziel, / Denn also lehrt's des Kreidekreises Spiel«. Brecht nutzte das Stück seines Freundes Klabund als Allegorie auf den Sozialismus: »Daß da gehören soll, was ist, denen, die für es gut sind«. Die gegenüber Klabund ungleich höhere Theaterwirksamkeit seines Stücks dürfte mit verantwortlich dafür sein, dass Zemlinskys Oper unterschätzt wird. Klabunds Ineins von exotischem Märchen, heftiger Sozialkritik (für die Haitangs revolutionärer Bruder steht) und europäischer Innerlichkeit (besonders im Umkreis Haitangs) prägt Zemlinskys Musik in einem Maße, das sich von seinen früheren Opern stark unterscheidet. Die Bevorzugung der Flöte als typisch chinesisches Instrument (neben Gongs für die ›couleur locale‹), die Neigung zu pentatonischer Harmonik, die Schilderung des Tee- und Freudenhauses mit europäischer Tanzmusik der zwanziger Jahre – das zu Beginn erklingende Solo des Tenorsaxophons erinnert auffällig an ein ähnliches in Kreneks JONNY SPIELT AUF, auch Berg setzte in seiner LULU das Instrument als Klangchiffre für ein erotisches Klima ein –, der zunächst in Strawinskys neoklassizistisch eckigem Vokalstil auftretende Steuereintreiber und der an Mahlers WUNDERHORN-Lieder erinnernde Gesang der Soldaten in einer Schneesturmlandschaft: Das alles verbindet sich zusammen mit dem liedhaften Pathos der positiv gezeichneten Figuren zu einem Stilkonglomerat, das tendenziell auf Brechts bewusste Entfremdung zwischen Publikumserwartung und Bühnenvorgang abzielt.

Zemlinsky betont das durch den Einsatz von gesprochenem Dialog, teilweise mit melodramatischer Musikunterfütterung, durch den Wechsel zwischen kammermusikalischer Delikatesse und großorchestralem Aufwand, durch den wie im Filmschnitt plötzlichen Abbruch von Szenen, einen – bis auf das apotheotische Ende – überraschenden Verzicht auf deutlich markierte Aktschlüsse und sogar durch das Heraustreten der Darsteller aus ihren Rollen. An die Stelle seiner durchkomponierten und in der Musik auf einer internen Verlaufslogik beharrenden früheren Werke ist eine Collage vielfältiger Ausdrucksmittel in offener Dramaturgie getreten. Im alten Textgewand eines fernöstlichen Märchens versteckt sich eine typische Zeitoper der zwanziger und frühen dreißiger Jahre.

INFLATIONÄRE GEFÜHLSREGUNGEN

FRANZ SCHREKER (1878–1934)

»Ich bin Impressionist, Expressionist, Internationalist, Futurist, musikalischer Verist; Jude und durch die Macht des Judentums emporgekommen, Christ und von einer katholischen Clique unter Patronanz einer erzkatholischen Wiener Fürstin ›gemacht‹ worden. Ich bin Klangkünstler, Klangphantast, Klangzauberer, Klangästhet und habe keine Spur von Melodie (abgesehen von sogenannten kurzatmigen Floskeln, neuestens ›Melodielein‹ genannt). Ich bin Melodiker von reinstem Geblüt, als Harmoniker aber anämisch, pervers, trotzdem ein Vollblutmusiker! Ich bin (leider) Erotomane und wirke verderblich auf das deutsche Publikum«. Diese ironische Selbstcharakterisierung, montiert aus widersprüchlichen Urteilen der Kritik, veröffentlichte Franz Schreker 1921. Damals befand sich der österreichische Komponist auf dem Höhepunkt seines Ruhms. Früh zum Waisen geworden, durch mäzenatische Unterstützung und ein Stipendium am Wiener Konservatorium vor allem durch Robert Fuchs ausgebildet, hatten sich seine Lebensbedingungen erst 1908 zu festigen begonnen. Damals gründete er den bis 1920 von ihm geleiteten Philharmonischen Chor Wien, mit dem er 1913 Schönbergs GURRELIEDER zur Uraufführung brachte. Im Chor lernte er die Sopranistin Maria Binder kennen, die als seine Frau 1923 mit der Els im SCHATZGRÄBER zu einer bewunderten Protagonistin seiner Bühnenwerke aufstieg.

Den ersten Erfolg als Komponist errang Schreker, der 1902 in Wien seinen einaktigen Erstling FLAMMEN (keine Ähnlichkeit mit Erwin Schulhoffs gleichnamiger Oper von 1932) konzertant am Klavier begleitet hatte, 1908 mit der Tanzpantomime DER GEBURTSTAG DER INFANTIN nach Oscar Wildes von Alexander Zemlinsky in DER ZWERG vertontem Märchen (→ S. 433 ff.). Sein Durchbruch zu einer nationalkulturellen Berühmtheit erfolgte 1912, als er wegen einer Wiener Ranküne die Uraufführung seiner Oper DER FERNE KLANG nach Frankfurt/Main vergab und einen Triumph errang. Im selben Jahr erhielt er die ehrenvolle Stelle eines Kompositionslehrers an der Musikakademie in Wien, wo die Erstfassung seiner 1913 – zeitgleich mit einem Achtungserfolg in Frankfurt – uraufgeführten Oper DAS SPIELWERK einen Skandal erregte. Doch DIE GEZEICHNETEN und DER SCHATZGRÄBER bestätigten 1918 bzw. 1920 in Frankfurt seinen Ruf als neben Strauss herausragender Vertreter des deutschen Musiktheaters.

1919 erschien die erste Monographie über den Komponisten: aus der Feder des führenden Frankfurter Musikkritikers Paul Bekker, der Schreker als einzigen legitimen Nachfahren Wagners feierte. Schon 1921 folgten zwei weitere Bücher über ihn. 1920 zog Schreker nach Berlin, wo er die Direktion der Musikhochschule übernahm und 1927 einen ihm entgegengesetzten Typus wie Paul Hindemith als Lehrer engagierte. Gleichwohl blieb sein Ruhm umstritten, wie die zitierte Selbstcharakteristik von 1921 zeigt. In ihr bezeichnete er sich mit Fremdzitaten auch als ausschließlichen Homophoniker, der kontrapunktische Meisterwerke schreibe, sowie als glänzenden Schlagtechniker, der nicht einmal seine eigenen Werke dirigieren könne, zusammenfassend als »grandioses Dokument des Untergangs unserer Kultur«.

POTENZNEID UND RASSENWAHN

Allerdings neutralisieren sich die von Schreker paradoxal zitierten Urteile nicht, wie es in einer für Puccini oder Strauss vergleichbaren Zusammenstellung möglich gewesen wäre, zu einer zumindest für den Nachgeborenen harmlosen Persiflage auf Widersprüche und Inkompetenz der Musikkritik. Um 1920 verschärfte sich der Ton gegen ihn zum fundamentalistischen Angriff. Dass ein längst vergessener Wiener Balladenkomponist in Schreker DAS ENDE DES DEUTSCHEN TONDRAMAS (›Neue Musikzeitung‹ 1920) dingfest zu machen glaubte, könnte man noch als begreiflichen Potenzneid abtun, hätte nicht Hans Pfitzner um die Jahreswende 1920/21 als Fortsetzung seiner gegen Busoni gerichteten Streitschrift FUTURISTENGEFAHR (→ S. 396 f.) eine Polemik gegen das Beethovenbuch des (jüdischen) Kritikers Paul Bekker veröffentlicht. In ihr rechnete er nicht nur mit Bekkers hermeneutischem Ansatz ab, Beethovens Werken poetische Ideen zu unterlegen. Gleichzeitig griff er die von Bekker gestützten jüngeren Komponisten an, vorrangig Franz Schreker – nach dem Vorbild von Wagners DAS JUDENTUM IN DER MUSIK, ohne den Gegner beim Namen zu nennen. Schrekers Opern hatte Bekker die besondere Fähigkeit zugeschrieben, erotische Spannungsfelder zu erzeugen. Für Pfitzner galt das als Ausdruck von Impotenz: der künstlerischen »Unfähigkeit, wahrhaft zu zeugen und zu gebären«. Und nachdem er den ihm missliebigen Neutönern einschließlich des in der späteren Nazisprache als Rassenmischling bzw. Halbjude klassifizierten Schreker mit der sozusagen bisexuellen Potenz die biologische Daseinsberechtigung abgesprochen hatte, sattelte er eine moralische Kategorie auf sein Verdikt: »Talentlosigkeit ist die Unmoral in der Kunst«.

Pfitzners Schrift DIE NEUE ÄSTHETIK DER MUSIKALISCHEN IMPOTENZ war in Deutschland eins der frühesten Zeugnisse jener Methode der Kulturkritik, die mit negativen ästhetischen Wertigkeiten moralische und biologische impliziert. Sie verdichteten sich zur Kategorie des unwerten Lebens, und ehe diese zum Völker mordenden Vernichtungsfeldzug gegen die halbe Welt hochgerüstet wurde, musste erst einmal die Heimatfront begradigt werden. Tatsächlich liest sich ein 1933 im Maiheft der ›Zeitschrift für Musik‹ veröffentlichter Bericht über den institutionellen Zustand des Berliner Musiklebens wie die Aufzählung gefallener Feinde und Festen. Als kultureller Kriegsberichterstatter betätigte sich der spätere Pressereferent der Reichsmusikkammer Fritz Stege (er setzte nach 1945 seine Karriere als Kritiker in der BRD fort), der die noch nicht gefallenen ›Kulturbolschewisten‹ mit verbalen Totschlagwünschen bedachte.

Zu den Opfern dieses einseitigen Kulturkampfes gehörte auch Franz Schreker. Im Oktober 1932 wurde die Uraufführung des SCHMIED VON GENT in der Charlottenburger Oper systematisch gestört – Schrekers Vizedirektor Gustav Havemann hatte im selben Jahr die Orchesterleitung im 1929 gegründeten NS-Kampfbund für Kultur übernommen, dessen Mitglieder über Berlin hinaus Auftritte unerwünschter Künstler zu boykottieren versuchten. Außerdem zwang er Schreker, von seinem Amt als Leiter der Musikhochschule (Staatsbeamter auf Lebenszeit mit Pensionsanspruch) zurückzutreten. Dieser übernahm zum 1. Juli – neben dem dort seit 1925 tätigen Arnold Schönberg – eine Meisterklasse für Komposition in der Preußischen Akademie der Künste. Doch das im April 1933 verabschiedete Gesetz zur Wiederherstellung des Berufsbeamtentums gab mit dem Kernsatz, Beamte nichtarischer Abstammung seien in den Ruhestand zu versetzen, den Anlass zu seiner Entlassung im Mai. Eine Woche später informierte die Akademie auch Schönberg, dass er von allen Tätigkeiten beurlaubt sei. Während dieser ins Exil ging, erlitt Schreker im Dezember einen Schlaganfall, von dem er sich nicht mehr erholte. Am 21. März 1934 starb er. Und sein Werk geriet weltweit in Vergessenheit.

Nicht nur der Vernichtungswahn der Nazis hat den Komponisten zum Opfer der Zeitläufte werden lassen. Er selbst hatte einen Umschlag in der

Gunst der öffentlichen Meinung schon Mitte der zwanziger Jahre gespürt. Die Kölner Uraufführung von IRRELOHE ließ den Erfolgskomponisten 1924 in der Reaktion von Presse und Publikum sozusagen ins zweite Glied zurücktreten. Selbst Paul Bekker, sein eifrigster Fürsprecher in der Kritik, sah sich nun veranlasst, aus der Perspektive der Fortschrittspartei – und keineswegs jener der Nationalkonservativen – Schreker eine Antiquiertheit zuzuschreiben, wie sie sogar Schönberg 1928 in seinem sympathetischen Grußwort zum 50. Geburtstag des Kollegen (→ S. 391) aufgreifen sollte: »Es wird heute keinem Musiker mehr einfallen, Schreker ob seiner Modernität oder Melodienlosigkeit anzuklagen, im Gegenteil, man wirft ihm eben den Mangel an Modernität und den Überfluß an Melodien vor. Er ist ›Romantiker‹ und als solcher von den Anhängern der eigentlich ›neuen‹ Musik verpönt. Er ist ›Harmoniker‹ und wird deswegen von der ›linearen‹ Richtung nicht ernst genommen«.

Die von Paul Bekker beschriebenen Gründe für den Popularitätsverlust Schrekers schließen nicht nur die Abspaltung einer ›modernen‹ von einer ›neuen‹ Musik ein, sondern auch literarische Komponenten. Der winkende Friede und die lachende Erlösung, das reine Licht lodernder Flammen aus Asche und Glut, *Der Liebe Sieg über wilde Glut* und *Selige Lohe aus Nacht und Grauen*: solche Worthülsen im Schlussduett von IRRELOHE haben wahrscheinlich auf die Zuhörer von 1924 unfreiwillig komisch gewirkt. Die von Schreker selbst angerührte Mischung aus märchenhaft eingekleidetem Symbolismus, greller Erotik und expressionistischer O-Mensch-Ekstase war einfach nicht mehr zeitgemäß. Die gerade zurückliegende Inflation, deren Überwindung zumindest in der Literatur das plötzliche Ende des Expressionismus bedeutete, weckte in den Theatergängern eher ein Bedürfnis nach der Deflationierung aufwallender Gefühlsregungen. Schreker hatte auch dichterisch den Anschluss verpasst, er konnte nicht wie viele Literaten übergangslos »von der Menschheitsdämmerung zur schnoddrigen Gebrauchsdramatik« wechseln. Obwohl er nach IRRELOHE eine Entpathetisierung seines literarischen und musikalischen Stils anstrebte, blieb die Melange aus Nietzsche, Freud und Weininger, aus Märchensymbolismus und Volksstück mit den improvisiert wirkenden und trotz aller Klangmagie unscharf, geradezu schizoid harmonisierten Variantenfolgen des thematischen Materials für das Nachleben des Komponisten problematisch.

Die ersten nach 1945 gestarteten Versuche einer Wiedereinfügung Schrekers ins allgemeine Musikbewusstsein waren von durchschlagender Wirkungslosigkeit. Aber einige Dirigenten, vor allem Winfried Zillig, führten seine Werke im Rundfunk auf, darunter die Opern DER FERNE KLANG

(1947 Frankfurt, 1955 Hamburg) und DIE GEZEICHNETEN (Hamburg 1960). Und 1959 bahnte sich eine Wende zu breiterer Kenntnisnahme des Komponisten an. Damals wurde in (West-)Berlin eine Schreker-Gesellschaft gegründet, reihte Zillig den Komponisten in einer Münchner Rundfunksendung (1966 in Buchform erschienen) unter die Wegbereiter der Neuen Musik ein, hielt Adorno einen vier Jahre später in QUASI UNA FANTASIA publizierten Frankfurter Radioessay über den Komponisten, gab es eine Schreker-Ausstellung in (West-)Berlin, legte Gösta Neuwirth, der 1972 eine fundierte Studie über den FERNEN KLANG veröffentlichte, ein einfühlsames Büchlein über den Komponisten vor. Aber DER FERNE KLANG war 1964 in Kassel als erste deutsche Schreker-Aufführung nach 1933 nur eine zarte Blüte dieser Wende im Opernleben, es bedurfte erneuter theoretischer Diskussion, um den Boden für eine Neuorientierung zu bereiten. Schreker-Symposien in Graz 1976 und Berlin 1978, dieses in Verbindung mit der Freiburger Uraufführung von CHRISTOPHORUS ODER DIE VISION EINER OPER, sowie die Wiederaufführung des SCHMIED VON GENT in der Berliner Staatsoper 1981 als erstes Anzeichen einer Schreker-Renaissance in der DDR belegen diese eindringlich.

RÜCKGEWINNUNG DURCH REGIE

Die entscheidenden Großtaten im Rahmen des längst wieder aufgeführten musikdramatischen Gesamtwerks Schrekers vollbrachte das nicht ungescholten gebliebene moderne Regietheater. Den Durchbruch markierte der unter Trivialitätsverdacht gestellte Hans Neuenfels, als er 1979 in Frankfurt/Main die strichlos von Michael Gielen dirigierten GEZEICHNETEN inszenierte. Auf ähnlich hohem Niveau interpretiert erschien dieses Werk – allerdings durch Striche geschmälert – 1987/88 in Düsseldorf–Duisburg durch Günter Krämer und Hans Wallat sowie, inszeniert wieder von Krämer und dirigiert von Gerd Albrecht, DER SCHATZGRÄBER 1989 in der Hamburgischen Staatsoper. Bemüht um die Wiedereinbürgerung Schrekers an kleineren Bühnen rang in Bielefeld der Regisseur John Dew, der in den Jahren 1985–1992 zusammen mit dem Dirigenten Rainer Koch drei Opern herausbrachte, darunter IRRELOHE als befremdlich in die textmusikalische Substanz eingreifende Umfunktionierung zum wüsten Kammerspiel um verdrängte Sexualphantasien.

Solche Eingriffe mögen dem Ziel verpflichtet sein, den einst skandalträchtigen Sensationsgehalt von Schrekers Opern ins Heute fortzuschreiben. In dieser Beziehung sind sie ehrlicher als das schamhafte Verbergen von

Schrekers Hang zur kolportagehaften Trivialität. Deren tieferen Sinn hatte schon Adorno in seinem Vortrag 1959 erkannt. Er konstatierte nicht nur einen ungenierten Hang zum dramaturgischen »Vulgärbereich«, sondern leitete daraus bei aller Bewunderung für Schrekers über Richard Strauss gestellte orchestrale Phantasie ein noch härteres Verdikt für die Musik ab: »Sie steht exterritorial zu den Forderungen der Kultur«. Gleichwohl sah er gerade darin, bevor das Triviale in den Künsten als diskussions- und schätzenswert entdeckt wurde, eine utopische »Möglichkeit, Kultur zu transzendieren, das Schäumen des absoluten Geistes in eins zu setzen mit dem verpönten Materialismus aus kolorierten Zehnpfennigheftchen«, und forderte dazu auf, den Fall Schreker neu aufzurollen. Franz Schreker bleibt eine lohnende Aufgabe für das Theater: als Zeitgenosse der Zukunft, über die Zeitbedingtheit seines Stils hinaus.

GETRIEBENE UND GEZEICHNETE

Schrekers Dramaturgie ist von der textlichen Disposition her bereits an eine Klangvorstellung geknüpft. Schon in dem von seiner Jugendfreundin Dora Leen (Dora Polak) librettierten Einakter FLAMMEN taucht, als Vorläufer des Burschen im SPIELWERK und des Elis im SCHATZGRÄBER, ein fahrender Sänger auf. Im FERNEN KLANG ist das sehnende Verzehren nach Musik im Titel ausgedrückt, der sich im SPIELWERK und im SINGENDEN TEUFEL auf Instrumente und deren magische, auch vernichtende Wirkung bezieht. Im SCHATZGRÄBER spielt eine Wünschellaute eine bedeutende Rolle, in IRRELOHE ein Tanzspiel. Auffällig auch die Kombination von Tanzfest und Untergang. Sie durchzieht von FLAMMEN und der Pantomime DER GEBURTSTAG DER INFANTIN Schrekers Werk bis zum SINGENDEN TEUFEL. Überhaupt zeichnen, bis auf den SCHMIED VON GENT, götterdämmerungsähnliche Katastrophen Schrekers Finali aus – noch das jubelnd freudige Schlussduett in IRRELOHE wird von einer Art Weltenbrand gerahmt.

Im Zentrum steht, wie bei Strauss und Puccini, fast immer eine Frau. Ihr Erscheinungsbild folgt den seit der Dekadenz im ausgehenden 19. Jahrhundert üblichen Klischees von Femme fatale und Femme fragile. Es gibt aber auch Mischformen aus beiden, die sich gleichwohl – bis auf Eva in IRRELOHE – durch verführerisch ausgestellte Sexualität und den Hang zur Katastrophe auszeichnen, die Schreker der Lektüre von Weiningers antifeministischem Pamphlet GESCHLECHT UND CHARAKTER (1903) verdankte. So überrascht im FERNEN KLANG die Wandlung der anfänglich biederen

Grete – die Erweckung zur Sinnlichkeit erlebt sie in der mystischen Waldszene des I. Akts – zur strahlenden Edelkokotte im Mittelakt, während sie uns am Ende, vom Tode gezeichnet, als Pendant der fast schon immateriell gewordenen Schwindsüchtigen erscheint. Die vampirhaft die Männer aussaugende Prinzessin im SPIELWERK träumt davon, sich dem ganzen Volk nackt anzubieten, die sich selbst als verworfen bezeichnende Els im SCHATZGRÄBER schmückt sich zu ihrer Liebesnacht mit (nichts als?) gestohlenem Geschmeide, an dem Blut klebt. Die Malerin Carlotta in den GEZEICHNETEN ist eine ätherische Lichtgestalt, mit der Aura des frühen Todes umgeben und zudem von einer selbstzerstörerischen Lüsternheit getrieben, die Tod und Wahnsinn verbreitet. Selbst durch das Spätwerk geistert dieser Frauentypus: die Heidin Lilian bringt in DER SINGENDE TEUFEL den Christen mit dem Eros auch den Todesgott Thanatos, Lisa in CHRISTOPHORUS erscheint als das lockende Weib, Astarte im SCHMIED VON GENT wird als Verführerin vom Dienst in Gestalt einer Teufelin kenntlich gemacht.

Im Zeitalter der Neuen Sachlichkeit wurde Mitte der zwanziger Jahre dieses Frauenbild zumindest im Bereich der Hochkultur obsolet, wiewohl es in Bergs LULU unfröhliche Urständ' feierte. Dass es in Schrekers Opern nicht der Groschenroman-Sphäre anheim fiel, ist hauptsächlich der Musik zu verdanken. Allerdings legte Schreker seine selbst erdachten und meist in reimlos freien Kurzversen gestalteten Stoffe – nur in FLAMMEN und DER SCHMIED VON GENT ging er auf fremde Vorlagen zurück – von vornherein in einer Grauzone an, mit der er Banalität vermeiden wollte. Einen Zusammenhang von Ursache und Wirkung gibt es kaum, bei ihm herrscht eine rätselhafte Schicksalhaftigkeit, die von den handelnden Figuren nicht vorangetrieben wird, sondern sich an ihnen vollzieht. Dieser soghaften Ziellosigkeit von lauter Getriebenen und Gezeichneten entspricht die Musik, die keineswegs mehr Wagners Ideal von der ›dichterisch-musikalischen Periode‹ verpflichtet ist. Trotz Schrekers Beharren auf der Tonalität und der Vorliebe für sequenzartige Dominantschichtungen – Adorno nannte sie treffend ein ›Über-Dur‹ – geht ihr die sonatensatzartige Folgerichtigkeit von Tonika-Dominant-Bezügen meist ab. Obwohl Schreker andrerseits Schönbergs Materialrevolution der Atonalität nicht mittrug, auf die melodische wie kontrapunktische Eigengesetzlichkeit tonhöhenunterschiedener Abläufe verzichtete, bewegt sich seine Mischung aus musikalischem Traumdenken und filmischer Schnitt-Technik in einer oft faszinierenden Unschärferelation zwischen Dur-Moll-Harmonik und Atonalität. Kein Wunder, dass Schönberg ihn 1921 in der dritten Auflage seiner HARMONIELEHRE neben Beispielen von Berg, Webern und Bartók zitierte.

Das spieltechnisch schwer zu verwirklichende Faszinosum dieser Orchestersprache liegt darin, dass Schreker – am ehesten der stillen Revolution Debussys vergleichbar – die aneinander gereihten Akkordgebilde ihrer funktionsharmonischen Ausrichtung beraubte und zur Verselbstständigung des Klangs emanzipierte. Mit viel Chromatik und polytonalen Verbindungen angereichert, entsteht so in der häufigen Gleichzeitigkeit von Dur und Moll eine Geheimnisfülle, von der auch die durchaus vorhandenen Leitmotive profitieren. Sie scheinen immer wieder als signalartige Klangchiffren auf, die gleichwohl nicht den Weg gehen, den sie dem Hörer als Wegweiser anzeigen. Der Verzicht auf eine – von Alban Berg durch den Rückgang auf instrumentalmusikalische Formen aufrechterhaltene – thematische Logik führt bei Schreker zu starker Abhängigkeit von der Szene. Diese erst gibt der Musik ihren vollen Sinn, sie eilt der Szene (fast) nie im auktorialen Alleswissen der wagnerschen Leitmotivik voraus, ähnelt funktional der Filmmusik. Aber die Eigenart Schrekers, dass seine Musik – im Gegensatz zu Strauss oder Puccini – kaum je in einem zumindest punktuell eingesetzten Spaltklang individuell instrumentiert wirkt, sondern als vielfältig gebrochenes und opalisierendes Total daherrauscht, darf nicht als Redundanz zu den Texten verstanden werden. Vielmehr steuert diesen die unbestimmt gleitende Stimmführung in den vagierenden Akkordmischungen jenen ästhetischen Mehrwert bei, der sie vor dem Abdriften in die Vulgärsphäre bewahrt.

DER FERNE KLANG (›Oper‹ in drei Aufzügen, *L* vom Komponisten; Frankfurt/Main 1912; nach dem großen Erfolg schnelle Verbreitung: Leipzig 1913, München – unter Bruno Walter – und Hamburg 1914, die auch durch den Ersten Weltkrieg – Dresden 1917 mit Richard Tauber als Komponist Fritz unter Fritz Reiner – nicht unterbrochen wurde; bis 1931 mindestens achtzehn Inszenierungen: Prag 1920 unter Alexander Zemlinsky, Bremen 1921 unter Manfred Gurlitt, Köln 1923 unter Otto Klemperer, Staatsoper Berlin 1925 mit Maria Schreker als Grete und Tauber als Fritz unter Erich Kleiber; landessprachliche *EA*: Leningrad 1925, Stockholm 1927; *WA* Kassel 1964 unter Christoph von Dohnányi in der Regie von Bohumil Herlischka ohne Breitenwirkung; Durchbruch erst durch Giorgio Marinis Inszenierung 1984 beim Maggio Musicale in Venedig, seitdem im Ausland und sogar an kleineren Häusern erfolgreich: Gera 1985, Brüssel und Hagen 1988, Leeds 1992; österreichische *EA* erst 1991 an der Wiener Staatsoper).

Die Wiener Staatsopernaufführung des FERNEN KLANGS 1991, dirigiert von Gerd Albrecht und inszeniert von Jürgen Flimm, wurde vom Publikum als die endgültige Heimkehr eines Meisterwerks gefeiert. Tatsächlich war es von der Hofoper durch Felix Weingartner 1910 angenommen, aber nach seinem Rücktritt auf Grund von Intrigen nicht aufgeführt worden. Begonnen hatte Schreker mit der Vertonung des durch den kritischen Zuspruch seines literarischen Ratgebers Ferdinand von Saar geförderten Librettos schon 1903, er stieß aber mit den vorgelegten Partiturskizzen auf die Ablehnung seines Lehrers Robert Fuchs. Erst die Bekanntschaft mit der SALOME von Strauss ermunterte ihn 1905, die Arbeit wieder aufzunehmen. In Partitur – den ersten Klavierauszug erstellte 1911 Alban Berg – lag das Werk im September 1910 vollständig vor. Die lange Entstehungsgeschichte und die späte Ankunft am ursprünglich geplanten Uraufführungsort sind unfreiwilliger Bestandteil jener Künstlerausfahrt, die im Stück selbst thematisiert wird. Gerd Jonke hat dazu 1979 in seinem Roman DER FERNE KLANG eine literarische Variante geliefert: als Ausfahrt des Komponisten-Erzählers, die nicht am Ziel-, sondern am Abfahrtsort endet. Konterkariert wird sie durch die Geschichte einer blonden Seiltänzerin, die bei einem rauschhaften Befreiungsfest von der horizontalen Bewegungskunst in die vertikale wechselt und über die Dächer hinweg den Blicken der Zuschauer entschwindet: Wahre Kunst erfüllt sich in der transzendierenden Selbstaufhebung. Jonkes mit der Eisenbahn in der Runde fahrender Komponist dagegen bleibt einer zur fahrplanmäßigen Zielankunft verdinglichten Utopie verfallen. Fritz in Schrekers Oper schwankt zwischen diesen Polen eines Spannungsfeldes.

Der junge Komponist, wie die Romantiker auf der Suche nach der blauen Blume, ist von der Idee besessen, einen ihm von fern ertönenden Klang zu bannen. Erst wenn er ihn gefunden habe, will er – im Besitz von Glück, Ruhm und künstlerischer Meisterschaft – zu seiner Grete zurückkehren. Das von ihm verlassene Mädchen, vom trunkenen Vater im Spiel an einen Wirt verloren, entflieht nach einem gesprochenen Dialog mit der Mutter der häuslichen Enge und sucht erfolglos den Geliebten, will ins Wasser gehen, wird aber durch eine mystische Naturerfahrung zu gesteigerter – auch sexueller – Selbstwahrnehmung erweckt (die Szene gibt es mit Maria Schreker auf Platte) und von einer schon zuvor aufgetretenen dämonischen Alten zur Edelkurtisane Greta in einem Venezianischen Lusthaus gemacht. Dort trifft sie zehn Jahre später den ob seiner erfolglosen Suche nach dem fernen Klang verbitterten Fritz. Nun hört er wieder diese mysteriösen Töne, begreift aber nicht deren Zusammenhang mit Grete und stößt die ihn immer noch Liebende als Dirne von sich. Im letzten Akt gibt es die dritte Begegnung beider. Grete, als Opfer von Fritzens spießbürgerlicher Moral zur Straßendirne heruntergekommen, besucht die Premiere der neuesten, wegen des verfehlten Schlussakts ausgepfiffenen Oper von Fritz, verlässt in einem Schwächeanfall das Theater aber vorzeitig. Schließlich findet sie zu Fritz, der nach dem orchestralen Zwischenspiel (III,8) eine ähnliche Naturerfahrung gemacht hat wie Grete in I,7. Endlich meint er, den ersehnten Klang zu hören: Es ist keine Klangchiffre für das ihm im Kopf vorschwebende Kunstwerk, sondern für das unentfremdete Zusammenleben in Liebe. Fritz sinkt Grete in die Arme – und stirbt.

Der Künstlerehrgeiz in Fritz wird zwar als Lebenslüge entlarvt, aber keineswegs denunziert. Schreker verdeutlicht das musikalisch, indem er die dem jungen Komponisten im I. Akt vorschwebenden fernen Klänge – ein in Septakkorden harmonisiertes Arpeggio von Celesta und Klavier – am Ende, da Fritz sie konkreter als je zuvor wahrnimmt, aus jeder Dur-Moll-harmonischen Bindung löst. Diese Ungreifbarkeit suggeriert, dass Fritz mit seiner Klangsuche sozusagen aus der (musikgeschichtlichen) Zeit gefallen ist, auch mit seiner Oper auf Unverständnis stoßen musste. Das Kunstwerk kann also nur im Misslingen seine utopische, auf das Zukünftige gerichtete Kraft entfalten. Sicher war Schreker literarisch seinem eigenen Weltbild nicht gewachsen, aber die Musik hilft ihm zu einer aus dem Umkreis zeitgenössischer Schöpfungsmythen herausragenden negativen Dialektik auf. Gleichwohl lässt er seinen Komponisten einen Zipfel des erhofften Glücks erhaschen, denn dessen Partitur – die ja letztlich seine eigene ist – weist mehrmals Momente von Zukunftsmusik auf. Nach dem Zwischenspiel in III,8, das es mit dem Klangsensualismus Puccinis aufnimmt, ist »plötzlich alle Melodik wie weggewischt. Schwirrende Ganztonkomplexe geben den Untergrund zu einem Konzert des erwachenden Morgens, in dem die Vogelstimmen dominieren. Man könnte hier an Versuche Messiaens […] denken, in denen der […] Franzose die Melodien der Vögel in musikalische Formen umzugießen« trachtete.

Nach der emphatischen Umarmung der Liebenden im Schlussakt lässt Schreker die Musik ganz nach innen fließen, doch dem stillen Glück ist in der fis-Moll-Dominante immer eine verminderte Oktav wie ein Stachel beigemischt. Am Ende, wenn die Liebenden wieder den hohen Ton finden, montiert Schreker von der Stelle an *Hörst du den Ton?* zwei Klangwelten unversöhnt ineinander: Der »unendlich leidenschaftlichen Melodie ist der aus reiner Klangphantasie geborene themenlose Komplex unterlegt, der musikalisch und dramaturgisch den fernen Klang symbolisiert«. Und den Tod des Komponisten meldet jener düstere es-Moll-Akkord, der schon zu Beginn des Akts das unglückliche Ende seiner fiktiven Oper DIE HARFE signalisiert hatte. Das ist auch ein perspektivisch verengter Reflex der heterophonen Klang- und Handlungscollage im Venedig-Akt, der seinerseits der Atelierszene in Bergs LULU als Vorlage diente. Hier wird in einem teilweise improvisatorischen Gemisch von Gondelklängen, Zigeunermusik und geschlossenen Nummern eines Sängerwettstreits um die Kurtisane Greta immer wieder zoomartig das Hauptgeschehen herausgehoben. Die Finalwendung aber, dass der mit einer düsteren es-Moll-Ballade um Gretes Gunst buhlende Graf diese nach ihrer Zurückweisung durch Fritz entführt, bleibt in der sozusagen autonom weiterlaufenden Musik ausgespart. So wird der Kolportageton des Librettos zu einer musik-szenischen Schichtung divergierender Realitätsebenen stilisiert, deren komplexer Kunstanspruch jeden Trivialitätsvorwurf erstickt.

DAS SPIELWERK

DER FERNE KLANG ist nicht unbedingt eine Künstler-Oper, da der Komponist Fritz musikalisch weniger interessiert als seine Geliebte. Eher könnte man von einer Kunst-Oper sprechen: Schreker handelt in ihr die Ohnmacht der Musikkunst gegenüber dem Leben ab – eine auch biographisch bedingte Vorstellung. Der Sensationserfolg der Oper dürfte ihm die Richtigkeit seines Weges bestätigt haben, dem er mit seinen nächsten Opern, in den GEZEICHNETEN nur indirekt und unter Zuwendung zur Bildenden Kunst, folgte. Eine Aufmunterung konnte er auch darin sehen, dass Weingartners Nachfolger in der Wiener Hofoper, Hans Gregor, das Versäumnis um die Uraufführung des FERNEN KLANG nachholte und sich um die Premiere des ›Dramatischen Märchens‹ DAS SPIELWERK UND DIE PRINZESSIN bemühte. Da Frankfurts Oper auf ihrem Recht des ersten Abends bestand, kam es gleichzeitig an beiden Häusern heraus. Der Wiener

Misserfolg bewog den Komponisten, die zweiaktige Oper in ein ›Mysterium‹ mit nur einem Aufzug umzuarbeiten, das unter dem Titel DAS SPIELWERK 1920 von Bruno Walter in der Münchner Staatsoper uraufgeführt wurde.

Auch in dieser Fassung konnte sich das Werk, in dem erstmals die für Schrekers Opern konstituierenden Momente der Feuersbrunst und des mittelalterlichen Ambientes auftauchen, nicht durchsetzen. So wurde ein Jahr nach der Wiederaufführung 1987 in Wuppertal – wie drei Jahre zuvor die konzertante Wiedergabe durch den Österreichischen Rundfunk in Wien von Peter Gülke dirigiert – in Wiesbaden die Erstfassung erprobt, allerdings wie die zweite pausenlos und mit auskomponierten Chören, die in der Urversion als melodramatische Ausrufe ohne feste Tonhöhen notiert sind. Auch in der Forschung sind die Meinungen geteilt, welcher Fassung der Vorzug gebühre. Die zweite gewinnt durch das um instrumentale und chorische Passagen bereicherte Duett Prinzessin–Handwerksbursche sowie den bewegenden Schlussgesang der Alten Liese, die ihrem gestorbenen Sohn ein Wiegenlied singt. Die erste Fassung profitiert dramaturgisch von dem makabren Prolog, in dem vier Männer eine Bahre für eben diesen Sohn zimmern, der auf der Landstraße zu Grunde geht: ein Opfer der vampirhaften Prinzessin. Erst durch dieses Vorspiel wirkt Schrekers Einfall plausibel, kurz vor Ende den Sohn Meister Florians und der von diesem wegen des Ehebruchs mit seinem Gesellen Wolf verstoßenen Alten Liese als Untoten mit der Fiedel zum Weltenbrand aufspielen zu lassen. In der Erstfassung ist der total: Das Haus Florians mit dem darin stehenden Spielwerk geht wie das Schloss der Prinzessin in Flammen auf. Sogar das Liebespaar, der Wanderbursch und die Prinzessin, deren Erotomanie von seinem naiven Flötenspiel geheilt wurde, sieht dem Untergang entgegen. Der Hang, chaotische Feste zu gestalten, ist bei Schreker biographisch bedingt: Er entging 1908 nur knapp dem Tode bei der Teilnahme an einem Massenfest zum 60-jährigen Regierungsjubiläum Franz Josephs, das den von Hans Makart 1879 inszenierten Triumphzug anlässlich der Silberhochzeit des Kaiserpaares übertrumpfen sollte, aber in eine Massenpanik mündete.

Dass Schreker nach der ersten Erfahrung der Menschheit mit Vernichtungsschlachten diesen Schluss 1920 ins Positive kehrte, macht den inneren Verlauf des Bühnen-Mysteriums nicht klarer. Der Grundfehler der hier nur angedeuteten Komplikationen liegt in Schrekers gescheitertem Versuch, nach dem Vorbild des fernen Klangs wieder ein Klangphantom ins geheime Zentrum der Aktion zu stellen: das ebenfalls schon im Titel erscheinende

Spielwerk. Meister Florian hat es zur Beglückung der Menschheit erbaut, aber sein Geselle Wolf hat es verpfuscht, so dass es Unglück verbreitet. Erst der namenlose Wanderbursche bringt das verstummte Werk, das die Prinzessin in einem orgiastischen Tanzfest vernichten lassen will, mit fallender Quarte und steigender Sekunde seines Spiels wieder zum Klingen.

Diese Metaebene zur zentralen PARSIFAL-Variante der Rettung einer sündigen Frau durch einen unschuldigen Jüngling bleibt indes funktionsloser Appendix. Mit ihr wollte Schreker wohl die offenkundigen Entlehnungen seiner Handlung bei Gerhart Hauptmanns ›Glashüttenmärchen‹ UND PIPPA TANZT (1906) verdecken. Meister Florian ist ohne den alten Wann mit seinen aus venezianischen Gläsern ertönenden Harmonien so wenig denkbar wie der Handwerksbursche ohne seinen auf der Okarina spielenden Kollegen Michel Hellriegel oder der tierisch-sinnliche Geselle Wolf ohne den monströsen früheren Glasbläser Huhn. Diese Abhängigkeiten fallen umso mehr ins Gewicht, als Schreker die dramaturgische Funktion des Spielwerks musikalisch keineswegs überzeugend gestaltet hat: Dessen Macht über die Menschen bleibt eine nur behauptete, wirkt zumal beim dritten Erklingen im dünner instrumentierten Reigen des Tanzfestes der Zweitfassung ausgesprochen prosaisch. Was im FERNEN KLANG durch die musikalische Andeutung eine fast hypnotische Wirkung erzeugt, ist im SPIELWERK – wie das Gewitter bei Lieses Versuch, die Prinzessin für ihren Sohn zurückzugewinnen – lediglich ein Klang-Accessoire. So rauscht es, in der Zweitfassung höchst unpassend nach Lieses an das »ewig, ewig« im Schlussteil von Mahlers LIED VON DER ERDE gemahnendem Totenlied *Schlaf' ein, mein Junge*, zum finalen Glockengeläut auf. Die dem Stoff hier aufgezwungene und durch die bombastische Klangaura zugleich dementierte positive Schlusswende provoziert angesichts des sie begründenden schlichten Flötenspiels des Wanderburschen die skeptische Frage: So viel für so wenig? Gegenüber dem instrumentalen Theater im FERNEN KLANG ist das ein Rückschritt – in der Zweitfassung trotz verbesserter Details noch stärker spürbar als in der originalen.

DIE GEZEICHNETEN (›Oper‹ in drei Aufzügen, *L* vom Komponisten; Frankfurt/Main 1918; in der ersten Nachkriegszeit schnelle Verbreitung über die führenden Bühnen des deutschen Sprachraums: München unter Bruno Walter mit Karl Erb als Alviano, Dresden 1919, Staatsopern Wien 1920 mit Maria Jeritza als Carlotta unter Franz Schalk und Berlin 1921 mit Barbara Kemp als Carlotta, Heinrich Schlusnus als Tamare unter Fritz Stiedry; bis zur Inflation

1922/23 erfolgreiche Einstudierungen auch an kleineren Bühnen; nach 1925 Wiederaufnahme des Siegeszugs an deutschen Theatern bis zum Ende der Weimarer Republik; *WA* 1979 in Frankfurt/Main in der Einstudierung von Michael Gielen und der grell aktualisierenden Inszenierung von Hans Neuenfels: sensationeller Erfolg, der gleichwohl wegen des hohen musikalischen und kontrovers beurteilten szenischen Standards eher einschüchternd wirkte; nach der stark gekürzten konzertanten Aufführung unter Gerd Albrecht bei den Salzburger Sommerfestspielen 1984 erreichte Düsseldorf-Duisburg 1987/88 durch Hans Wallat und Günter Krämer, der das Geschehen auch von der Renaissance in den Frühfaschismus verlegte, ein ähnliches, durch Gastspiele in Brüssel und Wien bekannt gewordenes Niveau: von Schrekerianern szenisch nicht minder kontrovers beurteilt als die Frankfurter Produktion; in ruhigeren Bahnen bewegte sich die von Eliahu Inbal dirigierte Schweizer Erstaufführung 1992 in Zürich).

DIE GEZEICHNETEN, in denen Schreker wie sonst nur in IRRELOHE das Moment des Klangphänomens als dramatisches Movens aussparte, sind nicht nur sein zentrales Werk, sondern auch ein heimliches, geradezu unheimliches Hauptwerk im deutschen Musiktheater des 20. Jahrhunderts. Das Libretto geht auf eine Anregung Zemlinskys zurück, der von Schrekers Pantomime nach Oscar Wildes DER GEBURTSTAG DER INFANTIN so angeregt war, dass er den Kollegen um einen Operntext über die Tragödie des hässlichen Mannes bat. Doch Schreker komponierte ihn selbst, so dass Zemlinsky sich für seine Oper DER ZWERG um ein anderes Textbuch bemühen musste.

ZWERGRIESENÄSTHETIK

Schreker hat sich vom äußeren Rahmen der eigenen Spielvorlage weit entfernt, das gewählte historische Renaissance-Ambiente seines eklektischen Librettos füllte er mit veränderten Figuren aus dem persönlichen Lebensbereich: »So werden aus der buckligen Dichterin Edith Ronsperger und dem hässlichen Komponisten Alexander Zemlinsky in der Traumperspektive der GEZEICHNETEN der bucklige, vom Alb der Hemmung niedergedrückte Alviano (*Genuas hässlichster Mann*) und die schöne, alles, auch das eigene Leben aufs Spiel setzende Malerin Carlotta«. Die Konzeption des genuesischen

Edelmanns Alviano war sicherlich beeinflusst durch Frank Wedekinds 1905 in München uraufgeführtes Schauspiel Hidalla. Wedekinds Held, später mit dem Zusatz »der Zwergriese« zur Titelfigur des Dramas gemacht, gründet – in unheilvoller Vorwegnahme realpolitischer Ideen des Nationalsozialismus – einen Internationalen Verein zur Züchtung von Rassemenschen. In hellsichtiger Offenbarung von deren Perversität ›ante festum‹ macht Wedekind den Propagandisten gezüchteter Menschenschönheit zum Exempel äußerlicher Monstrosität. Da ihn dieses Erscheinungsbild von der praktischen Teilhabe an seiner Sexualvorstellung ausschließt, ernennt der Zwerg Karl Hetmann einen Großmeister zum ausübenden Organ.

Dieses Grundmuster variiert Schreker. Alviano verkündet die Losung *Die Schönheit sei Beute der Starken*: ein Freibrief der Libertinage für die Genueser Adelsschicht. Als Ort für die Verwirklichung seines ästhetischen Schönheitsideals dient ihm ein artifizielles Paradies: eine eigene Insel, die er zu einem neobacchantischen Lustgefilde hat ausbauen lassen. Er selbst, dem auf Grund seiner abnormen Erscheinung nicht einmal von Dirnen ein Liebesdienst erwiesen wurde, hat die Insel nie besucht. Dort treibt sein Gegen-Ich Tamare mit adligen Freunden ein verwerfliches Spiel, indem sie Bürgertöchter entführen und missbrauchen.

Der Zwergriese Alviano ist eine Art Elephantenmensch aus der Oberschicht. Die Angst, in seiner moralisch-seelischen Identität kenntlich zu werden als das, was ein herrschendes Vorurteil unter seiner körperlichen Hülle vermutet, treibt ihn in die Selbstspaltung: Er übt Enthaltsamkeit und projiziert seine heimlichen Lüste auf die Freunde. Indem er ihnen deren Erfüllung ermöglicht, erwächst ihm zugleich jenes Gefühl moralischer Überlegenheit, das er zur Kompensation seiner äußeren Erscheinung vor der Gesellschaft braucht. Eigener Triebverzicht und Lustgewinn als Dienstleistung für andere verbinden sich so zu Fluchtlinien in ein uneigentliches Leben. Als Alviano die Insel zum ersten Mal besucht, weil er sie der Bürgerschaft schenken will, kommt es zur Katastrophe.

JÜDISCHER SELBSTHASS

Aus der Szene der Selbsterkenntnis des hässlichen Zwergs in seiner Tanzpantomime Der Geburtstag der Infantin hat Schreker nun den konkreten Spiegel eliminiert und durch eine Kontrastfigur ersetzt. Als Alviano am Ende von seinem Gegen- und Neben-Ich Tamare erfährt, dass die von ihm geliebte Malerin Carlotta sich diesem freiwillig hingegeben habe, schreit er auf: *Du lügst!* Aber Tamare beharrt darauf, die Wahrheit zu sagen und rechtfertigt sie mit Alvianos eigenen Worten: *Die Schönheit sei Beute des Starken.* In Tamare muss Alviano die verdrängte Komponente seines eigenen Ich erkennen: den triebhaften Herrenmenschen, der buchstäblich über Leichen geht.

Opfer dieser Triebtäterschaft sind Carlotta, die kränkliche Tochter des Podestà, die den Liebesakt mit Tamare nicht überlebt, ebenso wie das getrennte Ineins von Alviano-Tamare. Alviano tötet im Nebenbuhler letztlich sich selbst und flüchtet in den Wahn, er sei ein Fiedler, der zur Kirchweih aufspielen müsse. Er, der zuvor das Instrumentarium für die schwarzen Sexmessen der Oberschicht bereitgestellt hatte, spricht im Wahnsinn die Sehnsucht nach einer volkstümlichen Kunst für eine staatskirchlich sanktionierte Lustbarkeit aus: eine aus dem Unbewussten kommende Unterwerfung vor dem Gegner. Parallel zu dieser Preisgabe seines autonomen Ästhetizismus sucht Alviano eine Narrenkappe. Sie wird ihm – der Gegensatz zum identifikatorischen Judenkäppi ist da evoziert – zu einer Tarnkappe, unter der er hofft, seine Identität verbergen zu können. Diese doppelte Selbstverleugnung ist eine Variante des jüdischen Selbsthasses, die Schreker aus der Lektüre Otto Weiningers kannte: »Man haßt nicht etwas, womit man keinerlei Ähnlichkeit hat. Nur macht uns erst der andere Mensch darauf aufmerksam, was für unschöne und gemeine Züge wir in uns haben«.

Alviano erkennt in Tamares Verhalten gegenüber Carlotta die eigenen verdrängten Lustgefühle, er hasst im erfolgreichen Nebenbuhler – dem schönen Rassemenschen – sich selbst auch als den ganz anderen, der von der Teilhabe am Schönheitskult ausgeschlossen bleibt. Weininger, der sich kurz nach der Veröffentlichung seines Buchs GESCHLECHT UND CHARAKTER 1903 in Beethovens Sterbehaus erschoss, hatte in einer fatalen Mischung aus Frauenverachtung und jüdischem Selbsthass die Spiegelbildfunktion der Kontrastfigur, wie Schreker sie in den GEZEICHNETEN dramaturgisch nutzen sollte, vorweggenommen. Im unausgesprochenen Subtext von Schrekers Oper wird Weiningers Gedankengut auch für die Figur der Carlotta nutzbar gemacht.

DIE TOTEN HÄNDE

Die aus dem Bürgertum stammende Malerin leidet an einem angeborenen Herzfehler – er ist, wie Alvianos Buckel, ein äußerliches Symptom ihres Gezeichnetseins. Obschon sie eine Kunst ausübt, die in der sichtbaren Versinnlichung des Ideellen besteht, neigt sie zum Obskurantismus: ein analoger Vorgang der Selbstverleugnung wie bei Alviano. Ihr obsessives Lieblingsmotiv, das sie gegenüber Alviano zunächst einer Kollegin zuschreibt, sind Hände, zumal tote. Ein solches Bild hat sie im Atelier, wo Alviano sie auf ihren Wunsch hin besucht. Es ist von einem Tuch bedeckt, das durch Zufall von der Staffelei rutscht und Alviano das gehütete Geheimnis von Carlottas in einen ästhetischen Fetischismus kanalisierter Todessucht offenbart. Er behält das Geheimnis für sich, weil er in Carlotta, die ihm ihre Liebe gesteht, eine Leidensgefährtin des Gezeichnetseins erkennt. Er, der ihr gerade seinen Selbsthass gestanden hat, meint endlich auf wahre Liebe gestoßen zu sein. Aber Carlotta, die ihn heimlich gemalt hat, liebt ihn nur als Gegenstand ihrer Kunst. Als das Bild vollendet ist, erlöscht ihre Liebe – sie gibt sich dem brutalen Tamare hin.

Das ist angewandter Weininger. Für ihn war die Frau primär durch ihre Sexualität bestimmt, die zum leiblichen Kind führt; Erotik kenne sie – im Gegensatz zum geistig angeblich höher entwickelten Mann – nur in sekundärer Beziehung: als Mittel zu künstlerischer Produktion, zum ›geistigen Kind‹. Carlotta instrumentalisiert in Alviano ihre Sinnlichkeit zu Kunst, während er seine Sinnlichkeit unterdrückt: Er lenkt seinen Trieb nach Carlottas Liebesgeständnis bei der Umarmung in die Fürsorge um, weil er um ihre Gesundheit fürchtet. Am Ende muss er in Tamare das Gegenbild seines Triebverzichts erkennen: sein eigenes Potenzial, dessen Verdrängung ihn mit tödlichem Selbsthass erfüllt. »Wie kommt es«, fragte der im August 1933 von Nazis ermordete Theodor Lessing in seinem drei Jahre zuvor erschienenen Buch DER JÜDISCHE SELBSTHASS, »daß alle Menschen sich selber lieben, und nur der Jude liebt sich so schlecht?« Das fragt sich und uns auch Franz Schreker in seiner Oper DIE GEZEICHNETEN mit denkbar sympathetischer Zeichnung des Paares Carlotta–Alviano. Seine Frage wird ohne Antwort bleiben, so lange die Gesellschaft Minderheiten stigmatisiert, bis sie zu jenen Gezeichneten werden, die wiederum die Symptomatik der Stigmatisierung erfüllen.

In keiner anderen seiner Dichtungen für das Musiktheater hat Schreker die Kolportagehaftigkeit mit einem solchen Maß an (keineswegs widerspruchsfreiem) Subtext unterfüttert wie in den GEZEICHNETEN. Analoges gilt auch für die Musik. In der Ouvertüre, die Schreker schon vor der Fertigstellung der Oper zu dem etwa doppelt so langen VORSPIEL ZU EINER TRAGÖDIE für den Konzertgebrauch ausgeweitet hatte, zielt der harmonische Untergrund auf ein Schwanken zwischen den Sphären. Zehn Takte lang pendelt der Klang zwischen D-Dur und b-Moll, wobei rauschhafte Arpeggien und ein Akkordtriller in den mehrfach geteilten Violinen, Holzbläsern, zwei Harfen und Celesten sowie Klavier einen Farbenreichtum andeuten, der sich im Elysium-Akt mit Glockenspiel, Xylophon und tiefen Glocken, mit Fernchören, Tamburin und Panflöte erfüllt.

Das bitonale Schwanken wird durch den Ausbau entfernter Terz- und Quintbeziehungen in der Ouvertüre zur Erfüllung eines nachromantischen Klangrauschs, der Wagners Pathos mit Puccinis Sensualismus und Debussys Koloristik verbindet. Aus dem glitzernden Gewoge erhebt sich in den Violoncelli eine Melodie mit dem charakteristischen Sextaufschwung eines Sehnsuchtsthemas (TRISTAN!), das sich zu dem punktiert im Septaufstieg ausformenden Thema der Gezeichneten Alviano–Carlotta verdichtet. Ihm sind die tänzerisch bewegten, vom herrischen Tamare-Motiv überstrahlten Klänge des Elysiumfests gegenübergestellt. Das Vorspiel endet mit einem reinen D-Dur-Akkord. Am Schluss der Oper klingt der Anfang des Vorspiels noch einmal kurz an, aber die Dur-Sphäre wird aber schließlich von d-Moll vernichtet.

FILMISCHE MUSIKSCHNITTE

Nicht minder beeindruckend ist der Beginn des III. Akts, wenn die Musik wie in einer großen Zoombewegung über das Insel-Elysium schweift und immer neue Einzelheiten herausleuchtet. Über tiefen Quinten entfaltet sich eine musikalische Überblendtechnik, bis der Vorhang in der Tritonusbeziehung von B- und E-Dur aufgeht und wir Melodie und Periodik der ersten Takte des TRISTAN-Vorspiels zu hören meinen, wenngleich ohne den im Vorspiel I zu hörenden

Sextaufschwung des Sehnsuchtsmotivs und den eigentlichen ›Tristan-Akkord‹: Schreker ruft ein Urbild in die Erinnerung zurück, löst aber dessen Aura bewusst nicht ein. Der melodische Fortgang »bleibt, über dem Tritonus ais-e fahl beginnend und in sich kreisend, ein bitonal getrübtes Bild der Spaltung«. Im Inselakt greift Schreker wie schon mit einem hymnischen Sextett der Genueser Edelleute auf die Wonnen der Sinnlichkeit und dem Grollen der um die Moral ihrer Töchter fürchtenden Bürger in der ersten Szene des I. Akts auf musikalische Tableaufolgen der Grand Opéra zurück. So mischen sich jubelnde Volkschöre mit der choralartigen Düsternis der Acht, die gegen die Ausschweifungen den Bann ausspricht, der neoantike Dionysoszug mit dem Angelusgeläute der christlichen Kirchen. Zugleich werden mit der schnellen Bildfolge filmischer Schnitt-Technik kammermusikalische Szenen eingeblendet: die individualisierte Verunsicherung der von Alviano auf die Insel eingeladenen Bürger, die Liebesekstase eines Zufallspaares, Carlottas Arioso *Ah, welche Nacht!*, die Auseinandersetzung Alvianos mit Tamare.

Abgesetzt von solchen Momenten der äußeren Handlung sind die beiden großen Dialoge Carlotta–Alviano am Ende des I. und II. Akts. Sie entfalten nicht nur die komplexe psychische Beziehung zwischen beiden, sondern auch das für Schreker immer zentrale Thema des Konflikts zwischen Kunst und Leben. Im ersten gesteht Carlotta, dass sie Alviano heimlich früh morgens auf dem Lande gemalt hat: *Dort, wo die Stadt weit wird.* Schreker benutzt hier das C-Dur klassischer Sonnenaufgänge, so dass Kunst und Natur (Leben) als visionär versöhnt erscheinen und sich zum Klangrausch verdichten. Der leitmotivische punktierte Septaufstieg schwillt über seine ursprüngliche Füllung in der Ouvertüre hinaus zu einem thematischen Gebilde an. In entschwebenden H-Dur-Harmonien nimmt der verwirrte Alviano Carlottas Einladung an, sie in ihrem Atelier zu besuchen. Die Septimen des Gezeichneten-Motivs hallen dreimal leise nach. Die ausgedehnte Atelierszene gehört zu den subtilsten Liebesduetten der Oper im 20. Jahrhundert, gefasst in ein mäandrisches Geäst von textlichen, musikalischen und gestischen Motiven (das vom Bild der toten Hände rutschende Abdecktuch). Zu Beginn von Carlottas großem Monolog *Uns're Zeit ist voll seltsamer Dinge* klingt das volle Sehnsuchtsmotiv, aber im Folgenden wird das Gezeichneten-Thema aus ihrem ersten Monolog immer mehr fragmentiert, bis es sozusagen stocken bleibt. Carlottas Liebesbekenntnis, in zartem Cis-Dur ausgependelt, wird von Alviano emphatisch aufgenommen, indem er die Septime zur verminderten Oktave dehnt und die Stimmen sich zum D-Dur der Ouvertüre zusammenfinden. Doch das Tamare-Motiv – der Graf lässt durch Herzog Adorno seine Werbung um Carlotta anmelden – beendet die Szene abrupt unheildrohend. Das Glücksversprechen einer Sublimierung des Lebens durch Ästhetik ist aufgekündigt – die Tragödie nimmt ihren Lauf.

DER SCHATZGRÄBER

Den größten Erfolg erzielte Schreker mit einem Werk, das wie DAS SPIELWERK Märchenmotive in mittelalterlichem Gewande vorträgt. DER SCHATZGRÄBER, Oper in einem Vorspiel, vier Akten und einem Nachspiel, entstand in den Jahren 1915–1918, kam Anfang 1920 in Frankfurt/Main umjubelt heraus und wurde bis 1932 in mehr als fünfzig Städten des ausschließlich deutschen Sprachraums gespielt. Aufschlussreich ist dabei die Verlaufskurve einer der größten Opernerfolge in der Weimarer Republik. Von den 385 in Christopher Haileys Schreker-Biographie (Cambridge 1992) nachgewiesenen Aufführungen fielen nur 31 in die Zeit nach 1924: ein Indiz für Schrekers Popularitätseinbuße im Übergang von der nachromantischen Moderne zur ›Neuen Sachlichkeit‹. Gleichwohl gilt seine vierte volle Oper vielen als beste, was durch die konzertante Wiedergabe bei den Wiener Festwochen 1995 unter Lothar Zagrosek bestätigt wurde. Sie bewies aber nach der ersten Wiedererprobung 1988 im schweizerischen St. Gallen ein Jahr später an der Hamburgischen Staatsoper unter Gerd Albrecht in der Inszenierung von Günter Krämer, dass sie auch szenisch immer noch repertoirefähig ist und sogar in einem kühl sezierenden Inszenierungsstil bestehen kann.

Wieder steht ein Klangphänomen im Mittelpunkt der Handlung: Der fahrende Sänger Elis mit seiner Wunderlaute, die verborgene Schätze aufzuspüren vermag. Geraubt worden ist der Schatz der Königin, die darob in Schwermut und Unfruchtbarkeit verfallen ist. Ihr Hofnarr will, um die Belohnung einer Ehefrau, den Sänger suchen. Nach diesem Prolog wechselt das Geschehen in die Alltagswelt. Die junge Els wird von ihrem Vater, einem Kneipenwirt, gezwungen, einen ihr verhassten brutalen Junker zu heiraten. Sie willigt scheinbar ein, verlangt aber vom Junker, ihr von einem Hehler den letzten ihr noch fehlenden Teil des Schmucks der Königin als Brautgabe zu verschaffen. Gleichzeitig befiehlt sie dem ihr hörigen Knecht Albi, den Junker wie ihre früheren Freier, deren Gold sie zum Kauf der anderen Schmuckteile benutzte, umzubringen. So geschieht es. Zufällig findet der Sänger Elis neben der von ihm unbemerkten Leiche des Junkers den Schmuck und schenkt ihn hochherzig der als einzige seinen Gesang begrüßenden Els, ohne die Herkunft des Geschmeides zu ahnen. Sein Glück mit Els wird jäh unterbrochen, als er, des Mordes an dem Junker verdächtigt, gehenkt werden soll. Durch Vermittlung des Narren wird er im letzten Augenblick gerettet und will nun mit seiner Wünschellaute den Schatz der Königin finden. Els fürchtet, von ihrem Geliebten entlarvt zu werden und lässt die Laute durch Albi rauben. In ihrer Liebesnacht zeigt sie sich Elis im Glanz des Schmucks und liefert ihn aus Liebe dem Sänger aus: unter dem Siegel der Verschwiegenheit. Als Elis vor der gesundeten Königin erzählen soll, wie er den Schmuck gefunden hat, steigt ihm in seiner Ballade die Erinnerung an die Liebesnacht hoch: Wütend verlangt er den Schmuck zurück. Die von Els eingefädelten Verbrechen sind inzwischen ruchbar geworden, doch der Narr rettet sie, indem er sie als Lohn zur Frau fordert. Els bittet Elis um Verzeihung, er wendet sich stumm ab und verrät seine Liebe. Ein Jahr später ist Els vor Kummer gealtert, der Narr holt Elis zu ihr. Dieser singt eine Märchenerzählung, um ihr das Sterben zu erleichtern – zum richtigen Leben hat seine Kunst nicht getaugt.

KINDER VON TRAUMKÖNIGS GNADEN

Im Gegensatz zum FERNEN KLANG und dem SPIELWERK motiviert Schreker in seinem dritten Anlauf zu einem ›Instrumentalen Theater‹ das äußere Geschehen nicht mehr mit einer Klangchiffre aus dem Orchestergraben. Vielmehr bedient er sich des bewährt operntauglichen Mittels, durch Gesangseinlagen die Handlung in Gang zu setzen. Wie Hauptakteure im BARBIER VON SEVILLA oder TROUBADOUR, im FLIEGENDEN HOLLÄNDER oder TANNHÄUSER greift der fahrende Sänger Elis auf der Bühne zur Laute, wodurch er im I. Akt seinen Fund des Schmucks als Traumerzählung kund tut und Aufmerksamkeit bei Els erregt, im II. Akt die rettende Galgenfrist gewinnt, im IV. den Umschlag des Dramas bewirkt und im Epilog die sterbende Els in entgrenzendem Des-Dur mit der Himmelfahrtslegende der *Traumkinder von Königs Gnaden* in den anderen Zustand singt. Das erstmals bei den Worten des Narren vor der Königin im I. Akt in Cis-Dur erklungene Schatzmotiv ist in diesem Finale ganz nach innen gewendet: Beide wissen, was sie aneinander verloren haben. Der Narr behält mit seinem *Amen* das letzte Wort, die mit einem H-Dur-Akkord beginnende Oper klingt in d-Moll düster aus.

Zu den Liedeinlagen gehört, obwohl es – etwa im Gegensatz zu dem der Marie in Bergs WOZZECK – keine handlungsspezifisch dramaturgische Funktion hat, auch das Wiegenlied der Mutter *Schlaf, mein Elschen, schlaf ein*, das Els im III. Akt vor ihrer Liebesnacht mit Elis aus der Erinnerung singt. Diese volksliedhaft dreistrophige, im Mittelteil harmonisch sanft ausschweifende As-Dur-Einlage mit ihrer klassischen Acht-Takt-Periodik schildert nicht nur die geheimnisvolle Herkunft des Mädchens, sie ist auch symptomatisch für die Funktion der gegenüber den früheren Werken merklich milder gestimmten Musik in dieser Oper insgesamt. Schreker zieht sich hier, vor der Zeitstilwende zu Neoklassizismus und ›Neuer Sachlichkeit‹ um 1925, mit dem Zugriff auf ein im Stil Mahlers vorkünstlerisches Tonmaterial hinter die Linie der von ihm selbst verkörperten Moderne zurück. So wurde DER SCHATZGRÄBER für das Publikum sein am wenigsten problematisches Werk. Keineswegs wird durch die den Handlungsgang konstituierenden Liedeinlagen der Kunstwerkcharakter episierend transparent gemacht, im Gegenteil: Musik gewinnt nicht, wie im FERNEN KLANG gelungen und im SPIELWERK angestrebt, den Charakter einer Metaebene, auf der sich das eigentliche Geschehen abspielt. Vielmehr bleibt Schreker der Praxis des 19. Jahrhunderts verpflichtet, die er im Wiegenlied der Els auch harmonisch aufgreift und in ihrem Liebesduett mit Elis *Klein war ich noch* wiederum auf die Höhe seines Personalstils zwingt.

Eine Nummer wie der dramaturgisch Tannhäusers Venus-Preis vergleichbar auffahrende Hymnus des Elis im IV. Akt *Am Ilsenstein in uralter Zeit* weist mit ihrem metrischen Schwanken zwischen Drei- und Viervierteltakt und der melodischen Ungleichzeitigkeit zwischen Solovortrag und Begleitung einen Reflex jener musikalischen Prosa auf, mit der Tannhäuser in der ROMERZÄHLUNG (→ Bd. II, S. 484 f.) für seine Zeit ein Stück Zukunftsmusik gesungen hatte. Den retrospektiven Gehalt des SCHATZGRÄBERS verdeutlicht auch das große, für den Liebesakt selbst stehende Orchesterzwischenspiel im III. Akt, in das sich geheimnisvoll drei vokale Stimmen aus dem Graben mischen. Wenn in seiner symmetrisch durchproportionierten Ordnung das Sehnsuchtsmotiv aus dem TRISTAN erklingt, erhält es »die Funktion des Schlußsteins in der Architektonik der Oper«. Schreker, der dieses Zitat im Vorspiel zum III. Akt der GEZEICHNETEN als nicht restituierbar zitiert hatte, bindet sich, während die allgemeine Musikentwicklung sich endgültig von Wagner abkoppelt, an das Über-Ich der deutschen Oper zurück. Er tut nicht den Schritt von der modernen zur neuen Musik, sondern sucht Rückendeckung in der Vorgeschichte der ›Neuen Musik‹. Aus einem Neutöner war, wie es ihm Schönberg 1928 zum 50. Geburtstag bescheinigen sollte, ein Romantiker geworden. Das rief zwar vorübergehend den Beifall des breiten Publikums hervor, aber auch eine bereits 1921 am SCHATZGRÄBER dingfest gemachte Polemik des Musikologen Alfred Heuß, deren planvolle Vermischung von musik-, medien- und distributionskritischen Argumenten jener antisemitischen Verschwörungstheorie Vorschub leistete, die ein Grundstock der nazistischen Propaganda werden sollte.

IRRELOHE

Für Schrekers Schaffen bedeutet der Dreiakter IRRELOHE (Köln 1922, *WA* Bielefeld 1985) in mancherlei Beziehung eine Zusammenfassung des bisher Erreichten – wobei die Summe aber weniger überzeugt als die vorangehenden Einzelteile. Die Verbindung von sexualkrimineller Energie, erotischer Glut und irdischer Dämonie wird aus dem SPIELWERK und dem SCHATZGRÄBER aufgegriffen, wenngleich ohne die musikalische Dichte der GEZEICHNETEN mit ihrem flexibel sprachnahen Arioso-Stil über raffiniert harmonisiertem und breitfächrig instrumentiertem Orchesterklang. Andrerseits gibt Schreker hier die im SCHATZGRÄBER deutlich gewordene Rückbindung an die Funktionsharmonik wieder auf, polytonale und chromatische Züge treten erneut in den Vordergrund: vielleicht ein Grund für die mangelnde Popularität der Oper bei den Zeitgenossen (auf den Uraufführungsort folgten noch in derselben Saison Stuttgart und Frankfurt/Main, der erhoffte Siegeszug aber blieb aus).

IRRELOHE, der Name leitet sich zufällig von einer Bahnstation in der Oberpfalz ab, taucht wieder in die romantische Welt des Schicksalsdramas ein: mit düsteren Prophezeiungen und Erbflüchen, mit mysteriösen Zufällen und dem Brand eines Schlosses, dem Ringen der zwei von ihrer Identität nichts wissenden Halbbrüder – des bürgerlichen Peter und des adligen Heinrich – um die Försterstochter Eva, der Läuterung Heinrichs samt Tilgung des auf seinem Geschlecht liegenden Fluchs (des Sexualvergehens) durch die Liebe zu Eva mit der symbolischen Lohe seines in Flammen aufgehenden Schlosses. Musikalisch treten die orchestralen Vor- und Zwischenspiele ebenso in den Vordergrund wie der grimassierende Auftritt des Zündlertrios mit dem Motto *Nur durch Feuer kann Friede werden*, während das Liebesduett Heinrich–Eva im II. Akt und Peters Zweikampf mit Heinrich trotz der eindrücklichen Steigerungsdramatik des III. Akts eher konventionell klingen. Bezeichnend für den zwiespältigen Eindruck des Werks ist das Finale: Auf die im besten Schreker-Stil sich beim Schlossbrand polytonal hoch türmenden Akkordblöcke aus d-, f- und as-Moll folgt die vorschnell als Aufkunft eines neuen Menschengeschlechts ausgegebene Apotheose der Liebenden in diatonischer D-Dur-Färbung.

DAS SPÄTWERK: VOM UMGANG MIT TEUFELN

Nach IRRELOHE verfolgte Schreker eine spürbare Entpathetisierung seines poetischen und musikalischen Stils. Gleichwohl hielt er sich von Revue und Agitprop als extremen Erscheinungsformen der Zeitoper gleichermaßen zurück, die geschmeidige Anpassung an die Wandlungen des Epochengeistes war seine Sache nicht. Sein Verzicht auf die schön geschwungene Kantilene bei Strauss und das Beharren auf der Verbindung von psychoanalytisch gesehenen Einzelfiguren mit realistisch gestalteten Massenszenen war aber nicht mehr opportun. Schreker spürte das selbst und steuerte auf Gegenkurs, am deutlichsten in seiner ›Großen Zauberoper‹ DER SCHMIED VON GENT (Städtische Oper Berlin 1932; *WA* Staatsoper Berlin 1981, Bielefeld 1992). Zum ersten Mal seit der Pantomime DER GEBURTSTAG DER INFANTIN 1908 hielt er sich wieder an eine literarische Vorlage: Charles de Costers flämische Legende SMETSE SMEE (1858). Energisch war er bemüht, den Stoff in eine Volksoper mit gleichwohl divergierendem Musikmaterial zu überführen. Aber seine heikle Mischung aus spätromantischem Klangsensualismus und simplem Volksliedton ist nicht allein unter stilgeschichtlichem Horizont zu vermessen.

Die intendierte Aufhebung der Klammer zwischen dem GEBURTSTAG DER INFANTIN und den GEZEICHNETEN setzt eine Wunschprojektion des utopischen Eingreifens der Kunst in das gesellschaftliche Leben frei. So wie der Schmied Smee, der einen Pakt mit dem Teufel geschlossen hat, sich aber weigert, den Höllenboten zu folgen und sich sterbend vor dem verschlossenen Himmelstor einfindet, fühlte sich auch Schreker ausgestoßen. Und wie den Heiligen Joseph, der die schlimmen Taten des Schmieds gegen seine guten aufrechnet, stellte Schreker sich den Präsidenten der Preußischen Akademie der Künste vor, als er Max von Schillings 1932 zwei Bittbriefe um Erhalt seiner Stellung schrieb. Was er darin als angeborenen Fehler einräumte: sein jüdisches Erbe in der Kategorie einer unsympathischen Erscheinung (die Tragödie des hässlichen Mannes), versuchte er durch den Hinweis auf seine Kunstleistung zu kompensieren. Dem Schmied gelang in der Kunst, was Schreker im Leben verweigert blieb. Der Heilige Joseph öffnet dem Bittsteller die Himmelspforte, weil er die höllischen Teufel geschlagen habe. Schreker aber geriet in die Fänge jener irdischen

Teufel, deren Wirken Karl Jaspers nach dem Untergang des ›Dritten Reichs‹ nur in einer mythischen Formel erklärbar schien: »Mit uns ist durch die zwölf Jahre etwas geschehen, das wie eine Umschmelzung unseres Wesens ist. Mythisch gesprochen: die Teufel haben auf uns eingehauen und uns mitgerissen in eine Verwirrung, daß uns Sehen und Hören verging«.

DER SCHMIED VON GENT war 1932 Schrekers letzte zu seinen Lebzeiten aufgeführte Oper. Angesichts der in der Charlottenburger Oper skandierten Rufe ›Juden raus!‹ vergingen ihm (und vielen anderen) Hören und Sehen gleichermaßen. Sein Kunstwerk, das er durch eine stilistische Vielfalt nach allen Seiten hin akzeptabel gemacht zu haben glaubte, entpuppte sich als Objekt genozider Massengelüste. Als ästhetische Erfahrung war das Schreker nicht neu, er hatte sie im Zusammenprall der heidnischen mit der christlichen Welt in einer Oper bereits auskomponiert: DER SINGENDE TEUFEL (Staatsoper Berlin unter Erich Kleiber, 1928; gekürzte Fassung für Paul Bekkers Inszenierung 1929 in Wiesbaden; weitere Kürzungen 1930 Stettin; *WA* 1989 in Bielefeld). Der mittelalterliche Orgelbauer Amandus Herz soll im Auftrag des Mönchs Kaleidos die von seinem Vater unvollendet hinterlassene Orgel fertig stellen: als Bollwerk der Kirche gegen das Heidentum. Obwohl Amandus, den die Heidin Lilian liebt, dem Werk ein geheimnisvolles Friedensregister einbaut, kommt es in der großen Kirchenszene des III. Akts zur Katastrophe. Die angreifenden Heiden werden von dem Orgelklang so betört, dass Kaleidos die Willenlosen abschlachten lassen kann. Amandus verfällt dem Wahnsinn, und der Liebestod Lilians, die das Kloster mitsamt der Orgel in Brand gesetzt hat, markiert ein mühsames Erlösungsfinale in der Zerstörung.

Schreker gestaltet sein Thema, dass durch ein Klangwerk die Kunst allgemein in das Leben hineinwirkt und auch sinnbetörende Ideologisierung hervorrufen kann, mit einer Reduzierung der orchestralen Mittel. Wenn der (teuflische) Mönch Kaleidos von den fatalen Wirkungen der halb fertigen Orgel spricht, enthält sich Schreker jeder illusionistischen Verdoppelung des verbal Geschilderten. Vielmehr setzt er die Szene als großes Rezitativ mit Orchesterbegleitung. In der herrschen nicht mehr, wie in seinen früheren Opern, irisierende Mischklänge vor. Vielmehr zieht er an seiner Orchesterorgel die Register in kontrastierenden Instrumentengruppen. Auf diese Weise entsteht bei polyphoner Führung der einzelnen Stimmen ein koloristisch geschärfter Spaltklang. Verstärkt wird dessen Wirkung durch sparsame Instrumentalbesetzung und zurückhaltende Dynamik, so dass die vorherrschend durch kammermusikalisch gefügte Streicherklänge gestützten Gesangsworte trotz einzelner bruitistischer Entladungen nie im wogenden

Schwall untergehen. Hier wie auch in der Zauberoper DER SCHMIED VON GENT zeigt sich als Reflex der neuen Zeit wie in der ARIADNE AUF NAXOS und den dialogischen Partien des INTERMEZZO bei Richard Strauss eine spürbare Ökonomie des orchestralen Aufwands. Ein parodistisch als Kontrast eingesetzter moslemischer Pilger, der aus dem Orient eine harmlose Handorgel mit sich führt, bricht dramaturgisch den einsträngigen Handlungsverlauf ebenso auf wie die lästerlichen Reden zweier betrunkener Laienbrüder im Kloster.

MUSIKTHEATRALISCHE EHRENPFORTE

Schrekers nach IRRELOHE komponierte Opern lassen also Annäherungen an die Musikentwicklung der Epoche erkennen, aber sie bleiben ein individualstilistisch Eigenes. Dass sie sich dem musikalischen Weltgedächtnis nicht als unverwechselbar eingeprägt haben, ist weniger durch die Werkstruktur selbst als durch den jähen Abbruch ihrer Wirkungsgeschichte im Jahre 1933 zu erklären. Schrekers Opern hatten es aber auch nach 1945 schwer, ihre Kenntlichkeit beim Publikum zu finden. Das hat mit der auch in den Spätwerken vorhandenen Substruktur zu tun. Die Schreckensvision von der Manipulierbarkeit der Musik im SINGENDEN TEUFEL bildet – vergleichbar dem Akt der Bücherverbrennung in Hindemiths Oper MATHIS DER MALER und der Utopie einer Gerechtigkeit für den Ausgestoßenen im SCHMIED VON GENT – so etwas wie eine musiktheatralische Ehrenpforte gegen den Hitler-Faschismus von damals. Die Werkstruktur verbindet sich solcherweise mit einer negativen Wirkungsdramaturgie, da die Opern im Nachgeborenen ein kollektives Gefühl historischer Mitverantwortung evozieren. Sie verhandeln in ästhetischer Vermittlung, was wir als reale Erfahrung wieder erkennen müssen: keine günstige Voraussetzung für Publikumserfolge in der modernen Konsumgesellschaft.

In seinem Rundfunkvortrag von 1959 hatte Adorno Schrekers Opern mit der musikalisch misslungenen Ich-Bildung einen unterentwickelten Beitrag zum Geist der Utopie vorgeworfen: »Es ist Musik der Pubertät«. So plausibel das Urteil in Adornos werkimmanentem Argumentationszusammenhang klingt, muss es doch unter einem rezeptionsgeschichtlichen Horizont differenziert werden. Das Pubertäre von Schrekers künstlerisch kaum je vermittelt wirkenden Utopieentwürfen kann, zumal in seinem Spätwerk nach IRRELOHE, in Stilkategorien allein nicht erfasst werden. Dieses ästhetisch Zu-kurz-Gekommene hat Schreker in seiner postum uraufgeführten Oper CHRISTOPHORUS ODER DIE VISION EINER OPER

(Freiburg 1978) buchstäblich thematisiert. Zu Beginn sitzen wir in der Stube des Musikmeisters Johann. Er hat seinen Schülern die Aufgabe gestellt, ein viersätziges Streichquartett über die Legende vom heiligen Christophorus zu komponieren. Frederik hat einen Entwurf auf der Tafel notiert, Heinrich findet das Notierte scheußlich, Frederik verteidigt sich mit dem Hinweis, er schreibe ›linear‹. Während das auf der Tafel Notierte im Orchester erklingt, zählt Frederik seine Schaffenskriterien auf: Es sind die eines Nach-Romantikers. Die Musik wird nicht mehr auf die Genialität eines Einfalls in Melodik, Harmonik und Rhythmus hin beurteilt, sondern nach den materialen Parametern ihrer klanglichen Erscheinung: *Pizzicato die Geigen, col legno das Cello, die Bratschen tremolando am Steg, Kontrast der Farben.* Man mag darin eine subtile Parodie Schrekers auf die Zweite Wiener Schule sehen (wiewohl die Widmung an Schönberg das wenig wahrscheinlich macht) oder seine Distanzierung von der Kargheit der ›Neuen Sachlichkeit‹ erkennen. Die Stelle steht aber in einem größeren Zusammenhang. Denn die Oper über Christophorus, die der Kompositionsschüler Anselm statt des Streichquartetts mit Figuren aus seinem eigenen Lebensumfeld zu schreiben begonnen hat, ist ein ›work in progress‹ und fließt zurück in die Kunstrealität eines Quartettsatzes. Am Ende ist dieser, anders als Anselms Oper, offenbar vollendet. In einheitlich koloriertem Bewegungsgestus, dynamisch einem Wechsel von An- und Abschwellen folgend, strebt er in kirchentonartlicher Färbung auf einen C-Dur-Schluss hin. Johann, vom anfänglichen Meister zu einem im Leben (von der eigenen Frau verlassen) wie in der Kunst Gescheiterten geworden (er gesteht selbst ein, das Höchste nie erreicht zu haben), kommentiert das tröstlich: *Pulsschlag der Stille, du hörst dein Herz. Deine Gestalten aber leben in dir, werden du selbst.*

Für den Komponisten in der Oper – sein Gegenspieler Christoph verzichtet um der Liebe willen auf die Kunst, erschießt aber seine Frau wegen ihres Ehebruchs mit Anselm – bleibt das eine Vision, sie gewinnt keine der künstlerischen Pubertät entronnene Werkstruktur. Vielmehr nimmt das Werk selbst als ein entstehendes Besitz von seinem Schöpfer. Die Wirklichkeit des realen Verlaufs der Arbeit an der Kunst vermischt sich mit der dargestellten Wirklichkeit der Kunstfiguren. Das führt zu einer verwirrenden Überlappung der Realitätsebenen, in denen gesprochene Dialoge ebenso auftauchen wie eine Opiumhöhle auf dem Montmartre als Bezugspunkt zur modischen Zeitoper. So wird das Kunstwerk zum fortlaufenden Kommentar über das Leben, zum Wunschbild von dessen Möglichkeit. Das ist nicht die rationale Weisheit des Materialfortschritts in der Musik und schon gar nicht eine belkantisch abgesicherte

Botschaft, die von den Operngängern schwarz auf weiß mit nach Hause genommen werden kann. Schreker bewegt sich in seinem Kunst-Leben, das versöhnt mit der gesellschaftlichen Realität nicht zu führen war, auf ein potenzielles Schweben zwischen fixierten Rollenmodellen zu. Am Beginn des Epilogs, der die Szenerie des Prologs verwandelt aufgreift, wird bezüglich des von Anselm nicht zu Ende zu bringenden Werks Laotse zitiert: *Wer seine männliche Kraft erkennt und dennoch in weiblicher Schwachheit weilt, der ist das Strombett der Welt.*

DIE ERSTEN MENSCHEN (Rudi Stephan)

Das Strombett der Weltmusik, aus dem Schreker mit seinem FERNEN KLANG in die Geschichte des Musiktheaters trat, war wesentlich von Debussys Harmonik in LA MER geprägt. Sept- und Nonenakkorde als konsonante Klangeinheiten, chromatische Alterationen, Orgelpunkte und pentatonisch sowie kirchentonartlich gefärbte Passagen finden sich auch in der einzigen, von einem opulenten Riesenorchester getragenen Oper eines hoch begabten Komponisten, der im Ersten Weltkrieg an der Ostfront fiel und eine Zeit lang als deutscher Impressionist galt. Rudi Stephan (1886 bis 1915) schrieb seinen bis 1943 an vielen deutschen Theatern gespielten, später nur durch eine Frankfurter Radioaufnahme unter Winfried Zillig (1952) der Vergessenheit entrissenen Dreiakter DIE ERSTEN MENSCHEN (Frankfurt/Main 1920, *WA* Bielefeld 1988) 1914 nach dem gleichnamigen ›erotischen Mysterium‹ Otto Borngräbers (Berlin 1908). Tatsächlich gehört die von Karl Holl 1923 überarbeitete Oper zu den wichtigsten, im allgemeinen Musikbewusstsein unterschätzten Hervorbringungen der musikalischen Stilwende um 1910.

Im Gegensatz zu den jeweils einaktigen Opern KAIN von Eugen d'Albert (1900) und Felix Weingartner (1914; → S. 73) wird die Geschichte um Adam und Eva, Kain und Abel (hier heißen sie Adahm und Chawa, Kajin und Chabel) keineswegs bibeltreu erzählt. Der im blühendsten O-Mensch-Pathos des Expressionismus gesetzte Text zielt vielmehr auf eine Selbstvergottung des Menschen in der Liebe. Der Brudermord entsteht aus Eifersucht, weil der ödipal im Aufstand gegen den Vater immerfort auf der Suche nach dem wilden Weib befindliche Kain dieses schließlich in der Mutter gefunden zu haben glaubt, die er indes in der mehr mondverklärt phantasmagorischen als realen Vereinigung mit Abel antrifft. Der alternde Adam widersetzt sich Evas Wunsch, mit Kain die ganze Menschheit zu verfluchen und verzeiht: *Alles Geschehen hat sein Recht, all Euer Vergehen hat seinen*

Grund. Während der urwüchsige Kain, der den Bau eines Altars und das Opfern eines Lamms mit dem Hinweis auf die begrenzten Ressourcen der Natur ablehnt, zur Strafe ruhelos die Erde durchwandern muss, wird der tote Abel – den lebenden hatte der Komponist mit leuchtenden Kreuztonarten in lichte Tenorhöhen der Eros- und Glaubensverzücktheit geführt – dem alten Gott als letztes Brandopfer dargebracht. Kains Frauengier und Abels Transzendierung in den Flammen werden gleichermaßen vom Altsaxophon charakterisiert: ein Indiz für den von Stephan angestrebten musikalischen Immoralismus. Am Ende braucht Adam den von Kain geleugneten Gott nicht mehr, er zieht, erotisch verjüngt, mit Eva in einer ekstatischen Sonnenaufgangsstimmung davon und wird ein neues Menschengeschlecht zeugen. Die zum Teil debussyistisch schön, oft auch überhitzt klingenden Akkordprogressionen in Stephans über die Funktionsharmonik hinausschießendem Dreiakter bekunden nicht nur eine stilistische Nähe zur Ausdruckswut in der ELEKTRA von Strauss und manchen Werken Max Regers, sie sind auch eingebettet in jene schöpfungsmythische Aufbruchstimmung, die um 1910 die deutsche Musik zum expressionistischen Gären brachte.

FILMMUSIK ALS OPER

ERICH WOLFGANG KORNGOLD (1897–1957)

Der Sohn des als Nachfolger von Eduard Hanslick bei der ›Neuen Freien Presse‹ in Wien tätigen Kritikers Julius Korngold gewann nach Kompositionsstudien bei Robert Fuchs und – auf Anraten Gustav Mahlers – bei Alexander von Zemlinsky schnell eine ungewöhnliche handwerkliche Sicherheit. Schon als Neunjähriger überraschte er mit einer Kantate, seine 1910 unter Mithilfe Zemlinskys in der Wiener Hofoper uraufgeführte Pantomime DER SCHNEEWIND brachte ihm den von Mahler ausgesprochenen, von Strauss und Puccini bestätigten Ruf eines Wunderkinds ein. War 1916 trotz der Kriegswirren der von Bruno Walter geleiteten Münchner Uraufführung seiner Einakter DER RING DES POLYKRATES und VIOLANTA schon eine erstaunliche Ausstrahlung beschieden, so wurde der 1920 gleichzeitig in Hamburg und Köln herausgekommene Dreiakter DIE TOTE STADT ein Welterfolg.

Aber angesichts der ›Neuen Sachlichkeit‹ der späteren zwanziger Jahre entsprach sein 1927 in Hamburg uraufgeführtes Mysterium DAS WUNDER DER HELIANE kaum noch dem Zeitgeschmack. Anfang der zwanziger Jahre hatte Korngold auch mit der erfolgreichen Bearbeitung klassischer

Operetten von Offenbach, Johann Strauß jr. und Leo Fall begonnen. DIE FLEDERMAUS erreichte in seinem Arrangement als ROSALINDE später sogar den New Yorker Broadway: eingeebnet in die damalige Musical-Ästhetik. Ein Reflex davon findet sich in DIE KATHRIN, einer Mischung aus Oper und Operette mit Anleihen beim Jazz und dem Rotlichtmilieu. Für diese Oper fand Korngold 1939 nach der Annexion Österreichs einen Uraufführungsort im Ausland: Stockholm. Dass er als Exilant in Hollywood, wo er schon 1934 für Max Reinhardts Verfilmung des SOMMERNACHTSTRAUMS die auf Mendelssohn basierende Musik geschrieben hatte, unter Beibehaltung seiner spätromantischen Klangsprache einer der erfolgreichsten Filmkomponisten wurde, hat ihm nach 1945 die Wiedereinbürgerung in das deutsch-österreichische Musikleben mit seinem rigiden Avantgarde-Denken zusätzlich erschwert.

Als Korngold mit seiner Frau 1949 erstmals wieder nach Wien kam und dort ein Jahr später in der Volksoper die österreichische Premiere seiner KATHRIN vor kaum halb gefülltem Haus erlebte (*DEA*: Trier 1999), wurde ihm – wie in der biographischen Skizze seiner Frau Luzi (Wien 1967) zu lesen – schmerzhaft bewusst, dass er nicht mehr aktuell war. Auch der Münchner Wiederaufführung der TOTEN STADT war 1955, trotz umjubelter Premiere, keinerlei Nachwirkung beschieden. Korngold, dessen Hauptwerke wie in einer rituellen Beschwörung des Nicht-vergessen-Werdens thematisch um die Auferstehung kreisen, gehörte wie Zemlinsky, Schreker und andere zu jenen Komponisten, denen zwei Mal das Lebensrecht bestritten wurde: durch die faschistische Verfemung 1933 und durch das musikalische Fortschrittsdenken nach 1945. Als DIE TOTE STADT 1967 in Wien zur postumen Feier seines 70. Geburtstags wieder einstudiert wurde, kam sie nicht in der Staats-, sondern an der Volksoper heraus: ein gesunkenes Kulturgut. Doch sie erfuhr 1975 an der New Yorker City Opera eine sensationelle Wiedererweckung durch den Regisseur Frank Corsaro. Im Sog dieses Erfolgs, der auch zur ersten Schallaufzeichnung unter Erich Leinsdorf führte, wurden gelegentlich andere Opern Korngolds wieder aufgeführt, als repertoirefest aber konnten sie sich nicht erweisen.

DER RING DES POLYKRATES ist ein 1914 geschriebenes Gesellenstück, das in der Münchner Uraufführung zwei Jahre später mehr als nur einen Achtungserfolg erzielte (*WA* Volksoper Wien 1964). In der Vorgeschichte der ›Opera domestica‹ bildet der Einakter das verbindende Glied zwischen d'Alberts ABREISE und der vom INTERMEZZO Strauss' eingeleiteten Mode der zwanziger Jahre. Die von Leo Feld (Hirschfeld) nach der Komödie von Heinrich Teweles eingerichtete Komödie behandelt im Kostüm des Ancien régime die Trübung und Wiederherstellung des Eheglücks zwischen dem Hofmusikdirektor Wilhelm Arndt und seiner Frau Laura. In Frage gestellt wird es durch Arndts Freund Vogel. In der Hoffnung, seine frühere Beziehung zu Laura neu zu knüpfen, fordert er mit dem Hinweis auf das Übermaß des Glücks des mythischen Polykrates in Schillers Ballade heuchlerisch ein Opfer von seinem Freund: die Schicksalsfrage nach dem Vorleben seiner Frau. Aber er bleibt mit seiner Intrige auf der Strecke, das Ehepaar versöhnt sich nach kurzer Verunsicherung schnell wieder. Korngolds Musik schwankt zwischen dem deutschen Singspielton, der im Strauss-Stil anachronistischen Beschwörung einer Wiener Aura durch Walzerreflexe und einem Nachhall aus Mahlers LIED VON DER ERDE (in Nr. 8, dem Duettino des Paars auf der unteren Ebene, klingt eine Zeile aus DER TRUNKENE IM FRÜHLING durch). So hat es seine innere Logik, dass zur bekanntesten Nummer des Werks Lauras Arioso mit den Worten *Vergang'nes dringt ins Heut* wurde. Doch Korngolds harmloses Epigonentum wirkt nie aufdringlich, hat schwungvolle Musikalität und Melodienreichtum.

VIOLANTA

Gekoppelt war die Münchner Uraufführung 1916 mit Korngolds zweitem Einakter VIOLANTA, den er ein Jahr zuvor auf einen Text von Hans Müller komponiert hatte. Nach der drei Wochen später erfolgenden Wiener Premiere mit Maria Jeritza in der Titelrolle breitete das Werk sich im In- und Ausland bis nach New York aus, wo Jeritza 1927 die Premiere an der Met sang (*WA* Volksoper Wien 1964, Darmstadt 1993). Das Sujet ist wie in Schillings' MONA LISA (1915), Zemlinskys EINE FLORENTINISCHE TRAGÖDIE (1917) und Schrekers DIE GEZEICHNETEN (1918) in einer veristisch gesehenen Renaissance angesiedelt: Die umworbene Titelheldin will sich an Alfonso, der ihre Schwester verführt und damit in den Selbstmord getrieben hat, rächen. Im Karnevalstreiben lockt sie ihn mit einem blasphemischen Auferstehungslied ins Haus, wo ihr Mann Simone, der sittenstrenge Militärbefehlshaber Venedigs im 15. Jahrhundert, den Lüstling erstechen soll. Nach heftigem Widerstreben willigt Simone, dem sich die seit dem Tod ihrer Schwester melancholisch gewordene Violanta sexuell verweigert, ein. Doch im Augenblick der Umarmung durch Alfonso bekennt sich Violanta zu ihrer unterdrückten Leidenschaft für diesen, beide finden sich in einem H-Dur-Duett zum Kuss vereint: *Reine Lieb', die ich suchte / Heiße Lust, der ich fluchte.* Auf das todessüchtige Drängen Alfonsos, der sich der bedrohlichen Situation bewusst ist, stimmt sie nach zweimaliger Weigerung das Karnevalslied an, das Simone als Zeichen für den Mordanschlag dient. Doch sie wirft sich opfernd in den Alfonso geltenden tödlichen Stoß ihres Manns. Von draußen klingt, während Violanta sterbend die Befreiung von Schuld und Lust preist, das Simone verhasste Karnevalslied herein: *Aus den Gräbern selbst die Toten / Tanzen heute Brust an Brust.*

Die Diskrepanz zwischen Violantas Schlussworten und dem blasphemischen Lied signalisiert gegenüber dem RING DES POLYKRATES einen immensen Fortschritt: Korngold gestaltet hier eindringlich die zwischen Wollust und Askese gespaltene Persönlichkeit der Titelheldin. Sie kommt schon vorher zum akustischen Vorschein, wenn Violanta ihrem Mann den Racheplan vorträgt und bei dessen Ausmalung *Dicht Aug' in Aug' werde ich gegenüber ihm stehen* auf Simones Personalthema, ein an Puccinis Scarpia erinnerndes Akkordgebilde, verfällt: Ihr Hass gilt mit dem Verführer der Schwester auch dem eigenen Ehemann. Parallel zur musikdramaturgischen Klammerfunktion des Karnevalslieds spielt die nach der Ouvertüre ertönende Barkarole eine wichtige Rolle. Ihr Klang aus der Ferne, getragen von einem gekräuselten Pianissimo im Orchester, kehrt nach einem orchestralen Zwischenspiel wieder, wenn Violanta den herbeirudernden Alfonso erwartet. Da ist mit musikalischen Mitteln eine dichte Raum-Zeit-Spannung erzeugt. Alfonsos folgendes Ständchen wie das vorangehende C-Dur-Wiegenlied von Violantas Kammerzofe und das spätere Duett der Liebenden deuten mit ihrem leicht operettigen Schmelz aber auch die Grundgefährdung Korngolds an. Sie kommt vorrangig in seiner Behandlung des Riesenorchesters zum Vorschein: Fast unterschiedslos wird ein üppiger Instrumentalsatz eingesetzt, der die Momente feinerer und widersprüchlicher Psychologisierung überwuchert.

DIE TOTE STADT (›Oper‹ in drei Bildern, *L* vom Komponisten und seinem Vater Julius unter dem Pseudonym Paul Schott nach dem Drama LE MIRAGE, zu dem Georges Rodenbach 1897 seinen fünf Jahre zuvor erschienenen Roman BRUGES-LA-MORTE umgearbeitet hatte; gleichzeitig in Köln unter Otto Klemperer und Hamburg unter Egon Pollak 1920; schnelle Verbreitung im In- und Ausland mit Spitzenbesetzungen: Staatsoper Wien 1921 unter Franz Schalk mit Maria Jeritza und Karl Aagaard Østvig, dem Kaiserpaar der FRAU OHNE SCHATTEN, als Marietta-Marie und Paul sowie Richard Mayr, dem führenden Ochs auf Lerchenau, als Pierrot; noch im selben Jahr sang Jeritza bei der als erster Oper nach dem Weltkrieg auf Deutsch gegebenen amerikanischen Premiere in der

New Yorker Met die Partie unter Artur Bodanzky; ihr berühmtester Partner wurde vor allem in Wien Richard Tauber, der den Paul erstmals 1921 in Dresden und 1924 in der Berliner Staatsoper zusammen mit Lotte Lehmann unter Georg Szell sang – ein knappes Tondokument mit dieser Besetzung ist überliefert; bis 1933 wurde das Werk an fast achtzig Bühnen gespielt, u. a. in Zürich und Prag 1922, Antwerpen – flämisch – 1923, Budapest – ungarisch – 1925; *WA* Staatsoper München 1955, Volksoper Wien und Genf 1967, New York City Opera 1975).

Korngold stieß über Siegfried Trebitschs Übersetzung von Rodenbachs Dramatisierung des Romans auf den Stoff, entwarf selbst eine einaktige Skizze, die er zusammen mit seinem Vater nach der schnell aufgegebenen Zusammenarbeit mit Hans Müller, dem Librettisten seiner VIOLANTA, ausarbeitete. Roman und Drama Rodenbachs bewegen sich in der dekadent symbolistischen, stark von Edgar Allan Poe beeinflussten Vorstellungswelt des Fin de siècle. Die alle feste Realitäts- und Persönlichkeitsstrukturen auflösende Flimmerwelt Venedigs, die über Hofmannsthals 1907 bis 1913 entstandenes Romanfragment ANDREAS ODER DIE VEREINIGTEN und Thomas Manns Novelle DER TOD IN VENEDIG (1912) bis hin zu Nicholas Roegs Film WENN DIE GONDELN TRAUER TRAGEN (1973) künstlerisch nachschwingt, ist hier in die durch die Versandung des Hafens von der Umwelt abgeschlossene und absterbende flandrische Stadt Brügge verlagert. Deren gotisches Ambiente mit Kirchen und Klöstern, Belfried und Beginenhof, Gassen und Kanälen wird auf mannigfache Weise mit den handelnden Figuren verwoben. Wie Gustave Moreaus vor Herodes tanzende Salome in Joris-Karl Huysmans Roman GEGEN DEN STRICH spielt auch bei Rodenbach ein konkretes Bild eine wichtige Rolle: Hans Memlings Reliquienschrein der heiligen Ursula (1489, im S. Janshospitaal Brügge). Hugues Viane meint in den Menschen einer an seinem Haus vorüberziehenden Prozession die Märtyrerinnen Memlings mit ihren Wunden als Blüten und dem in Form von Rosen verströmenden Blut leibhaftig auferstanden zu sehen. In völliger Verwirrung stranguliert er die Tänzerin Jane, mit der er die Nacht verbracht hat, mit einer Haarsträne. Sie hat diese aus einem Schrein, in dem Hugues sie als Erinnerung an seine verstorbene Frau wie eine Reliquie verehrte, genommen und umgelegt. Jetzt ist Jane für Hugues, der sie wegen ihrer frappanten Ähnlichkeit mit seiner Frau zur Geliebten genommen hatte, mit dieser ganz identisch – und mit seiner Vorstellung vom Totenhaus Brügge.

REALISMUS UND PHANTASMAGORIE

Korngold hat den Stoff zwar sofort in seiner Operntauglichkeit erkannt, aber im Textbuch – mit der Neigung zu nicht nur verbalen Untiefen – vergröbert. Rodenbachs Handlung, die einen Großteil ihrer Faszination aus der Wechselbeziehung zwischen Figuren und Ambiente bezieht, wird in der Oper schematisch aufgeteilt. Eine realistische Sphäre gibt es nur zu Beginn und am Schluss. Die eigentliche Handlung nach dem Besuch Mariettas bei Paul (wie die Hauptpersonen nun heißen) erleben wir als Traum Pauls: Wie seine tote Frau Marie aus ihrem eigenen Porträt hervortritt und (mit der Stimme Mariettas) die ihr versprochene Treue einfordert; wie Paul als Voyeur Marietta mit ihrer Komödiantentruppe beobachtet, als sie die Auferstehungsszene der Nonne Héléna aus Meyerbeers Oper ROBERT LE DIABLE proben; wie die Prozession am Haus Pauls vorüberzieht und er Marietta erwürgt. Danach erwacht er, durch seinen eigenen Traum von allen nekrophilen Neigungen geheilt. Als die Haushälterin Mariettas Rückkehr meldet, die in der ersten Szene Regenschirm und Rosen – von ihrem Hut ist nicht mehr die Rede – liegen ließ, erklärt Paul dem Freund Frank, Brügge verlassen zu wollen.

Der Versuch, die platte Zweiteilung in Realität und Vision zu korrigieren, prägte die erste Phase der deutschen Rezeptionsgeschichte der Oper nach der New Yorker Ausgrabung von 1975 (mit Carol Neblett in der Doppelrolle Marietta–Marie). Der Regisseur Harro Dicks kappte 1978 in Darmstadt neben manch anderem Aspekt den der weiblichen Doppelrolle; Götz Friedrich ließ 1983 in der Deutschen Oper Berlin und zwei Jahre später in der Wiener Staatsoper, jeweils mit Karan Armstrong und James King in den Hauptpartien, Paul durch Selbstmord enden; Günter Krämer wiederum spiegelte 1986 in Düsseldorf die Oper durch ihre spätere Wirkungsgeschichte in Hollywood-Filmen, für die Korngold allerdings die Musik nicht geschrieben hat. Tatsächlich taucht das Sujet vom verhängnisvollen Nachgeistern einer geliebten Toten an einem weltabgeschiedenen Ort in Alfred Hitchcocks REBECCA nach dem Roman Daphne du Mauriers wieder auf, aber Krämer ging darüber hinaus. Er ließ die tote Ehefrau Marie in Gestalt der – dort auch eine Doppelrolle spielenden – Kim Novak aus Hitchcocks VERTIGO aus ihrem eigenen Porträt treten und den Kampf mit ihrer lebendigen Nebenbuhlerin aufnehmen, die wie Marilyn Monroe in Billy Wilders Film DAS VERFLIXTE SIEBENTE JAHR aussah. Da war die multiple Persönlichkeit Marie–Marietta auf die Begriffsverwirrung eines Spießers reduziert, der seine Frau nicht mit einem Hut verwechselte, sondern in erotischen Allmachtsträumen die von ihm gesehenen Filme nicht mehr auseinander halten konnte.

Hinter diesem Konzept steckte eine subtile Kritik an der Oper. Sie leidet in der Tat nicht nur an einer vordergründigen Dramaturgie, die dem Facettenreichtum des Stoffs keineswegs gerecht wird. Auch musikalisch ist es Korngold mit dem oft überinstrumentiert klingenden Orchester trotz des Einsatzes von Celesta, Klavier und Harmonium sowie heftigem Glockengetöne in bestimmter und unbestimmter Tonhöhe kaum gelungen, dem phantasmagorischen Ambiente der toten Stadt Brügge eigenen Klang zu geben. Die eingeschobenen Prozessionen – zu der erwähnten mit der mittelalterlichen Hymne PANGE LINGUA im III. Akt kommt noch ein Aufzug von Beginen auf dem Weg ins Kloster als Kontrast zur Frivolität der Theatertruppe um Marietta im II. – helfen diesem Mangel mehr optisch als akustisch ab.

SIMPLE VITALITÄT

Andrerseits sind die musikalischen Qualitäten der Partitur offenkundig, besonders in dem trotz der hohen Tessitura für die beiden Protagonisten dankbaren Vokalstil. Mariettas im I. Akt von Paul aufgegriffenes Strophenlied zur Laute *Glück, das mir verblieb*, symmetrisch in ein zwölftaktiges Gebilde von diatonischem Zuschnitt und einfacher Harmonisierung gebaut, ist ein Ohrwurm geworden, trägt aber kaum die ihm aufgezwungene leitmotivische Funktion über das Erscheinen Maries nach Mariettas Fortgang im I. Akt *Uns're Liebe war, ist und wird sein* bis hin zur Schluss-Szene, wo der Text vor dem B-Dur-Schlussakkord des vollen Orchesters bezeichnenderweise in die Verweigerung des Glaubens an eine Auferstehung verändert ist. Kaum minder gesanglich sind das Arioso von Pauls Haushälterin Brigitta *Was das Leben ist, weiß ich nicht*, eine warm orchestrierte lichte E-Dur-Melodie, und das Pierrot-Lied des mit Wagners

Rheinmotiv als Rheinländer apostrophierten Fritz *Mein Sehnen, mein Wähnen*, in dessen sentimentale Bewegung eines langsamen Walzers einmal ein achtstimmiger Frauenchor tönt.

Leitmotive gibt es, abgesehen von dem chromatischen Todesmotiv, nur in knappen Intervallverbindungen auf der Basis von Quarten und Quinten. Oft als Mittel der Vormotivierung eingesetzt, haben sie selten ein so charakteristisches Profil wie das Haarmotiv, das zuerst im I. Akt zu Franks Ausruf *Herrgott! Wie leuchtet dies Haar!* in Trompete und Glockenspiel als Folge fallender Quarten mit schließlichem Quintaufstieg ertönt, und nach Franks Fortgang zu Pauls Worten *Du, Überlebendes von ihrer Schönheit* in geteilten Streichern mit Harfenglissandi leicht verkitscht wird. Sept- und Nonenakkorde, chromatische Alterationen und kirchentonartliche Wendungen wie in Stephans DIE ERSTEN MENSCHEN finden sich auch bei Korngold. Aber in dem durch Aufzüge nach dem Vorbild der Grand Opéra angereicherten Nummerngefüge irisieren sie weder rein impressionistisch, noch werden sie expressionistisch geschärft. Korngolds simpel, aber im Stil der italienischen Veristen simpel vital rhythmisierte Klangsprache bleibt einem spätromantisch theatralischen Idiom verhaftet, dessen Bestandteile jeweils knapp den Höchststandard der Zeit verfehlen: die Melodiosität und szenographische Genauigkeit Puccinis; die dissonante orchestrale Nervenkontrapunktik beim frühen und die diatonische Transparenz beim mittleren Strauss; die klangsensualistische Üppigkeit bei Schreker. Alles schwingt bei Korngold mit, aber eine Spur konservativer. Zudem sind die musikdramaturgischen Schlüsselszenen der Realitätsverschiebung eher schlicht gewirkt. Der Übergang zu Pauls Halluzination im I. Akt wird durch den einfachen Wechsel von großer zu kleiner Terz bewerkstelligt, die phantasmagorische Probe der Szene mit der auferstehend tanzenden Nonne aus ROBERT LE DIABLE, indem der Komödiant Victorin einfach Meyerbeers Auferstehungsmotiv pfeift. Das ist mehr illustrativ als konstruktiv: mehr Filmmusik als Oper.

DAS WUNDER DER HELIANE

Der frühe Erfolg Korngolds ist immer wieder auf den Einfluss seines Vaters zurückgeführt worden, der in Wien tatsächlich eine seinem Vorgänger Hanslick vergleichbar konservative Rolle spielte. Aber zumindest im

Fall der Oper, die der Komponist selbst für sein Meisterwerk hielt, dürfte das schon zum Zelotentum führende Engagement Julius Korngolds abschreckend gewirkt haben. Schon vor der Hamburger Uraufführung im Oktober 1927 versuchte er mit allen Mitteln, DAS WUNDER DER HELIANE auszuspielen gegen Ernst Kreneks im Februar desselben Jahrs in Leipzig herausgekommenes Erfolgsstück JONNY SPIELT AUF: vergebens. Der Streit ging sogar in die Geschichte der Konsumgüterindustrie ein. 1928 brachte die Österreichische Tabakregie zwei neue Zigarettenmarken auf den Markt: die preiswerte Sorte JONNY und die mit goldfarbenem Mundstück versehene Luxusmarke HELIANE. Das war der letzte Triumph Korngolds über den Konkurrenten. Die mit Lotte Lehmann und Jan Kiepura glänzend besetzte Wiener Erstaufführung drei Wochen nach der Hamburger Premiere konnte so wenig wie die Berliner Einstudierung 1928 dem Siegeszug von JONNY SPIELT AUF Einhalt gebieten, Wiederaufführungen 1970 in Gent und 1988 in Bielefeld – wo der Regisseur John Dew am Schluss gegen die Vorlage den Tyrannen durch das Volk ermorden ließ – unterstrichen die Problematik des Werks.

Es geht auf das Mysterienspiel DAS HEILIGE des 1919 mit 24 Jahren verstorbenen österreichischen Expressionisten Hans Kaltnecker zurück, von Hans Müller in ein Libretto umgeformt. Ein dionysischer Jüngling soll in dem durch Lustverbot geprägten Reich des Herrschers hingerichtet werden. Als letzte Gnade bittet er, Heliane, die Gattin des Herrschers, in ihrer unverhüllten Schönheit zu sehen. Daraufhin verfällt auch sie dem Richterspruch, der Fremde will sie retten, indem er sich nach einem Kuss ersticht. Helianes Unschuld soll durch ein Gottesurteil geklärt werden, und tatsächlich weckt sie den Fremden von den Toten auf. Als der Herrscher, von ihr zurückgewiesen, Heliane ersticht, entrückt sie der Fremde in eine überirdische Gemeinsamkeit.

Das religionsphilosophische Monopol der Auferstehung von den Toten gerät durch seine Verdoppelung und die Verbindung mit Erotik ins zweideutig Schlüpfrige: ein Vorgang, der in Korngolds mit teilweise bitonal geschärfter Alterationsharmonik zu einer Art Über-Schreker gesteigerter Klangsprache zweifellos Reize freisetzt. Beeindruckend ist etwa der Gegensatz von Fis-Dur-Ekstase und Chorgebrüll, wenn Heliane im III. Akt ihre Liebe zu dem Fremden bekennt und zum Tode verurteilt wird. Oft aber driftet die Musik, wie in den Klavier- und Harfenarpeggien mit Trompetengeschmetter bei Helianes Totenerweckung, ins Triviale ab oder verschwimmt auf Grund ihrer Überinstrumentation in einer Unschärferelation zwischen Kunstabsicht und Kunstvermögen. Wenn aber das Zweideutige thematisiert wird, schlägt sie den Hörer in ihren Bann. Dafür steht paradigmatisch Helianes (von Lotte Lehmann 1928 auf Platte gesungene) Arie *Ich ging zu ihm*. Ihre Schilderung des Besuchs bei dem eingekerkerten Fremden mündet in die verbale Leugnung ihrer Liebe, aber der Wandel vom anfänglichen d-Moll in ihr ekstatisches Fis-Dur *Doch schön war der Knabe* lässt die Wahrheit der Musik über alle lügnerischen Worte triumphieren.

DIE EXPRESSIONISTISCHE GÄRUNG

ARNOLD SCHÖNBERG (1875–1951)

»Ich erwarte, 125 Jahre alt zu werden und dann noch den Anfang meines Erfolgs zu erleben!« Diesen Stoßseufzer äußerte Schönberg zwei Jahre vor seinem Tod gegenüber seinem späteren Biographen Hans Heinz Stuckenschmidt. Der kommentierte den Ausspruch 1974 in seiner Monographie des Komponisten mit den Worten: »Das Schicksal wollte es anders. Aber vielleicht wird im Jahr 2000 Schönbergs utopischer Wunsch erfüllt sein«. Solcher Wunscherfüllung sah der Komponist indes mit Bangen entgegen. Schon 1912 äußerte er die dialektisch eingeschwärzte und 37 Jahre später aus Anlass seines 75. Geburtstags abstrichlos wiederholte Hoffnung, die zweite Hälfte des Jahrhunderts werde durch Überschätzung schlecht machen, was die erste durch Unterschätzung gut gelassen habe an ihm. Diese Skepsis wiederum ist in Verbindung zu sehen mit Schönbergs 1921 verkündetem Anspruch, seine Erfindung der Kompositionsmethode mit den zwölf nur aufeinander bezogenen Halbtönen der temperierten Oktave sei die Garantie für eine Vorherrschaft der deutschen Musik über weitere hundert Jahre. Selten hat ein Großer sich so geirrt! Spätestens seit 1945 ist ›deutsche Musik‹ in der aktuellen Kulturentwicklung kein Begriff mehr, und das, was Schönberg unter einer entwickelten Musik verstand, ist in der allgemeinen Wertschätzung durch postmoderne Erscheinungen wie ›Neue Einfachheit‹, ›Minimal‹ oder ›New Age Music‹ abgelöst worden – ganz zu schweigen von einer weltweit grassierenden ›Musicalitis‹ oder der durch den Welterfolg von Musikergruppen wie den ›Beatles‹ seit 1968 bis hin zu Anzeichen von Massenhysterie durch elektronische Verstärkung mehrheitsfähig gemachten Rock- und Popmusik.

Von einer allgemeinen Überschätzung Schönbergs im Jahre 2000 kann also keine Rede sein. Umso deutlicher wird im Rückblick, dass der fundamentale Widerspruch zwischen dem Selbstwertgefühl des Komponisten sowie der Wertschätzung seiner Gefolgsleute einerseits und deren öffentlicher Akzeptanz auf der anderen Seite als bewusster Bestandteil von Schönbergs Ich-Bewusstsein diente. Schönberg, und das macht ihn zu einer der Mythisierung offenen Ausnahmeerscheinung, hat trotz größter Erfolglosigkeit wie kein Komponist vor ihm die Entwicklung der abendländischen Musik und des Denkens über sie verändert – Wagners Schritt von der Oper zum Musikdrama war im Vergleich damit eine Randerscheinung. Aber Wagners durchschlagende Wirkung ist noch heute im Bewusstsein einer nicht allein an Musik interessierten Öffentlichkeit präsent, während nur eine meist fachlich gebildete Minderheit über eine auch sinnliche Anschauung der Musik Schönbergs verfügt. Tatsächlich hat mit seiner Erfindung einer Reihenkonstruktion aus den zwölf Halbtönen der Skala eine publikumsfeindliche Revolutionierung in der Musik begonnen. Plötzlich war sie nicht mehr vorrangig gefühlsträchtiges Stimulans, sondern intellektuelle Herausforderung. Das machte die Werke des konservativen, privat eher bürgerlichen, gelegentlich deutschtümelnden und oft autoritätsgläubigen Musikrevolutionärs für alle Lager gleichermaßen politisch verdächtig – nicht nur für die Nazis, die 1933 den Nachfolger Busonis als Leiter einer Meisterklasse aus der Berliner Akademie der Künste vertrieben und als ›entartet‹ aus dem Weltgedächtnis zu tilgen versuchten. Durch Adornos PHILOSOPHIE DER NEUEN MUSIK (1949) wurde Schönbergs Werk, in Kompensation seiner Erfolglosigkeit beim breiten Publikum, stilisiert zum Reservat der wahren gesellschaftlichen Revolution, weil sein Komplikationsgrad ein unverfälschter Mikrokosmos der antagonistischen Gesellschaftsverfassung selbst sei. Auch das war nicht gerade eine Voraussetzung zur stärkeren Verbreitung Schönbergs.

MUSIK ALS FLASCHENPOST

Adorno erfand für diese links-hegelianische Funktionszuschreibung der Musik, als Niederschlag des objektiven Geistes die fragmentierte Sache selbst zu sein und nicht nur zu vermitteln, das Bild von der Flaschenpost. Es hat eine Zeit lang zur Verunglimpfung der Musik Schönbergs und seiner Nachfolger als elitär erheblich beigetragen, entwickelt aber mehr und mehr seinen Wahrheitsgehalt. Etwa seit den Zentenarfeiern zu Schönbergs 100. Geburtstag im Jahre 1974 ist gerade in Anbetracht des Siegeszugs leichter rezipierbarer Musikerscheinungen eine Aufwertung seiner Werke zu beobachten. Dass die große, fragmentarisch hinterlassene Oper MOSES UND ARON aufführbar sei, hat er bis zu seinem Lebensende bezweifelt. Inzwischen ist sie nicht nur längst international repertoirefähig, sondern –

und das sogar in Inszenierungen aus dem Geist des modernen Regietheaters – festspielwürdig geworden. Von Schönbergs Einaktern verfehlt sein Erstling, das Monodrama ERWARTUNG, in der vokalen Interpretation von weiblichen Gesangsstars nie seine Wirkung auf das Publikum – wenn es auch allzu selten, wie 1963 in Hannover oder 1995 im Muziektheater Amsterdam zusammen mit den anderen Einaktern an einem musikalisch nicht einmal zwei Stunden dauernden Abend aufgeführt wird: mit der GLÜCKLICHEN HAND und VON HEUTE AUF MORGEN. Dennoch scheint es, als habe der durch den Fall der Berliner Mauer und des Eisernen Vorhangs 1989 beschleunigte Prozess der nivellierenden Kommerzialisierung im Kulturbetrieb Schönbergs Musik neue Schubkraft in einer praktischen Ästhetik des Widerstands gegen die allgemeine Verdinglichung verliehen.

Tatsächlich ist dieser große Unzeitgemäße hinlänglich dadurch charakterisiert, dass seine 1909 komponierte ERWARTUNG und DIE GLÜCKLICHE HAND von 1913 erst 1924 auf dem Theater erschienen und das 1932 nach dem II. Akt unvollendet liegen gebliebene Hauptwerk MOSES UND ARON gar bis 1957 auf die szenische Uraufführung warten musste. Lediglich sein Beitrag zur modernen Zeitoper, VON HEUTE AUF MORGEN – die erste Zwölftonoper der Geschichte –, kam bereits ein Jahr nach ihrer Fertigstellung heraus: 1930. So folgenreich Schönbergs Reihenkonstruktion für den Fortgang der Neuen Musik – und deren zunehmende Ablehnung beim Publikum – auch wurde, bleibt sie doch nur Teilaspekt seiner wahren Revolutionierung: der Emanzipation der Dissonanz. Die Preisgabe der Tonika als hierarchisches Ordnungsmittel – von daher bietet sich für den von Schönberg abgelehnten Begriff der ›atonalen‹ Musik der allerdings nicht durchgesetzte einer ›atonikalen‹ an – bedeutete nicht allein das Ende der so genannten Funktionsharmonik, die seit den Komponisten der Wiener Klassik untrennbar mit der Praxis anspruchsvoll thematischer Arbeit verbunden war. Als Begründer der ›Zweiten Wiener Schule‹ setzte Schönberg, der in der spätromantischen Entwicklungsstufe dieser Tradition zu komponieren begonnen und sie mit harmoniefremd ›vagierenden Akkorden‹ (einem Schlüsselbegriff seiner HARMONIELEHRE von 1911) ausgehöhlt hatte, durch die Abschaffung der keineswegs naturgesetzlichen, sondern auf Übereinkunft und Kompromissen beruhenden Dur-Moll-Tonalität darüber hinaus die Utopie eines von allen Zwangsstrukturen entlasteten Musikmaterials frei. Dieser in der Entwicklung der Zwölftonmethode zum Teil wieder zurückgenommene Schritt, auf dem Musiktheater parallel zu zeitgenössischen Erscheinungsformen der Wissenschaften und anderer Künste erstmals in der ERWARTUNG gewagt und in der GLÜCKLICHEN HAND fortgeführt, sichert den Einaktern noch heute bei vielen Hörern das Erlebnis eines Modernitätsschocks.

Beide Werke stehen der deutschen Dramatik des Frühexpressionismus nahe. Psychologisch verraten sie ihre Herkunft aus Strindbergs für den Expressionismus zum Topos werdenden Thema der Unvereinbarkeit zwischen den Geschlechtern, dramaturgisch sind sie aus seinem TRAUMSPIEL entwickelt. Beide frühen Einakter zeichnen sich durch den Verzicht auf individuelle Psychologisierung der Figuren und einen eindeutigen Handlungsverlauf aus. Die Verallgemeinerung der handelnden Personen – sie tragen keine Namen – und die Aufteilung in szenische Blöcke bzw. Bilderfolgen mit symmetrischer Anlage zielen auf eine antirealistische Verallgemeinerung, ja ideelle Überhöhung. »Wie die ERWARTUNG den entscheidenden Ausgangspunkt expressionistischer Musikdramatik bildet, so stellt DIE GLÜCKLICHE HAND die notwendige Vermittlung zwischen den ästhetischen Ansprüchen des Frühexpressionismus und denen der großen Oper des Spätexpressionismus dar«, der in Bergs WOZZECK kulminierte. Als Parodie darauf im Stil der zeitgenössischen ›Opera domestica‹, die – etwa im Foxtrott-Unisono der Frau mit einem Saxophon – gleichermaßen karikiert wird, rundet VON HEUTE AUF MORGEN, wie Schönbergs frühe Einakter die handelnden Figuren namenlos typisierend, das Triptychon. In MOSES UND ARON wird die Reihentechnik dann ganz in den Dienst eines Ideendramas gestellt.

ERWARTUNG (›Monodrama‹ in einem Akt, *L* von Marie Pappenheim; Deutsches Theater Prag 1924 mit Marie Gutheil-Schoder unter Alexander Zemlinsky; Wiesbaden 1928; Kroll-Oper Berlin 1930 mit Moje Forbach unter Zemlinsky; *WA* Zürich 1949 mit Dorothy Dorow; Hamburg 1954 mit Helga Pilarczyk, die das Werk international durchsetzte und in Anja Silja – zwischen Frankfurt/Main 1974 und Brüssel 1995 –, Karan Armstrong – zuerst Wiener Staatsoper 1985 – und Jessye Norman – zuerst Metropolitan New York 1989 – Nachfolgerinnen fand).

Kurz vor Beginn der innerhalb von nur sechs Wochen am 4. Oktober 1909 beendeten Arbeit an der Partitur hatte Schönberg im August Ferruccio Busoni brieflich seine kompositorischen Vorstellungen bezüglich der Gattung Oper geschildert: fort von der unrealistischen Aufteilung des Musikstroms in säuberlich getrennte Gefühle mit rational kontrollierten musikalischen Formen, hin zur

Gleichzeitigkeit divergierender Emotionen aus dem Unbewussten. Dass er eine als Ärztin praktizierende Schriftstellerin um ein Libretto bat, war kein Zufall: Er wusste, dass Marie Pappenheim eine Verwandte jener von Josef Breuer behandelten Patientin ›Anna O.‹ war, deren von Breuer zusammen mit Sigmund Freud in den STUDIEN ÜBER HYSTERIE 1895 mitgeteilte Krankheitsgeschichte wesentlich in die ELEKTRA von Strauss–Hofmannsthal hineinspielt (→ S. 258 f.). Der von Schönberg nur in Details veränderte und bewusst antiwagnerisch in lediglich 426 Takten bei etwa halbstündiger Spieldauer für einen (Mezzo-)Sopran vertonte Monolog einer Frau ist trotz seiner klanglichen Modernität in der Geschichte des Musiktheaters verankert. Der Einakter knüpft thematisch bei dem von Georg Benda 1775 mit ARIADNE (einem Duodrama für zwei allerdings nie in einen Dialog tretende Protagonisten) in der deutschen Oper durchgesetzten Melodram (→ Bd. I, S. 355 f.) an. Aber er enthält keinen über fortlaufender Musik gesprochenen Diskurs, sondern – wie in der weiblichen Wahnsinnsszene aus der romantischen Oper des vorrangig romanischen Sprachraums – einen gesungenen. Das Werk setzt schaffensbiographisch Schönbergs Streichsextett VERKLÄRTE NACHT (nach einem Gedicht Richard Dehmels), das in der Versöhnung eines durch die Untreue der Frau von Entfremdung bedrohten Paars kulminiert, spiegelverkehrt fort. Es besteht aus der Abfolge von drei kurzen Szenen und einem etwa viermal so langen Finale.

WEIBLICHE ÄSTHETIK

Eine Frau erwartet in nächtlichem Wald ihren Geliebten, der sie anscheinend zu Gunsten einer anderen vernachlässigt oder sogar verlassen hat. Schließlich findet sie ihn: ermordet. Der Grad ihrer auch körperlich sichtbar werdenden Verstörtheit suggeriert, dass sie möglicherweise selbst die Täterin ist.

Eine solche Deutung widerspricht der offenen Handlung mit ihren kriminologischen Unschärfezonen keineswegs. Marie Pappenheims Text, lange Zeit von den Musikologen verkannt, setzt in der durch manischen Partnerbezug ausgelösten Neurotik der Frau sowie im langsamen Übergang von ihrer anfänglich damenhaften Gestelztheit zu unverhohlener Aggressivität und einem zunehmend desorganisierten Sprachverhalten (durchaus innerhalb der Symptomatik von Josef Breuers Fallstudie über Anna O.) erstmals in der Geschichte der Librettistik so etwas wie eine weibliche Ästhetik frei. Auch Schönberg geht weit über die Leidenspassivität des von ihrem Liebhaber verlassenen oder durch unerfüllte Liebe im Wahnsinn (und Selbstmord) endenden Frauentyps der Operntradition von Bendas Ariadne oder Donizettis Lucia hinaus. Die letzten Worte der Frau, die gerade vor der Leiche ihres Liebhabers noch in Entzücken aufgeschrieen hat, lauten: *ich suchte*. Das Präteritum markiert – ohne die mechanische Tonbandhilfe von Krapps letztem Band bei Beckett – eine Spurensuche in der Erinnerung an die Vergangenheit. Der schockartige Einbruch der ins Unbewusste abgedrängten Realität – die Untreue des Liebhabers und ihre mögliche Rache dafür – wird von der Frau erneut verdrängt, und wie in einer potenzierten Psychoanalyse beginnt erneut ihre Erinnerung an eine frühere Erinnerungsarbeit.

Schönberg lässt dazu in den letzten drei Takten einen chromatisch nach oben gerichteten Skalenlauf dynamisch an- und zur rückläufigen Bewegung abschwellen, kehrt aber in der Wiederholung des Vorgangs die Verhältnisse um, so dass – verstärkt durch die differenzierte Registrierung des orchestralen Timbres – ein geräuschhafter Höhendrang übrig bleibt. Die Musik gibt der fehlenden semantischen Eindeutigkeit des Textes kein zeichenhaftes Korsett, sie flieht vor der Sinngebung durch klare Leitmotiv- und Durchführungstechnik in die Eigengesetzlichkeit von Parametern wie Klangfarbe, Dynamik, Registrierung. Adorno hat in seiner Philosophie der neuen Musik der Diskussion über die ERWARTUNG, die in der Frühzeit vorrangig um die Einbindung in die ältere Musikgeschichte (TRISTAN zumal), nach 1945 um die Aufdeckung von Bezügen zur Zwölftonmusik kreiste, den durchschlagenden Kompromiss gewiesen und das Werk zum Idealbild einer ›musique informelle‹ stilisiert: »Die seismographische Aufzeichnung traumatischer Schocks wird […] zugleich das technische Formgesetz der Musik. Es verbietet Kontinuität und Entwicklung«, so dass musikalische Gestaltung nur noch durch extreme Kontraste erfolge. Für diesen Verzicht auf – zumal in der Wiederholung – erkennbare thematische Zusammenhänge wurde in Analogie zur ›Atonalität‹ der Begriff der ›athematischen‹ Konstruktion bemüht.

Aber unbestreitbar lassen sich in der ERWARTUNG diastematische, also tonhöhenbestimmte, Strukturen mit herkömmlichem

Textbezug aufdecken. Sie reichen von häufig – auch in der Umkehrung und Krebsumkehrung – auftauchenden Dreitongruppen über ein Selbstzitat Schönbergs (das frühe Lied AM WEGRAND op. 6 Nr. 6 wird in Takt 411 f. zu denselben Worten *Tausend Menschen ziehn vorüber* zitiert) bis zu dem Hilferuf der Frau (Takt 190 ff.), der in demselben um einen Ton verfehlten Doppeloktavsturz H²-Cis erscheint, mit dem Kundry Parsifal bei Wagner ihre Verhöhnung Christi auf Golgatha geschildert hatte (*Ich sah Ihn, Ihn, und lachte*). Gleichwohl bleiben tonhöhenbezogene Analysen der ERWARTUNG nur ein Behelf, da die weit gehende Preisgabe intervallischer Bindungen zur Grundlage von Schönbergs expressionistischem Deklamationsstil wurde, in dem zu Gunsten eines extremen Sprachnaturalismus über alle Halbtöne der Skala frei verfügt wird. So wird an Stelle diastematischer Zusammenhänge die Mischung der Klangfarben zum Hauptcharakteristikum der Musik. Aber die Erforschung von Klangfarbenkompositionen steckt erst in ihren musikologischen Anfängen, eine probate Methode der Analyse ist noch nicht entwickelt – so spiegelt sich der Modernitätsschock der ERWARTUNG auch in deren wissenschaftlicher Diskussion.

Schönberg hatte von 1907 an intensive Versuche in der Malerei unternommen, die 1910 in Wien zu seiner ersten Ausstellung (u. a. mit einem Porträt Marie Pappenheims) und Ende 1911 sogar zu seiner Beteiligung mit drei Exponaten an der Vernissage der von Wassily Kandinsky und Franz Marc mitgegründeten Künstlervereinigung ›Blauer Reiter‹ in München führten (mit Kandinsky stand er in enger Beziehung). Schönberg, der eines seiner unmittelbar nach der ERWARTUNG entstandenen FÜNF ORCHESTERSTÜCKE op. 16 ausdrücklich als FARBEN bezeichnete, entwickelte in seiner ersten Oper eine neue Orchestertechnik, die man als »komponierte Selbstkritik« an der Hypertrophie seiner symphonischen Dichtung PELLEAS UND MELISANDE und den GURRELIEDERN bezeichnen kann: »Während Schönberg den expressiven Gestus der Musik des ›Fin de siècle‹ konservierte, wurden motivisch nicht legitimierbare Stimmen aus dem Orchestergewebe eliminiert; der füllstimmenreiche Normal-Orchestersatz der Musik des ›Fin de siècle‹ wurde gleichsam skelettiert«. Wiewohl in der Partitur gelegentlich dominante Instrumente verdoppelt werden (Fagotte durch Kontrafagotte, Violinen durch Bratschen, Oboen durch Flöten oder Klarinetten), agiert das Orchester tendenziell nicht als Tutti. Das überrascht umso mehr, als es – vor allem mit differenziertem Schlagwerk – so stark besetzt ist, dass der Klavierauszug auf zwei Instrumente aufgeteilt werden musste. Aber Schönberg, der den klangskelettierten Schluss des LIEDS VON DER ERDE als ›musikalische Prosa‹ pries, griff auf den pedallos kammermusikalischen Orchesterklang beim späten Mahler zurück und verzichtete auf den bei seinen Zeitgenossen Strauss und Schreker vorherrschenden Mischklang.

Analog zur Emanzipation der Dissonanz ist dieser Reichtum unvermischter Farben, der in Übereinstimmung mit dem Textgehalt zu beredten Klangbildfiguren für die Außenrealität von Wald, Mond oder Dunkelheit wie auch der Angstprojektionen der Frau führt, durch Registrierung der Instrumente in extremen Lagen bis hin zu denaturierten Klängen (Flatterzunge) getrieben. Was wir im Orchester hören, ist nicht mehr im Sinne Wagners die leitmotivisch gepanzerte Stimme eines allwissenden Erzählers, sondern die aus dem Unbewussten Klang werdende Monoperspektive der Bühnenfigur. Das war der Einbruch der Zeit als vierter Dimension in die Musik. An die Stelle der in der Dur-Moll-Harmonik finalbestimmten Bewegungsabläufe tritt in der atonikalen Musik eine Unschärferelation zwischen Augenblick und Dauer der nur noch maximal fünf Takte umfassenden Gliederungsabschnitte: Die psychische Zeit des Erlebens dominiert die physische Zeit des realen Geschehens. Schönberg versuchte nach eigener Aussage »das, was sich in einer Sekunde seelischer höchster Erregung abspielt[,] sozusagen mit der Zeitlupe auf eine halbe Stunde ausgedehnt, darzustellen«. Die Radikalität der Partitur, die mit der überlieferten Musikarchitektonik bricht, ist noch heute so unverbraucht wie eh.

DIE GLÜCKLICHE HAND (›Drama mit Musik‹, *L* vom Komponisten; Volksoper Wien 1924 unter Fritz Stiedry; Breslau 1928; Kroll-Oper Berlin 1930 unter Otto Klemperer im Bühnenbild von Oskar Schlemmer; *WA* Köln 1955; Florenz 1964 unter Bruno Maderna; Lyon 1969 unter René Leibowitz; Amsterdam 1991 und, zusammen mit ERWARTUNG und VON HEUTE AUF MORGEN, 1995 unter Oliver Knussen in der Ausstattung von Jannis Kounellis).

Schönberg schrieb den im Gegensatz zu seiner oft glänzenden theoretischen und polemischen Prosa ungelenken Text im Sommer 1910, die im September desselben Jahres begonnene Komposition war in Partitur – nach viel Mühen, wie er im Briefwechsel mit

Kandinsky klagte – am 20. November 1913 beendet. Wie in der ERWARTUNG gibt es nur einen singenden Protagonisten, Mann genannt. Es handelt sich um den einsamen Strindberg-Helden, einen Künstler, der vergeblich nach erotischer Erfüllung und gesellschaftlicher Anerkennung strebt. Ihm stehen zwei stumme Figuren gegenüber: das Weib, das er – bezeichnenderweise ohne es anzusehen – begehrt, und der Herr (aus offenbar besseren Kreisen), an den er es verliert. Zurückgewiesen von der Frau, gelingt ihm in einer Felsengrotte inmitten von feindselig geschäftigen Kunsthandwerkern ein Geniestreich. Mit einem Hammerschlag, wie Wagners Jung-Siegfried mit dem Schwert den Amboss spaltend, gewinnt er aus der Zertrümmerung eines Goldklumpens ein strahlendes Diadem: *So schafft man Schmuck.* Achtlos wirft er den Arbeitern das Geschmeide zu und erregt damit erneut deren Wut. Ein zweites Mal wirbt er um die Frau, die offenbar vom Liebesakt mit dem Herrn aus einer anderen Grotte zurückkehrt, und wird wieder abgewiesen. Zudem löst sie einen Felsbrocken, der ihn trifft. Im letzten der vier Bilder liegt er am Boden, wie zu Beginn mit einem vampirartigen Fabeltier im Nacken, das sich in ihn verbissen hat. Ein Chor von je sechs Frauen und Männern, der das Geschehen halb sprechend, halb singend kommentiert, sieht seine anfänglichen Befürchtungen bestätigt, dass der Mann seinen Kunstehrgeiz hybrid auf das Leben zu übertragen versucht habe: *Musstest du's wieder erleben, was du so oft erlebt? Musstest du? Kannst du nicht verzichten? Nicht dich endlich bescheiden?*

Das ist die seit der Romantik bekannte, durch Einflüsse Strindbergs verschärfte, durch den Verzicht auf eine Vorgeschichte und den Einsatz von Dingsymbolik über die Figurentypik hinaus ins Traumatische verknappte Sozialtragödie vom Künstler, der Züge Christi und eines gesellschaftlich Ausgestoßenen trägt, auch autobiographische des Komponisten (→ S. 432 f.). Der teils singende, teils sprechende Chor verkörpert für den Protagonisten einmal die Reaktion der Außenwelt, zum anderen die Stimme seines eigenen Bewusstseins: Er ist unentrinnbar in das eigene Schicksal eingeschlossen. War der Wald in der ERWARTUNG eine Art Lebensgefängnis für die Frau, so stößt die Sinn-, Glück- und Wahrheitssuche des Mannes schon beim Einleitungschor zum 1. Bild wie an die Mauern eines Gefängnisses. Die Welt ist ausweglos geworden. Mit der Totalisierung dieses Grundgefühls steht Schönberg ganz in der Strömung des deutschen Expressionismus. Gleichzeitig ist sein für großes Orchester komponierter Einakter von nicht einmal einer halben Stunde Spieldauer keineswegs frei von parodistischen Momenten. Der Mann ist zwar ein Heldenbariton, aber er kommt gesanglich kaum über eine stotterähnliche Artikulation hinaus, die als Dementierung des Heldenhaften bis ins Falsett getrieben wird. Und die in den ausführlichen Regieanmerkungen – sie umfassen ein Mehrfaches des gesungenen Texts – mit dem Sprachbild einer gewaltigen Erektion beschriebene Anfangswerbung um die Frau, deren Hand er sanft berührt, hat die bewusste Komik einer Verstiegenheit. Der entspricht auch die TRISTAN-Anspielung mit dem Becher, den die Frau dem Mann bietet. Plötzlich, wie durch Zauberei, hält er ihn in der Hand und leert ihn – zum Unwillen der Frau.

DAS LINKSHÄNDIGE GLÜCK

Weniger die Lebens- und Liebesproblematik des Künstlers, dessen erotisches Werben durch Gelächter und Unterhaltungsmusik aus dem Hintergrund desavouiert wird, steht im Sympathiezentrum des Stücks als der schöpferische Vorgang in der Arbeit des Künstlers. Schönberg steigert ihn zu einem modernen Mythos, parallel und komplementär zu dem in Pfitzners PALESTRINA (→ S. 86 ff.). War dort die Inspiration zum Einfall, vermittelt durch die alten Meister und Palestrinas tote Frau, die einzig authentische Form künstlerischer Selbstverwirklichung, so stellt Schönberg den Künstler dar, der mit einem Schlag schafft, wofür andere komplizierte arbeitsteilige Verfahren benötigen. Gleichwohl haftet der Szene auch jene objektive Ironie an, die Schönberg für die Gestaltung des Liebeswerbens des Manns bemüht hatte. Er hebt, wie zur Initiation eines rituellen Schöpfungsaktes, seine linke, gegen die allgemeine Sinngebung glückliche Hand triumphierend hoch, ehe er beidhändig den Hammer ergreift und zuschlägt. Das linkshändige Glück ist ein Symbol des Außenseitertums wie des Ausbleibens von Erkenntnis – in Adornos Denken Ausdruck von Naivität. Denn der Mann sieht die Arbeiter so wenig wie die Geliebte: »Er ist dem realen Produktionsprozeß der Gesellschaft entfremdet und vermag den Zusammenhang von Arbeit und Wirtschaftsform nicht mehr zu erkennen. Ihm erscheint das Phänomen der Arbeit absolut.« Seine aus dem Bewusstsein der Zugehörigkeit zu einer besseren Klasse gespeiste

Kritik an der Verdinglichung »ist reaktionär gleich der Wagnerschen. Sie wendet sich nicht gegen die gesellschaftlichen Produktionsverhältnisse, sondern gegen die Arbeitsteilung«. Adornos Urteil aus der PHILOSOPHIE DER NEUEN MUSIK kann durch den Hinweis gemildert werden, dass Schönbergs dichterische Sprachkunst seinem künstlerischen Ehrgeiz keineswegs gewachsen war.

Tatsächlich schwebte dem Komponisten ein Super-Gesamtkunstwerk vor, in das neben Sprache, Musik und Gestik auch die Farbe integriert wurde. Schönberg traf sich in der Beziehung mit Kandinsky, der 1912 im Almanach der nach seinem Gemälde benannten Künstlergruppe ›Der Blaue Reiter‹ das Bühnenstück DER GELBE KLANG veröffentlichte, während Schönberg selbst seinen Aufsatz DAS VERHÄLTNIS ZUM TEXT beisteuerte. Das war, durchaus in eigener Sache, ebenfalls ein Versuch, zur abstrakten Ästhetik von Synästhesien vorzudringen: Wenn »Kandinsky und Oskar Kokoschka Bilder malen, denen der stoffliche äußere Gegenstand kaum mehr ist als ein Anlaß, in Farben und Formen zu phantasieren und sich so auszudrücken, wie sich bisher nur der Musiker ausdrückte, so sind das Symptome für eine allmählich sich ausbreitende Erkenntnis von dem wahren Wesen der Musik. Und mit großer Freude lese ich Kandinskys Buch ÜBER DAS GEISTIGE IN DER KUNST, in welchem der Weg für die Malerei gezeigt wird«. Verblüffend sind die Übereinstimmungen zwischen den von Kandinsky in seinem ebenfalls 1912 erschienenen Buch einzelnen Farben zugeordneten Bedeutungsschichten und Schönbergs Vorstellungen über den Zusammenhalt von Licht, Farbe und Klang. Sie finden sich nicht nur im Textbuch zur GLÜCKLICHEN HAND, sondern auch in deren musikalischem Gehalt und in einem Vortrag, den der Komponist 1928 zur Breslauer Aufführung seiner Oper hielt. In dieser erfolgt an der Stelle, wo in der Grotte der Arbeiter von der erhobenen Linken des Protagonisten die Rede ist (Takt 109), eine szenische Farbbeleuchtung, die sich zu einem ›Crescendo des Sturms und der Beleuchtung‹ (Takt 124 ff.) steigert. Die szenischen Anweisungen fordern den Übergang zu immer helleren Farbtönen. Gedämpftes Rot, Braun und Grün erfahren eine systematische Aufhellung, bis »das gelbe schreiende Licht allein bleibt und von allen Seiten auf die zweite Grotte geworfen wird« (Takt 130 ff.), aus der nach dem Liebesakt das Weib und der Herr treten.

Das Crescendo dieser mit Alexander Skrjabins Experiment einer synästhetischen Musik im Orchesterwerk PROMETHEUS gleichzeitigen ›Farbensymphonie‹ findet nicht nur szenisch statt (in der Aufführungspraxis des Werks mit unterschiedlichem Erfolg), sondern auch orchestral. Die Szene beginnt mit einem sehr leisen Ostinato von Harfen und Holzbläsern und gipfelt sich zu massiven Blechbläserkaskaden auf. Dem dynamischen Prozess entspricht der klangfarbliche. Die geforderte Aufhellung findet im Übergang der in gedämpften Lagen spielenden Bratschen, Violoncelli und Holzbläser bei »Schmutzig-Grün« (Takt 133) zu Bläserläufen und Streicher- sowie Holzbläsertremoli in höchsten Lagen bei der »Hellgelb«-Phase (ab Takt 148) statt. Obwohl Schönberg seine Registrierungskünste motivisch einsetzt (dem Mann kommen oft dunkle, der Frau helle Farben zu) und so zu klangräumlich zusammenhängenden Teilkomplexen kommt, kann von einer innermusikalischen Formautonomie keine Rede sein – ein Eindruck, der durch die filmschnittartig abrupten Übergänge zwischen den Bildern und Szenen verstärkt wird. Trotz eines im Gegensatz zur ERWARTUNG deutlichen Ansatzes zu thematischer Arbeit bleibt wie dort die psychische Erlebnisperspektive des Protagonisten, überhöht zu einem komplexen Geflecht aus Farben, Klängen und Gebärden, dominant: unter Verzicht auf tradierte musiktheatralische Vermittlungsweisen. Der Modernitätsschock der GLÜCKLICHEN HAND steht dem der ERWARTUNG nicht nach.

VON HEUTE AUF MORGEN

Mit seinen expressionistischen Einaktern hatte Schönberg den Ausdrucksgehalt der Musik in Extreme getrieben. Der Preisgabe der Tonikalität folgte dabei fast diejenige der Guckkastenperspektive: Den Zuschauern wurde die tradierte Identifikationsmöglichkeit mit den Bühnenfiguren insofern erschwert, als die Musik nur noch von deren psychischen Konfliktsituationen bestimmt war. Diese Zuspitzung der Subjektivität erfuhr durch das kollektive Erlebnis des Ersten Weltkriegs einen Umschlag, im Gefolge von Busonis ARLECCHINO und TURANDOT sowie Strawinskys GESCHICHTE VOM SOLDATEN wandten sich in den zwanziger Jahren nicht nur Komponisten wie Hindemith und Weill von der subjektzentrierten Ausdruckskunst ab. Das ist zu verstehen als Reaktion »auf eine von verheerenden Massenkatastrophen geprägte Situation, die es als anachronistisch erscheinen läßt, die künstlerische Produktion weiterhin auf subjektive Identitätskrisen auszurichten«. Schönberg nahm an dieser Entwicklung teil: nicht aus Respekt vor den Weltläuften, sondern auf Grund der Tatsache, dass er inzwischen seine Methode der Zwölftonmusik erfunden hatte. Mit deren Hang zur Objektivation, Folge einer Dominanz des Materials über den Ausdruck, konnte er das 1924 von Richard Strauss in INTERMEZZO begonnene Kapitel der Zeitoper, Unterabteilung ›Opera domestica‹, abschließen, ohne Gefahr zu laufen, ein musikalisiertes Familienleben zum welthistorischen Ereignis aufzublähen.

Im Libretto gibt es neben einem Hinweis auf die von Schönberg geschätzte Strauss-Oper zwar autobiographische Anspielungen, dennoch dürfte eher Franz Schrekers Familienleben zur Vorlage gedient haben. Den Text schrieb Schönberg 1928 zuerst selbst, dann unter dem Pseudonym Max Blonda seine Frau Gertrud – nach dem Tod seiner ersten Frau hatte er 1924 die Schwester des berühmten Geigers und Quartett-Primarius Rudolf Kolisch geheiratet. Trotz des (nicht immer erfolgreich) bemüht leichten Tons ist diese erste streng dodekaphon komponierte Oper eine von Schönberg ernst gemeinte Warnung vor der Erosion von Kunst und Moral durch das Diktat wechselnder Moden. Die Konstellation des etwa so lange wie die ERWARTUNG und DIE GLÜCKLICHE HAND zusammen dauernden Einakters: Ein Ehepaar kommt von einer Gesellschaft zurück, auf der der Mann von einer weltgewandten Freundin seiner Frau fasziniert wurde. Die Frau widersetzt sich seinem Vorwurf, reines Hausmütterchen zu sein, indem sie ihn in wechselnder Kostümierung erotisch anspricht und sich ihm zugleich verweigert. Als die Freundin zusammen mit einem eitlen, durch Fremdzitate ironisierten Sänger erscheint, weiß die Frau ihren Mann eifersüchtig zu machen. Bald sind beide unter Verzicht auf die Idee eines Partnertauschs ganz altmodisch versöhnt, und ihr Kind fragt arglos: *Mama, was sind das, moderne Menschen?*

Der noch heute in einer Aufführung schwer zu realisierende Witz des Werks liegt in seinem Anspruch, die damals avantgardistische Dodekaphonie – die grundierende Zwölftonreihe enthält zwei Tritonus-Intervalle – mit einer antiquierten Anordnung in Arie, Arioso und – kulminierend im kanonischen Finalquartett – Ensemble zu kombinieren. Zusammengehalten wird das Gebilde durch flexible Rezitative im Stil einer Konversationsoper. Trotz des Wiederholungsverbots in der Zwölftonmusik – ein Ton der Reihe darf erst nach deren vollständiger Intonation wiederkehren – gelingt Schönberg sein Vorhaben weit gehend, nicht zuletzt auf Grund einer höchst einfallsreichen Orchestrierung, wobei er sich im rhythmischen Bereich mit Anklängen an die Populärmusik seiner Zeit durchaus Wiederholungen erlaubt (erst in der seriellen Musik wurde das strikte Reihenprinzip über die Tonhöhenverläufe hinaus auf andere Parameter des musikalischen Materials ausgedehnt). Dennoch wurde das Werk, 1930 in Frankfurt/Main unter Wilhelm (William) Steinberg uraufgeführt, kein Repertoirestück. Schönbergs Hoffnung, nach schwierigen Verhandlungen mit den führenden Musikverlagen das Werk erfolgreich selbst zu edieren, erwies sich 1933 von heute auf morgen als große Illusion (*WA* 1952 Neapel unter Hermann Scherchen, 1958 Holland-Festival unter Hans Rosbaud, 1963 Hannover zusammen mit den beiden anderen Einaktern unter Günther Wich, 1965 Theater an der Wien unter Friedrich Cerha). Man muss VON HEUTE AUF MORGEN nicht unbedingt, wie René Leibowitz, mit Mozarts COSÌ FAN TUTTE vergleichen und wird doch feststellen, dass die den Text überwuchernde Sphäre trivialer Alltäglichkeit durch die Musik auf frappierende Weise verfremdet ist: jeder Banalität enthoben. Hanns Eisler, der das Werk immer hoch schätzte, hat dessen Eigenart treffend beschrieben: »Schönberg wollte eine flotte Oper schreiben, aber durch die Eigentümlichkeit seiner Kompositionsmethode und der Materialbehandlung ist eine Art Apokalypse im Familienmaßstab herausgekommen«. Überzeugend vermittelt wurde das 1997 in der Schwarzweiß-Verfilmung der Oper durch Danielle und Jean-Marie Straub unter der musikalischen Leitung von Michael Gielen.

MOSES UND ARON (›Oper‹ in drei Akten, *L* nach dem alttestamentarischen BUCH MOSE vom Komponisten; konzertant: NDWR Hamburg 1954 unter Hans Rosbaud mit anschließender Schallaufzeichnung, szenisch: Zürich 1957 unter Rosbaud; Durchbruch an der Städtischen Oper Berlin 1959 unter Hermann Scherchen in der Inszenierung von Gustav Rudolf Sellner mit Gastspielen in Wien, Paris, Mailand, München, Rom, Zagreb, Osaka und Tokio; starke Verbreitung erfuhr 1968 auch die Düsseldorf-Duisburger Produktion von Georg Reinhardt unter Günther Wich mit Gastspielen bis 1980 in Den Haag, Amsterdam, Florenz, Kopenhagen, Stockholm, Brüssel, Edinburgh und Warschau; landessprachliche *EA*: Covent Garden London 1965 unter Georg Solti in der Regie von Peter Hall; Boston 1966; Opéra Paris 1973 unter Solti; Staatsoper Wien 1973 in der Inszenierung von Götz Friedrich unter Christoph von Dohnányi; seitdem eine Vielzahl von Aufführungen auch an kleineren Theatern und auf Festspielen des meist deutschen Sprachraums; bemerkenswert die Zusammenarbeit führender Regisseure und Dirigenten/Komponisten für das Werk, etwa Václav Kašlík mit Christoph von Dohnányi 1970 in Frankfurt/Main; Bohumil Herlischka mit Horst Stein 1974 in Hamburg einschließlich eines Gastspiels der Staatsoper in Israel; Jean-Marie Straub mit Michael Gielen 1974 für eine Verfilmung und die erste stereophone Plattenaufnahme; Harry Kupfer mit Siegfried Kurz 1975 in Dresden; Jean-Pierre Ponnelle mit Gerd Albrecht 1982 in München und James Levine bei den Salzburger Festspielen 1987; Ruth Berghaus mit Friedrich Goldmann 1987 an der Staatsoper Berlin; Herbert Wernicke mit Gary Bertini 1990 in Frankfurt/Main und Christoph von Dohnányi 1995 im Châtelet-Theater Paris; Peter Stein mit Pierre Boulez 1995 in Amsterdam und – nach erfolgter Schallaufnahme – 1996 bei den Salzburger Festspielen).

Schönberg hinterließ sein musiktheatralisches Hauptwerk unvollendet. Zunächst als dreiteiliges biblisches Oratorium konzipiert, war das Libretto 1928 fertig, im Mai 1930 begann er die sofort in Partitur angelegte Kompositionsarbeit des nun als Oper behandelten Werks mit einem handelnden statt zuvor nur kommentierendem Chor. Im März 1932 waren die ersten zwei Akte vollendet, und bis ins Jahr 1937 lassen sich gelegentlich an dem (im Nachlass durch zwei Varianten differenzierten) Text zum III. Akt kompositorische Ansätze feststellen. Ernsthafte Versuche zur Beendigung der Komposition hat Schönberg aber nach seiner Emigration nicht mehr unternommen – oder unternehmen können. Er selbst schlug kurz vor seinem Tod für das scheiternde Projekt einer Aufführung vor, die einzige Szene des III. Akts musiklos spielen zu lassen. In der frühen Aufführungsgeschichte wurde der gedruckte Text meist zu Schönbergscher Musik gesprochen: 1959 in Berlin erklang die erste Szene der Oper noch einmal vom Band, 1968 in Düsseldorf-Duisburg das GENESIS PRELUDE, 1970 in Nürnberg die BEGLEITMUSIK ZU EINER LICHTSPIELSZENE. Seitdem hat sich auf dem Theater die von Winfried Zillig, der den Klavierauszug erstellt hatte, schon anlässlich der Zürcher Premiere veröffentlichte Meinung durchgesetzt, dass die Oper auch ohne den III. Akt in sich geschlossen – oder gar nicht zu Ende zu bringen sei. Schönberg dürfte das, wäre er mit der Frage konfrontiert worden, ebenso bestritten haben wie er kurz vor seinem Tod die zuerst in einem britischen Musiklexikon geäußerte These vehement ablehnte, die von ihm behandelte Thematik berge seine eigene Künstlerproblematik. Da die Wurzeln von MOSES UND ARON weit in Schönbergs Schaffensbiographie zurückreichen, hat diese These indes so viel für sich wie die bühnenpraktische Lösung, das Werk ohne den III. Akt zu spielen.

Die Oper schreibt im Grunde das textlich 1917 vollendete, als Komposition aber 1922 fragmentarisch aufgegebene Oratorium DIE JAKOBSLEITER fort. Dort nimmt der ›Auserwählte‹ auf dem Weg in den Himmel seine ›Form‹ mit, während er sein ›Wort‹ auf Erden zurücklässt. Es mag sein, dass die 1921 erfolgte erste Konfrontation mit dem alltäglichen Antisemitismus in Österreich Schönberg an der weiteren Arbeit ebenso hinderte wie der Ausbruch des deutschen Antisemitismus im Jahre 1933 an der Fertigstellung von MOSES UND ARON. Aber diese Kollisionen mit der Wirklichkeit griffen tief in das Denken des apolitischen Komponisten ein. So begann er 1922/23 mit der Arbeit an dem 1927 fertig gestellten Prosadrama DER BIBLISCHE WEG, komponierte 1925 in dem vierstimmigen Chor DU SOLLST NICHT, DU MUSST das jüdische Bilderverbot auf einen selbst verfassten Text explizit aus und plante eine Kantate mit dem Titel MOSES AM BRENNENDEN DORNBUSCH, aus der sich über die Zwischenstufe eines Oratoriums die Oper MOSES UND ARON entwickelte. Und nach seiner Emigration 1933 kehrte er, der als Achtzehnjähriger zum Protestantismus übergetreten war, in einem bewussten Akt der Identitätssuche in die jüdische Glaubensgemeinschaft zurück. Die biblische Wende in Schönbergs Schaffen war keineswegs nur religiös motiviert, sie entsprang auch politischen und moralischen Fragen nach der Conditio humana.

GESINNUNGS- ODER VERANTWORTUNGSETHIK?

Stoffgeschichtlich wies Schönberg gegenüber seinem Schüler Alban Berg (Brief vom 5. August 1930) einen Einfluss durch das Moses-Drama im ersten Teil der WELTHISTORISCHEN TRILOGIE Strindbergs von sich (wie er auch dessen sprachliche Archaismen nach anfänglichem Wohlwollen ablehnte). Er hätte sich später eher auf Sigmund Freuds Betrachtungen über die Moses-Statue des Michelangelo aus den dreißiger Jahren oder Thomas Manns 1944 entstandene Erzählung DAS GESETZ beziehen können, denn in MOSES UND ARON wird ein Menschheitsproblem gestaltet: die Frage nach einer angemessenen Vermittlung der monotheistischen Gottesidee. Dabei weicht Schönberg weit mehr als Thomas Mann von der biblischen Erzählung ab, greift andrerseits aber nicht Freuds psychoanalytischen Ansatz auf. Ausgespart bleibt bei ihm der Auszug der Israeliten aus Ägypten mit dessen Vorgeschichte, und sein Moses zertrümmert die auf dem Berg Sinai empfangenen Tafeln mit den göttlichen Geboten nicht aus Wut über das abtrünnig gewordene Volk, sondern aus Verzweiflung über die eigene Unfähigkeit, die Idee von dem *einzigen, ewigen, unsichtbaren und unvorstellbaren Gott* abstrichlos in Sprache zu vermitteln. Am Ende des II. Akts, als das Volk sich im Tanz um das Goldene Kalb der Vielgötterei und mancherlei anderer Ausschweifung bis hin zum Blutopfer hingegeben hat, resigniert Moses in der Auseinandersetzung mit dem alerten Aron, der die quasi politische Aufgabe, dem Volk einen Weg aus der Gefangenschaft zu zeigen, nach der Wegweisung durch eine Feuer- und Wolkensäule erfüllt. Moses bleibt zu einem an- und abschwellenden Streicher-Unisono nur der verzweifelte Ausruf: *O Wort, du Wort, das mir fehlt!*

In der Bibel muss Moses am brennenden Dornbusch erst durch die Wunder mit seinem in eine Schlange verwandelten Stab und der aussätzigen Hand von der Existenz Gottes überzeugt werden – bei Schönberg ist er von vornherein gläubig, hat aber Sorge, mit seiner ungelenken Zunge das Volk vom wahren Glauben nicht überzeugen zu können. Wunder werden in der Oper nur von seinem jüngeren Bruder und Gegenspieler Aron vollbracht, und zwar ausschließlich, um das Volk zu diesem Glauben zu verführen. Der Konflikt zwischen beiden ist jener, den Dostojewski in seinem letzten Roman DIE BRÜDER KARAMASOW künstlerisch als den zwischen Jesus und dem Großinquisitor gestaltet oder Max Weber 1919 in seiner Rede POLITIK ALS BERUF wissenschaftlich beschrieben hat als den zwischen dem Gesinnungs- und dem Verantwortungsethiker. So wird Aron von Schönberg in den beiden fertig gestellten Akten keineswegs – wie in der frühen Deutungs- und Aufführungsgeschichte des Werks suggeriert – gegen Moses ausgespielt; dass er im III. Akt, ein Gefangener, dem Moses schließlich die Fesseln löst, tot zu Boden sinkt und Moses das letzte Wort behält, ist als zionistische Politformel unvermittelt und unkomponiert (unkomponierbar?) geblieben: *Aber in der Wüste seid ihr unüberwindlich und werdet das Ziel erreichen: Vereinigt mit Gott.* Aron steht, von Gott dem Moses aus dem brennenden Dornbusch als erleuchtetes Sprachrohr verheißen, ideologisch durchaus auf Seiten des Mose, was sie unterscheidet, ist ihre Methode, das monotheistische Gottesbild dem auserwählten Volk zu vermitteln. Moses versucht es als Fundamentalist, Aron als Pragmatiker, der bereit ist, gegen das (kleinere) Bilderverbot zu verstoßen, um die (größere) Idee vom wahren Gott zu retten. Ihm ist eine beschädigte Theologie lieber als die Unerbittlichkeit eines Gottesanspruchs, von dem er genau weiß, dass er im wankelmütigen und verführbaren Volk in die blanke Theophobie umschlagen kann. Hinzu kommt, dass Aron die Botschaft für Moses aus dem Dornbusch als Bündnis Gottes mit seinem auserwählten Volk begreift, während Moses sich jede Instrumentalisierung des ›deus absconditus‹ versagt.

Da Schönberg sein Thema nicht als Sprechdrama wie in DER BIBLISCHE WEG, sondern als Oper gestaltet hat, bedingen die musikalischen Mittel seine Botschaft. Dass Moses einer tiefen Stimme im Sprechgesang, Aron dagegen einem belkantisch geforderten Tenor überantwortet ist, weist in beider Unvereinbarkeit auf einen auch kunstinternen Konflikt. Tatsächlich ist die Oper stärker als jedes andere nach den FÜNF KLAVIERSTÜCKEN op. 23 von 1920 komponierte seiner zwölftönigen Werke von einer spezifisch künstlerischen Problematik gekennzeichnet. Da er seine Entdeckung der Möglichkeit, streng im dodekaphonen Satz zu komponieren, nicht für eine (von vielen) Methoden, sondern für ein geradezu göttliches Gesetz hielt, mit dem er die Dur-Moll-harmonische Epoche der Musikgeschichte ablösen und eine neue Versöhnung zwischen Künstler und Gesellschaft bewirken wollte, lastet auf der polit-moralischen Frage nach der Überlegenheit von Gesinnungs- oder Verantwortungsethik auch die ästhetische nach der Möglichkeit inspiratorischer Freiheit im strengen Kanon der Zwölftönigkeit. Man könnte sie theologisch formulieren als die nach der individuellen Entscheidungsfreiheit des Menschen angesichts einer göttlichen Prädestination.

UNSCHÄRFERELATIONEN

Diese in den Bereich der Metaphysik ragende Anspruchshöhe schlägt sich künstlerisch in der Oper nieder: Kein früheres Werk in der Geschichte des Musiktheaters erreicht Schönbergs Oper an Neuartigkeit in der heterogenen Chorbehandlung, an Suggestivität in der Differenzierung der Titelfiguren zwischen Sprechgesang und wohllautend fließendem Singen, an Komplexität in der dramaturgischen Anlage zwischen statisch beharrenden und dynamisch bewegten Szenen. Gleichwohl lastet dieser Anspruch auch als Unschärfezone über dem Werk. Erstmals im zweiten Satz seines BLÄSERQUINTETTS op. 26 hatte Schönberg eine Methode entwickelt, mit der er seine strukturierende Zwölftonreihe (einschließlich ihrer zulässigen Varianten in Umkehrung der intervallischen Höhenrichtung, Krebs des horizontalen Verlaufs und Umkehrung des Krebses) aus der Abhängigkeit von herkömmlichen Melodievorstellungen befreien konnte: durch Aufteilung auf verschiedene Instrumente, unabhängig von der Oktavlage der zwölf Halbtöne. Trotz aller staunenswerten Variabilität im Einsatz dieser Methode lässt die Oper auch deren Grenzen spürbar werden: in jeder Aufführung weit stärker als beim Lesen der Partitur. Da etwa Moses fast ausschließlich und der Chor weit gehend in einem Sprechgesang notiert sind, der zwar rhythmisch fixiert ist, die notierte Höhe aber nach Erreichen des Wortakzents verlässt, wird der Primat der Tonhöhenbestimmtheit preisgegeben.

Was für den Hörer heute immer noch und vielleicht sogar besonders eindrucksvoll klingt, erklärt sich als Abweichung vom Dogma der Dodekaphonie. Und die das ganze Werk strukturierende Reihe wird von Schönberg zu Beginn derart differenziert auf Orchester- und Chorstimmen verteilt, dass sie sich dem Hörer in einer einheitlichen Linie erst nach mehr als hundert Takten mitteilt: beim Auftritt Arons in I,2. Wenn Aron aber (Takt 163 ff.) seiner Liebe zum Volk ›schwungvoll‹ Ausdruck verleiht, weist die Stimmführung bei seinen Worten *Auserwähltes Volk, einen einzigen Gott ewig zu lieben* erstaunliche Abweichungen von der Reihe auf: Terzen und Quinten samt deren Umkehrung werden als Relikte der tonikalen Musiksprache in das neue Idiom geschmuggelt. Die musikalische Charakterisierung ist bestechend: Aron erscheint hier »als Künstler der Verwandlung, als Verführer und Dämon, zwielichtig, schweifend, Gut und Böse in sich tragend«. Aber diese unstrittige Ausdrucksstärke – Analoges lässt sich für andere Partien der Oper sagen – verdankt ihre Kraft eben nicht der Kompositionsmethode mit den tonikalos auf sich selbst bezogenen zwölf Halbtönen. Dieser fehlt, wie Schönbergs Moses, die sinnliche Kommunikationskraft. Von daher ist der Schluss des Werks im II. Akt als Identifikation Schönbergs mit dem ob seiner Sprachunfähigkeit verzweifelnden Moses zu begreifen, der paradoxerweise gleichwohl in seiner Sprachlosigkeit das

Götzenbild vom Goldenen Kalb vernichtet. Wie Moses, dem die sinnlich erfahrbare Wirkung des Sinn stiftenden Wortklangs ebenso abgeht wie der Dodekaphonie, zog er sich in die Unantastbarkeit seines Glaubens zurück – indem er den letzten Akt mit dem Sieg des Moses unkomponiert ließ. Dieser bleibt, nur im Medium Sprache artikuliert, der Kunstkategorie einer denkbaren Musik überantwortet.

Solche Unschärferelationen erhöhen den Rang des Werks mehr, als dass sie ihn verringerten. Das gilt auch für den Zusammenhang von Abstraktion und Ausdruckskraft, Komplexion und Simplizität. Die Eingangsszene, ›Moses' Berufung‹, ist eine Kantate der Aktionslosigkeit: nur auf Klang gegründet. Die ersten vier Akkorde, bei geschlossenem Vorhang pianissimo von sechs Solostimmen aus dem Orchestergraben intoniert, legen ihr den mystischen Grund. Durch einen sechsstimmigen Sprechchor wird die Stimme Gottes aus dem brennenden Dornbusch vermittelt, die sich indes mit den sechs Stimmen aus dem Orchester verunklarend vermischt. So ist das Wort Gottes von Anfang an akustisch in jene Uneindeutigkeit gehüllt, die den Hauptkonflikt des Werks auslöst. Wort und Klang, Buchstabe und Sinn werden nicht illusionistisch zusammengefügt, sondern dem Publikum als erkenntnistheoretisches Problem auferlegt. Und wenn – etwa beim chorischen Gezischel der Israeliten im Zwischenspiel vor dem II. Akt *Wo ist Moses?* – das sprachliche Material atomistisch aufgespalten ist wie in der späteren Elektronik, bedient sich Schönberg der Form gebenden Hilfe einer Doppelfuge: Auflösung und Zusammenhalt fallen ineins.

Gegenüber solcher Dialektik mutet der als fünfsätzige Symphonie für Chöre und Solostimmen mit einleitendem Rezitativ Arons aufzufassende ›Tanz um das Goldene Kalb‹ wie eines der von Schönberg gehassten Illusionsballette an: Feierliche Fanfaren – die Posaunen im Gegensatz zum Stil der Zweiten Wiener Schule meist ungedämpft – bereiten das Opfer vor, ehe die Schlächter ihren vom Tamburin grundierten marschartigen Tanz beginnen. Es folgen als Adagio die wundersame Krankenheilung und der Freitod der Greise, darauf ein archaisierender Marsch mit dem Einzug der Stammesfürsten. Der eigentliche Tanz um das Goldene Kalb mit dem Blutopfer von vier Jungfrauen wäre in diesem Formschema das Scherzo, der durch die Tötung eines Widerstand leistenden Jünglings gesteigerte frenetische Götzendienst das Finale, dem eine ermattende Koda den Abschluss gibt. Was aber im Textbuch wie eine von Strawinskys Sacre du Printemps inspirierte konventionelle Tanzeinlage wirkt, entpuppt sich auch durch die unproportional lange Dauer der Kombination von statischen Ostinato-Klangbildern und imitatorisch polyphoner Stimmführung als geradezu anti-illusionistisch: Die Musik weist in ihrem klangfarblichen Gesamtbild eine Neigung zur Kälte auf, die dem aufmerksamen Hörer das schlechte Gewissen ob seines Voyeurismus angesichts der orgiastischen Bühnenvorgänge erleichtert – schließlich fallen sie im Rahmen des Werkganzen unter das Abbildungsverbot.

In solcher Verweigerung vorschneller emotionaler Identifikation der Zuschauer mit den akustischen und optischen Ereignisverläufen bleibt MOSES UND ARON ein Hauptwerk des musiktheatralischen Avantgardismus in der ersten Hälfte des 20. Jahrhunderts. Umso erstaunlicher die postume Anerkennung von Schönbergs Opus magnum. Nicht zufällig wird es als vorwegnehmender Kommentar zur Realhistorie begriffen: als politische Allegorie von der Entstehung und Unüberwindbarkeit des (modernen) Staates Israel. In der Beziehung ist die Oper komplementärer Widerpart zu dem ebenfalls zwölftönig konstruierten Musikdrama KARL V., mit dem Ernst Krenek zur selben Zeit das habsburgische Universalienreich als Waffe gegen den imperialistischen Nationalsozialismus zu beschwören versuchte: vergebens (→ S. 575 f.). Solcher Anspruch macht kunstimmanent gemäß Schönbergs 1931 gehaltenem Vortrag über die Variationen op. 31 dem herrschenden »Unterhaltungsdelirium gegenüber das Recht einer Minderheit geltend: man muß auch die notwendigen Dinge verbreiten können, nicht bloß die überflüssigen«.

DIE EXPRESSIONISTISCHE EXPLOSION

ALBAN BERG (1885–1935)

Nach einem musikalischen Selbststudium war Alban Berg von 1904 bis 1911 Schüler Arnold Schönbergs, 1911 fertigte er den Klavierauszug von dessen Gurreliedern und Schrekers Erstling DER FERNE KLANG an. Schon früh mit Größen des Wiener Geisteslebens der Zeit wie Stefan Zweig, Karl Kraus, Peter Altenberg, Adolf Loos, Gustav Klimt oder Oskar Kokoschka vertraut, zeigte er 1912 erstmals Interesse an der Oper. Im Mai 1914 erlebte

Berg die Wiener Erstaufführung von Georg Büchners WOYZECK: einem Dramentorso über den Fall eines Frauenmörders, der 1824 in Leipzig nach einem zweifachen Gutachten über seine angebliche Zurechnungsfähigkeit hingerichtet worden war. Er fasste sogleich den Entschluss zur Vertonung und schrieb erste Librettoentwürfe sowie musikalische Skizzen.

Da Berg sich trotz chronischen Asthmas – das Leiden teilte er mit seinem Lehrer – nach Ausbruch des Ersten Weltkriegs freiwillig zum Militärdienst meldete und 1915 eingezogen wurde, war bis 1917 eine weitere Arbeit unmöglich. Gleichwohl vertiefte der leidvoll erlebte Kriegsdienst seine Sympathie für Büchners geschundene Kreatur, sie wurde ihm zum Inbegriff der Conditio humana sozial Unterprivilegierter. Als er sich im Sommer 1918, vom Kriegsministerium für sieben Wochen freigestellt, der Oper wieder energisch zuwandte, schrieb er seinem Freund und früheren Mitschüler Anton Webern (19. August): »Entsprechend der Mannigfaltigkeit des Charakters der einzelnen Scenen habe ich mir auch eine große Abwechslung in der musikalischen Form derselben ausgedacht. So zum Beispiel normale Opernscenen mit thematischer Durcharbeitung, dann solche ohne jede Thematik in der Art der ERWARTUNG«. Es war Berg von vornherein klar, dass er kompositionstechnisch Schönbergs Monodrama aufgreifen und dessen von tonalen Bindungen frei gewordene Behandlung musikalischer Parameter wie Klangfarbe, Dynamik und Registrierung in ein Spannungsverhältnis zu mehr durchführungsartigen Passagen bringen wollte.

AUFGEHOBENE MODERNITÄTSSCHOCKS

Musikhistorisch bedeutet das im ersten abendfüllenden Bühnenwerk der Atonikalität die eingelöste Zielvorgabe, Schönbergs Modernitätsschock mit seinen knapp aufleuchtenden Sprach-Musik-Bildfiguren in den größeren Zusammenhang einer Schichtung verschiedener musikalischer Ebenen zu überführen. Das erreichte Berg über erinnerungsmotivische Verfugungen hinaus mit Hilfe von Formmodellen aus der absoluten Musik, analog zu der synästhetischen Formgebung durch Klang, Licht und Farbe in Schönbergs GLÜCKLICHER HAND. Während in Schönbergs erstem Beitrag zum Musiktheater die satztechnische Konzentration auf das sprachbetont expressive Detail zum Einakter führt und im zweiten Versuch die spiegelsymmetrische Formanlage einen Begriff von musikdramatischer Tektonik durchschimmern lässt, gelang es Alban Berg im WOZZECK, beides voll zu entwickeln und das in eine weiträumige Disposition eingebundene musikalische Detail mit einer operngeschichtlich unerhörten Sinnfülle anzureichern. Das macht den Rang seiner einzig vollendeten Oper aus: »Der Sonderfall, daß höchste formale Ansprüche die Direktheit der expressionistischen Ausdrucksskala nicht absorbieren oder zumindest dämpfen, sondern innerhalb eines dialektischen Prozesses den Spannungsbogen zusätzlich steigern, konnte nur einmal am Endpunkt der expressionistischen Opernentwicklung gelingen«.

Bergs Beispiel setzte eine ungeheure Langzeitwirkung frei, obwohl sein Werk im faschistischen Deutschland verboten war. Die von ihm selbst empfundene Notwendigkeit, nach der im Ersten Weltkrieg ausgebrochenen abendländischen Bewusstseinskrise an die Stelle der preisgegebenen Tonikalität neue Strukturbindungen zu setzen, wurde für den Typus einer progressiven Literaturoper verbindlich. Er kulminierte nach 1945, als wieder eine Generation der vom Krieg soeben Davongekommenen im Sinne von Schönbergs Zwölftontechnik die Binnenordnung einer seriell durchorganisierten Musik entwickelte. So knüpfte Bernd Alois Zimmermann mit seinen 1965 uraufgeführten SOLDATEN, einer ebenfalls auf Georg Büchner zurückgehenden Literaturoper, bewusst an Bergs Vorbild an.

Umso paradoxer mutet es an, dass der unter einem geradezu emphatischen Begriff des geschlossenen Werks stehende WOZZECK auf einem Text basiert, der dem Komponisten zunächst in einer unauthentischen Form vorlag und auf jene Radikaldramatik der offenen Form zielt, die Bergs Oper stärker als die kurze Zeit später entstandene Büchner-Vertonung von Manfred Gurlitt (→ S. 533 f.) meidet. Nicht minder paradox ist es, dass Bergs teilweise in der von Schönberg entwickelten Reihentechnik komponierte LULU nach Frank Wedekind auch auf eine Editionsform zurückgeht, die keineswegs den Absichten des Dichters entsprach, sondern ihm von der Zensur aufgezwungen worden war. Dennoch hat Berg in seinem WOZZECK, der einzigen Oper des 20. Jahrhunderts, die weltweit als Inbegriff musikalischer Moderne repertoirefähig geworden ist, wie in seiner LULU den Modernitätsschock Schönbergs mit der tradierten Idee des Musikdramas versöhnt.

WOZZECK (›Oper‹ in drei Akten, 15 Szenen, *L* vom Komponisten nach Georg Büchners Dramenfragment von 1836; Staatsoper Berlin mit Leo Schützendorf in der Titelrolle unter Erich Kleiber 1926; Nationaltheater Prag 1926; Kirow-Theater Leningrad 1927; Staatsoper Wien unter Clemens Krauss 1930; Philadelphia unter Leopold Stokowski und Zürich 1931; Brüssel 1932; Rom mit Tito Gobbi unter Tullio Serafin gegen den Widerstand der deutschen Besatzer 1942; nach der Düsseldorfer Wiederaufführung unter Heinrich Hollreiser 1948 langsame – wie 1951 in New York unter Dimitri Mitropoulos zunächst oft nur konzertante – Anerkennung als Hauptwerk der Moderne; szenisch Neapel 1949 und Salzburger Festspiele 1951 unter Karl Böhm; Covent Garden London mit Marko Rothmüller unter Erich Kleiber, New York City Opera unter Herbert Rosenstock 1952; Buenos Aires 1953 und Metropolitan New York 1959 unter Karl Böhm; Opéra Paris 1963 unter Pierre Boulez in der sensationell erfolgreichen Inszenierung von Jean-Louis Barrault; seitdem Aufführungen an allen führenden Bühnen der Welt mit Dirigenten wie Carlos Kleiber, Christoph von Dohnányi, Claudio Abbado, James Levine, Daniel Barenboim; seit 1945 ist die Oper Bestandteil eines modernen Regietheaters über Wieland Wagner, Kurt Horres und Harry Kupfer bis zu Luc Bondy, in neuerer Zeit auch mit unrealistischen und/oder auf Emotionspathos verzichtenden szenischen Lösungen wie bei Achim Freyer, Ruth Berghaus, Peter Mussbach, Peter Konwitschny; zu den renommiertesten Darstellern der Titelrolle gehören neben den genannten Toni Blankenheim, Dietrich Fischer-Dieskau, der 1964 unter Karl Böhm die erste Studio-Gesamtaufnahme der Oper machte, Walter Berry und Franz Grundheber).

Georg Büchners dramatischer Torso WOYZECK, mit den ebenso wenig zu Lebzeiten der Dichter rezipierten besten Dramen Grabbes und Kleists Teil einer potenziell weltliterarischen deutschen Avantgardedramatik, ist in einem titellosen Komplex von drei Handschriften überliefert (im Weimarer Goethe-Schiller-Archiv, Faksimile-Ausgabe durch Gerhard Schmid, Leipzig 1981). Die schwer lesbaren und unnummerierten Blätter wurden von Karl Emil Franzos für die Erstausgabe von 1879 entziffert und zu einem spielbaren Stück geordnet (ein Vorabdruck war 1877 in der Berliner Zeitschrift ›Mehr Licht‹ erschienen). Berg lernte das Drama in dieser Textfassung kennen, allerdings benutzte er für sein Libretto die 1913 erschienene Insel-Ausgabe. Diese enthielt den Text der Erstausgabe, aber in einer anderen Anordnung, die Paul Landau 1909 ediert hatte. Diese Fassung hatte auch der von Berg zwei Mal besuchten Wiener Theateraufführung 1914 zu Grunde gelegen; in ihr fehlten die beiden Jahrmarktszenen, die Berg auch nicht vertont hat. Er kannte zudem die Franzos-Fassung, aus der er die bei Landau fehlende Raufszene übernahm, in der Wozzeck vom Tambourmajor geprügelt wird. Der Franzos-Text weist erhebliche Lesefehler und sogar verfälschende Zutaten zum büchnerschen Original auf. Dazu gehört nicht nur die Lesart Wozzeck für Woyzeck, sondern auch das Ertrinken des Titelhelden im Teich – bei Büchner gibt es dafür keinerlei Anzeichen.

Berg hat 15 Szenen aus den 25 bei Landau (26 bei Franzos) ausgewählt – dass er gelegentlich von 23 Szenen sprach, erklärt sich nicht nur durch Doppelzählung, sondern auch aus seiner zahlenmystischen Obsession, in der 23 seine Schicksalszahl bedeutete (musikalisch ausgeprägt in der LYRISCHEN SUITE). Dabei kam er zu seiner auf sechs Tage Spielzeit fixierbaren Anordnung »nicht durch Umgruppierung, sondern lediglich durch Streichung von Szenen. Eine besondere dramaturgische Eigenleistung stellt dies nicht dar«. Unter heutigem Büchner-Verständnis ist sie sogar als Verformung zu bezeichnen: Aus einem Abbild sozialer Wirklichkeit in fragmentierter Fügung ohne Akteinteilung mit ungewöhnlich kurzen und eigenständigen Szenen bei Büchner wurde eine stringente Handlungsfolge in drei Akten. Betont wird sie in der gegenüber der Vorlage aufgewerteten Figur Maries durch Zutaten Bergs. Den Streit mit Wozzeck um die angeblich gefundenen Ohrringe des Tambourmajors (II,1) beschließt sie etwa mit den eher einer Carmen zustehenden fatalistischen Worten *Geht doch alles zum Teufel, Mann und Weib und Kind!* Bei Büchner steht nur das lakonische »Mann und Weib!«. Und im Monolog des letzten Akts (III,1) besänftigt Marie ihr Kind nicht mit der originalen Geschichte von der Königsfamilie, die Leberwürste aß, sondern fügt aus anderem Zusammenhang im Sinne einer Mitleid erregenden Vormotivation die Erzählung von der Waise ein: *Es war einmal ein armes Kind, und hatt' keinen Vater und keine Mutter*. Das sind planmäßige Abweichungen von Büchner, die dem Zweck einer psychologischen Handlungslinearität dienen. Nach Peter Petersens grundlegender semantischen Untersuchung der Oper (München 1985) basiert diese auf vier Themenkreisen: Aggressionen gegen Wozzeck (durch Hauptmann, Doktor und Tambourmajor), Maries Untreue, Wozzecks Wahnsinn (zum Ausdruck kommend in bildhaften Vorstellungen aus der APOKALYPSE, die Franzos gegenüber dem Autograph verstärkt hatte) sowie Wozzecks Aggressionen gegen andere und sich selbst, die in der Ermordung Maries und seinem phantasmagorisch selbstmörderischen Eingehen in die Natur des Wassers gipfeln.

ARBEIT AM TEXT

Berg hat 1929 in seinem Einführungsvortrag vor der Oldenburger Aufführung, die unter Johannes Schüler die Spielbarkeit seiner Oper in der so genannten Provinz bewies, ausdrücklich die Absicht bekannt, »eine dreiaktige Form zu finden, die in dreimal fünf Szenen Exposition, Peripetie und Katastrophe des Dramas deutlich auseinanderhielt und damit die Einheit der ›Handlung‹, die dramatische Geschlossenheit erzwang«. Obwohl Berg an der frühen Büchner-Forschung interessiert war und seit 1919 von der Franzos-Verfälschung wusste – 1920 erschien die erste kritische Ausgabe des Woyzeck mit dem richtigen Titel –, blieb er bei seiner ursprünglichen Formanlage und der falschen Lesart Wozzeck. Möglicherweise aus urheberrechtlichen Gründen, um nicht mit jüngeren Editoren Büchners in rechtliche Konflikte zu geraten. Zudem hatte er bereits neun Szenen komponiert und sah sich zu einer grundlegenden Veränderung seiner Disposition außer Stande.

Allerdings hat Berg gelegentlich doch in seine Vorlage eingegriffen, indem er Fehlendes einfügte oder aus dem Vorwurf des Doktors an Wozzecks Adresse, er habe wieder auf der Straße »gepißt« (I,4), das mildere »gehustet« machte – wahrscheinlich nicht, um eine Anstößigkeit zu vermeiden, sondern um sich als Asthmatiker mit Wozzeck zu solidarisieren. Weiter gehende Änderungen, etwa hin zur stärker sozialkritischen und realistischen Sprache Büchners gegenüber der Ausgabe von Franzos, erschienen ihm nicht nötig, da sich der Text in der von ihm arrangierten Fassung als ideales Gefäß für eine Oper erwies: ohne jenen Wortüberhang, unter dem die meisten Literaturopern leiden. Zu den Verknappungen des Komponisten gehört auch die Streichung von Wozzecks planmäßiger Vorbereitung des Mords, in der Oper erfolgt er affektiv aus der körperlichen und seelischen Verletzung durch den Tambourmajor. Trotzdem ist Bergs Vertonung, die Mitte Oktober 1921 im Particell – von dem anfangs skeptischen Schönberg als echte Theatermusik gefeiert – und im April 1922 in der Instrumentation abgeschlossen war, ein faszinierendes Exempel der partiellen Rückführung eines korrumpierten Textes auf die Intentionen des Autors Büchner: mittels Musik.

So ließ Franzos in seiner Ausgabe Wozzeck nach dem Mord an Marie in der zweiten Wirtshausszene das Volkslied singen »Es ritten drei Reiter wohl an den Rhein«. Das war eine Manipulation des Originals, in dem »Frau Wirtin hat 'ne brave Magd« erklingt. Franzos wollte mit diesem Lied, das – im nicht mehr gesungenen Verlauf, doch einem Lesepublikum des späten 19. Jahrhunderts als gesunkenes Kulturgut präsent – vom Mord an einem Mädchen erzählt, Wozzecks Fixierung auf seine Tat suggerieren. Berg folgte zwar dieser Verfälschung (III,3), übernahm aber nicht – wie etwa beim »Jäger aus Kurpfalz« – die Melodie des Volkslieds, sondern fast wörtlich das Wiegenlied, mit dem Marie ihren Bub in den Schlaf singt (I,3). Diese Rückbindung ist gravierend: Wozzeck wird im Sinne Büchners, der gegen die dem historischen Mörder attestierte Zurechnungsfähigkeit angeschrieben hatte, das Tatbewusstsein genommen. Nicht der Mord geistert durch sein Unbewusstes, sondern die ermordete Geliebte. Der musikalische Rückverweis nimmt Wozzeck jene Schuldmündigkeit, die Franzos ihm in Form von Selbstreflexion und religiösen Gefühlen zugesprochen hatte.

Den von Franzos eingeebneten Unterschied zwischen Hochsprache und dialektal eingefärbtem Umgangsdeutsch bei Büchner schärft Berg durch die Spannung zwischen seiner musikalisch atonikalen Formgebung und den verfremdeten Einsprengseln volksliedhaft gefügter Formeln. Sie reichen vom Lied der Gras fressenden Hasen, das Andres zu Beginn in eine tenorale Bravourarie hoch zerrt, über das auf die Melodie des Wienerlieds MADERL, WAS HAST MA DENN TAN? eingeleitete Wiegenlied und die Bibelszene Maries bis in die beiden Wirtshausszenen. Parallel zum Volksliedton verläuft der Einsatz tradierter Dur-Moll-Harmonik. Sie hat nicht nur in dem pianissimo von den Streichern lange ausgehaltenen C-Dur-Dreiklang, zu dem Wozzeck seiner Marie (II,1) den kargen Sold bringt, eine anrührende Wirkung (wenngleich sie von Berg als bewusst banale Klanggeste verstanden wurde). Die f-Moll-Grundierung von Maries Bibellektüre (III,1), mit der sie – im Gegensatz zu Wozzeck von einem Sündenbewusstsein geprägt – für ihren Treuebruch mit dem Tambourmajor büßt, und die gewaltige Überleitungsmusik nach Wozzecks Tod zur letzten Szene, von Berg als Invention über die Tonart d-Moll bezeichnet, sind einzigartige Residuen der ungebrochenen Expressivität tonaler Musik in einem atonikalen Umfeld.

Dieses letzte Zwischenspiel der Oper kann als auktorialer Kommentar des Autors verstanden werden – der aber mit einer entlehnten Stimme spricht. Es ist die Arnold Schönbergs, von dem Berg aus der Trauermusik um Waldemars ermordete Geliebte im Lied der Waldtaube aus den GURRELIEDERN ein Zitat bringt (dort zu den Worten »der König öffnet Toves Sarg« in Violoncello und Fagott). Bei Schönberg trauert im epischen Bericht ein Mensch um den anderen, bei Berg hören wir das Mitleiden eines Künstlers mit seinen eigenen Geschöpfen. Musik geht hier, und das erklärt ihre Wirkung auf das Publikum, in eine soziale Appellstruktur über: Bergs Klage um die geschundene Kreatur impliziert Gesellschaftskritik. Diese Invention über eine Tonart (d-Moll ist ausdrücklich notiert), die in einem Zwölftonakkord gipfelt und wieder zurückströmt, zieht eine Summe aus den auf Wozzeck bezogenen Hauptmotiven und ist zugleich Auftakt zu einer zukünftigen Tragödie. Als Invention über eine Achteltriolen-Bewegung hopst in der Schluss-Szene das Waisenkind Maries und Wozzecks auf dem Steckenpferd den anderen Kindern nach zur Leiche der Mutter: das nächste Opfer der gebrechlichen Einrichtung Welt.

DIE ALLTÄGLICHKEIT DES UNGEHEUREN

In diesem gemischten Stilklangfeld entbietet Berg seinem Lehrer einen weiteren Gruß, wenn er in der zentralen Szene (II,3) Wozzecks Anklage gegenüber Marie mit dem Orchester in der Besetzung von Schönbergs Erster Kammersymphonie grundiert und im Schlussteil zu Wozzecks Worten *Der Mensch ist ein Abgrund* aufgreift. Er wagt sich auch auf naturalistische Wege vor, wenn er den Atem der schlafenden Soldaten (mit halb geöffnetem Mund singend) in der Wachstube (II,5) als melismatischen Chorgesang vorführt. Dieses zwischen den eingekerkerten Ketzern in Kreneks KARL V. und der Lazarettszene von Janáčeks AUS EINEM TOTENHAUS bis zu den Weltkrieg-I-Soldaten in THE SILVER TASSIE von Mark-Anthony Turnage 2000 nachhallende Stilmittel ergänzt die ausdifferenzierten Artikulationsweisen der vorangehenden ersten Kneipenszene (II,4). Im Gegensatz zur zweiten (III,3) im Wirtshausgarten spielend, ist sie in der seit Beethovens Symphonien üblichen Scherzoform angelegt: einleitender Ländler mit aufblitzendem Zitat der erotischen Selbstanpreisung im Ochs-Walzer aus dem ROSENKAVALIER als Scherzo I; liedhafter Gesang der beiden betrunkenen Handwerksburschen als Trio I; Scherzo II als Walzer der Bühnenmusik – darunter Ziehharmonika und Bombardon – mit Auftritt Wozzecks und seiner Beobachtung der mit dem Tambourmajor hingebungsvoll – *Immer zu! Immer zu!* – tanzenden Marie; selbstständiges Trio II mit dem auf zwei gegrölte Phrasen im sechsstimmigen A-cappella-Satz reduzierten Volkslied vom Jäger aus Kurpfalz und dem in C-Dur und verfremdender Quartenharmonik zu stratosphärischem Höhenflug abhebenden Lied des Andres vom Mädchen mit dem Hang zu den Fuhrknechten als Mittelachse; im Wiederholungsteil dann Scherzo I als variierte Reprise des Ländlers mit kurzem Dialog Wozzeck-Andres; parodierte Fastenpredigt des ersten Handwerksburschen als Melodram im Trio I; Scherzo II als Wiederaufnahme des Walzers mit knappem Blut-Dialog Narr–Wozzeck.

Dieser Rahmen enthält eine konzise Zusammenfassung der vielfältig zwischen reinem Sprechen und ariosem Singen differenzierten vokalen Artikulationsarten, die Berg in Weiterentwicklung von Schönbergs PIERROT LUNAIRE für das Musikdrama nutzbar machte. Die Scherzoteile sind entweder Wozzeck oder den tanzenden Gästen zugeordnet: im Ländler- und Walzerrhythmus; die Trios in geraden oder unregelmäßigen Taktarten bilden entweder Hintergrund oder werden wie im Zoom für Aktionen der ihren Tanz unterbrechenden Wirtshausgäste nach vorn gezogen. Der dreimalige Wortansatz Wozzecks erfolgt jeweils vom Sprechen über Sprechgesang zu ekstatischem Singen in hoher Lage. Dabei wird er in das Treiben der anderen hineingezogen, bis deren Ekstase ihn zur Wut treibt. Die musikalisch groteske Übersteigerung der szenischen Vorgänge ist objektiv realistisch, da Wozzeck zuerst gar nicht auf der Bühne ist, und zugleich ein Produkt seiner durch diese Realität herbeigeführten paranoiden Wahrnehmungsfähigkeit: Wir hören die Vorgänge zuerst mit unseren, dann mit seinen Ohren und erfahren so, in welchem Maße gesellschaftliches Sein sich von seinem Schein entfernt hat.

Das Ungeheuerliche begegnet uns hier als das Alltägliche – nicht zufällig hat der weltweite Siegeszug des WOZZECK erst begonnen, als die Kenntnis von der menschlichen Denaturierung im Faschismus und Stalinismus zum Allgemeingut wurde. Exemplarisch biegt Berg in dieser Szene seine Vorlage auf die authentische Absicht Büchners zurück: Wozzeck als juristisch unzurechnungsfähiges Opfer seiner Lebensumstände zu zeigen. So ist sein in der ersten Szene ausgesprochenes Wort *Wir arme Leut!* textlich wie musikalisch das beherrschende Leitmotiv der Oper. Die im Ambitus einer verminderten Oktave abfallende Dreitonfolge, der eine aufsteigende Terz folgt, wird textlich von Marie in I,3 emphatisch aufgegriffen und musikalisch mit einem Septimsturz nach fallender Dreitonfolge ins Abgründige gerundet. Sie steht in dem apokalyptischen Schlund, den Wozzeck überall sieht.

LINIENKREISE – FIGUREN

Die operngeschichtliche Leistung Bergs liegt darin, dass er den gesellschaftlichen Appellcharakter nicht plakativ vorträgt, sondern ästhetisch in der denkbar progressivsten Weise seiner Zeit vermittelt. In seinen aufschlussreichen Erläuterungen zum WOZZECK hat er beschrieben, wie er den fragmentierten Szenen Büchners sowohl »unverkennbares Gesicht als auch Abrundungen und Geschlossenheit zu geben« versuchte. Tatsächlich ist im WOZZECK jede Szene, jeder Akt und damit das Ganze als strukturelle Einheit gestaltet. Aber schon 1928 ließ Bergs Hinweis auf »die vielbesprochene Heranziehung alter und neuer musikalischer Formen« aus dem Bereich der absoluten Musik leichten Missmut über mögliche Überinterpretationen hörbar werden – tatsächlich hat er selbst die Hörer animiert, nach dem Einblick in sein Kunstverfahren dieses beim Erleben der Oper wieder zu vergessen.

Gewicht erhält dieser Rat auch dadurch, dass allem exegetischen Eifer von Bergs Nachdeutern zum Trotz nur wenige seiner formalen Bindungen sich dem Hörer mitteilen. Dass der I. Akt aus fünf Charakterstücken besteht, der II. Symphonie in fünf Sätzen sein soll und der III. aus sechs Inventionen besteht, ist unbeschadet der buchstäblichen Richtigkeit in zahlreichen Apologien der Neuen Musik zum Mythos einer Heilsgewissheit verklärt worden. Einige dieser Formen sind für den Hörer auch in Kenntnis von Partitur oder Klavierauszug – in beide ließ Berg die Formteile minutiös eintragen – kaum wahrnehmbar, nur wenige genügen dem begrifflichen Anspruch: »Ganze drei Szenen, die Passacaglia (I,4) und die beiden mit Fuge (II,2 und III,1), haben ›Formen‹ im strengen Sinn, während die [… ›Symphonie‹] auf der Kippe steht zwischen Modell-Treue im Sonatenhauptsatz (II,1) oder im ›Scherzo‹ (II,4) und einer weniger verbindlichen formalen Idee in der zyklischen Anordnung der Sätze mit variablen Gliedern ›Largo‹ (II,3) oder ›Rondo con Introduzione‹ (II,5)«.

Für Berg war der Nachweis formaler Innenbindung unverzichtbar. Er wirkte damit dem Vorwurf eines Sinnverlusts in der nicht mehr tonikal geordneten Musik entgegen und musste auf seiner einzigartigen Verzahnung von szenischem Vorgang, motivischer Struktur und musikalischer Tektonik bestehen. Das diente nicht zuletzt der Rechtfertigung eines speziellen Eindrucks von Kaputtheit, den seine Musik erzeugt. Nicht nur in II,2, wenn der Hauptmann Wozzeck sagt, er laufe *wie ein offenes Rasiermesser durch die Welt*, entspricht die emanzipierte Dissonanz genau dem Sinngehalt des Textes. Mag solche Adäquanz auch nicht durchgehend offenbar werden, so überwältigt sie doch als musikformale Sinnfülle in Sätzen wie dem Scherzo der ersten Kneipenszene oder der Passacaglia in I,4. Dort hält Wozzeck bei der zwölften von insgesamt 21 Variationen über einem irrläuferisch durchgehenden Bass dem mit seinem Wahn auf die Unsterblichkeit durch Forscherruhm nicht minder paranoiden Doktor das Rätselwort entgegen *Linienkreise – Figuren – Wer das lesen könnte!* Wir können es hören und verstehen das Gefangensein der Figuren in den Linienkreisen ihres musikalisierten Schicksals.

Nicht anders bei Wozzecks osmotischem Eingehen in die Natur (III,4), das Berg als chromatisch auf- und abgleitende Sechstonakkorde der Streicher zu einer geheimnisvoll ruhigen Wassermusik mit flüsterndem Nachtwind und Unkenrufen in tiefen Klarinetten ausmalt: kommentiert in gesprochenen Worten von Doktor und Hauptmann. Zu den Wundern der Partitur zählt auch die Invention über den Ton H (III,2), in die Wozzecks Mord an Marie gehüllt ist: Berg gelingt es hier tatsächlich, einen einzigen Ton durch dessen obsessionelle Verwendung zu einem Leit- und Leidensmotiv zu machen, meist als Orgelpunkt in den Bässen oder als Hochton in den Streichern und Flöten. Marie selbst trifft diesen Ton nur in ihrem Todesschrei *Hilfe!* Mit Wozzecks vorangehendem F auf das Wort *nicht* steht er seit dem Ruf des Hauptmanns *Langsam, Wozzeck, langsam!* aus der ersten Szene in der für die Oper konstitutiven Tritonus-Spannung und stürzt vom zweigestrichenen Fortissimo-H über zwei Oktaven ins fast Unhörbare – Nachhall des Hilferufs der Frau in Schönbergs ERWARTUNG und Vorecho des Spitzentons von Lulus Todesakkord.

Zugleich schneidet dieser Schrei tief in Maries Bewusstsein. Der Sterbenden – auch darin klingt Schönbergs Vorbild nach –

erscheinen in ihren Todessekunden schrill ineinander gefügte Motivfetzen als Erinnerung an ihr verlöschendes Leben: die leeren Quinten, die sie von ihrem anfänglichen Warten auf Wozzeck an begleiteten, und ihr fallendes Klagemotiv *Komm, mein Bub* mit dem in I,3 folgenden Ausruf *Wir arme Leut!*, ihr Wiegenlied in der Pikkoloflöte, der Marsch des Tambourmajors in den Posaunen. Zwei gewaltige orchestrale Crescendi auf dem Ton H, getrennt durch Schläge der großen Trommel, schließen die Invention als expressionistische Explosion ab. Zuerst setzen die Instrumente ohne Schlagzeug, mit dem gedämpften Horn beginnend, auf demselben Ton ein. Streicher und Bläser sind dabei um jeweils ein Viertel voneinander rhythmisch getrennt, wodurch der verzerrte Schnellpolka-Rhythmus des verstimmten Klaviers in der anschließenden zweiten Wirtshausszene vorbereitet wird. Beim zweiten Crescendo heben alle Instrumente einschließlich Schlagzeug über drei Oktaven verteilt gleichzeitig an. So wird ein einziger ausinstrumentierter Ton zum Aufschrei des Leids in der Welt und des Leidens an ihr.

LULU (unvollendete ›Oper‹ in drei Akten, *L* vom Komponisten nach den Tragödien DER ERDGEIST – 1895 – und DIE BÜCHSE DER PANDORA – 1902 – von Frank Wedekind; fragmentarische Fassung: Zürich mit Nuri Hadzic in der Titelrolle unter Robert Denzler 1937; Florenz unter Nino Sanzogno in der Regie von Giorgio Strehler 1949; Essen mit Carla Spletter unter Gustav König 1953; Durchbruch zum Repertoirestück der Moderne 1957 in Hamburg mit Helga Pilarczyk unter Leopold Ludwig in der Inszenierung von Günther Rennert, der Stil bildend das Zirkusmotiv in den Vordergrund stellte, so auch Wieland Wagner 1966 in Stuttgart mit Anja Silja unter Ferdinand Leitner; Theater an der Wien mit Evelyn Lear unter Karl Böhm 1962; Santa Fe mit Joan Carroll 1963; Brüssel 1965; Helsinki 1968; Komische Oper Berlin 1975; Stockholm 1977; dreiaktige Fassung in der Komplettierung durch Friedrich Cerha: Opéra Paris 1979 mit Teresa Stratas unter Pierre Boulez in der Inszenierung von Patrice Chéreau; erstaunlich schnelle Verbreitung: Sante Fe – in der Übersetzung von Arthur Jacobs mit Nancy Shade unter Michael Tilson Thomas –, Zürich, Frankfurt/Main – mit Slavka Taskova unter Michael Gielen in der Regie von Harry Kupfer – 1979; Komische Oper Berlin in der Regie von Joachim Herz 1980; Covent Garden London 1981 unter Colin Davis mit Karan Armstrong in der Regie von Götz Friedrich, der mit ihr das Werk 1982 auch in der Deutschen Oper Berlin herausbrachte; Graz mit Ursula Reinhardt-Kiss unter Friedrich Cerha in der Inszenierung von Hans Hollmann 1981; Staatsoper Wien mit Julia Migenes unter Lorin Maazel 1983; seitdem auch an kleineren Häusern und als Bestandteil eines internationalen Regietheaters, so bei Juri Ljubimow 1983 in Turin, Jean-Pierre Ponnelle 1985 in der Münchner Staatsoper, Ruth Berghaus 1988 in Brüssel, Adolf Dresen 1991 im Châtelet Paris, Peter Mussbach mit Christine Schäfer unter Michael Gielen bei den Salzburger Festspielen 1995/Staatsoper Berlin 1997, Travis Preston in der Reithalle zu Schloss Christiansborg/Kopenhagen oder Annegret Ritzel in Nürnberg 1996, die Lulu mit einer anderen Darstellerin für jeden Akt besetzte; neben der dreiaktigen Fassung wird gelegentlich auch die fragmentarische gespielt).

Nach Vollendung des WOZZECK adaptierte Berg die von Schönberg entwickelte Technik der Komposition mit zwölf nur aufeinander bezogenen Tönen in der LYRISCHEN SUITE sowie im KAMMERKONZERT. Erst darauf entschloss er sich zur Komposition einer weiteren Oper und entschied sich für Wedekinds LULU-Tragödien, weil er sich mit Gerhart Hauptmann nicht über die Modalitäten einer Vertonung von dessen Glashüttenmärchen UND PIPPA TANZT einigen konnte. Das Interesse für Wedekinds Thema – die unbedingte Kraft des Eros – war biographisch mitbedingt durch Bergs vor allem vor der eigenen Ehefrau geheim gehaltene Liebe zu Hanna Fuchs-Robettin, deren Bruder Franz Werfel wie dessen Frau Alma Mahler-Werfel als Übermittler der Liebesbriefe dienten. Die Entscheidung für die Vorlage erhielt auch Vorschub durch die Erinnerung an jene private Theateraufführung der in der Öffentlichkeit verbotenen BÜCHSE DER PANDORA, die Berg 1905 – von Karl Kraus im Wiener Trianon-Theater organisiert – gesehen hatte: mit Wedekind als Lustmörder Jack und seiner Frau Tilly als Lulu. Hinzu kam Bergs Interesse an Georg Wilhelm Papsts 1928 gedrehtem Stummfilm DIE BÜCHSE DER PANDORA. Die im selben Jahr in Angriff genommene Arbeit ging langsam vonstatten, da Berg sie zeitweise zu Gunsten von zwei Auftragswerken zurückstellte: der Konzertarie *Der Wein* und des Violinkonzerts zum Gedenken der jung verstorbenen Manon Gropius.

DAS RINGEN UM DIE VOLLENDUNG

Im Frühjahr 1934 war die Komposition im Particell fertig. Da sich die Aussichten auf eine Premiere in Berlin durch die Machtübernahme der Nazis verschlechtert hatten – schon seine erste Oper war auf heftige Proteste deutschnationaler Kreise gestoßen –, stellte Berg wie schon 1924 mit den DREI BRUCHSTÜCKEN AUS WOZZECK eine fünfsätzige Orchestersuite (mit Sopran) für den Konzertgebrauch zusammen, die Erich Kleiber am 30. November 1934 in Berlin uraufführte. Im Herbst 1935 nahm er die Arbeit an der Instrumentation wieder auf, wobei er die Teile der Orchestersuite in die Oper integrierte. Als Berg im Dezember 1935 starb, waren der I. und II. Akt sowie von den 1 326 Takten des dritten knapp dreißig Prozent in Partiturreinschrift vollendet: die anfänglichen 268 Takte sowie aus den SYMPHONISCHEN STÜCKEN das Zwischenspiel der beiden Szenen und der abschließende Satz mit dem Todesakkord Lulus. Da neben dem vollständigen, mehrfach korrigierten Particell mit meist genauen Angaben zur Instrumentation Bergs Skizzen zum Werk, zwei Tabellen mit den der Komposition zu Grunde liegenden Tonreihen und der 1935/36 von Erwin Stein angefertigte Klavierauszug vorlagen, blieben neben der Instrumentation von gut siebzig Prozent noch 86 Takte zu ergänzen. Bergs Witwe Helene hielt, darin später unterstützt von Musikologen und Komponisten wie Schönberg, Ernst Krenek oder Adorno, eine Komplettierung der Oper für möglich, ihre Anfragen führten aber zu Absagen Schönbergs, Zemlinskys und Weberns. Die Zürcher Uraufführung der beiden vollständigen Akte mit den beiden Schluss-Sätzen der Suite 1937 wurde von ihr zunächst als einmalige Notlösung betrachtet.

Helene Berg änderte aber ihre Meinung, als sich die szenische Praxis durchsetzte, den III. Akt in pantomimischen Andeutungen zu den Variationen über Wedekinds originales Bänkellied und dem letzten Satz der symphonischen Suite spielen zu lassen. Hinzu kam, dass sie sich nun auch gegen die von ihr früher erhoffte Veröffentlichung von Erwin Steins Klavierauszug wandte. Mehr noch: Sie verbot Forschern sogar Einblick in das überlieferte Material zum III. Akt und machte das in dem nach ihrem Tod im Jahre 1976 veröffentlichten Testament 1969 justiziabel. Ironie des Schicksals:

Einer der letzten Musikologen, der mit ihrer Erlaubnis 1963 Einsicht nehmen durfte, der Amerikaner George Perle, schrieb nicht nur eine grundlegende Monographie über Bergs Opern. Er deckte auch in Bergs LYRISCHER SUITE das von Helene Berg am liebsten unter Verschluss gehaltene geheime Programm von Bergs Liebeserklärung an Hanna Fuchs auf und fand heraus, dass der Schlussakkord der LULU – das Grave der Suite lässt an der Authentizität keinen Zweifel – im Ambitus von jenen Tönen H-F begrenzt ist, die Berg als Huldigung an seine Geliebte einzusetzen pflegte.

Eine zweite Ironie des Schicksals, lässt man einmal den juristischen Aspekt des nach dem Tod Helene Bergs von der Alban-Berg-Stiftung und deren Sprecher Gottfried von Einem auftragsgemäß verfochtenen Komplettierungsverbots außer Betracht, ist darin zu sehen, dass Bergs Wiener Verlag – auf den 1930 mit dem Komponisten geschlossenen Vertrag pochend – schon 1962 dem Komponisten Friedrich Cerha den Geheimauftrag gab, auf der Basis der überlieferten Materialien eine spielfähige Fassung des III. Akts herzustellen. Diese Arbeit zog sich bis 1974 hin, und ihr Ergebnis wurde 1976/77 noch einmal einer Revision unterzogen: Grundlage der Pariser Uraufführung von 1979, die nach einem außergerichtlichen Vergleich zwischen Universal Edition und Alban-Berg-Stiftung zu Stande kam und lebhaftes Interesse an der Oper entfachte. Cerha, der 1979 einen Rechenschaftsbericht seiner im Jahr zuvor als Klavierauszug und Aufführungsmaterial publizierten Fassung veröffentlichte, legte 1985 die Partitur vor, zusätzlich mit einer Revision der 1964 von Hans Erich Apostel edierten zweiaktigen Ausgabe.

Obgleich Cerhas Einrichtung nicht unumstritten ist – der Reiz des Fragments gibt der durch die beiden Suiten-Sätze erweiterten zweiaktigen eine besondere Aura –, wiegen ihre Vorteile schwer. Dazu gehören auch pragmatische Richtigstellungen. So firmierte auf dem Titelblatt der Partiturausgabe von 1964 Alwa Schön wie bei Wedekind als Schriftsteller, obwohl Berg ihn zweifelsfrei – sogar in einer identifikatorischen Selbstprojektion – als Komponisten behandelte. Realisiert wurden nun auch die intendierten Mehrfachrollen, für die Berg sich bei Wedekind nur auf die mögliche Identität von Dr. Schön und Jack the Ripper beziehen konnte. Wenn der eine den Maler Schwarz über Lulus Herkunft aufgeklärt hat, bedient er sich – auch in der Oper – derselben Worte wie der andere nach dem Lustmord an Lulu: *Das war ein Stück Arbeit!*

ROLLENAUFTEILUNGEN

So entsprechen, was schon durch die frühen Berg-Forscher Willi Reich und Hans Ferdinand Redlich geklärt worden war, auch Lulus erste Ehemänner ihren Freiern im letzten Akt: Der Medizinalrat (bei Wedekind Dr. Goll), der in III,1 auch den Bankier (Puntschu) spielt, ist identisch mit dem Professor (Wedekinds Privatdozent Dr. Hilti), der Maler (Schwarz) mit dem Neger (Wedekinds Kaiserlichem Prinzen Kungu Poti). Ähnliches gilt für die Hosenrolle Hugenbergs, der zum anonymen Gymnasiasten und (wie schon in der Erstausgabe) identisch mit der Theatergarderobiere und dem Groom wurde, sowie für den (von Anfang an) mit dem Tierbändiger des Prologs identischen Athleten, dem der Name Rodrigo Quast nun fehlt. Für Bergs künstlerischen Ordnungssinn spielten diese Dinge eine nicht zu unterschätzende Rolle. Auch sind die kleinen Rollen von Prinz im I., Kammerdiener im II. und Marquis (bei Wedekind: Casti-Piani) im III. Akt demselben Darsteller zuzuordnen, da Berg sie mit musikalischen Entsprechungen behandelte.

Zu den Verbesserungen von Cerhas Partitur gehören sogar Details der übernommenen symphonischen Suite, deren Autograph eine Zeit lang für verloren gehalten wurde. Tatsächlich hat Berg nach den Forschungen von Douglas Jarman die wenigen für die Oper nicht benötigten Takte einfach überklebt und das Original in diese eingesetzt. Damit hängt zusammen, dass die Unterlegung der Filmmusik, die zwischen II,1 und 2 als Intermezzo dient und in der Suite als deren zweiter Satz unter dem Titel OSTINATO läuft, mit dem genauen Szenario zunächst unterblieben war. Dabei hatte Berg großen Wert darauf gelegt, Musik und filmische Handlung absolut synchron zu halten, wie einem Extra-Notenblatt im Particell zu entnehmen ist (erstmals 1981 veröffentlicht). Das ist insofern von Belang, als das aus der Zirkusmusik des Prologs abgeleitete Filmmusik-Ostinato, in sich selbst spiegelbildlich angelegt, die Symmetrieachse bildet, um die das Werk dramaturgisch angelegt ist: Nach den Worten von Karl Kraus wird aus der Trägerin der Handlung nun eine Getragene, auf Lulus Aufstieg folgt der Abstieg, im musikbegleiteten Stummfilm darzustellen als ihre Verhaftung nach dem Mord an Dr. Schön, Verurteilung und Inhaftierung mit dem Schmieden des aberwitzigen Plans ihrer Befreiung durch Kleidertausch mit der Gräfin Geschwitz.

PROBLEME EINER LITERATUROPER

Es handelt sich hier um die Schnittstelle zwischen den beiden Tragödienteilen DER ERDGEIST und DIE BÜCHSE DER PANDORA, die Wedekind 1913 zusammengefügt hatte. Leider kannte Berg nicht die ebenfalls als einteilige Tragödie erarbeitete Urfassung DIE BÜCHSE DER PANDORA. EINE MONSTERTRAGÖDIE, die Wedekind 1892/94 geschrieben hatte und – teilweise in vorauseilendem Gehorsam – der Zensur unterwarf. Als Teil einer geplanten historisch-kritischen Ausgabe wurde sie von Hartmut Vinçon (Darmstadt 1990) herausgegeben. Diese Urfassung, in Peter Zadeks Inszenierung bereits 1988 im Deutschen Schauspielhaus Hamburg – mit dem von Wedekind eingesetzten Französisch und Englisch in den abschließenden Paris- und London-Akten – auf dem Theater gespielt, beweist, in welchem Maße Wedekinds spätere Umarbeitungen Ergebnis eines literaturpolitischen Kompromisses sind. Das trifft auch und erst recht auf die für Berg verbindliche Fassung von 1913 zu, in der Wedekind erstmals die Figur des Tierbändigers einführte. Dieser allegorisiert wie bei Berg die Hauptfiguren der Handlung mit Tieren, Lulu mit der biblischen Schlange, und fordert das Publikum auf, *Die unbeseelte Kreatur zu schauen, / Gebändigt durch das menschliche Genie*. Das war ein eher vordergründiger Versuch, weiteren Eingriffen der Zensur mit leidvoll erlittenen Verboten durch eine Pseudo-Mythisierung vorzubeugen. Dem zweiten Teil fügte Wedekind – von Berg nicht vertont – einen kaum minder der Ablenkung dienenden Prolog in der Buchhandlung an: als Bezug auf den Prolog im Himmel von Goethes FAUST, wobei – was Berg selbst in einem Brief an Erich Kleiber (21. März 1934) bemerkte und Ernst Krenek in seiner Rezension der Zürcher Uraufführung der Oper vertiefte – eine Analogie Lulus zu Don Juan weit näher liegt als zu Faust.

Der Hauptnachteil von Wedekinds Bearbeitungen des Urwurfs, am stärksten in der Fassung von 1913, ist – abgesehen von sprachlichen Verharmlosungen mit teilweise prätentiösem Faltenwurf – in dem zu sehen, was er zu verhindern hoffte: dem Absinken der ursprünglichen Lulu-Figur zu einer modischen Femme fatale. Das wird am deutlichsten in der 1894 fehlenden Szene in der Theatergarderobe, wenn Lulu als inzwischen gefeierte Tänzerin sich der Verlobung Dr. Schöns (in der Urfassung: Schöning) mit einer Adligen widersetzt und ihn, den Tiger des Prologs, auf seinem Rücken reitend, zwingt, die von ihr diktierte Absage zu schreiben (in der Oper I,3). Analog dazu Lulus Mord an dem nun mit ihr verheirateten Dr. Schön (II,1). Sie trifft ihn vorsätzlich mit fünf von Berg im Todesrhythmus der Oper auskomponierten Pistolenschüssen, während sie in der Urfassung tatsächlich den von ihr geforderten Selbstmord erwägt und dann nur einen Schuss – fast sogar beiläufig – abgibt, der groteskerweise noch den Athleten Rodrigo streift. Dr. Schön erleidet dann in Lulus Kuss mit Champagner einen trivialmythisch ins Konsumistische verfremdeten Liebestod.

Gleichwohl ist es Berg, vergleichbar seinem WOZZECK, intuitiv gelungen, einige der ursprünglichen Absichten des Dichters zu restituieren – obwohl er nur etwa ein Fünftel des ihm vorliegenden Textes vertont hat, der Begriff der Literaturoper auf seine LULU also nur sehr bedingt anzuwenden ist. Ein Beispiel dafür bietet die Szene II,1 vor Lulus Mordschüssen, in der Wedekinds ERDGEIST IV,3 zu der so genannten Kavatine Lulus umgeformt ist: ihr Dialog mit Dr. Schön, den sie bittet, an diesem Tag nicht wie gewohnt zur Börse zu gehen. Ihre Replik *Du hast mich ja gar nicht geheiratet* bleibt in der Oper unverständlich, weil sein Eingeständnis fehlt, er habe sie aus Angst vor dem Tod (Alter) geheiratet. Das ist wie das von Cerha vielleicht nicht auf der Alban Berg möglichen Höhe realisierte Ensemble nach dem Kurssturz der Jungfrauen-Aktien in III,1 einer der Momente, in denen Berg – der im Gegensatz zu WOZZECK auf reine Dialogpartien und die im Sinne Wagners ›dialogisierte Melodie‹ des Rezitativs zurückgriff – jenen Grad des Aneinandervorbeiredens der Figuren trifft, der in Wedekinds Urfassung – manchmal bis zum Stammeln gesteigert – konstitutiv für die innere Beziehungslosigkeit der Menschen steht.

DIE MULTIPLE WUNSCHMASCHINE

Diese wird prismatisch in Lulu gebrochen. Sie erscheint, was schon die ihr von den Männern verliehenen Namen Nellie, Eva, Mignon unmissverständlich machen, als eine Projektion ihrer männlichen Umwelt: eine Art multipler Wunschmaschine (was ihre aktweise dreifache Aufspaltung in Analogie zu den Mehrfachrollen im männlichen Opernpersonal rechtfertigt). Tatsächlich verkörpert sie, wie es Wedekinds Tierbändiger im Prolog sagt, mit des »Lasters Kindereinfalt« als chthonischer Erdgeist eine Natürlichkeit diesseits von gut und böse. Gleichzeitig birgt ihr Geschlecht wie die Büchse der Pandora alle Übel der Welt: als Rache für ihre von der patriarchalischen Gesellschaft domestizierte Sinnlichkeit. Wedekinds – von Berg komponierte – Inkarnation der *Urgestalt des Weibes*, in der Funktion, *süßes Kind* zu sein, ist lange Zeit für Ironie gehalten worden, und die Tatsache, dass Tilly Wedekind auf ausdrücklichen Wunsch ihres Manns die Lulu madonnenhaft spielen musste, wurde erst mit der Entdeckung der Urfassung plausibel. Lulu sucht noch bei ihrem Mörder jene Liebe, die ihr selbst von Alwa – der sie eher zur Hauptfigur einer Oper als glücklich machen kann – in allen männlichen Besitzansprüchen verweigert worden war und die sie selbst der lesbischen Geschwitz gegenüber verweigert. Für Wedekind stand Lulu in einer bigott lustfeindlichen Gesellschaft ein für die in unbedingter Sexualität, speziell weiblicher, erfüllte Lebenslust. Sie verweigert sich allen Instrumentalisierungen, die ihr von den Männern abverlangt werden: als brave Ehefrau, als Künstlermuse, als jung haltende Geliebte, als idealisierte Freundin, als gleichgeschlechtliche Partnerin, als Dirne.

Dahinter scheint der konkrete Anspruch auf ein weibliches Selbstbestimmungsrecht auf. Berg hat aber mit seiner durchgehenden Symmetriebildung, die erst in Cerhas dreiaktiger Fassung die korrespondierende Einheit aller Episoden deutlich werden lässt, ein Gleichgewicht der Conditio humana zwischen Schuld und Sühne zu finden gehofft. Dabei hat er »die Allegorie menschlicher Verstrickung einer höheren Gerechtigkeit untergeordnet«. Es ist ein utopischer Versuch, in spiegelsymmetrischen Bezügen das Geschehen zu bannen und seiner Schrecklichkeit zu berauben. Berg sah Lulu wie Karl Kraus im Einführungsvortrag zu seiner Privataufführung 1905: als Wesen von einem anderen Planeten, das in Vorwegnahme von Indras Tochter aus Strindbergs TRAUMSPIEL vom Himmel auf die Erde fällt, aber den Menschen aus der Unzulänglichkeit ihres Lebens nicht helfen kann. Berg gelang diese Umfärbung, indem er »als Librettist wie als Komponist das Wesen Lulus mit dem Bild identifizierte, das sich Alwa von ihr macht. Alwa wird zur Schlüsselfigur der Bergschen Wedekind-Interpretation, und Alwas Satz über Lulu, mit dem Karl Kraus seinen Vortrag mottohaft eröffnete: *Eine Seele, die sich im Jenseits den Schlaf aus den Augen reibt*, erscheint als Quintessenz dessen, was Berg mit musikalischen Mitteln auszudrücken versuchte«. Adorno hat 1949 in der PHILOSOPHIE DER NEUEN MUSIK Bergs Oper als »Ausdruck schrankenloser Wehmut«, sogar als Umwandlung der Tragödien Wedekinds in ein Erlösungsdrama interpretiert. Dabei stützte er sich auch auf die beiden letzten Takte, in denen Berg im Unisono von erster Posaune und Englischhorn den Zeitpunkt des Tods der Gräfin Geschwitz nach Lulus Ermordung fixiert: einen fallenden Halbtonschritt C-H, der als Sprechstimme notiert ist, aber ohne Text. Bei Wedekind lauten die letzten Silben der Sterbenden »verflucht!«. Pierre Boulez bestand bei der Pariser Uraufführung der komplettierten Fassung 1979 darauf, dieses Wort hörbar zu machen – und seitdem hat es sich im Theater eingebürgert: als Indiz unserer Zugehörigkeit zu Wedekinds Unerlösten auf der Bühne.

MIKROSTRUKTUREN

Bergs kompositorische Leistung unterscheidet sich von der im WOZZECK erreichten durch den erhöhten konstruktiven Schwierigkeitsgrad. Er wandte nicht nur Schönbergs Zwölftonmethode an, sondern gliederte die mit dem III. Akt ungefähr doppelt so umfängliche Partitur, die ein um Klavier, Vibraphon und Saxophone erweitertes Orchester aufweist, durch erheblich weiter gespannte formale Zusammenhänge. Ähnlich wie in seinem Violinkonzert, wo die gewählte Zwölftonreihe Dur-Moll-Beziehungen ermöglicht, erlaubt die Grundreihe der LULU neben chromatischen und Ganzton-Passagen auch solche der Dur-Moll-Tonalität. Die Reihe selbst, nach C transponiert, erklingt erstmals vollständig in II,1 zu Lulus bis in den Koloraturbereich steigendem Lied *Wenn sich die Menschen um meinetwillen umgebracht haben*. Sie wird zugleich aber schon der Umkehrung unterworfen, wodurch sich das melodische Material der Szene organisch weiterentwickelt. Zudem werden sozusagen leitmotivische Intervallbezüge als Urzellen weiterer Konstruktionsreihen oder semantischer Bedeutungsträger im Sinne von Josef Matthias Hauers Tropen (→ S. 516 f.) freigesetzt: etwa die das ganze Werk durchgeisternden Erdgeist-Quarten, mit deren im Tritonusabstand wiederholtem Posaunensignal der Prolog anhebt, die an Marie in WOZZECK erinnernden leeren Quinten der Gräfin Geschwitz, die für Alwa stehenden kleinen Terzen.

Bezeichnend für Bergs mikrostrukturelle Konstruktion der Oper sind deren letzte drei Akkorde. Der erste, mit E-A-Cis den Beginn von Dr. Schöns Reihe repräsentierend, hatte den I. Akt mit Schöns erzwungener Auflösung seiner Verlobung beendet und den II. eröffnet – Berg greift das schon in WOZZECK erprobte Prinzip der Innenbindung auf und verklammert jeden Aktbeginn mit dem Schluss des vorangehenden, der jeweils akkordisch skandiert wird. Diese Skandierung erfolgt im Schicksalsrhythmus der Oper: einer synkopierten Viertonfolge von zwei Längen (punktierte Viertel), einer Kürze (Achtel) und abschließender Länge, deren Fünfzeitigkeit sich nicht in den notierten Vierertakt einfügen will (nur in den Schlusstakten sind fünf Viertel fixiert, wobei der Rhythmus aber enggeführt wird, so dass er sich wieder zu sperren scheint). Der zweite Schlussakkord verwandelt Dr. Schöns Dur-Dreiklang in den Moll-Anfang von Alwas Reihe. »Dieser Akkord ist Teil des Schlußakkords von Akt II und beschließt das Liebesduett zwischen Alwa und Lulu, die nach ihrer Flucht aus dem Gefängnis zu ihm gekommen ist; derselbe Akkord eröffnet den III. Akt, der in Paris beginnt, wohin Alwa und seine Geliebte geflohen sind, um der Polizei zu entgehen«. Der letzte Akkord der Oper wiederum wandelt diesen Moll-Dreiklang in die ersten drei Töne des mit der Gräfin Geschwitz verbundenen Tropus – dass Berg deren unerfülltes Sehnen nach Lulu mit seiner eigenen Beziehung zu Hanna Fuchs konnotierte, indem er diesen Akkord in die Begrenzungsnoten H-F fasste, sagt nicht nur etwas über sein eigenes Leben aus, sondern auch über das Schicksal seiner Figuren. So ist die Gräfin als Adelige und Lesbierin durch Geburt und abweichendes Sexualverhalten zwar dem sogar die Sexualität umfassenden bürgerlichen Warentausch entraten, aber eben deshalb eine zweifach Verfluchte.

MAKROSTRUKTUR

Der mikrostrukturellen Verwebung entspricht die Makrostruktur der Oper. Sensualistisch sinnfällig wird sie durch die Motive, semantischen Tropen und harmonischen Felder, die Berg aus seiner Grundreihe gewonnen hat und in musikdramaturgische Großformen überführt. So umspannt – der Komponist hat wie in WOZZECK die Zusammenhänge am Rand der Partitur verdeutlicht – ein mehrfach unterbrochener Sonatenhauptsatz im I. Akt die zweite und dritte Szene, die Dr. Schöns allmähliche Verfallenheit an Lulu schildert – analog zur Liebesbeziehung zwischen Alwa und Lulu im folgenden Akt, die als Rondo Gestalt annimmt. Im chromatisch auf- und abwogenden, mit emphatischem Sextenaufschwung klanggesättigten Lento-Schlussteil der Exposition spricht Lulu im Atelier des Malers gesanglos die entscheidenden Worte *Wenn ich einem Menschen auf dieser Welt angehöre, gehöre ich Ihnen*. Als sie mit dem Wort, man habe sie satt, abgeht, klingt das Thema nach: Schöns Besessenheit aufdeckend.

Dr. Schöns in den Sonatensatz eingeschobene Aufklärung des Malers über Lulus Herkunft hat Berg als ›Monoritmica‹ bezeichnet: ein in mehrfacher Temposteigerung vom Grave bis zum Prestissimo und dann zurücklaufend durchgeführter Dialog über dem schon beim Tod des Medizinalrats erklungenen Schicksalsrhythmus der Oper. In dem Teil, in dem der Maler hinter der Bühne Selbstmord begeht, exponiert das Schlagzeug den Rhythmus isoliert. Die symmetrische Anlage der als Durchführung eines Rhythmus geltenden Szene spiegelt wie das Ostinato der Filmmusik zwischen den beiden Szenen des II. Akts verkürzt die Verlaufsform des ganzen Werks. Sogar der Liebesmusik zwischen Dr. Schön und Lulu, die im Schlussadagio aus der symphonischen Suite und damit im III. Akt wiederkehrt, liegt der Hauptrhythmus zu Grunde: Sinnlichkeit und Untergang miteinander verschränkend. Am Ende von I,2 nimmt das orchestrale Zwischenspiel den Sonatenablauf an der Stelle auf, wo er unterbrochen wurde, und leitet mit Ragtime-Klängen hinter der Bühne zu der in der Theatergarderobe spielenden nächsten Szene über.

In dieser tritt zunächst der Prinz auf, der Alwa gegenüber den Wunsch äußert, Lulu wegen ihrer körperlichen und seelischen Schönheit mit in die afrikanische Heimat zu nehmen. Berg grundiert das ironisch mit einem Choral, dessen Schlusstöne er im analogen Moment von III,1 aufgreift, wenn der Marquis Lulu an ein Kairoer Bordell verkaufen will. Unterbrochen werden nun die Choral-Variationen nach der zweiten Szene durch das Lied des Mädchenhändlers (Marquis), das Berg als den ganzen III. Akt durchziehende Klangchiffre Wedekinds Lautenlied »Freudig schwör ich jeden Schwur« entnommen hatte. In den Variationen über dieses Lied, die als Zwischenmusik zur Schluss-Szene der Oper überleiten, tönt Wedekinds Thema auf der Drehorgel depraviert in die Londoner Dachstube hinein, wo Lulu, Geschwitz, Alwa und der als Einziger überlebende Schigolch eine armselige Bleibe gefunden haben. So rundet sich die Tragödie im Kleinen wie im Großen. Und der Zwölftonakkord, der nach Lulus Todesschrei erklingt, ist nichts anderes als die in die Vertikale gezwungene Grundreihe der Oper: ein ohne Oktavverdopplung durchsichtig als Quint-Tritonus-Quart-Struktur ausinstrumentierter Akkord, der durch das Bindemittel kleiner Sekunden zusätzlich geschärft wird. Gegenüber dem zweifachen Crescendo auf dem Ton H gegen Ende des WOZZECK sind Abstraktion und Ausdruck noch weiter getrieben. Sie fallen, wie es Ernst Krenek 1937 beschrieben hat, zusammen in diesem »Todesschrei, der in seiner vollendeten Konstruktion als Zwölfklang und Integral der neuen Ordnung wie nichts anderes das Ende jener gepriesenen und fluchwürdigen Schönheit verkünden wird«, von der Bergs Oper wie kaum eine andere handelt.

DER EXPRESSIONISTISCHE NACHHALL

ZWISCHEN BAUHAUS-BAROCK UND MEDIENEREIGNIS

Der Modernitätsschock der atonikalen Opern Schönbergs und Bergs hat der späteren – zumal deutschsprachigen – Musikgeschichtsschreibung die Leitlinie vorgegeben. Als progressiv gilt nach deren Kriterien eine Musik, die dem so genannten Materialfortschritt zur Zwölftonmusik entsprach, als konservativ bis reaktionär der Versuch, Dur-Moll-harmonische Grundstrukturen zu bewahren. In dieser durch die Komponisten der Wiener Schule dominierten Perspektive blieb für andere Ansätze einer nicht mehr tonikal gebundenen Musik wenig Platz. Ordnungsverfahren russischer Komponisten, die schon um 1914 zu zwölftönigen Techniken vorstießen, wurden im Westen erst nach 1965 bekannt. Die damals von Nicolas Obuchow aus Skrjabins Spätstil entwickelte Zwölftontheorie, 1956 in Paris gedruckt (TRAITÉ D'HARMONIE TONALE, ATONALE ET TOTALE), definiert Zwölftönigkeit als Kombination von zwei im Halbtonabstand stehenden Ganztonskalen: ähnlich wie in Joseph Matthias Hauers seit 1919 systematisierten Listen möglicher Zwölftongebilde. Aus den 44 von ihm ›Tropen‹ genannten Konstellationen von zwei sich zum chromatischen Total ergänzenden Sechstongruppen leitete er eine fast unbegrenzte Vielzahl möglicher ›Melosfälle‹ ab. Dass er dabei, im Gegensatz zu Schönberg, traditionelle Akkorde keineswegs verschmähte, wurde ihm von der Wiener Schule im Streit um die Priorität an der Zwölftonmusik als Inkonsequenz angerechnet.

Der schon 1929 von Adorno (fälschlicherweise) erhobene Vorwurf einer nur um impressionistische Klangmittel bereicherten Tonalität hat Hauer aus der heilsgeschichtlichen Perspektive der musikalischen Fortschrittslehre ausgeklammert. Dabei weist selbst Schönbergs Behandlung der Zwölftonreihen keineswegs durchgehende Konsequenz auf, und ein Hauptteil des Klangreizes in Bergs LULU besteht gerade darin, dass die diatonische Struktur der beiden Hälften der Grundreihe – zwei den Ambitus einer Sext umfassende Ganztonfolgen (Hexachorde) im Tritonusabstand – tonale Bildungen ermöglicht. Sie gemahnen eher an die Klangkomplexe bei Obuchow (und anderen seiner russischen Zeitgenossen) oder die Tropen bei Hauer als an eine reine Reihenkonstruktion. Die von Berg selbst in die Welt gesetzte Behauptung, seine ganze Oper sei aus einer einzigen Reihe abgeleitet, ist schiere Fiktion. Aber aus ihr wurde musikgeschichtsbildende Realität.

Für das Opernpublikum in der Weimarer und der ersten österreichischen Republik galten die Hervorbringungen der Dodekaphonie nicht unbedingt als typisch modern, sofern es überhaupt Kenntnis von der Materialrevolution nahm. Schönbergs VON HEUTE AUF MORGEN gedieh bis 1933/1938 (und darüber hinaus) nicht zum Repertoirestück, MOSES UND ARON wurde erstmals 1957 szenisch gegeben, Bergs LULU kam in Deutschland nicht vor 1953, Hauers 1932 komponiertes Singspiel DIE SCHWARZE SPINNE erst 1966 in Wien und seine in deklamatorischem Sprechgesang gehaltene SALAMBO von 1929 lediglich konzertant 1983 im Wiener Funkhaus heraus. Als typisch modern galten nach Richard Strauss und spätromantischen Werken im Umkreis Schrekers oder Korngolds Erfolgsstück DIE TOTE STADT expressionistisch getönte Experimente wie Hindemiths frühe Einakter. Überhaupt hielt sich in der Musik (wie in den bildenden Künsten) ein expressionistischer Strang länger als in der Literatur, wo er mit dem Ende der Inflation im November 1923 schlagartig abriss. In den Nachhall des mit Bergs WOZZECK explodierenden musikalischen Expressionismus gehören Außenseiterwerke des Repertoires wie Manfred Gurlitts WOZZECK, Othmar Schoecks PENTHESILEA oder Hauers DIE SCHWARZE SPINNE.

In der Phase zwischen 1924 und 1929 lässt sich, auch als Einlösung der von dem um eine Generation älteren Ferruccio Busoni propagierten ›Jungen Klassizität‹, eine ›Neue Sachlichkeit‹ konstatieren – der Ausdruck wurde durch die Mannheimer Kunstausstellung mit Nach-Expressionisten im Jahre 1925 zum stehenden Begriff. Die gegen den extremen Subjektivismus der Spät- und Nachromantik gerichtete Tendenz war einer missverständlichen, aber fruchtbaren Aneignung des 1917 von Ernst Kurth im Hinblick auf Bach geprägten Begriffs vom ›linearen Kontrapunkt‹ verpflichtet und verleugnete in ihrer Motorik periodische Gliederung wie harmonische Logik. Diese Neue Sachlichkeit ist soziokulturell zu begreifen als ein Versuch, das noch weit gehend monarchistisch gesinnte Bürgertum mit der Ästhetik einer republikanischen Moderne zu versöhnen. Sie schloss neobarocke Tendenzen ebenso ein wie den objektivierenden Primat absoluter Musikformen in einem hochromantischen Sujet wie Hindemiths CARDILLAC (1926). Man mag darin das Paradox eines Bauhaus-Barock sehen, wie er auf der Interpretationsebene auch die 1920 in Göttingen einsetzende Händel-Renaissance, die Entromantisierung Bachs oder die Wiederentdeckung Vivaldis charakterisierte. Ähnliches lässt sich in der Behandlung mythischer Stoffe konstatieren, archaisierend bei Egon Wellesz in ALKESTIS (1924) und seinem Hauptwerk DIE BAKCHANTINNEN (1931) oder verfremdend bei Ernst Krenek in ORPHEUS UND EURYDIKE (1926) und DAS LEBEN DES OREST (1930).

LEHRSTÜCKE MIT LEERSTELLEN

Auf der anderen Seite des Spektrums dieser musikalischen Sachlichkeit ist ein Abrücken vom autonomen Werkbegriff zu konstatieren. Bezeichnend dafür ist der erstmals in Kreneks DER SPRUNG ÜBER DEN SCHATTEN 1924 verwirklichte und 1927 in JONNY SPIELT AUF kulminierende Einbezug von Formen des Jazz (genauer: amerikanischer Unterhaltungsmusik), ebenso eine Reverenz vor der Maschinen-Ästhetik in dem von Hindemith und Kurt Weill nach Brechts Vorlage vertonten LINDBERGHFLUG und dessen Infragestellung in Brecht-Hindemiths LEHRSTÜCK. Auch Max Brands Erfolgsoper MASCHINIST HOPKINS gehört in dieses Kapitel. Das 1929 uraufgeführte Werk steht an der Schwelle zur dritten Phase, in der sich eine linke Materialästhetik mit anti-bourgeoisen Impulsen herausbildet. Sie galten der Ansprache einer (teilweise proletarischen) Gegenöffentlichkeit und waren eingebettet in volksbildnerische Aktivitäten wie die Gründung der Büchergilde Gutenberg und zahlreicher Arbeiter-Kulturvereine sowie in ästhetische Experimente mit Laien anhand von Kleinformen wie Schulopern und Lehrstücken. Hindemith leistete zu diesen Genres einen wichtigen Beitrag auch nach seinem LEHRSTÜCK (Baden-Baden 1929; Brecht integrierte den Text in seine Werkausgabe als BADENER LEHRSTÜCK VOM EINVERSTÄNDNIS, um eine Verwechslung mit dem schnell zur Gattungsbezeichnung gewordenen ursprünglichen Titel zu vermeiden). So wagte er sich in der nach enger Zusammenarbeit mit Kindern entstandenen Schuloper WIR BAUEN EINE STADT (Berlin 1930) weit vor in die Kategorie der ›Gebrauchsmusik‹. Der betont alltäglichen Zeitoper huldigte er in dem Zwölf-Minuten-Sketch HIN UND ZURÜCK (Baden-Baden 1927) und in seiner ›Opera domestica‹ NEUES VOM TAGE (Berlin 1929), einem Pendant zu Schönbergs VON HEUTE AUF MORGEN (1930).

Die von Brecht Ende der zwanziger Jahre entwickelte Form des Lehrstücks, erste Ausprägung seiner Theorie eines epischen Theaters, war die entschiedenste Absage an das ›Schautheater‹ alter Prägung. An seine Stelle sollte, in tendenzieller Aufhebung des Unterschieds zwischen Aufführenden und Publikum, ein ›Lerntheater‹ als Mittel politischer Bewusstseinsbildung treten. Die Aufhebung des Grabens zwischen Bühne und Zuschauerraum führte auch zu fließenden Übergängen eines ›Work in Progress‹. Hindemiths und Weills LINDBERGHFLUG war 1929 als experimentelles Nacheinander von simulierter Radioausstrahlung und szenisch-konzertanter Einrichtung uraufgeführt worden. Noch 1929 schrieb Weill allein seine Kantate DER LINDBERGHFLUG, und Brecht veröffentlichte 1930 einen erweiterten Text, den er 1950 unter dem Titel DER OZEANFLUG noch einmal revidierte: unter Eliminierung der Figur Charles A. Lindberghs, der Sympathien für den Faschismus bekundet hatte.

Aus der Vielzahl unterschiedlichster Opernformen, die unter dem neuen Begriff vom ›Musiktheater‹ zusammengefasst wurden, ragen Kurt Weills Songspiel MAHAGONNY (Baden-Baden 1927; Vorstufe zur großen Mahagonny-Oper) und seine ebenfalls mit Brecht erarbeitete Schuloper DER JASAGER (Berlin 1930) nach einem altjapanischen Nô-Spiel heraus. Hanns Eisler, der als musikalischer Kopf der Agitprop-Gruppe ›Das rote Sprachrohr‹ mit dem Stilgemisch seiner Arbeiterlieder aus modaler (meist mollgefärbter) Tonalität, geschärfter Rhythmik und virtuoser Kontrapunktik eine proletarische Ästhetik begründete, rügte die von konservativen Kreisen im JASAGER (→ S. 610) gepriesene Sinnhaftigkeit des durch Tradition legitimierten Opfertodes eines Knaben zu Gunsten des Kollektivs als feudalistisches Relikt. Brecht reagierte prompt mit einer von Eisler vertonten, in die Moderne des kommunistischen China verlagerten neuen Version: DIE MASSNAHME (→ S. 613 ff.). Aber er ahnte, wie prekär die von der Tradition zur Revolution verlagerte Rechtfertigung der Sterbebereitschaft war und schrieb neben einer in der Motivation veränderten Zweitfassung zu Weills JASAGER ein Stück mit anderem Schluss, in dem sich der Knabe nicht in den Opfertod fügt: DER NEINSAGER. Das konnte (oder wollte) Weill nicht mehr in seine Partitur einarbeiten.

Weills und Brechts DREIGROSCHENOPER gedieh 1928 zur Zusammenfassung moderner Zeitströmungen: dank ihrer Verbreitung auf Schallplatte, im Rundfunk wie durch Georg Wilhelm Papsts Film das erste ›Medienereignis‹ im Bereich des Musiktheaters. Die Anziehungskraft des deutschen Opernlebens bis 1933 war so groß, dass der amerikanische Komponist (deutscher Abstammung) George Antheil 1930 die Uraufführung seiner Oper TRANSATLANTIC nach Frankfurt/Main vergab: ein Triumph jenes Amerikanismus, der seit Kreneks JONNY SPIELT AUF den wachsenden Protest deutschnationaler Kreise hervorrief. 1933 waren diese Bemühungen um ein zeitgemäß modernes Musiktheater ebenso hinfällig geworden wie die Materialrevolution durch die Komponisten der Wiener Schule. Die letzte große soziokulturelle Blüte der Kunstform Oper zerstob ins Nichts, und die meisten ihrer Urheber, nach Max Webers Begriff ›freischwebende Intellektuelle‹, waren von heute auf morgen zum Freiwild eines sich als Kulturkampf tarnenden Staatsterrorismus geworden.

SCHICKSALE UND FIGUREN

Nachdem die Nazi-Herrschaft gebrochen war, wurden nur wenige der von ihr Verfemten als repertoiretauglich rehabilitiert. Problemlos geschah dies mit den Hauptwerken Hindemiths, der nach 1945 mit DIE HARMONIE DER WELT vergeblich einen produktiven Widerstand gegen die neuere Entwicklung zu leisten versuchte, sowie mit DREIGROSCHENOPER und AUFSTIEG UND FALL DER STADT MAHAGONNY Kurt Weills, während seine anderen Werke für das Musiktheater – erst recht die in Amerika komponierten – kaum Eingang ins deutsche Theater fanden. Umso nachdrücklicher gelang das postum mit Werken aus der Wiener Komponistenschule, wenngleich auf Kosten ihrer von der Geschichtsschreibung nicht dem ›Materialfortschritt‹ zugeordneten Kollegen. Erst die in den siebziger Jahren einsetzende Neubewertung Zemlinskys, Schrekers und Korngolds hat zumindest in Einzelfällen zu Wiederbelebungsversuchen an Werken anderer Komponisten geführt, die – überwiegend aus der Habsburger Doppelmonarchie stammend – das Musiktheater in den ersten deutsch-österreichischen Republiken wesentlich mitgeprägt hatten. Das trifft auch auf Ernst Krenek zu, der nach 1945 regelmäßig Beiträge zum modernen Musiktheater leistete und wie der gebürtige Hamburger Berthold Goldschmidt im hohen Alter die Wiederentdeckung seines Frühwerks erleben konnte.

Abgesehen von Othmar Schoeck, der als Schweizer dem Zugriff der Nazis entzogen war und im ›Dritten Reich‹ weit gehend unbehelligt arbeiten konnte, waren die in der Heimat verbliebenen Komponisten fortschrittlicher Ästhetik zum Schweigen in der Öffentlichkeit verbannt. So der Österreicher Josef Matthias Hauer, der auch nach 1945 ein sektiererischer Außenseiter blieb, oder der Deutsche Heinrich Kaminski (1886–1946), der zwar mit seinem zwischen gesungenem und gesprochenem Wort wechselnden JÜRG JENATSCH (nach Conrad Ferdinand Meyer) 1929 in Dresden Erfolg hatte, aber von den Nazis unterdrückt und auch postum nicht mehr in das deutsche Musikleben integriert wurde. Dieses Schicksal teilte er mit den meisten Emigranten wie dem aus einem polnischen Zipfel der Donaumonarchie stammenden Schreker-Schüler Karol Rathaus (1895–1954). Dessen einzige Oper FREMDE ERDE wurde zwar 1930 von Erich Kleiber an der Berliner Staatsoper prominent uraufgeführt und in Mannheim sowie Dortmund nachgespielt, blieb aber nach der Bielefelder Wiederaufführung von 1991 (mit einer Rekonstruktion des anscheinend verloren gegangenen letzten Akts der Partitur) unbeachtet. Dabei hat Rathaus, der als Emigrant 1953 für die New Yorker Metropolitan Rimski-Korsakows Orchesterfassung von Mussorgskis BORIS GODUNOW in Richtung auf das Original revidierte, in beklemmend prophetischer Weise sein eigenes Schicksal vertont: als eine auch musikalisch im Zusammenstoß zweier Welten sich vollziehende Tragödie litauischer Einwanderer in den Vereinigten Staaten. Der von einem Matrosen auf dem Schifferklavier gespielte YANKEE DOODLE setzt den deprimierenden Schlusspunkt unter das Schicksal dreier im Exil gescheiterter Menschen, denen die Rückkehr in die Heimat verwehrt bleibt. Erstaunlich, dass dieses Werk nach 1945 keine Renaissance erfuhr.

Ähnlich erging es dem in Wien geborenen und wie Rathaus in die Vereinigten Staaten emigrierten Ernst Toch (1887–1964), dessen einaktige Märchenoper DIE PRINZESSIN AUF DER ERBSE 1927 beim Musikfestival Baden-Baden mit Kurzopern von Weill, Milhaud und Hindemith herauskam. Seine Kammer- und Zeitoper EGON UND EMILIE (›Kein Familiendrama‹ von Christian Morgenstern, Mannheim 1928; *WA* München 1993) für Koloratursopran, schweigenden Sprecher und Holzbläser erregte ebenso Aufmerksamkeit wie das dreiaktige ›Opern-Capriccio‹ DER FÄCHER (Königsberg 1930; Libretto von Ferdinand Lion, frei nach Hofmannsthals Intermezzo DER WEISSE FÄCHER). Das alte chinesische Thema der durch Magie bewirkten Entbindung einer Witwe von ihrem Treueschwur gegenüber dem verstorbenen Gatten wurde in die Gegenwart versetzt und musikalisch witzig verschärft zur Kritik an der in China allzu bereitwillig übernommenen westlichen Kulturindustrie der ›Roaring Twenties‹. Trotz seiner politischen Aktualität fand das Werk auch nach der Bielefelder Wiederaufführung von 1994 kein breiteres Echo. Erst 1995 kam in Bautzen Tochs 1962 fertig gestellte vierte Oper THE LAST TALE auf Deutsch unter dem Titel SCHEHERAZADE ODER DAS LETZTE MÄRCHEN (Libretto von Melchior Lengyel) heraus. Doch die Parabel über die orientalische Märchenerzählerin aus Überlebensnot, die als Befreite den Tod ihres Unterdrückers nicht überlebt, wurde weder in ihrer musikalischen Qualität noch als Gestaltung eines nicht nur individuellen jüdischen Lebensschicksals in der kulturellen Identifizierung mit dem Aggressor recht wahrgenommen: Toch blieb ein Vergessener.

JOSEF MATTHIAS HAUER (1883–1959)

1923 veröffentlichte der österreichische Erzähler und Dramatiker Otto Stoessl seinen Roman SONNENMELODIE. Er widmete ihn dem Komponisten Josef Matthias Hauer und errichtete diesem – der ein Jahr später auch für den fiktiven Komponisten Matthias Fischböck in Franz Werfels Verdi-Roman Modell stand – darin ein Denkmal. Gegen Ende des Romans findet ein Gespräch statt zwischen einem dem untergegangenen Habsburgerreich nachtrauernden Dichter und dem für Hauer stehenden Komponisten Johann Körrer. Dieser widerspricht dem Pessimisten und sagt Österreich eine glänzende kulturelle Zukunft dank seiner Musik der zwölf gleichschwebenden Töne voraus. Das entsprach dem Denken des zurückgezogen vom Kulturbetrieb lebenden Komponisten. Hauers Selbstverständnis stand angesichts seines 1921 durch die Ordnung von 44 ›Tropen‹ (urtyphaften Intervallverbindungen) gefestigten Modells einer Zwölftönigkeit (→ S. 516 f.) in nichts dem Schönbergs nach, der im selben Jahr einem Schüler prophezeite, die gerade von ihm entdeckte Möglichkeit der Komposition mit zwölf gleichberechtigt aufeinander bezogenen (Halb-)Tönen werde die Vorherrschaft der deutschen Musik für hundert Jahre sichern.

Dass Schönberg dem Kollegen, mit dem es um die Priorität an der Aufdeckung einer zwölftönig atonikalen Musik sehr wohl heftigen Streit gab, in der dritten Auflage seiner Harmonielehre neben schöpferischer Begabung auch Haltung und Mut zur Selbstaufopferung zubilligte, war nicht zuletzt ein Akt kulturpatriotischer Solidarität. Der Glaube an die Wirkungsmacht ihrer Musik – Hauer stilisierte den geschlossenen Zirkel temperierter Quinten zum Rettungsring für das Abendland – diente unbewusst als kollektive Kompensation eines staatspolitischen Unterwertigkeitsgefühls im republikanischen, von vielen nach 1918 für nicht überlebensfähig gehaltenen Österreich. Nach 1945 verblüffte Hauer in der Öffentlichkeit mit der ernst gemeinten Feststellung: »Die Amerikaner haben die Atombombe; wir in Österreich haben die Zwölftonmusik«. Zwar nahm ihn die zweite österreichische Republik ernster als die erste, wie die verspätete Uraufführung seiner Oper DIE SCHWARZE SPINNE zeigte, als Nachweis einer Repertoirefähigkeit blieb diese aber von durchschlagender Wirkungslosigkeit.

DIE SCHWARZE SPINNE (›Deutsches Singspiel‹ in zwei Teilen, *L* von Hans Schlesinger nach der 1842 erschienenen gleichnamigen Erzählung von Jeremias Gotthelf; Wiener Festwochen 1966).

Hauers Singspiel, eigentlich ein weltliches ›Mysterienspiel‹ (so die ursprüngliche Genrebezeichnung), folgt den Grundzügen der Novelle Gotthelfs. Allerdings ist die als heilsgeschichtliche Perspektive fungierende Rahmenhandlung einer Tauffeier gestrichen. An deren Stelle trat die Figur eines Narren mit direkten Ansprachen des Publikums. Gleichwohl bleibt deutlich, dass die Bannung einer tödlichen Spinne in einem die Jahrhunderte überdauernden Fensterpfosten – die Tat kostet die junge Frau und Mutter Maria das Leben – über den szenischen Vorgang hinaus Bedeutung hat. Suggeriert wird auf der symbolischen Ebene die befriedende Einbindung der Menschen in ein kosmisches Ordnungsgefüge.

Verstoßen hat gegen dieses auch gesellschaftspolitisch gemeinte Gleichgewicht nicht nur der Fronherr Hans von Stoffeln, der die Schweizer Bauern im Emmental unterdrückt und zu der auf natürlichem Wege unlösbaren Aufgabe zwingt, innerhalb eines Tages den steil zu seinem Schloss führenden Weg mit Schatten spendenden Buchen zu bepflanzen. Schuldig wird auch die lüsterne Magd Jesabel (bei Gotthelf: Christine), die sich dem satanischen Verführer – er erscheint als grün gekleideter Jäger – im Kuss hingibt. Den Bauern redet sie ein, sein Lohn dafür, dass er selbst die Allee pflanzt – die Seele eines neugeborenen, noch ungetauften Kindes –, sei durch Betrug vermeidbar. Tatsächlich wird ›Der Grüne‹, als Maria mit einem Kind niederkommt, durch den entschlossen – um den Preis seines Lebens – die bannende Taufe spendenden Abt betrogen. Dafür fallen dem Wüten der vom Teufel in die Welt gesetzten schwarzen Spinne aber die Menschen (nur von Männern ist die Rede!) zum Opfer, und die aufgebrachte Menge lyncht Jesabel. Der Verlust des Lebens, mit dem deren Widerpart Maria schließlich die Ausgeburt der Hölle bannt, signalisiert, wie hoch der Einsatz für die rechte Weltordnung ist.

Man darf keinen Zufall darin sehen, dass Hauer sich für dieses Sujet interessierte – es wurde auch von zwei Schweizer Komponisten vertont: von Willy Burkhard (Zürich 1949) als Vision der Taufgäste mit gesprochenen Dialogen in der Rahmenhandlung, von Heinrich Sutermeister in einer noch freieren Adaption als einaktige Funkoper mit beeindruckenden Chorpartien (Radio Beromünster 1936; szenisch St. Gallen 1949). Gotthelfs Novelle war für Hauer das ideale Gefäß, das er mit seiner spirituell konzipierten, trotz großer Orchesterbesetzung – zumal im Schlagwerk – jedem sensualistisch wuchernden Überschwang abholden Zwölftonmusik füllen konnte.

Komponiert ist die im Mai 1932 fertig gestellte Oper wirklich auf einer Reihe, deren zwölf Halbtöne – in der originalen Gestalt neun Mal vorkommend – nach strengen Prinzipien ununterbrochen permutiert werden. Der von Hauer selbst erstellte Klavierauszug verdeutlicht das Bauprinzip, da er mit acht statt fünf Notenlinien angelegt ist: die Linien entsprechen den schwarzen Tasten eines Klaviers, die Zwischenräume den weißen (wobei die Halbtonschritte in den weißen Klaviertasten h-c und e-f durch größeren Abstand der Linien kenntlich gemacht sind). So hat jeder temperierte Halbton sozusagen seine eigene Tonart und braucht nicht mit Vorzeichen versehen zu werden. In der Grundreihe sind sechs Tropen oder Wendungsgruppen enthalten: melodieartig gefestigte von fast 480 Millionen möglichen Intervallkonstellationen, die tendenziell der Stufenverwandtschaft in der tonikal konzipierten Musik ähneln. Durch vertikale Schichtung von sechs Tönen der Reihe, die durch die Töne der zweiten Reihenhälfte ergänzt werden, erfolgt eine fortlaufende Permutation. Diese führt zu insgesamt 180 motivartig deutbaren Reihen, ohne dass es eine thematische Verarbeitung im Sinne der klassischen oder der Zweiten Wiener Schule gäbe.

Hauers Tonsprache ist eingegliedert in die Tradition mathematischer Vorstellungen einer umfassend harmonikalen Sphärenharmonik, die mit ihren bis auf das fünfstimmige Vorspiel vier- oder geringerstimmig harmonisierten Akkordfolgen verblüffend konsonante (tonale, aber nicht tonikale) Wirkungen erzeugt. Die rhythmisch amorphe Akkordmasse, die in epischer Distanzierung als eigenständiger Kommentar zu den szenischen Vorgängen abläuft, lässt sich zudem je nach sprachrhythmischen oder dramaturgischen Erfordernissen unendlich variieren. Daraus entsteht ein improvisatorisches Potenzial, das den Ausführenden viel Phantasiearbeit abverlangt – vielleicht ein Grund dafür, dass dieses in vielen Momenten faszinierende Werk nicht repertoirefähig wurde (Fritz Raceks Fassung der von Michael Gielen dirigierten Uraufführung war leicht gekürzt). Verschiedene Ensembles wie die Tanzorgie am Ende des ersten Teils und Soloszenen wie das Erwachen Jesabels aus der Erstarrung nach dem Kuss des Teufels (er bleibt ihr als Kainsmal in Form einer Kreuzspinne auf der Wange) oder der Traumgesang der schlafenden Marie am Ende des II. Akts bezeugen eine genuin musiktheatralische Erfindungskraft. Zudem hat die Oper einen eigenen Tonfall, und in ihrer Spiritualität steht sie komplementär zu Schönbergs gleichzeitig entstandenem Torso MOSES UND ARON – nur nicht im musikalischen Weltbewusstsein.

EGON WELLESZ (1885–1974)

Eine hochgebildete Erscheinung war der dem Schönberg-Kreis nahe stehende Wiener Egon Wellesz. Der promovierte Musikologe gab 1911 die Barockoper COSTANZA E FORTEZZA von Johann Joseph Fux heraus, publizierte zwei Jahre später eine Studie über die Venezianische Oper zur Zeit Cavallis, begründete als Entzifferer der mittelbyzantinischen Notenschrift die Erforschung der Musik der Ostkirchen und veröffentlichte nach seiner Emigration im Jahre 1938 in London einen Band mit Aufsätzen zur Oper (1950). In seiner unvollendet hinterlassenen Autobiographie (Wien und Hamburg 1981) hat er zwei Urerlebnisse beschrieben, die den Vierzehnjährigen bewogen, Komponist zu werden: Beethovens NEUNTE SYMPHONIE und Webers FREISCHÜTZ unter Gustav Mahler. Seitdem war ihm Musik, wie er den Komponisten aus der ARIADNE AUF NAXOS von Richard Strauss zitierte, ›Heilige Kunst‹. Mit Komponisten wie Hindemith, Weill oder dem Strawinsky des 1928 szenisch in der Wiener Staatsoper uraufgeführten OEDIPUS REX war er sich einig, dass Oper nicht mehr in der Nachfolge des Gesamtkunstwerks Wagners als sprachlicher Diskurs über einem fortlaufenden symphonischen Kommentar möglich sei.

Für Wellesz, der im Alter zwölftönige Symphonien komponierte, war die Barockoper bis hin zum Reformwerk Glucks der ästhetische Bezugspunkt: tableauartig aneinander gereihte Handlungsschritte in archetypischer Zuspitzung, weitgehend getragen oder zumindest kommentiert vom Chor. Dem Verismus, aber auch dem Neobarock und Neoklassizismus seiner Zeit stellte er einen weiter ausgreifenden Historismus an die Seite: als oratorische Statuarik, in der mit polytonaler Musik seiner eigenen Zeit ein Geschichtsraum bis zum Byzantinismus abgeschritten wird. Das gelang ihm erstmals in dem Einakter mit Prolog ALKESTIS (Mannheim 1924; *WA* Akademietheater Wien 1959) auf die fast skelettierte Euripides-Nachdichtung Hugo von Hofmannsthals. Die großen, wie im Nachhall des wortlosen Trinklieds des Herakles im Unisono geführten Chorszenen machen ebenso Eindruck wie die schlagende Rhythmik mit charakteristischen Paukensoli und die Klangblöcke, aus denen sich gelegentlich reine Dreiklänge lösen. Das musiktheatralische Gesamtkunstwerk im Sinne des barocken Theaters mit teilweise altmeisterlich polyphonen Chören, subtil für zeremonielle Szenen eingesetzten Pantomimen, reinen Orchestersätzen in reduziertem Satz und den aus der vokalen Einsträngigkeit herausragenden lyrischen Gesangsbögen der todesbereiten Alkestis hat seinen eigenen Stil: gleichermaßen fern dem von Wellesz als belastend empfundenen Erbe der Gesangsoper und des Musikdramas wie der Desillusionierung des Mythos in Strawinskys OEDIPUS REX. Das gilt auch für sein Hauptwerk DIE BAKCHANTINNEN, dem nur noch ein 1951 für einen britischen Opernklub geschriebenes musikdramatisches Werk folgte.

DIE BAKCHANTINNEN

Den Text für den 1931 an der Wiener Staatsoper unter Clemens Krauss uraufgeführten Zweiakter nach Euripides (*WA* Bielefeld 1990, Linz 1992) schrieb der Komponist selbst. So formte er die originalen Botenberichte, in denen wir die Zuspitzung des Ablaufs bis zur Ermordung des Pentheus durch die von seiner eigenen Mutter geleiteten Bakchantinnen erfahren, in Dialog und Handlung um. Dennoch hat die Oper einen epischen Erzählduktus. Da hören wir Klänge, deren oft linear voranschreitende Zweistimmigkeit – besonders in den Chorpartien – durch harte Akkordschichtungen aufgefüllt wird. Das Orchester klingt, als sei ein gemessener, oft daktylischer Bewegungsgestus im Martellato-Stil vom Klavier aus instrumentiert worden. Wellesz verzichtet weit gehend auf Mischklänge, reiht verwandte Instrumentengruppen blockhaft aneinander. Zudem reichert er die Harmonien durch pentatonische Melodieführung mit melismatischen Ausschmückungen im Stil der byzantinischen Musik an. So wirkt die Musik vertraut und verfremdet zugleich, archaisch und modern.

Dabei ist es dem Komponisten nicht um eine Nivellierung der verschiedenen Schichten zu tun. Wenn Gott Dionysos nach dem Tod des Pentheus und der für dessen Mutter Agave ausgesprochenen Verbannung die Schlussansprache hält, ist er nicht der strafende Gott, sondern ein Mitleidender. Seine Einbindung in fast zwei Jahrtausende morgen- und abendländischer Musikentwicklung gewinnt eine geschichtsträchtig konduktartige Trauerhaltung. Da redet, wie es Nietzsche in der GEBURT DER TRAGÖDIE AUS DEM GEISTE DER MUSIK formulierte, im Bruderbund beider Gottheiten Dionysos mit Apollo. Dieses dramaturgisch überraschende Lamento nimmt die konkrete Leiderfahrung vorweg, die Wellesz angesichts eines rassistisch drapierten Vernichtungswahns machen musste. »Die Mythe log«: Dieses Zitat aus Gottfried Benns Gedicht VERLORENES ICH steht als Motto über Hans Werner Henzes auf demselben Stoff basierender Oper DIE BASSARIDEN. Der Schluss der Wellesz-Oper dementiert die Aussage: Die Mythe log keineswegs, sie muss nur richtig gelesen werden.

OTHMAR SCHOECK I (1886–1957)

Der Sohn eines bekannten Landschaftsmalers, für kurze Zeit Schüler Max Regers in Leipzig, wurde als Komponist, Dirigent und Liedbegleiter eine der herausragenden Persönlichkeiten im Schweizer Musikleben der ersten Hälfte des 20. Jahrhunderts. Früh entwickelte Schoeck einen lyrischen Personalstil in seinen Liedern, die etwa drei Viertel seiner Opuszahlen ausmachen. Hauptquelle, und das gilt über die Texte hinaus, waren ihm die deutsche Romantik, Gottfried Keller und der mit ihm persönlich befreundete Hermann Hesse. Das hat Schoeck, in Anspielung auf seinen großen Mörike-Liederzyklus DAS HOLDE BESCHEIDEN (1947–1949), fern der Heimat das Etikett eines altväterlichen Kleinmeisters eingebracht. In der Schweiz dagegen wurde er, zumal durch die hagiographische Ausrichtung seines ersten Verbal-Interpreten Hans Corrodi, zu einem von der Welt verkannten Genie unverbrüchlicher Romantik stilisiert. Abhilfe, auch in Bezug auf manche Legendenbildung, schuf erst die kritische Biographie von Chris Walton (deutsch: Zürich–Mainz 1994).

Schoeck selbst hat die Spannung zwischen (anerkannter) Provinzialität und (umstrittener) Weltläufigkeit als strukturierend für sein Schaffen verstanden und deshalb nach dem Dresdner Erfolg seiner PENTHESILEA von 1927 der ihm in der Heimat politisch verübelten Neigung nachgegeben, im nationalsozialistischen Deutschland überregionale Wertschätzung zu suchen. Doch MASSIMILLA DONI (→ S. 675 ff.) konnte 1937 an der Dresdner Staatsoper den Erfolg der PENTHESILEA nicht wiederholen, und DAS SCHLOSS DÜRANDE wurde 1943 in der Berliner Staatsoper zu einem unfreiwilligen Spiegel der realgeschichtlichen Götzendämmerung im ›Dritten Reich‹. Dass Reichsfeldmarschall Hermann Göring als oberster Dienstherr der Preußischen Staatstheater über das Textbuch dieser Eichendorff-Oper entsetzt war und dem Intendanten eine unflätige Beschwerde zukommen ließ (sie blieb folgenlos), war dabei weniger symptomatisch als die Explosion des Schlosses am Ende: Sie wurde von luftkriegsgeprüften Berliner Premierenbesuchern mit der Wirklichkeit verwechselt.

Als Opernkomponist ragt Schoeck mit seiner PENTHESILEA, der ersten Bühnenvertonung der von Richard Strauss für unkomponierbar gehaltenen Tragödie Kleists, aus der in dieser Gattung offenkundigen ›helvetischen Stilverspätung‹ heraus. Er hat insgesamt sieben Arbeiten für das Musiktheater vollendet. Nach einer Bühnenmusik für Goethes Singspiel ERWIN UND ELMIRE (Zürich 1916) und einem Versuch im komischen Genre mit DON RANUDO nach Ludvig Holberg (Zürich 1919, revidierte Fassung Dresden 1930) sowie der von Ferruccio Busoni entworfenen pantomimischen Szene mit Sprechstimme, Bariton und Frauenchor DAS WANDBILD (Halle 1921) drang er erstmals mit VENUS (Zürich 1922, revidierte Fassung 1933; *WA* Heidelberg 1989, Genf 1997) zu einem musikdramatisch bündigen Stil vor.

Wie in der Pantomime DAS WANDBILD und später im tonmalerischen Wasserrauschen der kleinerformatig als in der dramatischen Symphonie ILSEBILL (1903) seines Landsmanns Friedrich Klose (→ S. 66 ff.) in Variationsform durchgeführten Märchen-Kantate VOM FISCHER UN SYNER FRU (szenisch Dresden 1930) zeugt das bildhafte Moment von Schoecks Doppelbegabung – nach dem Wunsch des Vaters hätte er Maler werden sollen. Die von Armin Rüeger holprig nach Prosper Mérimées Novelle DIE VENUS VON ILLE (1837) librettierte Oper VENUS war nach Aussage von Schoecks erstem Biographen das Bekenntnis zu seinem schwer domestizierbaren Eros. So wählte Schoeck aus der nach dem Bildhauer Pygmalion in den METAMORPHOSEN des Ovid oft gestalteten Thematik der Verlebendigung einer Statue eben nicht die Erzählung Eichendorffs DAS MARMORBILD (1819), in der die erotischen Verlockungen einer heidnischen Venus-Statue für einen jungen Mann nur knapp durch ein mit der Gottesmutter Maria konnotiertes frommes Lied gebannt werden. Schoeck interessierte sich für eine tragische Variante, wie sie zwischen Mozarts DON GIOVANNI und Herolds ZAMPA ODER DIE MARMORBRAUT im Musiktheater heimisch geworden war.

Der junge Horace (Alphonse bei Mérimée), leichtfertiger Sohn eines Gutsbesitzers im Roussillon, will die anmutige Tochter eines Nachbarn heiraten. Doch selbstvergessen steckt er vor der bevorstehenden Hochzeit den seiner Braut zugedachten Ring einer kürzlich entdeckten antiken Venus-

Statue an den gespreizten Finger – von wo er sich nicht mehr lösen lässt. Horace seinerseits kann sich von der Faszination durch die Bronzestatue nicht freimachen und verfällt ihr. Anders als in der Erzählung wird er von ihr aber nicht in der Hochzeitsnacht erdrückt, sondern verzehrt sich in seiner Sehnsucht nach einer von christlichen Moralvorstellungen freien Sexualität der Ganzheitlichkeit, die er und die Seinen in sich unterdrückt haben: *Ergriffen sein!* Für Schoeck mündet diese von der Vorlage abweichende Lebensdevise des Horace in ein großes tenorales Solofinale, das den Helden unaufhaltsam in den anderen Zustand hinüberzieht. Er wird von der antiken Liebesgöttin so entseelt wie Achill durch Penthesilea, die den Griechen erst in Liebe mit den Augen und dann mit ihren Hunden körperlich verschlingt. Küsse reimen sich im dramatischen Subtext schon hier kleistisch auf Bisse, es gibt kein holdes Bescheiden.

PENTHESILEA (›Nach dem Trauerspiel des Heinrich von Kleist in einem Aufzug mit Musik‹; Staatsoper Dresden 1927; erweiterte Neufassung Zürich 1928; langsame Verbreitung im deutschen Kulturraum mit steigender Tendenz nach der konzertanten Aufführung bei den Luzerner Festwochen 1974; obwohl alles andere als fester Bestandteil des Repertoires, gilt die Oper in Fachkreisen als eines der deutschsprachigen Hauptwerke im Musiktheater der ersten Hälfte des 20. Jahrhunderts).

Schon Schoecks ungewöhnliche Gattungszuordnung signalisiert einen Sonderfall der Spezies Literaturoper: Hier wurde eine dramatische Vorlage, Kleists Tragödie von 1807, zwar durch die Reduktion der über 3 000 Verse auf knapp 800 amputiert, gleichwohl folgt die Musik dem Resttext mit solcher Emphase, dass ein Meister der Textauslegung wie der Schweizer Germanist Emil Staiger darin einen Triumph wortimmanenter Interpretation durch Musik sah: »Das Knirschen des Dichters über die Unzulänglichkeit seiner künstlerischen Mittel verwandelt sich in der Oper in einen Triumph des angemessenen Ausdrucks. Denn die Musik begabt nicht nur die Worte mit einer Macht, die selbst dem grandiosesten Sprecher versagt bleibt; sie teilt sogar den höchsten Grad der Ergriffenheit, das Verstummen, noch mit. Die Königin, tödlich erschüttert, schweigt« am Ende. »Doch was sie nicht auszusprechen wagt, das Ungeheure, dem selbst die mythischen Lippen nicht gewachsen sind, ertönt aus dem Orchester und wächst über sie hinaus wie ihre Verzweiflung«.

Zwar hat Schoeck viel getan, um Kleists Sprache auf dem Musiktheater hörbar zu erhalten, als er Penthesilea einem Mezzosopran und Achill einem Bariton anvertraute (die anderen Darsteller bleiben Randfiguren); aber er hat keineswegs wie viele spätere Praktiker des Genres Literaturoper am Text einfach entlang komponiert. Und seine Konzentration des Handlungsgefüges zu einer ungemein dichten Oper erleichtert den Zugang zu dieser im Sprechtheater nach wie vor prekären Tragödie auch nicht gerade. Schoeck beginnt erst mit der achten Szene Kleists, streicht die Exposition ebenso wie Penthesileas ethnographische Erzählung vom Entstehen des Amazonenstaates und die Vorbereitungen zum Rosenfest. Für die Zürcher Premiere 1928 dehnte er – im Gegensatz zu einigen vorgenommenen Verknappungen – den von einem teils melodramatisch gesprochenen, teils rezitativisch gesungenen Gespräch eingeleiteten Zwiegesang Penthesilea–Achill erheblich aus (Ziffern 98–105, 111–114). Das gibt diesem mit knapp anderthalb Stunden Spieldauer soeben abendfüllenden Einakter den nötigen Binnenkontrast, ohne den das kriegerische und gar mörderische Treiben noch schwerer zu ertragen wäre.

Dieser Moment des Verharrens findet mit orchestraler Stimmverdoppelung (in der Zweitfassung) nur noch in Penthesileas zum selbstvernichtenden Verstummen führenden Schlussmonolog ein tödlich nach innen gekehrtes Pendant. Im Duett bleibt nicht allein die äußere Handlung stehen. Ebenso verändert sich der Duktus der Musik zum Lyrischen. Schoeck, der zwischen freiem und rhythmisch fixiertem Sprechen, zwischen rezitativischer und melodischer Deklamation differenziert, hat weite Partien der Oper in einem expressionistisch-diskursiven Sprachgestus gehalten: musikalische Prosa für Kleists in häufigen Enjambements fortschwingende Blankverse. Wird diese Handlungsmusik durch eine dissonante Harmonik mit vielen Tonartwechseln geprägt, »so ist die lyrische Musik, die Zustandsmusik, harmonisch gleichsam linear, auf ein eindeutiges tonales Zentrum bezogen« – ein Verfahren, das Schoeck von Strauss aus SALOME und ELEKTRA übernahm. Wie auch die unterschiedliche Zentraltonalität für die nicht nur durch ihre Personalmotive charakterisierten, sondern auch durch die im Tritonusabstand von vornherein als auf dieser Welt nicht erlösbar gezeichneten Hauptfiguren: Dem Fis-Dur/fis-Moll Penthesileas ist Achills Welt in C-Dur/c-Moll gegenübergestellt. Mit rein musikalischen Mitteln wird so Penthesileas Glücksutopie vernichtet: *Der Mensch kann groß, ein Held, im Leiden sein, / Doch göttlich ist er, wenn er selig ist!*

VOM SÜSSEREN ZUM SÜSSESTEN

Zu Gunsten dieses lyrischen Haltepunkts im Liebesduett – nur hier sind Wiederholungen gleicher Wortfolgen in den instrumental geführten Stimmen zu beobachten – nahm Schoeck, der einen Librettoentwurf des Germanisten Hans Corrodi verworfen und mit Hilfe von Léon Oswald die Textfassung selbst erstellt hatte, eine Manipulation vor. Bei Kleist sagt an einer späteren Stelle Penthesilea, die der Täuschung verfallen ist, Achill im Zweikampf besiegt zu haben und ihn nun als Bräutigam ins Amazonenreich führen zu können: »Dich zu gewinnen oder umzukommen: / Und jetzt ist mir das Süßere erreicht«. In der Oper singt sie *Dich zu besitzen oder umzukommen*, und beide steigern gemeinsam das Süßere zum Superlativ: *Und jetzt ist uns das Süßeste erreicht!* Umso krasser fällt dessen Umschlag in die Tragödie aus – auch dadurch, dass Schoeck im Gegensatz zum reinen Botenbericht bei Kleist das grässliche Ende des Achill teilweise szenisch vergegenwärtigt. Er spaltet die Szene in erzählenden Bericht und Aktion auf, wobei er den Text nicht singen, sondern – partiell in rhythmischer Notierung – sprechen lässt und dem Orchesterkommentar die Schilderung der Vorgänge anvertraut.

Dabei ist der oft metallisch-trocken wirkende Orchesterklang, durch zwei Klaviere, umfangreiches Schlagzeug und nicht weniger als acht verschiedene Klarinettentypen bei lediglich vier solistisch eingesetzten Violinen geprägt, nicht vordergründig illusionistisch. Der überwiegend ›prosaischen‹ Handlungsmusik eignet, überraschend angesichts der fast besinnungslosen Hektik des Geschehens, eine auch die Deklamation strukturierende Statik. Bewerkstelligt wird sie durch die variabel kreisende Wiederholung bestimmter Intervallkonstellationen. Die freitonale, von der Funktionsharmonik befreite Reihung der Orchesterakkorde tritt über einer durch Ostinato-Figuren oder Pedaltöne wechselnden Harmonik in immer neue Kombinationen, »durch welche die Qualität der Klänge isoliert und diese ihrer angestammten Bewegungstendenz beraubt werden. Es findet eine Reduktion aufs Klangmaterial, d. h. auf das reine Klangphänomen und seine sinnfällige Konstanz statt«. Das unterscheidet die Musik, der Schoeck eine spezifische Homophonie zusprach, von der Nervenkontrapunktik des jungen Richard Strauss. Sie gewinnt trotz ihres hoch expressiven Duktus eine fast epische, leicht distanzierende Qualität, in die immer wieder das von der Bühnenmusik mit drei Trompeten und einem Stierhorn intonierte sowie von Schlachtrufen (nicht bei Kleist) begleitete Kriegsgetöse hineinbricht. Gerade durch die Verknappung von Kleists Sprache in Schoecks Textfassung bekommen diese Einbrüche leitmotivische Kraft: Der Krieg, so suggerieren sie, gebiert alle Übel. Gleichwohl fand dieses in jeder Beziehung bemerkenswerte Werk nie in das kanonische Repertoire Eingang. Es ist eben »nicht durch jene Harmonie- und Ausgleichsvorstellungen bestimmt, die, als Prinzip eines von der ökonomischen und politischen Lebenswirklichkeit abgekoppelten Kultursystems, noch heute den Kern der repräsentativen öffentlichen Kulturpolitik ausmachen«.

MANFRED GURLITT (1890–1972)

Der aus Berlin stammende Humperdinck-Schüler war von 1914 bis 1927 Kapellmeister und GMD in Bremen, wo er durch die Pflege zeitgenössischer und vorklassischer Musik (sowie durch seine linken politischen Neigungen) in den bestimmenden konservativen Kreisen auf viel Widerstand stieß. 1927 wechselte er nach Berlin, hauptsächlich als Hochschullehrer, dirigierte aber auch im Rundfunk und Schallplatten-Studio. 1933 als ›Kulturbolschewist‹ verfemt und mit seinen Werken verboten, schlug er sich mühsam durch und konnte 1939, mit einer Japanerin verheiratet, nach Japan emigrieren. Dort tat er – obwohl im Verlauf des Krieges durch den Einfluss der Nazi-Diplomatie seiner Funktionen als Rundfunkdirigent und Lehrer an der Kaiserlichen Akademie enthoben – viel für das Verständnis der abendländischen, speziell der deutschen Musik, besonders nach 1953 mit einer eigenen Operntruppe. Seine Versuche, im westdeutschen Musikleben nach 1945 Fuß zu fassen, schlugen aber fehl – die Dortmunder Uraufführung seiner schon 1933 komponierten Zola-Oper NANA blieb folgenlos. Hoch in seiner Wahlheimat geehrt, starb der noch 1969 zum japanischen Hochschul-Professor ernannte Gurlitt in Tokio.

WOZZECK

Operngeschichtlich war der Komponist ein doppelt Unzeitgemäßer. So vertonte er in seinen bis 1932 durchaus erfolgreichen SOLDATEN (Düsseldorf 1930; *WA* Trier 1998) sozusagen vor der Zeit jene Lenz-Komödie, die 1965 durch Bernd Alois Zimmermanns Oper zum Inbegriff eines seriellen Fortschritts im Musikmaterial wurde. Andrerseits war er mit seiner ›Musikalischen Tragödie‹ WOZZECK (Bremen 1926) Alban Bergs Geschichte machender Büchner-Vertonung ein halbes Jahr nachgehinkt. Als sie, 1985 vom Österreichischen Rundfunk erstmals gesendet, Anfang 1987 in Arno Wüstenhöfers um einige von Gurlitt nicht komponierte Büchner-Texte erweiterten Inszenierung am Uraufführungsort erneut zur Diskussion gestellt wurde, konnte sie das von der Musikgeschichtsschreibung Bergs Oper zugeordnete Werturteil einer epochalen Bedeutung auch nicht erschüttern. Aber langsam wurde sie in ihrem Eigenwert anerkannt (Rouen 1997 als Koproduktion mit Pisa und Gießen).

Immerhin war Gurlitt in einer Beziehung moderner als Berg: Er komponierte, völlig unabhängig von diesem und auf derselben zeitbedingt fehlerhaften editorischen Grundlage – daher auch bei ihm die falsche Schreibweise des Titelhelden – die 18 von ihm aus dem Fragment ausgesuchten Szenen als Teile einer offenen Form. Die höchstens sechs Minuten langen und durch jeweils unterschiedlichen Einsatz des meist kammermusikalisch eingesetzten Orchesters variabel gefärbten Szenen stehen isoliert voneinander. Berg dagegen hatte seine 15 durch orchestrale Zwischenspiele verbundenen Szenen als strukturelle Einheit (→ S. 503 f.) in der nach-wagnerischen Tradition eines symphonisch durchkomponierten Kontinuums geschaffen. Das aber war mit seiner dem verfremdeten Volksliedton aufgepressten Atonalität ungleich zeitgemäßer als Gurlitts frei tonales Idiom, das – die Szene des Messerkaufs Wozzecks beim Juden kurz streifend – mit seiner eher neusachlichen Grundierung nur gelegentlich an Bergs musiksprachliche Sympathetik heranreicht. Das gilt etwa für das bei Berg unvertont gebliebene Märchen von der Großmutter sowie den als Prolog und Epilog aus dem Orchestergraben verströmenden chorischen Mitleidsgestus *Wir arme Leut!*, dem am Schluss ein unpathetisches es-Moll-Nachspiel des Orchesters folgt (Gurlitt lässt gelegentlich auch textlose Stimmen wie aus dem Off ertönen). Hörbar wird die Unterlegenheit des Werks, das mit seinen harten Gegensätzen und dem zwar besonders im Schlagwerk reich instrumentierten, aber ebenso sparsam wie ausdrucksstark eingesetzten

Orchester eigenständig wirkt, auch in der fast virtuos hoch geschraubten Partie der Marie. Gleichwohl beeindruckt jede Begegnung mit Gurlitts Oper, in der sich – analog zu Bergs Vertonung, aber noch nicht so ausgeprägt wie in seinen SOLDATEN – mit Ansätzen zu einem Ostinato und sogar einer Passacaglia Tendenzen zur Nutzung absoluter Formen finden. Und Momente wie die drastisch auskomponierte Straßenszene zwischen Wozzeck, Doktor und Hauptmann, der angeschrägte Militärmusikpomp beim Auftritt des Tambourmajors oder der orchestrale Trauerchoral nach dem Tod Wozzecks sind mehr als nur ein Nachhall des bergschen Espressivo.

MAX BRAND (1896–1980)

Der wie Karol Rathaus aus dem nordöstlichsten Teil des Habsburgerreichs (Lemberg) stammende Max Brand studierte auch bei Franz Schreker und wurde wie Rathaus mit nur einer Oper bekannt. Während dieser aber mit seiner Emigrantentragödie FREMDE ERDE nur eine Oper schrieb, gingen Brands spätere Arbeiten für das Musiktheater verloren – seine zweite Oper mit dem unfreiwillig bezeichnenden Titel REQUIEM wurde von der Berliner Staatsoper vor der für 1933 geplanten Uraufführung abgesetzt – oder blieben wie ein im amerikanischen Exil geschriebener Einakter unbeachtet (STORMY INTERLUDE von 1955 wurde zu seinem 100. Geburtstag 1996 konzertant im Wiener Rundfunk uraufgeführt). Als der früh am Zusammenhang zwischen Kunst und Technik interessierte und zu den Pionieren der elektronischen Musik gehörende Komponist, der in Wien ein ›Mimoplastisches Theater‹ für avantgardistischen Tanz gegründet und experimentelle Filmmusik geschrieben hatte, 1975 nach Österreich zurückkehrte, nahm die Öffentlichkeit kaum Notiz von ihm. Konzertante Aufführungen von MASCHINIST HOPKINS in Graz 1973 (Ausschnitte) und Wien 1988 weckten aber Interesse an seinem Hauptwerk.

MASCHINIST HOPKINS

Der vom Komponisten selbst mit zweiteiligem Prolog in zwölf Bildern librettierte Dreiakter (Duisburg 1929; *WA* Bielefeld 1984, Neue Oper Wien 1997) erlebte bis 1932 mehr als zwei Dutzend Neuinszenierungen. Als typische Zeitoper ist er in der amerikanischen Gegenwart von damals angelegt und kombiniert Maschinenhalle, Arbeiterviertel, Direktionsbüro, Vergnügungsstätten verschiedener Sozialmilieus sowie Theatergarderobe und -kulissen zu einer filmmäßig reißerischen Szenenfolge. Maschinist Bill stiehlt mit Hilfe seiner Geliebten Nell, Frau des Werkmeisters Jim, Produktionsgeheimnisse eines Industrieunternehmens. Als Jim sie überrascht, kommt er durch die von Nell versehentlich in Gang gesetzten Maschinen um. Während Nell ans Theater geht, steigt Bill zum Konzernherrn auf, will seine alte Arbeitsstätte zur Spurenvernichtung schließen und feuert den Maschinisten Hopkins, der ihn als Arbeiterführer vor der Ausbeutung von Mensch und Maschinen warnt. Hopkins wird als Beleuchter im Theater engagiert und presst Nell das Geständnis von Bills Vergangenheit ab. Als er Bill über den doppelten Verrat der ihm verfallenen Nell aufklärt, tötet dieser die schließlich zur Hure heruntergekommene Frau. In einem Anfall von Wahnsinn will er durch den Griff nach dem mit Nells geisterhafter Stimme sprechenden Hauptschalter auch die Fabrik zerstören, wird von Hopkins aber daran gehindert und stürzt tödlich in die Turbinen. Hopkins verkündet den Aufgang eines neuen Arbeitstages, und die drohend in die Maschinenhalle strömenden Männer fordern – vergleichbar dem Finale von George Antheils 1930 uraufgeführter Oper TRANSATLANTIC – ekstatisch *Arbeit!*

Für den einstigen Erfolg von Brands Zeitoper waren sicher nicht primär musikalische Gründe verantwortlich, aber das von Alban Berg hoch geschätzte Werk hat durchaus interne Qualitäten. So nutzte Brand für den in vier verschiedenen Arten notierten Sprechgesang der chorisch über ihre Versklavung durch die Menschen klagenden Maschinen Schönbergs deklamatorische Aufspreizung in DIE GLÜCKLICHE HAND und PIERROT LUNAIRE. Zudem konfrontierte er die musikalisch auch mit robusten Ostinati, wenngleich nicht so eindrücklich wie in konzertanten Maschinenmusiken der Zeit bei Prokofjew, Varèse, Honegger oder Mossolow gezeichnete Industriewelt – wenn im II. Bild Jim darin zermalmt wird – wirkungsvoll mit einer für die High Society stehenden Black-Bottom-Jazzband, einem verstimmten elektrischen Barklavier für das Rotlichtmilieu und einer Celesta für die emphatisch im Schreker-Stil gehaltene Liebesszene Bill–Nell (V. Bild). Während deren orchestrale Einleitung sich sogar zwölftöniger Mittel bedient, wird der Turbinentod Bills im letzten Bild ironisch von der rituellen Feuermusik aus Wagners WALKÜRE begleitet.

Nach dieser Verabschiedung eines gescheiterten Wotan aus dem Maschinenzeitalter bleibt mit Hopkins keineswegs ein strahlender Siegfried der Neuzeit auf der Walstatt zurück: dieser Maschinist ist eine ambivalente Figur, er propagiert den Eingang des ununterscheidbar gewordenen Individuums in das arbeitende Kollektiv und dessen reibungsloses Funktionieren zum wahren Lebenszweck: *Kolben, Räder, Arme dienen / Alle, alle den Maschi-*

nen. Allerdings blieb die aus der Massenarbeitslosigkeit der Zeit erklärbare Verherrlichung Hopkins' durch Brand wirkungsgeschichtlich vor totalitärer Ausbeutung gefeit: Bis 1933 gab es keine Interpretation im Sinne nationalsozialistischer oder kommunistischer Propaganda. Zu stark war die zweifellos von Fritz Langs Film METROPOLIS (1926) beeinflusste Oper ideengeschichtlich eingebunden in die vom ›Bauhaus‹ oder ›Werkbund‹ künstlerisch diskutierte Problematik des Zusammenhangs von Humanität und Technologie, als dass sie politisch ausbeutbar gewesen wäre. Und die Erfahrung von Massenarbeitslosigkeit während der Weltwirtschaftskrise ließ den kollektiven Ruf nach Arbeit am Ende von MASCHINIST HOPKINS auch nicht als Anlass zu politischer Demagogie erscheinen. Wie schwer aber der rezeptive Umgang mit diesem Meisterwerk eines Emigranten ist, zeigte John Dews Bielefelder Ausgrabung von 1984, als Hopkins nach Retuschen der Handlung zum Schluss in Hitler-Maske erschien: nicht gerade ein Zeugnis von Sensibilität für das Lebensschicksal des Hitler-Opfers Max Brand.

BERTHOLD GOLDSCHMIDT (1903–1996)

In biblischem Alter konnte der in Hamburg geborene und 1935 nach England emigrierte Komponist seine Wiederentdeckung noch erleben. Eine Retrospektive seines Schaffens bei den Berliner Festwochen 1994 wurde vom Publikum als Inthronisation des Komponisten zu einem Klassiker des zu Ende gehenden Jahrhunderts aufgefasst. 1932 hatte Goldschmidt in Mannheim mit DER GEWALTIGE HAHNREI einen der großen Provinz-Erfolge der Weimarer Republik errungen. Die von Carl Ebert für die Spielzeit 1933/34 angekündigte Reprise in Berlin war nach der Machtübernahme der Nazis nicht mehr möglich. Im Exil arbeitete Berthold hauptsächlich als Dirigent und komponierte für das Tanztheater von Kurt Joos, schrieb mit BEATRICE CENCI seine zweite Oper, die aber erst 1988 konzertant in London gegeben wurde. Auf Grund des geringen Echos auf sein quer zum Hauptstrom der Entwicklung stehendes Werk verstummte er 1958 als Komponist für ein Vierteljahrhundert, ehe 1983 – ›Neue Einfachheit‹ und ›Minimal Music‹ hatten den Primat der seriellen Musik gebrochen – die letzte schöpferische Phase begann. Sie wurde durch Goldschmidts späte Anerkennung in Deutschland zusätzlich animiert. 1992 kam in Berlin, mit sechzigjähriger Verspätung, DER GEWALTIGE HAHNREI konzertant heraus, zwei Jahre später konzertant BEATRICE CENCI (szenisch Magdeburg 1994).

Deren für das Entstehungsjahr unzeitgemäß konservatives Beharren auf altmeisterlichen Kategorien von tonaler Harmonie, von Rhythmus und Struktur wurde nun plötzlich als Zeitlosigkeit empfunden. Tatsächlich ist die Oper trotz ihrer düsteren Grundierung dem Geist von Busonis ›Junger Klassizität‹ verpflichtet: Sie gestaltet einen tragischen Stoff mit geradezu subtiler Feinheit. Martin Esslin schrieb das Libretto des Dreiakters nach dem 1819 entstandenen, aber erst 1886 privat uraufgeführten Versdrama The Cenci von Percy Bysshe Shelley und reicherte es mit einigen Gedichten des Autors an. Thematisiert ist eine reale Begebenheit aus dem Rom der Spätrenaissance, die in den Künsten oft behandelt wurde – noch ein Jahr nach Goldschmidt schrieb Havergal Brian darüber eine Oper, 1971 Alberto Ginastera. Im Jahre 1599 wurde die junge und schöne Beatrice Cenci mitsamt ihrer Stiefmutter hingerichtet, weil sie Beatrices Vater, einen brutalen Günstling des Papstes Clemens VIII., nach der Vergewaltigung seiner Tochter hatten ermorden lassen. Der Stoff, der Antonin Artaud in seiner Fassung 1935 zum Gründer eines – bei Ginastera nachhallenden – Theaters der Grausamkeit werden ließ, ist in eine lyrische Passion verwandelt: Vergewaltigung, Mord und Hinrichtung finden nicht auf der Bühne statt. Dafür hören wir in teilweise exquisiter Melodik die Leidensgeschichte einer schönen Seele, und am Ende stimmt Goldschmidt ein Requiem auf die Opfer aller Gewaltherrschaft an.

DER GEWALTIGE HAHNREI

Die furchtbaren Folgen männlicher Gewalt über Frauen sind auch in Goldschmidts erster Oper (Mannheim 1932; *WA* Komische Oper Berlin 1994, Bern 1995) thematisiert. Das Textbuch für die ›Musikalische Tragikomödie in drei Akten‹ verfasste der Komponist selbst nach der Farce Le Cocu magnifique (Paris 1920) des Flamen Ferdinand Crommelynck (Paris 1920). Es wurde vor allem durch die Moskauer Inszenierung Wsewolod E. Meyerholds von 1922 – auf ihren Gastspielen erreichte sie 1930 auch Berlin – bekannt. Meyerholds Ästhetik der ›Biomechanik‹, eine antinaturalistische Ausprägung von Körpersprachlichkeit, findet einen Widerhall in den an den jungen Prokofjew gemahnenden ostinaten Gebilden, die – das Vorspiel zum II. Akt mit weiten Intervallsprüngen in rasendem Tempo fratzenhaft zuspitzend – in Goldschmidts Oper für die Wahnvorstellungen Brunos stehen. In seiner krankhaften Eifersucht hält er jeden Mann für einen potenziellen Liebhaber seiner schönen Frau Stella, die er ihrem von einer Seereise zu Besuch kommenden Vetter Petrus geradezu aufdrängt. Dann treibt er – García Lorcas Don Perlimplín in Bruno Madernas und Wolfgang Fortners Opern vorwegnehmend – Stella in den

Ehebruch mit ihm selbst in der Maske eines Galans. Dazu erklingt ironisch ein süffig verfremdeter Tango von einem Volksfest draußen. So kann er sie der lynchbereiten Menge als Dirne präsentieren. Stella macht das von ihr halb durchschaute Spiel in dem Wunsch, ihrem Mann eine therapeutische Hilfe zu sein, widerwillig mit: *Ihr lügt auch, aber Ihr lügt schön.* Am Ende folgt sie dem Werben eines sie beschützenden Ochsenhirten und verlässt den unheilbaren Bruno, der das wiederum für ein Spiel hält. Doch Goldschmidts traurige cis-Moll-Schlussakkorde teilen uns die Schwere des Bruno gar nicht bewussten Identitätsverlustes mit. Dass bald nach der Premiere des GEWALTIGEN HAHNREIS kollektiver Massenwahn einen nationalkulturellen Identitätsverlust im größten Zivilisationsbruch der deutschen Geschichte bewirken sollte, hat Goldschmidts Oper über ihre ästhetische Stimmigkeit hinaus den Mehrwert einer Prophezeiung zuwachsen lassen.

Die Figur des wahnhaft Eifersüchtigen ist mit ebensolcher Eindringlichkeit gestaltet wie der obsessionelle Cardillac bei Hindemith, umrandet von einem schrekerhaften Arioso-Stil für Stella und diatonischem Belkanto für den ihr aufgezwungenen Petrus, der wie ein zweiter Johannes aus der SALOME-Zisterne ans musikalische Tageslicht schreitet. Das zumal in Mittelstimmen wuchernde Espressivo seines Lehrers Schreker vermeidet Goldschmidt durchgehend, seine auch in bitonalen Zuspitzungen immer transparent orchestrierte Musik erinnert neben Prokofjew gelegentlich an Busoni und Weill, nimmt sogar Schostakowitsch vorweg. Aber die deutlichen Spuren eines Zeitstils verdecken nie die Konturen seines Personalstils. Das einer simpel auf- und absteigenden Arpeggiofigur anvertraute Leitmotiv für Stellas Liebe, das sie am Ende dem Ochsenhirten zuwendet, ein Quintmotiv mit leicht verschobenen Dreiklängen für diesen und die fugierte Chorszene des über den vermeintlichen Hahnrei am Ende des II. Akts Bruno spottenden Volks als Grundierung einer Pogromstimmung sind Bestandteile einer Musikdramaturgie, deren mörderisch sanfte und unnachgiebige Ironie keine vorschnelle Versöhnung zwischen Groteske und Bitternis aufkommen lässt.

VOM BÜRGERSCHRECK ZUM ERSCHROCKENEN BÜRGER

PAUL HINDEMITH (1895–1963)

Am Beginn seiner Opernkarriere veröffentlichte der Komponist 1922 in der ›Neuen Musikzeitung‹ einen autobiographischen Abriss: »Ich bin 1895 zu Hanau geboren. Seit meinem 12. Jahre Musikstudium. Habe als Geiger, Bratscher, Klavierspieler oder Schlagzeuger folgende musikalische Gebiete

›beackert‹: Kammermusik aller Art, Kino, Kaffeehaus, Tanzmusik, Operette, Jazz-Band, Militärmusik. Seit 1916 bin ich Konzertmeister der Frankfurter Oper« (S. 329). Tatsächlich dürfte Hindemith von allen bedeutenden Komponisten der ersten Hälfte des 20. Jahrhunderts die engste Beziehung zur Musizierpraxis besessen haben. Darüber hinaus war er ein überaus einflussreicher Musikvermittler: als Programmrat der Kammermusiktage Donaueschingen/Baden-Baden, als Lehrer an der Berliner Musikhochschule bis zu seiner Kündigung 1937 (mit anschließender Übersiedelung in die Schweiz) und später an der Yale University in New Haven sowie der Universität Zürich, als Reformator des Musiklebens in der den Anschluss an Europa suchenden Türkei während der Jahre 1935–1937, als Musikschriftsteller mit einem großen Radius, schließlich nach der Rückkehr aus dem 1940 gewählten amerikanischen Exil in die Schweiz (nicht Deutschland!) als gefragter Dirigent in seinem letzten Lebensjahrzehnt.

»Als Komponist habe ich«, so Hindemith 1922, »meist Stücke geschrieben, die mir nicht mehr gefallen: Kammermusik in den verschiedensten Besetzungen, Lieder und Klaviersachen. Auch drei einaktige Opern, die wahrscheinlich die einzigen bleiben werden, da infolge der fortwährenden Preissteigerung auf dem Notenpapiermarkt nur noch kleine Partituren geschrieben werden«. In den folgenden Jahren komponierte er für das Musiktheater in der Tat noch weitere Kleinwerke, die seinen Vorstellungen von einer ›Gebrauchsmusik‹ entsprachen: das Weihnachtsmärchen für Kinder TUTTIFÄNTCHEN (Darmstadt 1922), den Zwölf-Minuten-Sketch HIN UND ZURÜCK (Baden-Baden 1927), das LEHRSTÜCK (Baden-Baden 1929) und die Schuloper WIR BAUEN EINE STADT (Berlin 1930). Eine repräsentative Figur des deutschen Musiklebens der zwanziger und dreißiger Jahre blieb Hindemith vor aber allem dank seiner abendfüllenden Werke: der Künstleroper CARDILLAC (Dresden 1926), der Zeit- und Hausoper NEUES VOM TAGE (Kroll-Oper Berlin 1929) und dem von den Nazis verbotenen MATHIS DER MALER (Zürich 1938).

Eine unfreiwillig repräsentative Erscheinung der Zeit ist Hindemith in der Beziehung, dass sich der Geschichtssturz des Jahres 1933 in seinem Schaffen spiegelt: als Rücknahme des Avantgarde-Anspruchs, als Hinwendung zum Konservativismus. Tatsächlich macht sich um 1930 im deutschen Musiktheater eine Tendenzwende bemerkbar, die den durch ihre bedenkliche Rechts-, Finanz- und Wirtschaftspolitik bedingten Übergang der Weimarer Republik in den Nationalsozialismus kulturell flankiert. Internationalismus, Intellektualismus und teilweise promiskuitiv enthemmte Sexualität der Zeitoper weichen innerhalb kurzer Zeit einem kulturpessimistisch angehauchten, oft mysteriös grundierten Ethos der Verantwortlichkeit. Die Entwicklung Schönbergs zu MOSES UND ARON, Hindemiths zu MATHIS DER MALER, Kreneks zu KARL V. oder Weills zur BÜRGSCHAFT beschwört einen Paradigmenwechsel, dessen gleichzeitige Pervertierung zur Politform absoluter Führerschaft eine ganze Gesellschaft faschisieren konnte. Hindemiths Kehre vom Bürgerschreck zum erschrockenen Bürger ist schon vor dem 1931 mit Gottfried Benn verfassten Oratorium DAS UNAUFHÖRLICHE in seiner autobiographischen Skizze von 1922 angelegt. Das Nicht-Gefallen an früheren Werken wurde zu einem Grundzug, der fortan sein künstlerisches Selbstbewusstsein auf dem Weg von der Gebrauchs- zur Weltanschauungsmusik bestimmen sollte. Er konnte prohibitiv wirken wie in der 1934 – auch aus Vorsicht vor den im faschistischen Deutschland sich radikalisierenden Zeitläuften – verfügten und 1958 rechtskräftig zum Verbot verfestigten Sperrung seines Einakter-Triptychons von 1921/22 für das Musikleben: MÖRDER, HOFFNUNG DER FRAUEN, DAS NUSCH-NUSCHI und SANCTA SUSANNA. Aber auch seine gemilderte Form weist in den Revisionen von CARDILLAC und NEUES VOM TAGE nach 1945 einen Hang zur Selbstzensur auf.

In der Neubearbeitung des 1922/23 komponierten Rilke-Liederzyklus MARIENLEBEN hat Hindemith den tieferen Grund dafür 1948 im Vorwort offenbart als Erkenntnis von den ›moralischen Verpflichtungen‹ des Musikers. Das zielt im Rahmen einer religiös gefärbten Thematik auf die Rücknahme des 1922 herausgekommenen Einakters SANCTA SUSANNA und bedeutet die Verabschiedung von dessen expressionistischem Streben nach autonomer Ich-Verwirklichung. An deren Stelle tritt die von Maria durch den Engel empfangene göttliche Verkündigung, die ihr Verzicht und Selbstbescheidung abverlangt, aber die Auferstehung verspricht. Die Problematik des parallel zu Rilkes ungleich bedeutenderen ersten beiden DUINESER ELEGIEN entstandenen Nebenwerks blieb Hindemith verborgen: eine narzisstische Neigung, dem Erschrecken im existenziellen Blickkontakt zwischen den Geschlechtern – »Schaun und Geschautes, Aug und Augenweide« heißt es im dritten Lied des Zyklus – bis zur Aufhebung der männlichen Subjektivität auszuweichen. Das spiegelt sich in seiner Vertonung durch die Identifizierung mit einer bergenden Muttergestalt. Diese uneingestandene Ich-Schwäche hat über den individualpsychologischen Aspekt hinaus eine gesellschaftliche Komponente. Ein in dieser Hinsicht vielleicht überempfindlicher Interpret wie Adorno hat aus der ersten der DUINESER ELEGIEN einen politischen Verdacht abgeleitet, der als Schatten auch auf Hindemith fällt: »Rilke verabsolutiert das Wort Auftrag unterm Schutz des ästhetischen Scheins«. Natürlich war Hindemith politisch unverdächtig (außer einigen Nazis), aber dass er den ästhetischen Schein als kompositorische Seinsfrage eines Auftrags zur moralischen Verantwortung ausgab, verleiht seinem Revisionismus einen bedenklichen Anstrich.

MELANCHOLIE DER TOTALEN TONALITÄT

In seiner Bearbeitung glättete Hindemith über aufführungspraktische Verbesserungen und eine harmonikale Ausweitung der Anlage hinaus den Modernitätsanspruch des MARIENLEBENS. Damit kam er einer Einsicht nach, die er bei der Uraufführung des Zyklus gespürt hatte: der Verantwortlichkeit des Künstlers für sein Schaffen und dessen Rezipierbarkeit in der Gesellschaft. Dass diese Erkenntnis seit 1934 rückwirkend ins bereits vorliegende Werk griff, kann indes als Produktion von Ideologie verstanden werden. Ihr fiel SANCTA SUSANNA mit den beiden anderen Einaktern zum Opfer, und nach 1945 versuchte Hindemith, die Neufassung des CARDILLAC von 1952 und die Revision der nach 1953 mehrfach bearbeiteten komischen Oper NEUES VOM TAGE als definitiv durchzusetzen. Das war zum Teil ethisch bedingt – aus Sorge vor dem Blasphemievorwurf gegen SANCTA SUSANNA –, aber es signalisiert auch die Unterwerfung unter jene Spießbürgermoral, die Adolf Hitler NEUES VOM TAGE wegen einer vermeintlich nackten Frau in der Badewanne zum Inbegriff des ›Kulturbolschewismus‹ hatte werden lassen. Ästhetisch wurden Hindemiths Revisionen durch jene Selbstdisziplin motiviert, mit der er seine in den dreißiger Jahren begonnene UNTERWEISUNG IM TONSATZ praktisch beglaubigen wollte: »Hindemith hat versucht, dem 20. Jahrhundert eine theoretische Kompositionsgrundlage zu geben, die der dem 18. Jahrhundert von Rameau bescherten Methodik entsprach. Es ist eine Tonalitätstheorie, nicht aber wie Schönbergs Reihenprinzip eine Kompositionsmethode; wiederum wurde sie jedoch wie Schönbergs Methode aus der schöpferischen kompositorischen Praxis abgeleitet und mußte sich auf die Arbeitsweise des Komponisten unmittelbar auswirken«.

So werden in der Zweitfassung des MARIENLEBENS tonale Zentren mit außermusikalischem Bedeutungscharakter gebildet. Der reflektiert nicht nur die Ansicht des reifen Hindemith, dass Musik keineswegs Privatsache ihres Urhebers im Elfenbeinturm sei oder ihrer Entstehungszeit verhaftet sein dürfe. Darüber hinaus stützt er die in seiner UNTERWEISUNG dargelegten – angeblich – natürlichen, in Wirklichkeit historischen Gesetze einer erweiterten Tonalität: ein klassischer Fall von »Reduktion der Geschichte zum Dogma«. In seinem einzigen großen Bühnenwerk nach 1945, der von ihm selbst librettierten Kepler-Oper DIE HARMONIE DER WELT (Prinzregententheater München 1957), stilisiert Hindemith die ›totale Tonalität‹ zum Welttheater. Dabei verfällt er wie einst der Astronom Johannes Kepler als Mitbegründer des modernen naturwissenschaftlichen Denkens der Illusion, hinter allen sinnlich wahrnehmbaren Erscheinungen die göttliche Himmelsmaschine in der Art eines Uhrwerks erkannt zu haben. Der Einfall, die Hauptfiguren dieses Dramas in der finalen Passacaglia mit Gestirnen zu identifizieren, entspricht Hindemiths Vorstellung, dass die Töne der chromatischen Skala zwar nicht mehr wie im Quintenzirkel, aber mit ihrer Grundtonbezogenheit wie in einem tonalen Planetensystem zirkulieren. Doch in die prästabilierte Harmonie der Sphärenmusik des Finales ist als simultaner Kontrast die Ermordung Wallensteins montiert, und Kepler selbst hatte schon zuvor, die musikphilosophischen Absichten des Komponisten desavouierend, die Aufhebbarkeit aller Disharmonien der Welt dem anderen Zustand zugeschrieben: *Die große Harmonie, das ist der Tod.*

Keplers Satz fällt ein treffendes Urteil über diese Weltanschauungsoper. Die vom späten Hindemith in Abwehr der seriellen Musik aus seiner UNTERWEISUNG abgeleitete Praxis einer ›totalen Tonalität‹, die ohne den funktionsharmonischen Zwang von Dominante und Subdominante gemäßigt atonikale Züge aufweist, erstarrt in der HARMONIE DER WELT zu einem ledernen Duktus. Dessen Ewigkeitsanspruch lässt weder dramatische Struktur noch personale Charakteristik zu – mit der Ausnahme von Brautlied und Verzweiflungsmonolog der Susanna, in denen sich das findet, was Hindemith 1950 in seiner Rede auf Johann Sebastian Bach, Nietzsches Brahms-Verdikt ummünzend, als ›Melancholie des Vermögens‹ bezeichnet hatte. Da scheint für Augenblicke die Möglichkeit auf, dass Hindemith in Keplers junger Frau die von ihm selbst unterdrückte Sinnlichkeit der gleichnamigen Nonne aus SANCTA SUSANNA, wenn auch gefiltert durch die instrumentale Linearität der Stimmführung des MARIENLEBENS, auferstehen lassen wollte. Insgesamt aber führt diese Melancholie Hindemith zu einer Selbstfesselung der schöpferischen Kräfte. Das ist kein Zufall, da er seine Gedanken von der Spiegelung des Weltalls im irdischen Geschehen zur Absage an den Autonomieanspruch der Moderne ausgeformt hat. Für ihn war nicht mehr »die Selbstsetzung der Sinnbezüge« Motor des Spätwerks, sondern »die handwerkliche Ausführung eines außerhalb des Kunstwerks gegebenen Sinnes, einer unabhängig vom Menschen bestehenden Ordnung des Kosmos«. Dieser gegenüber erscheint das Kunstwerk philosophisch als schierer Abglanz: Immanent ästhetisch wird es sekundär, tendiert zur Selbstauslöschung seines Materials durch die von diesem transportierte Bedeutung.

Das war ein Protest gegen den selbstreferenziellen Materialfetischismus der seriellen Musik. Aber als Gegengift konnte die von ihrem gedanklichen Überbau erdrückte HARMONIE DER WELT keine gesellschaftliche Relevanz gewinnen. Hindemith hat das durch eine Reduzierung des nicht nur philosophischen Anspruchs in seiner letzten Arbeit für das Musiktheater zu korrigieren versucht: dem von ihm selbst übersetzten und 1961 im Mannheimer Nationaltheater uraufgeführten Einakter DAS LANGE WEIHNACHTSMAHL (Libretto von Thornton Wilder nach seinem Schauspiel THE LONG CHRISTMAS DINNER von 1931; Urfassung: Juilliard School of Music New York 1963 unter Leitung des Komponisten). Im Kontext seines Schaffens wirkt das durch ein englisches Weihnachtslied gerahmte und in Formen von Gigue, Menuett, Fuge und Passacaglia gegliederte Unterfangen nicht nur ästhetisch ausgedörrt. Ideologisch betreibt Hindemith hier sogar eine Rücknahme des Sketches HIN UND ZURÜCK. Dessen witzigem Grundeinfall, Handlung und Musik nach der tragischen Kulmination zum glücklichen Anfang zurücklaufen zu lassen, lag die utopische Hoffnung auf die Umkehrbarkeit geschichtlicher Verläufe zu Grunde. Als sein letztes Wort auf dem Theater predigt Hindemith die Unumkehrbarkeit der Geschichte. Das wäre als Altersweisheit anzuerkennen, hätte er diese Irreversibilität nicht mit dem Verbot seiner ersten Bühnenwerke und der Umarbeitung von CARDILLAC und NEUES VOM TAGE in dogmatischem Revisionismus außer Kraft zu setzen versucht. So versteift der kondensierte Zeitfluss von Thornton Wilders neun Jahrzehnte und drei Generationen einer amerikanischen Familie umfassendem Drama musikalisch trotz der milden Dissonanzen eines Kammerorchesters mit Cembalo zur unfroh selbstgefälligen Besitzstandwahrung des elfköpfigen Personals – nur ein Mal gibt es in diesem den Versuch einer Auflehnung.

Der Oper hat solche Ideologiebildung so wenig zum Überleben verholfen wie der HARMONIE DER WELT. Hindemiths Spätwerk wurde von jenem Bannspruch getroffen, den der Komponist selbst in seiner letzten Rede 1963 gegen die serielle Musik geschleudert hatte: STERBENDE GEWÄSSER. Rezeptionsgeschichtlich haben daran sogar die scheuklappenlos vom Frankfurter Hindemith-Institut angeregten Forschungen nichts geändert. Umso lebendiger können die frühen Werke des Komponisten bei den allzu seltenen Wiederbegegnungen mit ihnen auf dem Theater wirken. Das gilt auch für das Einakter-Triptychon, dem sogar der späte Adorno in der insgesamt vernichtenden Kommentarsammlung AD VOCEM HINDEMITH seine verstohlene Liebe bekundete und für dessen zyklische Aufführung Ludwig Finscher 1978 im Vorwort der kritischen Neuausgabe von MÖRDER, HOFFNUNG DER FRAUEN ausdrücklich plädierte.

DAS EINAKTER-TRIPTYCHON

Für Hindemiths skandalumwitterten Bekanntheitsgrad in der Öffentlichkeit waren die 1921/22 uraufgeführten drei Einakter entscheidend. 1919 komponierte er MÖRDER, HOFFNUNG DER FRAUEN auf einen Text des Maler-Dichters Oskar Kokoschka, ein Jahr später DAS NUSCH-NUSCHI des vor allem als Essayist und Kritiker bedeutenden Franz Blei. Als sie unter Leitung von Fritz Busch 1921 mit Oskar Schlemmers Ausstattung im Landestheater Stuttgart uraufgeführt wurden, gab es – von der zweiten Aufführung an organisierte – Tumulte. Der Skandal wiederholte sich mit ungleich stärkerer Nachwirkung ein Jahr später, als beide Stücke zusammen mit der 1921 komponierten – sogar von Fritz Busch als obszön zurückgewiesenen – SANCTA SUSANNA nach einem Drama von August Stramm in Frankfurt/Main herauskamen. Diese in der Folgezeit wiederkehrenden Begleitumstände bewogen den Komponisten 1934 zur Sperrung, die er 1958 zum Verbot verschärfte. Nach seinem Tod und dem seiner Witwe konnten die beiden ersten Einakter 1969 in Darmstadt wieder gespielt werden, der komplette Zyklus kam nach einer konzertanten Erprobung 1988 in Frankfurt/Main erst 1993 in Trier wieder auf die Bühne.

Diese Skandalgeschichte hat eine angemessene Würdigung der Stücke eher behindert als gefördert. Sie stehen zwar im Bannkreis des Expressionismus, sind aber zumindest im NUSCH-NUSCHI Busonis ›Junger Klassizität‹ verpflichtet und lassen mit dem Bauhaus-Konstruktivismus schon Hindemiths Wendung zur neobarocken Formgebung in CARDILLAC ahnen. Das Triptychon kann als repräsentativ für das Aufbegehren Hindemiths (und vieler Zeitgenossen) gegen den in der abendländischen Bewusstseinskrise des Ersten Weltkriegs zu Bruch gegangenen bildungsbürgerlichen Kulturbegriff bezeichnet werden. Motor der drei stilistisch sehr unterschiedlichen und nicht ohne Einfluss von Puccinis Triptychon entstandenen Einakter ist der Eros mit seiner ekstatischen Eigendynamik, die alle rationalen Steuerungen – und erst recht eine triebhemmende Institution wie die Katholische Kirche – aushebelt. Trotz dieser expressionistischen Thematik nimmt die Musik schon eine tendenzielle Kehrtwendung zur Neuen Sachlichkeit vor, da sie keineswegs anarchisch verströmt, sondern die Handlung in formaler Autonomie begleitet und im NUSCH-NUSCHI sogar neutralisiert.

MÖRDER, HOFFNUNG DER FRAUEN

Am wenigsten ausgegoren ist diese Dialektik in der Vertonung von Oskar Kokoschkas Drama. Es war 1907 für die Wiener Kunstschau konzipiert, wurde aber erst 1917 in Dresden uraufgeführt. Hindemith ging auf die 1917 erschienene vierte Fassung des mehrfach überarbeiteten Stücks zurück, die er fast vollständig vertonte. Thematisiert ist in einer dunkel bedeutsamen, ihr neomythisches Weltbild aber nie ganz erreichenden Sprache eine fatale Liebesbegegnung mit pantomimischer Vergewaltigung (Brandmarkung) der Frau und schwerer Stichverletzung des Manns. Gerahmt wird dieser Geschlechterkampf durch die Paarung von zwei Trios männlicher Krieger im Gefolge des Mannes und mädchenhafter Begleiterinnen der Frau. Ein kleiner Weltenbrand beendet das mit anti-emanzipatorischen Zügen durchsetzte kultische Suggestionstheater. Der aus dem Gedankengut von Otto Weiningers GESCHLECHT UND CHARAKTER gespeiste Mann überwindet durch die Tötung der Frau mittels ausgestrecktem Finger – eine bildhafte Umkehrung von Michelangelos Fresko DIE ERWECKUNG DES ADAM in der Sixtinischen Kapelle – die Verfallenheit an den Sexus. Beim Hahnenschrei enteilt er im crescendierenden cis-Moll-Finale der Feuersbrunst des in Flammen aufgehenden Turms. Der über weite Strecken massiv expressionistische Orchestersatz lässt schon eine formgebende Kraft erkennen, »deren lineare Stringenz, welche auch harmonische Prozesse lenkt, eine dem Text gegenüber autonome und doch mit seinem Geschehen identifizierbare Gestalt ausbildet«. Dieses in den Skizzen Hindemiths durch eingetragene Taktzahlen belegte Proportionsstreben macht vier Abschnitte erkennbar: eine Art Symphonie mit reprisenlosem Kopfsatz, zwei ruhigen – auch durch lichtere Instrumentation abgehobenen – Mittelsätzen und einem ausgedehnten Rondo-Finale. Da 1918 in München eine Friedrich-Klose-Woche mit der ILSEBILL (→ S. 66 ff.) stattgefunden hatte, ist ein Einfluss dieser dramatischen Symphonie auf Hindemith nicht auszuschließen.

DAS NUSCH-NUSCHI

Hindemiths zweiter Einakter geht auf das ›Spiel für burmanische Marionetten‹ von Franz Blei aus dem Jahre 1911 zurück und bietet zur expressiv verschwitzten Kokoschka-Vertonung die gelöst witzige Alternative. Die nur kurz auftretende Titelfigur ist das Vehikel des asiatischen Lustgottes Kamadewa: ein Fabeltier, halb Ratte, halb Kaiman, das von dem Diener

Tum tum grundlos erschlagen wird. Auf Grund dieser wichtigtuerischen Tat wird er von dem betrunkenen General Kyce Waing in Dienste genommen. Das hat für diesen fatale Folgen. Denn für seinen früheren Herrn, den schönen Zatwai (stumme Rolle), hatte Tum tum statt der einen durch Gunstbezeugung aufgefallenen Haremsdame des Kaisers gleich vier entführt, weil sie sich dazu erboten. Nachdem Zatwai die Damen der Reihe nach beglückt hat, findet ein Prozess wegen der Entführung statt. In dem lenkt Tum tum mit falschem Zeugnis den Verdacht auf den General. Da stöhnt der Kaiser – auch musikalisch – wie König Marke angesichts von Tristans Treuebruch *Mir dies, Kyce Waing, mir dies! Wohin nun Treue, da er sie verriet? Wohin nun Ehr' und echte Art?* Das TRISTAN-Zitat wirkt umso komischer, als die für den vermeintlichen Verführer verhängte Strafe sich als überflüssig erweist: Kyce Waing ist schon kastriert. Der Henker ist verzweifelt, unter Anleitung des Lustgottes wird eine Apotheose von Jugend und Schönheit gefeiert. Dann geht ein alter Bettler, der schon im 1. Bild zwei nach dem Weg zum schönen Zatwai fragenden Bajaderen ein ›Memento mori‹ gesungen hatte, mit einer Totenglocke schweigend über die Bühne.

1921 wurde das Wagner-Zitat trotz leichter Verfremdung des Originals als solche nationalkulturelle Verunglimpfung empfunden, dass es zum Skandal kam, Hindemith die Stelle für die Zweitaufführung 1922 in Frankfurt milderte und 1924 das Schlussbild einer weiteren Retusche mit ausgeprägt motorischen Klängen unterzog. Auch spätere Aufführungen waren durch die begleitenden Umstände dominiert, so dass es zu keiner sachgerechten Rezeption des Stücks kam. Auch nicht bei seiner Wiederaufführung 1969, weil nun die Diskrepanz zwischen der Ursache des einstigen Skandals und seiner Wirkung dem Komponisten als Harmlosigkeit angelastet wurde. Das als lose Abfolge gelegentlich barockisierender Musiknummern in drei Bildern gegliederte Stück verweigert sich in der Dissoziierung von Text und Musik noch dringlicher als Busonis ARLECCHINO einer dramatischen Verlaufslogik. So kennt die Oper keinerlei Steigerungsdramaturgie: »Es gibt keine stringente Linie; Höhepunkte werden fast regelmäßig irgendwann mehr oder weniger notengetreu wiederholt und damit nivelliert«. Das wird besonders deutlich im vierfachen – mit fast identischem Wortlaut eingeleiteten – Geschlechtsakt (hinter der Szene), dessen Multiplizierung die subjektive Emotionalität der romantischen Oper verhöhnt. Hindemith unterstreicht das in beachtlicher Orchestervirtuosität durch parodistisch gemeinte stilistische Rückbindungen, wobei er im zweiten von drei – teilweise zur Illustration der Liebesakte eingelegten – Tanzstücken einen Sonatensatz, im dritten eine Choralfuge imitiert.

SANCTA SUSANNA

Hindemith schrieb seine dritte Oper Anfang 1921 in wenigen Wochen nach August Stramms mit der Unterzeile ›Ein Gesang der Mainacht‹ versehenem Einakter. Die junge Nonne, zuerst vor einem Kruzifix betend, wird sich in drei Schüben ihrer unterdrückten Sexualität bewusst: durch die von draußen in der lauen Mainacht hereinströmenden Laute und Düfte; durch das Kosen einer jungen Magd mit einem Knecht (Sprechrollen); schließlich durch die als Warnung gedachte Erzählung der älteren Schwester Klementia von der jungen Nonne Beata, die einst wegen des Erwachens erotischer Gelüste hinter dem Altar eingemauert worden ist. Susanna wirft schließlich die Kleider von sich, reißt das Lendentuch vom Kruzifix und verlangt vor den hinzugeeilten Nonnen, ebenfalls zur Strafe eingemauert zu werden. Doch gegen den verurteilenden Ruf *Satana!* und die Aufforderung *Beichte!* setzt sie sich mit einem entschiedenen *Nein!* zur Wehr.

Das nur wenige Druckseiten umfassende lyrische Drama des im Ersten Weltkrieg gefallenen August Stramm ist, 1912/13 entstanden und 1914 im Druck erschienen, thematisch von Maurice Maeterlincks symbolistischem Bühnenstück Sœur Béatrice (1901) beeinflusst. Gleichwohl wurde es durch den ekstatisch verkürzten Sprachstil – die Regieanweisungen übertreffen an Umfang den Dialog – zu einer Inkunabel des deutschen Expressionismus. Es geht um eine gesellschaftlich – wie der 1922 gegen Hindemith organisierte Protest bewies – tabuisierte Individuation, was in der ausführlicheren Urfassung deutlicher wird als in der vertonten. Die vom Kollektiv der Nonnen erwartete Selbstanklage in der Beichte weist Susanna – wie die des Alten Testaments fälschlich der Unkeuschheit beschuldigt – zurück. Sie hat sich keineswegs wie ihre Vorgängerin Beata, die das Kruzifix umarmte, der Blasphemie einer körperlichen Vereinigung mit dem Gekreuzigten schuldig gemacht. Vielmehr erwartete sie auf den Altarstufen, dass Christus vom Kreuz in einer ›unio mystica‹ zu ihr niedersteige.

Susanna bekennt sich durch ihr Verhalten zu einer ganz anderen Schuld als von den Nonnen vermutet: Sie »ist schuldig vor sich selbst geworden, weil ihr der Ausbruch aus der klösterlich-abseitigen Teilwelt nicht gelungen ist und weil sie in die Sündenangst des begrenzten Klosterlebens zurückgesunken ist«. Für den Aspekt des Schuldigwerdens steht eine Spinne, die – vergleichbar Josef Matthias Hauers DIE SCHWARZE SPINNE – als Verkörperung eines Sündenbewusstseins zwei Mal erscheint. Zuerst als Reflex von Schwester Beatas Verfehlung, dann als Symbol für Susannas durch ihr falsches Schuldgefühl gescheiterte Hoffnung auf das Mysterium der Vereinigung. Einsicht in diesen dunklen Zusammenhang bewog 1980 den Regisseur Friedrich Meyer-Oertel, den Einakter in Wuppertal der (stark eingestrichenen) HARMONIE DER WELT voranzustellen. Über die Namensgleichheit wurde da zwischen der in der sexuellen Selbstempfindung geheiligten Nonne und Keplers Frau Susanna, die in den kosmologischen Vorstellungen des Astronomen aufgeht und sich in Verleugnung ihres Eros für ihn opfert, die disharmonische Spannweite von Hindemiths Frauenentwürfen evident.

Musikalisch überragt SANCTA SUSANNA die beiden anderen Einakter. Zwar erinnern der konduktartige Aufzug, zu dem die zum Horengebet erscheinenden Nonnen Susanna buchstäblich den Weg ins Offene abschneiden, und die Ekstase, mit der die junge Nonne ohne Sündenbekenntnis ihre Einmauerung begehrt, an die plötzlichen Farbumschläge in Bartóks Einakter HERZOG BLAUBARTS BURG. Insgesamt bezeugt das Werk aber hohe Eigenständigkeit. Besonders fällt die Technik auf, die Handlung auch über Wortpausen hinaus mit Bewegungsgesten weiterzuführen, wobei der orgelbesetzten Klostermusik nach dem Vorspiel und beim Auftritt der Nonnen eine eher impressionistische, mit Celesta- und Xylophonklängen durchsetzte Naturlaut-Ästhetik entgegengestellt wird. Bewusst hat der Komponist aus Stramms Drama »die umfangreichen Regieanweisungen fast lückenlos schon in die autographe Partitur« übernommen. Allerdings setzt er Nachtwind (drei Flöten), Zweigrauschen oder Nachtigallenschlag, Angstschrei, helles Lachen oder Glockenklang nicht in illusionistischer Häufung ein. Wenn sich bei Stramm die Angaben häufen – es handelt sich um den Eintritt des Knechts in die Kirche, wo Susanna mit seiner Geliebten Kontakt gesucht hat –, lässt Hindemith sogar die Musik schweigen: Naturlaute sind zum stummen Schrei geworden.

Stramm hatte seinen Versuch, ein Gemisch aus Sprache und anderen Lauten zu erzielen, durch verschwimmende Echowirkungen abgesichert. Hindemith greift dieses Stilmittel abstrahierend auf, indem er eine taktzahlgenau spiegelsymmetrische Variationsabfolge des instrumentalen Vorspiels als gewaltigen Steigerungsprozess konstruiert: eine akustische Kreuzform. Deren Zentrum: Klementias Erzählung, wie Beata den Gekreuzigten umschlang (Takte 299–303), teilt das 603 Takte umfassende Werk in zwei Hälften. Alle Ereignisse sind proportional um diese Mittelachse angelegt, der Tektonik »des Ganzen folgen die musikalischen, begrifflichen und symbolhaften Details, so daß wirklich die gesamte Bühnengestaltung symmetrische Entsprechungen zeigt«. Nicht zuletzt diese als großes Crescendo angelegte Form erklärt die ungewöhnliche Sogkraft des Werks.

CARDILLAC (›Oper‹ in drei Akten, *L* von Ferdinand Lion nach E. T. A. Hoffmanns 1819 in den SERAPIONSBRÜDERN erschienener Erzählung DAS FRÄULEIN VON SCUDERI; Dresden 1926 unter Fritz Busch; nach einem Achtungserfolg kam der Durchbruch 1927 in Wiesbaden unter Otto Klemperer, der die Oper auch 1928 an der Berliner Kroll-Oper herausbrachte; trotz des Misserfolgs an der Staatsoper Wien 1927 gab es in der Spielzeit 1926/27 weitere zwölf Aufführungen, die letzten vor Hitlers Machtübernahme 1931/32; als der Komponist das Werk 1948 bei der Biennale Venedig sah, entschloss er sich zu der 1952 in Zürich durch Victor Reinshagen uraufgeführten Neufassung in vier Akten mit eigenem Text ›nach einer Bühnenhandlung von Ferdinand Lion‹; trotz des Erfolgs der deutschen Erstaufführung 1953 in Frankfurt/Main unter Georg Solti – mit Gastspielen im In- und Ausland – und gegen den erklärten Widerstand des Komponisten setzte sich seit der Wuppertaler Wiederaufführung von 1960 – Gastspiel beim Holland-Festival – die Erstfassung als Standardwerk eines Klassikers des deutschsprachigen Theaters im 20. Jahrhundert gegen die revidierte durch: Staatsoper Wien 1964, Mailänder Scala 1965, Staatsoper München 1965 mit Dietrich Fischer-Dieskau als dem neben Ernst Gutstein überragenden Titelhelden seiner Zeit, Santa Fe 1967 – das Freilufttheater brannte nach der Premiere aus –, New Opera Company London 1970).

Hoffmanns Novelle, die, literarhistorisch wegweisend, einen Kriminalfall als Studie eines psychopathologischen Charakters ausbreitet, hat ein lebhaftes Nachleben entwickelt. So wurde sie, für Ferdinand Lion in manchem ein Vorbild, von Otto Ludwig 1848 unter dem Originaltitel dramatisiert (Uraufführung erst 1891), vor Hindemith mit dem von ihm später gewählten Titel durch Auguste Lucien Dautresse als ›opéra comique‹ vertont (Théâtre Lyrique Paris 1867) und nach seiner Verfemung durch die Nazis von Fried Walter als ANDREAS WOLFIUS an den Hof August des Starken verlagert (in der Berliner Staatsoper 1940 mit einer Starbesetzung erfolgreich uraufgeführt, kurz danach verbrannte das Aufführungsmaterial im Bombenhagel und wurde vom Komponisten ein halbes Jahrhundert später rekonstruiert).

Lion beschränkte sich unter Eliminierung von E. T. A. Hoffmanns Titelfigur auf die Hauptlinie der virtuos verschlungenen Erzählung: Im Paris des Sonnenkönigs fertigt der geniale Goldschmied Cardillac seine Kunstwerke nur für sich; verkauft er wider

Willen dennoch eines, treibt es ihn gewaltsam, den Schmuck wieder in seinen Besitz zu bringen. Dabei fällt ihm der Kavalier zum Opfer, der die Liebesgunst einer Dame mit einem Halsband Cardillacs erkauft. Der Argwohn eines Offiziers, der Cardillacs Tochter liebt, steigert sich, als der Goldschmied sie ihm leichten Herzens zusagt und gleichzeitig ein Schmuckstück, das der Mann für seine zukünftige Braut erwerben will, nicht freiwillig hergibt. Als Cardillac auch auf ihn einen Mordanschlag ausführt, scheitert er, aber trotz der Deckung durch den ihn entlarvenden Offizier bekennt Cardillac öffentlich seine Taten und fällt der Lynchjustiz der Menge zum Opfer. Sterbend küsst er seine am Hals des Offiziers entdeckte Kette.

EIN DÄMONISCHER RAFFKE?

Lions Opernhandlung hat, bei aller expressionistisch kürzelhaften Verdichtung, gegenüber den nicht nur gelegentlich unverständlichen Libretti von Hindemiths Kokoschka- und Stramm-Opern den ungeheuren Vorteil der Klarheit. Diese ist, bis hin zu bewusster Ausdrucksneutralität, auch das Hauptkennzeichen der Musik. Auf sie trifft Adornos Verdikt vom unreflektierten Musikantentum Hindemiths so wenig zu wie die auf Cardillac nach der Premiere in der Kroll-Oper von Hanns Eisler gemünzte Formulierung, er sei in seiner kleinbürgerlichen Besitzgier nichts als ein ›dämonischer Raffke‹. Tatsächlich aber hat Lion, von Hindemith kongenial weitergeführt, nicht nur die durch Hoffmann zum Leitmotiv der Romantik erhobene Problematik des Künstlers in der Gesellschaft aufgegriffen: Cardillac spitzt die Antinomie zwischen Kunst und Leben zu, indem er zum todbringenden Verbrecher pervertiert. Darüber hinaus wird, was Eisler trotz seines geschärften Blicks auf die Funktion des Chors in Hindemiths Oper nicht erkannte, eine sozialgeschichtliche Abrisskante sichtbar.

Die Goldschmiedekunst hatte sich länger als andere durch ihre handwerkliche Grundlage einen Rest jener archaischen Autarkie bewahrt, die bis ins Mittelalter hinein fast jede Produktion in der Bestimmung für den Produzenten selbstgenügsam machte. Die historisch aufrechterhaltene Verfügung über die Produktionsmittel führte gerade in der Goldschmiedezunft zu einem aus der Einheit von handwerklicher Praxis und künstlerischem Bewusstsein gespeisten hohen Selbstwertgefühl – wie es sich etwa in der literarisch anspruchsvollen Autobiographie des Bildhauers und Goldschmieds Benvenuto Cellini zeigt. Im Zeitalter aufkommender Arbeitsteiligkeit regte das zu künstlerischer Ausschmückung, wenn nicht gar Mythisierung an. So erhebt in der Berlioz-Oper die wegen eines rechtzeitig fertig gestellten Kunstwerks dem Helden Cellini gewährte päpstliche Sündenvergebung die Kunst zur wahren Religion der Romantiker (→ Bd. II, S. 421); Lion-Hindemith dagegen zeigen, Hoffmanns Ansatz aufgreifend, die Grenzen dieser Autarkie als typisch für eine Moderne, in der die Kunst zur Ware geworden ist: Cardillac wird im Gegensatz zum triumphierenden Cellini bei Berlioz zum tragischen Menschen, den das Gefühl einer Selbstentfremdung durch den Verkauf seiner Produkte ins Verbrecherische treibt.

Das nicht nur latente Heldentum der Normabweichung Cardillacs, der seine Taten reuelos vor dem Volk bekennt, war Hindemith nach den Erfahrungen von Faschismus und Zweitem Weltkrieg suspekt geworden. Da er die Verantwortung des Künstlers in der Gesellschaft, auch Thema in MATHIS DER MALER, in seiner Kepler-Oper DIE HARMONIE DER WELT und nach der Erstfassung des MARIENLEBENS Grundproblem seines Schaffens überhaupt, positiv setzte, konnte Hindemith Cardillacs Amoralität nicht mehr unkommentiert passieren lassen. Durch eine schärfere Konturierung der nach wie vor namenlosen Mit- und Gegenspieler versuchte er, die dämonische Kraft seiner Titelfigur zu relativieren. Am Schluss verkündet Hindemith die Moral von der Geschicht', dass der Künstler nicht die aus dem Auge verlieren dürfe, für die er letztlich arbeite: *Seid ihr ein Schöpfer, so schafft für Menschen*. Sprachrohr dieser Kunstmoral ist der nach Hoffmanns Vorlage als Liebhaber von Cardillacs Tochter an Stelle des Offiziers (und des Goldhändlers) in die Handlung eingeführte Geselle des Goldschmieds. Doch sein Bekenntnis lässt die Dialektik der Aufklärung in eine voraufklärerische Kunstgewerbe-Ästhetik umschlagen: *Das Licht soll regeln in meinem Werk, Dämonen nicht*. Wie zur Abwiegelung dieser Neonaivität wird im Kollektiv die Frage gestellt: *Tragen wir nicht alle ein Stück Cardillac in uns?* Das war die konkrete Umsetzung von Thomas Manns Wort vom ›Bruder Hitler‹ in uns allen.

Da Hindemith es nicht bei deren aufgepfropfter Variante, einer Form von Gesinnungsethik, belassen, sondern seiner Kunstauffassung entsprechend zur Verantwortungsethik im Werk selbst vordringen wollte, unterzog er die Oper einer einschneidenden Revision. Der fiel, unter weit gehender Beibehaltung von 14 der 18 Musiknummern der Urfassung, ohne Befragung des Librettisten (!) mit dem originalen Textbuch das zum Opfer, was Hindemith in ihm als abgestandenen Expressionismus erkannte – und durch eine profillos erhabene Kanzlistenprosa ersetzte. Insgesamt hat die Oper in der Neufassung – lässt man die Einführung von Cardillacs Gesellen außer Betracht – an dramaturgischer Dichte gewonnen, aber auch an Breite zugenommen. Um die Figur der Dame, die in der Erstfassung nach dem Mord an ihrem Liebhaber aus der Handlung ausgeblendet wird, stärker ins Geschehen zu integrieren, machte Hindemith sie zur Sängerin. In dieser Profession durchschaut sie, als darstellende Künstlerin Pendant zum kreativen Künstler Cardillac, aus ihrem artistischen Feingefühl heraus seine Situation.

Um dieses wiederum ästhetisch zu beglaubigen, führte Hindemith im neukomponierten III. Akt eine kleine Oper in der Oper ein: zehn keinesfalls originalgetreu übernommene Nummern aus Jean-Baptiste Lullys in der realen Spielzeit des CARDILLAC uraufgeführtem PHAËTON (1683). Dessen Titelfigur dient nun mit ihrem alle Grenzen überschreitenden und in die Katastrophe führenden Versuch, Apolls Sonnenwagen durch das Universum zu lenken, als Kunstanalogie zur Hybris Cardillacs, der die Lektion denn auch prompt versteht. So bekommt Hindemiths künstlerische Verantwortungsethik einen Beigeschmack von Rechtfertigungsmechanik, keinesfalls zum Wohle des Ganzen. Die Erstfassung bleibt Hindemiths stringentester Beitrag zum neusachlichen Musiktheater, fasst strukturelle Tendenzen des vorangehenden Triptychons zusammen und legt den Grund für sein späteres Schaffen im ernsten Genre. Dass Hindemith seinen beileibe nicht ungebrochen verherrlichten Künstler, der sich aus der sozialen Realität abkapselt, um sich in Einsamkeit und Autonomie seines Handwerks zurückzuziehen, nicht mehr ertragen wollte, ist mehr als Ich-Schwäche denn als Werkmanko zu begreifen.

CARDILLAC ODER CADILLAC?

Keineswegs gegen Hindemiths Revision spricht dabei die Tatsache, dass er bei der textlichen Redaktion unverändert übernommener Musiknummern den Sinnzusammenhang verkehren konnte. So hören wir im originalen Lied der Dame (Nr. 5) von ihrem erotischen Verlangen, während sie in der Zweitfassung von ihrer Desillusionierung durch die Liebe spricht. Eine dem gesungenen Text keinesfalls affektbündelnd zuzuordnende Musik ist die stilistische Besonderheit des CARDILLAC, die allerdings der Urfassung besser entspricht als der moralisierenden Tendenz der zweiten. In einer bemerkenswert fairen Untersuchung der Textfassungen hat Ferdinand Lion in der Zeitschrift ›Akzente‹ 1957 darauf hingewiesen, dass er mit seinem Libretto bewusst ein Stück im Stil der ›Neuen Sachlichkeit‹ schreiben wollte. Das lag damals in der legendären Berliner Luft, und mancher Kenner der Szene – so Lion – habe im veröffentlichten Titel des Werks einen Druckfehler vermutet, da von ihm und Hindemith eher ein mit dem Namen der amerikanischen Automarke ›Cadillac‹ auftrumpfender Beitrag zur Maschinenmusik erwartet worden sei als die Behandlung eines nachtschwarz romantischen Stoffs wie des von E. T. A. Hoffmann entlehnten. Umso verblüffender gelang Hindemith dessen Umsetzung in eine neue Musikästhetik.

Aus tagebuchähnlichen Aufzeichnungen des Komponisten, aufbewahrt im Frankfurter Hindemith-Institut, können wir schließen, dass er über den Bildhauer und Dramatiker Benno Elkan dem ›Frankfurter Expressionismus‹ nahe stand. Elkan hat 1919 seine dramaturgischen Überlegungen DIE UNWIRKLICHKEIT DER BÜHNE im Jahrbuch I der Frankfurter Städtischen Bühnen veröffentlicht. Darin forderte er in Anlehnung an indische Puppen- und japanische Maskenspiele die Preisgabe jeder Annäherung an die Wirklichkeit. Offenbar hat Hindemith aus Elkans Kategorien ›Abstraktion‹ und ›Stilisierung‹ nicht nur die Konsequenz zu der locker gefügten Folge von Tanz- und Charakterstücken in seinem ›burmanischen Puppenspiel‹ vom NUSCH-NUSCHI gezogen. Er hat auch in den beiden anderen Teilen seines Triptychons daraus eine eigenständige Ästhetik entwickelt, die sich vom tradiert engen Wort-Musik-Verhältnis der Oper befreit. In CARDILLAC ist sie voll ausgeprägt zu einem Bauhaus-Barock.

Sicher nicht unbeeinflusst durch die 1920 in Göttingen beginnende Händel-Renaissance, bedient sich Hindemith einer strikten, in der Zweitfassung aufgeweichten Nummernfolge ohne musiklogisch stringenten Diskurs im Handlungsfortgang. Statt der motivisch verknüpften Durchkomposition im Musikdrama wagnerscher

Prägung gibt es herkömmliche Formen wie Arie, Duett, Terzett, Quartett und Chorensemble mit auffällig wenig Rezitativen. Dem entspricht ein neobarock gegliederter Satz mit Fugen, Kanons, Ostinati und Variationen, darunter Hindemiths Lieblingsform. Diese Passacaglia mit ihrem wuchtigen, insgesamt 22 Mal variierten Thema gliedert den Wechselgesang des gestehenden Cardillac mit dem Volk (Nr. 17). Dennoch kam Zeitgenossen nicht nur von 1926 dieser Zug ins Neobarocke ausgesprochen modern vor. Hindemiths kontrapunktische Techniken sind in der Tat durch eine manchmal gnadenlos lineare, auch im Vokalbereich ausgesprochen instrumentale Stimmführung gekennzeichnet, die nach dem scheiternden Anschlag Cardillacs auf den Offizier (Nr. 15) einmal ins emphatisch gesprochene Wort umschlägt. Verstärkt wird diese Eigenart durch einen spröden Spaltklang. Der kann im Duett Tochter-Offizier (Nr. 16) den Orchesterpart auf eine Unisono-Stimme reduzieren, die pantomimische Ermordung des Kavaliers (Nr. 6) zum Duettino von zwei Flöten verfremden, die Arie der Tochter (Nr. 8) zum Konzert von vier Stimmen mit obligat geführten Violine, Oboe und Horn abstrahieren oder in der Übereinanderschichtung der Stimmen in Nr. 17 bis ins grell Lärmige vorstoßen. Der Spaltklang ist die Folge einer besonderen »Instrumentierung, die nicht nur solistisch konzipiert ist, sondern die auch auf weiche, rauschhafte, voluminöse oder vermittelnde Instrumentalfarben fast völlig verzichtet«. So wird das Klavier statt der Harfe meist als Schlagzeug benutzt, wobei jede Nummer ihr eigenes Kolorit erhält.

Bezeichnend für das Vorherrschen von Abstraktion und Stilisierung ist der Verzicht auf motivisch-thematische Binnenbezüge. Zwar gibt es Leitklänge, so wenn Cardillac in Nr. 2 schweigend durch die Menge schreitet und durch das ihm fortan zugehörige Tenorsaxophon aus dem Graben hinlänglich charakterisiert wird. Hindemith etabliert aber mit hoch entwickeltem Sinn für musikalische Tektonik einen neuartigen Primat des rein Klanglichen, verzichtet auf dramaturgische Semantik. So bereitet die Szene Dame-Kavalier (Nr. 3) durch Flötensolo und geteilte Streicher sowohl das Lied der Dame (Nr. 5) wie auch die mörderische Pantomime (Nr. 6) durch rein instrumentalen Bezug vor: »Diese drei Nummern werden zudem durch fein abgestufte Glocken-, Glockenspiel- und Triangelschläge unmittelbar aufeinander bezogen, die im I. Akt nur hier erklingen«. Mit ähnlichen Mitteln sind auch andere Nummern aufeinander bezogen, und ebenso abstrakt rahmen Chorszenen im I. und III. Akt das Werk.

In der Ausrichtung auf Formen absoluter Musik, im Verzicht auf eine thematische Verknüpfung der Nummern und damit auf einen durchlaufenden Diskurs geht Hindemith über ähnliche formale Konzeptionen wie in Busonis ARLECCHINO, Bergs und Gurlitts WOZZECK oder der ALKESTIS von Wellesz hinaus. Die musikalische Selbstbezüglichkeit seiner Erstfassung setzt einen Furor frei, der das Werk wie aus der monomanischen Besessenheit der Titelfigur präsentiert: als einen Dr. Caligari in der Metropolis des Ancien régime. Kein Wunder, dass Hindemith darüber nach 1945 unwohl war. Aber die Wunden, die der Oper durch die Entwicklung der Realgeschichte zuwuchsen, waren am Werk selbst nicht zu kurieren – in der Beziehung folgte der späte Hindemith bei seiner moralisierenden Revision nicht nur der von ihm beschworenen gesellschaftlichen Verantwortlichkeit des Künstlers. In einer dialektischen Kehre verfiel er mit dem Lully-Einschub ungewollt auch wieder jener scheinbar allem aufklärerischen Impuls entlaufenen Wildgewordenheit des Handwerks, die seine Urfassung kommentarlos objektiviert.

SKETCH, LEHRSTÜCK UND ›OPERA DOMESTICA‹

In der Erstfassung geht die Dauer des CARDILLAC nicht über die eines Fußballspiels hinaus, von großer Oper kann auch in Anbetracht der formal kompakten Einzelnummern nur bedingt die Rede sein. Tatsächlich war Hindemith – wie viele Kollegen durch Strawinskys gesanglose HISTOIRE DU SOLDAT inspiriert – an Experimenten einer kleinformatigen Gegenoper interessiert, die dem antibürgerlichen Affekt der zwanziger Jahre entsprachen: für reduzierte Ensembles und genrefremde Räume konzipiert, teilweise sogar in Form eines Mitspieltheaters für das Publikum. Als Organisator des Kammermusik-Festivals Baden-Baden 1927 bestellte er bei Darius Milhaud, Ernst Toch und Kurt Weill szenische Werke von größtmöglicher Kürze und lieferte selbst mit dem Sketch HIN UND ZURÜCK ein etwa zwölfminütiges Beispiel. Milhaud schrieb mit der knapp zehnminütigen ENTFÜHRUNG DER EUROPA (L'Enlèvement d'Europe) seine erste Minutenoper, Toch mit dem einstündigen Märchen DIE PRINZESSIN AUF DER ERBSE einen vergleichsweise traditionellen Einakter, Weill das knapp halbstündige Songspiel nach Brechts MAHAGONNY. Obwohl jedes dieser Werke eine andere Gattungsbezeichnung führt, liegt hier neben den etwas früheren, in Strawinskys RENARD, de Fallas EL RETABLO DE MAESE PEDRO und Milhauds LES MALHEURS D'ORPHÉE kulminierenden Pariser Experimenten der zwanziger Jahre der Ursprung für das erst nach dem Zweiten Weltkrieg so benannte Genre Kammeroper.

Hindemiths von Marcellus Schiffer librettierter Sketch, der sich schnell über deutsche Bühnen verbreitete, Übersetzungen in andere Sprachen fand und noch heute auf Hochschul- oder Studiobühnen gespielt wird, überspitzt das ästhetische Filmmittel der Rückblende zur Mechanik der Rückspulung. Wir erleben ein Ehepaar mit der niesenden und strickenden Tante als wortstummer Randfigur beim Frühstück, die plötzlich ausbrechende Eifersucht des Manns mit Totschlag an der Ehefrau und anschließendem Selbstmord. Doch ein als Gott der Neuzeit aus dem Schnürboden daherkommender Weiser erklärt solche Schicksalsträchtigkeit für nicht mehr zeitgemäß und lässt das Stück mit dem Höhepunkt eines grotesken Terzetts zwischen dem Mann, einem nach/vor seinem Mord herbeigeholten Arzt und dem Krankenwärter verkürzt zurücklaufen: nicht Ton für Ton und Wort für Wort, sondern Phrase für Phrase. Am Ende steht wieder das Niesen von Tante Emma. Das Ganze ist als Genreparodie nicht nur ein witziger Beitrag zur Zeitopern-Variante der ›Opera domestica‹. Im Plädoyer für die Umkehrbarkeit der Geschichte verdichtet sich der mit Bläserquintett und vierhändig traktiertem Klavier musikalisch in der Nähe von Weills Songstil stehende Sketch als ungenierte Verbindung von Utopie und Unterhaltungskunst darüber hinaus zu einem Schlüsselwerk für das deutsche Musiktheater in der Hochphase der Weimarer Republik.

Der zwischen Eugen d'Alberts ABREISE und dem INTERMEZZO von Richard Strauss hoffähig gemachten häuslichen Alltagsoper folgte Hindemith, wieder nach einem Libretto von Marcellus Schiffer, auch in der abendfüllenden ›Lustigen Oper in drei Teilen‹ NEUES VOM TAGE (Kroll-Oper Berlin 1929 unter Otto Klemperer). Wie in Schönbergs VON HEUTE AUF MORGEN entbindet die bürgerliche Form der ›Opera domestica‹ gesellschaftskritische Impulse. Deren libertine Gewandung führt kurz nach dem Ausbruch des ›Dritten Reichs‹ zum ›Fall Hindemith‹: Hitler selbst und Goebbels nehmen Anstoß daran, dass eine Frau nackt in der Badewanne gezeigt wird, und ihre willfährigen Handlanger im Kulturbetrieb empören sich darüber, dass der ›jüdische Literat‹ Schiffer wie der ›Kulturbolschewist‹ Hindemith so frech waren, die junge Laura im Schaumbad per Koloraturgesang die Vorzüge der zentralen Warmwasserbereitung preisen zu lassen. Zwar trug Grete Stückgold bei der strittig aufgenommenen Premiere in der Kroll-Oper ein fleischfarbenes Trikot, aber als der schöne Hermann, ein professioneller Seitenspringer und damit Scheidungsgrund vom Dienst, in das Hotelzimmer der nach dem ersten Krach mit ihrem Eduard ehemüden Laura trat, um ihr über seine bezahlte Dienstpflicht hinaus Avancen zu machen, hielten viele deutschnational Gesinnte den von Oswald Spengler prophezeiten Untergang des Abendlands für eingetreten. Und die Nazis sahen einen Grund mehr, die ganze Kulturrichtung der Weimarer Republik zu verdammen. Nicht zur Kenntnis nahmen sie natürlich, dass Hindemith eine seiner gescheitesten Bühnenpartituren geschrieben hatte. Sie changiert zwischen Bach- und Bluesanklängen, münzt mit der Collagierung von Strawinskys SACRE und Milhauds LA CRÉATION DU MONDE im Vorspiel den Geschlechterkampf einer modernen Ehe zur musikalischen Kosmogonie um und zollt der industriellen Gegenwart mit Schreibmaschinengeklapper im Büro für Familienangelegenheiten Tribut.

Als sich das Abendland nach 1945 von seinem wirklichen Beinahe-Untergang langsam erholte, war aus dem einstmaligen Bürgerschreck Hindemith endgültig ein vor seinem früheren Kunstmut erschrockener Bürger geworden – man konnte ihn buchstäblich in das Chorensemble der Badewannenszene einstimmen hören: *O Gott, wie peinlich!* So revidierte er das Stück zwischen 1953 und 1960 mehrfach. Aus der Nackten in der Badewanne wurde nun – welche Bigotterie! – der schöne Hermann, und das scheidungswillige Paar Laura–Eduard durfte zur Aussöhnung im Happy End kommen – in der Erstfassung waren beide, ihre eigene Geschichte auf der Bühne ausbeutend, zu Revuestars geworden, denen der Unterhaltungszwang keine Chance auf den Wiedereintritt in eine bürgerliche Normalität ließ. Als Günter Krämer 1996 in Köln die Urfassung ausgrub, verband er im einstigen Skandalpunkt ironisch Ur- und Letztfassung, Werkstruktur und Rezeptionsgeschichte zur Ästhetik einer durchschlagenden Ursachen- und Wirkungslosigkeit. Nun saßen zwei ihrer Nacktheit beraubte Badende beiderlei Geschlechts in der Wanne: dem Rang des Werks und seinem nicht nur im Chor der Tippfräulein schwebenden Ton zum Wohle.

Beim Baden-Badener Kammermusikfest 1929 kam das von Hindemith mit Bert Brecht verfasste LEHRSTÜCK heraus – mit solcher Wirkung, dass sich der Titel als Gattungsbezeichnung durchsetzte. Brecht nahm das zum Anlass, spätere Textrevisionen (die wie im Fall des mit Kurt Weill geschriebenen Lehrstücks DER JASAGER seine von beiden Komponisten nicht geteilte Wende zum Marxismus signalisieren) mit einem anderen Titel zu versehen (→ S. 518). Für Hindemith bedeutete die kurze Zusammenarbeit mit Brecht die in seiner Schuloper WIR BAUEN EINE STADT 1930 weitergeführte Erprobung eines didaktisch begründeten Mitspieltheaters, wobei sich seine Position und die Brechts schnell als unvereinbar erwiesen: Brecht betonte »die Selbstverständigung der Ausführenden im Lernprozeß der Einstudierung, Hindemith die Gemeinschaft aller Zuhörer bei der Aufführung«. Darin spiegelt sich seine Begegnung mit Fritz Jöde und der Jugendmusikbewegung, wenngleich sich daraus ebenso wenig eine längere Zusammenarbeit ergab. Hindemith war als Mitglied des Programmausschusses formell mitverantwortlich dafür, dass es beim Festival der Neuen Musik Berlin 1930 nicht zur Aufführung von Brechts mit Hanns Eisler verfasstem Lehrstück DIE MASSNAHME kam, das beider Bindung an die Kommunistische Partei dokumentiert. Brecht hat das im Vorwort seines zum BADENER LEHRSTÜCK VOM EINVERSTÄNDNIS textveränderten LEHRSTÜCKS in einen von Anfang an bestehenden Dissens mit Hindemith umgedeutet.

In Wirklichkeit war der Komponist nicht nur experimentell-formal an dem Lehrstück interessiert, das den tradierten Werkbegriff in Richtung auf ein ›work in progress‹ preisgibt. Darüber hinaus verfolgte er die Thematik, um sein in der Erstfassung zusammen mit Kurt Weill nach Brechts Text komponiertes Radiohörstück DER LINDBERGHFLUG (eine zweite Fassung komponierte Weill allein) zu korrigieren. Jetzt geht es nicht mehr um die Feier der heroischen ersten Atlantiküberquerung im Non-Stop-Flug, vielmehr wird ein abgestürzter Flieger vom Volk nach der Nützlichkeit seines Tuns für die Allgemeinheit befragt – und letztlich zur Einsicht in seine Überflüssigkeit und zur Todesbereitschaft gezwungen. Für Hindemith war das Thema als Spiegelung seiner Reflexion über die Stellung des Künstlers in der Gesellschaft so wichtig, dass er es in der Zweitfassung seines CARDILLAC aufgriff: mit der Einfügung des mythischen Weltraumfahrers Phaëton aus Lullys Oper.

Die Partitur des LEHRSTÜCKS in nur drei Lagen gibt den Aufführenden einen schon aleatorischen Spielraum. Dem neutralen Sprecherpart gesellen sich zwei Sänger, Tänzer sowie drei Clowns (Sprechrollen) und ein beliebig zu besetzender Klangkörper zu. Bei der von Brecht inszenierten Uraufführung machte die Aufforderung an den Flieger *Betrachtet den Tod* als filmisch gezeigte Todespantomime von Valesca Gert ebenso Skandal wie die analog zur ideologischen Demontage des Fliegerheros stückchenweise erfolgende Amputation des einen Clowns durch die beiden anderen. Solche Zuspitzungen bestätigten Brecht in der Arbeit an seiner (keineswegs hermetisch geschlossenen) Lehrstück-Ästhetik und belegen Hindemiths revolutionären Schritt zu einer neuen Form von Musiktheater, »die eine aktive Auseinandersetzung der Menschen mit ihrer gesellschaftlichen Wirklichkeit beinhaltet und demzufolge als ein integraler Bestandteil neuer gesellschaftlicher Verkehrsformen angesehen werden kann«. Doch nach seinem Experiment mit der Schuloper ging der Komponist auf die große, historische Oper zurück. Damit entsprach er dem 1933 kulturpolitisch verordneten Paradigmenwechsel, das LEHRSTÜCK fand erst nach 1945 neue Aufmerksamkeit, besonders nach dem Tod seiner beiden Autoren.

MATHIS DER MALER (›Oper in sieben Bildern‹, *L* vom Komponisten; Zürich 1938 unter Robert Denzler mit Gastspiel in Amsterdam 1939; Stuttgart 1946, Staatsoper Berlin 1948 mit einem Siegeszug über viele deutsche Bühnen bis Ende der fünfziger Jahre; danach seltenere Aufführungen, z. T. mit einschneidenden Eingriffen: 1977 strich Regisseur Ernst Poettgen in Darmstadt vor allem in Passagen, die handlungstreibend Politisches enthalten, die Musik und ließ die Gesangstexte sprechen; Götz Friedrich ersetzte 1990 in der Deutschen Oper Berlin – Übernahme durch das Liceu-Theater Barcelona 1994 – die drei Szenen des entscheidenden sechsten Bildes durch den dritten Satz von Hindemiths MATHIS-SYMPHONIE, der – bis auf rund 130 Takte – mit expansiver Verbreiterung, eingewirktem und umgearbeitetem Material der von Mathis visionär erfahrenen Versuchung des heiligen Antonius zu Grunde liegt; außerhalb des deutschen Sprachraums nur geringe Verbreitung, spektakulär geriet 1995 zum 100. Geburtstag des Komponisten die Aufführung durch Peter Sellars – ohne bildhafte Bemühungen um Grünewalds Isenheimer Altar – mit dem Dirigenten Esa-Pekka Salonen im Londoner Covent Garden).

Inszenatorische Eingriffe in die Werkstruktur durch Regisseure wie Ernst Poettgen oder Götz Friedrich sind Beleg einer in den sechziger Jahren einsetzenden Skepsis vor der dem Werk nach 1945 im Schrifttum wie in der Theaterpraxis zugestandenen Kategorie des vollendeten Meisterwerks. Diese Aura war der Oper nicht nur durch ihre musikalische Substanz zugewachsen. Eine mindestens ebenso große Rolle spielte in diesem Prozess die im MATHIS nach den KONZERTMUSIKEN opp. 48, 49 und 50 sowie dem 1931 auf Texte Gottfried Benns geschriebenen und von der nazistischen Kritik als Durchbruch zu deutscher Vertiefung gefeierten Oratorium DAS UNAUFHÖRLICHE manifest gewordene restaurative Wende des Komponisten. Einfluss auf die zeitweilige Überbewertung der Oper hatte auch ihre frühe Verhinderungsgeschichte. Hindemith nahm die

Wiederentdeckung des Malers Matthias Grünewald (Mathis Gothart Nithart) in den frühen zwanziger Jahren, als dessen Isenheimer Altarbilder (um 1515 entstanden) zusammengefügt und ausgestellt wurden, zum Anlass, das Verhältnis des Künstlers zur Gesellschaft in schweren Zeiten ästhetisch zu reflektieren. Nicht mehr zweck- oder tagesbezogene Gebrauchs- und Unterhaltungsmusik strebte er nun an, sondern wie in seiner Ende 1935 in Angriff genommenen UNTERWEISUNG IM TONSATZ (wo sich die stufenharmonische Analyse einer Passage aus dem die Oper einleitenden ENGELKONZERT findet) eine Verkündigung verbindlicher und zeitenthobener Kunstwerte. Ihm war der Maler, wie er im Zürcher Programmheft zur Uraufführung schrieb, nicht allein ein verlässlicher Zeuge der Wirrnisse seiner Zeit, sondern auch ein Bewahrer des Vergangenen im Strom der Kunstentwicklung – wie zweihundert Jahre später in der Musik Johann Sebastian Bach. Diese konservative Botschaft, mit der Nutzung von gregorianischem Choral, lutherischem Kirchenlied und altdeutschem Volkslied weit über die neobarocken Formfügungen in CARDILLAC hinausgehend, waren im geteilten Deutschland nach 1945 willkommen als Gegensatz zum ungebrochenen Modernitätsschock Schönbergs und seiner Schule. So wurde Hindemith zum Klassiker der Musik im 20. Jahrhundert inthronisiert.

DER FALL HINDEMITH

Diese musikalische Qualifizierung war ideologiegeschichtlich dadurch abgesichert, dass MATHIS DER MALER als Werk des ästhetischen Widerstands gegen die Nazi-Barbarei, als Schlüsselwerk der ›Inneren Emigration‹ galt. Tatsächlich war das Ringen um die Uraufführung der Oper einer der kulturpolitisch brisantesten Streitfälle in der Anfangszeit des ›Dritten Reiches‹. Der Dirigent Wilhelm Furtwängler hatte am 11. April 1933 in einem offenen Briefwechsel mit Propagandaminister Goebbels der von den neuen Machthabern eingeleiteten Judenverfolgung zumindest partiell widersprochen. Als Chefdirigent der Berliner Philharmoniker, als Preußischer Staatsrat und Erster Staats(opern)kapellmeister sowie als Stellvertretender Präsident der neu gegründeten Reichsmusikkammer eine kulturelle Galionsfigur des neuen Systems, wagt er ein zweites Mal die öffentliche Kraftprobe mit den Machthabern und publiziert im November 1934 den Zeitungsartikel ›Der Fall Hindemith‹. Darin rechtfertigt er den unter politischem Denunziantentum leidenden Komponisten, dessen bereits vor der Oper komponierte MATHIS-SYMPHONIE er im März des Jahres mit den Berliner Philharmonikern triumphal uraufgeführt hatte. Doch als die Symphonie von vielen Orchestern angenommen wird und Furtwängler die Absicht bekundet, die auf ihrem Material beruhende Oper 1935 in Berlin aufzuführen, kommt es zum Eklat: Furtwängler muss am 4. Dezember 1934 auf höchsten Befehl von seinen Ämtern zurücktreten, die Oper wird nach mancherlei Tauziehen Anfang 1938 endgültig für Nazi-Deutschland verboten.

Diese ehrenvollen Niederlagen heben Furtwängler wie Hindemith aus der Vielzahl nazihöriger Mitläufer und Aktivisten aus der Schar ihrer nicht emigrierten Kollegen heraus. Aber es darf nicht vergessen werden, dass einerseits der Dirigent bald seinen Burgfrieden mit dem System schloss und ihm durchaus diente, dass MATHIS DER MALER andrerseits für Zürich offiziell zugelassen wurde. Eine genaue Untersuchung zeitgenössischer Quellen offenbart, dass bei Hindemith trotz seiner alles andere als nationalsozialistischen Einstellung »nicht von der Haltung einer Inneren Emigration zu sprechen ist, oder allenfalls ab Anfang 1937«. Und analog dazu lassen die Entwicklung der Skizzen zum fertigen Libretto wie die musikalische Werkstruktur der Oper sogar den hypothetischen Schluss zu, dass dieses vom Komponisten wie von seinem Verleger immer wieder als Beleg seines ästhetischen ›Deutschtums‹ angepriesene Bühnenwerk zur Staatsoper des ›Dritten Reiches‹ hätte werden können – wäre der Komponist, aus welchen Gründen auch immer, den Machthabern nicht verdächtig gewesen.

Die Einbettung von Grünewalds Leben in die vom geschichtsklitternden Populärschrifttum der Nazizeit als Vorstufe der ›Erhebung‹ gefeierten Bauernkriege und Reformationswirren des 16. Jahrhunderts war politisch ebenso wenig suspekt wie die von Kardinal Albrecht – einer durch ihre Wandlungsfähigkeit positiv besetzten Figur – widerstrebend angeordnete Verbrennung reformatorischer Schriften. Das gilt sogar für den schließlichen Rückzug des nach seiner Parteiergreifung für die Bauern von deren Morden angeekelten Mathis aus dem Weltgetümmel in seine Kunst und die Einsamkeit der Todesnähe. Denn dieser Schritt wird ihm in der als Versuchung des heiligen Antonius (nicht des populären von Padua, sondern des Antonius Eremita, Schutzpatron des Antoniterordens) erlebten Visionsfolge des sechsten Bildes durch den tolerant kunstfreundlichen Kardinal Albrecht, also die Obrigkeit, vermittelt. Dass der Kardinal dem Mathis-Antonius in der Gestalt des heiligen Paulus (nicht des Apostels, sondern des legendenhaften Paulus von Theben) erscheint, ändert nichts daran, dass sich Mathis in eine machtgeschützte Innerlichkeit zurückzieht: darin ein Verwandter von Pfitzners Palestrina und für die Nazis ähnlich unanstößig wie dieser, da die Bindung des Künstlers an eine transzendente Instanz der weltlichen Herrschaft keineswegs entgegensteht. Das am Ende des sechsten Bildes gemeinsam von Mathias-Antonius und Albrecht-Paulus intonierte und vom D-Dur-Bläserchor gestützte Alleluja lässt keinen Zweifel an der innigen Verbindung von Macht und Kunst aufkommen.

ENGELKONZERT UND VOLKSNAHES SCHÖPFERTUM

Nur einmal kündigt die Musik dieses Verhältnis durch dialektische Verfahrensweise auf: in der kurz nach der realen Bücherverbrennung vor der Berliner Staatsoper 1933 konzipierten Szene (III), in der Albrecht das – ausdrücklich als Narrenwerk bezeichnete – Verbrennen angeblich ketzerischer Schriften befiehlt. Hindemith verschachtelt nicht nur den öffentlichen Konflikt zwischen Katholiken und Lutheranern mit dem Liebesgeständnis zwischen Mathis und der reichen Bürgertochter Ursula Riedinger. Er lässt darüber hinaus durch die verbindende Funktion des Lutherchorals *Lobt Gott, ihr frommen Christen*, der das letzte Wort behält, die politisch Unterliegenden musikalisch zu Siegern werden. Ansonsten aber herrscht ein oft blechgepanzert affirmativer Gestus vor, so schon in dem – mit dem Kopfsatz der MATHIS-SYMPHONIE identischen – Vorspiel. Dieses autoritär als Sonatenhauptsatz gebaute ENGELKONZERT evoziert die drei musizierenden von fünf Engeln auf dem Weihnachtsbild des Isenheimer Altars. Hindemiths Bezug auf den beim ersten Ertönen drei Posaunen mit zartem Streicher-Unisono anvertrauten mittelalterlichen Choral ES SUNGEN DREI ENGEL gewinnt leitmotivische Funktion: Die mit Teilen ihrer Intervallstruktur das ganze Werk durchgeisternde Melodie kehrt im sechsten Bild wieder, wenn sich (als einzige unhistorische Opernfigur) die erschöpfte Regina, Tochter des massakrierten Bauernführers Hans Schwalb, unter der Obhut des Malers damit in den Schlaf singt, und kurz vor ihrem Tod im siebten, dessen zwei Szenen vom zweiten Satz der Mathis-Symphonie, der Grablegung, getrennt werden.

Das Engelkonzert, Beleg für Hindemiths in den dreißiger Jahren genommene klassizistische Wende, weckt Zweifel an deren Authentizität, »wirken doch die Posaunenchöre und der verklärende Schluß monumental-pathetisch, die daraufgesetzte Triangel fatal kindlich-harmlos, der altertümliche Gesang in einfacher Polyphonie antikisierend, eine deutsche Vergangenheit als Erbe wiederbelebend, das choralartige Lied zugleich einfach, volkstümlich und christlich, beantwortet die Harmonik die Forderung der braunen Musikfunktionäre nach einer um Pentatonik und Kirchenmodalität erweiterten Tonalität – entspricht all dies also sehr genau den offiziellen Vorstellungen von moderner deutscher Musik im Dritten Reich«. Diese harmonische Klangsprache, für Ursula und die Regina-Szenen im Gegensatz zu CARDILLAC individualistisch-emotional und weniger streng kontrapunktisch geprägt, wird wie in dem früheren Werk durch meist instrumentale Stimmführung und geschlossene Formmodelle vor allem barocker Herkunft in einen übergreifenden Stil-Zusammenhang gebracht. Eine Chaconne etwa liegt der Verlesung eines Briefes Martin Luthers zu Grunde (III), in dem der Kardinal Albrecht, Erzbischof von Mainz, aufgefordert wird, zum reformierten Glauben überzutreten und eine Protestantin zu heiraten (zu diesem scheiternden Zweck entsagt Ursula ihrer Liebe zu Mathis, dem Hofmaler Albrechts). Bühnenwirksam wechselt Hindemith in den einzelnen Bildern zwischen musikalischer Einheitlichkeit (in III durch den beherrschenden Lutherchoral dialektisch geprägt) und Gegensätzlichkeit (IV: Marschklänge und Chorsätze). Auch die Versuchung des heiligen Antonius (VI, 2 und 3) hat mit der – analog zur Symphonie – wirkungsvollen Symmetrieachse des Dämonenchors dramaturgische wie psychologische Plausibilität.

Die Umkehr des Malers vom eingreifenden Engagement zum weltabgewandten und zugleich – so die Forderung von Albrecht-Paulus – volksnahen Schöpfertum bleibt hier aber, verstärkt durch die visionäre Camouflage beider Figuren in Heilige und den in buchstabengetreuen Aufführungen oft zum Kunstgewerblichen neigenden Einbezug des Isenheimer Altars, nicht nur ästhetisch heikel. Wenn Mathis zum Sterben fortgeht und seine irdische Habe in einer Truhe zurücklässt, legt er auch eine goldene Kette hinein. Da ist die Habgier des seines eigenen Kunstprodukts entfremdeten

Cardillac, der noch im Sterben seine am Hals des Offiziers entdeckte Goldkette küsst, in die von finalen Cis-Dur-Dreiklängen verklärte Resignation des Weisen verwandelt. Hinter der allgemein verbindlichen Moralbotschaft vom Künstler, der seiner wahren Bestimmung zuliebe der Welt entsagen soll, steckt auch privater Revisionismus. In dem schwingt ein Rest von Heuchelei mit, da die Einsamkeit des Mathis bei der Erschaffung einer ästhetischen Gegenwelt zur realen Zeit einer inneren Bindung an deren Machthaber entspringt – auch wenn er den offenen Bund mit Albrecht ausschlägt und sich in eine innere, gleichwohl machtgeschützte Emigration zurückzieht. Hindemiths Schöpfungsmythos ist zwar nicht so ungeschminkt autoritär wie der von Pfitzner an seinem Palestrina exemplifizierte (→ S. 86 f.). Dennoch bleibt die überragende Oper aus Nazi-Deutschland gegen den Willen ihres Schöpfers ein widersprüchliches Zeitdokument.

EIN KIND DES JAHRHUNDERTS

ERNST KRENEK (1900–1991)

Nicht nur in Bezug auf seine sprudelnde Produktivität war der Wiener Schreker-Schüler Ernst Křenek (seit 1945 Amerikaner mit der Schreibweise Krenek) ein Widerpart Hindemiths. Wie dieser begann er im expressionistischen Stil, den er sogar atonal schärfte, schrieb eine große Künstleroper und vertonte einen mythisierenden Dramentext Oskar Kokoschkas. Früh mit amerikanischer Unterhaltungsmusik operierend, griff Krenek auch neoklassizistische und sogar neoromantische Strömungen auf. Wie Hindemith musste er hinnehmen, dass durch die Machtübernahme der Nazis sein Hauptwerk mit Verzögerung exterritorial uraufgeführt wurde. Es war wie Hindemiths 1938 in Zürich herausgekommener MATHIS DER MALER im historischen Kostüm ein Kommentar zur Realität der Entstehungszeit. KARL V. fiel 1934 politisch grundierten Intrigen an der Wiener Staatsoper zum Opfer und wurde erst 1938 am Deutschen Theater Prag uraufgeführt. Danach emigrierte Krenek wie Hindemith, beide auch als Musikschriftsteller Größen ihrer Zeit, nach Nordamerika.

Während Hindemith in seiner auf deutschen Bühnen nicht mehr aufführbaren Oper dem kulturpolitischen Ungeist der Zeit mit altmeisterlichem Neoklassizismus keineswegs oppositionell begegnete, wandte sich Krenek der dem Nazi-Regime neben Jazz-Anklängen besonders verhassten

Methode der Zwölftönigkeit zu: Nach Schönbergs Einakter VON HEUTE AUF MORGEN und dem Torso MOSES UND ARON wurde KARL V. die erste abendfüllend dodekaphon komponierte Oper. Im amerikanischen Exil schuf Krenek, der im Briefwechsel mit Adorno schon 1930 eine undialektische Antithese Fortschritt-Reaktion bekämpft hatte, mit den für gemischten Chor a cappella gesetzten JEREMIAS-LAMENTATIONEN eine höchst originelle Verbindung zwischen mittelalterlicher Modalität und Zwölftönigkeit. Nach 1945 nahm er, obgleich seinen Wohnsitz in den USA beibehaltend, wie der aus Amerika nach Europa zurückkehrende Hindemith wieder aktiven Anteil an der Opernentwicklung. Er blieb dabei, im Gegensatz zu seinem Kollegen, bis hin zur Erprobung serieller und teilweise sogar elektronischer und aleatorischer Verfahren immer auf der Höhe des musikmateriellen Fortschritts. Vielleicht erklärt das, warum seine für das Musiktheater geschriebenen Werke weniger individualstilistisch ausgeprägt sind als die des immer konservativer werdenden Hindemith.

AUFHEBUNG DER ILLUSIONEN

In einem Aufsatz mit dem provokanten Titel IST OPER HEUTE NOCH MÖGLICH? hat Krenek 1936 das Musiktheater seiner Zeit in einen geschichtlichen Rahmen gestellt und als gemeinsamen Nenner widerstreitender Gegenwartstendenzen die Preisgabe des Illusionismus gesehen: »Die Aufhebung der Fiktionen, als Grundintention eines neuen Opernstils, macht die Oper zu einem besonders prägnanten Ausdruck des antagonistischen Weltbildes der Gegenwart und stellt sie gleichzeitig in Gegensatz zu den politischen Tendenzen der Gegenwart, die, gleichgültig ob von rechts oder von links, die Verdeckung der Antithesen und die Vortäuschung eines geschlossenen Weltganzen betreiben«. Als das Staatstheater Darmstadt 1978 seine Oper KARL V. einstudierte, reiste Krenek vor der Premiere ab: empört darüber, dass die Handlung um den sterbenden Habsburger Kaiser Carlos Quinto vom Regisseur Günter Krämer in die dreißiger Jahre verlegt worden war, die Entstehungszeit der Oper. Da zerbrach im Komponisten jene Illusion, die zwischen dem schopenhauerschen Motto von der Unberührtheit der Kunst neben den Weltläuften in Pfitzners PALESTRINA und dem am Ende allem weltlichen Treiben entsagenden Matthias Grünewald in Hindemiths MATHIS DER MALER ein operngeschichtliches Utopia beschworen hatte.

Kreneks Konfrontation mit der eigenen Vergangenheit in seinem Hauptwerk machte ihm schmerzlich bewusst, wie stark er das vom Aufkommen nationalistischer Strömungen bedrohte Universalienreich der

Spielzeit mit dem von ihm propagierten Christlichen Ständestaat des Bundeskanzlers Engelbert Dollfuß in Österreich analogisiert hatte. Es handelte sich um ein Staatsgebilde, das, durch den Nationalsozialismus schon lange vor Hitlers Einmarsch in Wien 1938 einer inneren Zerreißprobe ausgesetzt, unter dem fragwürdigen Bezug auf die 1931 von Papst Pius XI. verkündete Enzyklika QUADRAGESIMO ANNO das Verbot von Parteien und Gewerkschaften forderte und sich zu einer antifaschistischen und antisozialistischen Minderheitsdiktatur verhärtete. Der Komponist ahnte die Bedenklichkeit dieser Entwicklung insofern, als er sein Engagement für die von den Nazis bekämpfte Eigenständigkeit Österreichs nach 1936 nur noch kunstimmanent betrieb. Er war verbittert wegen der Unterzeichnung des Juliabkommens zwischen Hitler und dem Nachfolger des ermordeten Dollfuß, Kurt Schuschnigg, der als Unterrichtsminister 1934 für die Absetzung von Kreneks Oper verantwortlich gewesen war. 1978 muss die von ihm einst intendierte Einbindung seines Werks in die Politgeschichte auf den Komponisten traumatisch gewirkt haben. Erst als die Wiener Staatsoper das 1930 von ihrem GMD Clemens Krauss gegebene Versprechen einer Aufführung 1984 in Anwesenheit des greisen Komponisten einlöste, hatte das Werk die Brisanz einer ideologischen Eindeutigkeit verloren und war, wie Krenek selbst, Teil der Geschichte geworden. Als Gast einer nun stabilen Republik konnte er erleben, wie deren sozialdemokratischer Präsident Bruno Kreisky dem konservativen Kaiserspross Otto von Habsburg demonstrativ die Hand reichte. Da war der Problemgehalt von KARL V. durch die Geschichtsläufte aufgehoben, und Ernst Krenek wurde als Kind des Jahrhunderts bejubelt: dem Streit der Parteien entrückt.

Begonnen hatte Kreneks Arbeit für das Musiktheater nach einer Bühnenmusik für Leopold Jeßners Berliner FIESCO-Inszenierung 1921 mit dem als szenische Kantate bezeichneten Einakter DIE ZWINGBURG, den Erich Kleiber 1924 an der Berliner Staatsoper herausbrachte (*WA* Bielefeld 1990). Der Text stammt von einem Freund des Komponisten, dem Berliner Arzt Fritz Demuth. Überarbeitet wurde er im expressionistischen Pathos von Alma Mahlers Ehemann Franz Werfel – Krenek war mit ihrer Tochter Anna damals liiert und von 1922 bis 1924 verheiratet. Thematisiert ist die scheiternde Revolte gegen ein undurchsichtiges tyrannisches System. Nur ein Spielmann hat den Überblick, als Höriger der Herrschaft und Sympathisant der Unterdrückten ruft er zum Widerstand auf. Während das Volk an einem der Fronarbeit abgetrotzten Feiertag die Freiheit ausruft und in einem nicht mehr tonikal gebundenen Umfeld mit reinen C-Dur-Klängen eine Götzenstatue der Gegengewalt aufbaut, ergibt es sich der Lust und dem Konsum. So wird der Aufstand von der Staatsmacht leicht niedergeschlagen. Der Spielmann bleibt bei seinem tröstlichen Wahlspruch einer ideellen Freiheit: *Unfrei im Leben, bin ich frei im Tod.*

DER SPRUNG ÜBER DEN SCHATTEN

Weit anspruchsvoller geriet die vom Komponisten selbst librettierte komische Oper DER SPRUNG ÜBER DEN SCHATTEN (Frankfurt/Main 1924; Leningrad 1926; *WA* Bielefeld 1989). Über einen Schatten springt schon die Ouvertüre, wenn der Fortissimo-Einsatz im ›poco grave‹ ungeniert als Foxtrott daherkommt, was 1924 den Einbruch der amerikanischen Unterhaltungsmusik in die deutsche Oper bedeutete. Einen zweiten Sprung im Stilhöhengefüge gibt es, wenn im ›Allegretto comodo‹ der Ouvertüre eine Oboe sich schmachtend in chromatischer Dreitonfolge hoch windet und mit einem synkopischen Kraftakt zu jenem Sextsprung aufwärts ansetzt, der seit dem Beginn des Vorspiels von TRISTAN UND ISOLDE zu einem Sehnsuchtsklischee in der Unterhaltungsmusik heruntergekommen war und hier zu dem die Oper durchziehenden Leitmotiv führt. Wenn später das provokatorisch auf der Bühne placierte Telefon von zwei Darstellern für die Triangel im Orchestergraben gehalten wird, ist das Verwechslungsspiel von Sein und Schein dramaturgisch intoniert. Die kieksenden Septsprünge, mit denen der Dichter Goldhaar – ein ironisches Porträt Werfels – sein Unbehagen an der Welt bekundet, beglaubigen seine Worte: dass er an kolossaler Ich-Schwäche leidet. Ironischerweise verbindet er sich am Ende mit der Fürstin Leonore, die vom Hypnotiseur Dr. Berg ausdrücklich zum Sprung über den eigenen Schatten animiert worden war: zum Seitensprung. Davon hatte sich der Dunkelmann erhofft, die schöne Frau wie eine reife Frucht pflücken zu können: vergebens.

Auch sonst hat er wenig Fortune, obwohl ihm alles zu gelingen scheint. Er vertritt seinen Freund Markus, einen Privatdetektiv, bei der vom Fürsten Kuno in Auftrag gegebenen Observation seiner Frau Leonore, die Séancen bei Dr. Berg besucht. Der gibt die Therapie des *Freud'- und Schattensprungs* (man kann das Freud' auch ohne Apostroph deuten) als faustisch im anti-idealistischen Sinn der Neuen Sachlichkeit aus: *Habe nun, ach, tausend Seelen verführt, / seltsamen Weibern den Mann suggeriert.* So viel Libertinage animiert sogar den Fürsten, bei der Kammerzofe seiner Frau fremdzugehen, was ihn aber seinen Thron in einem Volksaufruhr kostet. Dr. Berg lässt die Republik ausrufen und sich zu deren Präsidenten machen. Im finalen Tanz-Galopp mit Lärmerzeugern wie Pfeife, Hammer, Autohupe,

Kastagnetten und Trommeln scheint mehr auf als nur die Lust an der grotesken Parodie, der zuvor im Auftritt von Richtern mit einer vierstimmigen Fuge, in Kunos Absetzung mit einer Passacaglia gehuldigt wird. Die frechen Vulgarismen Kreneks, der sich auch sprachlich in Richtung auf das Zeitstück vom Expressionismus freigeschrieben hat, öffnen sich für einen bösen Blick auf den Hypnotiseur und seine Opfer: »Im SPRUNG ÜBER DEN SCHATTEN ist die Tanzwut vordergründig geworden. Aber die Menschen wachsen durch den Tanz nicht über sich selbst hinaus, sondern werden wie in einer Zentrifuge über sich hinausgeschleudert«. Dr. Berg ist beileibe nicht nur eine Karikatur Sigmund Freuds, sondern auch ein Genosse der Dr. Caligari, Nosferatu und Dr. Mabuse, die – nicht nur in der Perspektive von Siegfried Kracauers Filmgeschichte – ungewollt Wegbereiter Hitlers wurden.

ORPHEUS UND EURYDIKE

Mit seinem ›Schauspiel in drei Akten‹ (Kassel 1926; *WA* Graz 1973, Kassel 1992) folgte Krenek der von Nietzsche in der GEBURT DER TRAGÖDIE AUS DEM GEISTE DER MUSIK entwickelten Vermittlerfunktion des Orpheus zwischen den Kräften des Apollinischen (als Sohn Apolls) und des Dionysischen (als Opfer der bacchantischen Mänaden), die im Bewusstsein des Werte- und Sinnverlusts durch den Ersten Weltkrieg zur Umfunktionierung des Orpheus-Mythos geführt hatte. Sie grassierte in den zwanziger Jahren und wurde in dem mit Strawinskys Ballett APOLLON MUSAGÈTE 1928 triumphierenden Neoklassizismus – etwa in Alfredo Casellas FAVOLA DI ORFEO von 1932 – wieder zurückgenommen. Während Gian Francesco Malipiero 1925 parallel zu Kurt Weills Kantate nach Iwan Golls DER NEUE ORPHEUS den thrakischen Sänger in ORPHEIDE desillusioniert und Darius Milhaud ihn 1926 in provenzalischem Ambiente zum Bauern entmythisiert, ist Kreneks Version eine wüste Männerphantasie über weibliche Untreue. Sie basiert auf Oskar Kokoschkas 1915 geschriebenem Drama ORPHEUS UND EURYDIKE, das zwei Jahre später umgearbeitet, 1921 uraufgeführt und oft nachgespielt wurde. Es spiegelt traumatisch die Kriegserlebnisse des Maler-Dichters und seine heftige Liebesbeziehung zu Alma Mahler, ehe diese vor ihrer Verbindung mit Franz Werfel 1915 Walter Gropius heiratete. Der autobiographische Bezug zeigt sich in dem Eurydike vom Finger gleitenden Ring, der ein Bild des Orpheus und die griechische Inschrift trägt *Allos makar* (anders glücklich) – ein Kryptogramm für Alma–Oskar. Für Krenek führte die Beschäftigung mit dem Stoff zur praktischen Erprobung eines ästhetisch vertieften Verhältnisses zum Musiktheater, das er – 1925 bis 1927 Hauskomponist in den Staatstheatern Kassel und Wiesbaden – dem Kritiker-Intendanten Paul Bekker verdankte.

In der Unterwelt hat Eurydike Orpheus fast vergessen und tritt nur widerwillig mit ihm die Rückfahrt zur Erde an. Da er mit Eifersucht auf ihr Geständnis reagiert, von Hades ein Kind zu erwarten, kehrt sie zu diesem zurück. Ziellos irrt Orpheus vor seinem zerstörten Heim herum und greift nur aus Hass auf Eurydike zur Leier. Sein Spiel reizt Kriegsheimkehrer so sehr, dass sie ihn (und sich selbst in einem wilden Tanz) erschlagen. Im Zwischenbezirk vor dem Totenreich gesteht Orpheus Eurydike, sie immer gehasst zu haben. Da erwürgt sie ihn, um endgültig frei von ihm zu sein. Krenek hat diese obsessionelle Variante eines Geschlechterkampfs dadurch dramaturgisch verdichtet, dass er den stummen Hades als Gegenspieler des Orpheus viermal objektiviert: in Gestalt eines Betrunkenen, eines Kriegers, eines Narren und eines Matrosen. Davon hebt sich die in die Tragödie einmontierte lichte Variante des Mythos von Amor und Psyche umso deutlicher ab. Während der durch den nächtlichen Fackelschein der Furien geblendete Gott (eine stumme Rolle) durch die Tränen der Geliebten sein Augenlicht zurückgewinnt, findet sie nach der Liebesnacht mit ihm die Leier des Orpheus auf ihrem Schoß. In den finalen Lobpreis erwachender Mädchen und Jünglinge mischt sich aber unüberhörbar ein trauernder Ton. Den Verlust des Glaubens an die Unversehrbarkeit des Mythos musikalisiert Krenek, indem er zu Beginn einen Quartenakkord aus Debussys PELLÉAS ET MÉLISANDE (V, Takt 11) übernimmt, zum bruitistischen Aufschrei steigert und am Ende des Vorspiels wieder ins Zitat zurücksinken lässt. Die weit gehend tonalitätsfreie Partitur wartet mit extremen dynamischen und koloristischen Kontrasten – Streichertremolo über Kastagnetten in der Hadesszene – auf und wird durch intervallische Motivfunktionen (meist Quarten), Formen aus der absoluten Musik (Rondo bei Eurydikes Abberufung in die Totenwelt durch die Mänaden, Passacaglia vor ihrem Schlussdialog mit Orpheus im Zwischenbereich) sowie tonale Minizentren in Orgelpunkten und rhythmischen Ostinati zusammengehalten. Das schwer nachvollziehbare Werk ist Kreneks musikalisch geschlossenste Oper aus den zwanziger Jahren.

JONNY SPIELT AUF (›Oper in zwei Teilen‹ und elf Szenen, *L* vom Komponisten; Neues Theater Leipzig 1927 unter Gustav Brecher in der Inszenierung von Walther Brügmann; der Sensationserfolg machte Krenek über Nacht berühmt und für eine Zeit lang finanziell unabhängig, da das neben Brecht/Weills DREIGROSCHEN-OPER erfolgreichste Bühnenwerk der Weimarer Republik innerhalb einer Saison an 42 Bühnen – darunter die Metropolitan Opera New York – herauskam und allein in Deutschland 421 Aufführungen erlebte. Yvonnes Blues *Leb wohl, mein Schatz* wurde zu einem Schlager, die hoch besetzte Wiener Staatsopernpremiere Sylvester 1927 führte – als Konkurrenz der nach Korngolds WUNDER DER HELIANE eingeführten Luxuszigarette Heliane – zur proletarischen Variante namens Jonny. Bis 1929 war das Libretto in vierzehn Sprachen übersetzt; der Niedergang der Zeitoper um 1930 und endgültig die Machtübernahme der Nazis stoppten den Siegeszug des Werks aber auch international, nur in Warschau kam noch 1933 die polnische Erstaufführung heraus; *WA* Florenz 1963, Salzburg und Regensburg 1968, Leipzig 1990 als programmatische Eröffnungspremiere nach der deutschen Wiedervereinigung).

Neben triumphalem Beifall rief die Oper bis 1933 auch heftigste Kontroversen hervor. In Deutschland führte der Auftritt eines Farbigen in der Hauptrolle als Gegenspieler des Komponisten Max und des Violinvirtuosen Daniello noch 1930 zu einer parlamentarischen Anfrage im Preußischen Landtag. 1928 hatte es in Wien – unterstützt durch den Versuch des Kritikers Julius Korngold, Vater des Komponisten, Aufführungen des JONNY an deutschsprachigen Bühnen zu verhindern – massive Proteste gegen den angeblich ›tschechischen Halbjuden‹ Krenek gegeben, in München, Budapest und anderen Städten Stinkbombenwürfe im Theater und Morddrohungen gegen Darsteller der Titelrolle. Selbst an der Met musste Jonny 1929 deutlich als geschminkter Weißer erkennbar sein – mit Marian Anderson konnte erst 1955 ein schwarzer Star im Goldenen Hufeisen auftreten. Dem rassistisch grundierten Protest Konservativer entsprach auf der ästhetischen Ebene der Vorwurf der ›Niggermusik‹. So prangte 1938 als Personifizierung Jonnys ein mit Judenstern und äffischen Lippenwülsten diffamierter Saxophon spielender Neger auf dem Plakat zur Düsseldorfer Ausstellung ›Entartete Musik‹.

Zu Recht hat sich Krenek schon früh gegen das Etikett gewendet, eine Jazz-Oper geschrieben zu haben. Er brachte trotz einer Combo keineswegs authentischen Jazz auf die Bühne, sondern folgte mit Blues, Shimmy und Foxtrott jener Verflachung, die der bereits aufgeweichte Big-Band-Sound à la Paul Whiteman in der europäischen Schlager- und Tanzmusik der zwanziger Jahre erfuhr. Gleichwohl summierten sich die Preisgabe eines tradierten Stilhöhenbegriffs, der Einsatz moderner Bühnenmittel zwischen Telefon, Hotelfoyer und Bahnhofshalle, wo ein Protagonist vom einfahrenden Zug zerquetscht wird und ein anderer auf den ausfahrenden in die Selbstbefreiung springt, sowie der Auftritt eines US-Negers in einer Hauptrolle und damit ein positiv gezeichnetes Amerikabild zur prototypischen Modernität einer Zeitoper. Zumal die Waage zwischen Unterhaltungskunst und Kunstethos keineswegs dem Letzteren zuneigt. Für die Nazis war das Stück eben deshalb ebenso prototypisch ›entartet‹ wie die DREIGROSCHENOPER mit ihrer Umwertung scheinhaft tradierter Werte. Der Lauf der Zeiten hat diese Einschätzung JONNYS relativiert. Nach einer Aufführung im breisgauischen Freiburg gab 1989 der Kritiker Horst Köpke mit saloppen Fragen schon die ketzerische Antwort: »Nehmen wir mal an, Jonny wäre kein farbiger Amerikaner, der Violinvirtuose Daniello ein Jude. Denken wir uns die (wenigen) Jazztakte weg und lassen wir die Hotelgäste nicht Tango tanzen, sondern Volkstänze vollführen [...] Wäre dieser JONNY dann nicht den Goebbels und Rosenbergs genehm gewesen? Deutscher Volkskünstler rettet deutsches Kulturerbe?«

NATURPRINZIP UND URKRAFT

In der Tat figuriert der Jazzgeiger Jonny als komplementäres Alter ego zu dem von Krenek mit autobiographischen Zügen versehenen Komponisten Max, der während einer Lebens- und Schaffenskrise todessüchtig in die schon während des Vorspiels durch das Quintmotiv einer meditationsartigen Musik gezeichnete Gletscherwelt flieht, von ihr aber (dreistimmiger Frauenchor) ins Leben zurückgewiesen wird: *Fürchte dich nicht*. Max ist nach den Worten des Komponisten ein typischer europäischer Künstler, durch die mit dem Ausbruch des Ersten Weltkriegs verbundene Bewusstseinskrise mental verheert, »er fühlt sich nur wohl in der unveränderlichen Ewigkeit des Hochgebirges«. Ihm gegenüber stellt Krenek nicht Jonny, sondern den nachschöpferischen Virtuosen Daniello »als den entgegengesetzten Typus unserer Zeit: den eitlen, hohlköpfigenen, aber instinktsicheren Betriebmacher, der mit dem kostbaren, aber verwaisten Erbgut unserer künstlerischen Kultur wuchert und

– ein geistiger Hochstapler – unwürdig der edlen Amatigeige, die er handhabt«, ist. Zwischen diesen Vertretern einer »hoffnungslos verfahrenen europäischen Kunst und Geistigkeit« steht Jonny »als Naturprinzip und Urkraft«. So fällt ihm, dem improvisierenden Jazzbandgeiger als Exponent einer neuen Kompositionspoetik, die Amati, wenn auch nach zweimalig kriminellem Zugriff, immanent rechtens zu. Er spielt, während Max dank seiner Hilfe nach Amerika zu buchstäblich neuen Ufern aufbricht, der zurückbleibenden Menge zum Tanz auf.

Höhepunkt der Oper ist die sechste Szene, in der Jonny dem Geiger Daniello endgültig die Amati geraubt hat und triumphiert: *Jetzt ist die Geige mein, / und ich will drauf spielen, / wie old David einst die Harfe schlug, / und preisen Jehova, der die Menschen schwarz schuf.* Dass Krenek in diesem emphatischen Moment den Negro-Spiritual SWANEE RIVER zitiert, aber als Choral in schräg harmonisierter Modalität setzt, lässt Jonnys Aneignung eines fremden Gutes durchaus nicht kulturimperialistisch erscheinen, sondern als Moment wechselseitiger Ergänzung. Analog dazu waren bei seinem erstem Diebstahlansatz, als er die Geige in einem Banjokasten versteckte, ›Jazz‹ und ›Klassik‹ in einem Oboen-Vivace ironisch versöhnt wie eine Rache an dem Virtuosen Daniello als dem rechtmäßigen Eigentümer des Instruments erklungen. Und in der siebten Szene, als Max sich in den Gletscher stürzen will, ertönt mehrfach die letzte Melodiezeile des Blues, während Daniello anschließend aus den synkopischen Rhythmen von Jonnys Jazzband den Klang der ihm gestohlenen Geige heraushört: Der Amerikanismus Kreneks ist nicht so naiv, wie es bei erstem Anhören erscheint, vielmehr eignet ihm eine 1927 utopisch multikulturelle Tendenz.

Überlagert wird sie durch kolportagehafte Momente – auch im Umfeld der zwischen den drei Männern stehenden Sängerin Anita und ihrer unwillentlich als Werkzeug einer Intrige dienenden Kammerzofe Yvonne. Das lässt das Zeitstück in der Vermischung ernster und vorherrschend unterhaltender Tonsprache als eine neue ZAUBERFLÖTE erscheinen. Es ähnelt zwar eher einer Operette oder einem Musical ›ante festum‹ und wirkt wie eine mit heißer Nadel den Zeitmoden nachgestrickte Gebrauchsmusik in gefestigter Tonalität: neusachlich, jazzoid und korngoldig zugleich. Die synkretistische Machart entbindet aber im Finale vor dem naiv moralisierenden Epilog eine düster prophetische Komponente. Der im letzten

Augenblick auf den Zug gen Amerika springende Max nimmt das Schicksal seines Autors, der in den Vereinigten Staaten lange am unteren Limit des Existenzminimums lehrte, und vieler anderer – auch seines Gegenspielers Korngold, der in Hollywood als Filmmusiker den Faschismus überleben sollte – vorweg. So hat die Realgeschichte, die das politische Engagement des Komponisten in KARL V. letztlich aufhob, dem Werk in all seine leichthändige Burleskerie einen doppelten Boden eingezogen.

MYTHEN DES 20. JAHRHUNDERTS

Die Verflüssigung des ästhetischen Aggregatzustands von ORPHEUS UND EURYDIKE zu JONNY SPIELT AUF spiegelt nicht zuletzt Kreneks durch einen Schweizer Mäzen ermöglichte Aufenthalte in der Schweiz, Italien und – mit der Bekanntschaft Milhauds – Paris. Auch die drei 1928 in Wiesbaden in der Regie von Paul Bekker uraufgeführten Dreiakter DER DIKTATOR, DAS GEHEIME KÖNIGREICH und SCHWERGEWICHT ODER DIE EHRE DER NATION, alle auf Texte des Komponisten, weisen einen leichteren Stil auf. Dabei ist der erste eine ›tragische Oper‹, eine vorweggenommene Umkehrung von Gian Carlo Menottis THE CONSUL: die als Parabel über den aufkommenden Faschismus lesbare Geschichte eines scheiternden weiblichen Aufstands gegen einen – auch erotischen – Gewaltherrscher; der zweite eine ›Märchenoper‹, in der ein des Lebens überdrüssiger König sein wahres Reich in der Natur findet und die romantische Märchenwelt gegen die Realität siegt; der dritte eine ›burleske Operette‹, in der Krenek dem von Brecht und anderen Intellektuellen gehuldigten Boxkult ein schlagzeugdominiert ironisches Spitzlicht aufsetzt. Obwohl das Triptychon, von Otto Klemperer an der Kroll-Oper (mit Teo Ottos auf Entwürfe Giorgio de Chiricos zurückgehenden surrealen Bühnenbildern) und von Gustav Brecher in Leipzig erfolgreich nachgespielt, 1990 von der Stuttgarter Staatsoper bei den Wiener Festwochen und in Schwetzingen beifällig ausgegraben wurde, hat es sich nicht im Repertoire verankern können. Und die 1930 in Leipzig unter kulturpolitischem Druck abgelehnte ›Satire mit Musik‹ KEHRAUS UM ST. STEPHAN kam erst 1990 im Wiener Ronacher heraus: ein auch im musikalischen Duktus Wiener Schmäh um Mitglieder einer Gesellschaft, die nach dem Untergang des Habsburgerreichs 1918 mit einem Leben in Anstand und Würde nicht mehr zurechtkommen. Dennoch versagt der Komponist ihnen nicht einen Hoffnungsschimmer.

Seine nach Kokoschkas Tragödie zweite große mythische Oper, LEBEN DES OREST (Leipzig 1930, Neufassung Darmstadt 1961), schrieb Krenek auf einen eigenen Text zwischen dem August 1928 und dem Mai 1929, als er aus Deutschland nach Wien zurückkehrte. Das war, wie auch andere Werke derselben Zeit zeigen, verbunden mit einer vorübergehenden Wendung ins Konservative. Sie zeigt sich hier in fast durchgehender Tonalität und Elementen des in der Jahrmarktszene kulminierenden Wiener Vorstadttheaters. Die ›Große Oper in fünf Akten‹ nutzt den auf Orest konzentrierten Atriden-Mythos zur Schilderung eines gewaltigen Lebenswegs. Er umspannt die geplante Aufopferung Orests durch seinen skrupellos machtgierigen Vater Agamemnon, seine Flucht, Heimkehr und tödliche Rache an der ehebrecherischen Mutter und Gattenmörderin Klytämnestra, dazwischen die als Aufschein eines reineren Lebens erfahrene Wiederbegegnung mit der Schwester Iphigenie und schließlich seinen Freispruch durch die als spielerischer Zufall waltende göttliche Gnade. Seinen ursprünglichen Plan, Orest statt nach Tauris fliehen in die Vereinigten Staaten Amerika auswandern zu lassen, gab Krenek auf, verwirklichte ihn aber als Variante über den Mythos von Jason und das Goldene Vlies 1964 in DER GOLDENE BOCK.

Kreneks Montage mythischer Motivschichten wird in der Jahrmarktszene erhellend verfremdet, wenn die Helden des Trojanischen Kriegs buchstäblich als Schießbudenfiguren erscheinen: zu klein, um die Ungeheuerlichkeit des Mythos im Stil einer pathetischen Tragödie zu tragen. So wird auch kaum, wie in der ORESTIE des Aischylos, der Wandel vom Matriarchat zum Patriarchat oder zu einer demokratisch rechtsstaatlichen Gesellschaft gestaltet, vielmehr erscheint der Mensch als Opfer eines Willens zur Macht. Sogar Orests Muttermord fehlt die mythische Zwangsläufigkeit: Er vollzieht ihn, von Elektra angestachelt, mehr im Affekt denn als wissender Rächer des ermordeten Vaters. Dieser Brechung mythisch-archaischer Eindeutigkeit entspricht eine den mit virtuosem Koloraturbesatz und lastender Chromatik aufwartenden heroischen Momenten entgegengesetzte Tanzhaftigkeit des Bewegungsduktus. In parodistischen Jazz-Anklängen, Gassenhauerthemen voll banaler Tonika-Dominante-Beziehungen und dem Reflex von Donizettis LINDA DI CHAMOUNIX, wenn der Ruf eines graubündnerischen Schlittenkutschers ein Hirtenlied wird, das Orest in der Peripetie des Dramas zur Rückkehr in die Heimat bewegt, zeigt sich Kreneks Wille zur stilistischen Disparatheit. Bestandteil eines episch distanzierenden Theaters sind die Kommentare, mit denen am Beginn jedes Aktes der Chor aus seiner Rolle als Handlungsträger tritt. Mit dieser Verweigerung einer rationalen Sinngebung aus dem Mythos steht Kreneks Oper in krassem Gegensatz zu der 1930 erschienenen Weltanschauungslehre des Nationalsozialismus in Alfred Rosenbergs DER MYTHUS DES 20. JAHRHUNDERTS.

KARL V. (›Bühnenwerk mit Musik in zwei Teilen‹, *L* vom Komponisten; Deutsches Theater Prag 1938; Essen 1950; gekürzte Neufassung Düsseldorf 1958, Graz 1969, Zürich 1970; *WA* der Erstfassung Staatsoper Wien 1984 mit Günter Reich in der Titelrolle unter Erich Leinsdorf in der Inszenierung von Otto Schenk).

Nach seiner Abdankung im Jahre 1558 legt Kaiser Karl V. unter Tizians Gemälde DAS JÜNGSTE GERICHT im Kloster San Yuste vor dem jungen Mönch Juan de Regla (Sprechrolle) seine Lebensbeichte ab. Nach dem Vorbild von Darius Milhauds 1930 in Berlin uraufgeführtem CHRISTOPHE COLOMBE laufen entscheidende Stationen seines Lebens im Hintergrund wie filmische Rückblenden ab und werden auf dem Vordergrund der Simultanbühne zuerst vom Beichtvater und im zweiten Teil auch von dem Jesuiten Francisco Borgia nach ihrem ethischen, theologischen und machtpolitischen Sinn befragt. Karl erscheint so in einer Variante des von Krenek wegen seiner politischen Implikationen abgelehnten Epischen Theaters Bert Brechts als Handelnder und Befragter zugleich. Es geht um die Anfechtungen seines Weltreichs im Kräftespiel mit Widersachern wie Martin Luther, dem französischen König Franz I., dem türkischen Sultan Soliman, Papst Clemens VII. (Sprechrolle), aber auch mit seiner wahnsinnigen Mutter Juana, seinem Bruder Ferdinand, seiner in den Disput eingreifenden Schwester Eleonore und seiner Gattin Isabella. Während der allmählich von Mitleid ob Karls tragischer Situation bewegte Juan de Regla die Frage stellt, ob der an einer planvollen Weltgestaltung immer mehr zweifelnde Karl sich überhaupt anders hätte verhalten können, verlangt Borgia als gnadenloser Vertreter katholischer Autorität – Mitgefühl bringt er nur für die Passion Christi auf – dem Sterbenden Reue ob seiner Zweifel am rechten Handeln ab. In einem sind die beiden Mönche sich einig: *Doch bleibt uns ewig aufgegeben, was er heldenhaft versuchte.*

Die Anregung des Wiener Staatsoperndirektors Clemens Krauss, eine historische Oper für sein Institut zu schreiben, veranlasste Krenek 1931/32 zu intensiven Geschichtsstudien. Dabei entdeckte er in der Vision Karls von einem katholischen Universalienreich eine Analogie zur zeitgenössischen Idee eines christlichen Ständestaats. Nach der am Neujahrstag des Jahres 1930 von dem Dichter Anton Wildgans gehaltenen REDE ÜBER ÖSTERREICH hatte sich erstmals im Restgebilde des 1918 zerschlagenen habsburgischen Vielvölkerstaats ein österreichisches Nationalitätsgefühl entwickelt und zu jenem Ständestaat geführt, der nicht nur in dem sich wieder dem Katholizismus zuwendenden Krenek einen Fürsprecher fand (→ S. 565 f.). In welchem Maße sich gerade Künstler und Wissenschaftler von diesem Gebilde Widerstand gegen den Nationalsozialismus erhofften, geht aus Sigmund Freuds vor dem März 1938 geschriebener Vorbemerkung I zu seiner religionsgeschichtlichen Abhandlung DER MANN MOSES hervor. Dort pries er zu seiner eigenen Überraschung die jahrhundertelang für die Unterdrückung der Geistesfreiheit stehende Katholische Kirche als Bollwerk gegen den Faschismus – was er im Juni desselben Jahres, nach Hitlers Einmarsch in Wien und seiner Emigration nach London, in der Vorbemerkung II zurücknehmen musste.

Während etwa Adorno in der Diskussion mit dem Komponisten (Briefwechsel, Frankfurt/Main 1974) darauf bestand, dass die Entzifferung der materialen Komponenten im Kunstwerk selbst den Geschichtsprozess enthülle, wollte Krenek – wie später die Studenten der 68er-Bewegung gegen Adorno – aktiv in die Geschichte eingreifen. Die Einsicht des sterbenden Kaisers von der dem Auge verborgenen, der auffahrenden Seele aber klar werdenden Einheit in der tausendfach gebrochenen Vielfalt wurde von Krenek verstanden als ein Mittel der Kunst, die Wirklichkeit zu verändern. So entsprach sein Entschluss, erstmals die Zwölftontechnik anzuwenden, deren heilsgeschichtlicher Zielsetzung in Schönbergs zur gleichen Zeit entstehendem Bibeldrama MOSES UND ARON. Die Übereinstimmung, dass zu Beginn die Stimme des verborgenen Gottes zu Karl aus Tizians Gemälde wie zu Moses aus dem Dornbusch spricht, ist zufällig, aber bezeichnend für einen vergleichbaren Anspruch beider Ideendramen.

Die Erkenntnis des sterbenden Kaisers, dass seine Versuche einer Steuerung der Welthistorie zum Untergang des katholischen Universalienreichs geführt hatten, verstand Krenek als Fanal zum Widerstand gegen einen erneut sich anbahnenden Sinnverlust in der Geschichte. So wurden ihm die Landsknechte und Ketzer, die in der Oper das Land verwüsten, zu Symbolen für die braunen Massen der NS-Bewegung – musikalisch typisiert durch depraviert volkstümliche Klänge, die er der ersten Wirtshausszene aus Bergs WOZZECK abgelauscht haben dürfte. Doch der Ruf, den Krenek als Menetekel eines zerstörerischen Nationalismus verstand: *Wir aber wollen Deutsche sein, nicht Weltbürger!*, galt 1933/34 in Österreich einer lärmenden Minderheit als Wahlspruch. So brachte die sich aus ehemaligen Frontkämpfern rekrutierende und zunächst noch vage austrofaschistisch operierende Heimwehr-Organisation die für 1934 geplante Uraufführung durch eine Pressekampagne zu Fall, wobei der schon vor seinem Wechsel in die Reichshauptstadt virtuos auf der Politachse Wien–Berlin agierende Staatsoperndirektor Clemens Krauss eine unselige Rolle spielte.

FATALE GESCHICHTSVERKÜRZUNGEN

Dem seit der Prager Premiere nicht nachgespielten Werk war nach 1945 zunächst das unerfreuliche »Martyrologium autonomer Kunstgebilde im kapitalistischen Verwertungsprozeß« beschieden. Krenek selbst legte 1954 für eine vom Österreichischen Rundfunk ausgestrahlte Fassung einschneidende Kürzungen vor, die nach 1958 die Bühnenerscheinung des Werks bis zur Wiener Erstaufführung 1984 prägten. Ihnen fällt nicht nur ein szenischer Höhepunkt im I. Teil zum Opfer, wenn der Conquistador Pizarro gefesselte Indianer in einem perversen Dreiviertel-Triumphmarsch vorführt. Es fehlen auch die eigentliche Motivation für die Plünderung Roms durch deutsche Söldner, Grund des päpstlichen Fluchs gegen Karl, und die Episode mit dem Schmalkaldischen Bund, die Luthers Tragik aufzeigt: Dass die vom Papst abgefallenen deutschen Fürsten die Einheit von Staat und Kirche keineswegs, wie von ihm erhofft, preisgaben, sondern gemäß ihren machtpolitischen Zielen aufrechterhielten.

Solche Striche greifen sogar die musikalische Konstruktion des Werks an, das in ausgefeilten Symmetrien rund um einen C-Dur-Akkord in Zwölftontechnik angelegt ist: Makro- und Mikrokosmos offenbaren sich als geheime Einheit, wobei die Abwandlungen der grundierenden Zwölftonreihe als »Metapher der zwanghaft ineinander verschränkten und voneinander abhängigen historischen Ereignisse« fungieren. So taucht sie in drei verschiedenen Krebsformen auf, wenn die Kaisermutter Juana zu Beginn Karl einen schönen Apfel reicht, der aber wurmstichig ist. Am Ende kehrt die Zusammenfassung dieser Umkehrungen wieder, wenn dem Kaiser der Globus zerfällt. Obwohl Krenek eine herb neutrale Klangsprache bevorzugt, gibt es in der madrigalesken Aura um Franz I., in einem Ballett mit Saxophonkolorit oder einem Ständchen mit Mandolinenbegleitung sehr wohl sensualistische Aufhellungen. Zudem können Motive und Akkorde gelegentlich tonalitätsnah klingen – am eindrücklichsten im zarten Zwischenspiel vor dem II. Teil.

Die experimentelle Verbindung von Gesangs- und Sprechpartien mit melodramatischen Zwischenformen, die genaue Charakterisierung der Hauptfiguren – Eleonores Bericht, wie Karl dem Sinnenreiz am Hofe Franz I. verfiel, hat ariosen Zuschnitt – und die brutalen Landsknechtrhythmen sind herausragend expressive Momente in einer subtil gezeichneten Partitur, die in Verbindung mit dem gedanklich und sprachlich anspruchsvollen Text zu den wichtigsten Werken des deutschen Musiktheaters der dreißiger Jahre zählt. Der mit dem Ende des I. Teils immer deutlicher werdende Trauerton begleitet nicht nur das Ende eines Habsburgermythos. Er weist schon auf die JEREMIAS-LAMENTATIONEN von 1942 voraus: als Klage über den Selbstwertverlust Europas. Sie wird nicht in romantischem Espressivo vorgetragen, sondern in der zur Avantgarde der Zeit weitergeführten mittelalterlichen Kunst eines Intervall- und Proportionsgefüges.

RESTITUTION DURCH WAHRHEIT

KURT WEILL I (1900–1950)

Wie »groß Kurt Weill als Komponist war, wird die Welt allmählich entdecken – denn er war ein weit größerer Musiker, als man heute denkt. Es werden Jahre, Jahrzehnte, Jahrhunderte nötig sein, um auszulesen, aber wenn es eines Tages soweit ist, dann wird Kurt Weill als einer der wenigen bleiben, die große Musik geschrieben haben«. Als der amerikanische Dramatiker Maxwell Anderson im Juli 1950 bei einem Gedenkkonzert zu Ehren des in New York am 3. April verstorbenen Komponisten diese Ansprache hielt, dürften die meisten Hörer den gegebenen Anlass ihrem Tonfall einer Lobeshymne zugute gehalten haben. Eine vergleichbare Höhenzuordnung für das Weill'sche Werk war jedenfalls in den Nachrufen Musikkundiger nicht anzutreffen. In Amerika wurde der Komponist, mit der Ausnahme von Virgil Thomson, ausschließlich mit seinen seit 1936 für den Broadway geschriebenen Werken gewürdigt – von seinen europäischen war lediglich die DREIGROSCHENOPER umrisshaft bekannt. Auf der anderen Seite des Atlantiks wurden seine amerikanischen Bühnenwerke in deutschen Nachrufen mit Skepsis, gelegentlich fast schon mit Verachtung erwähnt.

So hielt etwa Heinrich Strobel nur die in Weills Zusammenarbeit mit Brecht während der Jahre 1927–1933 entstandenen Kompositionen für überlebensfähig, im Gegensatz zu den zuvor und danach entstandenen. Und Theodor W. Adorno, der 1928 in seiner Kritik einer Frankfurter Aufführung die DREIGROSCHENOPER als das neben Bergs WOZZECK wichtigste Ereignis des zeitgenössischen Musiktheaters bezeichnet und ihr die Kraft zur »Restitution der Oper durch Wahrheit« attestiert hatte, verweigerte in seinem Nachruf 1950 dem Verfasser des amerikanischen Œuvres für das Musiktheater die tradierte Kategorie eines Komponisten. Damit verschärfte er den fundamentalen Vorbehalt, den er 1928 in seiner Rezension noch durch die besondere Qualität des Komponierten aufgehoben sah, zum neronischen Verdikt: Die Tatsache, dass Weills Musik »nicht aus dem aktuellen Stande des musikalischen Materials die Konsequenzen zieht, sondern durch die Verwandlung des alten geschrumpften Materials zu wirken sucht«, ließ ihm die Musicals Weills zum Produkt dessen werden, was er in anderem Kontext als Kulturindustrie verdammte.

Das vertiefte in der postumen Wirkungsgeschichte Weills die Bruchstelle zwischen dem europäischen und dem amerikanischen Komponisten. Sie schien für lange Zeit ebenso unversöhnbar wie der Schritt, den der wohl bekannteste Komponist der Weimarer Republik am 21. März 1933 mit seiner abenteuerlich fluchtartig verlaufenden Emigration aus Berlin tat. Es war der so genannte Potsdam-Tag: jenes Datum, an dem der legal zum Reichskanzler gewählte Hitler in der Garnisonskirche der Hohenzollern-Residenz die Insignien der Macht aus der Hand des Präsidenten Hindenburg empfing und dadurch die unselige Vereinigung von Nationalsozialismus, Preußentum und Militarismus vollzog. Weill gab mit der über Paris 1935 in die Vereinigten Staaten führenden Emigration seine Muttersprache auf, und der Antrag auf die US-Staatsbürgerschaft im Jahre 1937 (gebilligt erst 1943) besiegelte den kulturellen Trennungsschnitt von seiner Heimat, in die er nie zurückkehrte. In der Beziehung verfuhr er radikaler als die meisten deutschen Emigranten in Amerika – voller Scham darüber, dass aus den Menschen einer Kulturnation willfährige Helfer des Massenmords geworden waren. Das legten ihm später nicht nur Mit-Emigranten, sondern auch Mitläufer des Genozids als kulturellen Verrat aus: welche Bigotterie!

Die bewusste Hinwendung eines in Deutschland als entartet verfemten Komponisten zum amerikanischen Unterhaltungstheater des Broadway (gelegentlich auch zu Hollywood) wurde andrerseits in Amerika als Stärkung des kulturellen Selbstwertgefühls empfunden. Die mit ihrem Schnittpunkt 1935 deutliche Zugehörigkeit zu zwei Kulturkreisen hat Weills Nachleben aber erschwert. Kurz nach seinem Tod schien der Komponist im Theaterrepertoire der Alten wie der Neuen Welt vergessen – abgesehen von der DREIGROSCHENOPER. Sie tauchte nach dem faschistischen Verbot bereits im August 1945 in (West-)Berlin auf einer deutschen und im November 1946 an der Universität von Illinois erstmals seit dem New Yorker Debüt-Debakel von 1933 auf einer amerikanischen Bühne auf. Erst 1954 setzte in den USA, ausgelöst durch Marc Blitzsteins Übersetzung und Einrichtung der DREIGROSCHENOPER, Begeisterung für den europäischen Weill ein, während in der Bundesrepublik die Broadway-Oper STREET SCENE nach der deutschen Erstaufführung 1955 in Düsseldorf, auf das Unverständnis der meisten Kritiker stoßend, vier Jahrzehnte lang totgeschwiegen wurde und die DDR in den vierzig Jahren ihres Bestehens den amerikanischen Weill mit keinem einzigen Werk vorstellte.

Die bald von den Vereinigten Staaten nach Europa überschwappende neue Weill-Welle war geknüpft an das Comeback seiner Witwe Lotte Lenya, die – eine gelernte Schauspielerin und Tänzerin – seit dem Songspiel MAHAGONNY von 1927 zu seiner Vokalprotagonistin geworden war. Allerdings verlief diese Weill-Hausse, die das angloamerikanische Interesse an Brecht beflügelte, keineswegs verlustfrei. Die katalysatorische Funktion Lotte Lenyas war damit teuer erkauft, dass Weills Musik dem natürlichen Verschleiß ihrer Stimme angepasst wurde. Was den einen Bearbeitern in der Tonhöhe recht war, galt anderen in weiteren musikalischen Parametern als billig. Das traf Aufführungen des europäischen Weill wie die des amerikanischen, obwohl der Komponist entgegen den Broadway-Bräuchen die Instrumentation seiner Werke selbst (sehr ambitioniert) besorgt hatte. Fortan war der authentische Weill-Klang selten zu hören, er wurde von jenem schummrigen Sound übertönt, der sich in zahllosen Arrangements seiner Ohrwürmer weltweit ergoss. Die Mackie-Messer-Moritat aus der DREIGROSCHENOPER *Und der Haifisch, der hat Zähne* ist seit Louis Armstrong bis hin zu Sting und Marianne Faithfull Bestandteil internationaler Hitlisten – und damit weiter von Weill entfernt als die anfechtbarste Interpretation Lotte Lenyas.

DIE WARE UND DER WAHRE WEILL

In diesem Prozess der Kommerzialisierung ging dem musikalischen Weltbewusstsein nicht nur verloren, was der Komponist außer seinen Bühnenwerken geschrieben hatte. Im Geschichtsnebel drohte auch unterzugehen, dass Weill neben seiner großen Bedeutung für die Geschichte der europäischen Oper auch einen gewichtigen und deshalb gesondert zu behandelnden Beitrag für das US-Musiktheater geleistet hat. Für die nordamerikanische Bühnengeschichte ist LADY IN THE DARK nicht minder revolutionär als die DREIGROSCHENOPER für das deutsche Musiktheater. Dass es nicht zum völligen Bewusstseinsverlust in Sachen Kurt Weill kam, ist vorrangig den nicht unumstrittenen Intitiaven des britischen Musikologen David Drew zu verdanken. Die Bekanntschaft mit Lotte Lenya weckte in ihm 1957 den Plan, Weill vor seinen Verfälschern zu retten. Er tat es in erhellenden Essays, Editionen, Aufführungen und mit der Sicherung der Quellen in einem Werkverzeichnis, das 1987 im Auftrag der (West-)Berliner Akademie der Künste als KURT WEILL: A HANDBOOK erschien.

Gegen welche Widerstände das geschah, belegt ein Gutachten von Weills einstigem Lehrer in Busonis Berliner Meisterklasse. Philipp Jarnach votierte als Direktor der Hamburger Musikhochschule 1958 gegen diesen Plan, weil Weill sich nach der für ihn zwar bedenklichen, aber immerhin »noch eine gewisse künstlerische Bedeutung« ausstrahlenden Zusammenarbeit mit Brecht in Amerika »einer Schaffensart zugewandt hat, bei welcher dieser künstlerische Anspruch nicht mehr anerkannt werden kann«. Unberührt von solchen Attacken verfocht Drew sein Anliegen. Nach der ersten europäischen Weill-Retrospektive beim Holland Festival 1971 markierte deren Fortführung bei den Berliner Festwochen 1975, garniert durch die Publikation von zwei Bänden mit Schriften von und über Weill im selben Jahr, den Durchbruch in einem auch von Irrungen und Wirrungen geprägten Prozess. Er ließ hinter der Ware Weill den wahren Weill immer kenntlicher werden. Dazu gehört, dass nach dem Tod seiner Witwe im Jahre 1981 der Nachlass beider gesichtet, systematisiert und endlich zugänglich gemacht wurde: im Forschungszentrum der New Yorker Kurt-Weill-Stiftung und im Weill-Lenya-Archiv der Yale-Universität New Haven. Schließlich hat der Fall der Berliner Mauer im Jahre 1989 dafür gesorgt, dass die nach ihrem Bau 1961 zunehmende Ideologisierung des Verhältnisses zwischen Brecht und Weill einer vorurteilslosen Sehweise wich.

Die wirkliche Anerkennung Weills wäre aber wohl erst dann erreicht, wenn die Regelung der Tantiemen für die DREIGROSCHENOPER dem künstlerischen Anteil der Autoren entspräche. Brecht hatte 1928 beim Abschluss des Bühnenvertrags, Weill in einem Akt ausgleichender Ungerechtigkeit so übervorteilend wie Strauss seinen Textdichter Hofmannsthal im Fall des ROSENKAVALIERS, dafür gesorgt, dass 62,5 Prozent auf ihn, 12,5 Prozent auf seine Koautorin Elisabeth Hauptmann, die den Text der englischen BETTLEROPER übersetzt hatte, und 25 Prozent auf Weill entfielen (nach dem Plagiatsvorwurf musste er 2,5 Prozent an den Villon-Übersetzer Karl Klammer abführen). Ein halbes Jahrhundert nach dem Tod des Komponisten und ein Jahrhundert nach der Geburt des Dichters wurde beider Beitrag zum gelungenen Werk vom Publikum eher so beurteilt, dass eine Umkehrung ihres Anteils gerechtfertigt erschiene – wobei seit Erscheinen von John Fuegis polemischer Brecht-Biographie im Jahre 1994 (auf Deutsch 1997) sogar 25 Prozent für Elisabeth Hauptmann, deren Arbeitsanteil von Brecht immer heruntergespielt worden war, und lediglich 12,5 Prozent für den armen B. B. denkbar wären.

Ein Hauptproblem der Weill-Rezeption liegt darin, dass die Ware Weill vom wahren Weill schulmedizinisch nicht zu sezieren ist. Nach dem Sensationserfolg der DREIGROSCHENOPER und deren massenmedialer Verbreitung schrieb der Komponist an seinen Verlag: »Daß meine Musik [...] industrialisiert worden ist, spricht ja nach unserem Standpunkt nicht gegen, sondern für sie, und wir würden in unsere alten Fehler zurückfallen, wenn wir einer Musik ihren künstlerischen Wert und ihre Bedeutung absprechen würden, nur weil sie den Weg zur Masse gefunden hat«. In der Tat hat Weill, unüberhörbar in der Verbindung von Songstil und Choral seiner mit Brecht geschriebenen Bühnenwerke, die während der Weimarer Republik ansatzweise entwickelten Vorstellungen einer Gebrauchsmusik einprägsamer als jeder andere Komponist verwirklicht. Zwar nicht, wie es Brecht nach seiner Hinwendung zum Marxismus erhoffte und mit Hanns Eisler oder Paul Dessau umzusetzen versuchte, im Sinne einer politischen Agitation des Publikums. Dennoch ist Weill erfolgreicher als seine für das Musiktheater der zwanziger Jahre in Deutschland repräsentativen Kollegen eine kopernikanische Abwendung vom wagnerschen Musikdrama gelungen, indem er kraft seiner Originalität die Kunstwerkästhetik in eine Wirkungsdramaturgie überführte. Er hat das 1929 in seinem Aufsatz DIE OPER – WOHIN? unter dem Stichwort ›Gebrauchsmusik‹ zum verbindlichen Motto erhoben: »Die erste Frage für uns lautet: ist das, was wir machen, für eine Allgemeinheit nützlich? Eine zweite Frage erst ist es, ob das, was wir machen, Kunst ist; denn das entscheidet nur die Qualität unserer Arbeit«.

Dieses Motto umspannt auch Weills in Amerika entstandenes Schaffen, das mit klangsprachlichen Charakteristika trotz aller stilistischen Unterschiede eine Brücke zu seinen europäischen Arbeiten bildet. Vor allem der Dreiklang mit angefügter großer Sext (›sixte ajoutée‹) durchzieht sein gesamtes Werk und macht mit der zwischen Dur und Moll schwankenden Doppeltonika jenen unverwechselbaren Reiz aus, den Millionen mit Mackie Messers *Und der Haifisch, der hat Zähne* verbinden.

KOPERNIKANISCHE ABWENDUNG

Wie schwer Weills Würdigung fällt, verdeutlichen schon die Versuche der linken Kritik aus seiner deutschen Erfolgszeit, die Faszination des Publikums als Missverständnis zu erklären. Noch einer der ersten wissenschaftlichen Heilungsversuche der westdeutschen Nachkriegs-Musikologie an der Wunde Weill reflektiert dieses Problem in der Nachfolge Adornos. Carl Dahlhaus beschrieb 1967 in seiner MUSIKÄSTHETIK die gattungsgeschichtliche Bedeutung des von Brecht und Weill entwickelten Operntypus zutreffend als »unleugbar progressiv; durch das Unglück, daß seine Entfaltung schon nach wenigen Jahren durch äußere Eingriffe abgebrochen wurde, wird sein Anspruch, revolutionär gewesen zu sein, nicht widerlegt«. Das war kaum minder revolutionär im Umfeld einer Musikgeschichtsbetrachtung, die allzu lange – im Extremfall sogar unbelehrbar braunäugig – den Leipziger Skandal bei der Uraufführung von AUFSTIEG UND FALL DER STADT MAHAGONNY 1930 als Rebellion des gesunden Volksempfindens gegen »Rohheit und Scheußlichkeit«, als »einschneidende Grenze zwischen Kultur und Unkultur« sehen wollte: natürlich unter Leugnung jeder politischen Manipulation durch Hakenkreuzler und schwarzweißrote Skandaleure.

Gegen den reaktionären Unterstrom seiner Wissenschaft hat Dahlhaus 1967 auch den Funktionswert der Musik im Epischen Theater Weills und Brechts richtig mit der Formulierung beurteilt, dass im Sinne eines Verfremdungseffekts die Musik so konventionell wirken musste wie die Gefühle, die sie darstelle: »Um ihre Rolle im progressiven Kunstwerk spielen zu können, muß die Musik, für sich genommen, gerade regressiv sein – so sentimental, wie es die Populärästhetik von ihr behauptet. Beschaffenheit und Funktion fallen auseinander«. Dabei verwechselte Dahlhaus aber den regressiven Schein von Weills Musik mit ihrem kompliziert einfachen Sein: Relikt einer auf romantischen Füßen (Wagners) stehenden Ästhetik vom autonomen Kunstwerk. In Adornos Denkperspektive war es unter kompositionstechnischem Aspekt noch einmal emphatisch beschworen und dann von seinen Nachbetern zum Schwinghammer des Materialfortschritts verdinglicht worden, mit dem Weills bewusster Entscheidung gegen Atonalität und Zwölftonmusik, erst recht für das spätere Musical, das Siegel des Reaktionären aufgeprägt werden konnte.

So wurde Weills Musik, von seriöser Seite allzu lange missachtet, schon vor dem Zeitalter der Postmoderne zur Wechselmünze im so genannten ›Crossover‹, weder richtige ›Klassik‹ noch authentischer ›Pop‹. Tatsächlich aber gibt sie mit dem Verzicht auf den autonomen und manchmal autoritären Werkbegriff dessen künstlerischen Qualitätsanspruch keineswegs auf. Ihre eben darauf beruhende Wirkungsästhetik ist ohne eine rigide Praxis von Text- und Werktreue nicht zu vermitteln, und je weiter sich ihre Rezeption von den historischen Umständen ihrer Produktion entfernt, desto strenger muss ein Begriff nachschaffender Werktreue angewandt werden: editorisch wie interpretatorisch. Die 1996 mit dem Faksimiledruck der autographen Partitur der DREIGROSCHENOPER durch die Weill Foundation gestartete erste authentische Ausgabe des Komponisten – bis dahin lagen ganze zwei seiner Bühnenwerke in verlässlichen Dirigierpartituren vor – ist das sicherste Versprechen auf die Einlösung von Maxwell Andersons Prophezeiung, dass Weills Größe noch entdeckt werde.

Das bedeutet nicht die Enteignung von Millionen, die Anteile an Weill durch die Industrialisierung seiner Musik haben. Aber erst nach dem Abbau jener Schlamperei, die laut Gustav Mahlers Wort in der Musikpraxis gern als Tradition ausgegeben wird, ist die Restitution seines Werks im Weltbewusstsein möglich: durch musikalische Wahrheit. Die lässt das scheinbar nur modische Zeittheater von AUFSTIEG UND FALL DER STADT MAHAGONNY mit der Exekution der Todesstrafe für einen Mann, der seine Rechnung nicht bezahlen kann, als prophetisches Signum der Realzeit nach dem Sieg des Kapitalismus im Weltkrieg der Wirtschaftssysteme erscheinen. Weills Oper steht gerade durch ihren unversöhnlichen Gegensatz komplementär zur Konfliktbehandlung in Arnold Schönbergs MOSES UND ARON. Spiegelt hier der Widerstreit zwischen Gesinnungs- und Verantwortungsethik die Frage nach der Freiheit des Künstlers im hermetisch verschlossenen Zwölftonkunstwerk (→ S. 489 ff.), so gelang Weill zusammen mit Brecht in der negativen Utopie der Stadt Mahagonny, wo man gegen Bezahlung alles darf, »das vielleicht letzte Werk, in dem großformatige Opernanlage und gesellschaftspolitische Relevanz sich zum Wohle beider zusammenfügten«.

PRÄGUNG DURCH BUSONI

Der Sohn eines Synagogenkantors in Dessau erfuhr nach frühen praktischen Theatererfahrungen und einem kurzen Studium bei Engelbert Humperdinck seine entscheidende künstlerische Prägung als Teilnehmer von Ferruccio Busonis Meisterklasse an der Berliner Akademie der Künste zwischen 1921 und 1924. Daneben betrieb er bis 1925 bei dessen Schüler und Vertrautem Philipp Jarnach Studien in Kontrapunkt. In Busonis Meisterklasse, einem Hort internationaler Geistigkeit im Berlin der frühen zwanziger Jahre (→ S. 395 f.), erfuhr Weill keine technische Ausbildung, sondern eine ästhetische, geradezu spirituelle Bildung. Dazu gehörte die auch praktische Erfahrung dessen, was Busoni unter dem von ihm geprägten Begriff ›Junge Klassizität‹ verstand. Er erschöpfte sich nicht in historisch krebsgängigen Kriterien wie Einfachheit, Transparenz und Formbetonung. Für Busoni war er Teil einer Ästhetik der Neuen Musik, mit der er die Auflösung des Kunstwerks im hypertrophen Selbstausdruck der Romantiker (Wagner) bekämpfte. Das lernten seine Schüler an Werken wie dem FLÖTENDIVERTIMENTO op. 52 mit seinem an Mozarts Konzerten ausgerichteten Phrasenbau oder der FANTASIA CONTRAPPUNTISTICA, mit der er Bachs KUNST DER FUGE dem Stil seiner Zeit assimilierte.

Gleichzeitig forderte Busoni zur Tradition – in der Oper vorrangig durch anti-illusionistischen Einsatz von Formen aus der absoluten Musik eingelöst – eine parodistische Haltung, wie er sie in seinem ›Theatralischen Capriccio‹ ARLECCHINO zu einem Experimentierfeld des neuen Musiktheaters genutzt hatte: »Als nicht-organisches, fragmentarisches, systemimmanent kritisches, auf Verfremdung beruhendes Kunstwerk war diese Oper ein Werk der Avantgarde« – und wurde neben Strawinskys Sprech-, Tanz- und Instrumentaldrama HISTOIRE DU SOLDAT für Weill, der 1923 beide Werke auf deutschen Bühnen kennen lernte, zur Inspirationsquelle für eine zukunftsfähige Zeitbezogenheit im Musiktheater. Auch die Überlagerung literarischer und musikalischer Bezugsschichten bei Busoni legte ihm die Auflösung der tradierten Autonomieästhetik nahe. Weill zog, sehr zum Ärger des ihm seit 1927 entfremdeten Mit-Lehrers Jarnach, daraus die Konsequenz, eine primär der Wirkungsdramaturgie verpflichtete Gebrauchsmusik zu entwickeln. Schon in einem Brief an Busoni vom 13. Februar 1923 stellte er fest, das wahre Kunstwerk könne nur aus einer Reduktion der komplexen Künstlernatur auf einfachste und konziseste Formen entstehen.

DER PROTAGONIST

Der 1925 in der von Fritz Busch angeregten Zusammenarbeit mit dem Dramatiker Georg Kaiser nach dessen Bühnenstück (Breslau 1922) komponierte Einakter (Staatsoper Dresden 1926; *WA* Frankfurt/Main 1960) war ein großer Erfolg und wurde bis 1933 von vielen Bühnen nachgespielt, oft zusammen mit dem ebenfalls von Weill und Kaiser 1928 geschaffenen Einakter DER ZAR LÄSST SICH PHOTOGRAPHIEREN. Weills erstes erhaltenes Bühnenstück bewegt sich zwischen dem nicht-tonikalen expressionistischen Strom des deutschen Musiktheaters und der diatonischen Klarheit neoklassizistischer Tendenzen. Diese Doppelbödigkeit ist in Kaisers ›Dramaturgie des Missverstehens‹ verankert und reflektiert musikalisch Busonis Praxis der sich überlagernden Stilschichten. Sie dient hier der Verfremdung des Kerns von Leoncavallos veristischem BAJAZZO in das elisabethanische England und in ein pirandellistisches Schweben zwischen Schein und Sein. Eine Komödiantentruppe unter ihrem ungenannten Protagonisten soll eine frivole Farce spielen: wortlos, da ausländische Gäste erwartet werden. Ein Mann (der Protagonist) engagiert einen Mönch zur Ablenkung seiner Frau, damit er sich ungestört seiner Geliebten widmen kann, und vertreibt ihn, als er seine Aufgabe zu ernst nimmt. Nach einer als Pantomime vorgetragenen Probe gesteht Catherine, die Schwester des ihr hörigen Protagonisten, ihre Liebe zu einem Edelmann. Als ein Bischof zu der Aufführung angemeldet wird, muss die Farce durch eine Tragödie ersetzt werden: Anlass zu einer zweiten Pantomimenprobe, in deren Verlauf der Protagonist seine Schwester – Spiel und Wirklichkeit vermengend – ersticht.

MUSIK ALS HANDLUNG

Musikalisch läuft das Hauptgeschehen mit expressionistischen Stilmitteln wie extremer Reduktion der Orchesterfarbigkeit, Aufgabe der Tonikalität als Ordnungsprinzip und einer spröden Führung der stark geforderten und zusammen mit Ostinati und Orgelpunkten im Orchesterbass dominanten Singstimmen ab, wobei der Tenor-Protagonist vor seinem Mord ohne Tonhöhenfixierung schreit und flüstert. Der Mord selbst wird zwar durch eine Ganztonverschiebung in den Pauken eingeleitet und von einer dynamischen Steigerung mit anwachsender Instrumentation unterstrichen, bleibt aber nach einem Moment der Stille mit Sekundreibungen der Celesta im Terzabstand auffällig unkommentiert – von illusionistischem Pathos keine

Spur. Am Ende bittet der Protagonist um Haftaufschub, damit er am Abend seine beste Rolle spielen könne, *die zwischen echtem und gespieltem Wahnsinn nicht mehr unterscheiden lässt*. Weill setzt hier die Intervalle des gesungenen Worts *Wahnsinn* atonal. Demgegenüber findet er für die Pantomime I eine rhythmisch bestimmte und verfremdend diatonische Musik in Form eines Themas mit Variationen, die an den neoklassizistischen Strawinsky gemahnt. Hier wird – im Mittelteil auch mit einem auf schieren Vokalisen basierenden Vokalquartett – am deutlichsten Busonis Praxis weitergeführt, absolute Musik zur Handlungsträgerin zu machen und damit im Stil der Neuen Sachlichkeit zu objektivieren. Das Verfahren ähnelt dem Hindemiths in CARDILLAC, wobei Weill aber keine neobarocken Satztypen bemüht.

Dem damit verbundenen Zweck einer Desillusionierung des theatralischen Geschehens dient außerdem ein Bläseroktett, das als Begleitensemble der Pantomimen zwischen der Bühne und einem Podest im Orchestergraben wechselt, in den es nach dem Mord kopfschüttelnd zurückkehrt. Weill vollzieht eine radikale Trennung vom romantischen Musikdrama. Das hat von den zeitgenössischen Kritikern Maurice Abravanel, 1922 für kurze Zeit Weills Schüler in Harmonielehre und später als Dirigent in Frankreich und Amerika zum großen Weill-Advokaten geworden, am deutlichsten gesehen. In der ›Revue musicale‹ (Juli 1926) erklärte er den Komponisten mit seinem Bühnenerstling zu einem der führenden Vertreter des modernen Musiktheaters: »Die Musik illustriert die Handlung nicht; sie ist die Handlung […]. DER PROTAGONIST ist, soweit ich weiß, der erste gelungene Versuch einer Oper, die den Zuschauer bewegt und dabei seine Gefühle von Sympathie gänzlich beiseite läßt«.

ROYAL PALACE

Durch Georg Kaiser lernte Weill 1925 im Berliner Romanischen Café den elsässischen Dichter Iwan Goll kennen, dessen groteske Realitätsverzerrungen in Verbindung mit sozialer Analyse als stilbildend für die Neue Sachlichkeit in der Literatur galten. Weill vertonte sein bereits 1918 entstandenes Poem DER NEUE ORPHEUS und arbeitete dann mit ihm im Einakter ROYAL PALACE zusammen, der mit vier Tanzszenen und einer Filmsequenz eine multimediale Dramaturgie aufweist. Die Uraufführung mit Spitzenkräften der Berliner Staatsoper unter Erich Kleiber in der Kroll-Oper belegte im März 1927 Weills Renommé. Aber das Stück wurde kein Erfolg und nur noch 1932 in Essen nachgespielt, das Autograph der Partitur und die Aufführungsmaterialien gingen bei der Plünderung der Wiener Universal-Edition durch Nazis nach dem ›Anschluss Österrreichs‹ sowie im Zweiten Weltkrieg verloren. Eine nach dem Klavierauszug rekonstruierte Orchesterfassung wurde 1971 erstmals beim Holland Festival halbszenisch vorgestellt (szenisch Oberhausen 1990).

Obwohl verflossener Geliebter, Ehemann und zukünftiger Liebhaber sie umschwärmen, fühlt sich die von Luxus umgebene Dejanira auf der Terrasse eines italienischen Seehotels unverstanden und geht – die Prophezeiung eines alten Fischers erfüllend, einer der vier werde sterben – ins Wasser. Lässt sich DER NEUE ORPHEUS mit seinem prominenten Violinpart als konstruktive Kritik Weills an seinem hermetischen KONZERT FÜR VIOLINE UND BLÄSER op. 12 bezeichnen, so nimmt ROYAL PALACE die objektivierenden Momente des PROTAGONISTEN weit gehend zurück. Wir hören ein schrekernahes Espressivo mit geheimnisvollen Frauenstimmen und mystischen Glockenklängen aus der Ferne, dem aber zum ersten Mal in Weills Œuvre mit einem Saxophon Anklänge an zeitgenössische Unterhaltungsmusik zugemischt werden. Dejaniras erster Auftritt und ihre Einswerdung mit dem Wasser werden von einem Tango beherrscht, dessen rahmendes Glockengeläute sich am Ende in einer Beschleunigung des Pulses gegenüber dem Orchester rhythmisch verselbstständigt. Im Vergleich mit dem PROTAGONISTEN ist der im Stil der Zeitoper szenisch behauptete und deswegen von Alban Berg kritisierte Avantgarde-Anspruch musikalisch stark zurückgenommen. Dennoch wird die Verschiedenheit der musikalischen Stilebenen deutlich, obwohl Weill die ›niederen‹ Klänge mit großer Kunst des Übergangs – etwa zum Foxtrott der tanzenden Hotelgäste – in den musikalischen Fluss integriert und nicht als epischen Kommentar zur Handlung von dieser trennt.

ZUM EPISCHEN MUSIKTHEATER

Neben der Fertigstellung einer bis auf wenige Skizzen verloren gegangenen abendfüllend konzipierten Oper auf ein Libretto seines ehemaligen Schülers Felix Joachimson, der 1927 mit der Komödie DIE FÜNF VON DER JAZZBAND und nach der Emigration als Drehbuchautor in Hollywood erfolgreich war, sowie dem Beginn der Zusammenarbeit mit Bertolt Brecht komponierte Weill 1927 seinen zweiten Einakter auf einen Text von Georg Kaiser: DER ZAR LÄSST SICH PHOTOGRAPHIEREN (Neues Theater Leipzig 1928; *WA* Frankfurt/Main 1960). Diesmal handelt es sich, als Ergänzung zum PROTAGONISTEN gedacht, um eine Opera buffa, die mit der Tragödie zusammen erstmals 1928 in Altenburg aufgeführt wurde und bis 1933 auf zumeist kleineren Bühnen sehr erfolgreich war. Ursprünglich sollte das Werk ›Der Zar läßt sich …‹ heißen, aber Weills Verlag war das zu nahe an der in Schulbüchern üblichen Verkürzung eines bekannten Zitats aus Goethes Götz von Berlichingen.

Die Handlung kreist teils ernst, teils farcenhaft um einen Zaren, der sich auf Staatsbesuch in Paris im Atelier der schönen Angèle fotografieren lassen will. Tatsächlich trifft er aber auf die Komplizin von Attentätern, die ihn mit einer im Objektivtubus versteckten Pistole erschießen will. Die Versuche der falschen Angèle, ihn zu diesem Zwecke richtig zu placieren, und die Bemühungen des einem galanten Abenteuer nicht abgeneigten Potentaten, seinerseits die vermeintliche Angèle zu fotografieren, führen zu einigen Verwicklungen. Sie kulminieren, nach der vom Zaren unbemerkten Rückkehr der richtigen Angèle, in deren unbeabsichtigter Auslösung eines ziellos echten – und nicht fotografischen – Schusses. Am Ende ist die Ordnung wieder hergestellt und der Zar wird inmitten eines herbeigeeilten Korps uniformierter Polizisten und Ordonanzen abgelichtet.

Weill benutzt wie in ROYAL PALACE und im Gegensatz zum PROTAGONISTEN eine auf Klarheit und Einfachheit zielende Musiksprache. Sie zeichnet sich durch den internen Bezug tonaler Kleinzentren mit dreiklanggeprägten Kadenzen aus, deren Terzklänge aber weit gehend durch Quintschichtungen ersetzt sind. So kann man den Quintsprung aufwärts, mit dem der den Handlungsgang neutral kommentierende Männerchor zu Beginn den Titel der Oper deklamiert, als Leitintervall der Partitur bezeichnen. Sie stellt wie im vorangegangenen Werk nachromantisches Espressivo und kecke Rhythmen der Tanzmusik – der Zar tritt zu den Klängen eines Foxtrotts auf – als Gegensatz von Illusion und Wirklichkeit aus. Die episierenden Chöre unterstreichen diese Tendenz ebenso wie die von der falschen Fotografin als Vorbereitung eines Schäferstündchens aufgelegte Platte mit dem von Weill für diesen Zweck komponierten, zuvor mit einer Band aufgenommenen und (neben dem Klavierauszug nur in dieser Aufnahme überlieferten) ›Tango Angèle‹. Das ist vor der Etablierung der Tonart a-Moll ein harmonisch zweideutiger Moment, in dem Busonis Forderung nach der Handlungsautonomie absoluter Musikformen schlagend in den Stil der Neuen Sachlichkeit umgesetzt ist.

Weill verstand den Einakter, sein letztes durchkomponiertes Bühnenwerk, als Beitrag zum Typus der Zeitoper. Er hielt diesen für unabdingbar, um »die Bühne endgültig zu technifizieren, das Theater in der Form, im Geschehen und im Gefühl aufzulockern«, wie er 1928 in einem Beitrag für die Zeitschrift ›Melos‹ schrieb. Diese Aufgabe sei erfüllt, nun gehe es darum, »der Oper wieder große, umfassende, allgemeingültige Zusammenhänge« als »Spiegelung eines Weltbildes unter dem Gesichtspunkt einer großen tragenden Idee« zuzuführen. Das sei nur möglich in einem Epischen Musiktheater. Da er schon mit den in Kaisers Sprechdrama eher zufällig wirkenden Pantomimen des PROTAGONISTEN oder dem im ZAR als erstes Grammophon-Solo der Operngeschichte von Platte erklingenden Tango das selbstständig Musikalische als episierend gattungsprägendes Stilmittel erprobt hatte, war er für die in mancher Beziehung als Gegenpol zu Strauss-Hofmannsthal erscheinende Zusammenarbeit mit Brecht reif. Deren kollektiver Charakter – unter Einschluss von Brechts Mitarbeiterin Elisabeth Hauptmann – kam ihm als angemessene Produktionsform seiner Ästhetik vor. Und wie Brecht sich bezüglich der DREIGROSCHENOPER einen laxen Umgang mit Fragen des geistigen Eigentums zugute hielt, pflegte Weill vom MAHAGONNY-Songspiel an eine neobarocke Praxis der Selbstentlehnungen.

Mit Brecht war er sich einig, dass auf dem Theater der dramatische Vorgang nicht mehr wie in der aristotelischen Dramatik selbstgenügsam die Aufführung ausfülle. Stattdessen wird er auch im Musiktheater zum Erzählobjekt der Bühne selbst und dem Publikum zur beurteilenden Betrachtung – nicht Identifikation – dargeboten. In seinem ›Melos‹-Aufsatz schrieb er: »Die Musik im neuen Operntheater verzichtet darauf, die Handlung von innen her aufzupumpen, die Übergänge zu verkitten, die Vorgänge zu untermalen, die Leidenschaften hochzutreiben. Sie geht ihren eigenen, großen ruhigen Weg, und sie kann daher (wenn sie an den richtigen Stoff gerät) ihren absoluten, konzertanten Charakter wahren«. Das war nicht nur ein Reflex auf Busonis im ENTWURF EINER NEUEN ÄSTHETIK DER TONKUNST verkündete Forderung, der Darsteller solle seine Rolle spielen und nicht erleben, das Publikum solle ungläubig sein und damit bereit zum geistigen Empfangen (→ S. 400 ff.). Weill nahm damit zugleich seinen 1929 veröffentlichten Aufsatz ÜBER DEN GESTISCHEN CHARAKTER DER MUSIK und auch Brechts berühmte Gegenüberstellung epischer und dramatischer Opernmittel in den nach der Uraufführung von AUFSTIEG UND FALL DER STADT MAHAGONNY geschriebenen ANMERKUNGEN ZUR OPER vorweg. Diese sind, vergleichbar den gegen Weills Willen erfolgten Textänderungen der 1931 in seine dramatischen VERSUCHE aufgenommenen DREIGROSCHENOPER, Brechts Schlusswort zu einer Opern-Zusammenarbeit, deren Gleichklang allzu lange verklärt worden ist.

Brechts mit seinem späteren Verleger Peter Suhrkamp verfasste ANMERKUNGEN müssen als Kritik an Weills Aufsatz verstanden werden, der aus der gemeinsam verfochtenen anti-illusionistischen Trennung von Text, Musik und Darstellung in der Oper den Primat der Musik ableitete und seine Position durch Notizen im Programmheft der Uraufführung und die Veröffentlichung des mit Caspar Neher verfassten Regiebuchs zur MAHAGONNY-Oper unterstrichen hatte. Brecht sah, zumal im Lichte seiner 1931 in die Wendung zum Kommunismus mündenden marxistischen Einsichten, die Oper nicht als Kunstform, sondern interpretierte MAHAGONNY »als ein Werk, das aufgrund seiner Neuerungen als Indikator für die Probleme der Oper, besonders des Kulinarismus dienen könnte – als soziologisches Experiment«. Mit der Übertragung des Verbots der aristotelischen Einheiten des Dramas auf die Oper und dem damit verbundenen Abbau des Illusionismus wollte Brecht die Oper als Spiegel der gesellschaftlichen Krise des Bürgertums selbst überwinden; Weill dagegen, dessen Anteil am Text der DREIGROSCHENOPER und des AUFSTIEGS UND FALLS DER STADT MAHAGONNY lange unterschätzt wurde, sah schon in dem ihm als Urform der Gattung vorkommenden Nummernprinzip der Mozart-Oper eine in sich episierend angelegte Kunstform, die es durch Reform demokratisch – also auch massenmedial – weiterzuentwickeln und zu verbreiten gelte.

Damit umriss Weill das Dilemma von Brechts Theorie eines Epischen Musiktheaters: Während im Sprechtheater nicht-aristotelische Formen ein Signum der Moderne sind, gehören sie in der Oper zur Gattungstradition. Selbst die Leitmotivtechnik des von ihm nach einer jugendlichen Verfallenheit herzlich verachteten Wagner bekundet keineswegs nur, wie Brecht meinte, ein tautologisches Verhältnis zwischen Sprache und Musik. Vielmehr verbindet sie, wenn auch zum Zwecke eines durch Vernetzung intensivierten Illusionismus, eine Abfolge auktorial kommentierender Eingriffe. Weill hat das besser verstanden als Brecht und den Textintentionen des Dichters zum Trotz in seiner Musik gelegentlich jene musiktypische Emotionalität beschworen, die Brecht schon politisch verdächtig war. Dass der grundsätzliche Unterschied zwischen beiden an der MAHAGONNY-Oper ausbrach, hat deren Vollendung nicht verhindert. Das gemeinsam geschaffene Ballett mit Gesang DIE SIEBEN TODSÜNDEN aber war nur noch ein Epilog auf ihre Zusammenarbeit im Exil.

DAS MAHAGONNY-SONGSPIEL

Im März 1927 hatte Weill der Auftrag des von Donaueschingen ins Kurhaus von Baden-Baden übergesiedelten Kammermusik-Festivals zu einer Kurzoper erreicht. Daraufhin nahm er Kontakt zu Bertolt Brecht auf und diskutierte mit ihm verschiedene Opernpläne, darunter ein Mahagonny-Projekt. Weill selbst kam darauf, die (von ihm dann in der Reihenfolge umgestellten) fünf Mahagonny-Gesänge aus Brechts gerade erschienener Gedichtsammlung HAUSPOSTILLE zu vertonen und bat den Dichter nur um einen abschließenden Text (*Dieses ganze Mahagonny*). Musikalisch rundete er das gerade halbstündige und dialoglose Werk, dessen sechs Vokalisten keine dramatische Identität aufweisen, mit vier Zwischenspielen für das zehnköpfige Orchester (mit Saxophon, Posaune, Klavier und Schlagzeug). Die Uraufführung wurde von Brecht (zusammen mit Walther Brügmann) selbst inszeniert und von Ernst Mehlich mit Lotte Lenya als Jessie dirigiert. Placiert zwischen Tochs PRINZESSIN AUF DER ERBSE, Milhauds ENTFÜHRUNG DER EUROPA und Hindemiths HIN UND ZURÜCK, brachte das Stück den erwarteten Eklat, als die Darsteller am Ende Schilder mit antikapitalistischen Parolen zeigten.

Da die Autoren das Songspiel als Vorstufe zu ihrer Mahagonny-Oper auffassten und Weill auf eine Veröffentlichung seiner Musik verzichtete, kam es nur noch zu einer Aufführung 1932 in Hamburg (*WA* Gelsenkirchen 1961 in der rekonstruierten Urfassung). In eine halbszenische Pariser Aufführung unter Maurice Abravanel wurden 1932 der von Weill im Jahr zuvor für Lotte Lenya nachkomponierte Havanna-Song sowie vier Nummern aus der inzwischen uraufgeführten Oper AUFSTIEG UND FALL DER STADT MAHAGONNY eingefügt, zudem der Alabama-Song in der harmonisch gemilderten, im zweiten Refrain durch eine kleine Koloratur ausgeschmückten und um die dritte Strophe verkürzten Opernversion (London und Rom 1933, Köln 1952). Ein 1963 vom Berliner Ensemble zusammengestellter Verschnitt aus Songspiel und Oper war als DAS KLEINE MAHAGONNY zwar – auch auf Tourneen – sehr erfolgreich, wurde aber nach einer Neueinstudierung im Bochumer Schauspielhaus 1983 von Weills Erben wegen einer ›Bastardisierung‹ (David Drew) der originalen Musik verboten.

Die Stadt Mahagonny, ein riesiger Boxring, lockt vier Goldgräber und zwei Huren mit ihren Attraktionen: Whisky, Sport, Sex und Kartenspiel. Alles kostet leider seinen Preis. Deshalb sehnen sich die Menschen nach einem anderen Paradies: dem sonnenbeschienenen Benares. Doch das hat ein Erdbeben zerstört. Als Gott (Jimmy) in Mahagonny erscheint, schickt er alle in die Hölle. Dagegen murren die Menschen auf, aber ihre Revolte verpufft. Im Schlusswort an das Publikum erklärt Bessie, die letzte Illusion brechend, dass Mahagonny kein Ort sei, sondern ein erfundenes Wort – Brecht hatte es übrigens nicht, wie Arnolt Bronnen in seinen Memoiren darstellte, als Sammelbegriff für die ersten braunen SA-Horden in Deutschland gebraucht, sondern von einem in den zwanziger Jahren auch auf Platte kursierenden Schlagertitel (leicht variiert) übernommen.

Konzipiert haben die Autoren das Stück mit seiner Verhöhnung bürgerlicher Moralwerte als Anti-Oper. Die Reduzierung menschlicher Ansprüche auf den reinen Konsumbereich, der nach Art von Stummfilmschnitten ruckartige und durch Transparente verdeutlichte Ablauf der Stationen, der Verzicht auf individualisierte Figuren und eine durch deren zwischenmenschliche Bezüge entstehende Handlung in einem lockend mythisierten und kritisch distanzierten Amerika runden sich zu der bis dahin klarsten Absage an eine moral-ästhetische Grundierung des Musiktheaters. An deren Stelle tritt der reine Gebrauchswert: als Spaß für das Publikum definiert. Zu diesem gehört die Durchbrechung des Scheincharakters des Theaters durch dessen Betonung: für Brecht Vorboten einer Theaterkunst für ein neues Publikum, für Weill Einlösung der Theorien Busonis von der Liquidierung der Erlebnis- und Illusionsbühne. Weill verschärft das durch musikalische Doppelbödigkeit, indem er die tonal harmonisierten Songs durch vier nicht-tonale Zwischenspiele trennt, damit deren eigenständigen Nummerncharakter betont und auf eine durchführungstechnische Durchdringung der Sphären wie noch in ROYAL PALACE verzichtet.

Die Songs selber lassen zum ersten Mal deutlich hervortreten, was Millionen von Hörern fortan als Weills Personalstil erscheinen wird. Es ist bei aller Inspiration durch Jazz und amerikanische Tanzmusik kein Swingschmachten, sondern – was eine strenge Beachtung des Rhythmus erfordert – eine noch in langsamen Tempi durchscheinende Marschstruktur mit synkopischen Verschiebungen: ein Nachhall Mahlerscher Trauermärsche im Salon. Brecht hatte zwar, zusammen mit dem Komponisten Franz S. Bruinier, in der HAUSPOSTILLE den Mahagonny-Gesängen Melodien mitgegeben. Aber ein Vergleich zwischen Weills Alabama-Song – 1928 in Lotte Lenyas Aufnahme sein erster Plattenschlager – und Brechts Vorschlag zeigt die ganze Kluft zwischen Hobbymusiker und genialem Komponisten. Weill, der im einleitenden Männerquartett *Auf nach Mahagonny* zu den Worten *Schöner, grüner Mond von Alabama* den Refrain des Brautjungfernchors aus Webers FREISCHÜTZ parodistisch zitiert hatte, geht in dem für zwei Frauenstimmen gesetzten zweiten Song mit der kitschigen Elegik des im Pidginenglisch verfassten Refrains *O moon of Alabama, we now must say goodbye* geradezu rauschhaft über die musikalische Vorlage und gelegentlich auch über die sprachliche Fügung Brechts hinaus, der eine deutsche Version des Songs schon seinem Packer Galy Gay in MANN IST MANN in den Mund gelegt hatte.

Weill, der den Song samt Brechts Melodievorschlag 1929 in seiner Schrift ÜBER DEN GESTISCHEN CHARAKTER DER MUSIK behandelt, strukturiert ihn zu Beginn so, dass über einer Liegeharmonie im Bass die gleichmäßigen Taktschläge den Rahmen für den daktylischen Rhythmus der Singstimme abgeben. Der aber ist durch Auftakt, synkopische Verkürzung der ersten Hebung und eine Dehnung an den Phrasenenden verunklart, so dass der motorische Gestus eine Schwebung erfährt. Ähnliches gilt für den Refrain, dessen gleich bleibender Abfolge von zwei Achteln und einem Viertel in der Begleitung eine Überdehnung der ersten und letzten Hebung des nun jambischen Vokalmetrums gegenübersteht. Die großbögige Melodieführung mit ihren sentimental steigenden Terzen und fallenden Sexten sowie den chromatischen Fortschreitungen der Mittelstimmen im G-Dur-Satz scheint, gerade im Vergleich mit den dürftigen Terzschritten und Tonwiederholungen Brechts, an dessen kritischer Textintention vorbeizugehen – zumal in der Opernversion, wo ein dreistimmiger Frauenchorsatz und der Koloraturschmuck der Solostimme in der zweiten Strophe zu einer sinnwidrigen Deklamation führen. So ist in der Forschung bezüglich des Refrains »ein nicht zu übersehender Widerspruch zwischen der von Brecht […] gewollten antiromantischen Haltung und der Musik Weills« beklagt worden – ein nach den Kriterien der Werkästhetik begründeter Vorwurf, der allerdings wirkungsästhetisch aufhebbar ist: durch eine gestische, d. h. rhythmisch präzise Wiedergabe des Orchesterparts.

DIE DREIGROSCHENOPER (›Ein Stück mit Musik in einem Vorspiel und acht Bildern‹, *L* von Bertolt Brecht und Elisabeth Hauptmann nach deren Übersetzung von John Gays Libretto zur 1728 uraufgeführten BEGGAR'S OPERA von John Christopher Pepusch sowie nach Balladen von François Villon und Rudyard Kipling; Theater am Schiffbauerdamm Berlin 1928 mit Lotte Lenya als Jenny unter Theo Mackeben in der Regie von Erich Engel und der Ausstattung von Caspar Neher; sensationeller Erfolg mit alsbald ausbrechendem ›Dreigroschen-Fieber‹: Druckausgabe von Libretto und Klavierauszug, Editionen, Rundfunk- und Plattenaufnahmen einzelner Songs in populären Bearbeitungen, Weills Bläserarrangement von acht Nummern zur KLEINEN DREIGROSCHENMUSIK, Ende 1930 Einspielung eines leicht bearbeiteten Querschnitts durch das mit der Besetzung der Uraufführung nicht ganz identische Ensemble des Schiffbauerdamm-Theaters; 1929 Aufführungen an 46 deutschen Theatern, dazu in Österreich, der Schweiz, Polen, Ungarn; 1930 erscheint das Stück im Moskauer Kammertheater, im Mailänder Teatro Filodrammatico und – als ›L'Opéra de Quat' Sous‹ – im Pariser Montparnasse-Theater, 1932 in der Regie von Senda Koreya, der es noch öfter inszenierte, in Tokio; bis zum nazistischen Verbot im Jahre 1933, als die New Yorker Premiere unter dem Titel ›Three-Penny-Opera‹ im Empire-Theater auf das Unverständnis des Publikums stieß, verzeichnet der Verlag 133 Einstudierungen; im Februar 1931 kommt die erste, auch mit einer französisch gesungenen Version gedrehte Verfilmung durch Georg W. Papst heraus, von Brecht und Weill in einem Prozess urheberrechtlich angefochten; Brecht veröffentlicht im selben Jahr das von ihm nach einer Attacke in der Zeitschrift ›Die rote Fahne‹ sozialkritisch verschärfte Libretto, das seitdem in Aufführungen üblich geworden ist, das Filmdrehbuch und seine kommentierende Dokumentation des von ihm als ›soziologisches Experiment‹ betrachteten Prozesses; 1934 folgt im dänischen Exil der DREIGROSCHENROMAN; nach der Rückkehr aus dem Exil schreibt er dem nun mit Bindestrich als ›Dreigroschen-Oper‹ firmierenden Libretto in Songs Bezüge auf den Faschismus ein, veröffentlicht 1955 aber im dritten Band seiner Stücke die Fassung von 1931; für eine vom emigrierten Intendanten des Schiffbauerdamm-Theaters, Ernst Josef Aufricht, im Pariser Étoile-Theater inszenierte Aufführung komponiert Weill 1937 zwei neue Songs; 1938 benutzt der Choreograph Antony Tudor in London für sein Ballett DAS URTEIL DES PARIS eine später orchestrierte Fassung für zwei Klaviere; bei der Düsseldorfer Ausstellung ›Entartete Kunst‹ werden 1938 Teile aus der DREIGROSCHENOPER als abschreckende Belege auf Grammophon vorgeführt, finden aber dank gesundem Volksempfinden solchen Zulauf, dass die Demonstration abgebrochen werden muss; 1942 zerstreiten sich Brecht und Weill im amerikanischen Exil über das Projekt einer Version mit schwarzer Besetzung; drei Monate nach Kriegsende bringt das Berliner Hebbeltheater 1945 die erste – unautorisierte – Wiederaufführung in Deutschland heraus, die Theatergruppe der University of Illinois bietet 1946 eine Übersetzung von Desmond Vesey; vier westdeutsche Theater erhalten 1947 die Aufführungsrechte und spielen das Stück; 1949 lehnt Weill die von Brecht für eine Aufführung an den Münchner Kammerspielen vorgeschlagenen Texteingriffe ebenso ab wie Änderungswünsche gegenüber der Musik; 1951 singt Lotte Lenya in der New Yorker Carnegie Hall zum Gedenken Weills eine konzertante

Kurzfassung der Oper auf Deutsch; 1952 wird die von der New Yorker City Opera angekündigte Uraufführung der amerikanischen Übersetzung von Marc Blitzstein nach dem Vorwurf antikapitalistischer Propaganda und Unterwanderung demokratischer Vorstellungen von ›law and order‹ zurückgezogen, Leonard Bernstein dirigiert die ›Threepenny Opera‹ aber konzertant – mit Lotte Lenya als Jenny – an der Brandeis University in Massachusetts; die szenische Premiere dieser Version im New Yorker Theatre de Lys, ebenfalls mit Lotte Lenya, startet 1954 den internationalen Siegeszug des Stücks, es übertrifft dort bis 1962 mit 2611 Aufführungen in Folge den damals gültigen Serienrekord von Richard Rodgers' Musical OKLAHOMA!; die Londoner Premiere der Blitzstein-Fassung folgt Anfang 1956 am Royal Court Theatre, ein halbes Jahr vor seinem Tod sieht Brecht Giorgio Strehlers erste Inszenierung der ›Opera da tre soldi‹ am Mailänder Piccolo Teatro, im selben Jahr spielt Louis Armstrong seine Jazz-Version der Moritat als MACK THE KNIFE ein; 1958 entsteht unter Wilhelm Brückner-Rüggeberg die erste deutsche Gesamtaufnahme der Oper, mit Lotte Lenya als Jenny; 1960 inszeniert Erich Engel an der Stätte seiner Uraufführung mit dem Berliner Ensemble am Schiffbauerdamm die erst dritte Aufführung in der DDR – sie läuft 333-mal und wird 1981 vom Publikum mit der stehend abgesungenen Moritat von Mackie Messer verabschiedet; 1975 verbietet eine Brecht-Erbin Hansgünther Heymes Kölner Inszenierung wegen angeblich antisemitischer Tendenzen; 1979 präsentiert das Skarabäus-Theater in den Pariser Bouffes-du-Nord eine Playback-Einrichtung, die Weills Musik durch Streichereinbezug und elektronische Klangmittel im historischen Spektrum zwischen Händel und der Popwelt aufspreizt; 1987 kommt die Oper im Westteil des noch geteilten Berlin erstmals seit 1945 in Günter Krämers Inszenierung am Theater des Westens heraus; im selben Jahr wird das Mackie-Thema in einer Serie von Werbespots des Fast-Food-Herstellers McDonald's verbreitet; zu Brechts 100. Geburtstag erscheint die Oper 1998 auf zwanzig deutschen Bühnen; 1999 kommt sie in der Kritischen Gesamtausgabe der Weill-Stiftung heraus).

Diese Spitzlichter umreißen die Wirkungsgeschichte des trotz faschistischer Verfemung berühmtesten und ersten schon kurz nach der Premiere massenmedial verbreiteten Beitrags zum Musiktheater im 20. Jahrhundert. Bezeichnenderweise finden die wenigsten Aufführungen auf großen Opernbühnen statt. Diese Grauzone war von vornherein in der Konzeption und Entstehung des Werks angelegt, das zusammen mit dem BERLINER REQUIEM Brechts und Weills Zusammenarbeit an der MAHAGONNY-Oper als eine Art Gelegenheitswerk unterbrach. Verstärkt wurde sie durch die chaotische Einstudierung mit wechselndem Personal, aber auch durch die schnell einsetzende Popularisierung – beispielsweise wies der 1930 unter dem Uraufführungsdirigenten Theo Mackeben entstandene Schallplattenquerschnitt neben Veränderungen in der Besetzung gegenüber der Premiere in dem bis auf den Bass streicherlosen Orchester (22 Instrumente plus Schlagzeug) charakteristische Veränderungen hin zum Seichten auf. So war hinter der nivellierend erfolgreichen Wirkung die Werkstruktur nur noch schwer wahrnehmbar.

Auslöser für die Idee zur DREIGROSCHENOPER war die Ausgrabung der BETTLEROPER 1920 in London. Elisabeth Hauptmann machte Brecht darauf aufmerksam und übersetzte im Winter 1927/28 John Gays Libretto. Brecht bot Ernst Josef Aufricht einen Entwurf zur Eröffnungspremiere für das von diesem gerade gemietete Theater am Schiffbauerdamm an, bereicherte ihn um Anleihen bei Rudyard Kipling und François Villon (unter Verschweigung von dessen deutschem Übersetzer, was ihm später den Plagiatvorwurf einbrachte) und begann mit Weill die gemeinsame Arbeit in größter Hektik. Diese setzte sich in den Proben fort, so dass der endgültige Titel erst wenige Tage vor der Premiere am 31. August 1928 gefunden wurde – angeblich verdankte er sich einem Einfall von Lion Feuchtwanger (was Elias Canetti in seinen Memoiren bestreitet).

OBSZÖNE DOPPELMORAL

Brecht folgte im wesentlichen Gays Handlungsablauf, verlegte ihn aber um ein Jahrhundert ins frühviktorianische England. Verbunden damit ist eine soziologische Verschiebung: Der Gangster und Frauenheld Macheath (Mackie Messer), der heimlich Polly, die Tochter des zum Bettlerkönig gewordenen Hehlers Peachum, heiratet und auf Grund von Peachums Anzeige verhaftet wird, hat Lucy, die Tochter des Gefängnisdirektors geschwängert. Dieser, als Tiger Brown zum Polizeichef von Scotland Yard aufgestiegen, ist nun ein Geschäftspartner Mackies, der wiederum in obszöner Doppelmoral (Zuhälterballade mit der Dirne Jenny) für Promiskuität und kleinbürgerliche Häuslichkeit zugleich schwärmt. Aus der einst »verkleideten Kritik an offenen Mißständen« in der Obrigkeit des Regimes von Premierminister Walpole wird eine pointiert »offene Kritik an verkleideten Mißständen« in der Normalität der bürgerlichen Gesellschaft. Nicht erst im Finale III, wenn ein reitender Bote der Königin dem Verbrecher Begnadigung und Nobilitierung verspricht, wird mit dem gesellschaftskritischen der gattungskritische Aspekt der BETTLEROPER aufgegriffen. Hatte sich in der Vorlage der Streit zwischen Polly und Lucy auf zwei Protagonistinnen Händels in der Royal Academy of Music bezogen (→ Bd. I, S. 182 f.), so zielte der Affront 1928 auf die acht Jahre zuvor von Göttingen ausgegangene Händel-Renaissance. Und hatte das Original den Niedergang der ernsten italienischen Oper im London der ersten Hälfte des 18. Jahrhunderts besiegelt – Händel verlegte sich fortan intensiv auf das englische Oratorium –, so versetzte die DREIGROSCHENOPER keineswegs der Oper den Todesstoß, sondern der deutsch-österreichischen Operette. Franz Lehárs letzter Triumph mit GIUDITTA 1934 in Wien war nur noch ein Abgesang auf das Genre, und Weills als Hommage an seine Offenbach-Studien bei Busoni zu verstehender Versuch mit DER KUHHANDEL blieb unvollendet (nach einer 1935 erfolglos in London gespielten englischen Fassung kam das Stück in einer seriösen Aufführungsversion szenisch erst 1994 in Bautzen heraus).

Brecht und Weill gingen bewusst auf eine mehr der englischen Balladenoper als dem deutschen Singspiel verpflichtete Mischung von 21 geschlossenen Musiknummern zwischen Solo, Duett, Terzett, Quartett und Chorensemble mit weitläufigen Dialogen an Stelle der nur zwei Mal (Nr. 15 und 21) benutzten Rezitative zurück. Für beide bedeutete das nicht nur eine ›Urform‹ der Gattung, sondern natürlich auch eine Kampfansage an das organisch durchkomponierte Musikdrama in der Wagner-Tradition. Anknüpfend an die durch Titelprojektionen ins technische Zeitalter fortgeschriebenen Fiktionsbrüche im Lustspiel der deutschen Romantik, wo die Ironie zum Selbstdarstellungsmittel der Kunst gedeiht, schichtet Brecht unterschiedliche Stilebenen übereinander. Das Nebeneinander von Alltagsprosa und Vers – Pollys und Mackies verkitschtes Liebesduett *Siehst du den Mond über Soho?* ist ein kunstvolles Sonett –, von Verbrecher- und Bibelsprache erleichtert es den Figuren, den durch einen Moritatensänger von vornherein episch gebrochenen Realitätsbereich der Handlung zu verlassen. Die Musiknummern mit ihrem Einbezug von Tanzformen wie Blues (Nr. 2), Foxtrott (Nr. 7), Boston (Nr. 8), Tango (Nr. 13) oder Shimmy (Nr. 14) unterstützen dieses Verfahren, der Wechselbezug von Dialog und Gesang löst die Agierenden aus ihrem illusionistischen Rollenspiel. Dabei gehen die Musiknummern unvermittelt aus dem Dialog hervor wie der Anstatt-dass-Song oder werden ausdrücklich als Einlage angekündigt wie Pollys zu ihrer eigenen Hochzeit vorgetragene Ballade von der Seeräuber-Jenny.

Sie können auch dem Dialog als scheinbar gattungslogische Verdichtung folgen, so die Ballade von der sexuellen Hörigkeit und Pollys Barbara-Song. Dieser weckt die Erwartung, Polly wolle den Eltern ihren Geliebten schildern, in Wirklichkeit beschreibt sie aber den Gegentypus von Mackie Messer. Auch der auf den ersten Blick unverständliche Titel des Songs verfolgt eine verfremdende Tendenz. Weill und Brecht hatten Pollys Einlage von der Seeräuber-Jenny als bewusst gefühlskalte Umkehrung der Ballade Sentas im FLIEGENDEN HOLLÄNDER konzipiert, keineswegs – die Übernahme des Songs durch Lotte Lenya in der Partie der Jenny stiftete durch den Papst-Film eine falsche Tradition – als Rachevision dieser Hure an ihrer bürgerlichen Klientel. Gegenüber solch evidentem Anti-Illusionismus spielt der Titel des Barbara-Songs mit einer latenten Bezüglichkeit. Er zielt auf Shakespeares und Verdis Desdemona, und zwar über die Brecht bekannte, in die Inselwelt der Karibik verlagerte Fortsetzung der BEGGAR'S OPERA. In dieser ebenfalls 1728, wiederum von John Christopher Pepusch auf Texte von John Gay komponierten, aber von der Zensur bis 1777 unterdrückten POLLY erscheint Macheath als Pirat in der Maske eines Schwarzen – eine Anspielung auf OTHELLO. In der Tragödie und ihrer Vertonung beruft sich Desdemona, ehe sie zu Bett geht, als Quelle für ihr Lied von der Weide auf die liebeskranke Zofe Barbara ihrer Mutter. So gewinnt Pollys Schlusswendung eine frivole Anzüglichkeit: *Ja, da muss man sich doch einfach hinlegen …*

BESCHÄDIGTE GEGENWÄRTIGKEIT

Brecht, in Fragen geistigen Eigentums nach eigener Aussage von laxer Haltung, hat eine von manchem Brechtianer geteilte Urheberschaft an einigen der nachmals so berühmten Songs aus der DREI-

GROSCHENOPER für sich angedeutet, so auch an den beiden gerade erwähnten. Gestützt wurde dieses Gerücht, als Anfang der achtziger Jahre seine Melodien, in der harmonisierten Fassung von Franz S. Bruinier, ans Tageslicht kamen. So hat der in einem Moll-Umfeld mit einer kleinen Sext aufsteigende Refrain der Seeräuber-Jenny *Und ein Schiff mit acht Segeln* bei Brecht fast denselben melodischen Verlauf wie in Weills Fassung. Gelöst wurde das Rätsel 1985, als eine andere Quelle publik wurde: Weill hatte schon 1916 in einem der Lieder aus dem Zyklus OFRAHS LIEDER nach hebräischen Poemen des mittelalterlichen Dichters Jehuda Halevi dieselbe Siebentonfolge in derselben Harmonie (fis-Moll) wie in der Oper verwendet. Sie ist, für Weills ›Junge Klassizität‹ typisch, tonikal grundiert, aber nicht funktionsharmonisch, da die herkömmliche Spannung von Dominante und Subdominante durch archaisch wirkende Dreiklangfolgen ersetzt wird. So ist der fis-Moll-Refrain ebenso kirchentonal phrygisch gefärbt wie das anfängliche c-Moll dorisch. Als Zwischenstufe in der harmonischen Terzrückung erscheint noch es-Moll. Zusammen mit dem ostinaten Zweiviertel-Rhythmus der Außenteile von zwei Sechzehnteln und drei folgenden Achteln erzwingt der Song mit seinem ›frechen Moll‹ eine schon 1929 von Ernst Bloch als aufmüpfiger Gegentyp zum ›Gebet einer Jungfrau‹ gerühmte Verbindung zwischen Chanson und Trauermarsch.

Weill gelingt hier, vergleichbar der sieben Mal wiederholten, aber im Drehorgelklang durch imitatorische Gegenstimmen und farbliche Schattierungen angereicherten Eingangssequenz der Moritat von Mackie Messer oder der aggressiven Mischung von Foxtrott und Marsch im Kanonen-Song, eine hohe Kunstfertigkeit des kompliziert Einfachen. So stehen diese Songs stellvertretend für die ganze Oper: Unsterblichkeit gewann sie nicht durch den Wortanteil, sondern »allein durch den musikalischen Metatext, den Weill zubrachte und mit dem er sich selbst ›unsterblich‹ machte«. Brechts auf Schallplatte überlieferter Vortrag der Moritat von Mackie Messer mit den zu klingenden Vokalen überdehnten R-Lauten ist schon ein – sicher unfreiwilliges – Beispiel für die Musikalisierung der semantischen Wortschicht. Dass sie gleichwohl die Schwächen eines Textbuchs nicht kompensieren kann, musste Weill erfahren, als er auf Texte Brechts einige Songs für die von Elisabeth Hauptmann unter dem Pseudonym Dorothy Lane geschriebene ›Magazingeschichte‹ HAPPY END schrieb. Das als Fortsetzung zur DREIGROSCHEN-

OPER im September 1929 am Schiffbauerdamm herausgekommene Stück fiel durch – obwohl es neben dem anklägerischen Finalensemble *Hosianna, Rockefeller* einige der schönsten, durch Lotte Lenya 1955 der Nachwelt gerettete Songs von Brecht und Weill enthält: den Matrosen-Song, Surabaya-Johnny und den Bilbao-Song.

Die beschädigte Gegenwärtigkeit von Weills Tonsprache wird durch die parodierenden Verweise in die Historie ergänzt. So spannt sich vom Fugato in der Ouvertüre zu dem im Finale III ein barockisierender Bogen. Deutlich wird er auch in Peachums Morgenchoral (Nr. 3), der einzigen aus Pepuschs Musik zur BETTLEROPER übernommenen Nummer, die hier zum provokanten Zerrbild protestantischer Leistungsethik wird: Peachum verbindet sein Geschäft der Ausbeutung moralischer und religiöser Empfindungen mit innerweltlicher Askese (im Gegensatz zu seiner trunksüchtigen Frau). Bei der Uraufführung der Oper fehlte, wahrscheinlich in Ermangelung einer geeigneten Sängerin, die von Weill deshalb im Gegensatz zu der ebenfalls gestrichenen Ballade von der sexuellen Hörigkeit nicht mehr orchestrierte Arie *Eifersucht, Wut und Häme* der Lucy aus dem II. Akt. Sie ist von symptomatischer Bedeutung, weil in dieser Zusammenfassung des Schemas von Rezitativ und Arie aus der Opera seria der Wille zur Parodierung der alten Oper am deutlichsten wird. Nach dem nicht nur dramaturgischen Vorbild von Elviras *In quali eccessi* aus dem DON GIOVANNI – Weill übernimmt mit der abwärts laufenden Begleitfigur zu Beginn Mozarts Violinensechzehntel bei Elviras Imagination des strafenden Blitzschlags für den Frevler – wird hier durch die Parodie des Modells hindurch Weills Personalstil unverkennbar hörbar. Wenn das Eingangsmotiv bei der Wiederholung von der Moll-Tonika um einen Halbton heruntertransponiert wird, klingt das wie eine Höherlegung, und die anschließende Sekunderhöhung wie eine Tieferlegung. Diese tonale Schwebung verstärkt Weills seit der frühen Cellosonate erprobte und in der Moritat von Mackie Messer aufgegriffene Methode der Doppeltonika: ein Verfahren, Moll- und Dur-Dreiklänge durch Terzrückung zu kombinieren. Die Zweideutigkeit wird zum Strukturmerkmal eines Unikats.

AUFSTIEG UND FALL DER STADT MAHAGONNY (›Oper‹ in drei Akten, *L* von Bertolt Brecht; Neues Theater Leipzig 1930 unter Gustav Brecher mit der Ausstattung von Caspar Neher in der Regie von Walther Brügmann; durch systematische Störung Deutschnationaler und Nazianhänger einer der heftigsten Theaterskandale der Weimarer Republik, nach sechs weiteren Aufführungen musste die Oper abgesetzt werden; daraufhin brachen Bühnen wie Essen, Oldenburg und Dortmund ihre Vorbereitungen ab, sogar Max Reinhardt zog seine angekündigte Berliner Inszenierung zurück; auch die noch 1930 erfolgenden Einstudierungen in Braunschweig, Kassel – unter Maurice Abravanel –, am Prager Landestheater – unter George Szell – und in Frankfurt/Main – unter William Steinberg – konnten nur wenige Mal gespielt werden; mit fünfzig Aufführungen einen großen Erfolg hatte dagegen die Ende 1931 von Ernst Josef Aufricht im privaten Berliner Theater am Kurfürstendamm zu Caspar Nehers Ausstattung inszenierte Einrichtung, die Alexander Zemlinsky aus einer verloren gegangenen Partitur dirigierte: gekürzt und vereinfacht, aber auch – für Lotte Lenya in der Rolle der Jenny – um den Havanna-Song aus der Pariser Fassung des MAHAGONNY-Songspiels erweitert; bis zum Verbot durch die Nazis folgten nur noch 1932 eine stark gekürzte Fassung am Wiener Raimund-Theater als österreichische Premiere unter Hans Heinsheimer und 1933 eine Einstudierung in Kopenhagen; als nach dem ›Anschluss‹ Österreichs 1938 das Archiv der Wiener Universal-Edition geplündert wurde, ging das Aufführungsmaterial verloren, bis 1956 für eine Rundfunk- und Plattenaufnahme in Hamburg unter Wilhelm Brückner-Rüggeberg – mit Lotte Lenya als Jenny – die autographe Partitur wieder auftauchte; Harro Dicks inszenierte daraufhin die Oper 1957 mit sensationellem Erfolg in Darmstadt; es folgten Einstudierungen u. a. 1961 in Prag, 1962 in Luzern, Dresden und – wegen des Baus der Berliner Mauer und der damit verbundenen Anti-Brecht-Stimmung in Westdeutschland umstritten und verschoben – an der Hamburgischen Staatsoper in der Regie von Egon Monk unter Janós Kulka; 1963 brachte das Berliner Ensemble das Werk mit singenden Schauspielern heraus, doch es setzte sich danach, auch im Ausland, als wesentlicher Beitrag zur Opernbühne des 20. Jahrhunderts durch; wichtige Stationen: 1963 Sadler's Wells London unter Colin Davis; 1964 Piccola Scala Mailand unter Nino Sanzogno in Giorgio Strehlers Inszenierung und Kopenhagen unter Peter Ronnefeld; 1967 Stuttgart unter Ferdinand Leitner in der Regie von Günther Rennert; 1970 Lyon; 1973 Volksoper Wien unter Peter Keuschnig in der Inszenierung von Bohumil Herlischka; 1979

Metropolitan New York unter James Levine als Versuch von John Dexter, die Uraufführung szenisch zu rekonstruieren; Verfilmung durch Eija-Elina Bergholm 1995; 1998 als erste Weill-Oper bei den Salzburger Sommerfestspielen unter Dennis Russell Davies von Peter Zadek inszeniert).

Die postume Anerkennung der Oper als Meisterwerk Weills verdeckt nicht ihre Problematik, wie sie David Drew, der 1969 Partitur und Klavierauszug herausgab, pointiert beschrieben hat: »Es gibt so wenig eine ›ideale‹ Aufführung der MAHAGONNY-Oper wie eine ›definitive‹ Ausgabe. Da dieses Werk nicht nur unvollendet ist, sondern auch unvollendbar, setzte Weill es in DIE BÜRGSCHAFT fort, die auch unvollendet und unvollendbar ist, weshalb er sie in DER SILBERSEE und noch einmal in DER WEG DER VERHEISSUNG weiterschrieb, der eine Krönung des Unvollendeten ist«. So verständlich dieser skeptische Hinweis auf den prozessualen Charakter der Oper ist, so begeistert fiel im März 1992 Drews Kritik in der Londoner ›Times‹ über eine Stuttgarter Inszenierung von Ruth Berghaus aus: Überzeugende Aufführungen triumphieren über strukturelle Mängel, besonders im III. Akt. Die Oper, deren Titel sich auf das Geschichtswerk von Edward Gibbon DECLINE AND FALL OF THE ROMAN EMPIRE (1776–1788) bezieht, setzt das sketchartige MAHAGONNY-Songspiel, wenn auch auf Grund einer praxisfern schmalen Streicherbesetzung nicht mühelos, ins abendfüllend große Genre um. Dabei entfallen die Zwischenspiele bis auf wenige Reste (das Schlussmotiv von Nr. 3a in Szene 9 der Oper, der Choral Nr. 5a in Szene 20) und werden durch einen ausgearbeiteten Handlungsablauf ersetzt.

Übernommen wurde die Musik der Songs, wenngleich nicht ohne harmonische Vereinfachungen. Eine besondere Rolle kommt dabei dem letzten Song zu. *Aber dieses Mahagonny* erscheint nicht nur komplett in der Eingangsszene der Oper, diese Musik hat darüber hinaus musikalisch über die Opernnummern 10 (Solo für Jim) und das Finale (Eingangsensemble von Nr. 20) eine Klammerfunktion. Ähnliches gilt für den Alabama-Song, der sich von Szene 2 bis zur Reprise des Refrains in den Finali I und III spannt. Verstärkt werden solche Bögen durch die Wiederholung eigens für die Oper komponierten Materials. So taucht die Binnenmoral des Stücks *Denn wie man sich bettet, so liegt man* in allen drei Finali auf. Solche Details zeigen, dass Weill – ästhetisch von Brecht abdriftend – gegenüber der erheblich textreicheren DREIGROSCHENOPER nicht mehr auf eine depravierte Ästhetik des Volkstheaters setzt, sondern ein reformiertes Musikdrama interner Bezüge und durchaus verstörender Sinnzusammenhänge anstrebt. Neigen die Übernahmen gegenüber dem Songspiel (nicht immer) zur Vereinfachung, so zielt die dramaturgische Struktur gegenüber der DREIGROSCHENOPER auf Komplikation: Die Rücknahme des musikalischen Modernitätsanspruchs verbindet sich mit einer Episierung geschlossener Nummern durch direkte Publikumsansprache sowie der textlichen Montage von Lyrik und Prosa, von Bibelsprache und Pidginenglisch zur Avantgardebehauptung. In dieser Beziehung wird Drews Hinweis auf den prozessualen Charakter der Oper deutlich: Was Brecht als Absch(l)uss der Entwicklung einer Kunstform galt, war für Weill ein Neubeginn.

HANDLUNGSSTRUKTUR

Gegenüber dem Songspiel ist die Handlung klar erkennbar. Wir erleben zunächst (Musiknummern 1–5) die Gründung der Stadt durch das flüchtige Ganoventrio Dreieinigkeitsmoses, Fatty und Leokadja Begbick. Die Witwe gibt ihr auf das biblische Gleichnis vom Himmel als Netz (Matthäus 13,46) anspielendes Motto von der Netzestadt aus: ein gelobtes Land des ungehinderten Genusses. Bald erscheinen Jenny und sechs leichte Mädchen, um im schnell aufblühenden Mahagonny Kunden anzulocken. Unter diesen befinden sich vier aus Alaska angereiste Holzfäller: Jim Mahoney mit seinen Freunden Bill, Joe und Jack (die Autoren fügten dem Aufführungsmaterial die Empfehlung an, auf ›Wildwest- und Cowboyromantik‹ zu verzichten und je nach Spielort landessprachliche Namen zu gebrauchen). Im allgemeinen Sinnenrausch bahnt sich eine individuelle Beziehung zwischen Jim (bzw. Hans oder Paul Ackermann) und dem Freudenmädchen Jenny an (Nr. 6). Doch die erste Krise kommt prompt: innerbetrieblich wie klimatisch. Das rigorose Ordnungssystem der Witwe Begbick lässt die Preise fallen, aber auch das Angebot (Nr. 7): Langeweile breitet sich aus, Jim will nach Georgia abreisen, wird zwar von seinen Freunden zurückgehalten (Nr. 8), lehnt sich aber gegen die im ›Gebet einer Jungfrau‹ kulminierende Monotonie auf (Nr. 9). Plötzlich bedroht ein Taifun die Stadt (Nr. 10), Jim rebelliert offen gegen Begbicks Herrschaft (Nr. 11 = Finale I). Er verkündet angesichts der Bedrohung durch den Sturm die Aufhebung aller Verbote und stellt die Maxime auf: *Denn wie man sich bettet, so liegt man.*

Der Taifun zieht an Mahagonny vorbei (Nr. 12). Nun blüht die Stadt erst richtig auf, denn erlaubt ist alles, sofern man bezahlen kann: Fressen bis zum Platzen (Nr. 13), Bordellsex im Minutentakt (Nr. 14: *Geld allein macht nicht sinnlich*), Sport bis zum Exitus (Nr. 15), Saufen. Als Jim die Zeche nicht begleichen kann (Nr. 16 = Finale II), wird er gefesselt. Jenny und der letzte ihm verbliebene Freund Billy weigern sich, für ihn zu zahlen, die Menge grölt *Lasst euch nicht verführen*. Analog zur kollektiven Nacht des Entsetzens in der Angst vor dem Taifun (Nr. 11) folgt nun (Nr. 17) das individuelle Pendant: Jim erwartet sein Schicksal. Von dem Ganoventrio, dem Kapitalmangel ein Kapitalverbrechen ist, wird er zum Tode verurteilt (Nr. 18). Gott, gespielt von Dreieinigkeitsmoses, erscheint und verdammt die Männer Mahagonnys zur Hölle. Sie und ihr Sprachrohr Jenny widersetzen sich (Nr. 19), Jim wird hingerichtet. Im Finale III brechen bürgerkriegsähnliche Zustände aus, in denen sich rivalisierende Gruppen mit widersprechenden Parolen bekämpfen. Wie die Götterburg Walhall versinkt das brennende Mahagonny in einem großen Decrescendo der Ratlosigkeit: *Können uns und euch und niemand helfen.*

Die strukturellen Probleme des III. Akts rühren teilweise von der Handlungsferne des Songspiels her. Zuerst war geplant, das Gottspiel als Epilog der Oper nachzustellen. Seine Placierung vor die Hinrichtung Jims verstärkte dessen Schlusseinsicht: *Die Freiheit für Geld war keine Freiheit*. Deshalb musste der von ihm, Jenny und dem Chor angestimmte Absagechoral ans Jenseits *Fürchtet euch nicht* als Chorensemble in das Finale II vorverlegt werden. Problematisch ist auch die Position des von Brecht in den Stückausgaben ausgesparten Benares-Songs, einer von den Ereignissen überholten Glücksstadt-Alternative zu Mahagonny in der Gerichtsszene, ebenso die des terzinengesättigten G-Dur-Liebesduetts Jim–Jenny von den Kranichen, das die Autoren auf Wunsch des Verlags als Ersatz für die provokante Bordellszene (Nr. 14) nachgeliefert hatten. Noch heute sind Aufführung und sogar Position dieses Duetts strittig. Darin spiegelt sich indes ein Rest von Undomestizierbarkeit.

Zweifellos hat Weill die bewussten Illusionsbrüche des Songspiels in der Oper durch Übergänge in eine geschmeidigere Verlaufsform gebracht, die Jims Absage an das käufliche Warenglück zur Botschaft härtet. Gleichwohl bleiben dem Libretto, kulminierend in den sich widersprechenden Plakaten der Schluss-Szene, genug Reste der Uneindeutigkeit, die das anhaltende ästhetische Faszinosum des Werks mittragen. Zu diesem Changieren zwischen positiver Amerika-Mythik und heftiger Kapitalismuskritik gehört trotz Einsetzung von Hauptpersonen, die im Songspiel fehlten, der Verzicht auf ein zeitlich fixiertes Handlungskontinuum zu Gunsten von Zustandsbildern. In diesen gewinnen die Figuren keinerlei Individuation, schon gar nicht in ihren Beziehungen zueinander, sie bleiben Typen. Wenn Jim in seiner Sehnsucht nach Georgia (Nr. 8) die Metapher vom Hutaufessen gebraucht, wird ein Bezugspunkt deutlich: Charlie Chaplin. Adorno hat das in seiner Kritik der Frankfurter Aufführung von 1930 erkannt und Jim Mahoney dingfest gemacht als »Subjekt ohne Subjektivität: ein dialektischer Chaplin«. Denn evoziert für Heutige wird eben nicht der später im Tonfilm MODERNE ZEITEN stumm dem Räderwerk der Fließbandarbeit ausgelieferte, sondern der im GOLDRAUSCH (1925) aus Hunger seinen Schuh wie eine Delikatesse verzehrende kleine Mann von der Straße: Die Oper hat noch teil an Brechts dramatischem Frühwerk, verweigert sich der ideologischen Eindeutigkeit seiner folgenden Lehrstücke. Auch der desillusionierende und spannungsbrechende Einsatz von Brechtgardine und Inhaltsprojektionen vor den einzelnen Szenen weist auf die Ästhetik des Stummfilms zurück.

ILLUSIONSBRÜCHE

Weill hat das Moment des Illusionsbruchs betont. Zwar wird das Songprinzip aus dem kleinen MAHAGONNY und der DREIGROSCHENOPER übernommen und damit die jeweilige Aussage der Gesangstexte in den Vordergrund gestellt, aber diese Bindung der Musik an eine Aussage wird nicht zusammenhangstiftend auf die agierenden Figuren übertragen. So singt Jim Mahoney in der Nacht des Taifuns (Nr. 11) sein vom Ensemble übernommenes Moralmotto *Denn wie man sich bettet, so liegt man*, während der ganze Song im Finale II von Jenny an der Rampe als Blues-Kommentar ohne harmonische und dynamische Entwicklung zu seiner im Hintergrund gezeigten Fesselung gesungen wird. Und in der Schluss-Szene der Oper kehrt der Refrain im Potpourri der Hauptmelodien wieder – einer, wenngleich jede Steigerungsdramaturgie verweigernden, Vorwegnahme späterer Musical-Praktiken. Jetzt wird er gesungen von einer Männergruppe, die für schrankenloses Leben und schrankenlosen Mord demonstriert. Einen scheinbaren Widerspruch zum Motto Jims – und dem mechanisierten Bordell-Sex – liefert das von ihm mit Jenny im LIED VON DEN KRANICHEN entworfene Bild einer selbstlosen Liebe, das Jenny wiederum dementiert, wenn sie sich weigert, dem Geliebten mit Geld auszuhelfen, und dabei sein Motto unbarmherzig aufgreift. Der Tauschcharakter der kapitalistischen Warenwelt prägt solcherweise mit den Agierenden die musikalische Tektonik des Werks: ein Exempel für den Verfremdungseffekt in der Oper.

Dazu gehören auch die krass mit dem neuen gesellschaftlichen Umfeld kontrastierenden Fremdzitate. So erklingen, teilweise leicht abgewandelt, das Sehnsuchtsmotiv aus dem TRISTAN (Nr. 1, 8 und 17), der Brautjungfernchor aus dem FREISCHÜTZ im Refrain des aus dem Songspiel stammenden Alabama-Songs (Nr. 4), der Gesang der beiden Geharnischten aus der ZAUBERFLÖTE (Nr. 11), der Schlager ›Des Seemanns Los‹ als Mutmacher in Nr. 16 oder die auf einem verstimmten Kneipenklavier intonierte Salon-Schnulze ›Gebet einer Jungfrau‹ als ironisches Beispiel für ›ewige Kunst‹ (Nr. 9). Anti-illusionistisch sind auch interne Kunstmittel. So wird den sich steigernden Antworten der drei Freunde Jims auf die Bekundung seiner Abreiseabsicht (Nr. 8) die Erregungskurve des Texts durch strenge Tonrepetition verweigert. Allerdings bleiben wie in der DREIGROSCHENOPER auch Reste eines illusionistischen Zusammenhangs von Text, Szene und Musik gewahrt. Genannt seien die ersterbenden Worte des sich überfressenden (Nr. 13) Jack O'Brien (Jakob Schmidt) oder der sich expressiv zum hohen C aufschwingende Abschiedsgesang Jims vor seiner Hinrichtung (Nr. 17). Aber es wäre falsch, solche Momente als ein Scheitern Weills an Brechts Vorstellungen zu deuten. Vielmehr deuten sie den Weg an, den der Komponist in seinen folgenden Bühnenwerken beschreiten sollte.

Bezeichnend dafür ist schon, dass der Komponist die aus dem Songspiel übernommenen Nummern in differenziert ausgearbeitete Gebilde integrierte. Weit über den Standard der DREIGROSCHENOPER hinaus montiert er darin ein breites Spektrum überkommener Formen und Kompositionstechniken: »Es beinhaltet archaische Elemente (Fugato, Imitation, Cantus firmus, Choral, Invention), klassische Verfahren wie Variation und Rondo, Operntechniken (Arie/Arioso, Rezitativ, Duett, Melodram, Stretta, Scena ed Aria,

Finale), bayerische Schrammelmusik, Liedertafel, Tanzmusik (Ragtime, Polka, Tango, Totentanz), Marsch, Song und Schlager inklusive eines Potpourris« im Finale III. Dabei erreichen die einzelnen Nummern eine komplexere Handlungsfülle, als es in Nummernopern von Busoni, Hindemith oder auch in der DREIGROSCHENOPER der Fall ist. Ein Beispiel dafür ist das Finale II, in das ein Spiel im Spiel eingebaut ist. Jim, der sein Geld bei dem für seinen Freund Joe tödlichen Boxkampf verwettet hat, lädt Bill und Jenny zum Umtrunk ein. Als die Witwe Begbick die Zahlung der Zeche anmahnt, improvisiert Jim auf dem Billardtisch eine Bootsreise nach Alaska, eine ihm später bei der Gerichtsverhandlung auch auf die Rechnung gesetzte Gardinenstange als Schiffsmast einsetzend: *Stürmisch die Nacht, und die See geht hoch*, heißt es im textmusikalischen Zitat von Adolf Martells seiner obrigkeitshörigen Passagen befreitem Matrosenlied ›Des Seemanns Los‹. Die von einem fanfarenhaft synkopierten Blechbläserostinato begleitete Fahrt, eine von der Kneipengesellschaft befeuerte imaginäre Flucht aus der Realität, unterbricht Dreieinigkeitsmoses brutal mit der gesprochenen Forderung nach Geld. Das opernhafte Traumreich wird durch das ungesungene Wort auf den Boden der gewinnorientierten Konsumwelt zurückgeholt. Ein musikalisches Dissoziationsverfahren setzt Weill für die von einem marschähnlich rhythmisierten Ostinatomotiv gekennzeichnete Gerichtsszene ein, in der die Alaskafahrt bei der Unterbrechung des Ostinatos kurz zitiert wird. Für Anklage und Urteil wird das rhythmische Motiv dann wieder aufgegriffen: »Der einheitlich durchlaufende Grundgestus der Gerichtsszene – ein Marsch in die Vernichtung – verbindet die verschiedenen Teilabschnitte und macht die Maschinerie des ritualhaft ablaufenden Prozesses deutlich, der alle Teilnehmer durch das richtende Trio unterworfen werden«. In der Beziehung erweist sich die spezifische Kulinarik von AUFSTIEG UND FALL DER STADT MAHAGONNY auch ohne ideologische Härtung zu einem ›Kommunistischen Manifest‹ des Musiktheaters als bitterböse Analyse der Wirklichkeit im Kapitalismus.

DER JASAGER

Ende 1929 erhielt Weill wie schon 1927 für das MAHAGONNY-Songspiel und zwei Jahre später für die Kantate DER LINDBERGHFLUG einen Kompositionsauftrag von der bedeutendsten deutschen Avantgarde-Veranstaltung:

den 1921 in Donaueschingen gegründeten, 1927 nach Baden-Baden und 1930 für ein Jahr nach Berlin in die Obhut der Musikhochschule übergewechselten Kammermusiktagen. Gefordert waren vom Programmausschuss der ›Neuen Musik Berlin‹ mit dem Festivalgründer Heinrich Burkard, dem stellvertretenden Direktor der Berliner Musikhochschule Georg Schünemann und dem dort seit 1927 lehrenden Paul Hindemith Beiträge zur Gebrauchsmusik im Genre Lehrstück bzw. Schuloper. Damit sollte die Linie von Brecht/Hindemiths Badener LEHRSTÜCK aus dem vorangegangenen Jahr fortgesetzt werden. Diesen Auftrag erfüllten Ernst Toch mit der von Alfred Döblin entworfenen szenischen Kantate DAS WASSER und der junge Ernst Reutter mit DER NEUE HIOB.

Auch Brecht und Weill beteiligten sich mit DER JASAGER. Außerdem schlug Brecht zusammen mit Hanns Eisler ein ergänzendes Gegenstück vor: DIE MASSNAHME. Der Veranstalter verlangte, nach dem Baden-Badener Skandal um Hindemiths LEHRSTÜCK von 1929 vorsichtig geworden, die Vorlage von Brechts Textbuch (Eisler in einer späteren Aussage: der Partitur), laut einem am 12. Mai 1930 von beiden Autoren publizierten öffentlichen Brief zur Zerstreuung politischer Bedenken. Brecht und Eisler hielten das für Zensur und zogen ihr Werk zurück, Weill solidarisierte sich mit Brecht und hielt es mit dem gemeinsam erarbeiteten JASAGER ebenso. So kamen auf dem Höhepunkt der deutschen Schul- und Laienmusikbewegung die wichtigsten Erscheinungen des Typus Lehrstück und Schuloper außerhalb des Festivals heraus. Brecht inszenierte den live im Berliner Rundfunk übertragenen JASAGER mit Schülern der Berliner Akademie für Kirchen- und Schulmusik am 23. Juni 1930 im Zentralinstitut für Erziehung und Unterricht, DIE MASSNAHME kam im Dezember in der Berliner Philharmonie heraus. Dazwischen lag am 16. September die Aufführung des JASAGERS in der Neuköllner Karl-Marx-Schule, einem reformpädagogisch geführten Vorläufer des modernen Gesamtschultyps.

EINVERSTÄNDNIS MIT DEM STERBEN

Weill kannte den Stoff durch Elisabeth Hauptmann, die 1929 ihre Übersetzung von vier japanischen Nô-Stücken aus dem 15. Jahrhundert veröffentlicht hatte. Darunter befand sich TANIKO (Der Wurf ins Tal), die Geschichte der für einen Knaben tödlich ausgehenden Pilgerreise (ebenfalls nach der englischen Übertragung des Japanologen Arthur Waley, der den rituellen Charakter der Wallfahrt aussparte). Brecht übernahm diese Fassung weit gehend, säkularisierte sie aber und baute in Fortschreibung seines Badener LEHRSTÜCKS das in der Vorlage fehlende Motiv vom Einverständnis ein. Weill begann schon im März mit der Komposition, die er im Mai, nach der Uraufführung der MAHAGONNY-Oper, vollendete – während Brecht bereits mit Eisler an der politisierten Variante des Stoffs in der MASSNAHME arbeitete. Im JASAGER geht es um das Einverständnis mit dem Sterben: Der Knabe bittet einen Lehrer, an der von diesem geleiteten Forschungsreise ins Hochgebirge teilzunehmen, um jenseits der Berge Medizin für seine erkrankte Mutter zu holen. Am gefährlichsten Punkt der Reise verlassen den Jungen die Kräfte, drei Studenten erwähnen den ›großen Brauch‹, demzufolge der Schwächste den Überlebenden zuliebe geopfert wird. Aber der Brauch verlangt auch, den Kranken nach seinem Einverständnis zu fragen – oder seiner Verweigerung. Die Möglichkeit der Umkehr verbietet der fatalistische Brauch gleichwohl. Der Knabe erklärt sich zum Opfer bereit und wird ins Tal geworfen. Der das Stück rahmende Chor bekräftigt den Grundsatz vom Einverständnis.

Brecht war von der mit buddhistischem Gedankengut getränkten Handlung fasziniert, weil sie ein Leitthema seines Theaters gestaltet: die Umformung des in der Dramatik der Moderne herrschenden Verhältnisses zwischen Individuum und Kollektiv zu einem säkularisierten Passionsspiel. So war er begierig, im September 1930 das Stück selbst an einer Schule zu erproben: als Einübung in das für ihn richtige Sozialverhalten. Weill dagegen sah den Lehrstückcharakter als Etüde der richtigen ästhetischen Wahrnehmung für die Aufführenden und als heilsamen Lernprozess für sich selbst. Ihm ging es in einer Zeit des Umbruchs darum, unter Zurücknahme eines avantgardistischen Materialstands »Urformen dieser Gattung herzustellen, in denen die formalen und inhaltlichen Probleme [...] auf Grund neuer Voraussetzungen neu untersucht werden«. So wiederholte sich analog zu Brechts Abrücken von Hindemith nach beider LEHRSTÜCK (→ S. 519) zwischen ihm und Weill ein vergleichbarer Konflikt, der schon an der MAHAGONNY-Oper aufgebrochen war. Als die Neuköllner Schüler die – für Brecht wie für Weill peinlicherweise von der konservativen Seite wegen ihrer Tendenz zum Kadavergehorsam gelobte – Moral des Stücks attackierten und eine Hinterfragung der anonymen Tradition des Einverständnisses zum Selbstopfer verlangten, reagierte Brecht prompt. Zunächst änderte er im Sinne einer Kollektivierung das Motiv der Expedition: Es handelt sich in seiner zweiten Fassung nicht mehr um eine private Reise, vielmehr um eine gesellschaftlich notwendige, weil eine Seuche in der Stadt ausgebrochen ist. Außerdem fügte er den scheiternden Versuch der Studenten ein, den erkrankten Knaben über die gefährliche Stelle zu bringen. Danach erst bittet der Knabe, nicht nur zum Wohle der Expedition zurückgelassen, sondern sogar in den Tod gestürzt zu werden. Für beide Änderungen hat Weill neue Musik geschrieben, die wahrscheinlich im Mai 1931 an der Neuköllner Karl-Marx-Schule erprobt wurde. Die Tatsache, dass er die Änderungen nicht in Druck gab, ist ein ebenso klares Indiz für seine Bevorzugung der Urfassung wie die Weigerung, Brechts Umformung des Stücks zum NEINSAGER, in dem sich der Knabe dem alten Brauch widersetzt, musikalisch mitzutragen.

ÜBERWINDUNG DES SONGSTILS

Weill hat, vergleichbar Hindemith im LEHRSTÜCK und anders als Eisler in der MASSNAHME, weniger ein politisches Lehrstück als – gemäß dem Untertitel – eine Schuloper geschrieben. An ihr werden die Aufführenden über die gesellschaftliche Problematik der Vorlage für die ästhetische Struktur von deren musikdramatischer Vermittlung sensibilisiert. DER JASAGER, gesetzt für drei Solostimmen, den kleinen Chor der drei Studenten und den großen Kommentarchor, für Geigen und zwei Klaviere, zu denen je nach Möglichkeit Flöte, Klarinette, Saxophon, Schlagzeug und Zupfinstrumente treten (sollten), hat zehn Nummern. Dabei wird der einleitende Chor *Wichtig zu lernen vor allem ist Einverständnis* am Anfang und Ende des zweiten Teils wiederholt. Dieser Chorsatz verzichtet auf das Markenzeichen von Weills damaligem Ruhm: den zeitgemäßen Songstil. Vielmehr distanziert er das Geschehen (und sicher auch die ersten Aufführenden) durch Anlehnung an den Menuettstil des 18. Jahrhunderts, wobei die kanonische Stimmführung das Schlüsselwort vom Einverständnis erst am Schluss deutlich hörbar macht. Von vornherein sind die benutzten Kunstmittel nicht im Sinne einer Plakatierung der inhaltlichen Botschaft eingesetzt, sondern verfremden diese leicht. In der zweiten Nummer, der Vorstellung von Lehrer, Knabe und Mutter, kommt Weill seiner Klientel mit einer angedeuteten Tango-Habanera entgegen, wie wir sie aus der zweiten Nummer der Kantate vom Lindberghflug kennen. In den folgenden Nummern wählt er als durchgehenden Puls einen variierten Ostinato-Marschrhythmus und verzichtet auf Anklänge an die zeitgenössische Tanzmusik, bis im Moment der entscheidenden Frage an den Knaben im Terzett der Studenten *Er hat Ja gesagt* ironisch-episierend wieder der Tanzmusikrhythmus aus Nr. 2 erklingt. Da ist nichts von Verherrlichung eines bedingungslosen Opfertods zu hören, in einem harmonischen d-Moll-Umfeld setzt ein heftiger Septschlag einen schmerzlichen Akzent.

ERHELLENDE UNSCHÄRFE

Im Verlauf des Stücks wird die formale und thematische Anlage allmählich komplexer. So handelt es sich in der zweiten Nummer um eine Abfolge von vier monothematischen Strophen, die – in jeweils zweimal acht Takten periodisiert – leicht abgewandelt werden. In der dritten tritt eine Änderung ein, da die Nachricht des Knaben von der Erkrankung seiner Mutter zu einer unsymmetrischen Verkürzung auf sieben Takte und in der unkadenziert bleibenden Schluss-Strophe zu einem Diminuendo führt. Der für Brecht nachkomponierte Einschub an dieser Stelle »zerstört die Symmetrien wie die tonale Struktur, weil er ein neues, unangepasstes Motiv einführt«. Ähnliches gilt für den 32 Takte umfassenden Einschub, den Weill für Brechts Textrevision am Ende schrieb: die Bitte des Knaben, in den Abgrund gestürzt zu werden. Auch hier bräche die Balance der originalen Komposition auseinander. Weills Widerstand, Brechts Fortschreibungen des JASAGERS zu folgen, hatte seine interne Logik: Die unaufdringliche Kohärenz seiner Kunstmittel sowie der aus dem anti-illusionistischen Verhältnis zwischen Text und Musik entstehende Reiz einer Unschärferelation schützt das Werk bei der Aufführung davor, von Extremisten der Linken wie der Rechten als Propaganda ausgebeutet zu werden. Zudem zeigte Brechts revidierte Erstfassung eine schon von den Berliner Schülern erkannte Grundschwäche: Geht man einmal von der sozusagen mythischen Grundvoraussetzung der Fabel ab, indem man die Handlung rationalen Argumenten unterwirft – etwa der Frage, warum nicht einer der drei Studenten den kranken Knaben zurückbringt –, wird das durch seinen Fatalismus als tragisch zu definierende Gefüge zerstört.

Die Sparsamkeit, in der Weill die musikdramatische Form anlegt, ist sehr beeindruckend. So wird der im I. Teil vorgestellte Chor erst im Finale I wieder eingesetzt und im II. Akt zum beherrschenden Kommentator. Dem Trio als vorletzter Nummer des I. Teils entsprechen die beiden Quintette mit Chor vor dem Finale II und dem die Brücke zum Beginn des II. und I. Akts zurückschlagenden Chor-Epilog. Exquisite Details wie der Triangeleinsatz für das Kantabile der Mutter in Nr. 5 sind die Ausnahme, motivischer Zuwachs unterstreicht hier wie analog in den anderen Nummern das Anwachsen zum Trio. Auffällig auch, und zwar das ganze Stück kennzeichnend, die molldominierte Harmoniefolge über die absteigenden Quinten E-A-D, die schon am Ende dieses Trios den tragischen Ausgang signalisiert. Mit dem ebenso knappen wie ernsthaften Werk, dessen mehr als 200 Aufführrungen die von den Nazis 1933 zerschlagene deutsche Schulmusikbewegung krönten, hat Weill die Phase seines Songstils in der Oper überschritten und eine zukunftsweisende Urform seines Theaters der ›Jungen Klassizität‹ gefunden: in der Wirkungsästhetik so modern, dass sie auf neue Interpreten- und Publikumsschichten zielte, in der Struktur so fest geprägt, dass sie auch den Ansprüchen einer Formalästhetik genügte. Kurz vor dem Ende der Weimarer Republik tat sich neben dem politisierenden Agitprop als Exempel eines in die Gesellschaft hineinwirkenden progressiven Musiktheaters eine Alternativform zum hermetischen Avantgardismus im Sinne der Schönbergschen Materialrevolution auf. Weill setzte diese Ästhetik von Schul- und Zeitoper im amerikanischen Exil mit Werken wie DOWN IN THE VALLEY und STREET SCENE fort.

DIE MASSNAHME (Hanns Eisler)

Die Originalfassung des JASAGERS, von Weill 1935 in Amerika als sein bestes europäisches Werk bezeichnet, wurde auch nach 1945 rezipiert, obwohl Brecht in seine GESAMMELTEN WERKE nur die Zweitfassung und den NEINSAGER aufnahm (dessen Vertonung durch Reiner Bredemeyer kam 1994 in Stuttgart heraus). Die Umsetzung der Parabel in die Gegenwart wurde von Hanns Eisler am Beginn einer lebenslangen Kooperation mit Brecht zwei Wochen nach der Uraufführung des JASAGERS innerhalb kürzester Zeit vertont. Diese MASSNAHME, am 13. Dezember 1930 in der Berliner Philharmonie von rund 400 Arbeiterchoristen unter dem Schönberg-Schüler Karl Rankl uraufgeführt und anschließend überarbeitet, verbot Brecht, solidarisch vom Komponisten unterstützt, in den fünfziger Jahren (erste legale *WA* mit Musik: Berliner Ensemble 1997). Tatsächlich war sein Sprechstück, dessen Bedeutung für die deutsche Dramatik des 20. Jahrhunderts von der Brecht-Forschung lange Zeit schamhaft zwischen dem Frühwerk und den großen Exildramen versteckt worden ist, von Anfang an vernichtender Kritik ausgesetzt. Auf der politischen Linken wurde Brecht Naivität und Idealismus vorgehalten; in Wirklichkeit war das Entsetzen übermächtig, dass er ausgerechnet in seinem ersten ›kommunistischen‹ oder zumindest unter Kommunisten spielenden Gegenwartsstück die Liquidierung eines Genossen thematisierte. Aus dem rechten Politspektrum wurde ihm vorgehalten, die Praxis der stalinistischen Säuberungen vorweggenommen zu haben; als ob ein Gericht, das über einen Mord befindet, mit Mördern (auch in Richterroben) identisch wäre. Brecht selbst hat divergierenden Deutungen mehrfach Vorschub geleistet. Etwa dadurch, dass er den ursprünglichen Text durch den Abbau von Archaismen glättete oder durch rationalisierende Momente zu Lasten des Opfers veränderte, das auf einen durch seine Narbe gebrandmarkten ›agent provocateur‹ der Gegenseite hereinfällt. Einer Klärung seiner Absichten war es auch nicht förderlich, dass er das Stück als nicht für die Öffentlichkeit bestimmt bezeichnete (›Diskussions-Sport‹) und schließlich verbot. Gleichviel sah er noch in seinem letzten Lebensjahr in der MASSNAHME eine Theaterform der Zukunft – aufgegriffen wurde sie von Heiner Müller 1970 mit seinem in Deutschland erst 1980 sehr verlegen aufgeführten MAUSER.

Vier Sowjetrevolutionäre, darunter ein Deutscher und eine Frau, verantworten sich um 1920 vor einem Parteigericht, dem Kontrollchor. Sie haben in China für die Revolution erfolgreich agitiert, durchkreuzen aber ihre Belobigung mit der Nachricht, einen jungen Genossen um des Erfolgs willen getötet zu haben – mit dessen Einverständnis. In vier Exempeln, die bürgerliche Tugenden zu Todsünden eines Revolutionärs umfunktionieren, wird das Versagen des jungen Genossen vorgeführt: als Mitleid, Gerechtigkeitsliebe, Ehrgefühl und Ungeduld. Jede dieser Eigenschaften erweist sich im konkreten Fall als Mittel zur Unterdrückung der Revolution, im letzten Fall gibt der junge Kommunist sogar durch Ablegen der Maske (die vier haben sich als Chinesen verkleidet) seine Identität preis, wird zum potenziellen Verräter. So müssen seine drei verfolgten Genossen sich seiner entledigen – und er stimmt zu, weil er sein Versagen einsieht. Die Leiche des Erschossenen werfen die drei in eine Kalkgrube. Für ihr Verhalten erfahren sie die Billigung des Gerichts.

ÄNDERE DIE WELT, SIE BRAUCHT ES!

Dieses Gericht, im LOB DER PARTEI (Musiknummer 10) als Organ des revolutionären Weltgeistes sprechend, ist ebenso wenig hinterfragbar wie der ›große Brauch‹ in der Erstfassung des JASAGERS. Aber es ist – bis Brecht 1937 diesen noch drei Jahre zuvor im Gedicht WIR SIND SIE veröffentlichten Passus tilgte – durchaus für Irrtümer anfällig *In den Zeiten äußerster Verfolgung und der Verwirrung der Theorie*. Überhaupt zeigt die komponierte Frühfassung zwischen dem Gericht, den drei Agenten und dem jungen Genossen Spuren einer humanen Sympathie, aus denen der Konflikt seine Tragik bezieht: im Zusammenstoß eines Individuums mit der anonymen Macht der Ideologie. In dem Maße, wie das spätere Opfer gegen deren eherne Gesetze verstößt, gewinnt es Individuation. Der Handlungsappell des Kontrollchors (Nr. 9), den Eisler schon leicht variiert in seiner Kantate auf Robert Gilberts Tempo der Zeit vertont hatte, gewinnt solcherweise Janusköpfigkeit: *Umarme den Schlächter, aber / Ändere die Welt: sie braucht es!* Bewusst verzichtet Brecht, ganz dem strengen Wortdiskurs verhaftet, auf die Versinnlichung von Gewalt. Stattdessen entwickelt sich die Abfolge anti-illusionistischer Stichwortreize zum Rollenspiel, in dem das Opfer mit den Opferern in wechselnden Partien agiert. So wird die schon in der zweiten Szene vom Kontrollchor verkündete Moral von der Geschicht' zum ernüchternden Aufweis, dass persönlichkeitsbestimmende Qualitäten im vorbildlichen Arbeiter an der Weltrevolution ausgelöscht werden: *Wer für den Kommunismus kämpft, der muss kämpfen können und nicht kämpfen; die Wahrheit sagen und die Wahrheit nicht sagen; Dienste erweisen und Dienste verweigern; Versprechen halten und Versprechen nicht halten.* An diesem Punkt schlägt die psychologisierende Desillusionierung des modernen bürgerlichen Dramas im Gefolge von Ibsens Wildente zur brutalen Spiegelung realistischer Verhaltensweisen in extremen Situationen um: Das didaktische Rollenspiel verinnerlicht im verbalen Diskurs jenes Gewaltpotenzial, das Artauds ›Theater der Grausamkeit‹ in die Veräußerung treibt. Sprache wird solcherweise zum Transportmittel eines Entsetzens vor der Realität, das moderne Passionsspiel um Verrat zeigt, wie der Mensch über alles Verstehen hinaus an eine Ideologie ausgeliefert ist. In der nicht vertonten Fassung letzter Hand hat Brecht diese Dialektik der Aufklärung dadurch entwertet, dass er dem Opfer nach seinem Einverständnis in den Tod eine »Beknirschung« im Schuld-und-Sühne-Stil des sakralen Passionsspiels anhängte. Verschleiert wird dadurch das humane Substrat der Frühfassungen: Wie der Undisziplinierte »als spezifisch-verfehlende Einheit die unspezifisch funktionierende Vielheit in ihrem Selbstbewußtsein erschüttert, so daß diese Erschütterung in aller Deutlichkeit weggelehrt, weggefeiert werden muß«. So drohte aus dem Lehrstück eine Parteitagsoper zu werden, was Brecht durch das Aufführungsverbot verhinderte.

Es ging Brecht und Eisler nicht darum, ein illusionistisches Opern-Oratorium, sondern eine praktische Einübung in gesellschaftliche Verhaltensweisen zu entwickeln. Obwohl sie mit ihrer eingreifenden Gebrauchskunst auf dem Höhepunkt einer progressiven Sozio-Ästhetik in der Weimarer Republik das tradierte Verhältnis zwischen Produzenten und Rezipienten von Kunst aufbrechen wollten, haftet dem Stück durch die Musik von Beginn an ein klagender Ton an. Er dementiert jenes Wegfeiern der Probleme, das Brecht der Textfassung nachträglich aufzwang. Angelegt ist sie in einem Vorspiel, acht Szenen und einem Schlusschor. Abgesehen von dem in modaler Diatonik oft in paralleler Stimmführung gesetzten Massenchor weist die streicherlose Partitur mit ihrer auffälligen Häufung von terzlosen Quintklängen einen höheren Schwierigkeitsgrad auf als Weills schon keineswegs volkstümelnder JASAGER. Von den vier Solisten in wechselnden Rollen ist nur einer als Gesangspart notiert: Der ausbeuterische Händler, mit dem der junge Genosse zu speisen sich weigert und damit die Bewaffnung Aufständischer verhindert, ist einem Tenor anvertraut. Er stellt auch einen der Agitatoren, den Leiter des letzten KPdSU-Parteihauses vor der chinesischen Grenze und einen Kuli dar.

Im Pathos des Anfangs der Ersten Symphonie von Brahms hebt das Vorspiel an, aus dem sich ein Zitat aus dem Eingangschor der MATTHÄUSPASSION herausschält. Nach kurzem Halt, mit dem die Agitatoren den Kontrollchor unterbrechen, nimmt die Musik den Duktus im breiten Dreivierteltakt wieder auf: unbeeindruckt. In ihren Anmerkungen zur MASSNAHME haben Brecht und Eisler Wert auf die Feststellung gelegt, dass die Haltung dieses Chors unverändert bleibt. Sie erwähnen dabei nur den heroischen Musikstil, als wollten sie den unmissverständlich klagenden Ton wegdeuten. Tatsächlich aber spricht hier die sonst von Eisler wie von Brecht gescheute Emotionalität der Musik die geheime Zugehörigkeit des Lehrstücks zum Genre des Passionsspiels aus: Das Einverständnis zur Tötung kann diese nicht aufheben. Meist beschränkt Eisler seine Musik auf die Funktion, den Text zu gliedern und vor allem den – zweimal nur ›a cappella‹ singenden – Chor zu stützen. So etwa in dem zunächst rhythmisch gesprochenen, dann als Kanon intonierten Lenin-Zitat der III. Szene (Nr. 6b) *Klug ist nicht, der keine Fehler macht, sondern / Klug ist, der sie schnell zu verbessern versteht.*

Aber auch dabei kann die Musik ihre eigene Wahrheit entfalten. Im Rezitativ Nr. 2a, angelegt als gesprochener Dialog eines Einzelnen mit der Dreiergruppe, antwortet diese sechs Mal auf Fragen des jungen Genossen mit *Nein.* Eisler unterlegt dem eine unverändert wiederholte Kadenzformel, die einen rituellen Zauber ausübt: Der junge Kommunist folgt den drei Genossen trotz ausbleibender Auskünfte wie unter Zwang. Gleichwohl dominiert, im Gegensatz zu Carl Orffs Oratorienstil, »nicht die Wiederholung, sondern der Kontrast. Die häufigen Taktwechsel, die Wechsel der Besetzung auch innerhalb einzelner Stücke, die Wechsel schließlich der Deklamationsformen vom Psalmodieren bis zum Rufen, dienen der Durchbrechung des rituellen, oratorischen Charakters, zur Schärfung des Bewußtseins und der Aktivierung von Sängern und Zuhörenden«. Das gilt für das ›Lob der UdSSR‹ (Nr. 2b), einen säkularisierten Choral, ebenso wie für das ›Lob der illegalen Arbeit‹ (Nr. 4), aus dessen stetig wechselndem

Sprachrhythmus die anapästische Deklamation des Wortes Klassenkampf sich auch ohne das nur einmal erklingende Wort als geheimes Leitmotiv durchsetzt. Aus diesem holzschnittartigen Konduktstil, der bis zu einer im Januar 1933 von der Polizei in Erfurt aufgelösten Aufführung in mehreren Städten ungemeinen Eindruck machte, lösen sich das tangoähnliche Rezitativ des Händlers und sein anschließender ›Song von der Ware‹. Virtuos verbindet Eisler durch Synkopierungen, gestopfte Trompete und kleine Trommel Anklänge an kommerzialisierten Jazz mit puccinesker Emphase über polyphonem Begleithintergrund. Hier ist, wie in Weills JASAGER und der folgenden BÜRGSCHAFT, die Kulinarik des an der Unterhaltungskultur orientierten Songstils aufgegeben und ins Kritische geschärft. Dass im Schlusschor vom Einverständnis dieser Waren-Song motivisch nachhallt, lässt die Frage des Händlers über das Stückende hinaus fortschwingen: *Was ist eigentlich der Mensch?* Eisler und Brecht stellten sie fortan in klassenkämpferischen Schauspielen und Filmen wie DIE MUTTER und KUHLE WAMPE sowie in Politsongs wie dem SOLIDARITÄTSLIED, mit dem der als Schauspieler bereits an der Uraufführung der MASSNAHME beteiligte Ernst Busch als ›Barrikaden-Tauber‹ ungeheuer populär wurde. Weill dagegen wandte sich mit derselben Frage wieder dem bürgerlichen Musiktheater zu – auf der Suche nach einem neuen Librettisten.

DIE BÜRGSCHAFT (›Oper‹ in einem Vorspiel und drei Akten, *L* von Caspar Neher nach Johann Gottfried Herders Parabel DER AFRIKANISCHE RECHTSSPRUCH; Städtische Oper Berlin 1932 unter Fritz Stiedry, Regie Carl Ebert, Ausstattung Caspar Neher; gegenüber der Druckfassung von Partitur und Klavierauszug um die Aufforderung des Richters, gewaltlosen Widerstand gegen den Kommissar der ›Großen Mächte‹ zu üben, und eine analoge Szene im Aktfinale II erweitert; drei Tage später brachten Wiesbaden unter Karl Rankl die gedruckte Fassung und Düsseldorf unter Jascha Horenstein die veränderte Berliner heraus; geplante Aufführungen in Wien, Königsberg und Hamburg-Altona sowie eine Neueinstudierung an der Städtischen Oper Berlin, für die Weill und Neher weitere Änderungen vornehmen wollten, zerschlugen sich wegen der politischen Entwicklung in Deutschland; Brünn 1935 mit einem Erzähler als Sprecher verbindender Texte; *WA* Deutsche Oper Berlin 1957 in einer durch Neher textlich und Gottfried von Einem musikalisch revidierten Fassung mit einem Sprecher für den usurpatorischen Kommissar, reduziertem Part der Anna Mattes und Happy

End, Dirigent: Arthur Rother, Ausstattung: Caspar Neher, Regie: Carl Ebert; Bielefeld 1998 nach der Berliner Uraufführung, deren erweiterte Richterszene 1993 im Archiv der Wiener Universal-Edition wieder entdeckt wurde; Charleston/South Carolina 1999).

Wie Weill entfremdete sich auch Brechts Jugendfreund Caspar Neher, der die Zusammenarbeit mit beiden 1927 als Ausstatter des MAHAGONNY-Songspiels begonnen hatte, aus künstlerischen und politischen Gründen von dem sich dem Marxismus verschreibenden Dichter. So kam er im August 1930 mit Weill für ein Opernprojekt zusammen, in dem Neher – der später für Rudolf Wagner-Régeny vier Textbücher schrieb – sich erstmals als Librettist versuchte. Er variierte eine im veröffentlichten Textbuch abgedruckte Parabel Herders, die – wie dort wohl zur Vorbeugung antisemitischer Ressentiments verheimlicht wurde – auf die JÜDISCHEN PARABELN aus der Sammlung VOM GEIST DER EBRÄISCHEN POESIE (1782/83) zurückgeht und sich schon in den Weill wahrscheinlich bekannten PROBEN RABBINISCHER WEISHEIT von Moses Mendelssohn (1775) findet. Die Autoren beließen es beim vagen Hinweis auf Herder und versuchten zudem, ihr Werk durch den Gleichklang mit dem Titel von Schillers berühmter Ballade absichernd in die Nachfolge des Deutschen Idealismus zu stellen.

Tatsächlich handelt es sich in Weills umfänglichster und anspruchsvollster Oper mit einem agierenden Vollchor und zwei meist kommentierenden Halbchören um eine sehr freie Bearbeitung der Herderschen Parabel und eine Umkehrung der Moral von Schillers Ballade. Der historische Bogen von einer vorindustriellen Urzeit im mythischen Land Urb zu einer verfremdet modernen Tyrannenherrschaft mündet, wie ein Nachspiel zu Wagners RING DES NIBELUNGEN anmutend, in die antikapitalistische Gegenwartsanalyse: *Alles vollzieht sich nach einem Gesetz, / dem Gesetz des Geldes, dem Gesetz der Macht*. An diesem zerbricht die Freundschaft zwischen dem Getreidehändler David Orth und dem Viehhändler Johann Mattes. Im Prolog bürgt Orth noch für seinen Freund, der sein ganzes Geld in der Stadt verspielt hat, gegenüber dessen Gläubigern. Sechs Jahre später (Akt I) kauft Mattes von Orth zwei Sack Spreu, in denen er dessen Ersparnisse findet. Drei das Stück als bedrohlich komische Figuren durchgeisternde Erpresser entdecken sein Geheimnis, erst dann will Mattes das Geld zurückerstatten, aber der von seinem Freund enttäuschte Orth will es nicht mehr haben. Sie rufen in der Sache einen Richter an. Dieser entscheidet (Akt II) salomonisch, das Geld zwischen den heranwachsenden Kindern der Klagenden, Orths Sohn Jakob und Mattes' Tochter Luise, aufzuteilen, wenn diese zusammenfinden. Aber nun geht die Oper über die Vorlage weg. Das Land wird von den ›Großen Mächten‹ besetzt, deren Kommissar das alte Recht aufhebt und den Fall neu entscheidet. Er verurteilt Orth und Mattes zu einer Gefängnisstrafe. Sie wird zur Bewährung ausgesetzt, wenn sie sich dem neuen Regime verdingen. Als dessen Agenten fungieren bereits die drei Gauner. Der Richter ruft aus der Ferne zum passiven Widerstand auf. Wieder sechs Jahre später (Akt III) haben die ›Großen Mächte‹ von Kapital und Gewaltherrschaft ihre hehren Versprechen mit äußeren und inneren Verwüstungen eingelöst: Mattes' Tochter Luise verkommt in der Stadt, seine Frau Anna erkrankt und stirbt; er selbst wird, wie Orth, immer reicher, die Armen immer ärmer. Vier Plagen suchen das Land durch apokalyptische Tore heim: Krieg, Teuerung, Hunger und Krankheit. Als das Volk auf der Suche nach den Schuldigen marodiert, wirft ihm der bedrohte Orth seinen Freund Mattes als Opfer hin.

AVANTGARTENLAUBE?

Kurt Weill, dem der Ausbruch des ›Dritten Reichs‹ die Chance einer endgültigen Bühnenerprobung seines inhaltlich wie formal komplexesten europäischen Bühnenwerks nahm, setzt konsequent den in AUFSTIEG UND FALL DER STADT MAHAGONNY gesuchten und im JASAGER beschrittenen Weg fort. Er wird nicht mehr bestimmt durch die Vorherrschaft süffiger Songs, durch Parodierung und Verfremdung, sondern durch eine auch in ihren repetitiven Sequenzen oratorisch neoklassizistische Sachlichkeit des Tons. Gegliedert ist die teilweise wie durch Filmschnitte aufgerissene Großform in geschlossene, gleichwohl oft ineinander fließende Nummern mit ariosen Deklamationen, Ensembles, Chören und ausgedehnten Finali. Die vorherrschend diatonische Harmonik wird, auch in polyphonen Passagen, durch modale wie auch freitonale Wendungen bereichert, die Rhythmik ist noch über den JASAGER hinaus durch die dominante Wirkung des von zwei Klavieren ergänzten Schlagwerks zu motorischen Ostinati gehärtet. Diese kulminieren in Stücken wie dem aufständischen Großchor im Finale III, dem kleinen, in seiner

Triolenbewegung scharf punktierten Marsch beim Einzug der Fremdherrscher im II. Akt (er wird von den drei Gaunern songhaft aufgenommen) und dem ›Barbarischen Marsch‹ für die Kriegsplage im III. Akt. Ursprünglich wollte Weill statt des sinistren Trios den britischen Militärmarsch ›It's a long way to Tipperary‹ verwenden, nahm aber von einer so eindeutigen Zuordnung ebenso Abstand wie im Fall des vom Richter aus dem Off geforderten passiven Widerstands – die Assoziation an den 1930 von den Briten in Indien verhafteten Mahatma Gandhi liegt dennoch auf der Hand. Zu der oft aggressiv gehärteten Klangsprache liefern die nur noch in den Terzetten der drei Wegelagerer auftönenden Songklänge ebenso einen Randkontrast wie die sentimentbehafteten Gesänge der Anna Mattes.

Von den Kritikern der ersten Aufführungen besonders gelobt wurde die vom Halbchor mit Altsolo eingeleitete Fluss-Szene mit dem gesprochenen Dialog zwischen den Protagonisten Orth und Mattes (I,9). Orth versucht mehrfach in Andeutungen, Mattes zum Eingeständnis seines Geldfundes zu bewegen: vergebens. Dann legt sich Nebel über die Landschaft, die beiden Männer kehren in ihren Booten an die entgegengesetzten Ufer zurück. Dieser gestörten Kommunikation, erste Folge ihrer Entfremdung durch das Kapital, ist das barkarolenartige Fließen der Musik als Symbol einer unentfremdeten Natur entgegengesetzt. Zwischen den Sphären steht »der Chor, der wie im griechischen Drama beschreibend, kommentierend und appellierend an der Handlung teilnimmt. *Die beiden Männer müssen sich sehen!*, heißt es da. Wenn die Stimme des Herzens in der Musik laut wird, so haben die Choristen Anteil daran. Ihr Part ist eingebettet in den musikalischen Fluß«. Auf diesen neoromantischen Stil soll Hanns Eisler das Wort von der ›Avantgartenlaube‹ gemünzt haben. Eher bekundet die retrospektive Musik Trauer darüber, dass die Menschen nicht mehr in einen musikalisch angedeuteten früheren Naturzustand zurückfinden. Die Idylle ist in Wahrheit eine Elegie über ihre Unmöglichkeit.

Caspar Nehers Libretto hat sprachliche, logische und auch dramaturgische Mängel. Deren gröbster liegt darin, dass die Geschehnisse des I. Akts bei der Gerichtsverhandlung und deren Revision im II. gleich zwei Mal wiederholt werden. So hat Weill sofort nach der Berliner Premiere den II. Akt gestrafft, aber eine Neufassung nicht mehr fertig stellen können. Weniger problematisch ist der III. Akt, dessen fatalistischer Schluss in der Berliner Wiederaufführrung von 1957 einer Wirtschaftswunder-Mentalität zuliebe ins Gegenteil verkehrt wurde. Im Original heißt das Chormotto, das von der zweiten Szene des Vorspiels an das Stück leitmotivisch, den diatonischen Satz einmal durch das Ineins von a-Moll und G-Dur komplizierend, begleitet: *Es ändert sich nicht der Mensch, / es sind die Verhältnisse, / die seine Haltung verändern*. Dieser Lesart sollten 1957 Orths Sohn Jakob mit dem wieder gefundenen Richter begegnen, dessen Bekenntnis vom Chor leicht variiert wird: *Es ändert sich nicht der Mensch. / Er schafft die Verhältnisse, die seine Haltung bestimmen*.

Tatsächlich aber ist DIE BÜRGSCHAFT die in sich stimmige Geschichte einer Männerfreundschaft, die durch Kapital und Gewalt entfremdet wird. Ihr Musikduktus gewinnt, wie es Adorno 1942 über authentischen Neoklassizismus formulierte, seine Würde nicht aus der von minder begabten Zeitgenossen erstrebten kunstgewerblichen »Wiederaufwärmung entschwundener Objektivität, sondern als der sehr genaue, zeitgemäße und avancierte Ausdruck der verhängnisvollsten und drohendsten, aber höchst realen gesellschaftlichen Tendenzen« der damaligen Zeit. Die Spielzeit von zwölf Jahren nimmt in der BÜRGSCHAFT den größten Geschichtssturz Deutschlands prophetisch vorweg. Doch Weill hat dazu in seinem letzten Werk für das deutsche Musiktheater das positive Pendant komponiert: nicht mehr als Abglanz gesellschaftlicher Wirklichkeit, sondern als utopischen Weg zweier zu Freunden gewordener Feinde heraus aus der Gesellschaft: im SILBERSEE.

DER SILBERSEE

Die 1932 sich verschärfende politische Situation in Deutschland – die Nazi-Presse hatte der BÜRGSCHAFT vorgeworfen, Ideale deutscher Kunst in den Schmutz zu ziehen – machte es Weill bewusst, dass er mit einem groß angelegten Werk keine Chance im deutschen Subventionstheater hatte. Deshalb wandte er sich Mitte des Jahres wieder an Georg Kaiser, dessen Drama DER SILBERSEE. EIN WINTERMÄRCHEN 1930 erschienen war. So entstand beider ›Stück mit Musik‹, genremäßig der DREIGROSCHENOPER verwandt: für eher kleines Orchester mit mindestens dreißig Spielern und einige anspruchsvolle Gesangspartien, aber auch mit Nebenrollen, die – sofern überhaupt mit Musik bedacht – gesangsbegabten Schauspielern zugänglich sind. Gleichwohl handelt es sich nicht um eine Schauspielmusik, da der in Aufführungen meist gekürzte Originaldialog von den mit der Ouvertüre insgesamt siebzehn Musiknummern eindeutig dominiert wird. Unter diesen befinden sich neben einigen Liedern im einfachen Songstil operntypische Formen wie rein orchestrale Stücke, Rezitative und Arioses im teilweise heroischen Vokalstil, Duette, Melodramen, polyphone Chöre und Ensembles. Trotz der daraus resultierenden praktischen Aufführungsprobleme löst DER SILBERSEE jenes genreüberschreitende Versprechen ein, von dem Strauss und Hofmannsthal nach der Erstfassung ihrer ARIADNE AUF NAXOS Abstand genommen hatten.

Die abgesehen von der NS-Presse sehr freundlich aufgenommene Uraufführung fand knapp drei Wochen nach Hitlers Machtübernahme als Ringpremiere gleichzeitig in Leipzigs Altem Theater unter Gustav Brecher mit Ernst Busch als Severin in der Regie von Detlef Sierck – im Hollywood-Exil Douglas Sirk – (wegen ausschließlicher Besetzung mit Schauspielern stark gekürzt) sowie in Magdeburg und Erfurt statt. Nach dem Reichstagsbrand wurde jede weitere Aufführung in Deutschland verboten. Karlsruhe wagte 1954 die erste Wiedererprobung; ein Jahr später reduzierte Boris Blacher für das Berliner Schlossparktheater die Musiknummern und das Orchester auf eine fünfköpfige Band; 1971 bot das Holland Festival unter Gary Bertini eine halbszenische Aufführung der kompletten Musiknummern mit Lotte Lenya – neben der Partie der Frau von Luber – als Sprecherin verbindender Texte; New Yorks City Opera führte das Werk 1980 als freie textmusikalische Bearbeitung in englischer Sprache auf; seit der Zürcher Aufführung von 1983 ist es mehrfach in der musikalischen Originalfassung mit reduziertem Sprechtext gespielt worden.

Severin hat mit vier hungernden Arbeitslosen ein Lebensmittelgeschäft überfallen. Auf der Flucht wird er vom Landjäger Olim angeschossen. Als dieser eine Ananas als einziges Beutegut bei dem Verwundeten findet, zweifelt er an der Sinnhaftigkeit seines Handelns. Ein Lotteriegewinn setzt ihn in die Lage, den Dienst zu quittieren und den verarmten Besitzern Frau von Luber und Baron Laur ihr Schloss abzukaufen, wo er anonym sein Opfer gesund pflegt. Frau von Luber setzt ihre Nichte Fennimore ein, um gegen den neuen Besitzer und dessen Freund zu intrigieren. So wird Severin die Identität Olims bewusst, aber er überwindet seinen Hass. Als Olim seinen Besitz an das betrügerische Adelspaar wieder verliert, verlassen die beiden Männer das Schloss, um ins Wasser zu gehen. Doch der Silbersee ist, getreu einer Prophezeiung Fennimores, tragfähig geworden für den, der nur weiter will: Er ist zugefroren, obwohl Frühling herrscht.

Wie in der BÜRGSCHAFT erweist sich Weill mit seinem Idiom zwischen kontrapunktischer Komplexität und gestischer Schlagkraft als die überragende theatralische Begabung seiner Zeit. Dem von Fennimores Stimme aus dem Off begleiteten utopischen Schluss einer Flucht aus dem zum bitteren Wintermärchen gewordenen Deutschland – Kaisers Untertitel spielt auf Heines Verssatire von 1844 DEUTSCHLAND. EIN WINTERMÄRCHEN an – gehen realitätskritische Momente voraus. Nach der Ouvertüre beginnt das Werk mit einem Grablegungs-Sostenuto zweier Arbeitsloser für einen verhungerten Freund, dem ein vierstimmiger Trauermarsch und das nun von Severin dominierte, in seiner Eislerschen Marschhärtung 1933 durch eine Plattenaufnahme mit Ernst Busch berühmt gewordene Hungerlied folgen: *Schnalle deinen Gürtel enger um ein Loch, / Erst denkt man, es geht nicht, und dann geht's doch.* In heftigem Kontrast dazu steht die nächste Musiknummer, der von einem verschlissenen langsamen Walzer getragene Song der Verkäuferinnen *Wir sind zwei Mädchen, die an jedermann verkaufen.* In Wirklichkeit vernichten sie – von Severin und seinen Freunden beobachtet – Waren, um die Preise hoch zu halten.

Nach dem Überfall kommentiert der Chor auf der Polizeistation das von Olim geschriebene Protokoll: Beginn seiner Reue. Die Nachricht vom Lottogewinn Olims wird von dem durch chromatische Wechselnoten in der Singstimme harmonisch zweideutig gemachten Rat des Lotterieagenten begleitet, wie er sein Geld anlegen soll. Dieser Song von der Krone des Gewinns ist eine bissige Tangoparodie: *Drum lerne, wie man's macht, / Dass einem Zins und Zinseszins lacht.* Doch Olim hat anderes im Sinn und holt den im Melodram delirierenden Severin aus dem Krankenhaus. Im Schloss hören beide zu Beginn des II. Akts Fennimores Klage *Ich bin eine arme Verwandte.* Sie ist eines der schönsten Lieder Weills und die von Fennimore anschließend mit Harfenbegleitung vorgetragene Ballade von Cäsars Tod eine unzweideutige Anspielung auf Hitlers Aufstieg (und erhofften Fall): *Cäsar wollte mit dem Schwert regieren, / Und ein Messer hat selbst ihn gefällt.* Eine Chaplin-Reverenz mit Fennimores Tanz, der zwei an Gabeln aufgespießten Bananen wie im Film GOLDRAUSCH überantwortet ist, leitet zur Rachearie Severins auf Olim über, doch im Silbersee-Duett weist ihm Fennimore *Auf jener Straße, die des Schattens bar* den Weg in die utopische Versöhnung. Sie wird durch die Intrige des III. Akts mit Severins Arie von dem am Mast angebundenen Odysseus, Fennimores orchestralem Totentanz und dem Es-Dur mit c-Moll mischenden Foxtrott-Duett der beiden adeligen Verschwörer vom Schlaraffenland nicht mehr in Frage gestellt. In einem groß angelegten Finale mit Melodramen, die Handlung führendem und zugleich kommentierendem Kantatenchor sowie mit Fennimores ferner Solostimme nehmen die beiden Männer ihren Weg ins Offene.

Einen Monat nach der dreifachen Uraufführung verlässt Kurt Weill seine Heimat mit dem Auto in Richtung Paris. Georg Kaisers Buchausgabe des Wintermärchens vom Silbersee fällt am 10. Mai der Bücherverbrennung der Nazis zum Opfer, der bis zu seiner Emigration im Jahre 1938 zurückgezogen lebende Dichter wird aus der Sektion der Preußischen Akademie der Künste ausgeschlossen. So endete mit der Weimarer Republik der erste deutsche Traum, dass freiheitlich-demokratische Entwicklung der Gesellschaft und progressive Blüte der Künste gemeinsam möglich seien.

VOM FUTURISMUS ZUM FASCHISMUS
ITALIENS OPER DER ›GENERAZIONE DELL'OTTANTA‹

»Die heutige Zeit wird in die Geschichte eingehen, da sie einen Wendepunkt der italienischen Kultur im allgemeinen und der Musik im besonderen markiert. Sie zeigt den Kampf zwischen einer jungen Generation, die auf das intensivste geistige Leben zielt, und einer – heute alten – Generation, die aus ihrer geistigen Mittelmäßigkeit das Fundament sicherer Erfolge und üppiger Gewinne gemacht hat«. Mit diesen Worten eröffnete 1912 der Musikkritiker und -forscher Fausto Torrefranca schon im Vorwort seines Buchs über Puccini und die internationale Oper eine Front. Auf der Seite der Angegriffenen stehen mit Puccini die Erfolgskomponisten des Verismo wie Mascagni und Leoncavallo, denen der 1883 geborene Kritiker die geschäftstüchtige Unterwerfung unter das Diktat eines internationalen Massengeschmacks vorwarf. Dem angeblich in Puccinis Werk kulminierenden dekadenten Psychologismus hielt Torrefranca die Forderung nach einer Wiederbelebung der wahren italienischen Musik, der ›musica pura‹ des 17. und frühen 18. Jahrhunderts, entgegen.

Damit trat, ein Jahrhundert nach der in Deutschland 1810 mit E. T. A. Hoffmanns Rezension der Fünften Symphonie Beethovens initiierten und in seinem Aufsatz über Alte und neue Kirchenmusik 1814 vertieften romantischen Musikästhetik, die Idee der ›musica pura‹ ihren Siegeszug analog zu jenem der ›absoluten Musik‹ an. War in Deutschland die romantische Ästhetik der absoluten Musik »aus dem dichterischen Unsagbarkeits-Topos hervorgegangen: Musik drückt aus, was Worte nicht einmal zu stammeln vermögen«, so verzichteten die italienischen Ideologen der ›musica pura‹ auf einen universalistischen Anspruch. Wenn auch Giannotto Bastianelli, wie Torrefranca 1883 geboren, komplementär zu dessen Polemik in seiner ebenfalls 1912 erschienenen Studie über die musikalische Krise Europas von einer neuen Musik verlangte, dass sie seinem »heißen Glauben an die Reinheit, die Größe, an die Religiosität des Gefühls und der Kunst«

gerecht werden müsse, so fand er das bereits in Ildebrando Pizzettis Vertonung von Versen d'Annunzios umgesetzt: durch Rückgriffe auf die Modi alter Musik und eine daraus entspringende Italianità.

Die von Torrefranca betonte generationsmäßige Absetzung von den so genannten Veristen um Puccini ist schließlich durch den wegen seiner antifaschistischen Gesinnung eine Zeit lang eingekerkerten Musikkritiker und -historiker Massimo Mila in die Geschichtsschreibung eingegangen. Wir sprechen von der ›Generation der in den 1880er Jahren Geborenen‹ (generazione dell'ottanta). Tatsächlich verbindet diese Generation etwas, das für die ältere nicht konstatierbar ist: die Abkehr vom Primat der Oper oder die über den Einfluss d'Annunzios auf die Veristen hinausgehende – als Neomadrigalismus bezeichnete – Vorliebe für archaische Reize. Bei Komponisten wie Ottorino Respighi, Ildebrando Pizzetti, Gian Francesco Malipiero und Alfredo Casella findet sich oft sogar beides.

REFORMGEIST UND KONSERVATIVISMUS

Ausgehend von den durch Arrigo Boito Anfang der 1860er Jahre mit begründeten lokalen Quartett-Gesellschaften, hatte die Instrumentalmusik in Italien im letzten Drittel des 19. Jahrhunderts eine Renaissance erlebt, die in der 1904 uraufgeführten Zweiten Symphonie von Giuseppe Martucci kulminierte. Jedenfalls sah Malipiero in ihr den symbolischen Startpunkt für eine neue Entwicklung der italienischen Musik. Parallel und komplementär dazu entwickelte sich in Italien ein musikalischer Historismus, der – langsamer als in Frankreich und Deutschland vorankommend – Anfang des 20. Jahrhunderts sowohl editionstechnisch wie aufführungspraktisch zu spektakulären Ergebnissen führte: etwa der ersten Gesamtausgabe der Cembalosonaten Domenico Scarlattis durch Alessandro Longo (1906/09) und der Wiederentdeckung von Baldassare Galuppis Oper IL FILOSOFO DI CAMPAGNA 1907 durch Ermanno Wolf-Ferrari in Venedig. Torrefranca und Bastianelli fungierten für beide Entwicklungen als journalistische Apologeten und Vermittler, sie machten den nationalistisch gefärbten »Kult des Archaischen unter den zeitgenössischen Musikern heimisch, sofern diese nicht schon von selbst dahin gelangt« waren – wie etwa Malipiero, zusammen mit Casella die treibende Kraft dieser historistischen Avantgarde.

Dem Versuch, den Primat der Oper im italienischen Musikleben zu brechen, entsprach ein reformerischer Geist in der Musikpädagogik. Bezeichnend dafür, dass der Pianist und Komponist Ferruccio Busoni, der seit langem im Ausland lebte und durch seinen erstmals 1907 veröffentlichten Entwurf einer neuen Ästhetik der Tonkunst als progressiver Theoretiker bekannt war, 1913 zum Direktor des ›Liceo Musicale‹ in Bologna ernannt wurde, das seit den frühen 1870er Jahren als Speerspitze des nach Norden offenen Fortschrittsgeistes galt. Doch Busoni resignierte schon nach einem Jahr, abgestoßen von einer indifferenten und kontraproduktiven Bürokratie, die sich seinen Reformplänen widersetzte. Fortan ging er in ein freiwilliges Exil und schrieb seine Opern in deutscher Sprache. Nicht minder bezeichnend für den Konservativismus im italienischen Musikleben jener Zeit ist es, dass der reformerisch gesinnte Malipiero seine ersten veröffentlichten Opern im Ausland aufführen lassen musste, so die Trilogie L'ORFEIDE 1925 in Düsseldorf und drei Komödien nach Goldoni 1926 in Darmstadt. Dass der keiner umstürzlerischen Gedanken verdächtige Wolf-Ferrari seine ersten Versuche, die Tradition der italienischen Stegreifkomödie für die Oper zu nutzen, ebenfalls in Deutschland herausbringen musste, dürfte keine ideologischen, sondern nur verlagspolitische Gründe gehabt haben.

Die Neubewertung der Instrumentalmusik gegenüber der Oper und die Entdeckung der altitalienischen Musik als Quelle für die zeitgenössische: Das waren moderate Positionen gegenüber den Forderungen, die zur selben Zeit von der Bewegung des Futurismus verkündet wurden. 1909 hatte Filippo Tommaso Marinetti im Pariser ›Figaro‹ das erste futuristische Manifest veröffentlicht. Ihm folgten musikbezogene von Francesco Balilla Pratella (1880–1955): das Manifesto dei musicisti futuristi 1910, ein Jahr später das Manifesto tecnico della musica futurista, 1912 schließlich La distruzione della quadratura (Die Vernichtung der Quadratur). Der von Pratella geforderte Anschluss der Seele an den technischen Fortschritt blieb indes für die italienische Musik ebenso wirkungslos wie die anderen von ihm verkündeten Avantgardismen: die schon in Busonis Ästhetik der Tonkunst geforderte und von Hans Pfitzner als Futuristengefahr verteufelte Nutzung der Enharmonik und Mikrointervallik oder die von Schönberg dann theoretisch wie praktisch eingelöste Aufhebung des Unterschieds zwischen Konsonanz und Dissonanz. Folgenreicher als Pratella war der Maler Luigi Russolo (1885–1947), der 1913 sein Manifest L'arte dei rumori (Die Kunst der Geräusche; erweiterte Zweitauflage 1916) veröffentlichte. Russolos Versuch einer Ästhetisierung der Geräusche war eine Vorstufe der ›musique concrète‹ von Pierre Schaeffer und seiner Schule nach 1945, während die von ihm für skandalträchtige Geräuschkonzerte gebauten Lärmmaschinen (intonarumori) der ›Multimedia‹-Ästhetik und dem instrumentalen Theater Mauricio Kagels den Weg wiesen.

Die Futuristen waren sich mit den Historisten in der nationalkulturellen Ausrichtung ihrer Kunst einig, ja diesen zusammen mit d'Annunzio in ihren radikalpolitischen Konsequenzen sogar voraus. Hemmungslos plädierten sie für eine imperialistisch aggressive Außenpolitik, Marinetti feierte im italienischen Kolonialkrieg von 1911 die Metallisierung des menschlichen Körpers, und nach seiner engen Verbindung mit Mussolini hat er den Gewaltkult, die von ihm propagierte Faschisierung der Künste, nie geleugnet, geschweige denn zurückgenommen.

In der musikalischen Praxis erwiesen sich die futuristischen Künstler, mit strikt avantgardistischer Gesinnung selbstverständlich der Oper abhold, gerade auf Grund ihrer Technikverliebtheit als wenig professionell, ihr Radikalismus lag mehr in den Worten der Manifeste als in den ihnen folgenden Kunsttaten. Dennoch muss die nicht nur wirkungsorientierte Verbindung dieses Radikalismus mit dem Ästhetizismus bei Torrefranca und besonders bei Bastianelli sowie bei den Komponisten der ›generazione dell'ottanta‹ in der Rebellion gegen eine etablierte Bürgerlichkeit und überkommene ästhetische Normen gesehen werden: »ihr gemeinsamer Nationalismus und ihre Überzeugung von der Autonomie des Künstlers. In dem in diesen Jahren entstehenden italienischen Faschismus werden die beiden Rebellionen sich, als zwei Seiten des einen Faschismus, zusammenfinden, selbst wenn die Militanz des musikalischen Futurismus nach dem ersten Weltkrieg weitgehend verschwunden war«. Tatsächlich wirkt – ein Sündenfall für viele – das von dem erst spät zur Oper gekommenen Casella dem ›Duce‹ gewidmete, als Verherrlichung von Mussolinis Abessinienkrieg komponierte einaktige ›Mysterium‹ IL DESERTO TENTATO (Die Eroberung der Wüste; Florenz 1937) gerade wegen seiner nicht uninteressanten Musik wie eine konventionelle Einlösung der von den Futuristen geforderten Faschisierung der Kunst.

FRAKTIONEN DER ACHTZIGER

Trotz so viel zumindest latenter Ideologie-Gemeinsamkeit dürfen die Unterschiede innerhalb der Achtziger-Generation nicht übersehen werden. Zu einer Fraktionsbildung war es 1916 gekommen, als Alfredo Casella nach neunzehnjährigem Aufenthalt in Frankreich zurückkehrte, festen Wohnsitz in Rom nahm und sich zwei Jahrzehnte lang der Modernisierung des italienischen Musiklebens widmete. Er gründete 1917 zusammen mit Respighi, Pizzetti, Malipiero und anderen eine Gesellschaft für Neue Musik. Sie bestand zwar nur bis 1919, hatte aber über ihr Publikationsorgan mit dem doppeldeutig auf die Erweiterung der mittelalterlichen Mensuralnotation zurückverweisenden Namen ›Ars Nova‹ erhebliche Tiefenwirkung. Dort veröffentlichte Casella, der bestens über die Entwicklung der europäischen Musik der Zeit informiert war, 1918 einen programmatischen Aufsatz. Analog zu Busonis Begriff von der ›Jungen Klassizität‹ forderte er für die neue italienische Musik einen Klassizismus (una specie di classicismo), »der in harmonischer Eurhythmie die letzten italienischen und ausländischen Neuheiten erfassen, sich aber ebenso vom französischen Impressionismus wie vom Strauss'schen Dekadentismus, von der Primitivität Strawinskys wie von der kalten Wissenschaftlichkeit Schönbergs, von der spanischen Sensibilität und der kühnen Phantasie der jüngsten Ungarn unterscheiden wird. Dies ist meiner Meinung nach unser wirklicher musikalischer ›Futurismus‹«. Dieser schloss den Einbezug moderner Medien ein, wie in dem musikalisch konservativen Einakter L'OSPITE INATTESO (Der unerwartete Gast) von Riccardo Pick-Mangiagalli (1882–1949), der 1931 als erste Oper seine Premiere im Rundfunk erlebte.

Casella hat den sanft modernistisch angehauchten Neoklassizismus, der sich exemplarisch an seinem Divertimento SCARLATTIANA für Klavier und kleines Orchester nach Sonaten Domenico Scarlattis von 1926 zeigt (drei Jahre später in den ›Musikblättern des Anbruch‹ von Adorno abgekanzelt), nicht zur Richtschnur seiner viel weiter gefassten musikpolitischen Aktivitäten gemacht. Die von ihm 1923 unter enthusiastischem Beifall d'Annunzios mitbegründete ›Corporazione delle musiche nuove‹ gab der italienischen Sektion der Internationalen Gesellschaft für Neue Musik (IGNM) gewaltigen Vorschub. Sie organisierte unter anderem für Schönberg 1924 eine Tournee mit PIERROT LUNAIRE, und Casella dirigierte selbst die italienischen Erstaufführungen von Strawinskys LES NOCES und HISTOIRE DU SOLDAT. 1937 brachte der mit einer Jüdin verheiratete Komponist bei dem 1930 gegründeten Festival für Neue Musik in Venedig Werke von Schönberg heraus und ließ seine Studenten weiter Webern und Berg studieren. Mussolinis Übernahme der Nürnberger Rassegesetze von 1935 im Jahre 1938 konnte beispielsweise nicht den Siegeszug der dramatischen Legende IL DIBUK von Ludovico Rocca (1895–1986) verhindern. Das auf ein Libretto von Renato Simoni schon 1928/30 nach dem ostjüdischen Mysterienspiel DER DYBBUK von Shalom An-Ski komponierte Werk kam 1934 an der Mailänder Scala heraus – die 1920 uraufgeführte Vorlage, durch Gastspiele des Jiddischen Theaters Wilna und Jewgeni Wachtangows Inszenierung im hebräischen Habima-Theater Moskau (ab 1928 Tel Aviv) weltweit bekannt, war als ZWISCHEN DEN WELTEN in Max Reinhardts

Inszenierung auch eine Attraktion im Berlin der Weimarer Zeit. Die okkulte Geschichte des Liebestods eines schon vor der Geburt väterlich einander versprochenen, aber durch Eidbruch getrennten Paars entwickelte sich mit ihrem eklektischen Musikstil, der schneidende Dissonanzen oft makaber instrumentierter Sekundballungen, byzantinisch-modal gefärbte Chorklänge und italienischen Belkanto vereint, zum größten binnen-italienischen Opernerfolg der dreißiger Jahre nach Puccinis TURANDOT – trotz des jüdischen Sujets.

OFFENE KRIEGSERKLÄRUNG

Dieser scheuklappenlose Liberalismus, der publizistisch von der schon 1920 als ›Il pianoforte‹ gegründeten, ab 1928 unter ihrem heute legendären Namen ›La rassegna musicale‹ geführten Zeitschrift unterstützt wurde, war indes manchen Vertretern der Achtziger-Generation zu viel. Schon 1921, als Malipiero in ›Il pianoforte‹ einen polemischen Artikel über den Zustand der allzu sehr der Musik und dem Geist des 19. Jahrhunderts verpflichteten italienischen Konservatorien veröffentlicht und von Ildebrando Pizzetti in Form eines offenen Briefs heftigen Widerspruch geerntet hatte, wurde der Konflikt deutlich. Zum Ausbruch kam er am 17. Dezember 1932, als Pizzetti, Respighi und Zandonai neben kleineren Meistern in drei großen Tageszeitungen gleichzeitig das MANIFEST ITALIENISCHER MUSIKER FÜR DIE TRADITION DER ROMANTISCHEN KUNST DES 19. JAHRHUNDERTS veröffentlichten.

Das war eine offene Kriegserklärung an die progressiven Vertreter der Generation, und 1937 wurde sie beim dritten Kongress des faschistischen Musiksyndikats von Fausto Torrefranca in acht Punkten manifest gemacht. Seine zentralen Forderungen lauteten: »3) Die Herde des Intellektualismus und des Individualismus müssen ausgerottet werden. 4) Man muß zum Volk hin gehen. 5) Die Folgen der Atonalität sind analog jenen des Bolschewismus. 6) Die jüdische Musik bedeutet den Triumph der Materie über den Geist«. Das sind musikpolitische Positionen, wie sie gleichzeitig im nazistischen Deutschland und in der stalinistischen Sowjetunion – dort selbstverständlich ohne den Passus über den Bolschewismus – verkündet und praktiziert wurden, mit dem grundsätzlichen Unterschied allerdings, dass im faschistischen Italien eine öffentliche Diskussion darüber möglich war. Mussolini selbst regte noch in seinem letzten Regierungsjahr 1942 einen im Zwei-Jahres-Intervall geplanten Zyklus zeitgenössischer Opern an, der unter anderem zur italienischen Erstaufführung von Alban Bergs

WOZZECK in Rom führte. Doch die politische Entwicklung schnürte die Bewegungsfreiheit der Modernisten ein, obwohl es unter Mussolini keine systematische Zensur gab.

Wie stark die interne Faschisierung der Gesellschaft voranschritt, lässt sich an einem Beispiel verdeutlichen. Der durch die italienische Annexion Abessiniens 1936 politisch hellhörig und 1938 durch Mussolinis Übernahme der Nürnberger Rassegesetze endgültig vom Faschisten zum Antifaschisten bekehrte Luigi Dallapiccola verknüpfte in seinem damals entstehenden, 1940 uraufgeführten VOLO DA NOTTE, einer Vertonung von Antoine de Saint-Exupérys NACHTFLUG, den Rückgang auf archaisches Material (er integrierte seine kurz zuvor fertig gestellten TRE LAUDI auf altitalienische Texte in das Bühnenwerk) bedenkenlos mit dem von Mussolini wie von Hitler gepflegten Kult des heroischen Fliegers. Die Opposition seines NACHTFLUGS war keine politische, sondern eine ästhetische: Die Verbindung von Chromatik und Diatonik im kontrapunktischen Stimmengeflecht seiner DREI LAUDEN hob sich in ihrem Widerstand gegen die überkommene Operntypik vom Schwulst der bewusst nationalen Musik seiner älteren Kollegen ab. Diese lassen sich, was das 1932 veröffentlichte Manifest verdeutlicht, in eine progressivere Fraktion um Malipiero und Casella sowie eine konservativere um Respighi, Pizzetti und Zandonai unterteilen – der chronologisch zu den Veristen zählende Busoni erlangte erst für eine spätere Generation italienischer Opernkomponisten, zu denen auch Dallapiccola gehört, Bedeutung. Und der einzige Komponist der Generation, der Weltgeltung gewann, war ein Außenseiter in dieser Gruppenbildung: Wolf-Ferrari.

OTTORINO RESPIGHI (1879–1936)

In mancher Beziehung ist Respighi der Prototyp der um 1880 geborenen Komponisten. Für ihn war das Musiktheater nur ein Nebenstrang in seinem Schaffen, und in seinen Orchesterwerken – den einzigen international erfolgreichen aus dem Italien seiner Zeit – hat er systematisch die Errungenschaften des Neomadrigalismus zu nutzen verstanden. Schon die Titel einiger seiner Hauptwerke zeigen das unmissverständlich an: das DORISCHE STREICHQUARTETT, die drei PRÄLUDIEN ÜBER GREGORIANISCHE MELODIEN für Klavier, das KLAVIERKONZERT IM MIXOLYDISCHEN MODUS oder das CONCERTO GREGORIANO für Violine und Orchester. Neben der Nutzung modaler Harmonien aus der mittelalterlichen Musik hat Respighi auch im Sinne Fausto Torrefrancas die ›musica pura‹ des 17. und 18. Jahrhunderts für seine Zwecke arrangiert – etwa Werke von Frescobaldi, Bach, Locatelli, Tartini, Paisiello, Cimarosa und Monteverdis ORFEO – oder in eigene Kompositionen integriert. Seine drei aus Lautenstücken des 16. und 17. Jahrhunderts hervorgegangenen und einem symphonischen Steigerungsprinzip unterworfenen Orchestersuiten ANTICHE DANZE ED ARIE sind nicht nur in Italien noch heute so repertoirefähig wie seine Orchestersuite GLI UCCELLI, in der er berühmte Vogelmusiken, etwa von Rameau und Pasquini, für kleines Orchester setzte – ein im Vergleich mit Strawinskys PULCINELLA von 1920 weniger aufwendiges Verfahren. Dem damals einsetzenden internationalen Neoklassizismus der zwanziger und dreißiger Jahre huldigte er auch im Rückgang auf Musik des 19. Jahrhunderts, neben der ROSSINIANA für Orchester von 1924 am nachhaltigsten schon 1919 mit seinem Rossini-Ballett LA BOUTIQUE FANTASQUE (Der Zauberladen).

Noch erfolgreicher war Respighi mit seinen authentischen Orchesterwerken, in denen er gleichwohl teilweise ebenfalls Meta-Musik betrieb, zumindest im archaisierenden Katakombenteil der PINIEN VON ROM. Die Rom-Trilogie FONTANE DI ROMA, PINI DI ROMA und FESTE ROMANE gilt immer noch, zumal in der angelsächsischen Welt, als ›show piece‹ für orchestrale Virtuosität. Allerdings hat man Respighi postum wegen dieser Werke und seiner Ausbeutung archaischer Musikquellen auch den Vorwurf gemacht, er habe den nationalstilistischen Kult der ›Ottanta‹-Bewegung bis hin zum ungenierten Lobpreis des Faschismus getrieben. Indes waren die FONTANE DI ROMA schon 1914/16 entstanden, auch hatte Respighi die Beschäftigung mit alter Musik viele Jahre, ehe sie vom faschistischen Staat zur musikalischen Bürgerpflicht erhoben wurde, praktiziert. Kaum zu bestreiten ist indes die protofaschistische Tendenz im Schluss-Satz der PINI DI ROMA, dessen programmatischer Hintergrund – im Alten Rom zieht ein Konsul mit seinem Heer unter dem Geschmetter der Buccinen (Businen) triumphal zum Kapitol – 1924 in Italien als Analogie zu Mussolinis zwei Jahre zurückliegendem Rom-Marsch begriffen wurde. Und der gesamte musikalische Duktus der RÖMISCHEN FESTE verrät bis auf den Pilgergesang mit seiner gregorianischen Ostersequenz eine durch äußerliche Dynamik- und Temposteigerungen bewirkte Monumentalität, die im schlimmsten Sinne zeitgemäß war. Aber bis auf die überschwängliche Dankadresse an den ›Duce‹, der die Premiere seiner Oper LA FIAMMA 1934 besucht hatte, hat sich Respighi im Gegensatz zu vielen Kollegen seiner Generation keiner ehrerbietigen Huldigungen an Mussolini schuldig gemacht.

SENSUALISTISCHER ÜBERDRUCK

Eine Neigung zum klangmalerischen Bombast weisen auch Respighis Beiträge zum Musiktheater auf – am wenigsten die musikalisch reizvolle Kinderoper nach Perraults Märchen LA BELLA DORMENTE NEL BOSCO (Dornröschen; Libretto von Gian Bistolfi). Sie wurde 1922 unter anderem Titel als Marionettentheater im römischen Palazzo Odescalchi kreiert und vom Puppenspieler Vittorio Podrecca mit seinem Theater ›I Piccoli‹ auf weltweiten Tourneen berühmt gemacht. 1934 kam sie in Turin als ›Mimodrama‹ für Kinder und erwachsene Sänger (wie 1922 im Orchestergraben) mit dem verfremdenden Sprechpart des Amerikaners Mister Dollar Scheck heraus, der unter modernen Touristen am liebsten Dornröschen kaufen möchte. 1967 wurde sie postum im Auftrag der Witwe Respighis für eine Rundfunksendung revidiert und mit einem neuen Finale versehen. In diesem ersetzt Rockmusik den Foxtrott nach dem Menuett der mit Dornröschen durch den Kuss des Prinzen April aus jahrhundertelangem Tiefschlaf erweckten Hofgesellschaft: eine vergröbernde Fortschreibung von Respighis sanfter Parodie verschiedener Zeit- und Individualstile vom Barock über Wagner und Debussy bis zur Unterhaltungsmusik des 20. Jahrhunderts.

Seine erste Oper brachte Respighi 1910 in Bologna heraus: SEMIRAMA (Libretto: Alessandro Cerè; *WA* Palermo 1987). Es handelt sich um eine Neuauflage des Semiramis-Stoffs, in der die babylonische Königin Semirama nach der inzestuösen Verbindung mit ihrem Sohn Merodach von diesem aus Versehen ermordet wird, als er über das ihm unbewusste Vergehen von der ihn liebenden chaldäischen Prinzessin Susiana aufgeklärt wird. Der Dreiakter erhielt nach der Uraufführung in der Mailänder Zeitung ›Il secolo‹ von Ildebrando Pizzetti viel Lob: wegen seiner melodischen Qualitäten, »die auf ebenfalls meisterliche Weise von seltenen Orchesterfarben getragen werden«. Dieser »musikalische Reichtum, den wir lange in neuen italienischen oder ausländischen Opern entbehren mußten«, ließ Respighi für Pizzetti zur großen Hoffnung werden.

Tatsächlich erweist die Partitur Respighi als einen Vollblutmusiker im orchestralen Bereich, mit einem allerdings durch die Neigung zu endlosem Sequenzieren von Melodiefloskeln belasteten Vokalstil. Der Orchesterapparat, in dem nicht einmal die Celesta fehlt, zeigt die Kenntnis sowohl der SALOME von Richard Strauss wie auch von Puccinis Opern, deren übermäßige Dreiklänge durch die Füllstimmenflut hohen klanglichen Reiz gewinnen. Auch die von Respighi später methodisch genutzten alten

Kirchentöne unterstreichen diesen sensualistischen Überdruck, dessen Mangel an thematischer Erfindung und dramaturgischer Entsprechung oft zu schierer Rhetorik führt.

BELFAGOR

Dieses Grundproblem des Musikdramatikers Respighi kennzeichnet auch seine komische Oper BELFAGOR (Mailänder Scala 1923, Hamburg 1925). Claudio Guastalla schrieb das Libretto nach der auf eine Novelle Niccolò Macchiavellis zurückgehenden gleichnamigen Komödie von Ercole Luigi Morselli, nachdem der Autor wegen seines plötzlichen Tods die Arbeit selbst nicht hatte zu Ende bringen können. Erzählt wird die alte Geschichte vom Teufel Belfagor, der auf der Erde die Entschuldigung vieler zur Hölle Verdammter, dass sie den Sündenfall ihren Ehefrauen zu verdanken haben, überprüfen will. Belfagor sucht sein Eheglück als reicher Kaufmann unter dem Namen Ypsilon. Zwar stört er die Liebesbeziehung zwischen Candida und Baldo für eine Zeit, da er das Mädchen heiratet, aber er muss sich ihrer Unnahbarkeit ebenso beugen wie einem finalen Wunder, das mit dem ohne Ursache erfolgenden Läuten der zuvor ebenso wie die junge Ehefrau verstummten Glocken Candidas Unschuld bekräftigt.

Nach dem Vorbild von Verdis FALSTAFF – in der Uraufführung sang Toscaninis bevorzugter Falstaff-Darsteller Mariano Stabile den Belfagor – kontrastierte Respighi den deklamatorischen Fluss des Ganzen mit einzelnen selbstständigen Nummern. Belfagors Monolog im Prolog und Baldos Arie im Epilog rahmen die Oper mit der festen Klammer einer A-B-A-Form. Interessant ist das als Leitmotiv fungierende Belfagor-Thema, das im Ambitus einer Sept um den zentralen Tritonus angelegt ist: die verminderte Quint als altes Klangsymbol für den Teufel, dem zudem mit einigen Quartschichtungen ein orchestrales Spezifikum zuwächst. Aber Respighi versteht diese motivischen Vorgaben musikdramatisch nicht recht zu entwickeln. So ragen auch die modalen Sequenzen des Liebesduetts und die für Candidas Treue stehende Folge von drei Moll-Akkorden als Wegweiser in ein Geschehen, dessen amorphe Klangwelt sie schon als das Ziel erscheinen lässt.

Ähnliche Vorbehalte lassen sich gegenüber Respighis späteren Opern anmelden: Die hohen orchestersprachlichen Qualitäten sind kaum je in eine dramatische Balance von Spannung und Entspannung gebracht. LA CAMPANA SOMMERSA (Hamburg 1927) nach Gerhart Hauptmanns Versdrama DIE VERSUNKENE GLOCKE löste in Deutschland Heinrich Zöllners VERSUNKENE GLOCKE von 1896 in der Publikumsgunst ab und war kurze Zeit auch international erfolgreich: An der New Yorker Met kam sie 1928 in einer Jahrhundertbesetzung mit Elisabeth Rethberg, Giovanni Martinelli, Giuseppe de Luca und Ezio Pinza in den Hauptrollen heraus. Zwar wartet der im Elfenreich spielende erste Akt dieses schon bei Hauptmann epigonal wirkenden Märchendramas mit einem farbenreichen Orchestersatz auf, aus dem sich das ganze Werk über leitmotivische Glockenklänge lösen, doch für die menschliche Tragödie des Glockengießers Heinrich, der aus Zweifel an seiner künstlerischen Begabung der Elfe Rautendelein verfällt, findet Respighi keine individuellen Vokalmittel. Und die extrem ausgreifende sowie mit Spitzentönen gespickte Tessitura der Elfe ist musikpsychologisch nicht gerechtfertigt.

Stilistisch unausgewogen wirkt auch das nicht für die Bühne konzipierte Mysterium in drei Teilen MARIA EGIZIACA (Die ägyptische Maria; Libretto von Claudio Guastalla), das fünf Monate nach der 1932 in der New Yorker Carnegie Hall konzertant, wenngleich im Kostüm gegebenen Uraufführung im Florentiner Teatro la Fenice und danach an vielen italienischen Theatern szenisch gespielt wurde. Das Werk, dessen Libretto auf einer Heiligenlegende aus dem 14. Jahrhundert basiert, lehnt sich an die mittelalterlichen Mysterienspiele an. Für Respighi war das ein willkommener Anlass, analog zu seiner archaisierenden Weihnachtsgeschichte LAUDA PER LA NATIVITÀ DEL SIGNORE in dem kleinen, mit Cembalo besetzten Orchester Musik der Gregorianik und der Renaissance stilimitatorisch zu verwenden. Die Anklänge an Strauss'sche Harmonik, besonders im ersten Orchesterzwischenspiel, wirken spannungsvoller als die veristischen Einschübe, mit denen etwa der Kirchenmusiker Licino Refice (1883–1954) das archaisierende Material in seiner ähnlich angelegten ›azione sacra‹ CECILIA (Rom 1934) anzureichern versuchte. Gleichwohl haben die Primadonnen Cäciliens sinnlicher Martyriumsbereitschaft *Grazie, sorelle* den Vorzug vor der spirituellen Engelsanrufung *O bianco astore* durch die ägyptische Maria gegeben.

LA FIAMMA

Mit dem Melodramma LA FIAMMA (Die Flamme; Rom 1934; Berlin 1936 in der Übersetzung von Julius Kapp) wandte sich Respighi dann dem Genre der Grand Opéra zu. Die Flamme, die Silvana als zauberische Kraft der Liebeserzwingung verspürt und zu der sie am Ende – wie Renata in Prokofjews Oper DER FEURIGE ENGEL – auf dem Scheiterhaufen selbst wird, war für Respighi ein Medium, die Welt des byzantinisch regierten Ravenna gegen Ende des 7. Jahrhunderts zu vergegenwärtigen. Die lange gesuchte Vorlage fand er im Drama ANNE PEDERSDOTTER, DIE HEXE des Norwegers Hans Wiers-Jenssen, aus dem Guastalla unter Ausmerzung allen Lokalkolorits der im Norwegen des 16. Jahrhunderts spielenden Vorlage ein Libretto formte. LA FIAMMA wurde Respighis erfolgreichste Oper, die sich schnell über Europa und Nord- wie Südamerika verbreitete. Wiederaufführungen 1987 in Ravenna/Triest und Buenos Aires, 1989 in Budapest bewiesen ihre anhaltende Repertoirefähigkeit. Allerdings ist nicht zu überhören, dass der gewaltige szenische und musikalische Aufwand für die Musikalisierung des Schauerdramas den Weg zurück ins 19. Jahrhundert weist – es geht nach dem mythischen Vorbild Phädra–Hippolytos wie in Mascagnis PARISINA um den Ehebruch der hier am Schluss als Hexe verbrannten Heldin mit ihrem Stiefsohn. Trotzdem, und das ist bezeichnend für den naiven Konservativismus des Komponisten, entstehen aus dieser Rückwendung seine überzeugendsten Szenen als Musikdramatiker. Das leitmotivisch von der Einleitung an das Werk durchziehende Schicksalsmotiv mit seinem drohend punktierten Rhythmus, vor allem die orientalisch chromatisierten Chorpartien und die modalen Kirchentonarten in den großen Finali I und III geben dem szenischen Effekt der Hexenjagd auf die alte Agnese und des Hexenprozesses gegen Silvana ein authentisches Lokal- und vor allem Zeitkolorit. Und Silvanas wahrhaft entflammende Beschwörung ihres Geliebten (diese Gabe ist ein Relikt der Zauberkraft ihrer Mutter) führt am Ende der ersten Szene des III. Akts zu einer ganz aus dem Geist Monteverdis stammenden Monodie (*Dolce la morte*), der sich Donello nicht entziehen kann. Mit der Geliebten stimmt er alsbald auf dieselbe Melodie ein Duett an, das jenes der Poppäa mit Nero aus Monteverdis INCORONAZIONE DI POPPEA weiter schreibt.

Respighi konnte auf Grund seines frühen Tods die Fortführung dieses stilistischen Ansatzes, bewusst um den postromantischen Orchesterreichtum von LA FIAMMA beschnitten, in seiner LUCREZIA nicht mehr vollenden. Die von seiner Witwe komplettierte und 1937 an der Mailänder Scala herausgekommene Aufführungsversion ist nicht authentisch. Deutlich wird das vor allem in der finalen Teilhabe der sonst in monodischem Archaismus geführten Altstimme als Erzähler (Benjamin Britten übernahm für THE RAPE OF LUCRETIA dieses episierende Prinzip im zweistimmigen Chorus) am bombastisch-patriotischen Racheschrei gegen den Vergewaltiger Lukrezias, Sextus Tarquinius. Dass dieser Schrei *A Roma* 1937 nicht im historischen Sinn als Aufruf zum Tyrannensturz verstanden wurde, sondern als Analogie zum Faschistenmarsch auf Rom, kann dem Komponisten nur bedingt angelastet werden.

FRANCO ALFANO (1876–1954)

Der im selben Jahr wie Wolf-Ferrari geborene Komponist hat im Gegensatz zu diesem auf der Seite der Konservativen aktiv an den Fraktionskämpfen der 1880er Generation teilgenommen, das antimodernistische Manifest von 1932 zwar vorbereitet, aber nicht unterschrieben. Mit seinem musikdramatischen Werk steht er für eine Tendenz, die man weniger einem bestimmten Individualstil als einer Zeittypik zuordnen kann. Seine schon mehrfach wegen des erstmals in der italienischen Operngeschichte ansatzweise in Prosa gehaltenen Librettos erwähnte RISURREZIONE (Turin 1904; Berlin 1909 in der Übersetzung von Alfred Brüggemann) nach einer französischen Dramatisierung von Lew Tolstois Roman AUFERSTEHUNG folgt mit den atmosphärischen Krassheiten des von Cesare Hanau verfassten Librettos – Bahnhof, Frauengefängnis, Straflager – der Tradition des Verismus. Musikalisch indes ist diese Ebene blass, deutlich unter dem lokalkoloristisch geprägten Niveau von Giordanos SIBERIA (→ S. 226 f.) angesiedelt. Sehr viel profilierter sind die belkantischen Lyrismen zwischen Fürst Dimitri und seiner verlassenen Geliebten Katharina Ljubowa ausgefallen. So konnte das Werk sich in Italien auch nach 1945 mit gelegentlichen Neueinstudierungen im Repertoire halten und erlebte 1951 in Neapel seine tausendste Aufführung.

Musikalisch anspruchsvoller, besonders im Orchesterpart, geriet LA LEGGENDA DI SAKÙNTALA (Bologna 1921; Düsseldorf 1924 in der Übersetzung von Brüggemann). Diesmal schrieb der Komponist – ohne Rücksicht auf Traditionen der italienischen Librettistik – selbst das in Prosa gefasste Textbuch, und zwar nach dem klassischen indischen Drama des Kālidāsa über die ›Vögelchen‹ genannte Tochter eines Einsiedlers, die einen König heiratet, den Ehering verliert und von ihrem Gemahl nicht mehr erkannt wird. Als sich der Ring wieder findet und der König zu Bewusstsein kommt, ist sie zu einer Nymphe entrückt, doch sie hinterlässt ihm einen Thronfolger. Das Werk, dessen Stoff Schubert zu einer Fragment gebliebenen Oper, Goethe im WEST-ÖSTLICHEN DIVAN, Friedrich Rückert zu seinen ÖSTLICHEN ROSEN und schließlich Felix Weingartner zu seiner Oper SAKUNTALA (Weimar 1884) angeregt hatte, markiert Alfanos Abschied vom Verismus in Richtung auf den Typus der mit exotischem Kolorit angereicherten Märchenoper, wie ihn Puccinis TURANDOT verkörpert. Im Wechsel zwischen Füllstimmenreichtum und pedallosen Akkordparallelen verbindet die Partitur den Stil von Richard Strauss mit dem von Claude Debussy. Dagegen verblasst Alfanos Vokalstil keineswegs, für den das Finale I und die zwei großen Soloszenen Sakùntalas im II. Akt stehen: nicht zuletzt auch Beweis für das ausgewogene Verhältnis zwischen Text und Musik. Der Erfolg der Premiere, der Puccini beiwohnte, führte nach dessen Tod zum Auftrag an Alfano, das Schlussduett der TURANDOT nach Puccinis Skizzen zu komponieren. Alfanos ungekürzt erst 1983 szenisch gegebenes Puccini-Finale (→ S. 378) weist denn auch bis hin zu direkten Zitaten erstaunliche Stilbezüge zu seiner eigenen SAKÙNTALA auf – unter diesem Namen brachte er 1952 in Rom eine Neufassung der Oper heraus, deren Originalpartitur im Zweiten Weltkrieg vernichtet worden war.

Einem anderen Stilideal folgt Alfanos dritte – zumindest vorübergehend – erfolgreiche Oper: CYRANO DE BERGERAC (Rom 1936). Die mehrfach vertonte Komödie Edmond Rostands (1897), von Henri Cain in ein klassizistisch gefärbtes französisches Libretto gebracht, weist in der italienischen Fassung der Uraufführung (die Opéra comique folgte mit dem französischen Original der römischen Premiere nach einem Vierteljahr) einen wenig überzeugenden Deklamationston für die Solisten in der Debussy-Nachfolge auf. Hinzu kommt, dass Alfano den Orchestersatz ausdünnt und mit dissonanten Akkordparallelen in motorischen Bewegungsverläufen Spannung zu erzeugen versucht: ein schwacher Nachhall jener neoklassizistischen und zugleich französisch eingefärbten Italianità, der Igor Strawinsky 1920 mit seiner Pergolesi-Huldigung PULCINELLA zum Durchbruch verholfen hatte. Die Verknappung des text-musikalischen Gefüges macht Alfanos Oper keineswegs zum Exempel eines antinaiven Neoklassizismus. Die Rücknahme seines erstmals in der RISURREZIONE unternommenen Versuchs, einen Prosatext ohne metrische Gleichförmigkeit zu vertonen, belegt die These, dass die teils von oben verordnete, teils in einem Akt der freiwilligen Unterwerfung auf Seiten der Komponisten akzeptierte »Vereinfachung der musikalischen Struktur während der faschistischen Epoche keine weitere Entwicklung dieser Tendenzen bis nach dem Zweiten Weltkrieg erlaubte«.

ZWEI D'ANNUNZIO-OPERN

Der von Alfano in seiner SAKÙNTALA am überzeugendsten realisierte Ansatz, die starre Tradition der italienischen Librettistik zu überwinden, wurde in den Jahren 1913/15 neben Mascagni mit seiner PARISINA von zwei zur 1880er Generation zählenden Komponisten in Opern nach ebenfalls gleichnamigen Tragödien von Gabriele d'Annunzio mitgetragen. Riccardo Zandonai (1883–1944) schrieb seine auf eine Episode im INFERNO von Dantes GÖTTLICHER KOMÖDIE zurückgehende FRANCESCA DA RIMINI

(Turin 1914; Altenburg 1925 in der Übersetzung von Alfred Brüggemann; *WA* Metropolitan New York 1984, Karlsruhe 1985) nach einer Textredaktion des Verlegers Tito Ricordi, während Ildebrando Pizzetti (1880–1968) seine vom HIPPOLYTOS des Euripides ausgehende FEDRA (Mailänder Scala 1915; dort *WA* 1959) ohne textliche Änderungen der Vorlage komponierte. An dem von Zandonai vertonten Stoff hatten sich zuvor erfolglos unter anderen Saverio Mercadante (1830), Hermann Goetz (unvollendet), Ambroise Thomas 1882 in seiner letzten Oper, Eduard Naprawnik 1902 und Sergej Rachmaninow 1906 in einem Einakter versucht. Die in Racines Tragödie weiterlebende Vorlage des Euripides wiederum, 1915 von Romano Romani drei Wochen nach Pizzetti in Rom als Einakter herausgebracht, war bereits von Komponisten wie Rameau 1733, Jean-Baptiste Lemoyne 1786 und Giovanni Paisiello 1788 auf das Musiktheater gebracht worden.

FRANCESCA DA RIMINI (Riccardo Zandonai)

Die Vertonung von d'Annunzios Verstragödie (1901) bedeutete für Zandonai nach dem Achtungserfolg seiner mit veristischen Mitteln eine CARMEN-Nachfolge anstrebenden CONCHITA (Teatro dal Verme Mailand 1911) – Puccini hatte das auf Pierre Louÿs zurückgehende Libretto abgelehnt – einen Erfolg, den er nie wiederholen konnte. Ängstlich erwartete er d'Annunzios Reaktion auf Ricordis Kürzungen des Dramentexts für das Musiktheater: »Die Tragödie mußte auf das Format von Boitos [Libretto für Verdis] FALSTAFF reduziert werden, und wir befürchteten, daß ihm die gewaltige Beschneidung von Zeilen, Szenen und Figuren als wahre Verstümmelung erscheinen würde«. Aber d'Annunzio war einverstanden und sogar im Einzelfall hilfsbereit. Zu den schwer vom Sprech- ins Musiktheater umsetzbaren Szenen gehörte auch jene, in der Paolo Francesca von seiner Begegnung mit Dante und anderen Künstlern in Florenz berichtet. Der Dichter strich sie selbst und ersetzte sie für das Liebesduett im III. Akt durch eine schöne lyrische Eingebung, mit der Paolo der Geliebten nun geradezu tristanesk die Sinnlosigkeit seines bisherigen Lebens schildert: *Nemica ebbi la luce / amica ebbi la notte* (Feind war mir der Tag und Freund die Nacht). Es ist der Augenblick, in dem sich – von d'Annunzio bewusst als Analogie zu Wagners von ihm hoch geschätzter ›Handlung‹ TRISTAN UND ISOLDE eingesetzt – für die Liebenden eine unaufhebbare Gefühlseinheit der Todesnähe auch musikalisch einstellt.

Die geschickt vorgenommenen Kürzungen umfassen vor allem rhetorische Wiederholungsteile und Nebenfiguren, aber auch einen Teil der politischen Bezüge und des zumal im V. Akt überwuchernden Zeitkolorits (die Oper kommt mit vier Akten aus). Beibehalten wurde d'Annunzios Einfall, Dantes Vorgabe in der Figurenkonstellation zu erweitern. Die aus politischen Gründen mit dem verkrüppelten Gianciotto Malatesta verheiratete Francesca – d'Annunzio schrieb die Rolle für seine damalige Lebensgefährtin Eleonora Duse – begeht den Ehebruch mit ihrem schönen Schwager Paolo und wird von dessen ebenfalls in die Schwägerin verliebtem jüngeren Bruder Malatestino denunziert. Erst der Liebesverrat dieses Opernfinsterlings setzt die Tragödie in Gang: Gianciotto bringt beide Liebenden ›in flagranti‹ um. Gewiss ist Zandonai in seiner Musik dem rhetorischen Überschwang des Dichters – das Versdrama war ein durch die Tourneen der Duse weltberühmtes Aushängeschild des Dannunzianismus – streckenweise erlegen: Die obsessionelle Neigung d'Annunzios zu Metaphern für Blut und Deformationen findet sich in seinen Repetitionen und Ostinati musikalisch gespiegelt. Das gilt etwa für die Szene zu Beginn des IV. Akts, in der Malatestino einem Gefangenen, dessen Schreien das von ihm gesuchte Liebesgespräch mit Francesca stört, den Kopf abschlägt, und besonders für die Schlachtszene des II. Akts, in der ein Trunk zu dritt die geheime Beziehung zwischen Francesca und Paolo unter den Augen ihres Mannes besiegelt. Und das letzte Zusammentreffen der Liebenden ist eigentlich nur noch ein selbstzerstörerischer Dialog auf zwei Tonhöhen. Dennoch beschwört die Oper über das Liebesdrama hinaus im Sinne des Neomadrigalismus musikfiktiv die Atmosphäre des späten 13. Jahrhunderts.

MUSIKALISCHER PRÄRAFFAELISMUS

Als einer der Ersten wagte Zandonai – parallel zu Pfitzners Einsatz der Viola d'amore für die Engelsmusik im PALESTRINA – die Verwendung historischer Instrumente auf dem Musiktheater: eine ästhetische Novität aus dem Geist der aufführungspraktischen Annäherung an den authentischen Klang einer historischen Zeit. Piffero, Laute und Viola pomposa sorgen auf der Bühne für den unmissverständlich historisierenden Ton, zudem verschaffen im I. und III. Akt einige modale Wendungen in der Harmonik den chorischen Mädchenszenen in Francescas Gemächern eine ›couleur historique‹, die über Ansätze der Grand Opéra wie in Halévys LA JUIVE oder Meyerbeers LES HUGUENOTS weit hinausgeht. Was in d'Annunzios Tragödie oft wie ein im Bemühen um archaisierendes Dekor und Vokabular überfrachteter Jugendstil wirkt, hat in Zandonais Musik – vergleichbar dem Unterschied zwischen d'Annunzios und Debussys Mysterienspiel LE MARTYRE DE SAINT SÉBASTIEN – den melancholisch verklärten Zauber eines musikalischen Präraffaelismus. Dass Zandonai den Frauenchor um Francescas Schwester Samaritana, der den Auftritt der Titelheldin vorbereitet, in eine strophisch geschlossene Form des Wechsels zwischen Ensemble und Solostimme fasste, erhöht noch den archaisierenden Reiz der Szene. Andrerseits folgt er wie Mascagni in seiner gleichzeitig entstandenen d'Annunzio-Oper PARISINA vor allem in den Frauenpartien den Fluktuationen des Textes mit solcher Flexibilität einer musikalischen Prosa, dass zusammen mit Pizzettis FEDRA und Puccinis reifen Werken für einen historischen Augenblick das italienische Opernklischee der reglementierten Abfolge von Rezitativ, formalisierten Arien und Ensembles endgültig überwunden scheint – ehe es durch den in der faschistischen Epoche von oben verordneten Klassizismus wieder unfrohe Urständ feiert.

Die weite Passagen der Oper dominierende Klangfilterung – man meint, die Musik wie hinter einem Schleier zu hören – führt auch zum Verzicht auf vordergründig erotische Szenen, d'Annunzios Dramaturgie von ›Blut und Wollust‹ prägt die Musik jedenfalls nur punktuell. Die verminderten Quinten, in denen Francesca immer wieder *Paolo, Paolo* flüstert, sind ebenso bezeichnend für die erotische Auratisierung durch Musik wie im Finale I der unsichtbare (!) Vorbeizug Paolos, der für seinen kriegsverletzten Bruder Gianciotto in Ravenna um Francesca werben soll und gleichwohl schon vorher Liebe für sich in ihr weckt. Das ist der Moment, in dem die von den anderen exotischen Instrumenten und ekstatischen Choreinschüben unterstützte Viola pomposa mit ihrem – in der Schlachtszene des II. Akts dezent wiederkehrenden – Liebesmotiv die stumme Pantomime ausmalt und ein in seiner gedämpften Klangsinnlichkeit betörendes Opernfinale krönt.

FRANCESCA DA RIMINI ist nicht allein wegen des Anklangs an LA MER bei Francescas Ausruf im Liebesduett *Guardate il mare come si fa bianco* (Betrachtet das Meer, wie es weiß sich färbt) die Debussys PELLÉAS ET MÉLISANDE am nächsten kommende italienische Oper, sondern auch trotz der bis ins Todesschwelgen wollüstigen Vorlage ein Werk der verborgenen Reize und Qualitäten. Der d'Annunzio oft vorgeworfene Dekadentismus lässt sich aus der Musik kaum als negative Kategorie ableiten, und wenn ihn Zandonai in seinen späteren Werken bewusst aufgab, gerieten sie ihm nahe an eine laute und leere Plakativität. Seine von Arturo Rossato librettierte, auf zwei Quellen Shakespeares zurückgehende Oper GIULIETTA E ROMEO (Rom 1922, Mainz 1927 in der Übersetzung von Alfred Brüggemann) wirkt bis auf das Tenor-Solo eines Sängers im III. Akt, aus dem Romeo vom angeblichen Tod Julias erfährt, im Vergleich mit der Liebestragödie von Francesca und Paolo vordergründig belkantistisch. Und das berühmte Zwischenspiel vor dem III. Akt, Romeos Ritt von Mantua nach Verona, klingt schon nach Kintopp-Musik. Zwiespältige Eindrücke vermitteln auch I CAVALIERI DI EKEBÙ (Die Ritter von Ekeby; nach Selma Lagerlöfs Novellensammlung GÖSTA BERLINGS SAGA im Libretto von Rossato: Mailänder Scala 1925 unter Toscanini; Nürnberg 1930 in der Übersetzung von Ernst Lert, *WA* Krefeld 1987 in der Übersetzung von Claus H. Henneberg). Trotz einiger harmonischer Spannungen in dem nach Pirandellos Vorbild die Dialektik von Schein und Wirklichkeit austragenden Stegreifspiel des II. Akts steuert die Oper mit ihrem final gehämmerten Lob der Arbeit aus dem Geist futuristischer Maschinenmusik, unmissverständlich im Gegensatz zu Max Brands MASCHINIST HOPKINS (→ S. 535), in die Ästhetik des Faschismus.

FEDRA (Ildebrando Pizzetti)

Hat Zandonai in der Öffentlichkeit weniger seine Neigungen zur französischen Musik als die Beeinflussung durch seinen Lehrer Mascagni bekundet, so bekannte sich der auch als Musikkritiker und -schriftsteller renommierte Ildebrando Pizzetti (1880–1968) ausdrücklich zu PELLÉAS ET MÉLISANDE und Paul Dukas' ARIANE ET BARBE-BLEUE. Seit 1905 mit d'Annunzio befreundet, schrieb er für dessen Drama LA NAVE, das den adriatischen Imperialismus Italiens beflügelte, 1908 eine Bühnenmusik und vertonte die zum Libretto gekürzte Tragödie FEDRA. Seine FEDRA (Mailänder Scala 1915, dort *WA* 1959) geht in der Ausrichtung auf einen Idealtypus von Literaturoper über andere Vertonungen d'Annunzios wie Franchettis LA FIGLIA DI IORIO (1906), Montemezzis LA NAVE (1918), sogar Mascagnis PARISINA (1913) und Zandonais FRANCESCA DA RIMINI (1914) hinaus. Mit der FIGLIA DI IORIO versuchte der Komponist 1954 noch einmal, an den strikten Textbezug seines Frühwerks anzuknüpfen.

Pizzettis dreiaktige FEDRA ist die Frucht einer musikdramatischen Theorie, die durch den Archaismus in d'Annunzios Dramen ausgelöst wurde, sich aus der Beschäftigung mit Alter Musik speiste und den Komponisten zu einem der Hauptvertreter des Neomadrigalismus in Italien werden ließ. Die Übernahme archaischer Lauden und Madrigale, polyphoner wie monodischer Vokalformen der Vergangenheit markieren einen Brückenschlag von Debussy zurück zu den tastenden Versuchen der Florentiner ›Camerata‹ vor 1600, einen neuen Stil der Textdeklamation zu entwickeln. Dabei verfuhr Pizzetti, wie auch Malipiero, sicher ohne Kenntnis vergleichbarer und bezeichnenderweise Fragment gebliebener Experimente der textgetreuen Puschkin- oder Gogol-Vertonung in der russischen Oper, wie sie Dargomyschski in DER STEINERNE GAST und Mussorgski in DIE HEIRAT unternommen hatten.

Während Mascagni in seiner PARISINA dem Geist des tradierten Melodramma aus dem 19. Jahrhundert noch insofern treu blieb, als er durch eine vokale Gestik dem vertonten Text punktuelle Affektüberschüsse zukommen ließ, schuf Pizzetti einen gelegentlich endlos wirkenden musikalischen Wortfluss auf oft gleich bleibender Tonhöhe mit sprachähnlich unterschiedsarmer Dynamik und engen Intervallen beim Verlassen der festen Tonhöhenlinien. Diese Deklamation über oft tremolierenden Liegeharmonien im Orchester, denen punktierte und doppelt punktierte Bassfiguren ein Moment vorwärts weisender Bewegung verschaffen, verdichtet sich nur in wenigen Momenten zum gewohnten Gesangslyrismus – am schönsten zu Beginn des III. Akts im unbegleiteten Klagegesang auf den toten Hippolyt: sublimen Chorklängen im neomadrigalesken Stil. Pizzetti greift oft über das von Monteverdi entwickelte ›recitar cantando‹ noch zurück in die Vorgeschichte der Oper, indem er bei seiner den Fluktuationen des Textes angepassten Häufung von meist schnellen Triolen, Quintolen und ähnlichen rhythmischen Figuren auf jede thematische Entwicklung, sogar auf motivische Bezüge und eine rhythmische Eigengesetzlichkeit der Klangsprache verzichtet. Die Musik präsentiert sich hier wirklich als Magd des Textes. FEDRA ist, wenngleich weniger farbenreich als Zandonais FRANCESCA DA RIMINI, eine verblüffende Literaturoper, in den Ausbrüchen der Titelheldin expressiv aufwühlend und nur gelegentlich monoton wirkend – eher mit den frühesten Opern von Peri und Caccini oder der gesprochenen Textdeklamation über fortlaufender Musik in Zdeněk Fibichs Trilogie HIPPODAMIA von 1890/91 (→ Bd. II, S. 790) als etwa mit Verdi oder Puccini vergleichbar. Im veristischen Umfeld seiner Zeit war Pizzettis Oper ein erratischer Block, entsprechend schwer verdaulich für das Publikum.

ITALIENISCHE ZUKUNFTSMUSIK?

Im Gegensatz zu seinen Generationsgefährten der ›ottanta‹ war Pizzetti von Beginn seiner kompositorischen Arbeit an auf das Musiktheater fixiert. Für d'Annunzio schrieb er nach der in den Jahren 1909/12 entstandenen FEDRA die Bühnenmusik zu LA PISANELLA (1913), außerdem auf einen Text des Dichters die nie im Druck erschienene Oper GIGLIOLA. In einem 1914 erschienenen Aufsatzband über zeitgenössische Musik veröffentlichte er einen in jenem Jahr gehaltenen Vortrag mit dem Titel IL DRAMMA MUSICALE ITALIANO DELL'AVVENIRE. Seiner Idee eines italienischen Musikdramas für die Zukunft, wie er sie in FEDRA verwirklicht hatte, blieb er auch in DÈBORA E JAÉLE treu (Mailänder Scala 1922 unter Toscanini; Hamburg 1928 in der Übersetzung von Alfred Brüggemann).

Für diesen Dreiakter und alle späteren Opern schrieb sich der Komponist selbst den Text, hier nach dem alttestamentarischen BUCH DER RICHTER. Es geht um die im vierten Kapitel beschriebene und im fünften in einen Siegesgesang der Seherin mündende Geschichte der Prophetin und Richterin Debora. Sie hatte vorhergesagt, der Feldhauptmann Sisera des Königs von Kanaan, der das Volk Israel seit zwanzig Jahren unterdrückte, werde durch die Hand einer Frau fallen. Werkzeug dieses Mordes ist Jaéle, die dem geliebten Feind im Auftrag Deboras eine Feldschlacht gegen die Israeliten anrät und den nach seiner Niederlage fliehenden und vor Erschöpfung eingeschlafenen, hier als König von Kanaan fungierenden Sisera mit einem Zeltpflock ersticht. Pizzetti hat die knappe Vorlage psychologisierend ausgeweitet zu einer verbotenen Liebesbeziehung zwischen Jael und Sisera, denen im II. und III. Akt ausgedehnte Duette zugeordnet sind. Die verheiratete, mit Sisera aber von einem gemeinsamen Leben jenseits jüdischer Orthodoxie träumende Jael tötet den Geliebten nicht in der Subordination unter völkische Rachegefühle oder – was ihr Debora mit despotischem Zwang suggeriert – unter den Willen Jahwes. Vielmehr will sie den Besiegten nicht in die Hand seiner Feinde fallen lassen. Auf die Frage Deboras, ob sie die Stimme Gottes vernommen habe, antwortet sie: *Nein, nicht die deines Gottes, sondern die eines anderen, den du nicht kennst.* Das ist ästhetischer Dannunzianismus in Reinkultur: Beschwörung eines den Mord einschließenden erotischen Urrechts gegen alle spätere jüdisch-christliche Triebsublimation.

Gegenüber den mit Pizzettis Hang zum moralisierenden Räsonnieren befrachteten Protagonisten ist im Vergleich mit FEDRA die Funktion des Chors noch verstärkt, besonders zu Beginn des I. Akts, der die Menge mit der Prophetin konfrontiert. Pizzetti gelingt hier eine operngeschichtliche Weiterführung der chorischen Volksoper Mussorgskis: »Der Chor erscheint als eine Polyphonie von Gruppen und gerade nicht als Einheit, als Kollektiv«. Obwohl die Masse mit ihren zwischen Frömmigkeit und Rachedurst schwankenden Gefühlen emotional als Einheit charakterisiert ist, äußert sie sich musikalisch in einer fast amorphen Vielstimmigkeit. Diese ist fest in Pizzettis Ästhetik einer modalen Diatonik eingebunden und greift trotz ihrer latent anarchischen Tendenz auf den während der dreißiger Jahre zum Standbild eines unveränderbar konservativen Musikideals verhärteten Neomadrigalismus vor. Die im Umkreis der Zweiten Wiener Schule um Schönberg und durch Strawinsky mit LE SACRE DU PRINTEMPS in Paris unternommenen Erkundungen eines harmonischen und rhythmischen Neulands fanden in Pizzettis Schaffen und das seiner Generationsgefährten keinen Eingang: ein Grund dafür, dass sich vom Jahr der Uraufführung seiner Reformoper DÈBORA E JAÉLE an – es war auch das von Mussolinis Marsch auf Rom – Italiens Opernszene nach einer kurzzeitigen Öffnung wieder vor modernistischen Strömungen in Europa verschloss und sich schnell provinzialisierte. Die aus der glanzvollen kulturellen Vergangenheit des Landes sich speisende Feier der Gegenwart nahm der italienischen Musik letztlich ihre Zukunftsfähigkeit.

Das gilt auch für die Opern, die Pizzetti während der zwei Jahrzehnte (›ventennio‹) faschistischer Herrschaft in einem kämpferisch-restaurativen Stil schrieb – wenngleich er keine jener längst aus der Musikgeschichtsschreibung gefallenen Propagandawerke komponierte wie etwa der als Dirigent (unter anderem der Premiere von Puccinis LA RONDINE) renommierte Gino Marinuzzi mit PALLA DE' MOZZI (1932), Igino Robbiani mit GUIDO DEL POPOLO (1932) oder Franco Vittadini mit CARACCIOLO (1938). Pizzettis Konservativismus hat sich in seinen nach 1950 entstandenen Spätwerken gemildert, am überzeugendsten wohl in ASSASSINIO NELLA CATTEDRALE (Mord im Dom; Mailänder Scala 1958, Staatsoper Wien 1960). Das ist nicht zuletzt auf die trotz simplifizierender Kürzungen spürbare Stringenz der Textvorlage von T. S. Eliot zurückzuführen. Die herausragende Funktion der Chöre – Priester und die von zwei Koryphäen geführten Frauen von Canterbury – zeigen wie die oratorische Deklamation für den Protagonisten über oft kirchentonartlichen Harmonien des eher schwach instrumentierten Orchesters Pizzetti fast wieder auf der Höhe seiner frühen Hauptwerke. Der Konflikt des zum Märtyrer werdenden Helden Thomas à Becket, Erzbischof von Canterbury, zwischen göttlicher und irdischer Macht wird ganz nach innen genommen. Wir erleben bis auf seine finale Ermordung nur, was in Tommaso geschieht. Von Versuchern visionär bedrängt, fasst er am Ende des I. Akts seine moralische Position in einem großen Monolog zusammen. Auf die von Pizzetti später gestrichene Rechtfertigung seiner Mörder folgt am Ende des Zweiakters das Gloria des Volks für den neuen Märtyrer. Die nur gelegentlich puccinesk übertünchte holzschnittartige Statik des Werks, das auch in Kirchenräumen aufgeführt wurde, gewinnt in den vier Mördern eine schon ironisch anmutende szenische Schlagkraft. Um 1960 wirkte aber der vom Publikum freundlich aufgenommene musikalische Stil des einstigen Zukunftsmusikers auf die Kritik nostalgisch, der erstmals 1940 mit Dallapiccolas NACHTFLUG hörbar werdende Reflex auf Alban Berg hatte die Vertreter der 1880er Generation nicht mehr berührt.

GIAN FRANCESCO MALIPIERO (1882–1973)

»Die italienische Musiktradition erscheint bei Malipiero stets als Idee, genauer: als geschichtsloses Ideal, das nur durch die Bannkraft der Erinnerung, im schmerzlichen Bewußtsein seiner Inaktualität und Unwiederbringlichkeit, aufersteht oder wiederbelebt werden kann«. Dieser Satz des italienischen Musikhistorikers Francesco Degrada umreißt nicht nur die Stellung Malipieros innerhalb der ›generazione dell'ottanta‹, er deutet im Subtext auch beider mögliche Korrumpierung durch den Faschismus an. Obwohl der Komponist als erster Herausgeber des Gesamtwerks Monteverdis und als Editionsleiter der Vivaldi-Gesamtausgabe geradezu ein lebendes Denkmal für Giannotto Bastianellis Idee der altitalienischen ›musica pura‹ (→ S. 625 f.) war, hat er im Gegensatz zu seinen Generationsgefährten die Ideologisierbarkeit dieser Idee gespürt. In seiner eigenen Musik versuchte er keineswegs, eine alte Idealität für seine Zwecke in eine vordergründige Form zu schmieden. Zwar hat er beispielsweise Monteverdi für Aufführungen auf einem modernen Instrumentarium bearbeitet, aber diese spielpraktischen Versionen bezeugen wie seine eigenen Werke jene Diskrepanz zwischen dem Gestern und Heute, die der Faschismus emphatisch und propagandistisch leugnete. In diesem Sinne war Malipiero ein Neoklassiker, umgeben von lauter Neoklassizisten. An seinem eigenen Heute hat Malipiero wie kaum einer seiner Generationsgefährten gelitten – obgleich auch er eine Zeit lang dem entlehnten Glanz des Faschismus verfallen sollte. Er war der einzige italienische Komponist seiner Zeit, der die unter dem Begriff des Neomadrigalismus gefasste Ausbeutbarkeit der alten Musik für die neue nicht betrieb, sondern – in seiner Heimat mit größtem Misstrauen beobachtet – aus der Kenntnis des alten Weins neue Schläuche zu entwickeln verstand.

Das gilt für Malipieros durch den Verzicht auf ein thematisch gebundenes Komponieren avantgardistisch wirkende Instrumentalwerke ebenso wie für seine Vokalkompositionen und Beiträge zum Musiktheater, in die er seine instrumentale Praxis als ein sozusagen nicht-narratives Komponieren überführte. So ist beispielsweise in seinem dritten von insgesamt acht Streichquartetten, den CANTÁRI ALLA MADRIGALESCA aus dem Jahre

1931, an die Stelle einer motivisch-thematischen Struktur der in Quinten geschichtete Klang der leeren Saiten selbst getreten: die instrumentale Klangsubstanz als solche. Daraus entfaltet sich nicht mehr, wie in der Tradition des Sonatensatz-Prinzips, der logische Diskurs einer Durchführungsmusik. Vielmehr hören wir nach den Worten von Fiamma Nicolodi, der wir die erste grundlegende Darstellung der italienischen Musik im Faschismus verdanken, die »entschiedene Einsamkeit einer ›tabula rasa‹ der Affekte, der subjektiven Leidenschaften und der Logik«. Sie setzt auch in Malipieros Bühnenwerken eine musikdramatische Eigengesetzlichkeit frei: »um den Preis des Bewußtseinsverlustes oder der Verschleierung jedes moralischen Sinns«.

L'ORFEIDE (Die Orpheide)

Die erste öffentliche Erprobung seiner radikalen Idee von einem zeitgemäßen Musiktheater wagte Malipiero 1920 in der Pariser Opéra mit einer französisch eingerichteten Version seiner SETTE CANZONI – lange vor Darius Milhauds Beiträgen zum Genre der ›opéra minute‹ in den späten zwanziger Jahren. Die Texte der nicht einmal eine Stunde dauernden SIEBEN LIEDER in sieben Bildern hatte der Komponist sich aus italienischer Poesie des 14. bis 17. Jahrhunderts selbst ausgesucht und nach eigenen Vorstellungen neu collagiert. Aber keineswegs im Stil eines erzählerischen Kontinuums, sondern als Fragmentierung kulturell tradierter Sinnzusammenhänge mit jeweils einem Gesangsstück als Zentrum. Im zweiten Bild beispielsweise ertönt ein marianischer Mönchsgesang, zu dem eine schwarz gekleidete Frau vor einem im Kerzenglanz erstrahlenden Madonnenbild stumm betet. Aber der mögliche Emotionsrahmen, der sich an Todesassoziationen in anderen Bildern knüpfen ließe, wird zerstört: von dem mit unmissverständlichem Schlüsselgeklapper die Frau aus dem Sakralraum vertreibenden Frater, der die Kirche schließen will. Nach vergleichbarem Muster laufen die anderen Szenen ab, bis in der siebten am Aschermittwoch ein Todeskarren Bußfertiger mit einigen vom Karneval übrig gebliebenen Komödianten kollidiert, die sich – kaum ist er entschwunden – ein Mädchen zur weiteren Lustbarkeit schnappen.

Die verfremdende Dramaturgie auch musikalisch enttäuschter Erwartungshorizonte wurde 1920 in Paris ausgepfiffen und nach der ersten italienischen Aufführung 1929 in Rom sogar abgesetzt. 1925 erlebte Malipieros zur abendfüllenden Trilogie L'ORFEIDE erweitertes Experiment als DIE ORPHEIDE (Übersetzung: Willi Aron und Erich Orthmann) in Düsseldorf seine erfolgreiche Uraufführung, während es bei der italienischen Premiere 1936 in Venedig einen Skandal hervorrief. Für die Neufassung dienten DIE SIEBEN LIEDER als Zentrum, um das als Prolog DER TOD DER MASKEN und als Schlussteil ORPHEUS ODER DAS ACHTE LIED gruppiert wurden. Auch in der erweiterten Fassung verweigerte Malipiero den ungebrochenen Einsatz tradierter Kunstpartikel für das moderne Musiktheater. Bezeichnend dafür der Schluss des Prologs, in dem sich Figuren der Commedia dell'arte selbstanpreisend vor einem wortlosen Impresario aufführen. Plötzlich erscheint Orpheus als rot gekleidetes Monstrum. Er jagt den Impresario davon, sperrt die Herumalbernden in einen riesigen Schrank und ruft die Darsteller der SIEBEN LIEDER zu ihrem Auftritt auf. ORPHEUS ODER DAS ACHTE LIED setzt das desillusionierende Spiel in einem Theater fort, das sich als Bühne eines mit dreifach unterteiltem Publikum gefüllten Theaters auf dem Theater entpuppt, wo inmitten echter Puppen der als Marionette kostümierte Kaiser Nero unter dem Beifall der fortschrittlichen Jugend seine Mutter ermorden und Rom anzünden lässt. Das war angesichts des Jugendlichkeitsrauschs (›giovinezza‹) des ›Duce‹ und des Nero-Mussolini-Kults, an dem die postume Uraufführung von Boitos NERONE 1924 gegen den Willen des Dirigenten Toscanini und die vor hohen Repräsentanten des Regimes ablaufende Premiere von Mascagnis NERONE 1935 partizipiert hatten, ein politischer Affront. Am Schluss der ORFEIDE erscheint als Bajazzo Orpheus persönlich, aber niemand interessiert sich für seinen Gesang – außer einer Königin, mit der er das Theater verlässt. Musikalisch ist L'ORFEIDE, vom internationalen Opernbetrieb unbegreiflicherweise verschmäht, im archaisierenden Gewand ein faszinierendes Zeitstück, das eine originär klangsinnliche Italianità mit gregorianischem Choral, harmonischer Verfeinerung à la Debussy und rhythmischen Zuspitzungen à la Strawinsky verbindet. Beeindruckend auch das Mysterium SAN FRANCESCO D'ASSISI (konzertant New York 1922, szenisch Perugia 1949), das mit seinen gregorianischen und monteverdianischen Archaismen auf ein Stilideal des Reduktionismus zielt.

ENTTÄUSCHTE ERWARTUNGEN

Auch seine nächsten Versuche, eine musikalisch vielfach gebrochene Dramaturgie der Desillusionierung an vorrangig nationalkulturell geprägten Stoffen zu entwickeln, konnte Malipiero nicht oder nur mit großer Verzögerung in der Heimat verwirklichen. Das war schon so im Fall seines 1919 komponierten, aber erst 1932 in Venedig als Ballett uraufgeführten ›symphonischen Dramas‹ PANTEA gewesen. Dieses zeigt – klanglich bereichert durch einen wortlosen Chor mit Baritonsolo hinter der Szene – die bis auf die finale Erscheinung des Todes allein agierende Titelheldin in einer dramaturgisch mit Schönbergs Monodrama ERWARTUNG vergleichbaren Situation: heimgesucht von Gefühlen, Hoffnungen und Halluzinationen. Die wie Malipieros andere Opern auf selbst verfassten Libretti fußenden und die Vorlagen in ein Kondensat von beschleunigt ablaufenden Einaktern fassenden TRE COMMEDIE GOLDONIANE (nach Goldonis KAFFEEHAUS, DER KRAKEELENDE HERR TODARO und KRACH IN CHIOGGIA) wurden 1919/22 komponiert, aber erst 1926 in Darmstadt uraufgeführt (Mailänder Scala 1945; *WA* Oberhausen 1991 in der deutschen Übersetzung von Hans Ennen und Fritzdieter Gerhards).

Diese Miniaturen sind ebenso weit entfernt von Wolf-Ferraris keineswegs durchgängig vor der Herzigkeit gefeiter Herzlichkeit wie die Venedig-Trilogie IL MISTERO DI VENEZIA. Sie kam komplett 1932 in Coburg heraus – vielleicht weil der Komponist den grotesken Einfall im Venedig-Schlussteil I CORVI DI SAN MARCO (Die Raben vom Markusplatz), ein Musikdrama ohne Worte zu schreiben, seinen Landsleuten nicht zumuten wollte. Das wagte erst 1962 sein Schüler Bruno Maderna mit der Funkoper DON PERLIMPLIN, wo der Titelheld einer Flöte und seine Schwiegermutter einer Gruppe von Saxophonen anvertraut ist. Wie wenig Malipieros Werke dem italienischen Geschmack entsprachen, belegt auch die Tatsache, dass die wiederum auf altitalienische Texte zurückgehende FILOMELA E L'INFATUATO (Die Nachtigall und der Verliebte) 1928 im Neuen deutschen Theater Prag, der gleichzeitig und in erstaunlicher thematischer Ähnlichkeit mit Franz Schrekers DER SINGENDE TEUFEL 1926/27 entstandene MERLINO MASTRO D'ORGANI (Merlin, Beherrscher der Orgeln) erst anderthalb Jahre vor dem Tod des Komponisten uraufgeführt wurde (Palermo 1972).

In Deutschland kreiert wurde Malipieros ebenfalls dunkel-symbolisches TORNEO NOTTURNO (Nächtliches Turnier; Nationaltheater München 1931; Teatro delle Arti Rom 1941). Hier sind sieben Notturni durch eine ritornellartig wiederkehrende Kanzone auf altitalienische Texte verbunden, die bei jeder Reprise leicht variiert erklingt, um den Fortgang der Zeit zu verdeutlichen. Allerdings wirkt die ›canzone del tempo‹ wegen ihres harten melodischen Gefüges steril, zumal die Hauptbetonungen der ›endecasillabi‹ durch Verlegung auf die schwachen Taktzeiten den authentischen Textrhythmus bis zur Unkenntlichkeit verschleifen. Dennoch ist das Werk, das seine dramatische Form unter Hintansetzung eines realistischen Handlungsprimats aus einem text-musikalischen Gefüge gewinnt, hochinteressant.

Und im Gegensatz zu den SETTE CANZONI der ORFEIDE gibt es einen durchgehenden Diskurs: Er konfrontiert zwei männliche Typen, den Unbekümmerten und den Verzweifelten, in immer neuen Abschattierungen ihres Charakters. Am Ende tötet der Verzweifelte den Unbekümmerten, und nun prägt ihn die zuvor seinen Gegner charakterisierende ›canzone del tempo‹: Zeit als Zerstörerin aller menschlichen Individuation. Eine von Sylvano Bussotti 1976 in Venedig szenisch verantwortete Wiederaufführung bewies die ungebrochene Faszinationskraft des enigmatischen Werks. Auch die in Zusammenarbeit mit Luigi Pirandello geschriebene Oper LA FAVOLA DEL FIGLIO CAMBIATO (Die Legende vom vertauschten Sohn; Braunschweig 1934) erlebte ihre Uraufführung im faschistisch gewordenen Deutschland, wurde aber bald vom Spielplan abgesetzt – in Italien ließ Mussolini sie nach dem Besuch der römischen Premiere 1934 verbieten, weil der zweite Akt in einem Bordell spiele. In Wahrheit aber wohl, weil er wie die Nazis die Parabel über illegitime Herrschaft – es ist das Stück, das in Pirandellos unvollendetem Drama DIE RIESEN VOM BERGE niemand hören will – erkannte. Eine Neubewertung des Werks setzte in Italien mit der Wiederaufführung 1980 in Palermo ein.

KNIEFALL VOR DEM DUCE

Der erneute Zusammenstoß mit den kulinarischen Erwartungen seiner Landsleute – Pirandello zog aus Mussolinis Verbot systemkritische Konsequenzen – veranlasste Malipiero zur Selbstzensur. Trotz einiger Retuschen konnte die Legende aber erst wieder 1952 in Venedig gespielt werden. Dafür bot er dem ›Duce‹ mit den stark verknappten Literaturopern GIULIO CESARE (Genua 1936) und ANTONIO E CLEOPATRA (Florenz 1938) nach Shakespeare sowie der Euripides-Vertonung ECUBA (Rom 1940) die gewünschte Konfektionsware. Am Ende von GIULIO CESARE kommen, gegen Shakespeare, Octavius und Antonius mit den siegreichen Truppen auf die Bühne und stimmen in lateinischen Worten aus dem CARMEN SAECULARE des Horaz einen Hymnus auf Rom an. Der antike Cäsarismus und seine angebliche Wiedergeburt in Mussolinis ›Impero Romano‹: das war ideologisch wie ästhetisch ein Kniefall vor dem ›Duce‹. Nach einer gewissen Zeitphasenverschiebung hatte Malipiero, der musikalische Bilderstürmer, die gegen ihn und Casella 1932 in dem von ihren konservativen Generationsgefährten unterzeichneten Manifest geäußerte Kritik verinnerlicht.

Allerdings blieb das nicht sein letztes Wort. Mit der Breslauer Uraufführung seiner Calderón-Vertonung LA VITA È SOGNO (Das Leben ein

Traum) lieferte er 1943 einen weltflüchtigen Kommentar zur Entwicklung der Zeitläufte. Die 1942 im Teatro Reale Rom uraufgeführte ›commedia‹ I CAPRICCI DI CALLOT (Städtische Oper Berlin 1951 in der Übersetzung von Max Heinrich Fischer, *WA* Mailänder Scala 1968, Kiel 1998) war inspiriert von Jacques Callots 1622 entstandenen Radierungen einiger Figuren der Commedia dell'arte und ihrem Niederschlag in E. T. A. Hoffmanns ›Capriccio‹ PRINZESSIN BRAMBILLA von 1820. Die wie in Malipieros frühen Opern sprunghafte Dramaturgie wird kaum in ein vokal-orchestrales Gleichgewicht gebracht: Das Orchester triumphiert, zumal in den vielen mimischen und getanzten Szenen. Kein Wunder, dass der Komponist aus dem oft nur den Streichern anvertrauten Material sein fünftes Streichquartett im neomadrigalesken Stil machte. Trotz einer diatonisch gemilderten Schreibweise, die sich von seinen frühen Versuchen und dem folgenden, harsche Chromatik mit modaler und Ganztonharmonik verbindenden Einakter VENERE PRIGIONIERA (Die gefangene Venus; Pergola-Theater Florenz 1957) deutlich abhebt, finden wir in dieser choreographierten Komödie wieder etwas von jener Melancholie des Komponisten angesichts nie wiederkehrender Zeiten, die er in seinen Literaturopern durch Vergegenwärtigung der Wirkungsziele veräußert hatte. Vielleicht hat Malipiero das selbst gespürt, denn schon vor dem ironisch autobiographisch gefärbten, nur eine gute Viertelstunde dauernden Einakter UNO DEI DIECI (Einer aus dem Rat der Zehn; Siena 1971), der eine aus Pirandellos HEINRICH IV. übernommene Grundsituation der simulierten Vergangenheit in der Gegenwart benutzt, schrieb er als Summe eines bis zum Ende ebenso unermüdlichen wie qualitativ unterschiedlichen Schaffens mit GLI EROI DI BONAVENTURA (Die Helden des Bonaventura; Mailänder Scala 1969) eine durch neu komponierte Rezitative verknüpfte Folge von sieben Szenen aus seinen älteren Opern, darunter die gelungensten seiner Shakespeare- und Euripides-Vertonungen: ein Digest, der merkwürdigerweise mehr als die Originale überzeugt und auch heute noch zum Kennenlernen eines vom Musikbetrieb vernachlässigten Komponisten taugt.

ALFREDO CASELLA (1883–1947)

»Vor uns wurde jene politische und soziale Bewegung zu einer Realität, welche mit dem Marsch auf Rom sich Italien zu eigen machte und das heißeste Bemühen um eine Vereinigung von Praxis und Denken, Tradition und Erneuerung durch das Strahlen der Geschichte darstellt«. Mit diesen Worten sah Casella in seiner 1942 veröffentlichten Autobiographie auf zwei

Jahrzehnte des italienischen Faschismus zurück. Dass sein Buch als Erscheinungsjahr nicht die nach der christlichen Zeitrechnung fällige Zahl, sondern das Jahr 20 angab, mag der Komponist später als eine Art Menetekel aufgefasst haben: Es war das letzte Jahr der Ära Mussolinis, der 1943 vom Großen Rat entmachtet und auf Befehl des Königs verhaftet wurde.

Im Gegensatz zu seinen komponierenden Generationsgefährten und der überwältigenden Mehrheit der italienischen Bevölkerung hatte Casella schon 1938 nach der Übernahme der Nürnberger Rassegesetze mit dem System innerlich gebrochen. Seine persönliche Integrität haben später der von den Faschisten verhaftete Kritiker Massimo Mila und Komponisten wie Dallapiccola und Luigi Nono unanzweifelbar bekundet – ganz abgesehen davon, dass Casella gerade für die besten seiner national-kulturell gemeinten Instrumentalwerke von der faschistisch gleichgeschalteten Kritik eines kakophonen Internationalismus bezichtigt wurde. Den von Casella in seinen Schriften und Kompositionen beschworenen nationalen Charakter jedenfalls hat die Kritik in Italien immer geleugnet. Umso erstaunlicher wirkt der zitierte Satz aus dem Jahre 1942.

Die Verwirrung lässt sich von 1942 bis ins Jahr 1929 zurückverfolgen, als Casella den kultur-soziologischen Hintergrund seiner SCARLATTIANA von 1926 in Deutschland erläuterte und den Rückgang auf Cembalosonaten Domenico Scarlattis aus seiner Lust erklärte, alte musikalische Formprinzipien komplementär »der modernen politischen Entwicklung gegenüberzustellen, die ja auch zugunsten der abstrakten Staatsautorität viele individuelle Freiheiten beschränkt, die das letzte Jahrhundert der Menschheit für ewig gesichert zu haben schien«. Doch was wie eine nach Italien gerichtete Mahnung klang, um seinen verstockten Landsleuten die hinter dem vermuteten Avantgardismus internationaler Prägung hörbar werdende Begrenzung kompositorischer Individualfreiheit durch die kollektiv geheiligte ›musica pura‹ der italienischen Tradition schmackhaft zu machen, wurde in Deutschland von Adorno mit Vokabeln wie »serene Schollenkunst« und sogar mit direktem Faschismusvorwurf bedacht. Der aber lässt sich ästhetisch erst gegen Casellas in den dreißiger Jahren entstandene Instrumentalkompositionen, zumal deren bombastische Schluss-Sätze, anwenden: etwa die INTRODUZIONE, CORALE E MARCIA op. 57 für Bläser und Schlagzeug – Folge eines nicht nur individuellen Sündenfalls: »Während Casella in den Jahren unmittelbar nach dem Ersten Weltkrieg seine Entwicklung zur Neoklassik vollzog, war in der Realität von Mussolinis Faschismus ein Angebot entstanden, das Casella mit seiner Musik ebenso annahm wie das konservative Komponisten, allen voran Mascagni, auch taten«.

LA FAVOLA DI ORFEO

Leider hat Casella, der mit seiner weltoffenen Ästhetik praktisch wie theoretisch erheblichen Anteil an der Erneuerung der italienischen Instrumentalmusik durch die Komponisten der 1880er Generation hatte (→ S. 628 f.), sich erst spät und kurz auf das Musiktheater eingelassen – sieht man von seinen Ballett-Partituren ab. Neben dem prekär protofaschistischen ›Mysterium‹ IL DESERTO TENTATO (→ S. 628) hat er mit dem Einakter LA FAVOLA DI ORFEO und der abendfüllenden Oper LA DONNA SERPENTE nur zwei Musikdramen geschrieben, aber beide Werke sind überzeugende Beispiele seiner Kunstanschauung und -praxis. Im Fall der FAVOLA DI ORFEO (Goldoni-Theater Venedig 1932) ist schon der Titel Programm. Er zielt sowohl auf Monteverdis Oper als auch auf das erste volkssprachlich überlieferte weltliche Schauspiel Italiens: Angelo Polizianos LA FAVOLA D'ORFEO von 1480 (Erstdruck 1494), auf dem das Libretto von Corrado Pavolini basiert. Das für Kammerorchester mit differenziertem Schlagwerk gesetzte Stück von etwa drei viertel Stunden Spieldauer endet, getreu der literarischen Vorlage, mit dem gewaltsamen Tod des Orpheus durch die Bacchantinnen. Casella verweigert sich also, in Analogie zu Malipieros Skepsis über die Umsetzbarkeit altitalienischer Kunstvorlagen, jener Utopie Monteverdis, nach der die Entrückung des Orpheus durch Apoll in den Himmel die Veränderbarkeit der ›conditio humana‹ (→ Bd. I, S. 44) versinnbildlicht. Der Rückgang hinter Monteverdi auf Poliziano bedeutet nicht nur die Aufhebung von Monteverdis gütlichem Ausgang, dem ›lieto fine‹, sondern darüber hinaus eine Absage an eine Neoklassik der vorschnellen Eindeutigkeit. Deshalb zerstört Casella wie im epischen Theater den Illusionszusammenhang und lässt nach dem orchestralen Vorspiel den Gott Merkur die ganze Handlung in Vorwegnahme des Stücks erzählen. Ein weiteres Mittel der Verfremdung üblicher Illusionszusammenhänge besteht darin, dass Orpheus zwei Mal auf lateinisch singt, also sprachgeschichtlich noch hinter das Italienisch des Poliziano auf die von Vergil im vierten Buch seiner GEORGICA erzählte Geschichte von Orpheus und Eurydike zurückgeht. Dieser Dramaturgie der gestreckten Zeitebenen entspricht Casellas Musik, die bewusst mit verschiedenen historischen Ebenen spielt. Von stiller Einfalt, edler Größe keine Spur, aber auch keine von einer stofflichen Entmythisierung und musikalischen Eingliederung in die Modernität des Zeitstils wie in Milhauds Kurzoper LES MALHEURS D'ORPHÉE von 1925.

LA DONNA SERPENTE (Die Schlangenfrau)

Casellas Beschäftigung mit Carlo Gozzis gleichnamiger Tragikomödie, die auch Wagners erster Oper DIE FEEN zu Grunde liegt, reicht in die frühen zwanziger Jahre zurück. Das Textbuch von Cesare Lodovici, in dem einige Figuren mit Anklängen an Typen der Commedia dell'arte und Personen aus Puccinis TURANDOT gegenüber Gozzi umbenannt sind, nimmt keinerlei Rekurs auf Wagners latente Umfunktionierung der Vorlage zur Tragödie des Künstlers, der gegen buchstäblich versteinerte Verhältnisse ansingt (→ Bd. II, S. 464). Unverändert bleibt in beiden Opern das von Wagner dann in LOHENGRIN zum dramaturgischen Angelpunkt erhobene Thema des Frageverbots, das bei Casella, wie schon bei Gozzi und in den FEEN, geschlechtsverkehrt konstruiert ist: König Altidor (Farruscad bei Gozzi) darf seine Frau Miranda (Cherestani), die, ihm unbekannt, aus dem Reich der Feen stammt, nicht nach ihrer Herkunft fragen und unter keinen Umständen verfluchen. Nachdem der König beide Gebote gebrochen hat und Miranda in eine Schlange verwandelt worden ist, besteht er die letzte Prüfung und gewinnt sie zurück.

Casellas Oper, ursprünglich als Chorballett geplant, erfuhr bei der Uraufführung im Königlichen Operntheater Rom 1932 (Mannheim 1934 in der Übersetzung von Hans Ferdinand Redlich) eine laue Aufnahme: heute schwer begreiflich angesichts ihrer entfesselten Theatralik, ihres mit Prokofjews LIEBE ZU DEN DREI ORANGEN durchaus vergleichbaren Unterhaltungswerts und ihrer oft schneidend rhythmisierten, farbenfrohen Klanglichkeit. Trotz einiger Erinnerungsmotive entfernt sich Casella ebenso weit von Wagners durchkomponierter Leitmotivik wie von der handlungsstiftenden Emotionsgeladenheit des italienischen Melodramas. Das heißt aber keineswegs, er habe nicht für Stimmen schreiben können. Der Stil für das hohe Paar weist in den Lamenti für Altidor (I,3) und Miranda (III,1) sehr wohl die Kantabilität der Opera seria auf, und die das Geschehen zu Beginn des I. und II. Akts erzählenden oder kommentierenden komischen Kobolde Alditruf und Albrigor spiegeln durchaus das Klima der Opera buffa. Aber diese formal in die Gesetze der Nummernoper gefassten Stilebenen dienen mit der ihnen zugeordneten Musik nicht als zweiter Strang der Stützung des zentralen Handlungsverlaufs, sie entwickeln sich selbst zum Gegenstand des musikalisch Erzählten: »Von Verpflichtungen der Handlungsillustration entlastet, wird die Musik von Casella zu einem enzyklopädischen Umgang mit stilistischen Attitüden freigesetzt.

Nicht anders als das Libretto versammelt auch Casellas Partitur in sich musikalische Topi, in denen der Instrumentalkomponist der SCARLATTIANA (1926) seine Virtuosität der Stilimitation voll entfalten kann«. Aber vor der erfolgreichen Wiederaufführung 1982 in Palermo ließ sich keine große italienische und erst recht keine ausländische Bühne auf solche Virtuosität ein – die einsträngig illusionistische Musikdramaturgie Wolf-Ferraris erwies sich allzu lange als lebensfähiger.

ERMANNO WOLF-FERRARI (1876–1948)

Obwohl streng chronologisch kein Angehöriger der ›generazione dell' ottanta‹ und nicht zu den Unterzeichnern des Manifests von 1932 zählend, nahm der in Venedig als Sohn eines bayrischen Kunstmalers und einer Italienerin geborene Komponist sozusagen den ausländischen Flügel der Konservativen aus der Achtziger-Generation ein. Dass er, wie Ferruccio Busoni im romanischen und germanischen Kulturkreis gleichermaßen beheimatet, den Kulturnationalismus der Achtziger teilte und gleichzeitig – zumindest für eine völkerpsychologisch argumentierende Musikkritik – »als zarte Schwebung mitten im besten Italienisch, als Gemütston« deutsche Innerlichkeit ertönen ließ, nahm ihn in der Heimat aus der binnen-kulturpolitischen Frontstellung. Endgültig heimgefunden hat Wolf-Ferrari nach einer lebenslangen Wanderung zwischen Italien und Deutschland im Tod. An seiner in der Via Samuele in der Nähe das Canal Grande gelegenen Sterbestätte verkündet eine Tafel: »Zurückgekehrt als müder Pilger in sein Venedig, der Muse seiner Musik, ging er in diesem Haus in die Ewigkeit ein«. Und die Beerdigung des Komponisten nach der Übersetzung der Leiche auf einer Staatsgondel zur Insel San Michele bestätigte seine Heimfindung musikalisch. Die Witwe des Komponisten hat beschrieben, wie die Menge in dem Trauerzug erst leise, dann immer lauter Wolf-Ferraris Ode an Venedig, Gasparinas Abschiedslied aus IL CAMPIELLO, zu singen begann: *Bondì, Venezia cara*.

MUSIKALISCHER ZIGARETTENDUNST: SUSANNENS GEHEIMNIS

In der Retrospektive wirkt Wolf-Ferrari wie aus seiner Zeit gefallen. Trotz des Ringens um das tragische und märchenhafte Operngenre wurde er – angeregt von Mascagnis Wiederbelebungsversuch an der Commedia dell' arte in LE MASCHERE (1901) und sich zugleich von deren stilistischer Doppelbödigkeit (→ S. 189) abgrenzend – zum Paradox eines mild-humorigen Rokoko-Veristen: Der zweisprachige Komponist schraubte die musikalische Klanglichkeit des Musiktheaters hinter Wagner und seine Dramaturgie hinter die Buffa-Errungenschaften Rossinis zurück. Für viele Zeitgenossen war das ästhetische Ergebnis ein Anlass zum Entzücken – und es fand seine produktiven Nachahmer. Etwa in dem als Filmkomponist für Federico Fellini (LA STRADA, 1954; LA DOLCE VITA, 1959), Luchino Visconti (IL GATTOPARDO, 1963) und – in geheimer Konkurrenz mit Prokofjews Oper – für King Vidors Verfilmung von Lew Tolstois KRIEG UND FRIEDEN (1956) berühmt gewordenen Nino Rota (1911–1979). Er komponierte 1955 für Palermo nach Eugène Labiches Schwank DER FLORENTINERHUT die Musikkomödie IL CAPELLO DI PAGLIA DI FIRENZE. Deren mit Prokofjew-Rhythmen sanft versetzte Wolf-Ferrari-Munterkeit war beileibe nicht nur das Vergnügen opernhistorisch zurückgebliebener Sizilianer. Als Giorgio Strehler den Zweiakter 1959 an der Piccola Scala in Mailand herausbrachte und das Finale zu einem weltentrückten Notturno stilisierte, war das wie seine Goldoni-Inszenierungen eine international gefeierte Kulturattraktion.

In Rotas auskomponiertem Verwirrspiel über den von einem Pferd gefressenen Strohhut zeigt sich im Lachen über die Unverhältnismäßigkeit zwischen Anlass und Wirkung die moralische Brüchigkeit der Gesellschaft: Die Mechanik der Verwechslungen hat etwas Dekouvrierendes an sich. Wolf-Ferrari dagegen beharrte auf der unverbrüchlichen Unschuld der ›vis comica‹. Wenn sich in dem nach dem Vorbild von Pergolesis Intermezzo LA SERVA PADRONA gebauten Einakter SUSANNENS GEHEIMNIS für zwei singende und einen stummen Darsteller (Hofoper München 1909 in der Übersetzung von Max Kalbeck; italienische Fassung IL SEGRETO DI SUSANNA auf den Text von Enrico Golisciani: Rom 1911) eine chromatisch gekräuselte, das anfängliche Flötensolo von Debussys PRÉLUDE À L'APRÈS-MIDI D'UN FAUNE evozierende Klarinettenfigur von der weit gehend diatonisch klaren Klangsprache abhebt und als akustisches Rauchzeichen das Titelgeheimnis beschreibt, dann war das für manch einen die Offenbarung musikalischer Unschuld. Denn das Geheimnis der jung verheirateten Susanne vor ihrem durch ein Phantom zur Eifersucht erregten Ehemann Gil besteht in nichts als ihrem heimlichen Griff zur Zigarette. Wie unverfänglich realitätsfern dieses Laster und die finale Verführung des Ehemanns zu ihm erscheinen, lässt sich auch daraus erschließen, dass keine Tabakfirma SUSANNENS GEHEIMNIS zu Werbezwecken nutzte. Das geschah erst in den späten zwanziger Jahren mit den nach den Titelfiguren von Korngolds WUNDER DER HELIANE und Kreneks JONNY SPIELT AUF benannten Zigarettenmarken.

So weist das Schlussduett von SUSANNENS GEHEIMNIS *Tutto è fumo a questo mondo* keineswegs in die moderne Konsum- und Industriewelt, obschon das Stück in der Gegenwart seiner Entstehungszeit spielt, sondern auf die Schlussfuge in Verdis FALSTAFF zurück: als Beharren auf einem musikalischen Spieltrieb, dem die ganze Welt zum Spaß wird. Gegenüber der Prätentionslosigkeit von Text und Musik, die ihren internen Zusammenhalt aus den vier in der Vivacissimo-Ouvertüre brillant verfugten Motiven und einem als Es-Dur-Klavierstück eingeführten Thema gewinnt, ist der stilistisch in mancherlei Beziehung vergleichbare Einakter DIE ABREISE von Eugen d'Albert (→ S. 71 f.) beinahe ein Kunststück der Hintergründigkeit. Das von Korngolds Vater, dem Kritiker Julius Korngold, auf Wolf-Ferraris Intermezzo gemünzte böse Wort von der sicheren Technik, »die geschmackvoll mit einem Nichts an Erfindung – musikalischer Zigarettendunst – auszukommen wußte«, ist jedenfalls umso weniger von der Hand zu weisen, je hinfälliger vergleichbar unschuldige Formen eines Unterhaltungstheaters im Rahmen der Subventionskultur geworden sind und ihren Ort auf anderen Ebenen, etwa in der Fernsehunterhaltung, gefunden haben – oft unter dem Verlust ihrer Unschuld. Dennoch entbinden Wolf-Ferraris Flachreliefs nicht nur für unwandelbar Konservative einen gewissen Reiz, wenn sie einer entschiedenen Ästhetik der Darstellung unterworfen werden – Ansätze zu einer Neudeutung des Buffo-Komponisten durch ein Regietheater zeigten Juri Ljubimow 1982 im Münchner Nationaltheater mit DIE VIER GROBIANE und Herbert Wernicke 1987 in Gelsenkirchen mit DER CAMPIELLO.

VENEDIG: DIE ZEHNTE MUSE

Wolf-Ferraris erste künstlerische Heimat war zweifellos Deutschland. Seine Erstlingsoper LA CENERENTOLA fiel 1900 in Venedig durch, fand aber 1902 in einer stark gekürzten deutschen Fassung als ASCHENBRÖDEL in Bremen freundliche Aufnahme. Den Durchbruch nicht nur beim Publikum, sondern – nach Wolf-Ferraris Aussage – auch zu sich selbst und seinem Personalstil fand der Komponist mit der frühesten von insgesamt fünf Goldoni-Opern: LE DONNE CURIOSE, die Luigi Sugana nach dem gleichnamigen Theaterstück von 1753 librettiert hatte. Die deutschsprachige (Hermann Teibler) Uraufführung war 1903 im Münchner Residenztheater ein Sensationserfolg, DIE NEUGIERIGEN FRAUEN wurden anschließend von Hans Pfitzner in Berlin, von Gustav Mahler in Wien, von Arthur Nikisch in Leipzig herausgebracht, und Toscaninis Einstudierung 1912 in New York galt schon einem Weltberühmten.

Obwohl an handlungstechnischer Schlichtheit nicht zu überbieten, zeigt die dreiaktige Komödie Wolf-Ferraris Stil voll ausgebildet. Es ist der eines großen Als-ob, mit dem Goldonis Beschwörung der Lagunenstadt Venedig und ihrer Einwohner in einem sozusagen alterslosen Kollektivstil musikalisch vergegenwärtigt wird. Tänzerische Rhythmik, am prägnantesten im Zweiviertel- und Sechsachteltakt, ein die alten Formen des ›secco‹ und ›accompagnato‹ im Rezitativ zu einer Art Schnellsprechgesang verbindendes Parlando, die melodischen Floskeln – Julius Korngold sprach von »Kleinholzspalterei« – in häufigen Terz- und Sextbindungen, dazu historisches und lokales Kolorit wie die Tänze Menuett und Furlana sowie der Einsatz eines Spinetts, das Zitat eines Volkslieds als Barkarole, die von einer Gondel in die bewegte Straßenszene herüberweht: Das alles vereinigt sich zu einer klanglichen Evokation der alten ›Serenissima‹. Dazu gehören auch Figuren aus der Commedia dell'arte. Die schlaue Zofe Colombina und der Diener Arlecchino müssen das Ihre dazu tun, um den Frauen das Geheimnis als natürlich harmloses Vergnügen im frauenfeindlich exklusiven Männerclub ›Amicizia‹ zu lüften und den beiden Liebenden Rosaura und Florindo zur Aussöhnung zu verhelfen.

Die geballte Harmlosigkeit von Handlung und Musik hat Wolf-Ferrari an der Vertonung vier anderer Goldoni-Stücke exemplifiziert, ohne dass dabei das in den NEUGIERIGEN FRAUEN erprobte Vokabular entscheidend weiterentwickelt worden wäre. DIE VIER GROBIANE wurden in der Übersetzung von Hermann Teibler 1906 im Münchner Hoftheater durch Felix Mottl uraufgeführt und im Originallibretto von Luigi Sugana und Giuseppe Pizzolato, das die Handlung nach Goldonis Komödienvorlage (1760) in das Jahr 1800 verlegt und fast durchgehend im venezianischen Dialekt geschrieben ist, 1914 in Mailand als I QUATTRO RUSTEGHI nachgespielt. Danach setzte, ausgelöst durch den Weltkrieg, eine zur Scheidung von seiner ersten Frau führende und den schöpferischen Bereich ergreifende Identitätskrise des sich zwischen zwei Krieg führenden Nationen zerrissen fühlenden Komponisten ein. Sie zeigt sich in dem von Giovacchino Forzano nach Goldonis IL VENTAGLIO frei librettierten Lustspiel GLI AMANTI SPOSI (Venedig und Dresden 1925, dort als DAS LIEBESBAND DER MARCHESA in der Übersetzung von Franz Rau) an chromatischen Verdüsterungen, in LA VEDOVA SCALTRA (Libretto: Mario Ghisalberti) an einer musikalischen Dünnblütigkeit. Diese vierte Goldoni-Oper Wolf-Ferraris kam 1931 in Rom und im selben Jahr als DIE SCHALKHAFTE WITWE (Übersetzung: Walter Dahms) unter Leo Blech in Berlin heraus: ein schwacher Abglanz seiner früheren Komödien, der durch den Einsatz eines Cembalos für einige Secco-Rezitative und eine Arie der Titelheldin einen auftrumpfend neoklassizistischen Ton hat.

Von ganz anderem Kaliber ist IL CAMPIELLO (Libretto: Mario Ghisalberti). Wolf-Ferraris letzte Goldoni-Oper wurde 1936 in Mailand kreiert und in der Übersetzung des Komponisten und Franz Xaver Friedls zuerst in München übernommen, wobei der Reiz des Originals zwischen dem venezianischen Dialekt der Einheimischen und der Hochsprache des aus Neapel stammenden Cavaliere Astolfi durch die Spannung Bayerisch–Hochdeutsch vergröbert wurde (spätere Bearbeiter suchten den Fehler zu vermeiden). Parodistische Züge der Musik sind einem Ballett im II. Akt anvertraut, Quartett und Zankszene im III. Akt zeigen den Komponisten auf einer überraschenden Höhe dramatischer Musik. Tendenziell denselben Stilprinzipien wie in den fünf Goldoni-Opern hat Wolf-Ferrari auch bei den Versuchen gehuldigt, seine musikalische Typenkomödie aus der französischen und spanischen Literaturtradition zu speisen. Molière war die Quelle für DER LIEBHABER ALS ARZT (Dresden 1913 in Felix Batkas Übersetzung von Enrico Goliscianis Libretto L'AMORE MEDICO), Lope de Vega für LA DAMA BOBA (Mailänder Scala und Mainz 1939 in der Übersetzung von Mario Ghisalbertis Libretto durch den Komponisten und Franz Rau als DAS DUMME MÄDCHEN).

LEIDERSPARUNG AUS ICH-SCHWÄCHE

Anlässlich seines 65. Geburtstags hat Wolf-Ferrari die psychologische Grundlage seiner Typenkomödien öffentlich bekundet. In der Einsicht, dass die Komik der italienischen Buffo-Oper bei Rossini und wohl noch stärker in Donizettis L'ELISIR D'AMORE und DON PASQUALE sowie in Verdis FALSTAFF aus Verletzungen entspringt und Schadenfreude bewirkt, legte er sich ein therapeutisches Kunsthandeln auf: »Ich habe, gefühlsmäßig, in der komischen Oper ihre Aufgabe darin gesehen, das wieder gut zu machen, was der Dichter den Figuren an Leid nicht ersparen konnte«. Das bedeutete für ihn konkret die Absage an eine Ästhetik, in der »die Musik ihr eigenes Spiel, so zu sagen nur für sich, ohne mit dem Inneren der Figuren zu sympathisieren (etwa Rossini im BARBIERE), triebe. Ich habe nicht diese Einstellung zu den komischen Figuren: ich muß mit ihnen sympathisieren«.

Dieses Sympathisieren macht sich indes weniger als Wiedergutmachung denn als Leidvermeidung bemerkbar: Wolf-Ferraris Figuren fehlt die musikalische Individualität. Die Musik nimmt ihnen nie ein Stück

Lebenszeit – wie etwa im Fluchtterzett von Rossinis BARBIER (→ Bd. II, S. 207 f.) –, und deshalb kann sie diesen Komödientypen auch nicht – wie noch in Ernestos Tränenarie aus dem LIEBESTRANK (→ Bd. II, S. 282 f.) – emotionale Tiefenschärfe geben. Das gilt sogar für Gasparinas Lied, mit dem sie im CAMPIELLO Abschied von ihrem geliebten Venedig nimmt, weil sie einen Neapolitaner heiratet. Es ist jene bei der Beerdigung des Komponisten als kollektive Trauermusik improvisierte G-Dur-Melodie *Bondì, Venezia cara*, deren gleichmäßiger Fluss von Achteltriolen in der Begleitung aus dem Vierviertelakt eine sanfte Barkarole oder sogar ein Siziliano macht, aber jede konfliktverdächtige harmonische Progression oder interne Entwicklung verhindert. Am Ende des Lieds ist Gasparina für uns dieselbe Figur wie vorher, sie hat nicht an innerer Statur gewonnen, ist nicht im musikdramatischen Sinne Person geworden. Wolf-Ferraris Sympathie für seine Geschöpfe, die diesen leidvolle Erfahrungen erspart, erweist sich kompositorisch als Ich-Schwäche. Wenn Gianni Schicchi in Puccinis Oper sein *Addio, Firenze* als rhetorische Verabschiedung von Florenz intoniert, ist die Tiefenschärfe musikdramatisch sofort da. Der Tristesse des Deszendenzmelos widerspricht der kadenzierende Schnörkel mit seiner Verkürzung der Notenwerte: Der Schmuck wird zur Drohung, zur kodifizierten Kriegserklärung an die Mitverschworenen bei der Testamentsfälschung.

Wolf-Ferrari dagegen stellt uns seine Figuren vor, als gäbe es keine Erbsünde. So verwundert es nicht, dass aus dem Gewebe der plappernden Stimmen in seinen Komödien kaum eine im musikalischen Gedächtnis eingraviert zurückbleibt. Gewiss: Neben Gasparina mit Wolf-Ferraris vielleicht schönster Melodie entzücken auch Lucieta mit dem einschmeichelnden As-Dur-Arioso *Ja, lieber Vater mein* und Marina mit ihrer selbstverliebten Sechsachtel-Kanzone *Mein Spieglein sagt mir immer, ich sei schön* in DIE VIER GROBIANE – aber merkwürdigerweise klingt Marinas Lied im Intermezzo nach dem I. Akt noch farbenreicher nach. Nicht zufällig hat Wolf-Ferrari hauptsächlich mit seinen Vor- und Zwischenspielen in Wunschkonzerten überlebt – eine Ausnahme ist das matte Vorspiel zu I QUATTRO RUSTEGHI.

Die Menschen seiner Komödien sind letztlich unpersönliche Stimmen unter denen des Orchesters. Das lässt andrerseits die akademische Fuge der vier Ärzte zu Beginn des II. Akts von DER LIEBHABER ALS ARZT oder das Quartett im III. Akt von IL CAMPIELLO, ja das gesamte Stimmengeflirr in dieser Huldigung an einen der kleinen Plätze Venedigs und seine Bewohner, die der Komponist nach dem Vorbild der altvenezianischen Oper durch Tenöre in Mütterpartien (wie später noch einmal im KUCKUCK VON THEBEN) differenzierte, gerade auf Grund des Grades an Entindividualisierung zu idealtypischen Erscheinungsformen von Wolf-Ferraris Individualstil werden. Von dessen schon in den NEUGIERIGEN FRAUEN ausgeprägt parlierender Leichtgewichtigkeit dürfte Richard Strauss für seine ARIADNE AUF NAXOS und sein INTERMEZZO einiges gelernt haben – was vielleicht seinen gegenüber Hofmannsthal geäußerten Zorn über den Erfolg von DER LIEBHABER ALS ARZT als Eifersucht wegen des ausbleibenden Erfolgs für beider ebenfalls auf Molière zurückgehende ARIADNE in der Erstfassung von 1912 erklärt: »Ist es nicht zum Teufelholen, wenn man liest, wie das Publikum bei dem entzückenden musikalischen Lustspiel von Wolf-Ferrari [...] den ganzen Abend lang sich köstlich unterhalten hat, während es sich bei unserem kurzen Molière ... zu Tode langweilt?«

VERURTEILT ZUR KOMIK?

Zumindest unbewusst hat Wolf-Ferrari befürchtet, dass sich das Publikum in seinen Komödien zu Tode amüsieren könne, zumal das Unterhaltungstheater in der faschistischen Kulturachse zwischen seinen Heimatländern Italien und Deutschland offiziell gefördert wurde. Doch seine Versuche außerhalb des Genres der Typenkomödie gerieten – wenn überhaupt – nur kurzfristig zu Erfolgen: der veristische Schocker DER SCHMUCK DER MADONNA, die vom Komponisten selbst in deutscher und italienischer Sprache nach Charles Perraults Märchen librettierte und von Hans Knappertsbusch 1927 in München uraufgeführte musikalische Legende DAS HIMMELSKLEID (LA VESTE DI CIELO), die Künstlertragödie SLY und sein matter Schwanengesang DER KUCKUCK VON THEBEN (Hannover 1943), in dem archaisierende Harmonik und gesprochene Dialoge eine Mesalliance eingehen. Trotz der in ihren rein instrumentalen Partien – dem E-Dur-Vorspiel II, der Verwandlungsmusik II, dem Aufzug der Pagenmädchen im I. und dem Tanz der Sonnenkinder im II. Akt – neoromantisch reizvollen Legende DAS HIMMELSKLEID reagierte das Publikum mit einer Gleichgültigkeit, die den Komponisten zum bitteren Eingeständnis brachte: Sie »wirkt tödlich lähmend auf die schöpferische Impulskraft. [...] Ich bin scheinbar verurteilt, immer wieder komische Opern zu schreiben, weil man mich dazu festgenagelt hat.«

Das ist indes nur die halbe Wahrheit. Wolf-Ferraris kompositorische Ich-Schwäche, die in seinen Musikkomödien durchaus Reize eines individual-stilistischen Als-ob entwickeln kann, belastet auch seine Versuche im ernsten Fach – nicht nur musikalisch, sondern auch dramaturgisch. So hat der Hauptlibrettist des KUCKUCK VON THEBEN, der unter dem Pseudonym Ludwig Andersen u. a. auch für Werner Egk, Joseph Haas, Hermann Reutter und Cesar Bresgen tätige Verleger Ludwig Strecker, die bei Plautus, Molière und Kleist behandelte Geschichte von Alkmene und Amphitryon zum Verwechslungsspiel verharmlost. Gegenüber den dichterischen Vorlagen werden nicht nur der Feldherr Amphitryon und sein Diener Sosias durch Zeus und Hermes in deren Gestalt verwirrt, bei Wolf-Ferrari wird noch die Zeus-Gattin Hera eingeführt, die erfolgreich über Alkmenes Tugend wacht. Damit ist dem formgeschichtlich auf geschlossene Nummern zurückgreifenden Stück die Möglichkeit einer tragischen Wende genommen – zugleich aber auch eine Beglaubigung des gütlichen Ausgangs durch Leiderfahrung. Die ernsten Momente der Oper vertiefen nicht die komischen, und die komischen veralbern die ernsten. In den bodenlos heillosen Zeitläuften von 1943 musste diese Oper heuchlerisch wirken – außer auf jene, die Augen und Ohren vor der Realität verschlossen hielten.

DER SCHMUCK DER MADONNA

Dass Wolf-Ferrari jedwede Anstößigkeit zu vermeiden suchte, zeigt auch die Bearbeitungsgeschichte seiner ›Oper aus dem neapolitanischen Volksleben‹. Das Libretto der GIOIELLI DELLA MADONNA von Carlo Zangarini und Enrico Golisciani ist im veristischen Sinn eine unerquickliche Mischung aus Blut, Sperma und Weihrauch – auch in der deutschen Übersetzung von Hans Liebstöckl, die der Uraufführung in der Berliner Kurfürsten-Oper 1911 zu Grunde lag. Das Werk wurde 1912 in Chicago und New York sowie im Londoner Covent Garden italienisch und an der Wiener Volksoper deutsch gegeben, fand 1925/26 in glänzender Besetzung – Maria Jeritza als Maliella – viel Aufmerksamkeit im Londoner Covent Garden und an der New Yorker Met, durfte in Italien nach der Premiere 1913 in Genua aber wegen des blasphemischen Inhalts bis 1953 nicht mehr gespielt werden. Wolf-Ferrari selbst hatte schon 1921 die Sensationslust des Publikums zum Anlass einer Umarbeitung genommen, die ausgerechnet im Jahre 1933 in Hannover erstmals herauskam. Je unverblümter die öffentliche Unmoral in der Politik sich Bahn brach, desto moralischer gab sich Wolf-Ferrari – bis hin zum KUCKUCK VON THEBEN.

Der Stein des Anstoßes liegt im Finale II. Der fromme Schmied Gennaro liebt hoffnungslos seine Ziehschwester, die sinnesfrohe Maliella. Die indes hat sich in den Camorra-Führer Rafaele verliebt, der ihr bei einer Marienprozession als rhetorische Geste zu verstehen gibt, sie verdiene den Schmuck der Madonna. Gennaro setzt das selbst in die Tat um und schmückt das von einem Kuss Rafaeles noch ganz erregte Mädchen mit dem geraubten Kirchenschatz. In Ekstase gibt sich Maliella Gennaro hin, wobei beide jedoch einen Liebesverrat begehen: Sie träumt nur von Rafaele, Gennaro von der Madonna. Diese Szene entschärfte Wolf-Ferrari 1933, indem er mit der Hingabe auch den doppelten – zur Hälfte blasphemisch gefärbten – Liebesverrat eliminierte. Gleichzeitig verlegte er das ursprünglich in der Gegenwart der Entstehungszeit spielende Geschehen in eine ferne Zeit um 1600.

Diese Veränderung nimmt den Personen ein Großteil ihrer psychischen Schuldfähigkeit, das Geschehen reduziert sich auf den kriminalistischen Aspekt des Raubs. Musikalisch war das ohne weiteres möglich, weil Wolf-Ferrari Franz Schrekers wollüstige Klangsinnlichkeit abgeht und die ekstatische Grenzüberschreitung der Kopulierenden mehr in der Szenenanweisung als in der Musik stattfindet – sie brauchte also nicht geändert zu werden. Einer Änderung war aber das Finale III bedürftig. Ursprünglich flieht Maliella mit dem Schmuck vor dem ihr folgenden Gennaro zu Rafaele in die Höhle der offenbar stark religiösen Camorristen, wo es einen Marienaltar gibt. Während Rafaele die nach seinen Begriffen entehrte Maliella verstößt und sie sich ins Meer stürzt, legt Gennaro am Altar den geraubten Schmuck nieder – und findet in einem plötzlichen Lichteinfall das Wunder göttlicher Verzeihung: In strahlendem D-Dur intonieren Celesta und Trompete das in glockenähnlicher Dreitonfolge abfallende Madonnenmotiv. Jubelnd ergreift Gennaro ein Messer und tötet sich selbst, während die Orgel ihm ein Amen nachspielt und das Madonnenmotiv noch einmal im Klavier und den tiefen Streichern ertönt.

DAS HALBHERZIGE WUNDER

Schon in der Erstfassung war dieses Wunder halbherzig im Vergleich mit jenem, das Puccini der Schwester Angelica im TRITTICO gewährt. Bei Wolf-Ferrari wird die Wiedergutmachung eines Delikts belohnt, bei Puccini aber das Verharren in der offenbar vergebenen Todsünde: dem Selbstmord Angelicas, der die Nonne zugleich mit ihrem toten Kind vereinigt, wodurch auch dieser Sündenfall verziehen wird. Statt der utopischen Aufhebung der Sündhaftigkeit bei Puccini finden wir bei Wolf-Ferrari die engherzige Rücknahme des Sündenfalls. Musikalisch war sie ähnlich einfach zu bewerkstelligen wie die der Anstößigkeit im Finale II, weil Gennaros Schlussgesang an die Madonna in der Melodiestimme seiner Segensbitte an die Mutter im ersten Akt entspricht – das Madonnenmotiv liegt nur im Orchester. So tritt Mutter Carmela in der Zweitfassung am Ende leibhaftig auf und nimmt ihren sterbenden Sohn in die Arme. Und selbstverständlich hat er nach der nun nur noch visionären Verzeihung durch die Madonna nicht Hand an sich gelegt, sondern stirbt an den Wunden, die ihm die Camorristen geschlagen haben. Dass auch dieser Eingriff ohne Veränderung der musikalischen Substanz möglich war, beleuchtet Wolf-Ferraris kompositorische Ich-Schwäche hinlänglich.

Dabei ist nach der Schreker-Renaissance seit den 1970er Jahren eine neue Erprobung der Urfassung der GIOIELLI DELLA MADONNA durchaus denkbar. Zwar hat Wolf-Ferrari seinen Protagonisten mit Ausnahme des tenoralen Schmieds Gennaro kaum zu unverwechselbarem Profil verholfen, aber die mit heftigem Einsatz der Bühnenmusik verwirklichte Mischung aus volks- und kirchenmusikalisch grundierten Aufzügen ergibt doch eine aufreizende, manchmal – im hübschen a-Moll-Intermezzo vor dem II. Akt – ablenkende, gelegentlich auch explosive Grundierung. Diese kollektive Klangaura lässt auch Maliella und Rafaele mit ihren volksmusikalisch geschlossenen Strophenliedern von der gefangenen Cannetella bzw. von der in *Blutroten Flammen* erblühenden Liebe vor den Chören, Tänzen und der Prozession im I. Akt plastisch hervortreten. Dass die Erinnerungsmotivik, abgesehen von den erwähnten Liedern Maliellas und Rafaeles sowie einem von sechs Tenören mit Mandolinen und Gitarren vorgetragenen Siziliano *O schönes Neapel in tausend Farben* an wenig prägnantem Material exemplifiziert wird, mag für heutige Ohren durch jene »gemeine Theaterwirksamkeit dieser Kinodramatik« aufgewogen werden, die Julius Korngold schon 1912 nach der Wiener Erstaufführung an dem Werk – wenngleich rügend – konstatierte.

SLY

Weniger problematisch ist Wolf-Ferraris zweiter Versuch im tragischen Genre geraten: die auf ein Libretto von Giovacchino Forzano komponierte ›Legende vom wiedererweckten Schläfer‹ SLY, OVVERO LA LEGGENDA DEL DORMIENTE RISVEGLIATO (Mailänder Scala 1927; Dresden 1928 unter Fritz Busch in der Übersetzung von Walter Dahms). Der Text geht auf das Motiv vom erwachten Schläfer zurück, das seit seinem Auftauchen in den ERZÄHLUNGEN AUS 1001 NACHT in unzähligen Varianten abgehandelt wurde als Geschichte eines Manns aus unteren Schichten, der während eines Schlafs oder Rauschs in eine höhere Lebenssphäre versetzt und später wieder auf seine frühere ›conditio humana‹ zurückgeworfen wird. Im Gegensatz zu Adolphe Adam, der 1852 in SI J'ÉTAIS ROI das Sujet zur parabelhaften Feerie von der Veränderbarkeit gesellschaftlicher Zustände formte (→ Bd. II, S. 354), blieb Wolf-Ferrari der tragischen Tradition der Stoffgeschichte treu, speziell dem Vorspiel von Shakespeares Komödie DER WIDERSPENSTIGEN ZÄHMUNG. Allerdings machte Forzano in dem zunächst für Puccini vorgesehenen Libretto aus dem betrunkenen Kesselflicker Sly, den ein Lord im Rausch auf sein Schloss bringen und ihm dort die Gaukelei von der Zugehörigkeit zu einem anderen gesellschaftlichen Stand vorspielen lässt, einen Dichter der Shakespeare-Zeit. Dieser fiktiv britische François Villon wird aus seiner Londoner Stammkneipe in das Schloss des Grafen Westmoreland entführt, dessen Geliebte Dolly ihm nach seinem Erwachen die Gattin vorspielen muss.

Wolf-Ferrari hat im Gegensatz zu anderen Musikdramen der Zeit über das Verhältnis Künstler-Gesellschaft zwischen Pfitzners PALESTRINA und Hindemiths MATHIS DER MALER für jeden der drei Akte streng unterschiedliche klangstilistische Rahmen gefunden, die aber fragmentiert auch in den anderen Akten vorkommen und eine sinnstiftende Gegensätzlichkeit entwickeln. Der I. Akt spielt in der Taverne ›Zum Falken‹ und wird mit Anklängen an Kurt Weills Songstil bestimmt von den Zechern, zu denen später auch Sly stößt. Sein Lied vom Tanzbären ist der Zentralpunkt des Akts, um den Groteskerien angeordnet sind: der Auftritt der Wirtin über einem burlesken Ostinato und das Erscheinen des Grafen mit seiner ritterlichen Gesellschaft in einem parodistischen Es-Dur-Geschwindmarsch. Der Vorschlag des Grafen, den volltrunkenen Dichter mitzunehmen, wird graziös im Buffo-Stil vorgetragen, aber die Einwürfe Dollys und von Slys Freund, dem Schauspieler John Plake, grundieren die Komödie mit Trauer.

PUNKTUELLE KONSTRAST-TECHNIK

Das ist mit Liedern, Chören, Ariosi und flexiblem Sprechgesang differenziert ausgearbeitet, verstärkt durch »aparte Farbtönungen des Klangs, eigenartige harmonische Wendungen und Anklänge an altenglische Melodik und Rhythmen«. Im II. Akt treten höfisch-tänzerische Momente hinzu, von denen der zum Liebesgesang sich entwickelnde Dialog zwischen Dolly und Sly abgehoben ist. Doch der Graf unterbindet das zur Wirklichkeit werdende Spiel und lässt Sly in den Keller stoßen. Dort wird er zu Beginn des III. Akts von drei Freunden des Grafen über seine Zukunftsperspektive höhnisch aufgeklärt. Das Orchester rahmt diesen ohne Begleitung vorgetragenen Abschnitt mit einem einzigen, drei Mal wiederholten tiefen Akkord als Tontraube. Wenn die Männer in einer tänzerischen – jetzt vom Orchester begleiteten – Bewegung davongetrippelt sind, ertönt wieder der clusterähnliche Akkord. Er gehört zu Slys nun beginnendem Sinnieren über die Rolle Dollys in dem bösen Spiel, hatte mit dem Auftritt der dem komischen Fach zugehörigen Spötter nichts zu tun.

Durch diese punktuell eingesetzten Kontrastmittel gelingt es Wolf-Ferrari ohne hoch entwickelte Techniken der Durchführungsmusik, einfach aus dem Gegensatz klanglicher Ebenen, Schlüssigkeit zu gewinnen – bis hin zur Tragödie. In einem Wortgestammel – der Komponist hat hier wie in DER SCHMUCK DER MADONNA für Gennaros Entschluss zum Schmuckraub keine plastisch-musikdramatischen Mittel zur Verfügung – verdichtet sich Slys Selbstmitleid zur Selbstmordbereitschaft. Zu spät kommt Dolly, die mit ihm in ein unentfremdetes Leben fliehen möchte: Sly hat sich die Pulsadern aufgeschnitten.

Die Wiederaufführungen der Oper 1963 in Mainz, 1980 in Wiesbaden und – von der Schallplatte festgehalten – besonders 1982 in Hannover haben gezeigt, dass es Chancen gibt, »dem heutigen Opernpublikum die beiden tragischen Werke Wolf-Ferraris näher zu bringen und somit das längst nicht mehr strahlende Bild vom Meister der komischen Oper auch auf unseren Bühnen behutsam zu korrigieren«. In seinem Nachleben muss der Komponist nicht zur komischen Oper verurteilt bleiben.

VOM STAATSTHEATER ZUM KZ
DEUTSCHE OPER IM ›DRITTEN REICH‹

»Nie vorher, nie nachher hat es in Deutschland eine dem Theater so aufgeschlossene Regierung gegeben wie im Dritten Reich«. Diese Bilanz eines Theaterhistorikers lässt sich quantitativ untermauern. So haben sich die Reichszuschüsse zwischen 1934 und 1942 fast verfünffacht. Bei ihrer Machtübernahme 1933 fanden die Nationalsozialisten 147 Theaterunternehmungen mit rund 22 000 Beschäftigten vor, das letzte Bühnenjahrbuch im Deutschen Reich wies, ehe Propagandaminister Joseph Goebbels im August 1944 die Theaterschaffenden in den erhofften ›Endsieg‹ entließ, für die Spielzeit 1942/43 nicht weniger als 248 Theater mit über 44 000 Beschäftigten auf. Selbst unter Einbezug der Tatsache, dass dazu auch die 1938 beim so genannten Anschluss Österreichs angefallenen Bühnen gehörten, ist der Zuwachs immens. In diesem Zeitraum kamen 174 deutsche Opern zeitgenössischer Komponisten als Uraufführung heraus, davon immerhin 73 während des Kriegs.

Diese Novitätenfülle entsprach dem von der Regimespitze verkündeten Erneuerungsgeist. So verlangte der Reichsdramaturg Rainer Schlösser noch 1942, jede größere Bühne solle unter zehn Neueinstudierungen zwei Opern zeitgenössischer deutscher Komponisten herausbringen. Modernisierungstrieb und Erfolgsstatistik verbergen indes eine tödliche Vereinnahmung der Bühnen durch die Mächtigen. Tatsächlich waren Hitler, Göring und Goebbels nach ihrem Selbstverständnis nicht nur Politiker, sie haben sich auch als Träger einer theatralischen Sendung aufgeführt – der Sprech- und Schauspielunterricht, den Hitler im April 1932 mit dem horrenden Honorar von tausend Mark pro Monat bei einem Berliner Operettentenor nahm und Anfang November des Jahres erfolgreich beenden konnte, ist dafür nur ein Indiz. Wie kein Regime zuvor hat die Führungsspitze des ›Dritten Reichs‹ – nicht nur bei spektakulären Anlässen wie den Nürnberger Reichsparteitagen – eine Ästhetisierung der Politik betrieben: Die Schau wurde zum Wirklichkeitsersatz, der schöne Schein sollte eine zunehmend mörderische Realität verdecken.

Umso überraschender wirkt es, dass es keine ausformulierte Musikpolitik gab. Fachspezifisch lässt sich die NS-Theaterpolitik wie die gesamte Kulturpolitik des ›Dritten Reichs‹, aller verbalen Aufbruchsrhetorik zum Trotz, vorrangig in der Stoßrichtung greifen, das progressive Erbe der Weimarer Republik zu vernichten: »Hinter der Fassade vom neuen Reich verbarg sich eine ausgeprägt rückschrittliche Tendenz«. Tatsächlich stellt sich das Opernschaffen im ›Dritten Reich‹, parallel zur stalinistischen Sowjetunion, als Rücknahme des Modernitätsgehalts der zwanziger Jahre zu Gunsten populistischer Tendenzen dar. Programmatische Äußerungen von höchster Instanz zu musikalischen Fragen gab es lediglich als Gesinnungsnebel. Bezeichnend dafür das Kommando des Propagandaministers Goebbels bei der Gründungsfeier der von ihm ins Leben gerufenen Reichskulturkammer im November 1933, die Komponisten sollten für das neue Zeitalter die »tiefe Vermählung des Geistes der heroischen Lebensauffassung mit den ewigen Gesetzen der Kunst« bewirken und eine »Art von stählerner Romantik« schaffen. Auch Hitlers so genannte Kulturrede auf dem Nürnberger Parteitag von 1938 gipfelte in hohl tönenden Forderungen: Jede »wahre Kunst muss ihren Werken den Stempel des Schönen aufprägen. Denn das Ideal für uns alle hat in der Pflege des Gesunden zu liegen. Alles Gesunde aber allein ist richtig und natürlich, alles Richtige und Natürliche ist damit schön«. Und so, als wolle er diesem Zirkelschluss sogar jede Nutzbarmachung im Sinne der NS-Ideologie nehmen, die ihren Rassismus als wissenschaftliche Weltanschauung ausgab, erklärte er: »Es ist aber gänzlich unmöglich, eine Weltanschauung als Wissenschaft musikalisch zum Ausdruck zu bringen«.

Selbst im Kreis ihrer willfährigsten Vollzugsgehilfen fanden die Machthaber des Reichs keine fachwissenschaftliche Stütze. Zwar verkündete Staatsrat Hans Severus Ziegler, Generalintendant des Nationaltheaters Weimar und Leiter des Gaukulturamtes der NSDAP Thüringen, bei der von ihm während der Reichsmusiktage 1938 in Düsseldorf veranstalteten Ausstellung ENTARTETE MUSIK seine Totschlagformel mit bewaffneter Naivität: Wenn »die größten Meister der Musik in der Tonalität und aus dem ganz offenbar germanischen Element des Dreiklangs empfunden und geschaffen haben, dann haben wir ein Recht, diejenigen als Dilettanten und Scharlatane zu brandmarken, die diese Klanggrundgesetze über den Haufen schmeißen«. Aber bei einer wissenschaftlichen Tagung im Rahmen der Reichsmusiktage stellte der Kieler Ordinarius für Musikologie Friedrich Blume in seinem Festvortrag MUSIK UND RASSE jenseits des geschichtsklitternden Unsinns vom arischen Dreiklang die Vorurteilsstruktur der damaligen musikalischen Rassenforschung bloß. Nur Atonalität und Zwölftonmusik fielen bedingungslos unter das nazistische Verbot, ebenso – aber nicht mit derselben Ausschließlichkeit – für Jazz gehaltene Formen amerikanischer Unterhaltungsmusik. So blieben für Opernkomponisten vage Umschreibungen des thematisch vorgegebenen Zielhorizontes übrig: Schollenverbundenheit im deutsch-nordischen Mythen- und Geschichtsbereich mit der idealtypischen Schicksalsgemeinschaft von Volk und Führer. Ausgeklammert wurden für den Bereich der ernsten Oper ausdrücklich der Alltag der Realzeit – was dem Publikum im Gegensatz zum Sprechtheater Banalitäten wie eine HJ-Oper ersparte – sowie psychisch niederdrückende Vorlagen.

NAZISTISCHER VERFOLGUNGSWAHN

Verbunden mit der Propagierung dieser Ziele blieb der auf jüdische Musiker konzentrierte nazistische Verfolgungswahn, während gleichzeitig jedwedes Werk eines rassisch unangefochtenen Komponisten mit den irrationalen Begriffen ›entartet‹ oder ›kulturbolschewistisch‹ diffamiert werden konnte. Sie waren durch den ›Kampfbund für deutsche Kultur‹, 1927 gegründet von Alfred Rosenberg, der sich selbst als Chefideologe des Nationalsozialismus verstand und 1934 zum Verantwortlichen für die weltanschauliche Schulung der NS-Partei an die Spitze einer eigenen Behörde aufstieg, zum gängigen Vokabular im kulturellen Vernichtungskampf der Nazis geworden. Dieser schloss Sippenhaft ein. So konnte Richard Mohaupt (1904–1957) mit der im Februar 1938 als Auftragswerk der Dresdner Staatsoper herausgebrachten Vertonung von Goldonis nach Russland verlegter LOCANDIERA zwar einen durchschlagenden Erfolg im staatlich begünstigten Genre der heiter volkstümlichen Oper erzielen, aber seine WIRTIN VON PINSK wurde auf Grund eines Einspruchs von Herbert Gerigk, dem berüchtigten Leiter der Hauptstelle Musik im Amt Rosenberg, nach wenigen Aufführungen abgesetzt. Für den nach 1945 in der BRD neben anderen Erfüllungsgehilfen der NS-Kulturpolitik ungehindert weiter wirkenden Gerigk waren »nicht die musikalischen Mittel und Einzelheiten« von Belang, »sondern der Geist, aus dem heraus« sie entstanden. Und weil der Komponist eine jüdische Ehefrau hatte, musste er vom Ungeist zersetzt sein, war also politisch missliebig. Mohaupt emigrierte rechtzeitig vor Kriegsbeginn in die USA. Wiederbelebungsversuche an seiner Oper nach 1945 blieben folgenlos, und die parodistisch auf Musik des 19. Jahrhunderts Bezug nehmenden BREMER STADTMUSIKANTEN von 1944 fanden nach der Bremer Uraufführung von 1949 nur für kurze Zeit Anklang: Schicksal eines kulturell nicht mehr richtig Repatriierten.

Selbst weltweit anerkannte Prominenz bot keinen absoluten Schutz vor der Verfolgung. Richard Strauss war der nicht nur aufführungsstatistisch überragende deutsche Opernkomponist der Epoche, und seine Wende zum Konservativismus im ROSENKAVALIER von 1911 lieferte dem ›Dritten Reich‹ eine hochkulturelle Leitlinie. Obwohl er den Machthabern als Aushängeschild diente, kollidierte Strauss 1935 wegen seines jüdischen Librettisten der SCHWEIGSAMEN FRAU, Stefan Zweig, mit der Kulturpolitik und musste den Rücktritt vom Amt des Präsidenten der Reichsmusikkammer, sogar das Verbot seiner neuen Oper ertragen (→ S. 233 f.). Andrerseits garantierte eine stramm regimetreue Gesinnung noch lange keinen Publikumserfolg: Hans Pfitzner, der im ›Dritten Reich‹ nichts Neues für das Musiktheater schrieb, diente sich den Machthabern zwar in mancherlei Beziehung an, erlebte aber zu seinem Leidwesen weniger Aufführungen seiner Opern als während der Weimarer Republik.

Insgesamt blieb die Abstimmung zwischen Rosenberg, dem Propagandaminister Joseph Goebbels, der sich als Beschützer der deutschen Musik aufspielte, dem als Dienstherrn der Preußischen Staatstheater fungierenden Hermann Göring und dem sich gelegentlich wie im ›Fall Hindemith/Furtwängler‹ (→ S. 560 f.) persönlich einschaltenden Hitler mangelhaft. Eben diese Grauzone der Kompetenzen aber erzeugte ein allgemein denunziatorisches Klima, in dem schon der Aufschrei einer NS-Provinzgröße eine existenzielle Bedrohung für die Betroffenen bedeuten konnte. Andrerseits diente dieser Sachverhalt nach 1945 manchem Künstler, der im ›Dritten Reich‹ trotz gelegentlicher Angriffe reüssieren konnte, als Indiz für seinen angeblich abweichlerischen Kurs, für eine ›innere Emigration‹, sogar für praktizierten Widerstand. Dabei waren alle auf Publikation bedachten Komponisten (nur Karl Amadeus Hartmann zog sich wirklich in die Innere Emigration zurück) in einer Art Vorzensur um Anpassung bemüht, obwohl sogar gelegentliche Ausflüge in die als jüdisch-kulturbolschewistisch diffamierten nicht-tonikalen Bezirke toleriert wurden – natürlich nur, sofern sie in einem ideologisch genehmen Umfeld stattfanden. Unbeanstandet blieb etwa die durch Dur- und Molldreiklänge versteckte Zwölftonreihe in dem von einem Chor der Pinguine kommentierten Einakter über den Untergang des Südpolforschers Robert F. Scott DAS OPFER (Hamburg 1937) durch den Schönberg-Schüler Winfried Zillig (1905–1963). In seiner ersten abendfüllenden Oper DIE WINDSBRAUT (Leipzig 1941) nach einer Vorlage des von den Nazis wegen seiner Blut-und-Boden-Ästhetik geschätzten österreichischen Dramatikers Richard Billinger vermied der Komponist dann aber jede musikalische Provokation.

Kritischer wurde es für den Dänen Paul Klenau (1883–1946), der nach spätromantischen Anfängen eine Beziehung zu Alban Berg aufnahm und in seinem zwischen Singen und Sprechen ausbalancierten MICHAEL KOHLHAAS (Stuttgart 1933, revidiert: Staatsoper Berlin 1934) Momente der Zwölftontechnik nutzte. Die darauf einsetzende Diskussion ging zu Klenaus Gunsten aus, weil er sein Verfahren unter Vermeidung des Namens Schönberg als tonartbestimmt bezeichnete, auf Richard Wagner zurückbezog, Kleists Erzählung mit deutschem Volksliedgut und Lutherchorälen durchsetzt hatte sowie überhaupt politisches Wohlverhalten an den Tag legte. Sicherheitshalber modifizierte er seine Reihentechnik für REMBRANDT VAN RIJN (Staatsoper Berlin 1937) in Richtung auf durchgehende Dur-Moll-Tonalität. Unbehelligt blieb das Schaffen anderer skandinavischer Künstler im Sog ihrer ›arischen‹ Herkunft. Die Schweden Natanael Berg (1879–1957) und Kurt Atterberg (1887–1974) erfreuten sich im ›Dritten Reich‹ einiger Beliebtheit, Bergs Verklärung eines schwedischen Freiheitshelden aus dem 15. Jahrhundert in ENGELBREKT (Stockholm 1929) wurde 1933 in Braunschweig als Hommage an den ›Führer‹ verstanden. Zu den ideologisch begünstigten Ausländern gehörten auch Angehörige der ›Achsenmacht‹ Italien, so dass neben anderen Komponisten Ottorino Respighi, Alfredo Casella und Gian Francesco Malipiero zu Erst- und sogar Uraufführungen kamen – ganz zu schweigen vom halb deutschstämmigen Ermanno Wolf-Ferrari, einem der meistgespielten Opernkomponisten im Reich. So schützte die italienische Herkunft auch Gian Carlo Menotti, der zwar seit 1935 in Amerika lebte, seine Staatsangehörigkeit aber vorerst beibehielt. Sein 1937 in Philadelphia auf Englisch uraufgeführter Erstling AMELIA GEHT ZUM BALL wurde trotz des durch die Reichsmusikkammer erlassenen Verbots von Opern aus Ländern der Kriegsgegner noch nach Eintritt der USA in den Zweiten Weltkrieg gespielt.

UNFÄHIGKEIT ZUR TRAGIK

JOSEPH HAAS – HEINRICH STRECKER – MARK LOTHAR

Wenn das ideologische Umfeld aber im Widerspruch zur NS-Ideologie stand, konnte es selbst für lammfromm konservative Opernkomponisten gefährlich werden. Joseph Haas (1879–1960), in den frühen dreißiger Jahren als Verfasser christlich-volkstümlicher Oratorien erfolgreich, erregte mit

TOBIAS WUNDERLICH (Kassel 1937) eine Zeit lang heftige Kontroversen. Musikalisch war die Oper absolut systemgerecht, aber die Geschichte vom Holzschnitzer, dem drei Mal das Wunder einer Verlebendigung von Heiligenstatuen widerfährt, war dem Rosenberg-Flügel als Ausflug in einen katholischen Mystizismus verhasst. Das führte zur vorübergehenden Unterdrückung des Werks, das erst in den Kriegsjahren wieder auf den Spielplänen erschien – offenbar war da Wundergläubigkeit sogar in katholischer Gewandung erwünscht. 1944 konnte Haas mit DIE HOCHZEIT DES JOBS, wiederum auf ein Libretto des Schott-Verlegers Ludwig Andersen (Pseudonym für Strecker), ein weiteres Hohelied auf einen unbeugsamen Menschen aus dem Volke unbeanstandet herausbringen. Nach 1945 gerieten beide Werke als musikalische ›Spitzwegiaden‹ schnell in Vergessenheit.

Das Schwanken zwischen kompositionstechnischer Ergebenheit und unangepasster Thematik bei Joseph Haas ist ein Aspekt jener Zweideutigkeit, die das deutsche Opernschaffen der Zeit des ›Dritten Reichs‹ insgesamt charakterisiert. Idealtypisch dafür steht neben dem insgeheim als Kriegserklärung an die Adresse der verfemten Neutöner fungierenden FRIEDENSTAG von 1938 (→ S. 233 ff.) auch CAPRICCIO, der musiktheatralische Schwanengesang von Richard Strauss: auf den ersten Blick eine Oper, die »niemand mit dem Ungeist, aus dem sie stammt, in Beziehung bringen kann«. Gleichwohl kann sie nicht nur ideologiegeschichtlich für Eskapismus oder Innere Emigration reklamiert werden, sie diente auch als ästhetische Fassade für ein verbrecherisches Regime. Diese Diskrepanz »zwischen subjektiver Gesinnung und objektiver Funktion« ist im Fall des CAPRICCIO, das man nach den Worten des Musikhistorikers Carl Dahlhaus »nur erträgt, wenn man vergißt, wann es entstanden ist«, auf die Spitze getrieben. Generell scheint bei den herausragenden Komponisten des ›Dritten Reichs‹ – von geringer begabten ganz zu schweigen – nur selten eine Dialektik von Anpassung und Widerstand auf. Bezeichnend dafür die tendenzielle Unfähigkeit der Komponisten zur Tragik, sie macht die Opern der Epoche insgesamt zu Vehikeln einer obrigkeitsstaatlich verordneten Verdrängung der Realverhältnisse ihrer Entstehungszeit. So wurde Carl Orff, in seinem bildungsbürgerlich abgepolsterten Neoprimitivismus der originärste Komponist im nationalsozialistischen Deutschland, laut eigener Aussage erst nach 1945 mit seiner ANTIGONAE tragikfähig. Entsprechend hat man dieses Werk zum programmatischen Neubeginn eines humanistisch geläuterten Komponisten stilisiert. Allerdings hatte Orff den Auftrag dazu samt Honorar noch vom NS-Reichsstatthalter in Wien für die dortige Staatsoper erhalten – der Übergang erfolgte 1945 reibungsloser, als viele es wahrhaben wollten. Von Schuldgefühlen der Erfolgskomponisten des ›Dritten Reichs‹ war nach dessen Untergang wenig zu spüren.

Das gilt erst recht für jene Komponisten, die das 1933 schon abgestorbene Genre der volkstümelnden Oper fortsetzten und damit letztlich den Bereich der von den Nazis hoch geschätzten Unterhaltungsmusik pflegten. Der Wiener Heinrich Strecker (1893–1981) statuierte mit seinem Singspiel ÄNNCHEN VON THARAU (Breslau 1933) ein Exempel. Nicht nur in der Beziehung, dass er auf der Grundlage von Friedrich Silchers populärer Vertonung des lange Zeit – auch in seiner Oper – fälschlich dem Königsberger Barockdichter Simon Dach zugeschriebenen Liedes einen operettigen Kranz von Marsch- und Tanznummern präsentiert. Hinter diesen Harmlosigkeiten, die den aus Liebeskummer zu den Brandenburgischen Kürassieren gegangenen Studenten Johannes und das titelgebende Pflegetöchterlein des Wirts endlich zusammenführen, steckt kaum verhüllt ein volksbildnerischer Appell an Mannhaftigkeit: die männerbündlerische Verklärung militärischer Zucht und Ordnung.

Unterhaltungsopern erfreuten sich beim Publikum außerordentlicher Beliebtheit. So etwa das im Untertitel sich ausdrücklich auf die Spitzweg-Welt beziehende Lustspiel DAS KLEINE HOFKONZERT (Kammerspiele München 1935) von Edmund Nick (1891–1974), das den angeblich zersetzenden Operetten jüdischer Komponisten ein biedermeierlich deutsches Kolorit entgegensetzte (1936 von Gustaf Gründgens am Berliner Staatsschauspiel übernommen und von Detlef Sierck, dem späteren Douglas Sirk, verfilmt). Zu den Erfolgsstücken der Zeit gehören auch die märchennahe ›Oper für kleine und große Leute‹ SCHWARZER PETER (Hamburg 1936; revidiert Lübeck 1978) des durch den Schlager LILI MARLEEN weltberühmten und mit Marschliedern wie im Film BOMBEN GEGEN ENGELAND propagandistisch hervortretenden Norbert Schultze (geb. 1911) oder DIE PFIFFIGE MAGD (Leipzig 1939) von Julius Weismann (1879–1950). Dieser sich als apolitisch verstehende Komponist, der bezeichnenderweise eine der wenigen ohne gesellschaftspolitischen Konfliktstoff auskommenden Komödien des ›dänischen Molière‹ Ludvig Holberg zur Grundlage seiner Buffa nahm, betätigte sich sehr wohl als politischer Kannengießer. Denn 1935 komponierte er (Rudolf Wagner-Régeny ausstechend) seine Version zu Shakespeares SOMMERNACHTSTRAUM: die neben Carl Orffs verschiedenen, in der Fassung von 1938 kulminierenden Beiträgen erfolgreichste der zum Zwecke der Verdrängung Mendelssohns parteiamtlich bestellten Bühnenmusiken.

Zu den Publikumslieblingen voll durchschlagender Harmlosigkeit zählte auch die ›Heitere Oper‹ SCHNEIDER WIBBEL (Staatsoper Berlin 1938) von Mark Lothar (1902–1985). Der Komponist, der unter Gustaf Gründgens der Musik im Preußischen Staatsschauspiel vorstand und nach dem Krieg bis 1956 in gleicher Funktion am Münchener Staatsschauspiel tätig war, verstand sich nicht nur im Alphabet der Opernkomponisten als direkter Nachfolger Lortzings, dessen CASANOVA er 1944 für die Berliner Staatsoper bearbeitete. Er betrieb eine biedermeierliche Verzwergung nicht nur in seiner volkstanzdurchsetzten Musik – ein dräuender Tuttiakkord für eine angebrannte Mahlzeit galt ihm schon als musikdramatische Aufgipfelung. Bereits in seinem THYLL (Weimar 1928) war er auch in der dramaturgischen Anlage nach dieser Devise vorgegangen und hatte – anders als der 1944 verstorbene Niederländer Jan van Gilse in seinem postum uraufgeführten THIJL (Amsterdam 1980) – aus dem ihm als Vorlage dienenden Eulenspiegel-Roman von Charles de Coster die grundlegende Parallele zwischen dem fiktiven Narren und dem realen spanischen König Philip II. eliminiert. Realitätsfern ist auch seine Vertonung von Hans Müller-Schlössers rheinischem Schwank, in dem der Düsseldorfer Schneider Wibbel gegen den 1813 in die Stadt einziehenden Napoleon protestiert, zu einer Gefängnisstrafe verurteilt wird, seinen Gesellen gegen Bezahlung zum Absitzen delegiert und, als dieser stirbt, dem eigenen Begräbnis bewegt aus dem Fenster folgt sowie fortan als sein eigener Bruder mit der Ehefrau zusammenlebt. Dem offenen Ende der Vorlage pfropfte Lothar in seiner durchkomponierten Nummernoper unter Mitwirkung des Dichters eine aus dessen schwacher Fortsetzung SCHNEIDER WIBBELS AUFERSTEHUNG entlehnte Schluss-Apotheose auf. Eine Einlassung auf psychische Komplexionen, die nach Wibbels Annahme einer fremden Identität für Spannung hätte sorgen können, war Lothars Sache nicht. Er begnügte sich mit schwankhafter Glätte und einem an hurrapatriotischen Jubel grenzenden Finale, dessen scheinbar unpolitisch konfliktbereinigtes Bild einer befriedeten Gesellschaft den politisierten Theatervorstellungen der nazistischen Machthaber entsprach.

POLITISIERUNG ODER ENTPOLITISIERUNG?

PAUL GRAENER (1872–1944)

Für die in der Öffentlichkeit diskutierte Theaterästhetik des ›Dritten Reichs‹ spielten die erfolgreichen Volksopern allerdings keine bedeutende Rolle, Lothars SCHNEIDER WIBBEL wurde nach der Uraufführung nur von kleineren Bühnen nachgespielt (*WA* Düsseldorf 1987), freilich über die Grenzen des Reichs hinaus. Einer der sozusagen offiziellen Opernkomponisten des

Reichs war Paul Graener, auch wegen seiner Treuebekundungen gegenüber dem Regime und der von ihm übernommenen Ämter: Goebbels ernannte ihn 1933 zu einem der Vizepräsidenten der Reichsmusikkammer unter Richard Strauss und 1935 zu dessen Nachfolger als Leiter der Komponistenfachschaft. Mit der italienisch leichten Buffa DON JUANS LETZTES ABENTEUER (Leipzig 1914, revidiert Hamburg 1935) hatte der Komponist im Kaiserreich ebenso einen Bühnenerfolg gehabt wie in der Weimarer Republik mit dem expressiven Lyrismus von SCHIRIN UND GERTRAUDE (Dresden 1920). Während der zwanziger Jahre nahm Graener eine deutschnationale Wende, HANNELES HIMMELFAHRT (Dresden und Breslau 1927), eine Vertonung von Gerhart Hauptmanns Traumdichtung, setzte mit ihrem barockisierenden Mystizismus bewusst einen Kontrapunkt zur ›Neuen Sachlichkeit‹ der Zeit. In FRIEDEMANN BACH (Schwerin 1931), basierend auf der fiktiven Verklärung des ältesten Bach-Sohns in Albert Emil Brachvogels Roman von 1858, bleibt die entscheidende Beziehung Friedemanns zu einer Zigeunerin ausgespart (dadurch ließ sich die Mitarbeit eines jüdischen Librettisten leichter verwinden). Auch hier greift der Komponist auf barockes Tonmaterial zurück. Die Tonfolge B-A-C-H, Musikzitate aus Werken der Bachfamilie sowie die Verwendung von Choral und Fuge als Gestaltungsmittel wurden wie Graeners Opern insgesamt nach 1933 von der Presse als unzeitgemäß im besten Wortsinn belobigt, fielen als Pseudokunst aber nach 1945 schnell dem Vergessen anheim. Und die 1935 von der Berliner Staatsoper als Auftragswerk uraufgeführte Kleist-Vertonung DER PRINZ VON HOMBURG, deren Nutzbarmachung des Stoffs für den Befehlsgehorsam in einem autoritären Staat die musikalische Gestaltung weit überstieg, fand keine größere Resonanz mehr, ebenso wenig SCHWANHILD (Köln 1942). Trotz seiner offiziellen Förderung war Graener in der Publikumsgunst von jüngeren Kollegen abgelöst worden.

OTHMAR SCHOECK II (1886–1957)

Die von Graener in seiner Kleist-Oper angestrebte Politisierung der Vorlage war nicht unerwünscht bei den tonangebenden Kreisen, aber eher versprach das Gegenteil Erfolg: die Entpolitisierung. Ein Beispiel dafür lieferten der Graener weit überlegene Schweizer Komponist Othmar Schoeck und sein schon bei der Arbeit an der Mérimée-Oper VENUS (→ S. 528 f.) unrühmlich aufgefallener Librettist Armin Rüeger mit MASSIMILLA DONI (Staatsoper Dresden 1937, *WA* Zürich 1987). Den Stoff entnahmen sie Balzacs gleichnamiger Novelle von 1838, einer der philosophischen Studien in der

COMÉDIE HUMAINE. Schon bei Balzac ist in die Liebesintrige als analytischer Teil eine Debatte gewoben. In der geht es keineswegs nur wie bei Schoeck-Rüeger um den von der Titelheldin zu entscheidenden Disput zweier älterer Roués, ob in der Oper der weiblichen Stimme (verkörpert durch die Sopranistin Tinti) oder der männlichen (verkörpert durch den Tenor Genovese) der Vorzug gebühre. Diese Diskussion ähnelt dem von Richard Strauss wenige Jahre später in einem schon entrückt wirkenden Ancien régime ausgetragenen Opernstreit seines CAPRICCIO (→ S. 315 ff.). Bei Balzac wird aber in Venedig um 1830 Rossinis Oper MOSÈ IN EGITTO als geheime Politbotschaft diskutiert, und zwar nicht in der französischen Fassung von 1827, sondern in der italienischen Endversion von 1819 (→ Bd. II, S. 181). Diese Kunstdebatte dient erzähltechnisch als flankierende Maßnahme zur eigentlichen Intrige, wie sie auch in der Oper abläuft: Gräfin Massimilla gewinnt den sie liebenden, aber an einer Triebhemmung leidenden Prinzen Emilio durch Hingabe in Verkleidung für sich. Dabei »fungiert die Opernhandlung als Parabel für den Zustand Italiens zur Zeit der Besetzung Venedigs durch die Österreicher« in der Realzeit Balzacs, und zu Beginn ihrer Rossini-Analyse flüstert Massimilla einem Gast ins Ohr, Moses sei der Retter eines versklavten Volks. Sie beschwört ihn, an diese Bemerkung zu denken, wenn in der bevorstehenden Aufführung der Oper im Fenice-Theater die Zuschauer das von den unterdrückten Hebräern angestimmte Gebet des Moses, die berühmte ›Preghiera‹ *Dal tuo stellato soglio*, mit religiöser Begeisterung feiern würden.

Diese bei Schoeck-Rüeger ausgesparte Interpretation von Rossinis Oper durch Massimilla hätte sich für eine Deutung im Sinne des Faschismus und seines Führerkults angeboten, zumal Massimilla die Introduktion des MOSÈ mit dem Doppelfinale der Oper verklammert und als gattungshistorische Besonderheit herausstellt. In der werden individueller Affektausdruck und tragisches Einzelschicksal aufgehoben zum kollektiven Glück eines auserwählten Volks. Möglicherweise bemerkten Schoeck und sein Librettist, dass sie sich mit ihrer Stoffwahl auf ein gefährliches Terrain begeben hatten und scheuten die ideologische Ausbeutbarkeit ihres Werks. Aber ihr totaler Verzicht auf eine politische Lesart hat die thematische Spannung der Oper nivelliert. Die sich selbst inszenierende Stimmakrobatik der Sopranistin Tinti, deren unverhohlenen Liebesofferten Emilio endgültig zu erliegen droht, und der Verismus des auf der Bühne in Liebe entflammten und am Ende mit ihr zum sozusagen niederen Paar vereinten Tenors Genovese streifen vor allem textlich den Bereich unfreiwilliger Komik. Und musikalisch wirkt Schoecks Apotheose der italienischen Oper des

›Ottocento‹ im Vergleich mit seiner PENTHESILEA (→ S. 529 ff.) wie ein Kotau vor dem offiziell geforderten Konservativismus der Zeit.

Unfreiwillig lieferte Schoeck dann zur realpolitischen Götzendämmerung des ›Dritten Reichs‹ die Begleitoper: DAS SCHLOSS DÜRANDE kam nach mehrmaliger Verschiebung des Premierentermins wegen Bombenschäden am 1. April 1943 in der Berliner Staatsoper heraus (Zürich: Juni 1943). Das Libretto hatte Hermann Burte nach Eichendorffs gleichnamiger Novelle in teilweise unerträglicher Banalität geschrieben. Obwohl der linientreue Autor dem Komponisten ein Happy End nahe legte, beharrte Schoeck gegen den Strom der nazistischen Zeitoper auf dem tragischen Ausgang für alle Beteiligten. Am Ende erkennt der Jäger Renald, der in den Wirren der Französischen Revolution den Mob gegen seine Schwester Gabriele und deren Verbindung mit ihrem vermeintlichen Verführer Armand von Dürande aufgehetzt hat, seine Fehleinschätzung und wirft eine brennende Fackel in den Pulverturm des Schlosses – eine erschreckende Parallele zur Volks- und Selbstvernichtung der Nazis. Das fiel sogar dem Reichsmarschall Göring als Dienstherrn der Preußischen Staatstheater auf. Zwei Wochen nach der (von ihm nicht besuchten) Premiere telegrafierte er auf Grund der Lektüre des Textbuchs dem Intendanten: »Es ist mir unfassbar, wie die Staatsoper diesen aufgelegten Bockmist aufführen konnte. Der Textdichter muss ein absolut Wahnsinniger sein«. Schoeck selbst versuchte mit der späteren Feststellung, die Explosion dürfe nicht auf der Bühne gezeigt werden, seinem musiktheatralischen Schwanengesang die Inschrift der Realgeschichte zu nehmen. Aber seine musikalische Typisierung – die Revolutionsszenen der 1789 teilweise in Paris spielenden Oper erscheinen in dissonanter Chromatik, die Lichtgestalt der nach dem nationalsozialistischen Frauenbild liebend ihr Leid erduldenden Gabriele in volkstümlicher Diatonik – spiegelt die Problematik seines dem Zeitgeist verhafteten Werks.

DIALEKTIK DER ANPASSUNG

CARL ORFF (1895–1982)

Als einziger der im Nazideutschland prominenten Komponisten hat Orff aus dem von der Obrigkeit erwünschten Verzicht auf Experiment und Konstruktivität, auf Schock, Atonalität und Amoralität eine eigene Ästhetik entwickelt. Sie lässt ihn im historischen Rückblick als überragenden Vertreter jener Zeit erscheinen, der zudem ohne stilistischen Wandel nach

1945 Erfolg hatte. Dieser strahlt, trotz des 1950 für die DDR ausgesprochenen Verbots der ANTIGONAE, in beiden Staaten des geteilten Deutschland durch offizielle Ehrungen untermauert, mit den CARMINA BURANA sogar weltweit aus. Orff verweigert seiner Musik kontrapunktische Verdichtung, Chromatik und eine über einfachste Mittel hinausgehende thematisch-motivische Entwicklung, seine Dreiklangharmonik bleibt in der Dur-Moll-Tonalität verankert. Zum musikalischen Verzicht auf Praktiken der Durchführungstechnik gehört dramaturgisch die statische Anlage seiner Stücke. Die bewusste Primitivität des Klanggewands und dessen Grundierung auf rhythmische Ostinati bringt die Musik, von der Orff sich in Übereinstimmung mit der Kunsterwartung der Machthaber im ›Dritten Reich‹ ein neues Kollektiverlebnis seines Publikums erhoffte, in die Nähe einer Gebrauchskunst für Massen.

Orffs Reduktion des Musiktheaters auf elementare Bestandteile ist auch Ausdruck einer leicht ideologisierbaren Geschichtslosigkeit. Noch in der 1944–1946 geschriebenen, zwischen Textdeklamation und Musiknummern alternierenden bayerischen Tragödie über einen historischen Mord aus Gründen der Staatsräson DIE BERNAUERIN setzt er, in bewusstem Gegensatz zu Hebbels ›deutscher Tragödie‹ von 1852, die tragische Dialektik zwischen Individuum und Staatsganzem zu Gunsten der Verklärung eines naturhaften (weiblichen) Wesens außer Kraft. So gerät das zum Mysterium geformte Finale in die prekäre Nachbarschaft zur Naturmystik der Nationalsozialisten. Und in seinem letzten Bühnenwerk, dem 1973 bei den Salzburger Festspielen uraufgeführten Mysterienspiel DE TEMPORUM FINE COMOEDIA, verkündete Orff nach einem Wort des gnostischen Theologen Origines wie in einem selbstverzeihenden Rückblick auf die tausend Jahre währende Nacht über Deutschland eschatologisch: *Das Ende aller Dinge wird aller Schuld Vergebung sein* – wobei »aller Schuld« zu verstehen ist als »die Schuld aller«. Unter dem Horizont des Weltendes verliert die Verantwortlichkeit des Einzelnen vor der Geschichte an Bedeutung.

Seinen Durchbruch erlebte der Komponist mit den 1935/36 komponierten CARMINA BURANA. Paradoxerweise wurden sie anfangs von einigen Kritikern im Jargon der Epoche als ›undeutsch‹ angegriffen und als experimentell, schockhaft und amoralisch verteufelt. Orff selbst empfand sie als Rettung aus einer »Reihe jugendlicher Schiffbrüche« und zog bis auf wenige Ausnahmen sein umfängliches Frühwerk zurück, darunter das 1913 unter dem Eindruck von Debussys PELLÉAS ET MÉLISANDE und der symbolistischen Dramen des frühen Maurice Maeterlinck nach einer japanischen Vorlage fertig gestellte Musikdrama GISEI – DAS OPFER. Schon in diesem

Werk zeigen sich Spuren des reifen Orff-Stils: eine sprechgesangähnliche Rezitativtechnik (später zu kleingliedriger Melismatik verfeinert) sowie eine gewaltige, um ungewöhnliche Klangerzeuger wie Glasharmonika und Windmaschine erweiterte Orchesterbesetzung (später auch zu bruitistischen Effekten genutzt). Das nach Debussy zweite Urerlebnis wurde für Orff die Innenwelt des Theaters, die er 1915–1917 als Schauspielkapellmeister an den Münchner Kammerspielen unter Otto Falckenberg (danach auch in Mannheim und Darmstadt) kennen lernte. Ein weiteres prägendes Moment erfuhr er in den zwanziger Jahren durch seine mehrfach revidierten deutschen Bearbeitungen von Werken Monteverdis für das Theater. Hier blieb Orff nicht bei musikalischen Arrangements stehen: In L'ORFEO ersetzte er die Muse des Prologs durch einen Erzähler, der die althochdeutsche Orpheus-Version des Notker (III) Labeo (nach Boethius) vorträgt, und versuchte damit, den Mythos des Sängers mit der Bedeutung des ORFEO für die Frühgeschichte der Oper zu germanisieren.

Die Auseinandersetzung mit Monteverdi und die praktische Arbeit an seinem erstmals 1930 in Kooperation mit Dorothee Günthers Münchner Schule für Gymnastik, Musik und Tanz verfassten Schulwerk, das auf der Nutzung von Schlaginstrumenten für die musikalische Früherziehung basiert, ließen in Orff einen ehrgeizigen Plan reifen. Überzeugt vom historischen Endstadium der abendländischen Musikentwicklung, wollte er ein Gesamtkunstwerk außerhalb des Einflusskreises Wagners, sozusagen im Rückgriff auf die Entstehung der Oper um 1600, entwickeln: als innere Einheit von Musik, Sprache und Gestik. Stofflich verwirklicht hat er das in einer doppelten Rückbindung: einmal an die hellenistisch-mediterrane Kultur des Altertums und deren Nachhall im deutschen Mittelalter, zum anderen an eine bajuwarische Volkskunst, die er musikalisch durch den Rekurs auf Momente von Choral und Folklore, sprachlich durch eine poetische Mundartform neu belebte.

Beide Stränge entwickelte Orff bis zum Untergang des ›Dritten Reichs‹ so weit, dass sein Schaffen nach 1945 nur noch ein Kreisen um den erarbeiteten Kern bedeutete: ANTIGONAE (Salzburger Festspiele 1949) und OEDIPUS DER TYRANN (Stuttgart 1959) nach Sophokles in Hölderlins Übersetzung, der über weite Strecken musiklos im originalen Altgriechisch deklamierte PROMETHEUS (Stuttgart 1968) des Aischylos, ein Weihnachts- und ein Osterspiel sowie das Mysterienspiel DE TEMPORUM FINE COMOEDIA (Das Spiel vom Ende der Zeiten; Salzburger Festspiele 1973; Ulm 1994). Die Diskrepanz zwischen dem enormen bildungsbürgerlichen Gedankengerüst der Vorlagen und der Reduktion der musikalischen Mittel auf perkussive Kraftfelder – eine Art Rock 'n' Roll für die gebildeten Stände – wird immer stärker. Originär musikalisch konzipierte Momente wie die rhythmisierte Sprechszene der aus einem vom Schlagzeug beherrschten Untergrund auftretenden Hexen in DIE BERNAUERIN (Münchner Kammerspiele 1953) – eigentlich ein Sprechdrama mit nicht nur illusionistisch eingelegten Musikszenen – blieben die Ausnahme. Dieser Mangel an musikalischer Substanz ließ Orffs späteres, im PROMETHEUS kulminierendes Werk, dessen größerer Verbreitung auch der enorme materiale Aufwand im Wege stand, zunehmend problematisch werden: »Humanistischer Anspruch und inhuman-selbsttätig gewordene Akustik stoßen zusammen, fordern sich gegenseitig heraus«.

TRIONFI (Triumphe)

Inspiriert durch Strawinskys ›Russische choreographische Szenen‹ für gemischten Chor, Soloquartett und umfangreiches Schlagwerk LES NOCES (Die Bauernhochzeit, 1923), stellte Orff der Materialrevolution Schönbergs einen bewussten Lapidarstil entgegen. Die erste Ausprägung fand dieser in den CARMINA BURANA (›Cantiones profanae‹, Frankfurt/Main 1937), die der Komponist später mit zwei anderen Werken zur erstmals 1953 in der Mailänder Scala komplett aufgeführten, im herkömmlichen Sinn nicht als Oper zu bezeichnenden theatralischen Trilogie (›Trittico teatrale‹) TRIONFI zusammenstellte: CATULLI CARMINA (›Ludi scaenici‹, Leipzig 1943) und TRIONFO DI AFRODITE (›Concerto scenico‹, Mailand 1953). Die Textauswahl hat Orff wie immer selbst besorgt. Im ersten Teil vertonte er vulgärlateinische und mittelhochdeutsche Vagantenlyrik nach Handschriften, die 1847 publiziert und nach dem ursprünglichen Aufbewahrungsort im Kloster Benediktbeuern als CARMINA BURANA benannt worden waren. Diese szenische Kantate wird von einem schlagkräftigen Fortuna-Chor gerahmt, der mit der Evozierung des Glücksrads die Handlungslosigkeit des Geschehens verdeutlicht. Es gibt drei imaginäre Schauplätze: Natur, Schänke und Liebeshof. Im ersten Abschnitt wird der Frühling mit einer einfachen Chorlinie im aufsteigenden Unisono und in einem Liebeslied des Solobaritons gepriesen. Tänze und kurze Chorlieder evozieren ein bäuerliches Frühlingsfest im mittelalterlichen Deutschland. Der Tavernenteil bietet parodistische Theatralik auf: ein pathetisches Baritonsolo des Trinkers, der sein Seelenheil der Sinnenfreude zuliebe vergisst; das groteske Tenorfalsett des zu den mitleidig-ironischen Choreinwürfen *Miser, miser!* sich glücklicherer Zeiten erinnernden Schwans auf dem Bratrost; eine orgiastische Männerchorhymne auf das irdische Vergnügen. Der dritte Teil schildert als Kontrast den verfeinerten höfischen Liebesgenuss, unter anderem mit einer koloraturbesetzten Beschwörung des Liebesschmerzes durch den Bariton, einem sinnlichen Hingabeversprechen des Soprans, einem Werbelied für Doppelchor und dem in einem Quartsextakkord kulminierenden chorischen Preis der Liebesgöttin Venus, der das Lob der christlichen Gottesmutter parodiert.

Orff umging in den ›Weltlichen Gesängen‹ der CARMINA BURANA alle formalen Opernprobleme, indem er nach dem Vorbild der von Strawinsky allerdings nicht als Musik-, sondern als Tanztheater klassifizierten BAUERNHOCHZEIT eine statische Gesamtanlage mit meist strophischen Einzelformen verband. Verstärkend begleitet wird der Reduktionismus einer primitiven Blockbildung dieses Lieder- und Tanzspiels vom Verzicht auf beinahe sämtliche Kriterien eines durchorganisierten Tonsatzes. Statt variativer Gestaltung erklingt eine schon die Praktiken der amerikanischen ›Minimal Music‹ vorwegnehmende Repetition kleingliedriger Teile. Das wie der Chor oft im Staccato artikulierende Orchester wird vom reich besetzten Schlagzeug dominiert, zu dem zwei Klaviere gehören. Bestimmend auch die Behandlung des Textes, der mit der starren Skandierung seines Versbaus keinerlei Tendenz zu einem psychologisch motivierten Handlungsgang aufweist, sondern als klanggestische Farbe in das Spektrum der eingesetzten Theatermittel integriert wird. Musikalisch sind diese gekennzeichnet durch eine in engem Ambitus modal gefärbte Melodiebildung und eine chorisch monophone Harmonik, deren Akkordblöcke, oft durch tieffrequent bordunartige Haltetöne oder Ostinati untermauert, zwar im Rahmen der Dur-Moll-Tonalität verharren, die tradierte Funktionsharmonik aber aufgeben. So erzielt Orff eine paradoxe Einheit aus Archaik und Modernität.

ANGEWANDTE MUSIK

Die Musik erscheint dabei allerdings selten als Eigenwert, meist fungiert sie als gestischer Hilfsträger für Tanzbewegung und (mehr sinnlich als semantisch dominierte) Sprachentfaltung. Im Vergleich mit der Autonomisierung der musikalischen Abläufe, wie sie aus der spätromantischen Fortführung klassischer Durchführungstechniken bis hin zu Schönbergs entwickelnder Variation und im Rückgriff auf Formmodelle der absoluten Musik in der deutschen Oper der zwanziger Jahre zwischen Hindemiths CARDILLAC und Bergs WOZZECK entwickelt worden war, wirken die

Partituren Orffs wie ›angewandte Musik‹. Für den Komponisten war das ein bewusster Rekurs auf die Musik der hellenischen Antike mit ihrem eng gefassten Ganzheitsbegriff. Gleichwohl ist die Naivität seiner Musik so raffiniert zwischen Erdverbundenheit und Eros aufgemischt, dass sie ihre Frische über die Jahrzehnte behielt. Und die im weitest gehend entwicklungslosen Zustand durch winzige Veränderungen erreichte Unmittelbarkeit der Wirkkraft seiner CARMINA BURANA hat Orff nie übertroffen.

So gelang sein Versuch, den durchschlagenden Erfolg mit den ›szenischen Spielen‹ CATULLI CARMINA und dem erst nach Kriegsende fertig gestellten ›szenischen Konzert‹ TRIONFO DI AFRODITE zu einem abendfüllenden Theater-Triptychon zu runden, nur bedingt. CATULLI CARMINA ist eine Folge von zwölf in drei Akte unterteilten Miniszenen, die von einem längeren Vorspiel und einem knappen Nachspiel gerahmt werden. Die vom Komponisten selbst in lateinischer Sprache verfasste Rahmenhandlung zeigt die Liebesspiele von Jünglingen und Mädchen, denen die Greise die Eitelkeit sinnlichen Begehrens entgegenhalten. Als abschreckendes Beispiel lassen sie die mit der berühmten Formel *Odi et amo* zwischen Hass und Liebe gespannte Beziehung des Dichters Catull zu der Konkubine Lesbia pantomimisch vorführen – ohne Erfolg: Am Ende entbrennen die jungen Leute erneut in ihrem Verlangen. Orff griff bei der Komposition auf zehn bereits zu Beginn der dreißiger Jahre komponierte A-cappella-Chorsätze zurück, die als getanzte Madrigalkomödie mit Solosopran und -tenor im Orchestergraben heftig zu den Rahmenteilen kontrastieren, deren Perkussionsorchester aus Pauken, vier Klavieren und 21 Schlaginstrumenten besteht. Der stark sexuell geprägte Diskurs über den Eros wirkt in diesem Umfeld merkwürdig unsinnlich, im Vergleich mit den CARMINA BURANA macht sich Orffs Reduktionismus der musikalischen Mittel als Einbuße an Klangsinnlichkeit hörbar.

Überzeugender das Verfahren im TRIONFO DI AFRODITE, wo Orff in die original gesungenen lateinischen Gedichte des wieder bemühten Catull einige Verse aus den Hochzeitsliedern der altgriechischen Dichterin Sappho mischt. Sie sind in ihrer Erotik nicht minder unverblümt als Catulls Texte. Am Schluss steht eine Chorliedstrophe aus dem HIPPOLYTOS des Euripides als ekstatisches Preislied auf Aphrodite. In sieben Bildern wird das kultische Ritual einer antiken Hochzeitsfeier entwickelt. Die beiden eingesetzten Sprachen des altphilologisch gebildeten Komponisten sind musikalisch unterschiedlich eingefasst. Während die lateinischen Szenen meist in Klangflächen über langen Orgelpunkten – das erste Bild ist geprägt durch einen 158 Takte lang ausgehaltenen Halteton – oder im rhythmischen Staccato erklingen, setzt Orff für den Vokalreichtum des Altgriechischen im Liebesduett des Brautpaars bei stark zurückgenommener Orchesterbegleitung Vokalisen mit teilweise intervallisch extrem weit geschwungenem Melisma ein. Im Vergleich mit den musikalischen Reduktionen der CATULLI CARMINA, die Orff in dem ›bairischen Stück‹ DIE BERNAUERIN und dem reinen Sprechtheater der ›bairischen Komödie‹ ASTUTULI (Kammerspiele München 1953) programmatisch weiterführte, ist im TRIONFO vom Primat der Musik zu sprechen. Den verkündet schon das gewaltige Orchester mit fünffachem Holz, vierfachem Blech, dem – letztmalig im Œuvre Orffs eingesetzten – kompletten Streichersatz nebst Harfen, Gitarren, Klavieren und umfänglichem Schlagwerk. Obwohl Orff hier die Tonika-Dominant-Spannung der Dur-Moll-Harmonik verlässt, bekundet der nach 1945 komponierte TRIONFO keinen höheren Modernitätsanspruch als die im ›Dritten Reich‹ entstandenen Teile des Zyklus. Gleichwohl verweigert sich hier seine vergleichsweise ausdifferenzierte Musiksprache jenem Auftrumpfen einer postmodernen Ästhetik, das zwischen den CARMINA BURANA und der Komödie vom Ende der Zeiten das Werk Orffs umspannt.

DER MOND und DIE KLUGE

Die volkstümlich-bayerische Komponente im Schaffen Orffs ist erstmals mit seinen beiden von ihm selbst textlich eingerichteten Kurzopern nach Märchen der Brüder Grimm verwirklicht, die sich im Gegensatz zu den nach 1945 entstandenen antiken Stücken im Spielplan halten konnten: das ›kleine Welttheater‹ in einem Akt DER MOND (Staatsoper München 1939) und die in zwölf Szenen gefasste ›Geschichte von dem König und der klugen Frau‹ DIE KLUGE (Frankfurt/Main 1943). Zwar folgte Orff mit diesen Märchenopern der vom Regime gewünschten Verharmlosung, im Vergleich mit anderen Volksopern der Zeit zeigen sie aber ungleich mehr Eigenart. Das gilt auch für die Texte, unter denen sich in der KLUGEN die Klage des zu Unrecht eingekerkerten Bauern findet: *Denn wer viel hat, hat auch die Macht, / Und wer die Macht hat, hat das Recht, / Und wer das Recht hat, beugt es auch! / Denn über allem steht Gewalt!* Solche bitteren Einsichten sind nach 1945 als Beleg für den Widerstand Orffs gegen das Unrechtssystem bemüht worden, vom Publikum aber wurden sie keineswegs so empfunden. Denn mit den Rechtsbesitzern konnten genauso gut die stalinistische UdSSR oder die von der NS-Propaganda besonders gern attackierte ›jüdische Plutokratie‹ des angloamerikanischen Kapitals gemeint sein. Ein Verbot des Stücks, wie es kolportiert wurde, ist jedenfalls nicht nachzuweisen, noch 1944 stand es in Cottbus als repräsentativ für die deutsche Gegenwartsoper während der NS-Gaukulturwochen auf dem Spielplan.

DER MOND ist eine Parabel, die keine eindeutige Nutzanwendung erlaubt. Auf der vertikal dreigeteilten Bühne mit Himmel, Erde und Unterwelt besteht die Erde aus zwei Ländern. In dem einen herrscht nächtliche Finsternis, über dem anderen spendet der in einer Eiche hängende Mond Licht. Da kommen aus dem finsteren Land vier Burschen, stehlen den Mond und hängen ihn bei sich auf. Als sie nacheinander sterben, nimmt jeder ein Viertel mit ins Grab, so dass auf der Erde überall Finsternis herrscht. In der Unterwelt fügen sie die Bestandteile wieder zusammen und sorgen durch den Lichteinfall für Aufruhr und irdische Lustbarkeit. Schließlich erscheint aus dem Himmel Petrus, eine Art heidnischer Weltenwächter. Er singt nach einem Zechgelage mit seinem Lied *Hört ihr Toten, lasst euch sagen* die Betrunkenen in den Schlaf und nimmt den Mond mit sich. Seitdem hängt er am Himmel, wo er von einem Kind für die staunende Menschheit entdeckt wird. Dramaturgisch hat der Einsatz des Tenor-Erzählers keine episierend verfremdende Funktion, gleichwohl geraten die Realitätsebenen nicht nur im schwebenden Finale ins Schwanken, sondern etwa auch, wenn die Musik den Hell-Dunkel-Wechsel von E-Dur nach es-Moll gestaltet. Orff hat den von ihm etwa um die Hälfte erweiterten Text des in vielen Kulturen bekannten Märchens mit gelegentlich parodistisch gassenhauerischen Lied- und Tanzsätzen durchzogen. Ihre satztechnische Simplizität zwingt im Zusammenklang mit dem durch Schlagwerk erweiterten und mit Orgel, Trommeln und fernem Chorgesang zu einem teilweise hinter die Szene zu einem Klangraum verlängerten klassischen Orchester die angestrebte Archaik ins Volkstümliche. Neben deftigen Szenen stehen solche von eher romantischer Poesie wie der Schluss, insgesamt wirkt das frauenlose Märchen in seiner dunkel gebrochenen Farbigkeit wie ein authentischer Musikspiegel der Entstehungszeit.

Auch die Fassung der von den Brüdern Grimm im zweiten Band ihrer Kinder- und Hausmärchen 1815 veröffentlichten Geschichte DIE KLUGE BAUERNTOCHTER ist in vielen Kulturen verbreitet. Orff stellte den Text wiederum selbst zusammen, wobei er auf eine afrikanische Variante zurückgriff. So wird der biedermeierliche Rahmen gesprengt durch den Einbezug komischer Rüpelszenen. Im Gegensatz zum MOND lässt sich DIE KLUGE eher auf eine Moral von der Geschicht' bringen, wenn die Titelfigur dem König verkündet: *Klug sein und lieben kann kein Mensch auf dieser Welt.* Doch diese Moral bleibt schimmernd, da sie von der Klugen durch ihr Handeln dementiert worden ist. Ihr Vater hat einen goldenen Mörser gefunden und gegen ihren Rat dem König gebracht. Der lässt den ehrlichen Finder einkerkern, weil er ihm die Unterschlagung des Stößels vorwirft. Durch das Klagen des Bauern *O hätt' ich meiner Tochter nur geglaubt* wird der König auf das Mädchen aufmerksam, gibt ihr drei Rätsel auf, die sie löst, und heiratet sie. Drei Strolche sind ebenso in die Haupthandlung montiert wie ein absurder Rechtsstreit um ein neugeborenes Füllen. Als der König, verärgert über eine verlorene Schachpartie im Spiel mit der Klugen, ein Fehlurteil fällt, gibt sie dem Unterlegenen einen Rat, der dieses offenbart. Da verstößt der König seine Frau, doch sie darf das Liebste, was sie hat, in einer Truhe mitnehmen. Sie mischt ihm ein Betäubungsmittel in den Trank, singt ihn in den Schlaf und lässt ihn in einer Truhe aus dem Schloss tragen. Erwachend, kapituliert der König vor so viel liebender Klugheit, und der Bauer meint zweideutig: *Am Ende hat sie den Stößel doch gefunden.*

Orff selbst hat, unterstützt von einigen Interpreten, mit archetypisierender Psychologie sein Bühnenmärchen zu vertiefen versucht. Tatsächlich bleibt es im Vergleich mit der Mondoper aber an der Oberfläche der Handlung haften, da das Konfliktpotenzial des Stoffs ausgeblendet wird. Die Funktion der Strolche ist fragwürdig, da ausgerechnet sie den Verlust der Treue in der Welt beklagen (*Als die Treue ward geborn*) und in dieser Sauforgie vor Harmlosigkeit schier explodieren. Es gibt andrerseits im Dur-Moll-Pendel des Schlummerlieds der Klugen Momente bestrickender Simplizität, die aber wie die oft gnadenlos repetierten Blöcke ermüdend wirken kann – etwa das elf Mal wiederholte Vierviertel-g-Moll des klagenden Bauern zu Anfang mit seiner chromatisch (!) absteigenden Gesangslinie. Dieses Lamento wirft als Ausdruck musikalischer Dummheit durch seine in neun Mal gleicher Form sich steigernde Intensität ein unfreiwillig schiefes Licht auf die Einfallsarmut des Komponisten. Der durchaus in Übereinstimmung mit der NS-Linie erfolgte Versuch, die Musik von ihrer immer komplexer gewordenen Geschichtlichkeit zu lösen und quasi von neuem zu starten, hat in seiner überrumpelnden Kraft nicht zuletzt auf Grund des hier für den Stoff viel zu großen Orchesters etwas Demagogisches an sich. Auch in der Beziehung bleibt Carl Orff der interessanteste Opernkomponist des ›Dritten Reichs‹.

WERNER EGK (1901–1983)

Wie sein Lehrer und Freund Orff von bayerischer Herkunft, gehörte Werner Egk zu den erfolgreichsten Opernkomponisten im ›Dritten Reich‹ und setzte nach 1945 seine Karriere in Deutschland bruchlos fort. In der

BRD stieg er auch in offizielle Ämter auf – das wegen der Feier einer Satansmesse 1948 durch den bayerischen CSU-Kultusminister ausgesprochene Verbot seines Heine-Balletts ABRAXAS hatte weniger mit Ärgernis erregender Progressivität Egks zu tun als mit christsozialer Sexualverklemmung. In der DDR wurde der Komponist wegen seiner konservativen Ästhetik sogar beharrlicher gepflegt als in Westdeutschland. Er hat auf eigene Libretti insgesamt sieben Opern geschrieben, eine davon in zwei Fassungen: Die Vertonung von Calderóns ÜBER ALLEN ZAUBER LIEBE, 1948 als CIRCE nach seinem eigenen Urteil missglückt, arbeitete er grundlegend zur Semibuffa SIEBZEHN TAGE UND VIER MINUTEN (Stuttgart 1966) um. Aber Egks Nachkriegsproduktion hat trotz ungebrochener Orchestervirtuosität und zupackender Theatralik für die Operndiskussion keine mit dem PEER GYNT vergleichbare Rolle mehr gespielt.

DIE IRISCHE LEGENDE (Salzburger Festspiele 1955) ist eine Allegorie über den Ansturm böser Mächte und deren Bezwingung durch das Selbstopfer der ihrerseits durch Engel geretteten Gräfin Cathleen nach einem Stoff von William Butler Yeats. Sie gedieh mit der dissonanten Klangschärfung in den rhythmischen Ostinati der Dämonenszenen zu einer kompensatorischen Parabel über die bedrohte Humanität im Nazireich und fand auch nach der mäßigend verknappten Neufassung (Augsburg 1975) kaum Resonanz. DER REVISOR (Stuttgarter Staatsoper 1957 in Schwetzingen) geriet dagegen nach Gogols Komödie zu einer im A-cappella-Nonett aus dem letzten der fünf Akte kulminierenden Gebrauchsoper, die sich wegen ihres geringen Aufwands (kein Chor) auch an kleineren Bühnen eine Zeit lang hielt. Am Ende von Egks Schaffen für das Musiktheater steht DIE VERLOBUNG IN SAN DOMINGO (Staatsoper München 1963). Der gnadenlosen Entwicklung einer rassistisch grundierten Tragödie des Misstrauens in Kleists Novelle blieb Egk die Stringenz schuldig, obwohl er den Konflikt zwischen dem europäischen Offizier und der von den aufgeputschten Schwarzen Haitis als Lockmittel eingesetzten Mulattin musikalisch durch lateinamerikanisches Kolorit und dramaturgisch durch ein episierendes Vor- und Zwischenspiel als ungelöst in die Gegenwart fortschrieb. Bezeichnenderweise ersetzte er den Selbstmord des weißen Offiziers, der seine farbige Geliebte erschossen hat, durch deren ins Visionäre überhöhten Liebestod.

Obwohl er in seinen Memoiren DIE ZEIT WARTET NICHT (Percha 1973) nichts als Verachtung für die braunen Machthaber spüren lässt, begann der Komponist regimetreu, bediente sich in Variation des berüchtigten Goebbels-Wortes affirmativ sogar des Begriffs ›stählerne Diatonik‹, erhielt

1936 bei den Olympischen Spielen eine Goldmedaille beim Kompositionswettbewerb, schrieb für einen Propagandafilm den MARSCH DER DEUTSCHEN JUGEND, wurde 1941, obwohl kein Parteigenosse, Nachfolger Paul Graeners als Leiter der Komponistenfachschaft in der Reichsmusikkammer und machte im selben Jahr dem Propagandaminister Goebbels kulturpolitisch programmatische Vorschläge zum Opernleben. Nach der als ›Bericht und Bildnis‹ bezeichneten Funkoper COLUMBUS (Bayerischer Rundfunk 1933, szenisch Frankfurt/Main 1942), einem recht trockenen, durch altspanisches Musikkolorit aufgelockerten Zwitter zwischen Drama, Oper und Oratorium, gelang ihm 1935 in Frankfurt/Main der Durchbruch mit dem Dreiakter DIE ZAUBERGEIGE (revidierte Fassung Stuttgart 1954).

Bei der textlichen Einrichtung des für Marionetten geschriebenen bayerischen Märchendramas Franz von Poccis (1868) half ihm der Mitbesitzer des Schott-Verlags Ludwig Strecker unter dem Pseudonym Ludwig Andersen. Geschildert wird der Lebensweg des Bauernknechts Kaspar, der mit dem letzten Geld seiner zurückgelassenen Gretl in die Welt zieht, seine Groschen einem scheinbaren Bettler – in Wirklichkeit ein magischer Erdgeist – überlässt und von ihm unter der Auflage der Liebesentsagung mit einer Zaubergeige belohnt wird. Diese verhilft ihm als Violinvirtuose Spagatini zu großem Ruhm. Doch am Ende, als er nach dem falschen Vorwurf eines Raubüberfalls seinen Kopf mit ihrer Hilfe so eben aus der Schlinge ziehen kann, verzichtet Kaspar auf allen Zauberglanz und kehrt zu seiner treuen Gretl zurück: *Der Reichtum, die Ehren, die können vergehn, / Die Lieb' und die Treue muss ewig bestehn.* Solch holdem Bescheiden, dessen bieder tuender Augenaufschlag textlich durch den Einschub von zwei Gedichten Klopstocks und Hofmannswaldaus konterkariert wird, entspricht kompositorisch eine fast durchgehende Volkstümelei. Ihr gegenüber steht eine in der revidierten Fassung zurückgenommene belkantische Künstlichkeit für die höfische Weltdame Ninabella, deren erotisches Begehren für Kaspar zur großen Lebensprobe wird. Der populistische Ton, nur selten durch rhythmische Schärfungen im Orchester verfremdet – für eine falsch aufspielende Bauernkapelle im Stil Strawinskys sogar bitonal –, ist mit seiner Jodler- und Volksliednähe auch in der revidierten Fassung prekär. Man hört förmlich, wie ein Komponist nicht nur in der Judenkarikatur des Kapitalisten Guldensack, Kaspars Gegenspieler, nach offizieller Absegnung giert und seinem Liebespaar mit Plattitüden der Terzen- und Sextenseligkeit den ›Stempel des Schönen‹ aufzudrücken versucht.

PEER GYNT

Von ungleich höherem Anspruch ist Egks dritte Oper, als Auftragswerk der Berliner Staatsoper, wo der Komponist nach dem Erfolg der ZAUBERGEIGE von 1936 bis 1940 als Kapellmeister engagiert war, im November 1938 unter seiner Leitung uraufgeführt. Die beim Publikum erfolgreiche Produktion rief in der Presse ein unterschiedliches Echo hervor. In den ›Nationalsozialistischen Monatsheften‹ widmete sich Herbert Gerigk, die musikideologische Speerspitze im Amt Rosenberg, den von ihm so genannten ›Grenzfällen‹ Strawinsky und Egk. Während er dem Russen, der offen seine Sympathien für den Faschismus bekundet hatte, eine gewisse Liberalität entgegenbrachte, gestand er PEER GYNT nur den Status eines einmaligen Experiments zu. Das war die kaum verhüllte Androhung eines weiteren Aufführungsverbots, aber das Blatt wendete sich, als Hitler selbst sich am 31. Januar 1939 die Oper ansah und den Komponisten in seiner Loge beglückwünschte. Darauf wurde das Werk im selben Jahr paradigmatisch auf das Programm der Düsseldorfer Reichsmusiktage gesetzt und kam danach in Dresden, Darmstadt, Osnabrück, Frankfurt/Main und Gera heraus; 1941 wurde es in tschechischer Sprache in Prag gespielt, 1943 zwölf Mal auf Deutsch in Paris. Von einer nach 1945 kolportierten Unterdrückung im ›Dritten Reich‹ kann keine Rede sein, gleichwohl markiert PEER GYNT einen jener Grenzfälle von Anpassung und Widerstand, den der berüchtigte Kritiker Gerigk gespürt hatte.

Die Reduktion von Ibsens Drama auf drei keineswegs überlange Akte weist neben der Verlegung des Afrika-Akts nach Amerika eine überraschende Zutat des Komponisten auf: eine Gerichtsszene im III. Akt, wo Peer wieder im Reich des alten Trollkönigs und seiner rothaarigen Tochter auftaucht und auf seine mögliche Herrscherwürde geprüft wird. Die von ihm einst an ihrem Hochzeitstag – nur dort setzt Egk norwegische Folklore ein – entführte Ingrid, deren Bräutigam und die drei Kaufleute aus Amerika beleumunden ihn schlecht, was für Peers Inthronisation spricht; nur dank der Fürsprache seiner Mutter Aase, die auf seine guten Seiten hinweist, kommt er frei und findet zu der ihr Leben lang auf ihn wartenden Solveig: Das Ewigweibliche zieht ihn hinan. Dramaturgisch ist die Gerichtsszene überflüssig, da sie den Lebensweg des bis zu seiner Heimfindung von Niederlage zu Niederlage eilenden Peer, alles andere als ein positiver Held im NS-Sinn, nur verzögert. Aber das Bild hat seine Funktion.

Egk nutzte die Peer auf seinem Weg begleitenden Trolle, in deren Selbstvergessenheit dieser ›nordische Faust‹ zu versinken droht, als eine

Möglichkeit, die tabuisierte Unterhaltungsmusik seiner Zeit zwischen Charleston und Tango anklingen zu lassen. Die Trollhymne *Tu nur, was dich erfreut* ist ein im Stil Weills parodierter Choral, und die als Melodieinstrument eingesetzte gestopfte Trompete – für die Nazis ebenso wie das von Egk benutzte Saxophon ein Graus – muss den zeitgenössischen Zuhörern als Nachhall von Kreneks JONNY SPIELT AUF erschienen sein. Die erwähnte Gerichtsszene klingt teilweise mit ihrem mollgefärbten Blues-Ton wie ein Gruß zurück an Weills SIEBEN TODSÜNDEN, auch die Kaufmannsszene zu Beginn des II. Akts erinnert abgeschwächt – sogar in der melodieverdoppelnden Posaunenstimme – an Weills Songtechnik. Und der Einsatz des Tangos, in einer ernsten Oper der Nazizeit gewagt, rechtfertigt die Verlegung des Afrika-Akts nach Mittelamerika musikalisch.

Sogar in den Träumen seines gefährdeten Helden flieht Egk momentweise vor stählerner Romantik und dem Stempel des Schönen, mit dessen schlichter Diatonik er Solveig nur knapp vor einer Kitschfigur bewahrt. In manchen Augenblicken verlässt seine Musik die Bahnen der Tonikalität, »sie zerspaltet sich in chromatisch freie Linearität und ballt sich zu harten, aggressiven, quasi kakophonischen Klangkomplexen« bis zur Bitonalität. Kein Wunder, dass die zeitgenössischen Kritiker hellhörig wurden und Egk teils wegen seiner unangepassten Tonsprache angriffen, teils deren dramaturgisch gerechtfertigten Einsatz in Schutz nahmen. Diese intern abgesicherte Normabweichung, die ihre aus der NS-Perspektive – aber durchaus nicht immer für das Publikum ›unwerten‹ Momente wie Polytonalität, Jazz und amerikanische Unterhaltungsmusik auf negativ besetzte Figuren und Handlungsstränge bezog, macht nicht nur den Rang, sondern auch die Grenze von Egks Musik hörbar: Sie klingt trotz aller theatralischen Metiersicherheit wie eine derb gefügte Filmmusik, offenbart auch im Kontext keine eigene Wahrheit. Dass die Negativwelt, wie von Egk und einigen Apologeten nach 1945 behauptet, als Abbild nationalsozialistischer Depravierung gedacht war, blieb den Zeitgenossen nicht grundlos verborgen. Sie dürften sich, wie ihr Führer selbst, unter diesen Trollen, habgierigen Kaufleuten und dem bestechlichen Präsidenten einer Republik eher eine Attacke auf die als jüdisch-bolschewistisch diffamierte ›Systemzeit‹ Weimars vorgestellt haben.

OTTMAR GERSTER (1897–1969)

Eine geringere Theaterbegabung als Egk war Ottmar Gerster, der musikalisch in der Arbeiterbewegung begann und kurz nach Hitlers Machtübernahme mit MADAME LISELOTTE (Essen 1933) einen lange anhaltenden

Erfolg im volkstümlichen Repertoire erzielte. Das Stück passte trotz einiger gewagter harmonischer Wendungen in die neue Zeit, da es deren Nationalismus bediente: Thema ist das Heimweh der wegen ihrer deftigen Sprüche legendären Pfälzer Prinzessin, die mit einem Bruder des Sonnenkönigs in Frankreich verheiratet war. Zur nationalen Berühmtheit stieg Gerster 1936 dank seinem ENOCH ARDEN auf, der bis Kriegsende mit mehr als 500 Aufführungen einen der größten Opernerfolge der Epoche erlebte. DIE HEXE VON PASSAU (Düsseldorf 1941) war dagegen ein musikalisch wie textlich (Richard Billinger nach seinem Drama von 1935) misslungener Versuch, einen tragischen Stoff linientreu zu vertonen. Behandelt wird ein Bauernaufstand im Jahre 1489, der dadurch vor dem Scheitern bewahrt bleibt, dass Graf Klingenberg, zunächst Bekämpfer der Rebellierenden, die Fronten wechselt und dadurch dem Aufstand erst einen – antiklerikal geprägten – Richtungssinn gibt. Die durch den Opfertod der Titelheldin vermittelte Botschaft – die Schmiedetochter Valentine weist dem Fanalcharakter ihrer Hinrichtung zuliebe sogar die rettende Ehe mit dem Aristokraten zurück – ist eindeutig: »Die Masse braucht, um nicht in destruktive Anarchie zu verfallen, einen Führer, der ›von oben‹ kommt«. Diese politische Maxime ist mit mancherlei dramaturgischer und musikalischer Ungereimtheit verbunden. Schon das leitmotivisch eingesetzte Bauerntrutzlied fällt dadurch auf, dass der Komponist den Text Billingers »falsch metrisiert, und zwar im 4/4- statt im 3/2-Takt«. Der Misserfolg wurde später von Gerster, der nach 1945 als angesehener Hochschullehrer in Weimar und Leipzig wirkte und wegen der opportunen Thematik eines Bauernaufstands auch mit dieser Oper in der DDR auf dem Spielplan stand, aber mit seinen späteren Bühnenwerken keine größere Aufmerksamkeit mehr fand, als Folge einer Absetzung durch die Nazibehörden erklärt: eine Legende des Komponisten, der sich mit Kollegen wie Orff, Egk und Lothar auf der Künstlerliste jener ›Gottbegnadeten‹ von 1944 fand, die von Arbeitsdienst und Kriegseinsatz freigestellt waren.

ENOCH ARDEN ODER DER MÖWENSCHREI

In sich schlüssiger als DIE HEXE VON PASSAU ist Gersters Vertonung von Alfred Tennysons schon 1897 durch Richard Strauss in seinem klavierbegleiteten Melodram zu musikalischen Ehren gebrachter Verserzählung. Karl Michael von Levetzow hatte diese Vorlage der 1936 in Düsseldorf uraufgeführten Oper schon 1914 für Eugen d'Albert zu einem vierteiligen Libretto eingerichtet, der es aber nicht vertonte. Behandelt wird das Schicksal eines

Seemanns, der Frau und Kind für eine weite Seereise verlässt und nach einem Schiffbruch in der Südsee für tot gehalten wird. Als er Jahre später zurückkehrt, erkennt ihn seine Frau – die inzwischen Enochs und ihren Jugendfreund geheiratet hat – nicht wieder. Enoch sieht, wie glücklich sie mit seinem Sohn lebt, bestätigt seinen angeblichen Tod und stürzt sich ins Meer. Das in der Weltliteratur oft variierte Grundthema von der Heimkehr des Ehemanns – in Milhauds LE PAUVRE MATELOT 1927 tragisch zu seiner Ermordung durch die eigene Frau zugespitzt – hat Gerster auch dank der Zeit- und Ortssprünge im Libretto zu vielfältig abgestuften Stimmungen animiert und vor nahe liegender Melodramatik bewahrt. Das Werk ist von stilisierten Naturklängen und einem im Gegensatz zu den Seelenqualen des Heimgekehrten stehenden Landleben mit seinen unbeschwerten Tänzen geprägt, es weist mit dem Einsatz des Akkordeons bewusst unterschichtig volkstümliche Züge auf. Die oft leittonlos archaisierende Harmonik verleiht der Geschichte einen nicht unsympathisch nostalgischen Reiz. Zusammengehalten wird die einfache Form durch das Leitmotiv des Möwenschreis – einer synkopiert fallenden Sekunde –, mit dem sich der Titelheld schließlich von einer Klippe stürzt. An kleineren Bühnen hat die von Gerster nach 1945 mehrfach überarbeitete Oper auch nach seinem Tod ihre Repertoirefähigkeit bewiesen.

HERMANN REUTTER (1900–1985)

Ähnlich Gerster und Egk hat der auch als Liedkomponist und -pianist renommierte Hermann Reutter die Zeitläufte flexibel durchmessen. In den zwanziger Jahren entwickelte er eine enge Beziehung zur Avantgarde der Donaueschinger Musiktage und trat mit zwei Einaktern hervor, die Einflüsse Hindemiths und Strawinskys verraten. In den dreißiger Jahren nahm er, vorübergehend als ›Kulturbolschewist‹ beschimpft, mit DOKTOR JOHANNES FAUST (Frankfurt/Main 1936) eine konservative Wendung. Sie verdankte sich nicht zuletzt auch seinem Librettisten Ludwig Andersen, der als Mitverleger des Schott-Verlags großen Einfluss auf das Musikleben hatte, und setzte sich mit dem ins Patriotische gewendeten ODYSSEUS (Frankfurt/Main 1942; Textbuch von Rudolf Bach) fort. Nach 1945 knüpfte Reutter, nun aber unter Einschluss serieller Techniken, wieder beim linearen Satzstil seiner frühen Einakter an, was weniger in der unter Mitarbeit Andersens verwirklichten Fortsetzung des Faust-Projekts in DON JUAN UND FAUST nach Grabbe (Stuttgart 1950) als in dem zunächst für den Rundfunk komponierten Einakter DIE BRÜCKE VON SAN LUIS REY (Essen

1954) nach der Erzählung Thornton Wilders zu eigenständiger Wirkung kam. Den Gipfel seiner insgesamt fünfzehn Werke für das Musiktheater sah der Komponist in dem nach vierzigjähriger Beschäftigung vollendeten ›Schauspiel für Musik‹ HAMLET (Stuttgart 1980). Es handelt sich um eine typische Literaturoper, deren rezitativartige Verfolgung des Textes unter Einbezug gesprochener Passagen die musikalische Autonomie der Oper weit gehend aufgibt. Melodische Aufschwünge wie ein für Ophelias großen Dialog mit Hamlet benutztes und danach mehrfach variiertes amerikanisches Volkslied sind die Ausnahme, Ensemblesätze gibt es bis auf einen A-cappella-Satz in lateinischer Sprache bei der Grablegung des Mädchens so wenig wie Chöre. Etwas mühsam wird die ausgedünnte musikalische Substanz durch Tanzszenen – eindringlich die Darstellung von Ophelias Wahnsinn – in Richtung auf ein Gesamtkunstwerk kompensiert, wobei die Funktion der Schauspieler bei Shakespeare durch Tänzer ersetzt ist.

DOKTOR JOHANNES FAUST erwies sich trotz gelegentlicher Angriffe auf Reutters angeblichen, nun aber wirklich abgelegten Konstruktivismus – wobei sich der spätere Organisator der Düsseldorfer Ausstellung ›Entartete Musik‹, Hans Severus Ziegler, hervortat – als erfolgreich zeitgemäße Volksoper mit geschlossenen Formen, teilweise in Lied- und Tanzsätzen angelegt. Reutter schrieb seine erste abendfüllende Oper in kammermusikalischer Abgrenzung vom spätromantisch durchkomponierten Typus mit symphonischem Orchesterstil, wobei Busonis ARLECCHINO und TURANDOT als Vorbilder gedient haben mögen. Im Gegensatz zu Busonis Faust-Oper verweigert seine Seria-Buffa-Mischform eine Auseinandersetzung mit den Tiefenschichten des Stoffs. Das Libretto basiert auf Karl Simrocks Puppenspiel DOCTOR JOHANNES FAUST von 1846, das seinerseits ältere Vorlagen bis zu dem 1587 von Johann Spies in Frankfurt/Main gedruckten Volksbuch zusammenfasst. Der Bogen spannt sich von Fausts Studierzimmer zu seiner Höllenfahrt und bezieht mit der Verführung der Herzogin Bianca am Hof zu Parma – hier hat ein Bolero leitmotivische Funktion – sowie der volkstümlichen Figur des Hans Wurst weitere Ebenen ein. Das 1936 von Walter Felsenstein in Frankfurt/Main erstmals inszenierte Werk setzte sich sofort durch, erzielte aber nach 1945 trotz der stilistischen Überarbeitung von 1955 – nun unterstrich Reutter das laszive Moment mit dem von den Nazis verpönten Saxophon – nicht mehr den Vorkriegserfolg.

RUDOLF WAGNER-RÉGENY (1903–1969)

Der aus Siebenbürgen stammende Rudolf Wagner-Régeny, der seinem Namen den Geburtsort Szász-Régen (Sächsisch-Regen) anfügte, komponierte schon in den zwanziger Jahren einige Kurzopern, von denen ihm SGANARELLE ODER DER SCHEIN TRÜGT nach Molière (Essen 1929) die Freundschaft des Bühnenbildners Caspar Neher einbrachte. Dieser, durch seine Zusammenarbeit mit Brecht und Weill dem Verdacht des ›jüdischen Kulturbolschewismus‹ ausgesetzt, schrieb ihm die Libretti für vier Opern. Der Machtwechsel 1933 war für den psychisch labilen Komponisten, der eine Zeit lang als Kapellmeister im Kammertanztheater Rudolf von Labans arbeitete, eine Katastrophe: Er verlor fast alle jüdischen und kommunistischen Freunde. Gleichwohl beantragte er die deutsche Staatsangehörigkeit, widerrief seine Versuche in der Atonalität, wurde 1934 neben anderen Komponisten von der NS-Kulturgemeinde zu einer Ersatzmusik für Mendelssohns SOMMERNACHTSTRAUM eingeladen (er kam der Aufforderung 1935 nach) und komponierte 1941 zur Gründung der Kulturkammer der deutschen Volksgruppe im rumänischen Hermannstadt ein patriotisches Singspiel auf den Text eines NS-Literaten und Co-Autors von Veit Harlans berüchtigtem Film JUD SÜSS (von ihm später aus dem Werkverzeichnis verbannt).

Einen sensationellen Erfolg hatten der Komponist und Neher 1935 mit ihrer ersten (von Karl Böhm an Stelle des von den Nazis aus seinem Amt geworfenen Fritz Busch in der Dresdner Staatsoper dirigierten) Kooperation DER GÜNSTLING. Trotz Anfeindungen hielt Wagner-Régeny an seinem Librettisten fest, konnte mit ihm 1939 in der Berliner Staatsoper DIE BÜRGER VON CALAIS an prominentester Stelle herausbringen und erhielt vom Deutschen Opernhaus Berlin den Auftrag zu JOHANNA BALK. Diese Oper wurde allerdings 1941 in der Wiener Staatsoper uraufgeführt, was ebenso zu Diskussionen Anlass gab wie die umstrittene Aufnahme des Werks. Der Komponist wollte das nach 1945 als Zeichen seines Widerstands gegen das Regime verstanden haben, und tatsächlich beginnt die Oper mit einer hinter der Szene gesungenen Chorklage über den Schrecken einer totalitären Herrschaft. Thematisiert ist der Bürgeraufstand 1612 in Hermannstadt gegen den ungarischen Tyrannen Báthory – für die Uraufführung mussten Namen, Ort und Zeit verändert werden, um nicht das politisch alliierte Ungarn zu desavouieren.

Im Hauptstrang entsprach die Oper der ›political correctness‹ der Epoche: Die Opferbereitschaft der vom Tyrannen entführte Kaufmannsfrau Johanna

Balk lässt die Stimmung gegen diesen unvermittelt umschlagen, sie wird gerettet, er gestürzt. In den Nebensträngen versteckte Neher aber, wie in einer Fortsetzung seines Textes zu Weills letzter deutscher Oper DIE BÜRGSCHAFT, Botschaften, die eine alltägliche Korrumpierung der Menschen durch ein totalitäres System spiegeln: *Wenn einer von den Freunden bei dir Hilfe sucht, sprich zu ihm in künft'gen Tagen: Ich helfe nicht! ... Tür und Tor bleibe verschlossen dem, der bei dir Hilfe sucht, wie dem, der bereit ist zu helfen.* Die ebenfalls an Weills BÜRGSCHAFT erinnernde Lakonik des musikalischen Tonfalls, der den Text nicht illusionistisch verdoppelt, sondern eher von außen kommentiert und dem Wiener Publikum 1941 gegen den Strich ging, macht die musikalische Kargheit der einschließlich einer Geistererscheinung dramaturgisch an die romantische Oper angelehnten Großszenen vergessen: »In einer Oper wie JOHANNA BALK war also ein Rest vom Geist der Zwanziger Jahre, wie er sich musikdramaturgisch manifestierte, in die Hitlersche Katastrophenzeit hinübergerettet worden«.

Nach dem Krieg ging Wagner-Régeny in die DDR. Zusammen mit Caspar Neher stellte er 1950 ein zehn Jahre zuvor schon bis zum III. Akt gediehenes Lehrstück für Schauspieler und Sänger über die Verführbarkeit des Menschen nach den ERZÄHLUNGEN AUS TAUSENDUNDEINER NACHT fertig. Entscheidenden Einfluss nahm dabei Bert Brecht, der drei neue Gedichte beitrug und den Einschluss einiger älterer anregte, darunter das schon von Weill in AUFSTIEG UND FALL DER STADT MAHAGONNY vertonte *Lasst euch nicht verführen* aus der HAUSPOSTILLE. Von Brecht, der den IV. Akt einer nicht unstrittigen Straffung unterzog, stammt auch der Titel PERSISCHE EPISODE. Das Stück kam aber erst 1963 in Rostock heraus, da Wagner-Régeny, der als Kompositionslehrer in Rostock und Ostberlin eine ganze Generation von DDR-Komponisten prägte, kein Lieblingskind der offiziellen Kulturpolitik war. So orientierte er sich für die Aufführung seiner beiden letzten Bühnenwerke nach Westen.

Das szenische Oratorium PROMETHEUS, in dem der Komponist die Einschüchterung durch Klassizität mit dem Einschub von Goethes Ballade in den Aischylos-Text nicht so weit trieb wie neun Jahre später Carl Orff, der das altgriechische Original beibehielt, kam 1959 zur Wiedereröffnung des Staatstheaters Kassel heraus, DAS BERGWERK ZU FALUN, vom Komponisten selbst nach Hofmannsthals Drama textlich eingerichtet, 1961 bei den Salzburger Festspielen. In diesem Werk, dessen realer Vorgang von der nach Jahrzehnten unversehrt in einem Bergwerk aufgefundenen Leiche eines jung gebliebenen Mannes, in dem eine Greisin ihren Verlobten erkennt, eine vielfältige literarische Vorgeschichte hatte, interessierte sich

Wagner-Régeny wie auch Hofmannsthal mehr für das Thema der Verstrickung des Menschen in die Naturkräfte der Unterwelt. Um eine gleichnishafte Kongruenz von Text und Musik zu erzielen, nutzte er die Möglichkeiten einer teilweise tonal grundierten Reihentechnik, die er mit dem B-A-C-H-Motiv durchsetzte und durch einen gregorianischen Choral unterbrach. Konzipiert worden war die eher oratorisch wirkende Oper vom Komponisten als abgemagerte Alternative zu den opulenten Kindern der Kooperative Strauss–Hofmannsthal. Im Gegensatz zu seinen Erfolgswerken aus den dreißiger Jahren fand der Komponist mit dieser Ausdünnung, die zwischen Ober- und Unterwelt keinen Unterschied macht, aber keinen Anklang beim Publikum.

DER GÜNSTLING ODER DIE LETZTEN TAGE DES HERRN FABIANI

Caspar Neher griff für sein Libretto auf Victor Hugos Drama MARIE TUDOR von 1833 zurück, und zwar in Georg Büchners freier Übersetzung, die er teilweise beibehielt und durch Fragmente aus dem HESSISCHEN LANDBOTEN anreicherte. Es geht um den italienischen Intriganten Fabiano Fabiani, der um die Mitte des 16. Jahrhunderts die Tudorkönigin bezirzt, gleichzeitig aber im Volk seine sexuellen Abenteuer sucht und dabei nicht vor einem Mord zurückschreckt. Sein höfischer Gegenspieler ist der Minister Renard, der ihm nachstellt und dabei die Hilfe des Hafenarbeiters Gil findet. Dessen einstige Pflegetochter und jetzige Braut Jane hat Fabiani auch verführt. Schließlich gelingt es Renard mit einer das Leben Gils gefährdenden Intrige, den Mörder einem ordentlichen Gerichtsverfahren und damit dem Todesurteil zu überantworten sowie Jane und Gil zusammenzuführen. Wagner-Régeny hat seine in Nummern gefügte Oper bewusst in einem Mischstil angelegt, der von reinem Sprechen über das Melodram bis zur koloraturgespickten Arie ein breites Artikulationsspektrum umspannt. Das Tudor-England wird mit einem händelschen Chorfugato evoziert, wenn die Höflinge Stellung gegen den Emporkömmling beziehen, es gibt eine barockisierende Rachearie des ebenso wie Jane meist in volksliedhafter Schlichtheit gezeichneten Gil, während der mit einem schmierigen Tenorlied auftretende Intrigant Fabiani im Songidiom Kurt Weills charakterisiert wird – ein ähnliches Verfahren der Konservierung einer Musiksprache der Weimarer Republik durch negative Besetzung wie für die Trolle in Egks PEER GYNT. Wenn die Königin gegen die Einheitsfront des Kronrats ihren Günstling zu retten versucht, erklingt etwas verwirrend ein Marsch im geschärften Rhythmus Hanns Eislers.

Insgesamt hinterlässt der eklektische Stil einen handwerklich gediegenen, aber auch zwiespältigen Eindruck, da die Divergenzen weniger einer Aufdeckung von Widersprüchen dienen als deren Glättung. Auch der Schlussjubel des Volks über die Befreiung vom Günstling und die Verteilung von Brot wirkt plakativ direkt. Hier eine Ästhetik des Widerstands zu entdecken, die der Komponist und die Musikgeschichtsschreibung in der DDR reklamierten, fällt Nachgeborenen schwerer als im Falle der JOHANNA BALK. Gleichwohl weisen die einzelnen Nummern oft Stilpräzision und Formprägnanz in einem Maße auf, das Wagner-Régeny in keiner seiner späteren Opern übertroffen hat. So ist es kein Zufall, dass DER GÜNSTLING schon im Uraufführungsjahr nach der von Caspar Neher ausgestatteten Dresdner Premiere von sechzehn Theatern übernommen wurde und nach 1945 in der DDR zu den meistgespielten Opern des 20. Jahrhunderts gehörte. In der BRD bewies die Pforzheimer Aufführung 1986 die Repertoiretauglichkeit des Werks auch für kleinere Bühnen.

DIE BÜRGER VON CALAIS

Caspar Nehers Textbuch geht auf jene Episode aus dem Hundertjährigen Krieg zwischen Frankreich und England in der Chronik Jean Froissarts (1495) zurück, die unter anderen Auguste Rodin zu seiner berühmten Bronzeplastik (1895) und Georg Kaiser zu seinem Drama (1917) inspiriert hatte. Der von den Briten 1347 belagerten und ausgehungerten Stadt, für deren Schicksal in der Oper die Frau des Gouverneurs bei der englischen Königin vergebens um Gnade bittet und Selbstmord begeht, wird Verschonung für den Fall gewährt, dass sich sechs prominente Bürger stellvertretend als Opfer darbieten. In dem Augenblick, als sich die sechs todesbereiten Bürger, darunter Gouverneur Johann von Wien, an das geöffnete Stadttor begeben, wird der Leichnam seiner Frau Cornelia, bedeckt von der englischen Fahne, hereingetragen. Gleichzeitig verkündet ein englischer Offizier die Begnadigung der Stadt, die Männer bleiben verschont. Im Vergleich mit dem thematisch verwandten FRIEDENSTAG von Richard Strauss aus dem Jahre 1938 weist Wagner-Régenys ein Jahr später unter Herbert von Karajan in Caspar Nehers Ausstattung an der Berliner Staatsoper mit optimaler Besetzung uraufgeführte Oper eine komplexere Struktur auf.

So fehlt der finalen Lösung des Knotens schon durch den hereingetragenen Leichnam Cornelias der hurrapatriotische Jubel, und die Opferbereitschaft der sechs Männer wird im Gegensatz zu Kaisers psychologisierendem Drama erst im letzten Teil behandelt. Ihr heroisches Selbstopfer war keineswegs die vorrangige Zielsetzung der Autoren, weshalb sie von einem Kritiker wie Herbert Gerigk auch attackiert wurden. Der Verzicht auf den Strauss'schen Klangrausch prägt nicht nur das Finale, er ist musikalisches Programm der Oper, die stärker noch als DER GÜNSTLING an Weills BÜRGSCHAFT anknüpft. Das bedeutet mit dem Hinweis auf die entsetzlichen Folgen des Kriegs in dem für die Oper zentral werdenden thematischen Seitenstrang, für den neben Cornelia auch der auf der vergeblichen Suche nach Hilfe verhungernde Josef von Wissant steht, den Vorschein einer Friedensutopie im Frauenlager der Engländer.

Insgesamt neigt Wagner-Régenys Musiksprache zu einem kühl episierenden Stil. Dabei sind die klanglichen Mittel dramaturgisch durchaus differenziert. Bezeichnend dafür die Funktion der Chöre: Die des Volks und des Hohen Rats begleiten die Handlung, treiben sie auch teils voran und kommentieren sie gelegentlich. Im Kontrast zu deren sinister oratorischer Strenge stehen die terzenseligen Gesänge der englischen Hofdamen und das volksliedhafte Wiegen der englischen Wäscherinnen, bei denen Cornelia – der Wagner-Régeny das kühle Pathos einer Heldin aus der Grand Opéra verleiht – vor dem Zugriff der mit der Grellheit einer Zirkusmusik gezeichneten Soldateska Schutz findet. Mag der Musik auch manchmal die frische Eingebungskraft des GÜNSTLINGS fehlen, so beweist sie doch – gerade im Vergleich mit Strauss – hohe Eigenart. Das bewahrte DIE BÜRGER VON CALAIS nach Kriegsbeginn 1939 nicht vor dem alsbald verordneten Rückzug aus dem Repertoire, in dem DER FRIEDENSTAG sich noch bis in die Spielzeit 1940/41 hielt: Die NS-Kulturbürokratie hatte ein Gespür dafür, welches der beiden Werke eher eine pazifistische Stimmung verbreiten konnte. Nach dem Krieg setzte sich die Karriere von Wagner-Régenys Oper im Gegensatz zum Strauss-Opus fort, allerdings nur an Theatern der DDR.

INNERE EMIGRATION UND KZ

KARL AMADEUS HARTMANN (1905–1963)

Was hätten 1935 achtzig Millionen Volksgenossen von einem deutschen Komponisten gehalten, der ein VATER UNSER zu der Bitte aufgipfelte: *Erlös' uns von dem Reich?* Zumal derselbe Komponist in jenem Jahr sich dadurch politisch verdächtig machte, dass er in Prag ein symphonisches MISERAE herausbrachte, dessen Partitur er den Entstehungshinweis »Dachau 1933/34« und die Widmung an die Freunde mitgab, »die hundertfach sterben mußten«. Aber Deutschland bekam dieses Operngebet eines hellsichtigen Kindes nicht zu hören, denn der dreißigjährige Karl Amadeus Hartmann, als Sohn des Münchner Malers Friedrich Richard Hartmann ein ebenso bodenstämmiger Bayer wie Carl Orff und Werner Egk, entschloss sich, in die Innere Emigration zu gehen und in der Heimat kein Werk mehr an die Öffentlichkeit zu bringen. Er hielt sich bis auf eine 1937 an den Münchner Kammerspielen aufgeführte Bühnenmusik zu Büchners Revolutionstragödie DANTONS TOD an sein Verdikt und legitimierte damit den nach 1945 von vielen leichtfertig in Anspruch genommenen Begriff der ›Inneren Emigration‹.

Dieser Schritt war keineswegs mit einem künstlerischen Verstummen verbunden. Nach der Machtübernahme der Nationalsozialisten 1933 entschied sich Hartmann für eine praktizierte Ästhetik des Widerstands: »In diesem Jahr erkannte ich, daß es notwendig sei, ein Bekenntnis abzulegen, nicht aus Verzweiflung und Angst vor jener Macht, sondern als Gegenaktion«. Diese Forderung erfüllte Hartmann zusammen mit seiner Ehefrau Elisabeth und Freunden wie Robert Havemann praktisch in der 1938 zerschlagenen Widerstandsgruppe ›Neu Beginnen‹, aber auch in seinen als Flaschenpost zwischen 1933 und 1945 geschriebenen Werken, die durch die Verschiedenheit der Genres eine abgrundtiefe, in die Anklage umschlagende Trauer verbindet. Erst nach 1945 erfuhr Deutschland von diesen meist symphonischen Werken und dass (der arische) Hartmann zum Gedenken der Opfer neben einem Streichquartett mit Zitaten aus jüdischer Musik nach dem deutschen Überfall auf Polen ein CONCERTO FUNEBRE für Violine und Orchester oder beim Anblick von KZ-Häftlingen, die bei Dachau von SS-Schergen zusammen getrieben wurden – Hartmann wusste im Gegensatz zu all jenen, die nichts sahen, wohin – die Klaviersonate 27. APRIL 1945 geschrieben hatte. Zu den in dieser Zeit erörterten Projekten gehörten verschiedene Opernpläne, von denen sich nur SIMPLICIUS SIMPLICISSIMUS nach Grimmelshausens Barockroman verwirklichen ließ. Als Opernkomponist hatte Hartmann Ende der zwanziger Jahre mit dem WACHSFIGURENKABINETT begonnen, einer im Sommer 1930 fertig gestellten, aber teilweise nicht vollständig in Partitur überlieferten und erst 1988 bei der Münchner Biennale des Modernen Musiktheaters uraufgeführten Folge von fünf jeweils zwischen elf und achtzehn Minuten langen Miniopern mit Kammerbesetzung einschließlich Klavier bzw. Harmonium auf Texte von Erich Bormann. »Jede dieser fünf theatralischen Vignetten bediente sich in Stil und Ausführung so unterschiedlicher literarischer und musikalischer Formen wie der Moralität, des literarischen Kabaretts oder

der Jazzkantate«. Ganz im Stil der Zeitoper der zwanziger Jahre gehalten ist das längste der Stücke: eine mit diversen Tanzmusiknummern durchzogene amerikakritische Satire auf den (englischen) Filmstar Charlie Chaplin, den Autokönig Henry Ford und den Foxtrott. Dem epischen Zeittheater verpflichtet ist das Stück über Leben und Sterben des Mönchs Rasputin, dessen schillernde Persönlichkeit episierend durch zwei Sprecher mit divergierenden Ansichten geschildert wird. Auch hier montiert Hartmann einen Foxtrott in die Handlung.

SIMPLICIUS SIMPLICISSIMUS (›Drei Szenen aus seiner Jugend‹, *L* nach Grimmelshausen von Hermann Scherchen, Wolfgang Petzet und K. A. Hartmann; Erstfassung 1934/35 als ›Des Simplicius Simplicissimus Jugend‹ Kammerspiele Köln 1948 unter Richard Kraus in der Regie von Erich Bormann; Zweitfassung Mannheim 1957 unter Karl Fischer in der Inszenierung von Joachim Klaiber; danach meist Aufführungen der Zweitfassung, gelegentlich unter Einschluss von Teilen der Erstfassung wie dem Bänkelsang-Couplet oder dem Duett Gouverneur-Hauptmann aus dem III. Bild; ein Repertoirestück ist die knapp abendfüllende Kammeroper aber nicht geworden).

Hartmann verdankte die Idee zu dieser Oper dem Dirigenten Hermann Scherchen, der ihm nicht nur ein Szenarium entwarf, sondern auch – zusammen mit dem Dramaturgen der Münchner Kammerspiele Wolfgang Petzet – bei der Ausarbeitung des Librettos half. Es fußt hauptsächlich auf den Kapiteln des ersten Buchs von Grimmelshausens Roman DER ABENTHEURLICHE SIMPLICISSIMUS TEUTSCH (1668), wobei besonders in den ersten beiden Szenen Prosa und Verse des Originals Verwendung fanden. Integriert in den Text wurden ein Lied aus der Zeit der Bauernkriege von 1525 *Als Adam grub und Eva spann, / Da gab's noch keinen Edelmann* im letzten Teil sowie das Gedicht von Andreas Gryphius *Tränen des Vaterlandes* (1638), das von einem Sprecher während des Zwischenspiels nach dem I. Bild rezitiert wird. Die drei Szenen der revidierten Fassung sind, der Symmetriebildung in Grimmelshausens Roman entsprechend, konzentrisch angelegt, jede endet mit dem Tod eines oder mehrerer Menschen.

Zu Beginn liegt der weltfremde Bauernjunge Simplicius (gesetzt für Sopran) während des Dreißigjährigen Kriegs unter einem Baum und träumt davon, wie dieser von Menschen besetzt ist, die auf seine Wurzeln drücken. Als er erwacht, steht ein Soldat vor ihm, der ihn nach der Lage des Hofs ausfragt. Da kommen schon seine Eltern auf der Flucht vor den brandschatzenden Landsknechten vorbei, Simplicius kann mit knapper Not sein Leben retten. Verwaist flieht er in die Waldeinsamkeit zu einem Einsiedler (im Roman ist es sein wahrer Vater). Bei ihm findet Simplicius Unterschlupf und Erziehung. Als der Eremit stirbt, verschleppen ihn Soldaten an den Hof des Gouverneurs, wo man ihn als Narren hält. Zum Reden aufgefordert, erzählt er seinen Traum aus der I. Szene und kann ihn jetzt deuten: In den obersten Ästen sitzen die schmarotzenden Leute von Stand wie der Gouverneur, darunter die Landsknechte. Sie alle drücken auf die Wurzeln: Bauern, Handwerker und Tagelöhner, die dem Baum die Lebenskraft geben. Kaum hat Simplicius seine Rede mit der Prophezeiung einer Revolution beendet, dringen aufständische Bauern in den Saal und töten alle bis auf ihn. Simplicius schließt sich billigend den Bauern an. Sein Ausruf *Gepriesen sei der Richter der Wahrheit* ist dem während der zwanziger Jahre in Deutschland bekannten jiddischen Stück DER DYBBUK von Salomon Anski entnommen. Der Sprecher bilanziert die Toten des Dreißigjährigen Kriegs, wie zu Beginn des Oper.

Hartmann schließt 1935 den Dreißigjährigen Krieg des 18. Jahrhunderts mit jenem inneren kurz, den die Nazis 1933 dem deutschen Volk in Form einer Zwangsbefriedung erklärt hatten und der zum Weltkrieg explodieren sollte. An politischer Hellsichtigkeit übertrifft seine Oper die meisten Hervorbringungen des deutschen Musiktheaters der Zeit und steht in der Geschichte als musikalisches Pendant zu Brechts im Exil geschriebenen Dramen DER AUFHALTSAME AUFSTIEG DES ARTURO UI und MUTTER COURAGE UND IHRE KINDER, die schon im Simplicissimus-Roman auftauchte. Zudem wird als sozialgeschichtlicher Kommentar Grimmelshausens Bild vom Weltenbaum zum Abbild jener von einer Soldateska beherrschten Ständegesellschaft, die für die Verewigung einer ungerechten Ungleichheit sorgt. Dramaturgisch lehnt sich das Werk, das mehr einem pantomimischen Theaterstück wie Strawinskys HISTOIRE DU SOLDAT als einer herkömmlichen Oper entspricht, beim experimentellen Epischen Musiktheater der zwanziger Jahre an. Statt Durchkomposition herrscht Nummerncharakter vor, die kommentierenden Chöre werden in dem fast handlungslosen Geschehen zum Zentrum, die Musik nimmt einen teils gestischen, teils durch Zitate verstärkten Genrecharakter an. So blieb der anti-illusionistische Charakter des 1948 erstmals konzertant im Bayerischen Rundfunk München erprobten Entwurfs sogar erhalten, als Hartmann in der hauptsächlich auf Anregung Rolf Liebermanns revidierten Zweitfassung die gesprochenen Texte für Rezitator und Chor reduzierte und nur noch einen Sprechchor am Ende des I. Akts übrig ließ. Daneben wurde das ursprüngliche Streichquintett im Orchester chorisch verstärkt, viel gesprochener Text in Musik, meist rezitativischer Art, umgesetzt und die Zahl der Szenen von zehn auf drei reduziert. Eliminiert wurde 1956 auch die Szene der Brandschatzung Gelnhausens, Grimmelshausens Geburtsort. Dennoch hat die Kammeroper ihre Eigenart bewahrt. Sie zeichnet sich aus durch betonten Verzicht auf die Ansprüche einer Avantgarde: Dem geringen materialen Aufwand zumal der Urfassung entsprechen eine fassliche Melodik und einfache Formmodelle der populären – geistlichen wie weltlichen – Musik. Aber auch expressive Aufschwünge und lakonische Kommentare, aufbrechende Brutalität und ich-versenkte Innerlichkeit stehen unvermittelt nebeneinander.

Die vokale Artikulation umfasst nach dem Vorbild von Bergs WOZZECK die Bereiche zwischen gesprochenem Wort, Sprechgesang, wortnahem Rezitativ und tradiertem Arioso. Auch die Chöre weisen ein weites Spektrum auf: Im Finale I handelt es sich bei *Da schaut die losgelassenen Teufel* um ein kontrapunktisch vierstimmiges Gebilde für Sprecher, zwei der Chöre sind wortlose Vokalisen, eine davon – nach der hebräischen Weise ELIJAHA HA-NAVI – wird mit geschlossenem Mund zu des Simplicius Klage über den Tod des Einsiedlers im Finale II vorgetragen. Daneben gibt es einstimmige Chöre wie das leicht variierte FLORIAN-GEYER-LIED aus den Bauernkriegen, mit dem die Aufständischen im III. Bild einbrechen: *Ein gleich Gesetz, das woll'n wir han.* Im Stil der ›Neuen Sachlichkeit‹ der zwanziger Jahre setzt Hartmann auch geschlossene Instrumentalformen ein: neben der Ouvertüre die schon erwähnte Zwischenaktmusik vor dem II. Bild, der Paul Gerhardts Lied NUN RUHEN ALLE WÄLDER in der Vertonung Heinrich Isaaks mit Bachs Harmonisierung zu Grunde liegt, drei Hoftänze und eine abschließende Apotheose im III. Akt.

Die ausgedehnte Ouvertüre nähert sich als einzige Nummer einer symphonisch konzipierten Durchführungstechnik, da sie das Geschehen in ihrer Dreiteiligkeit vorwegnimmt. Auch hier fallen einige Zitate auf. So erklingt im einleitenden Adagio als Bratschensolo eine aus der jüdischen Musik entlehnte Kantilene, die für Hartmann besondere Bedeutung hatte: Sie kehrt als Thema für den Variationensatz seiner Ersten Symphonie wie auch in der Achten wieder. Im schnellen Mittelteil wie im Finale I zitiert Hartmann einen kurzen Abschnitt aus den Polowzer Tänzen von Borodins FÜRST IGOR, für den dritten Teil – ein Marsch-Agitato – ist (wie für das Finale III) ein direkter Bezug zum Marsch aus Prokofjews Klavierstücken op. 12 (Nr. 1) nachgewiesen worden. Zu den ohrenfälligen Zitaten Hartmanns gehört auch der in unbequem hoher Fagottlage erklingende Anfang von Strawinskys SACRE DU PRINTEMPS, der den Schlaf des Simplicius unter dem Ständebaum begleitet. So rundet Hartmann das völlig unspektakuläre Werk mit seinen Sympathieäußerungen für das alte, noch nicht korrumpierte Kultur-Deutschland, das unterdrückte Judentum und die missliebige Avantgarde seiner Zeit zum bewegenden Zeugnis einer Ästhetik des Widerstands. Zwei Jahre nach Fertigstellung der Erstfassung seiner Oper schrieb Hartmann zum Gedächtnis des 1935 gestorbenen Alban Berg auf Texte von Gryphius die Kantate FRIEDE 48: ein durch den Choral *Nun danket alle Gott* von Johann Krüger religiös gefärbter Appell auf Einlösung des Westfälischen Friedens von 1648. Krieg, auch der gerechte der Bauern in seinem SIMPLICIUS SIMPLICISSIMUS, war für ihn kein Selbstzweck.

VIKTOR ULLMANN (1898–1944)

In mancher Beziehung ist der böhmische Komponist, Sohn eines katholisch assimilierten jüdischen Berufsoffiziers in der k. u. k. Habsburgischen Armee, eine komplementäre Erscheinung zu Karl Amadeus Hartmann. Auch sein Beitrag zum Musiktheater blieb der Öffentlichkeit während der NS-Herrschaft (aber auch lange Zeit danach) verborgen, im Gegensatz zu Hartmann schrieb Ullmann aber nicht für die Schublade: Seine drei Musikdramen wurden von der politischen Entwicklung unterdrückt. Das gilt auch für die mit dem SIMPLICIUS SIMPLICISSIMUS vergleichbare Kammeroper DER KAISER VON ATLANTIS, mit der Ullmann spät berühmt wurde – und postum, denn er war in Auschwitz ermordet worden. Über ihre kunstinterne Bedeutung hinaus ist diese Oper insofern ein einzigartiges Dokument der Zeitgeschichte, als sie im KZ Theresienstadt entstand: Zeugnis des geistigen Widerstands gegen den Terror.

Viktor Ullmann wurde 1898 im mährischen Teschen geboren, dem heute an der tschechisch-polnischen Grenze gelegenen Těšín. Zur Schule ging er in Wien, wo er nach Ende des Ersten Weltkriegs Kompositionskurse bei Arnold Schönberg besuchte. Danach wurde er Korrepetitor und Chorleiter am Deutschen Theater Prag und an einem kleineren böhmischen Theater, ehe er 1929 die Leitung der Bühnenmusik am Zürcher Schauspielhaus übernahm. Dann gab er das Komponieren zeitweise auf und führte 1931–1933 in Stuttgart eine anthroposophische Buchhandlung. Nach der Machtübernahme durch die Nazis floh Ullmann nach Prag, wo er noch einmal Studien bei Alois Hába aufnahm, sich als Musiklehrer und Journalist eine neue Existenz aufbaute, auch als Komponist Aufmerksamkeit erregte.

DER STURZ DES ANTICHRIST

Nach einem Ende der zwanziger Jahre unternommenen, aber verloren gegangenen Versuch, Ibsens PEER GYNT in Musiktheater umzusetzen, vertonte Ullmann 1935 Wort für Wort das zwei Jahre zuvor in Dornach uraufgeführte Drama DER STURZ DES ANTICHRIST aus der Feder des Schweizer Anthroposophen Albert Steffen. Obwohl er es dem Wiener Staatsoperndirektor Felix Weingartner vorspielte, sah er selbst keine Chance für eine Aufführung: Im austrofaschistisch unterwanderten Österreich war die Oper als Parabel auf ein diktatorisches System schon zu brisant. Auch seine Hoffnung, das Stück am Deutschen Theater Prag oder in einer tschechischen Übersetzung am Prager Nationaltheater herauszubringen, zerschlug sich. Die Uraufführung fand erst 1995 in Bielefeld statt.

Ein Diktator kerkert Ende des 20. Jahrhunderts seine letzten drei Widersacher ein. Schließlich gelingt es ihm, den Techniker für seinen Plan einer die Naturgesetze aufhebenden Raumfahrt zu gewinnen, und der Priester ist bereit, synthetisches Brot als Erdenfrucht zu segnen. Nur der heldentenorale Dichter weigert sich, zum Evangelisten des Tyrannen zu werden. In der Haft findet er Bekräftigung durch den alten Wärter, der ihm das Lebensmysterium verkündet. Es ist das Goethesche ›Stirb und Werde‹. Mit dieser Einstellung gewinnt der Dichter Priester und Techniker für sich, gemeinsam stehen sie gegen den Diktator im Namen Christi auf und stürzen ihn damit. Ein orchestraler Dankgesang in C-Dur, das durch einen E-Dur-Einschub überstrahlt wird, beschließt das Werk in orgelgestützter Emphase.

Es handelt sich um ein durchkomponiertes Musikdrama mit stark chromatischer, aber nicht über eine erweiterte Tonalität hinausgehender Klangsprache. Die Welt des Diktators kennzeichnen übermäßige Akkorde der Ganztonleiter, die große Septime (*Ich bring' den Tod*) als Klangchiffre für den unlegitimierten Machtanspruch und im III. Akt eine leicht ins Groteske verschobene Marschmusik. Schönbergs Expressionismus schimmert gelegentlich durch, ein Leitmotiv erinnert an Mahlers frühes Lied ICH GING MIT LUST DURCH EINEN GRÜNEN WALD. Die enge Beziehung zur geistigen Botschaft des Textautors dürfte Ullmann den Blick für die Schwächen des Dramas als Libretto verstellt haben – so folgte er mit schier endlosen Akkordfolgen der Vorlage, die von bildschwacher Prosa in sprachschwache Blankverse übergeht, und fand nur für den Gefängniswärter in dem als riesige Fuge angelegten II. Akt einen eigenen Vokalstil. Von dem reinen Männerstück, das mit Kontrafagott, Bassklarinetten und im Schlussakt sogar mit dem an Mozarts Requiem gemahnenden Bassetthorn eine dunkle und zugleich weiche Timbrierung aufweist, hebt sich der im Stil Skrjabins vokalisierende Frauenchor in der letzten Szene mystizistisch ab. Der Lebenskonflikt Ullmanns – das Verhältnis des Individuums zu einem Unrechtssystem – ist hier schon vor dem KAISER VON ATLANTIS aufgegriffen und in eine utopisch positive Lösung gezwungen.

Eine Variante bevorzugte Ullmann in dem Einakter DER ZERBROCHENE KRUG, den er 1942 nach Kleists Lustspiel komponierte – dieses mit rund 45 Minuten Spieldauer extrem konzentrierte Werk musste über ein halbes Jahrhundert warten, bis es 1996 bei den Dresdner Festspielen durch das Staatstheater Weimar uraufgeführt wurde. Die Selbstdekouvrierung des sündigen Dorfrichters Adam nach seinem erpresserischen Bandeln mit der jungen Eve erfolgt in einem hektischen Sprechgesang, dem selten – wie beim Auftritt des Gerichtsrats Walther – eine Atempause gegönnt wird. Ullmann, der das Zeitkolorit durch zirpende Cembaloklänge einfing und durch saxophongetragene Anklänge an die Tanzmusik seiner Zeit konterkarierte, hat die Beschleunigung des Ablaufs gegenüber der Vorlage nicht nur durch Textverknappung erreicht. Zusätzlich ließ er Passagen, die im Sprechtheater sukzessive folgen, gleichzeitig singen und steuerte dem Finale eine eigene Textaussage bei. Nachdem der Dorfrichter entflohen ist, vereinen sich die Zurückgebliebenen über Kleist hinaus im Ruf *Fiat iustitia*! Das war in der Wirklichkeit außerhalb des für Ullmann verschlossen bleibenden Theaters ein vergeblicher Schrei nach dem Rechtsstaat. Kurz nach Vollendung seiner Oper wurde Ullmann im September 1942 in das Konzentrationslager Theresienstadt eingeliefert.

DER KAISER VON ATLANTIS ODER DIE TODES-VERWEIGERUNG (›Spiel in einem Akt und vier Bildern‹, *L* von Peter Kien unter Einschluss eines Texts aus Felix Brauns TANTALOS; Bellevue-Theater Amsterdam 1975 in der musikalischen Einrichtung des Dirigenten Kerry Woodward; San Francisco 1976; Tel Aviv 1982 auf Hebräisch; Stuttgart 1985; Kammeroper Wien in der Inszenierung George Taboris, die auch bei internationalen Gastspielen gezeigt wurde; 1989 fand in der Neuköllner Oper Berlin eine Aufführung stand, die dem Original näher kam; 1992 gab das Staatstheater Saarbrücken eine editorisch halbwegs gesicherte Fassung; im Druck erschien sie 1993).

Die etwa 60 Kilometer nördlich von Prag gelegene Garnisonsstadt Terezín beherbergte eine alte Festung, die Ende 1941 von der SS zu einem KZ umgebaut wurde. Es diente als Vorzeigelager für prominente Gefangene, aber auch als Zwischenstation vor der Auslieferung der Inhaftierten in die Vernichtungskammern von Auschwitz. Kulturelle Aktivitäten waren zugelassen, aus propagandistischen Gründen sogar erwünscht. So musste der später in Auschwitz ermordete Kurt Gerron, einer der Mitwirkenden bei der Uraufführung von Brecht-Weills DREIGROSCHENOPER, den perfiderweise unter dem Titel DER FÜHRER SCHENKT DEN JUDEN EINE STADT bekannt gewordenen Film drehen. Dieser, in den die Schluss-Szene aus Hans Krásas im KZ oft aufgeführter und in ihrer Tendenz gegen Hitler gemünzter Kinderoper BRUNDIBÁR einmontiert war, gaukelte einer Kommission des Internationalen Roten Kreuzes und damit der ganzen Welt die Eingangspforte zum Holocaust als Idylle kulturell selbstbestimmter Menschen vor.

Für die künstlerischen Aktivitäten in Theresienstadt hatte der vom Arbeitsdienst freigestellte Viktor Ullmann als Organisator von Musikveranstaltungen und als Musikkritiker eine wichtige Funktion. Er komponierte aber auch und schrieb unter anderem auf ein Textbuch des ebenfalls inhaftierten Zeichners und Grafikers Peter Kien zwischen 1943 und dem Januar 1944 die Oper DER KAISER VON ATLANTIS. Sie wurde sogar im September 1944 einstudiert, aber eine Aufführung fand nicht statt. Es ist unwahrscheinlich, dass sie von der Lagerleitung verboten wurde, da die SS das Geschäft der Zensur der jüdischen Selbstverwaltung überließ. Wahrscheinlich fiel die Aufführung aus, weil viele der Mitwirkenden nach Auschwitz deportiert wurden – so auch Ullmann und sein Librettist am 18. Oktober 1944. Beide wurden gleich nach der Ankunft in den Gaskammern ermordet. Das Manuskript der Oper und anderer Kompositionen hatte Ullmann in Theresienstadt einem Freund überlassen, der überlebte. Seit Mitte der siebziger Jahre kamen immer mehr Theresienstädter Werke, auch von Ullmanns tschechisch-jüdischen Leidensgefährten Hans Krása, Gideon Klein oder Ervín Schulhoff ans Tageslicht. Ihre Wiederentdeckung wurde zu einem aufregenden Prozess des Musiklebens: einem Akt des Widerstands gegen den Geschichtsfraß allgemein, die Auschwitz-Leugnung insbesondere.

Die Handlung spielt im sagenhaften Atlantis. Nach einem die Personen des Spiels vorstellenden Prolog des Laut-Sprechers beklagen sich der Tod und ein das Leben symbolisierender Harlekin über die schlechten Zeiten. Da verkündet ein Trommler die jüngste Entscheidung des Kaisers Overall: Er hat den totalen Krieg aller gegen alle erklärt. Der Tod fühlt sich dadurch entehrt, zerbricht sein Schwert und verweigert jeden Dienst: Fortan können die Menschen nicht mehr sterben. Als der Kaiser bemerkt, dass Exekutionen nicht mehr zum gewünschten Ziel führen, stellt er sich als Erfinder der Unsterblichkeit dar. Diese führt auf dem Schlachtfeld zur Einstellung der Kämpfe wegen Sinnlosigkeit, ein Soldat und das auf der Gegenseite kämpfende Mädchen Bubikopf finden Zeit für die Liebe. Der Harlekin beschwört im Palast Kindheitserinnerungen des Kaisers, der dem Wahnsinn nahe ist, da ihm die Macht entgleitet. Der Tod verspricht ihm Erlösung, wenn er zu sterben bereit ist. Overall akzeptiert in einer großen Abschiedsarie, der Tod führt ihn durch einen Spiegel fort. In einem Epilog beschwören Bubikopf, der Trommler, Harlekin und der Sprecher nach der Melodie des Lutherchorals EIN' FESTE BURG die Würde des individuellen Sterbens: *Du sollst den großen Namen Tod nicht eitel beschwören.*

HERRSCHAFT UND PARANOIA

Overall ähnelt dem Deutschland über alles stellenden und seinem Welteroberungswahn opfernden Hitler so sehr, dass die Verlegung der Spielzeit in ein sagenhaftes Atlantis den Bezug nicht verunklart. Zumal Ullmann nicht nur den von den Nazis oft propagandistisch korrumpierten Lutherchoral einsetzte, sondern bei der ersten Nennung des Kaisers samt seiner Ordens- und Ehrenzeichenliste auch das in einer mollnahen Kirchentonart und einer eislerschen Klarinettenfigur verzerrte Deutschlandlied, mit dem der Trommler (eine Altpartie) wie ein Echo des Propagandaministers Goebbels bei seiner Berliner Sportpalastrede vom Februar 1943 den totalen Krieg aller gegen alle verkündet. So war kein Zweifel in der Zuordnung des mythischen Atlantis zu einem konkreten Terrorsystem möglich, das in der von Elias Canetti beschriebenen Einheit zwischen HERRSCHAFT UND PARANOIA erscheint.

Eine andere Tonbotschaft erklingt schon in der einleitenden Fanfare, die den Prolog des Sprechers ankündigt: zwei fallende, durch einen aufsteigenden Sekundschritt verbundene Tritonus-Intervalle, die immer wieder in dem Stück auftauchen und den nur noch per Telefon – *Hallo, hallo* – mit der Umwelt kommunizierenden Kaiser charakterisieren. Es handelt sich um das hier wörtlich aus dem Hornruf des Totentanz-Trios in Josef Suks ASRAEL übernommene Todesmotiv. Diese Todesengel-Symphonie, die Suk 1906 auf den Tod seiner Frau und seines Schwiegervaters Antonín Dvořák komponiert hatte, besaß im tschechischen Kulturraum einen ungewöhnlichen Bekanntheitsgrad. Nachdem der Prager Rundfunk das Todesengel-Motiv anlässlich des Ablebens von Alt-Präsident Tomáš Masaryk im Jahre 1937 häufig ausgestrahlt hatte, galt es sogar als akustische Chiffre für die politisch verweigerte nationalkulturelle Selbstbestimmung. Ullmann strahlt durch sein Übernahmeverfahren – vergleichbar den Zitaten in Hartmanns SIMPLICIUS SIMPLICISSIMUS – semantisch eindeutig besetzte Signale aus. Beide Werke sind dem verpflichtet, was Peter Weiss als Ästhetik als Widerstands beschrieben hat.

Aber das würde nicht reichen, Ullmanns gerade eine Stunde dauernder Kammeroper, geschrieben für die zufällig in Theresienstadt verfügbare Besetzung von Streichquintett, Flöte, Oboe, Klarinette, Altsaxophon, Trompete, Banjo, Cembalo (Klavier), Harmonium und kleinem Schlagwerk, ein Nachleben zu sichern – wäre das Werk nicht auch immanent von hoher Qualität. Ullmann setzt ein harmonisch reiches und kontrapunktisch geschliffenes Musikidiom ein, das eine manchmal verblüffende Verbindung herstellt zwischen Mahlers Abgründigkeit in der Mond-Arie Harlekins (Nr. 3), die den Trunkenen im Frühling aus dem LIED VON DER ERDE zitiert, und Weills Songstil im Allegretto-Duett Kaiser–Tod (Nr. 4), zwischen dem Blues in der ersten Arie des Todes (Nr. 6), dem Shimmy im Terzett von Kaiser, Harlekin und Trommler des

IV. Bilds (Nr. 19), Harlekins chromatischer Verfremdung von Johann Friedrich Reichardts Schlaflied für den Kaiser *Schlaf, Kindlein, schlaf* (Nr. 16) und der Atonalität der Zweiten Wiener Schule, die in dem aus drei Akkorden gebildeten Elftonfeld in der ersten Arie des Kaisers *Bin ich wahnsinnig?* (Nr. 9) vorherrscht. Wie in der Nummernfolge von Hartmanns Grimmelshausen-Oper erstreckt sich der Vokalstil von reinem Rezitieren über musikunterlegtes Sprechen im Melodram, Rezitativ und Arie bis hin zum Duett, Terzett und Quartett. Ullmanns Oper, die ähnlich der Hartmanns beste Tendenzen der Zeitoper der zwanziger Jahre bewahrt, besteht wie diese auch vor dem Hörer, der die Ausnahmesituation ihrer Entstehung nicht kennt. Dennoch bleibt sie jeder Rezeption des Werks eingeschrieben, DER KAISER VON ATLANTIS hat soziokulturell eine mit Felix Nussbaums 1943 vor seiner Liquidation entstandenem SELBSTBILDNIS MIT JUDENPASS vergleichbarer Bedeutung.

Natürlich ist DER KAISER VON ATLANTIS in keiner editorisch eindeutigen Fassung auf uns gekommen. So liegt beispielsweise die Abschiedsarie des Kaisers vor dem Finale des insgesamt in vier Versionen überlieferten Werks, dessen Genrebezeichnung in den Skizzen zwischen ›Spiel in einem Akt‹ und ›Legende in vier Bildern‹ schwankt, in zwei Textfassungen vor. Sie unterscheiden sich diametral voneinander. In der frühen Aufführungsgeschichte wurde *Der Krieg ist aus* bevorzugt: eine eindeutige Aussage, in der die Angst vor der sicheren Wiederkehr des Grauens mit der fatalistischen Schlussfolgerung mitschwingt, die Menschen hätten nichts besseres als ihren Untergang verdient. Die zweite, mystifizierende Version *Von allem, was geschieht, ist Eines nur, wovor der Götter Lächeln nicht besteht: der Abschied*, trägt in der Partitur Ullmanns die späteste Datierung (13. 1. 44) und ist als Fassung letzter Hand zu bezeichnen. Tatsächlich stammt der Text nicht vom Librettisten Peter Kien, sondern aus dem unter dem Eindruck des Kriegsgrauens 1917 geschriebenen Drama TANTALOS von Felix Braun.

Ullmann hatte die Verse schon in seiner verloren gegangenen SYMPHONISCHEN PHANTASIE von 1925 für Tenor und Orchester gesetzt. Die Worte des mythischen Gottsuchers Tantalos rücken den todesbereiten Kaiser Overall unter einem Horizont von Überzeitlichkeit von der historischen Einsträngigkeit des gnadenlosen Overkillers ab, der mit sich selbst am liebsten die ganze Welt vernichtet sähe. Ihm wird stellvertretend auch für seine Opfer, da kommt Ullmanns anthroposophisches Weltbild zu seinem Recht, nach dem ›Stirb!‹ ein ›Werde!‹ zugebilligt. Wir wissen nicht, zu welcher Fassung sich der Komponist entschieden hätte, wäre es zu einer Aufführung seiner Oper in Theresienstadt gekommen. Aber jede aufführungspraktische Entscheidung ist der Tatsache verpflichtet, dass Viktor Ullmann in seiner – auf der Rückseite von Deportationslisten geschriebenen – Partitur nicht nur den gnadenlosen Feind im Antichristen bekämpfte, sondern auch mit jüdischer Humanität »seinen Mitmenschen und sich selbst auf dem Weg in die Gaskammern von Auschwitz mit den Worten *denn es ist das Ferne nicht beklagenswert, vielmehr das Nahe, das in ewigem Schatten ruht*, ein *Fürchtet euch nicht* zurief«.

QUELLENANGABEN

DIE ZIRKUMPOLARE OPER

SEITE

19 Eduard Hanslick, Aus dem Opernleben der Gegenwart. Der ›Modernen Oper‹ III. Theil. Berlin 1889, S. 378
Arnold Schönberg, Nationale Musik. In: Stil und Gedanke. Aufsätze zur Musik, hg. von Ivan Vojtěch. Frankfurt/Main 1976, S. 252
Donald J. Grout/Hermine Weigel Williams, A Short History of Opera. New York [3]1988, S. 516

20 Theodor Kroyer, Die circumpolare Oper. Zur Wagnergeschichte. In: Jahrbuch der Musikbibliothek Peters für das Jahr 1919. Leipzig 1920

25 Hugo Wolfs musikalische Kritiken, hg. von Richard Batka und Heinrich Werner. Leipzig 1911, S. 304

26 Jens Malte Fischer, Singende Recken und blitzende Schwerter. Die Mittelalteroper neben und nach Wagner. In: Oper – das mögliche Kunstwerk. Anif – Salzburg 1991, S. 120 f.

29 Julius Korngold, Deutsches Opernschaffen der Gegenwart. Wien – München 1922, S. 121

30 Marx/Engels, Werke, hg. vom Institut für Marxismus-Leninismus im ZK der SED, Bd. XXIX. Berlin 1956 ff., S. 592

31 Eduard Hanslick, Aus dem Tagebuch eines Rezensenten. Gesammelte Musikkritiken, hg. von Peter Wapnewski. Kassel etc. 1989, S. 170
Hugo Wolf, a. a. O., S. 246

33 Hans-Joachim Bauer, Kienzl: ›Der Kuhreigen‹. In: Pipers Enzyklopädie des Musiktheaters, Bd. III. München 1989, S. 291

34 Peter Cornelius, Literarische Werke, hg. von Carl Maria Cornelius, Bd. I. Leipzig 1904 f., S. 193

35 René Leibowitz, Histoire de l'opéra. Paris 1957, S. 163

36 Peter Cornelius, a. a. O., S. 108 und 242
Klaus Günther Just, Peter Cornelius als Dichter. In: Peter Cornelius als Komponist, Dichter, Kritiker und Essayist, hg. von Hellmut Federhofer und Kurt Oehl. Regensburg 1977, S. 28

38 Egon Voss, ›Der Barbier von Bagdad‹ als komische Oper, ebenda, S. 135

42 Norbert Miller, Stilreinheit versus Stilvermischung. Anmerkung zu einer Brahms-Rezension von Hermann Goetz. In: Musica 1980, S. 461

43 Theodor W. Adorno, Situation des Liedes. In: Musikblätter des Anbruch 1928, S. 364
Hanns Eisler, Musik und Politik. In: Schriften, hg. von Günther Meyer. München 1973, S. 68
Hanns Eisler, Materialien zu einer Dialektik der Musik, hg. von Manfred Grabs. Leipzig 1973, S. 258
Rosa Luxemburg, Briefe aus dem Gefängnis, hg. vom Exekutivkommité der Kommunistischen Jugendinternationale. Berlin 1927, S. 45
Hugo Wolf, Briefe an Emil Kauffmann, hg. von Edmund Hellmer. Berlin 1903, S. 13 f.

44 Siegfried Schmalzriedt, Hugo Wolfs Vertonung von Mörikes Gedicht ›Karwoche‹. In: Archiv für Musikwissenschaft 1984, S. 52
Hugo Wolf, Briefe an Oskar Grohe, hg. von Heinrich Werner. Berlin 1905, S. 31

45 Hugo Wolf, Briefe an Frieda Zerny, hg. von Ernst Hilmar und Walter Obermaier. Wien 1978, S. 58

46 Hugo Wolf, Briefe an Rosa Mayreder, hg. von Heinrich Werner. Wien 1921, S. 58

47 Carl Dahlhaus, Die Musik des 19. Jahrhunderts. Neues Handbuch der Musikwissenschaft, Bd. VI. Wiesbaden 1980, S. 290

49 Margarete Saary, Persönlichkeit und musikdramatische Kreativität Hugo Wolfs. Tutzing 1984, S. 376

52 Peter P. Pachl, Die Märchenoper der Wagnernachfolge. In: Oper und Operntext, hg. von Jens Malte Fischer. Heidelberg 1985, S. 132; dort eine Vielzahl weiterer Operntitel aus dem Märchengenre

53 Siegmund von Hausegger, Alexander Ritter. Ein Bild seines Charakters und Schaffens. Berlin 1907, S. 103

54 Engelbert Humperdinck am 11. 5. 1891 an Cosima Wagner; zitiert nach Hans-Josef Irmen, ›Hänsel und Gretel‹. Studien und Dokumente zu Engelbert Humperdincks Märchenoper. Mainz 1989, S. 137

55 Bruno Bettelheim, Kinder brauchen Märchen (The Uses of Enchantment). München 1980, S. 134

57 Hans-Josef Irmen, a. a. O. (s. Anm. zu S. 54), S. 101, 88 und 105

59 Engelbert Humperdinck am 25. 5. 1894 an seinen Verleger; zitiert nach Hans-Josef Irmen, a. a. O., S. 66
Richard Wagner, Oper und Drama, hg. von Klaus Kropfinger. Stuttgart 1984, S. 130

62 Peter P. Pachl, Siegfried Wagners musikdramatisches Schaffen. Tutzing 1979, S. 155

66 Richard Wagner, Sämtliche Schriften, Bd. X. München 1911, S. 185

68 Friedrich Klose, Meine Lebensjahre bei Bruckner. Erinnerungen und Betrachtungen. Regensburg 1927, S. 127

Annegrit Laubenthal, Zum Thema ›Form‹ in der nachwagnerianischen Oper: Friedrich Kloses ›Dramatische Symphonie‹. In: Geschichte und Dramaturgie des Operneinakters, hg. von Winfried Kirsch und Sieghart Döhring. Laaber 1991, S. 222
Wolf Rosenberg, Warum Mahler keine Oper schrieb. In: Neues Forum XIV. Graz 1967, S. 397
Theodor W. Adorno, Gustav Mahler. Eine musikalische Physiognomie. Frankfurt/Main 1960, S. 99

69 Reinhard Ermen, Musik als Einfall. Hans Pfitzners Position im ästhetischen Diskurs nach Wagner. Aachen 1986, S. 37 und 36

80 Max von Schillings, zitiert nach Dieter Kühn, Musik & Gesellschaft. Bad Homburg v. d. H. 1971, S. 24

83 Fred K. Prieberg, Musik und Macht. Frankfurt/Main 1991, S. 215

84 Christian Detig, Deutsche Kunst, deutsche Nation. Der Komponist Max von Schillings. Regensburg 1998, S. 251
Alexander Berrsche, Trösterin Musica. Gesammelte Aufsätze und Kritiken. München 1942, S. 454

85 Hermann Danuser, Der Künstler und seine Darstellung in der Oper. Zu Problemen der fiktiven Poetik und einigen Differenzierungen. In: Jahrbuch der Bayerischen Staatsoper 1990/91, hg. von Hanspeter Krellmann. München 1990, S. 61

87 Julius Bahle, Der geniale Mensch und Hans Pfitzner. Eine psychologische Kulturkritik. Hemmenhofen [2]1974, zweite Umschlagseite
Pfitzners Brief an Rudolf Hess zitiert nach Klaus-K. Hübler, In Sachen Pfitzner. In: Zeitschrift für Musikpädagogik 1980, Heft 10, S. 14
Hans Pfitzner, Gesammelte Schriften, Bd. II. Augsburg 1926/29, S. 119 (›Wahnsinn‹ im Original gesperrt gedruckt)

88 Klaus-K. Hübler, Zum Verhältnis von Ästhetik und Ideologie bei Hans Pfitzner. In: Zeitschrift für Musikpädagogik 1978, Heft 5, S. 26 f.
Reinhard Ermen, a. a. O., S. 8 f. und 9
Briefwechsel Hermann Hesse – Thomas Mann. Frankfurt/Main 1975, S. 181

89 Hans Rectanus, Pfitzner als Dramatiker. In: Beiträge zur Geschichte der Oper, hg. von Heinz Becker. Regensburg 1969, S. 140

90 Carl Dahlhaus, a. a. O., S. 287
Ernst Krenek, zitiert nach Mitteilungsheft der Hans-Pfitzner-Gesellschaft Nr. 37, 1976, S. 47

91 f. Egon und Emmy Wellesz, Egon Wellesz – Leben und Werk, hg. von Franz Endler. Wien – Hamburg 1981, S. 28

92 Wolfgang Osthoff, Hans Pfitzners ›Rose vom Liebesgarten‹, Gustav Mahler und die Wiener Schule. In: Festschrift für Martin Ruhnke zum 65. Geburtstag. Neuhausen – Stuttgart 1986, S. 266 und 270
Hans Pfitzner, a. a. O. (s. Anm. zu S. 87), Bd. III, S. 121

93 Gustav Mahler, Briefe an Alma Mahler. Frankfurt/Main 1972, S. 270 f.
95 Hans Rectanus, Leitmotivik und Form in den musikdramatischen Werken Hans Pfitzners. Würzburg 1967, S. 176
97 f. Richard Wagner, a. a. O., Bd. VII, S. 80
98 Friedrich Nietzsche, Werke in drei Bänden, hg. von Karl Schlechta, Bd. I. München 1954, S. 103
99 Gerhard J. Winkler, Hans Sachs und Palestrina. Pfitzners ›Zurücknahme‹ der ›Meistersinger‹. In: Richard Wagner 1883–1983. Die Rezeption im 20. Jahrhundert. Gesammelte Beiträge des Salzburger Symposiums, hg. von Ulrich Müller u. a. Stuttgart 1986, S. 108
101 Thomas Mann, Essays, hg. von Hermann Kurze, Bd. III. Frankfurt/Main 1974, S. 56
102 Ernst Bloch, Das Prinzip Hoffnung. Berlin 1956, Bd. II, S. 414 und Bd. III, S. 170
103 Gerhard J. Winkler, a. a. O., S. 122
Thomas Mann, a. a. O., S. 58
105 Wolfgang Osthoff, Pfitzner – Goethe – Italien. Die Wurzeln des Silla-Liedchens im ›Palestrina‹. In: Studien zur italienisch-deutschen Musikgeschichte, hg. von Friedrich Lippmann, Bd. XI. Köln 1976, S. 202 f.
Stefan Kunze, Zeitschichten in Pfitzners ›Palestrina‹. In: Symposion Hans Pfitzner Berlin 1981, hg. von Wolfgang Osthoff. Tutzing 1984, S. 73
106 Wolfgang Osthoff, Eine neue Quelle zu Palestrinazitat und Palestrinasatz in Pfitzners musikalischer Legende. In: Renaissance-Studien. Helmuth Osthoff zum 80. Geburtstag, hg. von Ludwig Finscher. Tutzing 1979, S. 187
Alma Mahler-Werfel, Mein Leben. Frankfurt/Main 1963, S. 224
108 Stefan Kunze, a. a. O., S. 82
Jürgen Maehder, Décadence und Klang-Askese. Orchesterklang als Medium der Werkintention in Pfitzners ›Palestrina‹. In: Beiträge zum Musiktheater, Bd. XV. Jahrbuch der Deutschen Oper Berlin 1995/96, S. 177
Stefan Kunze, a. a. O., S. 82
109 Jürgen Maehder, a. a. O., S. 178
110 f. Hans Mayer, Schreker und die Literatur. In: Franz Schreker. Am Beginn der Neuen Musik, hg. von Otto Kolleritsch. Graz 1978, S. 37
112 Thomas Mann, Doktor Faustus. Frankfurt/Main 1960, S. 406
Peter Horst Neumann, Mythen der Inspiration aus den Gründerjahren der Neuen Musik. In: Neue Musik und Tradition. Festschrift Rudolf Stephan zum 65. Geburtstag. Laaber 1990, S. 452
Mary A. Cicora, Beethoven, Shakespeare, and Wagner. Visual Music in ›Doctor Faustus‹. In: Deutsche Vierteljahresschrift für Literaturwissenschaft und Geistesgeschichte 1989, S. 278

ZWISCHEN FORM UND FORMEL

113 Giovanni Pacini, Le mie memorie artistiche. Florenz 1873, S. 102 f.

117 Lorenzo Ferrero, ›Turandot‹ über den Verismus hinaus. In: Über Musiktheater. Eine Festschrift für Arthur Scherle, hg. von Stefan G. Harpner. München 1992, S. 90

118 Julian Budden, The Operas of Verdi, Bd. II. London 1978, S. 13 und 31

119 Arrigo Boito, Tutti gli scritti. Mailand 1942, S. 1107 f.

121 ebenda, S. 1081

Guido Salvetti, La Scapigliatura milanese e il teatro d'opera. In: Il melodramma italiano dell'ottocento. Turin 1972, S. 595

122 Antonio Cassi Ramelli, Libretti e librettisti. Mailand 1973, S. 232 f.

125 Eduard Hanslick, Aus dem Tagebuch eines Rezensenten. Gesammelte Musikkritiken, hg. von Peter Wapnewski. Kassel etc. 1989, S. 145 und 157

128 Peter Ross, ›E l'Ideal fu sogno‹. Arrigo Boito und seine Reformoper ›Mefistofele‹. In: Jahrbuch für Opernforschung 1990, hg. von Michael Arndt und Michael Walter. Frankfurt/Main 1991, S. 85

129 ebenda, S. 79

130 Arrigo Boito, a. a. O., S. 1173

131 Matthias Hennenberger/ Rein A. Zondergeld, Der Traum von Perfektion. Arrigo Boito, Librettist und Komponist. In: Oper und Operntext, hg. von Jens Malte Fischer. Heidelberg 1985, S. 123

133 Peter Ross, a. a. O., S. 7

135 ebenda, S. 75 f.

Ferruccio Busoni, zitiert nach: Jens Malte Fischer, ›Dualismo‹. Arrigo Boito: Komponist und Librettist zwischen Kulturen, Zeiten und Stilen. In: Jahrbuch der Bayerischen Staatsoper 1992/93, hg. von Hanspeter Krellmann. München 1992, S. 63

139 Giuseppe Verdi, Briefe, hg. von Hans Busch. Frankfurt/Main 1979, S. 125

140 Julian Budden, a. a. O., Bd. II, S. 28

146 Amilcare Ponchielli – Notizie e incisioni, raccolte da Giuseppe De Napoli. Cremona 1936, S. 114

148 Hugo Wolfs musikalische Kritiken, hg. von Richard Batka und Heinrich Werner. Leipzig 1911, S. 54

Bernard Shaw, Music in London 1890–94, Bd. I. London 1932, S. 68

150 Udo Bermbach, Berufe und Berufsfelder in der Oper. In: Gesungene Welten. Aspekte der Oper, hg. von Udo Bermbach und Wulf Konold. Berlin – Hamburg 1992, S. 150 f.

153 Amilcare Ponchielli, a. a. O., S. 178 und 151 f. (Briefe vom 22. 6. 1876 und vom 12. 9. 1874)

Julian Budden, Italy. In: The New Oxford History of Music, hg. von Gerald Abraham, Bd. IX. Oxford 1990, S. 432

159 Joseph A. Kruse, Gutzkows ›Wally‹ und der Verbotsbeschluß. In: Das Junge Deutschland. Kolloquium zum 150. Jahrestag des Verbots vom 10. Dezember 1835, hg. von Joseph A. Kruse und Bernd Kortländer. Hamburg 1987, S. 46

161 Ardegno Soffici, Fogli di diario. In: Corriere della sera vom 3. 8. 1955, zitiert nach: Helmut Goetz, Die Beziehungen zwischen Pietro Mascagni und Benito Mussolini. In: Studien zur italienisch-deutschen Musikgeschichte Bd. XI, hg. von Friedrich Lippmann. Köln 1976, S. 252

162 Theodor W. Adorno, Bürgerliche Oper. In: Gesammelte Schriften, hg. von Rolf Tiedemann, Bd. XVI. Frankfurt/Main 1978, S. 32 f.

164 Norbert Christen, Alberto Franchetti: ›Cristofero Colombo‹. In: Pipers Enzyklopädie des Musiktheaters, Bd. II. München 1987, S. 280

165 Gottfried Benn, Gesammelte Werke in acht Bänden, hg. von Dieter Wellershoff, Bd. VIII. München 1975, S. 1990

166 Luigi Torchi, L'Arte musicale in Italia, Bd. I. Mailand 1897, S. III

166 f. Jürgen Maehder, The Origins of Italian Literaturoper. In: Reading Opera, hg. von Arthur Groos und Roger Parker. Princeton N. J. 1988, S. 111

167 Julius Korngold, Die romantische Oper der Gegenwart. Wien – Leipzig – München 1922, S. 221

168 Adolf Weißmann, Berlin als Musikstadt. Berlin – Leipzig 1911, S. 340
Erwin Bauer, Naturalismus, Nihilismus, Idealismus in der russischen Dichtung. Berlin 1890, S. 349

169 Egon Voss, Verismo in der Oper. In: Die Musikforschung XXXI, 1978, S. 311; nachgedruckt in Rowohlts Opernbüchern ›Cavalleria Rusticana/Der Bajazzo‹, hg. von Attila Csampai und Dietmar Holland. Reinbek 1987, Zitat dort S. 251

173 ebenda, S. 305 bzw. S. 242

174 Fausto Torrefranca, Puccini e l'opera internazionale. Turin 1912, S. 71

176 Jürgen Maehder, a. a. O., S. 98 und 108

179 Carl Dahlhaus, Die Musik des 19. Jahrhunderts. Neues Handbuch der Musikwissenschaft, Bd. VII. Wiesbaden 1980, S. 296

180 ebenda

181 Eduard Hanslick, Fünf Jahre Musik. Der ›Modernen Oper‹ VII. Teil. Berlin 1896, S. 41

182 ebenda, S. 40

183 ebenda, S. 46

185 Rein A. Zondergeld, Ornament und Emphase. Illica, d'Annunzio und der Symbolismus. In: Oper und Operntext, hg. von Jens Malte Fischer. Heidelberg 1985, S. 152

186 Helmut Goetz, a. a. O. (s. Anm. zu S. 161), S. 215

191 Rubens Tedesco, Addio fiorito asil. Il melodramma italiano da Boito al verismo. Mailand 1978, S. 143 f.

192 Rein A. Zondergeld, a. a. O., S. 162
Mascagni: zitiert nach Mario Morini, Pietro Mascagni, Bd. I. Mailand 1963, S. 375
195 Jürg Stenzl, Von Giacomo Puccini zu Luigi Nono. Italienische Musik 1922–1952: Faschismus – Resistenza – Republik. Buren 1990, S. 69
196 ebenda, S. 67
199 Leoncavallo, in: Deutsche Musikerzeitung XXV, 1894, S. 14; zitiert nach Josef-Horst Lederer, Wagner contra Verismo. In: Richard Wagner 1883 bis 1983. Die Rezeption im 19. und 20. Jahrhundert, hg. von Ulrich Müller u. a. Stuttgart 1984, S. 99
201 Matteo Sansone, The ›verismo‹ of Ruggero Leoncavallo. A Source Study of ›Pagliacci‹. In: Music & Letters 1989, S. 342
204 ebenda, S. 350; vgl. dazu die ersten Entmystifizierungen von Leoncavallos Authentizitätsanspruch durch Teresa Lerario und Marco Vallora, abgedruckt im ›Cavalleria–Bajazzo‹-Band von Rowohlts Opernbüchern. Reinbek 1980, S. 184–222
205 Eduard Hanslick, a. a. O., S. 101
208 René Leibowitz, Histoire de l'opéra. Paris 1957, S. 294 f.
209 Eduard Hanslick, a. a. O., S. 103
210 Jürgen Maehder, Paris-Bilder. Zur Transformation von Henry Murgers Roman in den ›Bohème‹-Opern Puccinis und Leoncavallos. In: Jahrbuch für Opernforschung 1986, hg. von Michael Arndt und Michael Walter. Frankfurt/Main – Bern 1986, S. 113 f.
214 ebenda, S. 150
216 Julius Korngold, a. a. O., S. 18
Jay R. Nicholaisen, Italian Opera in Transition 1871–1893. Ann Arbor 1980, S. 12
227 Julius Korngold, a. a. O., S. 23
229 Montemezzi zitiert nach: Fiamma Nicolodi, Musica e musicisti nel ventennio fascista. Fiesole 1984, S. 416

BESTIMMUNG ZUM KLASSIKER

230 René Leibowitz, Histoire de l'opéra. Paris 1957, S. 355
231 Hans Ulrich Fuß, Richard Strauss in der Interpretation Adornos. In: Archiv für Musikwissenschaft 1988, S. 67
Theodor W. Adorno, Richard Strauss zum 100. Geburtstag: 11. Juni 1964. In: Gesammelte Schriften, Bd. XVI. Frankfurt/Main 1978, S. 605
232 Michael P. Steinberg, Richard Strauss and the Question. In: Richard Strauss and His World, hg. von Bryan Gilliam. Princeton N. J. 1992, S. 165
Fred K. Prieberg, Musik und Macht. Frankfurt/Main 1991, S. 224
Thomas Mann, Doktor Faustus. Das Leben des deutschen Tonsetzers Adrian Leverkühn erzählt von einem Freunde. Frankfurt/Main 1960, S. 167

233 Thomas Mann, Briefe 1937–1947, hg. von Erika Mann. Frankfurt/Main 1963, S. 181
Hans Mayer, ›Die Frau ohne Schatten‹. In: Versuche über die Oper. Frankfurt/Main 1981, S. 146
Fred K. Prieberg, a. a. O., S. 222
234 zitiert nach Prieberg, a. a. O., S. 227
235 f. Harald Kaufmann, Ästhetische Manipulation bei Richard Strauss. In: Spurlinien. Analytische Aufsätze über Sprache und Musik. Wien 1969, S. 81 und 85
236 Horst Weber, Alexander Zemlinsky. Eine Studie. Wien 1977, S. 58
237 Harald Kaufmann, a. a. O., S. 88
239 Richard Strauss, Betrachtungen und Erinnerungen, hg. von Willi Schuh. München – Mainz 1989, S. 232
240 ebenda, S. 177 f.
Stefan Zweig, Die Welt von gestern. Erinnerungen eines Europäers. Frankfurt/Main 1970, S. 265
242 William Mann, Die Opern von Richard Strauss. München 1969, S. 8
243 zitiert nach Rudolf Hartmann, Richard Strauss. Die Bühnenwerke von der Uraufführung bis heute. München – Zürich 1980, S. 8
249 Christopher S. Nassaar, Into the Demon Universe. New Haven – London 1974, S. 84
251 René Leibowitz, a. a. O., S. 356
252 Sander L. Gilman, Strauss and the Pervert. In: Reading Opera, hg. von Arthur Groos und Roger Parker. Princeton 1988, S. 213 und 220
253 Heinz Becker, Richard Strauss als Dramatiker. In: Beiträge zur Geschichte der Oper. Studien zur Musikgeschichte des 19. Jahrhunderts, hg. von Heinz Becker, Bd. XV. Regensburg 1969, S. 175
255 Wolfgang Krebs, Der Wille zum Rausch. Aspekte der musikalischen Dramaturgie von Richard Strauss' ›Salome‹. München 1991, S. 179
256 René Leibowitz, a. a. O., S. 366
259 Theodor W. Adorno, a. a. O., S. 593
Hugo von Hofmannsthal, Briefe 1900–1909. Wien 1937, S. 132
260 Richard Strauss, a. a. O., S. 229 f.
260 f. Julia Liebscher, Von der Tondichtung zum Einakter. Zur Konvergenz von Einsätzigkeit und Einaktigkeit im musikdramatischen Schaffen von Richard Strauss. In: Geschichte und Dramaturgie des Operneinakters, hg. von Winfried Kirsch und Sieghart Döhring. Laaber 1991, S. 243 und 245
262 Theodor W. Adorno, a. a. O., S. 590
Walther Brecht, Gespräch über die ›Ägyptische Helena‹. In: Hugo von Hofmannsthal. Die Gestalt des Dichters im Spiegel seiner Freunde. Wien 1949, S. 340 (dort sind ›erreicht‹ und ›enthüllt‹ gesperrt gedruckt)

263 Ferdinand A. Geißler, in: Die Musik. Jahrgang 8, 1909; zitiert nach: Kritiken zu den Uraufführungen der Bühnenwerke von Richard Strauss, hg. von Franzpeter Messmer. Pfaffenhofen 1989, S. 73
265 Volker Klotz, Operette. Porträt und Handbuch einer unerhörten Kunst. München 1991, S. 640 f.
266 Hugo von Hofmannsthal, Festspiele in Salzburg. In: Ausgewählte Werke, hg. von Rudolf Hirsch, Bd. II. Frankfurt/Main 1958, S. 617
266 f. ebenda, S. 513
270 Claudio Magris, Der habsburgische Mythos in der österreichischen Literatur. Salzburg 1966, S. 226 f.
273 Richard Strauss, a. a. O., S. 115
274 Derrick Puffett, Laß er die Musi, wo sie ist: Pitch Specificity in Strauss. In: Richard Strauss and His World, hg. von Bryan Gilliam. Princeton 1992, S. 152
275 Horst Weber, a. a. O., S. 57
Jakob Knaus, Leoš Janáček und Richard Strauss. In: Neue Zeitschrift für Musik 1972, S. 128
281 Willi Reich, Hofmannsthals Randnotizen für Richard Strauss im ›Ariadne‹-Libretto. In: Straussiana aus vier Jahrzehnten. Tutzing 1981, S. 179
282 Peter Andraschke, Zur Ästhetik des Wort-Ton-Verhältnisses. Die ›Ariadne auf Naxos‹ von Hugo von Hofmannsthal und Richard Strauss. In: Zwischen Aufklärung und Kulturindustrie. Festschrift für Georg Knepler zum 85. Geburtstag, Bd. II. Hamburg 1993, S. 138
286 Richard Strauss, a. a. O., S. 244 f.
288 Klaus Günther Just, Das deutsche Opernlibretto. In: Literatur und Musik. Ein Handbuch zur Theorie und Praxis eines komparatistischen Grenzgebietes, hg. von Steven Paul Scher. Berlin 1984, S. 115
Theodor W. Adorno, a. a. O., S. 601
291 Hugo von Hofmannsthal, Aufzeichnungen. Frankfurt/Main 1959, S. 232
292 Hermann Broch, Hugo von Hofmannsthals Prosaschriften (3. Fassung). In: Schriften zur Literatur I. Frankfurt/Main 1975, S. 322 f.
Hans Mayer, a. a. O., S. 152
294 Bryan Gilliam, Strauss's ›Intermezzo‹: Innovation and Tradition. In: Richard Strauss, New Perspectives on the Composer and His Work, hg. von Bryan Gilliam. Durham – London 1992, S. 267
294 f. Richard Strauss, a. a. O., S. 148 f.
296 Winfried Kirsch, Die ›Opera domestica‹. Zur Dramaturgie des bürgerlichen Alltags im aktuellen Musiktheater der 20er Jahre. In: Hindemith-Jahrbuch IX. Mainz – London usw. 1980, S. 185
297 Erwin Ringel, Unbewußt – höchste Lust. Oper als Spiegel des Lebens. Wien 1990, S. 21
299 Norman del Mar, Richard Strauss. A Critical Commentary on His Life and Works, Bd. II. London 1969, S. 317

300 ebenda, S. 342

Richard Strauss, a. a. O., S. 150

302 Rudolf Hartmann, a. a. O., S. 186 ff.

304 Anna Amalie Abert, Richard Strauss. Die Opern. Velber 1972, S. 91

312 Rudolf Hartmann, a. a. O., S. 239

313 f. Harald Kaufmann, a. a. O., S. 84

314 Walter Keller, ›Die Liebe der Danae‹. Eine Wagner-Oper aus Garmisch. In: Parsifal-Variationen. 15 Aufsätze über Richard Wagner. Tutzing 1989, S. 158 und 159

317 Edward W. Said, Der wohltemperierte Satz. Musik, Interpretation und Kritik. München 1995, S. 136

319 Stefan Kunze, »Ein Schönes war …«. Strauss' ›Capriccio‹ – Rückspiegelung im Einakter. In: Geschichte und Dramaturgie des Operneinakters, hg. von Winfried Kirsch und Sieghart Döhring. Laaber 1991, S. 290

FÜLLE DES WOHLLAUTS

322 Thomas Mann, Der Zauberberg. Frankfurt/Main 1962, S. 588 f.

323 Kurt Tucholsky, Lehár am Klavier. In: Gesamtausgabe, hg. von Sabina Becker, Bd. XIV. Reinbek 1998, S. 372

324 Heinrich Mann, Ein Zeitalter wird besichtigt. Reinbek bei Hamburg 1976, S. 197 f.

Thomas Mann, a. a. O.

326 Stefan Demel/Gernot Demel, Puccini. Eine Psychobiographie. Stuttgart 1995, S. 211

Jan Meyerowitz, The Objectionable Appeal of Giacomo Puccini. In: High Fidelity 1973, S. 55 f.

334 Mosco Carner, Puccini. Biographie. Frankfurt/Main 1996, S. 531

339 Jürgen Maehder, »Mit verzweifelter Leidenschaft«. Zur Entstehungsgeschichte von Puccinis ›Manon Lescaut‹. In: Beilage zur DGG-Aufnahme der Oper unter Giuseppe Sinopoli. Hamburg 1984, S. 15

Erich Auerbach, Mimesis. Dargestellte Wirklichkeit in der abendländischen Literatur. Bern [2]1959, S. 375

340 f. Dieter Schickling, Giacomo Puccini. Biographie. Stuttgart 1989, S. 104

344 Gabriele d'Annunzio, I Romanzi della Rosa I. Mailand [4]1953, S. 297

346 René Leibowitz, Les fantômes de l'opéra. Essais sur le théâtre lyrique. Paris 1972, S. 130

351 Oskar Bie, Die Oper. Berlin [8]1923, S. 494

352 Peter Gülke, »E lucevan le stelle«. Zu einer Arie von Giacomo Puccini. In: Neue Zeitschrift für Musik 1964, S. 105

Sieghart Döhring, Musikalischer Realismus in Puccinis ›Tosca‹. In: Analecta musicologica. Studien zur italienischen Musik XIII. Laaber 1984, S. 278

354 ebenda, S. 266
356 Jürgen Maehder, Die italienische Oper des Fin de siècle. In: Der schöne Abglanz. Stationen der Operngeschichte, hg. von Udo Bermbach und Wulf Konold. Berlin – Hamburg 1992, S. 193
363 Dieter Borchmeyer, Fast eine japanische Medea. Puccinis ›Madame Butterfly‹. In: Oper und Opernfiguren. Festschrift für Joachim Herz. Salzburg 1989, S. 326
364 Dieter Schickling, a. a. O., S. 195
371 Mosco Carner, a. a. O., S. 735
372 ebenda, S. 740
374 ebenda, S. 757
376 Dieter Schickling, a. a. O., S. 329
380 Friedrich Nietzsche, Werke in drei Bänden, hg. von Carl Schlechta, Bd. II. München 1955, S. 693
384 Norbert Christen, Giacomo Puccini – Analytische Untersuchungen der Melodik, Harmonik und Instrumentation. Hamburg 1978, S. 265 f.
385 Mosco Carner, a. a. O., S. 815, 819 und 820
386 Dieter Schickling, a. a. O., S. 383
382 Friedrich Nietzsche, a. a. O., Bd. I, S. 1223

VON HEUTE AUF MORGEN

391 Musikblätter des Anbruch X. Wien 1928, S. 82
Albrecht Dümling, Neue Musik als wildeste Anarchie. In: Entartete Musik. Dokumentation und Kommentar zur Düsseldorfer Ausstellung von 1938, hg. von Albrecht Dümling und Peter Girth. Düsseldorf [3]1993, S. 35
394 Carl Dahlhaus, Wagner und die musikalische Moderne. In: Vom Musikdrama zur Literaturoper. Aufsätze zur neueren Operngeschichte. München – Salzburg 1993, S. 141
397 Reinhard Ermen, Musik als Einfall. Hans Pfitzners Position im ästhetischen Diskurs nach Wagner. Aachen 1986, S. 96 (das Wort ›immer‹ im Original hervorgehoben)
398 Ferruccio Busoni, Entwurf einer neuen Ästhetik der Tonkunst. Mit Anmerkungen von Arnold Schönberg und einem Nachwort von Hans Heinz Stuckenschmidt. Frankfurt/Main 1974, S. 29
Albrecht Riethmüller, Ferruccio Busoni und die Hegemonie der deutschen Musik. In: Nationaler Stil und europäische Dimension in der Musik der Jahrhundertwende, hg. von Helga de la Motte-Haber. Darmstadt 1991, S. 71
Hans Pfitzner, Futuristengefahr. In: Gesammelte Schriften, Augsburg 1926/29, Bd. I, S. 201 f., 222 und 203
399 Ferruccio Busoni, Entwurf …, a. a. O., S. 25 f.

400 Ferruccio Busoni, Von der Einheit der Musik. Berlin 1922, S. 319 und 315
Hermann Broch, Dichten und Erkennen. Essays, Bd. I. Zürich 1955, S. 191
401 Albrecht Riethmüller, Ferruccio Busonis Poetik. Mainz 1988, S. 161
Ferruccio Busoni, Von der Einheit der Musik, a. a. O., S. 277 und 276 f.
402 Albrecht Riethmüller, Ferruccio Busonis Poetik, a. a. O., S. 171
Ferruccio Busoni, Ein Testament, mitgeteilt von Wladimir Vogel 1923. In: Wesen und Einheit der Musik, hg. von Joachim Herrmann. Berlin 1956, S. 69
404 Ferruccio Busoni, Von der Einheit der Musik, a. a. O., S. 190 f.
405 Hans Heinz Stuckenschmidt, Ferruccio Busoni. Zeittafel eines Europäers. Zürich – Freiburg i. Br. 1967, S. 91
408 Sebastian Kämmerer, Illusionismus und Anti-Illusionismus im Musiktheater. Anif – Salzburg 1990, S. 96
410 ebenda, S. 78
413 Antony Beaumont, ›Arlecchino‹. In: The New Grove Dictionary of Opera, Bd. I. London 1992, S. 194
414 Antony Beaumont, ›Doktor Faust‹. Ferruccio Busonis unvollendetes Meisterwerk. In: Oper und Operntext, hg. von Jens Malte Fischer. Heidelberg 1985, S. 219
419 Friedrich Nietzsche, Werke in drei Bänden, hg. von Carl Schlechta, Bd. II. München 1955, S. 523
422 Kurt Weill, Ausgewählte Schriften, hg. von David Drew. Frankfurt/Main 1975, S. 35
423 Reinhard Ermen, a. a. O., S. 115 f.
424 Kurt Weill, a. a. O.
425 Arnold Schönberg, Rückblick. In: Stil und Gedanke. Aufsätze zur Musik, hg. von Ivan Vojtěch. Frankfurt/Main 1976, S. 397
428 Wulf Konold, Wirklichkeit und Traum. Überlegungen zu Alexander von Zemlinskys Oper ›Der Traumgörge‹. In: Jahrbuch für Opernforschung 1990, hg. von Michael Arndt und Michael Walter. Frankfurt/Main 1991, S. 106
429 Walter Benjamin, Gottfried Keller. In: Schriften, hg. von Theodor W. und Gretel Adorno, Bd. II. Frankfurt/Main 1955, S. 270
431 Theodor W. Adorno, Zemlinsky. In: Gesammelte Schriften, hg. von Rolf Tiedemann. Frankfurt/Main 1978, Bd. XVI, S. 364
434 Alma Mahler-Werfel, Mein Leben. Frankfurt/Main 1963, S. 24
435 Alban Berg, Briefe an seine Frau. München – Wien 1965, S. 526
437 f. Franz Schreker, Mein Charakterbild. In: Musikblätter des Anbruch 1921; zitiert nach: Programmheft der Frankfurter Oper zur Aufführung der ›Gezeichneten‹. Frankfurt/Main 1979, S. 195
438 f. Hans Pfitzner, Die neue Ästhetik der musikalischen Impotenz. Ein Verwesungssymptom? In: Gesammelte Schriften, a. a. O., Bd. II, S. 133

440 Paul Bekker, Franz Schreker: ›Irrelohe‹. In: Musikblätter des Anbruch IV. Wien 1924, S. 131
Hans Mayer, Schreker und die Literatur. In: Franz Schreker – Am Beginn der Neuen Musik, hg. von Otto Kolleritsch. Graz 1978, S. 31
442 Theodor W. Adorno, Schreker. In: Gesammelte Schriften, hg. von Rolf Tiedemann, Bd. XVI. Frankfurt/Main 1978, S. 380 f.
446 Winfried Zillig, Von Wagner bis Strauss. Wegbereiter der Neuen Musik. München 1966, S. 165 und 166
450 Gösta Neuwirth. Musik um 1900. In: Art Nouveau, Jugendstil und Musik. Anläßlich des 80. Geburtstags von Willi Schuh hg. von Jürg Stenzl. Zürich 1980, S. 117
452 Otto Weininger, Geschlecht und Charakter. Eine prinzipielle Untersuchung. Wien – Leipzig 1926, S. 264
453 Theodor Lessing, Der jüdische Selbsthaß. Berlin 1930, S. 47
455 Gösta Neuwirth, a. a. O., S. 121 f.
458 Matthias Brzoska, Franz Schrekers Oper ›Der Schatzgräber‹. Stuttgart 1988, S. 141
461 Karl Jaspers, Hoffnung und Sorge. Schriften zur deutschen Politik 1949 bis 1965. München 1965, S. 32
462 Theodor W. Adorno, a. a. O., S. 379
474 Hans Heinz Stuckenschmidt, Schönberg. Leben, Umwelt, Werk. Zürich – Freiburg i. Br. 1974, S. 476
477 Siegfried Mauser, Das expressionistische Musiktheater der Wiener Schule. Regensburg 1982, S. 140
479 Theodor W. Adorno, Philosophie der neuen Musik. Frankfurt/Main – Berlin – Wien 1972, S. 44
480 Jürgen Maehder, Entfesselte Klanglichkeit als Wortdeutung. Zum Orchestersatz von Arnold Schönbergs ›Erwartung‹. In: Deutsche Oper Berlin, Spielzeit 1993/94. Beiträge zum Musiktheater XII. Berlin 1994, S. 153
481 Arnold Schönberg. Katalog zur Gedenkausstellung 1974, hg. von Ernst Hilmar. Wien 1974, S. 203
483 f. Theodor W. Adorno, Philosophie der Neuen Musik, a. a. O., S. 45
484 Arnold Schönberg, Stil und Gedanke, a. a. O., S. 5
485 f. Sebastian Kämmerer, a. a. O., S. 71
487 Hanns Eisler, Materialien zu einer Dialektik der Musik. Leipzig 1973, S. 232
492 Karl H. Wörner, Gotteswort und Magie. Die Oper ›Moses und Aron‹ von Arnold Schönberg. Heidelberg 1959, S. 71
494 Arnold Schönberg, Stil und Gedanke, a. a. O., S. 255
495 Alban Berg, zitiert nach Willi Reich, Aus unbekannten Briefen von Alban Berg an Anton Webern. In: Schweizerische Musikzeitschrift 1953, S. 49
496 Siegfried Mauser, a. a. O., S. 137

498 Peter Petersen, Alban Berg – Wozzeck. Eine semantische Analyse unter Einbeziehung der Skizzen und Dokumente aus dem Nachlaß Bergs. Musik-Konzepte, Sonderband Alban Berg, ›Wozzeck‹. München 1985, S. 53

499 Alban Berg, Wozzeck-Vortrag von 1929. In: Alban Berg, ›Wozzeck‹. Texte, Materialien, Kommentare, hg. von Attila Csampai und Dietmar Holland, Reinbek 1985 (dort auch alle anderen Äußerungen Bergs über ›Wozzeck‹), S. 160

503 Alban Berg, Das Opernproblem (1928); ebenda, S. 156
Ulrich Dibelius, Einheitlichkeit der Architektur – Mannigfaltigkeit der Gestalten. Formtendenzen und Sprachduktus in Alban Bergs ›Wozzeck‹, ebenda, S. 26

512 Wilfried Gruhn, ›Lulu‹. Mythos und Allegorie bei Wedekind und Berg. In: Musiktheater heute. Sechs Kongreßbeiträge, hg. von Hellmuth Kühn. Mainz usw. 1980, S. 59

512 f. Carl Dahlhaus, Berg und Wedekind. Zur Dramaturgie der ›Lulu‹. In: Vom Musikdrama zur Literaturoper, a. a. O. (s. Anm. zu S. 394), S. 172

513 Theodor W. Adorno, Philosophie der neuen Musik, a. a. O., S. 99

514 George Perle, Der Tod der Geschwitz. In: Österreichische Musikzeitung 1981, S. 20

516 Ernst Krenek, Alban Bergs ›Lulu‹. In: Zur Sprache gebracht. Essays über Musik. München 1958, S. 250

523 Hauer-Zitat bei Hans Heinz Stuckenschmidt, Der Zwölfton-Prophet. Zu Josef Matthias Hauers hundertstem Geburtstag. In: Frankfurter Allgemeine Zeitung, 19. 3. 1983

529 Emil Staiger, Othmar Schoeck. In: Musik und Dichtung. Zürich – Freiburg i. Br. [2]1980, S. 112

530 Jürg Stenzl, Heinrich von Kleists ›Penthesilea‹ in der Vertonung von Othmar Schoeck. In: Dichtung und Musik – Kaleidoskop ihrer Beziehungen, hg. von Günter Schnitzler. Stuttgart 1979, S. 233

531 Stefan Kunze, Penthesilea-Stil. Zur musikalischen Dramaturgie der ›Penthesilea‹. In: Auseinandersetzung mit Othmar Schoeck, hg. von Stefan Kunze und Hans Jürg Lühti. Zürich 1987, S. 133

532 Jürg Stenzl, a. a. O., S. 237

540 f. Theodor W. Adorno, Jargon der Eigentlichkeit. Zur deutschen Ideologie. Frankfurt/Main 1964, S. 71

541 Wilfrid Mellers, Musik und Gesellschaft, Bd. II: Die Romantik und das 20. Jahrhundert. Frankfurt/Main 1965, S. 209

541 f. Ludwig Finscher, Paul Hindemith – Versuch einer Neuorientierung. In: Universitas 1973, S. 77; auch in: Musica 1971 und Hindemith-Jahrbuch 1971

542 Hermann Danuser, Notizen zu Hindemiths ›Die Harmonie der Welt‹. In: Musikalisches Welttheater. Festschrift Rolf Dammann zum 65. Geburtstag. Laaber 1995, S. 209

545 Annegrit Laubenthal, Paul Hindemiths Einakter-Triptychon ›Mörder, Hoffnung der Frauen‹, ›Das Nusch-Nuschi‹ und ›Sancta Susanna‹. Tutzing 1986, S. 52
546 ebenda
547 Elmar Bozzetti, Untersuchungen zu Lyrik und Drama August Stramms. Dissertation Köln 1961, S. 207
548 Annegrit Laubenthal, a. a. O., S. 171 und 175
554 Giselher Schubert, Zur Konzeption der Musik in Hindemiths Oper ›Cardillac‹. In: Hindemith-Jahrbuch XVII. Frankfurt/Main 1988, S. 124 und 126
558 Andreas Lehmann, Hindemiths Lehrstück. In: Hindemith-Jahrbuch XI. Frankfurt/Main 1982, S. 64
558 f. Dieter Rexroth, Paul Hindemith und Brechts ›Lehrstück‹. In: Hindemith-Jahrbuch XII. Frankfurt/Main 1983, S. 41
561 Claudia Maurer-Zenck, Zwischen Boykott und Anpassung an den Charakter der Zeit. Über die Schwierigkeiten eines deutschen Komponisten mit dem Dritten Reich. In: Hindemith-Jahrbuch IX. Frankfurt/Main 1980, S. 117
563 ebenda, S. 119
565 Ernst Krenek, Im Zweifelsfalle. Aufsätze zur Musik. Wien – München – Zürich 1984, S. 42
568 Wolfgang Rogge, Ernst Kreneks Opern. Spiegel der zwanziger Jahre. Wolfenbüttel – Zürich 1970, S. 26
571 Frankfurter Rundschau, 21. Juni 1989
571 f. Ernst Krenek, a. a. O., S. 19 f.
577 Heinz-Klaus Metzger, Plus ultra. Notizen zu Křeneks ›Karl V.‹. In: Musik-Konzepte, Bd. 39/40. München 1984, S. 58
Lothar Knessl, Bericht über die konzertante Wiener Erstaufführung von ›Karl V.‹. In: Österreichische Musikzeitung 1968, S. 282
578 Maxwell Anderson, Gedenkrede. In: Über Kurt Weill, hg. von David Drew. Frankfurt/Main 1975, S. 145
579 Adorno-Zitat: ebenda, S. 37 f.
581 Jarnach-Brief vom 24. 3. 1958, zitiert nach: Vom Kurfürstendamm zum Broadway. Kurt Weill 1900–1950. Ausstellungskatalog Düsseldorf 1990, S. 16
582 Weill-Brief vom 14. 10. 1929, zitiert nach: Jürgen Schebera, Kurt Weill 1900–1950. Eine Biographie in Texten, Bildern und Dokumenten. Leipzig (und Mainz) 1990, S. 124
Kurt Weill, Musik und Theater. Gesammelte Schriften, hg. von Stephen Hinton und Jürgen Schebera. Berlin 1990, S. 68
583 Carl Dahlhaus, Musikästhetik. Köln 1967, S. 103
Hans Schnoor, Harmonie und Chaos. Musik der Gegenwart. München 1962, S. 162

583 Carl Dahlhaus, a. a. O.
584 Alexander L. Ringer, Arnold Schoenberg: The Composer as Jew. New York 1990, S. 96
585 Tamara Levitz, ›Junge Klassizität‹ zwischen Fortschritt und Reaktion. Busoni, Jarnach und die deutsche Weill-Rezeption. In: Kurt-Weill-Studien I, hg. von Nils Grosch u. a. Dessau 1996, S. 15
587 Maurice Abravanel, in: Über Kurt Weill, a. a. O., S. 17 f.
589 f. Kurt Weill, Musik und Theater, a. a. O., S. 48 ff.
591 Albrecht Dümling, Laßt euch nicht verführen. Brecht und die Musik. München 1985, S. 221
594 Gottfried Wagner, Weill und Brecht. Das musikalische Zeittheater. München 1977, S. 173
598 Werner Hecht, Die ›Dreigroschenoper‹ und ihr Urbild. In: Brecht. Vielseitige Betrachtungen. Berlin 1978, S. 23
600 Ulrich Weisstein, Von reitenden Boten und singenden Holzfällern: Bertolt Brecht und die Oper. In: Brechts Dramen. Neue Interpretationen, hg. von Walter Hinderer. Stuttgart 1984, S. 282
603 David Drew, Kurt Weill: a Handbook. London 1987, S. 185
606 Adorno-Zitat nach: Über Kurt Weill, a. a. O., S. 61
607 f. Hartmut Kahnt, Die Opernversuche Weills und Brechts mit ›Mahagonny‹. In: Musiktheater heute. Sechs Kongreßbeiträge, hg. von Hellmuth Kühn. Mainz 1982, S. 79
608 ebenda, S. 86 (das Wort ›alle‹ im Original hervorgehoben)
610 Kurt Weill, Musik und Theater, a. a. O., S. 91
612 Ian Kemp, ›Der Jasager‹: Weill's Composition Lesson. In: A Stranger Here Myself. Kurt Weill-Studien, hg. von Kim H. Kowalke und Horst Edler. Hildesheim 1993, S. 149
615 Joachim Kaiser, Brechts ›Maßnahme‹ – und die linke Angst. In: Die Neue Rundschau 1973, S. 121 f.
616 Albrecht Dümling, a. a. O., S. 301
620 Andreas Hauff, Elemente Romantischer Tradition im Musiktheater Kurt Weills. In: A Stranger Here Myself, a. a. O., S. 196
Eisler-Zitat bei Hans Heinz Stuckenschmidt, Die großen Komponisten unseres Jahrhunderts. München 1971, S. 127
621 Theodor W. Adorno, Kritik des Neoklassizismus. In: Gesammelte Schriften, Bd. XVIII. Frankfurt/Main 1984, S. 84

VOM FUTURISMUS ZUM FASCHISMUS

625 Fausto Torrefranca, Giacomo Puccini e l'opera internazionale. Turin 1912, S. VII f.
Carl Dahlhaus, Die Idee der absoluten Musik. Kassel etc. 1994, S. 66
Giannotto Bastianelli, La crisi musicale europea. Pistoia 1912, S. 139

626 Fiamma Nicolodi, Nationalistische Aspekte im Mythos von der ›Alten Musik‹ in Italien und Frankreich. In: Nationaler Stil und europäische Dimension in der Musik der Jahrhundertwende, hg. von Helga de la Motte-Haber. Darmstadt 1991, S. 112
628 Jürg Stenzl, Von Giacomo Puccini zu Luigi Nono. Italienische Musik 1922–1952: Faschismus – Resistenza – Republik. Buren 1990, S. 46
629 Alfredo Casella, zitiert nach Jürg Stenzl, a. a. O., S. 129
630 Fausto Torrefranca, ebenda, S. 82 f.
633 Ildebrando Pizzetti, ›Semirama‹ di Ottorino Respighi al Communale di Bologna. In: ›Il secolo‹, Mailand 21. 11. 1910
638 Jürgen Maehder, The Origins of Italian Literaturoper. In: Reading Opera, hg. von Arthur Gross und Roger Parker. Princeton N. J. 1988, S. 122
639 Bruno Cagnoli, Riccardo Zandonai. Trient ^{2}1983, S. 56
644 Jürg Stenzl, a. a. O., S. 54
646 Francesco Degrada, La ›generazione dell'80‹ e il mito della musica italiana. In: Musica italiana del primo novocento, hg. von Fiamma Nicolodi. Florenz 1983, S. 92
647 Fiamma Nicolodi, Musica e musicisti nel ventennio fascista. Fiesole 1984, S. 207
651 Alfredo Casella, I segreti della giara. Florenz 1942, S. 299
652 Alfredo Casella, Scarlattiana. In: Musikblätter des Anbruch XI, 1929, S. 27
Theodor W. Adorno, Atonales Intermezzo? In: Gesammelte Schriften, hg. von Rolf Tiedemann und Klaus Schultz, Bd. XVIII. Frankfurt/Main 1984, S. 92
Jürg Stenzl, Nationalistische Selbststilisierung: Alfredo Casella. In: Nationaler Stil und europäische Dimension in der Musik der Jahrhundertwende, a. a. O. (s. Anm zu S. 626), S. 142
654 f. Horst Weber, Alfredo Casella: ›La donna serpente‹. In: Pipers Enzyklopädie des Musiktheaters, Bd. I. München 1986, S. 502
655 Julius Korngold, Die romantische Oper der Gegenwart. Wien – Leipzig – München 1922, S. 49
658 ebenda, S. 45
659 Ermanno Wolf-Ferrari, Meine Beziehung zur Komischen Oper. In: [Neue] Zeitschrift für Musik 1941, S. 10
661 Richard Strauss – Hugo von Hofmannsthal, Briefwechsel. Zürich 1955, S. 213 f.
Ermanno Wolf-Ferrari, zitiert nach: Alexandra Carola Grisson, Ermanno Wolf-Ferrari. Zürich – Leipzig – Wien o. J. [1958], S. 88 f.
664 Julius Korngold, a. a. O., S. 53
665 Anton Würz, Ermanno Wolf-Ferrari als Opernmeister. In: Ermanno Wolf-Ferrari – Komponisten in Bayern, hg. von Alexander L. Suder. Tutzing 1986, S. 140

666 Jürgen Schläder, Verurteilt zur komischen Oper. Zur Rezeptionsgeschichte von Ermanno Wolf-Ferrari. In: Jahrbuch der Bayerischen Staatsoper 1989/90, hg. von Hanspeter Krellmann. München 1989, S. 44

VOM STAATSTHEATER ZUM KZ

667 Hans Daiber, Schaufenster der Diktatur. Theater im Machtbereich Hitlers. Stuttgart 1995, S. 11
668 Hans Mommsen, Der Nationalsozialismus und die deutsche Gesellschaft. Reinbek 1994, S. 418
Joseph Goebbels, Reden, Bd. 1, hg. von Helmut Heiber. München 1971, S. 137
Hitler zitiert nach Michael Walter, Hitler in der Oper – Deutsches Musikleben 1919–1945. Stuttgart – Weimar 1995, S. 195 ff.
Entartete Musik. Eine Abrechnung von Staatsrat Dr. Hans Severus Ziegler. In: Entartete Musik. Dokumentation und Kommentar zur Düsseldorfer Ausstellung von 1938, hg. von Albrecht Dümling und Peter Girth. Düsseldorf [3]1993, S. 185
669 Gerigk, zitiert nach: Hans-Günter Klein, Viel Konformität und wenig Verweigerung. Zur Komposition neuer Opern 1933–1944. In: Musik und Musikpolitik im faschistischen Deutschland, hg. von Hanns-Werner Heister und Hans-Günter Klein, Frankfurt/Main 1984, S. 184; vgl. zur Mittäterschaft deutscher Musikwissenschaftler am systematischen Instrumentendiebstahl in besetzten Ländern: Willem de Vries, Sonderstab Musik. Organisierte Plünderungen in West-Europa 1940–45. Köln 1998
672 Carl Dahlhaus, Politische Implikationen der Operndramaturgie. Zu einigen deutschen Opern der Dreißiger Jahre. In: Vom Musikdrama zur Literaturoper. Aufsätze zur neueren Operngeschichte. München – Salzburg 1983, S. 224
676 Matthias Brzoska, Mosè und Massimilla Doni. Rossinis ›Mosè in Egitto‹ und Balzacs politische Deutung. In: Oper als Text. Romanistische Beiträge zur Libretto-Forschung, hg. von Albrecht Gier. Heidelberg 1986, S. 126
677 Hermann Göring, zitiert nach: Chris Walton, Othmar Schoeck. Eine Biographie. Zürich – Mainz 1994, S. 244
678 Carl Orff, Erinnerung. In: Carl Orff und sein Werk: Dokumentation. Tutzing 1975, S. 48
680 Harald Kaufmann, Zur Standortbestimmung Carl Orffs. Beispiele aus ›Prometheus‹. In: Spurlinien. Analytische Aufsätze über Sprache und Musik. Wien 1969, S. 128 f.
689 Frank Schneider, »... nach langer Irrfahrt kehrst du dennoch heim ...«. Werner Egks ›Peer Gynt‹. Ein musikalischer Fall zur Dialektik der Anpassung. In: Beiträge zur Musikwissenschaft 28, 1986, S. 15
690 Carl Dahlhaus, a. a. O., S. 225

694 ebenda, S. 228

698 Karl Amadeus Hartmann, Kleine Schriften. Mainz 1965, S. 12

698 f. Andrew D. McCredie, Karl Amadeus Hartmann's Aspirant Kunstideologie and its Transmission through the Music Theatre. In: Festschrift für Heinz Becker, hg. von Reinhold Quandt und Jürgen Schläder. Laaber 1982, S. 254

709 Michael Kraus, Die Abschiedsarie des Kaisers im ›Kaiser von Atlantis‹ und ihre verschiedenen Fassungen. In: Viktor Ullmann, Die Referate des Symposions anläßlich des 50. Todestags, hg. von Hans-Günter Klein. Hamburg 1996, S. 124

GLOSSAR

a cappella Gesang ohne Instrumentalbegleitung
a tempo im Tempo
Accelerando Beschleunigung
Accompagnato → *Recitativo accompagnato*
Agitproptheater Agitations- und Propagandatheater
Alterationsharmonik chromatische Veränderung der Töne im Zusammenklang
Ambitus Tonumfang einer Melodie
Anagnorisis Wiedererkennungsszene
Anapäst dreiteiliger Versfuß in der Silbenfolge kurz-kurz-lang
Antiphonie Wechselgesang
äolisch eine der → *Kirchentonarten*
Appassionato leidenschaftliche Vortragsweise
Arioso Sologesangsstück mit einfacher Melodiebildung ohne feste Form wie in der Arie
Arpeggio nach Harfenart aufgelöster Akkord
atonal Musikalischer Ablauf ohne Bindung an eine feste Grundtonart und die Regeln der Dur-Moll-Tonalität
atonikal Verzicht auf die Einbettung des musikalischen Ablaufs in eine Dreiklangharmonik mit festem Grundton
Auftakt Melodiebeginn auf einem unbetonten Taktteil
Augmentation Vergrößerung der ursprünglichen Notenwerte
Azione storica historische Handlung

Ballad-Opera Balladenoper in meist komödiantischem Stil
Ballata tänzerisch strophisches Lied
Banda Blaskapelle als Bühnenmusik
Barkarole Gondellied in wiegendem Rhythmus
Belkanto (Bel canto) Schöngesang als Stil- und Technikkategorie
Belle époque französische Gründerzeit der Jahre 1885–1918
binär aus zwei Zähleinheiten bestehend
bitonal gleichzeitiges Erklingen von zwei Tonarten
Bolero spanischer Tanz in mäßig bewegtem Dreivierteltakt
Bordunbass ständig mitklingender Basston, meist im Quintabstand
Bruitismus geräuschhafte Klangerscheinung
Buffa → *Opera buffa*
Buffo-Oper → *Opera buffa*

Businen (buccine) antikisierend trompetenähnliche Heroldinstrumente mit aufgesetztem Banner

Cantus firmus feststehend vorgegebene Melodiestimme
Cavatine → *Kavatine*
Chromatik Fortbewegung in Halbtonschritten
Cluster Tontraube aus engsten Intervallen
Coda → *Koda*
colla parte mit der Stimme gehende Begleitung
Colpo di scena schlagartiger Bühneneffekt
Comédie larmoyante weinerliches Lustspiel, Rührstück
Commedia dell'arte italienische Stegreifkomödie mit festen Typen
Concertato Vokalensemble mit konzertierender Stimmführung
Continuo akkordische Begleitung durch ein Tasteninstrument, meist mit Unterstützung durch Streich- und Zupfinstrumente
Couleur historique Zeitkolorit
Couleur locale Lokalkolorit
Coup de théâtre schlagartiger Bühneneffekt
Couplet zweistrophige Liedform

Da-Capo-Arie Arienform, in der am Ende der Anfangsteil – meist ausgeschmückt – wiederkehrt
Daktylus dreiteiliger Versfuß mit der Silbenfolge lang-kurz-kurz
Dannunzianismo pathetisch-rhetorischer Stil in Nachahmung Gabriele d'Annunzios
Deklamatorik sprachbetonter Gesangsstil
Deszendenzmelos Melodienbildung mit hauptsächlich abfallender Tonfolge
Diminution Verkleinerung der ursprünglichen Notenwerte
Distichon Doppelvers aus Hexameter und Pentameter
Dominantseptakkord → *Septakkord*
Drame lyrique Form der ernsten französischen Oper in der 2. Hälfte des 19. Jahrhunderts
Drame musical Musikdrama
Dramma giocoso heiteres Drama
Dramma lirico italienisches Gesangsdrama
Dramma serio Musiktragödie
durchkomponiert Ablauf einer Oper ohne gesprochene Zwischenstationen

Engführung Steigerungsmoment in der Führung mehrerer Stimmen durch Überlappen des Themeneinsatzes
enharmonische Verwechslung Umdeutung eines Tons oder Akkords als Teil einer anderen als der notierten Tonart
Episches Theater anti-illusionistische Dramenform

Falsett männliche Kopfstimme
Fandango spanische Tanzform im geschärften Dreiermetrum
Flageolett hoher, pfeifender Streicherton

Ghasel orientalische Gedichtform, die den Reim des ersten Verspaares in jeder geraden Zeile aufnimmt
Grand Opéra Hauptform der ernsten französischen Oper im zweiten Drittel des 19. Jahrhunderts

Hoquetus (Hoketus) sprunghaft wirkende Unterbrechung in der Melodieführung einer Stimme durch Pausen (wie beim »Schluckauf«)
Homophonie Satztypus, in dem eine Hauptstimme akkordisch begleitet wird
Heckelphon Holzblasinstrument mit dudelsackähnlichem Klang
Hosenrolle männliche Partie, die für eine Frau geschrieben ist

Intermezzo Zwischenspiel
Introduktion Einleitungsszene
Invokation Anrufung

Jambus zweiteiliger Versfuß mit der Silbenfolge kurz-lang
Juste milieu Kunst- und Weltanschauung von der Überlegenheit des Mittelmaßes im französischen Bürgerkönigtum

Kabaletta virtuoser Abschluss einer zweiteiligen Arie nach der Kavatine
Kakophonie Missklang
Kanon kontrapunktische Form, in der die Stimmen der ersten imitatorisch-zeitversetzt folgen
Kantilene getragen-gesangliche Melodie
Kavatine langsamer Anfangsteil einer zweiteiligen, in die Kabaletta mündenden Arienform
Kirchentonarten tonales Ordnungsprinzip der Musik des Mittelalters bis zum 17. Jahrhundert (vor der Dur-Moll-Tonalität)
Koda Schlussteil des Sonatenhauptsatzes
Kontrapunkt Kompositionsart mit melodisch unabhängigen Stimmen
Kontratenor Tenor in Altlage

Lamento Klagegesang
Legato gebundene Melodielinie
Libretto Textbuch einer Oper
Literaturoper Musikdrama, das möglichst genau einer literarischen Vorlage folgt

Madrigal durchkomponiertes Lied für mehrere Stimmen
Mediante Terz als Mittlerstufe zwischen Tonika und Dominante bzw. Unterdominante
Melisma Verzierung einer Gesangslinie auf einer Textsilbe
Melodram Musikform, in der eine deklamierende Sprechstimme vom Orchester oder Klavier begleitet wird
Melodramma italienisches Musikdrama
Melos reine Tonfolge im Tonraum
Metrum Qualitative Gliederung der Musik durch abgestufte Betonung und Zeitdauer von Notenwerten
modal harmonisiert nach den alten Kirchentonarten
Musico italienische Bezeichnung für eine Hosenrolle

Nocturno Nachtmusik
Nonenakkord aus vier Terzen aufgebauter Fünfklang

Obbligato selbstständig geführte Instrumentalbegleitung für eine Singstimme
Opera buffa komische italienische Oper
Opéra comique komische französische Oper
Opera seria ernste italienische Oper
Ostinato hartnäckige Wiederholung eines Motivs, meist im Orchester
Ottocento in Italien das 19. Jahrhundert

Päon vierteiliger Versfuß mit der Silbenfolge kurz-kurz-kurz-lang
Parlando sprechartiger Gesang
Passacaglia Variationsform über einem gleichbleibenden Bass
Pasticcio pastetenartiges Arrangement verschiedener Stücke (mehrerer Komponisten) zu einem neuen Ganzen
Pastorale Hirtenstück
Pentatonik fünfstufige Tonleiter
Peripetie Glückswechsel im Schicksal der Helden, Umschlagpunkt des Dramas
Pezzo concertato → *Concertato*
Pizzikato gezupfter Streicherton
Polymetrik Überlagerung verschiedener Metren
Polyphonie Tonsatz mit selbstständig geführten Stimmen
Preghiera gebetsähnliche Arienform
Prière gebetsähnliche Arienform
Primadonna Darstellerin der weiblichen Hauptrolle
Primo uomo Darsteller der männlichen Hauptrolle
Prosodie Behandlung der Höhen und Tiefen, Längen und Kürzen des Sprachflusses im Wort-Musik-Verhältnis
Psalmodie Psalmengesang

Quartsextakkord zweite Umkehrung eines Akkords mit der Quinte als tiefstem Ton
Quintenzirkel Schema der Quintschritte mit davon ausgehenden Tonarten
Quintsextakkord Septakkord in der ersten Umkehrung mit der Terz als Basston
Recitativo accompagnato orchesterbegleitetes Rezitativ
Recitativo secco nur vom Continuo begleitetes Rezitativ
Reihentechnik Methode, mit einer festen Abfolge der zwölf Töne der Oktave ohne Bezug auf einen Grundton zu komponieren
Reprise Wiederaufnahme
Rezitativ Gesangsrede ohne bestimmte musikalische Form
Risorgimento italienische Erhebung zwecks Abstreifung der politischen Fremdherrschaft im 19. Jahrhundert
Ritardando Verlangsamung des Tempos
Ritornell instrumentales Zwischenspiel zwischen den Strophen eines Liedes
Rondo Musikstück mit der regelmäßigen Wiederkehr eines Formteils

Scapigliatura bohemienartige Protestbewegung der italienischen Kultur in den fünfziger und sechziger Jahren des 19. Jahrhunderts
Scherzando scherzendes, tänzelndes Musikstück
Scherzo Teil der zyklischen Sonatenform; bewegtes Musikstück in Scherzo-Form: A-B-A-B-A
Secco → *Recitativo secco*
Semiseria halbernste italienische Opernform
Septakkord aus drei Terzen aufgebauter Vierklang; als Dur-Dreiklang mit kleiner Septime auf der V. Stufe heißt er Dominantsept(im)akkord
Sequenz Folge von Wiederholungen eines melodischen oder rhythmischen Motivs auf einer jeweils anderen Stufe
Seria → *Opera seria*
Sforzando starke Akzentuierung eines Tons
Sfumato verschleiernd abgetönter Klang
Sixte ajoutée einem Dreiklang als Dissonanz hinzugefügte große Sext
Skala Tonleiter
Sonatensatzform verbindliche Gliederung des Formablaufs in Exposition, Durchführung, Reprise der Exposition und Koda
sordiniert mit Dämpfer gespielt
Sostenuto Zurückhalten des Tempos
sotto voce mit gedämpfter Stimme
Spieloper heitere Form der deutschen Oper
Stakkato gestoßene Tonartikulation
Stretta beschleunigter Schlussteil eines Aktfinales
Stringendo allmählich schneller werdendes Tempo
sul ponticello möglichst nahe am Steg zu spielender Streicherton
Synkope Akzentverschiebung auf eine unbetonte Taktzeit

Tableau in der → *Grand Opéra* eine Ensemble- und Chorszene, die zum Bild erstarrt und schon optisch verständlich wird
Temporale Gewittermusik
Tempo rubato beabsichtigte Tempoverzögerung
Tenorino dünnstimmiger Tenor
ternär aus drei Zähleinheiten bestehend
Tetrachord viertönige Grundform der griechischen Melodielehre, die für die → *Kirchentonarten* wichtig wurde
Tessitura Lage einer Gesangspartie
tonal Ausrichtung des musikalischen Ablaufs nach den harmonischen Regeln der Dur-Moll-Tonalität
tonikal Ausrichtung des musikalischen Ablaufs nach einer Dreiklangharmonik mit festem Grundton
Tragédie lyrique das französische Musikdrama bis 1789, dessen Rezitativ dem klassischen Sprechdrama verpflichtet war
Transposition Verlagerung von einer Tonart in eine andere
Tremolo übermäßiges Schwanken der Stimme; bei Streichinstrumenten schnelle Wiederholung eines Tons auf derselben Höhe
Triole rhythmische Gruppe von drei Noten, die in der Zeitdauer von zwei gespielt werden
Tritonus übermäßige Quarte, im strengen Tonsatz als ›Teufel in der Musik‹ geächtet
Trochäus zweiteiliger Versfuß mit der Silbenfolge lang-kurz
Tyrolienne stilisierte Ländlerform aus Tirol

Unisono Gleichklang aller Stimmen auf einem Ton

vagierend mit harmoniefremden Tönen durchsetzt
Vaudeville aus dem liedhaften Einschub im Finale volkstümlicher Stücke hervorgegangene Form des französischen Unterhaltungstheaters
Verismo naturalistische Stilrichtung der italienischen Oper nach 1890
Violinata Begleitung der Stimme durch parallel mit ihr geführte Streicher
Voix mixte Mischstimme aus Kopf- und Brustregister
Vorhalt die Ober- oder Untersekunde, mit der der Eintritt eines Zieltons verzögert wird (ital.: *Appoggiatura*)

OPERNREGISTER

PERSONENVERZEICHNIS